|| दिल्ली पुस्तक मेला 2016 के तत्त्वाधान में फेडरेशन ऑफ इंडियन पब्लिशर्स द्वारा चयनित श्रेष्ठ पुस्तकों के अन्तर्गत पुरस्कार से सम्मानित ||

N.C.E.R.T. के नवीनतम पाठ्यक्रम पर आधारित

वृहत् सामान्य ज्ञान

(संघ लोक सेवा आयोग, राज्य लोक सेवा आयोग, कर्मचारी चयन आयोग (SSC), रेलवे भर्ती बोर्ड (RRB), संयुक्त रक्षा सेवा (CDS), राष्ट्रीय ग्रामीण छात्रवृत्ति, राष्ट्रीय प्रतिभा खोज एवं सभी प्रतियोगी परीक्षाओं के लिए एक उपयोगी पुस्तक)

डी.एस. तिवारी

वी एण्ड एस पब्लिशर्स

प्रकाशक

वी एण्ड एस पब्लिशर्स

F-2/16, अंसारी रोड, दरियागंज, नई दिल्ली-110002
☎ 23240026, 23240027 • *फैक्स:* 011-23240028
E-mail: info@vspublishers.com • *Website:* www.vspublishers.com

क्षेत्रीय कार्यालय : हैदराबाद
5-1-707/1, ब्रिज भवन (सेन्ट्रल बैंक ऑफ इण्डिया लेन के पास)
बैंक स्ट्रीट, कोटी, हैदराबाद-500 095
☎ 040-24737290
E-mail: vspublishershyd@gmail.com

शाखा : मुम्बई
जयवंत इंडस्ट्रिअल इस्टेट, 1st फ्लोर-108, तारदेव रोड
अपोजिट सोबो सेन्ट्रल, मुम्बई - 400 034
☎ 022-23510736
E-mail: vspublishersmum@gmail.com

फ़ॉलो करें:

© **कॉपीराइट:** वी एण्ड एस पब्लिशर्स

ISBN 978-93-505719-3-4

संस्करण 2018

DISCLAIMER

इस पुस्तक में सटीक समय पर जानकारी उपलब्ध कराने का हर संभव प्रयास किया गया है। पुस्तक में संभावित त्रुटियों के लिए लेखक और प्रकाशक किसी भी प्रकार से जिम्मेदार नहीं होंगे। पुस्तक में प्रदान की गयी पाठ्य सामग्रियों की व्यापकता या सम्पूर्णता के लिए लेखक या प्रकाशक किसी प्रकार की वारंटी नहीं देते हैं।

पुस्तक में प्रदान की गयी सभी सामग्रियों को व्यावसायिक मार्गदर्शन के तहत सरल बनाया गया है। किसी भी प्रकार के उद्धरण या अतिरिक्त जानकारी के स्रोत के रूप में किसी संगठन या वेबसाइट के उल्लेखों का लेखक या प्रकाशक समर्थन नहीं करता है। यह भी संभव है कि पुस्तक के प्रकाशन के दौरान उद्धृत बेवसाइट हटा दी गयी हो।

इस पुस्तक में उल्लिखित विशेषज्ञ के राय का उपयोग करने का परिणाम लेखक और प्रकाशक के नियंत्रण से हटकर पाठक की परिस्थितियों और कारकों पर पूरी तरह निर्भर करेगा।

पुस्तक में दिये गये विचारों को आजमाने से पूर्व किसी विशेषज्ञ से सलाह लेना आवश्यक है। पाठक पुस्तक को पढ़ने से उत्पन्न कारकों के लिए पाठक स्वयं पूर्ण रूप से जिम्मेदार समझा जायेगा।

उचित मार्गदर्शन के लिए पुस्तक को माता-पिता एवं अभिभावक की निगरानी में पढ़ने की सलाह दी जाती है। इस पुस्तक के खरीददार स्वयं इसमें दिये गये सामग्रियों और जानकारी के उपयोग के लिए सम्पूर्ण जिम्मेदारी स्वीकार करते हैं।

इस पुस्तक की सम्पूर्ण सामग्री का कॉपीराइट लेखक/प्रकाशक के पास रहेगा। कवर डिजाइन, टेक्स्ट या चित्रों का किसी भी प्रकार का उल्लंघन किसी इकाई द्वारा किसी भी रूप में कानूनी कार्रवाई को आमंत्रित करेगा और इसके परिणामों के लिए जिम्मेदार समझा जायेगा।

मुद्रक : परम ऑफसेटर्स, ओखला, नयी दिल्ली-110020

प्रकाशकीय

वी एण्ड एस पब्लिशर्स पिछले अनेकों वर्षों से जनरुचि एवं शिक्षा सम्बन्धी पुस्तकें प्रकाशित करते आ रहे हैं। जनमानस सम्बन्धी पुस्तकों में पाठकों द्वारा भरपूर सराहना पाने के बाद हमारे संपादक मंडल द्वारा बाजार में सामान्य ज्ञान के विषय पर एक उत्कृष्ट पुस्तक की कमी महसूस की गई। इस अभाव की पूर्ति हेतु हम अपनी नवीनतम पुस्तक **वृहत् सामान्य ज्ञान** आपके समक्ष प्रस्तुत करते हैं। पुस्तक को अधिक से अधिक उपयोगी बनाने के लिए सामान्य ज्ञान के अंतर्गत आने वाले सभी विषयों- इतिहास, भूगोल, भारतीय संविधान अर्थशास्त्र, भौतिकी, रसायन, जीव विज्ञान, विविध, खेल तथा कम्प्यूटर आदि का सावधानीपूर्वक चयन व समावेश किया गया है। पुस्तक में सम्मिलित प्रत्येक विषय को विभिन्न खण्डों में विभाजित किया गया है। संपादक मंडल ने पुस्तक के संकलन के दौरान इस बात का भी विशेष ध्यान रखा है, कि परीक्षार्थियों को सामान्य ज्ञान के अध्ययन के दौरान किसी दूसरी पुस्तक की आवश्यकता महसूस न हो। छात्रों व परीक्षार्थियों की सुविधा हेतु प्रत्येक विषय से सम्बन्धित आँकड़ों को दर्शाने हेतु तालिकाओं का उपयोग किया गया है, जिससे छात्रों को इसे पढ़कर आत्मसात करने में सुविधा हो।

प्रस्तुत पुस्तक **वृहत् सामान्य ज्ञान** में त्रुटि न हो इसका विशेषत: ध्यान रखा गया है। सभी छात्रों से अनुरोध है, यदि पुस्तक में कहीं भी कोई त्रुटि मिले, तो वे हमें इससे अवश्य अवगत करायें।

हमें पूर्ण विश्वास है कि अन्य पुस्तकों की भाँति इस पुस्तक में भी हमें आपका सहयोग मिलता रहेगा।

विषय-सूची

प्राचीन भारत—प्राचीन भारतीय इतिहास के स्रोत ♦ प्रागैतिहासिक काल ♦ सिन्धु घाटी सभ्यता ♦ वैदिक काल ♦ प्राचीन भारत में धार्मिक आंदोलन ♦ महाजनपदों का उदय ♦ मगध राज्य का उत्कर्ष ♦ प्राचीन भारत पर विदेशी आक्रमण ♦ मौर्य वंश ♦ ब्राह्मण राज्य ♦ मौर्योत्तरकालीन भारत पर विदेशी आक्रमण ♦ गुप्त साम्राज्य ♦ संगम काल ♦ पुष्यभूति वंश ♦ दक्षिण भारत के प्रमुख राजवंश ♦ सीमावर्ती राजवंशों का अभ्युदय ♦ राजपूतों की उत्पत्ति।

मध्यकालीन भारत—भारत पर अरबों का आक्रमण ♦ महमूद गजनी/गजनवी ♦ मुहम्मद गोरी ♦ दिल्ली सल्तनत ♦ विजयनगर साम्राज्य ♦ बहमनी राज्य ♦ स्वतन्त्र प्रांतीय राज्य ♦ भक्ति एवं सूफी आंदोलन ♦ मुगल साम्राज्य ♦ मुगलकालीन प्रशासन ♦ मराठों का उत्कर्ष।

आधुनिक भारत—उत्तरकालीन मुगल सम्राट ♦ नए स्वतन्त्र राज्य ♦ भारत में यूरोपीय व्यापारिक कंपनियों का आगमन ♦ बंगाल पर अंग्रेजी आधिपत्य ♦ सिक्ख एवं अंग्रेज ♦ भारत के गवर्नर/गवर्नर जनरल/ वायसराय के महत्त्वपूर्ण कार्य ♦ 1757 से 1857 के मध्य हुए आंदोलन व विद्रोह ♦ 1857 का विद्रोह ♦ 1858 ई. के बाद के किसान विद्रोह व अन्य आंदोलन ♦ अंग्रेजी शासन का भारतीय अर्थव्यवस्था पर प्रभाव ♦ भारत में सामाजिक एवं धार्मिक सुधार आंदोलन ♦ भारतीय राष्ट्रीय आंदोलन ♦ स्वतन्त्रता आंदोलन से जुड़ी प्रमुख संस्थाएँ ♦ स्वतन्त्रता आंदोलन के दौरान प्रकाशित पत्र-पत्रिकाएँ ♦ स्वतन्त्रता आंदोलन के प्रमुख वचन एवं नारे ♦ कांग्रेस अधिवेशन।

विश्व इतिहास—पुनर्जागरण ♦ धर्म-सुधार आंदोलन ♦ इंग्लैण्ड की गौरवपूर्ण क्रान्ति ♦ औद्योगिक क्रान्ति ♦ अमेरिका का स्वतन्त्रता संग्राम ♦ फ्रांस की राज्य क्रान्ति ♦ जर्मनी का एकीकरण ♦ इटली का एकीकरण ♦ रूसी क्रान्ति ♦ प्रथम विश्व युद्ध ♦ इटली में फासीवाद का उदय ♦ जर्मनी में नाजीवाद का उदय ♦ जापानी साम्राज्यवाद ♦ द्वितीय विश्वयुद्ध।

ब्रह्माण्ड ♦ सौरमंडल ♦ पृथ्वी की आंतरिक संरचना ♦ पृथ्वी की गतियाँ ♦ अक्षांश-देशान्तर एवं अन्तरराष्ट्रीय तिथि रेखा व समय ♦ स्थलमण्डल ♦ वायुमंडल ♦ जलमंडल ♦ विश्व के महाद्वीप ♦ पारिस्थितिकी ♦ प्रदूषण ♦ विश्व की प्रमुख फसलें ♦ विश्व के प्रमुख खनिज एवं उत्पादक देश ♦ विश्व के प्रमुख औद्योगिक नगर ♦ विश्व की प्रमुख प्रजातियाँ ♦ विश्व की प्रमुख वनस्पति ♦ विश्व के प्रमुख भौगोलिक उपनाम ♦ विश्व के प्रमुख स्थान ♦ विश्व की प्रमुख भौगोलिक खोजें ♦ विश्व के महासागर ♦ विश्व की प्रमुख नहरें ♦ विश्व की प्रमुख जलसन्धियाँ ♦ विश्व की प्रमुख नदियाँ ♦ नदियों के किनारे बसे विश्व के प्रमुख नगर ♦ विश्व की प्रमुख झीलें ♦ विश्व के प्रमुख जलप्रपात ♦ विश्व के प्रमुख द्वीप ♦ विश्व के प्रमुख पठार ♦ विश्व के प्रमुख पर्वत-शिखर ♦ विश्व के प्रमुख रेगिस्तान ♦ विश्व के प्रमुख जलडमरूमध्य ♦ विश्व के भू-आवेष्ठित देश ♦ विश्व के प्रमुख देशों की राजधानी एवं मुद्रा ♦ विश्व प्रसिद्ध स्थल।

भारत का भूगोल—सामान्य परिचय ♦ भारत का भौगोलिक स्वरूप ♦ भारत के द्वीप ♦ भारत में नदी प्रणाली ♦ भारत की प्रमुख झीलें ♦ भारत के प्रमुख जलप्रपात ♦ भारत की जलवायु ♦ भारत की मिट्टी ♦ भारत में कृषि ♦ भारत में सिंचाई ♦ भारत के खनिज संसाधन ♦ भारत के उद्योग ♦ भारत में परिवहन ♦ भारत की जनगणना-2011 ♦ भारत की प्रमुख बहुउद्देशीय नदी घाटी परियोजनाएँ ♦ नदियों के किनारे बसे नगर ♦ भारत के पर्वतीय नगर ♦ भारत के प्रमुख वन्य जीव अभयारण्य/राष्ट्रीय उद्यान ♦ भारत के प्रमुख भौगोलिक उपनाम ♦ भारतीय राज्यों एवं केन्द्रशासित प्रदेशों की राजधानी ♦ भारतीय जनजातियाँ।

भारतीय संविधान का इतिहास ♦ संविधान सभा ♦ भारतीय संविधान की प्रस्तावना/उद्देशिका ♦ भारतीय संविधान के विभिन्न स्रोत ♦ भारतीय संविधान की अनुसूचियाँ ♦ भारतीय नागरिकता ♦ मूल अधिकार ♦ राज्य के नीति निर्देशक तत्त्व ♦ मौलिक कर्तव्य ♦ संघीय कार्यपालिका ♦ भारतीय संसद ♦ भारत की संचित निधि ♦ राज्य का महाधिवक्ता ♦ भारत की आकस्मिकता निधि ♦ भारत का महान्यायवादी ♦ भारत का नियंत्रक एवं महालेखा परीक्षक ♦ संविधान संशोधन की विधि ♦ सर्वोच्च न्यायालय ♦ राज्य की कार्यपालिका ♦ उच्च न्यायालय ♦ केन्द्र-राज्य सम्बन्ध ♦ अन्तरराज्य परिषद ♦ नीति आयोग ♦ राष्ट्रीय विकास परिषद ♦ लोक सेवा आयोग ♦ वित्त आयोग ♦ निर्वाचन आयोग ♦ राजभाषा ♦ आपात उपबंध ♦ संसद की वित्तीय समितियाँ ♦ पंचायती राज ♦ महत्त्वपूर्ण संवैधानिक शब्दावली ♦ संविधान के महत्त्वपूर्ण अनुच्छेद ♦ प्रमुख संवैधानिक संशोधन ♦ 1950 के पश्चात् बनाये गये राज्य ♦ भारत के महत्त्वपूर्ण पदाधिकारियों से सम्बन्धित महत्त्वपूर्ण तथ्य ♦ भारत के मुख्य पदाधिकारियों से सम्बन्धित उम्र सम्बन्धी तथ्य ♦ विभिन्न राष्ट्रीय व राज्यस्तरीय पार्टियाँ ♦ देश में वरीयता अनुक्रम ♦ प्रमुख संवैधानिक अधिकारियों के मासिक वेतन ♦ भारत के राष्ट्रीय प्रतीक।

भारतीय अर्थव्यवस्था—भारतीय अर्थव्यवस्था के महत्त्वपूर्ण लक्षण ♦ राष्ट्रीय आय ♦ आर्थिक नियोजन ♦ निर्धनता ♦ बेरोजगारी ♦ भारत में कृषि ♦ भारत के प्रमुख उद्योग ♦ नई आर्थिक नीति ♦ मुद्रा एवं बैंकिंग ♦ अन्तरराष्ट्रीय वित्तीय संस्थाएँ/व्यापारिक संगठन ♦ आर्थिक शब्दावली।

भौतिक विज्ञान—मात्रक ♦ गति ♦ कार्य, ऊर्जा एवं शक्ति ♦ गुरुत्वाकर्षण ♦ दाब ♦ प्लवन ♦ पृष्ठ तनाव ♦ श्यानता ♦ प्रत्यास्थता ♦ तरंग ♦ ध्वनि तरंग ♦ ऊष्मा ♦ प्रकाश ♦ विद्युत ♦ चुम्बकत्व ♦ परमाणु भौतिकी ♦ नाभिकीय विखंडन तथा संलयन ♦ वैज्ञानिक यंत्र एवं उनके उपयोग ♦ विभिन्न यंत्रों एवं उपकरणों के आविष्कारक ♦ भौतिकी सम्बन्धी महत्त्वपूर्ण खोज ♦ माप-तौल के विभिन्न मात्रक ♦ मात्रकों का एक पद्धति से दूसरी पद्धति में परिवर्तन ♦ मापने की इकाईयाँ।

रसायन विज्ञान—पदार्थ एवं उसकी उत्पत्ति ♦ परमाणु संरचना ♦ तत्त्वों की आवर्त सारणी ♦ रासायनिक बंधन ♦ विलयन ♦ उत्प्रेरण ♦ धातुएँ ♦ मिश्रधातु ♦ अधातुएँ ♦ धातुएँ, अधातुएँ और उनके यौगिकों का उपयोग ♦ कार्बन तथा उसके यौगिक ♦ बहुलकीकरण एवं प्लास्टिक ♦ पेट्रोलियम उद्योग ♦ ईंधन ♦ जल की कठोरता ♦ अम्ल, क्षार एवं लवण ♦ मनुष्य द्वारा निर्मित पदार्थ ♦ रासायनिक विज्ञान के महत्त्वपूर्ण तथ्य ♦ रासायनिक पदार्थों के व्यापारिक तथा रासायनिक नाम एवं सूत्र।

जीव विज्ञान—जीवधारियों का वर्गीकरण ♦ कोशिका विज्ञान ♦ आनुवंशिकी ♦ जैव-विकास ♦ वनस्पति विज्ञान ♦ आर्थिक वनस्पति विज्ञान ♦ वनस्पति शास्त्र से सम्बद्ध महत्त्वपूर्ण तथ्य ♦ जन्तु विज्ञान ♦ मानव शरीर के प्रमुख तंत्र ♦ पोषण एवं स्वास्थ्य ♦ प्रमुख रोगों द्वारा प्रभावित शरीर के अंग ♦ महत्त्वपूर्ण तंत्र एवं सम्बद्ध रोग ♦ मानव रोग ♦ विज्ञान की प्रमुख शाखाएँ ♦ विविध तथ्य।

विज्ञान एवं प्रौद्योगिकी– भारत अंतरिक्ष अनुसंधान ♦ भारतीय परमाणु अनुसंधान ♦ भारतीय रक्षा प्रौद्योगिकी।

नवीनतम शब्द संक्षेप ♦ भारत में प्रथम (पुरुष) ♦ भारत में प्रथम (महिला) ♦ भारत में प्रथम अन्य ♦ भारत में सर्वाधिक बड़ा, लम्बा एवं ऊँचा ♦ विश्व में प्रथम ♦ विश्व में सर्वाधिक बड़ा, छोटा, लम्बा एवं ऊँचा ♦ प्रमुख देशों के राष्ट्रीय स्मारक ♦ प्रमुख देशों के राष्ट्रीय चिह्न ♦ प्रमुख अन्तरराष्ट्रीय सीमाएँ ♦ प्रमुख देशों के अध्यक्षों के कार्य/निवास-स्थल ♦ प्रमुख देशों की समाचार एजेंसियाँ ♦ प्रमुख देशों के राजनीतिक दल ♦ प्रमुख देशों के सरकारी दस्तावेज ♦ विश्व की प्रमुख गुप्तचर संस्थाएँ ♦ प्रमुख चिह्न तथा प्रतीक ♦ प्रमुख देशों के राष्ट्रीय पशु ♦ विश्व की अन्तरराष्ट्रीय विमान सेवाएँ ♦ प्रमुख देशों की संसद ♦ विश्व के प्रमुख समाचारपत्र एवं प्रकाशन-स्थल ♦ संयुक्त राष्ट्र संघ ♦ विश्व के कुछ अन्य प्रमुख संगठन ♦ विश्व के प्रमुख संगठन और उनके मुख्यालय ♦ विश्व के धर्म ♦ प्रमुख दिवस (राष्ट्रीय एवं अन्तरराष्ट्रीय) ♦ भारत के प्रमुख पर्यटन स्थल ♦ भारत के विश्व विरासत स्थल (यूनेस्को सूची) ♦ भारत की प्रतिरक्षा ♦ भारत के सैनिक प्रशिक्षण संस्थान ♦ भारत की आन्तरिक सुरक्षा व्यवस्था ♦ भारत के प्रमुख शोध-संस्थान ♦ भारत के प्रमुख वाद्ययंत्र और उनके वादक ♦ प्रमुख शास्त्रीय नृत्य एवं उसके कलाकार ♦ भारत के सांस्कृतिक संस्थान एवं स्थापना वर्ष ♦ राज्यों से सम्बन्धित लोकनृत्य ♦ प्रमुख व्यक्तियों के लोकप्रिय उपनाम ♦ प्रमुख व्यक्तियों से सम्बन्धित स्थान ♦ महान कार्यों से सम्बन्धित व्यक्ति ♦ प्रमुख पुरस्कार एवं सम्मान ♦ राष्ट्रीय पुरस्कार ♦ भारत रत्न से सम्मानित व्यक्ति ♦ ज्ञानपीठ पुरस्कार से सम्मानित साहित्यकार ♦ दादा साहेब फाल्के पुरस्कार पाने वाले व्यक्ति ♦ प्रमुख लेखक एवं उनकी पुस्तक।

खेल समाचार

कम्प्यूटर

इतिहास

भारतीय इतिहास

परिचय

विशाल क्षेत्रफल वाला देश भारत रूस के बिना यूरोप महाद्वीप के समान है। इसकी जनसंख्या के विषय में ई.पू. पाँचवीं सदी में इतिहास के पिता 'हेरोडोटस' ने कहा कि "हमारे ज्ञात राष्ट्रों में सबसे अधिक जनसंख्या भारत की है।" विशाल जनसमूह वाले इस देश में विभिन्न जातियों एवं धर्मों के लोग एक साथ रहते हैं। इनके द्वारा लगभग 220 भाषाएँ बोली जाती हैं। महाकाव्यों एवं पुराणों में भारत का वर्णन निम्नलिखित रूप में मिलता है-

उत्तरं यत् समुद्रस्य हिमाद्रेश्चैव दक्षिणम्।
वर्षम् तद् भारतम् नाम भारती यत्र सन्ततिः॥

(विष्णु पुराण)

अर्थात्, वह देश जो समुद्र के उत्तर तथा हिमालय पर्वत के दक्षिण में स्थित है, को **भारतवर्ष** कहा जाता है तथा यहाँ के निवासियों को **भारती** अर्थात् भारत की सन्तान कहा जाता है।

- यूनानियों ने भारत को '**इण्डिया**' (India) तथा मध्यकालीन मुस्लिम इतिहासकारों ने '**हिन्द**' अथवा '**हिन्दुस्तान**' के नाम से सम्बोधित किया है।
- अध्ययन की सुविधा के लिए भारतीय इतिहास को तीन भागों– प्राचीन भारत, मध्यकालीन भारत और आधुनिक भारत में बाँटा गया है। प्रत्येक भाग का संक्षिप्त उल्लेख निम्नलिखित रूप में है-

प्राचीन भारत

1. प्राचीन भारतीय इतिहास के स्रोत

हमें प्राचीन इतिहास के विषय में जानकारी मुख्यतः चार स्रोतों से प्राप्त होती है। (1) धार्मिक ग्रन्थ (2) लौकिक/धर्मनिरपेक्ष साहित्य (3) पुरातात्विक साक्ष्य और (4) विदेशियों का विवरण।

धार्मिक ग्रन्थ

प्राचीन समय से ही भारत एक धर्म प्रधान देश रहा है। यहाँ प्रायः तीन धार्मिक धाराएँ– वैदिक, बौद्ध एवं जैन धर्म प्रवाहित हुईं। वैदिक धर्मग्रन्थ को ब्राह्मण धर्मग्रन्थ भी कहा जाता है।

वैदिक धर्मग्रन्थ

- वेद शब्द का अर्थ '**महत् ज्ञान**' अर्थात् पवित्र एवं आध्यात्मिक ज्ञान है। वेद शब्द संस्कृत के 'विद्' धातु से निर्मित है जिसका अर्थ है जानना।
- वेदों के संकलनकर्ता महर्षि कृष्ण द्वैपायन वेदव्यास थे। कुछ लोगों ने वेदों को **अपौरुषेय** अर्थात् **दैवकृत** माना है। वेदों की कुल संख्या चार है– ऋग्वेद, सामवेद, यजुर्वेद एवं अथर्ववेद।

ऋग्वेद

- ऋग्वेद चारों वेदों में सर्वाधिक प्राचीन है। ऋग्वेद से ही आर्यों की राजनीतिक प्रणाली एवं इतिहास के विषय में जानकारी प्राप्त होती है।

- ऋग्वेद अर्थात् ऐसा ज्ञान जो ऋचाओं/मन्त्रों में बद्ध हो। इन मन्त्रों का उच्चारण यज्ञों के अवसर पर **होतृ ऋषियों** द्वारा किया जाता है।
- ऋग्वेद भारत ही नहीं सम्पूर्ण विश्व की प्राचीनतम रचना है। इसकी रचनाकाल 1500 से 1000 ई.पू. मानी जाती है।
- ऋग्वेद में कुल 10 मण्डल, 8 अष्टक, 1028 सूक्त एवं कुल 10,600 मन्त्र हैं। सूक्तों के पुरुष रचियताओं में गृत्समद, विश्वामित्र, वामदेव, अत्रि, भारद्वाज और वशिष्ट तथा स्त्री रचियताओं में लोपामुद्रा, घोषा, शची, पैलेमी और कक्षावृति प्रमुख हैं।
- ऋग्वेद के दूसरे एवं सातवें मण्डल की ऋचाएँ सर्वाधिक प्राचीन हैं, जबकि पहला एवं दसवाँ मण्डल सबसे अन्त में जोड़ा गया है।
- ऋग्वेद के दसवें मण्डल में सर्वप्रथम शूद्रों का उल्लेख मिलता है जिसे 'पुरुषसूक्त' के नाम जाना जाता है। इसी मण्डल में अद्वैत दर्शन के विकसित होने का संकेत मिलता है।
- लोकप्रिय गायत्री मन्त्र का उल्लेख ऋग्वेद के तीसरे मण्डल में मिलता है। विश्वामित्र द्वारा रचित यह मंत्र (गायत्री मंत्री) सूर्य देवता सावित्री (सविता) को समर्पित है।
- ऋग्वेद के आठवें मंडल में मिली हस्तलिखित ऋचाओं को **'खिल'** कहा गया है।
- ऋग्वेद का नौवाँ मण्डल लगभग पूरी तरह से सोम (सम्भवत: एक वृक्ष) नामक देवता को समर्पित है।
- चातुष्वर्ण्य (ब्राह्मण, क्षत्रिय, वैश्य तथा शूद्र) समाज की कल्पना का आदि स्रोत ऋग्वेद के 10वें मंडल में वर्णित है। हलाँकि इसे क्षेपक अर्थात् बाद में जोड़ा गया माना जाता है।
- ऋग्वेद की पाँच शाखाएँ हैं– शाकल, वाष्कल, आश्वलायन, शंखायन तथा माण्डुक्य।
- विष्णु के वामनावतार के तीन पगों के आख्यान का प्राचीनतम स्रोत ऋग्वेद है।

सामवेद

- 'साम' का शाब्दिक अर्थ 'गान' है। सामवेद गान-प्रधान ग्रन्थ है।
- सामवेद में संकलित मन्त्रों को देवताओं की स्तुति और यज्ञ आदि के समय गाया जाता था। सामवेद के मन्त्रों का गान सोमयज्ञ के समय **'उद्गातृ'** नामक पुरोहित करते थे।
- सामवेद में लगभग 1550 ऋचाएँ/मन्त्र हैं, जिनमें 75 को छोड़कर शेष ऋग्वेद से ली गयी हैं।
- देवता विषयक विवेचन की दृष्टि से सामवेद का प्रमुख देवता 'सविता' या 'सूर्य' है।
- भारतीय संगीत के इतिहास के क्षेत्र में सामवेद का महत्त्वपूर्ण योगदान है। सामवेद को भारतीय संगीत का जनक कहा जाता है।
- सामवेद की तीन महत्त्वपूर्ण शाखाएँ हैं– कौथुम, जैमिनीय एवं राणायनीय।

यजुर्वेद

- 'यजुष' का शाब्दिक अर्थ 'यज्ञ' है। इस वेद में विभिन्न यज्ञ-विधियों का संग्रह है। यजुर्वेद के मन्त्रों का उच्चारण **'अर्ध्वयु'** नामक पुरोहित करते थे।
- यजुर्वेद में अनेक प्रकार के यज्ञों को सम्पन्न कराने की विधियों का उल्लेख है।
- यजुर्वेद गद्य एवं पद्य दोनों में है। गद्य को 'यजुष' कहा गया है।
- यजुर्वेद के दो मुख्य भाग हैं– कृष्ण यजुर्वेद एवं शुक्ल यजुर्वेद।
- **कृष्ण यजुर्वेद :** इसमें छन्दोबद्ध मन्त्र तथा गद्यात्मक वाक्य हैं। इसकी मुख्य शाखाएँ हैं– तैत्तरीय, काठक, कपिष्ठल, मैत्रायणी।
- **शुक्ल यजुर्वेद :** इसमें केवल मन्त्रों का समावेश है। इसकी मुख्य शाखाएँ हैं– माध्यन्दित तथा काण्व। इसकी संहिताओं को **वाजसनेय** भी कहा जाता है क्योंकि वाजसेनी के पुत्र याज्ञवल्क्य इसके द्रष्टा थे।
- महर्षि पतन्जलि द्वारा वर्णित यजुर्वेद की 101 शाखाओं में से इस समय केवल निम्नलिखित पाँच– तैत्तरीय, काठक, कपिष्ठल, मैत्रायणी और वाजसनेय ही उपलब्ध हैं।

➩ स्त्रियों की सर्वाधिक गिरी हुई स्थिति की जानकारी मैत्रायणी संहिता से मिलती है। इस संहिता में जुआ और शराब के बाद स्त्री को पुरुष का तीसरा मुख्य दोष बताया गया है।

➩ यजुर्वेद से उत्तर-वैदिक युग की राजनैतिक, सामाजिक एवं धार्मिक जीवन की जानकारी मिलती है।

वेद एवं उनके उपवेद	
वेद	**उपवेद**
ऋग्वेद	धनुर्वेद
सामवेद	गन्धर्ववेद
यजुर्वेद	शिल्पवेद
अथर्ववेद	आयुर्वेद

अथर्ववेद

➩ इस वेद की रचना 'अथर्वा' ऋषि द्वारा की गयी है। अतः अथर्वा ऋषि के नाम पर ही इसे अथर्ववेद कहते हैं। इसके दूसरे द्रष्टा आंगिरस ऋषि थे। अतः अथर्ववेद को अथर्वाङ्गिरसवेद भी कहा जाता है।

➩ अथर्ववेद में कुल 20 मण्डल, 731 सूक्त एवं 5,839 मन्त्र हैं। इस वेद के सभी 731 सूक्त पद्य एवं गद्य दोनों में हैं।

➩ अथर्ववेद के महत्त्वपूर्ण विषय हैं– ब्रह्मज्ञान, औषधि प्रयोग, रोग निवारण, जादू, मन्त्र एवं टोना-टोटका आदि। इस वेद में ही कन्याओं के जन्म की निंदा की गयी है।

➩ इस वेद की दो अन्य शाखाएँ हैं– पिप्पलाद एवं शौनक।

ब्राह्मण

➩ यज्ञों एवं कर्मकाण्डों के विधान एवं इनकी क्रियाओं को भली-भाँति समझने के लिए जिन नवीन ग्रन्थों की रचना हुई, उस ग्रन्थ को ब्राह्मण साहित्य के नाम से जाना जाता है।

➩ यज्ञ के विषयों का अच्छी तरह से प्रतिपादन करने का वर्णन ब्राह्मण ग्रन्थों में मिलता है।

➩ ब्राह्मण ग्रन्थों में वैदिक संहिताओं की गद्यात्मक व्याख्या है। ये ग्रन्थ अधिकतर गद्य में लिखे हुए प्राप्त होते हैं।

➩ प्रत्येक वेद के अपने-अपने ब्राह्मण होते हैं। जैसे– ऋग्वेद के ऐतरेय एवं कौषीतकी ब्राह्मण, यजुर्वेद के शतपथ ब्राह्मण या वाजसनेय ब्राह्मण, सामवेद के पंचविंश या ताण्ड्य ब्राह्मण एवं अथर्ववेद का गोपथ ब्राह्मण।

➩ प्राचीन इतिहास के स्रोत के रूप में ऋग्वेद के बाद वैदिक साहित्यों में शतपथ ब्राह्मण का महत्त्वपूर्ण स्थान है।

आरण्यक

➩ आरण्यकों में दार्शनिक एवं रहस्यात्मक विषयों का वर्णन है। इन ग्रन्थों को आरण्यक इसलिए कहा गया है, क्योंकि इन्हें अरण्य अर्थात् वन में पढ़ा जाता था।

➩ आरण्यकों की कुल संख्या सात है– (1) ऐतरेय आरण्यक (2) शांख्यान आरण्यक (3) तैत्तरीय आरण्यक (4) मैत्रायणी आरण्यक (5) माध्यन्दिन बृहदारण्यक (6) तल्वकार आरण्यक तथा (7) जैमिनी आरण्यक।

उपनिषद

➩ उपनिषद का शाब्दिक अर्थ है 'समीप बैठना' अर्थात् ब्रह्मविद्या को प्राप्त करने के लिए गुरु के समीप बैठना। इस प्रकार उपनिषद एक ऐसा रहस्य ज्ञान है जिसे हम गुरु के सहयोग से ही समझ सकते हैं।

➩ ब्रह्म विषयक होने के कारण उपनिषदों को **ब्रह्मविद्या** भी कहा जाता है।

➩ उपनिषदों में आत्मा, परमात्मा एवं संसार के संदर्भ में प्रचलित दार्शनिक विचारों का संग्रह है। वस्तुतः उपनिषदों में प्राचीन भारत का दार्शनिक ज्ञान सुरक्षित है।

➩ वैदिक साहित्य के अंतिम भाग होने के कारण उपनिषदों को **'वेदान्त'** भी कहा जाता है। उपनिषदों का रचनाकाल 800-500 ई.पू. के मध्य माना जाता है।

- उपनिषदों में जिस निष्काम कर्म मार्ग और भक्ति मार्ग दर्शन का प्रतिपादन किया गया उसका विकास **भगवद्गीता** में हुआ।
- उपनिषदों की संख्या 108 है। इनमें से प्रमुख उपनिषद हैं– ईश, केन, कठ, माण्डूक्य, तैत्तरीय, ऐतरेय, छांदोग्य, बृहदारण्यक, श्वेताश्वर, कौषीतकी, मुण्डक, प्रश्न आदि। **भारत का प्रसिद्ध राष्ट्रीय आदर्श वाक्य 'सत्यमेव जयते' मुण्डकोपनिषद् से ही लिया गया है।**

वेदांग

- वेदांग शब्द से अभिप्राय है– जिसके द्वारा किसी वस्तु के स्वरूप को समझने में सहायता मिले। वेदों के अर्थ को अच्छी तरह समझने में वेदांग काफी सहायक हैं।
- वेदांगों की कुल संख्या छः है जो इस प्रकार है–
    1. **शिक्षा–** वैदिक वाक्यों के स्पष्ट उच्चारण हेतु इसका निर्माण हुआ। वैदिक शिक्षा सम्बन्धी प्राचीनतम साहित्य **'प्रतिशाख्य'** है।
    2. **कल्प–** वैदिक कर्मकाण्डों को सम्पन्न करवाने के लिए निश्चित किये गये विधि-नियमों का प्रतिपादन ही **'कल्पसूत्र'** कहलाता है।
    3. **व्याकरण–** इसके अन्तर्गत समासों एवं सन्धि आदि के नियम, नामों एवं धातुओं की रचना, उपसर्ग एवं प्रत्यय के प्रयोग आदि के नियम बताये गये हैं। पाणिनिकृत अष्टाध्यायी संस्कृत भाषा व्याकरण की प्रथम पुस्तक है
    4. **निरूक्त–** शब्दों की व्युत्पत्ति एवं निर्वचन बतलाने वाले शास्त्र निरूक्त कहलाते हैं। क्लिष्ट वैदिक शब्दों के संकलन **'निघंटु'** की व्याख्या हेतु यास्क ने निरूक्त की रचना की थी। निरूक्त को भाषा शास्त्र का प्रथम ग्रन्थ माना जाता है।
    5. **छन्द–** वैदिक साहित्य में मुख्य रूप से गायत्री, त्रिष्टुप, जगती, वृहती आदि छन्दों का प्रयोग किया जाता है।
    6. **ज्योतिष–** इसमें ज्योतिष शास्त्र के विकास को दिखाया गया है।

स्मृतियाँ

- स्मृतियों को **'धर्मशास्त्र'** भी कहा जाता है। मानव जीवन से सम्बद्ध अनेक क्रियाकलापों के बारे में असंख्य विधि-निषेधों की जानकारी इन स्मृतियों से मिलती है।
- स्मृतियों में सबसे प्राचीन एवं महत्त्वपूर्ण मनुस्मृति है। ई.पू. 200 से 200 ई. के मध्य रचित मनुस्मृति को मानव धर्मशास्त्र भी कहा जाता है। अन्य स्मृतियों में उल्लेखनीय हैं - याज्ञवलक्य, विष्णु एवं नारदस्मृति।
- अधिकांश स्मृतियों की रचना गुप्त और गुप्तोत्तर काल में हुई। इन पर अनेक टीकाएँ भी लिखी गयीं।
- **मेधातिथि, भारूचि, कुल्लूक भट्ट, गोविंदराय** आदि टीकाकारों ने **मनुस्मृति** पर टीका/भाष्य लिखे।
- विश्वरूप, अपरार्क, विज्ञानेश्वर आदि ने याज्ञवलक्य स्मृति पर भाष्य लिखे।

महाकाव्य

- **रामायण** एवं **महाभारत** भारत के दो सर्वाधिक प्राचीन महाकाव्य हैं। यद्यपि इन दोनों के रचनाकाल के विषय में काफी विवाद है, फिर भी कुछ उपलब्ध साक्ष्यों के आधार पर इन महाकाव्यों का रचनाकाल चौथी शती ई.पू. से चौथी शती ई. के मध्य माना गया है।
    1. **रामायण–** रामायण की रचना महर्षि बाल्मीकि द्वारा पहली एवं दूसरी शताब्दी के दौरान संस्कृत भाषा में की गयी। महर्षि बाल्मीकि कृत रामायण में मूलतः 6000 श्लोक थे जो

कालांतर में 12000 हुए और पुनः 24000 हो गये। इसे **चतुर्विंशति साहस्त्री संहिता** भी कहा गया है।

- बाल्मीकि द्वारा रचित रामायण सात काण्डों– बालकाण्ड, अयोध्याकाण्ड, अरण्यकाण्ड, किष्किन्धाकाण्ड, सुन्दरकाण्ड, युद्धकाण्ड एवं उत्तरकाण्ड में बँटा हुआ है।
- रामायण द्वारा उस समय की राजनीतिक, सामाजिक एवं धार्मिक स्थिति का ज्ञान होता है।

2. **महाभारत–** महर्षि वेदव्यास द्वारा रचित महाभारत महाकाव्य रामायण से वृहद है। लगभग 950 ई.पू. में हुए भरत-युद्ध का विस्तृत रूप ही महाभारत है। इसका अन्तिम संकलन गुप्तकाल में हुआ।
   - महाभारत में प्रारंभ में सिर्फ 8,800 पद्य/श्लोक थे और इसे **जयसंहिता** (विजय सम्बन्धी ग्रन्थ) के नाम से जाना जाता था। बाद में श्लोकों की संख्या 24,000 होने तथा वैदिक जन भरत के वंशजों की कथा होने के कारण **भारत** कहलाया। अंतिम संकलन के समय पद्यों की संख्या एक लाख होने पर यह **'शतसाहस्त्री संहिता'** या **महाभारत** कहलाया। **महाभारत का प्रारम्भिक उल्लेख आश्वलायन गृहसूत्र में मिलता है।**
   - महाभारत महाकाव्य 18 पर्वों– आदि, सभा, वन, विराट, उद्योग, भीष्म, द्रोण, कर्ण, शल्य, सौप्तिक, स्त्री, शान्ति, अनुशासन, अश्वमेघ, आश्रमवासी, मौसल, महाप्रास्थानिक एवं स्वर्गारोहण में विभाजित है।
   - इस महाकाव्य से तत्कालीन राजनीतिक, सामाजिक एवं धार्मिक स्थिति का ज्ञान प्राप्त होता है।

पुराण

- पुराण का शाब्दिक अर्थ है– प्राचीन आख्यान।
- इससे राजाओं की वंशावलियों तथा तत्कालीन समाज, धर्म, तीर्थ, भूगोल इत्यादि के बारे में जानकारी मिलती है।
- पुराणों के पाँच लक्षण बताये गए हैं जो इस प्रकार हैं– सर्ग, प्रतिसर्ग, वंश, मन्वन्तर तथा वंशानुचरित।
- पुराणों की कुल संख्या 18 है। जिसमें विष्णु, ब्रह्मा, भागवत्, वायु, मत्स्य तथा भविष्य पुराण सर्वाधिक प्राचीन है।
- विष्णु, मत्स्य, वायु तथा भागवत् पुराण सर्वाधिक ऐतिहासिक महत्त्व के हैं, क्योंकि इनमें राजाओं की वंशावलियाँ दी गयी है।
- मत्स्य पुराण सर्वाधिक प्राचीन एवं प्रमाणिक है।
- विष्णु पुराण मौर्य एवं गुप्त वंश से सम्बन्धित विशेष जानकारी मिलती है।
- वायु पुराण से शुंग वंश की जानकारी मिलती है। गुप्त साम्राज्य की सीमाओं की जानकारी हेतु वायु पुराण सर्वाधिक प्रमाणिक माना जाता है।
- मत्स्य पुराण आंध्र-सातवाहन वंश से सम्बन्धित है।
- पुराणों का संकलन करने वालों ने कृत (सत्), त्रेता, द्वापर एवं कलि नामक चार युगों का वर्णन किया है। प्रत्येक युग के बारे में कहा गया है कि आगे आने वाला युग अपने पीछे के युग की तुलना में पतनशील होगा।

बौद्ध धर्मग्रन्थ/बौद्ध साहित्य

- बौद्ध धर्म के उद्‌भव और विकास के साथ ही एक विशाल साहित्य की भी रचना हुई। हालाँकि ब्राह्मण ग्रन्थों की तरह बौद्ध धर्मग्रन्थ भी धर्मप्रधान साहित्य है, लेकिन इनमें प्रशासनिक, सामाजिक, आर्थिक, धार्मिक और सांस्कृति महत्त्व की अनेक बातें भी देखने को मिलती हैं।
- आरम्भिक बौद्धग्रन्थ पालि-भाषा में लिखे गये थे।
- अंगुत्तर निकाय नामक बौद्धग्रन्थ से छठी शताब्दी ई.पू. के सोलह महाजनपदों का उल्लेख मिलता है।
- खुद्यक निकाय नामक बौद्धग्रन्थ में जातक कथाओं जिनकी संख्या लगभग 547 है का वर्णन किया गया है। जातक कथाएँ यद्यपि मूलतः बुद्ध के पूर्वजन्म/पूर्वजीवन से सम्बद्ध है।
- जातकों से गणतन्त्रों, नागरिक जीवन, प्रशासनिक व्यवस्था, अस्पृश्यता, दासों की स्थिति, व्यापार-वाणिज्य के प्रचार-प्रसार आदि की जानकारी प्राप्त होती है। जातक कथाओं में बुद्ध के समकालीन राजाओं के नामों का भी उल्लेख मिलता है।
- बौद्ध साहित्य के तीन विभिन्न बौद्धग्रन्थों का सम्मिलित नाम ही **त्रिपिटक** है। त्रिपिटक का पालि-साहित्य में विशेष स्थान है। त्रिपिटक के अन्तर्गत शामिल तीन बौद्ध साहित्य निम्नवत् है–

1. **सुत्तपिटक :** यह त्रिपिटकों में सबसे बड़ा एवं श्रेष्ठ है। इसमें बुद्ध ने धार्मिक विचारों एवं उपदेशों का संग्रह है। यह पिटक पाँच निकायों में विभाजित है।

   क. दीर्घनिकाय : गद्य और पद्य शैली में रचित इस निकाय में बौद्ध धर्म के सिद्धान्तों का समर्थन एवं अन्य धर्मों के सिद्धान्तों को खण्डन किया गया। इस निकाय का सर्वाधिक महत्त्वपूर्ण सूक्त है **महापरिनिब्बानसुत**। इस निकाय में महात्मा बुद्ध के जीवन के आखिरी क्षणों का वर्णन है।

   ख. मज्झिम निकाय : इसमें महात्मा बुद्ध को कहीं साधारण मनुष्य के रूप में तो कहीं अलौकिक शक्ति वाले दैवी रूप में वर्णित किया गया है।

   ग. संयुक्त निकाय : गद्य एवं पद्य दोनों शैलियों के प्रयोग वाला यह निकाय अनेक 'संयुक्तों' का संकलन मात्र है।

   घ. अंगुत्तर निकाय : 11 निपातों में संगठित इस निकाय में महात्मा बुद्ध द्वारा भिक्षुओं को उपदेशों में कही जाने वाली बातों का वर्णन है।

   ङ. खुद्दक निकाय : भाषा, विषय एवं शैली की दृष्टि से सभी निकायों से अलग लघु ग्रन्थों के संकलन वाला यह निकाय अपने आप में स्वतन्त्र एवं पूर्ण है। इसके कुछ अन्य ग्रन्थ इस प्रकार हैं– खुद्यक पाठ, धम्मपद, उदान, इतिबुत्तक, सुनिनिपात, विमानवत्थु, पेतवत्थु, थेरगाथा, थेरीगाथा एवं जातक। जातकों में बुद्ध के पूर्व जन्म से सम्बन्धित कहानियों का संकलन है।

2. **विनयपिटक :** इस ग्रन्थ में मठ निवासियों के अनुशासन सम्बन्धी नियम दिये गये हैं। यह पिटक चार भागों में विभक्त है– (क) पातिभोक्ख (ख) सुत्त विभंग (ग) खंधक एवं (घ) परिवार।

3. **अभिधम्म पिटक :** इसमें बौद्ध मन्त्रों की दार्शनिक व्याख्या की गयी है। बौद्ध परम्परा की ऐसी मान्यता है कि इस पिटक का संकलन अशोक के समय सम्पन्न तृतीय बौद्ध संगीति में मोग्गलिपुत्त तिस्स ने किया। इस पिटक के अन्य सात ग्रन्थ हैं– धम्मसंगणि, विभंग, धातुकथा, पुग्गलपञ्चत्ति, कथावस्तु, यमक, पत्थान ग्रन्थ आदि।

- त्रिपिटकों के अतिरिक्त पालिभाषा में लिखे गये कुछ अन्य महत्त्वपूर्ण ग्रन्थ हैं- मिलिन्दपन्हों, दीपवंश एवं महावंश। इन तीनों में से प्रथम ग्रन्थ में यूनानी नरेश मीनेण्डर (मिलिन्द) एवं

बौद्ध भिक्षु नागसेन के बीच वार्तालाप का वर्णन है जबकि अन्तिम दो महाकाव्य हैं और इनकी रचना श्रीलंका में हुई।

- अन्य प्रमुख बौद्ध ग्रन्थों में अशोकावदान, अवदानशतक, दिव्यावदान, बुद्धचरित, सौन्दरानन्द, आर्यमंजुश्रीमूलकल्प इत्यादि।

जैन धर्म ग्रन्थ/जैन साहित्य

- जैन धर्म ग्रन्थों की रचना मुख्यत: प्राकृत भाषा में हुई।
- जैन साहित्य को **'आगम'** कहा जाता है। इन आगम ग्रन्थों की रचना सम्भवत: श्वेताम्बर सम्प्रदाय के आचार्यों द्वारा महावीर स्वामी की मृत्यु के बाद की गयी।
- जैन ग्रन्थों में प्रमुख परिशिष्टपर्व, आचारांगसूत्र, कल्पसुत्र, भगवतीसूत्र, उवासगदसाओसुत्र, भद्रबाटुचरित, त्रिषष्टिशलाका, पुरुषचरित इत्यादि महत्त्वपूर्ण हैं।
- आचारांगसूत्र से जैन भिक्षुओं के विधि-निषेधों एवं आचार-विचारों का विवरण एवं भगवतीसूत्र से महावीर स्वामी के जीवन शिक्षओं आदि के विषय में जानकारी मिलती है।

लौकिक/धर्मनिरपेक्ष साहित्य

- इस प्रकार के साहित्य से तत्कालीन भारतीय समाज के राजनीतिक एवं सांस्कृतिक इतिहास को जानने में काफी मदद मिलती है। इस प्रकार की कृतियों में प्रमुख हैं– **अर्थशास्त्र** और **राजतरंगिणी**।
- **अर्थशास्त्र** की रचना चाणक्य ने मौर्यकाल में की थी। चाणक्य को विष्णुगुप्त एवं कौटिल्य नाम से भी जाना जाता है। लगभग 6000 श्लोकों वाले इस ग्रन्थ से मौर्यकालीन राजनीतिक, सामाजिक, आर्थिक एवं धार्मिक स्थिति की स्पष्ट जानकारी मिलती है। **15 खण्डों में विभाजित इस ग्रन्थ का द्वितीय एवं तृतीय खण्ड सर्वाधिक प्राचीन है।**
- **अर्थशास्त्र** में मौर्यकालीन प्रशासनिक व्यवस्था विशेषतया चन्द्रगुप्त मौर्य के प्रशासन की अच्छी जानकारी मिलती है।
- अर्थशास्त्र की विषय-वस्तु बहुत कुछ यूनानी दार्शनिक **अरस्तू** के **पॉलिटिक्स** और **मेकियावेली** के **प्रिंस** से मिलती-जुलती है।
- **राजतरंगिणी** से भी प्राचीन भारत के विषय में कुछ जानकारी मिलती है। कल्हण द्वारा 12वीं शताब्दी में रचित इस ग्रन्थ में कश्मीर के राजनीतिक इतिहास का वर्णन तो किया ही गया है, साथ-साथ सांस्कृतिक जीवन की भी इस ग्रन्थ से महत्त्वपूर्ण जानकारी मिलती है।
- विद्वानों का एक बड़ा वर्ग **राजतरंगिणी** को प्राचीन भारत का **एकमात्र ऐतिहासिक ग्रन्थ** मानता है।
- **गार्गी संहिता** से यूनानी आक्रमण का उल्लेख मिलता है। इसकी रचना लगभग प्रथम शताब्दी में की गयी थी।
- चौथी शताब्दी के उत्तरार्द्ध एवं पाँचवीं शताब्दी के पूर्वार्द्ध में **कालीदास द्वारा संस्कृत में रचित मालविकाग्निमित्रम** से पुष्यमित्र शुंग एवं उसके पुत्र अग्निमित्र के समय के राजनीतिक घटनाचक्र तथा शुंग एवं यवन संघर्ष का उल्लेख मिलता है।
- बाणभट्ट कृत **हर्षचरित** से हर्षवर्द्धन के जीवन तथा उस समय के भारत के इतिहास की जानकारी मिलती है।
- 7वीं-8वीं शताब्दी में लिखी गयी **कामंदक के नीतिशास्त्र** से उस समय के आचार-व्यवहार के बारे में जानकारी मिलती है।
- **शुद्रक** द्वारा रचित **मृच्छकटिकम** नाटक से गुप्तकालीन सांस्कृतिक इतिहास की जानकारी प्राप्त होती है।

- **नवसाहसांकचरित** की रचना पद्मगुप्त परिमल द्वारा की गयी। ग्यारहवीं शती ई. में रचित इस ग्रन्थ से परमारवंश, सिन्धुराज नवसाहसांक के इतिहास के विषय में जानकारी मिलती है। **इस ग्रन्थ को संस्कृत साहित्य का प्रथम ऐतिहासिक महाकाव्य माना जाता है।**
- वाक्पतिराज द्वारा प्राकृत भाषा में रचित **गौड़वाहो** ग्रन्थ से कन्नौज नरेश यशोवर्मा के विजयों के विषय में जानकारी मिलती है।
- विल्ह्ण कृत विक्रमांकदेवचरित से कल्याणी के चालुक्य नरेश विक्रमादित्य षष्ठ के विषय में जानकारी मिलती है।
- जयसिंह कृत कुमारपालचरित से गुजरात के शासक कुमारपाल के विषय में जानकारी मिलती है। मेरूतुंगाचार्य कृत **प्रबंधचिंतामणि** से जिसकी रचना 1305 ई. में हुई थी विक्रमांक, सातवाहन, मूलराज, मुंज, नृप्रतिभोज, लक्ष्मणसेन, जयचन्द्र आदि के विषय में जानकारी मिलती है।
- सोमेश्वर द्वारा रचित **कीर्ति कौमुदी** से चालुक्य वंशीय इतिहास के विषय में जानकारी मिलती है।
- पल्लव नरेश महेन्द्र प्रथम द्वारा रचित **मत्तविलासप्रहसन** से तत्कालीन सामाजिक एवं धार्मिक जीवन के बारे में जानकारी मिलती है।
- महाकवि दण्डी की रचना **अवंतिसुन्दरी कथा** से पल्लवों के इतिहास के विषय में जानकारी मिलती है।
- पाणिनी कृत **अष्टाध्यायी** एवं महर्षि पतंजलि कृत **महाभाष्य** वैसे तो व्याकरण के ग्रन्थ माने जाते हैं किन्तु इन ग्रन्थों में कहीं-कहीं राजाओं-महाराजाओं एवं जनतन्त्रों के घटनाचक्र का विवरण मिलता है। जहाँ अष्टाध्यायी में गणतन्त्रात्मक व्यवस्था की अच्छी जानकारी मिलती है, वहीं पतंजलि के महाभाष्य में शुंगवंश के इतिहास की जानकारी मिलती है।
- कालीदास (अभिज्ञान शाकुंतलम, मालिविकाग्निमित्रम, रघुवंशम्, मेघदूतम्), शूद्रक (मृच्छकटिकम), वात्स्यायन (कामसूत्रम), दण्डी (दशकुमारचरितम्) इत्यादि की रचनाएँ तत्कालीन सभ्यता-संस्कृति को दर्शाती है।
- गुप्तोत्तर काल के इतिहास की जानकारी का एक प्रमुख स्रोत जीवन चरित और स्थानीय इतिहास है।
- बाणभट्ट, वाक्पति, विल्हण, संध्याकर नंदी एवं अन्य दरबारी इतिहासकारों ने अपने संरक्षकों की जीवनियाँ लिखी। अनेक त्रुटियों के बावजूद इनसे तत्कालीन स्थिति पर महत्त्वपूर्ण प्रकाश पड़ता है।
- हर्षवर्द्धन के राज्य और उसके समय की जानकारी वाणभट्ट के हर्षचरित और कादंबरी से मिलती है। हर्षवर्द्धन ने स्वयं तीन नाटकों– **नागानंद, रत्नावली और प्रियदर्शिका की रचना की।** इन नाटकों से हर्षकालीन सभ्यता संस्कृति एवं राजनीतिक जीवन की झांकी मिलती है।
- 1191-1193 के बीच कश्मीरी पण्डित जयानक द्वारा रचित **पृथ्वीराज विजय** से पृथ्वीराज चौहान तृतीय के विषय में जानकारी मिलती है।
- गुजरात में अनेक व्यापारियों के भी जीवन चरित लिखे गये।
- **रासमाला, प्रबन्धकोश, चचनामा** एवं नेपाल में लिखे गये इतिवृत्त क्रमशः गुजरात, सिन्ध और नेपाल के इतिहास पर प्रकाश पड़ता है।
- दक्षिण भारत का प्रारम्भिक इतिहास **'संगम इतिहास'** से ज्ञात होता है। सुदूर दक्षिण के पल्लव और चोल शासकों का इतिहास नन्दिकुलम्बकम, कलिंगत्तुपणि, चोल चरित्र आदि से प्राप्त होता है।
- संगम साहित्य में प्रमुख हैं- **एतुतोकई, पुरननुरू, पतुपतु तथा शिल्पादिकारम्।**
- संगम साहित्य में दक्षिण के तीन प्रमुख राजवंशों- पाण्ड्य, चोल और चेर के आरम्भिक इतिहास का उल्लेख मिलता है। इस साहित्य में राजनीतिक इतिहास के अतिरिक्त सामाजिक व्यवस्था और आर्थिक प्रगति विशेषकर उद्योग-धंधे और विदेशी व्यापार के विकास पर भी महत्त्वपूर्ण जानकारी प्राप्त होती है। यह साहित्य धर्मनिरपेक्ष साहित्य है।

- तमिल साहित्य से भी प्राचीन भारतीय इतिहास विशेषकर दक्षिण भारत के इतिहास के बारे में जानकारी मिलती है। तमिल साहित्य में संगम साहित्य का विशेष रूप से उल्लेख किया जा सकता है। इन साहित्यों का विकास तीसरी-चौथी शताब्दियों में हुआ। इसका काल ईसा की प्रथम चार शताब्दियों को माना जाता है।
- 11वीं शताब्दी में लिखित अतुल के **मुषिक वंश** नामक ग्रन्थ से केरल के मुषिक वंश के इतिहास पर प्रकाश पड़ता है।

पुरातात्विक साक्ष्य

- पुरातात्विक साक्ष्य भी अनेक प्रकार के हैं: जैसे- उत्खनन से प्राप्त सामग्री-सिक्के, अभिलेख, प्राचीन स्मारक एवं कलाकृतियाँ।

सिक्के/मुद्राएँ

- प्राचीनकाल में सिक्के मिट्टी और धातु की बनायी जाती थी जिन पर प्राय: किसी नरेश, पदाधिकारी, गण, निगम, व्यापारी अथवा व्यक्ति विशेष के नाम एवं साक्ष्य होते थे। साधारणतया इन मुद्राओं में हमें 206 ई. पू. से 300 ई. तक के भारतीय इतिहास की जानकारी मिलती है।
- जिन सिक्कों एवं मुद्राओं पर लेख नहीं होते थे केवल चिह्न मात्र होते थे उनहें **आहत सिक्के (Punch Marked)** कहा जाता था।
- सर्वप्रथम भारत में शासन करने वाले यूनानी शासकों के सिक्कों पर लेख एवं तिथियाँ उत्कीर्ण मिलती हैं।
- प्राचीनकाल के प्राप्त सर्वाधिक सिक्के उत्तर मौर्यकाल के हैं। ये सिक्के प्रधानत: सीसे, पोटीन, तांबे, कांसे, चाँदी और सोने के बने हुए हैं।
- कुषाणों के समय में सर्वाधिक शुद्ध सोने के सिक्के प्रचलन में थे, पर सर्वाधिक सोने के सिक्के गुप्तकाल में जारी किये गये।

अभिलेख

- पुरातात्विक स्रोतों में अभिलेख भी महत्त्वपूर्ण स्थान रखते हैं। ये अभिलेख अधिकांशत: स्तंभों, शिलाओं, ताम्रपत्रों, मुद्राओं, पात्रों, मूर्तियों गुफाओं में खुदे हुए मिलते हैं।
- कुछ अभिलेख भारत के बाहर भी पाये गये हैं जिनसे भारतीय इतिहास पर प्रकाश पड़ता है। उदाहरण के लिए एशिया माइनर का **बोगजकोई अभिलेख** (लगभग 1400 ई.पू.) अनेक वैदिक देवताओं यथा- इन्द्र, मित्र, वरूण एवं नासत्य आदि का उल्लेख करता है।
- सुमेर (मेसोपोटामिया या ईराक) से प्राप्त मिट्टी के उत्कीर्ण मुहरों से भारत सिन्धुघाटी और सुमेर के व्यापारिक सम्बन्धों का पता चलता है। सिर्फ सिन्धुघाटी की सभ्यता से ही मुहरों पर उत्कीर्ण अनेक अभिलेख प्राप्त हुए हैं।
- ऐतिहासिक काल में सबसे प्राचीन अभिलेख मौर्य-सम्राट के हैं। ये अभिलेख गुफाओं, शिलाओं और स्तंभों पर उत्कीर्ण हैं। इनसे अशोक के राज्यकाल की अनेक प्रमुख घटनाओं जैसे- कलिंग युद्ध, धर्ममहामात्रों की नियुक्ति, प्रशासनिक व्यवस्था में परिवर्तन एवं सुधार की जानकारी मिलती है।
- अशोक के बाद अभिलेखों की परम्परा से जुड़े अन्य अभिलेख इस प्रकार हैं- खारवेल का हाथीगुम्फा अभिलेख, शकक्षत्रप रूद्रादमन का जूनागढ़ अभिलेख, सातवाहन नरेश पुलमावी का नासिक गुहालेख, हरिषेण द्वारा लिखित समुद्रगुप्त का प्रयाग स्तंभलेख, मालवा नरेश यशोवर्मन

का मंदसौर अभिलेख, चालुक्य नरेश पुलकेशिन द्वितीय का ऐहोल अभिलेख, प्रतिहार नरेश भोज का ग्वालियर अभिलेख, स्कंदगुप्त का भितरी तथा जूनागढ़ लेख, बंगाल के शासक विजय सेन का देवपाड़ा अभिलेख इत्यादि।

- कुछ गैरसरकारी अभिलेख जैसे- यवन राजदूत, हेलियोडोरस का बेसनगर (विदिशा, मध्य प्रदेश) से प्राप्त गरूड़ स्तंभ लेख, जिसमें द्वितीय शताब्दी ई. पू. में भारत में भागवत् धर्म के विकसित होने के साक्ष्य मिलते हैं।
- मध्यप्रदेश के एरण से प्राप्त बराह प्रतिमा पर हूण राजा तोरमाण के लेखों का विवरण है।
- हड़प्पा कालीन अभिलेखों के बाद प्राचीनतम अभिलेख अशोक के हैं।
- आरम्भिक अभिलेख **प्राकृत भाषा** में लिखे गये। बाद में **संस्कृत** एवं अन्य **भाषाओं,** जैसे- तेलुगु एवं तमिल इत्यादि में अभिलेख लिखे गये। यह लिपि बायें से दायें की ओर लिखी जाती थी। **ईसा की प्रथम शताब्दी से खरोष्ठी लिपि का भी व्यवहार हुआ।** यह लिपि दाहिने से बायें की ओर लिखी जाती थी। उत्तरी-पश्चिमी सीमा से प्राप्त अशोक के कुछ अभिलेख आरामाइक लिपि में भी पाये गये हैं।

स्मारक एवं कलाकृतियाँ

- प्राचीन स्मारकों से भी इतिहास के पुनर्निर्माण में सहायता मिलती है।
- प्राचीन भवनों, मंदिरों, गुफाओं के अवशेषों, मूर्तियों इत्यादि के आधार पर किसी युगविशेष की संस्कृति एवं कला का पता आसानी से लगाया जा सकता है।
- हड़प्पा, मोहनजोदड़ो, तक्षशिक्षा, मथुरा, कौशाम्बी, पाटलिपुत्र इत्यादि स्थानों से प्राप्त भवनों के अवशेषों के आधार पर नगर निर्माण शैली का अंदाज मिलता है।
- नालंदा एवं विक्रमशिला के खंडहरों से इन स्थानों की गरिमा प्रकट होती है।
- तक्षशिला और मथुरा से प्राप्त मूर्तियों के आधार पर गंधार और मथुरा मूर्तिकला की जानकारी मिलती है। साँची, भरहुत के स्तूप, अजंता, ऐलोरा, एलिफैंटा, बाघ की गुफाएँ तथा दक्षिण भारत के मंदिर प्राचीन शिल्पकला, मूर्तिकला एवं चित्रकला के विकास पर प्रकाश डालते हैं।

विदेशियों के विवरण

- भारत के सम्बन्ध में जिन विदेशियों ने लिखा उन्हें मुख्यतः तीन भागों में बाँटा जा सकता है–
  1. यूनानी-रोमन लेखक
  2. चीनी एवं तिब्बती लेखक
  3. अरबी लेखक

1. यूनानी-रोमन लेखक

यूनानी-रोमन लेखकों को तीन भागों में बाँटा जा सकता है–

1. सिकंदर के पूर्व के लेखक
2. सिकंदर के समकालीन लेखक
3. सिकंदर के बाद के लेखक

- **सिकंदर के पूर्व** के लेखकों में हिकेटिअस हेरोडोट्स, मिलेटस एवं केसिअस आदि प्रमुख हैं।
- हेरोडोट्स जिसे **इतिहास का पिता** कहा जाता है, के विवरण से यह बात स्पष्ट हो जाती है कि यूनानियों के प्रभाव में आने से पूर्व ही भारतीय ईरान (फारस) के सम्पर्क में आ चुके थे। इन्होंने पाँचवीं शताब्दी ई.पू. में **हिस्टोरिका** नामक पुस्तक लिखी जिसमें भारत और ईरान के बीच सम्बन्धों का वर्णन है।

- हिकेटिअस मिलेटस नामक यूनानी लेखक ने एक भूगोल की पुस्तक लिखी जिसमें सिन्धु प्रदेश का प्राचीन विवरण उपलब्ध है।
- केसिअस के विवरणों से भी भारत के विषय में जानकारी मिलती है।
- **सिकंदर के समकालीन** लेखकों में अरिस्टोबुलस, नियाकेस, चारस, यूमेनीस, ओनेसिक्रिटस इत्यादि प्रमुख हैं।
- अरिस्टोबुलस ने **हिस्ट्री ऑफ दि वार** (History of the War) नामक पुस्तक लिखी। ओनेसिक्रिटस ने सिकंदर की जीवनी लिखी।
- **सिकंदर के बाद के** यूनानी-रोमन लेखकों में सेल्यूकस के राजदूत मेगास्थनीज का नाम सबसे अधिक प्रसिद्ध है। उसकी पुस्तक **इंडिका** (Indica) से मगध साम्राज्य की राजधानी तथा तत्कालीन राजनीतिक एवं प्रशासनिक व्यवस्था पर प्रकाश पड़ता है।
- अन्य यूनानी और रोमन लेखकों में- स्ट्रैबो, डायोनीसियस, कर्टियस, डायोडोरस सिकुलस, पोलिविअस, प्लिनी, टॉलेमी इत्यादि के नाम महत्त्वपूर्ण हैं।
- प्लिनी ने ईसा की पहल सदी में लैटिन में **प्राकृतिक इतिहास** (Natural History) और टॉलेमी ने यूनानी भाषा में लगभग 150 ई. में **भूगोल** (Geography) लिखी। 80-115 ई. के बीच एक अज्ञात नाविक ने **पेरिप्लस ऑफ दि एरिथ्रियन सी** (Periplus of the Erythraean Sea) नामक पुस्तक लिखी। **समुद्री व्यापार की गाइड** के रूप में मानी जानी वाली यूनानी भाषा को इस पुस्तक में भारतीय बंदरगाहों से बाहर भेजी जाने वाली वस्तुओं का विवरण है।

2. चीनी एवं तिब्बती लेखक

- **चीनी लेखकों** के विवरणों से भी भारतीय इतिहास की जानकारी मिलती है।
- सभी चीनी यात्री बौद्ध मतानुयायी थे और वे भारत इस धर्म के विषय में कुछ विशेष जानकारी के लिए ही आए थे। चीनी बौद्ध यात्रियों में से प्रमुख थे - फाह्यान, संयुगन, ह्वेनसांग, हुईली इत्सिंग, मात्वानलिन, चाउ-जू-कुआ आदि।
- फाह्यान गुप्त नरेश चंद्रगुप्त द्वितीय के दरबार में आया था। इसने अपने विवरण में मध्य प्रदेश की जनता को सुखी एवं समृद्ध बताया है। फाह्यान ने विशेष रूप से बौद्ध धर्म पर लिखा है। वह भारत में लगभग 14 वर्षों तक रहा
- संयुगन 518 ई. में भारत आया। इसने अपने तीन वर्षों की यात्रा में बौद्ध धर्म की प्रतियाँ एकत्रित कीं।
- ह्वेनसांग कन्नौज के शासक हर्षवर्धन (606-647 ई.) के शासनकाल में भारत आया। ह्वेनसांग 629 ई. में चीन से भारत वर्ष के लिए प्रस्थान किया और लगभग एक वर्ष की यात्रा के बाद सर्वप्रथम वह भारतीय राज्य कपिशा पहुंचा। भारत में लगभग 15 वर्षों तक ठहरकर वह 645 ई. में चीन लौट गया। उसने 6 वर्षों तक नालंदा विश्वविद्यालय में अध्ययन किया।
- ह्वेनसांग के भारत यात्रा वृत्तांत को **सी-यू-की** नाम से जाना जाता है। इस यात्रा वृत्तांत में 138 देशों के यात्रा विवरण का जिक्र मिलता है। साथ ही हर्षवर्धन के समय की सामाजिक, धार्मिक, राजनीतिक स्थिति पर प्रकाश पड़ता है। ह्वेनसांग के अनुसार सिंध का राजा शूद्र था।
- ह्वेनसांग के अध्ययन के समय नालंदा विश्वविद्यालय के कुलपति आचार्य शीलभद्र थे।
- हुईली ने बाद में ह्वेनसांग की जीवनी (The Life Hsuan Tsiang) लिखी। वह ह्वेनसांग का मित्र था।
- एक अन्य चीनी यात्री इत्सिंग सातवीं सदी के अंत में भारत आया। इसने अपने विवरण में नालंदा एवं विक्रमशिला विश्वविद्यालय तथा उस समय के भारत पर प्रकाश डाला।

- मारवान लिन ने हर्ष के पूर्वी आभियान एवं चाऊ-जू-कुआ ने चोलकालीन इतिहास पर प्रकाश डाला।
- **तिब्बती यात्रियों** के विवरण भी भारतीय इतिहास के पुनर्निर्माण में सहायक हैं। तिब्बती लेखकों में लामा तारानाथ एवं धर्मस्वामी का नाम उल्लेखनीय है।
- **लामा तारानाथ** की पुस्तक **बौद्ध धर्म का इतिहास** (History of Buddhism) पूर्व-मध्यकालीन भारतीय इतिहास के अध्ययन का महत्त्वपूर्ण स्रोत है।
- धर्मस्वामी के विवरणों से भी 13वीं शताब्दी के इतिहास पर पर्याप्त प्रकाश पड़ता है। उसके विवरण से स्पष्ट कि 13वीं शताब्दी के पूर्वार्द्ध तक नालंदा महाविहार पूरी तरह नष्ट नहीं हुआ था। तत्कालीन राजनीतिक इतिहास पर भी धर्मस्वामी के यात्रा-वृत्तांत से प्रकाश पड़ता है।

3. अरबी लेखक

- 8वीं शताब्दी में अरबों की सिन्ध पर विजय के पश्चात् भारत का अरब संसार से सम्बन्ध बढ़ गया। अनेक व्यापारी यात्री अब भारत आने लगे। उन लोगों ने भारत का वर्णन अपने लेखों में किया।
- तुर्की आक्रमण के समय से अनेक मुसलमान लेखक भी भारत आये, जिन्होंने यहाँ की स्थिति का वर्णन किया।
- अरबी लेखकों में सबसे महत्त्वपूर्ण स्थान **अलबेरूनी** का है। उसने **तहकीक-ए-हिंद** (Tahqiq-i-Hind) में 11वीं शताब्दी में भारत का अच्छा वर्णन किया है। तहकीक-ए-हिंद को किताब-उल-हिन्द के नाम से भी जाना जाता है, वह महमूद गजनवी के समकालीन था।
- अलबेरूनी के अतिरिक्त अल-बिलादुरी, सुलेमान, मिनहाजुद्दीन, अलमसूदी, फरिश्ता और मार्कोपोलो के विवरणों से भी पूर्व-मध्यकालीन भारतीय इतिहास की जानकारी प्राप्त होती है।

2. प्रागैतिहासिक काल

- समस्त इतिहास को तीन वर्गों में बाँटा गया है–
  1. प्रागैतिहासिक काल (Pre-Historic Period)
  2. ऐतिहासिक काल (Historic Period)
  3. आद्य ऐतिहासिक काल (Proto-Historic Period)
- वह काल जिसकी जानकारी के लिए लिखित साधन का अभाव है तथा जिसमें मानव असभ्य जीवन जी रहा था उसे **प्रागैतिहासिक काल** की संज्ञा दी गयी है। इस काल का कोई लिखित विवरण नहीं है। इस काल के विषय की जानकारी पाषाण (Stone) उपकरणों तथा मिट्टी के बर्तनों व खिलौनों से प्राप्त होती है।
- वह काल जिसकी जानकारी के स्रोत के रूप में लिखित साधन उपलब्ध है तथा जिसमें मानव सभ्य हो चुका था, को **ऐतिहासिक काल** की संज्ञा दी गयी है।
- वह काल जिसकी जानकारी के स्रोत के रूप में लिखित साधन उपलब्ध तो है, परन्तु उसकी लिपि को पढ़ने में अभी तक कोई इतिहासकार सफल नहीं हो पाया है, को **प्राक्** या **पुरा** या **आद्य इतिहास** (Proto History) कहा जाता है। हड़प्पा संस्कृति एवं वैदिक कालीन सभ्यता को आद्य इतिहास के अन्तर्गत रखा गया है।

पाषाण संस्कृति

- मानव सभ्यता के विकास में पाषाणों का बहुत महत्त्व रहा है। पाषाण से ही मनुष्य ने भोजन संग्रहित किया, पाषाणों से ही आवास बनाया, पाषाणों से ही कला सीखी, पाषाणों से ही

आविष्कार किये गये, प्राचीनतम कलाकृतियाँ पाषाणों पर पाषाणों से उत्कीर्ण होती थी। पाषाण से ही मानव ने आविष्कारों की ऊर्जा **अग्नि** प्राप्त की। समस्त औजार, हथियार और आश्रय मानव ने पाषाणों से ही प्राप्त किये।

पत्थर के उपकरणों की बनावट तथा जलवायु में होने वाले परिवर्तन के आधार पर पाषाण युग को तीन भागों में विभाजित किया जा सकता है-

1. पुरापाषाण-काल (Paleolithic Age)
2. मध्यपाषाण-काल (Mesolithic Age)
3. नवपाषाण-काल (Neolithic Age)

1. पुरापाषाण–काल

- इस काल का समय 20 लाख ई.पू. से 9000 ई. पू. माना गया है।
- यह काल आखेटक एवं खाद्य-संग्राहक काल के रूप में जाना जाता है।
- इस काल में मनुष्य अपना जीवन-यापन मुख्यतः खाद्यान्न संग्रह व पशुओं का शिकार करके करता था।
- इस काल में **चॉपर चॉपिंग (पेबुल)** परम्परा के अन्तर्गत गोल पत्थरों को तोड़कर हथियार बनाये गये, जिसके अवशेष पंजाब की सोहन नदी घाटी (पाकिस्तान) में मिलते हैं।
- इस काल के मानव के औजार और हथियार कुल्हाड़ी, पत्थर, तक्षणी, खुरचनी, छेदनी आदि थे जो परिष्कृत व तीक्ष्ण नहीं थे।
- इस काल का मानव जिन पशुओं से परिचित था उनमें प्रमुख हैं- बंदर, हिरण, बकरी, भैंस, गाय, बैल, नीलगाय, सुअर, बारहसिंगा, गैंडा, हाथी आदि। इन पशुओं के अवशेष शैलाश्रय की कलाकृतियों से उपलब्ध होते हैं।
- पुरापाषाण काल के मानव द्वारा प्रयुक्त होने वाले हथियारों के स्वरूप और जलवायु में होने वाले परिवर्तनों के आधार पर इसे तीन वर्गों में बाँटा जा सकता है–

(i) निम्न या पूर्व-पुरापाषाण काल (The Lower Paleolithic Age)

(ii) मध्य-पुरापाषाण काल (The Middle Paleolithic Age)

(iii) उच्च-पुरापाषाण काल (The Upper Paleolithic Age)

(i) निम्न या पूर्व-पुरापाषाण काल (The Lower Paleolithic Age)

- इस काल का समय 250000-100000 ई.पू. माना गया है।
- इस युग में मानव का जीवन अस्थिर था। उसके आवास, भोजन या वस्त्र की व्यवस्था नहीं थी। मानव समूह में शिकार कर अपने लिए भोजन संग्रह करता था।
- इस काल का अधिकांश समय हिमयुग (Ice Age) के अन्तर्गत व्यतीत हुआ।
- इस युग के हथियारों में प्रमुख थे- हस्त कुठार (Hand Axe), खंडक उपकरण (Chopping tools), कोर एवं फलक (Flake) उपकरण और विदारणियाँ (Clevers)। इस युग के हथियार बेडौल और भौंड़ी आकृति वाले थे।
- भारत में इस संस्कृति के दो प्रमुख केन्द्र थे- उत्तर पश्चिम में **सोहन** (पाकिस्तान में सोहन नदी के किनारे) अथवा **पेबुल-चॉपर चॉपिंग संस्कृति** और दक्षिण भारत की **हैंड एक्स क्लीवर** परम्परा या **मद्रासियन संस्कृति**।
- इस काल का मानव **भोजन संग्राहक** (Food Gatherer) था भोजन उत्पादक (Food Producer) नहीं।

(ii) मध्य पुरापाषाण काल

- इस काल का समय 100000-40000 ई.पू. माना गया है।
- इस काल में मनुष्य ने अपने उपकरणों को ज्यादा सुन्दर एवं उपयोगी बनाया। अब क्वार्टजाइट की जगह जैस्पर, चर्ट इत्यादि चमकीले पत्थरों की सहायता से फलक-हथियार बनाये जाने लगे।
- प्रसिद्ध भारतीय पुरातत्त्ववेत्ता डॉ. एच.डी. सांकलिया ने मध्य-पुरापाषाण काल को **फलक संस्कृति (Flake Culture)** नाम दिया।
- इस काल में फलक से निर्मित हथियारों में मुख्य हैं-**बेधक** (Borera), **खुरचनी** (Scrapper) तथा **बेधनी** (Point) आदि। कहीं-कहीं **हस्त कुठार** (Hand-axe) भी इस काल में प्राप्त हुए हैं।
- भारत में इस संस्कृति के अवशेष उत्तर-पश्चिमी क्षेत्र की अपेक्षा प्रायद्वीप क्षेत्र से ज्यादा प्राप्त हुए हैं। इस संस्कृति के प्रमुख स्थल हैं बेलन घाटी (उत्तरप्रदेश), ओडिशा, आंध्रप्रदेश, कृष्णा घाटी (कर्नाटक) धसान तथा बेतवा घाटी (मध्यप्रदेश), सोन घाटी (मध्यप्रदेश), नेवासा (महाराष्ट्र) इत्यादि। सिन्ध, राजस्थान, गुजरात, ओडिशा इत्यादि क्षेत्रों में भी इस संस्कृति के प्रमाण मिलते हैं। यद्यपि मानव इस काल में भी भोजन-संग्राहक ही था, तथापि अब यह गुफाओं और कंदराओं में वास करने लगा।
- इस काल में अग्नि का प्रयोग बड़े पैमाने पर होने लगा एवं मृतक संस्कार की परिपाटी भी प्रचलित हुई।

(iii) उच्च-पुरापाषाण काल

- इस काल का समय 40000-10000 ई.पू. माना गया है।
- इस काल का विस्तार हिमयुग की उस अंतिम अवस्था के साथ रहा जब जलवायु अपेक्षाकृत गर्म हो गयी थी।
- विश्वव्यापी संदर्भ में इस काल की दो विलक्षणताएँ हैं- नये चकमक उद्योग की स्थापना और **ज्ञानी मानव** अथवा **आधुनिक प्रारूप के मानव (Homo Sapiens)** का उदय।
- इस काल में मानव-विकास की प्रक्रिया और भी अधिक तीव्र हुई।
- ब्लेडों (पत्थरों के पतले फलकों) से हथियार बनाने की कला मध्य-पुरापाषाण काल में भी प्रचलित थी, किन्तु इस समय इनका प्रयोग बढ़ गया।
- ब्लेडों से चाकू, ब्यूरिन (Burin), बेधक (Borer), खुरचनी (Scrapper) तथा बेधनी (Point) आदि हथियार इस काल में बनने लगे थे।
- इस काल में पत्थरों के अतिरिक्त हड्डी एवं हाथी दाँत के उपकरण भी बनने लगे थे।
- भारत में इस संस्कृति से संबद्ध प्रमुख स्थल हैं- बेलन घाटी (उत्तरप्रदेश), रेनीगुटा, येर्रगोंडपलेम, मुच्छलता, चिंतामनुगावी, बेटमचेर्ला (आंध्रप्रदेश), शोरापुर, दोआब, बीजापुर (कर्नाटक), पाटन, इनामगाँव (गुजरात महाराष्ट्र), सोनघाटी (मध्यप्रदेश), विसादी (गुजरात), सिंहभूम (झारखंड) आदि।
- इस काल में भी मनुष्य की जीविका का मुख्य साधन शिकार ही था, परन्तु सामुदायिक जीवन का विकास इस समय ज्यादा सुदृढ़ हुआ।
- इस काल में यद्यपि सामाजिक असमानताओं एवं व्यक्तिगत सम्पत्ति की भावना का

उदय अभी नहीं हुआ था तथापि मौटे तौर पर पुरुषों एवं महिलाओं में श्रम-विभाजन प्रारम्भ हो चुका था।

- कला एवं धर्म के प्रति भी लोगों की आभिरुचि बढ़ी। इस काल में नक्काशी और चित्रकारी दोनों रूपों में कला व्यापक रूप से देखने को मिलती है।

2. मध्यपाषाण काल

- इस काल का समय 9000 ई.पू. से 4000 ई.पू. माना गया है।
- यह काल संक्रांति काल था। 19वीं शताब्दी के उत्तरार्द्ध में फ्रांस के मॉस द अजिल (Mas'd Azil) नामक स्थान से कुछ ऐसे उपकरण प्रकाश में आये, जिन्होंने इस धारणा की पुष्टि की कि पुरापाषाण काल और नवपाषाण काल के मध्य अंतराल था। वस्तुत: यह काल नवपाषाण युग (Neolithic Age) का अग्रगामी था।
- इस काल की सर्वाधिक महत्त्वपूर्ण विशेषता थी मनुष्य का पशुपालक बनना।
- इस काल में प्रयुक्त होने वाले उपकरण आकार में बहुत छोटे होते थे, इनको **लघु पाषाणोपरकण (Microliths)** कहा जाता था। लघु पाषाणोपकरण दो प्रकार के हैं- अज्यामितिक लघु पाषाणोपकरण तथा ज्यामितिक लघु पाषाणोपकरण।
- पाषाण उपकरणों के निर्माण के लिए क्वार्टजाइट के स्थान पर जैस्पर, एजेट, चर्ट आदि जैसे कच्चे पदार्थ का प्रयोग इस काल में होने लगा।
- इस समय के हथियारों में प्रमुख थे- इकधार फलक (Backed Blade), बेधनी (Points), अर्द्धचन्द्राकार (Lunate) तथा समलम्ब (Trapeze)।

3. नवपाषाण काल

- इस काल का समय 6000 ई.पू. से 2000 ई.पू. माना जाता है।
- प्रागैतिहासिक काल (The Pre-Historic Period) में मानव विकास की सबसे प्रमुख सीढ़ी नवपाषाणकालीन संस्कृति थी। यद्यपि कालक्रम के हिसाब से यह युग काफी छोटा है, तथपि सारे क्रांतिकारी परिवर्तन इसी युग में हुए।
- इस काल में मनुष्य **भोजन-संग्राहक** से **भोजन उत्पादक** बन गया था। अब स्थायी बस्तियों की स्थापना होने लगी। इसके कारण कृषि एवं पशुपालन का विकास हुआ। मिट्टी के बर्तन और अन्य उपयोगी समान तैयार किये गये। फलत: शिल्प एवं व्यवसाय की प्रगति हुई।
- इस काल में मानव ने सबसे पहली बार कृषि कार्य सीखा। कृषि ने अनाज के संग्रह, भोजन की पद्धति हेतु मृदभांड़ों का निर्माण प्रारम्भ किया। इस काल में कृषि कार्य का पहला प्रमाण मेहरगढ़ से प्राप्त होता है।
- यद्यपि इस समय तक धातु के हथियार नहीं बनते थे, तथापि पत्थर के ही हथियार पहले की अपेक्षा अधिक उपयोगी और सुडौल बनाये गये। ये हथियार अधिक पैने थे। इनमें हत्था (Handle) लगाने की भी व्यवस्था थी।
- नवपाषाण युग के पत्थर के हथियारों में सबसे महत्त्वपूर्ण हत्थेदार कुल्हाड़ी है, जिसका प्रयोग कृषि एवं बढ़ईगिरी दोनों में किया जाता था।
- इस काल में हुए आर्थिक परिवर्तनों ने सामाजिक एवं सांस्कृतिक जीवन को भी प्रभावित किया। जनसंख्या में वृद्धि हुई और बड़ी संख्या में बस्तियाँ बसाई गयी। श्रम-विभाजन, स्त्री-पुरुष में विभेद इस समय प्रकट होने लगे।
- इस काल में अनेक दक्षता प्राप्त व्यावसायी वर्ग, यथा- कुम्हार, बढ़ई, कृषक आदि अलग वर्ग के रूप में तैयार होने लगे।

- इस काल में व्यक्तिगत सम्पत्ति की भावना के विकास ने सामाजिक एवं आर्थिक असमानता को जन्म दिया।
- भारत में इस युग के प्रमुख क्षेत्र निम्नलिखित थे-
  - (i) उत्तर-पश्चिमी सीमा प्रांत (मेहरगढ़, किलीगुल मुहम्मद, दंब सादात, राणाघुंडई, कोटदीजी अमरी आदि)।
  - (ii) उत्तरी भारत (कश्मीर)।
  - (iii) दक्षिण भारत (संगन कल्लू एवं पिक्लीहल)।
  - (iv) पूर्वी भारत (ओडिशा, बिहार, असम, मेघालय)।
- **उत्तरी-पश्चिमी सीमा प्रांत** के मेहरगढ़ से कृषि एवं पशुपालन के प्रमाण मिलते हैं।
- **उत्तरी भारत** के कश्मीर में स्थित बुर्जहोम से गर्तगृहों (Pits) का प्रमाण मिला है। इन गर्तगृहों में रहने वालों के लिए नीचे उतरने के लिए सीढ़ियाँ बनी हुई थी।
- **दक्षिण भारत** के संगनकल्लू एवं पिकलीहल से पॉलिश किये गये प्रस्तर-उपकरण और मिट्टी के हस्त निर्मित बर्तन मिलते हैं।
- **पूर्वी भारत** में सबसे महत्त्वपूर्ण नवपाषाणिक स्थल **चिरांद** (जिला सारण, बिहार) है। **यहाँ हिरणों के सींगों से बने उपकरण भारी मात्रा में मिले हैं।** यहाँ से टेराकोटा की मानव मूर्तिकाएँ प्राप्त हुई है। चिरांद से चावल, गेहूँ, जौ, मूँग, मसूर आदि के खेती के प्रमाण मिलते हैं।
- नवपाषाणिक स्थलों में चिरांद और बुर्जहोम ही ऐसे स्थल हैं, जहाँ से बड़ी संख्या में अस्थि-उपकरण मिले हैं।

3. सिन्धु घाटी सभ्यता

- इस सभ्यता के लिए तीन नामों–1. सिन्धु सभ्यता, 2. सिन्धु घाटी की सभ्यता तथा 3. हड़प्पा सभ्यता का प्रयोग किया गया है, किन्तु इन तीनों नामों में से सर्वाधिक उपयुक्त नाम हड़प्पा सभ्यता है। यह नाम देते समय पुरातात्त्विक साहित्य के गैर-भौगोलिक पक्ष को ध्यान में रखा गया है, क्योंकि किसी अज्ञात संस्कृति का नामकरण उस स्थल के नाम पर ही किया जाता है जहाँ उसे सर्वप्रथम पहचाना जाता है।
- इस सभ्यता की सीमा रेखा उत्तर में जम्मू-कश्मीर के मांदा से लेकर दक्षिण में नर्मदा के मुहाने तक (भगतराव) तथा पूर्व में उत्तरप्रदेश के आलमगीरपुर से पश्चिम में सुतकागेंडोर तक विस्तृत है।
- इस सभ्यता का क्षेत्रफल 12,99,600 वर्ग किमी. था। इसकी पूर्व से पश्चिम तक की लम्बाई 1600 किमी. तथा उत्तर से दक्षिण तक लम्बाई 1100 किमी. थी।
- इस सभ्यता का आकार त्रिभुजाकार था।
- इस सभ्यता की खोज का श्रेय रायबहादुर दयाराम साहनी को दिया जाता है।
- इस सभ्यता को प्राक्-ऐतिहासिक (Proto-Historic) अथवा कांस्य (Bronze) युग में रखा जा सकता है।
- इस सभ्यता के निवासियों को द्रविड़ एवं भूमध्य-सागरीय प्रजाति के अन्तर्गत रखा गया है।
- रेडियो कार्बन 'C-14' जैसी नवीन वैज्ञानिक विश्लेषण पद्धति के द्वारा इस सभ्यता का सर्वमान्य काल 2350 ई.पू.–1750 ई.पू. माना गया है।
- इस सभ्यता का सर्वाधिक पूर्वी पुरास्थल **आलमगीरपुर** (जिला मेरठ, उत्तरप्रदेश), पश्चिमी पुरास्थल **सुतकागेंडोर** (बलूचिस्तान), उत्तरी पुरास्थल **मांदा** (जिला अखनूर, जम्मू-कश्मीर) एवं दक्षिणी पुरास्थल **दाइमाबाद** (जिला अहमदनगर, महाराष्ट्र) है।

- अब तक भारतीय उपमहाद्वीप में इस सभ्यता के लगभग 1000 स्थानों का पता चला है जिनमें से कुछ ही परिपक्व अवस्था में प्राप्त हुए हैं। इन स्थानों में से केवल छह को ही नगर की संज्ञा दी जाती है। ये हैं- हड़प्पा, मोहनजोदड़ो, चान्हूदड़ो, लोथल, कालीबंगा (कालीबंगन) एवं बनवाली।
- स्वतन्त्रता प्राप्ति के बाद भारत में हड़प्पा संस्कृति के सर्वाधिक स्थल गुजरात में खोजे गये हैं।

हड़प्पा सभ्यता का क्षेत्रीय विस्तार

1. **सिन्ध क्षेत्रः** मोहनजोदड़ो, चान्हूदड़ो, अमरी, कोटदीजी, रहमानढ़ेरी, सुकुर, अल्हादीनों, अलीमुराद, झूकर, झांगर, गाजीशाह, तराई किला आदि।
2. **बलूचिस्तानः** मेहरगढ़, किलीगुल मुहम्मद, राणाघुंडई, गोमलघाटी, डॉबरकोट, बालाकोट, अंजीरा आदि।
3. **अफगानिस्तानः** मुंडीगक, शोर्तुगाई आदि।
4. **पश्चिम पंजाबः** हड़प्पा, जलीलपुर, संधानवाला, देरावर, गंवेरीवाला आदि।
5. **गुजरातः** धौलावीरा, लोथल, सुरकोतदा, भगतराव, रंगपुर, रोजदि, देसलपुर, प्रभाषपट्टनम आदि।
6. **राजस्थानः** कालीबंगा, शीशवल, बाड़ा, हनुमानगढ़, छुपास आदि।
7. **उत्तरप्रदेशः** आलमगीरपुर, मानपुर, बड़गाँव, हुलास आदि।
8. **हरियाणाः** बनवाली, राखीगढ़ी, भगवानपुरा आदि।
9. **पंजाबः** रोपड़, संघोल, सरायखोल, कोटलानिहंग खान आदि।

- हड़प्पा सभ्यता को उद्‌गम एवं विकास के दृष्टिकोण से चार चरणों– प्रथम चरण (पूर्व हड़प्पा)-मेहरगढ़, द्वितीय चरण (आरम्भिक हड़प्पा)-अमरी, तृतीय चरण (परिपक्व हड़प्पा)- कालीबंगा एवं चतुर्थ चरण (उत्तर हड़प्पा)- लोथल में बाँटा गया है।
- रोपड़, कालीबंगा, बनवाली और कोटदीजी में पूर्व हड़प्पा एवं हड़प्पाकालीन- संस्कृति के अवशेष मिले हैं।
- सर्वाधिक पूर्वी स्थल आलमगीरपुर हड़प्पा सभ्यता की अंतिम अवस्था (Last Phase) को सूचित करता है।
- **सबसे बड़ा हड़प्पा स्थल**-मोहनजोदड़ो, गंवेरीवाला/गनेरीवाला, हड़प्पा, धौलावीरा, राखीगढ़ी।
- **भारत में सबसे बड़ा हड़प्पा स्थल**-धौलावीरा, राखीगढ़ी।
- **हड़प्पा सभ्यता की राजधानियाँ**-मोहनजोदड़ो, हड़प्पा, धौलावीरा, लोथल, कालीबंगा।

सैंधव सभ्यता के प्रमुख स्थल : नदी, उत्खननकर्ता एवं वर्तमान स्थिति

क्र. सं.	प्रमुख स्थल	नदी	उत्खननकर्ता	वर्ष	स्थिति
1.	हड़प्पा	रावी	दयाराम साहनी एवं माधोस्वरूप वत्स	1921	पाकिस्तान का मांटगोमरी जिला
2.	मोहनजोदड़ो	सिन्धु	राखालदास बनर्जी	1922	पाकिस्तान के सिन्ध प्रान्त का लरकाना जिला
3.	चान्हूदड़ो	सिन्धु	गोपाल मजुमदार	1931	सिन्ध प्रान्त (पाकिस्तान)
4.	कालीबंगन	घग्घर	बी.बी. लाल एवं बी.के थापर	1953	राजस्थान का हनुमानगढ़ जिला
5.	कोटदीजी	सिन्धु	फजल अहमद	1953	सिन्ध प्रान्त का खैरपुर स्थान

6.	रंगपुर	मादर	रंगनाथ राव	1953-54	गुजरात का काठियावाड़ जिला
7.	रोपड़	सतलज	यज्ञदत्त शर्मा	1953-54	पंजाब का रोपड़ जिला
8.	लोथल	भोगवा	रंगनाथ राव	1957-58	गुजरात का अहमदाबाद जिला
9.	आलमगीरपुर	हिन्डन	यज्ञदत्त शर्मा	1958	उत्तरप्रदेश का मेरठ जिला
10.	बनवाली	रंगोई	रवीन्द्र सिंह विष्ट	1974	हरियाणा का हिसार जिला
11.	धौलावीरा	–	रवीन्द्र सिंह विष्ट	1990-91	गुजरात का कच्छ जिला
12.	सुत कागेडोर	दाश्क	आरेज स्टाइल, जार्ज डेल्स	1927-62	पाकिस्तान के मकरान में समुद्र तट के किनारे

नगर योजना

- हड़प्पा संस्कृति की सर्वाधिक महत्त्वपूर्ण विशेषता थी- इसकी नगर योजना प्रणाली।
- नगरों में सड़कें व मकान विधिवत् बनाये गये थे। मकान पक्की ईंटों से निर्मित होते थे तथा सड़कें सीधी थी।
- प्रत्येक सड़क और गली के दोनों ओर पक्की नालियाँ बनायी गयी थी। नालियाँ पक्की व ढ़की हुई थी।
- यहाँ प्राप्त नगरों के अवशेषों से पूर्व और पश्चिम दिशा में दो टीले मिले हैं। पूर्व दिशा में स्थित टीले पर नगर या फिर आवास क्षेत्र के साक्ष्य मिले हैं, जबकि पश्चिमी टीले पर गढ़ी अथवा दुर्ग (Citadel) के साक्ष्य मिले हैं।
- सिन्धु सभ्यता में सड़कों का जाल नगर को कई भागों में विभाजित करता था। सड़कें पूर्व से पश्चिम एवं उत्तर से दक्षिण की ओर जाती हुई एक दूसरे को समकोण पर काटती थी।
- यहाँ के मकानों में स्नानागार प्रायः उस भाग में बनाये जाते थे जो सड़क अथवा गली के निकटतम होते थे।

सामाजिक जीवन

- इस सभ्यता के लोग युद्धप्रिय कम, शान्तिप्रिय अधिक थे।
- स्त्री मृण्मूर्तियाँ अधिक प्राप्त होने से ऐसा अनुमान लगाया जाता है कि इस सभ्यता में मातृसत्तात्मक परिवार प्रचलित प्रथा थी।
- समाज व्यवसाय के आधार पर विभाजित था-विद्वान, व्यापारी, योद्धा, शिल्पकार और श्रमिक।
- भोजन के रूप में इस सभ्यता के लोग गेहूँ, जौ, खजूर एवं भेड़, सुअर, मछली का सेवन करते थे। इस प्रकार इस सभ्यता के लोग शाकाहारी एवं मांसाहारी दोनों प्रकार के भोजन करते थे। घर में बर्तन के रूप में मिट्टी एवं धातु के बने बर्तन प्रयोग में लाये जाते थे।
- पुरुष वर्ग दाढ़ी एवं मुछें रखते थे। आभूषण में कंठाहार, भुजबंद, कर्णफूल, छल्ले, चूड़ियाँ, करधनी, पाजेब आदि प्राप्त हुए हैं जिन्हें स्त्री-पुरुष दोनों पहनते थे।
- मनोरंजन के साधनों में मछली पकड़ना, शिकार करना, पशु-पक्षियों को आपस में लड़ाना, चौपड़ एवं पासा खेलना प्रमुख था।

राजनीतिक जीवन

- ऐसा माना जाता है कि हड़प्पा सभ्यता किसी केन्द्रीय शक्ति से संचालित होती थी। यद्यपि अभी तक यह विवाद का विषय बना हुआ है, फिर भी हड़प्पा सभ्यता के लोगों का वाणिज्य की ओर अधिक झुकाव था, इसलिए ऐसा माना जाता है कि सम्भवतः इस सभ्यता का शासन वणिक वर्ग के हाथों में ही था।
- हड़प्पा सभ्यता के शासन के सम्बद्ध में विभिन्न विद्वानों ने भिन्न-भिन्न मत दिये हैं।
- **ह्वीलर** ने सिन्धु प्रदेश के लोगों के शासन को मध्यम वर्गीय जनतन्त्रात्मक शासन कहा और उसमें धर्म की महत्ता को स्वीकार किया है।
- **स्टुअर्ट पिग्गॉट** के अनुसार सिन्धु प्रदेश के शासन पर पुरोहित वर्ग का प्रभाव था।
- **हंटर** के अनुसार मोहनजोदड़ो का शासन राजतन्त्रात्मक न होकर जनतन्त्रात्मक था।
- **मैक** के अनुसार मोहनजोदड़ो का शासन एक प्रतिनिधि शासक के हाथों में था।

आर्थिक जीवन

- कृषि तथा पशुपालन के साथ-साथ उद्योग व्यापार इस सभ्यता की अर्थव्यवस्था के प्रमुख आधार थे।
- यहाँ के प्रमुख खाद्यान्न गेहूँ तथा जौ थे। खुदाई में गेहूँ तथा जौ के दाने मिले हैं।
- इस सभ्यता के कृषक अपनी आवश्यकता से अधिक अनाज उत्पन्न करते थे तथा अतिरिक्त उत्पादन को नगरों में भेजते थे। नगरों में अनाज भंडारण के लिए **अन्नागार** (Grainary) बने होते थे।
- अनाजों के अतिरिक्त यहाँ के लोग फलों का भी उत्पादन करते थे। फलों में केला, नारियल, खजूर, अनार, नींबू, तरबूज आदि का उत्पादन होता था।
- कृषि के साथ-साथ पशुपालन का भी इस काल में विकास हुआ। यहाँ से प्राप्त मुहरों पर कूबड़दार वृषभ का अंकन बहुतायत में मिलता है। अन्य पालतू पशुओं में बैल, गाय, भैंस, कुत्ते, सुअर, भेड़, बकरी, हिरन, खरगोश आदि प्रमुख थे।
- सुरकोटड़ा (कच्छ, गुजरात) से प्राप्त अश्व-अस्थि तथा लोथल और रंगपुर से प्राप्त अश्व की मृण्मूर्तियों के आधार पर यह अनुमान लगाया गया है कि सैंधव सभ्यता के लोग अश्व से परिचित थे।
- वस्त्र निर्माण इस काल का प्रमुख उद्योग था। सूती वस्त्र के अवशेषों से ज्ञात होता है कि यहाँ के निवासी कपास उगाना भी जानते थे। विश्व में सर्वप्रथम सैंधव सभ्यता के लोगों ने ही कपास की खेती प्रारम्भ की थी। इसलिए यूनान के लोग कपास को सिन्डन (Sindon) कहने लगे जो सिंन्धु शब्द से उद्भूत है।
- इस सभ्यता की मुहरें एवं अन्य वस्तुएँ पश्चिम एशिया तथा मिस्र से प्राप्त हुई हैं। इससे यह पता चलता है कि इन देशों के साथ इनका व्यापारिक सम्बन्ध था।
- यहाँ के निवासी वस्तु विनिमय द्वारा व्यापार किया करते थे।
- हड़प्पा सभ्यता में तौल के बाट 16 अथवा इसके गुणज भार के थे, यथा 16, 64, 160, 320 आदि।

हड़प्पा सभ्यता में विभिन्न क्षेत्रों से आयात किये जाने वाले कच्चे माल

कच्चा माल	क्षेत्र
टिन	अफगानिस्तान, ईरान
ताँबा	खेतड़ी (राजस्थान), बलूचिस्तान

चाँदी	ईरान, अफगानिस्तान
सोना	अफगानिस्तान, फारस, दक्षिणी भारत
लाजवर्द	मेसोपोटामिया
सेलखड़ी	बलूचिस्तान, राजस्थान, गुजरात
नीलरत्न	बदख्शाँ
नीलमणि	महाराष्ट्र
हरितमणि	दक्षिण एशिया
शंख तथा कौड़ियाँ	सौराष्ट्र, दक्षिणी भारत
सीसा	ईरान, अफगानिस्तान, राजस्थान
शिलाजीत	हिमालय क्षेत्र

- यहाँ के निवासी धातु निर्माण उद्योग, आभूषण निर्माण उद्योग, बर्तन निर्माण उद्योग, हथियार-औजार निर्माण उद्योग व परिवहन उद्योग से परिचित थे।
- उत्खनन से प्राप्त कताई-बुनाई के उपकरणों (तकली, सुई आदि) से निष्कर्ष निकलता है कि कपड़े बुनना एक प्रमुख उद्योग था।
- चाक पर मिट्टी के बर्तन बनाना, खिलौना बनाना, मुद्राओं का निर्माण करना आदि इस काल के कुछ प्रमुख उद्योग-धन्धे थे।
- लकड़ी की वस्तुओं से पता चलता है कि बढ़ईगिरी भी इस काल में प्रचलित थी।

धार्मिक जीवन

- हड़प्पा सभ्यता के धार्मिक जीवन के बारे में जानकारी के मुख्य आधार पुरातात्विक स्रोत है, यथा-मूर्तियाँ, मुहरें, मृदभांड, पत्थर तथा अन्य पदार्थों से निर्मित लिंग तथा चक्र की आकृति, ताम्र फलक, कब्रिस्तान आदि।
- इस सभ्यता में कहीं से किसी भी मंदिर के अवशेष नहीं मिले हैं।
- पशुओं में कुबड़वाल साँड़ इस सभ्यता के लोगों के लिए विशेष पूज्नीय था।
- हड़प्पा संस्कृति में मातृ देवी सम्प्रदाय का मुख्य स्थान (स्त्री मृण्मूर्तियों के अधिकता के कारण) था। मातृ देवी की ही भाँति देवता की उपासना में भी बलि का विधान था।
- इस सभ्यता के लोग पशुपतिनाथ, महादेव, लिंग, योनि, वृक्षों व पशुओं की पूजा करते थे। भूत-प्रेत, अन्धविश्वास व जादू-टोना पर भी इस काल के लोगों का विश्वास था।
- लोथल (गुजरात) एवं कालीबंगा (राजस्थान) के उत्खननों के परिणामस्वरूप अनेक अग्निकुंड तथा अग्निवेदिकाएँ मिली हैं।
- बैल को पशुपतिनाथ का वाहन माना जाता था। फाख्ता एक पवित्र पक्षी माना जाता था।
- भारतीय सभ्यता- संस्कृति में **स्वास्तिक** चिह्न सम्भवतः हड़प्पा सभ्यता की देन है।
- इस सभ्यता में शवों की अन्त्येष्टि संस्कार की तीन विधियाँ प्रचलित थी- पूर्ण समाधिकरण, आंशिक समाधिकरण और दाह संस्कार।

लेखन कला

- हड़प्पाई लिपि का सर्वाधिक पुराना नमूना 1853 में प्राप्त हुआ था। पर स्पष्टतः यह लिपि 1923 तक प्रकाश में आयी।

- सिन्धु लिपि में लगभग 64 मूल चिह्न एवं 250 से 400 तक अक्षर हैं जो सेलखड़ी की आयताकार मुहरों, ताँबे की गुटिकाओं आदि पर मिले हैं।
- यह लिपि **चित्रात्मक** थी जिसे अभी तक पढ़ा नहीं जा सका है।
- इस लिपि में प्राप्त बड़े लेख में लगभग 17 चिह्न हैं।
- इस लिपि की प्रथम लाइन दायें से बायें तथा द्वितीय लाइन बायें से दायें लिखी गयी है। यह तरीका **'बाउस्ट्रोफिडन' (Boustrophedon)** कहलाता है।

सभ्यता के अन्त पर विभिन्न मत

1. **जॉर्न मार्शल**- प्रशासनिक शिथिलता के कारण इस सभ्यता का विनाश हुआ।
2. **ऑरेल स्टाइन**- जलवायु में हुए परिवर्तन के कारण यह सभ्यता नष्ट हो गयी।
3. **अर्नेस्ट मैंक एवं जॉन मार्शल**- सिन्धु सभ्यता बाढ़ के कारण नष्ट हुई।
4. **एम.आर. साहनी, राइक्स एवं डेल्स**- भू-तात्विक परिवर्तन के कारण यह सभ्यता नष्ट हुई।
5. **डी.डी. कौशाम्बी**- मोहनजोदड़ो के लोगों की आग लगाकर हत्या कर दी गयी।
6. **गार्डन चाइल्ड एवं ह्वीलर**- सैन्धव सभ्यता विदेशी आक्रमण व आर्यों के आक्रमण से नष्ट हुई।

हड़प्पा सभ्यता के महत्त्वपूर्ण प्रमाण और सम्बद्ध स्थल

महत्त्वपूर्ण प्रमाण	सम्बद्ध स्थल
डॉक यार्ड (बन्दरगाह) का साक्ष्य	लोथल (गुजरात) (भोगवा नदी के किनारे)
काँसे की नर्तकी (देवदासी) की मूर्ति	मोहनजोदड़ो
सूती कपड़े का साक्ष्य	मोहनजोदड़ो
आर्यों के आक्रमण का साक्ष्य	मोहनजोदड़ो
विशाल स्नानागार	मोहनजोदड़ो
जहाज के निशान वाली मुहर	मोहनजोदड़ो
काँसे का पैमाना	मोहनजोदड़ो
पशुपति शिव की प्रतिमा	मोहनजोदड़ो
R-37 कब्रिस्तान	हड़प्पा (3 कक्षों का कब्रिस्तान)
मातृ देवी प्रतिमा	हड़प्पा
मनके बनाने का कारखाना	चन्हूदड़ो (सिन्ध)
लकड़ी की नाली	कालीबंगा
काली मिट्टी की चूड़ियाँ	कालीबंगा
जुते हुए खेत का साक्ष्य	कालीबंगा
घोड़े का कंकाल	सुरकोटड़ा
अग्नि वेदियाँ	लोथल व कालीबंगा
चावल की खेती	लोथल

गेहूँ की खेती	रंगपुर
जौ की खेती	बनबाली

4. वैदिक काल

सिन्धु सभ्यता के पतन के बाद एक नई सभ्यता प्रकाश में आयी, जो पूर्णतः एक ग्रामीण सभ्यता थी जिसकी जानकारी हमें वैदिक ग्रन्थों, ऋग्वेद, सामवेद, यजुर्वेद और अथर्ववेद से मिलती है। इसलिए इस सभ्यता को वैदिक सभ्यता और इस काल को वैदिक काल के नाम से जाना जाता है।

- आर्यों द्वारा प्रवर्तित होने के कारण इस सभ्यता को आर्य सभ्यता भी कहा जाता है।
- आर्य शब्द संस्कृत भाषा का है जिसका अर्थ उत्तम, श्रेष्ठ या उच्च कुल में उत्पन्न माना जाता है।
- वैदिक काल को दो भागों बाँटा गया है–
    1. ऋग्वैदिक काल (1500–1000 ई.पू.)
    2. उत्तर वैदिक काल (1000–600 ई.पू.)

1. ऋग्वैदिक काल (1500 – 1000 ई.पू.)

- इस काल में लोग मुख्यतः पशुपालन पर निर्भर थे, कृषि का स्थान गौण था।
- इस काल तक लोगों को लोहे का ज्ञान नहीं था।
- इस काल की सभी जानकारी का एकमात्र स्रोत ऋग्वेद है।
- ऋग्वेद आर्यों का प्राचीनतम एवं पवित्रतम ग्रन्थ है।
- ऋग्वेद और ईरानी ग्रन्थ जेंद अवेस्ता (Zenda Avesta) में काफी समानता पायी जाती है।

राजनीतिक अवस्था

- सर्वप्रथम जब आर्य भारत में आये तो उनका यहाँ के दास अथवा दस्यु कहे जाने वाले लोगों से संघर्ष हुआ। अन्त में आर्यों की विजय हुई।
- ऋग्वेद में आर्यों के पाँच कबीले होने के कारण इन्हें **पंचजन्य** कहा गया। ये थे- पुरू, यदु, अनु, तुर्वशु एवं द्रहयु।
- भरत, क्रिवि एवं त्रित्स आर्य शासक वंश के थे। भरत कुल के नाम से ही इस देश का नाम **भारतवर्ष** पड़ा।
- भरत कुल के पुरोहित ऋषि वशिष्ठ थे।
- कालांतर में भरत वंश के राजा सुदास तथा अन्य दस जनों के मध्य दाशराज्ञ युद्ध अर्थात् दस राजाओं का युद्ध (Battle of ten Kings) पुरुष्णी नदी (रावी नदी) के तट पर लड़ा गया, जिसमें सुदास की विजय हुई।
- कुछ समय बाद पराजित राजा पुरूओं और भरतों के बीच मैत्री सम्बन्ध स्थापित होने से एक नवीन **कुरूवंश** की स्थापना हुई। यह वंश उत्तर वैदिक काल में प्रसिद्ध हुआ।
- ऋग्वैदिक काल में समाज **कबीले** के रूप में संगठित था, **कबीले को जन** भी कहा जाता था।
- आरम्भ में आर्यों के कुटुम्ब, कुल या परिवार (गृह) रक्त सम्बन्धों पर आधारित थे जिसका प्रधान **कुलप** या **कुलपति** कहलाता था। कुलप परिवार का मुखिया होता था।
- अनेक परिवारों को मिलाकर **ग्राम** बनता था, जिसका प्रधान **ग्रामणी** कहलाता था तथा अनेक ग्रामों को मिलाकर **विश** बनता था, जिसका प्रधान **विशपति** होता था। कुटुम्ब (गृह) ही सबसे छोटी प्रशासनिक इकाई थी।
- अनेक विशों का समूह **जन** या **कबीला** कहलाता था जिसका प्रधान **राजा/राजन** या **गोप** होता था। शासन का प्रधान राजन हुआ करता था।
- इस काल में राजा भूमि का स्वामी न होकर प्रधानतः युद्ध का नेता होता था तथा व्यक्तिगत रूप से युद्धों में भाग लेता था।

- राजा की सहायता हेतु इस काल में तीन अधिकारियों- पुरोहित, सेनानी एवं ग्रामीणी का वर्णन मिलता है। प्रायः पुरोहित का पद वंशानुगत होता था।
- राज्याभिषेक के अवसर पर ग्रामीणी, रथकार तथा कम्मादि आदि उपस्थित रहते थे। इन्हें **'रत्नी'** कहा जाता था। इनकी संख्या राजा सहित लगभग 12 होती थी।
- इस काल के अन्य पदाधिकारियों में **पुरप** तथा **दूत** उल्लेखनीय हैं। इनमें पुरप दुर्गपति होते थे। दूत के कार्य राजनीतिक थे जो समय-समय पर संधि-विग्रह के प्रस्तावों को लेकर अन्य राज्यों में जाते थे।
- ऋग्वैदिक काल में अनेक जनतान्त्रिक संस्थाओं का विकास हुआ, जिनमें **सभा, समिति** एवं **विदथ** प्रमुख हैं।
- **सभा**- यह श्रेष्ठ एवं संभ्रांत लोगों की संस्था थी।
- **समिति**- यह केन्द्रीय राजनीतिक संस्था थी तथा सामान्य जनता का प्रतिनिधित्व करती थी। इसे राजा को चुनने एवं पदच्युत करने का भी अधिकार था। समिति में स्त्रियाँ भी भाग लेती थीं। समिति के अध्यक्ष को **ईशान** कहा जाता था।
- **विदथ**- यह आर्यों की सर्वाधिक प्राचीन संस्था थी। इसे जनसभा कहा जाता था। विदथ धार्मिक तथा सैनिक महत्त्व का कार्य भी करती थी।

आर्यों के आदिस्थल/मूल निवास से सम्बद्ध विभिन्न मत

आदिस्थल	मत
सप्तसैन्धव क्षेत्र	डॉ. अविनाश चन्द्र, डॉ. सम्पूर्णानन्द
ब्रह्मर्षि देश	पं. गंगानाथ झा
मध्य देश	डॉ. राजवली पाण्डेय
कश्मीर	एल. डी. कल्ल
देविका प्रदेश (मुल्तान)	डी. एस. त्रिदेव
उत्तरी ध्रुव प्रदेश	बाल गंगाधर तिलक
हंगरी (डेन्यूब नदी की घाटी)	प्रो. गाइल्स
दक्षिणी रूस	मेयर, पीक व गार्डन चाइल्ड्स
जर्मनी	पेनका, हर्ट
मध्य एशिया*	मैक्समूलर

* सर्वाधिक मान्य मत।

सामाजिक जीवन

- ऋग्वैदिक समाज की सबसे छोटी इकाई परिवार या कुल होती थी। ऋग्वेद में कुल शब्द का उल्लेख नहीं है।
- परिवार के लिए ऋग्वेद में **गृह** शब्द का प्रयोग हुआ है।
- ऋग्वेद में **जन** शब्द का लगभग 275 बार एवं **विश** शब्द का 170 बार उल्लेख हुआ है।
- ऋग्वैदिक समाज पितृसत्तात्मक था। पिता ही परिवार का मुखिया होता था।
- पितृसत्तात्मक तत्त्व की प्रधानता होते हुए भी परिवार में स्त्रियों को यथोचित आदर एवं सम्मान दिया जाता था।
- स्त्रियों को विवाह सम्बन्धी स्वतन्त्रता प्राप्त थी। उन्हें शिक्षा पाने तथा राजनीतिक संस्थाओं में हिस्सा लेने का भी अधिकार था। **लोपामुद्रा, सिकता विश्वास, अपाला** और **घोषा** इस काल की ऐसी ही विदूषी महिलाएँ थी।
- आर्य लोगों का विवाह दास तथा दस्युओं के साथ निषिद्ध था।

- ऋग्वेद में ऐसी कन्याओं का उल्लेख मिलता है जो दीर्घकाल तक अथवा आजीवन अविवाहित रहती थी। ऐसी कन्याओं को **अमाजु** कहते थे।
- सामान्यत: परिवार में एक पत्नी विवाह प्रथा प्रचलित थी। यद्यपि कुलीन वर्ग के लोग कई-कई पत्नियाँ रखते थे। बाल-विवाह की प्रथा नहीं थी। अन्तर्जातीय विवाह होते थे।
- समाज में सती-प्रथा के प्रचलित होने का उदाहरण नहीं मिलता। स्त्रियों को राजनीति में भाग लेने का अधिकार था परन्तु सम्पत्ति सम्बन्धी अधिकार प्राप्त नहीं थे।
- आर्यों का प्रारम्भिक सामाजिक वर्गीकरण वर्ण एवं कर्म के आधार पर हुआ था। **आर्यों के तीन प्रमुख वर्ग थे- ब्राह्मण, क्षत्रिय** तथा **वैश्य।** यह वर्गीकरण जन्मजात या जातिगत न होकर कर्म के आधार पर निश्चित किया गया था।
- ऋग्वेद काल में वर्ण व्यवस्था के चिह्न दिखायी पड़ते हैं। ऋग्वेद के 10वें मण्डल के पुरुष सूक्त में चतुर्वर्णों का उल्लेख मिलता है। इस सूक्त में कहा गया है कि ब्राह्मण परम-पुरुष के मुख से, क्षत्रिय उसकी भुजाओं से, वैश्य उसकी जाँघों से एवं शूद्र उसके पैरों से उत्पन्न हुए थे। ऋग्वेद के शेष भाग में कहीं भी वैश्य और शूद्र का वर्णन नहीं है।
- ऋग्वैदिक समाज में **दास** अथवा **दस्युओं** का भी उल्लेख मिलता है जिन्हें आर्यों का प्रबल शत्रु बताया गया है एवं **अमानुष** कहा गया है।
- ऋग्वैदिक काल के लोगों का **सोम** मुख्य पेय पदार्थ था।
- इस काल में मांसाहारी एवं शाकाहारी दोनों तरह के भोजन किये जाते थे।
- वेश-भूषा में सूती, ऊनी व रंगीन कपड़ों का प्रचलन था।
- स्त्री एवं पुरुष दोनों आभूषण प्रेमी थे। आभूषण सोने, चाँदी, ताँबे, हाथीदाँत व मूल्यवान पत्थरों आदि से निर्मित होते थे।
- मनोरंजन के साधनों में संगीत-गायन, संगीत-वादन, नृत्य, चौपड़, शिकार, अश्व-धावन आदि शामिल थे।

आर्थिक जीवन

- ऋग्वैदिक सभ्यता ग्रामीण सभ्यता थी।
- ऋग्वेद में आर्यों के मुख्य व्यवसाय के रूप में पशुपालन एवं कृषि का विवरण मिलता है किन्तु पशुपालन को ही ऋग्वैदिक आर्यों ने अपना मुख्य व्यवसाय बनाया था।
- ऋग्वेद में **गव्य** एवं **गव्यति** शब्द चारागाह के लिए प्रयुक्त हुआ है।
- इस काल में गाय का प्रयोग मुद्रा के रूप में ही होता था।
- अवि (भेड़), अजा (बकरी) का ऋग्वेद में अनेक बार उल्लेख हुआ है। इस काल के लोग हाथी, बाघ, बत्तख एवं गिद्ध से अपरिचित थे।
- ऋग्वेद में कृषि का उल्लेख मात्र 24 बार ही हुआ है। इसमें अनेक स्थानों पर यव एवं धान्य शब्द का उल्लेख मिलता है।
- **गो** शब्द का ऋग्वेद में 174 बार प्रयोग हुआ है। इस काल में युद्ध का मुख्य कारण गायों की गवेष्णा अर्थात् गाविष्टि (गाय का अन्वेषण) था।
- ऋग्वैदिक काल में वस्त्र धुलने वाले, वस्त्र बनाने वाले, लकड़ी एवं धातु का काम करने वाले एवं बर्तन बनाने वाले शिल्पों के विकास के बारे में विवरण मिलता है। चर्मकार एवं कुम्हार का भी उल्लेख मिलता है।
- इस काल में **अयस** शब्द का उपयोग सम्भवत: ताँबे एवं काँसे के लिए किया गया था।
- ऋग्वेद में **कपास** का उल्लेख नहीं मिलता है।

- ऋग्वैदिक काल में क्रय-विक्रय हेतु विनिमय प्रणाली का शुभारंभ हो चुका था। इस प्रणाली में वस्तु विनिमय के साथ गाय, घोड़े एवं सुवर्ण से भी क्रय-विक्रय किया जाता था।
- इस काल में व्यापार करने वाले व्यापारियों एवं व्यापार हेतु सुदूरवर्ती प्रदेशों में भ्रमण करने वाले व्यक्ति को **पणि** कहा जाता था।
- इस काल में व्यापार, स्थल एवं जल दोनों रास्तों से होता था। आंतरिक व्यापार बहुधा गाड़ियों, रथों एवं पशुओं द्वारा होता था।
- आर्यों को समुद्र के विषय में जानकारी थी या नहीं यह बात अभी तक स्पष्ट नहीं हो पाया है।
- इस काल में ऋण देकर ब्याज लेने वाले वर्ग को **वेकनाट** अर्थात् **सूदखोर** कहा जाता था।

धार्मिक जीवन

- ऋग्वैदिक लोगों ने प्राकृतिक शक्तियों का मानवीकरण किया। इस समय **बहुदेववाद** का प्रचलन था।
- ऋग्वैदिक आर्यों की देवमण्डली तीन भागों में विभाजित थी। ये हैं- आकाश के देवता, अंतरिक्ष के देवता और पृथ्वी के देवता।
- ऋग्वैदिक काल में अग्नि, इंद्र, वरुण, सूर्य, सवितु, ऋतु, यम, रूद्र, अश्विनी आदि प्रमुख देवता एवं ऊषा, आदिति, रात्रि, संध्या आदि प्रमुख देवियाँ थीं।
- ऋग्वेद में **इंद्र** का वर्णन सर्वाधिक प्रतापी देवता के रूप में किया गया है। ऋग्वेद के लगभग 250 सूक्तों में इनका वर्णन है। इन्हें आर्यों का युद्ध नेता (पुरंदर) एवं वर्षा का देवता माना जाता है।
- ऋग्वेद में दूसरा महत्त्वपूर्ण देवता **अग्नि** था। ऋग्वेद के लगभग 200 सूक्तों में इसका वर्णन है। अग्नि का काम था मनुष्य और देवताओं के मध्य मध्यस्थ की भूमिका निभाना।
- ऋग्वेद में तीसरा स्थान वरुण देवता का था। ऋग्वेद के लगभग 30 सूक्तों में इसका वर्णन है। वरुण को ईरान में **अहुरमज्दा** तथा यूनान में **ओरनोज** के नाम से जाना जाता है।
- इस समय देवों की पूजा की प्रधान विधि थी- स्तुति पाठ करना एवं यज्ञ से बलि चढ़ाना।

ऋग्वैदिक देवी-देवता : एक नजर में

वरुण	सकल ब्रह्माण्ड का अधिपति, सर्वव्यापी, सर्वज्ञ, नियामक, प्रजारक्षक तथा ऋतस्य
इंद्र	आँधी, तूफान, बिजली और वर्षा के देवता, युद्धों में विजय दिलाने वाला पराक्रमी देव
विष्णु	संसार का संरक्षक
मरुत	आँधी के देवता
ऊषा	सूर्योदय-पूर्व की अवस्था की द्योतक
अदिति	आर्यों की सार्वभौम भावना की देवी
सोम	वनस्पतियों, औषधियों के अधिपति

2. उत्तर वैदिक काल (1000-600 ई.पू.)

- भारतीय इतिहास में उस काल को, जिसमें सामवेद, यजुर्वेद एवं अथर्ववेद तथा ब्राह्मण ग्रन्थों, आरण्यकों एवं उपनिषद् की रचना हुई, को उत्तर वैदिक काल कहा जाता है।

- चित्रित धूसर मृदमांड (Painted Grey Ware-PGW) इस काल की विशिष्टता थी, क्योंकि यहाँ के निवासी मिट्टी के चित्रित और भूरे रंग के कटोरों तथा थालियों का प्रयोग करते थे। **वे लोहे के हथियारों का भी प्रयोग करते थे।**
- उत्तर वैदिक कालीन सभ्यता का मुख्य केन्द्र **मध्यदेश** था जिसका प्रसार सरस्वती से लेकर गंगा-यमुना दोआब (कुरूक्षेत्र) तक था। यहीं पर कुरू एवं पंचाल जैसे विशाल राज्य थे। यहीं से आर्य संस्कृति पूर्व की ओर प्रस्थान कर कोशल, काशी एवं विदेह तक फैली।
- मगध एवं अंग प्रदेश आर्य सभ्यता के क्षेत्र के बाहर थे। मगध में निवास करने वाले लोगों को **अथर्ववेद में व्रात्य** कहा गया है। ये प्राकृत भाषा बोलते थे।
- उत्तर वैदिक काल तक आते-आते पंचजनों का लोप हो गया तथा उनके स्थान पर विशाल राज्यों की स्थापना हुई, जिनमें कुरू तथा पंचाल सबसे अधिक प्रसिद्ध थे।
- उत्तर वैदिक काल में पांचाल सर्वाधिक विकसित राज्य था।
- उत्तर वैदिक काल की मुख्य विशेषता थी- कृषि प्रधान अर्थव्यवस्था का उदय, कबायली संरचना में दरार, वर्ण व्यवस्था की जटिलता में वृद्धि, क्षेत्रगत राज्यों का उदय तथा धार्मिक कर्मकांडों की प्रधानता।
- तकनीकी विकास की दृष्टि से इस काल की महत्त्वपूर्ण घटना है- **लोहे का प्रयोग।** आरंभ में लोहे का उपयोग हथियारों के निर्माण में हुआ परन्तु धीरे-धीरे इसका व्यवहार कृषि एवं अन्य आर्थिक गतिविधियों में होने लगा।
- उत्तर वैदिक ग्रन्थों में लोहे का उल्लेख **कृष्ण-अयस** या **श्याम-अयस** के नाम से हुआ है।

राजनीतिक अवस्था

- इस काल में ऋग्वैदिक कालीन अनेक छोटे-छोटे कबीले एक-दूसरे में विलीन होकर क्षेत्रगत जनपदों में बदलने लगे थे।
- इस काल में **राजतन्त्र** ही शासन व्यवस्था का आधार था, किन्तु कहीं-कहीं पर गणराज्यों के उदाहरण भी मिलते हैं।
- इस काल में राजा का अधिकार ऋग्वैदिक काल की अपेक्षा कुछ बढ़ा। अब उसे बड़ी-बड़ी उपाधियाँ मिलने लगी जैसे- **अधिराज, सम्राट, एकराट, राजाधिराज।**
- प्रदेश का संकेत करने वाला शब्द **राष्ट्र** उत्तर वैदिक काल में ही **सर्वप्रथम** प्रयोग किया गया।
- राजा मन्त्रियों की सहायता से समस्त राज्य का प्रशासन करता था। इन मन्त्रियों को उत्तर वैदिक काल में **रत्निन** कहा जाता था। शतपथ ब्राह्मण **12 प्रकार** के **रत्नियों** का विवरण दिया गया है।
- इस काल में राजा की शक्ति में वृद्धि होने से सभा और समिति नामक संस्थाओं की स्थिति में थोड़ा-सा बदलाव आया।
- अथर्ववेद में सभा एवं समिति को प्रजापति की दो पुत्रियाँ कहा गया है।
- **सभा** एक ग्राम संस्था थी। वह ग्राम के सभी स्थानीय विवादों का निर्णय करती थी। सभा में स्त्रियों का प्रवेश वर्जित था।
- **समिति** एक केन्द्रीय संस्था थी। अथर्ववेद में राजा के लिए समिति का सहयोग आवश्यक बताया गया है। सम्भवत: समिति का राजा ही अध्यक्ष होता था, पर समिति का राजा पर अंकुश होता था।

उत्तर वैदिककालीन प्रमुख पदाधिकारी

पदनाम	कार्य
पुरोहित	राजा का प्रमुख सलाहकार, युद्ध में राजा के साथ जाता था, समस्त धार्मिक कार्य-कलापों में सहभागी।
महिषी	राजा की पटरानी महिषी कहलाती थी, जो प्रशासनिक कार्यों में राजा की सहायक एवं सलाहकार के रूप में कार्य करती थी।
युवराज	राजा अपने ज्येष्ठ पुत्र को इस पद पर आसीन कर उसे उत्तराधिकारी के रूप में प्रशासनिक कार्यों में निपुण करने का प्रयास करता था।
सुत	रथों के निर्माण, रख-रखाव हेतु पदाधिकारी।
सेनानी	सेना का प्रधान पदाधिकारी
ग्रामिणी	ग्राम शासन का प्रधान पदाधिकारी।
क्षत्रि	राजप्रसादों की सुरक्षा हेतु पदाधिकारी।
संग्रहीतृ	राज्य का कोषाध्यक्ष।
भागदुध	भूमि कर की वसूली हेतु पदाधिकारी।
अक्षवाप	जुआ आदि पर निगरानी रखने वाला।

सामाजिक जीवन

- इस काल में धीरे-धीरे बड़े ग्राम नगरों में विकसित होने लगे थे।
- इस समय गृह निर्माण कच्ची एवं पक्की ईंटों, मिट्टी, बाँस एवं लकड़ी से किया जाता था।
- संयुक्त एवं पितृसत्तात्मक परिवार की प्रथा उत्तरवैदिक काल में भी विद्यमान रही जिसमें पिता के असीमित अधिकार होते थे।
- उत्तर वैदिक काल में ही सर्वप्रथम **कुल** शब्द का उल्लेख मिलता है।
- इस काल में वर्ण आधारित जाति व्यवस्था स्थापित हो चुका था।
- इस काल तक समाज स्पष्टत: चार वर्णों- ब्राह्मण, क्षत्रिय, वैश्य एवं शूद्र में विभाजित हो चुका था। किन्तु इस काल में जाति प्रथा उतनी कठोर नहीं थी जितनी की सूत्रों के काल में थी।
- इस काल में अस्पृश्यता की भावना का उदय नहीं हुआ था।
- **ऐतरेय ब्राह्मण** में सर्वप्रथम चारों वर्णों के कर्मों के विषय में विवरण मिलता है।
- इस काल में ही सर्वप्रथम **गोत्र व्यवस्था** प्रचलन में आयी। गोत्र का शाब्दिक अर्थ है **गोष्ठ** अर्थात् वह स्थान जहाँ समूचे कुल के गोधन को एक साथ रखा जाता था। परन्तु कालांतर में गोत्र का अर्थ एक मूल पुरुष के वंशज से हो गया। एक ही गोत्र के लोगों के परस्पर विवाह पर प्रतिबन्ध लग गया।
- मानव जीवन को सुव्यवस्थित बनाने वाले चार आश्रमों का विधान इस काल में मिलता है। ये हैं- ब्रह्मचर्य (25 वर्ष की आयु तक), गृहस्थ (25 से 50 वर्ष की आयु तक), वानप्रस्थ (50 से 75 वर्ष की आयु तक) और संन्यास आश्रम (75 से 100 वर्ष की आयु तक)।
- स्पष्टत: उत्तर वैदिक काल में उपर्युक्त प्रथम तीन आश्रमों का उल्लेख है। अंतिम आश्रम इस काल में विशेष महत्त्व नहीं पा सका था। इस समय गृहस्थ आश्रम को विशेष महत्त्व दिया जाता था।
- इस काल में शिक्षा का माध्यम गुरुकुल परम्परा पर आधारित था।
- इस काल में अन्तर्वर्णीय विवाह, बहुविवाह, विधवा विवाह, नियोग प्रथा, दहेज प्रथा का प्रचलन था। बाल विवाह, पर्दा प्रथा, सती प्रथा का उल्लेख उत्तर वैदिक काल में नहीं मिलता है।

- स्त्रियों की दशा उत्तर वैदिक काल में ऋग्वैदिक काल की तुलना में अच्छी नहीं थी।
- इस काल में मनोरंजन के साधन में लोकनृत्य, संगीत, जुआ एवं युद्ध मुख्य थे।
- मनुस्मृति में **आठ प्रकार के विवाहों** का उल्लेख मिलता है।

विवाह के प्रकार

1.	ब्रह्म विवाह	कन्या के वयस्क होने पर उसके माता-पिता द्वारा योग्य वर खोजकर उससे अपनी कन्या का विवाह करना।
2.	दैव विवाह	यज्ञ करने वाले पुरोहित के साथ कन्या का विवाह।
3.	आर्ष विवाह	कन्या के पिता द्वारा यज्ञ कार्य हेतु एक अथवा दो गाय के बदले में अपनी कन्या का विवाह करना।
4.	प्रजापत्य विवाह	वर स्वयं कन्या के पिता से कन्या माँग का विवाह करता था।
5.	गंधर्व विवाह	कन्या तथा वर प्रेम अथवा कामुकता में वशीभूत होकर विवाह करते थे।
6.	असुर विवाह	कन्या के पिता द्वारा धन के बदले में कन्या का विक्रय।
7.	पैशाच विवाह	सोई अथवा पागल कन्या के साथ सहवास कर विवाह करना।
8.	राक्षस विवाह	बलपूर्वक कन्या को छीनकर उससे विवाह करना।

नोटः स्मृतियों में ब्रह्म, दैव, आर्ष एवं प्रजापत्य विवाह ही मान्यता प्राप्त है।

आर्थिक जीवन

- उत्तरवैदिक काल के लोगों के आर्थिक जीवन में सर्वाधिक महत्त्वपूर्ण परिवर्तन उनके स्थायित्व में देखने को मिलता है जो कृषि के अधिकाधिक प्रसार का परिणाम था।
- इस काल में आर्यों का प्रमुख व्यावसाय कृषि था।
- कृषि की समस्त प्रक्रियाओं का उल्लेख **सर्वप्रथम** शतपथ ब्राह्मण में मिलता है।
- यजुर्ववेद में व्रीहि/ब्रीहि (धान), यव (जौ), माण (उड़द), मृद्ग (मूँग), गोंधूम (गेहूँ), मसूर आदि अनाजों का वर्णन मिलता है।
- अथर्ववेद में दो तरह के धान-ब्रीहि एवं तण्डुल तथा ईक्षु (ईख) का उल्लेख मिलता है।
- अथर्ववेद में ही सिंचाई के साधन के रूप में वर्ष कूप एवं नहर का उल्लेख किया गया है।
- इस काल में कृषि तथा पशुपालन, मछुआ, सारथी, गड़रिया, स्वर्णकार, मणिकार, रस्सी बटने वाले, टोकरी बुनने वाले, धोबी, लुहार, जुलाहा आदि व्यवसायियों का उल्लेख मिलता है।
- इस काल के मुख्य पालतू पशु गाय, बैल, घोड़ा, हाथी, भैंस, भेड़, बकरी, गधा, ऊँट, शूकर आदि थे।
- इस काल में महत्त्वपूर्ण पशु के रूप में गाय को पाला जाता था। बड़े बैल को इस काल में **महोक्ष** कहा जाता था।
- इस समय मिट्टी के एक विशेष प्रकार के बर्तन बनाये जाते थे, जिन्हे **चित्रित धूसर मृदमांड** (Painted Grey Ware-PGW) कहा जाता है।
- सूत कातने एवं वस्त्र बुनने का व्यवसाय इस काल में बहुत अधिक विकसित था।
- ब्राह्मण एवं क्षत्रिय अधिकांशतः राजकीय करों से मुक्त थे। राज्य को कर का अधिकांश भाग वैश्यों से ही प्राप्त होता था।
- व्यापार-वाणिज्य विनिमय के आधार पर छोटे पैमाने पर होता था।

- ऋण देने एवं ब्याज लेने की प्रथा प्रचलित हो चुकी थी।
- यद्यपि शतमान, निष्क, कृष्णल एवं पाद्य शब्दों का उल्लेख मिलता है। तथापि सिक्कों के प्रचलन का कोई पुरातात्त्विक प्रमाण नहीं मिलता है।
- इस काल की अर्थव्यवस्था को मोटे तौर पर प्राक्-शहरी (Proto-Urban) कहा जा सकता है, क्योंकि ये न तो पूरी तरह ग्रामीण थी और न ही शहरी।

धार्मिक जीवन

- इस काल के धर्म की प्रमुख विशेषता यज्ञों की जटिलता एवं कर्मकांडों की दुरूहता थी। यज्ञों में शुद्ध मन्त्रोच्चारण पर विशेष बल दिया गया।
- ऋग्वैदिक 7 पुरोहितों की जगह उत्तरवैदिक काल में 14 पुरोहितों का उल्लेख मिलता है।
- गृहस्थ आर्यों को **पाँच महायज्ञों** का अनुष्ठान करना पड़ता था जो निम्नवत् है-
  1. **ब्रह्मयज्ञ**- प्राचीन ऋषियों के प्रति कृतज्ञता।
  2. **देवयज्ञ**- देवताओं के प्रति कृतज्ञता।
  3. **पितृयज्ञ**- पितरों का तर्पण।
  4. **मनुष्य यज्ञ**- अतिथि सत्कार।
  5. **भूतयज्ञ/बलियज्ञ**- समस्त जीवों के प्रति कृतज्ञता ज्ञापन के तौर पर चीटियों, पक्षियों, स्वानों आदि को भोजन देना।

षडदर्शन एवं उसके प्रवर्तक		
क्र.	**दर्शन**	**प्रवर्तक**
1.	सांख्य	कपिल
2.	योग	पतंजलि (योगसूत्र)
3.	न्याय	गौतम (न्यायसूत्र)
4.	पूर्वमीमांसा	जैमिनी
5.	उत्तरमीमांसा (वेदांत)	बादरायण (ब्रह्मसूत्र)
6.	वैशेषिक	कणाद या उलूक
नोट- सांख्य दर्शन भारत के सभी दर्शनों में सबसे प्राचीन है। इसके अनुसार मूल तत्त्व 25 है, जिनमें प्रकृति पहला तत्त्व है।		

- ऋग्वेद के देवता इन्द्र एवं अग्नि अब प्रमुख नहीं रहे। उनके स्थान पर इस काल में **प्रजापति** को सर्वोच्च स्थान मिला। इस काल में **विष्णु** को संरक्षक के रूप में पूजा जाता था। ऋग्वेद में पशुओं के रक्षक देवता **पूषन** इस काल में शूद्रों के देवता के रूप में प्रतिष्ठापित हुए।
- इस काल में राजा के राज्याभिषेक के समय **राजसूय यज्ञ** का अनुष्ठान किया जाता था।
- उत्तरवैदिक काल में ही बहुदेववाद, मूर्तिपूजा, वासुदेव सम्प्रदाय एवं षडदर्शनों का बीजारोपण हुआ
- समाज में ब्राह्मणों का प्रभुत्व काफी बढ़ गया क्योंकि सिर्फ वे ही धार्मिक अनुष्ठान करा सकते थे। जादू-टोने में विश्वास भी बढ़ गया था।
- इस काल में मनुष्य के भौतिक सुख एवं आध्यात्मिक सुखों के मध्य तालमेल स्थापित करने के लिए **पुरुषार्थ** का विधान किया गया। पुरुषार्थों की संख्या चार है- 1. धर्म, 2. अर्थ, 3. काम और 4. मोक्ष।

विभिन्न प्रकार के यज्ञ	
राजसूय	राजा के राज्याभिषेक हेतु सम्पादित होता था। ऐसा माना जााता था कि इससे राजा को दिव्य शक्ति प्राप्त होगी।
अश्वमेघ	अन्य राज्यों को चुनौती देने के उद्देश्य से एक अभिषिक्त घोड़े को छोड़कर सम्पादित किया जाता था जो राजा के प्रभुत्व का प्रतीक था।

वाजपेय	राजा रथों की दौड़ का आयोजन करता था जिसका उद्देश्य प्रजा के मनोरंजन के साथ शौर्य प्रदर्शन था।
अग्निष्टोम	इस यज्ञ में प्रात:, दोपहर तथा शाम को सोम पीसा जाता था तथा अग्नि को पशु बलि दी जाती थी।

5. प्राचीन भारत में धार्मिक आंदोलन

- छठी शताब्दी ई.पू. में उत्तर भारत की मध्य गंगा घाटी क्षेत्र में अनेक धार्मिक सम्प्रदायों का उदय हुआ, जबकि ठीक इसी समय चीन में **कन्फ्यूशियस** तथा **लाओत्से** ईरान में **जरथुष्ट** और यूनान में **पाइथागोरस** धार्मिक आंदोलन भी चल रहा था जो पुरातन मान्यताओं को चुनौती दे रहा था।
- भारत में ई.पू. छठी शताब्दी में प्रचलित विभिन्न सम्प्रदायों में से आगे चलकर केवल बौद्ध एवं जैन धर्म ही अधिक प्रसिद्ध हुए।
- भारत के इन धार्मिक आंदोलनों ने पुरातन वैदिक ब्राह्मण धर्म के अनेक दोषों पर प्रहार किया। इसलिए इसे **सुधारवादी आंदोलन** कहा गया है।
- इस काल में धार्मिक अनुष्ठानों में पेचीदगियों के कारण ब्राह्मणों का आधिपत्य स्थापित होने लगा जो दूसरे वर्णों, विशेषकर क्षत्रियों को पसंद नहीं आया। एक बात स्मरणीय है कि बौद्ध धर्म और जैन धर्म दोनों क्षत्रियों द्वारा ही शुरू किये गये।

बौद्ध धर्म
महात्मा बुद्ध और बौद्ध धर्म

- महात्मा बुद्ध का जन्म 583 ई.पू. में नेपाल की तराई में स्थित कपिलवस्तु के समीप लुम्बनी ग्राम में **शाक्य** क्षत्रिय कुल में हुआ था।
- महात्मा बुद्ध का मूल नाम **सिद्धार्थ** था। इनके अन्य नाम **तथागत, गौतम, बुद्ध** तथा **शाक्यमुनि** थे।
- इनके पिता का नाम शुद्धोधन तथा माता का नाम महामाया था।
- इनके जन्म के सातवें दिन ही इनकी माता महामाया की मृत्यु हो गयी थी, अत: इनका पालन-पोषण इनकी मौसी प्रजापति गौतमी ने किया था।
- 16 वर्ष की आयु में इनका विवाह यशोधरा नामक राजकुमारी से हुआ। 28 वर्ष की आयु में इन्हें पिता बनने का सौभाग्य प्राप्त हुआ। इनके पुत्र का नाम **राहुल** था।
- महात्मा बुद्ध के जीवन के **चार दृश्यों**- बूढ़ा, रोगी, अर्थी एवं संन्यासी ने उन्हें आध्यात्म की ओर प्रवृत्त किया।
- 29 वर्ष की आयु में इन्होंने सत्य की खोज के लिए गृह-त्याग कर दिया।
- गृह-त्याग के पश्चात् इन्होंने गुरु आलार कलाम से उपनिषदीय शिक्षा ग्रहण की।
- 35वें वर्ष में **गया** में निरंजना नदी के किनारे उरूवेला में **अश्वत्थ वृक्ष (पीपल)** के नीचे वैशाख पूर्णिमा की रात्रि में समाधिस्थ अवस्था में इनको ज्ञान प्राप्त हुआ।
- ज्ञान प्राप्ति के बाद महात्मा बुद्ध ने **तपस्यु** और **मिल्लक** नामक दो बंजारों को **सर्वप्रथम** दीक्षा दी।
- महात्मा बुद्ध ने अपना **प्रथम उपदेश** (प्रवचन) सारनाथ में दिया। इनके प्रथम उपदेश को बौद्ध ग्रन्थों में **धर्म-चक्र-प्रवर्तन** की संज्ञा दी गयी है।
- 483 ई.पू. में 80 वर्ष की आयु में महात्मा बुद्ध का देहान्त कुशीनगर में हुआ। इनके देहांत को बौद्ध ग्रन्थों में **महापरिनिर्वाण** कहा गया है।

बौद्ध महासंगीतियाँ					
संगीति	समय	स्थान	शासक	अध्यक्ष
प्रथम बौद्ध संगीति	483 ई.पू.	सप्तपर्णि गुफा, राजगृह (बिहार)	अजातशत्रु	महाकस्सप
द्वितीय बौद्ध संगीति	383 ई.पू.	चुल्लबग्ग (वैशाली बिहार)	कालाशोक	साबकमीर
तृतीय बौद्ध संगीति	250 ई.पू.	पाटलिपुत्र (मगध की राजधानी)	अशोक	मोग्गलिपुत्र तिस्स
चतुर्थ बौद्ध संगीति	72 ई.पू.	कुंडलवन (कश्मीर)	कनिष्क	वसुमित्र

नोट : चतुर्थ बौद्ध संगीति में बौद्धधर्म हीनयान और महायान में बँट गया।

बुद्ध के उपदेश

- बुद्ध ने सांसारिक दुःखों के सम्बन्ध में चार आर्य सत्यों का उपदेश दिया। ये आर्य सत्य हैं–
  1. दुःख, 2. दुःख समुदाय, 3. दुःख निरोध, और 4. दुःख निरोधगामिनी प्रतिपद्या।
- सांसारिक दुःखों से मुक्ति हेतु बुद्ध ने **अष्टांगिक मार्ग** की बात कही।

अष्टांगिक मार्ग	
सम्यक् दृष्टि	सत्य और असत्य को पहचानने की शक्ति
सम्यक् संकल्प	इच्छा एवं हिंसा रहित संकल्प
सम्यक् वाणी	सत्य एवं मृदु वाणी
सम्यक् कर्म	सत्कर्म, दान, दया, सदाचार, अहिंसा आदि
सम्यक् आजीव	जीवनयापन का सदाचारपूर्ण एवं उचित मार्ग
सम्यक् व्यायाम	विवेकपूर्ण प्रयत्न
सम्यक् स्मृति	अपने कर्मों के प्रति विवेकपूर्ण ढंग से सहज रहना
सम्यक् समाधि	चित्त की एकाग्रता

- बौद्ध धर्म के **त्रिरत्न** हैं– बुद्ध, संघ और धम्म।
- बुद्ध द्वारा स्थापित संघ की सभा में प्रस्ताव पाठ को **अनुसावन** कहते थे। संघ में प्रवेश पाने को **उपसम्पदा** कहा जाता था।

बौद्ध धर्म ग्रन्थ

- आरम्भिक बौद्ध ग्रन्थ पालि भाषा में लिखे गये।
- अंगुत्तर निकाय में छठी शताब्दी ई.पू. के 16 महाजनपदों का उल्लेख मिलता है।
- **खुद्दक निकाय** में जातक कथाओं का वर्णन किया गया है। जातक कथाएँ बुद्ध के पूर्व जन्म की कथाएँ हैं।
- बौद्ध ग्रन्थों में बौद्ध संगीति **त्रिपिटक** सर्वाधिक महत्त्वपूर्ण है। त्रिपिटक में शामिल बौद्ध ग्रन्थ निम्नवत् हैं–
  1. **विनय पिटक–** इसमें संघ सम्बन्धी नियमों, दैनिक आचार-विचार व विधि निषेधों का संग्रह है।

2. **सुत्तपिटक**- इसमें बौद्ध धर्म के सिद्धान्त व उपेदशों का संग्रह है।

3. **अभिधम्मपिटक**- यह प्रश्नोत्तर क्रम में है। इसमें दार्शनिक सिद्धान्तों का संगह है।

- पालिभाषा में कुछ महाकाव्यों की रचना हुई। इन महाकाव्यों में **दीपवंश** और **महावंश** सर्वाधिक महत्त्वपूर्ण है। इनमें सिंहलद्वीप (श्रीलंका) का उल्लेख मिलता है।

महात्मा बुद्ध के जीवन से सम्बद्ध प्रमुख घटनाएँ	
घटना	**घटनाओं का नामकरण**
गृह त्याग की घटना	महाभिनिष्क्रमण
ज्ञान प्राप्ति की घटना	सम्बोधि
प्रथम उपदेश देने की घटना	धर्म-चक्र-प्रवर्तन
देहांत	महापरिनिर्वाण

महात्मा बुद्ध के उपदेशों के मूल तत्त्व

- उन्होंने अपने उपदेशों में कर्म के सिद्धान्त पर बहुत बल दिया है। उनके अनुसार वर्तमान के निर्णय भूतकाल के कार्य करते हैं
- बुद्ध के अनुसार प्रत्येक व्यक्ति अपने भाग्य का निर्माता है। उनका कहना था कि अपने पूर्व कर्मों का फल भोगने के लिए मानव को बार-बार जन्म लेना पड़ता है।
- बुद्ध ने कहा कि निर्वाण की प्राप्ति प्रत्येक मनुष्य के जीवन का अंतिम लक्ष्य है। इससे उनका तात्पर्य यह था कि व्यक्ति को असीमित इच्छा, भोग-विलास का परित्याग कर देना चाहिए।
- महात्मा बुद्ध ने ईश्वर के अस्तित्त्व को न तो स्वीकार किया और न ही नकारा है।
- महात्मा बुद्ध ने वेदों की प्रमाणिकता को स्पष्ट रूप से नकारा है।
- महात्मा बुद्ध समाज में ऊँच-नीच के कट्टर विरोधी थे।

जैन धर्म

- जैन शब्द **जिन शब्द** से बना है। जिन का अर्थ है- विजेता अर्थात् जिसने इन्द्रियों को अपने वश में कर लिया है।
- जैन धर्म में **तीर्थंकर** का अर्थ संसार सागर से पार कराने के लिए औरों को मार्ग बताने वाला होता है।
- **ऋषभदेव** को जैन धर्म के संस्थापक, प्रवर्तक एवं पहले तीर्थंकर के रूप में जाना जाता है।
- **पार्श्वनाथ** जैन धर्म के 23वें एवं प्रथम ऐतिहासिक तीर्थंकर थे। वे काशी के **इक्ष्वाकु वंशीय** राजा अश्वसेन के पुत्र थे।
- जैन धर्म को सुनियोजित और सुव्यस्थित कर उसके ज्ञान एवं दर्शन के तत्त्व के वास्तिविक प्रवर्तन का श्रेय पार्श्वनाथ को ही है।
- पार्श्वनाथ को 30 वर्ष की आयु में वैराग्य उत्पन्न हुआ, जिस कारण वे गृह त्यागकर संन्यासी हो गये। उन्होंने **सम्मेदपर्वत** पर कठोर तपस्या कर 84वें दिन कैवल्य की प्राप्ति की।
- पार्श्वनाथ के अनुयायिओं को **निग्रंथ** कहा गया।
- पार्श्वनाथ की **प्रथम अनुयायी** इनकी माता **वामा** तथा पत्नी **प्रभावती** थी।
- पार्श्वनाथ ने 4 महाव्रतों- अहिंसा, सत्य, अपरिग्रह एवं अस्तेय का प्रतिपादन किया। इनमें से सर्वाधिक महत्त्व इन्होंने अहिंसा पर दिया।
- पार्श्वनाथ ने कायाक्लेश एवं तपश्चर्या से ही मोक्ष प्राप्ति की बात कही। इन्होंने भिक्षुकों को श्वेत वस्त्र पहनने का आदेश दिया।

- पार्श्वनाथ के प्रमुख समर्थकों में **केशि** का नाम उल्लेखनीय है।
- पार्श्वनाथ का प्रतीक चिह्न **ऋजदार सर्प** था।
- महावीर स्वामी जैन धर्म के 24वें एवं अंतिम तीर्थंकर थे। इन्हें जैन धर्म का **वास्तविक संस्थापक** माना जाता है।
- महावीर स्वामी का जन्म 540 ई.पू. में बिहार राज्य के वैशाली जिला स्थित कुंडग्राम में हुआ था। इनके बचपन का नाम वर्धमान महावीर था। वे क्षत्रिय वर्ण एवं ज्ञातृक/शातृक कुल में पैदा हुए थे।
- महावीर स्वामी क पिता सिद्धार्थ ज्ञातृक/शातृक कुल के मुखिया अथवा सरदार थे और माता त्रिशाला वैशाली के लिच्छवि कुल के प्रमुख चेटक की बहन थी।
- महावीर का विवाह कुण्डिन्य गोत्र की कन्या यशोदा से हुआ। कालांतर में एक पुत्री के पिता बने। इनके पुत्री का नाम अनोज्जा प्रियदर्शनी था, जिसकी शादी जामालि नामक एक क्षत्रिय से हुई।
- महावीर ने 30 वर्ष की आयु में माता-पिता की मृत्यु के पश्चात् अपने बड़े भाई नंदिवर्धन से अनुमति लेकर घर को त्याग दिया। घर त्यागने के बाद स्वामी जी संन्यासी (यती) हो गये। महावीर स्वामी 23वें तीर्थंकर पार्श्वनाथ के शिष्य थे।
- 12 वर्ष तक लगातार कठोर तपस्या एवं साधना के बाद 42 वर्ष की अवस्था में महावीर को जुंभिक ग्राम के समीप ऋजुपालिका नदी के किनारे एक साल के वृक्ष के नीचे **कैवल्य** (ज्ञान) प्राप्त हुआ।
- कैवल्य प्राप्त हो जाने के बाद महावीर स्वामी को **केवलिन**, **जिन** (विजेता), **अर्ह** (योग्य) एवं **निर्ग्रंथ** (बंधनरहित) जैसी उपाधियाँ मिली।
- ज्ञान प्राप्ति के उपरांत महावीर स्वामी ने चंपा, वैशाली, मिथिला, राजगृह, श्रावस्ती, अंग, कोशल, विदर्भ, मगध आदि स्थानों का भ्रमण कर जैन मत का प्रचार-प्रसार किया।
- महावीर ने अपना उपेदश प्राकृत (अर्धमागधी) भाषा में दिया।
- महावीर के **प्रथम अनुयायी** उनके दामाद (प्रियदर्शनी के पति) जामालि थे।
- **प्रथम जैन भिक्षुणी** नरेश दधिवाहन की पुत्री **चंपा** थी।
- महावीर ने अपने शिष्यों को 11 गणधरों में विभाजित किया था।
- आर्य सुधर्मा अकेला ऐसा गणधर था जो महावीर की मृत्यु के बाद भी जीवित रहा और जो जैन धर्म का प्रथम थेरा या उपदेशक हुआ।
- 30 वर्ष तक लगातार जैन मत का प्रचार करने के बाद 72 वर्ष की आयु में 468 ई.पू. राजगृह के समीप स्थित पावा नामक स्थान पर महावीर स्वामी ने निर्वाण प्राप्त किया। मल्लराजा सस्तिपाल के राजप्रसाद में महावीर स्वामी को निर्वाण प्राप्त हुआ था।
- महावीर स्वामी ने 23वें तीर्थंकर पार्श्वनाथ द्वारा दिये गये 4 महाव्रतों में पाँचवाँ व्रत ब्रह्मचर्य को जोड़ा।
- महावीर पुनर्जन्म एवं कर्मवाद में विश्वास करते थे।
- **त्रिरत्न**- जैन धर्म में पूर्व जन्म के कर्मफल को समाप्त करने एवं इस जन्म के कर्मफल से बचने के लिए 'त्रिरत्नों' के पालन की बात की गयी है। ये **त्रिरत्न** हैं-
  1. **सम्यक् श्रद्धा**- सत्य में विश्वास।
  2. **सम्यक् ज्ञान**- शंका विहीन तथा वास्तविक ज्ञान।

3. **सम्यक् आचरण**- बाह्य जगत् के विषयों के प्रति सम दुःख भाव से उदासीनता ही सम्यक् आचरण है।

➩ जैन धर्म में मोक्ष एवं निर्वाण प्राप्ति के लिए कठिन तपस्या एवं कायाक्लेश की बात की गयी है। कायाक्लेश के अन्तर्गत उपवास के द्वारा शरीर को समाप्त (आत्म-हत्या) करने का विधान है।

➩ पार्श्वनाथ वस्त्र धारण करने के समर्थक थे जबकि महावीर स्वामी वस्त्र त्याग कर पूर्णतः नग्न रहने की बात करते थे।

➩ महावीर स्वामी का प्रतीक चिह्न **सिंह** है।

➩ जैन धर्म में ज्ञान के पाँच स्रोत अथवा प्रकार का उल्लेख है-

1. **मति**- इन्द्रियों द्वारा प्राप्त होने वाला ज्ञान।
2. **श्रुति**- श्रवण द्वारा प्राप्त होने वाला ज्ञान।
3. **अवधि**- दिव्य ज्ञान।
4. **मनः पर्याय**- अन्य व्यक्तियों के मन-मस्तिष्क को जान लेने वाला ज्ञान।
5. **कैवल**- निर्ग्रंथों एवं जितेन्द्रियों को प्राप्त होने वाला पूर्ण ज्ञान।

➩ जैन धर्म संसार को छह द्रव्यों- जीव, पुद्गल (भौतिक तत्त्व), धर्म, अधर्म, आकाश एवं काल से निर्मित मानता है।

➩ जैन धर्म में **स्याद्वाद** जिसे सप्तभंगीय भी कहा जाता है, मूल रूप से **ज्ञान की सापेक्षता का सिद्धान्त** (Relative Theory of Knowledge) है। स्यादवाद को अनेकांतवाद या क्षणभंगवाद भी कहा जाता है। ये संख्या में सात होते हैं।

➩ महावीर स्वामी की मृत्यु के लगभग दो सौ वर्ष बाद जैन धर्म दो भागों- श्वेतांबर एवं दिगंबर में विभाजित हो गया।

जैन साहित्य

➩ जैन साहित्य को **आगम** कहा जाता है, जिसमें 12 अंग, 12 उपांग, 10 प्रकीर्ण, 6 छेदसूत्र, 4 मूलसूत्र, अनुयोग सूत्र व नंदसूित्र की गणना की जाती है।

➩ छेदसूत्र में जैन भिक्षुओं के लिए उपयोगी विधि-नियमों का संकलन है। इनका महत्त्व बौद्धों के विनयपिटक जैसा है। 6 छेदसूत्र हैं- निशीथ, महानिशीथ, व्यवहार, आचार दशा, कल्प एवं पंचकल्प।

➩ मूलसूत्र में जैन धर्म के उपदेश, भिक्षुओं के कर्तव्य विहार, जीवन पथ नियम आदि का वर्णन है। 4 मूलसूत्र हैं- उत्तराध्ययन, षडावशयक, दशवैकालिक, पिण्डनिर्युक्ति एवं पाक्षिक सूत्र।

➩ अनुयोग सूत्र एवं नंदिसूत्र जैनियों के स्वतन्त्र ग्रन्थ तथा विश्वकोश हैं। इनमें भिक्षुओं द्वारा व्यवहार की जाने वाली प्रायः सभी बातें लिखी गयी हैं।

प्रमुख जैन तीर्थंकर और उनके प्रतीक चिह्न

जैन तीथकर के नाम एवं क्रम	प्रतीक चिह्न
ऋषभदेव (प्रथम)	साँड
अजितनाथ (द्वितीय)	हाथी
संभव (तृतीय)	घोड़ा
संपार्श्व (सप्तम)	स्वास्तिक
शांति (सोलहवाँ)	हिरण
नामि (इक्किसवें)	नीलकमल
अरिष्टनेमि (बाइसवें)	शंख
पार्श्व (तेइसवें)	सर्प
महावीर (चौबीसवें)	सिंह

नोटः दो जैन तीर्थंकारों ऋषभदेव एंव अरिष्टनेमि के नामों का उल्लेख ऋग्वेद में मिलता है। अरिष्टनेमि को भगवान कृष्ण का निकट सम्बन्धी माना जाता है।

जैन महासंगीतियाँ				
संगीति	**समय**	**स्थान**	**शासक**	**अध्यक्ष**
प्रथम जैन संगीति	322 से 298 ई.पू.	पाटलिपुत्र	चन्द्रगुप्त मौर्य	स्थूलभद्र
द्वितीय जैन संगीति	512 ई.	बल्लभी (गुजरात)	–	देवर्धिक्षमा श्रमण

नोट- 1. प्रथम संगीति में जैन धर्म के महत्त्वपूर्ण 12 अंगों का प्रणयन किया गया। जैन धर्म श्वेतांबर एवं दिगंबर नामक दो मतों में विभाजित।
2. द्वितीय संगीति में जैन धर्म ग्रन्थों को अंतिम रूप से संकलित कर लिपिबद्ध किया गया।

जैन धर्म के अन्य तत्त्व

- जैन मतानुयायी कृषि एवं युद्ध के विरोधी थे क्योंकि इससे जीवों की हिंसा होती थी। वाणिज्य-व्यापार को इसलिए महत्त्व दिया जाता था क्योंकि इसमें हिंसा की सम्भावना नहीं रहती थी।
- जैन मतावलंबियों ने आम बोल-चाल की भाषा प्राकृत को अपनाया।
- जैन धर्म के धार्मिक ग्रन्थ अर्धमागधी भाषा में लिखे गये हैं। बाद में अर्धमागधी से अपभ्रंश का विकास हुआ।
- जैन धर्म का महत्त्वपूर्ण ग्रन्थ **कल्पसूत्र** संस्कृत में लिखा गया।
- 5वीं सदी में कर्नाटक में बने जैन मठों को बसादि/बसाढ़ी कहा गया।
- स्थापत्य कला में जैनियों के महत्त्वपूर्ण योगदान के रूप में हाथीगुंफा मंदिर (ओडिशा), दिलवाड़ा मंदिर, माउंट आबू (राजस्थान), गोमतेश्वर प्रतिमा (कर्नाटक) तथा खजुराहो में निर्मित पार्श्वनाथ, आदिनाथ के मंदिर उल्लेखनीय हैं।
- जैन धर्म के समर्थक राजाओं में उदयन, बिम्बिसार, अजातुशत्रु, चन्द्रगुप्त मौर्य, बिंदुसार एवं खारवेल का नाम उल्लेखनीय है।
- जैन धर्म के प्रधान केन्द्र के रूप में मथुरा एवं उज्जैन का उल्लेख मिलता है।
- जैन मान्यता के अनुसार नारी को भी आध्यात्मिक क्षमता के विकास द्वारा निर्वाण प्राप्त करने का अधिकार है।
- महावीर स्वामी स्त्री के संघ में प्रवेश के समर्थक थे।

जैन एवं बौद्ध धर्म में समानता तथा असमानता	
समानता	**असमानता**
1. दोनों धर्मों में यज्ञीय कर्मकांडों, जाति-पाँत एवं छुआ-छूत का विरोध किया गया है।	1. अहिंसा में दोनों धर्म विश्वास करते थे, पर जैन धर्म इस पर अधिक बल देता था।
2. दोनों ईश्वर की सत्ता को स्वीकार नहीं करते हैं।	2. जैन धर्म में मोक्ष या निर्वाण प्राप्त करना शरीर त्यागने के बाद ही सम्भव था, पर बौद्ध धर्म में निर्वाण प्राप्ति के लिए शरीर त्यागने की आवश्यकता नहीं थी।
3. दोनों ने उपदेश के लिए जनसाधारण की भाषा प्राकृत एवं पाली का प्रयोग किया।	3. जैन धर्म के उपासक 'कायाक्लेश' के मार्ग को अपनाकर कठोर व्रत का पालन करते थे जबकि बौद्ध धर्म में मध्यम मार्ग अपनाने की बात कही गयी है।
4. दोनों के प्रवर्त्तक क्षत्रिय कुल के थे।	4. जैन धर्म भारत के बाहर नहीं फैल सका पर बौद्ध धर्म का विश्व के कई देशों में प्रसार हुआ।
	5. दोनों धर्मों में मूर्तिपूजा का प्रचलन था पर जैन मतावलंबी महावीर की नग्न मूर्ति की पूजा करते थे।

ब्राह्मण धर्म

- यह हिन्दू धर्म का प्रारम्भिक रूप था, जो ई.पू. छठी शताब्दी में बौद्ध एवं जैन धर्म जैसे ब्राह्मणेत्तर धर्मों के उदय से पूर्व प्रचलित था।
- ब्राह्मण धर्म के प्रणेता ब्राह्मण ही थे। वैदिक काल के अनेक महत्त्वपूर्ण ग्रन्थ इनके द्वारा ही रचे गये।
- ब्राह्मण धर्म के अन्तर्गत **प्रार्थना** को महत्त्व देते हुए संन्यास एवं तपश्चर्या का जीवन श्रेष्ठ माना गया है, क्योंकि इसमें सत्य का प्रत्यक्ष रूप से अनुभव किया जाता था। धर्म से सम्बन्धित अनेक कर्मकांडों के प्रचलन का श्रेय भी ब्राह्मणों को है।
- वर्ण व्यवस्था एवं आश्रम व्यवस्था आदि ब्राह्मण धर्म के मुख्य आधार थे।
- आगे चलकर सम्पूर्ण सामाजिक व्यवस्था वर्णाश्रम धर्म के जटिल नियमों में आबद्ध हो गयी। याज्ञिक अनुष्ठान इतने महँगे हो गये कि वे जनसाधारण के लिए सहज नहीं रह गये। फलतः छठी शताब्दी ई.पू. के आते-आते प्रतिक्रियास्वरूप जैन एवं बौद्ध धर्मों का उदय हुआ।
- जैन एवं बौद्ध धर्मों के उदय से ब्राह्मणवादी धर्म का कर्मकांडीय पक्ष कुछ समय के लिए बाधित अवश्य हुआ, किन्तु शुंग काल में वह पुनरूज्जीवित हो उठा।
- शुंग, सातवाहन एवं आंध्र शासकों ने विभिन्न प्रकार के यज्ञ किये थे।
- राजस्थान के चित्तौड़ के पास **घोसुंडी** से प्राप्त एक लेख में अश्वमेघ यज्ञ कराने का उल्लेख मिलता है।
- विभिन्न राजवंशों के राजा वैदिक यज्ञ करवाते रहे। गुप्तवंश के समुद्रगुप्त, वाकाटक वंश के संस्थापक प्रवरसेन, चालुक्य वंश के पुलकेशिन प्रथम एवं द्वितीय आदि ने विभिन्न प्रकार के वैदिक यज्ञ करवाये और विद्वान ब्राह्मणों का सम्मान किया।

भागवत धर्म

- भागवत धर्म का प्रारम्भ महाभारत के नारायण उपाख्यान प्रसंग से माना जाता है। इसके प्रारम्भिक सिद्धान्त **गीता** में मिलते हैं।
- महाभारत में भागवत धर्म को दिव्य धर्म का रूप प्रदान किया गया है। इसमें विष्णु को वासुदेव नाम दिया गया है।
- भागवत धर्म में विष्णु के तीन अवतारों को माना गया है- 1. पुरुषावतार, 2. गुणावतार और 3. लीलावतार।

वैष्णव धर्म

- वैष्णव धर्म का विकास छठी शताब्दी ई.पू. के लगभग भागवत धर्म से ही हुआ।
- वैष्णव धर्म के विषय में प्रारम्भिक जानकारी उपनिषदों से मिलती है।
- वैष्णव धर्म के प्रवर्त्तक **कृष्ण, वृष्णि कबीले** के थे जिनका निवास स्थान मथुरा था।
- सर्वप्रथम **छांदोग्य उपनिषद्** में देवकी पुत्र एवं अंगिरस के शिष्य के रूप में **कृष्ण** का उल्लेख आया है।
- आगे चलकर महाभारत काल/महाकाव्य काल में कृष्ण का उल्लेख विष्णु के रूप में किया जाने लगा जिससे भागवत् धर्म का नाम वैष्णव धर्म में परिवर्तित हो गया।
- ऐतरेय ब्राह्मण में विष्णु का उल्लेख **सर्वोच्च देवता** के रूप में किया गया है।
- आगे चलकर कृष्ण एवं विष्णु का सम्बन्ध नारायण से स्थापित होने पर वैष्णव धर्म का नया नाम **पांञ्चरात्र धर्म** प्रकाश में आया।
- महाभारत के नारायणीय पर्व में विष्णु के 6 तथा 12 अवतारों का वर्णन मिलता है। वैसे विष्णु के अधिकतम अवतारों की संख्या 24 है, पर मत्स्य पुराण में इनके 10 अवतारों का उल्लेख मिलता है।
- मत्स्य पुराण में विष्णु के वर्णित 10 अवतार ही सर्वाधिक मान्य हैं।

- मत्स्य पुराण में विष्णु के वर्णित 10 अवतार हैं- मत्स्य, कूर्म/कच्छप, वराह, नृसिंह, वामन, परशुराम, राम, बलराम, बुद्ध एवं कल्कि।
- वैष्णव धर्म में ईश्वर को प्राप्त करने के लिए सर्वाधिक महत्त्व भक्ति को दिया गया है।
- 'अवतारवाद' का सिद्धान्त वैष्णव धर्म में महत्त्वपूर्ण स्थान रखता है। अवतारवाद का सर्वप्रथम स्पष्ट उल्लेख भगवद्‌गीता में मिलता है। यह सिद्धान्त गुप्तकाल में अपने चरमोत्कर्ष पर था।
- गुप्तकाल में वैष्णव धर्म अपने चरमोत्कर्ष पर था। वैष्णव धर्म में मंदिर एवं मूर्ति पूजा को विशेष महत्त्व दिया गया है।

प्राचीन भारत के प्रमुख सम्प्रदाय

प्रमुख सम्प्रदाय	मत	आचार्य
वैष्णव सम्प्रदाय	विशिष्टाद्वैत	रामानुज
ब्रह्म सम्प्रदाय	द्वैत	आनंदतीर्थ
रुद्र सम्प्रदाय	शुद्धाद्वैत	विष्णुस्वामी, बल्लभाचार्य
सनक सम्प्रदाय	द्वैताद्वैत	निम्बार्क

शैव धर्म

- भगवान शिव की पूजा करने वालों को शैव एवं शिव से सम्बन्धित धर्म को शैव धर्म कहा जाता है।
- शिव भक्ति के विषय में प्रारम्भिक जानकारी हमें सिन्धुघाटी से खुदाई के दौरान प्राप्त होती है।
- **ऋग्वेद** में शिव के लिए **रूद्र** नामक देवता का उल्लेख आया है।
- **अथर्ववेद** में शिव को **भव**, **शर्व**, **पशुपति**, **भूपति** कहा गया है।
- **श्वेताश्वतर** एवं **अथर्वशिरस** उपनिषद में भगवान **रूद्र** की महानता का वर्णन मिलता है।
- लिंग पूजा का पहला स्पष्ट वर्णन **मत्स्य पुराण** में मिलता है।
- महाभारत के अनुशासन पर्व से भी लिंग-पूजा का वर्णन मिलता है।
- पतंजलि के महाभाष्य (ई. पू. दूसरी शती) से शिव की मूर्ति बनाकर पूजा करने का विवरण मिलता है।
- शिव की प्राचीनतम मूर्ति, गुडीमल्लम लिंग **रेनुगुंटा** से मिली है।
- ऐसे शिवलिंग, जिन पर किसी देवता की मूर्ति उत्कीर्ण नहीं है, मथुरा और उसके आस-पास के प्रदेश में पाये गये हैं।
- सर्वप्रथम मूर्तिपूजा के अन्तर्गत गुप्तकाल में ब्रह्मा, विष्णु एवं महेश की पूजा का उल्लेख मिलता है।
- 'हरिहर' के रूप में शिव की विष्णु के साथ सर्वप्रथम मूर्तियाँ गुप्त युग में बनायी गयीं।
- गुप्त शासकों के अतिरिक्त, शैवमत को बंगाल के शशांक, कन्नौज के पुष्यभूति वंश के शासकों और बल्लभी के मैत्रकों ने भी संरक्षण प्रदान किया।
- उत्तर भारत की तरह दक्षिण में भी शैव धर्म विकसित हुआ। मुख्यतः चालुक्य, राष्ट्रकूट, पल्लव एवं चोलों के समय में यह धर्म उन्नति की ओर अग्रसर हुआ। एलोरा के प्रसिद्ध कैलाश मंदिर का निर्माण राष्ट्रकूटों ने किया।
- **वामन पुराण** में शैव सम्प्रदाय की संख्या चार बतायी गयी है- 1. पाशुपत, 2. कापालिक, 3. कालामुख और 4. लिंगायत।
- पाशुपत सम्प्रदाय शैवों का सर्वाधिक प्राचीन सम्प्रदाय है। इसका विवरण महाभारत में मिलता है। इस सम्प्रदाय के सिद्धान्त के तीन अंग हैं- पति (स्वामी), पशु (आत्मा), पाश (बंधन)।

- पाशुपत सम्प्रदाय के संस्थापक नकुलीश या लकुलीश थे, जिन्हें भगवान शिव के 18 अवतारों में से एक माना जाता था।
- पाशुपत सम्प्रदाय के अनुयायियों को **पंचार्थिक** कहा गया। इस मत का प्रमुख सैद्धान्तिक ग्रन्थ **पाशुपत सूत्र** है।
- कापालिक सम्प्रदाय के ईष्टदेव भैरव थे। इस सम्प्रदाय का प्रमुख केन्द्र **श्रीशैल** नामक स्थान था। इस सम्प्रदाय के उपासक क्रोधी स्वभाव के होते हैं।
- कालामुख सम्प्रदाय के अनुयायियों को शिव पुराण में **महाव्रतधर** कहा गया है। इस सम्प्रदाय के लोग नर कपाल में ही भोजन, जल तथा सुरापान करते हैं और साथ ही अपने शरीर पर चिता की भस्म मलते हैं।
- लिंगायत सम्प्रदाय दक्षिण में प्रचलित था। इन्हें जंगम भी कहा जाता था। इस सम्प्रदाय के लोग शिवलिंग की उपासना करते थे।
- बसव पुराण में लिंगायत सम्प्रदाय का प्रवर्त्तक, अल्लभ प्रभु तथा उनके शिष्य बासव को बताया गया है। इस सम्प्रदाय को **वीरशैव सम्प्रदाय** भी कहा जाता है।
- मत्स्येंद्रनाथ ने 10वीं शताब्दी में **नाथ सम्प्रदाय** की स्थापना की। इस सम्प्रदाय का व्यापक-प्रसार बाबा गोरखनाथ के समय में हुआ।

अन्य सम्प्रदाय एवं उनके संस्थापक		
सम्प्रदाय का नाम	**संस्थापक**	**पुस्तक**
बरकारी	नामदेव	–
श्रीवैष्णव	रामानुज	ब्रह्मसूत्र
परमार्थ	रामदास	दासबोध
रामभक्त	रामानंद	अध्यात्म रामायण

- दक्षिण भारत में शैव धर्म चालुक्य, राष्ट्रकूट, पल्लव एवं चोलों के समय लोकप्रिय था।
- पल्लव शासकों के काल में शैव धर्म का प्रचार-प्रसार नायनारों द्वारा किया गया। नायनार संतों की संख्या 63 बतायी गयी है, जिनमें अप्पार, तिरूज्ञान, सम्बंदर एवं सुन्दरमूर्ति आदि के नाम उल्लेखनीय हैं।
- चोल शासक राजराज प्रथम ने तंजौर में प्रसिद्ध राजराजेश्वर शैव मंदिर का निर्माण करवाया, जिसे वृहदीश्वर मंदिर के नाम से भी जाना जाता है।
- कुषाण शासकों की मुद्राओं पर शिव एवं नंदी का एक साथ अंकन प्राप्त होता है।

इस्लाम धर्म

- इस्लाम धर्म के संस्थापक **हजरत मुहम्मद साहब** थे।
- हजरत मुहम्मद साहब का जन्म 570 ई० में **मक्का** में हुआ था।
- हजरत मुहम्मद साहब के पिता का नाम **अब्दुल्ला** और माता का नाम **अमीना** था।
- हजरत मुहम्मद साहब को 610 ई० में मक्का के पास हीरा नामक गुफा में ज्ञान की प्राप्ति हुई।
- 24 सितम्बर, 622 ई० को पैगम्बर का मक्का से मदीना की यात्रा इस्लाम जगत में मुस्लिम संवत् (हिजरी संवत्) के नाम से जाना जाता है।
- मुहम्मद की शादी 25 वर्ष की अवस्था में **खदीजा** नामक विधवा के साथ हुई।
- मुहम्मद की पुत्री का नाम **फातिमा** एवं दामाद का नाम **अली हुसैन** है।
- देवदूत की पुत्री का नाम फातिमा एवं दामाद का नाम अली हुसैन है।
- देवदूत **जिब्रियल** (Gabriel) ने पैगम्बर मुहम्मद साहब को कुरान अरबी भाषा में संप्रेषित की।
- कुरान इस्लाम धर्म का पवित्र ग्रन्थ है।
- पैगम्बर मुहम्मद साहब ने कुरान की शिक्षाओं का उपदेश दिया।
- हजरत मुहम्मद साहब की मृत्यु 8 जून, 632 ई० को हुई। इन्हें मदीना में दफनाया गया।
- मुहम्मद साहब की मृत्यु के बाद इस्लाम सुन्नी तथा शिया नामक दो पंथों में विभाजित हो गया।

- सुन्नी उन्हें कहते हैं, जो सुन्ना में विश्वास करते हैं। सुन्ना पैगम्बर मुहम्मद साहब के कथनों तथा कार्यों का विवरण है।
- शिया अली की शिक्षाओं में विश्वास करते हैं तथा उन्हें मुहमद साहब का न्यायसम्मत उत्तराधिकारी मानते हैं। अली मुहम्मद साहब के दामाद थे।
- अली की सन् 661 ई० में हत्या कर दी गयी। अली के पुत्र हुसैन की हत्या 680 ई० में कर्बला (इराक) नामक स्थान पर कर दी गयी। इन दोनों हत्या ने शिया को निश्चित मत का रूप दे दिया।
- पैगम्बर मुहम्मद साहब के उत्तराधिकारी 'खलीफा' कहलाये।
- इस्लाम जगत में खलीफा पद 1924 ई० तक रहा। 1924 ई० में इसे तुर्की के शासक मुस्तफा कमालपाशा ने समाप्त कर दिया।
- **इब्न ईशाक** ने सर्वप्रथम पैगम्बर साहब का जीवन-चरित लिखा।
- मुहम्मद साहब पैगम्बर के जन्म-दिन पर **ईद-ए मिलाद-उन-नबी** पर्व मनाया जाता है।
- भारत में सर्वप्रथम इस्लाम का आगमन **अरबों** के जरिए हुआ। 712 ई० में अरबों ने सिन्ध जीत लिया और सबसे पहले भारत के इसी भाग में इस्लाम एक महत्त्वपूर्ण धर्म बना।

नोटः नमाज के दौरान मुसलमान मक्का की तरफ मुँह करके खड़े होते हैं। भारत में मक्का पश्चिम की ओर पड़ता है। मक्का की ओर की दिशा को **किबला** कहा जाता है।

ईसाई धर्म

- ईसाई धर्म के संस्थापक हैं–**ईसा मसीह**।
- ईसाई धर्म का प्रमुख ग्रन्थ है–**बाइबिल**।
- ईसा मसीह का जन्म जेरुशेलम के निकट बैथलेहम नामक स्थान पर हुआ था।
- ईसा के जन्म-दिवस को **क्रिसमस** के रूप में मनाया जाता है।
- ईसा मसीह के माता का नाम **'मेरी'** और पिता का नाम **'जोसफ'** है।

> **पारसी धर्म**
>
> पारसी धर्म के पैगम्बर जरथुस्ट्र (ईरानी) थे, इनके शिक्षाओं का संकलन जेन्दा अवेस्ता नामक ग्रन्थ में है, जो पारसियों का धार्मिक ग्रन्थ है। इनकी मूल शिक्षा का सूत्र है: सद्-विचार, सद्-वचन तथा सद्-कार्य। इसके अनुयायी एक ईश्वर 'अहुर' को मानते हैं। इस धर्म के अनुयाइयों को 'अग्नि-पूजक' भी कहा जाता है।

- ईसा ने अपने जीवन के प्रथम 30 वर्ष एक बढ़ई के रूप में बैथलेहम के निकट नाजरेथ में बिताये।
- ईसा मसीह के प्रथम दो शिष्य थे–**एंड्रूस** एवं **पीटर**।
- ईसा मसीह को सूली पर रोमन गवर्नर **पोंटियस** ने चढ़ाया।
- ईसा मसीह को 33 ई० में सूली पर चढ़ाया गया।
- ईसाई धर्म का सबसे पवित्र चिह्न **क्रॉस** है।
- ईसाई त्रित्व में विश्वास रखते हैं, वे हैं–ईश्वर-पिता, ईश्वर-पुत्र (ईसा), ईश्वर-पवित्र आत्मा।

नोटः 12वीं शताब्दी से फ्रांस में आरंभिक भवनों की तुलना में अधिक ऊँचे व हल्के चर्चों के निर्माण प्रारंभ हुए। वास्तुकला की यह शैली **गोथिक** के नाम से जानी जाती है। इस वास्तुकलात्मक शैली के सर्वोत्कृष्ट उदाहरणों में एक पेरिस का नाट्रेडम चर्च है।

6. महाजनपदों का उदय

- बुद्ध के जन्म से पूर्व लगभग छठी शताब्दी ई.पू. में भारतवर्ष **16 महाजनपदों** में बँटा हुआ था।
- इन 16 जनपदों का उल्लेख हमें बौद्ध ग्रन्थ **अंगुत्तरनिकाय** में मिलता है।
- जैन ग्रन्थ **भगवतीसूत्र** में भी इन 16 महाजनपदों की सूची कुछ नामांतर के साथ मिलती है।
- ये राज्य (महाजनपद) दो प्रकार के थे- **राजतन्त्रात्मक राज्य** एवं **गणतन्त्रात्मक राज्य।**

- **राजतन्त्रात्मक राज्य** थे- अंग, मगध, काशी, कोशल, चेदि, वत्स, कुरू, पांचाल, मत्स्य, शूरसेन, अश्मक, अवंति, गांधार तथा कंबोज।
- **गणतन्त्रात्मक राज्य** थे- वज्जि और मल्ल।
- बौद्ध साहित्य में उल्लिखित 16 महाजनपदों में मगध, वत्स, कोशल एवं अवंति सर्वाधिक शक्तिशाली थे।

क्र. सं.	महाजनपद	राजधानी	क्षेत्र (आधुनिक स्थान)
1.	अंग	चंपा	भागलपुर, मुंगेर (बिहार)
2.	मगध	गिरिब्रज/राजगृह	पटना, गया (बिहार)
3.	काशी	वाराणसी	वाराणसी के आस-पास (उत्तरप्रदेश)
4.	वत्स	कौशम्बी	इलाहाबाद के आस-पास (उत्तरप्रदेश)
5.	वज्जि	वैशाली/विदेह/ मिथिला	मुजफ्फरपुर एवं दरभंगा के आप-पास का क्षेत्र
6.	कोशल	श्रावस्ती	फैजाबाद (उत्तरप्रदेश)
7.	अवन्ति	उज्जैन/महिष्मती	मालवा (मध्यप्रदेश)
8.	मल्ल	कुशावती	देवरिया (उत्तरप्रदेश)
9.	पंचाल	अहिच्छत्र, काम्पिल्य	बरेली, बदायूँ, फर्रूखाबाद (उत्तरप्रदेश)
10.	चेदि	शक्तिमती	बुंदेलखण्ड (उत्तरप्रदेश)
11.	कुरू	इन्द्रप्रस्थ	आधुनिक दिल्ली, मेरठ एवं हरियाणा के कुछ क्षेत्र
12.	मत्स्य	विराटनगर	जयपुर (राजस्थान) के आस-पास के क्षेत्र
13.	कम्बोज	हाटक	राजोरी एवं हजारा क्षेत्र (उत्तरापथ, पाकिस्तान)
14.	शूरसेन	मथुरा	मथुरा (उत्तरप्रदेश)
15.	अश्मक	पोटली/पोतन	गोदावरी नदी क्षेत्र
16.	गान्धार	तक्षशिला	रावलपिंडी एवं पेशावर (पाकिस्तान)

7. मगध राज्य का उत्कर्ष

- मगध का उल्लेख पहली बार **अथर्ववेद** में मिलता है।
- मगध के प्राचीन इतिहास की रूपरेखा **महाभारत** तथा **पुराणों** में मिलती है। इन ग्रन्थों के मुताबिक मगध के सबसे प्राचीन राजवंश का संस्थापक बृहद्रथ था।
- बृहद्रथ जरासंध का पिता एवं वसु वैद्य-उपरिचर का पुत्र था।
- मगध की आरम्भिक राजधानी वसुमती या गिरिव्रज (राजगृह) की स्थापना का श्रेय वसु को दिया जाता है।
- बृहद्रथ का पुत्र जरासंध एक पराक्रमी शासक था, जिसने अनेक राजाओं को पराजित किया। अंततोगत्वा उसे श्रीकृष्ण के निर्देश पर भीम ने पराजित कर मार डाला।
- रिपुंजय बृहद्रथ वंश का अंतिम शासक था। वह एक कमजोर और अयोग्य राजा था।
- बृहद्रथ वंश के बाद 545 ई.पू. में बिम्बिसार मगध की गद्दी पर बैठा। बिम्बिसार **हर्यक वंश** का संस्थापक था।

- बिम्बिसार को **सेणिय** अथवा **श्रेणिक** के नाम से भी जाना जाता था।
- बिम्बिसार ने ब्रह्मदत्त को हराकर अंग राज्य को मगध में मिला लिया।
- बिम्बिसार बौद्ध धर्म का अनुयायी था।
- बिम्बिसार ने राजगृह का निर्माण कर उसे अपनी राजधानी बनाया। लगभग 52 वर्षों तक उसने मगध पर शासन किया।
- प्रसिद्ध राजवैद्य जीवक बिम्बिसार का दरबारी था।
- बिम्बिसार ने महात्मा बुद्ध के अस्वस्थ्य होने पर राजवैद्य जीवक उनकी सेवा में भेजा था।
- बिम्बिसार ने वैवाहिक सम्बन्ध स्थापित कर अपने साम्राज्य का विस्तार किया। उसने कोशल नरेश प्रसेनजीत की बहन से, वैशाली के चेटक की पुत्री चेल्लना से तथा पंजाब की राजकुमारी क्षेमभद्रा से शादी की।
- बिम्बिसार की हत्या उसके पुत्र अजातशत्रु ने कर दी और 493 ई.पू. में मगध की गद्दी पर बैठा।
- अजातशत्रु को **कुणिक** उपनाम से भी जाना जाता था।
- अजातशत्रु के शासनकाल में मगध साम्राज्यवाद का चरमोत्कर्ष हुआ और वह राजनीतिक सत्ता के शीर्ष पर पहुँच गया। अजातशत्रु ने लगभग 32 वर्षों तक मगध पर शासन किया। अजातशत्रु जैनधर्म का अनुयायी था।
- अजातशत्रु के सुयोग्य मन्त्री का नाम वर्षकार (वरस्कार) था। इसी के सहायता से अजातशत्रु ने वैशाली पर विजय प्राप्त की।
- अजातशत्रु की हत्या उसके पुत्र उदयन ने 461 ई.पू. में कर दी और वह मगध की गद्दी पर बैठा।
- उदयन ने पाटलीग्राम की स्थापना की, जो बाद में मगध की नई राजधानी बनी।
- उदयन भी जैन धर्म का अनुयायी था।
- हर्यक वंश का अंतिम राजा उदयन का पुत्र **नागदशक** था।
- नागदशक को उसके अमात्य शिशुनाग ने 412 ई.पू. में अपदस्थ करके मगध पर शिशुनाग वंश की स्थापना की।
- शिशुनाग के शासनकाल की सबसे प्रमुख घटना अवंती के साथ युद्ध है। शिशुनाग ने अवंती के अपने समकालीन शासक अवंतिवर्धन को युद्ध में परास्त कर अवंती पर अधिकार कर लिया और उसे मगध साम्राज्य का भाग बना दिया।
- शिशुनाग ने अपनी राजधानी पाटलिपुत्र से हटाकर वैशाली में स्थापति की।
- शिशुनाग के बाद काकवर्ण या कालाशोक मगध की गद्दी पर बैठा। कालाशोक ने पुनः राजधानी को वैशाली से पाटलिपुत्र ले आया।
- कालाशोक के समय बौद्धों की दूसरी सभा वैशाली में हुई।
- शिशुनाग वंश का अंतिम राजा नंदिवर्धन था।
- शिशुनाग वंश के पश्चात् 364 ई.पू. में मगध पर नन्द वंश की स्थापना हुई।
- नन्द वंश का अंतिम शासक घनानन्द था। यह सिकंदर का समकालीन था।

8. प्राचीन भारत पर विदेशी आक्रमण

छठी से चौथी शताब्दी ई.पू. के राजनीतिक जीवन की एक अन्य महत्त्वपूर्ण घटना (मगध के उत्थान के अतिरिक्त) है, भारत पर विदेशी आक्रमणों का प्रथम चरण। इस चरण में भारत पर दो- पारसी (ईरानी) और यूनानी (मकदूनियाई) आक्रमण हुए।

पारसी (ईरानी) आक्रमण

- भारत पर सबसे पहला आक्रमण पारसियों/ईरानियों का हुआ। हखामनी वंश के शासकों ने पश्चिमोत्तर भारत पर आक्रमण कर उसे अपने प्रभावक्षेत्र में लाने का प्रयास किया।

- पारसियों द्वारा परिश्चमोत्तर भारत पर आक्रमण का मुख्य कारण इस क्षेत्र का सामरिक एवं आर्थिक महत्त्व था। इस क्षेत्र पर अधिकार कर भारत में प्रवेश करने के मार्ग पर नियन्त्रण कायम किया जा सकता था।
- पश्चिमोत्तर भारत का इलाका आर्थिक दृष्टि से भी महत्त्वपूर्ण था। इस मार्ग पर नियन्त्रण रहने से मध्य एशियाई व्यापार पर नियन्त्रण स्थापित किया जा सकता था।
- ईरानी आक्रमण का उल्लेख तत्कालीन भारतीय साहित्य में तो नहीं मिलता, तथापि यूनानी और रोमन इतिहासकारों (हैरोडोट्स, जेनोफन, प्लिनी, स्ट्रैबो, एरियन) ने इस आक्रमण का उल्लेख अपने ग्रन्थों में किया है।
- ईरानी आक्रमण एवं विजय का अभिलेखीय साक्ष्य मध्य एशिया से प्राप्त बहिस्तान एवं नक्श-ए-रूस्तम अभिलेख से मिलता है।
- भारत पर पहला ईरानी आक्रमण साइरस/कुरूष (558-530 ई.पू.) द्वारा किया गया। साइरस/कुरूष ईरान का शक्तिशाली शासक था। हखामनी वंश की स्थापना का श्रेय उसे ही दिया जाता है। हालाँकि उसे सफलता नहीं मिली और उसे लौटना पड़ा।
- साइरस के बाद के शासकों में डेरियस या दारा प्रथम (522-486 ई.पू.) का भारत पर विजय अभियान सफल रहा। उसने 519-13 ई.पू. के बीच सिन्धु प्रदेश पर विजय प्राप्त की। हमदान एवं नक्श-ए-रूस्तम अभिलेखों से डेरियस द्वारा सिन्धु प्रदेश पर विजय की पुष्टि होती है। इतिहासकार हेरोडोट्स भी इस विजय की पुष्टि करता है।
- बहिस्तान-अभिलेख से डेरियस द्वारा गांधार प्रदेश पर भी विजय की पुष्टि होती है।
- डेरियस प्रथम के उत्तराधिकारी क्षयार्ष या जरसिस (486-465 ई.पू.) ने भी भारतीय प्रांतों पर अपना प्रभाव बनाये रखा। उसकी सेना में भारतीय सैनिकों को बड़ी संख्या में नियुक्त किया गया। इस सेना ने यूनान के साथ हुए युद्ध (ईरान और यूनान) में भी भाग लिया।
- यद्यपि क्षयार्ष के सैनिक अभियानों का विवरण नहीं मिलता, तथापि कहा जाता है कि इस राजा ने भारत में अनेक मंदिरों को तोड़ डाला, भारतीय देवताओं की पूजा बंद करवा दी तथा उसके बदले अहुरमज्दा (जो ईरान का प्रधान देवता था) और प्रकृति की पूजा (**ऋतम्**) करने का आदेश दिया।
- क्षयार्ष के पश्चात् भारत से ईरानियों का प्रभुत्व धीर-धीरे समाप्त होने लगा। तथापि चौथी शताब्दी ई.पू. तक भारत पर ईरान का प्रभाव बना रहा।
- डेरियस तृतीय के समय तक (335-330 ई.पू.) भारतीय भू-भाग पर ईरानी प्रभाव बना रहा, परन्तु विश्व विजेता सिकंदर ने ईरान पर विजय प्राप्त कर ईरान की प्रभुता और उसके भारतीय साम्राज्य को नष्ट कर दिया।
- ईरानी आक्रमण का राजनीतिक दृष्टि से प्रभाव स्थायी भले न हो तथापि सांस्कृतिक तौर पर ईरानी प्रभुत्व का भारत पर निश्चय ही प्रभाव पड़ा।
- भारतीय संस्कृति भी ईरानी सम्बन्धों से लाभान्वित हुई। इसका सबसे स्पष्ट प्रभाव लिपि पर पड़ा। ईरानी शासन के दौरान प्रचलित आरामाइक-लिपि के आधार पर ही खरोष्ठी-लिपि का विकास हुआ, जो अरबी के समान दायें से बायें की तरफ लिखी जाती थी।
- भारतीयों ने ईरानियों से ही पवित्र अग्नि जलाने की प्रथा अपनाई।

यूनानी (मकदूनियाई) आक्रमण

- ईरानी आक्रमण के पश्चात् भारत की उत्तर-पश्चिमी सीमा पर पुनः विदेशी आक्रमण का खतरा मंडराने लगा। इस बार आक्रमणकारी यूनानी थे। इस आक्रमण का नेता मकदूनिया (यूनान) का शासक सिकंदर था।
- सिकंदर का जन्म 356 ई.पू. में हुआ था।
- सिकंदर का पिता **फिलिप** मकदूनिया का शासक था।
- फिलिप 359 ई.पू. में मकदूनिया का शासक बना। वह विश्व विजेता बनना चाहता था, परन्तु असमय हत्या (329 ई.पू.) होने के कारण उसका स्वप्न पूरा नहीं हुआ।
- सिकंदर अरस्तू का शिष्य था।
- फिलिप के बाद 336 ई.पू. में 20 वर्ष की आयु में सिकंदर मकदूनिया का राजा बना।
- सिकंदर ने भारत-विजय का अभियान 326 ई.पू. में प्रारम्भ किया।
- सिकंदर के सेनापति का नाम **सेल्यूकस** निकेटर था।
- सिकंदर को पंजाब के शासक पोरस के साथ युद्ध करना पड़ा, जिसे **हाइडेस्पीज** के युद्ध या झेलम (वितस्ता) के युद्ध के नाम से जाना जाता हैं।
- सिकंदर की सेना ने व्यास नदी को पार करने से इनकार कर दिया।
- सिकंदर स्थल-मार्ग द्वारा 325 ई.पू. में भारत से लौट गया।
- सिकंदर की मृत्यु 323 ई.पू. में सूसा (फारस) में 33 वर्ष की अवस्था में हो गयी।
- सिकंदर का जल-सेनापति था- **नियार्कस**।
- यूनानी आक्रमण का सर्वाधिक प्रभाव सांस्कृतिक क्षेत्र में महसूस किया गया।

९. मौर्य वंश

चन्द्रगुप्त मौर्य

- मौर्य वंश का संस्थापक चन्द्रगुप्त मौर्य था। इसने मगध के नन्द वंश के अंतिम शासक घनानन्द को युद्ध में परास्त कर मगध पर एक नये वंश के रूप में मौर्य वंश की स्थापना की थी।
- **जस्टिन** ने चन्द्रगुप्त मौर्य को **सेण्ड्रोकोट्स** एवं **प्लूटार्क** ने **एण्ड्रोकट्स** से सम्बोधित किया है।
- सर्वप्रथम **विलियम जोन्स** ने सेण्ड्रोकोट्स की पहचान चन्द्रगुप्त मौर्य के रूप में की।
- चन्द्रगुप्त मौर्य का जन्म 345 ई.पू. में हुआ था।
- घनानन्द को परास्त करने में चाणक्य ने चन्द्रगुप्त मौर्य की मदद की थी, जो बाद में चन्द्रगुप्त का प्रधानमन्त्री बना।
- चन्द्रगुप्त 322 ई.पू. में मगध की राजगद्दी पर बैठा।
- चन्द्रगुप्त जैन धर्म का अनुयायी था। उसने जैन धर्म गुरु भद्रबाहु से जैन धर्म की दीक्षा ली थी।
- चन्द्रगुप्त ने अपने जीवन का अंतिम समय कर्नाटक के **श्रवणबेलगोला** नामक स्थान पर बिताया।
- 305 ई.पू. में चन्द्रगुप्त ने सिकंदर के सेनापति सेल्यूकस निकेटर को हराया।
- सेल्यूकस निकेटर ने अपनी पुत्री कार्नेलिया की शादी चन्द्रगुप्त मौर्य के साथ कर दी और युद्ध की संधि के शर्तों के अनुसार चार प्रांत- काबुल, कंधार, हेरात एवं मकरान चन्द्रगुप्त को दिये। चन्द्रगुप्त ने 500 हाथी उपहारस्वरूप सेल्यूकस को भेजे। इस उपहार का उल्लेख **प्लूटार्क** भी करता है।

- मेगास्थनीज सेल्यूकस निकेटर का राजदूत था, जो चन्द्रगुप्त मौर्य के दरबार मे रहता था।
- मेगास्थनीज द्वारा लिखी गयी पुस्तक **इंडिका** में चन्द्रगुप्त मौर्य के जीवन, पाटलिपुत्र, इसकी प्रशासनिक व्यवस्था और अन्य विषयों का उल्लेख मिलता है।
- चन्द्रगुप्त मौर्य और सेल्यूकस के बीच हुए युद्ध का वर्णन एप्पियस ने किया है।
- चन्द्रगुप्त मौर्य की मृत्यु 298 ई.पू. में श्रवणबेलगोला में उपवास द्वारा हुई।

बिन्दुसार

- चन्द्रगुप्त मौर्य का उत्तराधिकारी बिन्दुसार हुआ, जो 298 ई.पू. में मगध के राजसिंहासन पर बैठा।
- बिन्दुसार **अमित्रघात** या **अमित्रखाद** (शत्रुओं का संहारक) के नाम से भी जाना जाता है।
- बिन्दुसार के अन्य नाम भी मिलते हैं - **अमित्रकेटे, अल्लित्रोशेड्स, अमित्रचेत्स, सिंहसेन** इत्यादि।
- पुराणों के अनुसार 24 वर्षों तक जबकि बौद्ध ग्रन्थ महावंश के अनुसार 27 वर्षों तक राज्य बिन्दुसार ने किया।
- वायुपुराण में बिन्दुसार को **भद्रसार** या **वारिसार** कहा गया है।
- तिब्बती इतिहासकार लामा तारानाथ और बौद्ध ग्रन्थ आर्यमंजुश्रीमूलकल्प के अनुसार चन्द्रगुप्त के पश्चात् भी कुछ समय तक चाणक्य बिन्दुसार का प्रधानमन्त्री बना रहा।
- स्ट्रैबो के अनुसार यूनानी शासक एण्टियोकस ने बिन्दुसार के दरबार में डाइमेकस नामक राजदूत भेजा। इसे ही मेगास्थनीज का उत्तराधिकारी माना जाता है।
- प्लिनी के अनुसार मिस्र का राजा फिलाडेल्फस (टॉलमी II) ने पाटलिपुत्र में डियानीसियस नाम का एक राजदूत भेजा था।
- **जैन ग्रन्थों** में बिन्दुसार को **सिंहसेन** कहा गया है।
- बिन्दुसार के शासनकाल में तक्षशिला में हुए दो विद्रोहों का वर्णन मिलता है। इस विद्रोह को दबाने के लिए बिन्दुसार ने पहले अशोक को और बाद में सुसीम को भेजा।
- एथीनियस के अनुसार बिन्दुसार ने सीरिया के शासक एण्टियोकस I से मधुर मदिरा, सूखे अंजीर एवं एक दार्शनिक भेजने की प्रार्थना की थी। सीरिया के शासक ने बिन्दुसार की प्रथम दो माँगें मान ली, परन्तु दार्शनिक नहीं भेज सका।
- तिब्बती बौद्ध विद्वान तारानाथ ने बिन्दुसार को 16 राज्यों का विजेता बताया है।
- बिन्दुसार के शासन की सबसे बड़ी उपलब्धि यह है कि उसने अपने पिता के साम्राज्य की निष्ठापूर्वक रक्षा की तथा इसे विरासत के रूप में अपने पुत्र अशोक के लिए सुरक्षित रखा।

अशोक

- बिन्दुसार का उत्तराधिकारी अशोक महान हुआ जो 269 ई.पू. में मगध की राजगद्दी पर बैठा।
- राजगद्दी पर बैठने के समय अशोक अवंती का राज्यपाल था।
- मास्की एवं गुर्जरा अभिलेख में अशोक का नाम अशोक मिलता है।
- पुराणों में अशोक को अशोकवर्धन कहा गया है।
- अशोक ने अपने राज्याभिषेक के आठवें वर्ष लगभग 261 ई.पू. में कलिंग पर आक्रमण किया और कलिंग की राजधानी तोसली पर अधिकार कर लिया।
- अशोक को **उपगुप्त** नामक बौद्ध भिक्षु ने बौद्ध धर्म की दीक्षा दी थी।
- अशोक ने आजीवकों को रहने हेतु बिहार राज्य के गया जिला के अन्तर्गत बराबर की पहाड़ियों में चार गुफाओं (वर्तमान में बराबर पहाड़ी की ये गुफाएं जहानाबाद में स्थित है) का निर्माण करवाया। इन गुफाओं के नाम क्रमश: हैं - **कर्ण, चोपार, सुदामा** तथा **विश्व-झोपड़ी**।

- अशोक की माता का नाम सुभद्रांगी था।
- अशोक ने बौद्ध धर्म के प्रचार के लिए अपने पुत्र महेन्द्र एवं पुत्री संघमित्रा को श्रीलंका भेजा।
- भारत में शिलालेख का प्रचलन सर्वप्रथम अशोक ने किया।
- अशोक के शिलालेखों में ब्राह्मी, खरोष्ठी एवं अरामाइक लिपि का प्रयोग हुआ है।
- ग्रीक एवं अरामाइक लिपि का अभिलेख अफगानिस्तान में, **खरोष्ठी लिपि** का अभिलेख उत्तर-पश्चिम पाकिस्तान में और शेष भारत से **ब्राह्मी लिपि** में अभिलेख प्राप्त हुए हैं।
- अफगानिस्तान के लगभग से प्राप्त पुलेदारूत शिलालेख आरामाइक लिपि में है।
- अशोक के अभिलेखों से उसकी गृह, विदेश नीति, साम्राज्य विस्तार एवं प्रशासन पर काफी प्रकाश पड़ता है।
- अशोक के अभिलेखों को तीन भागों में बाँटा जा सकता है-
  1. शिलालेख (Rock-edict)
  2. स्तम्भ लेख (Pillar-edict)
  3. गुहा लेख (Cave-inscriptions)
- अशोक के शिलालेख की खोज 1750 ई.पू. में टीफैनथेलर ने की थी। इनकी संख्या 14 है।
- सर्वप्रथम जेम्स प्रिंसेप को 1837 में अशोक के अभिलेख को पढ़ने में सफलता मिली।

1. अशोक के शिलालेख (Rock-edicts)

- अशोक के शिलालेखों की संख्या 14 है, जो आठ अलग-अलग स्थानो से मिले हैं। इन 14 शिलालेखों में वर्णित बातें निम्न है-
- **पहला शिलालेख-** इसमें अशोक ने पशुबलि की निंदा की है।
- **दूसरा शिलालेख-** इसमें अशोक ने मनुष्य और पशु दोनों की चिकित्सा व्यवस्था का उल्लेख किया है।
- **तीसरा शिलालेख-** इसमें राजकीय अधिकारियों को यह आदेश दिया गया है कि वे प्रति पाँचवें वर्ष के उपरांत दौरों पर जायें। इस शिलालेख में कुछ धार्मिक नियमों का भी उल्लेख किया गया है।
- **चतुर्थ शिलालेख-** इसमें धर्म से सम्बन्धित शेष नियमों का उल्लेख किया गया है। साथ ही भेरीघोष की जगह धम्मघोष की घोषणा की गयी है।
- **पंचम शिलालेख-** इसमें धर्म महामात्रों की नियुक्ति के विषय में जानकारी मिलती है।
- **छठा शिलालेख-** इसमें आत्म-नियन्त्रण की शिक्षा दी गयी है।
- **सातवाँ एवं आठवाँ शिलालेख-** इसमें अशोक की तीर्थ यात्राओं का उल्लेख किया है।
- **नौवाँ शिलालेख-** इसमें सच्ची भेंट एवं सच्चे शिष्टाचार का उल्लेख है।

अशोक के शिलालेख

क्र. सं.	शिलालेख	खोज का वर्ष	लिपि
1.	शहबाजगढ़ी	1836	खरोष्ठी
2.	मानसेहरा	1889	खरोष्ठी
3.	गिरनार	1822	ब्राह्मी
4.	धौली	1837	ब्राह्मी
5.	कालसी	1837	ब्राह्मी
6.	जौगड़	1850	ब्राह्मी
7.	सोपारा	1882	ब्राह्मी
8.	एर्रगुड़ी	1916 (लगभग)	ब्राह्मी

नोटः धौली एवं जौगड़ के लेखों को **पृथक् कलिंग प्रज्ञापन** कहते हैं। इसमें कलिंग राज्य के प्रति अशोक की शासन नीति का उल्लेख है।

- **दसवाँ शिलालेख-** इसके माध्यम से अशोक ने यह आदेश दिया है कि राजा तथा उच्च पदाधिकारी हर क्षण प्रजा के हित के बारे में सोचें।
- **ग्यारहवाँ शिलालेख-** इसमें धर्म के वरदान को सर्वोत्कृष्ट बताया गया है।
- **बारहवाँ शिलालेख-** इसमें सभी प्रकार के विचारों के समान होने की बात कही गयी है।
- **तेरहवाँ शिलालेख-** इसमें कलिंग युद्ध का वर्णन एवं अशोक के हृदय परिवर्तन की बात कही गयी है।
- **चौदहवाँ शिलालेख-** इसमें अशोक ने जनता को धार्मिक जीवन जीने के लिए प्रेरित किया है।

लघु शिलालेख

- लघु शिलालेखों के माध्यम से अशोक के व्यक्तिगत जीवन के इतिहास के विषय में जानकारी मिलती है। अशोक के लघु शिलालेख निम्न प्रकार से हैं-

क्र. सं.	लघु शिलालेख	स्थान
1.	एर्रगुड़ी	कर्नूल (आंध्रप्रदेश)
2.	ब्रह्मगिरि	ब्रह्मगिरि (कर्नाटक)
3.	सिद्धपुर	ब्रह्मगिरि से एक मील पश्चिम (कर्नाटक)
4.	जटिंग रामेश्वर	ब्रह्मगिरि से 3 मील उत्तर-पश्चिम (कर्नाटक)
5.	गोविमठ	गोविमठ (मैसूर, कर्नाटक)
6.	राजुल मंडिगिरि	कर्नूल (आंध्रप्रदेश)
7.	मास्की	रायचूर (आंध्रप्रदेश)
8.	गुर्जरा	दतिया (मध्यप्रदेश)
9.	भब्रू (बैराठ)	जयपुर (राजस्थान)
10.	रूपनाथ	जबलपुर (मध्यप्रदेश)
11.	अहरौरा	मिर्जापुर (उत्तरप्रदेश)
12.	सासाराम	सासाराम (बिहार)
13.	पालकि गुंडु	गोविमठ से 4 मील दूर (कर्नाटक)

2. अशोक के स्तंभ लेख (Pillar-edicts)

- इनकी कुल संख्या 7 है। ये लेख छः अलग-अलग स्थानों से मिले हैं। ये लेखक निम्न हैं-
  1. **प्रयाग स्तंभ लेख-** यह पहले कौशांबी में स्थित था। इसे **रानी का अभिलेख** भी कहा जाता है। इस स्तंभ लेख को मुगल सम्राट अकबर ने इलाहाबाद के किले में स्थापित करवाया।
  2. **दिल्ली-टोपरा-** यह स्तंभ लेख फिरोजशाह तुगलक द्वारा पंजाब के टोपरा से दिल्ली लाया गया। इस पर अशोक के सातों अभिलेखों का उल्लेख है।
  3. **दिल्ली मेरठ-** पहले मेरठ में स्थित यह स्तंभ लेख फिरोजशाह तुगलक द्वारा दिल्ली लाया गया। इसकी खोज 1750 ई. में टीफैनथेलर द्वारा की गयी।
  4. **रामपुरवा-** यह स्तंभ लेख बिहार राज्य के पश्चिम चंपारण जिला में स्थित है। इसकी खोज 1872 में कारलायल ने की थी। इस स्तंभ लेख पर वृषभ की मूर्ति है।
  5. **लौरिया अरेराज-** यह बिहार राज्य के पूर्वी चंपारण जिले में स्थित है।
  6. **लौरिया नंदनगढ़-** यह भी बिहार राज्य के पश्चिम चंपारण जिले में स्थित है। इस स्तंभ लेख पर मोर का चित्र बना है।

लघु-स्तंभ लेख

- सभी लघु-स्तंभ लेखों पर अशोक की राजकीय घोषणाओं का उल्लेख है।
- साँची-सारनाथ के लघु-स्तंभ लेख में अशोक धर्म महामात्रों को संघ-भेद रोकने का आदेश देता है।

क्र. स.	लघु-स्तंभ लेख	स्थान
1.	सारनाथ	वाराणसी (उत्तरप्रदेश)
2.	साँची	रायसेन (मध्यप्रदेश)
3.	कौशांबी	कौशांबी (इलाहाबाद)
4.	रूम्मिनदेई	नेपाल की तराई (नेपाल)
5.	निग्लीवा	निगाली सागर (नेपाल)
6.	रानी का स्तंभ लेख	इलाहाबाद के किले में (इलाहाबाद)

3. अशोक के गुहा लेख (Cave-inscriptions)

- अशोक ने बिहार राज्य के गया जिले (अब जहानाबाद) में बराबर व नागार्जुनी चट्टानों को काटवाकर तीसरी शताब्दी ई.पू. में शैलकृत गुफाओं का निर्माण करवाया था।
- बराबर स्थित चार में से तीन गुफाओं में अशोक के शिलालेख हैं। इस शिलालेख से यह ज्ञात होता है कि दो गुफाएँ अशोक द्वारा शासन के 12वें वर्ष और 19वें वर्ष भिक्षुओं को दी गयी।
- इन गुफाओं को अशोक ने आजीवक सम्प्रदाय के भिक्षुओं के निवास के लिए बनवाया था।
- अशोक की प्रमुख गुफाएँ हैं- कर्ण, चोपार, विश्व झोपड़ी और सुदामा।
- कोशांबी अभिलेख को **रानी का अभिलेख** कहा जाता है।
- अशोक का सबसे छोटा स्तंभ-लेख रूम्मिनदेई का है। इसी में लुम्बिनी में धम्म यात्रा के दौरान अशोक द्वारा भू-राजस्व की दर घटा देने की घोषणा की गयी है।
- अशोक का 7वाँ अभिलेख सबसे लंबा है।
- धौली एवं जौगड़ के लेखों को **पृथक कलिंग प्रज्ञापन** कहा गया है। इस अभिलेख में कलिंग राज्य के प्रति अशोक की शासन नीति के विषय में बताया गया है।
- प्रथम पृथक् कलिंग शिलालेख में अशोक ने प्रजा के प्रति पितृ-तुल्य भाव प्रकट किया है।
- अशोक का **शार-ए-कुना (कंधार)** अभिलेख **ग्रीक** एवं **आरामाइक** भाषाओं में प्राप्त हुआ है।
- साम्राज्य में मुख्यमन्त्री एवं पुरोहित की नियुक्ति के पूर्व उनके चरित्र को काफी जाँचा परखा जाता था, जिसे **उपधा परीक्षण** कहा जाता था।
- सम्राट की सहायता के लिए एक मन्त्रिपरिषद् होती थी, जिसमें सदस्यों की संख्या 12, 16 या 20 हुआ करती थी। इन सदस्यों का वेतन 12,000 पण वार्षिक था।
- मन्त्रिपरिषद् का राजा पर पूर्ण नियन्त्रण था पर मन्त्रिपरिषद् का कोई भी निर्णय राजा मानने के लिए बाध्य नहीं था।

मौर्य कालीन प्रांत		
क्र. सं.	प्रांत	राजधानी
1.	उत्तरापथ	तक्षशिला
2.	अवंतिराष्ट्र	उज्जयिनि
3.	कलिंग	तोसली
4.	दक्षिणापथ	सुवर्णगिरि
5.	प्राची (पूर्वी देश)	पाटलिपुत्र

- अर्थशास्त्र में ऊँचे स्तर (शीर्षस्थ) के अधिकारी के रूप में **तीर्थ** का उल्लेख मिलता है, इन्हें **महामात्र** भी कहा जाता था। इनकी संख्या 18 थी।

अर्थशास्त्र में वर्णित तीर्थ		
1.	मन्त्री	प्रधानमन्त्री
2.	पुरोहित	धर्म एवं दान-विभाग का प्रधान
3.	सेनापति	सैन्य विभाग का प्रधान
4.	युवराज	राजपुत्र
5.	दौवारिक	राजकीय द्वार-रक्षक
6.	अन्तर्वेदिक	अन्त:पुर का अध्यक्ष
7.	समाहर्ता	आय का संग्रहकर्ता
8.	सन्निधाता	राजकीय कोष का अध्यक्ष
9.	प्रशास्ता	कारागार का अध्यक्ष
10.	प्रदेष्ट्रि	कमिश्नर
11.	पौर	नगर का कोतवाल
12.	व्यावहारिक	प्रमुख न्यायाधीश
13.	नायक	नगर-रक्ष का अध्यक्ष
14.	कर्मान्तिक	उद्योगों एवं कारखानों का अध्यक्ष
15.	मन्त्रिपरिषद्	अध्यक्ष
16.	दण्डपाल	सेना का सामान एकत्र करने वाला
17.	दुर्गपाल	दुर्ग-रक्षक
18.	अंतपाल	सीमावर्ती दुर्गों का रक्षक

- अर्थशास्त्र में **चर** शब्द का उल्लेख जासूस (गुप्तचर) के रूप में हुआ है।
- ऊँचे स्तर के अधिकारी मन्त्री एवं पुरोहित होते थे। पुरोहित, महामन्त्री एवं सेनापति को लगभग 48,000 पण वार्षिक वेतन मिलता है।
- अशोक के काल में प्रांतों की संख्या 5 थी। इन्हें चक्र भी कहा जाता था।
- प्रांतों के प्रशासक **कुमार** या **आर्यपुत्र** या **राष्ट्रिक** कहलाते थे।
- प्रांतों का विभाजन पुन: **विषय** में किया गया था, जो **विषयपति** के अधीन होते थे।
- प्रशासन की सबसे छोटी इकाई ग्राम थी, जिसका मुखिया **ग्रामिक** कहलाता था।
- प्रशासक की सबसे छोटी इकाई गोप था, जो दस ग्रामों का शासन संभालता था।
- मेगास्थनीज के अनुसार नगर का प्रशासन 30 सदस्यों का एक मंडल करता था, जो 6 समितियों में विभाजित था। प्रत्येक समिति में 5 सदस्य होते थे।

प्रशासनिक समिति एवं उनके कार्य	
समिति	**कार्य**
प्रथम समिति	उद्योग एवं शिल्प कार्य का निरीक्षण
द्वितीय समिति	विदेशियों की देखरेख
तृतीय समिति	जन्म-मरण का विवरण रखना
चतुर्थ समिति	व्यापार एवं वाणिज्य की देखभाल

पंचम् समिति	निर्मित वस्तुओं के विक्रय का निरीक्षण
षष्ठम् समिति	बिक्री कर वसूल करना

- बिक्री-कर के रूप में मूल्य का 10वाँ भाग राज्य द्वारा वसूला जाता था, इसे बचाने वालों को मृत्युदंड दिया जाता था।
- मार्ग निर्माण अधिकारी के रूप **एग्रोनोमई** का उल्लेख मेगास्थनीज द्वारा किया गया है।
- चन्द्रगुप्त मौर्य की सेना में लगभग 6,00,000 पैदल सैनिक (जस्टिन के अनुसार), 50,000 अश्वारोही सैनिक, 9000 हाथी एवं 8000 रथ थे।
- मेगास्थनीज के अनुसार इस विशाल सेना के रख-रखाव हेतु 6 समितियों का गठन किया गया था, प्रत्येक समिति में 5 सदस्य होते थे।

सैन्य समिति एवं उनके कार्य	
समिति	**कार्य**
प्रथम समिति	जल सेना की व्यवस्था
द्वितीय समिति	यातायात एवं रसद की व्यवस्था
तृतीय समिति	पैदल सैनिकों की देख-रेख
चतुर्थ समिति	अश्वारोहियों की सेना की देख-रेख
पंचम् समिति	गजसेना की देख-रेख
षष्ठम् समिति	रथ सेना की देख-रेख

- प्लूटार्क एवं जस्टिन के अनुसार चन्द्रगुप्त ने नन्दों की पैदल से तीन गुनी अधिक संख्या में अर्थात् 60,000 सैनिकों को लेकर सम्पूर्ण उत्तर भारत को रौंद डाला था।
- युद्ध क्षेत्र में सेना नेतृत्व **नायक** नामक अधिकारी करता था।
- सैन्य-विभाग का सबसे बड़ा अधिकारी **सेनापति** था।
- मौर्य प्रशासन में गुप्तचर विभाग **महामात्यापसर्प** नामक अमात्य के अधीन था।
- मौर्य साम्राज्य में (अर्थशास्त्र के अनुसार) गुप्तचर को **गुढ़ पुरुष** कहा गया है।
- मौर्य शासन में दो तरह के गुप्तचर कार्य करते थे- 1. संस्था गुप्तचर और 2. संचार गुप्तचर।
    1. **संस्था गुप्तचर-** ये एक ही स्थान पर रहकर कार्य करते थे।
    2. **संचार गुप्तचर-** ये एक स्थान से दूसरे स्थान पर भ्रमण करते हुए कार्य करते थे।
- पुरुष गुप्तचर को **संती**, **तिष्णा** एवं **सरद** तथा स्त्री-पुरुष को **वृषली**, **भिक्षुकी** एवं **परिव्राजक** कहते थे।
- साम्राज्य में शान्ति व्यवस्था बनाये रखने के लिए अर्थशास्त्र में **रक्षिन** (पुलिस) का उल्लेख मिलता है।
- इस काल में राजकीय कोष का मुख्य अधिकारी या कोषाध्यक्ष **सन्निधाता** कहलाते थे।
- इस काल में राजस्व विभाग का मुख्य अधिकारी **समाहर्ता** होता था।
- उधोग की देख-रेख करने वाला प्रमुख अधिकारी **कर्मान्तिक** कहलाता था।
- वन विभाग का प्रमुख अधिकारी **आटविक** होता था।
- इस काल में वणिक का, नाव व पतन कर, चारागाह, सड़क व अन्य साधनों से प्राप्त राजस्व को सामूहिक रूप से राष्ट्र कहा जाता था।
- इस काल में प्रचलित **प्रवरण** एक प्रकार का सामूहिक समारोह था।
- इस काल में न्यायालय दो भागों में बँटा था - (i) धर्मस्थीय न्यायालय (दीवानी) (ii) कंटक शोधन न्यायालय (फौजदारी)।
- धर्मस्थीय न्यायालय (दीवानी न्यायालय) का न्यायाधीश व्यावहारिक/धर्मस्थ कहलाता था।

- कंटकशोधन न्यायालय (फौजदारी न्यायालय) का न्यायाधीश प्रदेष्टि/प्रदेष्टा कहलाता था।
- सरकारी भूमि को **सीता भूमि** कहा जाता था। इस भूमि की देख-रेख करने वाला अधिकारी **सीताध्यक्ष** कहलाता था।
- बिना वर्षा के अच्छी खेती होने वाली भूमि को **अदेवमातृक** कहा जाता था।
- मौर्य काल में निःशुल्क श्रम व बेगार किये जाने को **विष्टि** कहा गया है।
- इस काल में **बलि** एक प्रकार का धार्मिक कर था जबकि **भाग** भूमिकर में राजा के हिस्से को कहा जाता था।
- **क्षेत्रक** भूस्वामी को और **उपवास** काश्तकार को कहा जाता था।
- वह कर जो अनाज के रूप में न लेकर नकद रूप में लिया जाता था उसे **हिरण्य** कहा जाता था।
- कृषि, पशुपालन एवं व्यापार को सम्मिलित रूप से अर्थशास्त्र में **वार्ता** अर्थात आजीविका का साधन कहा गया है।
- मौर्य काल में भूमिकर उपज का 1/6 अथवा 1/4 भाग लिया जाता था।
- राज्य की ओर से सिंचाई के समुचित प्रबन्ध को **सेतुबन्ध** कहा जाता था।
- इस काल में सिंचाई उपज का 1/5 से 1/3 भाग होता था।
- मौर्य काल में आय के कुछ अन्य साधनों में सेतुकर, वनकर, पशुकर, सीमाशुल्क, धर्मस्थल कर उल्लेखनीय है।
- मौर्य काल में दो प्रकार के वन पाये जाते थे- हस्तिवन एवं द्रव्यवन।
- हस्तिवन में हाथी पाये जाते थे जबकि द्रव्यवन में लकड़ी, लोहा एवं ताँबा पाया जाता था।
- कौटिल्य के अर्थशास्त्र में मौर्यकालीन मुद्राओं के निम्न नाम मिलते हैं-

  कर्षापण/पण/धरण या धारणः चाँदी एवं ताँबा निर्मित।

  सुवर्णः सोना से निर्मित।

  माषक/भाषकः ताँबा का सिक्का था।

  काकणीः यह भी ताँबा से बना होता था।
- उपर्युक्त वर्णित मुद्राओं को जारी करने का अधिकार **लक्षणाध्यक्ष** एवं **सौवर्णिक** को होता था। स्वतन्त्र रूप से सिक्का ढालने वालों को राज्य को 13.5 प्रतिशत ब्याज रूपिका एवं परीक्षण के रूप में देना पड़ता था।
- इस काल में समस्त निर्मित वस्तुओं को **पण्याध्यक्ष** की कड़ी निगरानी में बाजारों में बेचा जाता था। इन वस्तुओं को **पण्य** वस्तु भी कहा जाता था। पण्य वस्तु पर उसके मूल्य का पाँचवाँ भाग चुंगी के रूप में तथा इस चुंगी का पाँचवाँ भाग व्यापार कर के रूप में लिया जाता था।
- इस काल में व्यापार स्थल एवं जल दोनों मार्गों से होता था।
- छोटी नदियों में **क्षुद्रका नाव** एवं बड़ी नदियों में **महानाव** चलती थी। साथ ही **प्लव (डोंगी)** के प्रचलन का भी प्रमाण मिलता है।
- इस काल के समुद्री मार्गों को कौटिल्य ने **संयानपथ** नाम दिया है।
- मौर्यकालीन समाज के विषय में महत्त्वपूर्ण जानकारी कौटिल्य के **अर्थशास्त्र**, मेगास्थनीज की **इंडिका** एवं अशोक के **अभिलेखों** से मिलती है।
- कौटिल्य ने वर्णाश्रम व्यवस्था के महत्त्व को स्पष्ट करते हुए इसकी रक्षा को राजा के कर्तव्य से जोड़ा, साथ ही ब्राह्मण, क्षत्रिय, वैश्य एवं शूद्र के व्यवसाय को अलग-अलग निर्धारित किया।
- अर्थशास्त्र में शूद्रों को मलेच्छों से भिन्न दर्जा देते हुए **आर्य** कहा गया है। साथ ही इन्हें दास बनाये जाने पर प्रतिबन्ध था। कौटिल्य ने अर्थशास्त्र में **वार्ता** (कृषि, पशुपालन एवं व्यापार) को शूद्रों का वर्णधर्म बताया है।
- मौर्यकाल में शिक्षक, यज्ञ सम्पन्न कराने वाले पुरोहित एवं वेद पाठ करने वाले ब्राह्मणों को **ब्रह्मदेय** नामक भूमि दान में दी जाती थी।

- मेगास्थनीज ने भारतीय समाज को सात वर्गों में विभाजित किया है- 1. दार्शनिक, 2. किसान, 3. अहीर, 4. कारीगर, 5. सैनिक, 6. निरीक्षक एवं 7. सभासद। मेगास्थनीज का यह वर्णन भारतीय वर्ण व्यवस्था से मेल नहीं खाता है।
- दार्शनिकों की जाति को मेगास्थनीज ने पुनः दो श्रेणियों- ब्राह्मण और श्रमण में विभाजित किया है।
- स्मृतिकाल की तुलना में मौर्यकाल में स्त्रियों की स्थिति अच्छी थी।
- स्त्रियों में पुनर्विवाह एवं नियोग प्रथा का प्रचलन था।
- इस काल में जो स्त्रियाँ घर से बाहर नहीं निकल पाती थीं उन्हें अर्थशास्त्र में **अनिष्कासिकनी** कहा गया है।
- इस काल में ऐसी स्त्रियाँ **गणिका** या **वेश्या** कहलाती थीं जो वैवाहिक सूत्र में न बँधकर स्वतन्त्र रूप से जीवन-यापन करती थीं।
- इस काल में वैसी स्त्रियों को **रूपाजीवा** कहा जाता था जो स्वतन्त्र रूप से वेश्यावृत्ति को अपनाती थी।
- मौर्यकाल में कला के दो रूप मिलते हैं- 1. राजकीय कला और 2. लोककला। राजकीय कला मौर्य प्रासाद और अशोक स्तंभों में पायी जाती है, जबकि लोककला परखम के यक्ष, दीदारगंज की चामर ग्रहिणी एवं बेसनगर की यक्षिणी में देखने को मिलता था।
- मौर्य वंश का शासन 137 वर्षों तक रहा।
- मौर्य वंश का अंतिम शासक **बृहद्रथ** था। इसकी हत्या इसके सेनापति पुष्यमित्र शुंग ने 185 ई.पू. में करने के पश्चात् मगध पर शुंग वंश (ब्राह्मण साम्राज्य) की स्थापना की।

मौर्यकालीन महत्त्वपूर्ण शब्दावली	
जेट्ठक	शिल्पी संघ का मुखिया
भोगागम	जेट्ठकों के निर्वाह के लिए राजा की ओर से मिलने वाला गाँव का राजस्व
गहपति	भूस्वामी
कार्षापण	चाँदी एवं ताँबे का एक टुकड़ा/एक सिक्का
अदेवमातृक	बिना वर्षा के ही अच्छी खेती वाली भूमि
सीता	सरकारी जमीन
विष्टि	निःशुल्क श्रम, बेगार
बलि	एक प्रकार का धार्मिक कर या चढ़ावा
भाग	भूमि कर में राजा का हिस्सा
क्षेत्रक	भूमि का मालिक
उपवास	जमीन पर खेती करने वाला काश्तकार
हिरण्य	नकद लिया जाने वाला कर
वार्ता	कृषि, पशुपालन एवं वाणिज्य के लिए संयुक्त रूप से प्रयुक्त शब्द

10. ब्राह्मण राज्य

- मौर्य समाज के पतन के बाद ब्राह्मण साम्राज्य का उदय हुआ। इस साम्राज्य के अन्तर्गत प्रमुख शासक वंश थे- **शुंग, कण्व, आंध्र सातवाहन** एवं **वाकाटक**।

शुंग वंश (185 ई.पू. से 73 ई.पू.)

- इस वंश की स्थापना 185 ई.पू. में ब्राह्मण मौर्य सेनापति पुष्यमित्र शुंग द्वारा अंतिम मौर्य सम्राट बृहद्रथ की हत्या करके की गयी थी।

- शुंग वंश ने लगभग 112 वर्ष तक राज्य किया। शुंग शासकों ने **विदिशा** को अपनी राजधानी बनाया।
- शुंग वंश के इतिहास के विषय में जानकारी के मुख्य स्रोत हैं- बाणभट्ट कृत हर्षचरित, पतंजलि कृत महाभाष्य, कालिदास कृत मालविकाग्निमित्रम्, बौद्ध ग्रंथ दिव्यावदान एवं तिब्बती इतिहासकार तारानाथ का विवरण।
- पुष्यमित्र शुंग को अपने लगभग 36 वर्ष के शासनकाल में यवनों से दो बार युद्ध करना पड़ा। दोनों बार यवन पराजित हुए।
- प्रथम यवन-शुंग युद्ध में यवन सेनापति डेमेड्रियस था। इस युद्ध में यवन पराजित हुए। प्रथम यवन-शुंग युद्ध के भीषणता का उल्लेख गार्गी संहिता में मिलता है।
- द्वितीय यवन-शुंग युद्ध का वर्णन कालिदास के मालविकाग्निमित्रम् में मिलता हैं। इस युद्ध में शुंग सेना का प्रतिनिधित्व सम्भवतः पुष्यमित्र शुंग के पौत्र वसुमित्र ने किया था। जबकि यवन सेना का प्रतिनिधित्व मेनांडर ने किया था।
- सिन्धु नदी के तट पर लड़े गये इस युद्ध में यवन सेनापति मेनांडर को वसुमित्र ने हराया था।
- पुष्यमित्र शुंग ने दो बार अश्वमेघ यज्ञ किया। इन यज्ञों के पुरोहित पतंजलि थे।
- शुंग शासकों के काल में ही पतंजलि ने अष्टाध्यायी जैसे दुरूह ग्रन्थ पर अपना महाभाष्य लिखा।
- मनु ने मनुस्मृति की रचना शुंग काल में ही की।
- भरहूत स्तूत का निर्माण पुष्यमित्र शुंग ने करवाया।
- शुंग वंश का अंतिम शासक देवभूति था। इसकी हत्या 73 ई.पू. में वासुदेव ने कर दी और मगध की गद्दी पर कण्व वंश की स्थापना की।

कण्व वंश (73 ई.पू.-28 ई.पू.)

- कण्व वंश की स्थापना अंतिम शुंगवंशी शासक देवभूति की हत्या कर उसके अमात्य कण्ववंशी वासुदेव ने 73 ई.पू. में की थी।
- कण्ववंशी राजाओं के बारे में विस्तृत जानकारी का अभाव है। कुछ सिक्के ऐसे मिले हैं जिन पर **भूमिमित्र** खुदा है, जिनसे यह अनुमान लगाया जाता है कि यह भूमिमित्र के शासन काल में जारी किये गये होंगे।
- कण्वों के शासन काल में मगध की सीमा सिमटकर बिहार तथा पूर्वी उत्तरप्रदेश तक रह गयी थी।

ब्राह्मण वंश	
शासक	**राजवंश**
पुष्यमित्र शुंग, अग्निमित्र, वसुजेष्ठ, वसुमित्र, भद्रक, भागवत, देवभूति	शुंग वंश
वासुदेव, भूमिमित्र, नारायण, सुशर्मा	कण्व वंश
सिमुक, कृष्ण शातकर्णी, गौतमीपुत्र शातकर्णी, वशिष्ठीपुत्र पुलमावी, यज्ञश्री शातकर्णी	सातवाहन वंश

आंध्र-सातवाहन वंश (60 ई.पू.-240 ई.पू.)

- पुराणों में इस राजवंश को आंध्र भृत्य एवं आंध्र जातीय कहा गया है। यह इस बात का सूचक है कि जिस समय पुराणों का संकलन हो रहा था, सातवाहनों का शासन आंध्रप्रदेश में ही सीमित था।
- सातवाहन वंश के लिह **शालिवाहन** शब्द का भी उल्लेख मिलता है।
- सातवाहन वंश की स्थापना सिमुक नामक व्यक्ति ने लगभग 60 ई.पू. में अंतिम कण्व वंशी शासक सुशर्मा की हत्या करके की।
- पुराणों में सिमुक को सिंधुक, शिशुक, शिप्रक एवं वृषल आदि नामों से सम्बोधित किया गया है।
- सिमुक के बाद उसका छोटा भाई कृष्ण (कान्हा) गद्दी पर बैठा। इसके समय सातवाहन साम्राज्य का विस्तार पश्चिम में नासिक की ओर हुआ।
- कृष्ण के बाद उसका पुत्र एवं उत्तराधिकारी शातकर्णि प्रथम सातवाहन शासक हुआ। यह **सातवाहन वंश का प्रथम शातकर्णि उपाधि धारण करने वाला राजा था।** इसके शासन के बारे में हमें नागनिका एवं नानाघाट अभिलेख से महत्त्वपूर्ण जानकारी मिलती है।

- शातकर्णि प्रथम ने दो अश्वमेघ एवं एक राजसूय यज्ञ सम्पन्न कर सम्राट की उपाधि धारण की। इसके अलावा शातकर्णि ने **दक्खिनापथपति** एवं **अप्रतिहतचक्र** की उपाधि धारण की।
- शातकर्णि प्रथम ने गोदावरी नदी के तट पर स्थित प्रतिष्ठान (पैठान) को अपनी राजधानी बनाया।
- हाल सातवाहन वंश का एक महान कवि एवं साहित्यकार शासक था। इसका शासन काल सम्भवत: 20 ई. से 24 ई. तक माना जाता है। हाल ने **गाथासप्तशती** नामक ग्रन्थ की रचना की। यह ग्रन्थ **प्राकृत भाषा** में है।
- हाल के दरबार में **बृहतकथा** के रचयिता गुणाढ्य तथा **कातन्त्र** नामक संस्कृत व्याकरण के रचयिता सर्ववर्मन् निवास करते थे।
- सातवाहनों की भाषा **प्राकृत** एवं लिपि **ब्राह्मी** थी।
- सातवाहनों ने **चाँदी, ताँबे, सीसा, पोटीन** तथा **काँसे** की मुद्राओं का प्रचलन किया।
- ब्राह्मण को भूमि अनुदान देने की प्रथा का आरम्भ सातवाहनों ने ही **सर्वप्रथम** किया।
- सातवाहनों का समाज **मातृसत्तात्मक** था।
- कार्ले चैत्य, अजंता एवं एलोरा की गुफाओं का निर्माण तथा अमरावती कला का विकास सातवाहनों के समय ही हुआ।

वाकाटक

- सातवाहनों के पतन से लेकर चालुक्यों के उदय के बीच दक्कन में सबसे शक्तिशाली एवं प्रमुख राजवंश वाकाटकों का था।
- वाकाटक राज्य का संस्थापक विंध्यशक्ति विष्णुवृद्धि गोत्रीय ब्राह्मण था। सम्भवत: वह सातवाहनों के अधीनस्थ कोई पदाधिकारी या सरदार था। इसकी तुलना इन्द्र एवं विष्णु से की गयी है।
- संभवत: वाकाटकों का दक्कन प्रदेश में तीसरी शताब्दी से लेकर 5वीं शताब्दी तक शासन रहा।
- विंध्यशक्ति का पुत्र एवं उत्तराधिकारी प्रवरसेन-I एकमात्र वाकाटक वंश का राजा था, जिसने **सम्राट** (महाराज) की उपाधि धारण की।
- प्रवरसेन-I को सात प्रकार के यज्ञ करने का श्रेय प्राप्त है।
- प्रवरसेन-I ने चार अश्वमेघ यज्ञ भी किये।
- प्रवरसेन-I के बाद रूद्रसेन-I वाकाटक राजा बना। वह प्रवरसेन-I के बड़े पुत्र गौतमीपुत्र का पुत्र था।
- रूद्रसेन-I वाकाटकों की शक्ति को बनाये रखने का प्रयास किया। रूद्रसेन शैव मतावलंबी था।
- वाकाटकों की मुख्य शाखा में रूद्रसेन-I का उत्तराधिकारी पृथ्वीसेन-I बना। उसके शासन काल की सबसे प्रमुख घटना थी गुप्तों के साथ वैवाहिक सम्बन्ध स्थापित करना।
- पृथ्वीसेन ने अपने पुत्र रूद्रसेन-II का विवाह गुप्त सम्राट चन्द्रगुप्त-II की पुत्री प्रभावतीगुप्त से कर दिया। इस वैवाहिक सम्बन्ध से दोनों राजवंशों को लाभ हुआ, परन्तु अधिक लाभ गुप्तों को ही हुआ।
- रूद्रसेन-II अपनी पत्नी प्रभावतीगुप्त के प्रभाव में आकर बौद्ध धर्म त्याग कर वैष्णव धर्म को अपना लिया। दुर्भाग्यवश शासक बनने के कुछ समय बाद ही रूद्रसेन-II की अकाल मृत्यु हो गयी।
- वाकाटक वंश की मूल शाखा का अंतिम शक्तिशाली शासक प्रवरसेन-II था। उसका आरम्भिक नाम दामोदर सेन था।
- प्रवरसेन-II एक कुशल प्रशासक था, लेकिन उसकी अभिरूचि युद्ध से अधिक शान्ति के कार्यों, विशेषतया साहित्य और कला के विकास में थी। उसने महाराष्ट्रीय लिपि में **सेतुबन्ध** नामक काव्य की रचना की। इस काव्य को **रावणवहो** भी कहा जाता है। प्रवरसेन-II को नई राजधानी **प्रवरपुर** बनाने का श्रेय भी दिया जाता है।

- सांस्कृतिक दृष्टि से भी वाकाटकों का काल महत्त्वपूर्ण है। मूर्तिकला की दृष्टि से विदर्भ का टिगोवा एवं नचना का मंदिर उल्लेखनीय है।
- अजंता की गुफा संख्या 16, 17 एवं 19 के चित्रों का निर्माण वाकाटकों के समय ही हुआ।

कलिंग के चेत/चेदि

- मौर्य साम्राज्य के अवशेषों पर जिन राज्यों का उदय हुआ, उनमें कलिंग के चेत या चेदिवंश भी है। जिस समय दक्कन में सातवाहन शक्ति का उदय हो रहा था, उसी समय कलिंग (ओडिशा) में चेत या चेदि राजवंश का उदय हुआ।
- **वेसन्तर जातक** एवं **मिलिंदपन्हो** में चेति-राजकुमारों का उल्लेख मिलता है।
- चेदि वंश का सबसे प्रमुख राजा खारवेल था। उसके समय में कलिंग की शक्ति एवं प्रतिष्ठा में अभूतपूर्व वृद्धि हुई।
- कलिंग राज्य के विषय में जानकारी के महत्त्वपूर्ण स्रोत अष्टाध्यायी, महाभारत, पुराण, रामायण, कालिदास कृत रघुवंश महाकाव्य, दण्डी का दशकुमार चरित, जातक, जैन ग्रन्थ उत्तराध्ययनसूत्र, टाल्मी का भूगोल, अशोक के लेख एवं खारवेल का हाथी गुंफा अभिलेख है।
- हाथी गुंफा अभिलेख से खारवेल के वंश एवं उसके पिता तथा पितामह के विषय में कोई जानकारी नहीं मिलती है। बल्कि सम्पूर्ण अभिलेख में खारवेल के विभिन्न उपाधियों जैसे- ऐरा, महाराज, महामेघवाहन, कलिंगचक्रवर्ती, कलिंगाधिपति श्री खारवेल तथा राजा श्री खारवेल का उल्लेख है।
- खारवेल ने अपने शासन का प्रथम वर्ष अपनी स्थिति मजबूत करने में व्यतीत किया। कलिंग नगर में अनेक निर्माण-कार्य किये गये। नगर के फाटक और चहारदीवारी की मरम्मत कर उसे सुदृढ़ बनाया गया। जनकल्याण के कार्य भी नगर में किये गये। खारवेल ने अपने शासन के दूसरे वर्ष से विजय अभियान आरम्भ किया।
- हाथी गुंफा अभिलेख में तीसरे राजवर्ष की घटनाओं का उल्लेख नहीं मिलता, परन्तु इसके अनुसार चौथे वर्ष में खारवेल ने विद्याधर की राजधानी पर अधिकार किया। इसी वर्ष उसने **भोजकों** और **रथिकों** को भी अपनी अधीनता स्वीकार करने के लिए बाध्य कर दिया।
- खारवेल ने अपने शासन के पाँचवें वर्ष में मगधराजा नन्दराज द्वारा खुदवाई गयी नहर का विस्तार तनुसुलि से कलिंग तक करवाया। इस वर्ष प्रजा पर लगाये गये विभिन्न कर भी हटा लिए गये।
- सम्भवतः अपने शासनकाल के सातवें वर्ष में खारवेल ने अपना विवाह किया और साथ ही मसूलीपट्टम को जीता।
- अपने शासन के आठवें वर्ष में खारवेल ने उत्तरी भारत पर आक्रमण किया। अपनी सेना के साथ गया की तरफ बढ़ते हुए उसने बराबर की पहाड़ियों को पार किया तथा गोरथगिरि के सुदृढ़ दुर्ग को नष्ट कर राजगृह पर आक्रमण किया।
- अपने शासन के नौवें वर्ष में खारवेल ने ब्राह्मणों को सोने का कल्पवृक्ष भेंट किया। इस वृक्ष के पत्ते तक सोने के थे। इसी वर्ष खारवेल ने **प्राची** नदी के दोनों तरफ एक **महाविजय प्रासाद** का भी निर्माण करवाया।
- अपने शासन के 10वें और 12वें वर्ष में भी खारवेल ने उत्तरी भारत पर आक्रमण किये। इस दौरान उसने अंग सहित अनेक राज्यों को आक्रांत किय। 12वें वर्ष में मगध की राजधानी पाटलिपुत्र पर आक्रमण कर अपनी सेना के हाथी, घोड़ों को उसने गंगा में स्नान करवाया।
- अपने शासन के 11वें वर्ष में उसने पुनः दक्षिण पर आक्रमण किया। इस वर्ष उसने पिथुंड, पिहुण्ड, पिटुंड्रा या पियुद नगर को नष्ट कर गधों से हल जुतवाया।

- खारवेल का 13वाँ वर्ष धार्मिक कृत्यों में व्यतीत हुआ। इसके परिणामस्वरूप कुमारी पर्वत पर अर्हतो के लिए उसने देवालय का निर्माण करवाया।
- खारवेल ने जैन धर्मावलंबी होते हुए भी दूसरे धर्मों के प्रति सहिष्णुता की नीति अपनायी।
- खारवेल को शांति एवं समृद्धि का सम्राट, भिक्षुसम्राट एवं धर्मराज के रूप में भी जाना जाता है।

11. मौर्योत्तरकालीन भारत पर विदेशी आक्रमण

- पश्चिमोत्तर भारत में विदेशियों का आक्रमण सम्भवत: मौर्योत्तर काल की सर्वाधिक महत्त्वपूर्ण घटना थी।
- भारत पर आक्रमण करने वाले इन विदेशी आक्रमणकारियों का क्रम है-
  हिन्द-यूनानी → शक → पहलव् → कुषाण।

हिन्द-यूनानी/बैक्ट्रियाई यूनानी

- सेल्यूकस के द्वारा स्थापति पश्चिमी तथा मध्य एशिया के विशाल साम्राज्य को इसके उत्तराधिकारी **ऐन्टिओकास-I** ने अक्षुण्ण बनाये रखा।
- एन्टिओकस-II के शासन काल में विद्रोह के फलस्वरूप उसके अनेक प्रांत स्वतन्त्र हो गये।
- बैक्ट्रिया के विद्रोह का नेतृत्व डियोडोट्स-I ने किया था। बैक्ट्रिया पर डियोडोट्स-I के साथ शासन करने वाले राजाओं के नाम हैं- डियोडोट्स-II, यूथिडेमस, डेमिट्रियस, मिनेण्डर, यूक्रेटाइडस, एण्टी आलकीडस तथा हर्मिक्स।
- भारत पर सबसे पहला आक्रमण बैक्ट्रिया के शासक **डेमिट्रियस** ने किया। सम्भवत: सिकंदर के बाद डेमिट्रियस ही पहला यूनानी शासक था जिसकी सेनाएँ भारतीय सीमा में प्रवेश पा सकी।
- डेमिट्रियस के अभियान की पुष्टि महाभाष्य, गार्गीसंहिता एवं मालविकाग्निमित्रम से होती है।
- डेमिट्रियस एक बड़ी सेना के साथ लगभग 183 ई.पू. में हिन्दूकुश पहाड़ी को पार कर सिन्ध और पंजाब पर अधिकार कर लिया। इसने **साकल** को अपनी राजधानी बनाया। साकल की पहचान **वर्तमान सियालकोट** से की गयी है। इस प्रकार डेमिट्रियस ने पश्चिमोत्तर भारत में इंडो-यूनानी सत्ता की स्थापना की। उसने भारतीय राजाओं की उपाधि धारण कर यूनानी तथा खरोष्ठी लिपि में सिक्के चलाये। डेमिट्रियस को हिन्द-यूनानी या बैक्ट्रियाई यूनानी कहा गया है।
- हिन्द-यूनानी शासकों में सबसे प्रसिद्ध मेनांडर/मिनान्दर (165-145 ई.पू.) था। इसकी राजधानी शाकल शिक्षा का प्रमुख केन्द्र था। यह मिलिन्द नाम से भी जाना जाता था।
- मेनांडर ने नागसेन (नागार्जुन) नामक बौद्ध भिक्षु से बौद्ध धर्म की दीक्षा ली।
- मेनांडर के प्रश्न एवं नागसेन द्वारा दिये गये उत्तर **मिलिन्दपञ्हो** नामक पुस्तक में संकलित है। मिलिन्दपन्हो अर्थात् मिलिन्द के प्रश्न या मिलिन्दप्रश्न में मेनांडर एवं बौद्ध भिक्षु नागसेन के मध्य सम्पन्न वाद-विवाद एवं उसके परिणामस्वरूप मेनांडर के बौद्ध धर्म स्वीकार करने की कथा वर्णित है।
- हिन्द-यूनानी भारत के पहले शासक हुए जिनके जारी किये गये सिक्के के बारे में निश्चित रूप से कहा जा सकता है कि सिक्के किन-किन राजाओं के हैं।
- भारत में सबसे पहले हिन्द-यूनानियों ने ही सोने के सिक्के जारी किये, जिनकी मात्रा कुषाणों के शासन में बढ़ी।
- हिन्द-यूनानी शासकों ने भारत के पश्चिमोत्तर सीमा प्रांत में यूनान की प्राचीन कला चलाई जिसे **हेलेनिस्टिक आर्ट** कहते हैं। यह कला सिकंदर की मृत्यु के बाद विजित

गैर-यूनानियों के साथ यूनानियों के सम्पर्क से उदित हुई थी। भारत में गंधार कला इसका सर्वोत्तम उदाहरण है।

मौर्योत्तर विदेशी आक्रमणकारियों के भारतीय संस्कृत साहित्य में नाम		
क्र. स.	**विदेशी आक्रमणकारी के नाम**	**भारतीय नाम**
1.	बैक्ट्रियन	यवन
2.	सीथियन	शक
3.	पार्थियन	पहल्व
4.	यूची	कुषाण

शक

- यूनानियों के बाद शक आये। यूनानियों ने भारत के जितने भाग पर कब्जा किया था उससे कहीं अधिक भाग पर शकों ने किया।
- शकों की पाँच शाखाएँ थीं और प्रत्येक शाखा की राजधानी भारत और अफगानिस्तान में अलग-अलग भागों में थीं।
- शकों की **पहली शाखा** ने अफगानिस्तान में, **दूसरी शाखा** ने पंजाब (राजधानी तक्षशिला) में, **तीसरी शाखा** ने मथुरा में, **चौथी शाखा** ने पश्चिमी भारत में एवं **पाँचवीं शाखा** ने ऊपरी दक्कन पर अपना प्रभुत्व स्थापित किया।
- शक मूलतः **मध्य एशिया** के निवासी थे और चरागाह की खोज में भारत आये थे।
- शकों को न तो भारत के शासकों का और न जनता का ही प्रतिरोध झेलना पड़ा। कहा जाता है कि लगभग 58 ई.पू. में उज्जैन में एक स्थानीय राजा ने शकों से युद्ध कर उन्हें पराजित किया और उन्हें बाहर खदेड़ने में सफल हो गया। वह अपने को **विक्रमादित्य** कहता था।
- **विक्रम संवत् नाम का एक नया संवत् 57 ई.पू. में शकों पर विजय से आरंभ हुआ।** तब से विक्रमादित्य एक लोकप्रिय उपाधि हो गया, ऊँची प्रतिष्ठा और सत्ता का प्रतीक बन गया। इस प्रथा का परिणाम यह हुआ कि भारतीय इतिहास में विक्रमादित्यों की संख्या 14 तक पहुँच गयी है। **गुप्त सम्राट चन्द्रगुप्त-II सबसे अधिक विख्यात विक्रमादित्य था।**
- शकों ने भारत के कई भागों में अपना-अपना राज्य स्थापित किया, लेकिन जिन्होंने पश्चिम में राज्य स्थापित किया उन्होंने कुछ लंबे अरसे (लगभग चार सदी तक) तक शासन किया।
- शकों की इस शाखा (पश्चिमी शाखा) को गुजरात में चल रहे समुद्री व्यापार से काफी लाभ पहुँचा। इन्होंने भारी संख्या में चाँदी के सिक्के जारी किये।
- शकों का सबसे प्रतापी शासक रूद्रदामन-I (130-150 ई.) था। उसका शासन न केवल सिंध में बल्कि कोंकण, नर्मदा घाटी, मालवा, काठियावाड़ और गुजरात के एक बड़े भाग पर था।
- रूद्रदामन-I इतिहास में इसलिए प्रसिद्ध है कि उसने काठियावाड़ के अर्धशुष्क क्षेत्र की मशहूर झील **सुदर्शन सर** का जीर्णोद्धार किया। यह झील मौर्यों के समय निर्मित हुई थी।
- रूद्रदामन-I संस्कृत का बड़ा प्रेमी था। उसने ही **सबसे पहले** विशुद्ध संस्कृत भाषा में लंबा अभिलेख जारी किया। इसके पहले के जो भी लंबे अभिलेख भारत में पाये गये हैं, सभी प्राकृत भाषा में रचित हैं।
- भारत में शक शासक अपने को **क्षत्रप** कहते थे।

पह्लव

- पश्चिमोत्तर भारत में शकों के आधिपत्य के बाद पार्थियाई (पह्लव) लोगों का आधिपत्य हुआ।

- पह्लव लोगों का मूल निवास स्थान ईरान में था।
- यूनानियों और शकों के विपरीत, पह्लव लोग ईसा की पहली सदी में पश्चिमोत्तर भारत के एक छोटे से भाग पर ही सत्ता जमा सके।
- पह्लव शासकों में सबसे प्रसिद्ध गोन्दोफिर्नस था। कहा जाता है कि उसके शासन काल में **सेंट टॉमस** नामक ईसाई धर्म प्रचारक भारत में ईसाई धर्म के प्रचार हेतु आया था।

कुषाण

- पह्लवों के बाद कुषाण आये, जो यूची और तोखारी भी कहलाते हैं।
- कुषाण, यूची नामक कबीला जो पाँच कुलों में बँट गया था, उन्हीं में से एक कुल के थे।
- कुषाण वंश का संस्थापक कुंजुल कडफिसेस (कडफिसेस-I) था।
- हम कुषाणों के दो राजवंश पाते हैं जो एक के बाद एक आये।
- कुषाणों के पहले राजवंश की स्थापना कडफिसेस-I ने की। इस राजवंश में दो राजा हुए, पहला कडफिसेस-I और दूसरा कडफिससे-II।
- कडफिसेस-I ने हिन्दूकुश के दक्षिण में सिक्के चलाये। उसने रोमन सिक्कों की नकल करके ताँबे के सिक्के ढलवाये। कडफिसेस-II ने बड़ी संख्या में स्वर्ण-मुद्राएँ जारी की और अपना राज्य सिंधु नदी के पूरब में फैलाया।
- कुषाण वंश का सबसे प्रतापी राजा कनिष्क था। कनिष्क राजवंश कुषाणों का दूसरा वंश था।
- कनिष्क की **पहली** राजधानी पुरुषपुर या पेशावर में थी, जहाँ कनिष्क ने एक मठ और एक विशाल स्तूप का निर्माण करवाया था। कुषाणों की **द्वितीय** राजधानी मथुरा थी।
- कनिष्क सर्वाधिक विख्यात कुषाण शासक था। इतिहास में दो कारणों से उसका नाम है। **पहला,** उसने 78 ई. में **शक संवत्** चलाया जो भारत सरकार द्वारा प्रयोग में लाया जाता है। **दूसरा,** उसने बौद्ध धर्म का मुक्त हृदय से सम्पोषण-संरक्षण किया।
- कनिष्क के समय में कश्मीर (कुंडलवन) में बौद्धों का चौथा सम्मेलन आयोजित हुआ जिसमें बौद्ध धर्म के महायान सम्प्रदाय को अंतिम रूप दिया गया। इस सम्मेलन के अध्यक्ष वसुमित्र एवं उपाध्यक्ष अश्वघोष थे।
- चौथे सम्मेलन में ही बौद्ध धर्म दो भागों- हीनयान और महायान में बँट गया। इस सम्मेलन में नागार्जुन एवं पार्श्व भी शामिल हुए। इसी सम्मेलन में तीनों पिटकों पर टीकाएँ लिखी गयी जिनको **महाविभाष** नाम की पुस्तक में संकलित किया गया। महाविभाष को बौद्ध **धर्म का विश्वकोष** कहा जाता है।
- कनिष्क बौद्ध धर्म के **महायान सम्प्रदाय** का अनुयायी था।
- आरंभिक कुषाण शासकों ने भारी संख्या में स्वर्ण मुद्राएँ जारी कीं, जिनकी शुद्धता गुप्त काल की स्वर्ण मुद्राओं से उत्कृष्ट है।
- कनिष्क कला और विद्वता का आश्रयदाता था। इसके दरबार का सबसे महान साहित्यिक व्यक्ति **अश्वघोष** था। अश्वघोष की रचनाओं की तुलना महान मिल्टन, गेटे, कांट एवं वॉल्टेयर से की गयी है। अश्वघोष ने **बुद्धचरित, सौन्दरनंद, सारिपुत्रप्रकरण** एवं **सूत्रालंकार** की रचना की। बुद्धचरित को बौद्ध धर्म का महाकाव्य कहा जाता है। बुद्धचरित की तुलना वाल्मीकि के रामायण से की जाती है।
- कनिष्क के दरबार में एक अन्य विभूति नागार्जुन दार्शनिक ही नहीं बल्कि वैज्ञानिक भी था। इसकी तुलना **मार्टिन लूथर** से की जाती है। इसे **भारत का आईंसटाइन** कहा गया है। नागार्जुन ने अपनी पुस्तक **माध्यमिक सूत्र** में सापेक्षता के सिद्धान्त को प्रस्तुत किया।

इतिहास 57

- कनिष्क के दरबार में **राजवैद्य** और **आयुर्वेद चिकित्सक** चरक रहता था। चरक ने औषधि पर **चरक संहिता** की रचना की।
- कनिष्क की मृत्यु 102 ई. में हुई थी।
- कुषाण वंश का अंतिम शासक **वासुदेव** था। यह विष्णु एवं शिव का उपासक था।
- **गंधार शैली** एवं **मथुरा शैली** का विकास कनिष्क के शासन काल में हुआ था।

12. गुप्त साम्राज्य

- गुप्त साम्राज्य का उदय तीसरी सदी के अंत में प्रयाग के निकट कौशांबी में हुआ।
- गुप्त कुषाणों के सामंत थे। ये सम्भवतः वैश्य थे।
- गुप्त साम्राज्य उतना विशाल नहीं था जितना मौर्य साम्राज्य, फिर भी इसकी एक विशेषता यह थी कि इसने सारे उत्तर भारत को 335 ई. से 455 ई. तक एक सदी से ऊपर राजनैतिक एकता के सूत्र में पिरोये रखा।
- ऐसा प्रतीत होता है कि गुप्त शासकों के लिए बिहार की अपेक्षा उत्तरप्रदेश अधिक महत्त्व वाला प्रांत था, क्योंकि आरम्भिक गुप्त मुद्राएँ और अभिलेख मुख्यतः इसी राज्य में पाये गये हैं। यहीं से गुप्त शासक कार्य संचालन करते रहे और अनेक दिशाओं में बढ़ते गये।
- गुप्त वंश का संस्थापक श्रीगुप्त (240-280 ई.) था। प्रभावती गुप्त के पूना स्थित ताम्रपत्र अभिलेख में श्रीगुप्त का उल्लेख गुप्त वंश के आदिराज के रूप में किया गया है।
- श्रीगुप्त का उत्तराधिकारी घटोत्कच (280-319 ई.) हुआ। प्रभावती गुप्त के पूना एवं ऋद्धपुर ताम्रपत्र अभिलेखों में घटोत्कच को गुप्त वंश का प्रथम राजा बताया गया है।
- गुप्त वंश का प्रथम महान सम्राट चन्द्रगुप्त प्रथम (319-334 ई.) था। इसने उस समय के प्रसिद्ध लिच्छवि कुल की कन्या कुमारदेवी जो सम्भवतः नेपाल की थी, से विवाह किया। इस शासक ने **महाराजाधिराज** की उपाधि धारण की।
- चन्द्रगुप्त प्रथम ने एक संवत् **गुप्त संवत्** (319-320 ई.) अपने राज्यारोहण के स्मारक के रूप में चलाया। बाद में अनेक अभिलेखों में काल-निर्देशन इस संवत् में मिलता है।
- चन्द्रगुप्त प्रथम का उत्तराधिकारी समुद्रगुप्त (335-380 ई.) ने गुप्त राज्य का अपार विस्तार किया। वह अशोक की शांति एवं अनाक्रमण की नीति के विपरीत हिंसा एवं आक्रमण में विश्वास करता था।
- समुद्रगुप्त ने **धरणिबंध** (पृथ्वी को बाँधना) अपना वास्तविक लक्ष्य बनाया। उसके द्वारा जीते गये क्षेत्रों को पाँच भागों में बाँटा गया है। समुद्रगुप्त ने आर्यावर्त्त के 9 शासकों और दक्षिणावर्त्त के 12 शासकों को पराजित किया। इन्हीं विजयों के कारण इसे **भारत का नेपोलियन** कहा जाता है।
- प्रयाग प्रशस्ति लेख में समुद्रगुप्त को **लोक धाम्नोदेवस्य** अर्थात् पृथ्वी पर देवता कहा गया है। इससे स्पष्ट हो जाता है कि इस युग में भी राजा की उत्पत्ति का दैवी सिद्धान्त लोकप्रिय था।
- समुद्रगुप्त के दरबार में प्रसिद्ध कवि हरिषेण रहता था, जिसने इलाहाबाद (प्रयाग) के प्रशस्ति लेख में समुद्रगुप्त के विजय अभियानों का उल्लेख किया है। यह अभिलेख उसी स्तंभ पर खुदा है जिस पर अशोक का स्तंभ लेख है।
- समुद्रगुप्त ने अपनी विजयों की उद्घोषणा हेतु **अश्वमेघ यज्ञ** करवाया तथा **अश्वमेघकर्त्ता की उपाधि** धारण की।
- समुद्रगुप्त ने **6 प्रकार** की स्वर्ण मुद्राएँ (गरुड़, धनुर्धर, परशु, अश्वमेघ, व्याघ्रहंता एवं वीणासरण) चलवाया, जिनमें गरूड़ मुद्राएँ सर्वाधिक लोकप्रिय थी।
- समुद्रगुप्त ने अपने सिक्कों पर **अप्रतिरथ, व्याघ्रपराक्रम, पराक्रमांक** जैसे विरूद धारण किये।

- समुद्रगुप्त संगीत-प्रेमी भी था। ऐसा अनुमान उसके सिक्कों पर उसे वीणा-वादन करते हुए दिखाये जाने से लगाया गया है।
- समुद्रगुप्त ने **विक्रमांक** की उपाधि धारण की। इसे **कविराज** भी कहा जाता था।
- समुद्रगुप्त विष्णु का उपासक था।
- एक चीनी स्रोत के अनुसार समुद्रगुप्त के पास श्रीलंका के राजा मेघवर्मन ने गया में एक बौद्ध मंदिर बनवाने की अनुमति प्राप्त करने के लिए अपना एक दूत भेजा था। मंदिर निर्माण की अनुमति समुद्रगुप्त द्वारा दी गयी और यह मंदिर एक विशाल बौद्ध बिहार के रूप में विकसित हो गया।
- समस्त गुप्त राजाओं में समुद्रगुप्त का पुत्र चन्द्रगुप्त-II (380-412 ई.) सर्वाधिक शौर्य एवं वीरोचित गुणों से सम्पन्न था।
- चन्द्रगुप्त-II ने अपनी पुत्री प्रभावती का विवाह वाकाटक नरेश रूद्रसेन-II से किया, रूद्रसेन-II की मृत्यु के बाद चन्द्रगुप्त ने अप्रत्यक्ष रूप से वाकाटक राज्य को अपने राज्य में मिलाकर उज्जैन को अपनी दूसरी राजधानी बनाया।
- चन्द्रगुप्त-II के शासनकाल में चीनी बौद्ध यात्री फाह्यान भारत आया था।
- चन्द्रगुप्त-II को **देवराज** एवं **देवगुप्त** के नाम से भी जाना जाता था।
- चन्द्रगुप्त-II ने शकों को पराजित करने की स्मृति में चाँदी के विशेष सिक्के जारी किये।
- चन्द्रगुप्त-II की उज्जैन सभा में रहने वाले **नवरत्नों** (नौ विद्वानों) में- आर्यभट्ट, वाराहमिहिर, धन्वन्तरि, बह्मगुप्त, कालीदास, अमरसिंह, भारवि, विष्णुशर्मा एवं मातृगुप्त आदि का नाम उल्लेखनीय है।
- चन्द्रगुप्त-II का उत्तराधिकारी कुमारगुप्त-I या गोविंदगुप्त (415-454 ई.) हुआ। इसे कुमारगुप्त महेंद्रादित्य भी कहा जाता है।
- **नालंदा विश्वविद्यालय** की स्थापना कुमारगुप्त ने की थी।
- कुमारगुप्त ने काफी संख्या में मुद्राएँ जारी करवायीं। बयाना-मुद्राभाण्ड से कुमारगुप्त की लगभग 623 मुद्राएँ मिलती हैं। इनमें **मयूर शैली** की मुद्राएँ विशेष महत्त्वपूर्ण थीं। मयूर शैली में बनी चाँदी की कुछ मुद्राएँ सबसे पहले मध्यप्रदेश में मिलीं।
- कुमारगुप्त के सोने के एक सिक्के के अग्रभाग पर **अश्व** एवं **यूप** के चित्र हैं तो उसके पृष्ठ भाग पर चर्मधारिणी राजमहषी का चित्र एवं अश्वमेघ महेन्द्र लिखा हुआ है।
- चीनी बौद्ध यात्री ह्वेनसांग ने कुमारगुप्त का नाम **शक्रादित्य** बताया है।
- कुमारगुप्त-I का उत्तराधिकारी **स्कंदगुप्त** (455-467 ई.) हुआ।
- स्कंदगुप्त ने गिरिनार पर्वत पर स्थित सुदर्शन झील का पुनरूद्धार करवाया था। इसने पर्णदत्त को सौराष्ट्र का गवर्नर नियुक्त किया।
- स्कंदगुप्त की स्वर्णमुद्राओं पर इसकी उपाधि विक्रमादित्य से मिलती है।
- स्कंदगुप्त के शासनकाल में ही **हूणों का आक्रमण** शुरू हो गया।
- भानुगुप्त अंतिम गुप्त शासक था।
- गुप्त सम्राटों के समय में गणतन्त्रीय राजव्यवस्था का ह्रास हुआ। गुप्त प्रशासन राजतन्त्रात्मक व्यवस्था पर आधारित था। देवत्व का सिद्धान्त गुप्तकालीन शासकों में प्रचलित था। राजपद वंशानुगत सिद्धान्त पर आधारित था। राजा अपने बड़े पुत्र को युवराज घोषित करता था।
- गुप्त सम्राट न्याय, सेना एवं दीवानी विभाग का प्रधान होता था। प्रजा अपने राजा को पृथ्वी पर ईश्वर के प्रतिनिधि के रूप में स्वीकार करती थी।
- गुप्त सम्राट परमदेवता, परमभट्टारक, महाराजाधिराज, पृथ्वीपाल, परमेश्वर, सम्राट, एकाधिकार एवं चक्रवर्तिन जैसी उपाधियाँ धारण करता था।

- गुप्तकालीन रानियों को परमभट्टारिका, परमभट्टारिकाराज्ञी एवं महादेवी जैसी उपाधियाँ दी गयीं।

	गुप्तकालीन अभिलेखों में वर्णित अधिकारी	
1.	सर्वाध्यक्ष	राज्य के सभी केन्द्रीय विभागों के प्रमुख अधिकारी
2.	प्रतिहार एवं महाप्रतिहार	सम्राट से मिलने की इच्छा रखने वालों को आज्ञापत्र देना इनका मुख्य कार्य था। प्रतिहार अंतःपुर का रक्षक एवं महाप्रतिहार राजमहल के रक्षकों का मुखिया होता था।
3.	कुमारामात्य	पदाधिकारियों का सर्वश्रेष्ठ वर्ग, इन्हें उच्च से उच्च पद पर नियुक्त किया जाता था।
4.	महासेनापति	सेना का सर्वोच्च अधिकारी
5.	रणभांडागारिक	सैन्य आवश्यकताओं की पूर्ति करने वाला अधिकारी
6.	महाबलाधिकृत	सैनिक अधिकारी
7.	दण्डपाशिक	पुलिस-विभाग का प्रधान। इस विभाग के साधारण कर्मचारी चाट-भाट कहलाते थे।
8.	महादण्डनायक	युद्ध एवं न्याय-विभाग का कार्य देखने वाला।
9.	महसंधिविग्रहिक	युद्ध-शान्ति या वैदेशिक नीति का प्रधान
10.	विनयस्थिति स्थापक	शान्ति-व्यवस्था का प्रधान
11.	महाभंडाराधिकृत	राजकीय कोष का प्रधान
12.	महाअक्षपटलिक	अभिलेख-विभाग का प्रधान
13.	सर्वाध्यक्ष	केन्द्रीय सचिवालय का प्रधान
14.	ध्रुवाधिकरण	कर वसूलने वाले विभाग का प्रधान
15.	अग्रहारिक	दान-विभाग का प्रधान
16.	महापीलुपति	गजसेना का अध्यक्ष

- कुशल प्रशासन के लिए गुप्त साम्राज्य कई प्रांतों में बँटा था। प्रांतों को **देश, भुक्ति** अथवा **अवनी** कहा जाता था।
- प्रशासन की सबसे बड़ी प्रादेशिक इकाई देश थी, इसके प्रमुख को गोप्ना/गोप्ता कहा जाता था।
- दूसरी प्रादेशिक इकाई भुक्ति थी, इसके प्रमुख को उपरिक कहा जाता था।
- भुक्ति के नीचे **विषय** नामक प्रशासनिक इकाई होती थी, जिसके प्रमुख **विषयपति** कहलाते थे।
- प्रशासन की सबसे छोटी इकाई **ग्राम** थी। ग्राम का प्रशासन ग्राम-सभा द्वारा संचालित होता था। ग्राम-सभा का मुखिया **ग्रामीक** कहलाता था एवं अन्य सदस्य **महत्तर** कहलाते थे।
- ग्राम समूहों की छोटी इकाई **पेठ** कहलाती थी।
- अमरसिंह ने **अमरकोष** में 12 प्रकार की भूमि का उल्लेख किया है।
- गुप्तकाल में आर्थिक उपयोगिता के आधार पर निम्न प्रकार की भूमि थी-
    1. **वास्तु**- वास करने योग्य भूमि
    2. **क्षेत्र**- कृषि करने योग्य भूमि
    3. **चारागाह भूमि**- पशुओं के चारा योग्य भूमि

4. **खिल्य**- ऐसी भूमि जो जोतने योग्य नहीं होती थी
5. **अप्रहत**- ऐसी भूमि जो जंगली होती थी

- सम्भवतः गुप्तकाल में भूराजस्व कुल उत्पादन का 1/4 से 1/6 भाग तक होता था।
- गुप्तकाल में सिंचाई के लिए **रहट** या **घंटी यन्त्र** का प्रयोग होता था।
- श्रेणी के प्रधान को **ज्येष्ठक** कहा जाता था।
- गुप्तकाल में **उज्जैन** सर्वाधिक महत्त्वपूर्ण व्यापारिक केन्द्र था।
- गुप्तशासकों ने सर्वाधिक स्वर्ण मुद्राएँ जारी की। इनकी स्वर्ण मुद्राओं को अभिलेखों में **दीनार** कहा गया है।
- कायस्थों का सर्वप्रथम वर्णन इस काल के **याज्ञवल्क्य स्मृति** में मिलता है। पृथक् जाति के रूप में कायस्थों का सर्वप्रथम वर्णन **ओशनम् स्मृति** में मिलता है।
- विंध्य के जंगलों में इस काल में निवास करने वाले **शबर जाति** के लोग अपने देवताओं को मनुष्य का मांस चढ़ाते थे।
- **सर्वप्रथम** किसी के सती होने का प्रमाण 510 ई. के भानुगुप्त के एरण अभिलेख से मिलता है, जिसमें किसी भोजराज गोपराज (सेनापति) की मृत्यु पद उसकी पत्नी के सती होने का उल्लेख है।
- गुप्तकाल में वेश्यावृति करने वाली महिलाओं को **गणिका** कहा जाता था। वृद्ध वेश्याओं को **कुट्टनी** कहा जाता था।
- गुप्त सम्राट **वैष्णव** धर्म के अनुयायी थे, लेकिन उन्होंने अन्य धर्मों के प्रति भी सहिष्णुता की नीति अपनाई।
- गुप्तकाल में वैष्णव धर्म का सबसे महत्त्वपूर्ण अवशेष **देवगढ़** (झांसी-उत्तरप्रदेश) का दशावतार मंदिर है।

गुप्तकालीन में निर्मित प्रसिद्ध मंदिर	
मंदिर	**स्थान**
विष्णु मंदिर	तिगवा (जबलपुर-मध्यप्रदेश
शिव मंदिर	भूमरा (नागौद-मध्यप्रदेश)
पार्वती मंदिर	नचना कुठार (मध्यप्रदेश)
दशावतार मंदिर (ईट से निर्मित)	देवगढ़ (झांसी-उत्तरप्रदेश)
शिव मंदिर	खोह (नागौद-मध्यप्रदेश)
भीतर गाँव का लक्ष्मण मंदिर (ईंट से निर्मित)	भीतर गाँव (कानपुर-उत्तरप्रदेश)

- अजंता में निर्मित कुल 29 गुफाओं में वर्तमान में केवल 6 ही शेष हैं, जिनमें गुफा संख्या 16 एवं 17 ही गुप्तकालीन हैं। इसमें गुफा संख्या 16 में उत्कीर्ण **मरणासन्न राजकुमारी** का चित्र प्रशंसनीय है।
- गुफा संख्या 17 के चित्र को **चित्रशाला** कहा गया है। इस चित्रशाला में बुद्ध के जन्म, जीवन, महाभिनिष्क्रमण एवं महापरिनिर्वाण की घटनाओं से सम्बन्धित चित्र उकेरे गये हैं।
- अजंता की गुफाएँ बौद्ध धर्म की महायान शाखा से संबद्ध है।
- गुप्तकाल में निर्मित अन्य गुफा बाघ की गुफा है, जो ग्वालियर के समीप बाघ नामक स्थान

पर विंध्य पर्वत को काटकर बनायी गयी थी।

- चन्द्रगुप्त-II के काल में **कालिदास** संस्कृत भाषा के सबसे प्रसिद्ध कवि थे।
- प्रसिद्ध आयुर्वेदाचार्य **धन्वंतरि** चन्द्रगुप्त-II के दरबारी थे।
- गुप्तकाल में विष्णु शर्मा द्वारा संस्कृत में रचित **पंचतन्त्र** को संसार का सर्वाधिक प्रचलित ग्रन्थ माना जाता है। बाइबिल के बाद इसका स्थान दूसरा है। इसे पाँच भागों में बाँटा गया है- 1. मित्रभेद, 2. मित्रलाभ, 3. संधि-विग्रह, 4. लब्ध-प्रणाश, 5 अपरीक्षाकारित्व।
- आर्यभट्ट ने **आर्यभट्टीयम** एवं **सूर्यसिद्धान्त** नामक ग्रन्थ लिखे। इसी ने सर्वप्रथम बताया कि पृथ्वी सूर्य के चारों ओर घूमती है।
- पुराणों की वर्तमान रूप में रचना गुप्तकाल में हुई। पुराणों में ऐतिहासिक परम्पराओं का उल्लेख है।
- गुप्तकाल में चाँदी के सिक्कों को **रूप्यका** कहा जाता था।
- याज्ञवल्क्य, नारद, कात्यायन एवं बृहस्पति स्मृतियों की रचना गुप्तकाल में ही हुई।
- मंदिर बनाने की कला का जन्म गुप्तकाल में ही हुआ।
- सांस्कृतिक उपलब्धियों के कारण गुप्तकाल को भारतीय इतिहास का **स्वर्ण युग (Golden Age)**, **क्लासिकल युग (Classical Age)** एवं **पैरीक्लीन युग (Periclean Age)** कहा जाता है।

गुप्तकालीन नाटक एवं नाटककार		
नाटक का नाम	**नाटककार**	**नाटक का विषय**
मालविकाग्निमित्रम्	कालिदास	अग्निमित्र एवं मालविका की प्रणय-कथा पर आधारित
विक्रमोर्वशीयम्	कालिदास	सम्राट पुरूरवा एवं उर्वशी अप्सरा की प्रणय-कथा पर आधारित
अभिज्ञानशाकुंतलम्	कालिदास	दुष्यन्त तथा शकुंतला की प्रणय-कथा पर आधारित
मुद्राराक्षस	विशाखदत्त	इस ऐतिहासिक नाटक में चन्द्रगुप्त मौर्य के मगध के सिंहासन पर बैठने की कथा का वर्णन है।
मृच्छकटिकम्	शूद्रक	इस नाटक में नायक चारूदत्त, नायिका वसंतसेना के अतिरिक्त राजा, ब्राह्मण, जुआरी, व्यापारी, वेश्या, चोर, धूर्त, दास आदि का वर्णन है।
स्वप्नवासवदत्तम्	भास	इसमें महाराज उदयन एवं वासवदता की प्रेमकथा का वर्णन है।
प्रतिाायौगंधरायणम्	भास	इसमें महाराज उदयन किस तरह यौगंधरायण की सहायता से वासवदत्ता को उज्जैयिनी से लेकर भागता है, का वर्णन है।
चारूदत्तम्	भास	इस नाटक का नायक चारूदत्त मूलत: भास की कल्पना है।

गुप्तकालीन तकनीकी ग्रन्थ	
रचनाकार	**रचना का नाम**
चन्द्रगोभिन	चन्द्र व्याकरण
अमरसिंह	अमरकोष (संस्कृत का प्रामाणिक कोश)
कामन्दक	नीतिसार (कौटिल्य के अर्थशास्त्र से प्रभावित)
वात्स्यायन	कामसूत्र

13. संगम काल

- भारत के सुदूर दक्षिण में कृष्णा एवं तुंगभद्रा नदियों के मध्य स्थित प्रदेश को **तमिलकम् प्रदेश** कहा जाता था। इस प्रदेश में अनेक छोटे-छोटे राज्यों का अस्तित्व था, जिनमें **चेर, चोल** और **पाण्ड्य** राज्य सर्वाधिक महत्त्वपूर्ण थे।
- सुदूर दक्षिण में पाण्ड्य राज्य था, जिसकी राजधानी **मदुरई** थी। इसके अतिरिक्त चोलों की राजधानी **उरैयुर** एवं चेरों की राजधानी **वांजी** थी।
- मेगास्थनीज के विवरण, अशोक के अभिलेख तथा कलिंग नरेश खारवेल के हाथीगुम्फा अभिलेख में भी इन तीनों राज्यों का वर्णन मिलता है। परन्तु इनके विषय में विस्तृत जानकारी **संगम साहित्य** से ही मिलती है।
- **संगम** शब्द का अर्थ है, संघ, परिषद्, गोष्ठी अथवा संस्थान। इस प्रकार संगम तमिल कवियों, विद्वानों, आचार्यों, ज्योतिषियों एवं बुद्धिजीवियों की एक परिषद् थी। तमिल भाषा में लिखे गये प्राचीन साहित्य को ही संगम साहित्य कहा जाता है। सामान्यतः इस साहित्य का विकास काल 100-250 ई. माना जाता है।
- सर्वप्रथम इन परिषदों का आयोजन पाण्ड्य राजाओं के राजकीय संरक्षण में किया गया।
- संगम का महत्त्वपूर्ण कार्य होता था उन कवियों व लेखकों की रचनाओं का अवलोकन करना, जो अपनी रचनाओं को प्रकाशित करवाना चाहते थे। परिषद् अथवा संगम की संस्तुति के उपरांत ही वह रचना प्रकाशित हो पाती थी।
- प्राप्त साक्ष्यों के आधार पर यह निष्कर्ष निकलता है कि इस प्रकार के लगभग **तीन परिषदों** (संगमों) का आयोजन पाण्ड्य शासकों के संरक्षण में किया गया।
- प्रथम संगम का आयोजन **मदुरा** में किया गया। इस संगम के अध्यक्ष **अगस्त्य ऋषि** (आचार्य अगत्तियनार) थे। इसमें रचित प्रमुख ग्रन्थ हैं- अकत्तियम, परिपदल एवं मुदुनरै आदि। परन्तु इस संगम का कोई भी ग्रन्थ उपलब्ध नहीं है।
- द्वितीय संगम का आयोजन **कपाट पुरम (अलवै)** में किया गया। इस संगम के भी अध्यक्ष आरम्भ में **अगस्त्य ऋषि** ही थे। बाद में उनका स्थान उनके शिष्य **तोलकाप्पियर** ने लिया।
- द्वितीय संगम के दौरान जिन ग्रन्थों की रचना हुई उनमें से एकमात्र ग्रन्थ **तोल्काप्पियम्** ही उपलब्ध है। तोल्काप्पियम् की रचना अगस्त्य ऋषि के शिष्य तोल्काप्पियम् ने की थी। तोल्काप्पियम् **तमिल व्याकरण** की प्रसिद्ध रचना है।
- तृतीय संगम का आयोजन **उत्तरी मुदरा** में किया गया। इस संगम के अध्यक्ष **नक्कीरर** थे।
- तृतीय संगम में शामिल विद्वानों में उल्लेखनीय थे- इरैयनार, कपिलर, परवर, सित्तलै सत्तनार और पाण्ड्य शासक उग्र।
- तृतीय संगम की रचनाओं में प्रमुख हैं- नेडुण्थोकै, कुरून्थोकै, पदिलुप्पत्तु, परिपादल आदि। इस संगम के भी अधिकांश ग्रन्थ नष्ट हो गये हैं तथापि जो संगम साहित्य अभी उपलब्ध है, वह इसी संगम की रचना मानी जाती है।
- उपर्युक्त तीनों संगमों का उल्लेख 8वीं शताब्दी के ग्रन्थ **इरैयनार अगगपोरूल** में हुआ है। किन्तु इस ग्रन्थ में दिये गये विवरण में ऐतिहासिक तथ्यों से अधिक कल्पना का सहारा लिया गया है।

संगम साहित्य के प्रमुख ग्रन्थ

- **तोल्काप्पियम्-** इसकी रचना अगस्त्य ऋषि के शिष्य तोल्काप्पियर के द्वारा की गयी। सूत्र शैली में रचा गया यह ग्रन्थ तमिल भाषा का प्राचीनतम व्याकरण ग्रन्थ है।
- **कुराल-** तिरूमल्लमीर द्वारा रचित इस ग्रन्थ को तमिल का बाइबिल कहा जाता है। इस ग्रन्थ को **कुरल या मुप्पाल** के नाम से भी जाना जाता है। यह तमिल साहित्य का **सबसे प्राचीन ग्रन्थ** है।

- संगमकालीन ग्रन्थों में शिल्पादिकारम्, मणिमेखलै, जीवक चिंतामणि, वलयपति तथा कुण्डलकेशि **महाकाव्य** है। इन पाँचों में प्रथम तीन ही उपलब्ध हैं।
- **शिल्प्यादिकारम्**- यह तमिल साहित्य का प्रथम महाकाव्य है, जिसका शाब्दिक अर्थ है **नूपुर** की कहानी। इस महाकाव्य की रचना चेर शासक सेन गुट्टुवन के भाई इलांगोआदीगल ने लगभग ईसा की दूसरी-तीसरी शदी में की। इस महाकाव्य की सम्पूर्ण कथा नूपुर के चारों ओर घूमती है। इस महाकाव्य के नायक और नायिका कोवलन् और कण्णगी है। यह महाकाव्य पुहारकांडम, मदुरैक्कांडम्, वंजिक्कांडम में विभाजित है जिनमें क्रमशः चोल, पाण्ड्य और चेर राज्यों का वर्णन है। यह काव्य मूलतः वर्णनात्मक है। इसे तमिल साहित्य का उज्जवलतम रत्न माना जाता है।
- **मणिमेखलै**- बौद्ध धर्म की श्रेष्ठता प्रतिपादित करने वाले इस महाकाव्य की रचना मदुरा के एक व्यापारी सीतलै सत्तनार ने की। मणिमेखलै की रचना शिल्पादिकारम के बाद की गयी। ऐसी मान्यता है कि जहाँ शिल्पादिकारम् की कहानी खत्म होती है, वहीं से मणिमेखलै की कहानी प्रारम्भ होती है। सीतलै सत्तनार कृत इस महाकाव्य की नायिका **मणिमेखलै** शिल्पादिकारम् के नायक कोवलन् की दूसरी पत्नी वेश्या माधवी की पुत्री थी।
- **जीवक चिन्तामणि**- जीवक चिन्तामणि जैन मुनि एवं महाकवि तिरक्तदेवर की अमर कृति है। इस ग्रन्थ को तमिल साहित्य के प्रसिद्ध ग्रन्थों में गिना जाता है। तेरह खण्डों में विभाजित इस ग्रन्थ में लगभग 3,145 पद है। इस महाकाव्य में कवि ने जीवक नामक राजकुमार का जीवनवृत प्रस्तुत किया है। इस काव्य का नायक जीवक आठ विवाह करता है। जीवक चिन्तामणि में आठ विवाह का वर्णन किया गया, इसलिए इसे **मणनूल** (विवाह ग्रन्थ) भी कहा जाता है।

संगम साहित्य से ज्ञात राजनैतिक इतिहास

- संगम साहित्य में तत्कालीन **तीन राजवंशों** चेर, चोल एवं पाण्ड्य के विषय में जानकारी मिलती है।

चेर राजवंश

- ऐतरेय ब्राह्मण में प्राप्त होने वाला उल्लेख- चेरपाद सम्भवतः चेरों के विषय में **प्रथम** जानकारी है। इसके अलावा रामायण, महाभारत, अशोक के शिलालेख, कालीदास कृत महाकाव्य रघुवंश से भी चेरों के बारे में जानकारी मिलती है।
- चेर राज्य आधुनिक कोंकण, मालाबार का तटीय क्षेत्र तथा उत्तरी त्रावनकोर से लेकर कोचीन तक विस्तृत था।
- चेरों का राजकीय चिह्न **धनुष** था।
- चेर वंश का प्रथम शासक उदियन जेरल था। इसका समय लगभग 130 ई. माना जाता है।
- चेर वंश का महानतम शासक शेनगुट्टवन अथवा धर्मपरायण कुट्टवन (लगभग 130 ई.) था। इसे **लाल चेर** भी कहा जाता था। इसकी प्रशंसा संगमकालीन कवियों में सर्वाधिक महत्त्वपूर्ण कवि **परणर** ने की है।
- चेरकालीन इतिहास में शेनगुट्टवन को महान योद्धा एवं कला तथा साहित्य के संरक्षक के रूप में भी जाना जाता है।
- शेनगुट्टवन की सर्वाधिक महत्त्वपूर्ण उपलब्धि थी- दक्षिणी प्रायद्वीप में सर्वप्रथम **पत्तिनी** या **कण्णगी** पूजा की प्रथा को प्रारम्भ करना। इसने शती **कण्णगी** की याद में एक विशाल मंदिर एवं उसकी प्रतिमा का निर्माण करवाया।
- चेर शासक पेरूनेजेरल इरंपोरई (लगभग 190 ई.) ने सामंतों की राजधानी तगड्र (धर्मपुरी)

पर आक्रमण कर उसे जीत लिया। उसे विद्वान, अनेक यज्ञ को सम्पन्न कराने वाला एवं अनेक वीर पुत्रों का पिता होने का गौरव प्राप्त था।

- पेरूनेजेरल इरंपोरई का विरोधी तगड्र के राजा अडिगयमान अथवा नडुमान का महत्त्वपूर्ण कार्य था- दक्षिण भू-भाग में सर्वप्रथम गन्ने की खेती को आरम्भ करवाना।
- एक अन्य चेर राजा **शेय** था जिसे हाथी की आँख वाला कहा गया है। उसे पाण्ड्य शासक ने पराजित कर दिया, परन्तु अंत में वह अपनी स्वतन्त्रता बनाये रखने में सफल रहा।

चोल राजवंश

- चोलों के विषय में **प्रथम** जानकारी पाणिनी कृत अष्टाध्यायी से मिलती है। इस विषय में जानकारी के अन्य स्रोत हैं- कात्यायन कृत वर्तिका, महाभारत, संगम साहित्य, पेरिप्लस ऑफ दी इरीथ्रियन सी एवं टॉलमी का उल्लेख आदि।
- चोल राज्य आधुनिक कावेरी नदी घाटी, कोरोमण्डल, त्रिचिरापल्ली एवं तंजोर तक विस्तृत था।
- उपलब्ध साक्ष्यों के आधार माना जाता है कि इनकी **पहली राजधानी** उत्तरी मनलूर थी। कालांतर में उरैयुर तथा तंजावुर चोलों की राजधानी बनी।
- चोलों का राजकीय चिह्न **बाघ** था।
- इस वंश का **प्रथम शासक** उरवपहर्रे इलन जेत चेन्नी था। इसने अपनी राजधानी उरैयुर में स्थापित की।
- प्रारम्भिक चोल शासकों में **करिकाल** सर्वाधिक महत्त्वपूर्ण था। अनुमानतः इस शासक ने 190 ई. में शासन किया। उसे **जले हुए पैरों वाला (The Man with the Charred Leg)** कहा गया है।
- करिकाल ने अनेक युद्धों में विजय प्राप्त की। तंजौर के निकट **वेण्णि** नामक युद्ध में विजय प्राप्त करने से उसकी ख्याति बढ़ गयी। इस युद्ध में उसने ग्यारह राजाओं के समूह को जिसमें चेर और पाण्ड्य भी थे, पराजित कर दिया। एक-दूसरे महत्त्वपूर्ण युद्ध, **वाहैप्परंदलई** के युद्ध में उसने नौ छोटे-छोटे शासकों की संयुक्त सेना को हराया।
- संगम साहित्य के अनुसार करिकाल ने कावेरी नदी के मुहाने पर **पुहार पत्तम** (कावेरीपट्टनम) की स्थापना की।
- करिकाल ने कृषि, उद्योग-धंधे तथा व्यापार-वाणिज्य के विकास को प्रोत्साहन दिया। उसके समय में कावेरीपट्टनम उद्योग और व्यापार का केन्द्र बन गया।
- शक्तिशाली नौ-सेना रखने वाला करिकाल संगम-युग का शायद सबसे महान एवं पराक्रमी शासक था।
- पट्टिनप्पालै कृति के उल्लेख के आधार पर ऐसा प्रतीत होता है कि करिकाल के समय में उद्योग तथा व्यापार उन्नति की अवस्था में थे। करिकाल ने पट्टिनप्पालै के लेखक **रूद्रन कत्रन्नार** को 1,60,000 स्वर्ण मुद्राएँ उपहार में दिया था।
- करिकाल के बाद इस वंश का अंतिम महान शासक नेडुजेलियन था। इसकी मृत्यु युद्ध क्षेत्र में हुई।
- ईसा की तृतीय शताब्दी से 9वीं शताब्दी तक चोलों का इतिहास अंधेरे में था, पर 9वीं शताब्दी के मध्य चोल नरेश विजयालय द्वारा चोल शक्ति का पुनः उद्धार किया गया।

पाण्ड्य राजवंश

- पाण्ड्य राजवंश का प्रारम्भिक उल्लेख पाणिनीकृत अष्टाध्यायी में मिलता है। इसके अतिरिक्त अशोक के अभिलेख, महाभारत एवं रामायण में भी पाण्ड्य राज्य की जानकारी मिलती है।
- पाण्ड्यों की राजधानी मदुरा (मदुरई) थी। मदुरा का दूसरा नाम कदम्बवन था तथा यह वैगा नदी के दक्षिण में बसा हुआ था। मदुरा के विषय में कौटिल्य के अर्थशास्त्र से भी जानकारी मिलती है।

- मदुरा अपने कीमती मोतियों, उच्चकोटि के वस्त्रों एवं उन्नतिशील व्यापार के लिए प्रसिद्ध था।
- इरिथ्रियन सी के विवरण के आधार पर पाण्ड्यों की प्रारम्भिक राजधानी **कोल्कई/कोर्कई** को माना जाता है।
- सम्भवत: पाण्ड्य राज्य मदुरई, रामनाथपुरम्, तिरूनेलवेलि, तिरूचिरापल्ली एवं ट्रावनकोर तक विस्तृत था।
- पाण्ड्यों का राजकीय चिह्न **मछली** (मत्स्य) था।
- संगम साहित्य में वर्णित पाण्ड्य राजाओं में पहला नाम नेडियोन का आता है। इसी ने पहरूली नदी बनाई तथा समुद्र की पूजा की प्रथा आरम्भ करवाई, परन्तु इस राजा की ऐतिहासिकता को संदिग्ध माना जाता है।
- पलशालैमुडुकुड्मी को पाण्ड्य वंश का **प्रथम ऐतिहासिक शासक** माना जाता है। अनेक यज्ञों का अनुष्ठान करवाने के कारण ही इस **पलशालै** यानि **अनेक यज्ञशालाएँ बनाने वाला** कहा गया। यह अपने द्वारा जीते गये राज्यों के साथ कठोरता का व्यवहार करता था।
- पाण्ड्य शासकों में सबसे विख्यात नेडुंजेलियन (210 ई.) था। इसकी प्रसिद्धि तलैयालंगानम् के युद्ध में विजय के परिणामस्वरूप हुई। उसने इस युद्ध में चोलों एवं चेरों को उनके अन्य पाँच सामंत मित्रों के साथ बुरी तरह परास्त किया।
- नेडुंजेलियन वीर विजेता के अतिरिक्त एक कुशल प्रशासक भी था। इसने सेना का गठन किया तथा किसानों और व्यापारियों के हित में अनेक कार्य किये।
- नेडुंजेलियन की सेना में मोती तथा मछली संग्रह करने वाले पूर्वी समुद्रतटीय लोगों को विशेष महत्त्व प्रदान किया जाता था।
- संगमकालीन शासन का स्वरूप राजतन्त्रात्मक था। राजा का पद वंशानुगत एवं ज्येष्ठता पर आधारित था। प्रशासन का समस्त अधिकार राजा के पास होता था, इसलिए उसकी प्रवृत्ति में निरंकुशता का समावेश होता था।
- राजा प्रत्येक दिन अपनी सभा (नलवै) में प्रजा की कठिनाइयों को सुनता था। राज्य का सर्वोच्च न्यायालय **मनरम** होता था, जिसका सर्वोच्च न्यायाधीश राजा होता था।
- प्रतिनिधि परिषदें राजा की निरंकुशता पर अंकुश लगाती थी, साथ ही प्रशासन में राजा का सहयोग करती थीं। इन परिषदों के सदस्य जन-प्रतिनिधि, पुरोहित, ज्योतिषी, वैद्य एवं मन्त्रीगण होते थे। इस परिषद् को **पंचवारम या पंचमहासभा** भी कहा जाता था।
- शासन में गुप्तचर भी महत्त्वपूर्ण भूमिका निभाते थे, इन्हें **औरर** या **वै** कहा जाता था।
- प्रशासनिक सुविधा के लिए राज्य या मंडलम **नाडु** में तथा नाडु **उर** में विभाजित था।
- समुद्रतटीय कस्बे को **पत्तिनाम**, बड़े गाँव को **पेरूर**, छोटे गाँव को **सिरूर** तथा पुराने गाँव को **मुडूर** कहते थे।
- संगमकाल में राजकीय आय के महत्त्वपूर्ण स्रोतों में कृषि तथा व्यापार पर लगने वाले कर थे।
- संगमकाल में भूमि पर लगने वाले कर को **कराई**, सामंतों द्वारा दिया जाने वाला कर एवं लूट द्वारा प्राप्त धन को **इराई**, सीमा शुल्क द्वारा प्राप्त धन को **उल्गू या संगम** कहा जाता था।
- राज्य की ओर से धन की अतिरिक्त माँग एवं जबरन लिए गये उपहार को **इरावू** (Iravu) कहा जाता था।
- संगमकाल में सम्भवत: सकल उत्पादन का 1/6 भाग भूमिकर के रूप में लिया जाता था।
- संगम साहित्य में व्यापारी वर्ग को **बेनिगर** कहा गया है। इस वर्ग के लोग ही आंतरिक एवं विदेशी व्यापार का संचालन करते थे।

- संगमकालीन विदेशी व्यापार का अधिकांश भाग **पुहार** बंदरगाह (कावेरी पट्टनम) से संचालित होता था। कावेरी पट्टनम के दो अन्य नाम थे - **पटिपाक्म्** एवं **मरुवरपाक्कम्**।
- संगमकाल में **उरैयुर** सूती कपड़ों के व्यापार के लिए प्रसिद्ध था।
- इस समय व्यापारिक कारवाँ का नेतृत्व करने वाले स्थल सार्थवाह को **मासात्तुवान** एवं समुद्री सार्थवाह को **मानामिकन** कहा जाता था।
- संगमकाल में **अवनम** बाजार को कहा जाता था।
- संगमकाल के प्रमुख व्यापारिक वर्ग थे- पुलैयन (रस्सी बनाने वाला), चरवाहे, **एनियर** (शिकारी), मछुआरे, कुम्हार, लुहार, स्वर्णकार, बढ़ई आदि। मलवर नाम के लोगों का व्यवसाय डाका डालना था।
- संगमकाल के व्यापार के विषय में विस्तृत जानकारी पहली सदी में किसी अज्ञात रचयिता द्वारा लिखी गयी पुस्तक **पेरिप्लस ऑफ दि एरीथ्रियन सी** से मिलती है।
- संगमकाल में महत्त्वपूर्ण कृषि उत्पादन के रूप में गन्ना, रागी, चावल एवं कपास का उत्पादन किया जाता था।
- संगमकाल में कृषकों में **बल्लाल** वर्ग का महत्त्वपूर्ण स्थान था। बल्लाल वर्ग दो भागों में बँटे थे- **सम्पन्न कृषक** या बल्लाल तथा **मजदूर कृषक** या बल्लार।
- संगमकालीन समाज पाँच वर्गों में विभाजित था-
    1. ब्राह्मण (पुरोहित वर्ग)
    2. अरसर (शासक वर्ग)
    3. बेनिगर (व्यापारी वर्ग)
    4. बेल्लाल/ वेल्लाल (बड़े कृषक एवं शासक वर्ग)
    5. बेल्लार/वेल्लार (मजदूर कृषक वर्ग)
- दास प्रथा का प्रचलन इस काल में नहीं था।
- संगमकाल में एक पत्नी प्रथा का प्रचलन था, परन्तु सम्पन्न वर्ग के लोग एक से अधिक पत्नी रखते थे।
- आमतौर पर दो प्रकार के विवाहों का प्रचलन था- **कलावु** एवं **कार्पू**। कलावु विवाह माता-पिता के अनुमति के बिना होता था जबकि कार्पू विवाह परिवार की सहमति से होता था।
- संगमकालीन ग्रन्थों में प्रेम विवाह को **पंचतिणै** एक पक्षीय प्रेम को **कैक्किणै** एवं अनुचित प्रेम को **पेरूनिदिणै** कहा गया है।
- संगमकाल में स्त्रियों की स्थिति बहुत संतोषजनक नहीं थी। उनकी भी स्थिति उत्तर भारतीय समाज के स्त्रियों के समान ही थी।
- उच्च वर्ग की कुछ स्त्रियाँ जैसे **औवैयर** एवं **नच्चेलिमर** ने एक सफल कवियित्री के रूप में अपने को स्थापित किया। इस तरह स्पष्ट है कि उच्च वर्ग की स्त्रियाँ शिक्षा प्राप्त करती थीं जबकि निम्न वर्ग की स्त्रियाँ खेतों में काम करती थीं।
- विधवाओं की स्थिति बदतर थी। वे स्वेच्छा से सती होना सरल समझती थीं। स्वैच्छिक सती प्रथा का प्रचलन संगमकालीन समाज में था।
- संगमयुगीन समाज में गणिकाओं एवं नर्तकियों के रूप में **परात्तियर** व **कणिगैचर** का उल्लेख मिलता है। ये वेश्यावृत्ति द्वारा जीवनयापन करती थीं।
- प्रायः कविता पाठ, गायन, वादन, नृत्य, नाटक आदि मनोरंजन के साधन थे। इसके अतिरिक्त मनोरंजन के अन्य साधन थे- शिकार खेलना, कुश्ती लड़ना, पासा खेलना एवं गोली खेलना आदि। **याल** नामक किसी वाद्ययन्त्र का भी उल्लेख मिलता है।

- वैदिक व ब्राह्मण धर्म का प्रचलन तमिल प्रदेश में काफी था। संगमकाल में तमिल प्रदेश में मुरुगन, शिव, बलराम एवं कृष्ण की उपासना की जाती थी। इनमें से **मुरुगन/मुरुकन** की उपासना सर्वाधिक पुरानी थी, कालांतर में मुरुगन को **सुब्रह्मण्यम** कहा गया।
- स्कंद-कार्तिकेय से मरुगन देवता की अभिन्नता स्थापित की गयी। तमिल प्रदेश के स्कंद कार्तिकेय को उत्तर भारत में शिव-पार्वती के पुत्र के रूप में जाना जाता है।
- तमिल प्रदेश में मुरुगन का प्रतीक **मुर्गा** (कुक्कुट) को माना गया, जिसे पर्वत शिखर पर क्रीड़ा करना पसन्द है।
- संगम काल में तमिल प्रदेश में बलि प्रथा का प्रचलन हुआ।
- तमिल साहित्य के महाकाव्य **मणिमेखलै** में शैव धर्म के **कापालिक सम्प्रदाय** तथा बौद्ध धर्म के श्रेष्ठता का उल्लेख है।

14. पुष्यभूति वंश

- गुप्त साम्राज्य के पतन के बाद हरियाणा के अंबाला जिले के स्थानेश्वर/थानेश्वर नामक स्थान पर **पुष्यभूति वंश** की स्थापना हुई।
- यह वंश हुणों के साथ हुए अपने संघर्ष के कारण प्रसिद्ध हुआ। इस वंश की स्थापना पुष्यभूति द्वारा की गयी थी। सम्भवतः प्रभाकरवर्धन इस वंश का चौथा शासक था। इसके विषय में जानकारी बाणभट्ट के **हर्षचरित** से मिलती है।
- प्रभाकरवर्धन दो पुत्रों राज्यवर्धन और हर्षवर्धन एवं एक पुत्री राज्यश्री का पिता था। पुत्री राज्यश्री का विवाह प्रभाकरवर्धन ने मौखरी वंश के गृहवर्मन से किया।
- पिता की मृत्यु के बाद राज्यवर्धन गद्दी पर बैठा, पर शीघ्र की उसे मालवा के खिलाफ अभियान के लिए जाना पड़ा। अभियान की सफलता के बाद लौटते हुए मार्ग में गौड़ के शासक शशांक ने राज्यवर्धन की हत्या कर दी।
- राज्यवर्धन के बाद लगभग 606 ई. में हर्षवर्धन थानेश्वर के सिंहासन पर बैठा। हर्ष के विषय में हमें बाणभट्ट के हर्षचरित से व्यापक जानकारी मिलती है।
- हर्षवर्धन ने लगभग 41 वर्ष तक शासन किया। हर्ष के साम्राज्य का विस्तार जालंधर, पंजाब, कश्मीर, नेपाल एवं बल्लभी तक था। इसने आर्यावर्त को भी अपने अधीन किया। हर्ष को बादामी के चालुक्य वंशी शासक पुलकेशिन द्वितीय ने नर्मदा नदी के किनारे 630 ई. में हराया।
- हर्षवर्धन की **पहली** राजधानी स्थानेश्वर (कुरूक्षेत्र के निकट) थी। बाद में इसने अपनी राजधानी **कन्नौज** में स्थापित की।
- हर्षवर्धन के दरबार में प्रसिद्ध कवि बाणभट्ट था, जिसने हर्षचरित की रचना की।
- हर्ष को विद्वानों के सम्पोषक के रूप में ही नहीं, बल्कि तीन नाटकों- **प्रियदर्शिका, रत्नावली** और **नागानंद** के रचयिता के रूप में भी याद किया जाता है।
- हर्ष को भारत का अंतिम हिन्दू सम्राट कहा जाता है। उसकी धार्मिक नीति सहनशील थी। हर्ष प्रारम्भिक जीवन में **शैव** था, पर धीरे-धीरे वह बौद्ध धर्म का महान संपोषक हो गया।
- एक नैष्ठिक बौद्ध के हैसियत से हर्ष ने महायान के सिद्धान्तों के प्रचार के लिए 643 ई. में कन्नौज तथा प्रयाग में दो विशाल धार्मिक सभाओं का आयोजन किया। कन्नौज सभा का सबसे महत्त्वपूर्ण निर्माण एक विशाल स्तंभ था, जिसके बीच में बुद्ध की स्वर्ण-प्रतिमा स्थापित थी। प्रतिमा की ऊँचाई उतनी ही थी, जितनी हर्ष की अपनी थी। हर्ष द्वारा प्रयाग में आयोजित सभा को **मोक्ष परिषद्** कहा गया है।
- **यात्रियों में राजकुमार, नीति का पंडित** एवं **वर्तमान शाक्यमुनि** कहा जाने वाला चीनी यात्री

हर्षकालीन मुख्य अधिकारी	
अवंति	युद्ध एवं शान्ति का मन्त्री
सिंहनाद	हर्ष की सेना का महासेनापति
कुंतल	अश्वसेना का मुख्य अधिकारी
स्कंदगुप्त	हस्तिसेना का मुख्य अधिकारी
कुमारामात्य	उच्च प्रशासकीय सेवक
दीर्घध्वज	राजकीय संदेशवाहक
सर्वगत	गुप्तचर विभाग का सदस्य

ह्वेनसांग हर्ष के ही काल में भारत आया। वह लगभग 15 वर्षों तक भारत में रहा। ह्वेनसांग ने हर्ष द्वारा आयोजित दोनों धार्मिक सभाओं में भाग लिया था।

- ह्वेनसांग भारत में नालंदा विश्वविद्यालय में पढ़ने एवं बौद्ध ग्रन्थ संग्रह करने के उद्देश्य से भारत आया था।
- हर्ष को **शिलादित्य** के नाम से भी जाना जाता था। उसने **परम भट्टा नरेश** की उपाधि धारण की।
- साधारण सेना को चाट एवं भाट, अश्वसेना के अधिकारी को **बृहदेश्वर**, पैदल सेना के अधिकारी को **बलाधिकृत** एवं **महाबलाधिकृत** कहा जाता था।

15. दक्षिण भारत के प्रमुख राजवंश

- गुप्त वंश के बाद हर्ष के अतिरिक्त कोई ऐसी शक्ति नहीं थी जो उत्तर भारत की राजनीतिक स्थिति को स्थिरता प्रदान कर सकती थी। इस समय दक्षिण भारत में दो महत्त्वपूर्ण वंश- कांची के पल्लव वंश एवं बादामी या वातापी के चालुक्य वंश शासन कर रहे थे। इन दोनों के अतिरिक्त भी कुछ अन्य वंश दक्षिण भारत में शासन करते हुए दिखायी पड़ते हैं।

पल्लव वंश

- कांची के पल्लव वंश के विषय में **प्रारम्भिक जानकारी** हरिषेण की 'प्रयाग प्रशस्ति' एवं ह्वेनसांग के यात्रा विवरण से मिलती है।
- पल्लव वंश का संस्थापक सिंहविष्णु (575-600 ई.) वैष्णव धर्मानुयायी था। सिंहविष्णु को **सिंहविष्णुयोत्तर युग** एवं **अवनिसिंह युग** भी कहा जाता था। इसकी राजधानी **कांची** (वर्तमान में तमिलनाडु में स्थित कांचीपुरम) थी। **किरातार्जुनीयम** के लेखक **भारवि** उसके दरबार में रहते थे।
- महेन्द्रवर्मन प्रथम (600-630 ई.), सिंहविष्णु का पुत्र एवं उत्तराधिकारी था।
- महेन्द्रवर्मन प्रथम के समय में पल्लव साम्राज्य न केवल राजनीतिक दृष्टि से बल्कि सांस्कृतिक, साहित्यिक एवं कलात्मक दृष्टि से भी अपने चरमोत्कर्ष पर था।
- महेन्द्रवर्मन प्रथम ने **मत्तविलास, विचित्र चित** एवं **गुणभर** आदि प्रशंसासूचक पदवी धारण की। **चेत्कारी** और **चित्रकारपुल्ली** आदि भी उसकी उपाधियाँ थी।
- महेन्द्रवर्मन प्रथम ने **मत्तविलास प्रहसन** तथा **भगवदज्जुकीयम** जैसे महत्त्वपूर्ण ग्रन्थों की रचना की। उसके संरक्षण में ही संगीत शास्त्र पर आधारित ग्रन्थ **कुडमिमालय** की रचना हुई।
- नरसिंहवर्मन प्रथम (630-668 ई.) महेन्द्रवर्मन प्रथम का पुत्र एवं उत्तराधिकारी था।
- नरसिंहवर्मन प्रथम अपने अभिलेखों में **वातापीकोंड** के उपाधि के रूप में उद्धृत है। असाधारण धैर्य एवं पराक्रम के कारण उसे **महामल्ल** भी कहा गया है। कुर्रम दान पत्र अभिलेख के उल्लेख से ज्ञात होता है कि उसने चालुक्य नरेश पुलकेशिन द्वितीय को परिमल, मणिमंगलाई एवं शूरमार के युद्धों में परास्त किया था। नरसिंह वर्मन प्रथम ने पुलकेशिन द्वितीय की पीठ पर **विजय** शब्द अंकित करवाया था।
- कांची के निकट एक बंदरगाह वाला नगर **महामल्लपुरम्** (महाबलिपुरम्) बसाने का श्रेय भी

नरसिंहवर्मन प्रथम को दिया जाता है। उसके शासन काल में चीनी यात्री ह्वेनसांग ने कांची की यात्रा की थी।

- महाबलीपुरम् के एकाश्मक (Monolithic) रथों का निर्माण पल्लव राजा नरसिंहवर्मन प्रथम के द्वारा करवाया गया था।
- नरसिंहवर्मन द्वितीय (695-720 ई.) पल्लव वंश का एक अन्य महत्त्वपूर्ण शासक था। उसका काल सांस्कृतिक उपलब्धियों के लिए याद किया जाता था। प्रसिद्ध वैष्णव संत तिरूमंगई अलवार इसके समकालीन थे। **राजसिंह, आगमप्रिय** और **शंकर भक्त** उसकी सर्वप्रिय उपाधियाँ थी।
- नरसिंहवर्मन द्वितीय के महत्त्वपूर्ण निर्माण कार्यों में महाबलीपुरम् का समुद्रतटीय मंदिर, कांची का कैलाशनाथ मंदिर एवं ऐरावतेश्वर मंदिर की गणना की जाती है। उसने मंदिर निर्माण शैली में एक नई शैली **राजसिंह शैली** का प्रयोग किया।
- सम्भवतः **दशकुमार चरित** का लेखक **दण्डिन** नरसिंहवर्मन द्वितीय का समकालीन था। इसकी वाद्यविद्याधर, वीणा-नारद, अंतोदय-तुम्बुरू उपाधियाँ उसकी संगीत के प्रति रूझान का परिचायक है।
- पल्लव वंश के अन्य प्रमुख शासकों में उल्लेखनीय हैं- नंदिवर्मन द्वितीय (731-795 ई.), दंतिवर्मन (796-847 ई.), नंदिवर्मन तृतीय (847-869 ई.), नृपत्तुंग वर्मन (870-879 ई.) आदि।
- पल्लव वंश का अंतिम शासक अपरजित वर्मन (879-897 ई.) था।

चालुक्य वंश (वातापी)

- चालुक्यों की उत्पत्ति का विषय अत्यंत विवादास्पद है। वराहमिहिर की **वृहतसंहिता** में इन्हें शूलिक जाति का माना गया है, जबकि पृथ्वीराजरासो में इनकी उत्पत्ति राजपूतों की उत्पत्ति के समान आबू पर्वत पर किये गये यज्ञ के अग्नि कुंड से बतायी गयी है। एफ. फ्लीट तथा के.ए. नीलकंठ शास्त्री ने इस वंश का नाम चालुक्य उल्लेख किया है। आर. जी. भंडारकर ने इस वंश का प्रारंभिक नाम चालुक्य का उल्लेख किया है। इस प्रकार चालुक्य नरेशों के वंश एवं उत्पत्ति का कोई अभिलेखीय साक्ष्य नहीं मिलता है।
- चीनी यात्री ह्वेनसांग ने चालुक्य नरेश पुलकेशिन द्वितीय को **क्षत्रिय** कहा है।
- जय सिंह ने वातापी के चालुक्य वंश की स्थापना की थी।
- इसकी राजधानी वातापी (बीजापुर के निकट) थी।
- इस वंश के प्रमुख शासक थे- पुलकेशिन प्रथम, कीर्तिवर्मन प्रथम, पुलकेशिन द्वितीय, विनयादित्य, विजयादित्य एवं विक्रमादित्य द्वितीय।
- पुलकेशिन प्रथम इस वंश का प्रथम प्रतापी राजा था।
- चालुक्यकालीन अभिलेखों से प्रमाणित होता है कि उसने हिरण्यगर्भ, अश्वमेघ, अग्निष्टोम, अग्निचयन, वाजपेय, बहुसुवर्ण तथा पुण्डरीक यज्ञ करवाया। इसने रणविक्रम, सत्याश्रय, धर्म महाराज आदि की उपाधि धारण की। इसके राज्य का आरम्भ लगभग 550 ई. से 566-567 ई. माना जाता है।
- पुलकेशिन प्रथम के बाद उसका बेटा कीर्तिवर्मन प्रथम (566-567 से 598 ई.) गद्दी पर बैठा। उसने बनवासी के कदंबों पर आक्रमण कर उन्हें पराजित किया और आगे चलकर उसने कोंकण, बेलारी तथा कर्नूलों के मौर्यों को भी पराजित किया। **वातापी का निर्माणकर्ता कीर्तिवर्मन को माना जाता है।**
- चालुक्य वंश का सबसे प्रतापी राजा पुलकेशिन द्वितीय (609-610 से 642-643 ई.) था। उसने **दक्षिणापथेश्वर** की उपाधि धारण की थी। इसके अतिरिक्त उसने श्री पृथ्वीवल्लभ, सत्याश्रय, वल्लभ परमेश्वर परम भागवत, भट्टारक तथा महाराजाधिराज की उपाधि धारण की।

- मुस्लिम इतिहासकार तबारी के अनुसार 625-626 ई. में पुलकेशिन द्वितीय ने ईरान के राजा खुसरो द्वितीय के दरबार में अपना दूत मंडल भेजा था।
- अजंता के एक गुहा चित्र में पुलकेशिन द्वितीय को फारसी दूत-मंडल का स्वागत करते हुए दिखाया गया है।
- एहोल प्रशस्ति अभिलेख का सम्बन्ध पुलकेशिन द्वितीय से है। इसमें उसके दरबारी कवि **रविकीर्ति** द्वारा रचित उसका गुणवर्णन उत्कीर्ण है। यह अभिलेख पुलकेशिन द्वितीय की जीवनी जानने का एक **मुख्य स्रोत** है।
- पल्लववंशी शासक नरसिंहवर्मन प्रथम ने पुलकेशिन द्वितीय को परास्त किया और उसकी राजधानी बादामी पर अधिकार कर लिया। सम्भवतः इसी युद्ध में पुलकेशिन द्वितीय मारा गया। इस विजय के बाद नरसिंहवर्मन प्रथम ने **वातापीकोंड** की उपाधि धारण की।
- चालुक्यों में विनयादित्य (680-696 ई.) भी एक पराक्रमी शासक था। अभिलेखों में इसका उललेख **त्रैराज्यपल्लवपति** के रूप में किया गया है।
- विनयादित्य ने मालवा को जीतने के उपरांत **सकलोत्तरपथनाथ** की उपाधि धारणी की। इसके अतिरिक्त उसने युद्ध मल्ल, भट्टारक, महाराजाधिराज राजाश्रय आदि उपाधि भी धारण की।
- विक्रमादित्य द्वितीय (733-745 ई.) के काल में ही दक्कन में अरबों ने आक्रमण किया। इस आक्रमण का मुकाबला विक्रमादित्य के भतीजे पुलकेशी ने किया। इस अभियान की सफलता पर विक्रमादित्य द्वितीय ने इसे **अवनिजनाश्रय** (पृथ्वी के लोगों का शरणदाता) की उपाधि प्रदान की।
- विक्रमादित्य द्वितीय की प्रथम पत्नी **लोकमहादेवी** ने पट्टदकल में **विरूपाक्षमहादेव मंदिर** का निर्माण करवाया, जबकि उसकी दूसरी पत्नी **त्रैलोक्य देवी** ने **त्रैलोकेश्वर मंदिर** का निर्माण करवाया।
- बादामी के चालुक्य वंश का अंतिम राजा कीर्तिवर्मन द्वितीय (745-753 ई.) था। उसे उसी के सामंत दंतिदुर्ग ने परास्त कर एक नये वंश राष्ट्रकूट वंश की स्थापना की।

चालुक्य वंश (कल्याणी)

- चालुक्य वंश की कल्याणी शाखा की स्थापना **तैलप द्वितीय** ने अंतिम राष्ट्रकूट नरेश कर्क को परास्त करके की थी। कल्याणी शाखा के चालुक्यों को पश्चिमी चालुक्य भी कहा जाता है।
- तैलप द्वितीय ने **मान्यखेत** को अपनी राजधानी बनाया।
- कल्याणी के चालुक्य वंश के अन्य शासक थे- सत्याश्रय विक्रमादित्य-V, जयसिंह-II, सोमेश्वर-I, सोमेश्वर-II, विक्रमादित्य-VI, सोमेश्वर-III एवं जगदेक मल्ल-II आदि।
- सोमेश्वर-I ने मान्यखेत से राजधानी स्थानांतरित कर कल्याणी (कर्नाटक) को अपनी नई राजधानी बनाया।
- इस वंश का सबसे प्रतापी शासक विक्रमादित्य-VI था।
- **विक्रमांकदेवचरित** का लेखक कश्मीरी कवि **विल्हण** विक्रमादित्य-VI के दरबार का अमूल्य रत्न था। इसमें विक्रमादित्य-VI के जीवन पर प्रकाश डाला गया है।
- **मिताक्षरा** (हिन्दू विधि ग्रन्थ, याज्ञवल्क्य स्मृति पर व्याख्या) नामक ग्रन्थ के रचनाकार एवं महान विधिवेत्ता विज्ञानेश्वर भी विक्रमादित्य-VI के दरबारी थे।
- विक्रमादित्य-VI ने 1706 ई. में **चालुक्य विक्रम संवत्** की स्थापना की।

चालुक्य वंश (बेंगी)

- 615 ई. में उत्तरी तथा दक्षिणी मराठा प्रदेश में पुलकेशिन-II द्वारा नियुक्त वायसराय विष्णुवर्धन ने बेंगी के चालुक्य वंश की स्थापना की। बेंगी शाखा के चालुक्यों को **पूर्वी चालुक्य** भी कहा जाता है।

- इसकी राजधानी **बेंगी** (आंध्रप्रदेश) में थी।
- विष्णुवर्धन को **विषमसिद्धि** नाम से भी जाना जाता था।
- विष्णुवर्धन के पश्चात् इस वंश के प्रमुख शासक थे-जयसिंह-I, विष्णुवर्धन-II, विष्णुवर्धन-III, विजयादित्य-I, विष्णुवर्धन-IV, विजयादित्य-II, विक्रमादित्य-III, भीम-I आदि।
- विजयादित्य-I के समय बादामी के चालुक्य वंश का राष्ट्रकूटों ने उन्मूलन कर दिया। इसके बाद राष्ट्रकूटों का बेंगी के पूर्वी चालुक्यों से संघर्ष प्रारम्भ हो गया।
- इस वंश का सबसे प्रतापी राजा विजयादित्य-III था, जिसका सेनापति पंडरंग था।

राष्ट्रकूट

- राष्ट्रकूट वंश का संस्थापक दंतिदुर्ग (752 ई.) था।
- इसकी राजधानी मान्यखेत या मालखेड़ (वर्तमान मालखेड़ शोलापुर के निकट) थी।
- दंतिदुर्ग के विषय में कहा जाता है कि उसने उज्जयिनी में **हरिण्यगर्भ** (महादान) यज्ञ किया था।
- राष्ट्रकूट वंश के प्रमुख शासक थे-कृष्ण-I, ध्रुव, गोविंद-III, अमोघवर्ष, कृष्ण-II, इन्द्र-III एवं कृष्ण-III।
- कृष्ण-I ने बादामी के चालुक्यों के अस्तित्व को पूर्णतः समाप्त कर दिया। ऐलोरा के प्रसिद्ध कैलाश मंदिर (गुहा मंदिर) का निर्माण उसी के द्वारा करवाया गया था।
- ध्रुव राष्ट्रकूट वंश का **पहला शासक** था जिसने कन्नौज पर अधिकार करने हेतु **त्रिपक्षीय संघर्ष** में भाग लेकर प्रतिहार नरेश वत्सराज एवं पाल नरेश धर्मपाल को पराजित किया। ध्रुव को **धारवर्ष,** भी कहा जाता था।
- गोविन्द-III (793-814 ई.) ने दक्कन में अपनी स्थिति मजबूत करने के बाद कन्नौज पर आधिपत्य हेतु **त्रिपुक्षीय संघर्ष** में भाग लेकर चक्रायुध एवं उसके संरक्षक धर्मपाल तथा प्रतिहार वंश के नागभट्ट-II को परास्त कर कन्नौज पर अधिकार कर लिया।
- गोविंद-III ने अपने विरूद्ध बने पल्लव, पाण्ड्य, केरल एवं गंग शासकों के संघ को लगभग 802 ई. में नष्ट कर दिया।
- गोविंद-III के शासनकाल को राष्ट्रकूट शक्ति का चरमोत्कर्ष काल माना जाता है।
- अमोघवर्ष (814-878 ई.) एक योग्य शासक होने के साथ-साथ **आदिपुराण** के रचनाकार **जिनसेन, गणितासार-संग्रह** के लेखक **महावीराचार्य** एवं **अमोघवृत्ति** के लेखक **सक्तायना** जैसे विद्वानों का आश्रयदाता भी था।
- अमोघवर्ष **जैनधर्म** का अनुयायी था। उसने स्वयं कन्नड़ के प्रसिद्ध ग्रन्थ **कविराज मार्ग** की रचना की।
- अमोघवर्ष नृपतुंग कहलाता था। उसके बारे में कहा जाता है कि उसने तुंगभ्रदा नदी में जल समाधि लेकर अपने जीवन का अंत कर लिया।
- इन्द्र-III (914-927 ई.) ने पाल वंश के देवपाल को परास्त कर कन्नौज पर अधिकार कर लिया।
- इन्द्र-III के समय ही अरब यात्री **अलमसूदी** भारत आया। उसने तत्कालीन राष्ट्रकूट शासकों को **भारत का सर्वश्रेष्ठ शासक** कहा।
- कृष्ण-III (939-965 ई.) राष्ट्रकूट वंश का **अंतिम महान शासक** था। इसने गंगों की सहायता से चोलों को परास्त कर कांची एवं तंजावुर पर अधिकार कर लिया एवं यहाँ पर विजय के उपलक्ष्य में एक स्तंभ एवं एक मंदिर का निर्माण करवाया।
- महाराष्ट्र स्थित ऐलोरा एवं ऐलिफेंटा गुहामंदिरों का निर्माण राष्ट्रकूटों के समय ही हुआ।

- ऐलोरा में शैलकृत गुफाओं की संख्या 34 है। इसमें 1 से 12 तक बौद्ध, 13 से 29 तक हिन्दू और 30 से 34 तक जैन धर्म से संबद्ध है।

चोल वंश (9वीं से 12वीं शताब्दी तक)

- चोलों का प्रारम्भिक इतिहास संगम युग से प्रारम्भ होता है। संगमकालीन साहित्य से तत्कालीन चोल शासक करिकाल (190 ई.) के बारे में काफी जानकारी मिलती है। करिकाल ने **उरैयूर** को अपनी राजधानी बनाया था। करिकाल के बाद लगभग 9वीं शताब्दी तक चोलों का इतिहास अंधकारपूर्ण रहा है।

> **चोल काल में भूमि के प्रकार**
> **वेल्लनवगाई:** गैर ब्राह्मण किसान स्वामी की भूमि।
> **ब्रह्मदेय:** ब्राह्मणों को उपहार में दी गयी भूमि।
> **शालाभोग:** किसी विद्यालय के रख-रखाव की भूमि।
> **देवदान या तिरुनमटड्डक्कनी:** मंदिर को उपहार में दी गयी भूमि।
> **पल्लिच्चंदम:** जैन संस्थानों को दान दी गयी भूमि

- लगभग 9वीं शताब्दी (850 ई.) में पल्लवों के अवशेषों पर चोल सत्ता का पुनरूत्थान हुआ। ये पल्लवों के सामंत थे।
- 9वीं शताब्दी के मध्य लगभग 850 ई. में चोल शक्ति का पुनरूत्थान विजयालय (850-875 ई.) ने किया। विजयालय को चोल साम्राज्य का **द्वितीय संस्थापक** भी कहा जाता है।
- विजयालय ने पाण्ड्य शासकों से **तंजौर/तांजाय/तंझावुर** को छीनकर उरैयूर के स्थान पर इसे अपने राज्य की राजधानी बनाया।
- विजयालय ने तंजौर को जीतने के उपलक्ष्य में **नरकेसरी** की उपाधि धारण की।
- चोलों का स्वतन्त्र राज्य आदित्य-I (875-907 ई.) ने स्थापित किया।
- पल्लवों पर विजय पाने के उपलक्ष्य में आदित्य-I ने **कोदण्डराम** की उपाधि धारण की।
- चोल वंश के प्रमुख शासक थे- परांतक-I, परांतक-II, राजाराज-I, राजेन्द्र-I, राजेन्द्र-II एवं कुलोत्तुंग-I।
- परांतक-I (907-935 ई.) को राष्ट्रकूट नरेश कृष्ण-II ने पश्चिमी गंगों की सहायता से **तक्कोलम** के युद्ध में बुरी तरह परास्त किया। इस युद्ध में परांतक-I का बड़ा पुत्र राजादित्य मारा गया।
- परांतक-I ने भूमि का सर्वेक्षण करवाया था। उसे अनेक यज्ञ करने एवं मंदिर बनवाने का भी श्रेय है।
- परांतक-I के **उत्तरमेरूर लेख** से चोलों के स्थानीय स्वशासन की जानकारी मिलती है।
- परांतक-II (956-973 ई.) को **सुन्दर चोल** के नाम से भी जाना जाता था।
- परांतक-II ने तत्कालीन पाण्ड्य शासक **वीर पाण्ड्य** को चेचर के मैदान में पराजित किया।
- राजाराज-I (985-1014 ई.) चोल वंश का प्रतापी शासक था। उसके शासनकाल के 30 वर्ष चोल साम्राज्य के सर्वाधिक गौरवशाली वर्ष थे। राजाराज-I को **अरिमोलिवर्मन** के नाम से भी जाना जाता था।
- राजाराज-I ने अपने पितामह परांतक-I की **लौह एवं रक्त** की नीति का पालन करते हुए राजाराज की उपाधि धारण की।
- राजाराज-I ने अपने शासन के 9वें वर्ष में सामरिक अभियान प्रारम्भ किया। इस अभियान के तहत सर्वप्रथम उसने चोल विरोधी गठबंधन में शामिल पाण्ड्य, चेर एवं श्रीलंका के ऊपर आक्रमण किया।

- राजाराज-I ने श्रीलंका के शासक महेन्द्र-V/महिम-V पर आक्रमण कर उसकी राजधानी **अनुराधापुरम्** को बुरी तरह नष्ट कर दिया।
- श्रीलंका अभियान में राजाराज-I ने अपने द्वारा जीते गये प्रदेश का नाम **मामुण्डी चोलमंडलम** रखा एवं **पोलोन्नरूवा** को उसकी राजधानी बनाया।
- सम्भवत: श्रीलंका विजय के बाद राजाराज-I ने **जगन्नाथ** का विरूद धारण कर पोलोन्नरूवा का नाया नाम **जननाथमंगलम्/जगन्नाथमंगलम्** रखा।

उत्तरमेरुर अभिलेख के अनुसार सभा की सदस्यता	
1.	सभा की सदस्यता के लिए इच्छुक लोगों को ऐसी भूमि का स्वामी होना चाहिए, जहाँ से भू-राजस्व वसूला जाता है।
2.	उनके पास अपना घर होना चाहिए।
3.	उनकी उम्र 35 से 70 के बीच होनी चाहिए।
4.	उन्हें वेदों का ज्ञान होना चाहिए।
5.	उन्हें प्रशासनिक मामलों की अच्छी जानकारी होनी चाहिए और ईमानदार होना चाहिए।
6.	यदि कोई पिछले तीन सालों में किसी समिति का सदस्य रहा है, तो वह किसी और समिति का सदस्य नहीं बन सकता।
7.	जिसने अपने या अपने सम्बन्धियों के खाते जमा नहीं कराये हैं, वह चुनाव नहीं लड़ सकता।

- अपने शासन के अंतिम दिनों में राजाराज-I ने मालद्वीप को भी अपने अधिकार में कर लिया।
- राजाराज-I, शैव मतानुयायी होने के कारण **शिवपादशेखर** की उपाधि धारण की। इसके अतिरिक्त उसने रविकुल माणिक्य, मुम्माडि चोलदेव, चोल मार्त्तण्ड, जयनगोण्ड आदि अनेक उपाधियाँ धारण की।
- राजाराज-I ने तंजौर में द्रविड़ वास्तुकला शैली के अंतर्गत विश्व प्रसिद्ध मंदिर राजराजेश्वर/बृहदीश्वर मंदिर का निर्माण करवाया।
- राजाराज-I ने अपने शासन के दौरान चोल अभिलेखों का आरम्भ **ऐतिहासिक प्रशस्ति** के साथ करवाने की प्रथा की शुरुआत की।
- राजाराज-I ने शैलेन्द्र शासक श्रीमार विजयोत्तुंग वर्मन को नागपट्टम में **चूड़ामणि** नामक बौद्ध बिहार बनाने की अनुमति दी और साथ ही इसके निर्माण में आर्थिक सहायता भी दी।
- राजाराज-I ने अपने धर्मसहिष्णु होने का परिचय राजराजेश्वर मंदिरों की दीवारों पर बौद्ध प्रतिमाओं का निर्माण करवाकर दिया।
- चोल सत्ता का सर्वाधिक विस्तार राजेन्द्र-I (1014–1044 ई.) के शासनकाल में हुआ।
- राजेन्द्र-I की उपलब्धियों के बारे में सही जानकारी तिरूवालंगाडु एवं करंदाइ अभिलेखों से मिलती है।
- राजेन्द्र-I ने अपने प्रारम्भिक विजय अभियान में पश्चिमी चालुक्यों, पाण्ड्यों एवं केरलों को पराजित किया।
- राजेन्द्र-I ने सिंहल अभियान (लगभग 1017 ई.) में वहाँ के शासक महेन्द्र-V को परास्त कर सम्पूर्ण सिंहल राज्य को अपने अधिकार में कर सिंहल शासक को चोल राज्य में बन्दी बना लिया। इस सिंहल शासक की 1029 ई. में यहीं मृत्यु हो गयी।
- राजेन्द्र-I के सामरिक अभियानों का महत्त्वपूर्ण कारनामा था– उसकी सेनाओं का गंगा नदी पार कर कलिंग एवं बंगाल तक पहुँच जाना।
- कलिंग एवं बंगाल के इस अभियान में चोल सेनाओं ने कलिंग के पूर्वी गंग शासक मधुकामार्नव और बंगाल के पाल शासक महीपाल को पराजित किया।

- गंगाघाटी के अभियान की सफलता पर राजेन्द्र-I ने **गंगैकोण्डचोल** की उपाधि धारण की तथा इस विजय की स्मृति में कावेरी नदी के निकट **गंगैकोण्डचोलपुरम्** नामक नई राजधानी का निर्माण करवाया। साथी ही सिंचाई हेतु **चोलगंगम** नामक एक बड़े तालाब का भी निर्माण करवाया।
- राजेन्द्र-I ने श्री विजय (शैलेन्द्र) शासक विजयोत्तुंग वर्मन को पराजित कर जावा, सुमात्रा एवं मलाया प्रायद्वीप पर अधिकार कर लिया।
- राजेन्द्र-I ने **गंगैकोण्डचोल, वीर राजेन्द्र, मुडिगोंडचोल** आदि उपाधियाँ धारण की।
- एक महान विद्या प्रेमी होने के कारण राजेन्द्र-I को **पंडित चोल** भी कहा जाता है।
- राजाधिराज-I (1044-1052 ई.) का सर्वप्रथम संघर्ष कल्याणी के पश्चिमी चालुक्यों से हुआ। इसने तत्कालीन चालुक्य नरेश सोमेश्वर को पराजित कर राजधानी कल्याणी पर अधिकार कर लिया। इस विजय के उपलक्ष्य में राजाधिराज ने अपना **वीराभिषेक** करवाकर **विजय राजेन्द्र** की उपाधि धारण की।
- राजाधिराज-I ने राजधानी कल्याणी की विजय-स्मृति के रूप में वहाँ से एक **द्वार पालक की मूर्ति** लाकर उसे तंजौर नगर के **दारासुरम** नामक स्थान पर स्थापित करवाया।
- वीर राजेन्द्र (1064-1070 ई.) ने अपने परंपरागत शत्रु पश्चिमी चालुक्यों को **कुंडलसंगमम्** के मैदान में परास्त कर तुंगभद्रा नदी के किनारे एक विजय स्तंभ की स्थापना की।
- पश्चिमी चालुक्यों के खिलाफ एक अन्य अभियान में कम्पिलनगर को जीतने के उपलक्ष्य में वीर राजेन्द्र ने **करडिग ग्राम** में एक और **विजय स्तंभ** स्थापित करवाया।
- वीर राजेन्द्र ने अपनी पुत्री का विवाह (विक्रमादित्या-IV) कर पश्चिमी चालुक्यों के साथ कर सम्बन्धों के नये अध्याय की शुरुआत की।
- वीर राजेन्द्र की मृत्यु के बाद अधिराजेन्द्र (1070 ई.) चोल की राजगद्दी पर बैठा, पर कुछ ही माह के बाद राज्य में एक जनविद्रोही भीड़ द्वारा उसकी हत्या कर दी गयी।
- अधिराजेन्द्र की मृत्यु के साथ ही विजयालय द्वारा स्थापित चोल वंश समाप्त हो गया।
- अशांतमय परिस्थितियों का लाभ उठाकर राजेन्द्र-II कुलोतुंग-I (1070-1120 ई.) के नाम से चोल राज सिंहासन पर बैठा।
- कुलोतुंग-I के बाद का चोल इतिहास चोल-चालुक्य वंशीय इतिहास के नाम से जाना जाता है।
- कुलोतुंग-I का शासन काल कुछ युद्धों को छोड़कर शान्ति एवं सुव्यवस्था का काल था।
- कुलोतुंग-I ने 72 व्यापारियों के एक दूतमंडल को 1077 ई. में चीन भेजा।
- चोल लेखों में कुलोतुंग को **शुंगमत्विर्त्त** (करो को हटाने वाला) कहा गया है।
- विक्रम चोल (1120-1133 ई.) धार्मिक दृष्टि से असहिष्णु शासक था। उसने अभाव एवं अकाल से त्रस्त जनता से राजस्व वसूल कर चिदंबरम मंदिर का विस्तार करवाया।
- विक्रम चोल ने **अंकलैंक** एवं **त्याग समुद्र** की उपाधियाँ धारण की।
- कुलोतुंग-II (1133-1150 ई.) ने चिदम्बरम् मंदिर में स्थित गोविंदराज (विष्णु) की मूर्ति को समुद्र में फेंकवा दिया। कालांतर में वैष्णव आचार्य रामानुज ने उक्त मूर्ति को उठाकर तिरूपति के मंदिर में प्राण प्रतिष्ठित किया।
- चोल वंश का अंतिम शासक राजेन्द्र-III था।
- चोलों एवं चालुक्यों के बीच लंबे समय से चली आ रही शत्रुता को समाप्त कर शान्ति स्थापित कराने में **गोवा** के **कंदम्ब शासक जयकेस-**I ने मध्यस्थ की भूमिका निभाई।
- चोल प्रशासन में भाग लेने वाले उच्च एवं निम्न श्रेणी के पदाधिकारियों को क्रमशः **पेरून्दरम्** एवं **शेरून्दरम्** कहा जाता है।

- प्रशासन की सुविधा हेतु सम्पूर्ण चोल साम्राज्य 6 प्रांतों में बँटा था। प्रांत को **मंडलम्** कहा जाता था। मंडलम् को **कोट्टम** (कमिश्नरी) में कोट्टम को **नाडु** (जिले) में एवं प्रत्येक नाडु को कई **कुर्रमों** (ग्राम समूह) में विभक्त किया गया था।
- मंडलम् से लेकर ग्राम स्तर तक के प्रशासन हेतु स्थानीय सभाओं का सहयोग लिया जाता था। **नाडु** एवं **नगर** की स्थानीय सभा को क्रमशः **नाटूर** एवं **नगरतार** कहा जाता था।
- स्थानीय स्वशासन चोल शासन प्रणाली की महत्त्वपूर्ण विशेषता थी।
- **उर** सर्वधारण लोगों की समिति थी, जिसका कार्य होता था सार्वजनिक कल्याण के लिए तालाबों और बगीचों के निर्माण हेतु गाँव की भूमि का अधिग्रहण करना।
- **सभा/महासभा** मूलतः अग्रहारों और ब्राह्मण बस्तियों की सभा थी, जिसके सदस्यों को **पेरूमक्कल** कहा जाता था। यह सभा वरियम नाम की समितियों के द्वारा अपने कार्य को संचालित करती थी।
- सभा की बैठक गाँव में मंदिर के निकट वृक्ष के नीचे या तालाब के किनारे होती थी।
- व्यापारियों की सभा को **नगरम** कहते थे।
- चोल काल में भूमिकर उपज का 1/3 भाग हुआ करता था।
- गाँव में कार्यसमिति की सदस्यता के लिए वेतनभोगी कर्मचारी रखे जाते थे, उन्हें **मध्यस्थ** कहते थे।
- ब्राह्मणों को दी गयी करमुक्त भूमि को **चतुर्वेदि मंगलम्** कहा जाता था।
- चोल सैन्य संगठन का सबसे संगठित अंग था- पदाति सेना।
- चोलों के समय सोने के सिक्के को **काशु** कहा जाता था।
- ब्राह्मणों को दी गयी भूमि **ब्रह्मदेय** कहलाती थी।
- कुलोतुंग-I का राजकवि **जयन्गोंदर** तमिल कवियों में सर्वाधिक प्रसिद्ध था। उसकी रचना **कलिंगत्तुपर्णि** है।
- **कंबन, ओट्टक्कुट्टन** और **पुगलेंदि** को **तमिल साहित्य** का **त्रिरत्न** कहा जाता है।
- कुलोतुंग-III का दरबारी कवि कंबन का काल तमिल साहित्य का स्वर्ण काल माना जाता है। उसकी कृति **कंबन की रामायण** को तमिल साहित्य का गौरव ग्रन्थ माना जाता है।
- इस काल की अन्य रचनाएँ हैं- शेक्किल्लार द्वारा रचित **पेरिय पुराणम**, गलेंदि की **नलवेम्ब** तथा तिरक्तदेवर की **जीवक चिंतामणि**।
- प्रियपूर्णम या शेखर की **तिरूटोण्डपूर्णम** को पाँचवाँ वेद कहा जाता है।
- **पंप, पोन्न** एवं **रन्न** को **कन्नड़ साहित्य का त्रिरत्न** कहा जाता है।
- पर्सी ब्राउन ने तंजौर के **बृहदेश्वर मंदिर** के विमान को भारतीय वास्तुकला का निकष माना है।
- चोलकालीन धातु मूर्ति कला में नटराज की कांस्य प्रतिमा को चोल कला का सांस्कृतिक (कसौटी) सार या निचोड़ कहा जाता है।
- चोल काल में आम वस्तुओं के आदन-प्रदान का आधार धान था।
- चोलकालीन सबसे महत्त्वपूर्ण बंदरगाह **कावेरीपट्टनम** था।
- चोल काल में बहुत बड़ा गाँव जो एक इकाई के रूप में शासित किया जाता था, **तनियर** कहा जाता था।
- उत्तरमेरूर शिलालेख, जो सभा-संस्था का विस्तृत वर्णन उपस्थित करता है, परांतक-I के शासनकाल से संबद्ध है।

- चोलों की राजधानी **कालक्रम के अनुसार** इस प्रकार थी- उरैयूर, तंजौर, गंगैकोंडचोलपुरम् एवं कांची।
- चोलों के समय सड़कों की देखभाल बगान समिति करती थी।
- पंडित चोल के नाम से चर्चित राजेन्द्र-I के गुरु शैव संत **इसान शिव** थे।
- चोल काल के **विशाल व्यापारी** समूह इस प्रकार थे- वलंजियार, नानादेशी एवं मणिग्रामम्।
- विष्णु के उपासक **अलवार** एवं शिव के उपासक **नयनार** संत कहलाते थे।

कदंब वंश

- कदंब राज्य की स्थापना मयूरशर्वन ने की थी।
- अनुश्रुतियों के अनुसार मयूरशर्मन ने अट्ठारह अश्वमेघ यज्ञ किये।
- कदंब राजा मयूरशर्वन ने ब्राह्मणों को असंख्य गाँव दान में दिया।
- कदंबों ने जैनों को भी भूमिदान दिया पर पर उनका ब्राह्मणों की ओर अधिक झुके हुए थे।
- कदंबों ने अपनी राजधानी कर्नाटक के उत्तरी केनरा जिले में **वैजयन्ती** या **बनवासी** में बनायी।

गंगवंश

- गंगवंश का संस्थापक **ब्रजहस्त पंचम** था।
- अभिलेखों के अनुसार गंगवंश का प्रथम शासक कोंकणी वर्मा था।
- गंगों की प्रारम्भिक राजधानी **कुवलाल** (कोलार) थी, जहाँ सोने की खान होने के कारण इस राजवंश का उत्थान आसन हुआ।
- गंगों की बाद में राजधानी **तलकाड** हो गयी।
- गंग शासक **माधव प्रथम** ने **दत्तक सूत्र** पर टीका लिखा।

काकतीय वंश

- काकतीय वंश का संस्थापक **बीटा प्रथम** था, जिसने **नलगोंडा** (हैदराबाद) में एक छोटे से राज्य का गठन किया, जिसकी राजधानी **अमकोंड** थी।
- इस वंश का सबसे शक्तिशाली शासक गणपति था। रूद्रमादेवी गणपति की बेटी थी, जिसने रूद्रदेव महाराज का नाम ग्रहण किया, जिसने 35 वर्षों तक शासन किया।
- गणपति ने अपनी राजधानी वारंगल में स्थानांतरित कर ली थी।
- इस राजवंश का अंतिम शासक प्रताप रूद्र (1295-1323 ई.) था।

यादव वंश

- देवगिरि के यादव वंश की स्थापना **भिल्लम पंचम** ने की। इसकी राजधानी देवगिरि थी।
- इस वंश का सबसे प्रतापी राज **सिंहण** (1210-1246 ई.) था।
- इस वंश का अंतिम स्वतन्त्र शासक रामचन्द था, जिसने अलाउद्दीन के सेनापति मलिक काफूर के सामने आत्मसमर्पण किया।

होयसल वंश

- द्वारसमुद्र के होयसल वंश की स्थापना **विष्णुवर्धन** ने की थी। होयसलों ने **द्वारसमुद्र** (आधुनिक हलेविड) को अपनी राजधानी बनाया।
- होयसल वंश यादव वंश की एक शाखा थी।
- वेलूर में **चेन्ना केशव मंदिर** का निर्माण विष्णुवर्धन ने 1117 ई. में किया था।
- इस वंश का अंतिम शासक वीर बल्लाल-III था, जिसे मलिक काफूर ने हराया था।

16. सीमावर्ती राजवंशों का अभ्युदय

पाल वंश

- पाल वंश की स्थापना (750 ई.) कुछ प्रमुख व्यक्तियों द्वारा चुने गये (ग्रहीता) बौद्ध अनुयायी गोपाल (750-770 ई.) ने की थी।
- इस वंश की राजधानी मुंगेर थी।
- तिब्बती लामा एवं इतिहासकार तारानाथ के अनुसार गोपाल ने ओदन्तपुरी में एक मठ और विश्वविद्यालय की स्थापना की।
- पाल वंश के प्रमुख शासक थे- धर्मपाल (770-810 ई.), देवपाल (810-850 ई.), नारायणपाल (860-915 ई.), महिपाल-I (988-1038 ई.), नयपाल (1038-1055 ई.) आदि।
- पाल वंश का सबसे महान शासक **धर्मपाल** था। उसने बहुत से मठ एवं विहार का निर्माण करवाया था। धर्मपाल ने प्रसिद्ध **विक्रमशिला विश्वविद्यालय** की स्थापना पाथरघाट, भागलपुर (बिहार) में की थी। उसने **नालंदा विश्वविद्यालय** के खर्च के लिए भी 200 गाँव दान में दिया था।
- कन्नौज के लिए त्रिपक्षीय संघर्ष पाल वंश, गुर्जर-प्रतिहार वंश एवं राष्ट्रकूट वंश के बीच हुआ। इसमें पाल वंश की ओर से **सर्वप्रथम** धर्मपाल शामिल हुआ था।
- 11वीं शताब्दी के गुजराती कवि सोड्ठल ने धर्मपाल को **उत्तरापथस्वामिन** की उपाधि से सम्बोधित किया था।
- धर्मपाल का पुत्र एवं उत्तराधिकारी देवपाल इस वंश का सर्वाधिक प्रतापी शासक था। इसने अपने समकालीन अनेक शासकों को पराजित किया। पराजित शासकों में सर्वाधिक प्रसिद्ध प्रतिहार शासक **मिहिरभोज** था।
- अरब यात्री सुलेमान ने देवपाल को राष्ट्रकूट एवं प्रतिहार शासकों में **सबसे अधिक शक्तिशाली** बताया है।
- पालों की राजधानी **मुंगेर** की स्थापना देवपाल ने ही की थी।
- देवपाल के काल में ही जावा के शैलेन्द्र वंश के बलपुत्र देव ने नालंदा में एक बौद्ध मठ की स्थापना की जिसके खर्च हेतु देवपाल ने पाँच गाँव दान में दिये।
- महिपाल-I को पाल वंश का **द्वितीय संस्थापक** कहा जाता है।
- महिपाल के उत्तराधिकारी नयपाल का अधिकांश समय कलचुरी नरेश कर्ण के साथ संघर्ष में ही बीता। पाल वंश के शासक बौद्ध मतानुयायी थे। उन्होंने ऐसे समय बौद्ध धर्म को संरक्षण दिया जब भारत में उसका पतन हो रहा था।
- इस काल के प्रमुख विद्वानों में **संध्याकर नंदी** का नाम उल्लेखनीय है जिन्होंने **रामचरित** नामक ऐतिहासिक काव्यग्रन्थ की रचना की। इस ग्रन्थ में पाल वंश के राजा रामपाल (1077-1120 ई.) और कैवर्त्त जाति के किसानों के मध्य संघर्ष का वर्णन है।
    - गौड़ीरीति नामक साहित्यिक
    - विधा पालों की समय ही विकसित हुई।
- पाल काल के अन्य विद्वानों में **हरिभद्र चक्रपाणिदत्त** और वज्रदत्त आदि उल्लेखनीय हैं।

सेन वंश

- सेन वंश की स्थापना सामंत सेन ने **राढ़** में की थी।
- इसकी राजधानी **नदिया (लखनौती)** थी।

- सेन वंश के प्रमुख शासक थे- विजयसेन (1095-1158 ई.), बल्लालसेन (1158-1178 ई.) एवं लक्ष्मण सेन (1178-1205 ई.)।
- विजयसेन सेनवंश का प्रथम स्वतन्त्र एवं पराक्रमी शासक था। वह शैव धर्म का अनुयायी था। देवपाड़ा में **प्रद्युम्नेश्वर मंदिर** (शिव का मंदिर) की स्थापना विजयसेन ने ही की थी।
- विजयसेन के उत्तराधिकारी बल्लाल सेन ने अपने राजनीतिक क्षेत्र का विस्तार किया। **लघुभारत** एवं **बल्लालचरित** ग्रन्थ के उल्लेख से प्रमाणित होता है कि बल्लाल का अधिकार मिथिला और उत्तरी बिहार पर था। इसके अतिरिक्त बल्लाल सेन के अन्य चार प्रांत-राधा, वारेन्द्र, बाग्डी एवं वंगा थे।
- बल्लाल सेन कुशल प्रशासक होने के साथ-साथ योग्य लेखक भी था। उसने स्मृति पर **दानसागर** एवं खगोल विज्ञान पर **अद्भुतसागर** नामक ग्रन्थ की रचना की थी। अद्भुतसागर को लक्ष्मण सेन ने पूर्णरूप दिया था।
- अपने शासन काल में बल्लालसेन ने जाति प्रथा एवं कुलीन प्रथा को प्रोत्साहन दिया।
- लक्ष्मण सेन भी सेन वंश का महत्त्वपूर्ण शासक था। इसके काल में 1202 ई. में इख्तयारूद्दीन बख्तियार खिलजी ने राजधानी लखनौती पर आक्रमण कर उसे नष्ट कर दिया था।
- लक्ष्मण सेन का काल सांस्कृति गतिविधियों के लिए जाना जाता है। इसके दरबार में **गीतगोविंद** के लेखक जयदेव, **पवनदूत** के लेखक धोयी एवं **ब्राह्मणसर्वस्व** के लेखक हलायुद्ध रहते थे।
- हलायुद्ध लक्ष्मणसेन का प्रधान न्यायाधीश एवं मुख्यमन्त्री था।
- सेन राजवंश प्रथम राजवंश था, जिसने अपना अभिलेख सर्वप्रथम **हिन्दी** में उत्कीर्ण करवाया।
- लक्ष्मण सेन बंगाल का अंतिम हिन्दू शासक था। उसके बाद विश्वरूप सेन तथा केशवसेन ने कमजोर उत्तराधिकारी के रूप में शासन किया।

कश्मीर के राजवंश

- कश्मीर के हिन्दू राज्य के विषय में हमें कल्हण की राजतरंगिणी से जानकारी मिलती है।
- 800 से 1200 ई. के मध्य कश्मीर में **तीन राजवंशों- कर्कोट वंश, उत्पल वंश** एवं **लोहार वंश** ने शासन किया।

कर्कोट वंश

- 7वीं शताब्दी (627 ई०) में दुर्लभवर्धन ने कश्मीर में कर्कोट वंश की स्थापना की।
- कर्कोट वंश के प्रमुख शासकों में दुर्लभक (632-682 ई.), ललितादित्य मुक्तापीड (724-770 ई.) एवं जयापीड विनयादित्य (770-810 ई.) का नाम उल्लेखनीय है।
- दुर्लभक, दुर्लभवर्धन का पुत्र एवं उत्तराधिकारी था। उसने **प्रतापादित्य** की उपाधि धारण कर सिंहासन ग्रहण किया। **प्रतापपुर नगर** की स्थापना दुर्लभक द्वारा की गयी।
- दुर्लभक के तीन पुत्रों का क्रम इस प्रकार था- चन्द्रपीड, तारापीड एवं मुक्तापीड अथवा ब्रजादित्य, उदयादित्य एवं ललितादित्य। इन तीनों में तारापीड को कल्हण ने क्रूर शासक बताया है।
- ललितादित्य मुक्तापीड कर्कोट वंश का सर्वाधिक शक्तिशाली शासक था। उसने अपने समकालीन अनेक राजाओं को पराजित किया।
- विजेता होने के साथ-साथ ललितादित्य मुक्तापीड एक महान निर्माता भी था। धार्मिक दृष्टि से उदार होने के कारण उसने अनेक बौद्ध मठों एवं हिन्दू मंदिरों का निर्माण करवाया था। उसके महत्त्वपूर्ण निर्माण-कार्यों में **सूर्य का प्रसिद्ध मर्तण्ड मंदिर** शामिल था।

- जयापीड विनयादित्य के राजदरबार को **क्षीर, उद्भट भट्ट** एवं **दामोदर गुप्त** आदि विद्वान सुशोभित करते थे।
- जयापीड विनयादित्य की मृत्यु (810 ई.) के साथ ही कर्कोट वंश का अंत हो गया।

उत्पल वंश
- कश्मीर में उत्पल वंश की स्थापना अवन्ति वर्मन ने की थी।
- उत्पल वंश के प्रमुख शासक थे- अवन्ति वर्मन (855-883 ई.), शंकर वर्मन (885-902 ई.) एवं गोपाल वर्मन (902-904 ई.)।
- अवन्ति वर्मन का अधिकांश समय लोकोपकारी कार्यों में व्यतीत हुआ। उसने कृषि के विकास के लिए अभियंता (Engineer) **सुरा** के नेतृत्व में अनेक नहरों का निर्माण करवाया।
- नगरों एवं कस्बों के निर्माण के अंतर्गत अवन्ति वर्मन ने अवन्तिपुर नामक नगर एवं सुच्चापुरा (आधुनिक सोपार) नामक कस्बे का निर्माण करवाया।
- अवन्ति वर्मन के संरक्षण में दो कवि रत्नाकर एवं आनंद वर्धन उसके दरबार की शोभा बढ़ाते थे।
- लगातार युद्धों के कारण हुए धनाभाव की पूर्ति हेतु शंकर वर्मन ने अपनी प्रजा पर करों का बोझ बढ़ा दिया था। अत: वह एक अलोकप्रिय शासक हो गया था।
- गोपाल वर्मन के शासन काल में कश्मीर में चारों ओर अव्यवस्था एवं अशान्ति की स्थिति व्याप्त हो गयी। ब्राह्मणों की एक सभा ने इसे पदच्युत कर यशस्कर को शासक बनाया। यशस्कर के काल में कश्मीर में शान्ति-व्यवस्था की स्थिति पुन: बहाल हो सकी।
- 948 ई. में यशस्कर की मृत्यु के बाद उसका मन्त्री **पूर्वगुप्त** सिंहासनरूढ़ हुआ।
- पूर्वगुप्त का पुत्र एवं उत्तराधिकारी **क्षेमगुप्त** 950 ई. में कश्मीर की गद्दी पर बैठा। क्षेमगुप्त ने लोहार वंश की राजकुमारी **दिद्दा** से विवाह किया।
- क्षेमगुप्त की मृत्यु के बाद लोहार वंश की रानी दिद्दा ने शासन की बागडोर सम्भाली।

लोहार वंश
- रानी दिद्दा की मृत्यु (1003 ई.) के बाद उसके भतीजे संग्रामराज ने कश्मीर में लोहार वंश की स्थापना की।
- संग्राम राज के बाद लोहार वंश के प्रमुख शासक थे- अनन्त, हर्ष एवं जयसिंह।
- अनन्त ने अपने शासन काल में सामंतों के विद्रोह को कुचला। उसके प्रशासन में उसकी पत्नी सूर्यमती सहयोग करती थी।
- हर्ष का काल सांस्कृतिक गतिविधियों के लिए जाना जाता है।
- हर्ष स्वयं विद्वान, कवि एवं कई भाषाओं एवं विद्याओं का जानकार था। **राजतरंगिणी** का लेखक **कल्हण हर्ष** का आश्रित था।
- लोहार वंश का अंतिम शासक जयसिंह (1128-1155 ई.) था। अपने शासन काल में उसने यवनों को परास्त किया था।
- जयसिंह के समय में ही कल्हण ने अपने प्रसिद्ध ग्रन्थ राजतरंगिणी की रचना की थी। संस्कृत भाषा के इस ग्रन्थ से कश्मीर के इतिहास के बारे में जानकारी मिलती है।
- जयसिंह के शासन के साथ ही कल्हण की राजतरंगिणी का विवरण समाप्त हो जाता है।
- 1339 ई. में कश्मीर तुर्कों के कब्जे में आ गया। तुर्क शासकों में सर्वाधिक लोकप्रिय शासक **जैन-उल-आबेदीन** था।

कामरूप (असम) का वर्मन वंश

- कामरूप में वर्मन वंश का उदय चौथी शताब्दी के मध्य हुआ।
- इस वंश का प्रथम प्रतिष्ठित शासक **पुष्यवर्मन** था।
- पुष्यवर्मन ने प्राग्यज्योतिषपुर को अपनी राजधानी बनाया था।
- भूतिवर्मन के शासन काल में वर्मन वंश की राजनैतिक प्रभुसत्ता का विकास हुआ।
- इस वंश का **अंतिम महान शासक** भास्कर वर्मन था। उसने कन्नौज के शासक हर्ष से मित्रता की। इसके विषय में चीनी यात्री ह्वेनसांग के विवरण से जानकारी मिलती है।
- भास्कर वर्मन के बाद वर्मन वंश का अंत हो गया तथा कालांतर में कामरूप पाल-साम्राज्य का एक अंग बन गया।

ओडिशा के पूर्वी गंग

- पूर्वी गंग वंश का सर्वाधिक प्रतापी शासक अनन्तवर्मा चोदगंग/चोड़गंज (1076-1148 ई.) था।
- चोड़गंग ने पुरी के प्रसिद्ध **जगन्नाथ मंदिर** का निर्माण करवाया। पुरी स्थित यह मंदिर एक विष्णु मंदिर है।
- पूर्वी गंग शासक नरसिंह-I ने प्रसिद्ध **कोणार्क सूर्य मंदिर** का निर्माण करवाया।
- पूर्वी गंग वंश के शासकों ने उत्तरी भारत के मुसलमानों और दक्षिण के बहमनी सुल्तानो के आक्रमण से ओडिशा व जाजनगर की रक्षा का अंतिम समय तक प्रयत्न किया, फिर भी 14वीं शताब्दी में ओडिशा पर मुसलमानों ने आधिपत्य स्थापित कर लिया।

17. राजपूतों की उत्पत्ति

- राजपूतों के इतिहास के बारे में अभिलेखों एवं समकालीन तथा बाद के कुछ साहित्यों से जानकारी मिलती है।
- ग्वालियर एवं एहोल अभिलेख में राजपूतों के इतिहास की जानकारी मिलती है।
- साहित्यिक रचनाओं में नयनचन्द्रसूरि का **हम्मीर महाकाव्य**, पद्मगुप्त का **नवसहसांकचरित**, हलायुध का **पिंगलसूत्र वृत्ति**, हेमचंद्र का **कुमारपाल चरित**, ज्योतिश्वर ठाकुर का **वर्णरत्नाकर** एवं चंदबरदाई कृत **पृथ्वीराज रासो** आदि से भी राजपूतों के इतिहास के बारे में जानकारी मिलती है।
- राजपूत शब्द संस्कृत के **राजपुत्र** का अपभ्रंश है। प्राचीन काल में इस शब्द का प्रयोग राजपरिवार के सदस्यों के लिए किया जाता था।
- हर्ष की मृत्यु के बाद राजपूत या राजपुत्र शब्द का प्रयोग जाति के रूप में होने लगा।
- हर्ष की मृत्यु के उपरांत जिन महान शक्तियों का उदय हुआ उनमें से अधिकांश राजपूत वर्ग के अन्तर्गत आते थे। इसीलिए 7वीं से 12वीं शताब्दी के उत्तर भारत के इतिहास को **राजपूत काल** के नाम से जाना जाता है।
- इस काल (7वीं से 12वीं सदी) के महत्त्वपूर्ण राजपूत वंशों में गुर्जर प्रतिहार, चालुक्य, चौहान, चंदेल, परमार, गहड़वाल एवं राष्ट्रकूट आदि आते हैं।
- राजपूतों की उत्पत्ति के विषय में विद्वानों के दो मत प्रचलित हैं- एक का मानना है कि राजपूतों की उत्पत्ति विदेशी है, जबकि दूसरे का मानना है कि राजपूतों की उत्पत्ति स्वदेशी (भारतीय) है।
- डॉ. गौरी शंकर ओझा राजपूतों की उत्पत्ति प्राचीन क्षत्रिय जाति से मानते हैं।
- कल्हण की राजतरंगिणी में 36 राजपूत कुलों का वर्णन मिलता है।
- विद्वानों का एक वर्ग राजपूतों को अग्निकुंड से उत्पन्न बताता है।

- राजपूतों का अग्निकुंड से उत्पन्न अनुश्रुति **पृथ्वीराज रासो** (चंदबरदाई कृत) के वर्णन पर आधारित है। पृथ्वीराज रासो के अतिरिक्त नवसहसांकचरित, हम्मीर रासो, वंश भास्कर एवं सिसाणा अभिलेख में भी इस अनुश्रुति का वर्णन मिलता है।

राजपूतों की उत्पत्ति के विषय में इतिहासकारों के मत	
मत	**विद्वान**
भारतीय उत्पत्ति (स्वदेशी)	
प्राचीन क्षत्रियों से उत्पत्ति	गौरी शंकर ओझा
अग्निकुंड से उत्पत्ति	चंदबरदाई कृत पृथ्वीराज रासो
विदेशी उत्पत्ति	
सीथियन जाति से	कर्नल टॉड
शक-कुषाण आदि के मिश्रण से	वी.ए. स्मिथ
विदेशी मूल के लोगों से	डी.आर. भंडारकर एवं ईश्वरी प्रसाद

गुर्जर-प्रतिहार वंश

- अग्निकुंड के राजपूतों में सर्वाधिक प्रसिद्ध गुर्जर-प्रतिहार थे। इन्हें गुर्जर-प्रतिहार इसलिए कहा गया क्योंकि ये गुर्जरों की शाखा से सम्बन्धित थे जिनकी उत्पत्ति गुजरात व दक्षिण-पश्चिम राजस्थान में हुई थी।
- प्रतिहारों के अभलेखों में उन्हें श्रीराम के अनुज लक्ष्मण का वंशज बताया गया है, जो श्रीराम के लिए प्रतिहार (द्वारपाल) का कार्य करता था।
- गुर्जर-प्रतिहार वंश का संस्थापक नागभट्ट-I (730-756 ई.) मालवा का शासक था।
- ग्वालियार अभिलेख के अनुसार नागभट्ट-I ने अरबों को सिंध से आगे नहीं बढ़ने दिया।
- गुर्जर-प्रतिहार वंश के प्रमुख शासक थे- वत्सराज (783-795 ई.), नागभट्ट-II (795-833 ई.), मिहिरभोज (836-889 ई.), महेन्द्रपाल (890-910 ई.) एवं महिपाल (914-944 ई.) आदि।
- वत्सराज ने राजस्थान के मध्य भाग एवं उत्तर भारत के पूर्वी भाग को जीतकर अपने राज्य में मिलाया। उसने पाल शासक धर्मपाल को पराजित किया पर वह राष्ट्रकूट नरेश ध्रुव से पराजित हो गया।
- नागभट्ट-II ने गुर्जर-प्रतिहार वंश की प्रतिष्ठा को आगे बढ़ाया।
- प्रतिहार वंश का सबसे शक्शिाली एवं प्रतापी राजा **मिहिरभोज** था। उसने अपनी राजधानी **कन्नौज** में बनायी थी।
- मिहिरभोज विष्णु भक्त था, उसने विष्णु के सम्मान में **आदिवराह** की उपाधि धारण की। उसकी एक अन्य उपाधि **प्रभास** थी।
- मिहिरभोज ने पश्चिम में अरबों के प्रसार को रोका। अरबी यात्री सुलेमान के अनुसार वह अरबों का स्वाभाविक शत्रु था।
- मिहिरभोज के उत्तराधिकारी महेन्द्रपाल ने साम्राज्य का विस्तार मगध एवं उत्तरी बंगाल तक किया।
- संस्कृत के प्रसिद्ध विद्वान **राजशेखर** महेन्द्रपाल के गुरु एवं दरबारी थे।
- राजशेखर की प्रसिद्ध कृति है- कर्पूरमंजरी, काव्य मीमांसा, विद्धसालभन्जिका, बालरामायण, भुवनकोश और हरविलास।

- सम्भवत: महिपाल के शासन काल के दौरन 915-916 ई. में ही बगदाद निवासी अलमसूदी गुजरात आया था। अलमसूदी ने गुर्जर-प्रतिहारों को **अलगुर्जर** एवं राजा को **बौरा** कहा था।
- राज्यपाल प्रतिहार वंश का अंतिम शासक था। उसने 1018 ई. में महमूद गजनवी के सम्मुख आत्मसमर्पण कर दिया और इस प्रकार कन्नौज पर मुसलमानों का अधिकार हो गया।

गहड़वाल (राठौर) वंश

- गुर्जर-प्रतिहार के बाद चन्द्रदेव ने कन्नौज में गहड़वाल वंश की स्थापना की तथा 1080 से 1100 ई. तक शासन किया।
- चन्द्रदेव ने महाराजाधिराज की उपाधि धारण की। इसकी राजधानी वाराणसी (काशी) थी।
- गहड़वाल शासकों को काशी नरेश के रूप में भी जाना जाता था, क्योंकि बनारस इनके राज्य की पूर्वी सीमा के नजदीक था।
- गहड़वाल वंश के प्रमुख शासकों में गोविंद चन्द्र (1114-1154 ई.) तथा जयचन्द (1170-1193 ई.) का नाम उल्लेखनीय है।
- इस वंश का सर्वाधिक शक्तिशाली राजा गोविंद चन्द्र था। युवराज के रूप में गोविंद चन्द्र ने गजनी के राजा मसूद-III को पराजित किया था।
- गोविंद चन्द्र के समय में उसके मन्त्री लक्ष्मीधर ने **कल्पद्रुम** नामक विधि ग्रन्थ की रचना की। कल्पद्रुम को **कृत्यकल्पतरू** के नाम से भी जाना जाता है।
- जयचन्द इस वंश का अंतिम शासक था, जिसे गोरी ने **चन्दावर के युद्ध** में (1194) परास्त कर मार दिया था। जयचन्द्र के पुत्र हरिश्चन्द्र ने मुहम्मद गोरी के अधीन शासन किया।
- जयचन्द के दरबार में संस्कृत का प्रसिद्ध कवि श्रीहर्ष रहता था जिसने **नैषध चरित** की रचना की।
- जयचन्द की पुत्री **संयोगिता** का स्वयंवर से पृथ्वीराज-III ने अपहरण कर लिया था।

चाहमान/चौहान वंश

- चौहान वंश का संस्थापक (7वीं शताब्दी) वासुदेव था। इस वंश की प्रारम्भिक राजधानी अहिच्छत्र थी, बाद में अजयराज-II ने अजमेर नगर की स्थापना की और उसे अपनी राजधानी बनाया।
- इस वंश का सबसे शक्तिशाली शासक अर्णोराज का पुत्र विग्रहराज-IV वीसलदेव (1153-1163 ई.) हुआ।
- विग्रहराज-IV बीसलदेव महान कवि एवं लेखक भी था। उसने **हरिकेल** नामक नाटक लिखा।
- अजमेर स्थित अढ़ाई दिन का झोपड़ा नामक मस्जिद प्रारम्भ में विग्रहराज-IV द्वारा निर्मित एक संस्कृत विश्वविद्यालय था।
- विग्रहराज-IV के राजकवि सोमदेव ने अपने स्वामी के प्रशंसा मे **ललित विग्रहराज** नामक नाट्य ग्रन्थ की रचना की।
- चौहान वंश का अंतिम महान शासक पृथ्वीराज-III था। उसे रायपिथौरा भी कहा जाता था।
- **पृथ्वीराजरासो** नामक ग्रन्थ के रचयिता चंदबरदाई पृथ्वीराज-III का राजकवि था।
- 1191 ई. के तराईन के प्रथम युद्ध में पृथ्वीराज-III ने मुहम्मद गोरी को बुरी तरह परास्त किया परन्तु 1192 ई. के तराईन के द्वितीय युद्ध में मुहम्मद गोरी ने पृथ्वीराज-III को परास्त कर उसकी हत्या कर दी।

- पृथ्वीराज-III के अंत के साथ ही अजमेर एवं दिल्ली पर शासन करने वाले स्वतन्त्र शाकंभरी चौहानों के शासन का अंत हो गया।
- रणथम्भौर के जैन मंदिर का शिखर पृथ्वीराज-III द्वारा निर्मित करवाया गया था।

परमार वंश

- परमार वंशी शासक सम्भवत: राष्ट्रकूटों या फिर प्रतिहारों के सामंत थे।
- इस वंश का संस्थापक **उपेन्द्रराज** था।
- परमारों की प्रारम्भिक राजधानी उज्जैन थी किंतु बाद में उन्होंने अपनी राजधानी धार (मध्यप्रदेश) में स्थानांतरित कर ली।
- परमार वंश का प्रथम स्वतन्त्र एवं प्रतापी राजा सीयक अथवा श्रीहर्ष था। उसने अपने वंश को राष्ट्रकूटों की अधीनता से मुक्त कराया। श्रीहर्ष की प्रमुख रचना **नैषधीयचरित** था।
- वाक्पति मुंज (973-995 ई.) एक सफल विजेता होने के साथ कवियों एवं विद्वानों का आश्रयदाता भी था। उसने अपने समकालीन अनेक शक्तियों को परास्त किया।
- वाक्पति मुंज के राजदरबार में **यशोरूपावलोक** के रचयिता धनिक, **नवसाहसांकचरित** के लेखक पद्मगुप्त, **दशरूपक** के लेखक धनंजय आदि रहते थे।
- परमार वंश का सबसे शक्तिशाली एवं प्रतापी शासक राजा भोज (1000-1055 ई.) था।
- राजा भोज ने ही उज्जैन की जगह धार को **परमारों की राजधानी** बनाया।
- राजा भोज विद्वान होने के साथ-साथ विद्या तथा कला का उदार संरक्षक था। अपनी विद्वाता के कारण ही उसने **कविराज** की उपाधि धारण की।
- राजा भोज ने चिकित्सा, गणित एवं व्याकरण पर अनेक ग्रन्थों की रचना की। उसके द्व ारा रचित कुछ प्रमुख ग्रन्थ हैं- **समरांगणसूत्रधार, सरस्वतीकंठाभरण, सिद्धान्त संग्रह, राजमार्तंड, योगसूत्रवृत्ति, विद्याविनोद, युक्तिकल्पतरू, चारूचर्चा, नाममालिका, आयुर्वेद सर्वस्व, शृंगार प्रकाश, प्राकृत व्याकरण, कूर्मशतक, शृंगार मंजरी, भौजचंपू, तत्वप्रकाश, शब्दानुशासन और राजमृगांक** आदि।
- राजा भोज कृत युक्तिकल्पतरू में वास्तुशास्त्र के साथ-साथ विविध वैज्ञानिक यन्त्रों व उनके उपयोग का उल्लेख है।
- राजा भोज के दरबारी कवियों में **भास्कर भट्ट, दामोदर मिश्र, धनपाल** आदि प्रमुख थे।
- राजा भोज ने अपनी राजधानी धार को विद्या एवं कला के महत्त्वपूर्ण केन्द्र के रूप में स्थापित किया। यहाँ पर भोज ने अनेक महल एवं मंदिरों का निर्माण करवाया, जिनमें **सरस्वती मंदिर** सर्वाधिक महत्त्वपूर्ण है। इस सरस्वती मंदिर के परिसर में ही एक संस्कृत महाविद्यालय खोला गया था।
- उसके अन्य मंदिर निर्माण कार्यों में **केदारेश्वर, रामेश्वर, सोमनाथ, सुंडार** आदि मंदिर उल्लेखनीय हैं।
- राजा भोज ने चित्तौड़ में **त्रिभुवन नारायण मंदिर** का निर्माण करवाया।
- राजा भोज ने **भोजपुर नगर** एवं **भोजसेन नामक तालाब** का भी निर्माण करवाया था।
- परमार वंश के बाद तोमर वंश का, उसके बाद चौहान वंश का अंत हुआ और अंतत: 1297 ई. में अलाउद्दीन खिलजी के सेनापति नसरत खाँ ने मालवा पर अधिकार कर लिया।

चंदेल वंश

- प्रतिहार साम्राज्य के पतन के बाद बुंदलेखंड के क्षेत्र पर चंदेल वंश का स्वतन्त्र राजनीतिक इतिहास प्रारम्भ हुआ।

- बुंदेलखंड का प्राचीन नाम जेजाकभुक्ति था।
- चंदेल वंश का संस्थापक **नन्नुक** (831 ई.) था।
- चंदेलों की प्रारम्भिक राजधानी **कालिंजर** (महोबा) थी, बाद में इन्होंने खजुराहों को अपनी राजधानी बनाया।
- चंदेल वंश के प्रमुख शासकों में यशोवर्मन (925-950 ई.), धंगदेव (950-1002 ई.), विद्याधर (1019-1029 ई.) एवं कीर्तिवर्मन (1060-1100 ई.) का नाम उल्लेखनीय है।
- यशोवर्मन के समय चंदेल शक्ति अपने चरमोत्कर्ष पर थी।
- यशोवर्मन विजेता होने के साथ ही निर्माता भी था। उसने खजुराहों में एक विशाल **विष्णु मंदिर** का निर्माण करवाया। इस मंदिर को **चतुर्भुज मंदिर** भी कहा जाता है। इस मंदिर में विष्णु की स्थापित प्रतिमा को यशोवर्मन ने प्रतिहार राजा देवपाल को परास्त करके प्राप्त किया था।
- धंगदेव को चंदेलों की **वास्तविक स्वाधीनता का जन्मदाता** माना जाता है। उसने **महाराजाधिराज** की उपाधि धारण की।
- धंगदेव के काल में **निर्मित खजुराहों का विश्व विख्यात मंदिर** स्थापत्य कला का एक अनोखा उदाहरण है।
- धंगदेव ने ही अपनी राजधानी कालिंजर से **खजुराहो** स्थानांतरित की।
- धंगदेव ने **जिन्ननाथ, विश्वनाथ** एवं **वैद्यनाथ मंदिर** का निर्माण करवाया।
- धंगदेव ने गंगा-यमुना के पवित्र संगम में शिव की आराधना करते हुए अपने शरीर का त्याग किया।
- विद्याधर ने प्रतिहार शासक राज्यपाल की हत्या मात्र इसलिए कर दी क्योंकि उसने महमूद गजनवी के कन्नौज पर आक्रमण के समय बिना युद्ध किये ही गजनवी के सामने समर्पण कर दिया था।
- विद्याधर ही **अकेला** ऐसा भारतीय नरेश था, जिसने महमूद गजनवी की महत्त्वाकांक्षाओं का सफलतापूर्वक प्रतिरोध किया।
- कीर्तिवर्मन इस वंश का प्रख्यात शासक था। **प्रबोध चन्द्रोदय** नामक नाटक की रचना उसके दरबारी कृष्ण मिश्र ने की थी।
- कीर्तिवर्मन ने महोबा के निकट **कीरतसागर** नामक झील का निर्माण करवाया।
- परमार्दिदेव (परमाल) इस वंश का **अंतिम महान** शासक था।
- **आल्हा-उदल** नामक दो सेनानायक परमार्दिदेव के दरबार में रहते थे, जिन्होंने पृथ्वीराज-III के साथ युद्ध करते हुए अपनी जान गंवायी थी।
- परमार्दिदेव ने 1202 ई. में कुतुबुद्दीन ऐबक की अधीनता स्वीकार कर ली। इस पर उसके मन्त्री अजयदेव ने उसकी हत्या कर दी।

गुजरात के चालुक्य वंश/सोलंकी वंश

- चालुक्य (सोलंकी) वंश का संस्थापक मूलराज-I (995-1008 ई.) था। उसने अन्हिलवाड़ा को अपनी राजधानी बनाया।
- मूलराज-I शैव धर्म का अनुयायी था।
- मूलराज-I के अतिरिक्त इस वंश के प्रमुख शासकों में- भीम-I, जयसिंह, कुमारपाल एवं भीम-II का नाम उल्लेखनीय है।
- भीम-I अपने वंश का **सर्वाधिक शक्तिशाली** शासक था।

- भीम-I के शासन काल में लगभग 1025-1026 ई. में महमूद गजनवी ने **सोमनाथ के मंदिर पर आक्रमण** कर लूट-पाट की थी।
- महमूद गजनवी के सोमनाथ मंदिर ध्वस्त कर चले जाने के बाद भीम-I ने उसका **पुनर्निर्माण** कराया।
- भीम-I के सामंत विमल ने माउंट आबू पर्वत पर **दिलवाड़ा का प्रसिद्ध जैन मंदिर** बनवाया था।
- जयसिंह ने **सिद्धराज** (सिंधुराज) की उपाधि धारण कर शासन किया।
- जयसिंह सिद्धराज (1094-1153 ई.) इस वंश का सर्वाधिक योग्य एवं प्रतापी राजा था। जयसिंह के राजदरबार में प्रसिद्ध जैन आचार्य हेमचन्द्र रहते थे।
- जयसिंह सिद्धराज ने माउंट आबू पर्वत (राजस्थान) पर एक मंडप बनाकर अपने सातों पूर्वजों की गजारोही मूर्तियों की स्थापना की।
- सोलंकी शासक कुमारपाल (1153-1173 ई.) जैन मतानुयायी था। वह जैन धर्म के **अंतिम राजकीय प्रवर्तक** के रूप में प्रसिद्ध है।
- भीम-II ने 1178 ई. में माउंट आबू पर्वत के समीप मुहम्मद गोरी को परास्त किया।
- भीम-II को 1187 ई. में कुतुबद्दीन ऐबक ने परास्त कर दिया। भीम-II इस वंश का अंतिम शासक था।
- भीम-II के एक मन्त्री लवण प्रसाद ने गुजरात में बघेल वंश की स्थापना की।
- बघेल वंश का कर्ण-II गुजरात का अंतिम हिन्दू शासक था, इसने अलाउद्दीन खिलजी की सेनाओं का मुकाबला किया था।
- **मोढ़ेरा के सूर्य मंदिर** का निर्माण सोलंकी राजाओं के शासन काल में हुआ था।

कलचूरी-चेदी राजवंश

- कोकल्ल प्रथम ने लगभग 845 ई. में कलचूरी वंश की स्थापना की थी। उसने त्रिपुरी को अपनी राजधानी बनाया।
- कलचूरी सम्भवतः **चन्द्रवंशी** क्षत्रिय थे।
- इस वंश के प्रमुख शासकों में युवराज-I, लक्ष्मणराज, गांगेयदेव एवं कर्णदेव का नाम उल्लेखनीय है।
- युवराज-I का काल मुख्यतः साहित्यिक गतिविधियों के लिए जाना जाता है।
- राजशेखर कृत विद्धसालभंजिका में युवराज को **उज्जयिनी भुजंग** कहा गया है।
- युवराज-I के राजदरबार में रहते हुए ही राजशेखर ने अपने दो ग्रन्थों- काव्यमीमांसा एवं विद्धसालभंजिका की रचना की।
- लक्ष्मणराज विस्तारवादी प्रवृत्ति का शासक था। उसके अभियानों में ओडिशा अभियान महत्त्वपूर्ण था, जिसमें उसने वहाँ (ओडिशा) के शासक से सोने एवं मणियों से निर्मित कालिया नाग को छीन लिया था।
- लक्ष्मणराज शैव मतावलंबी था।
- कलचूरी वंश का एक अन्य शक्तिशाली शासक गांगेयदेव था, जिसने **विक्रमादित्य** की उपाधि धारण की।
- पूर्व-मध्य काल में स्वर्ण सिक्कों के विलुप्त हो जाने के पश्चात् गांगयदेव ने सर्वप्रथम उन्हें प्रारम्भ करवाया।

- कर्णदेव कलचूरी वंश का सबसे महान शासक था। उसने कलिंग विजय के उपरांत **त्रिकलिंगाधिपति** की उपाधि धारण की।

सिसोदिया वंश

- सिसोदिया वंश के शासक अपने को सूर्यवंशी कहते थे।
- इस वंश के शासक **मेवाड़** (राजस्थान) पर शासन करते थे। मेवाड़ की राजधानी **चित्तौड़** थी।
- इस वंश के **राण कुंभा** ने अपनी विजयों की उपलक्ष्य में चित्तौड़ में विजय स्तंभ का निर्माण करवाया।
- **खटोली का युद्ध** राणा सांगा एवं इब्राहिम लोदी के बीच 1518 ई. में हुआ, जिसमें इब्राहिम लोदी की हार हुई।

मध्यकालीन भारत

1. भारत पर अरबों का आक्रमण

- अरबों ने **मुहम्मद बिन कासिम** के नेतृत्व में भारत पर पहला आक्रमण किया था।
- अरबों ने सिंध पर 712 ई. में विजय प्राप्त की थी।
- अरबों के आक्रमण के समय सिंध पर **दाहिर** का शासन था।
- भारत पर अरबों के आक्रमण का मुख्य उद्देश्य था, यहाँ के धन-दौलत को लूटना और इस्लाम का प्रचार करना।

अरब आक्रमण का परिणाम

1. अरबों ने भारत में अन्य विजित प्रदेशों की तरह धर्म पर आधारित राज्य स्थापित करने का प्रयत्न नहीं किया। हिन्दुओं को महत्त्वपूर्ण पदों पर बैठाया।
2. इस्लाम धर्म ने हिन्दू धर्म के प्रति सहिष्णुता का प्रदर्शन किया।
3. अरबों की सिंध विजय का आर्थिक क्षेत्र पर भी प्रभाव पड़ा।
4. अरबवासियों ने चिकित्सा, दर्शनशास्त्र, नक्षत्रविज्ञान, गणित (दशमलव प्रणाली) एवं शासन प्रबंध की शिक्षा भारतीयों से ही ग्रहण की।
5. **चरक संहिता** एवं **पंचतन्त्र ग्रन्थों** का अरबी में अनुवाद किया गया।
6. बगदाद के खलीफाओं ने भारतीय विद्वानों को संरक्षण प्रदान किया। खलीफा मंसूर के समय में अरब विद्वानों ने अपने साथ ब्रह्मगुप्त द्वारा रचित **'ब्रह्म-सिद्धान्त'** एवं **'खण्डखाद्य'** को लेकर बगदाद गये और अलफजारी ने भारतीय विद्वानों के सहयोग से इन ग्रन्थों का अरबी भाषा में अनुवाद किया।

2. महमूद गजनी/गजनवी

- अरबों के बाद तुर्कों ने भारत पर आक्रमण किया। तुर्क चीन की उत्तरी-पश्चिमी सीमाओं पर निवास करने वाली असभ्य एवं बर्बर जाति थी। उनका उद्देश्य एक विशाल मुस्लिम साम्राज्य स्थापित करना था।
- **अल्पतगीन** नामक एक तुर्क सरदार ने गजनी में स्वतन्त्र तुर्क राज्य की स्थापना की।
- अल्पतगीन के गुलाम तथा दामाद सुबुक्तगीन ने 977 ई. में गजनी पर अपना अधिकार कर लिया।
- महमूद गजनी **सुबुक्तगीन** का पुत्र था।
- अपने पिता के काल में महमूद गजनी **खुरासान** का शासक था।
- सुबुक्तगीन की मृत्यु के बाद उसका पुत्र एवं उत्तराधिकारी महमूद गजनवी गजनी की गद्दी पर 998 ई. में बैठा। उस समय उसकी आय 27 वर्ष थी।
- **तारीख-ए-गुजीदा** के अनुसार महमूद ने सीस्तान के राजा खलफ-बिन-अहमद को पराजित कर सुल्तान की उपाधि धारण की। इतिहासकारों के अनुसार सुल्तान की उपाधि धारण करने वाला महमूद **पहला तुर्क शासक** था।
- बगदाद के खलीफा **अल-आदिर विल्लाह** ने महमूद गजनी के पद को मान्यता प्रदान करते हुए उसे **यामीनुद्दौला** तथा **अमीन-उल-मिल्लाह** की उपाधि दी। उपाधि प्राप्त करते समय महमूद गजनी ने प्रतिज्ञा प्राप्त की थी कि वह प्रतिवर्ष भारत पर एक आक्रमण करेगा।
- इस्लाम धर्म के प्रचार और धन प्राप्ति के उद्देश्य से उसने भारत पर 17 बार आक्रमण किया था।
- महमूद ने अपने भारतीय आक्रमणों के समय **जेहाद** (धर्मयुद्ध) का नारा दिया और साथ ही अपना नाम **बुत शिकन** अर्थात् मूर्तिभंजक रखा।

- महमूद गजनी ने भारत पर **पहला आक्रमण** 1001 ई. में किया था। यह आक्रमण शाही राजा जयपाल के विरुद्ध उसकी पहली महत्त्वपूर्ण जीत बतायी जाती है।
- महमूद गजनी ने थानेसर (हरियाणा) के चक्रस्वामिन की कांस्य निर्मित आदमकद प्रतिमा को गजनी भेजकर रंगभूमि में रखवाया।
- महमूद गजनी का सबसे चर्चित आक्रमण 1025-1026 ई. में सोमनाथ मंदिर (सौराष्ट्र) पर हुआ, जिसमें सोमनाथ मंदिर के अपार सम्पत्ति को बुरी तरह लूट लिया गया। इस मंदिर को लूटते समय महमूद ने लगभग 50,000 ब्राह्मणों एवं हिन्दुओं का कत्ल कर दिया था।
- सोमनाथ मंदिर लूटकर ले जाने के क्रम में महमूद पर जाटों ने आक्रमण किया था और कुछ सम्पत्ति लूट ली थी।
- महमूद गजनी का अंतिम भारतीय आक्रमण 1027 ई. में जाटों के विरुद्ध था।
- महमूद गजनी की मृत्यु 1030 ई. गजनी में हो गयी।
- महमूद के भारतीय आक्रमण का वास्तविक उद्देश्य धन की प्राप्ति था।
- वह एक मूर्तिभंजक (बुत शिकन) आक्रमणकारी था।
- महमूद की सेना में **सेवंदराय** एवं **तिलक** जैसे हिन्दू उच्च पदों पर नियुक्त थे।
- महमूद के भारत आक्रमण के समय उसके साथ प्रसिद्ध इतिहासविद्, गणितज्ञ, भूगोलवेत्ता, खगोल एवं दर्शनशास्त्र का ज्ञाता तथा **किताबुल हिन्द** का लेखक अलबरूनी भारत आया। अलबरूनी महमूद का दरबारी कवि था। इसके अतिरिक्त इतिहासकार **उतबी**, **तारीख-ए-सुबुक्तगीन** के लेखक **वैहाकी** भी उसके साथ आये।
- **शाहनामा** का लेखक **फिरदौसी**, फारसी कवि **उजारी**, खुरासानी विद्वान **तुसी**, महान शिक्षक और विद्वान **उन्सुरी**, विद्वान **अस्जदी** और **फारूखी** आदि उसके दरबारी कवि थे।

3. मुहम्मद गोरी

- शिहाबुद्दीन उर्फ मुईजुद्दीन मुहम्मद गोरी ने भारत में तुर्क राज्य की स्थापना की।
- मुहम्मद गोरी गजनी और हिरात के मध्य स्थित छोटे पहाड़ी प्रदेश गोर/गौर का 1173 ई. में शासक बना।
- मुहम्मद गोरी ने भी भारत पर अनेक आक्रमण किये।
- उसने प्रथम आक्रमण 1175 ई. में मुल्तान के सुल्तान के विरुद्ध किया।
- मुहम्मद गोरी का दूसरा आक्रमण 1178 ई. में **पाटन** (गुजरात) पर हुआ। यहाँ पर चालुक्य वंश (सोलंकी वंश) का शासन था। इस वंश के भीम-II ने मुहम्मद गोरी को आबू पर्वत के समीप परास्त किया। संभवत: यह मुहम्मद गोरी की प्रथम भारतीय पराजय थी।
- 1191 ई. में गोरी और पृथ्वीराज चौहान के बीच तराईन के मैदान में युद्ध हुआ। इस युद्ध में गोरी बुरी तरह परास्त हुआ। इस युद्ध को **तराईन का प्रथम युद्ध** कहा जाता है।
- 1192 ई. में गोरी और पृथ्वीराज चौहान के मध्य तराईन के मैदान में पुन: युद्ध हुआ। इस युद्ध का परिणाम मुहम्मद गोरी के पक्ष में रहा तथा इसके उपरांत पृथ्वीराज चौहान की हत्या कर दी गयी। इस युद्ध को **तराईन का द्वितीय युद्ध** कहा जाता है।
- 1194 ई. में गोरी एवं गहड़वाल शासक जयचन्द के बीच **चंदावर का युद्ध** हुआ। इस युद्ध में भी गोरी को विजय प्राप्त हुई।
- मुहम्मद गोरी भारत में अपने विजित प्रदेशों का शासन अपने विश्वसनीय गुलाम कुतुबद्दीन ऐबक को सौंप कर वापस गजनी चला गया।
- मुहम्मद गोरी की हत्या 15 मार्च, 1206 ई. में गजनी वापस जाते समय मार्ग में कर दी गयी थी।

मुहम्मद गौरी द्वारा लड़ा गया प्रमुख युद्ध			
युद्ध	वर्ष	पक्ष	परिणाम
तराइन का प्रथम युद्ध	1191 ई०	मुहम्मद गौरी एवं पृथ्वीराज चौहान	पृथ्वीराज चौहान विजयी
तराइन का द्वितीय युद्ध	1192 ई०	मुहम्मद गौरी एवं पृथ्वीराज चौहान	मुहम्मद गौरी विजयी
चन्दावर का युद्ध	1194 ई०	मुहम्मद गौरी एवं जयचन्द	मुहम्मद गौरी विजयी

4. दिल्ली सल्तनत

गुलाम वंश (1206–1290 ई.)

- 1206 से 1290 ई. के मध्य दिल्ली सल्तनत पर जिन तुर्क शासकों द्वारा शासन किया गया उन्हें **गुलाम वंश** का शासक माना जाता है।
- इस काल के दौरान दिल्ली सल्तनत पर शासन करने वाले राजवंश थे- कुतुबुद्दीन ऐबक 'कुत्बी', इल्तुतमिश 'शम्शी' और बलबन 'बलबनी'।
- इन तीनों तुर्क शासकों को गुलाम वंश का शासक कहना ठीक नहीं होगा क्योंकि इनका जन्म स्वतन्त्र माता-पिता से हुआ था। अतः इनके लिए **प्रारम्भिक तुर्क शासक** व **ममलूक शासक** शब्द ज्यादा उपयुक्त है।
- ऐबक, इल्तुतमिश एवं बलबन में इल्तुतमिश एवं बलबन 'इल्बारी तुर्क' थे।
- गुलाम वंश की स्थापना 1206 ई. में **कुतुबुद्दीन ऐबक** ने किया था। यह गोरी का गुलाम था।
- कुतुबुद्दीन ऐबक ने अपना राज्याभिषेक 24 जून, 1206 ई. को किया था। उसने **लाहौर** में अपनी राजधानी बनायी थी।
- सिंहासनरूढ़ होने के समय ऐबक ने अपने को **मलिक** एवं **सिपहसालार** की पदवी से सन्तुष्ट रखा।
- ऐबक ने गोरी के भारतीय सल्तनत में मलिक एवं सिपहसालार की हैसियत से कार्य किया।
- ऐबक के शासन काल को **तीन भागों** में बाँटा जा सकता है-
  1. 1192-1206 की अवधि सैनिक गतिविधियों की अवधि थी।
  2. 1206-1208 की अवधि राजनयिक कार्यों की अवधि थी।
  3. 1208-1210 की अवधि में उसका अधिकांश समय दिल्ली सल्तनत की रूप-रेखा बनाने में बीता।
- 1208 से 1210 की अवधि में उसने स्वतन्त्र भारतीय प्रदेश पर स्वतन्त्र शासक के रूप में शासन किया।
- ऐबक ने नये प्रदेश जीतने की अपेक्षा जीते हुए प्रदेश की सुरक्षा की ओर विशेष ध्यान दिया।
- उदारता एवं दानी प्रवृत्ति के कारण ऐबक को **लाखबख्स** (लाखों का दानी) कहा जाता था।
- इतिहासकार मिनहाज ने ऐबक की दानशीलता के कारण उसे **हातिम-II** की संज्ञा दी है।
- साहित्य एवं स्थापत्य में भी ऐबक की दिलचस्पी थी।
- ऐबक के दरबार में विद्वान **हसन निजामी** एवं फख-ए-मुदब्बिर को संरक्षण प्राप्त था।
- स्थापत्य कला के क्षेत्र में ऐबक के नाम के साथ कुव्वत-उल-इस्लाम, ढ़ाई दिन का झोपड़ा एवं कुतुबमीनार के निर्माण को रखा जाता है।

- कुतुबमीनार जिसे **शेख ख्वाजा कुतुबुद्दीन बख्तियार काकी** की स्मृति में बनाया गया है, के निर्माण कार्य को प्रारम्भ करवाने का श्रेय कुतुबुद्दीन ऐबक को जाता है।
- 1210 ई. में लाहौर में चौगान (पोलो) खेलते समय घोड़े से गिरने के कारण ऐबक की मृत्यु हो गयी। उसे लाहौर में दफनाया गया।
- प्राचीन नालंदा विश्वविद्यालय को ध्वस्त करने वाला ऐबक का सहायक सेनानायक इख्तयारूद्दीन मुहम्मदबिन बख्तियार खिलजी था।
- ऐबक का उत्तराधिकारी **आरामशाह** हुआ जिसने सिर्फ आठ महीनों तक शासन किया।
- आरामशाह की हत्या करके **इल्तुतमिश** 1211 ई. में दिल्ली की गद्दी पर बैठा।
- इल्तुतमिश तुर्किस्तान का **इल्बारी तुर्क** था, जो ऐबक का गुलाम एवं दामाद था। ऐबक की मृत्यु के समय इल्तुतमिश बदायूँ का सूबेदार/गवर्नर था।

इल्तुतमिश के महत्त्वपूर्ण कार्य

1. राजधानी को लाहौर से दिल्ली स्थानांतरित किया।
2. कुतुबमीनार के निर्माण को पूर्ण करवाया।
3. **सबसे पहले** शुद्ध अरबी सिक्के जारी किये। उसके द्वारा जारी चाँदी का सिक्का **टंका** (लगभग 175 ग्रेन का) तथा ताँबे का सिक्का **जीतल** कहलाता था।
4. इक्ता व्यवस्था का प्रचलन करवाया।
5. अपने 40 गुलाम सरदारों का एक गुट या संगठन बनाया, जिसे **तुर्कान-ए-चिहालगानी** का नाम दिया गया। इस संगठन को **चरगान** भी कहा गया है।
6. सर्वप्रथम दिल्ली के अमीरों का दमन किया। इन अमीरों में **कुत्बी** अर्थात् कुतुबुद्दीन के समय के सरदार/अमीर तथा **मुइज्जी** अर्थात् गोरी के समय के अमीर मुख्य थे।

- फरवरी, 1229 ई. में बगदाद के खलीफा से इल्तुतमिश को सम्मान में **खिलअत** एवं **प्रमाण-पत्र** प्राप्त हुआ। प्रमाण-पत्र प्राप्त होने के बाद इल्तुतमिश वैध सुल्तान एवं दिल्ली सल्तनत एक वैध स्वतन्त्र राज्य बन गया।
- खलीफ से खिलअत मिलने के बाद इल्तुतमिश ने **नासिर अमीर उल मोमिन** की उपाधि ग्रहण की।
- इल्तुतमिश के दरबार में मिन्हाज-उल-सिराज, मलिक दाजुद्दीन को संरक्षण प्राप्त था।
- अवफी ने इल्तुतमिश के ही शासन काल में **जिवामी-उल-हिकायत** की रचना की। निजामुलमुल्क मुहम्मद जुनैदी, मलिक कुतुबुद्दीन हसन गोरी और फखरूल मुल्क इसामी जैसे योग्य व्यक्तियों को उसका संरक्षण प्राप्त था।
- इल्तुतमिश शेख कुतुबुद्दीन तबरीजी, शेख बहाउद्दीन जकारिया, शेख नजीबुद्दीन नख्शबी आदि सूफी संतों का बहुत सम्मान करता था।
- भारत में सम्भवतः पहला मकबरा बनवाने का श्रेय भी इल्तुतमिश को दिया जाता है। उसे मकबरा निर्माण शैली का जन्मदाता भी कहा जाता है।
- **अजमेर की मस्जिद** का निर्माण इल्तुतमिश ने ही करवाया था।
- इल्तुतमिश की अप्रैल, 1236 ई. में मृत्यु हो गयी।
- इल्तुतमिश के बाद उसका पुत्र **रूकनुद्दीन फिरोज** गद्दी पर बैठा। वह अयोग्य एवं विलासी प्रवृत्ति का शासक था। इसके अल्पकालीन शासन पर उसकी माँ **शाहतुर्कान** छायी रही।
- रूकनुद्दीन फिरोज एवं उसकी माँ शाहतुर्कान के अत्याचारों से चारों तरफ विद्रोह फूट पड़ा।

ऐसी स्थिति में अमीरों ने रूकनुद्दीन को हटाकर रजिया को सिंहासन पर आसीन किया। इस तरह **रजिया बेगम (1236-1239 ई.) प्रथम मुस्लिम महिला थी, जिसने शासन की बागडोर सम्भाली।**

- रजिया के सिंहासन पर बैठने का विरोध करने वाले प्रमुख तुर्की अमीरों में उल्लेखनीय नाम हैं- निजामुलमुल्क जुनैदी, मलिक अलाउद्दीन जानी, मलिक सैफुद्दीन कूची, मलिक ईजुद्दीन कबीर खाँ एवं मलिक ईजुद्ददीन सलारी आदि।
- रजिया ने पर्दा प्रथा का त्यागकर तथा पुरुषों की तरह **कुबा/चोंगा (कोट)** एवं **कुलाह (टोपी)** पहनकर राज-दरबार में खुले मुँह जाने लगी।
- रजिया ने अपने कुछ विश्वासपात्र सरदारों को उच्च पदों पर नियुक्त किया। इख्तियारूद्दीन ऐतगीन को **अमीर-ए-हाजिब**, मलिक जमालुद्दीन याकूत (अबीसीनियन) को **अमीर-ए-आखूर** (घोड़े का सरदार), मलिक ईजुद्दीन कबीर खाँ को **लाहौर का अक्तादार** और इख्तियारूद्दीन अल्तूनिया को **तबरहिन्द (भटिंडा) का अक्तादार** नियुक्त किया।
- गैर तुर्कों को सामंत बनाने के रजिया के प्रयासों से तुर्की अमीर विरुद्ध हो गये और उसे बन्दी बनाकर दिल्ली की गद्दी पर मुईजुद्दीन बहरामशाह (1240-1242 ई.) को बैठा दिया।
- रजिया की शादी **तबरहिन्द के अक्तादार अल्तूनिया** से हुई। उससे शादी करने के बाद रजिया ने पुनः गद्दी प्राप्त करने का प्रयास किया, लेकिन वह असफल रही।
- रजिया की 13 अक्टूबर, 1240 ई. को डाकुओं के द्वारा **कैथल** के पास हत्या कर दी गयी।
- मुईजुद्दीन बहरामशाह को बन्दी बनाकर उसकी हत्या मई 1242 ई में कर दी गयी।
- बहराम शाह के बाद **अलाउद्दीन मसूदशाह** 1242 ई. में दिल्ली का सुल्तान बना।
- जून, 1246 ई. में बलबन ने षड्यन्त्र के द्वारा अलाउद्दीन मसूदशाह को सुल्तान के पद से हटाकर इल्तुतमिश के प्रपौत्र **नासिरूद्दीन महमूद** (1246-1266 ई.) को सुल्तान बना दिया।
- नासिरूद्दीन ने राज्य की समस्त शक्ति बलबन को सौंप दिया।
- नासिरूद्दीन महात्वाकांक्षाओं से रहित एक धर्मपरायण व्यक्ति था। वह कुरान की नकल करता था और उसको बेचकर जीविका चलाता था।
- **नासिरूद्दीन महमूद** ऐसा सुल्तान था, जो टोपी सीकर अपनी जीवन-निर्वाह करता था।
- नासिरूद्दीन ने 7 अक्टूबर, 1249 को बलबन को **उलूगखाँ** की उपाधि प्रदान की तदुपरांत उसे अपना **अमीरे-हाजिब** बनाया।
- बलबन ने अपनी पुत्री का विवाह नासिरूद्दीन महमूद के साथ किया था।
- बलबन (1266-1290 ई.) का वास्तविक नाम **बहाउद्दीन** था। वह इल्तुतमिश के **चालीस गुलाम तुर्कों** के दल (तुर्कान-ए-चिहालगानी) का सदस्य था।
- इल्बारी तुर्क जाति के बलबन ने 1266 ई. में गियासुद्दीन बलबन के नाम से दिल्ली की गद्दी पर बैठा। बलबन मंगोलों के आक्रमण से दिल्ली की रक्षा करने में सफल रहा।
- बलबन ने इल्तुतमिश द्वारा स्थापित 40 तुर्की सरदारों के दल को समाप्त कर दिया।
- बलबन के काल में एकमात्र विद्रोह बंगाल में हुआ जिसे उसने कठोरता से कुचल दिया।
- बलबन **पहला सुल्तान** था जिसने **राजत्व के सिद्धान्त** को प्रतिपादन किया। उसने राजत्व को **नियामते-खुदाई** (ईश्वर द्वारा प्रदत्त) तथा राजा को **जिल्ले-इलाही** (ईश्वर की छाया) कहा।
- बलबन ने तुर्क प्रभाव को कम करने के लिए फारसी परम्परा पर आधारित **सिजदा** (घुटने पर बैठकर सम्राट के सामने सिर झुकाना) एवं **पाबोस** (पाँव को चूमना) के प्रचलन को अनिवार्य कर दिया।

- बलबन ने फारसी परंपरा (ईरानी परंपरा) पर आधारित **नवरोज** उत्सव को प्रारम्भ किया।
- बलबन ने अपने विरोधियों के प्रति **लौह एवं रक्त** नीति का पालन किया। इस नीति के अन्तर्गत विद्रोही व्यक्ति की हत्या कर उसकी स्त्री एवं बच्चों को दास बना लिया जाता था।
- पश्चिमोत्तर सीमा प्रांत पर मंगोल आक्रमण के भय को समाप्त करने के लिए बलबन ने एक सुनिश्चित योजना का क्रियान्वयन किया। उसने सैन्य विभाग, **दीवान-ए-अर्ज** को पुनर्गठित करवाया तथा सीमांत क्षेत्र में स्थित किलों का पुनर्निर्माण करवाया।
- बलबन ने अयोग्य एवं वृद्ध सैनिकों को पेंशन देकर मुक्त करने की योजना चलाई। उसने अपने सैनिकों को वेतन का नकद भुगतान किया।
- बलबन ने राज्य के अन्तर्गत होने वाले षड्यन्त्रों एवं विद्रोहों के विषय में पूर्व जानकारी के लिए **गुप्तचर विभाग** की स्थापना की।
- बलबन ने फारसी रीति-रिवाज पर आधारित एवं उनके राजाओं के नाम की तरह अपने पुत्रों का नाम रखा।
- बलबन अपने प्रिय पुत्र मुहम्मद की मृत्यु के सदमे को बर्दाश्त न कर सका और 80 वर्ष की अवस्था में 1286 ई. में उसकी मृत्यु हो गयी।
- बलबन ने अपने राजदरबार में अनेक कलाकारों एवं साहित्यकारों को संरक्षण प्रदान किया। उसके राज्याश्रय में फारसी के प्रसिद्ध कवि अमीर खुसरो एवं अमीर हसन रहते थे। इसके अतिरिक्त ज्योतिषी एवं चिकित्सक मौलाना हमीदुद्दीन मुतरिज, प्रसिद्ध मौलाना बदरूद्दीन एवं मौलाना हिसानुद्दीन भी उसके दरबार में रहते थे।
- शम्सुद्दीन कैमुर्स गुलाम वंश का **अंतिम शासक** था। इसकी हत्या करके जलालुद्दीन फिरोज खिलजी ने खिलजी वंश की स्थापना की।

खिलजी वंश (1290–1320 ई.)

- गुलाम वंश के शासन को समाप्त कर 13 जून, 1290 ई. को **जलालुद्दीन फिरोज खिलजी** (1290-1296 ई.) ने खिलजी वंश की स्थापना की। खिलजी वंश की स्थापना को **खिलजी क्रांति** के नाम से भी जाना जाता है।

खिलजी क्रांति का महत्त्व

1. गुलाम वंश की समाप्ति के बाद एक नये वंश, खिलजी वंश की स्थापना हुई।
2. दिल्ली सल्तनत का सुदूर दक्षिण तक विस्तार हुआ।
3. जातिवाद में कमी आयी।
4. यह मान्यता समाप्त हुई कि शासन केवल विशिष्ट वर्ग का व्यक्ति ही कर सकता है।
5. खिलजी मुख्यतः सर्वहारा वर्ग के थे।
6. तुर्की अमीर सरदारों के प्रभाव क्षेत्र में कमी आयी।
7. प्रशासन में धर्म और उलेमा के महत्त्व को अस्वीकार कर दिया गया।
8. शासकों की सत्ता का मुख्य स्तंभ शक्ति था।

- जलालुद्दीन ने **किलोखरी/किलखोरी** को अपनी राजधानी बनाया।
- जलालुद्दीन की हत्या 1296 ई. में उसके भतीजा एवं दामाद **अलाउद्दीन खिलजी** ने **कड़ामानिकपुर** (इलाहाबाद के निकट) में कर दी थी।
- 22 अक्टूबर, 1296 ई. में **अलाउद्दीन** दिल्ली का सुल्तान बना। अलाउद्दीन के बचपन का नाम **अली** तथा **गुरशास्प** था।

- अपनी प्रारम्भिक सफलताओं से प्रोत्साहित होकर अलाउद्दीन ने **सिकंदर द्वितीय** (सानी) की उपाधि ग्रहण कर इसका उल्लेख अपने सिक्कों पर करवाया।
- अलाउद्दीन ने यद्यपि खलीफा की सत्ता को मान्यता प्रदान करते हुए **यामिन-उल-खिलाफत-नासिरी-अमीर-उल-मोमिनीन** की उपाधि ग्रहण की किन्तु उसने खलीफा से अपने पद की स्वीकृति लेनी आवश्यक नहीं समझी।
- अलाउद्दीन ने उलेमा वर्ग को भी अपने शासन कार्य में हस्तक्षेप नहीं करने दिया।
- अलाउद्दीन ने शासन में इस्लाम के सिद्धान्तों को प्रमुखता न देकर राज्यहित को सर्वोपरि माना।
- अलाउद्दीन खिलजी ने सैनिकों की नियमित हाजिरी एवं स्थायी सेना का विकास किया। साथ ही सैनिकों को नकद वेतन देने की प्रथा का प्रचलन किया।
- **घोड़ा दागने** एवं सैनिकों का **हुलिया लिखने** की प्रथा की शुरुआत भी अलाउद्दीन खिलजी ने ही किया था।

अलाउद्दीन खिलजी : एक नजर में	
1292	मालवा पर आक्रमण, भिलसा पर अधिकार
1296	जलालुद्दीन की हत्या कर शासक बना
1298	गुजरात विजय
1299	मंगोलों का आक्रमण
1301	रणथम्भौर विजय
1303	चित्तौड़ अभियान
1304	मंगोलों का चौथा आक्रमण
1305	मालवा अभियान
1305-06	मंगोलों का पाँचवाँ व अंतिम आक्रमण
1307-08	देवगिरि पर आक्रमण
1309-10	तेलंगाना (वारंगल) विजय
1310	होयसल विजय
1311	माबर (मालाबार) विजय
1312	देवगिरि का द्वितीय अभियान
1316	अलाउद्दीन की मृत्यु
नोट : अलाउद्दीन ने दक्षिण भारत की विजय के लिए मलिक काफूर को भेजा	

- अलाउद्दीन ने भूराजस्व की दर को बढ़ाकर उपज का 1/2 भाग कर दिया।
- अलाउद्दीन ने **खम्स** (लूट का धन) में राज्य का हिस्सा 1/4 भाग के स्थान पर 3/4 भाग कर दिया।
- अलाउद्दीन ने व्यापारियों में बेईमानी रोकने के लिए कम तौलने वाले व्यक्ति के शरीर से मांस काट लेने का आदेश दिया।
- अलाउद्दीन ने अपने शासन काल में **मूल्य नियन्त्रण प्रणाली अथवा बाजार सुधार नियम** को दृढ़ता से लागू किया था। इस प्रणाली अथवा नियम को लाने का मुख्य उद्देश्य था सैनिकों को कम वेतन में ही सन्तुष्ट रखने के लिए वस्तुओं का मूल्य निर्धारित करना, ताकि कम वेतन में ही सैनिकों को सारी सुविधाएँ उपलब्ध हो सके।
- बाजार नियन्त्रण/मूल्य नियन्त्रण के लिए अलाउद्दीन खिलजी द्वारा बनाये जाने वाले नए पद थे-
  1. **दीवान-ए-रियासत :** यह व्यापारियों पर नियन्त्रण रखता था। यह बाजार नियन्त्रण की पूरी व्यवस्था का संचालक था।
  2. **शहना-ए-मंडी :** प्रत्येक बाजार में बाजार का अधीक्षक।
  3. **बरीद (गुप्तचर) :** बाजार के अंदर घूमकर बाजार का निरीक्षण करता था।
  4. **मुनहियान (व्यक्तिगत गुप्तचर) :** गुप्त सूचना प्राप्त करता था।
- अलाउद्दीन द्वारा नियुक्त **परवाना-नवीस** नामक अधिकारी वस्तुओं की परमिट जारी करता था।

- अलाउद्दीन ने मलिक कबूल को दीवान-ए-रियासत नियुक्त किया था।

बाजारों का वर्गीकरण

- **शहना-ए-मंडी :** यहाँ खाद्यानों को बिक्री हेतु लाया जाता था।
- **सराय-ए-अदल :** यहाँ वस्त्र, शक्कर, जड़ी-बूटी, मेवा, दीपक का तेल एवं अन्य निर्मित वस्तुएँ बिकने के लिए आते थे।
- अलाउद्दीन की आर्थिक नीति की व्यापक जानकारी जियाउद्दीन बरनी की कृति **तारीखे-फिरोजशाही** से मिलती है।

> **बाजार नियंत्रण करने के अलाउद्दीन खिलजी द्वारा बनोय जाने वाल नवीन पद (क्रमानुसार)**
>
> **दीवान-ए-रियासत :** यह व्यापारियों पर नियंत्रण की पूरी व्यवस्था का संचालन करता था।
>
> **शहना-ए-मंडी :** प्रत्येक बाजार में बाजार का अधीक्षक।
>
> **बरीद :** बाजार के अन्दर घूमकर बाजार का निरीक्षण करता था।
>
> **मुनहियान व गुप्तचर :** गुप्त सूचना प्राप्त करता था।

- अलाउद्दीन के आर्थिक सुधारों के अन्तर्गत मूल्य नियन्त्रण के बारे में थोड़ी बहुत जानकारी अमीर खुसरो की पुस्तक **खजाइनुल-फतूह**, इब्नबतूता की पुस्तक **रिहाला** एवं इसामी की पुस्तक **फतूहस्सलातीन** से भी मिलती है।
- मूल्य नियन्त्रण को सफल बनाने में **मुहतसिब** (सेंसर) एवं **नाजिर** (नाप-तौल अधिकारी) की महत्त्वपूर्ण भूमिका थी।
- अलाउद्दीन ने एक अधिनियम द्वारा दैनिक उपयोग की वस्तुओं का मूल्य निश्चित कर दिया था। कुछ महत्त्वपूर्ण अनाजों के मूल्य इस प्रकार थे- गेहँ 7.5 जीतल, चावल 5 जीतल, जौ 4 जीतल, उड़द 5 जीतल, मक्खन या घी 2½ किलो 1 जीतल, 1 ताँबे का सिक्का जीतल कहलाता था।
- राजस्व सुधारों के अन्तर्गत अलाउद्दीन ने सर्वप्रथम मिल्क, इनाम एवं वक्फ के अन्तर्गत दी गयी भूमि को वापस लेकर उसे खालसा भूमि में बदल दिया।
- अलाउद्दीन द्वारा आरोपित दो नए कर थे- 1. चराई कर-दुधारू पशुओं पर लगाया जाता था, 2. गढ़ी कर- घरों एवं झोपड़ी पर लगाया जाता था।
- **जजिया कर** - गैर-मुसलमानों से लिया जाता था।
- **जकात कर** - मुसलमानों से लिया जाने वाला धार्मिक कर था। यह सम्पत्ति का 40वाँ भाग होता था।

प्रशासनिक सुधार

- अकसर होने वाले विद्रोहों को दबाने के लिए अलाउद्दीन ने चार नियम लागू किये-
  1. कर मुक्त भूमि के सभी अनुदानों की जब्त।
  2. गुप्तचर प्रणाली का पुनर्गठन।
  3. मदिरा और नशीली दवाओं की खुली बिक्री पर प्रतिबन्ध।
  4. अमीरों के घरों में सामाजिक समारोहों पर प्रतिबन्ध।
- **अमीर खुसरो** अलाउद्दीन के दरबारी कवि थे। इन्हे सितार एवं तबले के आविष्कार का श्रेय दिया जाता है।
- **तुतिए हिन्द** (भारत का तोता) के नाम से प्रसिद्ध अमीर खुसरो का जन्म पटियाली (पश्चिमी उत्तरप्रदेश में बदायूं के पास) में 1252 ई. में हुआ था।
- अलाउद्दीन ने **जमात खाना मस्जिद, अलाई दरवाजा, सीरी का किला** तथा **हजार खंभा महल** का निर्माण करवाया था।
- 5 जनवरी, 1316 ई. को अलाउद्दीन खिलजी की मृत्यु हो गयी।

- कुतुबुद्दीन मुबारक खिलजी 1316 ई. में दिल्ली के सिंहासन पर बैठा। इसे नग्न स्त्री-पुरुषों की संगत पसंद थी। वह कभी-कभी राज-दरबार में स्त्रियों के वस्त्र पहनकर आ जाता था।
- बरनी के अनुसार मुबारक खिलजी कभी-कभी नग्न होकर दरबारियों के बीच दौड़ा करता था।
- मुबारक खिलजी ने **अल-इमाम, उल इमाम** एवं **खिलाफत उल्लाह** की उपाधि धारण की। उसने खिलाफत के प्रति भक्ति को हटाकर अपने को **इस्लाम धर्म का सर्वोच्च प्रधान** और **स्वर्ग** तथा **पृथ्वी** के अधिपति का खलीफा घोषित किया।
- मुबारक खिलजी ने **अलवासिक विल्लाह** की धर्म प्रधान उपाधि धारण की।
- मुबारक के वजीर खुशरो खाँ ने 15 अप्रैल, 1320 ई. को इसकी हत्या कर दी और स्वयं दिल्ली की गद्दी पर बैठा।
- खुशरो खाँ ने अपने नाम का खुतबा पढ़वाया और **पैगंबर के सेनापति** की उपाधि धारण की।
- 5 सितंबर, 1320 को गाजी मलिक (गयासुद्दीन तुगलक) ने खुशरो खाँ को एक युद्ध में हराकर तुगलक वंश की स्थापना की।

तुगलक वंश (1320-1413 ई.)

- गाजी मलिक या तुगलक गाजी गयासुद्दीन तुगलक (1320-1325 ई.) के नाम से 8 सितंबर, 1320 को दिल्ली के सिंहासन पर बैठा। इसे तुगलक वंश का संस्थापक माना जाता है।
- गयासुद्दीन तुगलक ने लगभग **26 बार** मंगोल आक्रमण को विफल किया।
- गयासुद्दीन तुगलक ने आर्थिक सुधार के अन्तर्गत अपनी आर्थिक नीति का आधार **संयम एवं नरमी के मध्य संतुलन** (रस्म-ए-मियान) को बनाया।
- गयासुद्दीन ने अमीरों की भूमि पुनः लौटा दी। उसने लगान के रूप में उपज का 1/10 या 1/12 हिस्सा ही लेने का आदेश जारी किया।
- गयासुद्दीन ने अलाउद्दीन खिलजी द्वारा स्थापित सैनिक व्यवस्था, डाक-व्यवस्था को सुदृढ़ किया, लेकिन अलाउद्दीन की **मसाहत** (भूमि नाप की पद्धति) की पद्धति त्याग दी।
- गयासुद्दीन ने सिंचाई कार्यों के लिए नहरों एवं कुएँ का निर्माण करवाया। सम्भवतः नहरों का निर्माण करवाने वाला गयासुद्दीन **पहला शासक** था।
- गयासुद्दीन में धार्मिक सहिष्णुता का अभाव था, किन्तु स्वभाव से वह दानी था तथा लोक-कल्याणकारी कार्यों को कराने में दिलचस्पी रखता था।
- न्याय-व्यवस्था के अन्तर्गत गयासुद्दीन ने एक न्याय विधान का निर्माण करवाया।
- गयासुद्दीन की महत्त्वपूर्ण विजय थी- वारंगल के तेलंगाना की विजय (1321-1323 ई.), ओडिशा की विजय (1324 ई.), बंगाल की विजय (1324 ई.), तिरहुत की विजय, मंगोल विजय (1324 ई.) आदि।
- गयासुद्दीन तुगलक ने दिल्ली के समीप स्थित पहाड़ियों पर **तुगलकाबाद** नाम का एक नया नगर स्थापित किया। **रोमनशैली** में निर्मित इसमें एक दुर्ग का भी निर्माण किया गया था। इस दुर्ग को **छप्पनकोट** के नाम से भी जाना जाता है।
- बंगाल अभियान से लौटते समय तुगलकाबाद से लगभग 8 किमी की दूरी पर स्थित अफगानपुर में उसके पुत्र जौना खाँ द्वारा निर्मित लकड़ी के महल में सुल्तान गयासुद्दीन के प्रवेश करते ही महल गिर गया जिसमें दबकर मार्च, 1325 ई. उसकी मृत्यु हो गयी।
- गयासुद्दीन तुगलक की मृत्यु के बाद उसका पुत्र जूना खाँ/जौना खाँ मुहम्मद बिन तुगलक (1325-1351 ई.) के नाम से दिल्ली की गद्दी पर बैठा।
- मुहम्मद बिन तुगलक मध्यकालीन सभी सुल्तानों में सम्भवतः सर्वाधिक शिक्षित, विद्वान एवं योग्य व्यक्ति था।

- इतिहासकारों ने मुहम्मद बिन तुगलक को उसकी सनकी योजनाओं, क्रूर कृत्यों एवं दूसरे के सुख-दु:ख के प्रति उपेक्षा भाव रखने के कारण **स्वप्नशील, पागल** तथा **रक्तपिपासु** कहा है।
- बरनी, सरहिंदी, निजामुद्दीन, बदायूंनी एवं फरिश्ता जैसे विद्वानों ने मुहम्मद बिन तुगलक को **अधर्मी** घोषित किया है।
- मुहम्मद बिन तुगलक के सिंहासन पर बैठते समय दिल्ली सल्तनत कुल 21 प्रांतों में बँटा था।
- राज्यारोहण के बाद मुहम्मद बिन तुगलक द्वारा क्रियान्वित चार योजनाएँ क्रमश: निम्न प्रकार से थी-
    1. दोआब क्षेत्र में कर वृद्धि (1326-1327 ई.)।
    2. राजधानी परिवर्तन (1326-1327 ई.)।
    3. सांकेतिक मुद्रा का प्रचलन (1329-1330 ई.)।
    4. खुरासान एवं कराचिल का अभियान।
- अपनी **प्रथम योजना** के तहत मुहम्मद बिन तुगलक ने दोआब क्षेत्र में कर दी वृद्धि (सम्भवत: 50%) कर दी परन्तु उसी वर्ष दोआब क्षेत्र में भीषण अकाल पड़ गया। अधिकारियों द्वारा जबरन कर वसूली से उस क्षेत्र में विद्रोह हो गया और सुल्तान की यह योजना असफल रही। मुहम्मद बिन तुगलक ने कृषि के विकास के लिए **अमीर-ए-कोही** नामक एक नवीन विभाग की स्थापना की।
- अपनी **दूसरी योजना** के तहत मुहम्मद बिन तुगलक ने राजधानी को दिल्ली से देवगिरि स्थानांतरित किया। उसने अपनी नई राजधानी का नाम **दौलताबाद** रखा। ऐसा प्रतीत होता है कि दक्षिण भारत पर प्रभावशाली ढंग से शासन के लिए वह देवगिरि को दूसरी राजधानी बनाना चाहता था। लेकिन भौगोलिक कारणों से मुहम्मद बिन तुगलक की यह योजना भी पूर्णत: असफल रही। 1335 ई. में उसने दौलताबाद से लोगों को दिल्ली लौटने की अनुमति दे दी।
- **तीसरी योजना** के तहत मुहम्मद बिन तुगलक ने सांकेतिक व प्रतीकात्मक सिक्कों का प्रचलन करवाया। इस योजना के तहत उसने चाँदी के एक टंके के बराबर **काँसे की मुद्रा** चलाने का निश्चय किया। जबकि सांकेतिक मुद्रा के अन्तर्गत सुल्तान ने फरिश्ता के अनुसार **पीतल** और बरनी के अनुसार **ताँबा** धातुओं के सिक्के चलाये जिसका मूल्य चाँदी के रुपये टंका के बराबर होता था। इस योजना की असफलता के कारण सुल्तान को भयानक आर्थिक क्षति उठानी पड़ी।
- **चौथी योजना** के तहत मुहम्मद बिन तुगलक के खुरासान एवं कराचिल विजय अभियान का उल्लेख किया जाता है, किन्तु राजनैतिक परिवर्तनों के कारण उसकी यह योजना भी असफल रही।
- अफ्रीकी यात्री **इब्नबतूता** लगभग 1333 ई. में भारत आया। सुल्तान ने इसे दिल्ली का काजी नियुक्त किया। 1342 में सुल्तान ने इसे अपने राजदूत के रूप में चीन भेजा।
- इब्नबतूता द्वारा रचित पुस्तक **रेहाला** में मुहम्मद बिन तुगलक काल की घटनाओं का वर्णन है।
- मुहम्मद बिन तुगलक शेख अलाउद्दीन का शिष्य था। वह दिल्ली सल्तनत का **पहला शासक** था, जो अजमेर में शेख मुइनुद्दीन चिश्ती की दरगाह और बहराइच में सालार मसूद गाजी के मकबरे में गया।
- मुहम्मद बिन तुगलक ने बदायूँ में मीरन मुलहीम, दिल्ली में शेख निजामुद्दीन औलिया, मुल्तान में शेख रूकनुद्दीन, अजोधन में शेख मुल्तान आदि संतों की कब्र पर मकबरे बनवाये।
- मुहम्मद बिन तुगलक के शासन में ही **हरिहर** और **बुक्का** नामक दो भाइयों ने 1336 ई. में स्वतन्त्र **विजयनगर राज्य** की स्थापना की।
- मुहम्मद बिन तुगलक के शासन काल में ही महाराष्ट्र में **अलाउद्दीन बहमन शाह** ने 1347 ई. में स्वतन्त्र **बहमनी राज्य** की स्थापना की।

- मुहम्मद बिन तुगलक की सिंध जाते समय **थट्टा** के निकट **गोडाल** में 20 मार्च, 1351 ई. को मृत्यु हो गयी।
- मुहम्मद बिन तुगलक की मृत्यु पर इतिहासकार **बदायूनी** ने कहा कि, "सुल्तान को उसकी प्रजा से और प्रजा को अपने सुल्तान से मुक्ति मिल गयी।"
- फिरोज शाह तुगलक (1351-1388 ई.) का राज्याभिषेक **थट्टा** के नजदीक 20 मार्च, 1351 ई. को हुआ। पुनः फिरोज का राज्याभिषेक दिल्ली में अगस्त, 1351 ई. को हुआ। खलीफा द्वारा इसे **कासिम अमीर उल मोमिनीन** की उपाधि दी गयी।
- ऐसा माना जाता है कि सुल्तान फिरोज तुगलक ने अपने शासन काल में कोई भी सैनिक अभियान साम्राज्य विस्तार के लिए नहीं किया और जो भी अभियान उसने किया वह मात्र साम्राज्य को बचाये रखने के लिए किया।
- राजस्व व्यवस्था के अंतर्गत फिरोज ने अपने शासन काल में 24 कष्टदायक करों को समाप्त कर केवल 4 कर **खराज** (लगान), **खुम्स** (युद्ध में लूट का माल), **जजिया** एवं **जकात** को वसूलने का आदेश दिया।
- फिरोज तुगलक **ब्राह्मणों** पर जजिया लागू करने वाला **पहला मुसलमान** शासक था। इससे पूर्व ब्राह्मण जजिया से मुक्त थे।
- उलेमाओं के आदेश पर सुल्तान ने एक नया कर **सिंचाई कर** (हर्ब)भी लगाया, जो उपज का 1/10 भाग था।
- फिरोज तुगलक ने सिंचाई की सुविधा के लिए 5 बड़ी नहरों का निर्माण करवाया।
- सुल्तान ने लगभग 1200 फलों के बाग लगवाये।
- फिरोज तुगलक ने **लोकनिर्माण विभाग (PWD)** की स्थापना की।
- नगर एवं सार्वजनिक निर्माण कार्यों के अंतर्गत सुल्तान ने लगभग 300 नये नगरों की स्थापना की। इनमें से हिसार, फिरोजाबाद (दिल्ली), फतेहाबाद, जौनपुर, फिरोज आदि प्रमुख थे। इन नगरों को यमुना नदी के किनारे बसाया गया, फिरोजाबाद सुल्तान को सर्वाधिक प्रिय था।
- फिरोज ने जौनपुर नगर की नींव अपने चचेरे भाई फखरूद्दीन जौना (मुहम्मद बिन तुगलक) की स्मृति में डाली थी।
- फिरोज के काल में अशोक के दो स्तंभों को क्रमशः खिज्राबाद (टोपरा गाँव, पंजाब) एवं मेरठ से लाकर दिल्ली में स्थापित किया गया।
- अपने कल्याणकारी कार्यों के अंतर्गत फिरोज ने एक रोजगार का दफ्तर एवं मुस्लिम अनाथ स्त्रियों, विधवाओं एवं लड़कियों की सहायता हेतु एक नये **दिवान-ए-खैरात** नामक विभाग की स्थापना की थी।
- सल्तनतकालीन सुल्तानों के शासनकाल में सबसे अधिक दासों की संख्या (लगभग 1,80,000) फिरोज तुगलक के समय में थी। दासों की देखभाल हेतु सुल्तान ने **दीवान-ए-बंदगान** नामक एक नये विभाग की स्थापना की।
- सैन्य व्यवस्था के अंतर्गत फिरोज ने सैनिकों को पुनः जागीर के रूप में वेतन देना प्रारंभ कर दिया। उसने **सैन्य पदों को वंशानुगत** बना दिया।
- फिरोज सम्भवतः **दिल्ली सल्तनत का प्रथम शासक** था जिसने इस्लामी नियमों का कड़ाई से पालन कर उलेमा वर्ग को प्रशासनिक कार्यों में महत्त्व दिया।
- फिरोज के सम्बन्ध में डॉ. आर.सी मजूमदार ने कहा है कि फिरोज इस युग का सबसे धर्मांध एवं इस क्षेत्र में सिकंदर लोदी एवं मुगल शासक औरंगजेब का अग्रगामी था।
- फिरोज ने अपनी आत्मकथा **फतूहात-ए-फिरोजशाही** की रचना की।

- फिरोज ने अपने दरबार में जियाउद्दीन बरनी एवं शम्स-ए-शिराज अफीफ को संरक्षण प्रदान किया। जियाउद्दीन बरनी ने **फतवा-ए-जहांदारी** एवं **तारीख-ए-फिरोजशाही** की रचना की।
- फिरोज ने **ज्वालामुखी मंदिर** के पुस्तकालय से लूटे गये 1300 ग्रन्थों में से कुछ को फारसी में विद्वान ऐजद्दीन खालिद किरमानी द्वारा **दलायते-फिरोजशाही** नाम से अनुवाद करवाया।
- मुद्रा-व्यवस्था के अंतर्गत फिरोज ने बड़ी संख्या में ताँबे एवं चाँदी के मिश्रण से निर्मित सिक्के जारी करवाये जिसे सम्भवतः **अद्धा** एवं **विख** कहा जाता था।
- सुल्तान फिरोज तुगलक ने दिल्ली में **कोटला फिरोजशाह दुर्ग** का निर्माण करवाया था। उसके काल में निर्मित **खान-ए-जहाँ तेलंगानी** के मकबरा की तुलना **जेरूसलम** में निर्मित **उमर के मस्जिद** से की जाती है।
- फिरोज तुगलक की सितंबर, 1388 ई. में मृत्यु हो गयी।
- तुगलक वंश का अंतिम शासक **नासिरूद्दीन महमूद शाह तुगलक** था। इसका शासन दिल्ली से पालम तक ही रह गया था। इसी के समय में तैमूरलंग ने दिल्ली पर आक्रमण (1398 ई.) किया था।
- नासिरूद्दीन के समय में ही **मलिक-उस-शर्क** (पूर्व का स्वामी) की उपाधि धारण कर एक हिजड़ा **मलिक सरवर (ख्वाजा जहां/जहान)** ने जौनपुर में एक स्वतन्त्र राज्य की स्थापना की।

सैय्यद वंश (1414 से 1451 ई.)

- सैय्यद वंश का संस्थापक **खिज्रखाँ** (1414-1421 ई.) था। 1414 ई. में उसने दिल्ली की राजगद्दी पर अधिकार कर लिया।
- खिज्रखाँ ने सुल्तान की उपाधि धारण न कर अपने को **रैयत-ए-आला** की उपाधि से ही खुश रखा।
- खिज्रखाँ **तैमूरलंग** का सेनापति था। तैमूरलंग जिस समय भारत से वापस जा रहा था, उसने खिज्रखाँ को मुल्तान, लाहौर एवं दीपालपुर का शासक नियुक्त कर दिया था।
- खिज्रखाँ अपने को तैमूर के लड़के शाहरूख का प्रतिनिधि बताता था और साथ ही उसे नियमित कर भेजा करता था।
- 20 मई, 1421 ई. को खिज्रखाँ की मृत्यु हो गयी।
- खिज्रखाँ के पुत्र मुबारक खाँ (1421-1434 ई.) ने **शाह** की उपाधि ग्रहण कर अपने नाम के सिक्के जारी किये।
- मुबारक शाह के समय में ही पहली बार दिल्ली सल्तनत में दो महत्त्वपूर्ण हिन्दू अमीरों का उल्लेख मिलता है।
- मुबारक शाह ने विद्वान **याहियाबिन अहमद सरहिन्दी** को अपना राज्याश्रय प्रदान किया। उसके ग्रन्थ **तारीख-ए-मुबारकशाही** में मुबारक शाह के शासन काल के विषय में जानकारी मिलती है।
- मुबारक शाह के वजीर **सरवर-उल-मुल्क** ने षड्यन्त्र द्वारा 19 फरवरी, 1434 को उस समय उसकी हत्या कर दी, जिस समय वह अपने द्वारा निर्मित नये नगर **मुबारकाबाद** का निरीक्षण कर रहा था।
- सैय्यद वंश का अंतिम सुल्तान **अलाउद्दीन आलम शाह** (1445-1450 ई.) था।
- सैय्यद वंश का शासन लगभग 37 वर्षों तक रहा।

लोदी वंश (1451-1526 ई.)

- लोदी वंश का संस्थापक बहलोल लोदी (1451-1489 ई.) था। उसका जन्म अफगानिस्तान के गिलजाई कबीले की प्रमुख शाखा शाहूखेल में हुआ था।

- बहलोल लोदी 19 अप्रैल, 1451 को **बहलोल शाह गाजी** की उपाधि से दिल्ली के सिंहासन पर बैठा।
- दिल्ली पर **प्रथम अफगान राज्य** की स्थापना का श्रेय बहलोल लोदी को दिया जाता है।
- बहलोल लोदी के शासन काल की महत्त्वपूर्ण सफलता थी- जौनपुर को एक बार पुनः दिल्ली के राज्य में शामिल करना।
- बहलोल लोदी अपने सरदारों को **मसनद-ए-अली** कह कर पुकारता था। वह सरदारों के खड़े रहने पर खुद भी खड़ा रहता था।
- बहलोल लोदी ने **बहलोली सिक्के** का प्रचलन करवाया।
- बहलोल लोदी का अंतिम विजय अभियान ग्वालियर पर किया गया आक्रमण था। जुलाई, 1489 में उसकी मृत्यु हो गयी।
- बहलोल लोदी का पुत्र एवं उत्तराधिकारी **निजाम खाँ** 17 जुलाई, 1489 को **सुल्तान सिकंदर शाह** की उपाधि लेकर दिल्ली के सिंहासन पर बैठा।
- सिकंदर शाह लोदी (1489-1517 ई.) ने 1504 ई. में **आगरा** शहर की स्थापना की तथा इसे अपनी **नई राजधानी** बनाया।
- मोठ की मस्जिद का निर्माण सिकंदर लोदी के वजीर ने करवाया था।
- सिकंदर शाह ने भूमि माप के लिए एक प्रमाणिक पैमाना **गजे-सिकंदरी** प्रचलित की।
- धार्मिक दृष्टि से सिकंदर लोदी असहिष्णु था। उसने हिन्दू मंदिरों को तोड़कर वहाँ पर मस्जिद का निर्माण करवाया।
- सिकंदर लोदी ने नगरकोट के ज्वालामुखी मंदिर की मूर्ति को तोड़कर उसके टुकड़ों को कसाइयों को मांस तोलने के लिए दे दिया था।
- मुसलमानों को **तजिया** निकालने एवं मुसलमान स्त्रियों को **पीरों** एवं **संतों** के **मजार** पर जाने पर सिकंदर लोदी ने प्रतिबंध लगा दिया था।
- सिकंदर लोदी विद्या का पोषक था। उसके आदेश पर संस्कृत के एक आयुर्वेद ग्रन्थ का फारसी में **फरहंगे सिकंदरी** के नाम से अनुवाद हुआ।
- सिकंदर का उपनाम **गुलरूखी** था। इसी उपनाम से वह कविताएँ लिखा करता था।
- सिकंदर ने संगीत के एक ग्रन्थ **लज्जत-ए-सिकंदर शाही** की भी रचना की थी।
- गले की बीमारी के कारण सिकंदर लोदी की 21 नवंबर, 1517 ई. को मृत्यु हो गयी। इसी दिन इसका पुत्र इब्राहिम, **इब्राहिम शाह** की उपाधि से आगरा के सिंहासन पर बैठा।
- 21 अप्रैल, 1526 ई. को **पानीपत के प्रथम युद्ध** में इब्राहिम लोदी बाबर द्वारा परास्त हो गया और मारा गया।
- इब्राहिम की मृत्यु के साथ ही दिल्ली सल्तनत का काल समाप्त हो गया। बाबर ने भारत में एक नवीन वंश **मुगल वंश** की स्थापना की।
- बाबर को भारत पर आक्रमण के लिए पंजाब के शासक **दौलत खाँ लोदी** एवं इब्राहिम लोदी के चाचा **आलम खाँ** ने आमंत्रित किया था।

सल्तनत काल की शासन व्यवस्था

- केन्द्रीय प्रशासन का मुखिया सुल्तान था।
- **बलबन** एवं **अलाउद्दीन** के समय अमीर प्रभावहीन हो गये।
- लोदियों के काल में अमीरों का महत्त्व चरमोत्कर्ष पर था।
- सल्तनत काल में मन्त्रिपरिषद् को **मजलिस-ए-खलवत** कहा जाता था।
- मजलिस-ए-खलवत की बैठक **मजलिस-ए-खास** में होती थी।

➩ **बार-ए-खास** में सुल्तान सभी दरबारियों, खानों, अमीरों, मालिकों और अन्य रईसों को बुलाता था।

➩ **बार-ए-आजम** में सुल्तान राजकीय कार्यों का अधिकांश भाग पूरा करता था। यहाँ पर विद्वान, मुल्ला, काजी भी उपस्थित रहते थे।

मन्त्री एवं उनसे संबद्ध विभाग

1. **वजीर** (प्रधानमन्त्री)- राजस्व विभाग का प्रमुख था।
2. **मुशरिफ-ए-मुमालिक** (महालेखाकर)- प्रांतों एवं अन्य विभागों से प्राप्त आय-व्यय का लेखा-जोखा रखता था।
3. **मजमुआदार**- उधार दिये गये धन का हिसाब रखता था।
4. **खजीन** (खजांची)- यह कोषाध्यक्ष के रूप में कार्य करता था।
5. **आरिज-ए-मुमालिक**- यह सैन्य विभाग का प्रमुख अधिकारी होता था। इसके विभाग को दीवान-ए-अर्ज कहा जाता था। इस विभाग की स्थापना बलबन की थी।
6. **सद्र-उस-सुदूर**- यह धर्म विभाग एवं दान विभाग का प्रमुख था।
7. **काजी-उल-कजात**- यह सुल्तान के बाद न्याय का सर्वोच्च अधिकारी था।
8. **बरीद-ए-मुमालिक**- यह गुप्तचर विभाग का प्रमुख अधिकारी था।

राज-दरबार से संबद्ध प्रमुख पद

1. **वकील-ए-दर**- यह सुल्तान की व्यक्तिगत सेवाओं एवं शाही महल की देखभाल करता था।
2. **बारबक**- यह दरबार की शान-शौकत एवं रस्मों की देख-रेख करता था।
3. **अमीर-ए-हाजिब**- यह सुल्तान से मिलने वालों की जाँच-पड़ताल करता था।
4. **अमीर-ए-शिकार**- यह सुल्तान के शिकार की व्यवस्था किया करता था।
5. **अमीर-ए-मजलिस**- यह शाही उत्सवों एवं दावतों का प्रबंध करता था।
6. **सर-ए-जांदर/सरजानदार**- यह सुल्तान के अंगरक्षकों का अधिकारी होता था।
7. **अमीर-ए-आखूर**- यह अश्वशाला का अध्यक्ष होता था।
8. **शहना-ए-पील**- यह हस्तिशाला का अध्यक्ष होता था।

➩ दिल्ली सल्तनत अनेक प्रांतों में बँटा हुआ था, जिसे **इक्ता** कहा जाता था। यहाँ का शासन **नायब/वली/मुक्ति** द्वारा संचालित होता था।

➩ इक्ता को शिकों (जिलों) में विभाजित किया गया था। यहाँ का शासन **अमील/नजीम** अपने अन्य सहयोगियों के साथ करता था।

➩ एक शहर या 100 गाँवों के शासन की देख-रेख **अमीर-ए-सदा** नामक अधिकारी करता था।

➩ प्रशासन की सबसे छोटी इकाई **ग्राम** थी।

सल्तनतकालीन प्रमुख विभाग व उनके संस्थापक		
क्र.	**विभाग**	**संस्थापक**
1.	दीवान-ए-मुस्तखराज (वित्त विभाग)	अलाउद्दीन खिलजी
2.	दीवान-ए-अमीरकोही (कृषि विभाग)	मुहम्मद बिन तुगलक
3.	आरिज-ए-मुमालिक (सैन्य विभाग)	बलबन
4.	दीवान-ए-बंदगान (दास विभाग)	फिरोजशाह तुगलक
5.	दीवान-ए-खैरात (दान विभाग)	फिरोजशाह तुगलक
6.	दीवान-ए-इस्तिहाक (पेंशन विभाग)	फिरोजशाह तुगलक

सैन्य संगठन

- तुर्की शासन व्यवस्था मुख्यत: सैन्य शक्ति पर आधारित थी।
- सल्तनकालीन सैन्य-व्यवस्था के अंतर्गत इल्तुतमिश द्वारा स्थापित सेना को **हश्म-ए-कल्ब** (केन्द्रीय सेना) या **कल्ब-ए-सुल्तानी** कहा जाता था।
- सल्तनत काल में चार प्रकार सैनिक होते थे-
- **प्रथम**- वे सैनिक होते थे जिनको स्वयं सुल्तान नियुक्त करता था। यह सुल्तान की स्थायी सेना होती थी। इसे **खासखेल** नाम दिया गया था।
- **द्वितीय**- वे सैनिक होते थे, जो प्रांतों एवं सूबेदारों की सेना में भर्ती होते थे।
- **तृतीय**- वे सैनिक होते थे जिन्हें युद्ध के समय अस्थायी रूप से भर्ती किया जाता था।
- **चतुर्थ**- वे सैनिक होते थे जो मुस्लिम स्वयंसेवकों के रूप में काफिरों से युद्ध करते थे।
- सल्तनतकालीन सेना मुख्यत: तीन भागों में विभक्त थी- 1. घुड़सवार सेना, 2. गज (हाथी) सेना और 3. पदाति (पैदल) सेना या पायक सेना। संख्या की दृष्टि से पैदल सेना सबसे बड़ी होती थी परन्तु सामरिक दृष्टिकोण से सेना का महत्त्वपूर्ण भाग घुड़सवार सेना होती थी।
- मंगोल सेना के वर्गीकरण की दशमलव प्रणाली को सल्तनतकालीन सैन्य व्यवस्था का आधार बनाया गया था। ये इस प्रकार हैं-

दस अश्वारोही = 1 सरखेल	दस सरखेल = 1 सिपहसालार
दस सिपहसालार = 1 अमीर	दस अमीर = 1 मलिक
दस मलिक = 1 खान	

- सल्तनत काल में बारूद की सहायता से गोला फेंकने वाली मशीन को **मंगलीक** तथा **अर्रादा** कहा जाता था।
- सल्तनत काल में अच्छी नस्ल के घोड़े तुर्की, अरब एवं रूस से मँगाये जाते थे। हाथी मुख्यत: बंगाल से प्राप्त होते थे।

न्याय एवं दंड व्यवस्था

- सल्तनत काल में सुल्तान राज्य का सर्वोच्च न्यायाधीश होता था। इस समय न्याय इस्लामी कानून शरीयत, कुरान एवं हदीस पर आधारित था।
- मुस्लिम कानून के चार महत्त्वपूर्ण स्रोत थे- **कुरान, हदीस, इजमा** एवं **कयास**।
- मुस्लिम दंड विधि को **फिकह** (इस्लामी धर्मशास्त्र) में बताये गये नियमों के अनुसार कठोरता से लागू किया जाता था।
- सुल्तान सप्ताह में दो बार दरबार में न्याय करने के लिए उपस्थित होता था।
- सल्तनत काल में मुख्यत: चार प्रकार के कानून का प्रचलन था-
  1. **सामान्य कानून**- व्यापार आदि से सम्बन्धित ये कानून मुस्लिम एवं गैर-मुस्लिम दोनों पर लागू होते थे, परन्तु सामान्यत: यह कानून केवल मुसलमानों पर लागू होता है।
  2. **देश का कानून**- मुस्लिम शासकों द्वारा शासित देश में प्रचलित स्थानीय कानून।
  3. **फौजदारी कानून**- यह कानून मुस्लिम एवं गैर-मुस्लिम दोनों पर सामान्य रूप से लागू होता था।
  4. **गैर-मुस्लिमों का धार्मिक एवं व्यक्तिगत कानून**- हिन्दूओं के सामाजिक मामलों में दिल्ली सल्तनत का सीमित हस्तक्षेप होता था।

लगान व्यवस्था

- **बँटाई**- यह लगान निर्धारित करने की एक प्रणाली थी। इस काल में **तीन प्रकार** की बँटाई विधि प्रचलन में थी-
    1. **खेत बँटाई**- खड़ी फसल या बुवाई के बाद ही खेत बाँटकर कर का निर्धारण करना।
    2. **लंक बँटाई**- खेत काटने के बाद खलिहान में लाये गये अनाज से भूसा निकाले बिना ही कृषक एवं सरकार के बीच बँटवारा हो जाता था।
    3. **रास बँटाई**- खलिहान में अनाज से भूसा अलग करने बाद सरकारी हिस्से को निर्धारित किया जाता था।

> **राजस्व (कर) व्यवस्था**
>
> **उश्र :** मुसलमानों से लिया जाने वाला भूमि कर।
>
> **खराज :** गैर-मुसलमानों से लिया जाने वाला भूमि कर।
>
> **जकात :** मुसलमानों पर धार्मिक कर (सम्पत्ति का 40वाँ हिस्सा)
>
> **जजिया :** गैर-मुसलमानों पर धार्मिक कर।
>
> नोट-खम्स : यह लूटे हुए धन, खानों अथवा भूमि में गड़े-हुए खजानों से प्राप्त सम्पत्ति का 1/5 भाग था, जिस पर सुल्तान का अधिकार था तथा शेष 4/5 भाग पर उसके सैनिकों अथवा खजाने को प्राप्त करने वाले व्यक्ति का अधिकार होता था, परंतु फिरोज तुगलक को छोड़कर अन्य सभी शासकों ने 4/5 हिस्सा स्वयं अपने लिये रखा। सुल्तान सिकन्दर लोदी ने गड़े हुए खजानों में से कोई हिस्सा नहीं लिया।

- सल्तनत काल में लगान निर्धारण की मिश्रित प्रणाली को **मुक्ताई** कहा जाता था।
- भूमि की नाप-जोख के बाद क्षेत्रफल के आधार पर लगान का निर्धारण **मसाहत** कहलाता था। इसे अलाउद्दीन खिलजी ने शुरू किया था।

भूमि का वर्गीकरण

- सल्तनत काल में राज्य की समस्त भूमि चार वर्गों में विभक्त थी-
    1. **खालसा भूमि**- इस प्रकार की भूमि पूर्णतः केन्द्र के नियन्त्रण में रहती थी।
    2. **इक्ता की भूमि**- इक्ता की भूमि की देखभाल **मुक्ति** करते थे। इस विभाग से मुक्ति व वली लगान वसूल करते थे।
    3. **सामंतों की भूमि**- यह भूमि अधीनस्थ हिन्दू सामंतों व राजाओं की भूमि थी जिसके बदले प्रतिवर्ष एक निश्चित मात्रा में धन सरकारी कोष में जमा करते थे।
    4. **इनाम व वक्फ**- यह करमुक्त भूमि होती थी जो विशेष लोगों को दान में दी जाती थी। भूमि को प्राप्त करने वाले का भूमि पर वंशानुगत अधिकार होता था। अलाउद्दीन खिलजी ने दान में दी गयी अधिकांश भूमि को छीनकर **खालसा भूमि** में परिवर्तित कर दिया था।

सल्तनतकालीन प्रमुख स्थान एवं उनका महत्त्व

स्थान	महत्त्व का कारण
सरसुती	अच्छी किस्म के चावल के लिए
अन्हिलवाड़ा	व्यापारियों का तीर्थ-स्थल के रूप में
सतगाँव	रेशमी रजाइयों के लिए
आगरा	नील उत्पादन के लिए
बनारस	सोने-चाँदी एवं जरी के काम के लिए
देवल	अन्तरराष्ट्रीय बंदरगाह के रूप में

5. विजयनगर साम्राज्य

- विजयनगर साम्राज्य की स्थापना 1336 ई. में **हरिहर** एवं **बुक्का** नामक दो भाईयों द्वारा की गयी। विजयनगर का शाब्दिक अर्थ है- जीत का शहर।
- तुंगभ्रदा नदी के उत्तरी तट पर स्थित **अनेगुंडी दुर्ग** के सम्मुख स्थापित विजयनगर को मध्य युग का **प्रथम हिन्दू साम्राज्य** माना जाता है।
- हरिहर एवं बुक्का ने विजयनगर की स्थापना विद्यारण्य संत के आशीर्वाद से की थी।
- हरिहर एवं बुक्का ने अपने पिता **संगम** के नाम पर **संगम राजवंश** की स्थापना की।
- हरिहर एवं बुक्का पहले काकतीय शासक **रुद्रप्रताप** के सेवक थे।
- विजयनगर साम्राज्य की राजधानी **हम्पी** थी। इस साम्राज्य के खंडहर तुंगभद्रा नदी तट पर स्थित है।
- विजयनगर पर शासन करने वाले राजवंशों का क्रम इस प्रकार है- **संगम, सुलुव, तुलुव** एवं **अरावीडु वंश।**

संगम वंश के प्रमुख शासक : एक नजर में	
हरिहर	1336–1356 ई.
बुक्का-I	1356–1377 ई.
हरिहर-II	1377–1404 ई.
देवराय-I	1406–1422 ई.
देवराय-II	1422–1446 ई.
मल्लिकार्जुन	1446–1466 ई.
विरूपाक्ष-II	1466–1485 ई.

- बुक्का-I ने वेदमार्ग प्रतिष्ठापक की उपाधि धारण की।
- संगम वंश के शासकों में हरिहर-II ने सर्वप्रथम **महाराजधिराज** की उपाधि धारण की।
- देवराय-I ने तुंगभद्रा नदी पर बाँध बनाकर नहरें निकाली। उसके शासन काल में ही **इटली का यात्री निकोलो कोंती** विजयनगर की यात्रा पर आया था।
- संगम वंश का सबसे प्रतापी और प्रसिद्ध शासक देवराय-II था। इसे **इमाडिदेवराय** भी कहा जाता था। **फारसी राजदूत अब्दुल रज्जाक** देवराय-II के शासन काल में विजयनगर आया था। विजयनगर के विषय में अब्दुल रज्जाक ने लिखा है कि उसे विजयनगर दुनिया के सबसे भव्य शहरों में से एक लगा जो उसने देखे या सुने थे।
- तेलगु के प्रसिद्ध कवि **श्रीनाथ** कुछ दिनों तक देवराय-II के दरबार में रहे।
- फरिश्ता के अनुसार देवराय-II ने अपनी सेना में लगभग 2000 मुसलमानों को भर्ती किया था एवं उन्हें जागीरें दी थीं।
- देवराय-II ने मुसलमानों को मस्जिद निर्माण की स्वतन्त्रता प्रदान की थी।
- एक अभिलेख में देवराय-II को गजबेटकर (हाथियों का शिकारी) कहा गया है।
- देवराय-II ने संस्कृत ग्रन्थ **महानाटक सुधानिधि** एवं **ब्रह्मसूत्र** पर एक भाष्य लिखा।
- मल्लिकार्जुन को **प्रौढ़देवराय** भी कहा जाता था।
- संगम वंश के बाद विजयनगर में सालुव नरसिंह ने दूसरे राजवंश सालुव वंश (1485–1505 ई.) की स्थापना की।
- सालुव वंश के बाद विजयनगर पर **तुलुव वंश** (1505–1565 ई.) का शासन स्थापित हुआ। इस वंश का संस्थापक **वीर नरसिंह** था।

- तुलुव वंश का सबसे प्रसिद्ध एवं महान शासक **कृष्णदेव राय** (1509-1529 ई.) था। उसके शासन काल में विजयनगर ऐश्वर्य एवं शक्ति के दृष्टिकोण से अपने चरमोत्कर्ष पर था।
- सालुव तिम्मा कृष्णदेव राय का योग्य मन्त्री एवं सेनापति था।
- कृष्णदेव राय तेलगु साहित्य का महान विद्वान था। उसने तेलगु में प्रसिद्ध ग्रन्थ **अमुक्तमाल्यद्** और संस्कृत में **जाम्बवती कल्याणम्** की रचना की थी। अमुक्तमाल्यद् प्रशासन से संबद्ध रचना है।
- कृष्णदेव राय के काल में **पुर्तगाली यात्री डोमिगोस पायस** ने विजयनगर की यात्रा पर आया। उसने कृष्णदेव राय की खूब प्रशंसा की। एक अन्य **पुर्तमाली यात्री बारबोसा** ने भी कृष्णदेव राय के समय को सामाजिक एवं आर्थिक जीवन का बहुत सुंदर वर्णन किया है।
- कृष्णदेव राय के दरबार में तेलगु साहित्य के आठ सर्वश्रेष्ठ कवि रहते थे, जिन्हें **अष्टदिग्गज** कहा जाता था।
- अष्टदिग्गज में सर्वाधिक महत्त्वपूर्ण **अल्लसनी पेड्डना** को **तेलगु कविता के पितामह** की उपाधि प्रदान की गयी। उसकी मुख्य कृति है- **स्वारोचित संभव** या **मनुचरित** तथा **हरिकथासरनसमू** दूसरे महान कवि **नन्दी निम्मन** ने **परिजात हरण** की रचना की। तीसरे कवि **भट्टमूर्ति** ने अलंकार शास्त्र से सम्बन्धित पुस्तक **नरसभूयालियम** की रचना की। चौथे कवि **धूर्जटि** ने **कलहस्तिमहात्म्य** की रचना की। पाँचवें कवि **मादय्यगीर मल्लन** ने **राजशेखर चरित्र** की रचना की। छठे कवि **अच्युलराजु रामचन्द्र** ने **सकलकथा सारसंग्रह** एवं **रामाभ्युदय** की रचना की। सातवें कवि **जिंगलीसूत्र ने राघव पाण्डवीय** की रचना की। आठवें तथा अंतिम दरबारी कवि **तेनालीराम रामकृष्ण** ने **पांडुरंग महात्मय** की रचना की। इसकी गणना पाँच महाकाव्यों में की जाती है।
- कृष्णदेव राय के शासन काल को तेलगु साहित्य का क्लासिक युग कहा जाता है।
- कृष्णदेव राय ने **आंध्रभोज, अभिनव भोज, आंध्रपितामह** आदि की उपाधि धारण की।
- कृष्णदेव राय ने **नागलपुर** नामक एक नये नगर की स्थापना की, साथ ही **हजारा** एवं **विट्ठलस्वामी** मंदिर का निर्माण करवाया।
- 1529 ई. में कृष्णदेव राय की मृत्यु हो गयी।
- तुलुव वंश का अंतिम शासक सदाशिव था।

विजयनगर के प्रमुख राजवंश : एक नजर में

राजवंश	शासन काल
संगम राजवंश	1336-1485 ई.
सालुव वंश	1485-1505 ई.
तुलुव वंश	1505-1565 ई.
अरावीडु वंश	1570-1650 ई.

- 5 जनवरी, 1565 में राक्षसी-तंगड़ी/तालिकोटा/बन्नीहट्टी के युद्ध के कारण विजयनगर का पतन हुआ।
- विजयनगर के विरुद्ध बने दक्षिण के मुस्लिम राज्यों के संघ में शामिल थे- बीजापुर, अहमदनगर, गोलकुंडा एवं बीदर। इस संयुक्त मोर्चे का नेतृत्व बीजापुर का **अली आदिलशाह** कर रहा था।
- तालिकोटा के युद्ध में विजयनगर का नेतृत्व राम राय कर रहा था। राम राय युद्ध में ही मारा गया।
- तालिकोटा के युद्ध के बाद सदाशिव ने तिरूमल के सहयोग से **पेनुकोंडा** को राजधानी बनाकर शासन करना प्रारम्भ किया।
- विजयनगर के चौथे राजवंश अरावीडु वंश (1570-1650 ई.) की स्थापना तिरूमल ने सदाशिव को अपदस्थ कर पेनुकोंडा में किया।
- अरावीडु वंश का अंतिम शासक रंग-III था।
- अरावीडु शासक वेंकट-II के शासन काल में ही वोडेयार/वडयार ने 1612 ई. में मैसूर राज्य की स्थापना की थी।

- विजयनगर साम्राजय की प्रशासनिक इकाई का क्रम (घटते हुए क्रम में) इस तरह था- **प्रांत** (मंडल), **कोट्टम/वलनाडू** (जिला), **नाडू** (मेलाग्राम 50 ग्रामों का समूह), **ऊर** (ग्राम)।
- विजयनगर कालीन सेनानायकों को नायक के नाम से जाना जाता था। ये नायक मुख्यतः भूसामंत थे, जिन्हें राजा वेतन के बदले अथवा उनकी अधीनस्थ सेना के रख-रखाव के लिए विशेष भूखंड दे देता था। यह भूखंड **अमरम्** कहलाता था एवं इसके सामंत **अमरनायक** कहलाते थे। इसे पूरी व्यवस्था को **नायंकर व्यवस्था** कहा जाता था।
- **आयंगर व्यवस्था** प्रशासन को सुचारु रूप से संचालित करने के लिए प्रत्येक ग्राम को एक स्वतन्त्र इकाई के रूप में संगठित किया गया था। इन संगठित इकाइयों पर शासन हेतु 12 प्रशासकीय अधिकारियों की नियुक्ति की जाती थी, जिनको सामूहिक रूप से आयंगर कहा जाता था। ये अवैतनिक होते थे। इनकी सेवाओं के बदले सरकार इन्हें पूर्णतः लगानमुक्त एवं करमुक्त भूमि प्रदान करती थी। इनका पद आनुवांशिक होता था। यह पद को बेच या गिरवी रख सकता था। ग्राम-स्तर की कोई भी सम्पत्ति इन अधिकारियों की इजाजत के बगैर न तो बेची जा सकती थी और न ही दान में दी जा सकती थी।
- **कर्णिक** नामक आयंगर के पास जमीन के क्रय-विक्रय से सम्बन्धित समस्त दस्तावेज होते थे।
- विजयनगर साम्राज्य के आय का सबसे बड़ा स्रोत लगान था। राज्य उपज का 1/6 भाग कर के रूप में वसूलता था। **शिष्ट** नामक भूमिकर विजयनगर राज्य की आय का प्रमुख एवं सबसे बड़ा स्रोत था।
- वर एवं वधू से **विवाह कर** भी लिया जाता था। विधवा से विवाह करने वाले इस कर से मुक्त थे। कृष्णदेव राय ने विवाह कर को समाप्त कर दिया था।
- ग्राम में विशेष सेवाओं के बदले दी जाने वाली लगानमुक्त भूमि की भू-धारण पद्धति **उंबलि** कहलाती थी।
- युद्ध में शौर्य प्रदर्शन करने वाले मृत लोगों के परिवार को दी गयी भूमि **रक्त कोड़गे** कहलाती थी।
- ब्राह्मण, मंदिर या बड़े भूस्वामी, जो स्वयं कृषि नहीं करते थे किसानों को पट्टे पर भूमि दे देते थे, ऐसी भूमि को **कुट्टगि** कहा जाता था।
- वे कृषक मजदूर जो भूमि के क्रय-विक्रय के साथ ही हस्तांतरित हो जाते थे **कूदि** कहलाते थे।
- विजयनगर का सैन्य विभाग **कन्दाचार** कहलाता था तथा इस विभाग का उच्च अधिकारी **दण्डनायक** या **सेनापति** होता था।
- चेट्टियों की तरह व्यापार में निपुण दस्तकार वर्ग के लोगों को **वीर पांचाल** कहा जाता था।
- उत्तर भारत से दक्षिण भारत में आकर बसे लोगों को **बड़वा/बडवा** कहा जाता था।
- विजयनगर में दास प्रथा प्रचलित थी। मनुष्यों के क्रय-विक्रय को **वेस-वग** कहा जाता था।
- मंदिरों में रहने वाली स्त्रियों को **देवदासी** कहा जाता था। इनको आजीविका के लिए भूमि या नियमित वेतन दिया जाता था।

विजयनगर आने वाले प्रमुख विदेशी यात्री			
यात्री	**निवासी (देश)**	**काल**	**शासक**
निकोलो कोंती	इटली	1420 ई.	देवराय-I
अब्दुर्रज्जाक	फारस	1442 ई.	देवराय-II
नूनिज	पुर्तगाल	1450 ई.	मल्लिकार्जुन
डोमिगोस पायस	पुर्तगाल	1515 ई.	कृष्णदेव राय
बारबोसा	पुर्तगाल	1515-16 ई.	कृष्णदेव राय

6. बहमनी राज्य

- मुहम्मद बिन तुगलक के शासनकाल में 1347 ई. में बहमनी राज्य की स्थापना हुई थी। इसका संस्थापक एक महत्त्वाकांक्षी अफगान **अलाउद्दीन हसन** था। उसने एक ब्रह्मण गंगू की सेवा में रह कर शक्ति बढ़ाई थी। इसलिए उसे हसन गंगू भी कहा जाता है। राज्यारोहण के बाद उसने **अलाउद्दीन हसन बहमन शाह** की उपाधि धारण की।
- अलाउद्दीन हसन ने **गुलबर्गा** को अपनी राजधानी बनाया।
- अलाउद्दीन हसन के साम्राज्य को चार प्रांतों- **गुलबर्गा, दौलताबाद, बरार** और **बीदर** में बाँटा।
- 11 फरवरी, 1358 ई. को अलाउद्दीन हसन की मृत्यु हो गयी।
- अलाउद्दीन हसन के बाद के शासकों में सबसे योग्य ताजुद्दीन फिरोज (1397–1422 ई.) था।
- इसके समय रूसी यात्री अल्थनेसियस निकितिन बहमनी साम्राज्य की यात्रा (1417) पर आया।

बहमनी वंश के प्रमुख शासक	
मुहम्मद शाह प्रथम	1358–1375 ई०
अलाउद्दीन मुजाहिद शाह	1375–1378 ई०
दाउद प्रथम	1378 ई०
मुहम्मद शाह द्वितीय	1378–1397 ई०
ताज-उद्दीन-फिरोज	1397–1422 ई०
शिहाबुद्दीन अहमद प्रथम	1422–1436 ई०
अलाउद्दीन अहमद-II	1436–1458 ई०
सुल्तान शम्सुद्दीन मुहम्मद-III	1463–1482 ई०

- भीम नदी के तट पर **फिरोजाबाद नामक नये नगर** की स्थापना ताजुद्दीन फिरोज ने की थी।
- शिहाबुद्दीन अहमद-I ने अपनी राजधानी **गुलबर्गा** से हटाकर **बीदर** में स्थापित की। इसने बीदर का नया नाम **मुहम्मदाबाद** रखा।
- शिहाबुद्दीन अहमद-I (1422–1436 ई.) का शासन काल न्याय एवं धर्मनिष्ठ हेतु प्रसिद्ध था। उसका उल्लेख इतिहास में **शाहवली** या **संत अहमद** के नाम से किया गया है।
- सुल्तान शम्सुद्दीन मुहम्मद-III (1463–1482 ई.)के शासन काल में **ख्वाजा जहाँ** की उपाधि से **महमूद गवाँ** को प्रधानमन्त्री नियुक्त किया गया।
- महमूद गवाँ ने बीदर में एक महाविद्यालय (मदरसा) की स्थापना कराई। **रियाजुल इंशा** नाम से महमूद गवाँ के पत्रों का संग्रह किया गया है।
- बहमनी राज्य चार प्रांतों (तराफों या अतराफों) में बँटा हुआ था। प्रत्येक प्रांत के प्रांतपति (तरफदार) अपने विरुद् (उपाधि) विशेष से जाने जाते थे-
  1. दौलताबाद का तरफदार- मसनद-ए-आली।
  2. बरार तरफदार- मजलिस-ए-आली।
  3. बीदर का तरफदार- अजाम-ए-हुमायूँ।
  4. गुलबर्गा का तरफदार- मलिक नायब।
- बीजापुर गुलबर्गा तराफ में शामिल था। यह सबसे महत्त्वपूर्ण तराफ था।
- महमूद शाह (1482–1518 ई.) एक अयोग्य शासक था। महमूद शाह एवं उसके शेष उत्तराधिकारी दक्कन की लोमड़ी कहे जाने वाले तुर्क सरदार **बरीद-उल-मुमालिक** के कठपुतली शासक बनकर रह गये।
- अमीर अली बरीद (बरीद-उल-मुमालिक) को **दक्कन की लोमड़ी** कहा जाता है।
- कलीम उल्लाह बहमनी वंश का अंतिम शासक था। उसकी मृत्यु के बाद बहमनी राज्य पाँच स्वतन्त्र राज्यों में विभक्त हो गया। ये राज्य इस प्रकार हैं-

क्र. सं.	राज्य	वंश	संस्थापक	स्थापना वर्ष
1.	बीजापुर	आदिलशाह	युसूफ आदिलशाह	1489 ई.
2.	अहमदनगर	निजामशाही	मलिक अहमद	1490 ई.
3.	बरार	इमादशाही	फतेहउल्लाह इमादशाह	1490 ई.
4.	गोलकुंडा	कुतुबशाही	कुली कुतुबशाह	1512 ई.
5.	बीदर	बरीदशाही	अमीर अली बरीद	1526 ई.

- बहमनी राज्य से पृथक होने वाली प्रथम सल्तनत बरार थी।
- बहमनी राज्य में कुल 18 शासक हुए जिन्होंने कुल मिलाकर 175 वर्षों तक शासन किया।
- बहमनी राज्य में जनसाधारण के दशा की झाँकी रूसी यात्री अल्थनेसियस निकितिन के लेख में मिलती है।

7. स्वतन्त्र प्रांतीय राज्य

जौनपुर

- जौनपुर की स्थापना फिरोजशाह तुगलक ने अपने चचेरे भाई **जौना खाँ** (मुहम्मद बिन तुगलक) की स्मृति में की थी।
- फिरोज शाह तुगलक के पुत्र **नासिरूद्दीन महमूदशाह तुगलक** (1394-1412 ई.) के समय में **मलिक सरवर** (ख्वाजा जहांन/जहान) नामक एक हिजड़े ने सुल्तान से **मलिक-उस-शर्क** (पूर्व का स्वामी) की उपाधि धारण कर जौनपुर में स्वतन्त्र राज्य की स्थापना की।
- गंगा घाटी में सबसे पहले अपनी स्वतन्त्रता घोषित करने वालों में से एक मलिक सरवर था।
- मलिक सरवर की उपाधि (मलिक-उस-शर्क) के कारण ही उसके उत्तराधिकारी **शर्की** कहलाये।
- शर्की सुल्तानों ने जौनपुर को अपनी राजधानी बनाया और नगर को अनेक भव्य महलों, मस्जिदों और मकबरों से सुन्दर बनाया।
- जौनपुर के प्रमुख शासकों में- मुबारकशाह (1399-1402 ई.), शम्सुद्दीन इब्राहिमशाह (1402-1436 ई.), महमूद शाह (1436-1451 ई.) और हुसैनशाह (1458-1500 ई.) उल्लेखनीय थे।
- करीब 75 वर्ष तक स्वतन्त्र रहने के बाद जौनपुर को सिकंदर लोदी ने पुनः दिल्ली सल्तनत में मिला (हुसैनशाह के समय) लिया।
- शर्की शासन के अन्तर्गत विशेषकर **इब्राहिमशाह** के समय में जौनपुर में साहित्य एवं स्थापत्यकला के क्षेत्र में हुए विकास के कारण जौनपुर को **पूर्व का शीराज** के नाम से जाना गया।
- हिन्दी के प्रसिद्ध कवि और **पद्मावत** के रचयिता **जायसी** जौनपुर के ही निवासी थे।
- शर्की सुल्तान **इब्राहिमशाह** द्वारा 1408 में **अटालादेवी की मस्जिद** का निर्माण करवाया गया था। इस मस्जिद का निर्माण कन्नौज के राजा विजयचन्द्र द्वारा निर्मित अटालादेवी की मंदिर को तोड़कर किया गया था। **झंझरी मस्जिद** का निर्माण भी इब्राहिमशाह शर्की द्वारा 1430 ई. में करवाया गया।
- **लाल दरवाजा मस्जिद** का निर्माण 1450 में महमूदशाह ने करवाया था।
- जामी मस्जिद का निर्माण 1470 ई. में **हुसैनशाह शर्की** ने करवाया था।

कश्मीर

- **सूहादेव** नामक एक हिन्दू ने 1301 ई. में कश्मीर में हिन्दू राज्य की स्थापना की थी। सूहादेव के समय में ही मंगोल सरदार दलूचा ने 1320 में कश्मीर पर आक्रमण किया।
- कश्मीर में **प्रथम मुस्लिम वंश** की स्थापना 1339-1340 ई. में **शाहमीर** द्वारा की गयी।

- कश्मीर का प्रथम मुस्लिम शासक शाहमीर था, जो 1339 में **शम्सुद्दीन शाह मीर** की उपाधि धारण कर गद्दी पर बैठा। इसने **इन्द्रकोट** में अपनी राजधानी स्थापित की।
- अलाउद्दीन ने अपने शासन काल में राजधानी इन्द्रकोट से स्थानांतरित कर **अलाउद्दीनपुर** (श्रीनगर) में स्थापित की।
- कश्मीर के शासकों में सुल्तान सिकंदर (1389-1413) ने तैमूर के कश्मीर आक्रमण को असफल किया। सुल्तान सिकंदर धार्मिक रूप से असहिष्णु शासक था। उसके शासन काल में हिन्दुओं को सताया गया और उनके धार्मिक स्थलों को काफी नुकसान पहुँचाया गया।
- सुल्तान सिकंदर के समय हिन्दू मंदिरों को नष्ट करने के साथ-साथ सोने एवं चाँदी की मूर्तियों को गलाकर सिके ढाले गये। मूर्तियों एवं मंदिरों को तोड़ने के कारण इसे **बुतशिकन** कहा गया। इसने **जजिया** कर भी लगाया।
- मंगोल आक्रमण के 100 साल बाद **जैन-उल-आबेदीन** (1420-1470 ई.) कश्मीर की गद्दी पर बैठा। इसे **बुदशाह** (महान सुल्तान) भी कहा जाता था। इसकी धार्मिक सहिष्णुता के कारण इसे **कश्मीर का अकबर** कहा गया।
- **जैन-उल-आबेदीन** स्वयं फारसी, संस्कृत, कश्मीरी एवं तिब्बती आदि भाषाओं का ज्ञात था। इसने **महाभारत** एवं **राजतरंगिणी** का फारसी में अनुवाद करवाया।
- जैन-उल-आबेदीन ने कश्मीर की आर्थिक विकास की ओर भी ध्यान दिया।
- मुगल शासक अकबर ने 1588 ई. में कश्मीर को अपने साम्राज्य में मिला लिया।

बंगाल

- **इख्तियारूद्दीन मुहम्मद बिन बख्तियार खिलजी** ने बंगाल को दिल्ली सल्तनत में मिलाया।
- गयासुद्दीन तुगलक ने अपने काल में बंगाल को तीन भागों- **लखनौती** (उत्तरी बंगाल), **सोनार गाँव** (पूर्वी बंगाल) तथा **सतगाँव** (दक्षिणी बंगाल) में विभाजित किया।
- 1345 में हाजी इलियास बंगाल के विभाजन को समाप्त कर **शम्सुद्दीन इलियासशाह** के नाम से बंगाल का शासक बना।
- बंगाल के प्रमुख शासकों में सिकंदर शाह, गयासुद्दीन आजमशाह, अलादद्दीन हुसैनशाह एवं नासिरूद्दीन का नाम उल्लेखनीय है।
- पांडुआ में **अदीना मस्जिद** का निर्माण 1364 ई. में सुल्तान सिकंदर शाह ने करवाया था।
- गयासुद्दीन आजमशाह (1389-1409 ई.) अपनी न्यायप्रियता के लिए प्रसिद्ध था।
- गयासुद्दीन आजमशाह का अपने समय के प्रसिद्ध विद्वानों के साथ सम्पर्क था। इनमें से प्रसिद्ध फारसी कवि हाफिज शीराजी था। उसने अपने समकलीन चीन के **मिगवंश** के सम्राट **चुई-ली** से कूटनीतिक सम्बन्ध कायम किये।
- बंगाल के सुल्तानों में अलाउद्दीन हुसैन शाह (1493-1519 ई.) का काल अपनी प्रबुद्धता के लिए प्रसिद्ध था। इसने अपनी राजधानी **पांडुआ** से **गौड़** स्थानांतरित की।
- **महाप्रभु चैतन्य** अलाउद्दीन हुसैन शाह के समकालीन थे। इसने **सत्यपीर** नामक आंदोलन की शुरुआत की।
- अलाउद्दीन हुसैन शाह के काल में बंगाली साहित्य काफी विकसित हुआ। मालधर बसु ने इसके काल में **श्रीकृष्ण विजय** की रचना कर **गुणराजाखान** की उपाधि धारण की। उसके (मालधर) बसु पुत्र ने **सत्यराजा खान** की उपाधि धारण की।
- हिन्दू जनता अलाउद्दीन हुसैन शाह को कृष्ण का अवतार मानती थी। उसने **नृपति तिलक** एवं **जगत् भूषण** आदि उपाधियाँ भी धारण की।
- दो विद्वान भाई रूप एवं सनातन जो पवित्र वैष्णव माने जाते थे, उसके प्रमुख अधिकारी थे।

- नासिरूद्दीन नुसरतशाह के समय में महाभारत का बांगला भाषा में अनुवाद करवाया गया। उसने गौड़ में **बड़ासोना** एवं **कदमरसूल** मस्जिद का निर्माण करवाया।
- शेरशाह ने इस वंश का अंतिम शासक गयासुद्दीन महमूदशाह को 1538 में बंगाल से भगाकर पूरे बंगाल पर अधिकार कर लिया।

मालवा

- दिलावर खाँ 1401 ई. में मालवा को स्वतन्त्र घोषित कर यहाँ का स्वाधीन शासक बना।
- 1405 ई. में दिलावर की मृत्यु एवं तैमूर के भारत से वापस चले जाने के बाद उसके पुत्र **अल्पखाँ** ने **हुसंगशाह** की उपाधि धारण कर मालवा की गद्दी पर बैठा। उसने अपनी राजधानी को धारा से मांडू स्थानांतरित किया।
- हुसंगशाह धर्मनिरपेक्ष नीति का पालन करते हुए अपने प्रशासन में अनेक राजपूतों को शामिल किया। **नरदेव सोनी** (जैन) हुसंगशाह का खजांची था। उसके समय में **ललितपुर मंदिर** का निर्माण हुआ।
- मालवा में **खिलजी वंश** की स्थापना 1436 ई. में **महमूदशाह** ने की। मांडू स्थित **सात मंजिलों वाले महल** का निर्माण उसी के समय हुआ।
- गुजरात के शासक बहादुरशाह ने महमूद शाह-II को युद्ध में परास्त कर 1531 ई. में मालवा को गुजरात में मिला लिया।
- मांडू के किले का निर्माण हुसंगशाह ने करवाया था। इस किले में सर्वाधिक महत्त्वपूर्ण है- दिल्ली दरवाजा, हिंडोला भवन या दरबार हॉल का निर्माण भी हुसंगशाह द्वारा करवाया गया था।
- **बाजबहादुर** एवं **रूपमती का महल** का निर्माण सुल्तान **नासिरूद्दीन शाह** द्वारा करवाया गया था।
- मांडू स्थित जहाज महल का निर्माण गयासुद्दीन खिलजी ने करवाया था।
- **कुश्कमहल** को महमूद खिलजी ने **फतेहाबाद** नामक स्थान पर बनवाया था।

गुजरात

- गुजरात के शासक राजाकर्ण (रायकरन) को परास्त कर अलाउद्दीन ने 1297 में इसे दिल्ली सल्तनत में मिला लिया।
- 1391 में नासिरूद्दीन मुहम्मदशाह तुगलक द्वारा नियुक्त गुजरात के सूबेदार जफर खाँ ने 1401 ई. में दिल्ली सल्तनत की अधीनता को त्याग दिया।
- जफर खाँ 1407 ई. में **सुल्तान मुजफ्फरशाह** की उपाधि ग्रहण कर गुजरात का स्वतन्त्र सुल्तान बना।
- गुजरात के प्रमुख शासकों में- अहमदशाह-I (1411-1443), महमूदशाह बेगड़ा (1450-1511) और बहादुरशाह (1526-1537) का नाम उल्लेखनीय है।
- **अहमदशाह-I** को गुजरात के स्वतन्त्र राज्य का वास्तविक संस्थापक माना जाता है।
- अहमदशाह-I अपनी राजधानी **पाटन** से स्थानांतरित कर नये नगर **अहमदाबाद** में ले आया। इस नगर की आधारशिला 1415 में रखी गयी थी।
- अहमदशाह-I धार्मिक रूप से असहिष्णु था। उसने प्रसिद्ध तीर्थ स्थान सिद्धपुर पर आक्रमण कर वहाँ के अनेक सुंदर मंदिरों को मिट्टी में मिला दिया। उसने गुजरात के हिन्दुओं पर **जजिया कर** लगा दिया, जो पहले कभी नहीं हुआ था।
- अहमदशाह-I के काल की स्थापत्य कला के सुन्दर नमूने अहमदाबाद की जामा मस्जिद और तीन दरवाजा आज भी सुरक्षित है।
- गुजरात का सर्वाधिक प्रसिद्ध शासक **महमूद शाह बेगड़ा** था। उसने गिरनार के निकट **मुस्तफाबाद** नगर और चंपानेर के निकट **मुहम्मदाबाद** नामक नगर बसाया।

- महमूद बेगड़ा को बेगड़ा इसलिए कहा जाता था कि उसने दो सबसे मजबूत किलों सौराष्ट्र का **गिरनार** (जिले अब जूनागढ़ कहा जाता है) और दक्षिण गुजरात का **चंपानेर** जीता था। महमूद बेगड़ा **पेटू** के रूप में भी प्रसिद्ध था।
- महमूद बेगड़ा के समय में अनेक अरबी ग्रन्थों का फारसी में अनुवाद हुआ। उसका दरबारी कवि **उदयराज** था, जो संस्कृत का कवि था।
- 1572 ई. में मुगल सम्राट अकबर ने गुजरात को अपने साम्राज्य में मिला लिया।

मेवाड़

- अलाउद्दीन खिलजी ने 1303 ई. में मेवाड़ा के **गुहिलौत राजवंश** के शासक **रत्न सिंह** को पराजित कर मेवाड़ को दिल्ली सल्तनत में मिला लिया।
- गुहिलौत वंश की एक शाखा **सिसोदिया वंश** के **हम्मीरदेव** ने मुहम्मद तुगलक को पराजित कर पूरे मेवाड़ को स्वतन्त्र करा लिया।
- मेवाड़ के शासकों में **राणा कुंभा** का नाम उल्लेखनीय है। उसने मालवा के अपने प्रतिद्वन्द्वी शासक को परास्त कर 1448 ई. में चित्तौड़ में एक **कीर्ति स्तंभ** का निर्माण करवाया। कीर्ति स्तंभ को **विजय स्तंभ** भी कहा जाता है।
- स्थापत्य कला के क्षेत्र में राणाकुंभा की उपलब्धियों में मेवाड़ में उसके द्वारा निर्मित 32 किले हैं। उसने कुंभलगढ़ नामक **नवीन नगर** की स्थापना की।
- राणाकुंभा स्वयं विद्वान तथा वेद, स्मृति, मीमांसा, उपनिषद, व्याकरण राजनीति और साहित्य का ज्ञाता था। उसने चार भाषाओं में चार नाटकों की रचना की तथा जयदेव कृत **गीतगोविंद** पर टीका लिखी।
- राणासाँगा एवं बाबर के मध्य 1527 ई. में **खानवा का युद्ध** हुआ, जिसमें बाबर विजयी हुआ।
- 1576 ई. में **हल्दी घाटी का युद्ध** राणा प्रताप एवं अकबर के बीच हुआ, जिसमें अकबर की विजय हुई।
- मेवाड़ की राजधानी **चित्तौड़गढ़** थी। जहाँगीर के समय में मेवाड़ को मुगल साम्राज्य में मिला लिया गया।

खानदेश

- तुगलक वंश के पतन के समय फिरोज तुगलक के सूबेदार **मलिक अहमद राजा फारूकी** ने नर्मदा एवं ताप्ती नदियों के बीच 1382 ई. में खानदेश की स्थापना की।
- इसका नाम खानदेश इसलिए पड़ा क्योंकि यहाँ के सभी सुल्तानों ने खान की उपाधि से शासन किया।
- खानदेश की राजधानी **बुरहानपुर** थी। इसका सैनिक मुख्यालय **असीरगढ़** था।
- मुगल सम्राट अकबर ने 1601 ई. में खानदेश को अपने साम्राज्य में मिला लिया।

8. भक्ति एवं सूफी आंदोलन

भक्ति आंदोलन

- छठी शताब्दी ई. में भक्ति आंदोलन का प्रारम्भ दक्षिण भारत में हुआ जो धीरे-धीरे कर्नाटक और महाराष्ट्र में फैल गया।
- भक्ति आंदोलन का विकास 12 अलवार (वैष्णव) और 63 नयनार (शैव) संतों ने किया।
- शैव संत अप्पार की प्रेरणा से पल्लव राजा महेन्द्रवर्मन ने शैव धर्म स्वीकार कर लिया।
- भक्ति आंदोलन को दक्षिण भारत से उत्तर भारत में लाने (12वीं शताब्दी में) का श्रेय रामानन्द को है।

- बंगाल में कृष्ण भक्ति के प्रारम्भिक प्रतिपादकों में विद्यापति ठाकुर और चंडीदास थे।
- रामानंद की शिक्षा से दो सम्प्रदायों का उदय हुआ, प्रथम सगुण था, जो पुनर्जन्म में विश्वास रखता था और दूसरा निर्गुण, जो भगवान के निराकार रूप को पूजता था।
- सगुण सम्प्रदाय के सबसे प्रसिद्ध व्याख्याताओं में- तुलसीदास और नाभादास जैसे रामभक्त और निम्बार्क, बल्लभाचार्य, चैतन्य, सूरदास और मीराबाई जैसे कृष्ण भक्त थे।
- निर्गुण सम्प्रदाय के सबसे प्रसिद्ध एवं प्रमुख प्रतिनिधि थे कबीरदास जिन्हें भावी उत्तर भारतीय पंथों का आध्यात्मिक गुरु माना गया है।
- भक्ति आंदोलन का महत्त्वपूर्ण उद्देश्य था- हिन्दू धर्म एवं समाज में सुधार तथा इस्लाम एवं हिन्दू धर्म में समन्वय स्थापित करना। अपने उद्देश्यों में यह आंदोलन काफी सफल रहा।
- शंकराचार्य के **अद्वैतदर्शन** के विरोध में दक्षिण में वैष्णव संतों द्वारा 4 मतों की स्थापना की गयी थी।

मत	संस्थापक	काल
विशिष्टाद्वैतवाद	रामानुजाचार्य	12वीं सदी
द्वैतवाद	मधवाचार्य	13वीं सदी
शुद्धाद्वैतवाद	विष्णुस्वामी	13वीं सदी
द्वैताद्वैतवाद	निम्बकाचार्य	13वीं सदी

भक्ति आंदोलन के प्रमुख संत

रामानुजाचार्य (11वीं सदी)

- इन्होंने राम को अपना आराध्य माना। इनका जन्म 1016 ई. में मद्रास (आधुनिक चेन्नई) के निकट **पेरूम्बर (पेरंबूर)** नामक स्थान पर हुआ था। 1137 ई. में इनकी मृत्यु हो गयी। रामानुजाचार्य ने वेदांत में प्रशिक्षण अपने गुरु कांचीपुरम के यादव प्रकाश से प्राप्त किया था।

रामानंद

- रामानंद का जन्म 1299 ई. में प्रयाग में हुआ था। इनकी शिक्षा प्रयाग तथा वाराणसी में हुई। इन्होंने सभी जाति एवं धर्म के लोगों को अपना शिष्य बनाकर एक प्रकार से जातिवाद पर कड़ा प्रहार किया। इन्होंने मर्यादा पुरुषोत्तम राम एवं सीता की आराधना को समाज के समक्ष रखा। इनके प्रमुख शिष्य थे- कबीर (जुलाहा), रैदास (हरिजन), धन्ना (जाट), सेना (नाई), पीपा (राजपूत)।

कबीर

- मध्यकालीन संतों में कबीरदास का साहित्यिक एवं ऐतिहासिक योगदान नि:संदेह अविस्मरणी है। एक महान समाज सुधारक के रूप में उन्होंने समाज में व्याप्त हर तरह की बुराईयों के खिलाफ संघर्ष किया, जिनमें उन्हें काफी हद तक सफलता भी मिली। कबीर ने ईश्वर प्राप्ति हेतु शुद्ध प्रेम, पवित्रता एवं निर्मल हृदय की आवश्यकता बतायी। निर्गुण भक्ति धारा से जुड़े कबीर ऐसे प्रथम भक्त थे जिन्होंने संत होने के बाद भी पूर्णत: गृहस्थ जीवन का निर्वाह किया। कबीर ने अपना संदेश अपने दोहों के माध्यम से जनसाधारण के सम्मुख प्रस्तुत किया। इनके अनुयायी **कबीरपंथी** कहलाये। कबीर सुल्तान सिकंदर लोदी के समकालीन थे।

रैदास

- ये जाति से चर्मकार थे। ये रामानंद के बारह शिष्यों में एक थे। इनके पिता का नाम रघु तथा माता का नाम घुरबिनिया था। ये जूता बनाकर जीविकोपार्जन करते थे। मीराबाई ने इन्हें अपना गुरु माना। इन्होंने **रायदासी सम्प्रदाय** की स्थापना की।

धन्ना

- इसका जन्म 1415 ई. में एक जाट परिवार में हुआ था। राजपुताना से बनारस आकर ये रामानंद के शिष्य बन गये। कहा जाता है कि इन्होंने भगवान की मूर्ति को हठात् भोजन कराया था।

दादू-दयाल

- ये कबीर के अनुयायी थे। इनका जन्म 1554 ई. में **अहमदाबाद** में हुआ था। इनका सम्बन्ध धुनिया जाति से था। सांभर में आकर इन्होंने **ब्रह्म सम्प्रदाय** की स्थापना की। मुगल सम्राट अकबर ने धार्मिक चर्चा के लिए इन्हें एक बार फतेहपुर सीकरी बुलाया था। इन्होंने **निपख आंदोलन** की शुरुआत की।

गोस्वामी तुलसीदास

- इनका जन्म उत्तरप्रदेश के बांदा जिले में राजापुर गाँव में 1554 ई. में हुआ था। इन्होंने **रामचरित मानस** की रचना की।

मीराबाई

- मीराबाई का जन्म 1498 ई० में मेड़ता जिले के चौकारी (Chaukari) ग्राम में हुआ था। इनके पिता का नाम रत्न सिंह राठौर था। इनका विवाह 1516 ई० में राणा सांगा के बड़े पुत्र युवराज भोजराज से हुआ था। अपने पति के मृत्यु के उपरांत, ये पूर्णतः धर्मपरायण जीवन व्यतीत करने लगीं। इन्होंने कृष्ण की उपासना प्रेमी एवं पति के रूप में की। इनके भक्ति गीत मुख्यतः ब्रजभाषा और आंशिक रूप से राजस्थानी में लिखे गये हैं तथा इनकी कुछ कविताएँ राजस्थानी में भी है। इनकी मृत्यु 1546 ई० में हो गयी।

चैतन्य स्वामी

- चैतन्य का जन्म 1486 ई. में **नदिया** (पश्चिम बंगाल) के मायापुर गाँव में हुआ था। इनके पिता का नाम **जगन्नाथ मिश्र** एवं माता का नाम **शची देवी** था। चैतन्य वास्तविक नाम विश्वंभर मिश्र था। पाठशाला में चैतन्य को **निमाई पंडित** कहा जाता था। चैतन्यु महाप्रभु ने **गोसाई संघ** की स्थापना की और साथ ही **संकीर्तन प्रथा** को जन्म दिया। उनके दार्शनिक सिद्धान्त को **अचिंत्य भेदाभेदवाद** के नाम से जाना जाता है। संन्यासी बनने के बाद ये बंगाल छोड़कर पुरी चले गये, जहाँ उन्होंने दो दशक तक भगवान जगन्नाथ की उपासना की। चैतन्य का प्रभाव बंगाल के अतिरिक्त बिहार एवं ओडिशा में भी था।

  चैतन्य के शिष्य इन्हें **गौरांग महाप्रभु** के नाम से पूजते है। **चैतन्य चरितामृत** कृष्णराज कविराज द्वारा लिखित चैतन्य की जीवनी है।

गुरु नानक

- कबीर के बाद तत्कालीन समाज को प्रभावित करने वालों में नानक का महत्त्वपूर्ण स्थान है। उन्होंने बिना किसी वर्ग पर आघात किये ही उसके अंदर छिपे कुसंस्कारों को नष्ट करने का प्रयास किया। उन्होंने धर्म के बाह्य आडंबर, जात-पात, छूआछूत, ऊँच-नीच, उपवास, मूर्तिपूजा, अंधविश्वास, बहुदेववाद आदि की आलोचना की। हिन्दू-मुस्लिम एकता, सच्ची ईश्वर भक्ति एवं सच्चरित्रता पर विशेष बल दिया। उनका दृष्टिकोण विशाल मानवतावादी था। उनके उपदेशों को सिक्ख पंथ के पवित्र ग्रन्थ **गुरुग्रन्थ साहब** में संकलित किया गया है।

सूफी आंदोलन

- सूफी शब्द की उत्पत्ति अरबी शब्द **सफा** से हुई, जिसका अर्थ है **पवित्रता और विशुद्धता** अर्थात् वे लोग जो आचार-विचार से पवित्र थे सूफी कहलाये।
- भारत में सूफी मत का प्रवेश तो इस्लाम धर्म के साथ ही हुआ, लेकिन इसका विकास तुर्की शासन की स्थापना के बाद ही हुआ।
- **वहादतुल-उल-वुजूद** अथवा आत्मा-परमात्मा की एकता का सिद्धान्त सूफी मत का आधार था।
- सूफी संतों से शिष्यता ग्रहण करने वाले लोग **मुरीद** कहलाते थे।
- सूफी जिन आश्रमों में निवास करते थे, उन्हें **खनकाह** या **मठ** कहा जाता था।
- भारत में सूफी धर्म कई सम्प्रदायों में बँटा हुआ था जिसे **सिलसिला** कहा जाता था। ये सिलसिले दो वर्गों में विभाजित थे-

  1. बा-शरा- वे जो इस्लामी विधि (शरा) का अनुकरण करते थे।
  2. बे-शरा- वे जो इस्लामी विधि से नहीं बँधे हुए थे।

प्रमुख सूफी सम्प्रदाय एवं उनके संस्थापक		
क्र. सं.	**सम्प्रदाय**	**संस्थापक**
1.	चिश्ती सम्प्रदाय	शेख मुईनुद्दीन चिश्ती
2.	सुहरावर्दी सम्प्रदाय	बहाउद्दीन जकारिया (भारत में)
3.	फिरदौसी सम्प्रदाय	शेख बदरूद्दीन
4.	सत्तारी सम्प्रदाय	शाह अब्दुल्ला सत्तारी
5.	कादिरी सम्प्रदाय	शेख अब्दुर कादिर जिलानी
6.	नक्शबंदी सिलसिला	ख्वाजा वाकी विल्लाह
7.	महादवी सम्प्रदाय	सैय्यद मुहम्मद माधी
8.	रौशनिया सम्प्रदाय	मियाँ बयाजिद अंसारी
9.	कलंदरी सम्प्रदाय	नजीमुद्दीन कलंदर
10.	मलामती सिलसिला	जूल नून
11.	मदारी सम्प्रदाय	शाह मदार
12.	उबैसी सम्प्रदाय	अबुसुल करनी

- भारत में चिश्ती एवं सुहरावर्दी सिलसिले की जड़ें काफी गहरी थीं।
- चिश्ती मत/सिलसिला के संस्थापक शेख ख्वाजा मुईनुद्दीन चिश्ती **मुहम्मद गोरी के साथ 1192 ई. में भारत आये थे।** चिश्ती परंपरा का **केन्द्र** अजमेर था।
- चिश्ती सिलसिला के कुछ अन्य महत्त्वपूर्ण संत थे- निजामुद्दीन औलिया, बाबा फरीद, बख्तियार काकी एवं शेख बुरहानुद्दीन गरीब।
- बाबा फरीद की रचनाएँ गुरुग्रन्थ साहब में शामिल है। बाबा फरीद के दो महत्त्वपूर्ण शिष्य थे- हजरत निजामुद्दीन औलिया एवं हजरत अलाउद्दीन साबिर।
- हजरत निजामुद्दीन औलिया ने अपने जीवन काल में दिल्ली के सात सुल्तानों का शासन देखा था। इनके प्रमुख शिष्य थे- शेख सलीम चिश्ती, अमीर-खुसरो एवं अमीर हसन देहलवी।
- योग में हजरत निजामुद्दीन औलिया की दक्षता के कारण इन्हें **योगी सिद्ध** कहा जाता था। इन्हें **महबूब-ए-इलाही** की उपाधि मिली। मुहम्मद बिन तुगलक ने दिल्ली में इनका मकबरा बनवाया।
- शेख बुरहानुद्दीन गरीब ने 1340 ई. में दक्षिण भारत में चिश्ती सम्प्रदाय की शुरुआत की और **दौलताबाद** को मुख्य केन्द्र बनाया था।
- **सुहरावर्दी सिलसिला** की स्थापना **शेख शिहाबुद्दीन उमर सुहरावर्दी** ने की किन्तु भारत में इसके सुदृढ़ संचालन का श्रेय **बदरूद्दीन जकारिया** को है। इन्होंने सिंध एवं मुल्तान को मुख्य केन्द्र बनाया।
- सुहरावर्दी सिलसिला के अन्य प्रमुख संत थे- जलालुद्दीन तबरीजी, सैय्यद सुर्ख जोश, बुरहान आदि। सुहरावर्दी सिलसिला ने राज्य के संरक्षण को स्वीकार किया।
- **सत्तारी सिलसिला** की स्थापना **शेख अब्दुल सत्तारी** द्वारा की गयी थी। इसका मुख्य केन्द्र बिहार था।
- कादरी सिलसिला की स्थापना **सैय्यद अबुल कादिर अल जिलानी** ने की थी। भारत में इस सिलसिले के प्रवर्तक **मुहम्मद गौस** थे।

- **राजकुमार दारा** (मुगल सम्राट शाहजहाँ का ज्येष्ठ पुत्र) **कादिरी सिलसिला** के **मुल्ला शाहबादख्शी** का शिष्य था।
- नक्शबंदी सिलसिला की स्थापना ख्वाजा बाकी बिल्लाह के शिष्य **शेख अहमद सरहिन्दी** ने किया था।
- शेख अहमद सरहिन्दी मुगल सम्राट अकबर के समकालीन थे।

9. मुगल साम्राज्य

- मुगल वंश का संस्थापक **बाबर** था। बाबर एवं उत्तरवर्ती मुगल शासक तुर्क एवं सुन्नी मुसलमान थे।
- मुगल वंश की स्थापना के साथ ही बाबर ने **पद-पादशाही** की स्थापना की, जिसके तहत शासक को **बादशाह** कहा जाता था।

बाबर (1526–1530 ई.)

- बाबर का जन्म 14 फरवरी, 1483 ई. को मावराउन्नहर (ट्रांस अक्सियाना) की छोटी सी रियासत **फरगना** में हुआ था।
- बाबर के पिता **उमरशेख मिर्जा** फरगना की जागीर के मालिक थे। बाबर की माँ का नाम **कुतलुगनिगार खाँ** था।
- बाबर ने जिस नवीन राजवंश की नींव डाली, वह तुर्की नस्ल का **चगताई वंश** था।
- बाबर फरगना की गद्दी पर 8 जून, 1494 ई. में बैठा।
- काबुल पर अधिकार (1504) के कुछ समय पश्चात् बाबर ने 1507 में **बादशाह** की उपाधि धारण की। बादशाह से पूर्व बाबर **मिर्जा** की पैतृक उपाधि धारण करता था। बाबर से पूर्व अभी तक किसी तैमूर शासक ने बादशाह की उपाधि धारण नहीं की थी।
- बाबर के चार पुत्र थे- हुमायूँ, कामरान, असकरी तथा हिंदाल।
- बाबर ने भारत पर **पाँच बार** आक्रमण किया।
- बाबर का भारत के विरुद्ध किया गया प्रथम अभियान 1519 ई. में **युसूफजाई जाति** के विरुद्ध था। इस अभियान में बाबर ने **बाजौर** और **भेरा** को अपने अधिकार में कर लिया। यह बाबर का प्रथम अभियान था जिसमें उसने तोपखाने का प्रयोग किया था।
- बाबर को भारत पर आक्रमण का आमंत्रण पंजाब के शासक **दौलता खाँ लोदी** एवे मेवाड़ के शासक **राणा सांगा** ने दिया था।

बाबर द्वारा भारत में लड़े गये युद्ध

1. **पानीपत का प्रथम**- 21 अप्रैल, 1526 ई. को इब्राहिम लोदी एवं बाबर के बीच हुआ, जिसमें बाबर विजयी हुआ।
2. **खानवा का युद्ध**- 17 मार्च, 1527 ई. को राणा साँगा एवं बाबर के बीच हुआ, जिसमें बाबर विजयी हुआ।
3. **चंदेरी का युद्ध**- 29 जनवरी, 1528 ई. को मेदनी राय एवं बाबर के बीच हुआ, जिसमें बाबर विजयी हुआ।
4. **घाघरा का युद्ध**- 6 मई, 1529 ई. में बाबर और अफगानों के बीच हुआ, जिसमें बाबर विजयी हुआ।

- पानीपत के प्रथम युद्ध बाबर ने उजबेकों की युद्ध नीति **तुलगमा युद्ध पद्धति** तथा तोपों को सजाने में **उस्मानी विधि** (रूमी विधि) का प्रयोग किया था।
- बाबर ने **तुलगमा युद्ध पद्धति** उजबेकों से ग्रहण की थी।
- पानीपत के युद्ध में बाबर के तोपखाने का नेतृत्व **उस्ताद अली** और **मुस्तफा खाँ** नामक दो योग्य तुर्क अधिकारियों ने किया था।

- पानीपत युद्ध में विजय के उपलक्ष्य में बाबर ने काबुल के प्रत्येक निवासी को एक-एक चाँदी का सिक्का दिया था। उसकी इस उदारता के कारण उसे **कलंदर** की उपाधि दी गयी।
- खानवा युद्ध में अपने सैनिकों का मनोबल बढ़ाने के लिए बाबर ने **जिहाद** का नारा दिया तथा मुसलमानों पर लगने वाले **तमगा** नामक कर की समाप्ति की घोषणा की थी। तमगा एक प्रकार का व्यापारिक कर था, जिसे राज्य द्वारा लगाया जाता था। खानवा के युद्ध में विजय की प्राप्ति के बाद बाबर ने **गाजी** (योद्धा एवं धर्म प्रचारक) की उपाधि धारण की।
- बाबर ने अपनी आत्मकथा **बाबरनामा** (तुर्की भाषा में) की रचना की, जिसका **अब्दुर्रहीम खानखाना** ने फारसी में तथा **लीडेन** एवं **एर्सकिन** ने अंग्रेजी में अनुवाद किया।
- बाबर को **मुबईयान** नामक पद्यशैली का भी जन्मदाता माना जाता है।
- बाबर प्रसिद्ध नक्शबंदी सूफी संत ख्वाजा उबैदुल्ला अहरार का अनुयायी था।
- 27 दिसंबर, 1530 को लगभग 48 वर्ष की आयु में बाबर की आगरा में मृत्यु हो गयी। प्रारंभ में उसके शव को आगरा के **आरामबाग** में दफनाया गया, बाद में उसे काबुल में उसके द्वारा चुने गये स्थान पर दफनाया गया।
- बाबर का उत्तराधिकारी हुमायूँ हुआ।

बाबर द्वारा लड़े गये प्रमुख युद्ध			
पानीपत का प्रथम युद्ध	21 अप्रैल, 1526 ई०	इब्राहिम लोदी एवं बाबर	बाबर विजयी
खानवा का युद्ध	17 मार्च, 1527 ई०	राणा सांगा एवं बाबर	बाबर विजयी
चन्देरी का युद्ध	29 जनवरी, 1528 ई०	मेदनी राय एवं बाबर	बाबर विजयी
घाघरा का युद्ध	6 मई, 1529 ई०	अफगानों एवं बाबर	बाबर विजयी

हुमायूँ (1530-1556)

- बाबर के चार पुत्रों (हुमायूँ, कामरान, अस्करी और हिन्दाल) में हुमायूँ सबसे बड़ा था।
- दिल्ली की गद्दी पर बैठने से पूर्व हुमायूँ **बदख्शाँ** का सूबेदार था।
- अपने पिता के आज्ञानुसार हुमायूँ ने अपने भाइयों में राज्य का बँटवारा कर दिया। इसने कामरान को काबुल और कंधार, मिर्जा असकरी को संभल, मिर्जा हिंदाल को अलवर एवं मेवाड़ की जागीरें दी। अपने चचेरे भाई सुलेमान मिर्जा को हुमायूँ ने बदख्शाँ प्रदेश दिया।

हुमायूँ का सैन्य अभियान

1. **कालिंजर पर आक्रमण (1532 ई.)**- हुमायूँ को कालिंजर अभियान गुजरात के शासक बाज बहादुर शाह की बढ़ती हुई शक्ति को रोकने के लिए करना पड़ा।
2. **दौहरिया का युद्ध (1532 ई.)**- जौनपुर की ओर अग्रसर हुमायूँ की सेना एवं महमूद लोदी की सेना के बीच अगस्त, 1532 में दौहरिया नामक स्थान पर संघर्ष हुआ जिसमें महमूद की पराजय हुई।
3. **चुनार का घेरा (1532 ई.)**- हुमायूँ के चुनार के किले पर आक्रमण करने के समय यह किला अफगान नायक शेरखाँ के कब्जे में था। चार महीने लगातार किले को घेरे रहने के बाद शेरखाँ एवं हुमायूँ में एक समझौता हो गया।
- 1533 ई. में हुमायूँ ने **दीनपनाह** नामक नये नगर की स्थापना की थी।
- 25 जून, 1539 ई. में शेर खाँ एवं हुमायूँ के बीच **चौसा का युद्ध** हुआ। इस युद्ध में शेर खाँ विजयी रहा। इसी के बाद शेर खाँ ने **शेरशाह** की पदवी ग्रहण की।
- **बिलग्राम** या **कन्नौज** युद्ध 17 मई, 1540 ई. में शेर खाँ एवं हुमायूँ के बीच हुआ। इस युद्ध में भी हुमायूँ परास्त हुआ। शेर खाँ ने आसानी से आगरा एवं दिल्ली पर कब्जा कर लिया।

- बिलग्राम युद्ध में पराजय के बाद हुमायूँ सिंध चला गया, जहाँ उसने 15 वर्षों तक घुमक्कड़ों जैसा निर्वासित जीवन व्यतीत किया।
- निर्वासन काल में ही हुमायूँ ने **हिन्दाल** के आध्यात्मिक गुरु फारसवासी **शिया मीर बाबा दोस्त उर्फ मीर अली अकबर जामी** की पुत्री **हमीदन बेगम** से 29 अगस्त, 1541 ई. में निकाह कर लिया। कालांतर में हमीदा से ही अकबर जैसे महान सम्राट का जन्म हुआ।
- 22 जून, 1555 ई. में हुमायूँ ने पंजाब के सूरी शासक सिकंदर शूरी को पराजित कर पुनः दिल्ली की गद्दी पर बैठा।
- हुमायूँ द्वारा लड़े गये चार प्रमुख युद्धों का क्रम है- देवरा (1531 ई.), चौसा (1539 ई.), बिलग्राम (1540 ई.) एवं सरहिन्द का युद्ध (1555 ई.)।
- 1 जनवरी, 1556 ई. को **दीनपनाह भवन** में स्थित पुस्तकालय की सीढ़ियों से गिरने के कारण हुमायूँ की मृत्यु हो गयी।
- इतिहासकार **लेनपूल** ने हुमायूँ के बारे में कहा है कि "हुमायँ गिरते-पड़ते इस जीवन से मुक्त हो गया, ठीक उसी तरह जिस तरह तमाम-जिन्दगी वह गिरते-पड़ते चलता रहा था"।
- हुमायूँ ज्योतिष में विश्वास करता था, इसलिए उसने सप्ताह के सातों दिन सात रंग के कपड़े पहनने के नियम बनाये।
- **हुमायूँनामा** की रचना **गुलबदन बेगम** ने की थी।

शेरशाह (1540 – 1545 ई.)

- सूर साम्राज्य का संस्थापक अफगान वंशीय शेरशाह सूरी था। शेरशाह द्वारा स्थापित अफगान साम्राज्य भारत में **दूसरा अफगान साम्राज्य** था।
- शेरशाह का जन्म 1472 ई. में **बजवाड़ा** (होशियारपुर) में हुआ था। उसके बचपन का नाम **फरीद खाँ** था। वह **सूर वंश** से सम्बन्धित था।
- शेरशाह के पिता **हसन खाँ** जौनपुर राज्य के तहत सासाराम के जमींदार थे।
- फरीद ने एक शेर को तलवार के एक ही वार से मार दिया था। उसकी इस बहादुर से खुश होकर बिहार के अफगान शासक सुल्तान **मुहम्मद बहार खाँ लोहानी** ने उसे **शेर खाँ** की उपाधि प्रदान की।
- शेरशाह ने 1540 ई. में हुमायूँ को **कन्नौज (बिलग्राम)** के युद्ध में परास्त कर दिल्ली की गद्दी पर बैठा।
- शेरशाह की मृत्यु 22 मई, 1545 ई. में कालिंजर के किले को जीतने के क्रम में हुई। मृत्यु के समय वह **उक्का** नाम का आग्नेयास्त्र चला रहा था।
- शेरशाह के कालिंजर अभियान के समय वहाँ का शासक **कीरत सिंह** था।
- शेरशाह का उत्तराधिकारी उसका पुत्र **इस्लामशाह** था।

शेरशाह के सुधार/कार्य

- शेरशाह की लगान व्यवस्था मुख्यतः **रैय्यतवाड़ी** थी जिसमें किसानों से प्रत्यक्ष सम्पर्क स्थापित किया गया था।
- शेरशाह ने उत्पादन के आधार पर भूमि को तीन श्रेणियों में विभाजित किया- **अच्छी, मध्यम** और **खराब।**
- शेरशाह ने लगान निर्धारण के लिए मुख्यतः तीन प्रकार की प्रणालियाँ अपनाई- 1. गलाबख्शी अथवा बटाई, 2. नश्क या मुक्ताई अथवा कनकूत और 3. नकदी अथवा जब्ती या जमई। इन तीनों प्रणालियों में **जब्ती** या **जमई** (जिसे मापन पद्धति भी कहा जाता था) व्यवस्था किसानों में अधिक लोकप्रिय था।

- शेरशाह ने भूमि कर निर्धारण के लिए **राई** (फसल दरों की सूची) को लागू करवाया।
- शेरशाह के समय पैदावार का लगभग 1/3 भाग सरकार लगान के रूप में वसूलती थी। जबकि मुल्तान में पैदावार का 1/4 भाग लिया जाता था।
- शेरशाह ने भूमि माप के लिए **सिकंदरी गज** (39 अंगुल या 32 इंच) एवं **सन की डंडी** का प्रयोग किया।
- शेरशाह के समय किसानों को लगान के अतिरिक्त **जरीबाना** (सर्वेक्षण शुल्क) एवं **मुहसिलाना** (कर-संग्रह शुल्क) नामक कर भी देने पड़ते थे, जो क्रमशः भू-राजस्व का 2.5 प्रतिशत एवं 5 प्रतिशत होता था।
- शेरशाह ने मुद्रा सुधार के तहत 178 ग्रेन का चाँदी का **रुपया** एवं 380 ग्रेन का ताँबे का **दाम** चलाया।
- शेरशाह ने अनेक सड़कों का निर्माण एवं मरम्मत करवाया था। उसके द्वारा निर्मित सड़कों में **ग्रैंड ट्रंक रोड** सर्वाधिक प्रसिद्ध है। उसने यात्रियों के ठहरने के लिए 1700 सरायों का भी निर्माण करवाया था।
- शेरशाह ने 1541 में पाटलिपुत्र को पटना के नाम से पुनः स्थापित किया।
- शेरशाह का मकबरा सासाराम में झील के बीच ऊँचे टीले पर निर्मित किया गया है।
- रोहतासगढ़ किला, किला-ए-कुहना (दिल्ली) नामक मस्जिद का निर्माण शेरशाह के द्वारा किया गया था।
- शेरशाह ने रोहतासगढ़ के दुर्ग एवं कन्नौज के स्थान पर शेरशूर नामक नगर बसाया।
- शेरशाह ने डाक-प्रथा की शुरुआत की।
- प्रसिद्ध सूफी कवि मलिक मुहम्मद जायसी शेरशाह के समकालीन थे।

अकबर (1542–1605 ई.)

- अकबर का जन्म अमरकोट के **राणा वीरसाल** के महल में 15 अक्टूबर, 1542 ई. को हमीदा बानू बेगम के गर्भ से हुआ था।
- अकबर अपने जन्म के प्रारम्भिक तीन वर्ष अस्करी के संरक्षण में रहा।
- अकबर ने बाल्यकाल में ही **गजनी** और **लाहौर** के सूबेदार के रूप में कार्य किया था।
- अकबर का राज्याभिषेक **बैरमखाँ** की देखरेख में पंजाब के गुरुदासपुर जिले के **कालानौर** नामक स्थान पर 14 फरवरी, 1556 ई. को **मिर्जा अबुल कासिम** ने किया था। अकबर **जलालुद्दीन मुहम्मद अकबर बादशाह गाजी** की उपाधि से राजसिंहासन पर बैठा।
- शासक बनने के बाद अकबर 1556 से 1560 तक बैरमखाँ के संरक्षण में रहा था।
- अकबर की प्रारम्भिक स्थिति को सुदृढ़ करने में बैरमखाँ का सबसे बड़ा हाथ था, जो फारस के शिया सम्प्रदाय से सम्बन्धित था।
- पानीपत का द्वितीय युद्ध (5 नवंबर, 1556 ई.) वास्तविक रूप से अकबर के वकील एवं संरक्षक बैरमखाँ और मुहम्मद आदिलशाह सूर के वजीर एवं सेनापति **हेमू** जिसने दिल्ली पर अधिकार कर अपने को स्वतन्त्र शासक घोषित कर **विक्रमादित्य** की उपाधि धारण की थी, के बीच हुआ था। हेमू विक्रमादित्य की उपाधि धारण करने वाला 14वाँ शासक था। इस युद्ध में अकबर की विजय हुई।
- आपसी विवाद के कारण बैरमखाँ एवं अकबर के बीच **तिलवाड़ा** नामक स्थान पर युद्ध हुआ जिसमें बैरमखाँ की पराजय हुई।
- मक्का की तीर्थ यात्रा के दौरान **पाटन** (गुजरात) नामक स्थान **मुबारक खाँ** नामक अफगान युवक ने बैरमखाँ की हत्या कर दी थी।

अकबर के कुछ महत्त्वपूर्ण कार्य	
वर्ष	कार्य
1562 ई.	दास प्रथा का अन्त
1562 ई.	अकबर की 'हरमदल' से मुक्ति
1563 ई.	तीर्थ यात्रा कर समाप्त
1564 ई.	जजिया कर समाप्त
1571 ई.	फतेहपुर सीकरी की स्थापना एवं राजधानी का आगरा से फतेहपुर स्थानांतरण
1575 ई.	इबादतखाने की स्थापना
1578 ई.	इबादतखाने में सभी धर्मों के लोगों के प्रवेश की अनुमति
1579 ई.	'मजहर' की घोषणा
1582 ई.	दीन-ए-इलाही की घोषणा

◌ अकबर ने मई, 1562 ई. में अपने को **हरमदल** से पूर्णत: मुक्त कर लिया।
◌ हल्दीघाटी का युद्ध 18 जून, 1576 ई. को मेवाड़ के शासक महाराणा प्रताप एवं अकबर के बीच हुआ। इस युद्ध में अकबर विजयी हुआ। इस युद्ध में मुगल सेना का नेतृत्व **मानसिंह** एवं **आसफ खाँ** ने किया था।
◌ मानसिंह अकबर का सेनापति था।
◌ फरवरी, 1597 में 51 वर्ष की आयु में सख्त धनुष की प्रत्यंचा चढ़ाते समय अंदरूनी चोट लग जाने के कारण महाराणा प्रताप की मृत्यु हो गयी थी।
◌ गुजरात अभियान (1571) के दौरान अकबर ने सर्वप्रथम पुर्तगालियों से मिला और यहीं उसने **सर्वप्रथम** समुद्र को देखा।
◌ 1582 ई. में अकबर ने दीन-ए-इलाही नामक धर्म की स्थापना की। अकबर दीन-ए-इलाही धर्म का प्रधान पुरोहित था। इस धर्म को स्वीकार करने वाला **प्रथम** एवं **अंतिम** हिन्दू शासक बीरबल था। इस नये धर्म में दीक्षा के लिए **इतवार** (रविवार) का दिन निश्चित था।
◌ बीरबल के बचपन का नाम **महेश दास** था। अकबर ने बीरबल को **कविप्रिय** की उपाधि प्रदान की। युसुफजाईयों के विद्रोह को दबाने के क्रम में बीरबल की मृत्यु हो गयी।
◌ अकबर ने 1575 ई. में फतेहपुर सीकरी (आगरा) में इबादतखाने की स्थापना की। 1578 ई. में इबादतखाने को सभी धर्मों के लिए खोल दिया गया।
◌ अकबर ने जैन धर्म के जैनाचार्य **हरिविजय सूरी** को **जगतगुरु** की उपाधि प्रदान की।

इबादतखाने में आमंत्रित धर्माचार्य	
हिन्दू धर्म	देवी एवं पुरुषोत्तम
जैन धर्म	हरिविजय सूरी, जिनचन्द्र सूरी, विजय सेन सूरी तथा शान्ति चन्द्र इत्यादि
पारसी धर्म	दस्तूर मेहर जी राणा
ईसाई धर्म	एकाबीवा और मोंसेरात

◌ अकबर के शासन काल में राजस्व प्राप्ति के लिए जब्ती प्रणाली प्रचलित थी।
◌ अकबर के दीवान राजा टोडरमल ने 1580 ई. **दहसाला बंदोबस्त** व्यवस्था लागू की।
◌ अकबर ने शासन की प्रमुख विशेषता थी- **मनसबदारी प्रथा**।

- अकबर के दरबार का प्रसिद्ध संगीतकार **तानसेन** था। इसे अकबर ने **कण्ठाभरण वाणीविलास** की उपाधि दी थी। तानसेन के अतिरिक्त बाज बहादुर, बाबा रामदास एवं बैजूबावरा भी अकबर के काल के प्रमुख गायक थे।
- अकबर के समय के प्रमुख चित्रकारों में दसवंत, बसावन, महेश, लाल मुकुंद, सावलदास तथा अब्दुस्समद प्रमुख थे।
- प्रमुख सूफी संत **शेख सलीम चिश्ती** अकबर के समकालीन थे।
- अकबर के दरबार को सुशोभित करने वाले **नौ रत्न** इस प्रकार थे- 1. बीरबल 2. अबुल फजल 3. टोडरमल 4. भगवान दास 5. तानसेन 6. मानसिंह 7. अबदुर्रहीम खानखाना 8. मुल्ला दो प्याजा 9 हकीम हुकाम।
- अबुल फजल का बड़ा भाई फैजी अकबर के दरबार में **राजकवि** के पद पर आसीन था।
- अबुल फजल ने **अकबरनामा** की रचना की थी। अकबरनामा तीन जिल्दों/भागों में विभाजित है। तीसरा जिल्द/भाग **आइने अकबरी** है- यह पाँच भागों में बँटा है।
- संगीत सम्राट तानसेन की प्रमुख कृतियाँ थीं- मियाँ की टोड़ी, मियाँ का मल्हार, मियाँ का सारंग आदि। तानसेन का जन्म ग्वालियर (मध्यप्रदेश) में हुआ था। तानसेन अकबर के नवरत्नों में से एक था, जिसे अकबर ने **रीवां** के **राजा रामचन्द्र** से प्राप्त किया था।
- अकबर ने भगवान दास (आमेर के राजा भारमल के पुत्र) को **अमीर-उल-उमरा** की उपाधि दी थी।
- **सलीम** (जहाँगीर) के निर्देश पर दक्षिण से आगरा की ओर आ रहे अबुल फजल की हत्या रास्ते में बीर सिंह बुंदेला नामक सरदार ने 1602 ई. में कर दी।
- स्थापत्य कला के क्षेत्र में अकबर के महत्त्वपूर्ण निर्माण कार्य हैं- दिल्ली में हुमायूँ का मकबरा, आगरा का लाल किला, फतेहपुर सिकरी में शाहीमहल, दीवाने खास, पंचमहल, बुलंद दरवाजा, जोधाबाई का महल, इबादतखाना, इलाहाबाद का किला एवं लाहौर का किला।
- मुगल सम्राट अकबर ने **अनुवाद विभाग** की स्थापना की थी।
- फारसी मुगलों की **राजकीय भाषा (Official Language)** थी।
- महाभारत का **रज्मनामा** के नाम से फारसी में अनुवाद **बदायूँनी, नकीब खाँ** और **अब्दुल कादिर** ने किया।
- **पंचतन्त्र** का फारसी में अनुवाद **अब्दुल फजल** ने **अनवर-ए-सादात** के नाम से तथा **मौलाना हुसैन फैज** ने **यार-ए-दानिश** नाम से किया था।
- अकबर के काल को हिन्दी साहित्य का **स्वर्णकाल** कहा जाता है।
- अकबर ने **बीरबल** को **कविप्रिय** एवं **नरहरि** को **महापात्र** की उपाधि प्रदान की थी।
- अकबर ने प्रसिद्ध चित्रकार **अब्दुस्समद को शीरी कलम** तथा ग्रन्थकर्ता **मुहम्मद हुसैन कश्मीरी** को **जरीकलम** की उपाधि दी थी।
- अकबर ने **बुलंद दरवाजा** का निर्माण गुजरात विजय के उपलक्ष्य में करवाया था।
- अक्टूबर, 1605 ई. में अकबर की मृत्यु हो गयी। अकबर को बौद्ध प्रभाव से प्रभावित सिकंदरा के मकबरे में दफनाया गया।

अकबर के सैन्य अभियान : एक नजर में

क्र.	प्रदेश	काल	हारने वाला शासक	मुगल सेना का नेतृत्व
1.	मालवा	1561 ई.	बाज बहादुर	आधम खाँ, पीर मुहम्मद
2.	चुनार	1561 ई.	अफगान शासक	अब्दुल्लाखाँ
3.	गोंडवाना	1564 ई.	वीर नारायण (संरक्षिका- दुर्गावती)	आसफ खाँ

4.	**राजपुताना राज्य**			
	आमेर	1561 ई.	भारमल ने स्वेच्छा से अधीनता स्वीकार की	
	मेड़ता	1562 ई.	जयमल (मेवाड़ के अधीन जागीरदार)	सरफुद्दीन
	मेवाड़	1568 ई.	उदय सिंह	अकबर स्वयं
	हल्दीघाटी युद्ध	1576 ई.	महाराणा प्रताप	आसफ खाँ, मानसिंह
	रणथम्भौर	1569 ई.	सुरजन राय हाड़ा	भगवान दास एवं अकबर
	कालिंजर	1569 ई.	रामचन्द्र	मजनू खाँ
	मारवाड़	1570 ई.	चन्द्रसेन (मालदेव का पुत्र)	स्वेच्छा से अधीनता स्वीकार किया।
	जैसलमेर	1570 ई.	हरराय	अधीनता स्वेच्छा से स्वीकृत
	बीकानेर	1570 ई.	राय कल्याणमल	स्वेच्छा से अधीनता स्वीकृत
5.	गुजरात द्वितीय आक्रमण	1571 ई. 1572 ई.	मुजफ्फर खाँ तृतीय मिर्जा हुसैन मिर्जा द्वारा किया विद्रोह	खाने आजम (मिर्जा अजीज कोका), अकबर स्वयं
6.	बंगाल एवं बिहार	1574 1576 ई.	दाउद खाँ	मुनीम खाँ
7.	काबुल	1581 ई.	हकीम मिर्जा	मानसिंह एवं अकबर
8.	कश्मीर	1586 ई.	यूसूफ खाँ, याकूब खाँ	कासिम खाँ और भगवान दास
9.	सिंध	1591 ई.	जानी बेग	अब्दुर्रहीम खानखाना
10.	ओडिशा	1590 1591 ई.	निसार खाँ	मानसिंह
11.	बलूचिस्तान	1595 ई.	पन्नी अफगान	मीर मासूम
12.	कन्धार	1595 ई.	मुजफ्फर हुसैन	मुगल सूबेदार शाहवेग को स्वेच्छा से किला सौंप दिया
13.	**दक्षिण विजय**		**उद्देश्य** 1. एक अखिल भारतीय साम्राज्य की स्थापना। 2. पुर्तगालियों को समुद्र तक वापस धकेलना।	
	खानदेश	1591 ई.	अली खाँ	स्वेच्छा से अधीनता स्वीकार
	अहमदनगर	1597 1600 ई.	बहादुर निजामशाह (चाँद बीबी संरक्षिका)	शाहजादामुराद, अब्दुर्रहीम खानखाना
	असीरगढ़	1601 ई.	मीर बहादुर	यह अकबर की अंतिम विजय थी।

जहाँगीर (1605–1627 ई.)

➪ अकबर का उत्तराधिकारी **सलीम** (जहाँगीर) हुआ, जो 3 नवंबर, 1605 ई. को **नूरूद्दीन मुहम्मद जहाँगीर बादशाह गाजी** की उपाधि लेकर हिन्दुस्तान की राजगद्दी पर बैठा।

- **मुहम्मद सलीम** का (जहाँगीर) का जन्म फतेहपुर सीकरी में स्थित शेख सलीम चिश्ती की कुटिया में भारमल की बेटी मरियम उज्जमानी के गर्भ से 30 अगस्त, 1569 ई. को हुआ था। अकबर सलीम को **शेखूबाबा** कहा करता था।
- सलीम का पहला विवाह 1585 ई. में आमेर के राजा भगवान दास की पुत्री और मानसिंह की बहन **मानबाई** से हुआ। मानबाई से खुसरो का जन्म हुआ था। मानबाई को सलीम ने **शाह बेगम** का पद प्रदान किया, किन्तु बाद में मानबाई ने जहाँगीर की शराब की आदतों से दु:खी होकर आत्महत्या कर ली थी।
- जहाँगीर अपने पिता अकबर की भाँति उदार प्रवृत्ति का शासक था। बादशाह बनने के बाद उसने **न्याय की जंजीर** के नाम से प्रसिद्ध **सोने की जंजीर** को आगरा किले के शाहबुर्ज एवं यमुना के किनारे खड़े पत्थर के एक खंभे में लगवाया। इस जंजीर में 60 घंटियाँ थी।

लोककल्याण से संबद्ध जहाँगीर की 12 घोषणाएँ/आदेश	
1.	तमगा नाम के कर की वसूली पर प्रतिबन्ध।
2.	सड़कों के किनारे सराय, मस्जिद एवं कुँओं का निर्माण।
3.	व्यापारियों के सामान की तलाशी उनके इजाजत के बिना नहीं।
4.	किसी भी व्यक्ति के मरने के बाद उसकी संपत्ति उसके उत्तराधिकारी को, उत्तराधिकारी के अभाव में उस धन को सार्वजनिक निर्माण कार्य पर खर्च किया जाये।
5.	शराब एवं अन्य मादक पदार्थों की बिक्री एवं निर्माण पर प्रतिबंध।
6.	दंड स्वरूप नाक एवं कान को काटने की प्रथा समाप्त।
7.	किसी भी व्यक्ति के घर पर अवैध कब्जा के लिए राज्य कर्मचारियों को मनाही।
8.	किसानों की भूमि पर जबरन अधिकार करने पर रोक।
9.	कोई भी जागीरदार सम्राट की आज्ञा के बगैर परिणय सूत्र में नहीं बँध सकता था।
10.	गरीबों के लिए अस्पताल एवं इलाज के लिए डॉक्टरों की व्यवस्था का आदेश।
11.	सप्ताह के दो दिन गुरुवार (जहाँगीर के राज्याभिषेक का दिन) एवं रविवार (अकबर का जन्म दिन) को पशु हत्या पर पूर्ण प्रतिबन्ध।
12.	अकबर के शासन काल के समय के सभी कर्मचारियों एवं जमींदारों को पुनः उनके पद दिये गये।
नोट : जहाँगीर की 12 घोषणाओं को **आइने-जहाँगीरी** कहा जाता है।	

- जहाँगीर द्वारा शुरू की गयी **तुजक-ए-जहाँगीरी** नामक आत्मकथा को **मौतमिद खाँ** ने पूरा किया।
- जहाँगीर को गद्दी पर बैठते ही सर्वप्रथम 1606 ई. में खुसरो के विद्रोह का सामना करना पड़ा। खुसरो एवं जहाँगीर की सेना के बीच जालंधर के निकट भैरावल नामक स्थान पर युंद्ध हुआ। खुसरो को पकड़कर कैद में डाल दिया गया।
- खुसरो को सहायता पहुँचाने के कारण जहाँगीर ने सिखों के 5वें गुरु **अर्जुनदेव** को फाँसी की सजा दे दी। खुसरो गुरु अर्जुनदेव से गोइंदवाल में मिला था।
- अहमदनगर के वजीर मलिक अम्बर के विरुद्ध सफलता से खुश होकर जहाँगीर ने खुर्रम को शाहजहाँ की उपाधि प्रदान की।
- जहाँगीर के काल में 1622 ई. में **कंधार** मुगलों के हाथ से निकल गया। शाह अब्बास ने इस पर अधिकार कर लिया।

- **नूरजहाँ**- नूरजहाँ का वास्तविक नाम **मेहरून्निसा** था। वह ईरान निवासी मिर्जा गयास वेग की पुत्री थी 1594 ई. में नूरजहाँ का विवाह अलीकुली बेग से सम्पन्न हुआ। जहाँगीर ने एक शेर मारने के कारण अली कुल बेग को **शेर अफगान** की उपाधि प्रदान की। शेर अफगान की मृत्यु (1607 ई. में) के बाद मेहरून्निसा अकबर की विधवा सलीमा बेगम की सेवा में नियुक्त हुई। जहाँगीर ने सर्वप्रथम नौरोज त्यौहार के अवसर पर मेहरून्निसा को देखा और उसके सौन्दर्य पर मोहित होकर मई, 1611 ई. में उससे विवाह कर लिया। विवाह के पश्चात् जहाँगीर ने उसे **नूरमहल एवं नूरजहाँ** की उपाधि दी।
- जहाँगीर ने नूरजहाँ के पिता गयासबेग को शाही दीवान बनाया एवं एतमादुद्दौला की उपाधि दी।
- **लाडली बेगम** शेर अफगान एवं मेहरून्निसा की पुत्री थी, जिसकी शादी जहाँगीर के पुत्र शहरयार के साथ हुई थी।
- नूरजहाँ की माँ **अस्मत बेगम** ने गुलाब से इत्र निकालने की विधि की खोज की थी।
- **नूरजहाँ गुट** में उसका पिता एतमादुद्दौला, माता अस्मत बेगम, भाई आसफ खाँ तथा शाहजादा खुर्रम सम्मिलित थे। इस गुट को **जुन्ता गुट** भी कहा जाता था।
- जहाँगीर, नूरजहाँ एवं उसके भाई आसफ खाँ को महावत खाँ ने झेलम नदी के तट पर 1662 ई. में बंदी बना लिया था।
- 7 नवंबर, 1627 ई. को **भीमवार** नामक स्थान पर जहाँगीर की मृत्यु हो गयी। उसे **शहादरा (लाहौर)** में रावी नदी के किनारे दफनाया गया।
- मुगल चित्रकला जहाँगीर के काल में अपने चरमोत्कर्ष पर थी।
- जहाँगीर के दरबार के प्रमुख चित्रकार थे- आगाराजा, अबुल हसन, मुहम्मद नासिर, मुहम्मद मुराद, उस्ताद मंसूर, विशनदास, मनोहर एवं गोवर्धन, फारूख बेग एवं दौलत।
- जहाँगीर ने उस्ताद मंसूर एवं अबुल हसन को क्रमशः **नादिर-अल-उस्र** एवं **नादिरूज्जमा** की उपाधि प्रदान की।
- जहाँगीर ने आगा राजा के नेतृत्व में एक चित्रणशाला की स्थापना आगरा में की।
- जहाँगीर के शासन काल को **चित्रकला** का **स्वर्णकाल** कहा जाता है।
- जहाँगीर ने अपनी आत्मकथा में लिखा है- कोई भी चित्र चाहे वह किसी मृतक व्यक्ति या जीवित व्यक्ति द्वारा बनाया गया हो, मैं देखते ही तुरंत बता सकता हूँ कि यह किस चित्रकार की कृति है।
- एतमादुद्दौला का मकबरा 1626 ई. में नूरजहाँ बेगम ने बनवाया। मुगलकालीन स्थापत्य कला के अंतर्गत निर्मित यह प्रथम ऐसी इमारत है, जो पूर्णरूप से बेदाग सफेद संगमरमर से निर्मित है। सर्वप्रथम इसी इमारत में **पित्रादुरा** नाम का जड़ाऊ काम किया गया। मकबरे के अंदर सोने एवं अन्य कीमती रत्न से जड़ावत का काम किया गया है।
- जहाँगीर के मकबरे का निर्माण नूरजहाँ ने करवाया था।
- अशोक के कौशांबी स्तंभ (वर्तमान में प्रयाग) पर समुद्रगुप्त की प्रयाग प्रशस्ति तथा जहाँगीर का लेख उत्कीर्ण है।
- जहाँगीर के समय ही कैप्टन हॉकिन्स, सर टॉमस रो, विलियम फिंच एवं एडवर्ड टैरी जैसे यूरोपीय यात्री भारत आये।

शाहजहाँ (1627–1658 ई.)

- जहाँगीर की मृत्यु के बाद 24 फरवरी, 1628 को शाहजहाँ आगरा में अबुल मुजफ्फर शहाबुद्दीन मुहम्मद साहिब किरन-ए-सानी की उपाधि से सिंहासन पर बैठा।
- शाहजहाँ ने अपने विश्वासपात्र आसफ खाँ को 7000 जात, 7000 सवार एवं राज्य के **वजीर** का पद प्रदान किया।
- शाहजहाँ ने अपने एक अन्य विश्वासपात्र महावत खाँ को 7000 जात, 7000 सवार के साथ **खान खाना** की उपाधि प्रदान की।

- शाहजहाँ ने नूरजहाँ को दो लाख रुपये प्रतिवर्ष की पेंशन देकर लाहौर जाने दिया, जहाँ 1645 ई. में उसकी मृत्यु हो गयी।
- खुर्रम (शाहजहाँ) का जन्म जोधपुर के शासक मोटा राजा उदय सिंह की पुत्री जगत गोसाईं के गर्भ से 5 फरवरी, 1592 ई. को लाहौर में हुआ था।
- 1612 ई. में खुर्रम का विवाह आसफ खाँ की पुत्री अरजुमन्द बानो बेगम से हुआ, जिसे शाहजहाँ ने **मलिका-ए-जमानी** की उपाधि प्रदान की। 1631 ई. में प्रसव पीड़ा के कारण उसकी मृत्यु हो गयी थी।
- शाहजहाँ के शासन काल को स्थापत्य कला का **स्वर्णकाल** कहा जाता है। शाहजहाँ द्वारा बनवाई गयी **प्रमुख इमारते** हैं- दिल्ली का लाल किला, दीवाने आम, दीवाने खास, दिल्ली का जामा मस्जिद, आगरा का मोती मस्जिद, ताजमहल आदि।
- शाहजहाँ ने अपनी बेगम मुमताज महल की याद में आगरा में उसकी कब्र के ऊपर ताजमहल का निर्माण करवाया।
- ताजमहल का निर्माण करने वाला मुख्य स्थापत्य कलाकार (वास्तुकार) **उस्ताद अहमद लाहौरी** था। इसका निर्माण शाहजहां की देखरेख में **उस्ताद ईशा खां** ने सम्पन्न करवाया।
- शाहजहाँ ने 1638 ई. में अपनी राजधानी को आगरा से दिल्ली लाने के लिए यमुना नदी के दायें तट पर **शाहजहाँनाबाद** की नींव डाली।
- शाहजहाँ ने शाहजहाँनाबाद (वर्तमान पुरानी दिल्ली) में चर्तुभुज आकार का **लाल किला** नामक एक किले का निर्माण करवाया। इस किले का वास्तुकार **हमीद एवं अहमद** थे। इस किले के पश्चिमी दरवाजे का नाम **लाहौरी दरवाजा** एवं दक्षिणी दरवाजे का नाम **दिल्ली दरवाजा** है।
- आगरा के **जामा मस्जिद** की निर्माण शाहजहाँ की पुत्री जहाँआरा ने करवाई थी।
- शाहजहाँ ने दिल्ली में एक कॉलेज का निर्माण एवं **दारूल बका** नामक कॉलेज की मरम्मत करवाई।
- **मयूर सिंहासन** का निर्माण शाहजहाँ ने करवाया था। मयूर सिंहासन का मुख्य कलाकार **बे बादल खाँ** था।
- शाहजहाँ के दरबार का प्रमुख चित्रकार **मुहम्मद फकीर** एवं **मीर हासिम** थे।
- शाहजहाँ ने संगीतज्ञ लाल खाँ को **गुण समंदर** की उपाधि दी थी।
- शाहजहाँ के पुत्रों में दाराशिकोह सर्वाधिक विद्वान था। इसने भगवद्गीता, योगवशिष्ठ, उपनिषद एवं रामायण का अनुवाद फारसी में करवाया। उसने **सीर-ए-अकबर** (महान रहस्य) नाम से 52 उपनिषदों का भी अनुवाद कराया था। दाराशिकोह **कादिरी सिलसिले** के सूफी संत **मुल्ला शाह** का शिष्य था।
- दारा शिकोह को **शाह बुलंद इकबाल (King of Lofty Fortune)** के रूप में जाना जाता है।
- शाहजहाँ के काल में अनेक विदेशी यात्रियों ने मुगलकालीन भारत की यात्रा की। इन विदेशी यात्रियों में दो यात्री- **जीन वपतिस्ते ट्रेवर्नियर** एवं **फ्रेंसिस वर्नियर** फ्रांसीसी थे, जबकि अन्य दो यात्री- **पीटर मुंडी** एवं **निकोलाओ मनूची** इतालवी थे।
- फ्रांसीसी यात्रियों में वपतिस्ते ट्रेवर्नियर पेशे से एक **जौहरी** था, उसने शाहजहाँ और औरंगजेब के शासनकाल में छह बार मुगल साम्राज्य की यात्रा की थी। जबकि फ्रेंसिस वर्नियर पेशे से एक फ्रांसीसी चिकित्सक था।
- इतालवी यात्रियों में से निकोलाओं मनूची अनेक घटनाओं विशेषत: उत्तराधिकार के युद्ध का प्रत्यक्षदर्शी था। उसने **स्टोरियो मोगोर** नामक अपने यात्रा वृतांत में समकालीन जनजीवन का बहुत सुंदर वर्णन किया है।
- शाहजहाँ द्वारा दारा को उत्तराधिकारी घोषित करने के साथ ही उसके पुत्रों के बीच उत्तराधिकार का युद्ध 1657 ई. में शुरू हुआ। युद्धों की इस श्रृंखला का प्रथम युद्ध शाहशूजा एवं दारा के लड़के सुलेमान शिकोह तथा आमेर के राजा जय सिंह के मध्य 25 अप्रैल, 1658 को बहादुरपुर में हुआ। शाहशूजा इस संघर्ष में पराजित हुआ।

- दूसरा युद्ध 25 अप्रैल, 1658 ई. दारा एवं औरंगजेब के बीच **घरमट का युद्ध** हुआ। इस युद्ध में दारा की हार हुई। औरंबजेब ने इस विजय स्मृति में **फतेहाबाद** नामक नगर की स्थापना की।
- तीसरा युद्ध 8 जून, 1658 ई. में दारा एवं औरंगजेब के बीच **सामूगढ़ का युद्ध** हुआ। इस युद्ध में भी दारा की हार हुई।
- उत्तराधिकार का चौथा व **अंतिम युद्ध** दारा एवं औरंगजेब के मध्य 12 से 14 अप्रैल, 1659 ई. को **देवराई की घाटी** में लड़ी गयी, इस युद्ध में पराजित होने के उपरांत दारा को इस्लाम धर्म की अवहेलना करने के अपराध में 30 अगस्त, 1659 को कत्ल कर दिया गया।
- 18 जून, 1658 ई. को औरंगजेब ने शाहजहाँ को बन्दी लिया। आगरा के किले में अपने बंदी जीवन के आठवें वर्ष अर्थात् 31 जनवरी, 1666 ई. को 74 वर्ष की अवस्था में शाहजहाँ की मृत्यु हो गयी। शाहजहाँ को ताजमहल में मुमताज के बगल में दफनाया गया।

औरंगजेब (1658 – 1707 ई.)

- आगरा पर कब्जा कर औरंगजेब ने जल्दबाजी में अपना प्रथम राज्याभिषेक **अबुल मुजफ्फर मुहीउद्दीन मुजफ्फर औरंगजेब बहादुर आलमगीर** की उपाधि 31 जुलाई, 1658 को करवाया।
- **खजवा** एवं **देवराई** के युद्ध में सफल होने के बाद 15 मई, 1659 ई. को औरंगजेब ने दिल्ली में प्रवेश किया और शाहजहाँ के शानदार महल में 5 जून, 1659 को **दूसरी बार** अपना राज्याभिषेक करवाया।
- औरंगजेब का जन्म 3 नवंबर, 1618 ई. को उज्जैन के **दोहाद** नामक स्थान पर मुमताज के गर्भ से हुआ था। औरंगजेब के बचपन का अधिकांश समय नूरजहाँ के पास बीता।
- 18 मई, 1637 ई. को फारस के राजघराने की **दिलरास बानो बेगम** (रबिया बीबी) के साथ औरंगजेब का विवाह हुआ था।
- सम्राट बनने के बाद औरंगजेब ने जनता के आर्थिक कष्टों के निवारण के लिए **राहदारी** (आंतरिक पारगमन शुल्क) और **पानदारी** (व्यापारिक चुंगियों) आदि प्रमुख **आबवाओं** (स्थानीय करों) को समाप्त कर दिया।
- औरंगजेब ने शरीयत के विरुद्ध लिए जाने वाले लगभग 80 करों को समाप्त कर दिया।
- औरंगजेब के गुरु थे- **मीर मुहम्मद हकीम**।
- औरंगजेब **सुन्नी धर्म** को मानता था। उसे **जिन्दा पीर** के नाम से जाना जाता था।
- औरंगजेब ने इस्लाम के महत्त्व को स्वीकारते हुए **कुरान** को अपने शासन का आधार बनाया। उसने सिक्कों पर कलमा खुदवाना, नौरोज का त्यौहार मनाना, भाँग की खेती करना तथा गाने-बजाने आदि पर रोक लगा दी।
- औरंगजेब अपने शासन के 11वें वर्ष में **झरोखा दर्शन** एवं 12वें वर्ष में **तुलादान प्रथा** पर प्रतिबंध लगा दिया।
- औरंगजेब ने शासन के 22वें वर्ष (1679 ई.) में **जजिया कर** को पुनः लगा दिया।
- उसने 1699 ई. में हिन्दू मंदिरों को तोड़ने का आदेश दिया।
- बड़े-बड़े नगरों में औरंगजेब द्वारा **मुहतसिब** (सार्वजनिक सदाचार निरीक्षक) नामक अधिकारी की नियुक्ति की गयी।
- इस्लाम स्वीकार नहीं करने के कारण सिखों के 9वें गुरु **तेगबहादुर** की हत्या औरंगजेब ने करवा दी।
- औरंगजेब **दारूल हर्ब** (काफिरों का देश) को **दारूल इस्लाम** (इस्लाम का देश) में परिवर्तित करने को अपना लक्ष्य मानता था।
- जयसिंह एवं शिवाजी के बीच पुरंदर की संधि 22 जून, 1665 ई. को सम्पन्न हुई।
- 22 मई, 1666 ई. को आगरा के किले के दीवान-ए-आम में औरंगजेब के समक्ष शिवाजी उपस्थित हुए। यहाँ शिवाजी को कैद कर जयपुर भवन में रखा गया।

➩ 1686 ई. में **बीजापुर** एवं 1697 ई. में **गोलकुंडा** को औरंगजेब ने मुगल साम्राज्य में मिला लिया।

➩ **मदन्ना** एवं **अकन्ना/अखन्ना** नामक ब्राह्मणों का सम्बन्ध गोलकुंडा के शासक **अबुल हसन** से था।

➩ औरंगजेब के समय **जाट विद्रोह** का नेतृत्व गोकुला एवं राजाराम ने किया था।

➩ भारतपुर के जाट राजवंश की नींव औरंगजेब के शासनकाल में जाट नेता एवं राजाराम के भतीजा चूरामन ने डाली।

➩ औरंगजेब के पुत्र **अकबर** ने प्रसिद्ध राठौर राजपूत सरदार दुर्गादास के बहकावे में आकर अपने पिता के खिलाफ विद्रोह कर दिया।

➩ औरंगजेब के काल में मुगल साम्राज्य का सर्वाधिक विस्तार हुआ। इसके समय में मुगल सूबों की संख्या 20 थी।

➩ औरंगजेब ने अपनी प्रिय पत्नी **रबिया दुर्रानी** की याद में 1678 ई. में औरंगाबाद (महाराष्ट्र) में एक मकबरा बनवाया, जो **बीबी का मकबरा** नाम से प्रसिद्ध है। इसे ताजमहल की **घटिया (फूहड़) नकल** माना जाता है। इस मकबरे को **दक्षिण का ताजमहल** भी कहा जाता है।

➩ औरंगजेब की मृत्यु 4 मार्च, 1707 ई. को हुई। इसे दौलताबाद में स्थित फकीर बुहरानुद्दीन की कब्र के अहाते में दफना दिया गया।

10. मुगलकालीन प्रशासन

➩ मुगलकालीन प्रशासन के सम्बन्ध में जानकारी देने वाली प्रमुख कृतियाँ हैं- आइन-ए-अकबरी, दस्तूर-उल-अमल, अकबरनामा, इकबालनामा, जहाँगीरी, तबकाते अकबरी, पादशाहनामा, बहादुरशाहनामा, तुजुक-ए-जहाँगीरी, मुन्तखाब-उलतवरीख आदि।

➩ कुछ विदेशी पर्यटकों जैसे- टॉमस रो, हॉकिन्स, वर्नियर, डिलेट एवं टेरी आदि से भी मुगलकालीन प्रशासन के विषय में जानकारी मिलती है।

➩ मुगलकालीन शासन व्यवस्था का स्वरूप अत्यधिक केन्द्रीकृत नौकरशाही व्यवस्था थी। इसमें भारतीय तथा विदेशी (फारसी-अरबी) तत्त्वों का सम्मिश्रण था।

➩ मुगल शासकों ने दिल्ली सल्तनत के शासकों के सल्तनत के उपाधि के विपरीत **पादशाह** की उपाधि धारण की। पादशाह शब्द के **पाद** का शाब्दिक अर्थ है- स्थायित्व एवं स्वामित्व तथा **शाह** का अर्थ है- मूल एवं स्वामी। इस तरह पूरे शब्द पादशाह का शाब्दिक अर्थ ऐसा स्वामी या शक्तिशाली राजा जिसे अपदस्थ न किया जा सके।

➩ मुगल साम्राज्य चूँकि पूर्ण रूप से केन्द्रीकृत था, इसलिए पादशाह की शक्ति असीम थी। नियम बनाना, उसको लागू करना, न्याय करना आदि उसके सर्वोच्च अधिकार थे।

➩ मुगल बादशाह शासन की सम्पूर्ण शक्तियों को अपने में समेटे हुए पूर्णरूप से निरंकुश थे, परंतु स्वेच्छाचारी नहीं थे। इन्हें **उदार निरंकुश** शासक भी कहा जाता था।

➩ सम्राट को प्रशासन की गतिविधियों को संचालित करने में सहायता के लिए एक मन्त्रिपरिषद् थी। मन्त्रिपरिषद् को **विजारत** कहा जाता था।

➩ सम्राट के बाद शासन के कार्यों को संचालित करने वाला सबसे महत्त्वपूर्ण अधिकारी **वकील** था।

➩ अकबर ने वकील के पद के कर्तव्यों को **दीवान, मीरबख्शी, सद्र-उस-सद्र** एवं **मीर-ए-सामां** में विभाजित कर दिया। इन सभी पदों का संक्षिप्त विवरण निम्न प्रकार है-

1. **दीवान (वजीर)**- दीवान का नियन्त्रण राजस्व एवं वित्तीय विभाग पर होता था। औरंगजेब के समय असद खान सर्वाधिक 31 वर्षों तक दीवान के पद पर कार्य किया।
2. **मीर बख्शी**- इसके पास सैन्य विभाग से सम्बन्ध अधिकार होते थे। मीर बख्शी द्वारा सरखत नाम के पत्र पर हस्ताक्षर के बाद ही सेना को हर महीने का वेतन मिल पाता था। मनसबदारों के नियुक्ति, सैनिकों की नियुक्ति उनके वेतन प्रशिक्षण एवं अनुशासन की जिम्मेदारी, घोड़ों

को दागने एवं मनसबदारों के नियन्त्रण में रहने वाले सैनिकों की संख्या का निरीक्षण आदि के जिम्मेदारी का निर्वाह मीरबख्शी को करना पड़ता था।

3. **सद्र-उस-सद्र (सुदूर)**- यह धार्मिक मामलों, धार्मिक धन-सम्पत्ति एवं दान विभाग का प्रधान होता था। शरीयत की रक्षा करना इसका मुख्य कर्तव्य था। साम्राज्य के प्रमुख सद्र को **सद्र-उस-सुदूर** एवं **सद्र-ए-कुल** कहा जाता था। जब कभी सद्र न्याय विभाग के प्रमुख के रूप में कार्य करता था तब उसे **काजी** (काजी-उल-कुजात) कहा जाता था। सद्र दान में दी जाने वाली लगानहीन भूमि का भी निरीक्षण करता था। इस भूमि को **सयूरगल** या **मदद-ए-माश** कहा जाता था।
4. **मीर-ए-समां**- यह सम्राट के घरेलू विभागों का प्रधान होता था। यह सम्राट के दैनिक व्यय, भोजन एवं भंडार का निरीक्षण करता था। मुगल साम्राज्य के अन्तर्गत आने वाले **कारखानों** (बयूतात) का संगठन एवं प्रबंधन भी मीर-ए-समां को करना पड़ता था।

- शरियत के प्रतिकूल कार्य करने वालों को रोकना, आम जनता को दुश्चरित्रता से बचाने का कार्य **मुहतसिब** नामक अधिकारी करता था। इस पद की स्थापना औरंगजेब ने की थी।
- सूचना एवं गुप्तचर विभाग का प्रधान **दरोगा-ए-डाक चौकी** कहलाता था।
- प्रशासनिक दृष्टि से मुगल साम्राज्य का विभाजन **सूबों** में, सूबे का **सरकार** में, सरकार का **परगना या महाल** में, महाल का **जिला या दस्तूर** में और दस्तूर का **ग्राम** में किया गया था।
- प्रशासन की सबसे छोटी इकाई गाँव थी जिसे **मावदा या दीह** कहते थे। मावदा के तहत छोटी-छोटी बस्तियों को **नागला** कहा जाता था।
- शाहजहाँ के शासन काल में सरकार एवं परगना के मध्य **चकला** नाम की एक नई इकाई स्थापित की गयी।
- अकबर ने समय (सूबों) प्रांतों की कुल संख्या 15 थी। जहाँगीर के समय भी सूबों की संख्या 15 ही रही। शाहजहाँ ने कश्मीर, थट्टा एवं ओडिशा को जीतकर सूबों की संख्या 18 की। औरंगजेब ने गोलकुंडा एवं बीजापुर को जोड़कर सूबों की संख्या 20 कर दी।

मुगल काल के प्रमुख अधिकारी एवं कार्य

पद	कार्य
सूबेदार	प्रांतों में शान्ति स्थापित करना (प्रांत कार्यकारिणी का प्रधान)
दीवान	प्रांतीय राजस्व का प्रधान (सीधे शाही दीवान के प्रति जवाबदेह)
बख्शी	प्रांतीय सैन्य प्रधान
फौजदार	जिले का प्रधान फौजी अधिकारी
आमिल या अमलगुजार	जिले का प्रमुख राजस्व अधिकारी
कोतवाल	नगर प्रधान
शिकदार	परगने का प्रमुख अधिकारी
आमिल	ग्राम के कृषकों से प्रत्यक्ष सम्बन्ध बनाना एवं लगान निर्धारित करना

- मुगल काल में राजस्व का प्रमुख स्रोत भूमिकर था। भूमिकर के विभाजन के आधार पर मुगल साम्राज्य की समस्त भूमि तीन वर्गों में विभक्त थी-

1. **खालसा भूमि**- इस प्रकार की भूमि प्रत्यक्ष रूप से बादशाह के नियन्त्रण में होती थी। सम्पूर्ण साम्राज्य का लगभग 20 प्रतिशत क्षेत्र खालसा भूमि के अन्तर्गत शामिल था।
2. **जागीर भूमि**- यह भूमि राज्य के प्रमुख कर्मचारियों को उनकी तनख्वाह के बदले दी जाती थी। साम्राज्य की अधिकांश भूमि जागीर भूमि के अन्तर्गत होती थी।

3. **सयूरगल या मदद-ए-माश**- यह भूमि अनुदान के रूप में धार्मिक प्रवृत्ति के व्यक्ति को दे दी जाती थी। इस तरह की अधिकांश भूमि अनुत्पादक होती थी। इस भूमि को मिल्क भी कहा जाता था।

- मुगल शासकों में अकबर ने सर्वप्रथम भूमि तथा भूमिकर व्यवस्था को संगठित करने का प्रयास किया। शेरशाह द्वारा भूराजस्व निर्धारण हेतु अपनाई जाने वाली पद्धति **राई** (फसलों की दर तालिका) का प्रयोग अकबर ने भी किया था।
- अकबर के द्वारा करोड़ी नामक अधिकारी की नियुक्ति 1573 ई. में की गयी। इसे अपने क्षेत्र से एक करोड़ दाम वसूल करना होता था। करोड़ी को **आमिल** या **अमलगुजार** के नाम से भी जाना जाता था।
- अकबर ने 1580 ई. में **दहसाला** नाम की नवीन कर प्रणाली प्रारम्भ की। इस व्यवस्था को टोडरमल बंदोबस्त भी कहा जाता है। इस व्यवस्था के अन्तर्गत भूमि को चार भागों में बाँटा गया-
  1. **पोलज**- इस भूमि पर नियमित खेती होती थी।
  2. **परती**- इस भूमि में उर्वरा-शक्ति प्राप्त करने हेतु एक या दो वर्ष के अंतराल पर खेती की जाती थी।
  3. **चाचर**- ऐसी भूमि जिस पर लगभग तीन या चार वर्षों तक खेती नहीं की जाती थी।
  4. **बंजर**- यह खेती योग्य भूमि नहीं थी, इस पर लगान नहीं वसूला जाता था।

  नोट- लगान खेती के लिए प्रयुक्त भूमि पर ही वसूला जाता था।
- अकबर के शासन काल के 15वें वर्ष लगभग 1570-71 में टोडरमल ने खालसा भूमि पर भू-राजस्व की नवीन प्रणाली, **जब्ती** को प्रारम्भ किया। इसमें कर निर्धारण की दो श्रेणी थी, एक को **तखशीस** (कर निर्धारण) और दूसरे को **तहसील** (वास्तविक वसूली) कहते थे।
- लगान निर्धारण के समय राजस्व अधिकारी द्वारा लिखे गये पत्र को **पट्टा**, **कौल** या **कौल करार** कहा जाता था।
- लगान निर्धारण की अन्य प्रणाली **बँटाई** या **गल्ला बख्शी** (फारसी) मुगल काल की सर्वाधिक प्राचीन प्रचलित प्रणाली थी। इस प्रणाली में किसानों को उपज या नकदी दोनों ही रूपों में कर देने की छूट होती थी, परन्तु सरकार का प्रयास राजस्व को नकद लेने में ही रहता था।
- **नस्क** लगान प्रणाली का भी मुगल काल में खूब प्रचलन था। कर निर्धारण की इस कच्ची प्रणाली को **कंकूत** भी कहा जाता था।
- औरंगजेब ने अपने शासलकाल में **नस्क प्रणाली** को अपनाया और भू-राजस्व की राशि को उपज का आधार कर दिया।
- मुगल काल में कृषक तीन वर्गों में विभाजित थे-
  1. **खुद्रकाश्त**- ये किसान उसी गाँव की भूमि पर खेती करते थे, जहाँ के वे निवासी थे। इनका भूमि पर अस्थायी अधिकार था, इसे **मालिक-ए-जमीन** भी कहते थे।
  2. **पाही काश्त**- ये किसान दूसरे गाँव में जाकर कृषि कार्य कर जीविकोपार्जन करते थे, वहाँ इनकी अस्थायी झोपड़ियाँ होती थीं।
  3. **मुजारियन**- ये खुदकाश्त कृषकों की जमीन किराये पर लेकर कृषि कार्य करते थे।
- मुगलकाल में मुख्य रूप से तीन प्रकार के धातु के सिक्के- **सोने की मुहर, चाँदी का रुपया** एवं **ताँबे के दाम** प्रचलन में थे।
- चाँदी का रुपया मुगलकालीन अर्थव्यवस्था का आधार था, यह 175.5 ग्रेन का होता था।
- अकबर ने **जलाली** नाम का चौकोर आकार का रुपया चलाया।
- ताँबे का **दाम** व **पैसा** या **फलूस** 323.5 ग्रेन का बना होता था।

- सोने का **सर्वाधिक प्रचलित** सिक्का **इलाही** एवं सोने का **सबसे बड़ा** सिक्का **शंसब** था। इलाही का मूल्य 10 रुपये के बराबर था जबकि शंसब 101 तोले का था।
- दैनिक लेन-देन व छोटे लेन-देन में ताँबे के **दाम** का प्रयोग होता था।
- जहाँगीर ने **निसार** नामक एक सिक्का चलाया जो रुपये के चौथाई मूल्य के बराबर था।
- जहाँगीर ने अपने समय में सिक्कों पर अपनी आकृति बनवायी साथ ही अपना नाम तथा नूरजहाँ का नाम उस पर अंकित करवाया था।
- शाहजहाँ ने दाम और रुपये के मध्य एक नये **आना** सिक्का का प्रचलन करवाया।
- मुगल काल में सर्वाधिक रुपये की ढलाई औरंगजेब के शासन काल में हुई थी।
- औरंगजेब के समय में रुपये का वजन 180 ग्रेन होता था। एक रुपये में **40 दाम** होते थे।
- मुगलकाल में टकसाल का अधिकारी चौधरी कहलाता था। केन्द्रीय टकसाल से कोई भी व्यक्ति 5 या 6 प्रतिशत शुल्क देकर सिक्का ढलवा सकता था।
- मुगलकाल में उद्योग के क्षेत्र में सर्वाधिक विकसित रूई का उत्पादन एवं उससे निर्मित सूती वस्त्र निर्माण उद्योग था।
- जहाँगीर ने अमृतसर में ऊनी वस्त्र उद्योग की स्थापना की थी।
- मुगलकाल में निर्यात की जाने वाली या आयात की जाने वाली वस्तुओं पर 3½ प्रतिशत चुंगी (व्यापारिक कर) लिया जाता था।
- मुगल सेना चार भागों में विभक्त थी-
  1. पैदल सेना
  2. घुड़सवार सेना
  3. तोपखाना सेना और
  4. हाथी सेना
- मुगलकालीन सैन्य व्यवस्था पूर्णत: मनसबदारी व्यवस्था पर आधारित थी। अकबर द्वारा प्रारम्भ की गयी इस व्यवस्था में उन व्यक्तियों को सम्राट द्वारा एक पद प्रदान किया जाता था, जो शाही सेना में होते थे, दिये जाने वाले पद को मनसब एवं ग्रहण करने वाले को मनसबदार कहा जाता था।
- सम्भवत: अकबर की मनसबदारी व्यवस्था मंगोल नेता चंगेज खाँ की दशमलव प्रणाली पर आधारित थी।
- मनसब प्राप्त करने वाले मुख्यत: तीन वर्गों में विभक्त थे-
  1. 10 से 500 तक मनसब प्राप्त करने वाले **मनसबदार** कहलाते थे।
  2. 500 से 2500 तक मनसब प्राप्त करने वाले **उमरा** कहलाते थे।
  3. 2500 से ऊपर तक मनसब प्राप्त करने वाले **अमीर-ए-आजम** कहलाते थे।
- मनसबदारी व्यवस्था में **जात** से व्यक्ति के वेतन एवं प्रतिष्ठा का ज्ञान होता था, जबकि **सवार** पद से घुड़सवार दस्तों की संख्या का ज्ञान होता था।
- जहाँगीर ने सवार पद में **दो-अस्पा** एवं **सिंह-अस्पा** की व्यवस्था की। सर्वप्रथम यह पद महावत खाँ को दिया गया। दु-अस्पा में मनसबदारों को निर्धारित संख्या में घुड़सवारों के साथ उतने ही अतिरिक्त घोड़े रखने होते थे, जबकि सिंह-अस्पा में मनसबदारों को दुगने अतिरिक्त घोड़े रखने होते थे।
- औरंगजेब के समय में सक्षम मनसबदारों के किसी महत्त्वपूर्ण अभियान पर जाते समय उसके सवार पद में अतिरिक्त वृद्धि का एक और माध्यम निकाला गया जिसे **मशरूत** कहा गया।
- मनसबदारों के अतिरिक्त दो तरह के सैनिक होते थे। प्रथम **अहदी** (सभ्य) सैनिक एवं द्वितीय **दाखिली** (पूरक) सैनिक।

11. मराठों का उत्कर्ष

- मध्यकालीन भारतीय इतिहास में शिवाजी के प्रतिनिधित्व में मराठा शक्ति का उत्थान एक महत्त्वपूर्ण घटना माना जाता है।
- मराठा साम्राज्य के संस्थापक शिवाजी का जन्म 1627 ई. में **शिवनेर दुर्ग** (जुन्नार के समीप) में हुआ था।
- शिवाजी के पिता का नाम **शाहजी भोंसले** एवं माता का नाम **जीजाबाई** था।
- शाहजी भोंसले अपनी दूसरी पत्नी **तुकाबाई मोहिते** के साथ रहते थे, जिसके कारण जीजाबाई ने पुत्र शिवाजी के साथ जीवन का अधिकांश भाग परित्यक्त नारी की तरह बिताया।
- शिवाजी के व्यक्तित्व पर सर्वाधिक प्रभाव उनकी माँ जीजाबाई का था।
- शिवाजी अपने गुरु एवं संरक्षक **दादाजी कोंणदेव** से भी प्रभावित थे।
- आध्यात्मिक क्षेत्र में शिवाजी के आचरण पर **गुरु रामदास** का काफी प्रभाव था।
- राष्ट्रप्रेम की भावना एवं देवता, गौ, ब्राह्मण तथा धर्म की रक्षा करने की प्रेरणा शिवाजी को **गुरु रामदास** से ही मिली थी।
- 1640 ई. में 12 वर्ष की आयु में शिवाजी का विवाह **साइबाई निम्बालकर** के साथ हुआ।
- शाहजी ने शिवाजी को **पूना** की जागीर प्रदान कर स्वयं **बीजापुर** रियासत में नौकरी कर जी।
- शिवाजी ने **मावल प्रदेश** को अपने जीवन की प्रारम्भिक कार्यस्थली बनाया।
- अपने सैन्य अभियान के अन्तर्गत शिवाजी ने 1644 ई. में सर्वप्रथम बीजापुर के **तोरण** नामक पहाड़ी किले पर अधिकार किया।
- शिवाजी ने 1656 ई. में रायगढ़ को अपनी राजधानी बनाया।
- बीजापुर के सुल्तान ने अपने योग्य सेनापति **अफजल खाँ** को सितंबर 1659 ई. में शिवाजी को पराजित करने के लिए भेजा, किन्तु शिवाजी ने अपने बघनखे से नवंबर, 1659 ई. में अफजल खाँ की हत्या कर दी।
- शिवाजी ने दक्षिण भारत के मुगल सूबेदार **शाइस्ता खाँ** के शिविर पर 15 अप्रैल, 1663 के रात्रि में अपने कुछ सिपाहियों के साथ आक्रमण कर दिया।
- शिवाजी ने व्यापारिक दृष्टि से महत्त्वपूर्ण बंदरगाह नगर **सूरत** को दो बार क्रमश: 1664 और 1670 में लूटा।

महाराष्ट्र के प्रमुख संत	
1.	**ज्ञानदेव या ज्ञानेश्वर (1275-1296:** महाराष्ट्र में भक्ति आंदोलन के जनक, मराठी भाषा और साहित्य के संस्थापक, भगवत्गीता पर भावार्थदीपिका नामक बृहत टीका लिखी, जिसे सामान्य रूप से ज्ञानेश्वरी के नाम से जाना जाता है।
2.	**नामदेव (1270-1350) :** इनके आराध्य देव पंढरपुर के बिठोबा या विट्ठल (विष्णु के रूप) थे। बिठोबा या विट्ठल की उपासना को वरकरी संप्रदाय के नाम से जाना जाता है, जिसकी स्थापना नामदेव ने की थी।
3.	**एकनाथ (1533-1599) :** इन्होंने रामायण पर भावार्थ रामायण नामक टीका लिखी।
4.	**तुकाराम : (1598-1650) :** इन्होंने भक्तिपरक कविताएँ लिखी जिन्हें अभंग कहा जाता है। ये अभंग भक्तिपरक काव्य के ज्योतिपुंज है।
5.	**रामदास (1608-1681) :** महाराष्ट्र के अंतिम महान संत कवि। दशबोध उनकी रचनाओं और उपदेशों का संकलन है।

- महाराजा जयसिंह एवं शिवाजी के मध्य 22 जून, 1665 में **पुरंदर की संधि** की हुई।
- शिवाजी ने 1666 ई आगरा की यात्रा की।

- शिवाजी को औरंगजेब ने 16 मई, 1666 ई. में **जयपुर भवन** में कैद कर लिया, जहाँ से वह 16 अगस्त, 1666 ई. में भाग निकले।
- 1672 ई. में शिवाजी ने बीजापुर से **पन्हाला दुर्ग** को छीन लिया।
- 16 जून, 1674 ई. को शिवाजी ने रायगढ़ में काशी के प्रसिद्ध विद्वान **श्री गंगाभट्ट** द्वारा अपना राज्याभिषेक करवाया, साथ ही **छत्रपति, हैंदव धर्मोद्धारक** एवं **गौ-ब्राह्मण प्रतिपालक** की उपाधि धारण की।
- श्री गंगाभट्ट मूलतः महाराष्ट्र का एक सम्मानित ब्राह्मण था, जो लंबे समय से काशी (वाराणसी) में रह रहा था।
- राज्याभिषेक के बाद शिवाजी का **अंतिम महत्त्वपूर्ण अभियान** कर्नाटक का अभियान (1676 ई.) था।
- 14 अप्रैल, 1680 को शिवाजी की मात्र 53 वर्ष की अवस्था में मृत्यु हो गयी।
- शासन कार्यों में सहायता के लिए शिवाजी ने मन्त्रियों की आठ परिषद् जिसे **अष्ट प्रधान** कहते थे, की व्यवस्था की थी। ये मन्त्री सचिव के रूप में कार्य करते थे। इनकी भूमिका मात्र सलाहकार की होती थी।
- शिवाजी के अष्ट प्रधान में पेशवा का पद सर्वाधिक महत्त्वपूर्ण एवं सम्मान का होता था।

	अष्टप्रधान और उनके कार्य	
1.	पेशवा (प्रधानमन्त्री)	राज्य का प्रशासन एवं अर्थव्यवस्था की देख-रेख
2.	सर-ए-नौबत (सेनापति)	सैन्य प्रधान
3.	अमात्य (राजस्व मन्त्री)	आय-व्यय का लेखा-जोखा
4.	वाकयानवीस	सूचना, गुप्तचर एवं संधि-विग्रह के विभागों का अध्यक्ष
5.	चिटनिस (शुरूनवीस)	राजकीय पत्रों को पढ़कर उसकी भाषा-शैली को देखना
6.	सुमंत (दबीर)	विदेश मन्त्री
7.	पंडितराव (सदर)	धार्मिक कार्यों के लिए तिथि का निर्धारण
8.	न्यायाधीश	न्याय विभाग का प्रधान

नोट : पंडितराव एवं न्यायाधीश के अतिरिक्त अष्टप्रधान के सभी पदाधिकारियों को समय-समय पर सैनिक कार्यवाही में हिस्सा लेना होता था।

- शिवाजी ने शासन की सुविधा के लिए **स्वराज** कहे जाने विजित प्रदेशों को 3 प्रांतों में विभक्त किया था। ये प्रांत थे- उत्तरी प्रांत, दक्षिणी प्रांत एवं दक्षिणी-पूर्वी प्रांत।
- शिवाजी ने दुर्गों की सुरक्षा के लिए निम्न अधिकारी नियुक्त किये थे-
  1. **हवलदार-** यह किले की आंतरिक व्यवस्था की देख-रेख करता था।
  2. **सर-ए-नौबत-** यह किले की सेना का नेतृत्व एवं उन पर नियन्त्रण रखता था।
  3. **सवनिस-** यह किले की अर्थव्यवस्था, पत्र-व्यवहार एवं भंडार आदि की देखभाल करता था।
- शिवाजी के सेना तीन महत्त्वपूर्ण भागों में विभक्त थी-
  1. **पागा सेना-** नियमित घुड़सवार सैनिक
  2. **सिलहदार-** अस्थायी घुड़सवार सैनिक
  3. **पैदल-** पैदल सेना
- शिवाजी की कर-व्यवस्था **मलिक अंबर** की कर-व्यवस्था पर आधारित थी।
- शिवाजी ने जमींदारी एवं जागीरदारी की व्यवस्था का विरोध करते हुए **रैय्यतवाड़ी व्यवस्था** को अपनाया।

- शिवाजी ने रस्सी द्वारा माप की व्यवस्था के स्थान पर **काठी एवं मानक छड़ी** के प्रयोग को आरम्भ किया था।
- शिवाजी के समय में कुल उपज का 33 प्रतिशत भाग राजस्व के रूप में लिया जाता था, जो कालांतर में बढ़कर 40 प्रतिशत हो गया।
- राजस्व के प्रमुख स्रोत के रूप में भूमिकर, चौथ एवं सरदेशमुखी का प्रचलन था। इसके अतिरिक्त व्यापार कर, उद्योग कर, युद्ध में प्राप्त धन, भेंट आदि भी राजस्व के स्रोत थे।
- चौथ किसी एक क्षेत्र को बर्बाद न करने के बदले दी जाने वाली रकम को कहा जाता था। यह आय का चौथा हिस्सा होता था।
- **सरदेशमुखी** को शिवाजी इसलिए वसूल करते थे क्योंकि वह महाराष्ट्र के पुश्तैनी सरदेशमुख थे। यह कर राज्यों की आय का 1/10 भाग होता था।

शिवाजी के उत्तराधिकारी

- शिवाजी के उत्तराधिकारी शम्भा जी थे।
- शम्भा जी ने उज्जैन के हिन्दी एवं संस्कृत के प्रकांड विद्वान **कवि कलश** को अपना सलाहकार नियुक्त किया।
- औरंगजेब के विद्रोही पुत्र अकबर को शरण देने के कारण शम्भाजी को मुगल सेनाओं के आक्रमण का सामना करना पड़ा था।
- 21 मार्च, 1689 ई. में मुगल सेनापति **मुकर्रब खाँ** ने संगमेश्वर में छिपे हुए शम्भाजी एवं कवि कलश को गिरफ्तार कर लिया और उसकी हत्या कर दी।
- शम्भाजी के बाद 1689 ई. में राजाराम का नये छत्रपति के रूप में राज्याभिषेक किया गया।
- राजाराम ने **सतारा** को अपनी दूसरी राजधानी बनाया।
- राजाराम मुगलों से संघर्ष करता हुआ तीस वर्ष की अल्प आयु में 12 मार्च, 1700 ई. में मारा गया।
- राजाराम के मृत्यु के बाद उसकी विधवा पत्नी **ताराबाई** अपने चार वर्षीय पुत्र शिवाजी-II का राज्याभिषेक कराकर मराठा साम्राज्य की वास्तविक संरक्षिका बन गयी।
- ताराबाई के शासन के दौरान मुगलों ने (औरंगजेब ने) 1700 ई. में पन्हाला, 1702 में विशालगढ़ एवं 1703 ई. में सिंहगढ़ पर कब्जा कर लिया था।
- ताराबाई के महत्त्वपूर्ण समर्थकों में परशुराम त्रियम्बक, धनाजी यादव, शंकरजी नारायण जैसे योग्य मराठा सरदार थे।
- औरंगजेब की मृत्यु (1707) के बाद शम्भाजी का पुत्र शाहू, जो कि औरंगजेब के कब्जे में था वापस महाराष्ट्र आया।
- शाहू एवं ताराबाई के बीच 1707 ई. में **खेड़ा का युद्ध** हुआ, जिसमें शाहू विजयी हुआ।
- शाहू ने 22 जनवरी, 1708 ई. को **सतारा** में अपना राज्याभिषेक करवाया।
- शाहू के नेतृत्व में नवीन मराठा साम्राज्यवाद के प्रवर्तक पेशवा लोग थे, जो छत्रपति शाहू के पैतृक प्रधानमन्त्री थे। पेशवा पद पहले पेशवा के साथ ही वंशानुगत हो गया था।
- शाहू ने 1713 ई. में **बालाजी विश्वनाथ** को पेशवा बनाया। इनकी मृत्यु 1720 ई. में हुई थी।
- बालाजी विश्वनाथ की मृत्यु के बाद शाहू ने इसके बड़े लड़के **बाजीराव प्रथम** (1720-1740 ई.) को अपना पेशवा बनाया।
- बाजीराव प्रथम ने हिन्दू जाति की कीर्ति को विस्तृत करने के लिए ही हिन्दू पद पादशाही के आदर्श को फैलाने का प्रयत्न किया।

- बाजीराव प्रथम ने मुगल साम्राज्य की कमजोर हो रही स्थिति का फायदा उठाने के लिए शाहू को उत्साहित करने के लिए कहा कि- 'आओ हम इस पुराने वृक्ष के खोसले तने पर प्रहार करें, शाखाएँ तो स्वयं ही गिर जायेंगी, हमारे प्रयत्नों से मराठा पताका कृष्णा नदी से अटक तक फहराने लगेगी।' उत्तर में शाहू ने कहा- 'निश्चित रूप से ही आप इसे हिमालय के पार गाड़ देंगे, निस्संदेह आप योग्य पिता के योग्य पुत्र हैं।'
- सर्वप्रथम बाजीराव प्रथम ने दक्कन के निजाम निजामुलमुल्क से लोहा लिया जो मराठों के बीच मतभेद के द्वारा फूट पैदा कर रहा था। 7 मार्च, 1728 ई. में **पालखेड़ा के युद्ध** में निजाम की हार हुई। निजाम के साथ **मुंशी शिवगाँव** की संधि हुई।
- बुंदेलखंड की विजय बाजीराव की **सर्वाधिक महान** विजयों में से एक मानी जाती है।
- बाजीराव प्रथम ने मराठा शक्ति के प्रदर्शन हेतु 29 मार्च, 1737 ई. को दिल्ली पर धावा बोल दिया। मात्र तीन दिन के दिल्ली प्रवास के दौरान उसके भय से मुगल सम्राट मुहम्मदशाह दिल्ली को छोड़ने के लिए तैयार हो गया था। इस प्रकार उत्तर भारत में मराठा शक्ति की सर्वोच्चता सिद्ध करने के पहले प्रयास में बाजीराव प्रथम सफल रहा।
- बाजीराव प्रथम **मस्तानी** नाम की मुस्लिम स्त्री से प्रेम सम्बन्ध के कारण भी चर्चित रहा।
- शिवाजी के बाद बाजीराव प्रथम दूसरा ऐसा मराठा सेनापति था, जिसने गुरिल्ला युद्ध प्रणाली को अपनाया। इसे **लड़ाकू पेशवा** के नाम से भी जाना जाता है।
- 28 अप्रैल, 1740 को नर्मदा नदी के किनारे बाजीराव प्रथम की मृत्यु हो गयी।
- बाजीराव प्रथम की मृत्यु के बाद शाहू ने बालाजी बाजीराव (1740-1761 ई.) को अपना पेशवा नियुक्त किया। बालाजी के समय में पेशवा का पद पैतृक बन गया था।
- 1750 ई. में संगोला संधि के बाद पेशवा के हाथ सारे अधिकार सुरक्षित हो गये। अब छत्रपति दिखावे भर का राजा रह गया।
- बालाजी बाजीराव को **नाना साहब** के नाम से भी जाना जाता था।
- बालाजी बाजीराव ने हैदराबाद के निजाम को एक युद्ध में पराजित कर 1752 ई. में उसके साथ **झलकी की संधि** की।
- बालाजी बाजीराव के समय में ही **पानीपत का तृतीय युद्ध** (14 जनवरी, 1761 ई.) में हुआ, जिसमें अफगानिस्तान के शासक अहमदशाह अब्दाली ने मराठों को बुरी तरह हराया। इस हार को नहीं सह पाने के कारण बालाजी की 1761 ई. में मृत्यु हो गयी।
- माधवराव नारायण-I 1761 ई. में पेशवा बना। इसने मराठों की खोई हुई प्रतिष्ठा को पुनः प्राप्त करने का प्रयास किया।
- माधवराव नारायण-I ने मुगल बादशाह शाहआलम-II (1759-1806 ई.) जो इलाहाबाद में ईस्ट इंडिया कंपनी की पेंशन पर रह रहा था, को पुनः 1771 ई. में दिल्ली के तख्त पर बैठाया। मुगल बादशाह अब मराठों का पेंशन भोगी बन गया।
- 1772 ई. में अचानक पेशवा माधवराय नारायण का देहांत हो गया। इसकी मृत्यु के बारे में **ग्राण्ट डफ** ने लिखा- 'मराठा साम्राज्य के लिए पानीपत का मैदान उतना घातक सिद्ध नहीं हुआ जितना कि इस श्रेष्ठ शासक का असामयिक देहावसान।'
- पेशवा नारायण राव (1772-1773 ई.) की हत्या उसके चाचा रघुनाथ राव के द्वारा कर दी गयी।
- पेशवा नारायण राव की मृत्यु के बाद उसकी विधवा **गंगाबाई** ने एक पुत्र को जन्म दिया, जिसे 28 मई, 1775 ई. में माधवराव नारायण-II के नाम से पेशवा बनाया गया। पेशवा की अल्पायु

के कारण मराठा राज्य की देख-रेख **बारभाई** नाम की 12 सदस्यों की एक परिषद् करती थी। इस परिषद् के दो महत्त्वपूर्ण सदस्य थे- **महादजी सिंधिया** एवं **नाना फड़नवीस।**

- 18वीं सदी में मराठा सरदारों द्वारा कुछ अर्द्धस्वतन्त्र राज्यों की स्थापना की गयी, जैसे- बड़ौदा के गायकवाड़, इंदौर के होल्कर, नागपुर के भोंसले एवं ग्वालियर के सिंधिया।
- अंतिम पेशवा राघोवा का पुत्र **बाजीराव-II** था, जो अंग्रेजों की सहायता से पेशवा बना था।
- मराठों के पतन में सर्वाधिक योगदान इसी का था। यह सहायक संधि स्वीकार करने वाला प्रथम मराठा सरदार था।

प्रथम आंग्ल-मराठा युद्ध

यह युद्ध 1775-1782 ई. तक चला। इसके बाद 1776 ई. में पुरंदर की संधि हुई। इसके तहत कंपनी ने रघुनाथ राव के समर्थन को वापस लिया।

द्वितीय आंग्ल-मराठा युद्ध

यह 1803-1805 ई. में हुआ था। इसमें भोंसले ने अंग्रेजों को चुनौती दी थी। इसके फलस्वरूप 7 सितंबर 1803 ई. को देवगाँव की संधि हुई।

तृतीय आंग्ल-मराठा युद्ध

यह 1816-1818 ई. में हुआ। इस युद्ध के बाद मराठा शक्ति और पेशवा के वंशानुगत पद को समाप्त कर दिया गया।

- पेशवा बाजीराव-II ने **कोरेगाँव** एवं **अष्टी** के युद्ध में हारने के बाद फरवरी 1818 ई. में **मेल्कम** के सामने आत्म-समर्पण कर दिया। अंग्रेजों ने पेशवा के पद को समाप्त कर बाजीराव-II को कानपुर के निकट **बिठूर** में पेंशन पर जीने के लिए भेज दिया, जहाँ पर 1853 ई. में इसकी मृत्यु हो गयी थी।

महत्त्वपूर्ण संधियाँ (अंग्रेज-मराठा संघर्ष के अन्तर्गत)		
संधियाँ	**अंग्रेजों से संधि करने वाले मराठा सरदार**	**वर्ष**
सूरत की संधि	रघुनाथ राव (राघोवा)	1775
पुरंदर की संधि	पेशवा	1776
बड़गाँव की संधि	मराठा	1779
सालाबाई की संधि	मराठा (सिंधिया की मध्यस्था से)	1782
बसीन की संधि	पेशवा	1802
देवगाँव की संधि	भोंसले	1803
सुर्जी अर्जुन गाँव की संधि	सिंधिया	1803
राजपुर घाट की संधि	होल्कर	1804
नागपुर की संधि	भोंसले (अप्पा साहब)	1816
ग्वालियर की संधि	सिंधिया	1817
पूना की संधि	पेशवा	1817
मांडसोर की संधि	होल्कर	1818

आधुनिक भारत

1. उत्तरकालीन मुगल सम्राट

- औरंगजेब की मृत्यु के बाद उत्तराधिकार के युद्ध में विजय के बाद बहादुरशाह (1707-1712 ई.) मुगल सिंहासन पर बैठा।
- उत्तराधिकार के युद्ध में गुरु गोविन्द सिंह ने बहादुरशाह का साथ दिया था।
- बहादुरशाह का पूर्व नाम **मुअज्जम** (शाहआलम) था।
- बहादुरशाह को **शाह बेखबर** का नाम से भी जाना जाता था।
- जहाँदारशाह (1712-1713 ई.) अयोग्य एवं विलासी सम्राट था। इसने अपने शासन कार्यों में **लालकुमारी** नाम की वेश्या को हस्तक्षेप करने का अधिकार दे रखा था।
- जहाँदार शाह मुगल वंश का **प्रथम अयोग्य** शासक था, इसे **लम्पट मूर्ख** कहा जाता था।
- मुगलकालीन इतिहास में सैय्यद बंधु हुसैन अली खाँ एवं अब्दुल्ला खाँ को शासक निर्माता के रूप में जाना जाता है।
- फर्रूखसियर (1713-1719 ई.) को मुगल वंश का **घृणित कायर** कहा गया है। सैय्यद बंधुओं के सहयोग से ही फर्रूखसियर राजसिंहासन पर बैठा।
- फर्रूखसियर के काल में ही सिख नेता **बंदासिंह** को उसके 740 समर्थकों के साथ बंदी बना लिया गया और बाद में मुस्लिम धर्म न स्वीकार करने के कारण इन सबकी निर्दयापूर्वक हत्या कर दी गयी।
- सुंदर युवतियों के प्रति अत्यधिक रुझान के कारण मुहम्मदशाह (1719-1748 ई.) को **रंगीला** बादशाह कहा जाता था।
- तुरानी सैनिक **हैदर बेग** ने 9 अक्टूबर, 1720 ई. को सैय्यद बंधु हुसैन अली खाँ की हत्या कर दी थी।
- 15 नवंबर, 1720 ई. को सैय्यद बंधु अब्दुला खाँ को कैद कर लिया गया। कुछ समय के बाद कैद के दौरान ही उसकी हत्या कर दी गयी और इस प्रकार सैय्यद बंधुओं का अंत हो गया।
- मुहम्मदशाह के समय में ही निजामुलमुल्क ने स्वतन्त्र हैदराबाद राज्य की स्थापना की। मुगल सम्राट ने निजामुलमुल्क को आसफजाह की उपाधि प्रदान की। निजामुलमुलक को चिनकिलिच खाँ के नाम से भी जाना जाता था।
- मुहम्मदशाह के समय ही ईरान (फारस) के सम्राट नादिरशाह ने 1739 ई. में दिल्ली पर आक्रमण किया। नादिरशाह को **ईरान का नेपोलियन** कहा जाता था।
- नादिरशाह लगभग 70 करोड़ रुपये की धनराशि और शाहजहाँ का बनवाया हुआ **तख्ते ताऊस** तथा **कोहिनूर हीरा** लेकर फारस वापस लौटा।
- तख्ते ताऊस (मयूर सिंहासन) पर बैठने वाला अंतिम मुगल शासक **मुहम्मदशाह** था।
- अहमदशाह (1748-1754 ई.) के शासन के दौरान अफगानिस्तान के शासक अहमदशाह अब्दाली के भारत पर कई आक्रमण हुए, फलतः मुगल साम्राज्य सिमट कर दिल्ली के इर्द-गिर्द के कुछ क्षेत्रों तक सीमित रह गया। अहमदशाह के वजीर गाजीउद्दीन फिरोज जंग ने उसे अपदस्थ कर अंधा करवा दिया।
- अहमदशाह अब्दाली का वास्तविक नाम **अहमद खाँ** था। इसने 8 बार भारत पर आक्रमण किया।
- शाहआलम-II (अली गौहर) के शासन काल में 1803 ई. में अंग्रेजों ने दिल्ली पर कब्जा कर लिया।

- पानीपत का तृतीय युद्ध 1761 ई. में मराठों एवं अहमदशाह अब्दाली की सेना के बीच हुआ। इस युद्ध में मराठों की हार हुई। इस युद्ध के दौरान मुगल सम्राट शाहआलम-II ही था।
- शाहआलम-II ने बंगाल के मीर कासिम एवं अवध के शुजाउद्दौला के साथ बक्सर के युद्ध (1764 ई.) में भाग लिया।
- गुलाम कादिर खाँ ने 1806 ई. में शाहआलम-II की हत्या करवा दी।
- बहादुरशाह-II (जफर) अंतिम मुगल शासक था।
- 1857 ई. की क्रांति में भाग लेने के कारण अंग्रेजों द्वारा बहादुरशाह जफर को बंदी बना लिया एवं रंगून भेज दिया गया जहां 1862 में इसकी मृत्यु हो गयी।
- एक कुशल शायर होने के कारण बहादुर शाह-II को **जफर** की उपाधि मिली थी।

उत्तरकालीन मुगल सम्राट		
1.	बहादुरशाह	1707-1712 ई.
2.	जहाँदारशाह	1712-1713 ई.
3.	फर्रूखसियर	1713-1719 ई.
4.	मुहम्मदशाह	1719-1748 ई.
5.	अहमदशाह	1748-1754 ई.
6.	आलमगीर-II	1754-1759 ई.
7.	शाहआलम-II	1759-1806 ई.
8.	अकबर-II	1806-1837 ई.
9.	बहादुरशाह-II (जफर)	1837-1857 ई.

2. नए स्वतन्त्र राज्य

मुगल साम्राज्य के पतन के बाद उभरने वाले स्वतंत्र राज्य थे- अवध, हैदराबाद, बंगाल, कर्नाटक, रूहेले व बंगश पठान, राजपूत, मैसूर, जाट और सिक्ख।

अवध

- **सआदत खाँ बुरहानुलमुल्क** अवध के स्वतन्त्र राज्य का संस्थापक था। 1720-1722 ई. तक इसने आगरा के सूबेदार के पद पर कार्य किया। 1722 में मुगल सम्राट ने इसे अवध का सूबेदार नियुक्त किया जहाँ बाद में इसने मुगल साम्राज्य से अलग स्वतन्त्र राज्य की स्थापना की। सआदत खाँ का असली नाम मीर मुहम्मद अमीन था।
- सआदत खाँ के मृत्यु के बाद **सफदरजंग** अवध का नवाब बना। इसने मराठों के विरुद्ध एक लड़ाई लड़ी। इसने हिन्दू एवं मुसलमानों में कोई भेद न करते हुए दोनों को बराबर महत्त्व दिया। इसने अपनी सरकार में महाराज नवाब राय को उच्च पद प्रदान किया। 1754 में इसकी मृत्यु हो गयी।
- 1754 में **शुजाउद्दौला** अवध का नवाब एवं मुगल सम्राट का वजीर बना। इसने बक्सर के युद्ध (1764 ई.) में भाग लिया। 1774 ई. में रूहेलों को परास्त कर इसने रूहेलखंड पर अधिकार कर लिया।
- शुजाउद्दौला के बाद **आसफाउद्दौला** (1775-1795 ई.) अवध का शासक हुआ। इसने अपनी राजधानी **फैजाबाद** से **लखनऊ** स्थानांतरित किया।
- आसफाउद्दौला ने लखनऊ में **मुहर्रम** मनाने के लिए एक भवन **इमामबाड़ा** का निर्माण करवाया।
- अवध के सातवें शासक सआदत खाँ (1738-1814 ई.) ने **अवध के राजा** की उपाधि धारण की। सआदत खाँ ने अंग्रेजों से 1801 ई. में **सहायक संधि** कर ली।
- अवध का अंतिम नवाब वाजिदअलीशाह (1847-1856 ई.) था। इसी के शासनकाल में लार्ड डलहौजी ने कुशासन का आरोप लगाकर अवध को 1856 ई. में ब्रिटिश शासन के अधीन कर लिया।

हैदराबाद

- हैदराबाद में स्वतन्त्र **आसफजाही वंश** की स्थापना मुगल सम्राट द्वारा दक्कन में नियुक्त सूबेदार **चिनकिलिच खाँ** ने 1724 ई. में की। प्रायः इन्हें निजामुलमुल्क के रूप में जाना जाता था।
- चिनकिलिच खाँ द्वारा 1724 में स्वतन्त्र हैदराबाद राज्य की स्थापना के बाद मुगल सम्राट मुहम्मदशाह ने उसे **आसफजाह** की उपाधि प्रदान की।
- चिनकिलिच खाँ की मृत्यु के बाद हैदराबाद में कोई ऐसा योग्य निजाम नहीं था जो अंग्रेजों से टक्कर ले सके।
- हैदराबाद भारतीय राज्यों में ऐसा प्रथम राज्य था जिसने वेलेजली की सहायक संधि (नवंबर 1798 ई.) के तहत एक आश्रित सेना रखना स्वीकार किया।

बंगाल

- **मुर्शीदकुली खाँ** को बंगाल के स्वतन्त्र सूबे का संस्थापक माना जाता है। इसने 1704 ई. में बंगाल की राजधानी को ढाका से हटाकर **मुर्शिदाबाद** स्थानांतरित किया।
- मुर्शीदकुली खाँ ने बंगाल में नई भू-राजस्व व्यवस्था के अंतर्गत किसानों को **तकावी ऋण** प्रदान किया तथा बंगाल में **इजारेदारी प्रथा** को बढ़ावा दिया।
- मुर्शीदकुली खाँ को बंगाल में नई जमींदारी पर आधारित **कुलीन वर्ग** का जनक माना जाता है। उसने व्यापार की गति को भी बढ़ाया।
- **अलवर्दी खाँ** (1740-1756 ई.) बंगाल का अंतिम शक्तिशाली नवाब था।
- अलवर्दी खाँ एक योग्य शासक था। इसने अपने शासन काल में भूमि सुधारों के अलावा व्यापार को भी प्रोत्साहित किया। इसने अंग्रेजों और फ्रांसीसियों की स्वेच्छाचारिता पर अंकुश लगाते हुए क्रमशः कलकत्ता और चन्द्रनगर की उनके अपनी-अपनी बस्तियों के किलेबंदी का विरोध किया। मराठा आक्रमण से बचने के लिए 1751 में अलीवर्दी खाँ ने मराठों के साथ एक संधि की।
- अलीवर्दी खाँ ने **यूरोपियनों** की तुलना मधुमक्खियों से करते हुए कहा कि- 'यदि उन्हें छेड़ा न जाये तो वे शहद देंगी और छेड़ा जाये तो काट-काट डालेंगी'।
- अलीवर्दी खाँ का उत्तराधिकारी **सिराजुद्दौला** था। इसी के समय **प्लासी की लड़ाई** (1757 ई.) लड़ी गयी थी। यह बंगाल का **अंतिम स्वतन्त्र शासक** था। इसके बाद के शासकों ने अंग्रेजों के अधीन शासन किया।

कर्नाटक

- स्वतन्त्र कर्नाटक राज्य का संस्थापक **सादुतुल्ला खाँ** को माना जाता है। इसने **आरकाट** को अपनी राजधानी बनाया।
- कर्नाटक का प्रयोग अंग्रेज और फ्रांसीसियों ने भारतीय युद्धों के मैदान के रूप में किया।
- ब्रिटिश गवर्नर जनरल लार्ड वेलेजली ने मैसूर के शासक टीपू सुल्तान के साथ गुप्त षड्यन्त्रात्मक पत्राचार करने का आरोप लगाकर कर्नाटक के नवाब मुहम्मद अली और उनके उत्तराधिकारी ओमदुत उलउमेर से राजगद्दी का अधिकार छीन लिया।

रूहेले व बंगश पठान

- स्वतन्त्र रूहेलखंड की स्थापना **वीरदाऊद** एवं उसके पुत्र **अली मुहम्मद** को माना जाता है।
- उत्तरप्रदेश के **फर्रूखाबाद** के आसपास बंगश पठानों ने 1714 ई. में एक स्वतन्त्र बंगश पठान राज्य की स्थापना की जिसे **मुहम्मद खाँ बंगश** ने अपना नेतृत्व प्रदान किया।

राजपूत

- 18वीं शताब्दी में मुगल साम्राज्य की कमजोर हो रही स्थिति का लाभ उठाकर राजपूतों ने अपनी स्वतन्त्रता पुनः स्थापित कर ली।
- 18वीं शताब्दी के राजपूत शासकों में सर्वाधिक योग्य शासक **मिर्जाराजा सवाई जयसिंह** (1681–1743 ई.) था। इन्होंने विज्ञान और कला के महान केन्द्र के रूप में जयपुर की स्थापना की।
- सवाई जयसिंह कुशल शासक होने के साथ-साथ महान विधिवेत्ता, खगोलशास्त्री, नगर-नियोजक, नगर-संस्थापक एवं वैज्ञानिक थे।
- सवाई जयसिंह ने दिल्ली, जयपुर, उज्जैन, वाराणसी एवं मथुरा में वेधशालाओं का निर्माण करवाया।
- सवाई जयसिंह ने **जिंजमुहम्मदशाही** नाम से सारणियों का एक ऐसा सेट तैयार करवाया जिससे खगोलशास्त्र सम्बन्धी पर्यवेक्षण में मदद मिलती थी।

नये स्वतन्त्र राज्य : एक नजर में		
राज्य	**काल**	**संस्थापक**
हैदराबाद (दक्कन)	1724 ई.	निजामुलमुल्क (चिनकिलिच खाँ)
अवध	1722–1724 ई.	सआदत खाँ बुरहानुल मुल्क
भरतपुर (जाट राज्य)	18वीं शताब्दी	चूड़ामन एवं बदन सिंह
कर्नाटक	18वीं शताब्दी	सादुतुल्ला खाँ
रूहेलखंड एवं बंगश पठान	18वीं शताब्दी	बीरदाऊद एवं अली मुहम्मद, मुहम्मद खाँ बंगश
मैसूर	18वीं शताब्दी	हैदरअली
जयपुर (राजपूत)	18वीं शताब्दी	जयसिंह

मैसूर

- तालीकोटा का निर्णायक युद्ध (1565 ई.) जिसने विजयनगर साम्राज्य का अंत कर दिया के अवशेषों पर जिन स्वतन्त्र राज्यों का जन्म हुआ, उनमें मैसूर एक प्रमुख राज्य था।
- मैसूर पर वाड्यार वंश का शासन था। इस वंश के अंतिम शासक चिक्का कृष्णराज-II के शासनकाल में राज्य की वास्तविक सत्ता देवराज और नंजराज के हाथों में थी।
- **चिक्का कृष्णराज-II** के समय में दक्कन में मराठों, निजामों, अंग्रेजों और फ्रांसीसियों में अपने-अपने प्रभुत्व को लेकर संघर्ष चल रहा था।
- मैसूर इस समय मराठों और निजाम के बीच संघर्ष का मुद्दा बना क्योंकि मराठों ने लगातार मैसूर पर आक्रमण कर उसे वित्तीय और राजनीतिक दृष्टि से कमजोर कर दिया था, दूसरी ओर निजाम मैसूर को मुगल प्रदेश मानकर इस पर अपना अधिकार समझते थे।
- नंजराज जो कि मैसूर राज्य में राजस्व और वित्त नियन्त्रक था, ने 1749 ई. में हैदरअली को एक सैनिक अधिकारी के रूप में जीवन शुरू करने का अवसर दिया।
- 1755 ई. में हैदरअली ने डिंडीगुल का फौजदार बना। इसी समय मैसूर की राजधानी श्रीरंगपट्टनम् पर मराठों के आक्रमण का भय व्याप्त हो गया, परिणामस्वरूप हैदरअली ने राजधानी की राजनीति में हस्तक्षेप कर नंजराज व देवराज को राजनीति से संन्यास लेने के लिए विवश किया।

- 1761 ई. तक हैदरअली के पास मैसूर की समस्त शक्ति केन्द्रित हो गयी। **डिंडीगुल** में हैदरअली ने फ्रांसीसियों के सहयोग से एक शस्त्रागार की स्थापना (1755 ई.) की।

प्रथम आंग्ल-मैसूर युद्ध (1767-1769 ई.)

- यह युद्ध अंग्रेजों की आक्रामक नीति का परिणाम था। हैदरअली ने अंग्रेजों को करारा जवाब देने के उद्देश्य से मराठे तथा निजाम से संधि कर एक संयुक्त सैनिक मोर्चा बनाया। बाद में निजाम इस मोर्चा को छोड़कर अंग्रेजों की ओर चला गया। इस युद्ध में अंग्रेजों की हार हुई।
- 1769 ई. में अंग्रेजों ने हैदरअली की शर्तों पर **मद्रास की संधि** की जिसकी शर्तों के अनुसार दोनों पक्षों ने एक-दूसरे के जीते हुए क्षेत्रों को छोड़ दिया। इस प्रकार आंग्ल-मैसूर युद्ध समाप्त हुआ।

द्वितीय आंग्ल-मैसूर युद्ध (1780-1784 ई.)

- इस युद्ध में पुनः हैदरअली ने निजाम और मराठों से अंग्रेजों के विरुद्ध संधि कर ली।
- अंग्रेजों ने 1773 ई. में मैसूर स्थित फ्रांसीसी कब्जे वाले **माहे** पर आक्रमण कर अधिकार कर लिया जो हैदरअली के लिए एक खुली चुनौती थी।
- 1780 में हैदरअली ने कर्नाटक पर आक्रमण कर द्वितीय आंग्ल-मैसूर युद्ध की शुरुआत की। उसने अंग्रेज जनरल बेली को बुरी तरह परास्त कर **आरकाट** पर अधिकार कर लिया।
- 1781 ई. में हैदरअली का सामना अंग्रेज जनरल आयरकूट से हुआ जिसे वारेन हेस्टिंग्स ने हैदरअली के विरुद्ध भेजा था, आयरकूट ने **पोर्टोनोवा के युद्ध** में हैदरअली को परास्त अवश्य किया लेकिन इसका उसे कोई तात्कालिक लाभ नहीं मिला।
- 1782 ई. में हैदरअली एक बार पुनः अंग्रेजी सेना को पराजित करने में सफल हुआ, लेकिन युद्ध क्षेत्र में घायल हो जाने के कारण 7 दिसंबर, 1782 ई. को उसकी मृत्यु हो गयी।
- हैदरअली की मृत्यु के बाद युद्ध का संचालन का भार उसके पुत्र टीपू सुल्तान पर आ गया।, इसने अंग्रेजी सेना के **ब्रिगेडियर मैथ्यूज** को 1783 में बंदी बना लिया।
- 1784 ई. तक टीपू ने इस युद्ध को जारी रखा। अंततः **मंगलौर संधि** से द्वितीय आंग्ल-मैसूर युद्ध की समाप्ति हुई। इस संधि के तहत दोनों पक्षों ने एक-दूसरे के जीते हुए प्रदेशों को वापस कर दिया।

टीपू सुल्तान

- टीपू सुल्तान अपने पिता हैदरअली की मृत्यु (1782) के बाद मैसूर की गद्दी पर बैठा।
- टीपू सुल्तान एक शिक्षित एवं योग्य शासक था। इसे अरबी, फारसी, उर्दू एवं कन्नड़ भाषाओं का ज्ञान था। अपने नवीन प्रयोगों के तहत उसने नई मुद्रा, नई माप-तौल की इकाई और नवीन संवत् का प्रचलन करवाया।
- टीपू सुल्तान ने अपने पिता हैदरअली के विपरीत (जिसने सार्वजनिक रूप से शाही उपाधि धारण नहीं की) खुलेआम सुल्लान की उपाधि धारण की तथा 1787 ई. में अपने नाम से सिक्के जारी करवाया।
- टीपू सुल्तान द्वारा जारी सिक्कों पर हिन्दू देवी-देवताओं के चित्र तथा हिन्दू संवत की आकृतियाँ अंकित थी।
- टीपू सुल्तान नेश्रृंगेरी के जगद्गुरु शंकराचार्य के सम्मान में मंदिरों के पुनर्निर्माण हेतु धन दान किया।
- टीपू सुल्तान प्रथम भारतीय शासक था जिसने प्रशासनिक व्यवस्था में पाश्चात्य प्रशासनिक व्यवस्था का मिश्रण किया।

- फ्रांसीसी क्रांति से प्रभावित टीपू सुल्तान ने श्रीरंगपट्टनम में **जैकोबिन क्लब** की स्थापना की और उसका सदस्य बना।
- टीपू सुल्तान ने अपनी राजधानी में फ्रांस और मैसूर के मैत्री का प्रतीक **स्वतन्त्रता का वृक्ष** लगाया।
- टीपू सुल्तान ने अपने समकालीन विदेशी राज्यों से मैत्री सम्बन्ध बनाने तथा अंग्रेजों के विरुद्ध उनकी सहायता प्राप्त करने के उद्देश्य से अरब, कुस्तुनतुनिया अथवा वार्साय, काबुल और मॉरीशस को दूतमंडल भेजा।
- अंग्रेजी नौसेना से मुकाबला करने के उद्देश्य से टीपू ने 1796 में एक नौसेना बोर्ड का गठन किया। मंगलौर, मोलीदाबाद, दाजिदाबाद आदि में टीपू सुल्तान ने पोत निर्माण घाट (Dock Yard) का निर्माण कराया।
- टीपू सुल्तान ने जमींदारी व्यवस्था को समाप्त कर सीधे रैय्यत से सम्पर्क स्थापित किया, साथ ही कर मुक्त भूमि इनाम पर अधिकार कर पॉलिगर के पैतृक अधिकार को जब्त कर लिया।

तृतीय आंग्ल-मैसूर युद्ध (1790-1792 ई.)

- टीपू सुल्तान के समय लड़े गये तृतीय आंग्ल-मैसूर युद्ध का कारण अंग्रेजों द्वारा टीपू के ऊपर आरोप लगाया गया कि उसने फ्रांसीसियों से अंग्रेजों के विरुद्ध गुप्त समझौता किया है तथा त्रावणकोर पर उसने (टीपू) आक्रमण किया।
- मराठों और निजाम के सहयोग से अंग्रेजों ने **श्रीरंगपट्टनम** पर आक्रमण किया। **मिडोज** के नेतृत्व में टीपू पराजित हुआ।
- अंग्रेजों और टीपू सुल्तान के मध्य 1792 में **श्रीरंगपट्टनम की संधि** सम्पन्न हुई। सन्धि की शर्तों के अनुसार टीपू को अपने राज्य का आधा हिस्सा अंग्रेजों और उसके सहयोगियों को देना था साथ ही युद्ध के हर्जाने के रूप में टीपू को तीन करोड़ रुपये अंग्रेजों को देना था। इस संधि में यह भी शामिल था कि जब तक टीपू तीन करोड़ रुपये नहीं देंगे तब तक उसके दो पुत्र अंग्रेजों के कब्जे में रहेंगे।
- इस युद्ध के बारे में **कार्नवालिस** ने कहा कि- 'बिना अपने मित्रों को शक्तिशाली बनाये हमने अपने शत्रु को कुचल दिया'।

चतुर्थ आंग्ल-मैसूर युद्ध (1799)

- इस युद्ध के समय टीपू ने अंग्रेजों से मुकाबले के लिए अन्तरराष्ट्रीय सहयोग लेने की दिशा में प्रयास किया। इसने नेपोलियन से भी पत्र-व्यवहार किया।
- इस युद्ध में अंग्रेजों ने निजाम और मराठों से युद्ध में प्राप्त लाभ को तीन बराबर भागों में बाँटने की शर्त पर समझौता किया।
- 4 मई, 1799 ई. को टीपू सुल्तान संयुक्त अंग्रेजी सेना से बहादुरी के साथ लड़ता हुआ मारा गया।
- इस युद्ध (आंग्ल-मैसूर) युद्ध के समय अंग्रेजी सेना को **वेलेजली हैरिस** और **स्टुअर्ट** ने अपना नेतृत्व प्रदान किया।
- अंग्रेजों ने मैसूर की गद्दी पर फिर से **आड्यार वंश** के एक बालक **कृष्णराय** को बिठा दिया तथा कनारा, कोयम्बटूर और श्रीरंगपट्टनम को अपने राज्य में मिला लिया।
- मैसूर को जीतने की खुशी में आयरलैंड के लार्ड समाज ने वेलेजली को **मार्क्विस** की उपाधि प्रदान की।

आंग्ल-मैसूर संघर्ष : एक नजर में		
प्रथम आंग्ल-मैसूर युद्ध, (1767-1769 ई.)		मद्रास की संधि (हैदरअली व अंग्रेजों के विरुद्ध) (1769 ई.)
द्वितीय आंग्ल-मैसूर युद्ध (1780-1784 ई.)	वारेन हेस्टिंग्स	मंगलौर की संधि (हैदरअली व अंग्रेजों के विरुद्ध) (1784 ई.)
तृतीय आंग्ल-मैसूर युद्ध (1790-1792 ई.)	कार्नवालिस	श्रीरंगपट्टनम की संधि (टीपू व अंग्रेजो के विरुद्ध) (1792 ई.)
चतुर्थ आंग्ल-मैसूर युद्ध (1799 ई.)	वेलेजली	टीपू की मृत्यु

जाट

- भरतपुर में स्वतन्त्र जाट राज्य की स्थापना **चूड़ामन** एवं **बदनसिंह** ने की थी।
- अहमदशाह अब्दाली ने बदनसिंह को **राजा** की उपाधि प्रदान की जिसमें **महेन्द्र** शब्द भी जोड़ दिया गया।
- सूरजमल के समय जाट शक्ति चरमोत्कर्ष पर था। सूरजमल को जाट जाति का **प्लूटो** कहा जाता है।

सिक्ख

- गुरु नानक ने 15वीं शताब्दी में सिक्ख धर्म की शुरुआत की।
- सिक्ख जाति को एक **लड़ाकू जाति** के रूप में परिवर्तित करने का काम **गुरु हर गोविंद** ने किया।
- सिक्खों के दसवें गुरु गोविंद सिंह के नेतृत्व में सिक्ख एक राजनैतिक एवं फौजी शक्ति बने।
- गुरु गोविंद सिंह के मरने के बाद गुरु की परंपरा समाप्त हो गयी। उनके शिष्य **बंदासिंह** जिसे बंदा बहादुर के नाम से भी जाना जाता है, ने सिक्खों का नेतृत्व संभाला।
- बंदासिंह के शिष्य उसे **सच्चा पादशाह** कहते थे।
- बंदा बहादुर के बचपन का नाम **लक्ष्मणदेव** था। इसने पंजाब के सिक्ख किसानों को एकत्र कर मुगलों से लगातार आठ वर्ष (1707-1715 ई.) तक संघर्ष किया तथा सिक्खों को दुर्जेय शक्ति बनाया।
- 1715 ई. में मुगल बादशाह फर्रूखसियर द्वारा बंदा बहादुर की उसके पुत्र समेत हत्या कर दी गयी।
- 1748 ई. में नवाब **कर्पूर सिंह** ने सिक्खों के अलग-अलग दल को **खालसा दल** में शामिल किया जिसका नेतृत्व कर्पूर सिंह की मृत्यु के बाद **जस्सा सिंह अहलुवालिया** ने किया।
- जस्सा सिंह के नेतृत्व में ही खालसा दल 12 स्वतन्त्र मिसल या जत्थों में विभाजित हुआ था।

सिक्खों के मिसल और उसके संस्थापक	
क्र.	मिसल	संस्थापक
1.	सिंपुरिया मिसल	कर्पूर सिंह
2.	अहलुवालिया मिसल	जस्सासिंह अहलुवालिया
3.	रामगढ़िया मिसल	जस्सासिंह रामगढ़िया

4.	कन्हैया/कनहिया मिसल	जय सिंह
5.	फुलकिया मिसल	फूल सिंह
6.	भंगी मिसल	हरि सिंह
7.	सुकरचकिया मिसल	चरत सिंह
8.	निशानवालिया मिसल	सरदार संगत सिंह
9.	करोड़ सिंधिया मिसल	भगेल सिंह
10.	बुले वालिया/उल्लेवालिया मिसल	गुलाब सिंह
11.	नकी/नकाई मिसल	हीरा सिंह
12.	शहीदी मिसल	बाबा दीप सिंह

- 1760 ई. तक सिक्खों का पंजाब पर पूर्ण अधिकार हो गया।
- सिक्खों ने 1763-1773 ई. के मध्य सिक्ख शक्ति का विकास पूर्व में सहारनपुर, पश्चिम में अटक, दक्षिण में मुल्तान और उत्तर में जम्मू कश्मीर तक कर लिया।

3. भारत में यूरोपीय व्यापारिक कंपनियों का आगमन

- मध्यकाल में भारत और यूरोप के व्यापारिक सम्बन्ध थे। ये व्यापार मुख्यतः भारत के पश्चिमी समुद्र तट से लाल सागर और पश्चिमी एशिया के माध्यम से होता था।
- यह व्यापार मसालों और विलासता की वस्तुओं से जुड़ा था। मसालों की आवश्यकता यूरोप में ठंडे के दिनों में मांस को सुरक्षित रखने और उसकी उपयोगिता को बढ़ाने के लिए होती थी।
- पुर्तगीज राजकुमार **हेनरी द नेविगेटर** ने लंबी समुद्री यात्राओं को संभव बनाने के लिए **दिक्सूचक यन्त्र** तथा नक्षत्र यन्त्र के द्वारा गणनाएँ करने वाली तालिकाएँ और सारणियों का निर्माण कराया, जिससे समुद्र की लंबी यात्राएँ संभव हुई।
- 1486 ई. में पुर्तगाली नाविक **बार्थोलेम्यूडिआज** ने उत्तमाशा अंतरीप (Cape of Good Hope) तथा 1498 में **वास्कोडिगामा** ने भारत की खोज की।
- भारत में यूरोपीय व्यापारिक कंपनियों के आगमन का क्रम इस प्रकार था- **पुर्तगाली-डच-अंग्रेज-डेन-फ्रांसीसी**।

पुर्तगाली

- प्रथम पुर्तगाली तथा प्रथम यूरोपीय यात्री **वास्कोडिगामा** नौ दिन की समुद्री यात्रा के बाद **अब्दुल मनीक** नामक गुजराती पथ प्रदर्शक की सहायता से 1498 ई. में कालीकट (भारत) के समुद्र तट पर उतरा।
- कालीकट के शासक जमोरिन ने वास्कोडिगामा का स्वागत किया, लेकिन कालीकट के समुद्र तटों पर पहले से ही व्यापार कर रहे अरबों ने इसका विरोध किया।
- वास्कोडिगामा ने भारत में कालीमिर्च के व्यापार से 60 गुना अधिक मुनाफा कमाया, जिससे अन्य पुर्तगीज व्यापारियों को भी प्रोत्साहन मिला।
- पुर्तगालियों के दो उद्देश्य थे- अरबों और वेनिश के व्यापारियों का भारत से प्रभाव समाप्त करना तथा ईसाई धर्म का प्रचार करना।
- पुर्तगाली सामुद्रिक साम्राज्य को **एस्तादो द इण्डिया** नाम दिया गया।

- वास्कोडिगामा के बाद भारत आने वाला दूसरा पुर्तगाली यात्री **पेड्रो अल्ब्रेज कैब्राल** (1500 ई.) था।
- 1502 ई. में वास्कोडिगामा दूसरी बार भारत आया।
- पुर्तगाली व्यापारियों ने भारत में कालीकट, गोवा, दमन, दीव एवं हुगली के बंदरगाहों में अपनी व्यापारिक कोठियाँ (फैक्ट्रियाँ) स्थापित की।
- भारत में प्रथम पुर्तगाली वायसराय के रूप में **फ्रांसिस्को-डी-अल्मेडा** (1505-1509 ई.) का आगमन हुआ। इसने सामुदिक नीति को अधिक महत्त्व दिया।
- पूर्वी जगत् के कालीमिर्च और मसालों के व्यापार पर एकाधिकार प्राप्त करने के उद्देश्य से पुर्तगालियों ने **1503 ई.** में **कोचीन** में अपने पहली व्यापारिक कोठी की स्थापना की।
- अल्मेडा के बाद **अल्फांसो डी अल्बुकर्क** 1509 ई. में पुर्तगालियों का वायसराय बनकर भारत आया। उसने 1510 ई. में बीजापुरी शासक यूसुफ आदिल शाह से गोवा को छीनकर अपने अधिकार में कर लिया।
- अल्फांसो डी अल्बुकर्क ने भारत में पुर्तगालियों की आबादी बढ़ाने के उद्देश्य से भारतीय स्त्रियों से विवाह को प्रोत्साहन दिया।
- गोवा को पुर्तगालियों ने अपनी सत्ता और संस्कृति के महत्त्वपूर्ण केन्द्र के रूप में स्थापित किया।
- अल्फांसों डी अल्बुकर्क को भारत में पुर्तगाली साम्राज्य का **वास्तविक संस्थापक** माना जाता है।
- अल्फोसों डी अलबुकर्क ने अपनी सेना में भारतीयों की भी भर्ती की।
- भारत आये पुर्तगाली वायसराय **नीनू डी कुन्हा** (1529-1538 ई.) ने 1530 ई. में कोचीन की जगह गोवा को राजधानी बनाया।
- नीनू डी कुन्हा ने सैनथोमा (मद्रास), हुगली (बंगाल) और दीव (काठियावाड़) में पुर्तगीज बस्तियों की स्थापना की।
- पुर्तगालियों ने **काफिला पद्धति** के तहत छोटे स्थानीय व्यापारियों के जहाजों को समुद्री यात्रा के समय संरक्षण प्रदान किया। इसके लिए जहाहों को चुंगी देनी होती थी।
- पुर्तगाली गवर्नर **अल्फांसो डिसूजा** (1542-1545 ई.) के साथ प्रसिद्ध जेसुइट संत **फ्रांसिस्को जेवियर** भारत आया।
- पुर्तगालियों के भारत आगमन से भारत में **तंबाकू की खेती, जहाज निर्माण** (गुजरात और कालीकट) तथा **प्रिटिंग प्रेस** की शुरुआत हुई।
- 1556 ई. में गोवा में पुर्तगालियों ने **भारत का प्रथम प्रिंटिंग प्रेस** स्थापित किया। भारतीय जड़ी-बूटियों और औषधीय वनस्पतियों पर यूरोपीय लेखक द्वारा लिखित पहले वैज्ञानिक ग्रन्थ का 1563 ई. में गोवा से प्रकाशन हुआ।
- ईसाई धर्म का मुगल शासक अकबर के दरबार में प्रवेश फादर एकाबिवा और मांसरेत के नेतृत्व में हुआ।
- पुर्तगालियों के साथ भारत में **गोथिक** स्थापत्य कला का आगमन हुआ।
- पुर्तगाली गोवा, दमन और दीव पर 1961 तक शासन करते रहे। इस प्रकार वे सबसे पहले (1498) आये और सबसे अंत (1961) में वापस गये।
- भारत में पुर्तगालियों ने सबसे पहले प्रवेश किया लेकिन 18वीं सदी तक आते-आते भारतीय व्यापार के क्षेत्र में उनका प्रभाव जाता रहा।

डच

- डच लोग हालैण्ड के निवासी थे। हालैण्ड को वर्तमान में नीदरलैण्ड के नाम से जाना जाता है।

- भारत **डच ईस्ट इंडिया कंमनी (Vereenigde Oost-Indische Compagnie-VOC)** की स्थापना 1602 ई. में की गयी।
- भारत में आने वाला प्रथम डच नागरिक **कारनेलिस डेहस्तमान** था। वह 1596 में भारत आया था।
- डचों का पुर्तगालियों से संघर्ष हुआ और धीरे-धीर डचों ने भारत के सभी महत्त्वपूर्ण मसाला उत्पादन के क्षेत्रों पर कब्जा कर पुर्तगालियों की शक्ति को कमजोर कर दिया।
- 1605 ई. में डचों ने पुर्तगालियों से अंवायना ले लिया तथा धीरे-धीरे मसाला द्वीप पुंज (इंडोनेशिया) में उन्हीं को हराकर अपना प्रभुत्व स्थापित किया।
- डच ईस्ट इंडिया कंपनी की भारत से अधिक रुचि इंडोनेशिया के साथ मसाला व्यापार में थी।
- भारत में डच फैक्ट्रियों की सबसे बड़ी विशेषता यह थी कि पुलीकट स्थित **गेल्ड्रिया के दुर्ग** के अलावा सभी डच बस्तियों में कोई किलेबंदी नहीं थी।
- डचों ने 1613 ई. में जकार्ता को जीतकर **बैटविया** नामक नये नगर की स्थापना की। डचों ने 1641 ई. में **मलक्का** और 1658 ई. में **सिलोन** पर कब्जा कर लिया।
- डचों ने 1605 ई. में **मुसलीपट्टनम्** में **प्रथम डच कारखाना** की स्थापना की।
- डचों द्वारा भारत में स्थापित कुछ कारखाने- पुलीकट-1610 ई., सूरत-1616 ई., विमलीपट्टम-1641 ई., करिकाल-1645 ई., चिनसुरा-1653 ई., कोचीन-1663 ई. कासिम बाजार, पटना, बालासोर, नागपट्टम-1658 ई.।
- डचों द्वारा भारत से नील, शोरा और सूती वस्त्र का निर्यात किया जाता था।
- डच लोग मुसलीपट्टम से नील का निर्यात करते थे। मुख्यतः डच लोग भारत से सूती वस्त्र का व्यापार करते थे।
- बंगाल में प्रथम डच फैक्ट्री **पीपली** में स्थापित की गयी लेकिन शीघ्र ही पीपली की जगह **बालासोर** में फैक्ट्री की स्थापना की गयी।
- 1653 ई. में चिनसुरा अधिक शक्तिशाली डच व्यापार केन्द्र बन गया। यहाँ पर डचों ने **गुस्तावुल** नाम के किले का निर्माण कराया।
- बंगाल से डच मुख्यतः सूती वस्त्र, रेशम, शोरा और अफीम का निर्यात करते थे।
- डचों द्वारा **कोरोमण्डल** तटवर्ती प्रदेशों से सूती वस्त्र का व्यापार किया जाता था। मालाबार के तटवर्ती प्रदेश से डच मसालों का व्यापार करते थे।
- डचों ने पुलीकट में अपने स्वर्ण निर्मित **पैगोडा** सिक्के का प्रचलन करवाया।
- डचों ने भारत में पुर्तगालियों को समुद्री व्यापार से एक तरह से निष्कासित कर दिया, लेकिन अंग्रेजों के नौसैनिक शक्ति के सामने डच नहीं टिक सके।
- डचों और अंग्रेजों के बीच 1759 ई. में लड़े गये **बेदरा के युद्ध** ने अंग्रेजी नौसेना की सर्वश्रेष्ठता को सिद्ध करते हुए डचों को भारतीय व्यापार से अलग कर दिया।

प्रमुख यूरोपीय कंपनी	
कंपनी	**स्थापना वर्ष**
पुर्तगाल ईस्ट इंडिया कंपनी (एस्तादो द इंडिया)	1498 ई.
अंग्रेजी ईस्ट इंडिया कंपनी	1600 ई.
डच ईस्ट इंडिया कंपनी	1602 ई.
डैनिश ईस्ट इंडिया कंपनी	1616 ई.
फ्रांसीसी ईस्ट इंडिया कंपनी	1664 ई.
स्वीडिश ईस्ट इंडिया कंपनी	1731 ई.

अंग्रेज

- उन यूरोपीय व्यापारिक कंपनियों में जिन्होंने भारत में आकर अपनी व्यापारिक गतिविधियाँ आरंभ की उनमें अंग्रेज सर्वाधिक सफल रहे।

- अंग्रेजों की सफलता का कारण था इनका भारत सहित समूचे एशियाई व्यापार के स्वरूप को समझना तथा व्यापार विस्तार में राजनैतिक सैनिक शक्ति का सहारा लेना।
- 1599 ई. में इंग्लैण्ड के मर्चेंट एडवेंचर्स नामक दल ने अंग्रेजी ईस्ट इंडिया कंपनी अथवा दि गवर्नर एण्ड कंपनी ऑफ मर्चेंट्स ऑफ ट्रेडिंग इन टू द ईस्ट इंडीज की स्थापना की।
- दिसंबर, 1600 ई. में ब्रिटेन की महारानी **एलिजाबेथ टेलर प्रथम** ने ईस्ट इंडिया कंपनी को पूर्व के साथ **15 वर्षों** के लिए अधिकार पत्र प्रदान किया।
- प्रारम्भ में ईस्ट इंडिया कंपनी में 217 साझीदार थे और पहला गवर्नर **टॉमस स्मिथ** था।
- 1608 ई. में इंग्लैण्ड के राजा जेम्स प्रथम के दूत के रूप में **कैप्टन हॉकिन्स** सूरत पहुँचा, जहाँ से वह मुगल सम्राट जहाँगीर से मिलने आगरा गया।
- हॉकिन्स **फारसी भाषा** का बहुत अच्छा ज्ञाता था, जहाँगीर उससे बहुत अधिक प्रभावित था।
- जहाँगीर हॉकिन्स के व्यवहार से प्रसन्न होकर उसे आगरा में बसने तथा 400 की मनसब एवं जागीर प्रदान की।
- 1609 ई. में हॉकिन्स ने जहाँगीर से मिलकर सूरत में बसने की इजाजत माँगी परन्तु पुर्तगालियों के विद्रोह तथा सूरत के सौदागरों के विद्रोह के काण उसे स्वीकृति नहीं मिली।
- **सर टॉमस रो** ब्रिटेन के सम्राट जेम्स प्रथम के दूत के रूप में 18 सितंबर, 1615 ई. को सूरत पहुँचा, 10 जनवरी, 1616 ई. को रो **अजमेर** में जहाँगीर के दरबार में उपस्थित हुआ।
- रो मुगल दरबार में 10 जनवरी, 1616 ई. से 17 फरवरी, 1618 ई. तक रहा। इसी बीच रो ने मुगल दरबार से साम्राज्य के विभिन्न हिस्सों में व्यापार करने तथा व्यापारिक कोठियाँ खोलने की अनुमति प्राप्त कर ली।
- 1619 ई. तक अहमदाबाद, भड़ौच, बड़ौदा व आगरा में कंपनी के व्यापारिक कारखाने स्थापित हो गये। सभी व्यापारिक कोठियों का इस समय नियन्त्रण सूरत से होता था।
- दक्षिण भारत में ईस्ट इंडिया कंपनी का पहला कारखाना 1611 ई. में **मुसलीपट्टम** और **पेटापुली** में स्थापित हुआ। यहाँ से स्थानीय बुनकरों द्वारा निर्मित वस्त्रों को कंपनी खरीद कर फारस और बंतम को निर्यात करती थी।
- 1632 ई. में अंग्रेजों ने गोलकुण्डा के सुल्तान से एक **सुनहरा फरमान** प्राप्त कर 500 पैगोडा वार्षिक कर अदा करने के बदले गोलकुण्डा राज्य में स्थित बंदरगाहों से व्यापार करने का एकाधिकार प्राप्त कर लिया।
- 1633 ई. में पूर्वी तट पर अंग्रेजों ने अपना पहला कारखाना **बालासोर** और **हरिहरपुरा** में स्थापित किया था।
- 1639 ई. में **फ्रांसिस डे** नामक अंग्रेज को चन्द्रगिरी के राजा से मद्रास पट्टे पर प्राप्त हो गया। यहीं पर अंग्रेजों ने **फोर्ट सेंट जार्ज** नामक किले की स्थापना की थी। 1641 ई. में कोरोमण्डल तट पर फोर्ट सेंट जार्ज कंपनी का मुख्यालय बन गया।
- 1661 ई. में इंग्लैण्ड के सम्राट चार्ल्स द्वितीय का विवाह पुर्तगाल की राजकुमारी **कैथरीन ब्रेगांजा** से होने के कारण चार्ल्स को **बम्बई** दहेज के रूप में प्राप्त हुआ था जिसे उन्होंने दस पौण्ड वार्षिक किराए पर ईस्ट इंडिया कंपनी को दे दिया।
- 1669 से 1677 ई. तक बम्बई का गवर्नर **गोराल्ड औंगियार** ही वास्तव में बम्बई का संस्थापक था। 1687 ई. तक बम्बई पश्चिमी तट का प्रमुख व्यापारिक केंन्द्र बन बया।
- गेराल्ड औंगियार ने बम्बई में किलेबंदी के साथ ही वहाँ गोदी का निर्माण कराया तथा बम्बई नगर, एक न्यायालय और पुलिस दल की स्थापना की।

- गेराल्ड औंगियार ने बम्बई के गवर्नर के रूप यहाँ ताँबे और चाँदी के सिक्के ढालने के लिए टकसाल की स्थापना की।
- 1651 ई. में तक बंगाल, बिहार, ओडिशा और कोरोमण्डल की समस्त अंग्रेज फैक्ट्रियाँ फोर्ट सेंट जार्ज (मद्रास) के अन्तर्गत आ गयी।
- 1633-1663 ई. के बीच अंग्रेज फैक्ट्रियों का उद्देश्य मुगल संरक्षण में शांतिपूर्वक व्यापार करना था, किंतु 1683-1685 ई. में अंग्रेज व्यापारी, स्थानीय शक्तियों के साथ विवादों, अन्य यूरोपियन कंपनियों के अधिकृत और अनाधिकृत व्यापारियों तथा आपसी झगड़े में व्यस्त हो गये।
- 17वीं शताब्दी के उत्तरार्द्ध में अनेक कारणों से ईस्ट इंडिया कंपनी की नीति में परिवर्तन आया, अब वह सिर्फ व्यापारिक संस्था भर न रहकर भारतीय राजनीति में दिलचस्पी लेने लगी।
- बंगाल में सुल्तान **शाहशुजा** ने 1651 ई. में एक फरमान निकाला, जिसमें कंपनी को 3000 रुपये वार्षिक कर के बदले व्यापार का विशेषाधिकार दे दिया गया। 1656 ई. में दूसरा निशान (फरमान) मंजूर किया। इसी प्रकार कंपनी ने 1672 ई. में शाइस्ता खाँ से तथा 1680 ई. में अंग्रेज से व्यापारिक रियायतों के सम्बन्ध में फरमान प्राप्त किया।
- 1686 ई. में हुगली को लूटने के बाद अंग्रेज और मुगल सेनाओं में संघर्ष हुआ जिसके परिणामस्वरूप कंपनी को सूरत, मुसलीपट्टम, विशाखापट्टनम आदि कारखानों से अपने अधिकार खोने पड़े परन्तु अंग्रेजों द्वारा क्षमा याचना करने पर औरंगजेब ने उन्हें डेढ़ लाख रुपये मुआवजा देने के बदले पुनः व्यापार के अधिकार दे दिये और 1691 ई. में एक फरमान निकाला जिसमें 3000 रुपये के निश्चित वार्षिक कर के बदले बंगाल में कंपनी को सीमा शुल्क देने से छूट दे दी गयी।
- 1698 ई. में कंपनी ने तीन गाँव- सूतानाटी, कोलिकत्ता एवं गोविंदपुरी की जमींदारी 12000 रुपये भुगतान कर प्राप्त कर ली। यहाँ पर निर्मित कारखाने के अगल-बगल **फोर्ट विलियम** का निर्माण किया गया और कालांतर में यही कलकत्ता नगर कहलाया जिसकी नींव **जॉब चार्नाक** के प्रयास से पड़ी।
- ईस्ट इंडिया कंपनी के इतिहास की महत्त्वपूर्ण घटना 1717 ई. में घटी। **जॉन सुर्मन** के नेतृत्व में एक ब्रिटिश दूतमंडल कुछ और व्यापारिक रियासतें प्राप्त करने के उद्देश्य से मुगल बादशाह फर्रूखसियर के दरबार में पहुँचा।
- इस ब्रिटिश दूतमंडल में एडवर्ड स्टिफेन्सन, विलियम हैमिल्टन (सर्जन) तथा ख्वाजा सेहूर्द (आर्मेनियन दुभाषिया) शामिल थे।
- इस दूतमंडल में शामिल सर्जन डॉक्टर हैमिल्टन ने मुगल सम्राट फर्रूखसियर को एक प्राण घातक फोड़े से निजात दिलाई। इस सर्जन डॉक्टर की सेवा से खुश होकर 1717 ई. में मुगल सम्राट ने ईस्ट इंडिया कंपनी के लिए निम्नलिखित सुविधाओं वाला फरमान जारी किया-
    1. बंगाल में कंपनी 3000 रुपये वार्षिक देने पर निःशुल्क व्यापार का अधिकार मिल गया।
    2. कंपनी को कलकत्ता के आस-पास भूमि किराये पर लेने का अधिकार मिल गया।
    3. कंपनी द्वारा बम्बई की टकसाल से जारी किये गये सिक्कों को मुगल साम्राज्य में मान्यता मिल गयी।
    4. सूरत में 10,000 रुपये वार्षिक कर देने पर निःशुल्क व्यापार का अधिकार प्राप्त हो गया।
- इतिहासकार **ओर्म्स** (Orms) ने मुगल सम्राट द्वारा जारी किये गये कंपनी के फरमान को कंपनी का **महाधिकार पत्र** (Magnacarta of the Company) कहा।
- 1634 ई. में ब्रिटिश संसद द्वारा पारित एक प्रस्ताव द्वारा ब्रिटेन की सभी प्रजा को भारत में व्यापार करने का अधिकार मिल गया।

- इस अधिकार पत्र के बाद इंग्लैण्ड में एक अन्य प्रतिद्वन्द्वी कंपनी **इंगलिश कंपनी ट्रेडिंग इन द ईस्ट** का जन्म हुआ। इस कंपनी ने व्यापारिक विशेषाधिकार प्राप्त करने के लिए **विलियम नौरिस** को औरंगजेब के दरबार में भेजा था।
- नई और पुरानी ईस्ट इंडिया कंपनी को आपस में विलय करने का निर्णय 22 जुलाई, 1702 को लिया गया। दोनों कंपनियों का विलय **अर्ल ऑफ गोडोलफिन** के निर्णय के अनुसार 1708–1709 ई. में कर दिया गया।
- संयुक्त कंपनी का नाम **द यूनाइटेड कंपनी ऑफ मर्चेंट्स ऑफ इंग्लैण्ड ट्रेडिंग विथ ईस्ट इंडीज** रखा गया।
- कंपनी और उसके व्यापार की देख-रेख **गवर्नर-इन-काउंसिल** द्वारा किया जाता था।
- बंगाल के नवाब मुर्शीद कुली खाँ ने फर्रूखसियर द्वारा दिये गये फरमान (1717 ई.) के स्वतन्त्र प्रयोग को नियन्त्रित करने का प्रयास किया।
- मराठा सेनानायक **कान्होंजी आंगरिया** ने पश्चिमी तट पर अंगेजों की स्थिति को काफी कमजोर बना दिया था।

डेन

- ईस्ट इंडिया कंपनी के गठन के बाद सन् 1616 ई. में डेन (डेनमार्क के निवासी) भारत आये।
- 1620 ई. में त्रावणकोर (तमिलनाडु) और 1676 ई. में सेरामपुर (बंगाल) में अपनी फैक्टरी स्थापित की।
- भारत में इनका मुख्यालय सेरामपुर था।
- ये व्यापार की अपेक्षा धर्म-प्रचार के कार्य-कलापों में ज्यादा संलग्न थे।
- ये भारत में अपनी स्थिति सुदृढ़ नहीं कर सके और अंततः 1845 ई. में अपनी भारतीय बस्तियाँ अंग्रेजों को बेच दी।

फ्रांसीसी

- फ्रांसीसियों ने भारत में सबसे अंत में प्रवेश किया। फ्रांसीसियों के भारत आगमन के समय फ्रांस का शासक लुई 14वाँ था।
- फ्रांस के सम्राट लुई 14वें के मन्त्री **कॉलबर्ट** द्वारा 1664 ई. में भारत में फ्रांसीसी ईस्ट इंडिया कंपनी की स्थापना की गयी। इसे **कंपने देस इण्दसे ओरियंटलेस** (Compagnie des Indes Orientals) कहा गया।
- फ्रांसीसी कंपनी सरकार के संरक्षण तथा उसके द्वारा दी जाने वाली आर्थिक सहायता पर निर्भर थी, इसलिए इसे सरकारी व्यापारिक कंपनी भी कहा जाता था।
- भारत में फ्रांसीसियों की पहली कोठी फ्रैंक कैरो द्वारा सूरत में 1668 ई. में स्थापित की गयी।
- 1669 ई. में **मर्कारा** ने गोलकुण्डा के सुल्तान से अनुमति प्राप्त कर **मसुलीपट्टनम** में दूसरी फ्रेंच कोठी/फैक्टरी की स्थापना की।
- 1672 ई. में एडमिरल **डेला हे** ने गोलकुण्डा के सुल्तान को परास्त कर सैनथोमा (मद्रास) को छीन लिया।
- 1672 ई. में कंपनी के निदेशक **फ्रांसिस मार्टिन** ने वलिकोण्डापुर के सूबेदार शेरखाँ लोदी से **पर्दुचुरी** नामक एक गाँव प्राप्त किया, जिसे कालांतर (1674 ई.) में **पांडिचेरी** के नाम से जाना गया।
- बंगाल के सूबेदार शाईस्ता खाँ ने 1674 ई. में फ्रांसीसियों को एक जगह दी जहाँ पर 1690–1692 ई. के मध्य चन्द्र नगर की सुप्रसिद्ध फ्रांसीसी फैक्टरी की स्थापना की गयी।

- डचों ने अंग्रेजों की सहायता से 1693 ई. में पांडिचेरी को छीन लिया, लेकिन 1697 ई. में सम्पन्न **रिजविक की संधि** के बाद पांडिचेरी पुनः फ्रांसीसियों को वापस मिल गया।
- फ्रांसीसियों ने 1721 ई. में मॉरीशस, 1725 ई. में मालाबार तट पर स्थित माही एवं 1739 ई. में कारीकल पर अपना अधिकार जमा लिया।
- 1701 ई. में पांडिचेरी को पूर्व में फ्रांसीसी बस्तियों का मुख्यालय बनाया गया और मार्टिन को भारत में फ्रांसीसी मामलों का महानिदेशक नियुक्त किया गया।
- पांडिचेरी के कारखाने में ही फ्रांसिस मार्टिन ने **फोर्ट लुई** का निर्माण कराया। मार्टिन ने भारतीय व्यापारियों और राजाओं के साथ निष्पक्षता एवं न्यायपूर्ण व्यवहार करके उनका व्यक्तिगत विश्वास, सम्मान और आदर प्राप्त किया। 1706 ई. में मार्टिन की मृत्यु के बाद फ्रांसीसी बस्तियों एवं व्यापार के स्तर में कमी आयी।
- 1742 ई. से पूर्व भारत में फ्रेंच ईस्ट इंडिया कंपनी का मूल उद्देश्य व्यापारिक लाभ कमाना था परन्तु 1742 ई. के बाद डूप्ले के पांडिचेरी का गवर्नर नियुक्त होने पर कंपनी का राजनीतिक लाभ व्यापारिक लाभ से अधिक महत्त्वपूर्ण हो गया। डूप्ले की इस महत्त्वाकांक्षा से ही फ्रांसीसियों और अंग्रेजों के बीच युद्ध प्रारम्भ हो गया।
- अंग्रेजों और फ्रांसीसियों के बीच लड़े गये युद्ध को **कर्नाटक युद्ध** के नाम से जाना गया। कोरोमण्डल समुद्र तट पर स्थित क्षेत्र जिसे कर्नाटक कहा जाता था, पर अधिकार को लेकर इन दोनों कंपनियों में लगभग बीस वर्ष तक संघर्ष हुआ।
- कोरोमण्डल समुद्रतट पर स्थित किलाबंद मद्रास और पांडिचेरी क्रमशः अंग्रेजों और फ्रांसीसियों की सामरिक दृष्टिकोण से महत्त्वपूर्ण बस्तियाँ थीं।
- तत्कालीन कर्नाटक दक्कन के सूबेदार के नियन्त्रण में था, जिसकी राजधानी **आरकाट** थी।
- अंग्रेजों और फ्रांसीसियों के बीच बीस वर्षों तक चले **तीनों कर्नाटक युद्ध** का संक्षिप्त विवरण निम्नलिखित है-
- **प्रथम कर्नाटक युद्ध** (1746-1748 ई.) यह युद्ध आस्ट्रिया के उत्तराधिकार युद्ध से प्रभावित था। 1748 ई. में हुई ए-ला-शापल की संधि के द्वारा आस्ट्रिया का उत्तराधिकार युद्ध समाप्त हो गया और संधि के तहत प्रथम कर्नाटक युद्ध समाप्त हुआ।
- **दूसरा कर्नाटक युद्ध** (1749-1754 ई.) यह युद्ध में फ्रांसीसी गवर्नर डूप्ले की हार हुई। उसे वापस बुला लिया गया और उसकी जगह पर भारत में **गोडेहू** को अगला फ्रांसीसी गवर्नर बनाया गया। **पांडिचेरी की संधि** (जनवरी, 1755 ई.) के साथ युद्धविराम हुआ।
- **तीसरा कर्नाटक युद्ध** (1756-1763 ई.) यह युद्ध 1756 ई. में शुरू हुए सप्तवर्षीय युद्ध का ही एक अंश था। यह युद्ध पेरिस की संधि होने पर समाप्त हुआ।
- 1700 ई. में अंग्रेजी सेना ने **सर आयरकूट** के नेतृत्व में **वांडिवाश की लड़ाई** में फ्रांसीसियों को बुरी तरह हराया। यही पराजय भारत में फ्रांसीसियों के पतन की शुरुआत थी।
- 1761 ई. में अंग्रेजों ने पांडिचेरी को फ्रांसीसियों से छीन लिया।
- 1763 ई. में हुई पेरिस की संधि के द्वारा अंग्रेजों ने **चन्द्रनगर** को छोड़कर शेष अन्य प्रदेशों को लौटा लिया, जो 1749 ई. तक फ्रांसीसी कब्जे में थे। ये प्रदेश भारत की स्वतन्त्रता तक फ्रांसीसियों के कब्जे में रहे।
- भारत में फ्रांसीसी शक्ति की असफलता के प्रमुख कारण थे-
  1. फ्रांसीसी सरकार का असहयोग।
  2. कंपनी का सामंती स्वरूप और अत्यधिक शाही नियन्त्रण।

3. इंग्लैण्ड की नौ-सैनिक सर्वोच्चता।
4. फ्रांसीसी सेनापति डूप्ले और बुसी की तुलना में अंग्रेज सेनापति क्लाइव लारेंस, आयरकूट आदि अधिक सूझबूझ वाले थे।

स्वीडिश

- स्वीडिश ईस्ट इंडिया कंपनी की स्थापना 1731 ई. में हुई।
- स्वीडिश ईस्ट इंडिया कंपनी का व्यापारिक सम्बन्ध अधिकतर चीन के साथ रहा।
- समान महत्त्वाकांक्षा एवं राज्य विस्तार की आकांक्षा ने इन व्यापारिक कंपनियों में संघर्ष अवश्यंभावी कर दिया। फलतः इनका पतन हों गया।

4. बंगाल पर अंग्रेजी आधिपत्य

- इस समय बंगाल में आधुनिक पश्चिम बंगाल प्रांत, समूचा बांगलादेश, बिहार और ओडिशा सम्मिलित थे। यह मुगलकालीन भारत का सर्वाधिक सम्पन्न राज्य था।
- बंगाल के प्रथम स्वतन्त्र शासक मुर्शीदकुली खाँ तथा उसके उत्तराधिकारी शुजाउद्दीन और अलीवर्दी खाँ के समय बंगाल इतना अधिक सम्पन्न हो गया कि इसे **भारत का स्वर्ग** कहा जाने लगा।
- डचों, अंग्रेजों और फ्रांसीसियों ने बंगाल में जगह-जगह अपनी व्यापारिक बस्तियाँ स्थापित कर ली जिनमें हुगली सर्वाधिक मत्त्वपूर्ण पत्तन था।
- 1633 से 1663 के बीच बंगाल में अंग्रेजी ईस्ट इंडिया कंपनी ने मुगल शासन के अधीन फैक्ट्रियाँ और कारखाने (व्यापारिक) स्थापित करने तथा शान्तिपूर्वक व्यापार करने के लक्ष्य पर कार्य किया।
- 1670 से 1700 के बीच बंगाल में **अनधिकृत अंग्रेज** व्यापारियों अथवा दस्तनदाजों (Interlopers) का बोलबाला था, ये स्वतन्त्र तथा कंपनी के नियन्त्रण से मुक्त होकर व्यापार करते थे। इन व्यापारियों की गतिविधियाँ ही कालांतर में अंग्रेज और मुगलों के बीच संघर्ष का कारण बनी।
- अलीवर्दी खाँ के बाद उसका नाती सिराजुद्दौला (1756-1757) बंगाल का नवाब बना, लेकिन बंगाल के नवाब पद के कई और भी दावेदार थे, जिनमें पूर्णिया का नवाब शौकत जंग (चचेरा भाई), सिराजुद्दौला की मौसी घसीटी बेगम तथा उसका सेनापति मीरजाफर (अलीवर्दी खाँ का दामाद) आदि। अंग्रेज, सिराजुद्दौला के इन विरोधियों का समर्थन कर रहे थे। यह बात सिराजुद्दौला को पसंद नहीं था।
- अंग्रेज लोग पहले से प्राप्त **दस्तक (Free Pass)** का दुरुपयोग निजी व्यापार के लिए करने लगे थे। दस्तक का दुरुपयोग ही कालांतर में सिराजुद्दौला और अंग्रेजों के बीच संघर्ष का कारण बना।
- सिराजुद्दौला का अंग्रेजों से सम्बन्ध कडुवाहट भरा था जिसके लिए कई कारण जिम्मेदार थे, जिनमें प्रमुख कारण निम्नलिखित थे-
  1. अंग्रेजों द्वारा नवाब की सत्ता की अवहेलना कर उसके विरुद्ध षडयन्त्र में शामिल लोगों को बढ़ावा देना।
  2. नवाब के राज्यारोहण के समय उसे उचित सम्मान एवं उपहार कंपनी द्वारा न देना।
  3. नवाब को कंपनी द्वारा कासिम बाजार फैक्टरी के निरीक्षण की अनुमति नहीं देना।
  4. नवाब की अनुमति के बिना **फोर्ट विलियम** के किलेबन्दी को सुदृढ़ करना।
  5. फर्रुखसियर द्वारा प्रदत्त व्यापार का विशेष अधिकार दस्तक (Free Pass) का कंपनी के कर्मचारियों द्वारा अपने निजी व्यापार में किया जा रहा दुरुपयोग।

- दस्तक वस्तुतः कर मुक्त व्यापार करने का परमिट या परिपत्र था। 1717 ई. में मुगल सम्राट फर्रुखसियर द्वारा जारी फरमान में सीमाशुल्क से मुक्त व्यापार करने की अनुमति के बाद कलकत्ता की अंग्रेज फैक्टरी का प्रेसीडेंट दस्तक को जारी करता था।
- दस्तक से कंपनी के कर्मचारी दो तरह से लाभ कमाते थे, एक तरफ तो वे दस्तक द्वारा बिना चुंगी दिये व्यापार करते थे और दूसरी ओर ये दस्तक अपने भारतीय मित्रों को बेचकर पैसा कमाते थे।
- प्लासी के युद्ध के बाद दस्तक का दुरुपयोग बड़े पैमाने पर होने लगा। कार्नवालिस के समय दस्तक की सुविधा को समाप्त कर दिया गया।
- सिराज ने समुचित कारणों के आधार पर मई, 1756 ई. में कासिम बाजार पर आक्रमण का आदेश देकर उस पर कब्जा कर लिया।
- कलकत्ता पर अधिकार (15 जून, 1756) करने हेतु नवाब ने स्वयं आक्रमण का नेतृत्व किया। कलकत्ता के गवर्नर ड्रेक को ज्वारग्रस्त फुल्टा द्वीप में शरण लेनी पड़ी। मिस्टर हॉलवेल ने अपने कुछ साथियों के साथ नवाब के समक्ष आत्मसमर्पण कर दिया।
- 20 जून, 1756 ई. को फोर्ट विलियम के पतन के बाद सिराज ने बंदी बनाये गये 146 अंग्रेज कैदियों को जिसमें स्त्री और बच्चे भी थे को एक घुटनयुक्त अंधेरे कमरे में बंद कर दिया। 21 जून को प्रातःकाल तक कमरे में केवल 21 व्यक्ति ही जीवित बचे जिनमें अंग्रेज अधिकारी हॉलवेल भी शामिल था।
- अंग्रेज इतिहासकारों ने 20-21 जून, 1756 ई. की इस घटना को **काल कोठरी त्रासदी (Black Hole Tragedy)** की संज्ञा दी।
- अंग्रेजों द्वारा कलकत्ता पर पुनः अधिकार करने के लिए अक्टूबर 1756 ई. में मद्रास से राबर्ट क्लाइव के नेतृत्व में सैनिक अभियान को कलकत्ता भेजा गया। इस सैन्य अभियान में एडमिरल वाट्सन क्लाइव का सहायक था।
- क्लाइव ने पहले बजबज पर, फिर 2 जून, 1757 ई. को कलकत्ता पर अधिकार कर लिया, क्लाइव के बढ़ते हुए प्रभाव से भयभीत नवाब ने संधि का प्रस्ताव रखा।
- 9 फरवरी, 1757 ई. को कंपनी और नवाब सिराज के मध्य सम्पन्न **अलीनगर की संधि** (नवाब सिराजद्दौला द्वारा कलकत्ता को नया नाम, अलीनगर दिया गया था) की शर्तों के अनुसार नवाब ने मुगल बादशाह द्वारा कंपनी को प्रदत्त समस्त व्यापारिक सुविधाओं को स्वीकार कर लिया। इस संधि की मुख्य शर्तें निम्नलिखित थी-
    1. जिन अंग्रेज फैक्ट्रियों पर नवाब ने कब्जा किया हुआ था, को वापस करते हुए तीन लाख रुपये युद्ध हर्जाना भी दिया।
    2. अंग्रेजों को सिक्का ढालने एवं कलकत्ते में किलेबंदी का भी अधिकार मिल गया। 18 अगस्त, 1757 ई. को अंग्रेजों ने कलकत्ता में अपनी टकसाल स्थापित की।
- सिराजुद्दौला की कमजोर हो रही स्थिति को महसूस कर अंग्रेजों ने मुर्शिदाबाद की गद्दी पर किसी कठपुतली शासक को बैठाना चाहते थे।
- इस योजना के तहत अंग्रेजों ने (क्लाइव) सेनापति मीर जाफर, साहूकार जगत् सेठ, राय दुर्लभ तथा अमीन चन्द जैसे नवाब के विरोधियों से षड्यन्त्र कर सिराजुद्दौला को हटाने का प्रयास किया। इसी बीच मार्च, 1757 ई. में अंग्रेजों ने फ्रांसीसियों से चन्द्रनगर को जीत लिया। अंग्रेजों के इन समस्त कृत्यों से नवाब सिराजुद्दौला का क्रोध सीमा से बाहर हो गया जिसकी अंतिम परिणति **प्लासी के युद्ध** (1757 ई.) के रूप में हुई।
- प्लासी के युद्ध की गणना भारत के निर्णायक युद्धों में की जाती है। वर्तमान में प्लासी पश्चिम बंगाल के नदिया जिले में गंगा नदी के किनारे स्थित है।

- प्लासी युद्ध में अंग्रेजी सेना ने (1100 यूरोपीय, 200 सिपाही तथा बंदूकची) क्लाइव के नेतृत्व में हिस्सा लिया। दूसरी ओर 4500 सैनिकों वाली नवाब की सेना का नेतृत्व तीन राजद्रोही- मीरजाफर, यारलतीफ खाँ और राय दुर्लभ ने किया।
- 23 जून, 1557 ई. को मुर्शिदाबाद के दक्षिण में 22 मील की दूरी पर स्थित प्लासी नामक गाँव में दोनों सेनाएँ आमने-सामने हुई। नवाब की सेना के वफादार सिपाही **मीरमदान** और **मोहनलाल** मैदान में लड़ते हुए वीरगति को प्राप्त हुए। सिराजुद्दौला की सेना के तीनों धोखेबाज- मीरजाफर, यारलतीफ और राय दुर्लभ अपनी सेनाओं के साथ निष्क्रिय रहे।
- सेना को बिखरता देख नवाब घबड़ाकर अपने महल की ओर भागा, अंततः उसकी हत्या कर दी गयी।
- 28 जून, 1757 ई. को अंग्रेजों ने मीरजाफर को बंगाल का नवाब बना दिया। इसी समय से बंगाल में अंग्रेजों ने **नृप निर्माता** की भूमिका की शुरुआत की।

युद्ध का परिणाम

- इतिहासकार **युदनाथ सरकार** ने कहा कि '23 जून, 1757 ई. को भारत में मध्यकालीन युग का अंत हो गया और आधुनिक युग का शुभारंभ हुआ। एक पीढ़ी से कम समय या प्लासी के युद्ध के 20 वर्ष बाद ही देश धर्मतन्त्री शासन के अभिशाप से मुक्त हो गया।'
- **डॉक्टर दीनानाथ वर्मा** के शब्दों में 'प्लासी का युद्ध एक ऐसे विशाल और गहरे षडयन्त्र का प्रदर्शन था, जिसमें एक ओर कुटिल नीति निपुण बाघ था और दूसरी ओर भोला शिकार, युद्ध में अदूरदर्शिता की हार हुई और कुटिलता की जीत। यदि इसका नाम युद्ध है तो प्लासी का प्रदर्शन भी युद्ध था। लेकिन सामान्य भाषा में जिसे युद्ध कहते हैं वह प्लासी में कभी हुआ ही नहीं।'
- इतिहासकार **के.एम. पन्निकर** के अनुसार 'प्लासी सौदा था, जिसमें बंगाल के धनी लोगों और मीरजाफर ने नवाब को अंग्रेजों को बेच दिया।'
- **अल्फ्रेड लायल** के अनुसार 'प्लासी में क्लाइव की सफलता ने बंगाल में युद्ध तथा राजनीति का एक अत्यन्त विस्तृत क्षेत्र अंग्रेजों के लिए खोल दिया।'
- प्लासी के युद्ध के बाद बंगाल में **ल्यूक स्क्राफ्टन** को नवाब के दरबार में अंग्रेजी रेजिडेंट नियुक्त किया गया।
- प्लासी के युद्ध के बाद आर्थिक रूप से भारत के इस सबसे समृद्ध प्रांत को जी भर कर लूटा गया। 1757 ई. से 1760 ई. के बीच मीरजाफर ने अंग्रेजों को तीन करोड़ रुपये घूस दिया, क्लाइव को युद्ध क्षतिपूर्ति के रूप में 37,70,833 पौण्ड प्राप्त हुआ।
- प्लासी के युद्ध के परिणामों की बक्सर के युद्ध में अंग्रेजों की विजय के साथ पुष्टि हुई। युद्ध ने अंग्रेजों को तात्कालिक सैनिक एवं वाणिज्यिक लाभ प्रदान किया, कंपनी का बंगाल, बिहार और ओडिशा पर राजनीतिक प्रभुत्व स्थापित हुआ।

मीरजाफर (1757–1760 ई.)

- बंगाल की नवाबी प्राप्त करने (28 जून, 1757 ई.) के उपलक्ष्य में मीर जाफर ने कंपनी को **24 परगना** की जमींदारी पुरस्कार के रूप में दिया।
- कालांतर में मीरजाफर के अंग्रेजों से सम्बन्ध अच्छे नहीं रहे क्योंकि नवाब के प्रशासनिक कार्यों में अंग्रेजों का हस्तक्षेप अधिक बढ़ गया। साथ ही मीजाफर चिनसुरा स्थित डचों के साथ अंग्रेजों के विरुद्ध षड्यन्त्र करने लगा।
- अंग्रेजी सरकार के खर्च में दिन-प्रतिदिन हो रही बेतहासा वृद्धि और उसे वहन न कर पाने के कारण मीरजाफर ने अक्टूबर, 1760 में अपने दामाद मीरकासिम के पक्ष में सिंहासन त्याग दिया। भारतीय इतिहास में इस वर्ष (अक्टूबर, 1760) को **शांतिपूर्ण क्रांति** का वर्ष कहा जाता है।

- मुर्शिदाबाद में मीरजाफर को **कर्नल क्लाइव का गीदड़** कहा जाता था।

मीरकासिम (1760-1765 ई.)

- अलीवर्दी खाँ के बाद बंगाल के नवाब के पद पर शासन करने वालों में मीरकासिम सर्वाधिक योग्य था।
- कंपनी तथा उसके अधिकारियों को भरपूर मात्रा में धन देकर मीरकासिम अंग्रेजों के हस्तक्षेप से बचने के लिए शीघ्र ही अपनी राजधानी को मुर्शिदाबाद से **मुंगेर** स्थानांतरित किया।
- मीरकासिम ने राजस्व प्रशासन में व्याप्त भ्रष्टाचार को खत्म करने एवं आमदनी बढ़ाने हेतु कई उपाय अपनाये जिसमें प्रमुख हैं- अधिक धन वालों का धन जब्त करना, सरकारी खर्च में कटौती, कर्मचारियों की छँटनी, नये जमींदारों से बकाया धन की वसूली आदि।
- सैन्य व्यवस्था में सुधार करने के उद्देश्य से मीरकासिम ने अपने सैनिकों की संख्या में वृद्धि की, साथ ही उन्हें यूरोपीय ढंग से प्रशिक्षित किया। इसने अपनी सेना को **गुर्गिन खाँ** नामक आर्मेनियाई के नियन्त्रण में रखा।
- मीरकासिम ने मुंगेर में तोपों तथा तोड़दार बंदूकों के निर्माण हेतु कारखाने की स्थापना की।
- 1717 ई. में मुगल बादशाह द्वारा प्रदत्त व्यापारिक फरमान (दस्तक) का इस समय बंगाल में दुरुपयोग देखकर नवाब मीरकासिम ने आंतरिक व्यापार पर सभी प्रकार के शुल्कों की वसूली बंद करवा दी।
- 1762 ई. में मीरकासिम द्वारा समाप्त की गयी व्यापारिक चुंगी और कर का लाभ अब भारतीयों को भी मिलने लगा। पहले यह लाभ 1717 ई. के फरमान द्वारा केवल कंपनी को मिलता था। कंपनी ने नवाब के इस निर्णय को अपने विशेषाधिकार की अवहेलना के रूप में लिया। सम्भवत: नवाब का यही निर्णय कालांतर में **बक्सर के युद्ध** (1764 ई.) का कारण बना।
- 1763 ई. जुलाई में मीरकासिम को कंपनी ने अपदस्थ कर मीरजाफर को पुन: बंगाल का नवाब बनाया।
- 19 जुलाई, 1763 ई. को मीरकासिम और एडम्स के नेतृत्व में करवा नामक स्थान पर **करवा का युद्ध** हुआ जिसमें अपदस्थ नवाब पराजित हुआ।
- करवा के युद्ध के बाद और बक्सर के युद्ध से पूर्व मीरकासिम को अंग्रेजों ने तीन बार पराजित किया, परिणामस्वरूप मीरकासिम ने मुंगेर छोड़कर पटना में शरण ली।
- 1763 ई. में हुए पटना हत्याकाण्ड, जिसमें अनेक अंग्रेज मारे गये, से मीरकासिम प्रत्यक्ष रूप से जुड़ा था।
- बक्सर के युद्ध से पूर्व मीरकासिम निम्नलिखित युद्धों में पराजित हुआ-
    1. करवा का युद्ध (19 जुलाई, 1763 ई.)
    2. गीरिया का युद्ध (4-5 सितंबर, 1763 ई.)
    3. उधौनला का युद्ध (1763 ई.)

बक्सर का युद्ध (1764 ई.)

- बक्सर के मैदान में अवध के नवाब, मुगल सम्राट तथा मीरकासिम की संयुक्त सेना अक्टूबर, 1764 को पहुँची, दूसरी ओर अंग्रेजी सेना **हेक्टर मुनरो** के नेतृत्व में पहुँची।
- 23 अक्टूबर, 1764 को निर्णायक **बक्सर का युद्ध** प्रारम्भ हुआ। युद्ध प्रारम्भ होने से पूर्व ही अंग्रेजों ने अवध के नवाब की सेना से असद खाँ, रोहतास के सूबेदार साहूमल और जैनुल अबादीन को धन का लालच देकर फोड़ लिया।
- शीघ्र ही हेक्टर मुनरो के नेतृत्व में अंग्रेजी सेना ने बक्सर के युद्ध को जीत लिया।

बक्सर के युद्ध का महत्त्व

1. प्लासी के युद्ध ने अंग्रेजों की प्रभुता बंगाल में स्थापित की परंतु बक्सर के युद्ध ने कंपनी को एक अखिल भारतीय शक्ति का रूप दे दिया।
2. बक्सर के युद्ध में पराजित होने के बाद मुगल सम्राट शाहआलम-II जहाँ पहले ही अंग्रेजों के शरण में आ गया था वहीं अवध का नवाब कुछ दिनों तक अंग्रेजों के विरुद्ध सैनिक सहायता हेतु भटकने के बाद मई, 1765 ई. में अंग्रेजों के समक्ष आत्मसमर्पण कर दिया।
3. बक्सर के युद्ध ने भारतीयों की हथेली पर **दासता** शब्द लिख दिया जिसे स्वतन्त्रता प्राप्त करने के बाद ही मिटाया जा सका।

- 5 फरवरी, 1765 ई. को मीरजाफर की मृत्यु के बाद कंपनी ने उसके पुत्र निजामुद्दौला को अपने संरक्षण में बंगाल का नवाब बनाया।
- मई, 1765 ई. में **क्लाइव दूसरी बार बंगाल का गवर्नर** बनकर आया। उसने आते ही मुगल बादशाह शाहआलम-II और अवध के नवाब शुजाउद्दौला से अलग-अलग **इलाहाबाद की संधि** की।
- 12 अगस्त, 1765 ई. को क्लाइव ने मुगल बादशाह शाहआलम-II से **इलाहाबाद की प्रथम संधि** की। जिसमें निम्न शर्ते थीं-
  1. मुगल बादशाह ने बंगाल, बिहार, ओडिशा की दीवानी कंपनी को सौंप दी।
  2. कंपनी ने अवध के नवाब से कड़ा और मानिकपुर छीनकर मुगल बादशाह को दे दिया।
  3. एक फरमान द्वारा बादशाह शाहआलम-II ने निजामुद्दौला को बंगाल का नवाब बनाया।
  4. कंपनी ने मुगल बादशाह को 26 लाख रुपये वार्षिक पेंशन देना स्वीकार किया।
- 16 अगस्त, 1765 ई. को क्लाइव ने अवध के नवाब शुजाउद्दौला से **इलाहाबाद की दूसरी संधि** की। जिसकी निम्न शर्ते थीं-
  1. नवाब ने कंपनी की क्षतिपूर्ति के रूप में 50 लाख रुपये देने का वायदा किया।
  2. अवध प्रांत से कड़ा और इलाहाबाद के जिले लेकर मुगल बादशाह को दिये गये।
  3. अंग्रेजों की संरक्षता में बनारस और गाजीपुर की जागीर राजा बलवंत सिंह को पैतृक जागीर के रूप में दे दी गयी।
  4. शुजाउद्दौला को अवध वापस मिल गया तथा उसने चुनार अंग्रेजों को सौंप दिया।
  5. नवाब को एक और संधि द्वारा यह वचन देना पड़ा कि अपनी सीमाओं की सुरक्षा के लिए वह अंग्रेजों से सैनिक सहायता लेने पर पूरा सैन्य खर्च वहन करेगा।
- अवध के साथ संधि पर **रेम्जेम्योर** ने लिखा कि 'अब से अवध के साथ मित्रता के सम्बन्ध रखना अंग्रेजों की स्थायी नीति बन गयी, जो मराठों की बढ़ती हुई शक्ति के मार्ग में एक लाभदायक बाधा थी।'
- फरवरी, 1765 ई. में क्लाइव ने बंगाल के नवाब निजामुद्दौला से संधि की, जिसकी शर्तें इस प्रकार थी- बंगाल में प्रशासनिक अधिकारियों की नियुक्ति का अधिकार कंपनी को होगा, साथ ही नवाब की सेना को लगभग समाप्त कर दिया गया।
- बंगाल के नवाब के साथ संधि के बाद बंगाल में **द्वैध शासन** की शुरुआत हुई।

क्लाइव की द्वैध शासन प्रणाली

- क्लाइव ने बंगाल में दोहरी सरकार कायम की, जिसमें वास्तविक शक्ति कंपनी के पास थी, पर प्रशासन का भार नवाब के कंधों पर था।
- मुगल काल में प्रांतीय प्रशासन में दो प्रकार के श्रेष्ठ अधिकारी होते थे जिसमें **पहला पद सूबेदार** का था, जिसे निजामत भी कहा जाता था, का कार्य सैनिक प्रतिरक्षा, पुलिस, न्याय

एवं विदेशी मामलों से जुड़ा था। **दूसरा पद दीवान** का था, जो राजस्व एवं वित्त व्यवस्था की देख-रेख करता था।

- द्वैध शासन की व्यवस्था के आधार पर कंपनी द्वारा वसूले गये राजस्व में से 26 लाख रुपये प्रतिवर्ष मुगल सम्राट को तथा 50 लाख रुपये बंगाल के नवाब को शासन के कार्यों के संचालन के लिए दिया जाना था, शेष बचे हुए भाग को वह अपने पास रखने के लिए स्वतन्त्र थे। इस प्रकार कंपनी ने राजस्व वसूलने का अधिकार तथा नवाब ने शासन चलाने की जिम्मेदारी ग्रहण की।
- दीवनी और निजामत दोनों अधिकार प्राप्त कर लेने के बाद ही कंपनी ने बंगाल में **द्वैध** शासन की शुरुआत की।
- कंपनी और नवाब दोनों द्वारा प्रशासन की व्यवस्था को ही बंगाल में द्वैध शासन कहा गया जिसकी विशेषता थी उत्तरदायित्व रहित अधिकार और अधिकार रहित उत्तरदायित्व।
- बंगाल में द्वैध शासन के दुष्परिणाम शीघ्र ही देखने को मिले। पूरे बंगाल में अराजकता, अव्यवस्था तथा भ्रष्टाचार का माहौल बन गया। व्यापार और वाणिज्य का पतन हुआ, व्यापारियों की स्थिति भिखारियों जैसी हो गयी, समृद्ध और विकसित उद्योग विशेषत: रेशम और कपड़ा उद्योग नष्ट हो गये, किसान भयानक गरीबी के शिकार हो गये।

बंगाल के नवाब		
क्र.	नवाब	कार्यकाल
1.	मुर्शीदकुली खाँ	1713-1727 ई.
2.	शुजाउद्दीन	1727-1739 ई.
3.	सरफराज खाँ	1739-1740 ई.
4.	अलीवर्दी खाँ	1740-1756 ई.
5.	सिराजुद्दौला	1756-1757 ई.
6.	मीर जाफर	1757-1760 ई.
7.	मीर कासिम	1760-1763 ई.
8.	मीर जाफर	1763-1765 ई.
9.	निजामुद्दौला	1765-1766 ई.
10.	शैफुद्दौला	1766-1770 ई.
11.	मुबारकुद्दौला	1770-1775 ई.

स्मरणीय तथ्य

- बंगाल के नवाब सिराजुद्दौला के समय 20-21 जून को 1756 को प्रसिद्ध कालकोठरी या ब्लैक होल की घटना घटी
- निर्णायक **प्लासी का युद्ध** 23 जून, 1757 को लड़ा गया, क्लाइव के नेतृत्व में लड़े गये इस युद्ध के निर्णय ने भारत अंगेजी राज्य की स्थापना कर दी।
- प्लासी के युद्ध के समय भारत का मुगल बादशाह आलमगीर द्वितीय था।
- मीरजाफर को **कन्रल क्लाइव का गीदड़** कहा गया।
- बंगाल में व्यापार करने वाले अनधिकृत ब्रिटिश व्यापारियों को **इंटरलोपर** (Interloper) कहा जाता था।
- मीरजाफर द्वारा प्रदत्त 24 परगना की जमींदारी को क्लाइव की **व्यक्तिगत जागीर** के रूप में जाना जाता था।
- सिराज के विरोधियों में शामिल थे- पूर्णिया का सूबेदार शौकत जंग, मौसी घसीटी बेगम तथा सेनापति मीरजाफर।
- मीरकासिम अलीवर्दी खाँ के बाद बंगाल का सर्वाधिक योग्य नवाब था, इसने अन्तर्देशीय व्यापार से सभी प्रकार की चुंगी समाप्त कर दी थी।
- मुर्शिदाबाद से मीरकासिम ने अपनी राजधानी मुंगेर हस्तांतरित किया।
- 22 अक्टूबर, 1764 ई. में बक्सर के युद्ध के समय बंगाल का नवाब मीरजाफर था।
- बक्सर के युद्ध में अंग्रेजी सेना का नेतृत्व हेक्टर मुनरो ने किया।

- अंग्रेजों के विद्ध बक्सर के युद्ध में लड़ने वाली भारतीय सेनाओं में शामिल थे- मुगल बादशाह शाहआलम, अवध के नवाब शुजाउद्दौला तथा मीरकासिम।
- इलाहाबाद की प्रथम संधि (1765 ई.) क्लाइव और मुगल बादशाह के बीच हुई।
- इलाहाबाद की द्वितीय संधि (1765 ई) क्लाइव और अवध के नवाब के बीच सम्पन्न हुई।
- द्वैध शासन का जनक **लियोनिस कार्टिस** को माना जाता है। बंगाल में द्वैध शासन की शुरुआत 1765 ई. में हुई, जो 1772 ई. तक प्रचलन में रही।
- अंग्रेज संरक्षण प्राप्त बंगाल का **प्रथम नवाब** निजामुद्दौला था।
- बंगाल का अंतिम नवाब मुबारक उद्दौला (1770-1775 ई.) था।

5. सिक्ख एवं अंग्रेज

- सिक्ख सम्प्रदाय की स्थापना **गुरु नानक** द्वारा की गयी। गुरु नानक के अनुयायी ही सिक्ख कहलाये। ये मुगल सम्राट बाबर एवं हुमायूँ के समकालीन थे।
- गुरु नानक को 1496 ई. की कार्तिक पूर्णिमा को आध्यात्मिक पुनर्जीवन का आभास हुआ।
- गुरु नानक ने **गुरु का लंगर** नामक निःशुल्क सहभागी भोजनालय की स्थापना की।
- गुरु नानक ने अनेक स्थानों पर **पंगत (लंगर)** और **संगत (धर्मशाला)** स्थापित किये।
- गुरु नानक द्वारा स्थापित पंगत और संगत ने उनके अनुयायियों के लिए एक संस्था का कार्य किया जहाँ वे प्रतिदिन मिलते थे।
- 1539 ई. में करतारपुर में गुरु नानक की मृत्यु हो गयी।
- सिक्खों के **दूसरे गुरु अंगद** (1539-1552 ई.) थे। इनका प्रारम्भिक नाम **लहना** था। इन्होंने नानक द्वारा प्रारम्भ की गयी लंगर व्यवस्था को स्थायी बना दिया। **गुरुमुखी लिपि** का आरंभ गुरु अंगद ने ही किया था।
- सिक्खों के **तीसरे गुरु अमरदास** (1552-1574 ई.) थे। गुरु अमरदास ने हिन्दुओं से पृथक होने वाले कई कार्य किये। हिन्दुओं से अलग विवाह पद्धति **लवन** को इन्होंने ही प्रचलित किया था।
- मुगल सम्राट अकबर ने गुरु अमरदास से गोविन्दवाल जाकर भेंट की और गुरु-पुत्री **बीबी मानी** को अनेक गाँव दान दिये।
- गुरु अमरदास ने 22 गद्दियों की स्थापना की और प्रत्येक पर एक महंत की नियुक्ति की।
- बीबी मानी के पति **रामदास** (1574-1581 ई.) सिक्खों के **चौथे गुरु** हुए। अकबर ने इन्हें 500 बीघा भूमि दी। इन्होंने **अमृतसर** नामक जलाशय खुदवाया और **अमृतसर नगर** की स्थापना की।
- गुरु रामदास ने अपने तीसरे पुत्र अर्जुन को गुरु का पद सौंपा। इस प्रकार इन्होंने गुरु पद को पैतृक बनाया।
- गुरु अर्जुन (1581-1605 ई.) सिक्खों के **पाँचवें गुरु** हुए। इन्होंने सिक्खों के पवित्र धार्मिक ग्रन्थ आदिग्रन्थ की रचना की। इसमें गुरु नानक की प्रेरणादायक प्रार्थनाएँ और गीत संकलित हैं।
- गुरु अर्जुन ने अमृतसर जलाशय के मध्य में **हरमंदर साहब** का निर्माण करवाया था।
- मुगल सम्राट जहाँगीर के विद्रोही पुत्र राजकुमार खुसरो की सहायता करने के कारण जहाँगीर ने 1606 ई. में गुरु अर्जुन को फाँसी की सजा दे दी।
- सिक्खों के **छठे गुरु हरगोविन्द** (1606-1644 ई.) हुए। इन्होंने सिक्खों को सैन्य-शक्ति के रूप में संगठित किया तथा **अकाल तख्त** या ईश्वर के सिंहसन का निर्माण करवाया।

- गुरु हरगोविन्द दो तलवार बाँधकर गद्दी पर बैठते थे। उन्होंने दरबार में नगाड़ा बजाने की व्यवस्था की।
- गुरु हरगोविन्द ने अमृतसर की किलेबंदी की। इन्होंने स्वयं को **सच्चा बादशाह** कहना शुरू किया। साथ ही सिक्खों को **मांस खाने** की भी आज्ञा दी।
- सिक्खों के **सातवें गुरु हरराय** (1644-1661 ई.) हुए। राजकुमार दाराशिकोह ने इनसे मिलकर आशीर्वाद प्राप्त किया था।
- सिक्खों के **आठवें गुरु हरकिशन** (1661-1664 ई.) हुए। इन्हें दिल्ली जाकर मुगल सम्राट औरंगजेब को गुरुपद के बारे में समझाना पड़ा। इनकी चेचक से मृत्यु हो गयी थी।
- सिक्खों के **नौवें गुरु तेगबहादुर** (1664-1675 ई.) हुए। इस्लाम स्वीकार नहीं करने के कारण औरंगजेब ने दिल्ली स्थित वर्तमान **शीशगंज गुरुद्वारा** के निकट इनकी हत्या करवा दी थी। इनके बारे में प्रसिद्ध उक्ति है- 'उन्होंने अपना सिर दिया सार न दिया।'
- सिक्खों के **दसवें** एवं अंतिम गुरु **गुरु गोविन्द सिंह** (1675-1708 ई.) हुए। इनका जन्म 1666 ई. में **पटना** में हुआ था।
- गुरु गोविन्द सिंह ने अपने को **सच्चा बादशाह** कहा। इन्होंने सिक्खों के लिए **पाँच ककार** अनिवार्य किया, अर्थात् प्रत्येक सिक्ख को केश, कंघा, कृपाण, कच्छा और कड़ा रखने की अनुमति दी और लोगों को अपने **नाम के अंत में सिंह शब्द जोड़ने के लिए कहा।**
- गुरु गोविन्द सिंह का निवास स्थान **आनंदपुर साहिब** था एवं कार्यस्थली **पाओंटा** थी।
- इनके दो पुत्र **फतह सिंह** एवं **जोरावर सिंह** को सरहिंद के मुगल फौजदार वजीर खाँ ने दीवार में चिनवा दिया था।
- 1699 में वैशाखी के दिन गुरु गोविन्द सिंह ने **खालसा पंथ** की स्थापना की। **पाहुल प्रणाली** की शुरुआत गुरु गोविन्द सिंह ने की।
- सिक्खों के धार्मिक ग्रन्थ **आदिग्रन्थ** का जो वर्तमान रूप है वह गुरु गोविन्द सिंह जी की ही देन है। साथ ही उन्होंने कहा कि अब से **गुरुवाणी** ही सिक्ख सम्प्रदाय के गुरु का कार्य करेगी।
- गुरु गोविन्द सिंह की हत्या 1708 में **नादेड़ (महाराष्ट्र)** नामक स्थान पर **गुल खाँ** नामक पठान के कर दी थी।
- **बंदा बहादुर** का जन्म 1670 ई. में पुंछ जिले के रजौली गाँव में हुआ था। इसके बचपन का नाम **लक्ष्मणदास** था। इनके पिता **रामदेव भारद्वाज** राजपूत थे।
- बंदा का मुख्य उद्देश्य पंजाब में एक सिक्ख राज्य स्थापित करने का था। इसके लिए इन्होंने **लौहगढ़** को राजधानी बनाया। इसने गुरु नानक एवं गुरु गोविन्द सिंह के नाम के सिक्के चलवाये।
- बंदा ने सरहिंद के मुगल फौजदार **वजीर खाँ** की हत्या कर दी थी।
- मुगल बादशाह **फर्रुखसियर** के आदेश पर 1715 ई. में **बंदा सिंह** को गुरुदासपुर के **नांगल** नामक स्थान पर पकड़कर मौत के घाट उतार दिया गया।
- शाहदरा **कत्लगढ़ी** के नाम से प्रसिद्ध है जहाँ बंदा ने हजारों मुगल सैनिकों को मौत के घाट उतार दिया था।
- बंदा की मृत्यु के बाद सिक्ख अनेक छोटे-छोटे टुकड़ों में बँट गये थे। 1748 ई. में **नवाब कर्पूर सिंह** की पहल पर सभी सिक्ख टुकड़ियों का **दल खालसा** में विलय हुआ।
- दल खालसा या खालसा दल को **जस्सा सिंह आहलूवालिया** के नेतृत्व में रखा गया, जिसे बाद में 12 दलों में बाँटा गया। इसे **मिसल** कहा गया। अरबी शब्द मिसल का अर्थ समान होता है।

महाराज रणजीत सिंह

- रणजीत सिंह का जन्म गुजरांवाला में 2 नवंबर, 1780 ई. को **सुकरचकिया मिसल** के मुखिया महासिंह के यहाँ हुआ था। इनके दादा चरत सिंह सिक्खों के 12 मिसलों में से एक सुकरचकिया मिसल के संस्थापक थे।
- रणजीत सिंह ने 1797 में रावी एवं चिनाब के प्रदेशों के प्रशासन का कार्यभार संभाला।
- 1798-1799 ई. में अफगानिस्तान के शासक जमान शाह ने पंजाब पर आक्रमण कर दिया। वापस जाते हुए उसकी कुछ तोपें चिनाब में गिर गयीं। रणजीत सिंह ने उन्हें निकलवाकर उसके पास भिजवा दिया। उस सेवा के बदले जमान शाह ने रणजीत सिंह को लाहौर का शासक नियुक्त किया। साथ ही उन्हें (रणजीत सिंह) **राजा** की उपाधि दी।
- 1799 से 1805 के बीच रणतीत सिंह ने भंगी मिसल के अधिकार से लाहौर और अमृतसर को छीनकर **लाहौर** को अपनी राजधानी बनाया। इस प्रकार पंजाब की राजनैतिक राजधानी (लाहौर) तथा धार्मिक राजधानी (अमृतसर) दोनों ही रणजीत सिंह के अधीन आ गयी थी।
- अंग्रेजों तथा विरोधी सिक्ख राज्यों के भय के कारण रणजीत सिंह ने 1809 में लार्ड मिंटो के दूत चार्ल्स मेटकाफ से **अमृतसर की संधि** कर ली।
- अमृतसर की संधि द्वारा रणजीत सिंह के सतलज नदी के पूर्वी तट पर विस्तार को सीमित कर दिया गया तथा उत्तर में राज्य विस्तार की छूट दी गयी। संधि के बाद रणजीत सिंह ने राज्य विस्तार की पूर्वी सीमा को सतजल नदी तक स्वीकार कर लिया।
- रणजीत सिंह को अफगान शासक शाहशुजा से ही वह प्रसिद्ध **कोहिनूर हीरा** प्राप्त हुआ जिसे नादिरशाह लाल किले से लूटकर ले गया था।

प्रशासन

- रणजीत सिंह महान विजेता होने के साथ-साथ कुशल प्रशासक भी था। इसने ब्रिटिश एवं फ्रांसीसी सैन्य व्यवस्था के आधार पर एक कुशल, सुप्रशिक्षित एवं सुसंगठित सेना का गठन किया।
- रणजीत सिंह ने यूरोपीय प्रशिक्षकों अलार्ड, बेंतुस, कोर्ट अविटेबिल के सहयोग से एक ऐसी सेना का गठन किया जिसमें यूरोपीय सैनिक एवं अधिकारियों के साथ-साथ सिक्ख, गोरखा, बिहारी, उड़िया, पठान, डोगरे, पंजाबी, मुसलमान आदि शामिल थे।
- रणजीत सिंह की स्थायी सेना **फौज-ए-आइन** के नाम से जानी जाती थी, जो उस समय एशिया में दूसरे स्थान पर थी। रणजीत सिंह की सेना में दो तरह के घुड़सवार थे- 1. घुड़चढ़खास और 2. मिसलदार।
- रणजीत सिंह ने **लाहौर** में तोप निर्माण का कारखाना खोला, जिसमें मुस्लिम तोपची नौकरी पर रखे गये।
- रणजीत सिंह ने विभिन्न सिक्ख मिसलों को संगठित करने के उद्देश्य से राज्य को **सरकार-ए-खालसा** नाम दिया तथा अपने द्वारा चलाये गये सिक्कों को **नानक शाही सिक्के** का नाम दिया।
- रणजीत सिंह के सर्वाधिक विश्वसनीय मन्त्री **हरिसिंह नौला**, **दीनानाथ** (वित्त मन्त्री) और **फकीर अजीमुद्दीन** (विदेश मन्त्री) थे।
- रणजीत सिंह का राज्य चार सूबों में बँटा था- **पेशावर, कश्मीर, मुल्तान** एवं **लाहौर**।
- रणजीत सिंह भारत के **प्रथम शासक** थे जिन्होंने सहायक संधि को अस्वीकार कर अंग्रेजों के समक्ष समर्पण नहीं किया।
- रणजीत सिंह के राजस्व का मुख्य स्रोत भू-राजस्व था, जिसमें नवीन प्रणालियों का समावेश होता रहता था। रणजीत सिंह नीलामी के आधार पर सबसे ऊँची बोली बोलने वाले को

- भू-राजस्व वसूली का अधिकार दिया। राज्य की ओर से लगान उपज का 2/5 से 1/3 भाग लिया जाता था।
- न्याय प्रशासन के क्षेत्र में राजधानी में **अदालत उल आला** (आधुनिक उच्च न्यायालय के समान) खोला गया था, जिसके निर्णय उच्च अधिकारी किया करते थे।
- 7 जून, 1839 ई. रणजीत सिंह की मृत्यु के बाद उसके अल्पायु पुत्र दिलीप सिंह के सिंहासनारोहण के बीच (1843) तीन अयोग्य उत्तराधिकारी क्रमशः **खड़ग सिंह, नौनिहाल सिंह** और **शेर सिंह** ने शासन किया।
- 1843 में महाराज रणजीत सिंह के अल्पायु पुत्र दिलीप सिंह राजमाता जिंदा के संरक्षण में सिंहासनारूढ़ हुआ। **दिलीप सिंह** के समय अंग्रेजों ने पंजाब पर आक्रमण किया, परिणामस्वरूप **प्रथम आंग्ल-सिक्ख युद्ध** शुरू हुआ।
- **प्रथम आंग्ल-सिक्ख युद्ध** (1845-1846 ई.) के समय अंग्रेजी सेना ने लाहौर पर अधिकार कर लिया। **लार्ड हार्डिंग्ज** गवर्नर जनरल तथा **लार्ड गफ** इस युद्ध के समय भारत के प्रधान सेनापति थे।
- अंग्रेजी सेना ने लार्ड गफ के नेतृत्व में 13 दिसंबर, 1845 को **मुदकी** नामक स्थान पर लाल सिंह के नेतृत्व वाली सिक्ख सेना को पराजित किया।
- सिक्ख सेनाओं को क्रमशः फिरोजशाह, ओलीवाल, सोवरांव में पराजित होने के बाद अंग्रेजों के साथ **लाहौर की संधि** (9 मार्च, 1846) करने के लिए विवश होना पड़ा।

लाहौर की संधि की शर्तें

1. सिक्खों ने सतलज नदी के दक्षिणी ओर के सभी प्रदेशों को अंग्रेजों को सौंप दिया।
2. लाहौर दरबार पर 1.5 करोड़ रुपये युद्ध का हर्जाना थोपा गया।
3. सिक्ख सेना में कटौती कर उसे 20,000 पैदल सेना और 12,000 घुड़सवारों तक सीमित कर दिया गया।
4. एक ब्रिटिश रेजिडेंट को लाहौर में नियुक्त किया गया।

- संधि की बदले अंग्रेजों ने दिलीप सिंह को महाराजा तथा रानी झिंदन (जिंदा) को संरक्षिका और लालसिंह को वजीर के रूप में मान्यता दी गयी।
- 22 दिसंबर, 1846 ई. को सम्पन्न एक अन्य संधि **भैरोवाल की संधि** की शर्तों के अनुसार दिलीप सिंह के वयस्क होने तक ब्रिटिश सेना का लाहौर प्रवास निश्चित कर दिया गया। साथ ही लाहौर का प्रशासन 8 सिक्ख सरदारों की एक परिषद् को सौंपा तथा महारानी जिंदा को 48,000 रुपये वार्षिक की पेंशन देकर शेखपुरा भेज दिया गया।
- **द्वितीय आंग्ल-सिक्ख युद्ध** (1848-1849 ई.) का तात्कालिक कारण था मुल्तान के सूबेदार मूलराज का विद्रोह। मूलराज, शेरसिंह और छत्तर सिंह पंजाब को ब्रिटिश प्रभाव से मुक्त कराना चाहते थे।
- द्वितीय आंग्ल-सिक्ख युद्ध के दौरान पहली लड़ाई **चिलियानवाला** (13 जनवरी, 1849 ई.) की लड़ाई थी, जिसमें सिक्ख सेना की तरफ से शेरसिंह और अंग्रेजी सेना के तरफ से कमाण्डर गफ थे। यह लड़ाई अनिर्णीत समाप्त हुआ तथा इसमें अंग्रेजों को भारी क्षति हुई। **दूसरी लड़ाई** गुजरात के चिनाब नदी के किनारे **चार्ल्स नेपियर** के नेतृत्व में अंग्रेजों ने 21 फरवरी, 1849 ई. को लड़ी। इस लड़ाई में सिक्ख बुरी तरह पराजित हुए। गुजरात की लड़ाई को **तोपों के युद्ध** के नाम से भी जाना जाता है। इस युद्ध को जीतने के बाद डलहौजी ने 30 मार्च, 1849 ई. को चार्ल्स नेपियर के नेतृत्व में पंजाब को अंग्रेजी राज्य में मिला लिया।

➭ महाराजा दिलीप सिंह को अंग्रेजों ने 5 लाख रुपये की वार्षिक पेंशन पर रानी जिंदा के साथ इग्लैंड भेज दिया।

सिक्ख गुरु : एक नजर में			
क्र.	**नाम**	**काल**	**प्रमुख कार्य एवं विशेषताएँ**
1.	गुरु नानक	1469–1538 ई.	सिक्ख धर्म के संस्थापक, हिन्दू-मुस्लिम एकता पर बल, अवतारवाद एवं कर्मकाण्ड का विरोध, समानता एवं सत्कर्मों पर सर्वाधिक बल, धर्मप्रचार के लिए संगतों की स्थापना
2.	गुरु अंगद (लहना) बाबा श्रीचन्द्र	1538–1552 ई.	गुरु नानक के शिष्य, गुरु के उपदेशों का सरल भाषा में प्रचार, लंगर व्यवस्था को स्थायी बनाया, गुरुमुखी लिपि की शुरुआत की, हुमायूँ 1504 में अंगद से पंजाब में मिला।
3.	गुरु अमरदास	1552–1574 ई.	गुरु अंगद के शिष्य, सिक्ख सम्प्रदाय को एक संगठित रूप दिया जिसके लिए 22 गद्दियाँ बनायी, अपने शिष्यों के लिए **पारिवारिक सन्त** होने का उपदेश दिया, सती प्रथा, पर्दा प्रथा मादक द्रव्यों के सेवन का विरोध किया। हिन्दुओं से अलग विवाह पद्धति के लिए **लवन पद्धति** शुरू किया।
4.	गुरु रामदास	1574–1581 ई.	अकबर इनसे बहुत प्रभावित था, 1577 ई. में अकबर ने 500 बीघा जमीन दी थी जिसमें एक प्राकृतिक तालाब था, यहीं पर **अमृतसर** नगर की स्थापना हुई, गुरु का पद पैतृक हो गया।
5.	गुरु अर्जुनदेव	1581–1606 ई.	सिक्ख सम्प्रदाय को शक्तिशाली बनाया, अपना और अपने पहले के गुरुओं के उपदेश संकलन 1604 में आदिग्रन्थ में करवाया, अर्जुन ने सूफी संत मियाँ मीर द्वारा अमृतसर में हरमिंदर साहब की नींव डलवायी, कालांतर में रणजीत सिंह द्वारा हरमिंदर साहब में स्वर्ण जड़वाने के बाद अंग्रेजों द्वारा पहली बार **स्वर्ण मंदिर** (Golden Temple) नाम दिया गया। स्थायी रूप से धर्म प्रचारक (मसंद और मेउरा) नियुक्त किया, गुरु पद को सिक्खों का आध्यात्मिक तथा सांसारिक प्रमुख बनाकर **शान-ओ-शोकत** से रहना प्रारम्भ किया। सिक्खों से उनकी आय का 10 प्रतिशत दान के रूप में लेने की प्रथा प्रारम्भ की, विद्रोही खुसरो को आशीर्वाद देने के कारण राजद्रोह के आरोप में 1606 ई. में फाँसी दी गयी। गुरु के मृत्यु दण्ड को सिक्खों ने मुगलों द्वारा धर्म पर पहला आक्रमण माना। **तरनतारन** नामक नगर की स्थापना की गयी।

6.	गुरु हरगोविन्द	1606-1645 ई.	गुरु ने सिक्खों को एक **सैनिक सम्प्रदाय** बना दिया, अपने समर्थकों से धन के बजाय घोड़े और हथियार लेना प्रारम्भ किया, उनहें मांस खाने की अनुमति दी गयी। गुरु ने अकाल तख्त की नींव डाली तथा अमृतसर की किलेबंदी की, सिक्खों को धार्मिक शिक्षा के साथ-साथ सैनिक शिक्षा दी गयी, शाहजहाँ से बाज प्रकरण के कारण संघर्ष हुआ।
7.	गुरु हरराय	1645-1661 ई.	दारा के सामूगढ़ युद्ध में पराजित होकर पंजाब भागने पर उसकी मदद की, औरंगजेब द्वारा दरबार में बुलाने पर अपने पुत्र रामराय को दरबार में भेजा। फलस्वरूप दूसरे पुत्र हरिकिशन को गद्दी सौंपी।
8.	गुरु हरिकिशन	1661-1664 ई.	गद्दी के लिए बड़े भाई रामराय से विवाद।
9.	गुरु तेगबहादुर	1664-1675 ई.	हरिकिशन के मृत्यु से पहले उन्हें **बाकला दे बाबा** कहा तत्पश्चात् वे बाकला में गुरु स्वीकृत हो गये। धीनामल और रायमल प्रमुख विरोधी थे, औरंगजेब की धार्मिक नीतियों का विरोध किया फलस्वरूप 1675 ई. में इस्लाम धर्म नहीं स्वीकार करने के कारण गुरु की हत्या कर दी गयी।
10.	गुरु गोविन्द सिंह	1675-1708 ई.	पटना में जन्म हुआ, पंजाब की तराई **मखोवल** अथवा **आनन्दपुर** में अपना मुख्यालय बनाया **पाहुल** प्रथा प्रारम्भ की। इस मत में दीक्षित व्यक्ति को **खालसा** कहा गया, तथा नाम के अन्त में **सिंह** उपाधि दी गयी, 1699 ई. में खालसा का गठन, अपनी मृत्यु के पहले गद्दी को समाप्त कर दिया, एक पूरक ग्रन्थ **दसवें बादशाह का ग्रन्थ** संकलन किया, सिक्खों के अन्तिम गुरु।

6. भारत के गवर्नर/गवर्नर जनरल/वायसराय के महत्त्वपूर्ण कार्य

बंगाल के गवर्नर

राबर्ट क्लाइव (1757-1760 ई. एवं पुन: 1765-1767 ई.)

- इसने बंगाल में दोहरी सरकार (द्वैध शासन) कायम की जिसके तहत राजस्व वसूलने, सैनिक संरक्षण एवं विदेशी मामले कंपनी के अधीन थे, जबकि शासन चलाने की जिम्मेदारी नवाब के हाथों में थी।
- इसने कर्मचारियों द्वारा उपहार लेने पर प्रतिबंध लगा दिया था।
- इसने कंपनी के सैनिकों को जो दोहरे भत्ते शान्ति काल में मिलते थे, उस पर रोक लगा दी, यह सुविधा केवल बंगाल के सैनिकों को ही प्राप्त थी। क्लाइव के आदेश के अनुसार 1766 से यह भत्ता केवल उन सैनिकों को दिया जाने लगा जो बंगाल एवं बिहार की सीमा से बाहर कार्य करते थे। मुंगेर तथा इलाहाबाद में कार्यरत श्वेत सैनिक अधिकारियों ने इस व्यवस्था का विरोध किया जिसे कालांतर में **श्वेत विद्रोह** के नाम से जाना गया। क्लाइव ने इस विद्रोह को सफलता से दबा लिया।

- इसने कंपनी के कार्यकर्ताओं के लिए **सोसायटी ऑफ ट्रेड** का निर्माण किया, जिसको नमक, सुपारी, तंबाकू के व्यापार का एकाधिकार प्राप्त था। यह संस्था उत्पादकों से समस्त माल नकद में लेकर निश्चित केन्द्रों पर फुटकर व्यापारियों को बेच देता था।
- इसने बंगाल के समस्त क्षेत्र के लिए दो **उप-दीवान,** बंगाल के लिए **मुहम्मद रजा खाँ** और बिहार के लिए **राजा सिताब राय** को नियुक्त किया।
- अन्य गवर्नर थे- वेरेलास्ट (1767-1769 ई.), कार्टियर (1709-1772), वारेन हेस्टिंग्स (1772-1774 ई.)।

कंपनी के अधीन गवर्नर जनरल

- वारेन हेस्टिंग्स 1750 ई. में कंपनी के क्लर्क के रूप में कलकत्ता आया था किन्तु अपनी कार्यकुशलता के कारण वह शीघ्र ही कासिम बाजार का अध्यक्ष बन गया।
- 1772 ई. में वारे हेस्टिंग्स को बंगाल का गवर्नर बनाया गया। 1773 ई. के रेग्युलेटिंग एक्ट के द्वारा उसे 1774 ई. में बंगाल का गवर्नर जनरल बनाया गया।
- 1773 ई. के रेग्युलेटिंग एक्ट के अनुसार बंगाल के गवर्नर को अब अंग्रेजी क्षेत्रों का गवर्नर जनरल कहा जाने लगा तथा उसका कार्यकाल पाँच वर्षों का निर्धारित किया गया। मद्रास एवं बम्बई के गवर्नर को इसके अधीन कर दिया गया। इस प्रकार कंपनी के अधीन भारत में प्रथम गवर्नर जनरल **वारेन हेस्टिंग्स** (1774-1785 ई.) हुआ।

वारेन हिस्टिंग्स (1774-1785 ई.)

- अपने प्रशासनिक सुधारों के तहत हेस्टिंग्स ने सर्वप्रथम 1772 ई. में कोर्ट ऑफ डाइरेक्टर के आदेशानुसार बंगाल से द्वैध शासन की समाप्ति की घोषणा की और सरकारी कोषागार का स्थानांतरण मुर्शिदाबाद से कलकत्ता कर दिया।
- राजस्व सुधार के अन्तर्गत हेस्टिंग्स ने राजस्व की वसूली का अधिकार कंपनी के अधीन कर दिया। उसने **बोर्ड ऑफ रेवेन्यू** की स्थापना की जिसमें कंपनी के राजस्व संग्राहक नियुक्त किये गये।
- भूमि कर सुधार के अन्तर्गत 1772 ई. तक संग्रहण के अधिकार ऊँची बोली बोलने वाले जमींदारों को पाँच वर्ष के लिए दिये गये और उन्हें भूस्वामित्व से मुक्त कर दिया गया।
- 1776 ई. में पाँच वर्ष के ठेके पर भू-राजस्व वसूलने की व्यवस्था खत्म कर दी गयी और इसके स्थान पर **एक वर्षीय व्यवस्था** को पुनः लागू किया गया।
- इसने 1772 ई. में प्रत्येक जिले में एक **फौजदारी** तथा **दीवानी अदालतों** की स्थापना की।
- इसने 1781 ई. में कलकत्ता में मुस्लिम शिक्षा के विकास के लिए **प्रथम मदरसा** स्थापित किया।
- इसके समय **जोनाथन डंकन** ने बनारस में संस्कृत विद्यालय की 1792 में स्थापना की।
- गीता के अंग्रेजी अनुवादक **विलियम विलकिन्स** को हेस्टिंग्स ने आश्रय प्रदान किया।
- इसी के काल में सर **विलियम जोंस** ने 1784 ई. में **द एशियाटिक सोसायटी ऑफ बंगाल** की स्थापना की।
- इसी के काल में संस्कृत में एक पुस्तक **Code of Gento Laws** प्रकाशित (1776 ई.) हुई तथा **विलियम जोंस, कोलब्रुक** की **Digest of Hindu Law** छपी (1791 ई.)।
- व्यावसायिक सुधार के तहत इसने जमींदारों के क्षेत्र में कार्य कर रहे शुल्क गृहों को बंद करवा दिया। अब केवल कलकत्ता, हुगली, मुर्शिदाबाद, ढाका तथा पटना में ही शुल्क गृह रह गये। शुल्क मात्र **डेढ़ प्रतिशत** था जो सबको देना होता था।
- इसने कंपनी के अधिकारियों को व्यक्तिगत व्यापार पर दी जाने वाली छूट समाप्त कर दी।
- इसने मुगल सम्राट को मिलने वाली 26 लाख रुपये की वार्षिक पेंशन बंद करवा दी।

इतिहास 161

- इसी के समय में **रूहेला युद्ध, प्रथम आंग्ल-मराठा युद्ध** एवं **द्वितीय आंग्ल-मैसूर युद्ध** हुए।
- इसी के समय में **रेग्युलेटिंग एक्ट** के तहत 1774 ई. में कलकत्ता में एक उच्च न्यायालय की स्थापना की गयी, जिसका अधिकार क्षेत्र कलकत्ता तक था। कलकत्ता से बाहर का मामला यह तभी सुनता था जब दोनों पक्ष सहमत हों। इस न्यायालय में न्याय अंग्रेजी कानूनों द्वारा किया जाता था।
- इसने बंगाली ब्राह्मण नंद कुमार पर झूठा आरोप लगाकर न्यायालय से फाँसी की सजा दिलवा दी थी।

  नोट : पिट्स इंडिया एक्ट (1784) के विरोध में इस्तीफा देकर जब वारेन हेस्टिंग्स फरवरी, 1785 में इंग्लैण्ड पहुँचा तो **बर्क** द्वारा उसके ऊपर **महाभियोग** लगाया गया। ब्रिटिश संसद में यह महाभियोग 1788 से 1795 ई. तक चला, परंतु अंत में उसे आरोपों से 1795 में मुक्त कर दिया गया।

सर जॉन मैकफरसन (1785-1786 ई.)

- इन्होंने भारत में अस्थायी गवर्नर जनरल के पद पर मात्र एक वर्ष तक कार्य किया।

लार्ड कार्नवालिस (1786-1793 ई.)

- इसके समय में जिले की समस्त शक्ति कलेक्टर के हाथ में केन्द्रित कर दी गयी व 1787 ई. में जिले के प्रभारी कलेक्टरों को दीवानी अदालत का दीवानी न्यायाधीश नियुक्त कर दिया गया।
- इसने भारतीय न्यायाधीशों से युक्त जिला फौजदारी अदालतों को समाप्त (1790-1792 ई.) कर उसके स्थान पर चार **भ्रमण करने वाली अदालतें** (Circuit Courts) नियुक्त की, जिनमें तीन बंगाल के लिए और एक बिहार के लिए थी। इन अदालतों की अध्यक्षता यूरोपीय व्यक्ति द्वारा भारतीय काजी व मुफ्ती के सहयोग से की जाती थी।
- 1793 ई. में इसने प्रसिद्ध **कार्नवालिस कोड** का निर्माण करवाया, जो शक्तियों के पृथक्कीकरण सिद्धान्त पर आधारित था।
- इसने वकालत पेशा को नियमित बनाया।
- पुलिस सुधार के अन्तर्गत पुलिस कर्मचारियों के वेतन में वृद्धि के साथ ही ग्रामीण क्षेत्रों में पुलिस अधिकार प्राप्त जमींदारों को इस अधिकार से वंचित कर दिया गया।
- कंपनी के अधिकारियों एवं कर्मचारियों के वेतन में वृद्धि की गयी और व्यक्तिगत व्यापार पर पाबंदी लगा दी गयी।
- जिलों में पुलिस थाना की स्थापना कर एक दरोगा को इसका इंचार्ज बनाया गया।
- भारतीयों को सेना में सूबेदार, जमादार तथा प्रशासनिक सेवा में मुंसिफ, सदर, अमीन या डिप्टी कलेक्टर से ऊँचा पद नहीं दिया जाता था।
- इसने 1793 ई. में स्थायी बंदोबस्त की पद्धति लागू की, जिसके तहत जमींदारों को अब भू-राजस्व का 90 प्रतिशत कंपनी को तथा 10 प्रतिशत अपने पास रखना था।
- कार्नवालिस को भारत में **नागरिक सेवा** का जनक माना जाता है।

सर जॉन शोर (1793-1798 ई.)

- इसके समय 1793 ई. का चार्टर एक्ट पारित हुआ।
- इसने देशी राज्यों के प्रति अहस्क्षेप अर्थात् तटस्थता की नीति अपनाई।

लॉर्ड वेलेजली (1798-1805 ई.)

- यह अपनी **सहायक संधि** प्रणाली के कारण प्रसिद्ध हुआ। सहायक संधि का प्रयोग भारत में वेलेजली से पूर्व फ्रांसीसी गवर्नर डूप्ले ने किया था।

- सहायक संधि करने वाले राज्य थे- हैदराबाद (सितंबर, 1798), मैसूर (1799), तंजौर (अक्टूबर, 1799), अवध (नवंबर, 1801), पेशवा (दिसंबर, 1801), बरार के भोंसले (दिसंबर, 1803), सिधिंया (फरवरी, 1804)। अन्य सहायक संधि करने वाले राज्य थे- जोधपुर, जयपुर, मच्छेड़ी, बूँदी तथा भरतपुर।
- **चतुर्थ आंग्ल-मैसूर युद्ध** (1799) इसी के समय में हुई थी जिसमें टीपू सुल्तान मारा गया था।
- इसी ने नागरिक सेवा में भर्ती किये गये युवकों को प्रशिक्षित करने के लिए कलकत्ता में **फोर्ट विलियम कॉलेज** की स्थापना करवाई थी।
- वेलेजली स्वयं को **बंगाल का शेर** कहा करता था।
- लार्ड कार्नवालिस का (1805) दूसरा कार्यकाल शुरू हुआ, परंतु शीघ्र ही इसकी मृत्यु हो गयी।

सर जार्ज वार्लो (1805-1807 ई.)

- इसके समय में वेल्लोर में **सैन्य विद्रोह** (1806) हुआ, जिसमें अनेक अंग्रेज सैनिक मारे गये।

लार्ड मिन्टो प्रथम (1807-1813 ई.)

- चार्ल्स मेटकाफ को मिन्टो ने ही महाराजा रणजीत सिंह के दरबार में भेजा था, जहाँ 25 अप्रैल, 1809 में अंग्रेजों एवं रणजीत सिंह के बीच **अमृतसर की संधि** हुई थी।
- मिन्टो ने बुंदेलखण्ड और नागपुर के विद्रोहों को दबाया।

लार्ड हेस्टिंग्स (1813-1823 ई.)

- इसी के समय **आंग्ल-नेपाल युद्ध** (1814-1816 ई.) हुआ। इसमें नेपाल के अमर सिंह थापा को आत्मसमर्पण करना पड़ा। मार्च, 1816 ई. में अंग्रेजों एवं गोरखों के बीच **सुगौली की संधि** हुई।
- इसके समय में पिण्डारियों का दमन कर दिया गया। पिण्डारियों के नेताओं में वासिल मुहम्मद ने आत्महत्या कर ली, करीम खाँ को गोरखपुर में एक छोटी-सी रियासत दे दी गयी और चीतू को जंगल में शेर मार कर खा गया।
- हेस्टिंग्स के समय में ही मराठों के साथ अंग्रेजों की **अंतिम लड़ाई** (तृतीय आंग्ल-मराठा युद्ध) लड़ी गयी, जिसमें मराठे पराजित हुए। 13 जून, 1817 को पेशवा ने हार स्वीकार कर एक संधि (पूना की संधि) पर हस्ताक्षर किया जिसके अनुसार **मराठा संघ** समाप्त हो गया।
- इसने प्रेस पर लगे प्रतिबंध को समाप्त कर प्रेस के मार्गदर्शन के लिए नियम बनाये।
- इसी के समय 1822 ई. को **काश्तकारी अधिनियम (Tenancy Act, 1822)** लागू किया गया।

लार्ड एमहर्स्ट (1823-1828 ई.)

- इसके समय में आंग्ल-बर्मा युद्ध (1824-1826 ई.) हुआ था।
- 1826 ई. में बर्मा एवं अंग्रेजों के बीच **यांदबो की संधि** हुई।
- 1824 ई. का बैरकपुर का **सैन्य विद्रोह** भी इसी के समय में हुआ था। इस सैन्य विद्रोह का कारण भारतीय सैनिक की एक फौजी टुकड़ी का बर्मा जाने के आदेश की अवहेलना करना था। सैनिकों ने इस आदेश की अवहेलना इस आधार पर की कि वे विदेश जाकर अपनी जाति को भ्रष्ट नहीं करेंगे। अंग्रेज अधिकारियों ने कड़ाई से इस विद्रोह को कुचला और विद्रोही फौजियों को गोली से उड़ा दिया गया।

लार्ड विलियम बैंटिक (1828-1835 ई.)

- भारत के गवर्नर जनरल के पद पर आसीन होने से पूर्व 1803 ई. में वह मद्रास का गवर्नर रह चुका था। उसी के समय 1806 ई. में माथे पर जातीय चिह्न लगाने तथा कानों में बालियाँ न पहनने देने पर वेल्लोर के सैनिकों ने विद्रोह कर दिया था।

- 1833 ई. के **चार्टर एक्ट** द्वारा बंगाल के गवर्नर जनरल को भारत का गवर्नर जनरल बना दिया गया। इस प्रकार **लॉर्ड विलियम बैंटिक भारत का पहला गवर्नर जनरल** हुआ।
- राजा राम मोहन राय के सहयोग से बैंटिक ने 1829 ई. में **सती-प्रथा** को समाप्त कर दिया। बैंटिक ने इस प्रथा के खिलाफ कानून बनाकर दिसंबर, 1829 ई. में धारा 17 के द्वारा विधवाओं के सती होने को अवैध घोषित कर दिया।
- बैंटिक ने कर्नल सलीमन की सहायता से 1830 ई. तक **ठगी प्रथा** को पूर्णतः समाप्त कर दिया।
- बैंटिक ने सरकारी सेवाओं में भेदभावपूर्ण व्यवहार को खत्म करने के लिए 1833 ई. के एक्ट की धारा 87 के अनुसार योग्यता को सेवा का आधार माना।
- 1835 ई. में लार्ड बैंटिक ने कलकत्ता में **कलकत्ता मेडिकल कॉलेज** की स्थापना की।
- इसी के समय **मैकाले की अनुशंसा** पर अंग्रेजी को शिक्षा का माध्यम बनाया गया। मैकाले के द्वारा कानून का वर्गीकरण भी किया गया।
- इसने शिशु बालिका की हत्या पर प्रतिबंध लगाया।
- इसने भारतीयों को उत्तरदायी पदों पर नियुक्त किया।
- बैंटिक ने 1831 ई. में मैसूर तथा 1834 ई. में कुर्ग एवं कछार को अंग्रेजी साम्राज्य में शामिल किया।
- बैंटिक ने समाचार पत्रों के प्रति उदार दृष्टिकोण अपनाते हुए उनकी स्वतन्त्रता की वकालत की। वह इसे **असंतोष से रक्षा का अभिद्वार** मानता था।

चार्ल्स मेटकॉफ (1835–1836 ई.)

- इसने मात्र एक वर्ष तक भारत के गवर्नर जनरल के पद पर कार्य किया।
- इसने अपने कार्यकाल में प्रेस पर से नियन्त्रण हटाया। इसीलिए इसे भारतीय **प्रेस का मुक्तिदाता** कहा जाता है।

लार्ड ऑकलैण्ड (1836–1842 ई.)

- इसके समय की सबसे महत्त्वपूर्ण घटना है- **प्रथम आंग्ल-अफगान युद्ध** (1839-1842 ई.)।
- 1839 ई. में ऑकलैण्ड ने कलकत्ता से दिल्ली तक ग्रांड ट्रंक रोड की मरम्मत करवायी।

लार्ड एलनबरो (1842–1844 ई.)

- इसके समय प्रथम आंग्ल-अफगान युद्ध समाप्त हुआ।
- इसी के समय में अगस्त, 1843 ई. में सिंध को पूर्ण रूप से ब्रिटिश साम्राज्य में मिला लिया गया।
- दास प्रथा का उन्मूलन (1843 ई.) इसी के समय में हुआ।

लॉर्ड हॉर्डिंग (1844–1848 ई.)

- इसके काल की सबसे महत्त्वपूर्ण घटना थी- **प्रथम आंग्ल-सिक्ख युद्ध** (1845–1846 ई.। इस युद्ध में अंग्रेज विजयी हुए।
- इसने नरबलि-प्रथा पर प्रतिबंध लगाया।
- इसके सुधारों में मुख्य रूप से उत्पाद कर से बहुत सी वस्तुओं को मुक्त करना तथा नमक पर वसूली जाने वाली कर की राशि को आधा करना आदि शामिल है।

लार्ड डलहौजी (1848–1856 ई.)

- इसी के समय **द्वितीय आंग्ल-सिक्ख युद्ध** (1848–1849 ई.)जिसमें सिक्ख पराजित हुए तथा पंजाब का ब्रिटिश साम्राज्य में विलय (1849 ई.) हो गया।
- इसी के समय **द्वितीय आंग्ल-बर्मा युद्ध** (1852 ई.) लड़ा गया, जिसका परिणाम था बर्मा की हार तथा **लोअर बर्मा** एवं **पीगू** का अंग्रेजी साम्राज्य में विलय (1852 ई.)।

- इसने सिक्किम पर दो अंग्रेज डॉक्टरों के साथ दुर्व्यहार का आरोप लगाकर 1850 ई. में इस पर अधिकार कर लिया।
- इसका शासन उसके **व्यपगत सिद्धान्त** (Doctrine of Lapse) के कारण अधिक याद किया जाता है। इस नीति के तहत अनेक राज्यों का अंग्रेजी साम्राज्य में विलय हुआ।
- इसने उपाधियों तथा पेंशनों पर प्रहार करते हुए 1853 ई. में कर्नाटक के नवाब की पेंशन बंद करवा दी तथा 1855 ई. में तंजौर के राजा की मृत्यु होने पर उसकी उपाधि छीन ली।
- इसने तोपखाने के मुख्यालय को कलकत्ता से मेरठ स्थानांतरित किया और सेना का मुख्यालय **शिमला** में स्थापित किया। यह सभी कार्य डलहौजी ने 1856 ई. में किया।
- शिक्षा सम्बन्धी सुधारों के तहत डलहौजी ने 1854 ई. में **वुड डिस्पैच** को लागू किया। प्राथमिक शिक्षा से लेकर विश्वविद्यालय स्तर की शिक्षा के लिए एक व्यापक योजना बनायी गयी। इसके तहत जिलों में एंग्लो-वर्नाक्यूलर स्कूल, प्रमुख नगरों में सरकारी कॉलेज तथा 1857 ई. में तीनों प्रेसेडेंसियों-कलकत्ता, मद्रास एवं बम्बई में एक-एक विश्वविद्यालय स्थापित किये गये और साथ ही प्रत्येक प्रदेश में एक शिक्षा निदेशक नियुक्त किया गया।
- डलहौजी को भारत में **रेलवे का जनक** माना जाता है। इसी के समय भारत में पहली बार 16 अप्रैल, 1853 ई. में बम्बई से थाणे के बीच (34 किमी.) पहली बार **रेलगाड़ी** चलायी गयी।
- इसी के समय 1854 ई. में नया **पोस्ट ऑफिस एक्ट** पारित हुआ। इस एक्ट के तहत तीनों प्रेसीडेंसी में एक-एक महानिदेशक नियुक्त करने की व्यवस्था की गयी। साथ ही देश के अंदर 2 पैसे की दर से पत्र भेजने की व्यवस्था की गयी।
- इसी ने आधुनिक भारत में पहली बार **सार्वजनिक निर्माण विभाग** (PWD) की स्थापना की।
- इसने 1854 ई. में एक स्वतन्त्र विभाग के रूप में **लोक सेवा विभाग** की स्थापना की।
- इसी के समय में कलकत्ता से आगरा के बीच पहली बार **विद्युत तार सेवा** (टेलीग्राफ) 1853 ई. में शुरू हुआ।
- इसने शिमला को ग्रीष्मकालीन **राजधानी** बनाया।
- इसी के समय में भारतीय नागरिक सेवा हेतु **पहली बार** प्रतियोगिता परीक्षा शुरू हुई।

डलहौजी द्वारा विलय किये गये राज्य

राज्य	वर्ष
सतारा	1848 ई.
जैतपुर, संभलपुर	1849 ई.
बघाट	1850 ई.
उदयपुर	1852 ई.
झांसी	1853 ई.
नागपुर	1854 ई.
करौली	1855 ई.
अवध (कुशासन के आरोप में)	1856 ई.

लार्ड कैनिंग (1856–1862 ई.)

- यह भारत में कंपनी द्वारा नियुक्त **अंतिम गवर्नर जनरल** तथा ब्रिटिश सम्राट के अधीन नियुक्त भारत का **प्रथम वायसराय** (भारतीय कौंसिल एक्ट 1858 के अधीन) था।

- इसके समय की सबसे महत्त्वपूर्ण घटना थी 1857 ई. का ऐतिहासिक विद्रोह। इसी विद्रोह के बाद प्रशासनिक सुधार के अन्तर्गत भारत का शासन कंपनी के हाथों से सीधे ब्रिटिश सरकार के नियन्त्रण में ले लिया गया।
- सैन्य सुधार के अन्तर्गत कैनिंग ने भारतीय सैनिकों की संख्या घटाकर उनके हाथों से तोपखाने का अधिकार छीन लिया।
- इसी के समय **इंडियन हाईकोर्ट एक्ट 1861** पारित हुआ, जिसके द्वारा बम्बई, कलकत्ता तथा मद्रास में एक-एक उच्च न्यायालय की स्थापना की गयी।
- 1856 ई. में **विधवा पुनर्विवाह अधिनियम** पारित हुआ।
- मैकाले द्वारा प्रारूपित दंड संहिता (IPC)को 1856 में कानून बना दिया गया तथा 1859 में अपराध विधान संहिता (CPC) लागू किया गया।
- इसने **व्यपगत सिद्धान्त** (Doctrine of Lapase) अर्थात् राज्य विलय की नीति को समाप्त कर दिया।
- 1861 ई. में भारतीय कौंसिल एक्ट पारित हुआ तथा **मन्त्रिमण्डलीय प्रणाली** (Portfolio System) लागू की गयी।

लार्ड एल्गिन (1862–1863 ई.)

- इसकी महत्त्वपूर्ण सफलता थी वहाबी आंदोलन का दमन।
- 1863 ई. में धर्मशाला (हिमाचल प्रदेश) में इसकी मृत्यु हो गयी थी।

सर जॉन लारेंस (1863 – 1869 ई.)

- इसके समय भूटान का महत्त्वपूर्ण युद्ध हुआ।
- 1865 ई. में भूटानियों ने ब्रिटिश साम्राज्य पर आक्रमण कर दिया, अंततः दोनों पक्षों में समझौता हुआ। अंग्रेजों ने भूटानियों को 5000 रुपये की वार्षिक सहायता का वचन दिया और इसके बदले में उन्हें 18 पहाड़ी दर्रे पर अधिकार मिला।
- अफगानिस्तान के संदर्भ में लारेंस ने **अहस्तक्षेप की नीति** का पालन किया, जिसे **शानदार निष्क्रियता** के नाम से जाना जाता है।
- इसके समय में ओडिशा में 1866 ई. में तथा बुंदेलखण्ड एवं राजपूताना में 1863-1869 ई. में भीषण अकाल पड़ा।
- इसने **चेम्बवेल हेनरी** के नेतृत्व में एक **अकाल आयोग** का गठन किया।
- इसके द्वारा 1865 ई. में भारत एवं यूरोप के बीच **प्रथम समुद्री टेलीग्राफ** सेवा शुरू की गयी।

लार्ड मेयो (1869–1872 ई.)

- इसने अफगानिस्तान के संदर्भ में सर जॉन लारेंस की अहस्तक्षेप की नीति का समर्थन किया।
- इसने भारत में वित्तीय विकेन्द्रीकरण की नीति की शुरुआत की।
- इसने भारतीय राजाओं के पुत्रों की उचित शिक्षा के लिए अजमेर में **मेयो कॉलेज** की स्थापना 1872 ई. में की।
- इसने 1872 ई. में एक **कृषि विभाग** की स्थापना की।
- 1872 ई. में एक अफगान ने उसकी अंडमान में चाकू मारकर हत्या कर दी। मेयो प्रथम भारतीय गवर्नर जनरल था जिसकी हत्या उसके ऑफिस में की गयी थी।

लार्ड नार्थब्रुक (1872–1876 ई.

- इसके समय में बंगाल में भयानक अकाल पड़ा।
- इसने बड़ौदा के मल्हाराव गायकवाड़ को भ्रष्टाचार के आरोप में पदच्युत कर मद्रास भेज दिया।
- पंजाब का प्रसिद **कूका आंदोलन** 1872 ई. इसी के समय हुआ।

- इसने अफगानिस्तान के संदर्भ में अहस्तक्षेप नीति का पलन किया।
- 1873 ई. में नार्थब्रुक ने घोषणा की 'मेरा उद्देश्य करों को हटाना तथा अनावश्यक वैधानिक कार्यवाहियों को बंद करना है'।
- इसी के समय स्वेज नहर खुला जिसके कारण ब्रिटेन और भारत के मध्य व्यापार में वृद्धि हुई।
- इसी के समय **प्रिंस ऑफ वेल्स** (किंग एडवर्ड सप्तम) भारत आये।

लार्ड लिटन (1876–1880 ई.)

- यह एक सुप्रसिद्ध उपन्यासकार, निबन्धकार एवं साहित्यकार था। इसे **ओवन मैरिडिथ** (Owen Meredith) के नाम से जाना जाता है।
- इसके समय में 1876-1878 में बम्बई, मद्रास, हैदराबाद, पंजाब, मध्य भारत आदि में भयानक अकाल पड़ा जिसमें लगभग 50 लाख लोग भूख के कारण मारे गये।
- इसने रिचर्ड **स्ट्रेची** की अधयक्षता में एक **अकाल आयोग** की स्थापना की।
- इसके समय 1 जनवरी, 1877 ई. को ब्रिटेन की महारानी विक्टोरिया को **कैसर-ए-हिन्द** की उपाधि से सम्मानित करने के लिए **दिल्ली दरबार** का आयोजन किया गया।
- मार्च, 1878 ई. में लिटन ने भारतीय भाषा **समाचार पत्र अधिनियम** (Vernacular press Act) पारित कर भारतीय समाचार पत्रों पर कठोर प्रतिबंध लगा दिया। पायनियर अखबार ने भारतीय भाषा समाचार पत्र अधिनियम 1878 ई. का समर्थन किया।
- इसी के समय 1878 ई. का भारतीय शस्त्र अधिनियम (Indian Arms Act) पारित हुआ। इस अधिनियम के तहत बिना लाइसेंस के कोई व्यक्ति न तो शस्त्र रख सकता है न ही व्यापार कर सकता था। यूरोपीय, एंग्लो-इंडियन तथा कुछ विशिष्ट सरकारी अधिकारी इस अधिनियम की सीमा से बाहर थे।
- इसने भारतीय सिविल सेवा परीक्षाओं में प्रवेश की अधिकतम आयु 21 वर्ष से घटाकर 19 वर्ष कर दी थी।
- इसी के समय **द्वितीय आंग्ल-अफगान युद्ध** (1876-1880) हुआ जिसमें आंग्ल सेनाएँ बुरी तरह असफल रहीं।
- लिटन ने अलीगढ़ में एक **मुस्लिम-एंग्लो प्राच्य महाविद्यालय** की स्थापना की।

लार्ड रिपन (1880–1884 ई.)

- इसने सर्वप्रथम समाचार पत्रों की स्वतन्त्रता को बहाल करते हुए 1882 ई. में भरतीय भाषा समाचारपत्र अधिनियम (Vernacular Press Act) को समाप्त कर दिया।
- इसके सुधार कार्यों में सर्वाधिक महत्त्वपूर्ण कार्य था **स्थानीय स्वशासन** की शुरुआत।
- इसके समय में ही 1881 ई. में भारत में सर्वप्रथम नियमित जनगणना करवायी गयी, तब से लेकर अब तक प्रत्येक 10 वर्ष के अंतराल पर जनगणना की जाती है।
- **नोट:** भारत में पहली बार जनगणना 1872 ई. में हुई थी।
- इसने सिविल सेवा में प्रवेश की आयु को 19 वर्ष से बढ़ाकर 21 वर्ष कर दिया।
- **प्रथम फैक्टरी** अधिनियम, 1881 रिपन द्वारा ही लाया गया। इस अधिनियम के तहत यह व्यवस्था की गयी कि जिस कारखाने में 100 से अधिक श्रमिक कार्य करते हैं, वहाँ पर 7 वर्ष से कम आयु के बच्चों के लिए काम करने के घंटे तय कर दिये गये और इसके पालन के लिए एक निरीक्षक को नियुक्त कर दिया गया।
- इसके समय में ही शैक्षिक सुधारों के अन्तर्गत **विलियम हण्टर** की अध्यक्षता में एक आयोग गठित किया गया।

- इसी के समय चर्चित **इल्बर्ट विधेयक** प्रस्तुत किया गया। इस विधेयक में भारती न्यायाधीशों को यूरोपीय लोगों के मुकदमों को सुनने का अधिकार दिया गया। भारत में रहने वाले यूरोपीय लोगों के विरोध के कारण इस विधेयक को वापस लेकर संशोधन करके पुनः प्रस्तुत करना पड़ा। इस विधेयक के विरोध में अंग्रेजों द्वारा किये गये विद्रोह को **श्वेत विद्रोह** के नाम से जाना जाता है।
- फ्लोरेंस नाइटिंगेल ने रिपन को **भारत के उद्धारक** की संज्ञा दी।
- रिपन के शासनकाल को भारत में **स्वर्णयुग** का आरंभ कहा जाता है।

लार्ड डफरिन (1884 – 1888 ई.)

- इसके काल में **तृतीय आंग्ल-बर्मा युद्ध** (1885-1888 ई.) में हुआ, जिसमें बर्मा पराजित हुआ और उसे अंतिम रूप से अंग्रेजी राज्य में मिला लिया गया।
- इसी के समय बंगाल टेनेन्सी एक्ट, अवध टेनेन्सी एक्ट तथा पंजाब टेनेन्सी एक्ट पारित किये गये।
- इसके समय की सबसे महत्त्वपूर्ण घटना थी- 28 दिसंबर, 1885 को बम्बई में ए.ओ. ह्यूम के नेतृत्व में **भारतीय राष्ट्रीय कांग्रेस** की स्थापना।

लार्ड लैन्सडाऊन (1888 – 1894 ई.)

- इसी के समय ड्यूरोड को अफगानिस्तान भेजा गया, जिनके प्रयास से भारत और अफगानिस्तान के मध्य सीमा का निर्धारण हुआ, जिसे **डूरण्ड लाइन** के नाम से जाना जाता है।
- मणिपुर में हुए विद्रोह को शान्त करने का श्रेय लैन्सडाऊन को दिया जाता है।
- इसी के समय 1891 में दूसरा फैक्ट्री अधिनियम लाया गया, जिसमें स्त्रियों को 11 घंटे प्रतिदिन से अधिक काम करने पर प्रतिबंध लगाया गया। साथ ही सप्ताह में एक दिन छुट्टी की व्यवस्था की गयी।

लार्ड एल्गिन द्वितीय (1894 – 1899 ई.)

- इसने भारत के विषय में कहा था 'भारत को तलवार के बल पर विजित किया गया है और तलवार के बल पर ही इसकी रक्षा की जायेगी।'
- इसके काल में 1895-1898 ई. के मध्य उत्तरप्रदेश, बिहार, पंजाब एवं मध्यप्रदेश में भयंकर अकाल पड़ा। एल्गिन ने एक अकाल आयोग की नियुक्ति की।

लार्ड कर्जन (1899 – 1905 ई.)

- भारत का वायसराय बनने से पूर्व कर्जन चार बार भारत आ चुका था।
- कर्जन के विषय में पी. राबर्ट्स ने लिखा है- 'भारत में किसी अन्य वायसराय को अपना पद संभालने से पूर्व भारत की समस्याओं का इतना ठीक ज्ञान नहीं था जितना कि लार्ड कर्जन को। कर्जन ने जनमानस की आकांक्षाओं की पूर्णरूप से अवहेलना करते हुए भारत में ब्रिटिश हुकूमत को पत्थर की चट्टान पर खड़ा करने का प्रयास किया।'
- इसने 1901 ई. में **सर कॉलिन स्कॉट मॉनक्रीफ** की अध्यक्षता में एक **सिंचाई आयोग** का गठन किया और आयोग के सुझाव पर सिंचाई के क्षेत्र में कुछ महत्त्वपूर्ण सुधार किये गये।
- पुलिस सुधार के तहत कर्जन ने 1902 ई. में **सर एण्ड्रयू फ्रेजर** की अध्यक्षता में **पुलिस आयोग** की स्थापना की गयी।
- शैक्षिक सुधार के तहत कर्जन ने 1902 में **सर टामस रैले** की अध्यक्षता में **विश्वविद्यालय आयोग** का गठन किया। आयोग द्वारा दिये गये सुझावों के आधार पर भारतीय विश्वविद्यालय अधिनियम 1904 पास किया गया।

- आर्थिक सुधारों के तहत कर्जन ने 1899-1900 ई. में पड़े अकाल व सूखे की स्थिति के विश्लेषण के लिए **सर एण्टनी मैकडॉनल** की अध्यक्षता में 1900 ई. में एक **अकाल आयोग** की नियुक्ति की।
- इसने सैन्य अधिकारियों के प्रशिक्षण के लिए **क्वेटा** में एक कॉलेज की स्थापना की।
- प्राचीन स्मारक परीक्षण अधिनियम 1904 के द्वारा कर्जन ने भारत में पहली बार ऐतिहासिक इमारतों की सुरक्षा एवं मरम्मत की ओर ध्यान दिया। इस कार्य के लिए कर्जन ने **भारतीय पुरातत्त्व विभाग** की स्थापना की।
- इसने अपनी विदेश नीति के तहत फारस की खाड़ी में अधिक सक्रियता दिखायी।
- इसने तिब्बत के गुरु दलाई लामा पर रूस की ओर झुकाव का आरोप लगाकर तिब्बत में हस्तक्षेप किया। कर्नल यंग हस्बैंड के नेतृत्व में गयी सेना ने 1904 में तिब्बतियों से एक संधि की।
- इसने 1905 में रेलवे बोर्ड का गठन किया।
- कर्जन के भारत विरोधी कार्यों में सर्वाधिक महत्त्वपूर्ण कार्य था- **1905 में बंगाल का विभाजन**।

लार्ड मिन्टो द्वितीय (1905 – 1910 ई.)

- इसके समय में ढाका के नवाब सलीमुल्ला के नेतृत्व में 30 दिसंबर, 1906 को ढाका में **मुस्लिम लीग** की स्थापना की गयी।
- 1907 ई. के कांग्रेस के सूरत अधिवेशन में कांग्रेस का विभाजन हो गया।
- इसके काल में 1907 ई. में आंग्ल एवं रूसी प्रतिनिधि मंडलों के बीच बैठक हुई जिसके बाद दोनों के मध्य सभी मतभेद सुलझ गये।
- इसके समय का सर्वाधिक महत्त्वपूर्ण कार्य भारत सचिव मॉरले के सहयोग से लाया गया भारतीय परिषद् एक्ट 1909, जिसे **मिन्टो-मॉरले सुधार** भी कहा जाता है। मिन्टो मॉरले अधिनियम 1909 के द्वारा ही मुसलमानों के लिए अलग निर्वाचन क्षेत्र की व्यवस्था की गयी।

लार्ड हार्डिंग द्वितीय (1910 – 1915 ई.)

- इसके समय में ब्रिटेन के राजा जार्ज पंचम का भारत आगमन (12 दिसंबर, 2011), दिल्ली में एक भव्य दरबार का आयोजन हुआ। यहाँ पर बंगाल-विभाजन को रद्द करने की घोषणा की गयी एवं भारत की राजधानी कलकत्ता से दिल्ली स्थानांतरित करने की घोषणा की गयी। 1912 में दिल्ली भारत की राजधानी बनीं।
- 23 दिसंबर, 1912 को जिस समय लार्ड हार्डिंग दिल्ली में प्रवेश कर रहे थे, उन पर एक बम फेंका गया जिसमें वे घायल हो गये।
- 4 अगस्त, 1914 ई. को प्रथम विश्व युद्ध प्रारंभ हुआ।
- 1913 ई. में फिरोजशाह मेहता ने **बाम्बे क्रोनिकल** एवं गणेश शंकर विद्यार्थी ने **प्रताप** का प्रकाशन किया।
- गांधी जी दक्षिण अफ्रीका से भारत वापस (1915) लौटे।
- 1916 में इसे बनारस हिन्दू विश्वविद्यालय (BHU) का कुलाधिपति नियुक्त किया गया।

लार्ड चेम्स फोर्ड (1916 – 1921 ई.)

- इसी के समय कांग्रेस का लखनऊ अधिवेशन (1916) हुआ, जिसमें कांग्रेस का एकीकरण हुआ। साथ ही इस अधिवेशन में कांग्रेस और **मुस्लिम लीग** में समझौता हुआ।
- 1916 ई. में पूना में **महिला विश्वविद्यालय** की स्थापना हुई।
- 1917 ई. में शिक्षा पर **सैडलर आयोग** का गठन किया गया।

- 1919 ई. में **रौलेट एक्ट** पास हुआ तथा प्रसिद्ध **जलियाँवाला बाग हत्याकांड** 13 अप्रैल, 1919 ई. को हुआ।
- भारत सरकार अधिनियम 1919 ई. में लाया गया, जिसे **मांटेग्यू चेम्सफोर्ड** सुधार भी कहा जाता है।
- खिलाफत आंदोलन (1920-1921 ई.) एवं गांधी जी के चंपारण सत्याग्रह (1917) की शुरुआत हुई।
- बाल गंगाधर तिलक एवं एनी बेसेंट द्वारा क्रमशः अप्रैल एवं सितंबर 1916 ई. में होमरूल लीग की स्थापना की गयी।
- गांधी जी द्वारा असहयोग आंदोलन की शुरुआत (1 अगस्त, 1920 ई.) और अलीगढ़ मुस्लिम विश्वविद्यालय की स्थापना (1920 ई.) की गयी।
- तृतीय अफगान युद्ध इसी के समय में हुआ था।

लार्ड रीडिंग (1921–1926 ई.)

- इसी के समय **प्रिंस ऑफ वेल्स** ने नवंबर, 1921 ई. में भारत की यात्रा की। इस दिन पूरे भारत में हड़ताल का आयोजन किया गया।
- 20 नवंबर, 1921 ई. में भारत के दक्षिणी-पश्चिमी समुद्र तट पर **मोपाला विद्रोह** हुआ।
- एम.एन. राय द्वारा 1921 ई. में **भारतीय कम्युनिस्ट पार्टी** का गठन किया गया।
- असहयोग आंदोलन के दौरान 5 फरवरी, 1922 को **चौरी-चौरा काण्ड** (उत्तरप्रदेश के गोरखपुर जिले में) की घटना हुई, जिसके परिणामस्वरूप गांधी जी ने असहयोग आंदोलन वापस ले लिया।
- 1922 ई. में **विश्वभारती विश्वविद्यालय** (पश्चिम बंगाल) ने कार्य करना शुरू किया।
- 1 जनवरी, 1923 ई. में चितरंजन दास एवं मोतीलाल नेहरू ने इलाहाबाद में कांग्रेस के खिलाफ **स्वराज पार्टी** की स्थापना की। इसी पार्टी के अन्य सदस्य थे- विट्ठल भाई पटेल, मदन मोहन मालवीय और जयकर।
- 1923 से 1925 के मध्य मुल्तान, अमृतसर, दिल्ली, अलीगढ़ एवं कलकत्ता में भयानक साम्प्रादयिकता की लहर फैली।
- दिसंबर, 1925 में प्रसिद्ध आर्य समाजी राष्ट्रवादी नेता स्वामी सहजानंद की हत्या कर दी गयी।

लार्ड इरविन (1926–1931 ई.)

- इसी के समय साइमन कमीशन की नियुक्ति (1927) हुई तथा 3 फरवरी, 1928 ई. को साइमन कमीशन के भारत (बम्बई) पहुँचने पर जोरदार तरीके से विरोध हुआ।
- 12 मार्च, 1930 ई. में गांधी जी द्वारा **दाण्डी मार्च** से सविनय अवज्ञा आंदोलन प्रारंभ किया गया।
- लाला लाजपत राय की मृत्यु के बदले भगत सिंह एवं बटुकेश्वर दत्त जैसे क्रांतिकारियों द्वारा दिल्ली के असेम्बली हॉल में 1929 ई. में बम फेंका गया।
- 64 दिन की भूख हड़ताल के बाद **जतिनदास** की लाहौर जेल में मृत्यु (1929) हो गयी।
- इसके समय कांग्रेस ने अपने लाहौर अधिवेशन (1929) में **पूर्ण स्वराज** की घोषणा की तथा 26 जनवरी, 1930 ई. को स्वतन्त्रता दिवस मनाने का निर्णय लिया गया।
- 12 नवंबर, 1930 ई. में लंदन में **प्रथम गोलमेज सम्मेलन** हुआ। इस सम्मेलन में कांग्रेस ने हिस्सा नहीं लिया।
- इसके समय 5 मार्च, 1931 ई. को गांधी-इरविन समझौते पर हस्ताक्षर किये गये साथ ही सविनय अवज्ञा आंदोलन को स्थगित कर दिया गया।

लार्ड विलिंगटन (1931–1936 ई.)

- 7 सितंबर से 1 दिसंबर, 1931 ई. तक **द्वितीय गोलमेज सम्मेलन** का आयोजन हुआ। इस सम्मेलन में गांधीजी ने कांग्रेस का प्रतिनिधित्व किया।

- गांधी जी एवं अंबेडकर के बीच 25 सितंबर, 1932 ई. को **पूना समझौता** हुआ।
- द्वितीय गोलमेज सम्मेलन की असफलता के बाद महात्मा गांधी जी ने 3 जनवरी, 1932 ई. को **दूसरा सविनय अवज्ञा आंदोलन** प्रारंभ किया।
- ब्रिटेन के प्रधानमंत्री **रैम्जे मैकडोनाल्ड** ने 16 अगस्त, 1932 को विवादास्पद **साम्प्रदायिक पंचाट** (Communal Award) की घोषणा की। इसके अनुसार दलितों को हिन्दुओं से अलग मानकर उन्हें अलग प्रतिनिधित्व देने को कहा गया और दलित वर्गों के लिए अलग निर्वाचन मंडल का प्रावधान किया गया।
- 17 नवंबर से 24 दिसंबर, 1932 ई. तक लंदन में तृतीय गोलमेज सम्मेलन का आयोजन हुआ। कांग्रेस ने इस सम्मेलन में भाग नहीं लिया।
- भारत सरकार अधिनियम 1935 पास किया गया।
- 5 जनवरी, 1934 ई. को बिहार में आये भूकंप से काफी जानमाल की हानि हुई।
- लार्ड विलिंगटन ने बम्बई में सम्पन्न कांग्रेस के 31वें अधिवेशन-1935 में भाग लिया था। इस अधिवेशन की अध्यक्षता सर सत्येन्द्र प्रसन्न सिन्हा ने की थी।

लार्ड लिनलिथगो (1936–1943 ई.)

- इसके समय 1937 ई. में पहली बार चुनाव कराये गये। चुनाव परिणाम कांग्रेस के पक्ष में रहा। कांग्रेस ने 11 में से 7 प्रांतों में अपनी सरकार बनायी।
- 1 सितंबर, 1939 ई. को द्वितीय विश्वयुद्ध आरंभ हुआ। ब्रिटिश सरकार ने बिना भारतीयों के सहमति के लिए भारत को युद्ध में झोंक दिया। कांग्रेस ने इसका विरोध करते हुए नारा दिया, **'न कोई भाई, न कोई पाई'** और इसने अपने द्वारा शासित प्रांतों के सभी मंत्रीमंडलों से त्यागपत्र दे दिया।
- कांग्रेस मंत्रिमंडल के त्यागपत्र दिये जाने के बाद मुस्लिम लीग ने 22 दिसंबर, 1939 ई. को **मुक्ति दिवस** के रूप में मनाया।
- सुभाष चन्द्र बोस ने 3 मई, 1939 ई. में **फारवर्ड ब्लाक** नाम की एक नई पार्टी का गठन किया।
- 1940 ई. में मुस्लिम लीग के लाहौर अधिवेशन में **पहली** बार **पाकिस्तान** की मांग की गयी।
- क्रिप्स ने नेतृत्व में 23 मार्च 1942 ई. को क्रिप्स मिशन भारत आया।
- 8 अगस्त, 1940 ई. को **अगस्त प्रस्ताव** की घोषणा की गयी।
- गांधी जी ने 17 अक्टूबर, 1940 को **व्यक्तिगत सत्याग्रह** आंदोलन शुरू किया। यह आंदोलन एक तरह से व्यक्तिगत सविनय अवज्ञा आंदोलन था। इस आंदोलन के **पहले सत्याग्रही बिनोवा भावे** थे। उन्होंने 17 अक्टूबर, 1940 ई. को **पवनार** में सत्याग्रह शुरू किया, दूसरे सत्याग्रही जवाहरलाल नेहरू थे। इस आंदोलन को **दिल्ली चलो आंदोलन** भी कहा गया।
- कांग्रेस ने 8 अगस्त, 1942 को **भारत छोड़ो आंदोलन** प्रारंभ किया।
- 1943 ई. में बंगाल में भयानक अकाल पड़ा।

लार्ड वेवेल (1944–1947 ई.)

- 25 जून, 1947 ई. को शिमला में सर्वदलीय सम्मेलन का आयोजन किया गया जिनमें कुल 22 प्रतिनिधियों ने हिस्सा लिया।
- 19 फरवरी, 1946 ई. को नौसेना विद्रोह हुआ।
- कैबिनेट मिशन 24 मार्च, 1946 ई. को दिल्ली आया। इस मिशन ने अपने प्रस्ताव की घोषणा 16 मई, 1946 ई. की।
- मुस्लिम लीग ने कैबिनेट मिशन प्रस्ताव को अस्वीकार करते हुए 16 अगस्त, 1946 ई. को **प्रत्यक्ष कार्यवाही दिवस** मनाया। फलतः भारत के अनेक क्षेत्रों में भयानक साम्प्रदायिक दंगे हुए।

- तत्कालीन ब्रिटिश प्रधानमंत्री क्लीमेण्ड एटली ने भारत को जून, 1948 ई. के पहले स्वतन्त्र करने की घोषणा की।

लार्ड माउंटबेटन (मार्च, 1947 से जून 1948 ई.)

- 24 मार्च, 1947 ई. को माउंटबेटन भारत के वायसराय बने।
- 3 जून, 1947 ई. को इसने **माउंटबेटन योजना** जो जनसाधारण में **मनबाटन** योजना के नाम से प्रसिद्ध है प्रस्तुत की। माउंटबेटन योजना को **जून थर्ड प्लान** के नाम से भी जाना जाता है।
- माउंटबेटन योजना के आधार पर ही भारतीय स्वतन्त्रता विधेयक 4 जुलाई, 1947 ई. को ब्रिटिश संसद में प्रधानमंत्री क्लीमेण्ट एटली द्वारा प्रस्तुत किया गया, जिसे 18 जुलाई 1947 ई. को स्वीकृति मिली। विधेयक के अनुसार भारत और पाकिस्तान दो स्वतन्त्र राष्ट्रों की घोषणा की गयी।
- 15 अगस्त, 1947 ई. को भारत स्वतन्त्र हुआ।
- स्वतन्त्र भारत के प्रथम गवर्नर जनरल **लार्ड माउंटबेटन** हुए।
- **नोट :** स्वतन्त्र भारत के प्रथम एवं अंतिम भारतीर गवर्नर जनरल चक्रवर्ती राजगोपालाचारी हुए।

7. 1757 से 1857 के मध्य हुए आंदोलन व विद्रोह

- 1857 ई. के विद्रोह से पहले भारत के लगभग सभी भागों में विद्रोह हुए। ये विद्रोह भिन्न-भिन्न प्रकृति के थे, जिनका विवरण निम्न है-

पूर्वी भारत के प्रमुख विद्रोह

संन्यासी विद्रोह

- 1770 ई. में बंगाल में हुआ यह विद्रोह वहाँ पड़े भीषण अकाल से प्रभावित था। इस अकाल ने इस प्रांत को अराजकता और कष्टों से ग्रस्त कर दिया, दूसरी तरफ तीर्थ स्थानों की यात्रा पर लगे प्रतिबंध ने शांत संन्यासियों को इतना क्षुब्ध कर दिया कि उन्हें विद्रोह पर उतारू होना पड़ा।
- इन संन्यासियों में अधिकांश शंकराचार्य के अनुयायी थे जो हिन्दू नागा और गिरि सशस्त्र संन्यासी थे। इन संन्यासियों ने जनता के साथ मिलकर अंग्रेजों के कोठियों पर धावा बोल दिया और खजाने को लूटा।
- बंकिमचन्द्र चट्टोपाध्याय के उपन्यास **आनन्द मठ** में संन्यासी विद्रोह का उल्लेख मिलता है।
- 1770 ई. से प्रारंभ हुआ यह विद्रोह छिटपुट रूप में 1780 ई. तक चलता रहा। वारेन हेस्टिंग्स ने लम्बे सैन्य अभियान के बाद इस विद्रोह को कुचलने में सफलता पायी।
- केना सरकार व द्विजनारायण ने इस विद्रोह का नेतृत्व किया।

चुआर विद्रोह

- मिदनापुर (पश्चिम बंगाल) जिले की आदिम जाति के चुआर लोगों ने 1768 ई. में भूमि कर तथा अकाल के कारण उत्पन्न आर्थिक संकट से प्रभावित होकर विद्रोह कर दिया। इस विद्रोह के नेता दुर्जन सिंह थे।

हो एवं मुंडा विद्रोह

- वर्तमान झारखण्ड राज्य के छोटानागपुर तथा सिंहभूम जिले में रहने वाले हो तथा मुंडा लोगों ने 1820-1822 तथा 1831 ई. में कंपनी के सेना से संघर्ष किया। यह क्षेत्र लगभग 1837 तक विद्रोह से प्रभावित रहा।

कोल विद्रोह

- छोटानागपुर के कोलों ने उस समय विद्रोह किया जब उनकी भूमि को उनके मुखिया से लेकर मुस्लिम तथा सिख कृषकों को दे दी गयी। 1831-1832 के लगभग हुए इस विद्रोह का प्रभाव

सिंहभूम, रांची, हजारीबाग, पलामू तथा मानभूम क्षेत्रों में था। इस विद्रोह के **प्रमुख नेताओं** में बुद्ध भगत, सिंगाराम एव सुर्मा आदि का नाम उल्लेखनीय है।

संथाल विद्रोह

- जनजातीय विद्रोहों में सबसे सशक्त विद्रोह 1855-1856 में संथालों को विद्रोह था। भागलपुर से राजमहल तक का संथाल बहुल क्षेत्र **दामन-ए-कोह** के नाम से जाना जाता था। यहाँ के हजारों संथालों ने गैर-आदिवासियों को भगाने और उनकी सत्ता समाप्त कर अपनी सत्ता स्थापित करने हेतु जोरदार संघर्ष छेड़ा। यह विद्रोह संथालों के नेता **सिद्धू** तथा **कानू** के नेतृत्व में किया गया।

अहोम विद्रोह

- असम के कुलीन वर्ग के व्यक्तियों ने कंपनी पर वर्मा युद्ध के समय किये गये वायदे से मुकरने के आरोप लगाये और साथ ही जब अंग्रेज लोगों ने अहोम प्रदेश को अपने साम्राज्य में मिलाने का प्रयास किया तो 1828 में **गोमधर कुंअर** के नेतृत्व में अहोमों ने विद्रोह कर दिया, पर अंग्रेजी सेना के सामने शीघ्र ही उन्हें समर्पण करना पड़ा।

पागलपंथी विद्रोह

- पागलपंथी अर्द्धधार्मिक सम्प्रदाय था, जिसे उत्तर बंगाल में **करमशाह** ने चलाया। 1825 में करमशह के उत्तराधिकारी उसके पुत्र **टीपू** ने जमींदारों के अत्याचार के खिलाफ विद्रोह किया। यह विद्रोह इस क्षेत्र में 1840 से 1850 ई. तक जारी रहा।

फरायजी का विद्रोह

- बंगाल के फरीदपुर का यह सम्प्रदाय **शरीयतुल्ला** द्वारा अनुमोदित विचारों से प्रभावित था। ये लोग सामाजिक, राजनीतिक तथा धार्मिक परिवर्तन का प्रतिपादन करते थे। शरीयतुल्ला के पुत्र **दादूमियाँ** के नेतृत्व में अंग्रेजों के विरुद्ध विद्रोहों की योजना बनायी गयी। साथ ही जमींदारों के अत्याचार के विरुद्ध विद्रोह कर दिया गया। यह विद्रोह 1838 ई. से 1857 ई. तक चलता रहा। कालांतर में इस सम्प्रदाय के अनेक समर्थक **वहाबी आंदोलन** में सम्मिलत हुए।

पश्चिमी भारत के प्रमुख विद्रोह

भील विद्रोह

- भील जाति के ये लोग पश्चिमी तट पर स्थित खानदेश में निवास करते थे। इन लोगों ने खेती से सम्बन्धित कठिनाइयों तथा अंग्रेजी हुकुमत से डर के कारण 1812-1819 ई. के मध्य विद्रोह किया। इनके द्वारा विद्रोह 1825 में **सेवरम** के नेतृत्व में किया गया। इनका तीसरा विद्रोह 1831-1846 ई. के मध्य किया गया।

कोलों का विद्रोह

- भीलों के पड़ोसी कोल भी अंग्रेजों से असंतुष्ट थे। इस जाति के लोगों ने 1829 ई. लेकर 1846 ई. तक विद्रोह किया।

कच्छ का विद्रोह

- कच्छ एवं काठियावाड़ के राजा भारमल्ल को पदच्युत कर अंग्रेजों ने अपनी शर्तों के साथ उसके अल्पायु पुत्र को सिंहासन पर बैठाया, जिसके विरुद्ध भारमल्ल के समर्थकों ने 1819 ई. एवं 1831 ई. में विद्रोह किया।

बघेरा विद्रोह

- ओखा मण्डल के बघेरों ने शुरू से ही अंग्रेजी शासन का विरोध किया। बड़ौदा के गायकवाड़ ने अंग्रेजी सेना की सहायता से बघेरों से अधिक कर एकत्र करने का प्रयत्न किया जिसके परिणामस्वरूप बघेरा सरदारों ने विद्रोह कर दिया। 1818-1819 ई. के मध्य इन लोगों ने अंग्रेजी प्रदेश पर भी आक्रमण किया। यह विद्रोह 1820 के आसपास समाप्त हो सका।

रामोसी विद्रोह

- पश्चिमी घाट में रहने वाले रामोसी जाति के लोगों ने 1822 में अपने नेता सरदार **चित्तर सिंह** के नेतृत्व में विद्रोह किया। यह विद्रोह 1829 ई. तक चलता रहा।

गड़कारी विद्रोह

- 1844 में महाराष्ट्र में गड़कारी जाति के विस्थापित सैनिकों ने अंग्रेजों के विरुद्ध विद्रोह किया। गड़कारियों ने **समनगढ़** तथा **भूदरगढ़** के किले को जीत लिया।

दक्षिण भारत के प्रमुख विद्रोह

विजयनगर के शासक का विद्रोह

- 1794 ई. में कंपनी ने विजयनगर के नरेश को यह आदेश दिया कि वे अपनी सेना को समाप्त करें और साथ ही तीन लाख रुपये की भेंट कंपनी को दें। विजयनगर नरेश ने इस प्रस्ताव को अस्वीकार कर अपनी प्रजा के सहयोग से विद्रोह के दौरान ही किया। विद्रोह वह अंग्रेजों से लड़ता हुआ वीरगति को प्राप्त हुआ।

दीवान वेलाटम्पी का विद्रोह

- यह विद्रोह 1808-1809 ई. में त्रावणकोर (केरल) में हुआ। दीवान वेलाटम्पी (त्रावणकोर रियासत) ने अंग्रेजों द्वारा दीवान की गद्दी छीन लेने तथा सहायक संधि द्वारा त्रावणकोर राज्य पर भारी वित्तीय बोझ डालने के कारण विद्रोह कर दिया।
- गोलियों से घायल वेलाटम्पी की मृत्यु के बाद अंग्रेजी सेना ने उसे सार्वजनिक रूप से फाँसी पर लटकाया।

8. 1857 का विद्रोह

- गवर्नर जनरल लार्ड कैनिंग के शासन करने के दौरान ही 1857 ई. की महान क्रांति हुई। इस विद्रोह का आरंभ 10 मई, 1857 ई. को मेरठ में हुआ जो धीर-धीरे कानपुर, बरेली, झांसी, दिल्ली, अवध आदि अनेक स्थानों पर फैल गयी।

1857 ई. के विद्रोह के पूर्व ही भारत में कई स्थानों पर विद्रोह के स्वर फूटने लगे थे जिसका विवरण निम्न है-

(i) 1764 ई. में बक्सर युद्ध के समय हेक्टर मुनरों के नेतृत्व में लड़ रही सेना के कुछ सिपाही विद्रोह कर मीर कासिम से मिल गये।

(ii) 1806 ई. में वेल्लोर मठ में कुछ भारतीय सैनिकों ने अंग्रेजों द्वारा अपने सामाजिक, धार्मिक रीति-रिवाजों में हस्तक्षेप के कारण विद्रोह कर मैसूर के राजा का झंडा फहराया।

(iii) 1824 ई. में वर्मा युद्ध के लिए भेजी जाने वाली ब्रिटिश भारत की सेना की 47वीं पैदल सैन्य टुकड़ी के कुछ सिपाहियों ने उचित भत्ता नहीं मिलने के कारण विद्रोह कर दिया।

(iv) 1825 ई. में असम स्थित तोपखाने में विद्रोह हुआ।

(v) 1844 ई. में 34वीं नैटिव इंफैंट्री तथा 64वीं रेजिमेंट के सैनिकों ने उचित भत्ते के अभाव में सिंध के सैन्य अभियान पर जाने से इनकार कर दिया।

राजनीतिक कारण

- राजनीतिक कारणों में डलहौजी की व्यपगत नीति और वेलेजली की सहायक संधि की विद्रोह को जन्म देने में महत्त्वपूर्ण भूमिका रही।
- पेंशनों एवं पदों की समाप्ति से भी अनेक राजाओं में असंतोष व्याप्त था। उदाहरणार्थ नाना साहब को मिलने वाली पेंशन को डलहौजी ने अपनी नवीन नीति के द्वारा बंद करवा दिया।

मुगल सम्राट बहादुरशाह के साथ अंग्रेजों ने अपमानजनक व्यवहार करना प्रारंभ कर दिया, जिससे जनता क्षुब्ध हो गयी।

- कुलीन वर्गीय भारतीय तथा जमींदारों के साथ अंग्रेजों ने बुरा सुलूक किया और उन्हें मिले समस्त विशेषाधिकारों को कंपनी की सत्ता ने छीन लिया। ऐसी परिस्थिति में इस वर्ग के लोगों के असंतोष का सामना भी ब्रिटिश सत्ता को करना पड़ा।
- राजनीतिक कारणों के साथ ही प्रशासनिक राजनीतिक कारण भी विद्रोह के लिए जिम्मेदार थे। प्रशासनिक कार्यों में भारतीयों की भागीदारी जातीय श्रेष्ठता पर आधारित थी। कोई भी भारतीय सूबेदार से ऊँचे पद तक नहीं पहुँच पाता था। न्यायिक क्षेत्र में अंग्रेजों को सभी स्तर पर भारतीयों से श्रेष्ठ माना गया था।

आर्थिक कारण

- भारत में अंग्रेजी साम्राज्य का सबसे बड़ा अभिशाप था देश का आर्थिक शोषण। प्लासी युद्ध के बाद यह निरंतर जारी रहा, जो शायद जन-असंतोष का सबसे महत्त्वपूर्ण कारण था।
- भारतीय धन का निष्कासन तीव्र गति से इंग्लैण्ड की ओर हुआ। मुक्त व्यापार तथा अंग्रेजी वस्त्रों के भारत के बाजारों में अधिक मात्रा में आ जाने के कारण उसका प्रत्यक्ष प्रभाव यहाँ के कुटीर उद्योगों पर पड़ा, जिस कारण से यहाँ के कुटीर एवं लघु उद्योग नष्ट हो गये।
- आर्थिक शोषण और उसके पारंपरिक आर्थिक ढाँचे का पूर्णतया विनाश किसानों, दस्तकारों और हस्तशिल्पकारों तथा बड़ी संख्या में परंपरागत जमींदारों को दरिद्र बना दिया।
- ब्रिटिश भू-राजस्व नीतियाँ, कानून तथा प्रशासन की प्रणालियों ने बड़ी संख्या में किसानों और जमींदारों की भूमि को उनके अधिकार से अलग कर दिया।
- लार्ड विलियम बैंटिक ने अपने शासन काल में बहुत सी माफी तथा इनाम की भूमि को छीन लिया, जिसका प्रभाव यह हुआ कि अनेक भारतीय जमींदार दरिद्र एवं कंगाल हो गये और इस तरह इन जमींदारों में अंग्रेजी सत्ता के खिलाफ असंतोष व्याप्त हो गया।
- कृषि के क्षेत्र में अंग्रेजों की गलत नीति के कारण भारतीय किसानों की स्थिति अत्यंत दयनीय हो गयी।
- जमींदारों और किसानों का उत्पीड़न तथा उनसे बड़ी मात्रा में धन की उगाही आदि ऐसे कारण थे जिन्होंने असंतोष को जन्म दिया, फलतः विद्रोह की भूमिका बनी।
- स्थायी बंदोबस्त, रैय्यतवाड़ी व्यवस्था और महालवाड़ी व्यवस्था द्वारा किसानों का बुरी तरह शोषण हुआ और वे निर्धनता के कुचक्र में फंस गये।

1857 की क्रांति के बारे में विभिन्न इतिहासकारों के मत	
मत	**इतिहासकार**
यह पूर्णतया सिपाही विद्रोह था	सर जॉन लारेन्स, सीले
यह स्वतन्त्रता संग्राम था	डॉ. ईश्वरी प्रसाद
एक सामन्तवादी प्रतिक्रिया थी	मिस्टर के.
जनक्रान्ति थी	डॉ. राम विलास शर्मा
यह राष्ट्रीय विद्रोह था	डिजरायली
यह अंग्रेजों के विरुद्ध हिन्दू-मुसलमानों का षड्यन्त्र था	जेम्स आउन्ट्रम, डब्ल्यू. टेलर
यह इसाई धर्म के विरुद्ध एक धर्मयुद्ध था	एल आर. रीज

यह सभ्यता एवं बर्बरता का संघर्ष था	टी. आर. होम्स
यह विद्रोह राष्ट्रीय स्वतन्त्रता के लिए सुनियोजित युद्ध था	वीर सावरकर, अशोक मेहता
1857 का विद्रोह स्वतन्त्रता संग्राम नहीं था	आर. सी. मजूमदार
1857 का विद्रोह केवल एक सैनिक विद्रोह था, जिसका तात्कालिक कारण चर्बीयुक्त कारतूस था	पी. राबर्ट्स

धार्मिक कारण

- ब्रिटिश सत्ता कहने के लिए तो धर्म के मामले में तटस्थ थी, पर उसने इसाई धर्म के प्रचार में अपना पूर्ण सहयोग दिया।
- इसाई मिशनरियों का दृष्टिकोण भारत के प्रति बड़ा तिरस्कारपूर्ण था, उसका एकमात्र उद्देश्य भारत में अपनी सर्वोच्चता प्रदर्शित करना था।
- अंग्रेज इसाई धर्म स्वीकार करने वालों को सरकारी नौकरी, उच्च पद एवं अनेक सुविधाएँ प्रदान करते थे।
- 1850 ई. में पास किये गये **धार्मिक निर्योग्यता अधिनियम** (Emancipation Act) द्वारा हिन्दू रीति-रिवाजों में परिवर्तन लाया गया, अर्थात् धार्मिक परिवर्तन से पुत्र अपने पिता की सम्पत्ति से वंचित नहीं किया जा सकता था।
- इस अधिनियम का मुख्य लाभ इसाई धर्म बनने वालों को था। अंग्रेजों की नीति ने हिन्दू और मुसलमानों में कंपनी के प्रति शंका भर दी।

सामाजिक कारण

- बैंटिक ने अपने शासन काल में सती प्रथा, बाल हत्या, नर हत्या आदि पर प्रतिबंध लगाकर तथा डलहौजी ने विधवा विवाह को मान्यता देकर रूढ़िवादी भारतीयों के अंदर असंतोष भर दिया।
- अंग्रेजों द्वारा रेल, डाक एवं तार क्षेत्र में किये गये कार्यों को भारतीयों में मात्र इसाई धर्म के प्रचार का माध्यम मानने के कारण अंग्रेजों के प्रति उनके मन में विद्रोही भावना भड़क उठी।
- शिक्षा के क्षेत्र में अंग्रेजों ने पाश्चात्य सभ्यता, संस्कृति, भाषा एवं साहित्य के विकास पर अधिक ध्यान दिया। ऐसे समय में भारतीय सभ्यता, संस्कृति, भाषा एवं साहित्य के विकास के क्षेत्र में कंपनी सरकार द्वारा कोई विशेष परिवर्तन न किये जाने के कारण भारतीय बौद्धिक वर्ग अंग्रेजों के विरुद्ध हो गया।
- अंग्रेजों द्वारा लगान वसूली एवं विद्रोहों को कुचलने के समय भारतीयों को कठोर शारीरिक दण्ड एवं यातनाएँ दी गयी जिससे उनके अंदर ब्रिटिश सत्ता के खिलाफ घृणा एवं द्वेष की भावना भर गयी।

सैन्य कारण

- पदोन्नति से वंचित, वेतन की न्यून मात्रा, भारत की सीमाओं से बाहर युद्ध के लिए भेजा जाना तथा समुद्रपार भत्ता न देना आदि ऐसे कारण थे जिन्होंने भारतीय सैनिकों में असंतोष को जन्म दिया और वे विद्रोह के लिए विवश हुए।
- 1854 ई. के डाकघर अधिनियम से सैनिकों की निःशुल्क डाक सुविधा समाप्त हो गयी।
- 1857 ई. में कैनिंग द्वारा पारित सामान्य सेवा भर्ती अधिनियम सैनिकों में बहुत अप्रिय हुआ। इस अधिनियम के अनुसार बंगाल के सभी सैनिकों को सरकार जहाँ चाहे वहाँ कार्य करवा सकती थी। असंतोष के इसी वातावरण में चर्बीयुक्त एनफील्ड राइफलों के प्रयोग के आदेश ने आग में घी का कार्य किया और सैनिकों के विद्रोह के लिए यही तात्कालिक कारण भी सिद्ध हुआ।

- एनफील्ड रायफल में कारतूस को लगाने से पहले दाँत से खींचना पड़ता था, चूँकि कारतूस में गाय और सुअर दोनों की चर्बी लगी थी, इसलिए हिन्दू और मुसलमान दोनों भड़क उठे, परिणामस्वरूप 1857 ई. के विद्रोह की शुरुआत हुई।

मुख्य घटनाक्रम

- चर्बी लगे कारतूसों के प्रयोग से चारों तरफ व्याप्त असंतोष ने विद्रोह के लिए निर्धारित तिथि से पूर्व ही विस्फोट को जन्म दे दिया।
- चर्बी लगे कारतूसों के प्रयोग के विरुद्ध पहली घटना 29 मार्च, 1857 ई. को **बैरकपुर** की छावनी में घटी जहाँ मंगल पांडे नामक एक सिपाही ने चर्बी लगे कारतूस के प्रयोग से इनकार करते हुए अपने अधिकारी लेफ्टिनेंट बाग और लेफ्टिनेंट जनरल ह्यूसन की हत्या कर दी।
- मंगल पांडे उत्तरप्रदेश के तत्कालीन गाजीपुर (अब बलिया) जिले का रहने वाला था। वह बंगाल स्थित बैरकपुर छावनी की **34वीं नेटिव इंफेंट्री** का जवान था।
- 8 अप्रैल, 1857 ई. को सैनिक अदालत के निर्णय के बाद मंगल पांडे को फाँसी की सजा दे दी गयी।

विद्रोह का प्रसार

- भारतीय स्वतन्त्रता के लिए प्रथम सशक्त विद्रोह 10 मई, 1857 ई. को मेरठ स्थित छावनी की 20 नेटिव इंफेंट्री तथा एल.सी. की पैदल सैन्य टुकड़ी ने चर्बी वाले कारतूस के प्रयोग से इनकार कर किया। शीघ्र ही विद्रोहियों ने अपने उच्चाधिकारियों की हत्या कर दिल्ली की ओर कूच किया। **11 मई** को प्रातः विद्रोहियों ने दिल्ली पर अधिकार कर मुगल सम्राट बहादुरशाह-II को पुनः भारत का सम्राट और विद्रोह का नेता घोषित कर दिया।
- दिल्ली विजय का समाचार समूचे देश में फैल गया। देखते-देखते विद्रोह **कानपुर, लखनऊ, बरेली, जगदीशपुर (बिहार), झांसी, अलीगढ़, रूहेलखण्ड, इलाहाबाद** से **ग्वालियर** तक फैल गया।
- कानपुर में विद्रोह की शुरुआत 5 जून, 1857 ई. को हुई। यहाँ पर पेशवा बाजीराव-II के दत्तक पुत्र **नानासाहब** (धोंदू पंत) ने विद्रोह को नेतृत्व प्रदान किया, जिसमें उनकी सहायता **तांत्या टोपे** ने की।
- दिल्ली में 82 वर्षीय मुगल सम्राट बहादुरशाह-II ने **बख्त खाँ** के सहयोग से विद्रोह को नेतृत्व प्रदान किया। 20 सितंबर, 1857 ई. को बहादुरशाह ने हुमायूँ के मकबरे में अंग्रेज **लेफ्टिनेंट डब्ल्यू.एस.आर. हडसन** के समक्ष समर्पण कर दिया। मुगल सम्राट को निर्वासित कर रंगून (बर्मा) भेज दिया गया, जहाँ 1862 ई. में उनकी मृत्यु हो गयी।
- लखनऊ में 4 जून, 1857 ई. को विद्रोह की शुरुआत हुई। **बेगम हजरत महल** ने अपने अल्पायु पुत्र बिरजिस कादिर को नवाब घोषित किया तथा लखनऊ स्थित ब्रिटिश रेजिडेंसी पर आक्रमण किया।
- झांसी में 4 जून, 1857 ई. को **रानी लक्ष्मीबाई** के नेतृत्व में विद्रोह की शुरुआत हुई, जिसमें रानी ने अपने साहसपूर्ण नेतृत्व में अंग्रेजों के साथ वीरतापूर्वक युद्ध किया, परंतु झांसी के पतन के बाद रानी लक्ष्मीबाई ग्वालियर की ओर प्रस्थान कर गयी।
- रानी लक्ष्मीबाई ने ग्वालियर में **तांत्या टोपे** के साथ विद्रोह को नेतृत्व प्रदान किया। अनेक युद्ध में अंग्रेजों को पराजित करने के बाद अंग्रेजी जनरल **ह्यूरोज** से लड़ते हुए 17 जून, 1858 ई. को लक्ष्मीबाई वीरगति को प्राप्त हुई।
- तांत्या टोपे जिनका वास्तविक नाम **रामचन्द्र पांडुरंग** था, ग्वालियर के पतन के बाद अप्रैल, 1859 ई. में नेपाल चले गये, जहाँ पर एक जमींदार मित्र **मानसिंह** के विश्वासघात के कारण पकड़े गये

तथा 18 अप्रैल, 1859 ई. को फांसी पर लटका दिये गये। तांत्या टोपे की गिरफ्तारी मध्य भारत में 1857 ई. के विद्रोह की अंतिम घटना थी।

- **जगदीशपुर (आरा, बिहार)** में वहाँ के प्रमुख जमींदार **कुंवर सिंह** ने 1857 ई. के विद्रोह के समय विद्रोह का झंडा फहराया।
- अदम्य साहस, वीरता और सेनानायकों जैसे कई आदर्श गुणों के कारण 1857 ई. के विद्रोह के समय कुंवर सिंह को **बिहार का सिंह** कहा गया।
- कुंवर सिंह ने विद्रोह की मशाल को रोहतास, मिर्जापुर, रीवा, बांदा तथा लखनऊ में फहराया। अपने जीवन के अंतिम युद्ध में उन्होंने अंग्रेजों को भारी क्षति के साथ परास्त किया लेकिन युद्ध में जख्मी हो जाने के कारण 26 अप्रैल, 1858 ई. को उनकी मृत्यु हो गयी।
- **फैजाबाद** में 1857 ई. के विद्रोह को **मौलवी अहमदुल्ला** ने अपना नेतृत्व प्रदान किया। अहमदुल्ला की गतिविधियों से अंग्रेज इतने चिंतित थे कि उन्होंने इन्हें पकड़ने के लिए 50,000 रुपये का नकद इनाम घोषित किया। 5 जून, 1858 ई. को रूहेलखण्ड की सीमा पर पोवायां में इनकी गोली मारकर हत्या कर दी गयी।
- **रूहेलखण्ड में खान बहादुर खाँ** ने 1857 ई. के विद्रोह को नेतृत्व प्रदान किया। इन्हें मुगल सम्राट बहादुरशाह-II ने सूबेदार के पद पर नियुक्त किया था। कालांतर में इन्हें पकड़कर फांसी दे दी गयी।
- **असम** में 1857 ई. के विद्रोह के समय वहाँ के दीवान **मनीराम दत्त** ने वहाँ के अंतिम राजा के पोते कंदपेश्वर सिंह को राजा घोषित कर विद्रोह की शुरुआत की, शीघ्र ही विद्रोह असफल हुआ तथा मनीराम दत्त को फांसी दे दी गयी।
- **ओडिशा** में **संबलपुर के राजकुमार सुरेंद्र शाही** और **उज्जवल शाही** ने विद्रोह किया। गंजाम में साबरो ने राधाकृष्ण दंडसेन के नेतृत्व में पराल की मेडी में विद्रोह किया।
- पंजाब जिसका अधिकांश हिस्सा विद्रोह से अलग रहा, में 9वीं अनियमित सेना (घुड़सवार) के **वजीर खाँ** ने अजनाला में विद्रोह किया, कुल्लू में राणा प्रताप सिंह और वीर सिंह ने विद्रोह का नेतृत्व किया, लेकिन शीघ्र ही इन सब को फांसी दे दी गयी।
- दक्षिण भारत जिसका अधिकांश हिस्सा विद्रोह के समय शांत था, के सतारा और कोल्हापुर में 1857 ई. के विद्रोह का कुछ प्रभाव देखने को मिला। सतारा में रंगोली बापूजी गुप्ते ने विद्रोह को नेतृत्व प्रदान किया।
- बंगाल, पंजाब, राजपूताना, पटियाला, जींद, हैदराबाद, मद्रास आदि ऐसे क्षेत्र थे जहाँ पर विद्रोह नहीं पनप सका। यहाँ के शासकों ने विद्रोह को कुचलने में अंग्रेजी सरकार की मदद भी की।
- इस विद्रोह में व्यापारी, पढ़े-लिखे लोग तथा भारतीय शासकों ने हिस्सेदारी नहीं ली।

1857 ई. के विद्रोह से संबद्ध महत्त्वपूर्ण पुस्तकें	
First War of Indian Independence	वी.डी. सावरकर
The Great Rebellion	अशोक मेहता
Sepoy Mutiny and the Revolt of 1857	आर.सी. मजूमदार
Eighteen Fifty Seven	एस.एन. सेन

विद्रोह की असफलता के कारण

- विद्रोह की असफलता के कई कारण थे, जिनमें प्रमुख था- एकता, संगठन और साधनों की कमी।

- विद्रोह का स्वरूप सामंतीय था। एक तरफ रूहेलखण्ड तथा उत्तरी भारत के सामंतों ने विद्रोह का नेतृत्व किया वहीं पटियाला, जींद, ग्वालियर तथा हैदराबाद के राजाओं ने विद्रोह के दमन में सरकार की भरपूर मदद की।
- इस विद्रोह के प्रति शिक्षित वर्ग पूर्णरूप से उदासीन था। यदि इस वर्ग ने अपने लेखों एवं भाषणों द्वारा लोगों में उत्साह का संचार किया होता तो निःसंदेह विद्रोह का परिणाम कुछ और होता।
- विद्रोहियों में अनुभव, संगठन क्षमता व मिलकर कार्य करने की शक्ति की कमी थी।
- सैनिक दुर्बलता का विद्रोह की असफलता में महत्त्वपूर्ण योगदान था। बहादुरशाह जफर एवं नाना साहब एक कुशल संगठनकर्ता अवश्य थे पर उनमें सैन्य नेतृत्व क्षमता की कमी थी, वहीं अंग्रेजी सेना के पास लारेंस बंधु, निकल्सन, हैवलॉक, आउट्रम एवं एडवर्डस जैसे कुशल सेनानायक थे।
- विद्रोहियों के पास उचित नेतृत्व का अभाव था। वृद्ध मुगल सम्राट बहादुरशाह जफर विद्रोहियों का ढंग से नेतृत्व नहीं कर सके, जिस तरह के नेतृत्व की तत्कालीन परिस्थितियों में आवश्यकता थी।
- विद्रोह के बारे में **जॉन लारेंस** ने कहा कि 'यदि उनमें (विद्रोहियों में) एक भी योग्य नेता होता तो हम सदा के लिए हार जाते'।
- आवागमन एवं संचार के साधनों के उपयोग से अंग्रेजों को विद्रोह को दबाने में काफी सहायता मिली और इस प्रकार आवागमन एवं संचार के साधनों ने भी इस विद्रोह को असफल करने में सहयोग दिया।

1857 ई. का विद्रोह : एक नजर में

विद्रोह का केन्द्र	**भारतीय नायक**	**विद्रोह का दिन**	**विद्रोह कुचलने वाले सैन्य अधिकारी**	**समर्पण का दिन**
दिल्ली	बहादुरशाह जफर, बख्त खाँ	11 मई, 1857	निकल्सन, हडसन	20 सितंबर, 1857
कानपुर	नाना साहब, तांत्या टोपे	5 जून, 1857	कॉलिन कैम्पबेल	दिसंबर, 1857
लखनऊ	बेगम हजरत महल, बिरजिस कादिर	4 जून, 1857	कॉलिन कैम्पबेल	31 मार्च, 1858
झांसी, ग्वालियर	रानी लक्ष्मीबाई, तांत्याटोपे	4 जून, 1857	जनरल ह्यूरोज	17 जून, 1858
जगदीशपुर	कुंवर सिंह, अमर सिंह	12 जून, 1857	मेजर विलियम टेलर	दिसंबर, 1858
फैजाबाद	मौलवी अहमदुल्ला	जून, 1857	जनरल रेनॉर्ड	5 जून, 1858
इलाहाबाद	लियाकत अली	जून, 1857	कर्नल नील	1858
बरेली	खान बहादुर	जून, 1857	बिसेंट आयर	1858

विद्रोह के परिणाम

- विद्रोह के समाप्त होने के बाद 1858 में ब्रिटिश संसद ने एक कानून पारित कर ईस्ट इंडिया कंपनी के अस्तित्व को समाप्त कर दिया और अब भारत का शासन का पूरा अधिकार महारानी

के हाथों में आ गया। इंग्लैण्ड में 1858 ई. के अधिनियम के तहत **भारतीय राज्य सचिव** की स्थापना की गयी।

- 1 **नवंबर, 1858 ई.** को इलाहाबाद में आयोजित दरबार में लार्ड कैनिंग ने महारानी की उद्घोषणा को पढ़ा।
- उद्घोषणा में गवर्नर जनरल कैनिंग को **वायसराय** की उपाधि प्राप्त हुई।
- भारत में ब्रिटिश साम्राज्य के विस्तार पर रोक, लोगों के धार्मिक मामलों में हस्तक्षेप न करना, एक समान कानूनी सुरक्षा सबको उपलब्ध कराना, लोगों के परंपरागत अधिकारों और रिवाजों के प्रति सम्मान व्यक्त करना आदि वायदे ब्रिटिश क्राउन द्वारा भारतीय जनता से किये गये।
- भारत में एक व्यवस्थित शासन प्रणाली स्थापित हो सके इसके लिए **भारत सरकार अधिनियम 1858** पारित हुआ जिसके बाद पिट्स इंडिया एक्ट द्वारा की गयी व्यवस्था समाप्त हो गयी।
- 1857 ई. के विद्रोह के बाद ब्रिटिश सरकार द्वारा सेना के पुनर्गठन के लिए गठित **पील कमीशन** की रिपोर्ट पर सेना में भारतीय सैनिकों की तुलना में यूरोपियनों का अनुपात बढ़ा दिया गया।
- सैनिकों की भर्ती हेतु एक **रॉयल कमीशन** गठित हुआ तथा बड़ी कुटिलता से **फूट डालो राज्य करो** की नीति का अनुसरण करते हुए सेना के रेजिमेंटों को जाति, समुदाय और धर्म के आधार पर विभाजित किया गया।
- भारतीय राजवाड़ों के प्रति विजय और विलय की नीति का परित्याग कर सरकार ने राजाओं को गोद लेने की अनुमति प्रदान की।
- वायसराय कैनिंग के समय 1861 का इंडियन कौंसिल, 1861 का इंडियन हाईकोर्ट एक्ट, 1861 का इंडियन सिविल सर्विस एक्ट पारित किया गया।

9. 1858 ई. के बाद के किसान विद्रोह व अन्य आंदोलन

नील आंदोलन (1859–1860 ई.)

- नील आंदोलन (1859-1860 ई.) भारतीय किसानों द्वारा ब्रिटिश नील उत्पादकों के खिलाफ बंगाल में किया गया। अपनी आर्थिक माँगों के संदर्भ में किसानों द्वारा किया जाने वाला यह आंदोलन उस समय का एक विशाल आंदोलन था।
- बंगाल के वे काश्तकार जो अपने खेतों में चावल की खेती करना चाहते थे जबकि यूरोपीय नील बागान मालिक नील की खेती करने के लिए उन्हें मजबूर किया करते थे। नील की खेती करने से इनकार करने वाले किसानों को नील बागान मालिकों के दमनचक्र का सामना करना पड़ता था।
- इस आंदोलन की सर्वप्रथम शुरुआत सितंबर, 1859 में बंगाल के नदिया जिले के गोविंदपुर गाँव में हुई। धीर-धीरे यह आंदोलन 1860 ई. तक नदिया, पावना, खुलना, ढाका, मालदा एवं दीनाजपुर आदि क्षेत्रों में फैल गया।
- दिगम्बर विश्वास एवं विष्णु विश्वास ने इस आंदोलन का नेतृत्व किया।
- बंगाल के बुद्धिजीवी वर्ग ने अखबारों में अपने लेखन तथा जनसभाओं के माध्यम से विद्रोह के प्रति अपने समर्थन को व्यक्त किया। इसमें **हिन्दू पैट्रियाट** के संस्थापक हरिश्चन्द्र मुखर्जी की विशेष भूमिका थी।
- नील बागान मालिकों के अत्याचार का खुला चित्रण **दीनबंधु मित्र** ने अपने नाटक **नील दर्पण** में किया है।

पावना विद्रोह (1873 – 1876 ई.)

- बंगाल के अधिकतर इलाकों में 1870 ई. के दशक में और 1880 ई. के दशक के शुरुआती दिनों में बड़े पैमाने पर कृषक अशांति रही।
- पावना जिले के काश्तकारों को **1859 के अधिनियम 10** द्वारा बेदखली एवं लगान में वृद्धि के विरुद्ध एक सीमा तक संरक्षण प्राप्त था। इसके बावजूद भी जमींदारों ने उनसे सीमा से अधिक लगान वसूला एवं उनको उनके जमीन के अधिकार से वंचित किया।
- जमींदारों के अत्याचार के विरुद्ध 1873 ई. में पावना जिले के **यूसुफ शाही** परगने में एक **किसान संघ** की स्थापना हुई। इस संघ ने किसानों को संगठित करने, लगान न देने, जमींदारों के विरुद्ध मुकदमें के खर्च के लिए चंदा एकत्र करने जैसे कार्य किये।
- पावना के अलावा यह विद्रोह ढाका, मैमन सिंह, बेकरगंज, त्रिपुरा, फरीदपुर, बोगरा और राजशाही में फैल गया।
- पावना विद्रोह की प्रमुख विशेषता थी, इसका कानून के दायरे में रहना। किसानों की यह लड़ाई केवल जमींदारों से थी।
- पावना के किसानों ने अपनी माँग में यह नारा दिया कि **'हम महामहिम महारानी की और केवल उन्हीं की रैय्यत रहना चाहते हैं।'**
- सरकार ने भारतीय दंडसंहिता के दायरे में इस आंदोलन को दबाने का प्रयास किया। अंग्रेज लेफ्टिनेंट **गवर्नर कैंपबेल** ने पावना व्रिदोह का समर्थन किया।
- इस आंदोलन की एक विशेषता यह भी थी कि हिन्दू और मुसलमान एक साथ कंधे से कंधा मिलाकर आंदोलनरत रहे। साम्प्रदायिक सौहार्द का यह एक अनूठा उदाहरण था। इस आंदोलन के रैय्यतों में अधिकतर मुसलमान एवं जमींदारों में हिन्दू थे।
- पावना आंदोलन के महत्त्वपूर्ण नेताओं में **ईशान चन्द्र राय** तथा **शंभुपाल** थे।
- बंगाल के बुद्धिजीवी बंकिम चन्द्र चट्टोपाध्याय तथा आर. सी. दत्त ने भी इस आंदोलन का समर्थन किया।
- **इंडियन एसोसिएशन** के सदस्य सुरेन्द्रनाथ बनर्जी, आनंद मोहन बोस तथा द्वारकानाथ गांगुली आदि ने भी अपनी संस्था के माध्यम से पावना आंदोलन का समर्थन किया।

दक्कन विद्रोह (1874 – 1875 ई.)

- महाराष्ट्र के पुणे और अहमदनगर (दक्कन) के जिलों में किसानों ने साहूकारों के खिलाफ विद्रोह किया।
- 1867 ई. में सरकार द्वारा लगान की दर 50 प्रतिशत वृद्धि करने तथा कई वर्ष से लगातार फसल के खराब होने के कारण किसानों को लगान की अदायी हेतु साहूकारों पर निर्भर होना पड़ा।
- दक्कनी साहूकारों में अधिकांश बाहरी मारवाड़ी तथा गुजराती थे जिनसे लगान अदायगी के लिए किसानों को कर्ज लेना पड़ता था, कर्ज देने के बदले साहूकार किसानों के घर और जमीन को रेहन रखते थे। इस तरह किसान बिल्कुल महाजनों के चंगुल में होता था।
- साहूकारों के विरुद्ध आंदोलन की शुरुआत 1874 ई. में **शिरूर तालुका** के करडाह गाँव में हुई। 1875 ई. तक यह आंदोलन पूना, अहमदाबाद, सतारा, शोलापुर आदि जिलों में फैल गया। किसानों ने साहूकारों के घरों एवं दुकानों को नष्ट कर दिया।
- सरकार ने **दक्कन उपद्रव आयोग** की स्थापना की। किसानों की स्थिति में सुधार हेतु 1879 ई. में **दक्कन कृषक राहत अधिनियम** की घोषणा की गयी।

उत्तरप्रदेश में किसान आंदोलन

- होमरूल लीग के कार्यकर्ताओं के प्रयास तथा गौरीशंकर मिश्र, इन्द्र नारायण द्विवेदी तथा मदनमोहन मालवीय के दिशा निर्देशन के परिणामस्वरूप फरवरी, 1918 ई. में उत्तरप्रदेश में **किसान सभा** का गठन किया गया।
- 1920 ई. के दशक में उत्तरप्रदेश के किसान आंदोलन को सर्वाधिक मजबूती बाबा रामचन्द्र ने प्रदान की। उनके व्यक्तिगत प्रयासों से ही 17 अक्टूबर, 1920 को प्रतापगढ़ जिले में **अवध किसान सभा** का गठन किया गया। इस संगठन को जवाहरलाल नेहरू, गौरीशंकर मिश्र, माता बदल पाण्डे, केदारनाथ आदि ने अपने सहयोग से शक्ति प्रदान किया।
- 1920 ई. में उत्तरप्रदेश किसान आंदोलन असहयोग आंदोलन के साथ जुड़ गया।
- उत्तरप्रदेश के हरदोई, बहराइच एवं सीतापुर जिलों में लगान में वृद्धि एवं उपज के रूप में लगान वसूली को लेकर किसानों ने **एका आंदोलन** नाम का आंदोलन चलाया। इस आंदोलन में कुछ जमींदार भी शामिल थे। एका आंदोलन का नेतृत्व पिछड़ी जाति के **मदारी पासी** ने किया।

मोपला विद्रोह (1920 – 1921 ई.)

- मोपला लोग केरल के मालाबार क्षेत्र में रहने वाले इस्लाम धर्म में धर्मांतरित अरब एवं मलयाली मुसलमान थे।
- मोपला किसान मालाबार के हिन्दू नंबूदरी एवं नायर उच्च जाति, भूस्वामियों के बँटाईदार या असामी काश्तकार थे।
- प्रारंभ में मोपला विद्रोह (1920 ई.) अंग्रेजी हुकूमत के खिलाफ था। महात्मा गांधी, शौकत अली, मौलाना आजाद जैसे नेताओं का सहयोग इस आंदोलन को प्राप्त था।
- मोपला विद्रोह के मुख्य नेता के रूप में अली मुसलियार चर्चित थे।
- 1921 ई. में इस विद्रोह ने हिन्दू-मुस्लिम के बीच साम्प्रदायिक आंदोलन का रूप ले लिया, परंतु शीघ्र ही इस आंदोलन को कुचल दिया गया।

कूका आंदोलन (1872 ई.)

- कृषि सम्बन्धी समस्याओं के खिलाफ अंग्रेजी सरकार से लड़ने के लिए पंजाब में स्थापित इस संगठन के संस्थापक भगत जवाहरमल थे। 1872 ई. में इनके शिष्य बाबा राम सिंह ने अंग्रेजों का वीरतापूर्वक सामना किया। कालांतर में उन्हें कैद कर रंगून (बर्मा) भेज दिया गया जहाँ पर 1885 ई. में उनकी मृत्यु हो गयी।

रामोसी किसानों का विद्रोह (1879 ई.)

- महाराष्ट्र में बासुदेव बलवंत फड़के के नेतृत्व में रामोसी किसानों ने जमींदारों के अत्याचार के विरुद्ध विद्रोह किये।
- फड़के को आंदोलन के लिए प्रेरित करने वाले कारण थे, महादेव गोविंद रानाडे का धन के बहिर्गमन पर दिया गया व्याख्यान तथा 1876-1877 ई. में पश्चिमी भारत में पड़ने वाले भयंकर अकाल। इन घटनाओं ने फड़के को भावनात्मक रूप से प्रभावित किया।
- फड़के ने रामोसी तथा महाराष्ट्र के ग्रामीण इलाकों में रहने वाले किसानों के सहयोग से एक संगठन बनाया, जिसके सहयोग से डकैतियाँ डालकर धन एकत्र करना, संचार व्यवस्था को तहस-नहस करना, विद्रोह करना आदि को अपना लक्ष्य बनाया।
- फड़के ने **हिन्दू राज्य** की स्थापना का नारा दिया। इनके आंदोलन से स्पष्ट क्रांतिकारी आतंकवाद का पूर्वाभास मिलता है।

रंपाओं का विद्रोह (1879–1922 ई.)

- आंध्रप्रदेश के तटवर्ती क्षेत्रों में रंपा पहाड़ी आदिवासियों ने 1879 ई. में सरकार समर्थित मनसबदारों के भ्रष्टाचारों और नये जंगल कानून के खिलाफ विद्रोह किया। औपनिवेशिक शासन के विरुद्ध इस विद्रोह का नेतृत्व सीताराम राजू ने किया। यह विद्रोह छिटपुट रूप से 1920-1922 ई. तक चलता रहा।

ताना भगत आंदोलन (1914 ई.)

- इस आंदोलन की शुरुआत 1914 ई. में बिहार (वर्तमान झारखण्ड) में हुई। यह आंदोलन ऊँची लगान की दर तथा चौकीदारी कर के विरुद्ध किया गया था।
- इस आंदोलन के प्रवर्तक **जतरा भगत** थे।

चंपारण सत्याग्रह (1917 ई.)

- चंपारण (बिहार) के किसानों से अंग्रेज बागान मालिकों ने एक करार किया था, जिसके अंतर्गत किसानों को अपने कृषिजन्य क्षेत्र के 3/20वें भाग पर नील की खेती करनी पड़ती थी। इसे **तिनकठिया पद्धति** के नाम से जाना जाता था।
- करार से मुक्त करने के लिए अंग्रेज बागान मालिकों ने भारी लगान की माँग की, परिणामस्वरूप यह विद्रोह शुरु हुआ।
- 1917 ई. में चंपारण के राजकुमार शुक्ल ने चंपारण किसान आंदोलन का नेतृत्व गांधी जी को सौंपने के लिए लखनऊ में उनसे मुलाकात की।
- गांधी जी के चंपारण पहुँचने पर वहाँ के प्रशासन ने उन्हें जिला छोड़ने का आदेश दिया, लेकिन गांधी जी ने **सत्याग्रह** की धमकी दे डाली जिससे डरकर प्रशासन ने आदेश वापस ले लिया।
- सत्याग्रह का भारत में **प्रथम प्रयोग** गांधी जी ने चंपारण में किया।
- चंपारण में गांधी जी के साथ राजेन्द्र प्रसाद, ब्रजकिशोर, महादेव देसाई, नरहरि पारिख एवं जे. वी. कृपलानी भी मौजूद थे।
- चंपारण आंदोलन के साथ गांधी जी के नेतृत्व में किसानों की एकजुटता को देखते हुए सरकार ने जुलाई, 1917 ई. में मामले की जाँच के लिए एक आयोग स्थापित किया जिसके सदस्यों में गांधी जी भी शामिल थे।
- आयोग की सलाह पर सरकार ने **तिनकठिया पद्धति** को समाप्त घोषित करते हुए किसानों से अवैध रूप से वसूले गये धन का 25 प्रतिशत भाग वापस कर दिया।
- चंपारण सत्याग्रह के दौरान गांधी जी के कुशल नेतृत्व से प्रभावित होकर रवीन्द्रनाथ टैगोर ने उन्हें **महात्मा** की उपाधि प्रदान की।

खेड़ा सत्याग्रह (1918 ई.)

- गुजरात के खेड़ा जिले के किसानों ने सरकार के विरुद्ध बढ़ी हुई लगान की वसूली के खिलाफ गांधी जी के नेतृत्व में आंदोलन किया।
- 1917-1918 ई. में फसल खराब होने के बाद भी खेड़ा के किसानों से लगान की वसूली की जा रही थी, खेड़ा के कुनबी-पाटीदार किसानों ने सरकार से लगान में राहत की माँग की लेकिन कोई रियायत न मिली।
- खेड़ा के किसानों का सहयोग गांधी जी ने इंदुलाल याज्ञनिक और बल्लभ भाई पटेल के साथ मिलकर किया, उन्होंने किसानों को लगान अदा नहीं करने का सुझाव दिया।
- 22 मार्च, 1918 ई. को गांधी जी ने खेड़ा आंदोलन की बागडोर संभाली। गांधी जी के सत्याग्रह के आगे लाचार सरकार ने गोपनीय दस्तावेज जारी किया कि लगान उसी से वसूली जाये जो देने में समर्थ हो।

- **गुजरात सभा** की खेड़ा आंदोलन में महत्त्वपूर्ण भूमिका थी।
- गांधी जी के नेतृत्व में यह आंदोलन सफल रहा। खेड़ा में ही गांधी जी ने अपने प्रथम किसान **सत्याग्रह** की शुरुआत की।

बारदोली सत्याग्रह (1928 ई.)

- सूरत (गुजरात) के बारदोली तालुके में 1928 ई. में किसानों द्वारा **लगान अदायगी** नहीं करने का आंदोलन चलाया गया।
- बारदोली के किसानों ने सरकार द्वारा बढ़ाये गये 30 प्रतिशत कर के विरोध में बल्लभ भाई पटेल के नेतृत्व में सत्याग्रह शुरू किया। पटेल ने किसानों की लगान में हुई कर वृद्धि का विरोध किया तथा सरकार को पत्र लिखकर जाँच कराने की माँग की।
- कांग्रेस के नरमपंथी गुट ने **सर्वेंट ऑफ इंडिया सोसाइटी** के माध्यम से सरकार द्वारा किसानों की माँगों की जाँच करवाने का अनुरोध किया।
- सरकार ने **ब्रुम फील्ड** और **मैक्सवेल** को बारदोली मामले की जाँच का आदेश दिया। जाँच रिपोर्ट में बढ़ी हुई 30 प्रतिशत लगान को अवैध करार दिया गया तथा इसे घटाकर 6.3 प्रतिशत कर दिया गया।
- बारदोली सत्याग्रह के समय ही यहाँ की महिलाओं की ओर से गांधीजी ने बल्लभ भाई पटेल को **सरदार** की उपाधि प्रदान की।

तेभागा आंदोलन (1946 ई.)

- 20वीं सदी के पूवार्द्ध का यह किसान आंदोलन बंगाल का सर्वाधिक सशक्त आंदोलन था। इस आंदोलन द्वारा बँटाईदारों ने यह माँग की कि उन्हें उपज का एक-तिहाई भाग अर्थात् तेभागा प्रदान किया जाये।
- यह जोतदारों के विरुद्ध बँटाईदारों का आंदोलन था जिसे **कम्पाराम सिंह** एवं **भवन सिंह** ने नेतृत्व प्रदान किया।

तेलंगाना आंदोलन (1946 ई.)

- आंध्रप्रदेश में यह आंदोलन जमींदारों, साहूकारों के शोषण की नीति के खिलाफ तथा भ्रष्ट अधिकारियों के अत्याचार के विरुद्ध 1946 ई. में किया गया।
- 1951 ई. तक चले तेलंगाना आंदोलन को रियासती मंडल, प्रजामंडल, आर्य समाज, वृहत् तेलगू भाषा-भाषी राज्य आंदोलन ने अपना सहयोग प्रदान किया।
- तेलंगाना आंदोलन के मुख्य नेता **संदरैया** थे।

10. अंग्रेजी शासन का भारतीय अर्थव्यवस्था पर प्रभाव

- 17वीं शताब्दी में भारत विश्व में औद्योगिक माल का सबसे बड़ा उत्पादक था, यहाँ से मुख्यतः सूती और रेशमी कपड़ों, मसालों, नील, शक्कर, औषधियाँ, कीमती रत्न और दस्तकारी की वस्तुओं का निर्यात किया जाता था।
- मुगल बादशाह औरंगजेब की मृत्यु के बाद भारत में अनेक ऐसे कारण सक्रिय हो गये जिससे यहाँ के व्यापार और वाणिज्य में गिरावट का दौर शुरू हो गया।
- उत्तरवर्ती मुगल शासकों द्वारा तत्कालीन यूरोपीय व्यापारियों को दी गयी उदारतापूर्वक रियासतों ने स्वदेशी व्यापारियों के हितों को नुकसान पहुँचाया, जिससे यहाँ के घरेलू उद्योग प्रभावित हुए।
- प्लासी (1757 ई.) और बक्सर के युद्धों (1764 ई.) के बाद अंग्रेजों ने बंगाल की समृद्धि पर अपना पूरा अधिकार जमा लिया। परिणामस्वरूप भारतीय अर्थव्यवस्था अधिशेष (Surplus) और आत्मनिर्भरता की अर्थव्यवस्था औपनिवेशिक अर्थव्यवस्था में परिवर्तित हो गयी।

- भारत पर शासन करने वाले पूर्व विजेताओं एवं अंग्रेजों के मध्य महत्त्वपूर्ण अंतर यह था कि जहाँ पूर्वकालिक विजेता धीरे-धीरे भारतीय जीवन का अंग बन गये, वहीं अंग्रेज विजेता भारत का अभिन्न अंग कभी नहीं बने, इसका भारतीय अर्थव्यवस्था पर दूरगामी प्रभाव पड़ा।
- भारतीय अर्थव्यवस्था को ब्रिटिश औपनिवेशिक अर्थव्यवस्था में परिवर्तित करने के पीछे ब्रिटिश सरकार का मुख्य उद्देश्य अपने उद्योगों के लिए कच्चा सस्ता माल प्राप्त करना और अपने उत्पादों को भारतीय बाजार में ऊँची कीमतों पर बेचना था ।

भारत में ब्रिटिश उपनिवेशवाद के विभिन्न चरण

भारत में ब्रिटिश उपनिवेशवाद मुख्यत: तीन चरणों से गुजरा-

1. प्रथम चरण - 1756-1812 ई.
2. द्वितीय चरण - 1813-1857 ई.
3. तृतीय चरण - 1857-1947 ई.

- उपनिवेशवाद के **प्रथम चरण** को वाणिज्यिक (Commercial) चरण भी कहा जाता है। इस चरण की शुरुआत प्लासी के युद्ध के बाद होती है।
- प्रथम चरण की अर्थव्यवस्था में व्यापारिक पूँजी का साम्राज्य था। ईस्ट इंडिया कंपनी व्यापार पर पूर्ण अधिकार जमा रहा था। कंपनी के अधिकारी जी भर कर भारत को लूट रहे थे। वे कम दाम पर भारतीय वस्तुओं का क्रय कर इंग्लैण्ड को निर्यात कर रहे थे।
- भारत की लूट और इंग्लैण्ड में पूँजी संचय का ही प्रत्यक्ष परिणाम था कि इंग्लैण्ड औद्योगिक क्रांति के दौर से गुजरा।
- उपनिवेशवाद के **द्वितीय चरण** को औद्योगिक मुक्त व्यापार चरण भी कहा जाता है। इस चरण में भारत ब्रिटिश माल के आयात का मुक्त बाजार बन गया।
- द्वितीय चरण के दौरान भारत ब्रिटेन में निर्मित वस्त्रों के लिए बाजार एवं कच्चे माल के स्रोत के रूप में प्रसिद्ध था। इस काल में भारत के कुटीर एवं लघु उद्योगों का पतन हुआ। इस संदर्भ में **कार्ल मार्क्स** ने कहा था कि 'सूती कपड़ों के घर में सूती कपड़ों की भरमार हो गयी है।'
- उपनिवेशवाद के **तृतीय चरण** को वित्तीय पूँजीवाद चरण भी कहा जाता है।
- 19वीं शताब्दी के मुक्त व्यापार से उत्पन्न अंतर्विरोधों और 1857 ई. के विद्रोह के परिणामों ने अंग्रेजों को इस बात के लिए विवश किया कि वे भारत में अपने व्यापारिक एवं सामाजिक हितों की पूर्ति के लिए रेल लाइनों के निर्माण, सड़कों के विकास और सिंचाई के साधनों की ओर ध्यान दें।
- 1860 ई. के बाद अंग्रेजों द्वारा भारत में बड़े पैमाने पर पूँजी निवेश की शुरुआत हुई। पूँजी निवेश के प्रमुख क्षेत्र थे- सरकार को ऋण, रेल निर्माण, सिंचाई परियोजनाएँ, चाय, कॉफी और रबड़ के बाग, कोयला खानें, जूट मिलें, जहाजरानी, बैंकिंग आदि।
- उपनिवेशवाद के **तृतीय चरण** में सर्वाधिक पूँजी निवेश सार्वजनिक ऋण के क्षेत्र में किया गया। ब्रिटिश पूँजी निवेश का दूसरा महत्त्वपूर्ण क्षेत्र भारत में **रेल निर्माण** था। रेलवे का निर्माण **लाभ की गारंटी** व्यवस्था पर आधारित था अर्थात् रेल निर्माण में ब्रिटेन का कोई पूँजीपति जितनी पूँजी लगाता था उस पर सरकार से पाँच प्रतिशत ब्याज की गारंटी मिलती थी।

भूमि व्यवस्था एवं भू-राजस्व नीति

- अंग्रेजों के शासन से पूर्व भारतीय अर्थव्यवस्था कृषिजन्य अर्थव्यवस्था थी, लेकिन अंग्रेजों ने यहाँ के परंपरागत कृषि ढाँचे को नष्ट कर दिया तथा भूमि व्यवस्था व भू-राजस्व के अंतर्गत व्यापक परिवर्तन किये। इन्होंने अनेक भू-धारण पद्धतियाँ (Land Tenure System) लागू की जिनमें मुख्य थीं- स्थायी/जमींदारी, महालवाड़ी एवं रैय्यतवाड़ी व्यवस्था।

स्थायी बंदोबस्त या जमींदारी प्रथा

- इस व्यवस्था को जागीरदारी, मालगुजारी, वीसवेदारी या इस्तमरारी के नाम से भी जाना जाता है। यह व्यवस्था गवर्नर जनरल कार्नवालिस के समय 1793 ई. में लागू किया गया।
- इस व्यवस्था के तहत पूरे ब्रिटिश भारत के क्षेत्रफल का लगभग 19 प्रतिशत हिस्सा शामिल था। यह व्यवस्था बंगाल, बिहार, ओडिशा तथा उत्तरप्रदेश के वाराणसी तथा उत्तरी कर्नाटक के क्षेत्रों में लागू था।
- इस व्यवस्था के तहत जमींदार जिन्हें भू-स्वामी के रूप में मान्यता प्राप्त थी, को अपने क्षेत्रों में भू-राजस्व की वसूली कर 10/11 (90%) भाग सरकारी कोष में जमा कराना होता था तथा 1/11 (10%) भाग अपने पास रखना होता था।
- इस व्यवस्था के तहत जमींदार काश्तकारों से मनचाहा लगान वसूल करता था और समय से लगान न चुकाने वाले काश्तकारों से जमीन वापस छीन ली जाती थी, कुल मिलाकर काश्तकार पूरी तरह जमींदारों की दया पर निर्भर हो गया।
- इस व्यवस्था के रूप में कंपनी की आय का एक निश्चित हिस्सा तय हो गया, जिस पर फसल नष्ट होने का कोई असर नहीं पड़ता था। साथ ही जमींदार के रूप में कंपनी को एक विश्वसनीय सहयोगी मिल गया।
- इस व्यवस्था के तहत एक **सूर्यास्त कानून** निर्मित किया गया जिनके अंतर्गत यह व्यवस्था थी कि निश्चित दिन को सूर्यास्त होने से पहले लगान को अवश्य जमा कर दिया जाये। ऐसा न करने पर जमींदार को जागीर के अधिकार से मुक्त कर दिया जाता था तथा उसकी समस्त अथवा कुछ जागीर जब्त करके सार्वजनिक नीलामी द्वारा उसे नीलाम कर दिया जाता था।

महालवाड़ी व्यवस्था

- इस व्यवस्था के तहत भूमि पर ग्राम समुदाय का सामूहिक अधिकार होता था। इस समुदाय के सदस्य अलग-अलग या फिर संयुक्त रूप से लगान की अदायगी कर सकते थे। सरकारी लगान को एकत्र करने के प्रति पूरा महाल या क्षेत्र सामूहिक रूप से जिम्मेदार होता था। महाल के तहत छोटे व बड़े सभी प्रकार के जमींदार आते थे।
- महालवाड़ी व्यवस्था सर्वप्रथम 1819 ई. में **हाल्ट मैकेंजी** द्वारा लाया गया।
- महालवाड़ी व्यवस्था को दक्कन के कुछ जिलों, उत्तरप्रदेश (संयुक्त प्रांत), मध्य प्रदेश एवं पंजाब में लागू किया गया।
- इस व्यवस्था के अंतर्गत ब्रिटिश भारत की भूमि का लगभग 30 प्रतिशत भाग शामिल था।
- इस व्यवस्था में प्रारंभ में लगान की दर कुल उपज का 80 प्रतिशत निश्चित किया गया, कालांतर में विलियम बैंटिक ने इस दर को कम करके 66 प्रतिशत कर दिया। 1855 ई. में सहारनपुर नियम के अनुसार डलहौजी ने लगान की दर को 50 प्रतिशत निश्चित किया।
- महालवाड़ी व्यवस्था बुरी तरह असफल हुई, क्योंकि इसमें लगान का निर्धारण अनुमान पर आधारित था। इसकी विसंगतियों का लाभ उठाकर कंपनी के अधिकारी अपनी जेब भरने लगे, कंपनी को लगान वसूली पर लगान से अधिक खर्च करना पड़ता था।
- इस व्यवस्था का परिणाम ग्रामीण समुदाय के विखण्डन के रूप में सामने आया। सामाजिक दृष्टि से यह व्यवस्था विनाशकारी और आर्थिक दृष्टि से विफल सिद्ध हुई।

रैय्यतवाड़ी व्यवस्था

- रैय्यतवाड़ी व्यवस्था का जन्मदाता **थामस मुनरो** एवं **कैप्टन रीड** को माना जाता है।
- 1792 ई. में कैप्टन रीड के प्रयासों से रैय्यतवाड़ी व्यवस्था सर्वप्रथम तमिलनाडु के **बारामहल** जिले में लागू किया गया।

- तमिलनाडु के अलावा यह व्यवस्था मद्रास, बम्बई के कुछ हिस्से, पूर्वी बंगाल, आसाम और कुर्ग के कुछ हिस्सों में लागू किया गया।
- रैय्यतवाड़ी व्यवस्था के अंतर्गत ब्रिटिश भारत के कुल भू-क्षेत्र का 51 प्रतिशत हिस्सा शामिल था।
- रैय्यतवाड़ी व्यवस्था के अंतर्गत रैय्यतों को भूमि का मालिकाना और कब्जाधारी अधिकार दिया गया था जिसके द्वारा ये प्रत्यक्ष रूप से सीधे या व्यक्तिगत रूप से सरकार को भू-राजस्व का भुगतान करने के लिए उत्तरदायी थे।
- रैय्यतवाड़ी व्यवस्था में कृषक ही भू-स्वामी होता था जिसे भूमि की कुल उपज का 30 प्रतिशत से 50 प्रतिशत के बीच लगान कंपनी को अदा करना पड़ता था।
- इस व्यवस्था के अंतर्गत लगान की वसूली कठोरता से की जाती थी तथा लगान की दर भी काफी ऊँची थी, जिसका परिणाम यह हुआ कि कृषक महाजनों के चंगुल में फँसता गया जो कालांतर में महाजन और किसानों के बीच संघर्ष का कारण बना।
- रैय्यतवाड़ी व्यवस्था के दो मुख्य उद्देश्य थे- एक भू-राजस्व की नियमित वसूली और दूसरी रैय्यतों की स्थिति में सुधार। लेकिन इस व्यवस्था में पहला उद्देश्य तो पूरा हुआ लेकिन दूसरा नहीं।

कृषि का वाणिज्यीकरण

- अंग्रेजों द्वारा भारतीय कृषि के वाणिज्यीकरण अथवा व्यापारीकरण के पीछे मुख्य उद्देश्य था- इंग्लैण्ड के उद्योगों के लिए कच्चे माल को उपलब्ध कराना।
- कृषि के वाणिज्यीकरण के तहत ब्रिटिश सरकार ने भारतीय किसानों को ऊँची कीमत का प्रलोभन देकर कपास, जूट, नील, कॉफी, चाय, मूँगफली, गन्ना जैसी वाणिज्यिक फसलों के उत्पादन को प्रोत्साहन दिया और सर्वाधिक ध्यान कपास की खेती पर दिया।
- वाणिज्यिक फसलों के उत्पादन पर अधिक ध्यान देने के परिणामस्वरूप गेहूँ, चावल तथा बाजरा आदि जैसे खाद्यान्न फसलों का अभाव हो गया जिससे यहाँ भुखमरी फैल गयी। फसलों के वाणिज्यीकरण के फलस्वरूप तत्कालीन भारत में अनेक जगहों पर अकाल पड़े।
- नकद पैसे की लालच में भारतीय किसान अपनी फसलों को निम्न दर पर बेचने लगा, इससे उसके शोषण को बढ़ावा मिला।
- व्यापारिक फसलों की खेती करने से निःसंदेह कुछ किसानों की स्थिति पहले से बेहतर हुई, परंतु देश में खाद्यान्नों के अभाव के कारण इनके मूल्य में भयंकर वृद्धि हुई।

धन का बहिर्गमन

- वह धन जो भारत से बाहर मुख्यतः इंग्लैण्ड को भेजा जाता था और जिसके बदले में कुछ भी नहीं प्राप्त होता था उसे ही **धन की निकासी या निष्कासन** (Drain of Wealth) कहा गया।
- धन की यह निकासी पश्चिमी देशों की ओर धात्विक मुद्रा के रूप में कम हुई परंतु वस्तुओं के निर्यात के रूप में धन भारत से बाहर अधिक गया।
- भारत की बढ़ती हुई निर्धनता की कीमत पर अपने को सम्पन्न बनाने के लिए ब्रिटेन द्वारा भारत के कच्चे माल, संसाधनों और धन के निरंतर लूटमार की पृष्ठभूमि को दादाभाई नौरोजी और रानाडे जैसे राष्ट्रविद्ों ने **धन के बहिर्गमन** अथवा **निष्कासन** (Drain of Wealth) की संज्ञा दी।
- भारतीय धन के बहिर्गमन की ओर लोगों का ध्यान आकर्षित करने के लिए प्रथम प्रयास **दादाभाई नौरोजी** ने किया। उन्होंने 2 मई, 1867 ई. को लंदन में आयोजित **ईस्ट इंडिया एसोसिएशन** की बैठक में अपने पेपर जिसका शीर्षक **Englands' Debt to India** था, को पढ़ते हुए **पहली बार धन के बहिर्गमन सिद्धांत** को प्रस्तुत किया।

- कालांतर में दादाभाई ने अपने कुछ अन्य निबंधात्मक लेख जैसे **'पॉवर्टी एण्ड अन ब्रिटिश रूल इन इंडिया (1867 ई.)'**, **'द वॉन्ट्स एण्ड मीन्स ऑफ इंडिया (1870 ई.)'** और **'ऑन दी कामर्स ऑफ इंडिया (1871 ई.)'** द्वारा धन के निष्कासन सिद्धान्त की व्याख्या की।
- दादाभाई नौरोजी ने धन के निष्कासन को **अनिष्टों का अनिष्ट** (Evil of all Evil) की संज्ञा दी।
- दादाभाई नौरोजी ने भारतीयों को उनके देश में विश्वास तथा उत्तरदायित्वपूर्ण पदों से वंचित करने की ब्रिटिश नीति को **नैतिक निकास** की संज्ञा दी।
- प्रसिद्ध अर्थशास्त्री तथा राष्ट्रवादी नेता **रमेश चन्द्र दत्त** ने अपनी पुस्तक **इकोनॉमी हिस्ट्री ऑफ इंडिया (1901)** में धन के बहिर्गमन का उल्लेख किया। उनके अनुसार भारत के सकल राजस्व का लगभग आधा हिस्सा प्रतिवर्ष बाहर जाता है। रमेश चन्द्र दत्त के इस पुस्तक को भारत के आर्थिक इतिहास पर **पहली प्रसिद्ध पुस्तक** माना जाता है।
- 1858 ई. के बाद हुए संवैधानिक सुधारों के कारण कंपनी के हिस्से का ऋण एवं उसकी समस्त देनदारियाँ अब भारत सरकार के हिस्से में आ गयी। अब ब्रिटिश भारत के सभी अधिकारियों की पेंशन इंग्लैण्ड से भारत के लिए खरीदी जाने वाली सैनिक साज-समान, सैनिकों के प्रशिक्षण पर होने वाला व्यय, परिवहन पर व्यय आदि के प्रति भारत सरकार ही जिम्मेदार थी। इन सभी साधनों के द्वारा भारत का धन जिस प्रकार से ब्रिटेन की ओर जा रहा था, उसी को **धन की निकासी** अर्थात् **धन के बहिर्गमन** के नाम से जाना गया।

भारतीय हस्तशिल्प उद्योग का ह्रास

- भारत में 1800 से 1850 ई. के बीच के समय को **अनौद्योगीकरण** (De industrialization) के नाम से जाना जाता है।
- अनौद्योगीकरण के इस दौर में जहाँ ब्रिटेन औद्योगिक क्रांति के दौर से गुजर रहा था वहीं भारत में औद्योगिक पतन का दौर चल रहा था।
- इस काल में भारत के हस्तशिल्प एवं कुटीर उद्योगों का पतन हुआ। जिसका सर्वाधिक दुष्प्रभाव यह हुआ कि देश की अर्थव्यवस्था अधिकाधिक रूप से विदेशी अर्थव्यवस्था के आधिपत्य में आ गयी।
- भारत में मुक्त व्यापार के अधिकार के साथ ही यहाँ पर विदेशी लोगों ने उद्योग लगाना प्रारंभ कर दिया। अंग्रेजों की इस नीति के कारण यहाँ पर ब्रिटेन में निर्मित सूती वस्त्र छा गये।
- कुटीर उद्योगों एवं हस्तशिल्प उद्योगों के पतन ने भारी निर्धनता और बेरोजगारी को जन्म दिया। ऐसे में भारतीय जनसंख्या की निर्भरता कृषि पर बढ़ने लगी। इसलिए 19वीं सदी के अंत तक भारत में आधुनिक आधार पर औद्योगीकरण राष्ट्रीय आवश्यकता बन गयी।

भारत में आधुनिक उद्योगों का विकास

- जहाँ एक ओर भारतीय हस्त उद्योगों का विनाश हो रहा था वहीं दूसरी ओर कुछ नये उद्योगों का जन्म भी हो रहा था। भारत में आधुनिक उद्योगों का प्रारंभ 1850 ई. में हुआ।
- आधुनिक एवं नये प्रकार के उद्योगों का विकास दो रूपों में हुआ- बागान उद्योग एवं कारखाना उद्योग।
- अंग्रेजों ने यहाँ सबसे पहले नील, चाय एवं कहवा आदि में विशेष रुचि ली।
- 1857 ई. के बाद कारखाना उद्योग का विकास हुआ जिसमें कपास, चमड़ा, लोहा, चीनी, सीमेंट, कागज, लकड़ी, काँच आदि उद्योग शामिल थे।
- भारत में प्रथम सूती वस्त्र उद्योग **बाम्बे स्पिनिंग एण्ड विविंग कंपनी** के नाम से पारसी उद्योगपति **कावसजी डावर** ने 1854 ई. में स्थापित की।

- भारत में **पहला चीनी** कारखाना 1909 ई. में और **पहला जूट** कारखाना 1855 ई. में बंगाल में खोला गया।
- पहली बार आधुनिक इस्पात तैयार करने का प्रयास 1830 ई. में मद्रास के दक्षिण में स्थित अर्काट जिले में **जोशिया मार्शल हीथ** द्वारा किया गया।
- लौह-उद्योग के क्षेत्र में अगला प्रयास 1907 ई. में **जमशेद जी नौसेरवान जी टाटा** ने किया, इनके प्रयासों द्वारा **टाटा आयरन एण्ड स्टील कंपनी** (साकची, जमशेदपुर) की स्थापना की गयी। इन उद्योगों का धीरे-धीरे विकास होता रहा।

कारखाना अधिनियम	
अधिनियम	**वायसराय**
1881 का कारखाना अधिनियम	लार्ड रिपन
1891 का कारखाना अधिनियम	लार्ड लैंसडाउन
1911 का कारखाना अधिनियम	लार्ड हार्डिंग-II
1922 का कारखाना अधिनियम	लार्ड रीडिंग
1934 का कारखाना अधिनियम	लार्ड बिलिंगटन
1946 का संशोधित कारखाना अधिनियम	लार्ड वेवल

11. भारत में सामाजिक एवं धार्मिक सुधार आंदोलन

- 19वीं सदी को भारत में धार्मिक एवं सामाजिक पुनर्जागरण की सदी माना गया है। इस समय कंपनी की पाश्चात्य शिक्षा पद्धति द्वारा तत्कालीन युवा वर्ग में जागृति का संचार हुआ।
- अंग्रेजी शिक्षा व संस्कृति का प्रभाव सर्वप्रथम भारतीय मध्यम वर्ग पर पड़ा। तत्कालीन भारतीय समाज में व्याप्त कुरीतियों एवं बाह्य आडंबरों को समाप्त करने में पाश्चात्य शिक्षा ने महत्त्वपूर्ण योगदान दिया।
- 1813 ई. तक कंपनी प्रशासन ने भारत के सामाजिक, धार्मिक एवं सांस्कृतिक मामलों में तटस्थता की नीति का पालन किया, क्योंकि वे हमेशा इस बात से सशंकित रहते थे कि इन मामलों में हस्तक्षेप करने से रूढ़िवादी भारतीय लोग कंपनी की सत्ता के लिए खतरा उत्पन्न कर सकते हैं। परंतु 1813 ई. के बाद ब्रिटिश शासन ने अपने औद्योगिक हितों एवं व्यापारिक लाभ के लिए सीमित हस्तक्षेप प्रारंभ कर दिया जिसके परिणामस्वरूप कालांतर में सामाजिक एवं धार्मिक आंदोलनों का जन्म हुआ।

राजा राममोहन राय और ब्रह्म समाज

- राजा राममोहन राय प्रथम भारतीय थे जिन्होंने सबसे पहले भारतीय समाज में व्याप्त मध्ययुगीन बुराईयों के विरोध में आंदोलन चलाया।
- राजा राममोहन राय का जन्म 22 मई, 1772 ई. को बंगाल के हुगली जिले में स्थित राधा नगर में हुआ था।
- इनके पिता तत्कालीन बंगाल के नवाब के यहाँ नौकरी करते थे, वहीं से उन्हें **राय राया** की उपाधि मिली थी।
- राजा राममोहन राय वस्तुत: प्रजातंत्रवादी और मानवतावादी थे, उनके नवीन विचारों के कारण ही 19वीं शताब्दी के भारत में पुनर्जागरण का जन्म हुआ।
- राजा राममोहन राय को भारतीय पुनर्जागरण का मसीहा, भारतीय राष्ट्रवाद का जनक, अतीत और भविष्य के मध्य सेतु तथा आधुनिक भारत के पिता के रूप में जाना जाता है।

- राजा राममोहन राय कई भाषाओं के ज्ञाता थे, जिनमें प्रमुख थी- अरबी, फारसी, संस्कृत जैसी प्राच्य भाषाएँ तथा अंग्रेजी फ्रांसीसी, लैटिन, यूनानी और हिब्रू जैसी पाश्चात्य भाषाएँ।
- राजा राममोहन राय अपने धार्मिक, दार्शनिक और सामाजिक दृष्टिकोण में इस्लाम के एकेश्वरवाद, सूफीमत के रहस्यवाद, ईसाई धर्म के आचार शास्त्रीय नीतिपरक शिक्षा और पश्चिम के आधुनिक देशों के उदारवादी बुद्धिवादी सिद्धान्तों से काफी प्रभावित थे।
- सामाजिक क्षेत्र में राजा राममोहन राय हिन्दू समाज की कुरीतियों, सती प्रथा, बहुपत्नी प्रथा, वेश्यागमन, जातिवाद आदि के घोर विरोधी थे जबकि पुनर्विवाह के समर्थक थे।
- धार्मिक क्षेत्र में इन्होंने मूर्तिपूजा की आलोचना करते हुए अपने पक्ष को वेदोक्तियों के माध्यम से सिद्ध करने का प्रयास किया। इनका मुख्य उद्देश्य भारतीयों को वेदांत के सत्य का दर्शन कराना था।
- 1809 ई. में राजा राममोहन राय की **फारसी भाषा** की पुस्तक **तुहफर्तुल मुवाहिदीन (एकेश्वावादियों को उपहार)** का प्रकाशन हुआ।
- 1815 ई. में हिन्दू धर्म के एकेश्वरवादी मत के प्रचार हेतु राजा राममोहन राय ने **आत्मीय सभा** का गठन किया जिसमें द्वारिकानाथ ठाकुर भी शामिल थे।
- 1820 ई. में राजा राममोहन राय की पुस्तक **ईसा की नीति वचन-शान्ति और खुशहाली (Precepts of Jesus : The Guide to Peace and Happiness)** का प्रकाशन हुआ। इसमें ईसाई धर्म की सहजता और नैतिकता के बारे में राजा राममोहन राय के दृढ़ विश्वास का दर्शन होता है।
- 1821 ई. में राजा राममोहन राय ने अपने विचार को प्रेस के माध्यम से लोगों तक पहुँचाने के लिए **संवाद कौमुदी** अथवा **प्रज्ञाचांद** का प्रकाशन किया।
- 1822 ई. में राजा राममोहन राय की एक और पुस्तक **हिन्दू उत्तराधिकार नियम** का प्रकाशन हुआ।
- **फारसी भाषा** में राय ने **मिरातुल अखबार** का भी प्रकाशन किया।
- 1825 ई. में राजा राममोहन राय ने **वेदांत कॉलेज** की स्थापना की।
- 20 अगस्त, 1828 ई. को राजा राममोहन राय ने **ब्रह्म समाज** की स्थापना की। इस संस्था की स्थापना का उद्देश्य था एकेश्वरवाद की उपासना, मूर्तिपूजा का विरोध, पुरोहितवाद का विरोध, अवतारवाद का खण्डन आदि।
- 1829 ई. में भारत के गवर्नर जनरल बैंटिक द्वारा सती प्रथा को प्रतिबंधित करने के लिए लाये गये कानून को लागू करवाने में राजा राममोहन राय ने सरकार की मदद की।
- 1817 ई. में **कलकत्ता में हिन्दू कॉलेज** की स्थापना में राजा राममोहन राय ने डेविड हेयर का सहयोग किया।
- सुभाष चन्द्र बोस ने राजा राममोहन राय को **युगदूत** की उपाधि से सम्मानित किया था।
- राजा राममोहन राय की मृत्यु के बाद ब्रह्म समाज की गतिविधियों का संचालन कुछ समय तक **महर्षि द्वारिकानाथ टैगोर** और **पंडित रामचन्द्र विद्या वागीश** के हाथों में रहा।
- महर्षि द्वारिकानाथ टैगोर के बाद उनके पुत्र **देवेन्द्रनाथ टैगोर (1817-1905 ई.)** के नेतृत्व में ब्रह्म समाज की गतिविधियाँ जारी रहीं।
- ब्रह्म समाज में शामिल होने से पहले देवेन्द्रनाथ टैगोर ने कलकत्ता के जारासंकी में **तत्त्वरंजिनी सभा** की स्थापना की। कालांतर में यह संस्था ही **तत्त्वबोधिनी सभा** के रूप में अस्तित्व में आयी।
- तत्त्वबोधिनी सभा के प्रमुख कार्यों में धर्म की खोज को प्रोत्साहित करना तथा उपनिषदों के ज्ञान का प्रचार-प्रसार करना शामिल था।

- 1840 ई. में स्थापित **तत्त्वबोधिनी स्कूल** में विद्वान अक्षय कुमार को अध्यापक नियुक्त किया गया। इस स्कूल के अन्य सदस्य थे- **राजेन्द्र लाल मित्र, पंडित ईश्वरचन्द्र विद्या सागर, तारा चन्द्र चक्रवर्ती** तथा **प्यारे चन्द्र मित्र** आदि।
- देवेन्द्रनाथ टैगोर ने 21 दिसंबर, 1843 ई. को ब्रह्म समाज की सदस्यता ग्रहण की और राजा राममोहन राय के विचारों और धार्मिक लक्ष्य का पूरे उत्साह से प्रचार-प्रसार किया।
- देवेन्द्रनाथ टैगोर ने **ब्रह्म धर्म** नामक धार्मिक पुस्तिका का संकलन तथा पूजा के **ब्रह्म स्वरूप ब्रह्मोपासना** की शुरुआत करवायी।
- देवेन्द्र नाथ टैगोर ने 1857 ई. में **केशवचन्द्र सेन** को ब्रह्म समाज की सदस्यता प्रदान करते हुए समाज का आचार्य नियुक्त किया।
- आचार्य केशवचन्द्र के प्रयत्नों से ब्रह्म समाज को अखिल भारतीय आंदोलन का स्वरूप प्राप्त हुआ।
- 1861 ई. केशवचन्द्र ने **इंडियन मिरर** नामक अंग्रेजी के **प्रथम भारतीय** दैनिक का संपादन किया।
- कालांतर में आचार्य केशवचन्द्र के उदारवादी विचारों के कारण ब्रह्म समाज में फूट पड़ गयी और 1865 ई. में उन्हें ब्रह्म समाज के आचार्य पद से मुक्त कर दिया गया।
- 1865 ई. में ब्रह्म समाज में **पहला विभाजन** हुआ। विभाजित समाज के देवेन्द्र नाथ टैगोर वाले समूह को **आदि ब्रह्म समाज** तथा केशवचन्द्र सेन वाले समूह को भारत वर्षीय ब्रह्म समाज नाम दिया गया। भारत वर्षीय समाज को **भारतीय ब्रह्म समाज** भी कहा जाता है।
- केशवचन्द्र सेन ने सरकार को ब्रह्म समाज अधिनियम (1872) पास करवाने में मदद की। आचार्य सेन ने पश्चिमी शिक्षा के प्रसार, स्त्रियों के उद्धार, स्त्री शिक्षा आदि सामाजिक कार्यों के लिए **इंडियन रिफार्म एसोसिएशन** की स्थापना की।
- आचार्य केशवचन्द्र सेन ने ब्रह्म विवाह अधिनियम (1872) का उल्लंघन करते हुए अपनी अल्पायु पुत्री का विवाह कूच बिहार के राजा से कर दिया (1878), जो ब्रह्म समाज के **द्वितीय विभाजन** का कारण बना।
- 1878 ई. में ब्रह्म समाज से अलग हुए गुट ने **साधारण ब्रह्म सामज** की स्थापना की जिनका उद्देश्य था- जाति प्रथा, मूर्तिपूजा का विरोध, नारी मुक्ति का समर्थन आदि।
- साधारण ब्रह्म समाज की स्थापना **आनन्द मोहन बोस** द्वारा बनाये गये ढाँचे और सिद्धान्त पर हुआ था। समाज के अग्रणी सदस्यों में शिवनाथ शास्त्री, विपिन चन्द्र पाल, द्वारिकानाथ गांगुली एवं आनन्द मोहन बोस का नाम उल्लेखनीय है।
- जनसाधारण को शिक्षित करने के लिए साधारण ब्रह्म समाज ने **तत्त्व कौमुदी, संजीवनी, नव्यभारत ब्रह्म जनमत, इंडियन मैसेन्जर, मार्डन रिव्यू** जैसी पत्रिकाओं का प्रकाशन किया।

प्रार्थना समाज

- आचार्य केशवचन्द्र सेन की महाराष्ट्र यात्रा से प्रभावित होकर महादेव गोविन्द रानाडे और डॉ. आत्माराम पाण्डुरंग ने 1867 में बम्बई में **प्रार्थना समाज** की स्थापना की। जी. आर. भंडारकर भी इस समाज के अग्रणी नेताओं में से थे।
- रानाडे को पश्चिमी भारत में सांस्कृतिक पुनर्जागरण का अग्रदूत कहा जाता है।
- 1871 ई. में रानाडे ने **सार्वजनिक समाज** की स्थापना की। इन्हें **महाराष्ट्र का सुकरात** भी कहा जाता था।
- रानाडे ने **एक आस्तिक की धर्म में आस्था** नामक 39 अनुच्छेदों वाली पुस्तक लिखी।

- रानाडे के सामाजिक सुधार सम्बन्धी कार्यों में विष्णु शास्त्री तथा धोंदी केशव कर्वे ने सहयोग प्रदान किया। कर्वे के सहयोग से रानाडे ने 1867 ई. में **विधवा आश्रम संघ** की स्थापना की।
- भारतीयों में शिक्षा के प्रसार और अज्ञानता के विनाश के उद्देश्य से रानाडे ने 1884 ई. में **दक्कन एजुकेशन सोसाइटी** की स्थापना की। इस सोसाइटी के सदस्यों में तिलक, गोखले और आगरकर शामिल थे।
- दक्कन एजुकेशन सोसाइटी को कालांतर में **पूना फर्ग्युसन कॉलेज** नाम दिया गया।

वेद समाज

- केशवचन्द्र सेन की मद्रास यात्रा के समय उनसे प्रभावित होकर युवा **के. श्री धरलू नायडू** ने मद्रास में **वेद समाज** की स्थापना की।
- 1871 ई. में वेद समाज **दक्षिण के ब्रह्म समाज** के रूप में अस्तित्व में आया।

स्वामी दयानंद सरस्वती और आर्य समाज

- स्वामी दयानंद सरस्वती ने 1875 ई. में बम्बई में **आर्य समाज** की स्थापना की। कुछ समय के बाद आर्य समाज का मुख्यालय लाहौर में स्थापित किया गया। दयानंद ने इस संस्था की स्थापना अपने गुरु स्वामी विरजानंद की प्रेरणा से की थी।
- आर्य समाज की स्थापना का उद्देश्य था- वैदिक धर्म को पुनः शुद्ध रूप में स्थापित करना, भारत को सामाजिक, धार्मिक व राजनीतिक रूप से एक सूत्र में बाँधना तथा भारतीय सभ्यता और संस्कृति पर पड़ने वाले पाश्चात्य प्रभाव को रोकना।
- स्वामी दयानंद का जन्म 1824 ई. में गुजरात के मौरवी नामक स्थान में हुआ था, इन्हें बचपन में मूलशंकर के नाम से जाना जाता था।
- स्वामी दयानंद सरस्वती को संन्यास की दीक्षा देने वाले दण्डी स्वामी पूर्णानंद ने ही मूलशंकर का नाम **स्वामी दयानंद सरस्वती** रखा।
- मथुरा में स्वामी विरजानंद से दयानंद ने शुद्ध वैदिक धर्म के विषय में ज्ञान प्राप्त किया।
- स्वामी दयानंद ने अपने उपदेशों का प्रचार **आगरा** से प्रारंभ किया। इन्होंने अपने उपदेशों में मूर्तिपूजा, बहुदेववाद, अवतारवाद, पशुबलि, श्राद्ध, जन्त्र, तन्त्र, मन्त्र एवं झूठे कर्मकाण्ड की आलोचना की।
- स्वामी दयानंद ने वेदों को ईश्वरीय ज्ञान मानते हुए पुनः **वेद की ओर चलो (Back to the Vedas)** का नारा दिया।
- स्वामी दयानंद ने सामाजिक सुधार के क्षेत्र में छुआछूत एवं जन्म के आधार पर जाति प्रथा की आलोचना की। वे शुद्रों एवं स्त्रियों को वेदों की शिक्षा ग्रहण करने के अधिकारों के हिमायती थे। स्वामी दयानंद के विचारों का संकलन इनकी कृति **सत्यार्थ प्रकाश** में मिलता है, जिसकी रचना स्वामी दयानंद ने **संस्कृत** में की।
- राजनीति के क्षेत्र में स्वामी दयानंद का मानना था कि बुरे से बुरा देशी राज्य अच्छे से अच्छे विदेशी राज्य से बेहतर होता है। वे स्वदेशी एवं देशभक्ति के प्रबल समर्थक थे।
- आर्य समाज द्वारा चलाया गया **शुद्धि आंदोलन** पर्याप्त विवादास्पद रहा। इसके अंतर्गत हिन्दू धर्म का पत्यिाग कर अन्य धर्म अपनाने वाले लोगों के लिए पुनः धर्म में वापसी के द्वार खोल दिये गये।
- आर्य समाज का एक अन्य विवादास्पद कार्यक्रम **गौ रक्षा आंदोलन** था। गायों की रक्षा हेतु आर्य समाज ने **गौ रक्षिणी** सभा की स्थापना की।
- **श्रीमती ऐनी बेसेन्ट** ने कहा था कि स्वामी दयानंद ऐसे पहले व्यक्ति थे जिन्होंने कहा कि **भारत भारतवासियों** के लिए है।

- स्वामी दयानंद द्वारा लिखी गयी महत्त्वपूर्ण रचनाएँ इस प्रकार हैं- सत्यार्थ प्रकाश (1874 संस्कृत), पाखण्ड खण्डन (1866), वेदभाष्य भूमिका (1876), ऋगवेद भाष्य (1877), अद्वैत मत का खण्डन (1873), पंच महायज्ञ विधि (1875), बल्लभाचार्य मत का खण्डन (1875)।
- वेलेन्टाइन चिरोल ने अपनी पुस्तक **इंडियन अनरेस्ट** में आर्य समाज को **भारतीय अशां**ति का जन्मदाता कहा।
- 1892-1893 ई. में आर्य समाज दो गुटो में बँट गया जिसमें एक गुट पाश्चात्य शिक्षा का विरोधी तथा दूसरा पाश्चात्य शिक्षा का समर्थक था।
- पाश्चात्य शिक्षा के विरोधियों में स्वामी श्रद्धानंद, लेखराम और मुंशीराम प्रमुख थे। इन लोगों ने 1902 ई. में **गुरुकुल कांगड़ी** की स्थापना की। इस संस्था में वैदिक शिक्षा प्राचीन पद्धति से दी जाती थी।
- पाश्चात्य शिक्षा के समर्थकों में लाला हंसराज और लाला लाजपत राय प्रमुख थे। इन लोगों ने **दयानंद एंग्लो वैदिक कॉलेज** (1899) की स्थापना की।

यंग बंगाल आंदोलन

- बंगाल में इस आंदोलन की शुरुआत 1828 ई. में एंग्लो-इंडियन हेनरी विवियन डेरोजियो द्वारा किया गया। 1809 ई. में जन्में डेरोजियो सन् 1826 ई. में कलकत्ता एक घड़ी विक्रेता के रूप में आये।
- डेरोजियो ने 1826 से 1831 ई. तक कलकत्ता के हिन्दू कॉलेज में इतिहास शिक्षक के रूप में कार्य किया। डेराजियो को उसकी क्रांतिकारी विचारों के कारण 1831 ई. में हिन्दू कॉलेज से हटा दिया गया।
- डेरोजियो ने आत्म विस्तार एवं समाज सुधार हेतु **एकेडेमिक एसोसिएशन (Academic Association)** एवं **सोसायटी फॉर द एक्वीजीशन ऑफ जनरल नॉलेज (Society for the Acquisition of Gerneral Knowledge)** की स्थापना की।
- डेरोजियो ने एंग्लो-इंडियन हिन्दू एसोसिएशन, बंगहित सभा तथा डिबेटिंग क्लब जैसी संस्थाओं की भी स्थापना की।
- डेरोजियो ने **हैस्पेरस, कलकत्ता साहित्यिक गजट, ईस्ट इंडिया** व **इंडिया गजट** जैसी पत्रिकाओं का संपादन भी किया।
- डेरोजियो ने अपने समर्थकों को सत्य के लिए जीने और मरने, सभी सद्गुणों को अपनाने और उनके अनुसार आचरण करने हेतु प्रोत्साहित किया।
- सत्य का अनुकरण करने वालों में डेरोजियो की तुलना **सुकरात** से भी की जाती है।
- यंग बंगाल आंदोलन के मुख्य उद्देश्य थे- प्रेस की स्वतन्त्रता, जमींदारों द्वारा किये जा रहे अत्याचारों से रैय्यतों की सुरक्षा, सरकारी उच्च सेवाओं में भारतीयों को रोजगार दिलाना आदि।
- डेरोजियो के मुख्य शिष्यों में शिष्यों में रामगोपाल घोष, कृष्ण मोहन बनर्जी एवं महेश चन्द्र घोष थे।
- डेरोजियो को आधुनिक भारत का **प्रथम राष्ट्रवादी कवि** माना जाता है।

स्वामी विवेकानंद तथा रामकृष्ण मिशन

- स्वामी विवेकानंद (1863-1902), **दक्षिणेश्वर** के स्वामी कहे जाने वाले **रामकृष्ण परमहंस** के परम शिष्य थे।
- स्वामी रामकृष्ण परमहंस (1834-1886) दक्षिणेश्वर स्थित काली मंदिर के पुजारी थे। इन्होंने चिंतन, संन्यास और भक्ति के परंपरागत तरीकों से धार्मिक मुक्ति प्राप्त करने का प्रयास किया।

- भारतीय सभ्यता और संस्कृति में पूर्ण निष्ठा रखने वाले रामकृष्ण सभी धर्मों को सत्य मानते थे, वे मूर्तिपूजा में विश्वास करने के साथ-साथ उसे शाश्वत, सर्वशक्तिमान ईश्वर को प्राप्त करने का एक साधन मानते थे।
- रामकृष्ण परमहंस ने तांत्रिक, वैष्णव और अद्वैत साधना द्वारा **निर्विकल्प समाधि** की स्थिति प्राप्त की और परमहंस कहलाये।
- 1886 ई. में रामकृष्ण की मृत्यु के बाद **नरेन्द्रनाथ दत्त** ने अपने गुरु के संदेशों को चारों ओर प्रसारित करने की जिम्मेदारी ली, उन्होंने इस कार्य हेतु जीवन समर्पित करते हुए सांसारिक जीवन से संन्यास ले लिया।
- 1893 ई. में अमेरिका के **शिकागो** शहर में आयोजित विश्व धर्म सम्मेलन में स्वामी जी ने भारत का नेतृत्व किया। इस सम्मेलन में जाने से पूर्व **नरेन्द्रनाथ** ने महाराज खेतड़ी के सुझाव पर अपना नाम बदल कर स्वामी विवेकानंद रख लिया।
- 11 सितंबर, 1893 ई. में शिकागो सम्मेलन में स्वामी जी ने अपने भाषण में भौतिक एवं अध्यात्मवाद के मध्य संतुलन बनाने की बात कही। स्वामी जी ने कहा- 'जिस प्रकार सारी धाराएँ अपने जल को सागर में लाकर मिला देती हैं उसी प्रकार मनुष्य के सारे धर्म ईश्वर की ओर ले जाते हैं'। उन्होंने कहा कि 'पृथ्वी पर हिन्दू धर्म के समान कोई भी धर्म इतने उदात्त रूप में मानव की गरिमा का प्रतिपादन नहीं करता।'
- 1896 ई. में स्वामी जी अमेरिका में **वेदांत सभाओं** की स्थापना की।
- रामकृष्ण मिशन मठ की सर्वप्रथम स्थापना (1897) कलकत्ता के समीप बराह नगर में की गयी, तत्पश्चात, बेलूर (कलकत्ता) में मिशन की स्थापना की गयी। मिशन का एक और मुख्यालय अल्मोड़ा के मायावती नामक स्थान में भी खोला गया।
- स्वामी जी ने अपनी पुस्तक **मैं समाजवादी हूँ** में भारत के उच्चवर्ग से अपने पद और सुविधाओं का परित्याग करते हुए निम्नवर्ग से मेल-जोल करने का आह्वान किया।
- **महिलाओं के बारे में स्वामी जी** ने कहा कि 'पाँच सौ समर्पित व्यक्तियों के साथ मुझे इस देश को सुधारने में पचास वर्ष लगेंगे, लेकिन पचास समर्पित स्त्रियों के सहयोग से मैं यह कार्य कुछ ही वर्षों में सम्पन्न कर सकता हूँ।'
- **धार्मिक अंधविश्वास** के बारे में स्वामी जी ने कहा कि- 'हमारा धर्म रसोईघर में है, हमारा ईश्वर खाना बनाने के बर्तन में है और हमारा धर्म है मुझे छुओ मत मैं पवित्र हूँ, यदि एक शताब्दी तक यह और चलता रहा तो हम सब पागलखाने में होंगे।'
- स्वामी जी ने कहा कि- 'हम मानवता को वहाँ ले जाना चाहते हैं जहाँ न वेद है न बाइबिल और न कुरान, लेकिन यह काम वेद, बाइबिल और कुरान के समन्वय द्वारा किया जाता है'।
- **सुभाष चन्द्र बोस** ने स्वामी जी के बारे में लिखा है कि- 'जहाँ तक बंगाल का सम्बन्ध है हम विवेकानंद को आधुनिक राष्ट्रीय आंदोलन का **आध्यात्मिक पिता** कह सकते हैं।'
- **इंडियन अनरेस्ट** के लेखक **वेलेन्टाइन चिरोल** ने विवेकानंद के उद्देश्यों को राष्ट्रीय आंदोलन का मुख्य कारण माना।

थियोसोफिकल सोसाइटी

- 1875 ई. में थियोसोफिकल सोसाइटी की स्थापना संयुक्त राज्य अमेरिका में मैडम **एच. पी. ब्लावात्सकी** तथा **कर्नल एच.एस. ऑल्काट** के द्वारा की गयी। बाद में ये भारत आ गये तथा 1886 ई. में मद्रास के समीप **अड्यार** में उन्होंने सोसाइटी का मुख्यालय बनाया।
- इस सोसाइटी का उद्देश्य था- धर्म को आधार बनाकर समाज सेवा करना, धार्मिक एवं भाईचारे की भावना फैलाना, प्राचीन धर्म, दर्शन एवं विज्ञान के अध्ययन में सहयोग करना आदि।

- 1893 ई. में भारत आने वाली श्रीमती एनी बेसेंट के नेतृत्व में थियोसोफिकल आंदोलन जल्द ही भारत में फैल गया। ऑल्काट की मृत्यु के बाद 1907 ई. में ऐनी बेसेंट इस संस्था की अध्यक्ष बनीं।
- थियोसोफिस्ट प्रचार करते थे कि हिन्दुत्व, जरथुस्त्र (पारसी) तथा बौद्ध जैसे प्राचीन धर्मों को पुनर्स्थापित तथा मजबूत किया जाये। उन्होंने आत्मा के पुनरागमन के सिद्धांत का भी प्रचार किया।
- इस संस्था के समर्थक ईश्वर के ज्ञान को **आत्मिक हर्षोन्माद (Spiritual Ecstary)** एवं **अंतर्ज्ञान (Intuition)** द्वारा प्राप्त करने का प्रयास करते थे। इन लोगों ने पुनर्जन्म एवं कर्म में अपनी आस्था दिखाते हुए सांख्य एवं उपनिषद् से प्रेरणा ग्रहण की।
- यह संस्था धार्मिक पुनरूत्थान की अपेक्षा सामाजिक सुधार, शिक्षा के विकास एवं राष्ट्रीय चेतना को जगाने में अधिक सफल रही।
- भारत में श्रीमती एनी बेसेंट के प्रमुख कार्यों में एक था 1898 में बनारस में **केन्द्रीय हिन्दू विद्यालय** की स्थापना जिसे 1916 ई. में पण्डित मदन मोहन मालवीय ने **बनारस हिन्दू विश्वविद्यालय** के रूप में विकसित किया।

सैयद अहमद खाँ तथा अलीगढ़ आंदोलन

- मुसलमानों में सबसे प्रमुख सुधारक सैयद अहमद खाँ (1817-1898) थे। उनके नेतृत्व में चलाये गये आंदोलन को ही अलीगढ़ आंदोलन के नाम से जाना जाता है।
- अलीगढ़ आंदोलन में सैयद अहमद के अतिरिक्त अन्य प्रमुख नेता थे- नजीर अहमद, चिराग अली, अल्ताफ हुसैन हाली, मौलाना शिबुली नोमानी।
- 1870 ई. के बाद प्रकाशित **डब्ल्यू हण्टर** की पुस्तक **इंडियन मुसलमान** में सरकार को यह सलाह दी गयी कि वह मुसलमानों से समझौता कर उन्हें कुछ रियायतें देकर अपनी ओर मिलाये।
- इसी पुस्तक (इंडियन मुसलमान) के सुझावों पर कार्य करते हुए ब्रिटिश सरकार ने राष्ट्रीय कांग्रेस के विरुद्ध सर सैयद अहमद खाँ को राजी किया।
- सर सैयद अहमद खाँ जो प्रारंभ में हिन्दू-मुस्लिम एकता के हिमायती थे, अब हिन्दुओं और कांग्रेस के प्रबल शत्रु बन गये।
- सर सैयद अहमद ने मुस्लिम समुदाय को आधुनिक बनाने एवं इस्लाम में व्याप्त बुराइयों को दूर करने का प्रयत्न किया। उन्होंने **पीरी-मुरीदी प्रथा** एवं **दास-प्रथा** को समाप्त करने का प्रयत्न किया।
- सर सैयद अहमद ने अपने विचारों का प्रसार **तहजीब-उल-अखलाक** (सभ्यता और नैतिकता) नामक पत्रिका के द्वारा किया। उन्होंने कुरान पर टीका लिखी तथा परंपरागत टीकाकारों की आलोचना करते हुए समकालीन वैज्ञानिक ज्ञान के प्रकाश में अपने विचार व्यक्त किये।
- सर सैयद अहमद ने अपने सुधार प्रयासों द्वारा मुस्लिम उच्च वर्ग का उत्थान करना चाहा। 1864 ई. में उन्होंने **मुहम्मडन साइंटिफिक सोसाइटी** की स्थापना की।
- सर सैयद अहमद ने 1875 ई. में अलीगढ़ में एक **एंग्लो मुस्लिम कॉलेज** की स्थापना की। इस केन्द्र पर मुस्लिम धर्म, पाश्चात्य विषय तथा विज्ञान जैसी सभी विषयों की शिक्षा दी जाती थी। 1920 ई. में यह केन्द्र अलीगढ़ मुस्लिम विश्वविद्यालय के रूप में सामने आया।
- अंग्रेजों के प्रति निष्ठा व्यक्त करने के उद्देश्य से सैयद अहमद खाँ ने **राजभक्त मुसलमान** पत्रिका का प्रकाशन किया तथा बनारस के राजा शिवप्रसाद से मिलकर **देशभक्त एसोसिएशन** की स्थापना की।

अहमदिया आंदोलन

- **अहमदिया आंदोलन** की स्थापना 1889 ई. में पंजाब के गुरुदासपुर के कादिया स्थान पर मिर्जा गुलाम अहमद (1838-1908) द्वारा की गयी। इस संस्था का नाम गुलाम अहमद के नाम पर अहमदिया आंदोलन पड़ा।
- इस संस्था का उद्देश्य मुसलमानों में इस्लाम के सच्चे स्वरूप को बहाल करना एवं मुस्लिमों में आधुनिक, औद्योगिक और तकनीकी प्रगति को धार्मिक मान्यता देना था।
- इस संस्था के नेता गुलाम अहमद स्वयं को हजरत मुहम्मद के बराबर मानते थे। कालांतर में उन्होंने स्वयं को श्रीकृष्ण का अवतार भी बताना शुरू किया।
- मिर्जा गुलाम अहमद ने अपनी पुस्तक **बराहीन-ए-अहमदिया** द्वारा अपने सिद्धान्तों की व्याख्या की।

देवबंद स्कूल

- **मुहम्मद कासिम ननौत्वी** एवं **रशीद अहमद गंगोही** ने 1867 ई. में देवबंद, सहारनपुर (उत्तरप्रदेश) में इस इस्लामी मदरसा की स्थापना की। इसी मदरसे से कुरान एवं हदीस की शुद्ध शिक्षा का प्रसार करने तथा विदेशी शासकों के खिलाफ जेहाद का नारा देने के उद्देश्य से दारूल-उलूम या देवबंद आंदोलन की शुरुआत हुई।
- इस संस्था का उद्देश्य मुस्लिम सम्प्रदाय के लिए धार्मिक नेता तैयार करना, विद्यालय के पाठ्यक्रमों में अंग्रेजी शिक्षा एवं पश्चिमी संस्कृति को प्रतिबंधित करना तथा अंग्रेजी सरकार के साथ असहयोग करना था।
- यह संस्था विद्यार्थियों को सरकारी नौकरी के लिए शिक्षित न कर उनमें इस्लाम धर्म के प्रभाव को फैलाने की शिक्षा देता था।
- राजनीतिक क्षेत्र में इस संस्था ने भारतीय राष्ट्रीय कांग्रेस का समर्थन किया। 1888 ई. में देवबंद संस्था के उलेमाओं ने सर सैयद अहमद खाँ की संयुक्त भारतीय राजभक्त सभा एवं एंग्लो-ओरियंटल सभा के खिलाफ फतवा जारी किया।
- देवबंद के समर्थकों में **शिबुली नोमानी (1857-1914)** परंपरागत मुस्लिम शिक्षा प्रणाली में सुधार के लिए औपचारिक शिक्षा के स्थान पर अंग्रेजी भाषा तथा यूरोपीय विज्ञान को शामिल करने के समर्थक थे।
- शिबुली नोमानी 1884-1885 ई. में लखनऊ में **नदवा-उलमा** तथा **दारूल-उलूम** की स्थापना की। वे कांग्रेस के प्रशंसकों में से थे। इन्होंने भारत के प्रति निष्ठा का प्रदर्शन किया।
- शिबुली नोमानी ने कहा कि- 'मुसलमान हिन्दुओं के साथ मिलकर ऐसा राज्य स्थापित कर सकते हैं जिससे दोनों समुदाय सम्मान से रह सकें'।

सिक्ख सुधार आंदोलन

- 19वीं शताब्दी में सिक्खों में धार्मिक सुधार की शुरुआत अमृतसर में **खालसा कॉलेज** की स्थापना के साथ हुई। इस संस्था ने पंजाब में ढेर सारे गुरुद्वारे एवं स्कूल-कॉलेजों की स्थापना की।
- 1920 ई. में स्थापित अकाली आंदोलन ने गुरुद्वारों के प्रबंध में सुधार के लिए भ्रष्ट महंतों के खिलाफ अहिंसात्मक असहयोग आंदोलन शुरू किया। पहले सरकार ने इस आंदोलन को कुचलना चाहा पर आंदोलन की प्रचण्डता के कारण सरकार को झुकना पड़ा।
- अकाली आंदोलन के परिणामस्वरूप 1922 ई. में सिक्ख गुरुद्वारा कानून पास हुआ और 1925 ई. में इसमें संशोधन किया गया।

पारसी सुधार आंदोलन

- 19वीं सदी के आरंभ में पारसी लोगों में धार्मिक सुधार का आरंभ बम्बई में हुआ।
- 1851 में **रहनुमाए माजदायासन सभा (Religious Reform Association)** की स्थापना नौरोजी फरदूनजी, दादाभाई नौरोजी, एस.एस. बंगाली एवं आ.के. कामा ने की।
- इस संस्था का उद्देश्य पारसियों की सामाजिक अवस्था का पुनरूद्धार करना एवं पारसियों के धर्म में पुनः शुद्धता को प्राप्त कराना था।
- इस संस्था ने **रास्त गोफ्तार (सत्यवादी)** नामक पत्रिका का प्रकाशन किया।
- इस संस्था ने पारसी समुदाय की स्त्रियों के कल्याण के लिए ढेर सारे काम किये। पर्दा प्रथा को प्रतिबंधित किया गया, विवाह की आयु में वृद्धि की गयी, स्त्री शिक्षा पर बल दिया गया। कालांतर में पारसी लोग पश्चिमीकरण की दृष्टि से भारतीय समाज के सबसे अधिक विकसित अंग बन गये।

19वीं सदी के सामाजिक सुधार

- लार्ड विलियम बैंटिक के समय 1829 ई. में नियम 17 के तहत **सती प्रथा** को प्रतिबंधित कर दिया गया। पहले यह नियम बंगाल प्रेसीडेंसी में लागू हुआ, परन्तु 1830 ई. के लगभग इसे बम्बई और मद्रास प्रेसीडेंसी में भी लागू कर दिया गया।
- 13वीं सदी में **शिशु वध** प्रथा राजपूतों और बंगालियों में प्रचलित थी। लार्ड हार्डिंग ने 1795 ई. के बंगाल नियम XXI एवं 1804 के नियम 3 से इसे साधारण हत्या करार दिया। 1870 ई. में इस दिशा में कुछ और भी कानून बने।
- **विधवा पुनर्विवाह** की स्थिति में सुधार लाने के लिए कलकत्ता के संस्कृत कॉलेज के आचार्य ईश्वरचन्द्र विद्यासागर ने अथक प्रयास किया। इन्होंने 1855 ई. में ब्रिटिश सरकार से विधवा पुनर्विवाह पर कानून बनाने का अनुरोध किया।
- **1856 ई. के विधवा पुनर्विवाह अधिनियम** द्वारा इसे वैध करार देते हुए इनसे पैदा होने वाले बच्चों को वैध माना गया।
- विधवाओं के कल्याण से जुड़े अन्य नेता थे, पश्चिम भारत में विष्णुशास्त्री और प्रो. डी. के. कर्वे। प्रो. कर्वे ने 1899 ई. में पूना में एक **विधवा आश्रम** स्थापित किया।
- 1872 ई. में **नेटिव मैरिज एक्ट (देशी बाल विवाह अधिनियम)** द्वारा अंतर्जातीय विवाह को मान्यता प्रदान कर दी गयी तथा बाल विवाह का विरोध किया गया।
- 1891 ई. में ब्रिटिश सरकार ने **एस.एस. बंगाली** के सहयोग से **एज ऑफ कंसेंट एक्ट** पारित किया जिसके अनुसार 12 वर्ष से कम आयु की कन्याओं के विवाह पर प्रतिबंध लगा दिया गया।
- 1930 ई. में एज ऑफ कंसेंट एक्ट (1891) को संशोधित कर **शारदा एक्ट** नाम दिया गया। जिसके अंतर्गत विवाह के लिए लड़की की आयु कम से कम 14 वर्ष और लड़के की आयु 18 वर्ष निश्चित की गयी।
- स्त्री शिक्षा की दिशा में प्रथम प्रयास भारत में ईसाई मिशनरियों ने किया। मिशनरियों के सहयोग से 1819 ई. में कलकत्ता में **तरूण स्त्री सभा** की स्थापना हुई।
- जे.डी. बेटन ने 1849 ई. में कलकत्ता में एक **बालिका विद्यालय** की स्थापना की।
- ईश्वरचन्द्र विद्यासागर ने स्त्री शिक्षा के प्रचार-प्रसार हेतु बंगाल में लगभग 35 विद्यालयों की स्थापना की।
- 1854 ई. के **चार्ल्सवुड डिस्पैच** ने पहली बार शिक्षा पर बल दिया गया।

- प्रो. कर्वे ने 1916 में पुणे में **प्रथम** भारतीय महिला विश्वद्यिालय की स्थापना की।
- 1926 ई. में **अखिल भारतीय महिला संघ** की स्थापना हुई।
- 1833 ई. के चार्टर एक्ट द्वारा अंग्रेजी सरकार ने दास प्रथा पर पूर्ण प्रतिबन्ध लगा दिया। 1843 ई. में समूचे भारत में दासता को अवैध घोषित किया।

निम्न जाति आंदोलन

- गांधीजी ने अछूतों के उत्थान हेतु कई कार्य किये। सर्वप्रथम उन्होंने अछूतों के लिए **हरिजन (भगवान का जन)** शब्द का प्रयोग किया और हरिजन नामक एक साप्ताहिक पत्र का संपादन भी किया।
- संभवत: गांधीजी पहले व्यक्ति थे जिन्होंने हरिजन समस्या की ओर जनसाधारण का ध्यान खींचा।
- गांधीजी ने हरिजनों के कल्याण के लिए 1932 ई. में **अखिल भारतीय अस्पृश्यता निवारण संघ** की स्थापना की जिसे 1933 ई. में हरिजन सेवक संघ नाम दिया गया।
- डा.बी.आर. अंबेडकर ने हरिजनों के कल्याण एवं अछूतोद्धार हेतु 1925 ई. में **अखिल भारतीय दलित वर्ग संघ (All India Dipressed Class Association)** की स्थापना की तथा 1927 ई. में **बहिष्कृत भारत** नामक पाक्षिक पत्रिका का प्रकाशन किया।
- डा.बी.आर. अंबेडकर द्वारा स्थापित पहली संस्था **बहिष्कृत हितकारिणी सभा** थी। इस संस्था की स्थापना उन्होंने जुलाई, 1924 ई. में बम्बई में की थी।
- 1906 ई. में बी.आर. शिन्दे के नेतृत्व में बम्बई में **डिप्रेस्ड क्लासेज मिशन सोसाइटी** की स्थापना की गयी।
- दक्षिण भारत में 1920 ई. में ई.वी. रामास्वामी नायर के नेतृत्व में आत्मसम्मान आंदोलन (Self Respect Movement) शुरू हुआ। दक्षिण भारत में आत्मसम्मान आंदोलन ने 1925 ई. में बिना ब्राह्मण के सहयोग से शादी, जबरन मंदिर प्रवेश, नास्तिकवाद एवं मनुस्मृति को जलाने का तर्क दिया।
- सी.एन. मुदालियार, टी.एम. नायर एवं पी.टी. चेन्नी ने 1917 ई. में पहली बार गैर-ब्राह्मण संस्था **साउथ इंडियन लिबरल एसोसिएशन (South Indian Liberal Association)** का गठन किया, जो कालांतर में **न्याय दल (Justice Party)** के नाम से प्रसिद्ध हुआ।
- केरल में श्री नारायण गुरु ने प्रसिद्ध नारा दिया- 'मानव जाति के लिए एक धर्म, एक जाति और एक ईश्वर।'
- केरल में **एझावा आंदोलन** के तहत दलित आंदोलन के नेताओं द्वारा 1903 ई. में **श्री नारायण धर्म परिपालन योगम** की स्थापना की गयी।
- बंगाल में 1899 ई. में **जाति निर्धारण सभा** की स्थापना की गयी।
- 24 सितंबर, 1873 ई. में ज्योतिबा फुले द्वारा **सत्यशोधक समाज** की स्थापना की गयी। यह संस्था दलितों और निम्न जातियों के कल्याण के लिए था।
- ज्योतिबा फुले ने अपनी पुस्तक **गुलामगीरी, सार्वजनिक सत्य धर्म** और संगठन **सत्यशोधक समाज** द्वारा निम्न जातियों को पाखंडी ब्राह्मणों एवं उनके अवसरवादी धर्म ग्रन्थों से सुरक्षा दिलाने की आवश्यकता पर बल दिया।
- 1917 ई. में पहली बार कांग्रेस ने अपनी कार्यसूची में दलित सुधार को शामिल किया।
- 1931 ई. में कांग्रेस के कराची अधिवेशन में पारित मूल अधिकारों के घोषणापत्र में जाति-पांति की जगह समानता की बात पहली बार कही गयी।

धार्मिक तथा सामाजिक सुधार आंदोलनः एक नजर में		
संस्था	**स्थान**	**संस्थापक**
आत्मीय सभा	बंगाल	राजा राममोहन राय
ब्रह्म समाज	बंगाल	राजा राममोहन राय
हिन्दू कॉलेज	कलकत्ता	डेविड हेयर
आदि ब्रह्म समाज	कलकत्ता	केशव चन्द्र सेन
साधारण ब्रह्म समाज	कलकत्ता	विश्वनाथ शास्त्री
ब्रह्म समाज ऑफ साउथ इंडिया	मद्रास	श्री धरलू नायडू
तत्त्वबोधिनी सभा	बंगाल	देवेन्द्र नाथ टैगोर
प्रार्थना समाज	महाराष्ट्र	माहदेव गोविन्द रानाडे
आर्य समाज	बम्बई	स्वामी दयानंद सरस्वती
दयानंद एंग्लो वैदिक कॉलेज	पूरे भारत में	हंसराज और लाजपत राय
गुरुकुल कांगड़ी	हरिद्वार	स्वामी श्रद्धानंद, मुंशीराम एवं लेखपाल
रामकृष्ण मठ	कलकत्ता	स्वामी विवेकानंद
थियोसोफिकल सोसाइटी	अमेरिका	मैडम ब्लावट्स्की
थियोसोफिकल सोसाइटी	अड्यार (मद्रास)	मैडम ब्लावट्स्की
सेन्ट्रल हिन्दू कॉलेज	बनारस	एनी बेसेन्ट
मुस्लिम एंग्लो ओरियंटल स्कूल	अलीगढ़	सैय्यद अहमद खाँ
देवबंद स्कूल	सहारनपुर	मुहम्मद कासिम ननौत्वी, रशीद अहमद गंगोही
अहमदिया आंदोलन	कादिया (पंजाब)	गुलाम अहमद
नामधारी आंदोलन	पंजाब	रामसिंह
राधास्वामी सत्संग	आगरा	शिवदयाल साहब
रहनुमाई माजदायासन सभा	बम्बई	नौरोजी फरदोनजी, दादाभाई नौरोजी, एस. एस. बंगाली
यंग बंगाल आंदोलन	बंगाल	हेनरी विवियन डिरोजियो
मुहम्मडन लिटरेरी सोसाइटी	कलकत्ता	अब्दुल लतीफ खाँ
यूनाइटेड पैट्रियाटिक एसोसिएशन		सर सैय्यद अमहमद खाँ
राजामुंद्री सामाजिक सुधार आंदोलन	दक्षिण में	बीरेश लिंगम
मानव धर्म सभा	पश्चिम भारत में	मंचाराम
परमहंस मण्डली	19वीं सदी में	गोपाल हरिदेशमुख
विधवा आश्रम	पूना	प्रो. डी.के. कर्वे
भारतीय महिला विश्वविद्यालय	बम्बई	प्रो. डी.के. कर्वे

वायकोम सत्याग्रह	केरल	नारायण गुरु, एन. कुमार, टी.के. माधवन, के.पी. मेमन
गुरुवायूर सत्याग्रह	केरल	के. केलप्पण
अखिल भारतीय अस्पृश्यता निवारण संघ	—	महात्मा गांधी
अखिल भारतीय दलित वर्ग	मुम्बई (बम्बई)	बी.आर. अंबेडकर
डिप्रेस्ड क्लासेज मिशन सोसाइटी		वी.आर. शिन्दे
आत्मसम्मान आंदोलन	दक्षिण भारत	ई.वी. रामास्वामी नायकर
जस्टिस पार्टी	दक्षिण भारत	मुदलियार, टी.एम. नायकर, पी.टी. चेन्नी

12. भारतीय राष्ट्रीय आंदोलन

भारतीय राष्ट्रीय आंदोलन को मुख्य रूप से तीन चरणों में बाँटा जा सकता है-

1. प्रथम चरण (1885-1905 ई.)
2. द्वितीय चरण (1905-1919 ई.)
3. तृतीय चरण (1919-1947 ई.)

- भारतीय राष्ट्रीय आंदोलन के **प्रथम चरण** की मुख्य घटना भारतीय राष्ट्रीय कांग्रेस की स्थापना थी। इस चरण में अस्पष्ट लक्ष्यों के साथ स्थापित इस संस्था का प्रतिनिधित्व शिक्षित मध्यमवर्गीय बुद्धिजीवी वर्ग कर रहा था जो पश्चिम की उदारवादी एवं अतिवादी विचारधारा से प्रभावित था।
- भारतीय राष्ट्रीय आंदोलन के **द्वितीय चरण** में कांग्रेस काफी परिपक्व हो गयी थी तथा उसके लक्ष्य एवं उद्देश्य स्पष्ट थे। अब इस संस्था ने भारतीय जनता के सामाजिक, आर्थिक, राजनैतिक एवं सांस्कृतिक विकास के लिए प्रयास शुरू किये। इस दौरान कुछ उग्रवादी विचारधारा वाले संगठनों ने ब्रिटिश साम्राज्यवाद को समाप्त करने के लिए पश्चिम के ही क्रान्तिकारी ढंग का प्रयोग भी किया।
- भारतीय राष्ट्रीय आंदोलन का **तृतीय एवं अंतिम चरण** पूरी तरह गांधीजी के नेतृत्व में केन्द्रित था। अतः इस चरण को **गांधी युग** के नाम से भी जाना जाता है। इस चरण में कांग्रेस ने पूर्ण स्वराज को प्राप्त करने के लक्ष्य पर कार्य किया।

भारतीय राष्ट्रीय कांग्रेस की पूर्ववर्ती प्रमुख संस्थाएँ				
क्र.	**संस्था**	**स्थापना वर्ष**	**स्थान**	**संस्थापक**
1.	लैण्ड होल्डर्स सोसाइटी	1838	कलकत्ता	द्वारका नाथ टैगोर
2.	ब्रिटिश इंडियन एसोसिएशन	1851	कलकत्ता	राजेन्द्र लाल मित्र, राधाकांत देव, देवेन्द्र नाथ टैगोर, हरिश्चन्द्र टैगोर
3.	इंडियन एसोसिएशन	1876	कलकत्ता	सुरेन्द्रनाथ बनर्जी, आनंद मोहन बोस
4.	बम्बई प्रेसीडेंसी एसोसिएशन	1885	बम्बई	फिरोजशाह मेहता, बदरूद्दीन तैय्यबजी, के.टी. तैलंग
5.	ईस्ट इंडिया एसोसिएशन	1866	लंदन	दादाभाई नौरोजी

6.	मद्रास नेटिव एसोसिएशन	1852	मद्रास	
7.	मद्रास महाजन सभा	1884	मद्रास	
8.	पूना सार्वजनिक सभा	1870	पूना	महादेव गोविंद रानाडे
9.	इंडियन लीग	1875	—	शिशिर कुमार घोष
10.	नेशनल कॉन्फ्रेंस	1883	कलकत्ता	—

आंदोलन का प्रथम चरण (1885–1905 ई.)

भारतीय कांग्रेस की स्थापना (1885 ई.)

- भारतीय राष्ट्रीय कांग्रेस की स्थापना 1885 ई. में एक सेवानिवृत अंग्रेज प्रशासनिक अधिकारी ए.ओ. ह्यूम के द्वारा की गयी।
- ह्यूम ने 1884 ई. में **भारतीय राष्ट्रीय संघ (Indian National Union)** की स्थापना की थी, जिसका प्रथम अधिवेशन 28 दिसंबर, 1885 ई. में बम्बई स्थित गोकुलदास तेजपाल संस्कृत विद्यालय में आयोजित किया गया था। इसी सम्मेलन में दादाभाई नौरोजी के सुझाव पर भारतीय राष्ट्रीय संघ का नाम बदलकर **भारतीय राष्ट्रीय कांग्रेस** रख दिया गया।
- भारतीय राष्ट्रीय कांग्रेस का पहला अध्यक्ष होने का गौरव **व्योमेश चन्द्र बनर्जी** को प्राप्त हुआ।
- भारतीय राष्ट्रीय कांग्रेस के प्रथम बम्बई अधिवेशन में कुल 72 सदस्यों ने हिस्सा लिया।
- प्रथम चरण में कांग्रेस पर ऐसे गुट का प्रभाव था जिसे **उदारवादी गुट** कहा जाता था।
- उदारवादियों के प्रमुख नेता थे- दादाभाई नौरोजी, सुरेन्द्रनाथ बनर्जी, फिरोजशाह मेहता, गोविंद रानाडे, गोपाल कृष्ण गोखले, पण्डित मदनमोहन मालवीय, दीनाशा वाचा, व्योमेश चन्द्र बनर्जी।
- उदारवादियों का उद्देश्य संवैधानिक तरीके से भारत को स्वतन्त्रता दिलाना था। उदारवादियों की अंग्रेजी शासन की न्यायप्रियता में घोर आस्था थी।

आंदोलन का द्वितीय चरण (1905–1919 ई.)

- राष्ट्रीय आंदोलन के इस चरण को **नव-राष्ट्रवाद या उग्रवाद** के **उदय** का काल माना गया। इसी समय स्वदेशी आंदोलन तथा क्रान्तिकारी आतंकवाद की शुरुआत हुई।
- कांग्रेस के उदारवादी नेताओं की अनुनय-विनय की प्रवृत्ति की राजनीति को उग्रवादी नेताओं ने **राजनीतिक भिक्षावृत्ति (Political Mendicancy)** की संज्ञा दी।
- कांग्रेस के उग्रवादी तथा अतिवादी कहे जाने वाले नेताओं में प्रमुख थे- बाल गंगाधर तिलक (महाराष्ट्र), अरविन्द घोष और विपिन चन्द्र पाल (बंगाल), लाला लाजपत राय (पंजाब)।

उग्रवाद के उदय के कारण

1. ब्रिटिश सरकार द्वारा लगातार कांग्रेस की माँगों के प्रति अपनायी जाने वाली उपेक्षापूर्ण नीति।
2. हिन्दू धर्म का पुनरुत्थान।
3. 1876 ई. से 1900 ई. के बीच मध्य भारत में बार-बार पड़ने वाले भयंकर अकाल एवं बम्बई में 1897-1898 ई. के दौरान प्लेग से धन-जन की हानि।
4. तत्कालीन अंतरराष्ट्रीय घटनाओं, यथा- मिस्र, फारस एवं तुर्की की जनता को अपने स्वतन्त्रता संघर्ष में मिली सफलता।
5. कर्जन की प्रतिक्रियावादी नीतियाँ, यथा- कलकत्ता कॉरपोरेशन अधिनियम, विश्वविद्यालय अधिनियम एवं बंगाल की विभाजन।
6. भारत में उग्र राष्ट्रवाद के उदय में महत्त्वपूर्ण भूमिका का निर्वाह बाल गंगाधर तिलक, लाला लाजपत राय एवं विपिन चन्द्र पाल ने किया।

उग्रवादियों के उद्देश्य

- चार प्रमुख कांग्रेसी नेताओं- बाल गंगाधर तिलक, लाला लाजपत राय, विपिन चन्द्र पाल एवं अरविंद घोष ने भारत में **उग्रवाद आंदोलन** का नेतृत्व किया। इन नेताओं ने **स्वराज प्राप्ति** को ही अपना प्रमुख लक्ष्य बनाया।
- उदारवादी दल के नेता जहाँ ब्रिटिश साम्राज्य के अंतर्गत औपनिवेशिक स्वशासन चाहते थे वहीं उग्रवादी नेताओं का मानना था कि ब्रिटिश शासन का अंत कर ही हम स्वराज्य या स्वशासन प्राप्त कर सकते हैं।
- उदारवादी दल के नेता संवैधानिक आंदोलन में, अंग्रेजों की न्यायप्रियता में, वार्षिक सम्मेलनों में, भाषण देने में, प्रस्ताव पारित करने में और इंग्लैण्ड को शिष्टमंडल भेजने में विश्वास करते थे। उग्रवादी नेता अहिंसात्मक प्रतिरोध, सामूहिक आंदोलन एवं आत्म बलिदान में विश्वास करते थे।
- उग्रवादी नेताओं ने विदेशी माल का बहिष्कार, स्वदेशी माल को अंगीकार कर राष्ट्रीय शिक्षा तथा सत्याग्रह के महत्त्व पर बल दिया।
- उदारवादी नेता स्वदेशी एवं बहिष्कार आंदोलन को बंगाल तक ही सीमित रखना चाहते थे किन्तु उग्रवादी नेता इन आंदोलनों का प्रसार देश के विस्तृत क्षेत्र में चाहते थे।

क्रांतिकारी आतंकवाद का प्रथम चरण (1905–1915 ई.)

- कांग्रेस के उदारवादियों की संवैधानिक कार्य पद्धति तथा उग्रवादियों के धीमे प्रभाव की नीति से निराश अनेक युवकों ने क्रांतिकारी आतंकवाद का मार्ग चुना।
- बम और पिस्तौल की राजनीति में विश्वास करने वाले क्रांतिकारी विचारधारा के लोग समझौते की राजनीति में कदापि विश्वास नहीं करते थे। उनका उद्देश्य था **जान दो या जान लो।**
- इन क्रांतिकारी युवकों ने **आयरिश आतंकवादियों** एवं **रूसी निहलिस्टों** के संघर्ष के तरीकों को अपनाकर बदनाम अंग्रेज अधिकारियों को मारने की योजना बनायी।
- क्रांतिकारी विचारधारा के सर्वाधिक समर्थक बंगाल में थे।
- भारत में क्रांतिकारी गतिविधियों की शुरुआत 1897 ई. में महाराष्ट्र से हुई।
- इस समय देश के अनेक भागों में मुख्यत: बंगाल, महाराष्ट्र एवं पंजाब में आतंकवादी घटनाओं को अंजाम दिया गया।

बंगाल

- बंगाल में क्रांतिकारी घटनाओं का आरंभ बंगाल विभाजन (1905) के बाद माना जाता है, लेकिन इस घटना के पूर्व ही वहाँ कुछ क्रांतिकारी संगठन अस्तित्व में आ चुके थे।
- 1902 ई. में बंगाल में पहले क्रांतिकारी संगठन **अनुशीलन समिति** की स्थापना मिदनापुर में ज्ञानेन्द्र नाथ बसु द्वारा तथा 1907 ई. में कलकत्ता में जतीन्द्र नाथ बनर्जी एवं बारीन्द्र नाथ घोष द्वारा की गयी।
- अनुशीलन समिति के अलावा बंगाल में सुदृढ़ समिति (मेमन सिंह), साधना समिति, स्वदेश बांधव समिति (बारीसाल), ब्रती समिति (फरीदपुर) भी आतंकवादी गतिविधियों का संचालन करती थी।
- बंगाल में क्रांतिकारी विचारधारा को **बारीन्द्र कुमार घोष** एवं **भूपेन्द्रनाथ दत्त** (विवेकानंद के भाई) ने फैलाया। 1906 ई. में इन दोनों ने मिलकर **युगांतर** नामक समाचार पत्र का प्रकाशन किया।
- बंगाल विभाजन के बाद अनेक क्रांतिकारी समाचार पत्रों का बंगाल से प्रकाशन शुरू हुआ, जिनमें प्रमुख हैं- ब्रह्म बांधव उपाध्याय द्वारा प्रकाशित **संध्या,** अरविन्द घोष द्वारा संपादित **वन्देमातरम्,** भूपेन्द्रनाथ द्वारा संपादित **युगांतर**।
- युगांतर अखबार के नाम पर क्रांतिकारी संगठन युगांतर का भी बंगाल में अस्तित्व था। बारीन्द्र

कुमार घोष के नेतृत्व में युगांतर समूह ने **'सर्वत्र क्रांति'** का बिगुल बजाया तथा बताया कि क्रांति किस प्रकार प्रभावकारी होगी।

- अनुशीलन समिति ने **हेमचन्द्र कानूनगो** को रूसी क्रांतिकारियों से बम बनाने की कला सीखने के लिए रूस भेजा। 1908 ई. में भारत लौटकर हेमचन्द्र कानूनगो ने कलकत्ता स्थित **मणिकतल्ला** में बम बनाने के लिए कारखाना खोला।
- प्रफुल्ल चाकी और खुदीराम बोस ने 30 अप्रैल, 1908 ई. को बंगाल प्रेसीडेंसी के मजिस्ट्रेट **किंग्सफोर्ड** की हत्या का प्रयास किया। प्रफुल्ल चाकी ने पुलिस से बचने के लिए आत्महत्या कर ली तथा खुदीराम बोस को गिरफ्तार कर फाँसी दे दी गयी।
- बंगाल के एक और क्रांतिकारी जतीन्द्र नाथ मुखर्जी, जिन्हें **बाघा जतिन** के नाम से जाना जाता था, 9 सितंबर, 1915 को बालासोर में पुलिस मुठभेड़ में मारे गये।
- बंगाल के एक अन्य क्रांतिकारी **रास बिहारी बोस** थे, जिन्होंने कलकत्ता से दिल्ली राजधानी स्थानांतरण की घोषणा करने वाले वायसराय लार्ड हार्डिंग-II पर दिल्ली में फेंके गये बम (23 दिसंबर, 1912) की योजना बनायी थी।

महाराष्ट्र

- महाराष्ट्र में क्रांतिकारी आंदोलन को उभारने का श्रेय बाल गंगाधर तिलक के पत्र **केसरी** को है। इन्होंने इस पत्र का 1889 ई. में संपादन किया।
- बाल गंगाधर ने 1893 ई. में गणपति उत्सव एवं 1895 ई. में शिवाजी उत्सव मनाना प्रारंभ किया। इनका उद्देश्य धार्मिक कम और राजनीतिक अधिक था।
- महाराष्ट्र में 1893-1897 ई. के बीच प्लेग फैला। अंग्रेज सरकार ने मरहम लगाने के बजाय दमन कार्य किया। अत: 22 जून, 1897 ई. को प्लेग कमिशन रैंड तथा आमर्स्ट की गोली मारकर हत्या कर दी गयी। इस सम्बन्ध में चापेकर बंधुओं (दामोदर तथा बालकृष्ण चापेकर) को फाँसी दे दी गयी। बाल गंगाधर तिलक को भी विद्रोह भड़काने के आरोप में 18 माह का कारावास दिया गया। **रैंड एवं आमर्स्ट की हत्या भारत में क्रांतिकारी आतंकवाद की शुरुआत मानी जाती है।**
- महाराष्ट्र में नासिक क्रांतिक्रारी आंदोलन का गढ़ था।
- विनय दामोदर सावरकर ने 1904 ई. नासिक में **मित्रमेला** नामक संस्था की स्थापना की जो मेजिनी के **तरुण इटली** की तर्ज पर **अभिनव भारत** में परिवर्तित हो गयी।
- अभिनव भारतीय संस्था के मुख्य सदस्य **अनन्त लक्ष्मण करकरे** ने नासिक के जिला मजिस्ट्रेट **जैक्सन** की गोली मारकर हत्या (21 दिसंबर, 1909 ई.) कर दी। इस हत्याकाण्ड से जुड़े लोगों पर **नासिक षड्यन्त्र केस** के तहत मुकदमा चलाया गया, जिसमें सावरकर के भाई गणेश सावरकर भी शामिल थे, इन्हें आजीवन कारावास की सजा मिली।
- अभिनव भारत संगठन के सदस्य **पी.एन. वापट** बम बनाने की कला सीखने के लिए पेरिस गये।
- महाराष्ट्र के महत्त्वपूर्ण क्रांतिकारी पत्र **काल** का संपादन **परांजपे** ने किया।

पंजाब

- पंजाब में 1906 ई. के प्रारंभ में ही क्रांतिकारी आंदोलन फैल गया।
- पंजाब में आतंकवाद का उदय बार-बार पड़ने वाले अकाल और भू-राजस्व तथा सिंचाई करों में वृद्धि के परिणामस्वरूप हुआ।
- पंजाब में अजीत सिंह, सूफी अंबा प्रसाद, लाला लाजपत राय जैसे नेताओं ने आतंकवाद को जन्म दिया।
- अमरीका में गदर पार्टी की स्थापना के बाद पंजाब गदर पार्टी की गतिविधियों का प्रमुख केंन्द्र बन गया।

- सूफी अंबा प्रसाद और अजीत सिंह देश छोड़कर अफगानिस्तान चले गये।
- अजीत सिंह ने लाहौर में **अंजुमने-मोहिब्बाने वतन** नामक एक संस्था की स्थापना की तथा **भारत माता** नाम से अखबार निकाला था।

विदेशों में क्रांतिकारी आंदोलन

- अंग्रेजी प्रशासन के चंगुल से बचने के लिए क्रांतिकारियों ने विदेशों में रहकर भारत की स्वतन्त्रता के लिए लड़ाई लड़ी।
- भारत से बाहर गये क्रांतिकारी ब्रिटेन, अमरीका, फ्रांस, अफगानिस्तान तथा जर्मनी में सक्रिय हुए।
- भारत से बाहर विदेशी धरती पर स्थापित सबसे पुरानी क्रांतिकारी संस्था **इंडियन होमरूल सोसायटी** थी जिसकी स्थापना फरवरी, 1905 ई. में लंदन में **श्यामजी कृष्ण वर्मा** ने की थी। इस संस्था को प्रायः **इंडिया हाउस** की संज्ञा दी जाती है।
- इंडियन होमरूल सोसायटी के प्रमुख सदस्य लाला हरदयाल, मदन लाल धींगरा, विनायक दामोदर सावरकर थे। सोसायटी का प्रमुख उद्देश्य भारत के लिए स्वशासन प्राप्त करना था।
- इंडियन होमरूल सोसायटी ने **इंडियन सोशियोलॉजिस्ट** (Indian Sociologist) नामक पत्रिका का प्रकाशन किया।
- इंडियन होमरूल सोसायटी के सदस्य **मदन लाल धींगरा** ने 8 जुलाई, 1909 ई. को इंडिया ऑफिस के राजनैतिक सहायक **सर विलियम कर्जन वाइली** की गोली मारकर हत्या कर दी। बाद में धींगरा को फाँसी दे दी गयी।
- श्यामजी कृष्ण वर्मा की अन्य सहयोगी मैडम **भीखाजी रूस्तम के.आर. कामा** जिन्हें, Mother of Indian Revolution भी कहा जाता है ने 1902 ई. में भारत के स्वतन्त्रता का संदेश यूरोप के विभिन्न देशों तथा अमरीका में प्रचार के लिए भारत छोड़ दिया।

गदर पार्टी (1913 ई.)

- क्रांतिकारी आतंकवादी आंदोलन के प्रथम चरण में अनेक भारतीय संयुक्त राज्य अमरीका और कनाडा में बस गये थे। इन लोगों ने वहाँ से समाचार पत्रों का प्रकाशन प्रारंभ किया।
- 1907 ई. में **रामनाथ पुरी** ने सरकुलर-ए-आजादी पत्र बाँटा, जिसमें स्वदेशी आंदोलन का समर्थन किया गया था। तारकनाथ दास ने बैंकूवर में **फ्री हिन्दुस्तान** का प्रकाशन किया। ये अखबार राष्ट्रीय भावना से ओतप्रोत थे।
- नवंबर, 1913 ई. में सोहन सिंह भाकना ने **हिन्द एसोसिएशन ऑफ अमरीका** की स्थापना की। इस संस्था ने **गदर** या **हिन्दुस्तान गदर** समाचार पत्र का प्रकाशन किया। गदर का **पहला अंक उर्दू** में प्रकाशित (1 नवंबर, 1913) हुआ। कालांतर में उर्दू, गुरुमुखी, हिन्दी एवं गुजराती में एक साथ गदर समाचार पत्र का प्रकाशन (9 दिसंबर 1913) हुआ।
- गदर पत्र के नाम पर ही हिन्द एसोसिएशन ऑफ अमरीका का नाम गदर आंदोलन पड़ गया।
- गदर प्रारंभ में साप्ताहिक पत्र था लेकिन बाद में यह मासिक हो गया। गदर समाचार पत्र में छपने वाली कविताओं को **दर गूँज** शीर्षक से प्रकाशित किया जाता था।
- लाला हरदयाल, भाई परमानंद, रामचन्द्र, बरकतुल्ला, रासबिहारी बोस, राजा महेन्द्र प्रताप, अब्दुल रहमान एवं मैडम कामा आदि गदर पार्टी के प्रमुख नेताओं में से थे।
- राजा महेन्द्र प्रताप ने जर्मनी के सहयोग से अफगानिस्तान के काबुल शहर में दिसंबर, 1915 ई. में **अंतरिम भारत सरकार** की स्थापना की। राजा महेन्द्र प्रताप के मंत्रिमंडल के अन्य सदस्य-बरकतुल्ला (प्रधानमंत्री), मौलाना अब्दुल्ला, मौलाना बशीर, सी. पिल्लै, शमशेर सिंह, डा. मथुरा सिंह, खुदाबख्श और मुहम्मद अली थे।
- भारत में चले **हिजरत आंदोलन** से जुड़े कई नेता कालांतर में अफगानिस्तान और तुर्किस्तान चले गये, जहाँ उन्होंने **खुदाई सेना** की स्थापना की।

- खुदाई सेना के मौलवी उबेदुल्ला सिंधी द्वारा कुछ पत्र महमूद हसन को पीली सिल्क पर फारसी में लिखा गया। इन पत्रों के पकड़े जाने पर इसे **सिल्क पेपर कांड** (रेशमी रूमाल षड्यन्त्र) के नाम से जाना गया।

बंगाल विभाजन (1905 ई.)

- भारतीय राष्ट्रीय आंदोलन के द्वितीय चरण की सबसे महत्त्वपूर्ण घटना **बंगाल विभाजन** थी।
- तत्कालीन गवर्नर जनरल लार्ड कर्जन ने बंगाल विभाजन का कारण प्रशासनिक बताया परंतु वास्तविक कारण राजनीतिक था। चूँकि बंगाल उस समय राष्ट्रीय चेतना का केन्द्र बिन्दु था और इसी चेतना को नष्ट करने के लिए बंगाल विभाजन का निर्णय लिया गया।
- 20 जुलाई, 1905 ई. को बंगाल विभाजन के निर्णय की घोषणा हुई।
- 7 अगस्त, 1905 ई. को बंगाल विभाजन के विरोध में कलकत्ता के टाउन हाल में सम्पन्न एक बैठक में स्वदेशी आंदोलन की घोषणा हुई तथा **बहिष्कार प्रस्ताव** पारित हुआ।
- 16 अक्टूबर, 1905 ई. को बंगाल विभाजन की योजना प्रभावी हुआ। इस दिन पूरे बंगाल में **शोक दिवस** मनाया गया। लोगों ने उपवास रखा, वंदेमातरम् का गीत गया और एक-दूसरे को राखी बाँधी गयी।
- सुरेन्द्रनाथ बनर्जी ने बंगाल विभाजन पर कहा कि विभाजन हमारे ऊपर एक वज्र की तरह गिरा है।
- कांग्रेस के बनारस अधिवेशन में स्वदेशी और बहिष्कार आंदोलन का अनुमोदन किया गया।
- स्वदेशी और बहिष्कार का प्रचार समूचे देश में करने का कार्य तिलक, लाला लाजपत राय और अरविन्द घोष ने किया।
- स्वदेशी आंदोलन के समय आंदोलन के प्रति लोगों का समर्थन एकत्र करने में **स्वदेश बांधव समिति** की महत्त्वपूर्ण भूमिका थी। इसकी स्थापना बारीसाल के एक शिक्षक अश्विनी कुमार दत्त ने की थी।
- स्वदेशी आंदोलन का प्रभाव बंगाल के सांस्कृतिक क्षेत्र में देखने को मिला। रवीन्द्रनाथ टैगोर ने इसी समय **आमार सोनार बांग्ला** नामक गीत लिखा, जो 1971 ई. में बांगलादेश का राष्ट्रीय गान बना।
- बहुउद्देश्यीय कार्यक्रम वाले स्वदेशी आंदोलन ने देश के एक बड़े हिस्से को अपने प्रभाव में ले लिया। जिसमें जमींदार, शहरी निम्न-मध्यमवर्ग, छात्र तथा औरतें शामिल थीं।
- **महात्मा गांधी** ने लिखा कि भारत का वास्तविक जागरण बंगाल विभाजन के उपरांत शुरू हुआ।

कांग्रेस का कलकत्ता अधिवेशन (1906 ई.)

- 1906 ई. में कलकत्ता में आयोजित कांग्रेस के अधिवेशन में अध्यक्ष पद को लेकर उदारवादियों एवं उग्रवादियों में विवाद उत्पन्न हो गया। लेकिन दादाभाई नौरोजी के अध्यक्ष चुने जाने से यह विवाद समाप्त हो गया।
- इस अधिवेशन में दादाभाई नौरोजी ने **पहली बार स्वराज** शब्द का उल्लेख किया।
- इस अधिवेशन में उग्रवादियों ने स्वदेशी, बहिष्कार, राष्ट्रीय शिक्षा और शासन से जुड़े चार प्रस्ताव पारित करवा लिए।

कांग्रेस का सूरत अधिवेशन (1907 ई.) : कांग्रेस में फूट

- 1907 ई. में सूरत में आयोजित कांग्रेस के वार्षिक अधिवेशन में उदारवादियों और उग्रवादियों में अध्यक्ष पद को लेकर (विवाद 1905 में बनारस के कांग्रेस अधिवेशन से ही शुरू हुआ था) कांग्रेस का विभाजन हो गया। 16 दिसंबर, 1907 को यह अधिवेशन ताप्ती नदी के किनारे सम्पन्न हुआ।

- उग्रपंथी जहाँ लाला लाजपत राय को कांग्रेस के सूरत अधिवेशन का अध्यक्ष बनाना चाहते थे, वहीं उदारवादी रास बिहारी घोष को कांग्रेस का अध्यक्ष बनाना चाहते थे। अंततः रास बिहारी घोष अध्यक्ष बनने में सफल रहे।
- कांग्रेस के सूरत विभाजन के बाद गरम दल का नेतृत्व तिलक, लाला लाजपत राय एवं विपिन चन्द्र पाल ने किया, जबकि नरम दल का नेतृत्व गोपाल कृष्ण गोखले ने किया।
- 1916 ई. में पुनः दोनों दलों का आपस में विलय (लखनऊ अधिवेशन) हो गया।

मुस्लिम लीग की स्थापना (1906 ई.)

- बंगाल विभाजन हिन्दू और मुसलमानों के बीच साम्प्रदायिक फूट डालने का सबसे बड़ा कारण बना। बंगाल विभाजन की घोषणा के बाद ही 1 अक्टूबर, 1906 ई. को आगा खाँ के नेतृत्व में मुसलमानों का शिष्टमंडल तत्कालीन वायसराय लार्ड मिंटो से शिमला में मिला।
- शिष्टमंडल ने प्रांतीय, केन्द्रीय व स्थानीय निकायों में निर्वाचन हेतु मुसलमानों के लिए एक विशिष्ट स्थिति की माँग की। इस माँग के जवाब में मिंटो ने मुसलमानों को आश्वस्त करते हुए कहा कि उनके राजनीतिक अधिकारों और हितों की रक्षा की जायेगी।
- ढाका के **नवाब सलीमुल्लाह** के नेतृत्व में 30 दिसम्बर, 1906 में आयोजित एक बैठक में **अखिल भारतीय मुस्लिम लीग** की स्थापना की घोषणा की गयी।
- मुस्लिम लीग के प्रथम अध्यक्ष **वकार-उल-मुल्क मुस्ताक हुसैन** थे, जबकि **नवाब सलीमुल्लाह** इसके **संस्थापक अध्यक्ष** थे।
- मुस्लिम लीग की स्थापना का मुख्य उद्देश्य ब्रिटिश सरकार के प्रति मुसलमानों में निष्ठा को बढ़ाना, मुसलमानों के राजनैतिक अधिकारों की रक्षा करना तथा राष्ट्रीय कांग्रेस के प्रति मुसलमानों में घृणा फैलाना था।
- 1908 ई. में मुस्लिम लीग के अमतृसर में हुए अधिवेशन में मुसलमानों के लिए पृथक् निर्वाचन मंडल की माँग की गयी, जिसकी पूर्ति 1909 ई. के मार्ले-मिंटो सुधार द्वारा किया गया।

मार्ले-मिन्टो सुधार (1909 ई.)

- तत्कालीन भारत सचिव मार्ले एवं वायसराय लार्ड मिंटो ने सुधारों का **भारतीय परिषद् एक्ट, 1909** पारित किया, जिसे मार्ले-मिंटो सुधार कहा गया।
- इस एक्ट के तहत केन्द्रीय तथा प्रांतीय विधानमंडलों के आकार एवं उनकी शक्ति में वृद्धि की गयी, लेकिन अधिसंख्य प्रतिनिधियों का चुनाव अब भी अप्रत्यक्ष रूप से होना था।
- मार्ले-मिंटो सुधारों का मूल उद्देश्य राष्ट्रवादी खेमे में फूट डालना और मुस्लिम साम्प्रदायकिता को उभारकर भारतीयों की एकता को खंडित करना था। कांग्रेस ने इन सुधारों का विरोध किया जबकि कट्टरपंथी मुसलमानों ने इसका समर्थन किया।
- मार्ले-मिंटो सुधारों के तहत पृथक निर्वाचन क्षेत्र एवं मताधिकार की व्यवस्था की गयी। अंग्रेजों की यही नीति कालांतर में भारत के विभाजन का कारण बनी।

दिल्ली दरबार (1911 ई.)

- वायसराय लार्ड हार्डिंग-II ने 1911 ई. में दिल्ली में एक भव्य दरबार का आयोजन इंग्लैण्ड के सम्राट **जार्ज पंचम** एवं महारानी **मेरी** के स्वागत में किया। इस दरबार में निम्न घोषणाएँ हुई–
    1. बंगाल विभाजन को रद्द(12 दिसंबर, 1911 ई.) किया गया।
    2. बांगला भाषी क्षेत्रों को मिलाकर अलग प्रांत बनाया गया।
    3. बिहार एक अलग राज्य बना, जिसमें ओडिशा भी शामिल था।
    4. राजधानी को कलकत्ता से दिल्ली स्थानांतरित करने की घोषण (12 दिसंबर, 1911) हुई। 1 अप्रैल, 1912 में दिल्ली भारत की राजधानी बनी।

कामागाटामारू प्रकरण (1914 ई.)

- कामागाटामारू प्रकरण कनाडा में भारतीयों के प्रवेश से सम्बन्धित विवाद था।
- कनाडा सरकार ने ऐसे भारतीयों का अपने यहाँ प्रवेश वर्जित कर दिया जो सीधे भारत से नहीं आते थे।
- नवंबर, 1913 ई, में कनाडा के सर्वोच्च न्यायालय ने ऐसे 35 भारतीयों को कनाडा में प्रवेश करने की अनुमति प्रदान कर दी जो सीधे भारत से कनाडा नहीं आये थे।
- कनाडा सर्वोच्च न्यायालय के इस निर्णय से उत्साहित सिंगापुर के भारतीय मूल के एक व्यापारी गुरदीत/गुरूदत्त सिंह ने **कामागाटामारू** नामक एक जहाज को किराये पर लेकर दक्षिण-पूर्वी एशिया के करीब 376 यात्रियों को बैठाकर कनाडा के बंदरगाह बैंकूवर की ओर प्रस्थान किया।
- जहाज के बैंकूवर पहुँचने से पूर्व ही कनाडा सरकार ने पुनः प्रवेश पर प्रतिबंध लगा दिया। तट पर पहुँचने के बाद कनाडा की पुलिस ने भारतीयों की घेराबंदी कर उन्हें देश में घुसने से मना कर दिया।
- यात्रियों के अधिकार की लड़ाई लड़ने हेतु हुसैन रहीम, बलवंत सिंह, सोहन लाल पाठक की अगुवाई में **शोर कमेटी** (तटीय समिति) का गठन हुआ, जिन्होंने चंदा एकत्र कर यात्रियों के लिए कानूनी लड़ाई लड़ने की योजना बनायी।
- अमरीका में रह रहे भारतीय भगवान सिंह, बरकतुल्ला, रामचन्द्र और सोहनसिंह ने भी यात्रियों के समर्थन में आंदोलन चलाया।
- कनाडा सरकार के सख्त रवैये के कारण कामागाटामारू जहाज को बैंकूवर की जल सीमा को छोड़ना पड़ा। जहाज के **याकोहामा** (जापान) पहुँचने से पूर्व ही प्रथम विश्व युद्ध प्रारंभ हो गया।
- भारत की ब्रिटिश सरकार ने इस जहाज को सीधे कलकत्ता लाने का ओदश दिया। जहाज के **बजबज** (कलकत्ता) पहुँचने पर यात्रियों एवं पुलिस के मध्य झड़पें हुई जिनमें 18 यात्री मारे गये और शेष 202 को जेल में डाल दिया गया।

कांग्रेस का लखनऊ अधिवेशन (1916 ई.)

- 1916 ई. में लखनऊ में हुए कांग्रेस अधिवेशन की अध्यक्षता **श्री अंबिकाचरण मजूमदार** ने की थी। यह अधिवेशन दो घटनाओं के कारण महत्त्वपूर्ण साबित हुआ।
    1. कांग्रेस के दोनों दल (नरम एवं गरम दल) फिर से एक हो गये।
    2. मुस्लिम लीग एवं कांग्रेस के मध्य एक समझौता हुआ जिसके अंतर्गत कांग्रेस एवं लीग ने मिलकर एक संयुक्त समिति की स्थापना की। इस समझौते के तहत कांग्रेस ने मुस्लिम लीग की साम्प्रदायिक प्रतिनिधित्व की माँग को स्वीकार कर लिया। इसे **लखनऊ पैक्ट** के नाम से भी जाना जाता है।
- मुस्लिम लीग एवं कांग्रेस को करीब लाने में तिलक तथा जिन्ना की महत्त्वपूर्ण भूमिका थी।
- कांग्रेस के लखनऊ अधिवेशन में नरम और गरम दल के लोगों को पुनः एक करने में तिलक और एनी बेसेंट ने महत्त्वपूर्ण भूमिका निभाई।

होमरूल लीग आंदोलन

- होमरूल आंदोलन का उद्देश्य ब्रिटिश साम्राज्य के अधीन रहते हुए संवैधानिक तरीके से स्वशासन को प्राप्त करना था। इसके प्रमुख नेता थे- बाल गंगाधर तिलक एवं श्रीमती ऐनी बेसेंट।
- बाल गंगाधर तिलक द्वारा 28 अप्रैल, 1916 ई. को बेलगाँव (पूना) में होमरूल लीग की स्थापना की गयी।
- बाल गंगाधर तिलक के लीग का कार्यक्षेत्र-कर्नाटक, महाराष्ट्र (बम्बई को छोड़कर), मध्यप्रांत एवं बरार था।

- बाल गंगाधर तिलक ने अपने पत्र **मराठा** एवं **केसरी** के माध्यम से लीग के कार्यक्रमों का प्रचार-प्रसार किया।
- ऐनी बेसेंट ने **सितंबर, 1916** में मद्रास में होमरूल लीग की स्थापना की तथा **जार्ज अरूंडेल** को लीग का सचिव बनाया।
- बाल गंगाधर तिलक लीग के प्रभाव क्षेत्र से बाहर के सभी हिस्सों में होमरूल लीग के प्रभाव को फैलाने की जिम्मेदारी ऐनी बेसेंट पर थी।
- होमरूल लीग की सर्वाधिक शाखाएँ **मद्रास** में थी, लेकिन लीग की सर्वाधिक सक्रियता बम्बई, उत्तरप्रदेश के कुछ हिस्से तथा गुजरात के ग्रामीण क्षेत्रों में थी।
- ऐनी बेसेंट ने अपने पत्र **कॉमनवील** और **न्यू इंडिया** के माध्यम से लीग के कार्यक्रमों का प्रचार-प्रसार किया।
- ऐनी बेसेंट के सहयोगियों में वी.पी. वाडिया (मजदूर नेता) तथा सी.पी. रामास्वामी अय्यर शामिल थे।
- कुछ समय बाद जवाहरलाल नेहरू, बी. चक्रवर्ती, जे. बनर्जी जैसे नेताओं ने भी एनी बेसेंट के लीग की सदस्यता ग्रहण की।
- गोपाल कृष्ण गोखले द्वारा स्थापित संस्था **सर्वेंट ऑफ इंडिया सोसाइटी** के सदस्यों को होमरूल लीग में प्रवेश की अनुमति नहीं थी।

मांटेग्यू घोषणा 1917 ई.

- भारत सचिव मांटेग्यू द्वारा 20 अगस्त, 1917 ई. को ब्रिटेन की कॉमन सभा में एक प्रस्ताव पढ़ा गया जिसमें भारत में प्रशासन की हर शाखा में भारतीयों को अधिक प्रतिनिधित्व दिये जाने की बात कही गयी थी।
- मांटेग्यू घोषणा का उद्देश्य भारत में उत्तरदायी सरकार की स्थापना थी जिसमें शासक, जनता के निर्वाचित प्रतिनिधियों के प्रति उत्तरदायी होते।
- नवंबर 1917 ई. में मांटेग्यू भारत आये और यहाँ उन्होंने तत्कालीन वायसराय लार्ड चेम्सफोर्ड से व्यापक विचार-विमर्श के बाद 1919 ई. में मांटेग्यू चेम्सफोर्ड रिपोर्ट जारी किया। इस रिपोर्ट को 1919 के भारत सरकार अधिनियम के नाम से जाना जाता है।
- मांटेग्यू घोषणा को उदारवादियों ने **भारत के मैग्नाकार्टा (Magna Carta)** की संज्ञा दी।
- 1919 ई. के सुधारों को लेकर कांग्रेस में उत्पन्न मतभेद के कारण कांग्रेस में **द्वितीय विभाजन** हुआ।
- 1918 ई. में सुरेन्द्रनाथ बनर्जी के नेतृत्व में कांग्रेस के उदारवादी नेताओं ने मांटेग्यू सुधारों का स्वागत किया तथा कांग्रेस से अलग होकर **अखिल भारतीय उदारवादी संघ** की स्थापना की।
- 1919 ई. के अधिनियम की सर्वाधिक महत्त्वपूर्ण विशेषता **प्रांतों में द्वैध शासन प्रणाली (Dyarchy)** थी।
- इस अधिनियम (1919) द्वारा ही भारत में पहली बार **लोक सेवा आयोग** की स्थापना का प्रावधान किया गया।
- 1919 ई. के अधिनियम की दस वर्ष बाद समीक्षा हेतु एक वैधानिक आयोग की नियुक्ति का प्रावधान था, कालांतर में यह आयोग **साइमन आयोग** के नाम से जाना गया।
- 1909 ई. के अधिनियम में की गयी व्यवस्था जिसमें मुसलमानों को पृथक निर्वाचन मंडल की सुविधा दी गयी थी, 1919 ई. के अधिनियम द्वारा इसका विस्तार कर इसमें सिखों और गैर-ब्राह्मणों को भी शामिल कर लिया गया।

आंदोलन का तृतीय चरण (1919 – 1947 ई.)

- राष्ट्रीय आंदोलन का तृतीय एवं अंतिम चरण पूरी तरह गांधीजी के नेतृत्व में लड़ा गया। अतः इस चरण को **गांधी युग** के नाम से भी जाना जाता है।
- गांधीजी इंग्लैण्ड से वकालत की पढ़ाई खत्म करने के बाद भारत लौटे। यहाँ से एक **गुजराती व्यापारी दादा अब्दुल्ला** का मुकदमा लड़ने के लिए गांधीजी 1893 ई. में दक्षिण अफ्रीका के **डरबन** पहुँचे।
- गांधीजी दक्षिण अफ्रीका में अपने 20 वर्ष के प्रवास के दौरान ब्रिटिश सरकार की रंगभेद की नीति के विरुद्ध लड़ाई लड़ते रहे। यहीं पर गांधीजी ने **सर्वप्रथम** सत्याग्रह आंदोलन चलाया।
- जनवरी, 1915 ई. में गांधीजी भारत आये और यहाँ पर उनका सम्पर्क गोपाल कृष्ण गोखले से हुआ, जिन्हें उन्होंने अपना **राजनीतिक गुरु** बनाया। गोखले के प्रभाव में आकर ही गांधीजी ने स्वयं को भारत की सक्रिय राजनीति से जोड़ा।
- जिस समय गांधीजी ने भारतीय राजनीति में प्रवेश किया उस समय **प्रथम विश्व युद्ध (1914-1918)** का दौर चल रहा था। गांधीजी ने सरकार के युद्ध प्रयासों में मदद की, जिसके लिए सरकार ने उन्हें **कैसर-ए-हिन्द** सम्मान से सम्मानित किया।
- युद्ध के दिनों में गांधीजी ने भारतीय युवाओं को सेना में भर्ती होने के लिए प्रोत्साहित किया था, जिसके लिए उन्हें कुछ लोग सेना में **भर्ती करने वाला सार्जेंट** भी कहने लगे।
- 1916 ई. में गांधीजी ने अहमदाबाद के पास **साबरमती आश्रम** की स्थापना की।
- गांधीजी ने अपनी लिखी (1919) पुस्तक **हिन्द स्वराज्य** में स्वराज (स्वशासन) की विस्तृत व्याख्या की है।
- भारत में 1917 से 1918 ई. के बीच गांधीजी ने चंपारण और खेड़ा के किसान आंदोलन तथा अहमदाबाद के मजदूर आंदोलन का सफल नेतृत्व किया।
- अप्रैल 1917 में बिहार के चंपारण जिले में किसानों पर किये जा रहे अत्याचार के खिलाफ आंदोलन चलाया। इस आंदोलन के समय ही **पहली बार** गांधीजी ने भारत में सत्याग्रह करने की धमकी दी। चंपारण सत्याग्रह के सफल नेतृत्व के बाद ही **रवीन्द्रनाथ टैगोर** ने गांधीजी को **महात्मा** कहा।
- गुजरात में **खेड़ा सत्याग्रह** (1918) भारत में गांधीजी द्वारा चलाया गया **पहला वास्तविक किसान सत्याग्रह** था।
- 1918 ई. में गांधी जी ने अहमदाबाद के मिल मजदूरों और मिल मालिकों के एक विवाद में हस्तक्षेप किया। मिल मजदूरों और मिल मालिकों के बीच **प्लेग बोनस** को लेकर विवाद आरंभ हुआ।
- मिल मालिकों ने मजदूरों को 20 प्रतिशत बोनस देने का निर्णय लिया और धमकी दी कि जो यह बोनस स्वीकार नहीं करेगा उसे नौकरी से बाहर निकाल दिया जायेगा।
- गांधीजी ने मजदूरों को 35 प्रतिशत बोनस दिये जाने का समर्थन किया। मार्च 1918 ई. में मजदूर हड़ताल पर चले गये। 15 मार्च को गांधीजी खुद भी भूख हड़ताल पर बैठ गये।
- गांधीजी के अनशन पर बैठने के बाद मिल मालिक सारे मामलों को ट्रिब्यूनल को सौंपने के लिए तैयार हो गये। ट्रिब्यूनल ने श्रमिकों को 35 प्रतिशत बोनस देने का फैसला किया इस तरह आंदोलन समाप्त हो गया।

रौलेट एक्ट (1919 ई.)

- भारत में क्रांतिकारियों के प्रभाव को समाप्त करने तथा राष्ट्रीय भावना को कुचलने के लिए

ब्रिटिश सरकार ने न्यायाधीश सर सिडनी रौलेट की अध्यक्षता में एक समिति नियुक्त की। समिति ने 1918 ई. में अपनी रिपोर्ट प्रस्तुत की। समिति द्वारा दिये गये सुझावों के आधार पर केन्द्रीय विधानमण्डल में फरवरी, 1919 में दो विधेयक लाये गये। पारित होने के बाद ये विधेयक को **रौलेट एक्ट** या **काला कानून** के नाम से प्रसिद्ध हुए।

- रौलेट एक्ट के द्वारा अंग्रेजी सरकार जिसको चाहे जब तक चाहे बिना मुकदमा चलाये जेल में बंद रख सकती थी। इस प्रकार कैदी को अदालत में प्रत्यक्ष उपस्थित करने का अर्थात् बंदी प्रत्यक्षीकरण (Habeas Corpus) का जो कानून ब्रिटेन में नागरिक स्वतन्त्रताओं की बुनियाद था, उसे निलंबित करने का अधिकार सरकार ने रौलेट कानून से प्राप्त कर लिया।
- रौलेट एक्ट को **बिना अपील, बिना वकील तथा बिना दलील** का कानून भी कहा गया।
- रौलेट एक्ट को **काला अधिनियम (Black Act) एवं आतंकवादी अपराध अधिनियम** के नाम से प्रसिद्ध है।
- रौलेट एक्ट के विरोध में 6 अप्रैल, 1919 को गांधीजी के अनुरोध पर देश भर में हड़तालों का आयोजन किया गया। हिंसा की छोटी-छोटी घटनाओं के कारण गांधीजी का पंजाब और दिल्ली में प्रवेश प्रतिबंधित कर दिया गया।

जलियाँवाला बाग हत्याकाण्ड (1919 ई.)

- पंजाब के लोकप्रिय नेता डॉ. किचलू और डॉ. सत्यपाल की गिरफ्तारी के विरोध में प्रदर्शन हेतु 10 अप्रैल को निकाले गये एक शांतिपूर्ण जुलूस पर पुलिस ने गोली चलाई जिससे कुछ निहत्थे आंदोलनकारी मारे गये। फलतः स्थिति बेकाबू हो गयी और 12 अप्रैल, 1919 को सेना बुलानी पड़ी।
- 13 अप्रैल, 1919 ई. (बैशाखी के दिन) को अमृतसर में जलियाँवाला बाग हत्याकांड हुआ। डॉ. सत्यपाल और डॉ. किचलू की गिरफ्तारी के विरोध में जलियाँवाला बाग में हो रही जनसभा पर जनरल ओ. डायर ने अंधाधुंध गोली चलवायी, जिसमें 1000 लोग मारे गये और 3000 लोग घायल हुए। जबकि सरकारी रिपोर्ट के अनुसार 379 व्यक्ति मारे गये एवं 1200 घायल हुए।
- जलियाँवाला बाग हत्याकांड में **हंसराज** नामक भारतीय ने जनरल डायर का सहयोग किया।
- दीनबंधु सी.एफ. एण्ड्रयूज ने इस हत्याकांड को जानबूझ कर की गयी **क्रूर हत्या** की संज्ञा दी।
- जलियाँवाला बाग हत्याकांड के विरोध में शंकरन नायर ने वायसराय की कार्यकारिणी परिषद् की सदस्यता से त्यागपत्र दे दिया।
- इस हत्याकांड के विरोध में महात्मा गांधी ने **कैसर-ए-हिन्द** की उपाधि, जमनालाल बजाज ने **राय बहादुर** की उपाधि एवं रवीन्द्रनाथ टैगोर ने **सर** की उपाधि वापस कर दी।
- इस हत्याकांड की जाँच के लिए सरकार ने 19 अक्टूबर, 1919 ई. को लार्ड हंटर की अध्यक्षता में **हंटर कमेटी** का गठन किया। इसमें पाँच अंग्रेज एवं तीन भारतीय (सर चिमनलाल सीतलवाड़, साहबजादा सुल्तान अहमद एवं जगत नारायण) सदस्य थे।
- हत्याकांड में दोषी लोगों को बचाने के लिए सरकार ने हंटर कमेटी की रिपोर्ट आने से पूर्व ही **इण्डेमिन्टीबिल** पास कर लिया।
- हंटर कमेटी की रिपोर्ट को गांधीजी पन्ने-दर-पन्ने निर्लज्ज सरकारी लीपापोती की संज्ञा दी।
- कांग्रेस ने जलियाँवाला बाग हत्याकांड की जाँच के लिए मदनमोहन मालवीय के नेतृत्व में एक आयोग का गठन किया। इसके अन्य सदस्यों में मोतीलाल नेहरू और गांधीजी थे।

खिलाफत आंदोलन (1919-1920 ई.)

- प्रथम विश्व युद्ध के बाद ब्रिटेन एवं तुर्की के बीच होने वाली **सेवर्स संधि** (10 अगस्त, 1920) से तुर्की के सुल्तान के समस्त अधिकार छिन गये और एक तरह से तुर्की राज्य छिन्न-भिन्न हो गया।

- विश्व भर के मुसलमान तुर्की के सुल्तान को अपना खलीफा (धर्मगुरु) मानते थे। इस प्रकार ब्रिटिश सरकार तुर्की के साथ की जाने वाली संधियों में न्यायोचित व्यवहार सुनिश्चित करने के उद्‌देश्य से भारतीय मुसलमानों के एक वर्ग ने राष्ट्रीय स्तर पर जिस आंदोलन का सूत्रपात किया, वह खिलाफत आंदोलन के नाम से प्रसिद्ध हुआ।
- हकीम अजमल खान, डॉ. मुख्तार अहमद अंसारी, मौलाना अल हसन, अब्दुल बारी, मौलाना अब्दुल कलाम अजाद, मोहम्मद अली, शौकत अली आदि तुर्की समर्थक थे।
- अली बंधुओं (मोहम्मद अली और शौकत अली) ने अपने पत्र **कामरेड** में तुर्की एवं इस्लामी परंपराओं के प्रति सहानुभूति व्यक्त की।
- 17 अक्टूबर, 1919 को अखिल भारतीय स्तर पर **खिलाफत दिवस** मनाया गया।
- तुर्की साम्राज्य के विभाजन के विरुद्ध शुरू हुए खिलाफत आंदोलन ने उस समय अधिक जोर पकड़ लिया जब गांधीजी ने इसका समर्थन किया। गांधीजी ने खिलाफत आंदोलन को हिन्दू-मुस्लिम एकता का एक सुनहरा अवसर माना।
- सितंबर 1919 में **अखिल भारतीय खिलाफत कमेटी** का गठन किया गया।
- 23 नवंबर, 1919 को दिल्ली अखिल भारतीय खिलाफत कमेटी का अधिवेशन हुआ, गांधीजी ने इस अधिवेशन की अध्यक्षता की। गांधीजी की सलाह पर कमेटी द्वारा असहयोग एवं स्वेदशी की भावना अपनायी गयी।

असहयोग आंदोलन (1920-1922 ई.)

- रौलेट एक्ट, जलियाँवाला बाग हत्याकांड और खिलाफत आंदोलन के उत्तर में गांधीजी ने 1 अगस्त, 1920 ई. को असहयोग आंदोलन प्रारंभ किया। असहयोग आंदोलन की पुष्टि भारतीय राष्ट्रीय कांग्रेस ने दिसंबर, 1920 ई. के नागपुर के अधिवेशन में की।
- असहयोग आंदोलन के कार्यक्रम के दो प्रमुख भाग थे जिसमें **एक रचनात्मक** तथा **दूसरा नकारात्मक** था।
- रचनात्मक कार्यक्रमों में मुख्य कार्यक्रम निम्न थे-
    1. राष्ट्रीय विद्यालयों तथा पंचायती अदालतों की स्थापना
    2. अस्पृश्यता से परहेज तथा हिन्दू-मुस्लिम एकता पर जोर
    3. स्वदेशी का प्रसार एवं हाथ से कते या बुने वस्त्र का प्रयोग
    4. शराब का बहिष्कार एवं कर न देना
- नकारात्मक कार्यक्रमों में मुख्य कार्यक्रम निम्न थे-
    1. सरकारी उपधियों एवं प्रशस्ति पत्रों को लौटाना
    2. सरकारी स्कूलों, कॉलेजों, अदालतों, विदेशी कपड़ों आदि का बहिष्कार
    3. सरकारी उत्सवों एवं समारोहों का बहिष्कार
    4. विदेशी वस्तुओं का बहिष्कार तथा स्वदेशी का प्रचार
    5. अवैतनिक पदों से तथा स्थानीय निकायों के नामांकित पदों से त्यागपत्र

    नोट : गांधीजी ने आश्वासन दिया कि यदि असहयोग आंदोलन के कार्यक्रमों पर पूरी तरह अमल हुआ तो एक वर्ष के अंदर आजादी मिल जायेगी। इस आंदोलन के दौरान ही गांधीजी ने वस्त्र त्याग कर लंगोटी पहनना शुरू कर दिया।
- पश्चिमी भारत, बंगाल तथा उत्तरी भारत में असहयोग आंदोलन को अभूतपूर्व सफलता मिली। लगभग 90,000 विद्यार्थियों ने सरकारी स्कूल और कॉलेजों को छोड़ा तथा 800 नये राष्ट्रीय स्कूल स्थापित किये गये।

- शिक्षा संस्थाओं का इस आंदोलन के समय सर्वाधिक बहिष्कार बंगाल में हुआ। नेशनल कॉलेज कलकत्ता के प्रधानाचार्य सुभाष चन्द्र बोस बने। पंजाब में लाला लाजपत राय के नेतृत्व में शिक्षा का बहिष्कार किया गया। शिक्षा का बहिष्कार मद्रास में असफल रहा।
- इस आंदोलन के दौरान न्यायालयों का बहिष्कार करने वाले वकीलों में प्रमुख थे- बंगाल के देशबंधु चितरंजन दास, उत्तरप्रदेश के मोतीलाल नेहरू एवं जवाहरलाल नेहरू, गुजरात के विट्ठलभाई पटेल एवं सरदार बल्लभभाई पटेल, बिहार के राजेन्द्र प्रसाद, मद्रास के चक्रवर्ती राजगोपालाचारी तथा दिल्ली के आसफ अली आदि।
- बहिष्कार आंदोलन में विदेशी कपड़ों का बहिष्कार सर्वाधिक सफल रहा, विदेशी कपड़ों की इस आंदोलन के समय सार्वजनिक होली जलाई गयी।
- असहयोग आंदोलन के समय शराब और ताड़ी की दुकानों पर धरना दिया गया, जिससे सरकार को काफी राजस्व की हानि हुई।
- गांधीजी के आह्वान पर असहयोग आंदोलन के खर्च की पूर्ति के लिए 1921 में **तिलक स्वराज्य फंड** की स्थापना की गयी। इसमें लोगों द्वारा एक करोड़ से अधिक रुपया जमा किया गया।
- 17 नवंबर, 1921 ई. में ब्रिटिश सिंहासन के उत्तराधिकारी प्रिंस ऑफ वेल्स के भारत आगमन पर उनका स्वागत सर्वत्र काला झंडा दिखाकर किया गया।
- असहयोग आंदोलन में बढ़ रही हिंसा से गांधीजी चिंतित थे। इसी बीच उत्तरप्रदेश के गोरखपुर जिले में स्थित **चौरी-चौरा** नामक स्थान पर 5 फरवरी, 1922 को एक भयानक घटना घट गयी।
- **चौरी-चौरा कांड** के नाम से चर्चित इस घटना के तहत पुलिस ने जबरन एक जुलूस को रोकना चाहा। फलत: जनता ने क्रोध में आकर थाने में आग लगा दी जिसमें एक थानेदार एवं 21 सिपाहियों की मौत हो गयी।
- चौरी-चौरा की घटना से गांधीजी इतने आहत हुए कि उन्होंने 12 फरवरी, 1922 ई. को असहयोग आंदोलन को स्थगित कर दिया। अब गांधीजी ने रचनात्मक कार्यों पर जोर दिया।

स्वराज्य पार्टी

- 1922-1928 ई. के दौरान भारतीय राजनीति में बड़ी-बड़ी घटनाएँ घटी। असहयोग आंदोलन स्थगित किये जाने से तात्कालिक रूप में राष्ट्रवादियों के बीच हताशा की भावना फैली। इसके अलावा जिन नेताओं को यह फैसला करना था कि आंदोलन को निष्क्रिय बनने से कैसे बचाया जाये, उनके बीच गहरे मतभेद उभर आये।
- इनमें से एक विचार जिन्हें **परिवर्तनवादी** कहा गया, के प्रतिनिधि चितरंजन दास और मोतीलाल नेहरू थे, जिन्होंने बदली हुई परिस्थितियों में एक नये प्रकार की राजनीतिक गतिविधि का सुझाव दिया।
- परिवर्तनवादी विचारधारा के प्रतिनिधियों का कहना था कि राष्ट्रवादियों को विधानमंडलों का बहिष्कार समाप्त करके उनमें भाग लेना चाहिए, सरकारी योजनाओं के अनुसार उनके चलने में बाधा डालनी चाहिए, उनको राजनीतिक संघर्ष का क्षेत्र बनाना चाहिए तथा इस प्रकार जन-उत्साह जगाने में उनका उपयोग करना चाहिए।
- चक्रवर्ती राजगोपालाचारी, डॉ. राजेन्द्र प्रसाद, बल्लभभाई पटेल जैसे कट्टर गांधीवादी नेता जिन्हें **अपरिवर्तनवादी** कहा जाता था, उन्होंने परिवर्तनवादियों के विचारों को अस्वीकार करते हुए गांधीजी के रचनात्मक कार्यों, जैसे- चरखा चलाना, हरिजनोंद्धार, मद्य त्याग, हिन्दू-मुस्लिम एकता आदि कार्यक्रमों का समर्थन किया।

- चितरंजन दास एवं पण्डित मोतीलाल नेहरू ने मार्च, 1923 ई. को **इलाहाबाद** में **कांग्रेस खिलाफत स्वराज पार्टी** जिसे सामान्यतया **स्वराज पार्टी** के नाम से जाना जाता था, की स्थापना की।
- साम्प्रदायिकता ने स्वराजवादी पार्टी को विभाजित कर दिया। **प्रत्युत्तरवादी** कहे जाने वालों में एक वर्ग ने सरकार को अपना सहयोग करने का प्रस्ताव रखा ताकि तथाकथित हिन्दू हितों की रक्षा की जा सके। इस गुट में मदन मोहन मालवीय, लाला लाजपत राय और एन.सी. केलकर शामिल थे।

क्रांतिकारी आतंकवाद का द्वितीय चरण (1924–1934 ई.)

- 1922 ई. में गांधीजी द्वारा अचानक असहयोग आंदोलन समाप्त कर दिये जाने के बाद तथा देश में किसी भी प्रकार की राजनीतिक गतिविधियों के अभाव में उत्साही युवक निराशा में पुनः क्रांतिकारी गतिविधियों की ओर मुड़ गये।
- इस समय क्रांतिकारी आतंकवाद की दो धाराएँ - एक पंजाब, उत्तरप्रदेश और बिहार में तथा दूसरी बंगाल में विकसित हुई।

उत्तरी भारत में क्रांतिकारी आंदोलन

- उत्तर भारत के महत्त्वपूर्ण क्रांतिकारी नेताओं में शचीन्द्र नाथ सान्याल, राम प्रसाद बिस्मिल तथा चन्द्रशेखर आजाद आदि शामिल थे।
- क्रांतिकारी आतंकवादी आंदोलन के द्वितीय चरण में सान्याल की पुस्तक **बंदी जीवन** (हिन्दी, गुरुमुखी) ने अनेक युवाओं को क्रांति के प्रति आकर्षित किया।
- अक्टूबर 1924 में शचीन्द्र, सान्याल, रामप्रसाद बिस्मिल, चन्द्रशेखर आजाद ने कानपुर में क्रांतिकारी संस्था **हिन्दुस्तान रिपब्लिकन एसोसिएशन** (H.R.A) की स्थापना की।
- हिन्दुस्तान रिपब्लिकन एसोसिएशन (H.R.A.) की स्थापना के प्रमुख उद्देश्य निम्न थे-
  1. संगठित सशस्त्र क्रांति के द्वारा ब्रिटिश सत्ता को समाप्त कर एक **संघीय गणतन्त्र** की स्थापना की जाये जिसे **संयुक्त राज्य भारत (United States of India)** कहा जाये।
  2. आंदोलन की सफलता के लिए शस्त्र और धन एकत्र करने के लिए राजनीतिक डकैतियों सहित राजनीतिक अपहरण।
  3. हिन्दुस्तान रिपब्लिकन एसोसिएशन (H.R.A.) की देश भर में अनेक शाखाएँ स्थापित करना।
- हिन्दुस्तान रिपब्लिकन एसोसिएशन (H.R.A.) द्वारा 9 अगस्त, 1925 ई. को जब **8 डाउन** रेलगाड़ी से सरकारी खजाना सहारनपुर से लखनऊ की ओर जा रहा था, तो इसे काकोरी नामक स्टेशन पर लूट लिया गया। यह घटना **काकोरी काण्ड** के नाम से प्रसिद्ध हुई।
- सरकारी खजाना लूटने का विचार रामप्रसाद बिस्मिल का था।
- काकोरी काण्ड में रामप्रसाद बिस्मिल, राजेन्द्र लाहिड़ी, रोशन सिंह और अशफाक उल्ला खाँ को दिसंबर 1927 ई. में फाँसी दे दी गयी।
- सम्भवतः अशफाक उल्ला खाँ **पहले** भारतीय क्रांतिकारी **मुसलमान** थे, जो देश की स्वतन्त्रता के लिए फाँसी के तख्ते पर लटके थे।
- काकोरी काण्ड में हिन्दुस्तान रिपब्लिकन एसोसिएशन (H.R.A.) के चन्द्रशेखर आजाद को छोड़कर सभी सदस्यों की गिरफ्तारी से संगठन का अस्तित्व समाप्त हो गया।
- चन्द्रशेखर आजाद के नेतृत्व में **सितंबर 1928 ई.** में दिल्ली के फिरोजशाह कोटला मैदान में हिन्दुस्तान रिपब्लिकन एसोसिएशन (H.R.A.) का नाम बदलकर **हिन्दुस्तान सोशलिस्ट रिपब्लिकन एसोसिएशन (H.S.R.A.)** कर दिया गया।

- 30 अक्टूबर, 1928 ई. को लाहौर में साइमन कमीशन विरोधी एक प्रदर्शन पर पुलिस के बर्बर लाठी चार्ज से चोट खाकर पंजाब के महान नेता लाला लाजपत राय शहीद हो गये। 17 दिसंबर, 1928 ई. को भगत सिंह, चन्द्रशेखर आजाद और राजगुरु ने लाठी चार्ज का नेतृत्व करने वाले ब्रिटिश पुलिस अधिकारी **सांडर्स** को गोलियों से भून दिया। हिन्दुस्तान सोशलिस्ट रिपब्लिकन एसोसिएशन (H.S.R.A.) की यह पहली क्रांतिकारी गतिविधि थी।
- हिन्दुस्तान सोशलिस्ट रिपब्लिकन एसोसिएशन के दो सदस्य भगत सिंह और बटुकेश्वर दत्त ने 8 अप्रैल, 1929 ई. को केन्द्रीय विधानमंडल में जिस समय ट्रेड डिसप्यूट बिल और सेफ्टी बिल पर बहस चल रही थी बम फेंका, जिसका उद्देश्य सरकार को मात्र डराना था।
- केन्द्रीय विधानमंडल में बम फेंकते समय ही **पहली बार** भगत सिंह ने **इन्कलाब जिन्दाबाद** का नारा दिया।
- इन्कलाब जिन्दाबाद की रचना **मुहम्मद इकबाल** ने की थी। नारे के रूप में इसका पहली बार प्रयोग भगत सिंह ने किया।
- भगत सिंह और बटुकेश्वर दत्त को गिरफ्तार कर उन पर विधानमंडल में बम फेंकने तथा कुछ अन्य षड्यन्त्रों के साथ जोड़कर **लाहौर षड्षन्त्र केस** के तहत मुकदमा चलाया गया।
- 23 मार्च, 1931 ई. को भगत सिंह, सुखदेव और राजगुरु को फाँसी दे दी गयी।

बंगाल में क्रांतिकारी आंदोलन

- क्रांतिकारी आतंकवादी आंदोलन के द्वितीय चरण में बंगाल में अनुशीलन गुट और युगांतर गुट जैसी क्रांतिकारी संस्थाएँ एक बार फिर से सक्रिय हुई।
- इसी समय बंगाल में हेमचन्द्र घोष तथा लीला नाग ने **बंगाल स्वयं सेवक संघ** तथा अनिल राय ने **श्री संघ** नामक संस्था की स्थापना की।
- इस चरण में बंगाल के नये विद्रोही संगठनों में सबसे सक्रिय था चटगाँव क्रांतिकारियों का गुट, जिसके नेता थे **सूर्यसेन** जिन्हें लोग प्यार से **मास्टर दा** कहते थे।
- बंगाल में सूर्यसेन ने असहयोग आंदोलन में सक्रिय भूमिका निभाई थी और वे चटगाँव के राष्ट्रीय विद्यालय में शिक्षक के रूप में कार्यरत थे। सूर्यसेन ने **इंडियन रिपब्लिकन आर्मी (I.R.A.)** की स्थापना की।
- इंडियन रिपब्लिकन आर्मी (I.R.A.) के चटगाँव शाखा के पुरुष सदस्यों में अनन्त सिंह, अंबिका चक्रवर्ती, लोकीनाथ बाउल, गणेश घोष तथा महिला सदस्यों में प्रीतिलता वाडेदर तथा कल्पना दत्त का नाम उल्लेखनीय है।
- सूर्यसेन के नेतृत्व में इंडियन रिपब्लिकन आर्मी (I.R.A.) के सदस्यों ने 18 अप्रैल, 1930 ई. को चटगाँव शस्त्रागार पर आक्रमण कर हथियारों पर कब्जा कर लिया। इसी समय 65 सदस्यीय क्रांतिकारी दल के समक्ष सूर्यसेन ने इन्कलाब जिन्दाबाद के नारों के बीच तिरंगा झंडा फहरा कर **अस्थायी क्रांतिकारी सरकार** का गठन किया जिसके राष्ट्रपति सूर्यसेन बने।
- 16 फरवरी, 1933 ई. को सूर्यसेन को गिरफ्तार कर लिया गया तथा मुकदमा चलाने के बाद 12 जनवरी, 1934 ई. को इन्हें फाँसी दे दी गयी।
- क्रांतिकारी आंदोलन के द्वितीय चरण में बंगाल की महिलाओं की भागीदारी क्रांतिकारी गतिविधियों में अधिक हुई।
- **प्रीतिलता वाडेदर** पहाड़ीतली (चटगाँव) के रेलवे इंस्टीट्यूट पर छापा मारने के समय मारी गयी।
- **कल्पना दत्त, सूर्यसेन** के साथ 16 फरवरी, 1933 ई. में गिरफ्तार हुई, इन्हें आजीवन कारावास की सजा मिली।

- दिसंबर 1931 ई. में कोमिल्ला की दो स्कूली छात्राओं- शांति घोष और सुनीति चौधरी ने कोमिल्ला के जिलाधिकारी की गोली मारकर हत्या कर दी।
- 1920-1930 ई. के दशक में चटगाँव इंडियन रिपब्लिकन आर्मी (I.R.A.) में अनेक मुसलमान थे, जैसे- सत्तार, मीर अहमद, फकीर अहमद मियाँ, तुनू मियाँ आदि।

क्रांतिकारी दर्शन का प्रतिपादन

- भगवतीचरण बोहरा ने **द फिलॉसफी ऑफ द बॉम्ब** (बम का दर्शन) नामक दस्तावेज जारी किया था। भगवतीचरण बोहरा ने इसे चन्द्रशेखर आजाद के अनुरोध पर तैयार किया था।
- भगत सिंह ने 1926 ई. में पंजाब में **नौजवान भारत सभा** (भारत नौजवान सभा) की स्थापना में भाग लिया और इसके प्रथम सचिव बने।
- भगत सिंह अपने समय के तमाम राजनीतिक नेताओं में सर्वाधिक पढ़े-लिखे थे, इन्होंने ही सर्वप्रथम क्रांतिकारियों के समक्ष **क्रांतिकारी दर्शन** रखा।
- लाहौर अदालत में पेशी के समय **भगत सिंह** ने कहा था, 'क्रांति की तलवार में धार वैचारिक पत्थर पर रगड़ने से ही आती है।'
- भगत सिंह का मानना था कि व्यक्तिगत प्रयास से क्रांति नहीं लायी जा सकती, व्यापक जनांदोलन से ही क्रांति लायी जा सकती है। दूसरे शब्दों में जनता ही जनता के लिए क्रांति कर सकती है। भगत सिंह का झुकाव मार्क्सवाद की ओर अधिक था।
- सुभाष चन्द्र बोस ने भगत सिंह के बारे में कहा कि, 'भगत सिंह जिन्दाबाद और इन्कलाब जिन्दाबाद का एक ही अर्थ है।'

क्रांतिकारी आतंकवादी गतिविधियों से जुड़ी महत्त्वपूर्ण संस्थाएँ

संस्था	संस्थापक	वर्ष	स्थान
मित्र मेला	बी.डी. सावरकर	1899	नासिक
अभिनव भारत	बी.डी. सावरकर	1906	लंदन और भारत
अनुशीलन समिति	बारीन्द्र कुमार घोष, जतीन्द्र नाथ बनर्जी	1902	कलकत्ता
युगान्तर	बी.के. घोष, भूपेन्द्र नाथ दत्त	1906	कलकत्ता
भारत स्वशासन समिति तथा इंडिया हाउस	श्याम जी कृष्ण वर्मा	1905	लंदन
अंजुमाने मोहिब्बाने वतन	सरदार अजीत सिंह		लाहौर
इंडिया सोसायटी	मैडम कामा	1906	पेरिस
हिन्दू एसोसिएशन ऑफ दि अमेरिका	सोहन सिंह भाकना	1913	पोर्टलैंड
'गदर' 'युगान्तर आश्रम'	सोहन सिंह भाकना, लाला हरदयाल	1913	सैन फ्रांसिस्को
हिन्दुस्तान रिपब्लिकन एसोसिएशन	शचीन्द्र नाथ सान्याल, राम प्रसाद बिस्मिल, योगेश चटर्जी	1924	कानपुर

हिन्दुस्तान सोशलिस्ट रिपब्लिकन एसोसिएशन	चन्द्रशेखर आजाद	1928	दिल्ली
भारतीय गणतन्त्र सेना (I.R.A)	सूर्यसेन	1930	चटगाँव
भारतीय नौजवान सभा	भगत सिंह, छबीलदास, यशपाल	1926	पंजाब
लाहौर छात्र संघ	सुखदेव एवं भगत सिंह	1925	पंजाब

साइमन कमीशन

- 1919 ई. के भारत सरकार अधिनियम में यह व्यवस्था की गयी थी कि 10 वर्ष के बाद एक ऐसा आयोग (Commission) नियुक्त किया जायेगा जो इस बात की जाँच करेगा कि इस अधिनियम में कौन-कौन से परिवर्तन संभव है।
- आयोग की नियुक्ति 10 वर्ष बाद की जानी थी, लेकिन ब्रिटेन की तत्कालीन कंजर्वेटिव पार्टी सरकार ने दो वर्ष पूर्व ही **साइमन कमीशन** की नियुक्ति कर दी।
- साइमन कमीशन की नियुक्ति में तत्कालीन कंजर्वेटिव पार्टी (अनुदार दल) सरकार में भारत सचिव **लार्ड बिरकेन हेड** की महत्त्वपूर्ण भूमिका थी।
- सर जॉन साइमन की अध्यक्षता में गठित साइमन कमीशन में कुल सात सदस्य थे, चूँकि इसके सभी सदस्य अंग्रेज थे, इसलिए कांग्रेसियों ने इसे **वाइट मैन कमीशन (White Men Commission)** कहा।
- 11 दिसंबर, 1927 ई. को इलाहाबाद में हुए एक सर्वदलीय सम्मेलन में साइमन कमीशन में एक भी भारतीय सदस्य को न नियुक्त किये जाने के कारण इसके बहिष्कार का निर्णय लिया गया।
- 27 दिसंबर, 1927 ई. को मद्रास में हुए कांग्रेस के वार्षिक अधिवेशन, जिसकी अध्यक्षता एम.ए. अंसारी ने की थी, में साइमन कमीशन के पूर्ण बहिष्कार का निर्णय लिया गया।
- तत्कालीन राजनीतिक दलों में लिबरल फेडरेशन (तेज बहादुर सप्रू) भारतीय औद्योगिक वाणिज्यिक कांग्रेस, हिन्दू महासभा, किसान मजदूर पार्टी, मुस्लिम लीग आदि ने साइमन कमीशन के बहिष्कार का समर्थन किया।
- कालांतर में मुस्लिम लीग का एक गुट मुहम्मद शफी के नेतृत्व में साइमन कमीशन का समर्थक हो गया। कुछ अन्य दल जिन्होंने साइमन कमीशन का समर्थन किया, उनमें प्रमुख थे- जस्टिस पार्टी (मद्रास) तथा यूनियनिस्ट पार्टी (पंजाब)।
- 3 फरवरी, 1928 ई. को साइमन कमीशन बम्बई पहुँचा, उस दिन पूरी बम्बई में हड़ताल का आयोजन कर काले झंडे के साथ **साइमन वापस जाओ (Simon Go Back)** के नारे लगाये गये।
- जहाँ-जहाँ यह कमीशन पहुँचा वहाँ-वहाँ **साइमन गो बैक** के नारे के साथ इसका स्वागत किया गया। लखनऊ में खलीकुज्जमा और मद्रास में टी. प्रकाशम ने अनोखे अंदाज में इस कमीशन का विरोध किया।
- लाहौर में 30 अक्टूबर, 1928 ई. को लाला लाजपत राय साइमन कमीशन का विरोध करने वाली एक बड़ी भीड़ का नेतृत्व कर रहे थे, पुलिस ने बर्बर तरीके से इन्हें लाठियों से पीटा जिससे कुछ दिनों के बाद इनकी मृत्यु हो गयी। मरने से पूर्व लाला लाजपत राय का यह कथन ऐतिहासिक सिद्ध हुआ 'मेरे शरीर के ऊपर पड़े एक-एक लाठी एक दिन ब्रिटिश साम्राज्य के ताबूत की आखिरी कील साबित होगा।'
- साइमन कमीशन ने 27 मई, 1930 को अपनी रिर्पोट प्रस्तुत की जिस पर लंदन में आयोजित गोलमेज सम्मेलनों में विचार होना था।

- सर शिवस्वामी अय्यर ने आयोग की सिफारिशों को रद्दी की टोकरी में फेंकने लायक बताया।
- यद्यपि साइमन कमीशन की भारत में कड़ी आलोचना की गयी फिर भी उनके अनेक बातों को 1935 ई. के भारत सरकार अधिनियम में स्वीकार किया गया।

नेहरू रिपोर्ट

- साइमन कमीशन के विरोध एवं बहिष्कार के पूर्व ही 1925 ई. में भारत सचिव ने कांग्रेसी नेताओं के समक्ष चुनौती रखी कि वे एक ऐसा संविधान बनाकर तैयार करें जो समान्यतः भारत के सभी लोगों को मान्य हो।
- भारतीय नेताओं ने इस चुनौती को स्वीकार करते हुए फरवरी, 1928 ई. में दिल्ली में एक सर्वदलीय सम्मेलन का आयोजन किया। इस सम्मेलन में मतभेद के कारण कोई भी निर्णय नहीं लिया जा सका।
- 19 मई, 1928 ई. को बम्बई में आयोजित दूसरे सर्वदलीय सम्मेलन में पण्डित मोतीलाल नेहरू की अध्यक्षता में एक सात सदस्यीय समिति की स्थापना की गयी, जिसे भारत के संविधान के सिद्धान्तों का निर्धारण करना था।
- मोतीलाल नेहरू की अध्यक्षता में स्थापित अन्य सात सदस्य थे- सर तेज बहादुर सप्रू, सुभाषचन्द्र बोस, एम.एस आगे, सुएब कुरैशी, जी.आर. प्रधान, सर अली इमाम और मंगल सिंह।
- मोतीलाल नेहरू की अध्यक्षता वाली समिति ने 28 अगस्त, 1928 ई. को अपनी रिपोर्ट प्रस्तुत की, जिसे **नेहरू रिपोर्ट** के नाम से जाना गया। इस रिपोर्ट की निम्न सिफारिशें थीं-
  1. भारत को **डोमेनियन स्टेट** अधिराज्य का दर्जा।
  2. भारत एक संघ होगा जिसके नियन्त्रण में केन्द्र में द्विसदनीय विधानमण्डल होगा, मन्त्रिमण्डल सदन के प्रति उत्तरदायी होगा।
  3. गवर्नर जनरल की स्थिति संवैधानिक मुखिया की होगी।
  4. साम्प्रदायिक आधार पर पृथक निर्वाचक मण्डल की माँग अस्वीकार कर दी गयी।
  5. नागरिकता को परिभाषित करते हुए मूल अधिकारों को प्रतिपादित किया गया।
- मुस्लिम लीग के नेता मुहम्मद अली जिन्ना ने नेहरू रिपोर्ट में मुसलमानों के लिए पृथक निर्वाचक मण्डल की सुविधा नहीं दिये जाने के कारण नेहरू रिपोर्ट को अस्वीकार कर दिया तथा मार्च, 1929 ई. में मुसलमानों के माँगों का एक 14 सूत्री माँग पत्र प्रस्तुत किया, जिसे **जिन्ना का चौदह सूत्री फार्मूला** कहा जाता है।

कांग्रेस का लाहौर अधिवेशन

- 31 दिसंबर, 1929 ई. को कांग्रेस के लाहौर अधिवेशन का आयोजन किया गया, जिसकी अध्यक्षता पण्डित जवाहरलाल नेहरू ने की थी। इस अधिवेशेन में पारित कुछ ऐतिहासिक प्रस्ताव इस प्रकार हैं-
  1. नेहरू समिति की रिपोर्ट को निरस्त घोषित कर दिया गया।
  2. अब राष्ट्रीय आंदोलन का लक्ष्य 'पूर्ण स्वराजय' निर्धारित किया गया।
  3. कांग्रेस कार्य समिति को सविनय अवज्ञा आंदोलन प्रारंभ करने का अधिकार मिला।
- इसी अधिवेशन में 31 दिसंबर, 1929 ई. की रात के 12 बजे जवाहरलाल नेहरू ने रावी नदी के तट पर भारतीय स्वतन्त्रता का प्रतीक **'तिरंगा झण्डा'** पूर्ण स्वराज्य, वंदेमातरम् तथा इन्कलाब-जिन्दाबाद के नारों के बीच फहराया।
- इसी अधिवेशन में 26 जनवरी, 1930 ई. को प्रथम स्वाधीनता दिवस के रूप में मानने का निश्चय किया गया। इसी के साथ प्रत्येक वर्ष 26 जनवरी को **स्वतन्त्रता दिवस** के रूप में मनाये जाने की परंपरा शुरू हुई।

सविनय अवज्ञा आंदोलन (1930 ई.)

- 1929 ई. के लाहौर के कांग्रेस अधिवेशन में कांग्रेस कार्यकारिणी को सविनय अवज्ञा आंदोलन शुरू करने का अधिकार दिया गया।
- गांधीजी ने इरविन एवं रैम्जे मैकडोनाल्ड के समक्ष 31 जनवरी, 1930 ई. को 11 सूत्री माँग रखा।
- गांधीजी के 11 सूत्री माँग पर सरकार द्वारा कोई सकारात्मक रुख नहीं अपनाया गया। फलत: 14 फरवरी, 1930 ई. को साबरमती आश्रम में कांग्रेस की बैठक में गांधीजी के नेतृतव में सविनय अवज्ञा आंदोलन चलाने का निश्चय किया गया।
- **आंदोलन का कार्यक्रम** - सविनय अवज्ञा आंदोलन के तहत चलाये जाने वाले कार्यक्रम निम्न थे-
    1. नमक कानून का उल्लंघन कर स्वयं नमक बनाया जाये।
    2. सरकारी सेवाओं, अदालतों, शिक्षा केन्द्रों एवं उपाधियों का बहिष्कार किया जाये।
    3. महिलाएँ स्वयं शराब, अफीम एवं विदेशी कपड़े की दुकानों पर जाकर धरना दें।
    4. समस्त विदेशी वस्तुओं का बहिष्कार करते हुए उन्हें जला दिया जाये।
    5. कर अदायगी को रोका जाये।

डाण्डी यात्रा

- सविनय अवज्ञा आंदोलन गांधीजी के 12 मार्च, 1930 ई. के प्रसिद्ध **डाण्डी मार्च** के साथ प्रारंभ हुआ।
- गांधीजी ने 12 मार्च, 1930 ई. को साबरमती आश्रम से अपने 78 अनुयायियों के साथ डाण्डी के लिए प्रस्थान किया। 24 दिन की लंबी यात्रा के बाद गांधीजी 6 अप्रैल, 1930 ई. को डाण्डी पहुँचे, समुद्र तट से मुट्ठी भर नमक उठाया और इस प्रकार नमक कानून को तोड़ा। यहीं से सविनय अवज्ञा आंदोलन की शुरुआत हुई।

आंदोलन की प्रगति

- सविनय अवज्ञा आंदोलन गांधीजी के नेतृत्व में पूरे भारत में फैल गया।
- तमिलनाडु में **सी. राजगोपालाचारी** ने **तिरूचेनगोड आश्रम** से त्रिचुनापल्ली के **वेदारण्यम** तक नमक यात्रा की।
- असम के लोगों ने सिलहट से नोआखली तक की यात्रा की।
- मालाबार में नमक सत्याग्रह की शुरुआत, वायकोम सत्याग्रह के नेताओं में **के. कल्प्पन** एवं **टी.के. माधवन** ने कालीकट से पयान्नूर (पेन्नार) तक की नमक यात्रा करके की।
- ओडिशा में नमक सत्याग्रह **गोपचन्द्र बंधु चौधरी** के नेतृत्व में बालासोर, कटक और पुरी में चलाया गया।
- पश्चिमोत्तर सीमा प्रांत के मुसलमानों ने **खान अब्दुल गफ्फर खाँ** (सीमांत गांधी) के नेतृत्व में गठित **खुदाई खिदमतगार** या **लालकुर्ती** संगठन के माध्यम से सविनय अवज्ञा आंदोलन में सक्रिय रूप से भाग लिया।
- पेशावर में गढ़वाल रेजीमेंट के सिपाहियों ने चन्द्रसिंह गढ़वाली के नेतृत्व में निहत्थे आंदोलनकारियों पर गोली चलाने से इनकार कर दिया।
- 13 वर्षीय नागा महिला **गिडालू** ने भी अपने नागा साथियों के साथ सविनय अवज्ञा आंदोलन को पूरा समर्थन दिया। कालांतर में पण्डित जवाहरलाल नेहरू ने गिडालू को रानी की उपाधि से सम्मानित किया।
- सविनय अवज्ञा आंदोलन के समय **'कर न अदायगी'** का आंदोलन मुख्य रूप से बिहार में चलाया गया।
- बिहार में **चौकीदारी कर न अदा करने** का आंदोलन चलाया गया यह आंदोलन मुंगेर, सारण

तथा भागलपुर के जिलों में काफी सफल रहा। मुंगेर के **बरही** नामक स्थान पर सरकार का शासन समाप्त हो गया।

- गुजरात के खेड़ा जिले में, सूरत जिले के बारदोली तहसील में और भड़ौंच जिले के जंबूसर में **कर न अदा करने** का आंदोलन चलाया गया।
- इसी समय मध्य प्रांत, महाराष्ट्र और कर्नाटक में कड़े वन नियमों के विरुद्ध **वन सत्याग्रह** चलाया गया।
- असम में छात्रों ने **कनिंघम सरकुलर** के विरोध में आंदोलन किया। इस सरकुलर के तहत छात्रों को अपने अभिभावकों से सद्व्यवहार का प्रमाण पत्र प्राप्त करना होता था।
- सविनय अवज्ञा आंदोलन के समय ही बच्चों की वानर सेना तथा लड़कियों की **माजेरी सेना** का गठन किया गया।
- सविनय अवज्ञा आंदोलन के समय ही उत्तर-पश्चिम (पश्चिमोत्तर) सीमा प्रांत के कबायलियों ने गांधीजी को **मलंग बाबा** कहा।

प्रथम गोलमेज सम्मेलन

- प्रथम गोलमेज 12 नवंबर, 1930 ई. से 13 जनवरी, 1931 ई. तक लंदन में आयोजित किया गया। यह ऐसी पहली वार्ता थी, जिसमें ब्रिटिश शासकों द्वारा भारतीयों को बराबर का दर्जा दिया गया।
- इस सम्मेलन का उद्‌घाटन ब्रिटेन के सम्राट जार्ज पंचम ने किया तथा अध्यक्षता प्रधानमंत्री रैम्जे मैक्डोनाल्ड ने की।
- इस सम्मेलन के 89 सदस्यों में 13 ब्रिटिश राजनीतिक दलों से तथा शेष 76 में भारतीय उदारवादी दल, मुस्लिम लीग, हिन्दू महासभा, दलित वर्ग, व्यापारी वर्ग तथा रजवाड़ों के प्रतिनिधि थे।
- कांग्रेस ने इस सम्मेलन में भाग नहीं लिया।
- इस सम्मेलन से लौटे प्रतिनिधियों में तेजबहादुर सप्रू एवं एम.आर. जयकर ने गांधीजी- इरविन के बीच समझौते का माहौल बनाने में महत्त्वपूर्ण भूमिका का निर्वाह किया।

गांधी-इरविन समझौता

- गांधी एवं इरविन के मध्य 17 फरवरी, 1931 ई. से दिल्ली में वार्ता आरंभ हुई। 5 मार्च, 1931 ई. को अंततः एक समझौते पर हस्ताक्षर हुआ। समझौते की शर्तें इस प्रकार थी-

1. गांधी के नेतृत्व में कांग्रेस सविनय अवज्ञा आंदोलन समाप्त करने के लिए तैयार हो गयी।
2. कांग्रेस द्वितीय गोलमेज सम्मेलन में भाग लेने के लिए तैयार हो गयी।
3. सभी राजनीतिक बंदियों जिनके विरुद्ध हिंसा के आरोप नहीं थे, उनको सरकार रिहा करने पर राजी हो गयी।
4. विदेशी कपड़ों और शराब की दुकानों पर शांतिपूर्ण धरना देने का अधिकार सरकार ने मान लिया।
5. समुद्र तटीय प्रदेशों में बिना नमक कर दिये नमक बनाने की अनुमति सरकार द्वारा प्रदान की गयी।

द्वितीय गोलमेल सम्मेलन

- द्वितीय गोलमेज सम्मेलन लंदन में 7 सितंबर, 1931 ई. से 1 दिसंबर, 1931 ई. तक चला। इसमें कांग्रेस के एक मात्र प्रतिनिधि के रूप में गांधीजी ने हिस्सा लिया।
- इस सम्मेलन में ऐनी बेसेंट एवं मदन मोहन मालवीय व्यक्तिगत रूप से इंग्लैण्ड गये थे। ऐनी बेसेन्ट ने सम्मेलन में शामिल होकर भारतीय महिलाओं का प्रतिनिधित्व किया।

- दक्षिणपंथी नेता विंस्टन चर्चिल ने ब्रिटिश सरकार की आलोचना करते हुए कहा कि वह (सरकार) **देशद्रोही फकीर** (गांधीजी) को बराबर का दर्जा देकर बात कर रही थी।
- द्वितीय गोलमेज सम्मेलन के समय रैम्जे मैकडोनाल्ड ब्रिटेन के प्रधानमन्त्री, दक्षिणपंथी प्रतिक्रियावादी सैमुअल होर भारत सचिव तथा वेलिंगटन भारत के वायसराय बन चुके थे।
- यह सम्मेलन साम्प्रदायिक समस्या पर विवाद के कारण पूरी तरह असफल रहा। दलित नेता अंबेडर ने दलितों के लिए पृथक निर्वाचन मंडल की सुविधा की माँग की जिसे गांधीजी ने अस्वीकार कर दिया। अंतत: 1 दिसंबर, 1931 को यह सम्मेलन समाप्त घोषित कर दिया गया।
- द्वितीय गोलमेज सम्मेलन के समय फ्रेंक मोरेस ने गांधीजी के बारे में कहा कि- **'अर्ध नंगे फकीर** के ब्रिटिश प्रधानमन्त्री से वार्ता हेतु सेण्ट पैलेस की सीढ़ियाँ चढ़ने का दृश्य अपने आप में अनोखा एवं दिव्य प्रभाव उत्पन्न करने वाला था।'

द्वितीय सविनय अवज्ञा आंदोलन

- गांधीजी के इंग्लैण्ड प्रवास के समय सविनय अवज्ञा आंदोलन को सरकार ने बर्बरता से दबाना चाहा। बंगाल एवं उत्तर-पश्चिम सीमा प्रांत में आंदोलन को बुरी तरह कुचला गया।
- भारत लौटते ही गांधीजी ने पुन: इस आंदोलन की बागडोर संभाली। **दूसरी बार** यह आंदोलन **3 जनवरी, 1932 ई.** को प्रारंभ हुआ।
- आंदोलन के प्रति लोगों में उत्साह की कमी देखकर गांधीजी ने इसे 7 अप्रैल, 1934 ई. को स्थगित कर दिया।
- सुभाष चन्द्र बोस और विट्ठलभाई पटेल ने 1933 ई. में ही घोषणा कर दी कि **'एक राजनीतिक नेता के रूप में गांधीजी असफल रहे हैं।'**

साम्प्रदायिक निर्णय और पूना समझौता 1932 ई.

- ब्रिटिश प्रधानमन्त्री रैम्जे मैकडोनाल्ड ने 16 अगस्त, 1932 ई. को विभिन्न सम्प्रदायों के प्रतिधित्व के विषय में एक निर्णय जारी किया जिसे **साम्प्रदायिक निर्णय (Communal Award)** कहा गया।
- इस निर्णय में पृथक निर्वाचन पद्धति को न केवल मुसलमानों के लिए जारी रखा गया बल्कि इसे दलित वर्गों पर भी लागू कर दिया गया।
- दलित वर्गों को पृथक चुनाव क्षेत्र की सुविधा प्रदान करने के पीछे अंग्रेजों की गहरी चाल थी। वे इन्हें (दलित वर्गों) हिन्दुओं से अलग करना चाहते थे।
- दलित वर्ग की पृथक निर्वाचन मंडल की सुविधा दिये जाने के विरोध में गांधीजी ने यरवदा जेल में ही **20 सितंबर, 1932 ई.** को आमरण अनशन शुरू कर दिया।
- पण्डित मदनमोहन मालवीय, डॉ. राजेन्द्र प्रसाद, पुरुषोत्तम दास तथा सी. राजगोपालाचारी आदि के प्रयत्नों से गांधीजी के उपवास के पाँच दिन बाद 26 सितंबर, 1932 ई. को गांधीजी और दलित नेता अंबेडकर में **पूना समझौता (Poona Pact)** हुआ।
- पूना समझौता के तहत दलितों के लिए पृथक निर्वाचन व्यवस्था समाप्त कर दी गयी तथा विभिन्न प्रांतीय विधानमंडलों में दलित वर्ग के लिए सुरक्षित 75 स्थानों को बढ़ाकर इसे 148 कर दिया गया। केन्द्रीय विधानमंडल में 18 प्रतिशत सीटें दलित वर्ग के लिए सुरक्षित की गयी।

तृतीय गोलमेज सम्मेलन

- लंदन में तृतीय गोलमेल सम्मेलन 17 नवंबर, 1932 ई. से 24 दिसंबर, 1932 तक चला, कांग्रेस ने सम्मेलन का बहिष्कार किया।
- इस सम्मेलन में कुल 46 प्रतिनिधियों ने हिस्सा लिया। इस सम्मेलन में हुए विचार-विमर्श का परिणाम अंतत: **1935 ई. के भारत सरकार कानून के रूप में सामने आया।**

भारत सरकार अधिनियम 1935 ई.

- इस अधिनियम की मुख्य बातें-
  1. भारत के लिए एक अखिल भारतीय संघ स्थापित करने की योजना जिसमें ब्रिटिश भारत के प्रांत और उन देशी रियासतों को शामिल होना था जो इसमें स्वेच्छा से शामिल होना चाहें।
  2. इस अधिनियम के तहत केन्द्र में द्वैध शासन की व्यवस्था की गयी।
  3. प्रांतों में द्वैध शासन समाप्त कर प्रांतीय स्वायत्तता की व्यवस्था की गयी।
  4. प्रांतीय विधानमंडलों का विस्तार किया गया। मौजूदा 11 प्रांतों में से 6 विधानमंडलों में दो सदनों की व्यवस्था की गयी।
  6. इस अधिनियम द्वारा संघ इकाइयों के आपसी विवाद केन्द्र तथा प्रांतीय इकाइयों के विवाद को सुलझाने के लिए के लिए **संघीय न्यायालय** की स्थापना का प्रावधान किया गया, परंतु यह न्यायालय अपील का अंतिम न्यायालय नहीं था, अंतिम न्यायालय प्रिवी काउंसिल था।
  6. इस अधिनियम में केन्द्रीय प्रशासनिक क्षेत्र को आरक्षित और हस्तांतरित दो भागों में बाँटा गया।
- पं. जवाहरलाल नेहरू ने 1935 ई. के अधिनियम को **दासता का अधिकार पत्र कहा**, उन्होंने इस अधिनियम को **अनेक ब्रेकों वाली परंतु इंजन रहित मशीन की संज्ञा दी।**
- सी. राजगोपालाचारी ने इसे **द्वैध शासन से भी बुरा कहा।**
- जिन्ना ने इस अधिनियम को, **'पूर्णतः सड़ा हुआ, मूलरूप से बुरा और बिल्कुल अस्वीकृत बताया।'**
- पण्डित मदनमोहन मालवीय ने इस अधिनियम को, **'बाह्य रूप से जनतन्त्रवादी एवं अंदर से खोखला कहा।'**

1937 ई. के चुनाव

- 1935 ई. के भारत सरकार अधिनियम द्वारा भारतीयों को प्रांतीय शासन प्रबंध का अधिकार मिला। फलतः 1937 ई. में प्रांतीय विधानसभाओं के चुनाव हुए।
- कुल 11 प्रांतों में से 6 प्रातों- मद्रास, संयुक्त प्रांत, मध्य प्रांत, बिहार, बम्बई तथा ओडिशा में कांग्रेसी मन्त्रिमंडल बने।
- पंजाब में यूनियनिस्ट पार्टी ने और बंगाल में कृषक प्रजापार्टी तथा मुस्लिम लीग ने मिलकर सरकार बनायी।
- सिन्ध, उत्तर-पश्चिम सीमा प्रांत तथा असम में मिला-जुला मन्त्रिमंडल बना।

कांग्रेस मन्त्रिमंडल का त्यागपत्र

- 3 सितंबर, 1939 ई. में द्वितीय विश्व युद्ध के आरंभ होने पर तत्कालीन वायसराय लार्ड लिनलिथगो ने भारतीय विधानमंडल की सहमति के बिना भारत को युद्ध में शामिल कर लिया। साथ ही देश में आपातकाल की घोषणा कर दी।
- कांग्रेस कार्यसमिति ने सरकार से युद्ध के उद्देश्यों को स्पष्ट करने की माँग की, परंतु सरकार ने इस ओर कोई ध्यान नहीं दिया।
- वायसराय ने भारतीयों के सामने युद्ध के बाद **औपनिवेशिक स्वराज** का पुराना वायदा दोहराया।
- कांग्रेस शासित प्रदेशों के मन्त्रियों ने कांग्रेस कार्यसमिति की अनुमति के बाद 15 नवंबर, 1939 ई. को मन्त्रिमंडल से त्यागपत्र दे दिया।

- कांग्रेस मन्त्रिमंडल के त्यागपत्र दिये जाने के बाद मुस्लिम लीग ने 22 दिसंबर, 1939 ई. को **मुक्ति दिवस** के रूप में मनाया।

व्यक्तिगत सत्याग्रह

- गांधीजी ने 17 अक्टूबर, 1940 ई. को **व्यक्तिगत सत्याग्रह** आंदोलन शुरू किया। यह एक तरह से व्यक्तिगत सविनय अवज्ञा आंदोलन था।
- इस आंदोलन के पहले सत्याग्रही विनोबा भावे थे। उन्होंने 17 अक्टूबर, 1940 ई. को पवनार में सत्याग्रह शुरू किया, **दूसरे** एवं **तीसरे सत्याग्रही** क्रमश: जवाहरलाल नेहरू एवं ब्रह्मदत्त थे। इस आंदोलन को **दिल्ली चलो** आंदोलन भी कहा गया।
- व्यक्तिगत सत्याग्रह का मुख्य उद्देश्य ब्रिटिश सरकार के उस दावे को खोखला साबित करना था जिसमें कहा गया था कि भारत की जनता द्वितीय विश्वयुद्ध में सरकार के साथ है।

अगस्त प्रस्ताव

- मार्च 1940 ई. को कांग्रेस ने अपने रामगढ़ (तत्कालीन बिहार एवं वर्तमान झारखंड) में आयोजित वार्षिक अधिवेशन में एक प्रस्ताव पारित कर सरकार से कहा कि यदि वह केन्द्र में एक अंतरिम राष्ट्रीय सरकार गठित करे तो कांग्रेस द्वितीय विश्वयुद्ध में सरकार का सहयोग कर सकती है।
- कांग्रेस के अंतरिम राष्ट्रीय सरकार गठित करने की माँग को अस्वीकार करते हुए, तत्कालीन वायसराय लार्ड लिनलिथागो ने **8 अगस्त, 1940 को अगस्त प्रस्ताव** प्रस्तुत किया जिसकी मुख्य बातें निम्नलिखित थी–
  1. वायसराय की सलाहकार कौंसिल के अतिशीघ्र विस्तार के साथ ही कार्यकारिणी में भारतीय प्रतिनिधियों की संख्या बढ़ाना।
  2. अल्पसंख्यकों को विश्वास में लिए बिना किसी भी संवैधानिक परिवर्तन को लागू नहीं किया जायेगा।
  3. युद्ध सम्बन्धी विषयों पर विचार हेतु युद्ध परामर्श समिति का गठन किया जायेगा।
  4. युद्ध के समाप्त होने पर विभिन्न भारतीय दलों के प्रतिनिधियों की एक सभा बुलाकर उनके साथ संवैधानिक विकास पर विचार-विमर्श किया जायेगा।

पाकिस्तान की माँग

- मुस्लिम लीग के **लाहौर** अधिवेशन की अध्यक्षता करते हुए मुहम्मद अली जिन्ना ने 23 मार्च, 1940 ई. को **पहली बार** भारत से अलग मुस्लिम राष्ट्र **पाकिस्तान** के निर्माण की माँग की।
- मुस्लिमों के पृथक राष्ट्र का नाम **पाकिस्तान** हो यह विचार कैम्ब्रिज (इंग्लैण्ड) विश्वविद्यालय के परास्नातक विद्यार्थी **चौधरी रहमत अली** के मस्तिष्क में आया। रहमत अली द्वारा परकल्पित पाकिस्तान में पंजाब, उत्तर-पश्चिमी प्रांत, कश्मीर, सिन्ध और बलूचिस्तान को शामिल होना था।
- मुस्लिमों के लिए पृथक राष्ट्र के विचार का प्रवर्तक कवि एवं राजनीतिक चिन्तक **इकबाल** को माना जाता है।

क्रिप्स प्रस्ताव

- द्वितीय महायुद्ध में मित्र राष्ट्रों की कमजोर हो रही स्थिति के कारण, ब्रिटेन युद्ध में भारत का सक्रिय सहयोग पाने के लिए युद्धकालीन मन्त्रिमंडल के एक सदस्य स्टैफोर्ड क्रिप्स को घोषणा के एक मसविदे के साथ भारत भेजा। 23 मार्च, 1942 ई. को दिल्ली पहुँचकर विभिन्न नेताओं से सम्पर्क के बाद क्रिप्स ने 30 मार्च, 1942 ई. को अपनी योजना प्रस्तुत की जिसकी सिफारिशें इस प्रकार थी–

1. युद्ध के बाद भारत को **डोमिनियन स्टेट** का दर्जा दिया जायेगा जो किसी घरेलू या बाहरी सत्ता के अधीन नहीं होगा और यदि वह चाहेगा तो ब्रिटिश राष्ट्रमंडल से सम्बन्ध विच्छेद कर सकेगा।
2. युद्ध के बाद एक संविधान निर्मात्री परिषद् बनेगी जिसमें ब्रिटिश भारत और देशी रजवाड़ों, दोनों के प्रतिनिधि शामिल होंगे, जिसमें कुछ सदस्यों को प्रांतीय विधायिकाओं द्वारा तथा कुछ को शासकों द्वारा मनोनीत किया जाना था।
3. ब्रिटिश भारत का कोई प्रांत यदि नये संविधान को स्वीकार करना न चाहे तो उसे वर्तमान संविधानिक स्थिति बनाये रखने का अधिकार होगा। नये संविधान को स्वीकार न करने वाले प्रांतों को सम्राट की ओर से सरकार अलग से एक नया संविधान देने को तैयार थी।
4. युद्ध के दौरान जनता के मुख्य-मुख्य वर्गों के प्रतिनिधि शामिल होंगे, लेकिन रक्षा मन्त्रालय ब्रिटिश-भारत की सरकार के पास ही होगा।

- गांधीजी ने क्रिप्स प्रस्ताओं को **'उत्तर तिथीय चेक** कहा', जिसमें जवाहरलाल नेहरू ने **'जिसका बैंक नष्ट होने वाला था'** वाक्य जोड़ दिया।
- मुस्लिम लीग ने क्रिप्स प्रस्तावों की आलोचना इसलिए की क्योंकि इसमें पाकिस्तान की स्पष्ट घोषणा नहीं की गयी थी।
- 11 अप्रैल, 1942 ई. को क्रिप्स प्रस्तावों को वापस ले लिया गया।

भारत छोड़ो आंदोलन (1942 ई.)

- क्रिप्स प्रस्तावों की असफलता और जापानी आक्रमण के बढ़ते हुए खतरे तथा युद्धकालीन परिस्थितियों के कारण बढ़ती हुई कीमतों और वस्तुओं के अभाव ने भारतीय जनमानस को असंतोष से भर दिया।
- 5 जुलाई, 1942 ई. को गांधीजी ने हरिजन में लिखा 'अंग्रेजों भारत को जापान के लिए मत छोड़ों बल्कि भारत को भारतीयों के लिए व्यवस्थित रूप से छोड़ जाओ।'
- 14 जुलाई, 1942 ई. को वर्धा में आयोजित कांग्रेस कार्यसमिति की बैठक में **भारत छोड़ो आंदोलन** पर एक प्रस्ताव पारित किया गया।
- आंदोलन की सार्वजनिक घोषणा से पूर्व 1 अगस्त, 1942 ई. को इलाहाबाद में **तिलक दिवस** मनाया गया। इस अवसर पर नेहरू ने कहा- 'हम आग से खेलने जा रहे हैं। हम दुधारी तलवार का प्रयोग करने जा रहे हैं जिसकी चोट उल्टे हमारे ऊपर भी पड़ सकती है'। आगे नेहरू ने कहा कि 'संघर्ष निरंतर संघर्ष, मेरा यही उत्तर है एमरी और क्रिप्स को।'
- 7 अगस्त, 1942 ई. को बम्बई के ऐतिहासिक ग्वालिया टैंक मैदान में अखिल भारतीय कांग्रेस समिति की वार्षिक बैठक (अध्यक्षता मौलाना अबुल कलाम आजाद ने की) हुई। इस बैठक में वर्धा प्रस्ताव (भारत छोड़ो आंदोलन) की पुष्टि कर दी गयी।
- भारत छोड़ो आंदोलन भारतीय स्वतन्त्रता संघर्ष का प्रथम आंदोलन था जिसने नेतृत्वविहीनता की स्थिति में भी अपने उद्देश्य को पूरा किया।
- भारत छोड़ो आंदोलन को **अगस्त क्रान्ति** के नाम से भी जाना जाता है। इसे भारतीय स्वतन्त्रता संघर्ष की अंतिम महान लड़ाई भी माना जाता है।
- बम्बई कांग्रेस ने भारत छोड़ो प्रस्ताव को थोड़े बहुत संशोधन के बाद 8 अगस्त, 1942 ई. को पास कर दिया।
- इस आंदोलन के दौरान गांधीजी ने **करो या मरो (Do or Die)** का नारा दिया।

- कांग्रेस आंदोलन चला सके, इसके पहले की सरकार ने कड़ा प्रहार करते हुए, 9 अगस्त, 1942 ई. को एकदम सुबह गांधीजी तथा दूसरे महत्त्वपूर्ण नेता गिरफ्तार कर लिए गये। साथ ही कांग्रेस को गैर-कानूनी संस्था घोषित कर दिया गया।
- गांधीजी को पूना के आगा खाँ महल में तथा कांग्रेस कार्यकारिणी के अन्य सदस्यों को अहमदनगर के दुर्ग में रखा गया।
- 1942 ई. के इस आंदोलन का सर्वाधिक प्रभाव बंगाल, बिहार, उत्तरप्रदेश, मद्रास और बम्बई में था लेकिन इसमें समूचे देश की हिस्सेदारी थी।
- भारत छोड़ो आंदोलन के समय बम्बई, अहमदाबाद और जमशेदपुर में मजदूरों की हड़तालें लंबी चली।
- जयप्रकाश नारायण, राममनोहर लोहिया एवं अरुणा आसफ अली जैसे नेताओं ने भूमिगत रहकर इस आंदोलन को नेतृत्व प्रदान किया।
- इस आंदोलन के दौरान गिरफ्तारी से बचे नेता वी.एम. खाकर, राममनोहर लोहिया, उषा मेहता, नादिमान अब्रवाद प्रिंटर आदि ने आंदोलन के समय भूमिगत कांग्रेस रेडियो स्टेशन का संचालन किया।
- कांग्रेस रेडियो स्टेशन बम्बई और नासिक में स्थापित थे, उनका मुख्य कार्य कांग्रेस की सूचनाओं का प्रसारण करना होता था। 12 नवंबर, 1942 ई. को कांग्रेस रेडियो स्टेशन सरकार द्वारा जब्त कर लिया गया।
- आंदोलन के प्रति सरकार की दमनात्मक नीति के विरुद्ध गांधीजी ने आगा खाँ महल में 10 फरवरी, 1943 से 21 दिन का उपवास शुरू कर दिया। भारत की ब्रिटिश सरकार उन्हें मुक्त न कर उनकी मृत्यु की प्रतीक्षा करने लगी। सरकार की इस बर्बर नीति के विरोध में वायसराय की कौंसिल के सदस्य सर मोदी, सर ए.एन. सरकार एवं अणे ने इस्तीफा दे दिया।
- खराब स्वास्थ्य के कारण 9 मई, 1944 ई. को गांधीजी को जेल से छोड़ दिया गया। गांधीजी के रिहा होने से पूर्व ही उनकी पत्नी कस्तूरबा और उनके निजी सचिव महादेव देसाई की मृत्यु हो गयी।
- भारत छोड़ो आंदोलन के समय देश के कई इलाकों में ब्रिटिश शासन समाप्त हो गया और **समानांतर सरकारें** स्थापित की गयी।
- **बलिया (उत्तरप्रदेश)** में गांधीवादी **चित्तू पाण्डे** के नेतृत्व में **पहली समानांतर सरकार** स्थापित हुई।
- बंगाल के **मिदनापुर** जिले के **तामलुक** नामक स्थान पर 17 दिसंबर, 1942 ई. को तामलुक जातीय सरकार (समानांतर सरकार) की स्थापना की गयी। यहाँ की सरकार ने एक सशस्त्र विद्युत वाहिनी का गठन किया। यहाँ की सरकार 1 सितंबर, 1944 ई. तक चली।
- **सतारा** (महाराष्ट्र) में इस समय की सर्वाधिक दीर्घजीवी समानांतर सरकार की स्थापना हुई, यहाँ की सरकार 1945 ई. तक चली। सतारा के समानांतर सरकार के नेताओं में वाई.पी. चव्हाण, नाना पाटिल प्रमुख थे। सतारा के समानांतर सरकार, जिसे प्रति सरकार के नाम भी जाना जाता है, द्वारा गांधी विवाहों का आयोजन किया गया।
- भारत छोड़ो आंदोलन में मुसलमानों का योगदान संदेहास्पद था, फिर भी मुस्लिम लीग के कुछ सदस्यों ने भूमिगत नेताओं को अपने घर में पनाह दी।
- वामपंथियों या साम्यवादियों ने इस आंदोलन का इसलिए विरोध किया क्योंकि वे द्वितीय महायुद्ध में ब्रिटेन के साथ तथा साम्राज्यवादी ताकतों के विरुद्ध थे।

फारवर्ड ब्लाक एवं आजाद हिन्द फौज का गठन

- गांधीजी के विरोध के बावजूद 1939 ई. में सुभाषचन्द्र बोस दोबारा कांग्रेस के अध्यक्ष चुने गये, लेकिन कांग्रेस वर्किंग कमेटी के अंदर गांधीजी और उनके समर्थकों के विरोध के कारण बोस ने अप्रैल 1939 ई. में कांग्रेस के अध्यक्ष पद से त्यागपत्र दे दिया।
- कांग्रेस के अध्यक्ष पद से त्यागपत्र देने के बाद सुभाषचन्द्र बोस और उनके समर्थकों ने कांग्रेस के अंदर एक नये दल, **फारवर्ड ब्लाक (Forward Block)** की 1 मई, 1939 ई. में स्थापना की।
- **हॉलवेल स्टैच्यू/स्मारक** (इसका निर्माण तथाकथित काल कोठारी घटना में शिकार हुए लोगों की याद में हुआ था) को सार्वजनिक स्थल से हटाने के लिए सुभाषचन्द्र बोस ने आंदोलन किया। फलतः 2 जुलाई, 1940 ई. को उन्हें गिरफ्तार कर जेल में डाल दिया गया। जेल में अनशन के कारण स्थिति नाजुक होने पर 5 दिसंबर, 1940 ई. को उन्हें रिहा कर कलकत्ता स्थित एल्गिन रोड के उनके निवास स्थान पर नजरबंद कर दिया गया। वहाँ से 17 जनवरी, 1941 ई. को मौका पाकर वह भाग निकले। अफगानिस्तान, इटली होते हुए वे जर्मनी पहुँचे।
- जर्मनी पहुँचकर सुभाषचन्द्र बोस ने बर्लिन में नात्सी (नाजी) नेता हिटलर से मुलाकात की तथा अपनी आगामी योजनाओं के प्रति हरसंभव सहयोग प्राप्त करने का आश्वासन प्राप्त किया।
- जर्मनी में सुभाषचन्द्र बोस द्वारा **फ्री इंडिया सेंटर** की स्थापना की गयी। इसी संस्था द्वारा सुभाषचन्द्र बोस ने पहली बार **जय हिन्द** का नारा दिया था।
- 8 फरवरी, 1943 ई. को सुभाषचन्द्र बोस ने अपने सहयोगी आबिद हुसैन के साथ जर्मन यू बोट (Submarine) द्वारा जर्मन के कील नामक स्थान से रवाना हुए। रास्ते में जर्मन बोट को छोड़कर वे हवाई जहाज से 13 जून, 1943 ई. को टोकियो (जापान) पहुँचे।
- 28-30 मार्च, 1942 ई. को टोकियो में रह रहे भारतीय रास बिहारी बोस ने **इंडियन नेशनल आर्मी** (आजाद हिन्द फौज) के गठन पर विचार के लिए एक सम्मेलन बुलाया।
- कैप्टन मोहन सिंह, रास बिहारी बोस एवं एन.एस. गिल के सहयोग से इंडियन नेशनल आर्मी (Indian National Army-INA) का गठन किया गया।
- आजाद हिन्द फौज की स्थापना का विचार सर्वप्रथम मोहनसिंह के दिमाग में आया था। वह ब्रिटिश भारतीय सेना के अधिकारी थे।
- 28-30 मार्च, 1940 ई. को टोकियो में सम्पन्न सम्मेलन में रास बिहारी बोस ने **इंडिया इंडिपेंडेंस लीग** की स्थापना की। जून 1942 ई. को रास बिहारी बोस द्वारा बैंकाक (मलेशिया) में इंडिया इंडिपेंडेंस लीग का एक और सम्मेलन बुलाया गया, जिसमें सुभाषचन्द्र बोस को लीग और आजाद हिन्द फौज का नेतृत्व सौंपने का निर्णय किया गया।
- 7 जुलाई, 1943 ई. को रास बिहारी बोस ने आजाद हिन्द फौज और इंडियन इंडिपेंडेंस लीग की कमान सुभाषचन्द्र बोस को सौंप दी। सुभाषचन्द्र बोस INA के सर्वोच्च सेनापति (कमांडर) घोषित किये गये।
- 21 अक्टूबर, 1943 ई. को सुभाष चन्द्र बोस ने सिंगापुर में स्वतन्त्र भारत की **अस्थायी सरकार** की स्थापना की। जर्मनी, जापान तथा उनके समर्थक देशों द्वारा इस सरकार को मान्यता प्रदान की गयी। इसके पश्चात् सुभाषचन्द्र बोस ने आजाद हिन्द फौज के मुख्यालय सिंगापुर एवं रंगून में बनाये।
- सुभाषचन्द्र बोस ने लक्ष्मीबाई के नाम पर रानी झांसी रेजीमेंट महिलाओं के लिए स्थापित किया। आजाद हिन्द फौज के तीन और ब्रिगेड का नाम क्रमशः सुभाष ब्रिगेड, नेहरू ब्रिगेड और गांधी ब्रिगेड रखा गया।

- सैनिकों का आह्वान करते हुए सुभाषचन्द्र बोस ने कहा कि- **'तुम मुझे खून दो मैं तुम्हें आजादी दूँगा।'**
- 6 नवंबर, 1944 ई. को जापानी सेना ने आजाद हिन्द फौज को अण्डमान और निकोबार द्वीप सौंप दिया। आईएनए (INA) ने इनका नाम क्रमशः **शहीद** और **स्वराज द्वीप** रखा।
- 6 जुलाई, 1944 ई. को सुभाषचन्द्र बोस ने **आजाद हिन्द रेडियो** के एक प्रसारण में महात्मा गांधी के नाम एक विशेष प्रसारण में कहा कि- 'भारत की स्वाधीनता का आखिरी युद्ध शुरू हो चुका। **राष्ट्रपिता** भारत की मुक्ति के इस पवित्र युद्ध में हम आपका आशीर्वाद और शुभकामनाएँ चाहते हैं।'
- **पहली बार** सुभाषचन्द्र बोस द्वारा ही गांधीजी के लिए राष्ट्रपिता शब्द का प्रयोग किया गया।
- फरवरी से जून 1944 ई. के मध्य आजाद हिन्द फौज की तीन ब्रिगेडों ने जापानियों के साथ मिलकर भारत की पूर्वी सीमा एवं बर्मा से युद्ध लड़ा। परंतु दुर्भाग्यवश द्वितीय विश्व युद्ध में जापान की सेनाओं के मात खाने के साथ ही आजाद हिन्द फौज को भी पराजय का सामना करना पड़ा।
- मई 1945 ई. में ब्रिटिश सेना द्वारा रंगून पर पुनः अधिकार कर लिए जाने के बाद आजाद हिन्द फौज के सिपाहियों को भी जापानी सेना के साथ आत्मसमर्पण करना पड़ा।
- 18 अगस्त, 1945 ई. को ताइकु हवाई अड्डे (ताईवान) पर हुई हवाई दुर्घटना में सुभाषचन्द्र बोस मारे गये हालाँकि उनकी मृत्यु की पुष्टि अभी भी संदेह के घेरे में है।

सी.आर. फार्मूला

- देश की साम्प्रदायिक समस्या सुलझाने के उद्देश्य से 10 जुलाई, 1944 ई. को गांधीजी की स्वीकृति से चक्रवर्ती राजगोपालचारी ने कांग्रेस तथा मुस्लिम लीग के समझौते की एक योजना प्रस्तुत की, जो इस प्रकार है-
    1. मुस्लिम लीग भारतीय स्वतन्त्रता की माँग का समर्थन करे व अस्थायी सरकार के गठन में कांग्रेस के साथ सहयोगी की भूमिका अदा करे।
    2. द्वितीय विश्वयुद्ध के समाप्ति पर भारत के उत्तर-पश्चिम व पूर्वी भागों में स्थित मुस्लिम बहुसंख्यक क्षेत्रों की सीमा का निर्धारण करने के लिए एक कमीशन नियुक्त किया जाये, फिर वयस्क मताधिकार प्रणाली के आधार पर इन क्षेत्रों के निवासियों की मतगणना करके भारत से उनके सम्बन्ध-विच्छेद के प्रश्न का निर्णय किया जाये।
    3. मतगणना से पूर्व सभी राजनीतिक दलों को अपने दृष्टिकोण के प्रचार की पूरी स्वतन्त्रता हो।
    4. देश विभाजन की स्थिति में रक्षा, यातायात या अन्य अनिवार्य विषयों पर आपसी समझौते की व्यवस्था की जाये।
    5. उपर्युक्त शर्तें तभी मानी जा सकती है, जब ब्रिटेन भारत को पूर्ण रूप से स्वतन्त्रता प्रदान करे।

    नोट : जिन्ना से इस फार्मूले को अस्वीकार कर दिया गया। कालांतर में इसी फार्मूले के आधार पर भारत का विभाजन किया गया। गांधीजी ने सी.आर. फार्मूले के आधार पर जिन्ना से बात की। पहली बार महात्मा गांधी ने जिन्ना को **कायदे आजम** (महान नेता) कह कर उनके सम्मान को बढ़ाया, पर जिन्ना ने पाकिस्तान की माँग पर अटल रहकर वार्ता को असफल कर दिया।

वेवेल योजना

- तत्कालीन भारतीय वायसराय वेवेल ने ब्रिटिश सरकार से परामर्श के पश्चात् भारत में व्याप्त गतिरोध दूर करने के लिए 4 जून, 1945 ई. को भारतीयों के समक्ष **वेवेल योजना** रखी। वेवेल योजना की मुख्य बातें इस प्रकार थीं-

1. वायसराय की कार्यकारिणी परिषद् को पुनर्गठित किया जाये तथा उसमें सभी दलों को प्रतिनिधित्व दिया जाये। परिषद् में वायसराय या सैन्य प्रमुख के अतिरिक्त शेष सभी सदस्य भारतीय होंगे तथा प्रतिरक्षा विभाग वायसराय के अधीन होगा।
2. कार्यकारिणी में मुसलमान सदस्यों की संख्या सवर्ण हिन्दूओं के बराबर होगी।
3. कार्यकारिणी परिषद् एक अंतरिम राष्ट्रीय सरकार के समान होगा। गवर्नर जनरल बिना कारण निषेधाधिकार (veto) का प्रयोग नहीं करेगा।
4. कांग्रेस के नेता रिहा किये जायेंगे तथा शीघ्र ही शिमला में सर्वदलीय सम्मेलन बुलाया जायेगा।
5. युद्ध समाप्त होने के उपरांत भारतीय स्वयं ही अपना संविधान बनायेंगे।

शिमला सम्मेलन

- 25 जून, 1945 ई. को शिमला में एक सर्वदलीय सम्मेलन का आयोजन किया गया जिनमें कुल 22 प्रतिनिधियों ने हिस्सा लिया।
- सम्मेलन के दौरान मुस्लिम लीग द्वारा यह शर्त रखी गयी कि वायसराय की कार्यकारिणी परिषद् में नियुक्त होने वाले सभी मुस्लिम सदस्यों का चयन वह स्वयं करेगी। मुस्लिम लीग का यही अड़ियल रुख 25 जून से 14 जुलाई तक चलने वाले शिमला सम्मेलन की असफलता का प्रमुख कारण बना।
- वायसराय वेवेल ने 14 जुलाई, 1945 ई. को शिमला सम्मेलन के विफलता की घोषणा कर दी।

आजाद हिन्द फौज मुकदमा

- आजाद हिन्द फौज के सिपाहियों द्वारा समर्पण के बाद सरकार ने उन पर **निष्ठा की शपथ** (सरकार के प्रति) तोड़ने के आरोप में लाल किले में राजद्रोह का मुकदमा चलाने का नवंबर 1945 ई. में निर्णय लिया।
- सरकार के इस निर्णय के विरुद्ध समूचे देश में आंदोलन शुरू हो गया। कांग्रेस ने INA के सिपाहियों को बचाने के लिए **आजाद हिन्द बचाव समिति** का गठन किया।
- बचाव पक्ष के वकीलों में भूलाभाई देसाई थे, उनका सहयोग करने के लिए तेज बहादुर सप्रू, के.एन. काटजू और जवाहर लाल नेहरू ने भी अदालत में बहस की, लेकिन फिर भी **कर्नल सहगल, कर्नल ढिल्लो** और **मेजर शाहनवाज खाँ** को फाँसी की सजा सुनायी गयी।
- सरकार के इस निर्णय के खिलाफ पूरे देश में कड़ी प्रतिक्रिया हुई। नारे लगाये गये- 'लाल किले को तोड़ दो आजाद हिन्द फौज को छोड़ दो।'
- अंत में विवश होकर तत्कालीन वायसराय लार्ड वेवेल ने अपने विशेषाधिकार का प्रयोग कर इनके मृत्युदण्ड की सजा को माफ कर दिया।

भारत में चुनाव 1945 ई.

- ब्रिटेन में विंटस्न चर्चिल की कंजरवेटिव पार्टी के चुनाव हारने के बाद श्रमिक दल के नेता क्लीमेंट एटली ब्रिटेन के प्रधानमन्त्री बने, उन्होंने सर पैथिक लारेंस को भारत का सचिव नियुक्त किया।
- एटली ने अपनी पहली कार्यवाही के तहत भारत में आम चुनाव करवाया। चुनाव के परिणाम दिसंबर 1945 ई. में घोषित किये गये।
- केन्द्रीय विधानमण्डल की 102 सीटों में कांग्रेस 57 पर सफल हुई। प्रांतीय चुनावों में कांग्रेस को बंगाल, सिंध और पंजाब के अलावा शेष स्थानों पर बहुमत प्राप्त हुआ। मद्रास, असम, मध्यप्रांत, ओडिशा, बम्बई, संयुक्त प्रांत, बिहार, उत्तर-पश्चिमी प्रांत में कांग्रेस मन्त्रिमण्डल बनाये गये।

शाही नौसेना विद्रोह 1946

- 19 फरवरी, 1946 ई. को रॉयल इंडियन नेवी के सिगनल्स प्रशिक्षण संस्थान एच.एम.आई.एस. तलवार के गैर कमीशण्ड अधिकारियों एवं सिपाहियों ने, जिन्हें रेटिंग्ज कहा जाता था, खराब भोजन, जातीय भेदभाव, कम वेतन आदि के खिलाफ विद्रोह कर दिया।
- इन विद्रोहियों की एक माँग यह भी थी कि नाविक बी.सी. दत्त, जिसे तलवार (नौसेना का जहाज) की दीवारों पर भारत छोड़ो लिखने के कारण गिरफ्तार कर लिया गया था, को रिहा किया जाये।
- बम्बई से प्रारंभ हुआ यह विद्रोह कराची, मद्रास और कलकत्ता को भी अपने चपेट में ले लिया। विद्रोहियों ने जहाज पर से **यूनियन जैक** के झंडे को हटाकर कांग्रेस, लीग एवं कम्युनिस्ट पार्टी के झंडे लगा दिये। इस विद्रोह में इंकलाब जिंदाबाद, जय हिन्द, हिन्दू-मुस्लिम एक हो के नारे लगाये गये। इस विद्रोह के समर्थन में 22 फरवरी, 1946 ई. को बम्बई में एक अभूतपूर्व हड़ताल का आयोजन किया गया, जिसमें 20 लाख मजदूरों ने हिस्सा लिया।
- विद्रोहियों ने एम.एस. खान के नेतृत्व में **नौसेना केन्द्रीय हड़ताल समिति** का गठन किया। इस संस्था ने बेहतर खाना, श्वेत और भारतीय नाविकों हेतु समान वेतन, राजनीतिक कैदियों की रिहाई आदि माँग सरकार के सामने रखा।
- विद्रोहियों को कुचलने के लिए सरकार ने **एडमिरल गोल्फ्रेड** को आदेश देकर भेजा कि-ब्रिटिश फौज की सारी सेना विद्रोहियों के दमन के लिए लगा दी जाये, भले ही सम्पूर्ण नौसेनिक शक्ति नष्ट हो जाये।
- 25 फरवरी, 1946 ई. को नौसेना के विद्रोहियों ने सरदार पटेल के आश्वासन के बाद कि उनका (सैनिकों) किसी प्रकार से दमन नहीं किया जायेगा, आत्मसमर्पण कर दिया।

कैबिनेट मिशन 1946 ई.

- 15 फरवरी, 1946 को ब्रिटेन की लेबर पार्टी के नेता एटली ने भारतीय नेताओं से अनौपचारिक स्तर पर बातचीत करने के लिए एक संसदीय दल (कैबिनेट मिशन) भारत भेजने की घोषणा की।
- 24 मार्च, 1946 ई. को दिल्ली पहुँचे कैबिनेट मिशन शिष्टमण्डल के सदस्य थे- सर स्टेफर्ड क्रिप्स (अध्यक्ष, बोर्ड ऑफ ट्रेड), पैथिक लारेंस (भारत सचिव) एवं ए.वी. अलेक्जेंडर (नौसेना मन्त्री)। 16 मई, 1946 ई. को इस मिशन ने अपनी रिपोर्ट प्रस्तुत की। रिपोर्ट में कैबिनेट मिशन ने निम्न सिफारिशें रखीं-

    1. एक भारतीय संघ स्थापित होगा जिसमें देशी राज्य व ब्रिटिश भारत के प्रांत सम्मिलत होंगे। यह संघ वैदेशिक, रक्षा तथा यातायात विभागों की व्यवस्था करेगा।
    2. संघ में देशी राज्यों व ब्रिटिश भारत के प्रतिनिधियों की एक कार्यपालिका होगी।
    3. संघ सूची के अतिरिक्त अन्य सभी विषयों एवं अवशिष्ट विषयों पर प्रांतों का अधिकार होगा।
    4. भारतीय प्रांतों को तीन वर्गों- अ, ब और स में विभाजित किया जायेगा। तीनों वर्गों के प्रांतों को अपने-अपने प्रतिनिधि चुनने एवं प्रांतों के लिए संविधान बनाने का अधिकार होगा।
    5. संविधान निर्माण के लिए 'संविधान सभा' के गठन की बात कही गयी।
    6. शिष्टमण्डल ने पाकिस्तान सम्बन्धी लीग की माँग को स्वीकार नहीं किया।

- जुलाई 1946 ई. में कैबिनेट मिशन योजना के तहत संविधान सभा का चुनाव हुआ। कांग्रेस को कुल 296 सीटों में से 201 पर विजय प्राप्त हुई, दूसरी ओर मुस्लिम लीग को 73 सीटें मिली।
- मुस्लिम लीग यह सोचकर बौखला गयी कि 296 सदस्यीय विधान सभा में उसकी 24 प्रतिशत सीटें है। अतः उसने 29 जून, 1946 ई. को कैबिनेट मिशन योजना को अस्वीकार कर दिया तथा पाकिस्तान प्राप्त करने के लिए 16 अगस्त, 1946 ई. को **प्रत्यक्ष कार्यवाही दिवस** के

रूप में मनाया। फलतः इस दिन हुए खूनी संघर्ष में बंगाल में लगभग 7,000 लोगों का कत्ल कर दिया गया। बंगाल में इस दंगा का केन्द्र नोआखली था। साथ ही बिहार, सिलहट, बम्बई, गढ़मुक्तेश्वर (उत्तरप्रदेश) आदि स्थानों पर भयानक साम्प्रदायिक दंगे हुए।

अंतरिम सरकार का गठन

- 24 अगस्त, 1946 ई. को पण्डित नेहरू के नेतृत्व में भारत की पहली अंतरिम राष्ट्रीय सरकार की घोषणा की गयी जिसमें मुस्लिम लीग की भागीदारी नहीं थी।
- अंतरिम सरकार में सदस्य इस प्रकार थे- पं. जवाहर लाल नेहरू, सरदार बल्लभ भाई पटेल, डॉ. राजेन्द्र प्रसाद, आसफ अली, राजगोपालाचारी, शरत चन्द्र बोस, डॉ. जय मथाई, सरदार बलदेव सिंह, सरफराज अहमद खाँ, जगजीवन राम, सैयद अली जहीन और डॉ. सी.एच. भाभा आदि।
- उपर्युक्त सदस्य औपचारिक रूप से वायसराय की कार्यकारिणी परिषद् के सदस्य थे। जिसका अध्यक्ष वायसराय तथा उपाध्यक्ष पं. नेहरू थे।
- पं. नेहरू ने 2 सितंबर 1946 ई. को ग्यारह अन्य सदस्यों के साथ अपने पद की शपथ ली। अन्य सदस्यों में तीन गैर-मुस्लिम लीगी सदस्य थे। लीग अपने पाँच मनोनीत सदस्यों के साथ सरकार में प्रवेश कर सके, इसका विकल्प खुला रखा गया।
- 26 अक्टूबर, 1946 को अंतरिम सरकार में तीन मूल सदस्यों के स्थान पर लीग के पाँच प्रतिनिधि शामिल हो गये। मुस्लिम लीग का अंतरिम सरकार में शामिल होना सरकार के साथ सहयोग का सूचक नहीं था बल्कि इसमें पाकिस्तान की माँग की लड़ाई को आगे बढ़ाने का स्वार्थ निहित था।
- 20 नवंबर, 1946 को वायसराय ने संविधान सभा की बैठक हेतु निर्वाचित प्रतिनिधियों की बैठक में भाग लेने के लिए निमंत्रण पत्र भेजा। 9 दिसंबर, 1946 को दिल्ली में संविधान सभा की पहली बैठक हुई, जिसका मुस्लिम लीग ने बहिष्कार किया।
- मुस्लिम लीग द्वारा संविधान सभा का लगातार बहिष्कार देखते हुए ब्रिटिश सरकार ने यह निर्णय दिया कि संविधान सभा के निर्णय मुस्लिम बहुल इलाके पर लागू नहीं होंगे।

एटली की घोषणा

- ब्रिटिश प्रधानमन्त्री एटली ने हाउस ऑफ कॉमन्स में 20 फरवरी, 1947 ई. को एक ऐतिहासिक घोषणा करते हुए कहा कि 'अंग्रेज जून 1948 ई. के पहले ही उत्तरदायी लोगों को सत्ता हस्तांतरित करने के उपरांत भारत छोड़ देंगे'।
- इस घोषणा के बाद मुस्लिम लीग ने भारत के बँटवारे को लेकर आंदोलन तेज कर दिया। उसने असम, पंजाब और पश्चिम सीमा प्रांत में खूनी संघर्ष जारी रखा।

माउंटबेटन योजना और स्वतन्त्रता प्राप्ति

- 24 जून, 1947 ई. को भारत के 34वें और अंतिम ब्रिटिश गवर्नर जनरल लार्ड माउंटबेटन भारत आये जिनका एकमात्र उद्देश्य था, अतिशीघ्र भारत को पूर्ण स्वतन्त्रता देना।
- लारी कालिन्स एवं लापियर की पुस्तक **Freedom at Midnight** में माउंटबेटन को एक कुशल राजनयिक के रूप में चित्रित किया गया है। इस पुस्तक में कहा गया है कि माउंटबेटन ने अपने आकर्षक व्यक्तित्व और चतुराई से भारतीय प्रायद्वीप की समस्याओं को पलक झपकते ही हल कर दिया।
- पद ग्रहण करते ही उन्होंने कांग्रेस एवं मुस्लिम लीग के नेताओं से तत्कालिक समस्याओं पर व्यापक विचार-विमर्श किया।

- लगभग दो महीने की बातचीत के उपरांत माउंटबेटन इस निष्कर्ष पर पहुँचे कि विभाजन ही एकमात्र विकल्प है। अतः उन्होंने एटली के 20 फरवरी, 1947 ई. के वक्तव्य के दायरे में भारत विभाजन की एक योजना तैयार की।
- 18 मई, 1947 ई. को माउंटबेटन ब्रिटिश सरकार से समस्या के अंतिम हल पर बातचीत हेतु लंदन गये और पुनः भारत आने पर 3 जून, 1947 ई. को 'माउंटबेटन योजना', जिसे जनसाधारण में 'मनबाटन' योजना के नाम से जाना जाता है, प्रस्तुत की। इस योजना की मुख्य बातें इस प्रकार थीं–
    1. वर्तमान परिस्थितियों में भारत के विभाजन से ही समस्या सुलझ सकती है। अतः हिन्दुस्तान को दो हिस्सों, भारतीय संघ और पाकिस्तान में बाँट दिया जायेगा। संविधान सभा द्वारा पारित संविधान भारत के उन भागों में लागू नहीं होगा जो इसे मानने के लिए तैयार नहीं है।
    2. बंगाल, पंजाब एवं असम में विधानमण्डलों के अधिवेशन दो भागों में किये जायेंगे, एक भाग में उन जिलों के प्रतिनिधि हिस्सा लेंगे जहाँ मुसलमानों की बहुलता है और दूसरे में उन जिलों के प्रतिनिधि हिस्सा लेंगे जहाँ मुसलमान अल्पसंख्या में है। दोनों यह निर्णय स्वयं लेंगे कि उन्हें भारत में रहना है या पाकिस्तान में।
    3. उत्तर-पश्चिम सीमा प्रांत में जनमत संग्रह द्वारा यह पता लगाया जाये कि वे किस भाग, भारत या पाकिस्तान में रहना चाहते हैं।
    4. असम के सिलहट जिले के लोगों की भी राय जानने के लिए जनमत संग्रह का सहारा लिया जायेगा।
    5. पंजाब, बंगाल व असम के विभाजन के लिए एक सीमा आयोग की नियुक्ति होगी जो उक्त प्रांतों की सीमा निश्चित करेंगे।
    6. देशी रियासतों (रजवाड़ों) से भी 15 अगस्त, 1947 ई. से ब्रिटिश सर्वोच्चता हटा ली जायेगी तथा उन्हें भारत या पाकिस्तान में मिलने की पूर्ण स्वतन्त्रता होगी।
- कांग्रेस कार्यकारिणी समिति ने 12 जून को तथा कांग्रेस महासमिति ने 14 और 15 जून, 1947 ई. को दिल्ली में हुई बैठक में माउंटबेटन योजना की पुष्टि कर दी।

भारत स्वतन्त्रता अधिनियम 1947 ई.

- माउंटबेटन योजना के आधार पर ब्रिटिश संसद ने 18 जुलाई, 1947 ई. को भारतीय स्वतन्त्रता अधिनियम 1947 पारित किया। इस उपबंध द्वारा ही 15 अगस्त, 1947 ई. को भारत का विभाजन हुआ। इस अधिनियम की मुख्य बातें इस प्रकार है–
    1. 15 अगस्त, 1947 ई. से भारत और पाकिस्तान नामक दो डोमेनियनों (अधिराजय) की स्थापना हो जायेगी।
    2. दोनों अधिराज्य अपनी-अपनी संविधान सभा का गठन करेंगे।
    3. भारत और पाकिस्तान के पास राष्ट्रमण्डल से अलग होने का पूर्ण अधिकार होगा।
    4. नया संविधान बनने तक संविधान सभा के सदस्य ही विधानमण्डल के रूप में कार्य करेंगे और साथ ही उचित संशोधनों के साथ 1935 ई. के अधिनियम के द्वारा ही शासन कार्यों का संचालन किया जायेगा।
    5. दोनों अधिराज्यों के लिए एक-एक गवर्नर जनरल की व्यवस्था की गयी।
    6. जब तक नये संविधान के अंतर्गत प्रांतों में चुनाव नहीं होता तब तक पुराना विधानमण्डल ही प्रांतों में कार्य करेगा।

- माउंटबेटन योजना स्वीकार कर देश विभाजन की तैयारी प्रारंभ हो गयी। बंगाल और पंजाब में जिलों के विभाजन तथा सीमा निर्धारण का कार्य एक कमीशन के आधीन सौंपा गया जिसकी अध्यक्षता रेडक्लिफ ने की थी। इस प्रकार 15 अगस्त, 1947 ई. को भारत तथा पाकिस्तान नाम के दो नये राष्ट्र अस्तित्व में आये।
- वायसराय के सचिवालय में उच्च पद पर कार्यरत वी.पी मेनन ने भारत के दो भागों में विभाजन की योजना बनायी।

13. स्वतन्त्रता आंदोलन से जुड़ी प्रमुख संस्थाएँ

क्र.	संस्थाएँ	स्थापना वर्ष	संस्थापक
1.	एशियाटिक सोसाइटी	1784 ई.	विलियम जोन्स
2.	आत्मीय सभा	1815 ई.	राजा राममोहन राय
3.	वेदान्त कॉलेज	1825 ई.	राजा राममोहन राय
4.	युवा बंगाल आंदोलन	1826 ई.	हेनरी लुई विवियन डिरोजयो
5.	ब्रह्म समाज	1828 ई.	राजा राममोहन राय
6.	तत्त्वबोधिनी सभा	1839 ई.	देवेन्द्रनाथ ठाकुर
7.	ब्रिटिश सार्वजनिक सभा	1843 ई.	दादाभाई नौरोजी
8.	परमहंस मंडली	1840 ई.	गोपाल हरिदेशमुख
9.	रहनुमाई माजदायासन सभा	1851 ई.	दादाभाई नौरोजी व अन्य
10.	बालिका विद्यालय	1851 ई.	ज्योतिबा फुले
11.	मोहम्मडन एंग्लो लिटरेरी सोसाइटी	1863 ई.	अब्दुल लतीफ
12.	साइंटिफिक सोसाइटी	1864 ई.	सर सैय्यद अहमद खाँ
13.	ईस्ट इंडियन एसोसिएशन	1866 ई.	दादाभाई नौरोजी
14.	पूना सार्वजनिक सभा	1867 ई.	एम.जी. रानाडे
15.	प्रार्थना समाज	1867 ई.	केशवचन्द्र के सहयोग से एम.वी. रानाडे, आत्माराम पांडुकर, देवेन्द्रनाथ ठाकुर आदि
16.	वेद समाज	1867 ई.	आचार्य केशवचन्द्र सेन
17.	सत्यशोधक समाज	1873 ई.	ज्योतिबा फुले
18.	अलीगढ़ मोहम्मडन एंग्लो ओरिएन्टल कॉलेज	1875 ई.	सर सैय्यद अहमद खाँ
19.	इंडियन लीग	1875 ई.	शिशिर कुमार घोष
20.	आर्यसमाज	1875 ई.	स्वामी दयानन्द सरस्वती
21.	इंडियन एसोसिएशन	1876 ई.	आनंदमोहन बोस, सुरेन्द्रनाथ बनर्जी
22.	थियोसोफिकल सोसाइटी	1882 ई.	मैडम ब्लाटवस्की एवं कर्नल अल्काट
23.	यूनाइटेड इंडियन कमेटी	1883 ई.	व्योमेशचन्द्र बनर्जी

24.	भारतीय राष्ट्रीय कांग्रेस	1885 ई.	ए.ओ. ह्यूम
25.	बॉम्बे प्रेसीडेंसी एसोसिएशन	1885 ई.	फिरोजशाह मेहता, तैलंग तथा तैय्यबजी
26.	वेलूर मठ	1887 ई.	स्वामी विवेकानन्द
27.	इंडियन सोशल कॉन्फ्रेंस	1887 ई.	महादेव गोविन्द रानाडे
28.	रामकृष्ण मिशन	1896 ई.	स्वामी विवेकानन्द
29.	शारदा सदन	1889 ई.	रमाबाई
30.	अभिनव भारत संस्था	1904 ई.	विनायक दामोदर सावरकर
31.	सर्वेन्ट्स ऑफ इंडिया सोसाइटी	1905 ई.	गोपाल कृष्ण गोखले
32.	मुस्लिम लीग	1906 ई.	आगा खाँ, एवं सलीम उल्ला
33.	अनुशीलिनी समिति	1907 ई.	श्री वारीन्द्र घोष, भूपेन्द्र दत्त
34.	सोशल सर्विस लीग	1911 ई.	श्री नारायण मल्हार जोशी
35.	विश्व भारती	1912 ई.	रवीन्द्र नाथ ठाकुर
36.	गदर पार्टी	1913 ई.	लाला हरदयाल, काशीराम
37.	हिन्दू महासभा	1915 ई.	मदन मोहन मालवीय
38.	होमरूल लीग	1916 ई.	तिलक एवं ऐनी बेसेंट
39.	वीमेन्स इंडिया एसोसिएशन	1917 ई.	लेडी सदाशिव अय्यर
40.	खिलाफत आंदोलन	1919 ई.	अली बन्धु
41.	अखिल भारतीय ट्रेड यूनियन	1920 ई.	एन.एम. जोशी
42.	स्वराज पार्टी	1923 ई.	मोती लाल नेहरू एवं चित्तरंजन दास
43.	हिन्दुस्तान रिपब्लिकन एसोसिएशन	1924 ई.	शचीन्द्र सन्याल
44.	वहिष्कृत हितकारिणी सभा	1924 ई.	वी.आर. अंबेडकर
45.	नौजवान सभा	1926 ई.	भगत सिंह, छबील दास एवं यशपाल
46.	राष्ट्रीय स्वयंसेवक संघ	1927 ई.	डॉ. हेडगेवार एवं बी.एस. मुंजे
47.	हिन्दुस्तान सोशलिस्ट रिपब्लिकन एसोसिएशन	1928 ई.	चंद्रशेखर आजाद सिंह
48.	स्वतन्त्र श्रमिक पार्टी	1936 ई.	बी.आर. अंबेडकर
49.	खुदाई खिदमतगार	1937 ई.	खान अब्दुल गफ्फार खाँ
50.	फॉरवर्ड ब्लॉक	1939 ई.	सुभाष चन्द्र बोस
51.	आजाद हिन्द फौज	1942 ई.	रास बिहारी बोस
52.	आजाद हिन्द सरकार	1943 ई.	सुभाष चन्द्र बोस

14. स्वतन्त्रता आंदोलन के दौरान प्रकाशित पत्र-पत्रिकाएँ

पत्र-पत्रिकाएँ एवं पुस्तकें	लेखक/संपादक
अल हिलाल	मौलाना अब्दुल कलाम आजाद
अभ्युदय, लीडर, हिन्दुस्तान	मदन मोहन मालवीय
इंडियन मिरर	केशवचन्द्र सेन
इंडिपेन्डेन्ट	मोतीलाल नेहरू
काल	परांजपे
कामरेड	मुहम्मद अली
केसरी, द मराठा	बाल गंगाधर तिलक
कर्मयोगी	अरविन्द घोष
नेशन	गोपाल कृष्ण गोखले
बंगाली	सुरेन्द्र नाथ बनर्जी
यंग इंडिया, हरिजन, नवजीवन	महात्मा गांधी
रास्ट गोफ्तार	दादाभाई नौरोजी
युगान्तर	अरविन्द घोष
हमदर्द	मुहम्मद अली
संवाद कौमुदी	राजा राममोहन राय
सोम प्रकाश	ईश्वरचन्द्र विद्यासागर
अमृत बाजार पत्रिका	शिशिर कुमार घोष
कामन वील	ऐनी बेसेंट
फ्री हिन्दुस्तान	तारकनाथ दास
द रिवोल्युशनरी	शचीन्द्रनाथ सान्याल
पावर्टी एंड अन-ब्रिटिश रूल इन इंडिया	दादाभाई नौरोजी
इंडिया डिवाइडेड	डॉ. राजेन्द्र प्रसाद
अनहैपी इंडिया	लाला लाजपत राय
इंडिया विन्स फ्रीडम, गुबारे खातिर	अबुल कलाम आजाद
डिस्कवरी ऑफ इंडिया, ग्लिम्पसेज ऑफ वर्ल्ड हिस्ट्री, मेरी कहानी	जवाहर लाल नेहरू
हिन्ट्स फार सेल्फ कल्चर	लाला हरदयाल
ए नेशन इन मेकिंग	सुरेन्द्रनाथ बनर्जी
गीता रहस्य	बाल गंगाधर तिलक
इंडियन अनरेस्ट	सर वैलेन्टाइन शिरोल
इंडिया फॉर इंडियन्स	चित्तरंजन दास

वॉर ऑफ इंडियन इंडिपेन्डेन्स	वीर सावरकर
होम एंड द वर्ल्ड	रवीन्द्र नाथ ठाकुर
नील दर्पण	दीनबंधु मित्र
बाँगे दरा	मुहम्मद इकबाल
भारत भारती	मैथिलीशरण गुप्त
वन्दे मातरम्, लाइफ डिवाइन, सावित्री	अरविंद घोष
भारत दुर्दशा	भारतेन्दु हरिशचन्द्र
वाम बोधिनी	केशवचन्द्र सेन
कांग्रेस का इतिहास	पट्टाभि सीतारमैया
तराने हिन्द	मुहम्मद इकबाल
सत्यार्थ प्रकाश	दयानंद सरस्वती
न्यू इंडिया	ऐनी बेसेंट
इंडियन स्ट्रगल	सुभाष चन्द्र बोस
हिन्दू स्वराज्य, माई एक्सपेरीमेंट विथ ट्रूथ	महात्मा गांधी
आनंद मठ, देवी चौधरानी	बंकिमचन्द्र चट्टोपाध्याय
लाइफ डिवाइन	अरविंद घोष
गीतांजलि	रवीन्द्र नाथ ठाकुर
सावित्री	अरविन्द घोष
कर्मभूमि, शतरंज के खिलाड़ी, सोजे वतन, कर्मभूमि	प्रेमचन्द

15. स्वतन्त्रता आंदोलन के प्रमुख वचन एवं नारे

क्र.	वचन एवं नारे	नाम
1.	इन्कलाब जिन्दाबाद	भगत सिंह
2.	दिल्ली चलो	सुभाष चन्द्र बोस
3.	करो या मरो	महात्मा गांधी
4.	जय हिन्द	सुभाष चन्द्र
5.	पूर्ण स्वराज्य	जवाहरलाल नेहरू
6.	हिन्दी, हिन्दू, हिन्दोस्तान	भारतेन्दु हरिशचन्द्र
7.	वेदों की ओर लौटो	दयानन्द सरस्वती
8.	आराम हराम है	जवाहरलाल नेहरू
9.	हे राम	महात्मा गांधी
10.	भारत छोड़ो	महात्मा गांधी

11.	जय जवान, जय किसान	लाल बहादुर शास्त्री (1965 में पाकिस्तान युद्ध के समय)
12.	मारो फिरंगी को	मंगल पांडे
13.	जय जगत	विनोबा भावे
14.	कर मत दो	सरदार बल्लभभाई पटेल
15.	सम्पूर्ण क्रांति	जयप्रकाश नारायण
16.	विजयी विश्व तिरंगा प्यारा	श्याम लाल गुप्ता पार्षद
17.	वन्दे मातरम्	बंकिमचन्द्र चटर्जी
18.	जन-गण-मन अधिनायक जय हे	रवीन्द्र नाथ ठाकुर
19.	साम्राज्यवाद का नाश हो	भगत सिंह
20	स्वराज्य हमारा जन्मसिद्ध अधिकार है	बाल गंगाधर तिलक
21.	सरफरोशी की तमन्ना, अब हमारे दिल में है	राम प्रसाद बिस्मिल
22.	सारे जहाँ से अच्छा हिन्दोस्ताँ हमारा	इकबाल
23.	तुम मुझे खून दो, मैं तुम्हे आजादी दूँगा	सुभाष चन्द्र बोस
24.	साइमन कमीशन वापस जाओ	लाला लाजपत राय
25.	हू लिव्स इफ इंडिया डाइज	जवाहरलाल नेहरू
26.	मेरे सिर पर लाठी का एक-एक प्रहार, अंग्रेजी शासन के ताबूत की कील साबित होगी	लाला लाजपत राय
27.	मुसलमान मूर्ख थे, जो उन्होंने सुरक्षा की माँग की और हिन्दू उनसे भी मूर्ख थे, जो उन्होंने उस माँग को ठुकरा दिया	अबुल कलाम आजाद

16. कांग्रेस अधिवेशन

अधिवेशन	वर्ष	स्थान	अध्यक्ष	विशेष
पहला	1885	बम्बई	व्योमेशचन्द्र बनर्जी	72 प्रतिनिधियों ने भाग लिया
दूसरा	1886	कलकत्ता	दादाभाई नौरोजी	
तीसरा	1887	मद्रास	बदरूद्दीन तैय्यबजी	प्रथम मुस्लिम अध्यक्ष
चौथा	1888	इलाहाबाद	जार्ज यूल	प्रथम अंग्रेज अध्यक्ष
पाँचवाँ	1889	बम्बई	सर विलियम वेडरबर्न	
छठा	1890	कलकत्ता	सर फिरोजशाह मेहता	
सातवाँ	1891	नागपुर	पी. आनंद चार्लू	
आठवाँ	1892	इलाहाबाद	व्योमेशचन्द्र बनर्जी	
नौवाँ	1893	लाहौर	दादाभाई नौरोजी	

दसवाँ	1894	मद्रास	अल्फ्रेड वेब	कांग्रेस संविधान का निर्माण
ग्यारहवाँ	1895	पूना	सुरेन्द्रनाथ बनर्जी	
बारहवाँ	1896	कलकत्ता	रहीमतुल्ला सयानी	पहली बार वन्दे मातरम् गाया गया
तेरहवाँ	1897	अमरावती	सी. शंकरन नायर	
चौदहवाँ	1898	मद्रास	आनंदमोहन दास	
पन्द्रहवाँ	1899	लखनऊ	रमेशचन्द्र दत्त	
सोलहवाँ	1900	लाहौर	एन. जी. चन्द्रावरकर	
सत्रहवाँ	1901	कलकत्ता	दिनशा इदुलजी वाचा	
अठारहवाँ	1902	अहमदाबाद	सुरेन्द्रनाथ बनर्जी	
उन्नीसवाँ	1903	मद्रास	लालमोहन घोष	
बीसवाँ	1904	बम्बई	सर हैनरी काटन	
इक्कीसवाँ	1905	बनारस	गोपालकृष्ण गोखले	
बाईसवाँ	1906	कलकत्ता	दादाभाई नौरोजी	पहली बार 'स्वराज' शब्द का प्रयोग
तेइसवाँ	1907	सूरत	डॉ. रासबिहारी घोष	कांग्रेस का प्रथम विभाजन
चौबीसवाँ	1908	मद्रास	डॉ. रासबिहारी घोष	
पच्चीसवाँ	1909	लाहौर	पं. मदनमोहन मालवीय	
छब्बीसवाँ	1910	इलाहाबाद	विलियम वेडरबर्न	पहली बार जन-गण-मन गाया गया
सत्ताइसवाँ	1911	कलकत्ता	पं. बिशननारायण धर	
अट्ठाइसवाँ	1912	बांकीपुर	आर. एन. माधोलकर	
उन्नीतसवाँ	1913	कराची	नवाब सैयद मो. बहादुर	
तीसवाँ	1914	मद्रास	भूपेन्द्रनाथ बसु	
इकतीसवाँ	1915	बम्बई	सर सत्येन्द्र प्रसन्न सिन्हा	लार्ड वेलिंगटन ने भाग लिया
बत्तीसवाँ	1916	लखनऊ	अंबिकाचरण मजूमदार	मुस्लिम लीग से समझौता
तैंतीसवाँ	1917	कलकत्ता	श्रीमती ऐनी बेसेंट	प्रथम महिला अध्यक्ष
विशेष अधि.	1918	बम्बई	हसन इमाम	कांग्रेस का दूसरा विभाजन
चौतीसवाँ	1918	दिल्ली	पं. मदनमोहन मालवीय	
पैंतीसवाँ	1919	अमृतसर	पं. मोतीलाल नेहरू	
छत्तीसवाँ	1920	नागपुर	सी. वि. राधवाचारियर	कांग्रेस संविधान में परिवर्तन
विशेष अधि.	1920	कलकत्ता	लाला लाजपतराय	

सैंतीसवाँ	1921	अहमदाबाद	हकीम अजमल खाँ	
अड़तीसवाँ	1922	गया	देशबंधु चित्तरंजन दास	
उनतालीसवाँ	1923	काकीनाड़ा	मौलाना मोहम्मद अली	
विशेष अधि.	1923	दिल्ली	अबुल कलाम आजाद	सबसे युवा अध्यक्ष
चालीसवाँ	1924	बेलगाँव	महात्मा गांधी	
इकतालीसवाँ	1925	कानपुर	श्रीमती सरोजनी नायडू	प्रथम भारतीय महिला अध्यक्ष
बयालीसवाँ	1926	गुवाहाटी	एस. श्रीनिवास आयगार	सदस्यों हेतु खादी वस्त्र अनिवार्य
तेतालीसवाँ	1927	मद्रास	डॉ. एम.ए. अंसारी	पूर्ण स्वाधीनता की माँग
चौवालीसवाँ	1928	कलकत्ता	पंडित मोतीलाल नेहरू	
पैंतालीसवाँ	1929	लाहौर	पंडित जवाहरलाल नेहरू	पूर्ण स्वराज की माँग
छियालीसवाँ	1931	कराची	सरदार बल्लभभाई पटेल	मौलिक अधिकार की माँग
सैंतालीसवाँ	1932	दिल्ली	अमृत रणछोड़ दास सेठ	
अड़तालीसवाँ	1933	कलकत्ता	श्रीमती नेल्ली सेनगुप्ता	
उनचासवाँ	1934	बम्बई	डॉ. राजेन्द्र प्रसाद	
पचासवाँ	1936	लखनऊ	पंडित जवाहर लाल नेहरू	
इक्यानवाँ	1937	फैजपुर	पंडित जवाहर लाल नेहरू	गाँव में आयोजित प्रथम अधिनियम
बावनवाँ	1938	हरिपुरा	सुभाष चन्द्र बोस	
तिरपनवाँ	1939	त्रिपुरी	सुभाष चन्द्र बोस	
चौवनवाँ	1940	रामगढ़	अबुल कलाम आजाद	
पचपनवाँ	1946	मेरठ	आचार्य जे.बी. कृपलानी	आजादी के समय अध्यक्ष
छप्पनवाँ	1948	जयपुर	बी. पट्टामि सीतारमय्या	
सनतावनवाँ	1950	नासिक	पुरुषोत्तम दास टंडन	
नोट : डॉ. राजेन्द्र प्रसाद 1947 ई. में दिल्ली में हुई विशेष अधिवेशन के अध्यक्ष थे।				

विश्व इतिहास

1. पुनर्जागरण

- पुनर्जागरण का अर्थ होता है- फिर से जागना। नये युग के अवतरण की सूचना देने वाले पुनर्जागरण आंदोलन का आरंभ 15वीं शताब्दी में हुआ।
- पुनर्जागरण का प्रारंभ इटली के फ्लोरेंस नगर से माना जाता है।
- इटली के महान कवि **दाँते (1260-1321 ई.)** को पुनर्जागरण का अग्रदूत माना जाता है। दांते का जन्म फ्लोरेंस नगर में हुआ था।
- दांते के उपरांत पुनर्जागरण की भावना का प्रसार करने वाला दूसरा व्यक्ति **पेट्रॉक (1304-1367 ई.)** था। **मानवतावाद** का संस्थापक पेट्रॉक भी इटली का निवासी था।
- इटालियन गद्य का जनक **बोकेशियो (1313-1375 ई.)** को माना जाता है। **डेकामेरॉन (Decameron)** कहानीकार बोकेशियो की एक प्रसिद्ध रचना है।
- आधुनिक राजनीतिक दर्शन का जनक **मैकियावेली** को माना जाता है। उसे आधुनिक विश्व का प्रथम राजनीतिक चिन्तक माना जाता है। फ्लोरेंस निवासी मैकियावेली की रचना **प्रिन्स** राज्य का एक नवीन चित्र प्रस्तुत करती है।
- पुनर्जागरण की भावना की पूर्ण अभिव्यक्ति इटली के तीन कलाकारों की कृतियों में मिलती है। ये कलाकार थे- लियोनार्दो द विंची, माइकेल एंजलो और राफेल।
- लियोनार्दो द विंची एक बहुमुखी प्रतिभा का व्यक्ति था। वह चित्रकार के साथ-साथ मूर्तिकार, इंजीनियर, वैज्ञानिक, दार्शनिक, कवि और गायक भी था। **द लास्ट सपर** और **मोनालिसा** विंची के अमर चित्र हैं। ये दो चित्र उसके प्रसिद्धि के कारण हैं।
- माइकल एंजलो भी एक प्रमुख मूर्तिकार एवं चित्रकार थे। **द लास्ट जजमेंट** एवं **द फाल ऑफ मैन** माइकल एंजलों की कृतियाँ हैं।
- राफेल भी इटली का एक चित्रकार था, इसकी सर्वश्रेष्ठ कृति जीसस क्राइस्ट की माता मेडोना का चित्र है।
- पुनर्जागरण काल में चित्रकला का जनक **जियाटो** को माना जाता है।
- पुनर्जागरण काल का सर्वश्रेष्ठ निबंधकार इंग्लैण्ड का **फ्रांसीसी बेकन** था।
- हालैंड निवासी इरासमस ने अपनी पुस्तक **द प्रेज ऑफ फौली** में व्यंग्यात्मक ढंग से पादरियों के अनैतिक जीवन एवं ईसाई धर्म की कुरीतियों पर प्रहार किया है।
- इस काल में मार्टिन लूथर ने बाइबिल का अनुवाद जर्मन भाषा में किया।
- शेक्सपीयर (इंग्लैण्ड) की अमर कृति **रोमियो एण्ड जुलिएट** इसी काल की रचना है।
- इंग्लैण्ड निवासी रोजर बेकन को आधुनिक प्रयोगात्मक विज्ञान का जन्मदाता माना जाता है।
- टामस मूर ने अपनी पुस्तक **यूटोपिया** में आदर्श समाज का चित्र प्रस्तुत किया है। वह इंग्लैण्ड का रहने वाला था।
- पोलैण्ड निवासी कोपरनिकस ने सर्वप्रथम इस बात का खण्डन किया कि पृथ्वी सौरमण्डल का केन्द्र है। कोपरनिकस के सिद्धान्त का समर्थन गैलीलियो (1560-1642 ई.) ने भी किया।
- जर्मनी निवासी और प्रसिद्ध वैज्ञानिक केपलर/केपला (1571-1630 ई.) ने गणित की सहायता से यह बतलाया कि ग्रह सूर्य के चारों ओर किस प्रकार परिक्रमा करते हैं।
- न्यूटन (1642-1726 ई.) ने गुरुत्वाकर्षण के नियम का पता लगाया।

2. धर्म-सुधार आंदोलन

- धर्म-सुधार आंदोलन की शुरुआत 16वीं सदी में हुई। इस आंदोलन का प्रवर्तक जर्मनी निवासी **मार्टिन लूथर** था।
- धर्म-सुधार आंदोलन की शुरुआत इंग्लैण्ड में हुई।
- **जॉन विकलिफ** को धर्म-सुधार आंदोलन का प्रातःकालीन तारा कहा जाता है। इसके अनुयायी **लोलार्डस** कहलाते थे।
- धर्म-सुधार आंदोलन ने कैथेलिक चर्च की बुराईयों को उजागर करते हुए एक नये सम्प्रदाय, **प्रोटेस्टेन्ट** को जन्म दिया और तब कैथोलिक चर्च ने आत्म-निरीक्षण के क्रम में प्रति-सुधार आंदोलन चलाया।
- धर्म-सुधार आंदोलन में धर्म के मूल स्वरूप के लिए कोई चुनौती नहीं थी, विरोध केवल व्यवहार एवं कार्यान्विन का था- किसी ने ईसा मसीह, बाइबिल आदि में अनास्था प्रकट नहीं की थी।
- अमरीका की खोज **क्रिस्टोफर कोलम्बस** ने की थी।
- अमेरिगो बेस्पुसी (इटली) के नाम पर अमेरिका का नाम अमेरिका पड़ा।
- प्रशांत महासागर का नामकरण स्पेन के निवासी **मैगलन** ने किया था। सम्पूर्ण विश्व का समुद्री मार्ग से चक्कर लगाने वाला **प्रथम व्यक्ति मैगलन** था।

3. इंग्लैण्ड की गौरवपूर्ण क्रान्ति

- इंग्लैण्ड में गृह-युद्ध **चार्ल्स प्रथम** के शासनकाल में 1642 ई. में हुआ था। यह सात वर्षों (1642-1649 ई.) तक चला। गृह-युद्ध के बाद चार्ल्स प्रथम को फाँसी दे दी गयी।
- इंग्लैण्ड में गौरवपूर्ण क्रान्ति 1688 ई. में हुई थी। उस समय इंग्लैण्ड का शासक **जेम्स द्वितीय** था।
- इंग्लैण्ड के 1688 के क्रान्ति को **रक्तहीन क्रान्ति** अथवा **वैभवपूर्ण क्रान्ति** भी कहा जाता है, क्योंकि इस क्रान्ति में एक बूँद भी रक्त धरती पर नहीं गिरा।
- इस क्रान्ति के बाद इंग्लैण्ड में संसद की सर्वोच्चता की स्थापना हुई।
- **सौ वर्षीय युद्ध** इंग्लैण्ड एवं फ्रांस के मध्य हुआ था।
- गुलाबों का युद्ध **इंग्लैण्ड** में हुआ था।
- ट्यूडर वंश के शक्तिशाली राजाओं के शासनकाल में संसद उनके हाथों की कठपुतली बनी रही।
- एलिजाबेथ प्रथम का सम्बन्ध **ट्यूडर वंश** से था।
- गृह-युद्ध के दौरान राजा के समर्थकों को **कैवेलियर** कहा गया जबकि संसद के समर्थकों को **राउंडहेड्स** कहा गया।

4. औद्योगिक क्रान्ति

- औद्योगिक क्रान्ति की शुरुआत इंग्लैण्ड से हुई, क्योंकि इंग्लैण्ड के पास अधिक उपनिवेशों के कारण पर्याप्त कच्चे माल और पूँजी की अधिकता थी।
- इंग्लैण्ड में सर्वप्रथम औद्योगिक क्रान्ति की शुरुआत सूती वस्त्र उद्योग से हुई।
- उत्पादन के क्षेत्रों में मशीनों और वाष्प की शक्ति के उपयोग से जो व्यापक परिवर्तन हुए और इन परिवर्तनों के फलस्वरूप लोगों की जीवन पद्धति और उनके विचारों में जो मौलिक परिवर्तन हुए, उसे ही इतिहास में औद्योगिक क्रान्ति कहा जाता है।

- 1814 ई. में स्टीफेंसन ने रेल के द्वारा खानों से बंदरगाहों तक कोयला ले जाने के लिए भाप के इंजन का प्रयोग किया।
- स्कॉटलैण्ड के मैकेडम ने सर्वप्रथम पक्की सड़कें बनाने की विधि निकाली।
- टाउनशैड ने हेर-फेर (Rotation) करके फसलों के बोने की पद्धति निकाली।
- औद्योगिक क्रान्ति के दौड़ में जर्मनी इंग्लैण्ड का प्रतिद्वन्द्वी था।
- एशिया के देशों में जापान में आधुनिक उद्योगों का विकास सर्वप्रथम हुआ।

औद्योगिक क्रान्ति के दौरान हुए प्रमुख आविष्कार			
क्र.	**आविष्कार**	**आविष्कारक**	**वर्ष**
1.	फ्लाइंग शटल	जान	1733 ई.
2.	स्पिनिंग जेनी	जेम्स हारग्रीब्ज	1765 ई.
3.	स्पिनिंग जेनी (पानी की शक्ति से चालित)	रिचर्ड आर्कराइट	1767 ई.
4.	स्पिनिंग म्यूल	सेम्युअल क्राम्पटन	1779 ई.
5.	वाष्प इंजन	जेम्सवाट	1764 ई.
6.	सेफ्टी लैंप	हम्फी डेवी	1815 ई.

5. अमेरिका का स्वतन्त्रता संग्राम

- 15वीं शताब्दी के अंत में क्रिस्टोफर कोलम्बस ने अमेरिका का पता लगाया था।
- अमेरिका में ब्रिटिश औपनिवेशिक साम्राज्य की नींव जेम्स प्रथम के शासनकाल में डाली गयी।
- अमेरिका के मूल निवासी **रेड इंडियन** (Red Indian) कहे जाते थे।
- अमेरिका में 13 अंग्रेज बस्तियाँ (उपनिवेश) थीं।
- ब्रिटिश सरकार के शोषण का विरोध करने के लिए उपनिवेशवासियों ने **स्वाधीनता के पुत्र** तथा **स्वाधीनता की पुत्रियाँ** आदि संस्थाएँ स्थापित की।
- अमेरिका स्वतन्त्रता संग्राम का तात्कालिक कारण **बोस्टन टी-पार्टी** की घटना थी, जो 16 दिसंबर, 1773 को हुई थी। इस घटना से अमेरिका का स्वतन्त्रता संग्राम प्रारंभ हुआ। इस घटना का नायक **सैम्युल एडम्स** था।
- 1773 ई. में ईस्ट इंडिया कंपनी का चाय से लदा एक जहाज बोस्टन बंदरगाह पहुँचा। बोस्टन के नागरिकों ने जहाज से चाय की पेटियों को 16 दिसंबर, 1773 ई. को समुद्र में फेंक दिया। इस घटना को बोस्टन टी-पार्टी के नाम से जाना जाता है।
- अमेरिका स्वतन्त्रता संग्राम का नायक **जार्ज वाशिंगटन** थे, जो बाद में अमेरिका के **प्रथम राष्ट्रपति** बने।
- अमेरिका स्वतन्त्रता-संग्राम के दौरान अमेरिका के लोगों का नारा था- **प्रतिनिधित्व नहीं तो कर नहीं।**
- सर्वप्रथम प्रजातन्त्र की स्थापना अमेरिका में हुई। अमेरिका को ही आधुनिक गणतन्त्र की जननी कहा जाता है।
- सर्वप्रथम धर्मनिरपेक्ष राज्य की स्थापना अमेरिका में हुई।
- विश्व में सर्वप्रथम अमेरिका ने मनुष्यों की समानता तथा उसके मौलिक अधिकारों की घोषणा की।

- अमेरिका को पूर्ण स्वतन्त्रता 4 जुलाई, 1776 ई. को मिली।
- 1781 ई. में उपनिवेशी सेना के सम्मुख आत्मसमर्पण करने वाला ब्रिटेन का सेनापति लार्ड कार्नवालिस था।
- अमेरिका का स्वतन्त्रता युद्ध 1783 ई. में पेरिस की संधि के तहत समाप्त हुआ। इस संधि के अनुसार इंग्लैण्ड ने 13 उपनिवेशों की स्वतन्त्रता स्वीकार कर ली।
- विश्व में सर्वप्रथम लिखित संविधान संयुक्त राज्य अमेरिका में 1789 ई. में लागू हुआ।
- 1808 ई. में अमेरिका में दासों के आयात को अवैध घोष्ति किया गया।
- 1860 ई. में अब्राहम लिंकन अमेरिका के राष्ट्रपति बने।
- अमेरिका में गृह-युद्ध की शुरुआत 12 अप्रैल, 1861 ई. में दक्षिण एवं उत्तरी राज्यों के बीच हुई। दक्षिणी राज्य दासता के समर्थक एवं उत्तरी राज्य उसके विरोधी थे।
- अमेरिकी गृह-युद्ध की शुरुआत दक्षिणी कैरोलिना राज्य से हुई, इसी युद्ध के परिणामस्वरूप दास-प्रथा का अंत हुआ।
- अब्राहम लिंकन ने 1 जनवरी, 1863 को दास-प्रथा का उन्मूलन किया।
- लोकतन्त्र जनता का, जनता के द्वारा तथा जनता के लिए शासन है- लोकतन्त्र की यह परिभाषा अब्राहम लिंकन ने ही दी थी।
- **जॉन विल्कीज बूथ** नामक व्यक्ति ने 4 मार्च, 1865 ई. को अब्राहम लिंकन की हत्या कर दी थी।
- अमेरिकी गृह-युद्ध की समाप्ति 26 मई, 1865 ई. को हुई।
- बेंजामिन फ्रैंकलिन ने **अमेरिका फिलोसोफिकल सोसाइटी** की स्थापना की थी।

6. फ्रांस की राज्य क्रान्ति

- फ्रांस की राज्यक्रान्ति सम्राट 16वें के शासनकाल में 1789 ई. में हुई। इस समय फ्रांस में सामंती व्यवस्था थी।
- स्वतन्त्रता, समानता एवं बंधुतव का नारा फ्रांस की राज्यक्रान्ति की देन है।
- 'मैं ही राज्य हूँ और मेरे शब्द ही कानून हैं।' यह कथन लूई 14वें का था।
- लूई 14वें ने वर्साय को फ्रांस की राजधानी बनाया था। वर्साय के शीशमहल का निर्माण लूई 14वें ने करवाया था। राष्ट्र की समाधि वर्साय का भड़कीला राजदरबार था।
- लूई 16वाँ 1774 ई. में फ्रांस की गद्दी पर बैठा। उसकी पत्नी एंत्वानेत आस्ट्रिया की राजकुमारी थी।
- लूई 16वें को देशद्रोह के अपराध में 21 जनवरी, 1793 ई. को फाँसी दे दी गयी।
- 14 जुलाई, 1789 ई. को क्रान्तिकारियों ने बास्तील के जेल के फाटक को तोड़ कर बंदियों को मुक्त कर दिया। 14 जुलाई का दिन फ्रांस में राष्ट्रीय दिवस के रूप में मनाया जाता है।
- फ्रांसीसी क्रान्ति में वाल्टेयर, मांटेस्क्यू एवं रूसो जैसे दार्शनिकों का महत्त्वपूर्ण योगदान था।
- वाल्टेयर चर्च का विरोधी था।
- **सोशल कांट्रेक्ट (Social Contract)** रूसो की रचना है।
- रूसो फ्रांस में लोकतन्त्रात्मक शासन-पद्धति का समर्थक था।
- **विधि की आत्मा** एवं **लेटर्स ऑन इंगलिस** वाल्टेयर की रचना है।
- 'सौ चूहों की अपेक्षा एक सिंह का शासन उत्तम है।' यह वाक्य वाल्टेयर का है।
- स्टेट्स जनरल के अधिवेशन की शुरुआत 5 मई, 1789 ई. को हुई, इसी दिन फ्रांसीसी क्रान्ति का श्रीगणेश हुआ।
- **टैले** एक प्रकार की भूमि-कर था।

- माप-तौल की **दशमलव प्रणाली** फ्रांस की देन है।
- **हर्डर** को राष्ट्रीयता का जनक कहा जाता है।
- नेपोलियन का जन्म 15 अगस्त, 1769 ई. को **कोर्सिका द्वीप** की राजधानी **अजासियो** में हुआ था।
- नेपोलियन के पिता का नाम कार्लो बोनापार्ट था, वह पेशे से वकील थे।
- नेपोलियन ने ब्रिटेन के सैनिक अकादमी में शिक्षा प्राप्त की थी।
- 1799 ई. में नेपोलियन ने फ्रांस में डायरेक्टरी के शासन का अंत कर दिया तथा स्वयं प्रथम कॉन्सल बना। इस कॉन्सल ने फ्रांस के नये संविधान की रचना की।
- 1804 ई. में नेपोलियन ने खुद को फ्रांस का सम्राट घोषित कर दिया।
- नेपोलियन बोनापार्ट एक अन्य नाम **लिट्ल कारपोरल** के नाम से भी जाना जाता है। नेपोलियन को आधुनिक फ्रांस का निर्माता माना जाता है।
- नेपोलियन ने ही सर्वप्रथम इंग्लैण्ड को **बनियों का देश** कहा था।
- 1798 ई. में नील नदी के युद्ध में नेपोलियन के जहाजी बेड़े को नेल्सन के नेतृत्व में इंग्लैण्ड के जहाजी बेड़े ने हराया।
- 1800 ई. में नेपोलियन ने **बैंक ऑफ फ्रांस** की स्थापना की थी।
- नेपोलियन ने कानूनों का संग्रह तैयार करवाया जिसे **नेपोलियन कोड** कहा जाता है।
- नेपोलियन ने इंग्लैण्ड को आर्थिक रूप से कमजोर करने के लिए **महाद्वीप व्यवस्था** लागू की थी।
- 21 अक्टूबर, 1805 ई. में इंग्लैण्ड एवं नेपोलियन के बीच **ट्रेफल्गार का युद्ध** हुआ था।
- ट्रेफल्गार के युद्ध में अंग्रेजी जहाजी बेड़े के नायक नेल्सन के नेतृत्व में मित्र देशों ने फ्रांसीसी जलसेना को बुरी तरह हराया। इस युद्ध के बाद नेपोलियन ने समुद्र पर इंग्लैण्ड से भिड़ने का ख्याल हमेशा के लिए त्याग दिया।
- यूरोपीय राष्ट्रों ने एकजुट होकर 1813 ई. में लिपजिग के मैदान में नेपोलियन को हराया तथा उसे बंदी बनाकर एल्बा के टापू पर भेज दिया, परन्तु एल्बा से वह भाग निकला और पुनः फ्रांस का सम्राट बना।
- **वाटर लू का युद्ध (18 जून, 1815 ई.)** नेपोलियन के जीवनकाल का अंतिम युद्ध था, जिसमें उसे मित्र राष्ट्रों की सेना ने पराजित कर बंदी बना लिया और उसे सेंट हेलना द्वीप भेज दिया, जहाँ 1821 ई. में उसकी मृत्यु हो गयी।
- नेपोलियन के पतन का कारण था, उसका रूस पर आक्रमण करना।
- यूरोप में राष्ट्रीय राज्यों के निर्माण का श्रेय नेपोलियन को जाता है।
- 1815 ई. में वियना कांग्रेस समझौता के तहत यूरोप के राष्ट्रों ने फ्रांस के प्रभुत्व को समाप्त किया।

7. जर्मनी का एकीकरण

- जर्मनी के एकीकरण का श्रेय बिस्मार्क को है। बिस्मार्क प्रशा के शासक विलियम प्रथम का प्रधानमन्त्री था।
- 19वीं सदी में जर्मनी अनेक छोटे-छोटे राज्यों में बँटा था, जिसमें प्रशा सबसे शक्तिशाली राज्य था।
- जर्मनी में राष्ट्रीयता की भावना जगाने का श्रेय नेपोलियन को है। नेपोलियन ने छोटे-छोटे राज्यों को मिलाकर 39 राज्यों का एक संघ बनाया, जिसे **राइन संघ** कहा जाता था।
- 1812 ई. में प्रशा ने जर्मनी के 12 राज्यों के सहयोग से एक चुंगी सम्बन्धी समझौता करके **जालवरीन** नामक आर्थिक संगठन का निर्माण किया।
- बिस्मार्क जर्मनी का एकीकरण प्रशा के नेतृत्व में चाहता था।

- जर्मनी में आर्थिक राष्ट्रवाद का पिता **फ्रेडरिक लिस्ट** को माना जाता है।
- एकीकृत जर्मन राष्ट्र के निर्माण में **राके, बोमर, लसर** इत्यादि दार्शनिकों ने महत्त्वपूर्ण भूमिका निभाई।
- 1815 ई. से 1850 ई. के बीच जर्मन साम्राज्य पर आस्ट्रिया का आधिपत्य था। आस्ट्रिया का चांसलर **मेटरनिख** था।
- 23 सितंबर, 1862 को बिस्मार्क प्रशा का चांसलर बना।
- जर्मनी के एकीकरण के क्रम में प्रशा को डेनमार्क, आस्ट्रिया एवं फ्रांस से युद्ध करना पड़ा।
- 1864 ई. में शेल्सविग-हाल्सटीन के प्रश्न पर जर्मनी का डेनमार्क से युद्ध हुआ। डेनमार्क पराजित हुआ तथा दोनों के मध्य 1864 में **गेस्टीन की संधि** हुई।
- अपनी कूटनीति से बिस्मार्क ने आस्ट्रिया को यूरोप की राजनीति में अकेला कर दिया। दोनों के बीच 1866 में सेडोवा का युद्ध हुआ, जिसमें आस्ट्रिया की पराजय हुई तथा प्राग की संधि के अनुसार आस्ट्रिया ने जर्मनी परिसंघ के विघटन को स्वीकार कर लिया।
- एकीकरण के अंतिम चरण में प्रशा एवं फ्रांस के बीच 1870 ई. में सेडान का युद्ध हुआ जिसमें फ्रांस की पराजय हुई। दोनों के बीच 10 मई, 1871 ई. को फ्रैंकफर्ट की संधि हुई।
- बिस्मार्क ने जर्मनी के सम्राट **विलियम प्रथम** का राज्याभिषेक वर्साय के राजमहल में किया। विलियम प्रथम को कैसर की उपाधि से विभूषित किया गया।
- बिस्मार्क ने **लौह एवं रक्त** की नीति का अनुसरण करते हुए जर्मनी का एकीकरण कर दिया।
- विलियम प्रथम ने बिस्मार्क को **बाजीगर** कहा था।

8. इटली का एकीकरण

- 19वीं सदी के प्रारंभ में इटली 13 छोटे-छोटे राज्यों में बँटा था, जिसमें सबसे शक्तिशाली सार्डिनिया पीडमौंट था।
- इटली में राष्ट्रीयता की भावना जागृत करने का श्रेय नेपोलियन बोनापार्ट को है।
- इटली के एकीकरण का जनक जोसेफ मेजिनी को कहा जाता है। उसने **यंग इटली** (1831 ई.) नामक संस्था की स्थापना की।
- इटली के एकीकरण के मार्ग में सबसे बड़ा बाधक आस्ट्रिया था।
- गिबर्टी ने **कार्बोनरी सोसायटी** नामक गुप्त संस्था की स्थापना की थी।
- इटली के एकीकरण का श्रेय **जोसेफ मेजिनी, काऊंट काबूर** और **गैरीबाल्डी** को दिया जाता है।
- इटली के एकीकरण का **तलवार** गैरीबाल्डी को कहा जाता है।
- 1851 ई. में सार्डिनिया पीडमौंट के शासक विक्टर इमैनुएल ने काऊंट काबूर को अपना प्रधानमन्त्री नियुक्त किया।
- 1854 ई. में क्रीमिया के युद्ध में भाग लेकर काबूर ने इटली की समस्या को अन्तरराष्ट्रीय समस्या बना दिया था।
- गैरीबाल्डी ने **लाल कुर्ती** नाम से सेना का संगठन किया।
- एकीकरण के प्रथम चरण में काबूर ने फ्रांस की सहायता से 1858 ई. में आस्ट्रिया को पराजित कर लोम्बार्डी का क्षेत्र प्राप्त किया था।
- आस्ट्रिया के साथ युद्ध के समय ही परमा, टस्कनी, मोडेना आदि राज्यों ने जनमत संग्रह के आधार पर अपने को सार्डिनिया पीडमौंट में मिला लिया। यह एकीकरण का द्वितीय चरण था।
- एकीकरण के तृतीय चरण का श्रेय गैरीबाल्डी को दिया जाता है। इस चरण में गैरीबाल्डी ने सिसली को जीत लिया। उसके बाद नेपल्स के राजमहल में विक्टर इमैनुएल को संयुक्त इटली का शासक घोषित किया गया।

- सार्डिनिया पीडमौंट का नाम बदलकर इटली का राज्य कर दिया गया।
- 1870 ई. में प्रशा एवं फ्रांस के बीच युद्ध का लाभ उठाकर रोम पर अधिकार करके उसे इटली की राजधानी बनाया (1871) गया। यह एकीकरण का चतुर्थ एवं अंतिम चरण था।
- जोसेफ मेजिनी का कहना था कि- 'यदि समाज में क्रान्ति लानी हो तो क्रान्ति का नेतृत्व नवयुवकों के हाथों में दे दो।'

9. रूसी क्रान्ति

- रूसी क्रान्ति 1917 ई. में हुई थी। इस क्रान्ति का तात्कालिक कारण प्रथम विश्व युद्ध में रूस की पराजय थी।
- रूस के शासक को जार कहा जाता था। क्रान्ति के समय रोमनोव वंश का निकोलस द्वितीय रूस का जार था। उसकी पत्नी जरीना पथभ्रष्ट पादरी रासपुटीन के प्रभाव में थी।
- जार अलेक्जेंडर द्वितीय ने 1862 ई. में दास प्रथा का अंत कर दिया था, इसलिए उसे **जार मुक्तिदाता** कहा जाता है।
- 22 जनवरी, 1905 ई. के दिन जार के पास जा रहे भूखे मजदूरों के समूह पर सेना ने गोलियाँ बरसाई। इसे खूनी रविवार के नाम से जाना जाता है।
- 7 मार्च, 1917 ई. को रूस में क्रान्ति का प्रथम विस्फोट हुआ। विद्राहियों ने रोटी-रोटी का नारा लगाते हुए सड़कों पर प्रदर्शन करना शुरू कर दिया।
- जार की सेना ने विद्रोहियों पर गोली चलाने से इनकार कर दिया।
- 15 मार्च, 1917 ई. को जार निकोलस द्वितीय ने गद्दी त्याग दी। इस प्रकार रूस से निरंकुश जारशाही का अंत हो गया।
- एक जार, एक चर्च और एक रूस का नारा जार निकोलस द्वितीय ने दिया था।
- रूसी साम्यवाद का जनक प्लेखानोव को माना जाता है।
- सोशल डेमोक्रेटिव दल की स्थापना 1898 ई. में हुई थी। कालांतर में वैचारिक मतभेदों के आधार पर 1903 ई. में यह दल दो भागों में बोल्शेविक तथा मेनशेविक में बँट गया।
- बहुमत अर्थात् बहुसंख्यक वाला दल बोल्शेविक कहलाया। इसका सर्वप्रमुख नेता **लेनिन** था।
- अल्पमत अर्थात् अल्पसंख्यक वाला दल मेनशेविक कहलाया। इसका सर्वप्रमुख नेता करेंसकी था।
- जार के गद्दी त्यागने (15 मार्च, 1917 ई.) के बाद सत्ता मेनशेविकों के हाथ में आयी। **करेंसकी** प्रधानमन्त्री बना, परन्तु यह सरकार जनसमस्याओं को सुलझाने में असफल रही। इसका विरोध करने पर लेनिन को निर्वासित कर दिया गया।
- अंततः बोल्शेविकों ने बल प्रयोग द्वारा सत्ता पलटने की तैयारी शुरू कर दी। 17 नवंबर, 1917 ई. को सभी महत्त्वपूर्ण सरकारी इमारतों पर कब्जा कर लिया गया। करेंसकी देश छोड़कर भाग गया।
- 17 नवंबर, 1917 ई. की **बोल्शेविक क्रान्ति** का नेता लेनिन था।
- बोल्शेविकों ने एक नई सरकार का गठन किया, जिसका अध्यक्ष लेनिन बना तथा ट्राटस्की को विदेशमन्त्री बनाया गया।
- विश्व इतिहास में पहली बार शासन सूत्र मजदूर वर्गों के हाथों में आया।
- साम्यवादी शासन का पहला प्रयोग रूस में ही हुआ।
- सर्वप्रथम समाजवाद शब्द का प्रयोग **राबर्ट ओवेन** ने किया था। वह वेल्स का रहने वाला था।
- आदर्शवादी समाजवाद का प्रवक्ता राबर्ट ओवेन को माना जाता है।
- वैज्ञानिक समाजवाद का संस्थापक **कार्ल मार्क्स** था। कार्ल मार्क्स जर्मनी का निवासी था।
- 'दुनिया के मजदूरों एक हो' का नारा कार्ल मार्क्स ने दिया।

- फ्रेडरिक एंजेल्स कार्ल मार्क्स का आजीवन साथी रहा।
- **दास कैपिटल** एवं **कम्यूनिस्ट मैनीफेस्टो** नामक पुस्तकें कार्ल मार्क्स की रचना है।
- फेबियन सोशलिज्म का नेतृत्व **जार्ज बर्नाड शॉ** ने किया था।
- लेनिन ने **चेका** नामक गुप्त क्रान्तिकारी संस्था की स्थापना की।
- प्रथम विश्व युद्ध के दौरान लेनिन का नारा था **'युद्ध का अंत करो'।**
- 16 अप्रैल, 1917 ई. में लेनिन ने रूस में क्रान्तिकारी योजना प्रकाशित की, जो **अप्रैल थीसिस** के नाम से जानी जाती है।
- लेनिन ने 1921 ई. में रूस में **नई आर्थिक नीति (New Econimic Policy-NEP)** लागू की।
- 1924 ई. में लेनिन की मृत्यु हो गयी।
- **लाल सेना (Red Army)** नामक संगठन की स्थापना ट्राटस्की ने की। ट्राटस्की **स्थायी क्रान्ति** के सिद्धान्त का समर्थक था।
- रूस में सबसे अधिक जनसंख्या **स्लाव** लोगों की थी।
- **अन्ना कैरेनिना** का लेखक लियो **टाल्सटॉय** था।
- शून्यवाद का जनक **तुर्गनेव** को माना जाता है।
- **राइट्स ऑफ मैन** का लेखक टॉमस पेन था।
- मदर की रचना मैक्सिम गोर्की ने की थी।
- आधुनिक रूस का निर्माता स्टालिन को माना जाता है।

10. प्रथम विश्व युद्ध

- प्रथम विश्व युद्ध की शुरुआत 28 जुलाई, 1914 ई. को हुई थी। इस युद्ध का तात्कालिक कारण आस्ट्रिया के राजकुमार फर्डिनेंड की बोस्निया की राजधानी सराजेवो में की गयी हत्या थी।
- यह युद्ध चार वर्षों अर्थात् 1918 ई. तक चला। इसमें 37 देशों ने भाग लिया।
- प्रथम विश्व युद्ध में सम्पूर्ण विश्व दो भागों में बँटा था- मित्र राष्ट्र और धुरी राष्ट्र।
- मित्र राष्ट्रों में इंग्लैण्ड, फ्रांस, रूस, जापान तथा संयुक्त राज्य अमेरिका जैसे देश शामिल थे।
- धुरी राष्ट्रों का नेतृत्व जर्मनी ने किया। इसमें शामिल अन्य देश थे- आस्ट्रिया, हंगरी, तुर्की, इटली आदि।
- बाद में इटली धुरी राष्ट्रों से अलग होकर मित्र राष्ट्रों के समूह में जा मिला।
- रूसी क्रान्ति के बाद रूस युद्ध से अलग हो गया।
- संयुक्त राज्य अमेरिका आरंभ में तटस्थ था। लेकिन जर्मनी द्वारा ब्रिटेन के लूसीतानिया जहाज तथा अमेरिकी जहाजों को डुबोने के बाद वह मित्र राष्ट्रों की तरफ से युद्ध में शामिल हो गया।
- लूसीतानिया जहाज के डुबने से मरने वालों में सर्वाधिक संख्या अमेरिकियों की थी।
- प्रथम विश्व युद्ध के दौरान जर्मनी ने रूस पर 1 अगस्त, 1914 ई. में एवं फ्रांस पर 3 अगस्त, 1914 ई. में आक्रमण किया।
- 8 अगस्त, 1914 ई. को इंग्लैण्ड प्रथम विश्व युद्ध में शामिल हुआ।
- 26 अप्रैल, 1915 ई. को इटली मित्र राष्ट्रो की ओर से प्रथम विश्व युद्ध में शामिल हुआ।
- 6 अप्रैल, 1917 ई. को अमेरिका प्रथम विश्व युद्ध में शामिल हुआ। इस समय अमेरिका का राष्ट्रपति **वुडरो विल्सन** था।
- प्रथम विश्व युद्ध की समाप्ति 11 नवंबर, 1918 ई. को हुई थी।
- 18 जून, 1919 ई. को पेरिस में शान्ति सम्मेलन का आयोजन किया गया। पेरिस शान्ति सम्मेलन में अमेरिकी राष्ट्रपति वुडरो विल्सन, ब्रिटेन के प्रधानमन्त्री लायड जार्ज तथा फ्रांस के प्रधानमन्त्री जार्ज क्लीमेन्शु की महत्त्वपूर्ण भूमिका थी।

- मित्र राष्ट्रों ने जर्मनी के साथ वर्साय की संधि, आस्ट्रिया के साथ सेण्ट जर्मेन की संधि, बुल्गारिया के साथ न्यूली की संधि, हंगरी के साथ त्रिआनों की संधि तथा तुर्की के साथ सेव्रे (सेवर्स) की संधि की।
- मित्र राष्ट्रों ने पराजित जर्मनी के साथ अन्यायपूर्ण वर्साय की संधि (28 जून, 1919) की थी। इस वर्साय की संधि ने ही द्वितीय विश्व युद्ध का बीजारोपण किया।
- अन्तरराष्ट्रीय क्षेत्र में विश्वयुद्ध का सबसे बड़ा योगदान राष्ट्रसंघ (League of Nations) की स्थापना थी। इसकी स्थापना 1920 ई. में की गयी थी।

11. इटली में फासीवाद का उदय

- 'फासिज्म' (फासीवाद) इतालवी मूल का शब्द है।
- इस शब्द का प्रयोग सर्वप्रथम बेनिटो मुसोलिनी के नेतृत्व में चलाये गये आंदोलन के लिए किया गया था।
- मुसोलिनी के नेतृत्व फासीवाद/फासिस्टवाद दल की स्थापना मिलान में की गयी थी।
- फासिस्टवाद कट्टर उग्र-राष्ट्रीयता का ही एक रूप था। यह प्रजातन्त्र का विपरीत अर्थ रखता था। यह एक शासन प्रणाली के रूप में तानाशाही का परिचायक था।
- मुसोलिनी का जन्म 1883 ई. में **रोमाग्ना** में हुआ था।
- 1915 ई. में मुसोलिनी सेना में भर्ती हुआ। 1917 ई. में एक युद्ध में घायल होने के बाद वह सैन्य सेवा से अलग हो गया।
- प्रथम विश्वयुद्ध के बाद इटली की मित्र राष्ट्रों से असंतुष्टि तथा युद्धोपरांत सैनिकों की छँटनी से उत्पन्न अराजक स्थिति को सुधारने के लिए मुसोलिनी ने भूतपूर्व सैनिकों की मदद मे **मिलान** में एक संगठन बनाया, जिसे फासिस्ट कहा जाता है।
- मुसोलिनी ने **डियाज** को सैन्य अधिकारी नियुक्त किया।
- मुसोलिनी को उसके सहयोगी **ड्यूस** कहते थे।
- फासीवादी दल के स्वयंसेवक **काली कमीज** पहनते थे।
- मुसोलिनी की अध्यक्षता में इटली एक शक्तिशाली एवं समृद्धशाली राष्ट्र बन गया।
- मुसोलिनी ने अक्टूबर 1922 में रोम पर और 1935 ई. में अबीसीनिया पर आक्रमण किया।
- 1936 ई. में मुसोलिनी ने जापान एवं जर्मनी के साथ मिलकर **रोम, बर्लिन, टोकियो** धुरी का निर्माण किया।
- मुसोलिनी ने 10 जून, 1939 ई. को द्वितीय विश्वयुद्ध के दौरान मित्रराष्ट्रों के विरुद्ध युद्ध की घोषण कर दी।
- द्वितीय विश्वयुद्ध में पराजित होने पर 1945 ई. में मुसोलिनी के सहयोगियों ने उसे पत्नी के साथ गोलियों से भून दिया था।
- इटली में फासीवाद का अंत 28 अप्रैल, 1945 ई. को माना जाता है।

12. जर्मनी में नाजीवाद का उदय

- 'नाजीवाद' फासिज्म का जर्मन रूप था।
- 'नाजी' शब्द हिटलर द्वारा 1920 में स्थापित दल 'नेशनल सोशलिस्ट पार्टी' के नाम से निकला है। इसी दल को संक्षेप में **नाजी पार्टी** कहा जाता था।
- जर्मनी में नाजी दल का उत्थान हिटलर के नेतृत्व में हुआ था।
- नाजी दल का प्रचार कार्य गोयबल्स संभालता था।

- हिटलर का जन्म 20 अप्रैल, 1889 ई. को वॉन में हुआ था।
- जर्मन वर्क्स पार्टी की स्थापना हिटलर द्वारा की गयी।
- प्रथम विश्वयुद्ध के समय हिटलर जर्मनी की सेना में भर्ती हो गया। युद्ध के दौरान असाधारण वीरता के कारण उसे **आयरन क्रॉस** मिला।
- 1923 ई. में जर्मनी की गणतान्त्रिक सरकार का तख्ता पलटने के प्रयास में वह पकड़ा गया तथा उसे सजा हो गयी।
- जेल में ही उसने **मेन केम्फ** (मेरा संघर्ष) किताब लिखी। यह हिटलर की आत्मकथा है।
- **'एक राष्ट्र एक नेता'** का नारा हिटलर ने दिया।
- हिटलर वर्साय संधि का विरोधी था। अतः जर्मन देश देशभक्त एवं पूर्व सैनिक अफसर नाजी पार्टी को समर्थन देने लगे।
- हिटलर के समर्थक उसे **फ्यूरर** कहते थे।
- हिटलर के समर्थक बाँह पर स्वास्तिक का चिह्न लगाते थे।
- हिटलर ने गुप्तचर पुलिस का गठन किया, जिसे **गेस्टापो** कहा जाता है।
- हिटलर के लिए शामी विरोधी नीति का अर्थ था- यहूदी विरोधी नीति। इसका तात्पर्य है- हिटलर यहूदियों से घृणा करता था।
- राष्ट्रपति हिंडेनबर्ग ने 1933 ई. में हिटलर को अपना चांसलर (प्रधानमन्त्री) नियुक्त किया।
- 1934 ई. में हिटलर जर्मनी का तानाशाह बन बैठा।
- 16 मार्च, 1935 ई. को हिटलर ने पुनः शस्त्रीकरण की घोषणा की।
- हिटलर की विस्तारवादी नीति का पहला शिकार आस्ट्रिया हुआ।
- 1 सितंबर, 1939 ई. को हिटलर की सेना ने पोलैंड पर आक्रमण किया। फलतः द्वितीय विश्वयुद्ध की शुरुआत हो गयी।
- द्वितीय विश्वयुद्ध में पराजय के कारण हिटलर ने 1945 में आत्महत्या कर ली।

13. जापानी साम्राज्यवाद

- जापान के साम्राज्यवाद का सबसे पहला शिकार चीन हुआ।
- 1853 ई. में एक अमेरिकी नाविक **कमोडोर पेरी** ने बल प्रयोग कर जापान का द्वार अमेरिकी व्यापार के लिए खोला।
- 1867 ई. में सम्राट मुत्सुहितो गद्दी पर बैठा और उसने **मेईजी** की उपाधि धारण की। 1868 ई. में शोगून (एक प्रकार का सामंत वर्ग) ने त्यागपत्र देकर वास्तविक शक्ति जापानी सम्राट को सौंप दी। इस प्रकार सम्राट के शासन की ही एक प्रकार से पुनर्स्थापना हुई, इसलिए इसे **मेईजी पुनर्स्थापना** भी कहते हैं।
- मेईजी युग (सम्राट मुत्सुहितो) के साथ ही जापान में आधुनिकीकरण के युग की शुरुआत हुई।
- 1872 ई. में जापान में सैनिक सेवा अनिवार्य कर दी गयी।
- 1905 ई. में जापान ने रूस को पराजित किया।
- जापान-रूस युद्ध की समाप्ति 5 सितंबर, 1905 को **पार्ट्समाऊथ की संधि** के द्वारा हुई।
- अपनी साम्राज्यवादी आकांक्षाओं की पूर्ति के लिए जापान ने 1931 ई. में मंचूरिया पर आक्रमण किया।
- 20 मार्च, 1933 को जापान ने राष्ट्रसंघ की सदस्यता त्याग दी।
- जापान को **पीत आतंक** से संबोधित किया जाता था।
- द्वितीय विश्वयुद्ध में जापान ने धुरी राष्ट्रों का साथ दिया।

- अमेरिका ने जापान पर पहला अणु बम 6 अगस्त, 1945 ई. को हिरोशिमा पर गिराया तथा दूसरा अणु बम 9 अगस्त, 1945 ई. को नागासाकी पर गिराया।
- हिरोशिमा और नागासाकी पर अणु बम गिराये जाने के कारण जापान ने द्वितीय विश्वयुद्ध में 14 अगस्त, 1945 ई. को आत्मसमर्पण कर दिया।

14. द्वितीय विश्वयुद्ध

- द्वितीय विश्वयुद्ध की शुरुआत 1 सितंबर, 1939 ई. को हुई।
- इस युद्ध का तात्कालिक कारण जर्मनी द्वारा पोलैंड पर आक्रमण था।
- यह युद्ध 6 वर्षों तक चला। 14 अगस्त, 1945 ई. को जापान के आत्मसमर्पण के बाद यह युद्ध बंद हुआ। इस युद्ध में 61 देशों ने भाग लिया।
- इस युद्ध में एक ओर सोवियत रूस, इंग्लैण्ड, फ्रांस, अमेरिका, चीन तथा अन्य राष्ट्र थे। इन्हें मित्र राष्ट्र कहा जाता था। दूसरी ओर जर्मनी, जापान तथा इटली थे, जिन्हें धुरी राष्ट्र कहा जाता था।
- द्वितीय विश्वयुद्ध के दौरान जर्मन **जनरल रोम्मेल** का नाम **डेजर्ट फॉक्स** रखा गया था।
- वर्साय की संधि को **आरोपित संधि** के नाम से जाना जाता है। जर्मनी ने **वर्साय की संधि** का उल्लंघन 1935 ई. में किया।
- स्पेन में गृह-युद्ध 1936 ई. में शुरू हुआ था।
- द्वितीय विश्वयुद्ध के समय इंग्लैण्ड के प्रधानमन्त्री विंस्टन चर्चिल एवं अमेरिका के राष्ट्रपति फ्रैंकलिन डी. रूजबेल्ट थे।
- द्वितीय विश्वयुद्ध के दौरान प्रारंभ में अमेरिका तटस्थ था, लेकिन जापान द्वारा 7 दिसंबर, 1941 ई. को अमेरिका के पर्ल हार्बर नामक नौसेनिक अड्डे पर आक्रमण किये जाने के बाद वह मित्र राष्ट्रों की तरफ से युद्ध में शामिल हो गया।
- इस युद्ध में संयुक्त रूप से इटली एवं जर्मनी का पहला शिकार स्पेन हुआ।
- जर्मनी द्वारा सोवियत संघ पर आक्रमण करने की योजना को ऑपरेशन बारबोसा कहा गया।
- 10 जून, 1940 ई. को **इटली** ने जर्मनी की ओर से द्वितीय विश्वयुद्ध में प्रवेश किया।
- 23 अगस्त, 1939 ई. को जर्मनी-रूस आक्रमण समझौते पर हस्ताक्षर हुए। जर्मनी ने रूस पर समझौता उल्लंघन का आरोप लगारकर उस पर जून 1941 ई. में आक्रमण कर दिया।
- 8 अगस्त, 1941 ई. को अमेरिका का द्वितीय विश्वयुद्ध में प्रवेश हुआ।
- इंग्लैण्ड की शानदार अलगाववाद की नीति का विचारक **सेलिसेवरी** था।
- द्वितीय विश्वयुद्ध में जर्मनी की पराजय का श्रेय रूस को दिया जाता है।
- द्वितीय विश्वयुद्ध में अमेरिका ने 6 अगस्त, 1945 ई. को जापान के शहर **हिरोशिमा** पर **लिट्ल बॉय** (यूरेनियम-235) नामक अणु बम (Atom Bomb) गिराया।
- इस विश्वयुद्ध के दौरान अमेरिका ने जापान के एक और शहर **नागासाकी** पर 9 अगस्त, 1945 ई. को **फैटमैन** (प्लोटेनियम-293) नामक अणु बम (Atom Bomb) गिराया। यह बम 100 MW का था।
- इस युद्ध में मित्र राष्ट्रों से पराजित होने वाला अंतिम देश जापान था।
- अन्तरराष्ट्रीय क्षेत्र में द्वितीय विश्वयुद्ध का सबसे बड़ा योगदान **संयुक्त राष्ट्र संघ (UNO)** की स्थापना है। इस संस्था की स्थापना 24 अक्टूबर, 1945 ई. को हुई।

भूगोल

1. ब्रह्माण्ड (Universe)

- ब्रह्माण्ड (Universe) के तहत उन सभी आकाशीय पिण्डों, उल्काओं तथा समस्त सौर-परिवार, जिसमें सूर्य एवं चन्द्र आदि भी शामिल हैं, का अध्ययन किया जाता है। दूसरे शब्दों में, ब्रह्माण्ड उस अनंत आकाश को कहते हैं जिसमें अनंत तारे, ग्रह, चन्द्रमा एवं अन्य आकाशीय पिण्ड शामिल हैं।

1.	भूगोल का जनक	हिकेटियस
2.	वर्तमान भूगोल का जनक	अलेक्जेण्डर वॉन हम्बोल्ट
3.	व्यवस्थित भूगोल का जनक	इरैटॉस्थनीज
4.	ज्योग्रैफिका शब्द का प्रथम प्रस्तावक	इरैटॉस्थनीज
5.	भौतिक भूगोल का जनक	पोलीडोनियम
6.	सांस्कृतिक भूगोल का जनक	कार्ल-ओ-सावर
7.	गणितीय भूगोल के संस्थापक	थेल्स व एनेक्सीमीण्डर
8.	विश्व ग्लोब का निर्माता	मार्टिन बैहम
9.	विश्व मानचित्र के निर्माणकर्त्ता	अनेग्जी मेण्डर
10.	भौगोलिक विश्वकोश का रचनाकार	स्ट्राबो

- आधुनिक विचारधारा के अनुसार ब्रह्माण्ड के दो भाग हैं- (1) वायुमण्डल और (2) अंतरिक्ष।

ब्रह्माण्ड की उत्पत्ति से संबद्ध सिद्धान्त

1. बिग-बैंग सिद्धान्त (Big-Bang Theory)- जार्ज लैमेन्टर द्वारा प्रतिपादित।
2. साम्यावस्था सिद्धान्त (Steady State Theory)- थाम्स गोल्ड एवं हार्मन बॉण्डी द्वारा प्रतिपादित।
3. दोलन सिद्धान्त (Pulsating Theory)- डॉ. ऐलन संडेज द्वारा प्रतिपादित।

- ब्रह्माण्ड की उत्पत्ति से संबद्ध महाविस्फाट अर्थात् बिग-बैंग सिद्धान्त (Big-Bang Therory) सर्वाधिक मान्य सिद्धान्त है। इसका प्रतिपादन बेल्जियम के खगोलज्ञ एवं पादरी जार्ज लैमेन्टर ने 1960-1970 ई. में किया था।
- तारों का ऐसा समूह जो धुँधला-सा दिखायी पड़ता है तथा जो तारा निर्माण प्रक्रिया की शुरुआत का गैस पुंज है, मंदाकिनी (Galaxy) कहलाता है।
- ब्रह्माण्ड में असंख्य मंदाकिनियाँ हैं। वह मंदाकिनी जिसमें हमारा सूर्य, पृथ्वी ग्रह एवं उपग्रह आदि हैं, आकाशगंगा (Milkyway) कहलाती है। आकाशगंगा की आकृति सर्पिल (Spiral) है। इसमें लगभग दो खरब तारे हैं।
- एडविन पी. हब्बल (अमेरिका) ने सर्वप्रथम 1925 ई. में बताया कि आकाशगंगा के अलावा ब्रह्माण्ड में अन्य मंदाकिनियाँ भी हैं।
- आकाशगंगा की निकटतम मंदाकिनी **देवयानी (Andromeda)** मंदाकिनी है। यह $2.2 X 10^8$ प्रकाशवर्ष दूर है।
- आकाशगंगा का सबसे चमकीला तारा (सौरमण्डल के बाहर) **साइरस (Dogstar)** है। इसे **व्याध** या **लुब्धक** भी कहा जाता है।
- प्रॉक्सिमा सेंचुरी (Proxima Century) हमारे सौरमंडल का सबसे नजदीकी तारा है।
- ब्रह्माण्ड का व्यास 10^8 प्रकाशवर्ष है।

2. सौरमंडल

- सूर्य एवं उसके चारों ओर भ्रमण करने वाले 8 ग्रह, 65 उपग्रह, धूमकेतु, उल्काएँ तथा क्षुद्रग्रह संयुक्त रूप से सौरमंडल कहलाते हैं
- सूर्य जो कि सौरमंडल का जन्मदाता है, एक तारा है और यह पृथ्वी पर ऊर्जा तथा प्रकाश प्रदान करता है। सौरमंडल के समस्त ऊर्जा का स्रोत भी सूर्य ही है।
- सूर्य की ऊर्जा का स्रोत उसके केन्द्र में हाइड्रोजन परमाणु का नाभिकीय संलयन (Nuclear Fusion) द्वारा हीलियम में बदलना है।

सूर्य की संरचना

- सूर्य का जो भाग हमें आँखों से दिखायी देता है, उसे प्रकाशमंडल (Photosphere) कहते हैं। सूर्य का बाह्यतम भाग जो केवल सूर्यग्रहण के समय दिखायी देता है, वह कोरोना (Corona) कहलाता है।
- कभी-कभी प्रकाशमंडल से परमाणुओं का तूफान इतनी तेजी से निकलता है, जो सूर्य की आकर्षण शक्ति को पार करके अंतरिक्ष में चला जाता है, इसे सौर ज्वाला (Solar Flares) कहते हैं। जब यह पृथ्वी के वायुमंडल में प्रवेश करता है तो हवा के कणों से टकराकर रंगीन प्रकाश (Aurora Light) उत्पन्न करता है, जिसे उत्तरी ध्रुव पर देखा जा सकता है। उत्तरी ध्रुव पर इसे **अरोरा बोरियालिस** तथा दक्षिणी ध्रुव पर **अरौरा आस्ट्रेलिस** कहते हैं।
- सौरज्वाला जहाँ से निकलती है, वहाँ काले धब्बे से दिखायी पड़ते हैं। इन काले धब्बों को सौर-कलंक (Sun-Spots) कहते हैं। ये सूर्य के अपेक्षाकृत ठंडे भाग हैं, जिनका तापमान 1500°C होता है। सौर-कलंक के बनने बिगड़ने की प्रक्रिया औसतन 11 वर्षों में पूरी होती है, जिसे सौर-कलंक चक्र (Sun-Spot Cycle) कहते हैं।

ग्रह (Planet)

- ये सूर्य से ही निकले पिण्ड हैं एवं सूर्य की परिक्रमा करते हैं। इनका अपना प्रकाश नहीं होता। सूर्य के प्रकाश से ही प्रकाशित होते हैं तथा ऊष्मा प्राप्त करते हैं। सभी ग्रह सूर्य की परिक्रमा पश्चिम से पूर्व दिशा में करते हैं, परन्तु शुक्र और अरुण इसके अपवाद हैं। ये सूर्य के चारों ओर पूर्व से पश्चिम दिशा में परिभ्रमण (Rotation) करते हैं।
- ग्रहों को दो भागों में बाँटा गया है- 1. पार्थिव/आंतरिक ग्रह (Terrestrial or Inner Planet) एवं 2. बृहस्पतीय/बाह्य ग्रह (Jovian or Outer Planet)।
- बुध, शुक्र, पृथ्वी एवं मंगल को **पार्थिव/आंतरिक ग्रह** कहा जाता है, क्योंकि ये पृथ्वी के सदृश होते हैं। सूर्य से निकटता के कारण ये भारी पदार्थों से निर्मित हुए हैं।
- बृहस्पति, शनि, अरुण एवं वरुण को बृहस्पतीय या बाह्य ग्रह कहा जाता है। इनका निर्माण हल्के पदार्थों से हुआ है। आकार में बड़े होने के कारण इन ग्रहों को **'ग्रेट प्लेनेटस' (Great Planets)** भी कहा जाता है।
- **बुध (Mercury) :** यह सूर्य का सबसे निकटतम तथा सौरमंडल का सबसे छोटा ग्रह है। यह सूर्य की परिक्रमा सबसे कम समय (68 दिनों में) में पूरी करता है। इसका सबसे विशिष्ट गुण है- इसमें चुम्बकीय क्षेत्र का होना। **इस ग्रह का कोई उपग्रह नहीं है।**
- **शुक्र (Venus) :** यह सूर्य से निकटवर्ती दूसरा ग्रह है। यह सूर्य की प्रदक्षिणा 225 दिनों में पूरा करता है। यह ग्रहों की सामान्य दिशा के विपरीत अर्थात् दक्षिणावर्त (Anti clock wise) परिभ्रमण करता है। यह पृथ्वी के सर्वाधिक नजदीक है। **शुक्र सबसे चमकीला एवं सबसे गर्म ग्रह है।** इसे **सायं का तारा (Evening Star)** या **भोर का तारा (Morning Star)** भी कहा जाता है। आकार, घनत्व एवं ब्यास में पृथ्वी से थोड़ा ही कम होने के कारण इसे **पृथ्वी की बहन (Sister of Earth)** कहा जाता है। **इस ग्रह का भी कोई उपग्रह नहीं है।**

- **पृथ्वी (Earth)** : यह सूर्य की दूरी के क्रम में तीसरा एवं सभी ग्रहों में आकार में पाँचवाँ सबसे बड़ा ग्रह है। यह शुक्र और मंगल ग्रह के बीच स्थित है। यह अपने अक्ष पर पश्चिम से पूर्व की ओर भ्रमण करती है। पृथ्वी अपने अक्ष पर $23\frac{1}{2}°$ झुकी हुई है। पृथ्वी को सूर्य की एक परिक्रमा पूरी करने में लगभग 365 दिन 6 घंटा का समय लगता है। सूर्य के चारों ओर पृथ्वी के इस परिक्रमा को पृथ्वी की वार्षिक गति अथवा परिक्रमण कहते हैं। पृथ्वी को सूर्य की एक परिक्रमा करने में लगे समय को **सौरवर्ष** कहा जाता है। अंतरिक्ष से यह (पृथ्वी) जल की अधिकता के कारण नीला दिखायी देता है, जिस कारण इसे **नीला ग्रह (Blue Planet)** भी कहते हैं। पृथ्वी का एकमात्र उपग्रह **चन्द्रमा** है।

- **मंगल (Mars)** : मंगल का सतह लाल होने के कारण इसे **लाल ग्रह (Red Planet)** भी कहा जाता है। इसका रंग लाल, आयरन ऑक्साइड के कारण होता है। पृथ्वी के अलावा मंगल एकमात्र ग्रह है जिस पर जीवन की संभावना व्यक्त की गयी है। इसकी घूर्णन गति पृथ्वी के घूर्णन गति के समान है। सौरमंडल का सबसे बड़ा ज्वालामुखी **ओलिपसमेसी** और सबसे ऊँचा पर्वत **निक्स ओलम्पिया (Nix Olympia)** जो माउंट एवरेस्ट से तीन गुना अधिक ऊँचा है, इसी ग्रह पर स्थित है। मंगल के दो उपग्रह हैं– **फोबोस** और **डीमोस**।

- **बृहस्पति (Jupiter)** : यह सौरमंडल का सबसे बड़ा ग्रह है। इसे अपनी धुरी पर चक्कर लगाने में 10 घंटा (सबसे कम) और सूर्य की परिक्रमा करने में 11.9 वर्ष लगते हैं। इसके उपग्रहों की संख्या 28 है, जिसमें **गैनिमीड** सबसे बड़ा है। गैनिमीड सौरमंडल का सबसे बड़ा उपग्रह है तथा इसका रंग पीला होता है। आयो, यूरोप तथा अलमथिया आदि इसके अन्य उपग्रह हैं। बृहस्पति को **लघु सौर-तन्त्र (Miniature Solar System)** भी कहते हैं। इसके वायुमंडल में हाइड्रोजन, हीलियम मीथेन और अमोनिया जैसी गैसें पायी जाती हैं।

- **शनि (Saturn)** : यह आकार में दूसरा बड़ा ग्रह है। यह आकाश में पीले तारे के समान दिखायी पड़ता है। सूर्य की परिक्रमा पूरी करने में इसे 29.5 वर्ष लगते है। इसकी सबसे बड़ी विशेषता या रहस्य इसके मध्य रेखा के चारों ओर पूर्ण विकसित वलयों (Rings) का होना है, जिनकी संख्या 7 है। शनि को **गैसों का गोला (Globe of Gases)** एवं **गैलेक्सी समान ग्रह (Galaxy Like Planet)** भी कहा जाता है। इसके वायुमंडल में भी बृहस्पति की तरह हाइड्रोजन, हीलियम, मीथेन और अमोनिया गैसें मिलती हैं। शनि के 30 उपग्रहों का पता लगया जा चुका है जो कि सभी ग्रहों में सर्वाधिक है। **टिटॉन** शनि का सबसे बड़ा उपग्रह है।

- **अरुण (Uranus)** : इसकी खोज 1781 ई. में सर विलियम हरशेल द्वारा की गयी। यह सौरमंडल का सातवाँ तथा आकार में तृतीय बड़ा ग्रह है। अधिक अक्षीय झुकाव के कारण इसे **लेटा हुआ ग्रह** भी कहते हैं। शनि की भाँति अरुण के भी चारों ओर वलय (Ring) है, जिनकी संख्या 9 है। इनमें पाँच वलयों के नाम अल्फा (α), बीटा (β), गामा (γ), डेल्टा (Δ) एवं इप्सिलॉन है। अरुण पर सूर्योदय पश्चिम दिशा में और सूर्यास्त पूरब दिशा में होती है। **अरुण के 21 उपग्रह है।**

- **वरुण (Neptune)** : इसकी खोज 1846 ई. में जर्मन खगोलज्ञ जोहान गाले ने की थी। यह 165 वर्ष में सूर्य की परिक्रमा करता है। यह 2.7 घंटे में अपनी दैनिक गति (Rotation) पूरी करता है। नई खगोलीय व्यवस्था में यह सूर्य से सबसे दूर स्थित ग्रह है। यह ग्रह हल्का पीला दिखायी देता है। **इसके 8 उपग्रह है।** इनमें **टाइटन व मेरीड** प्रमुख है।

बौने ग्रह (Dwarf Planet)

- **यम (Pluto)** : यम/कुबेर की खोज 1930 ई. क्लाइड टॉम्बैग ने की थी एवं इसे सौरमंडल का नौवाँ एवं सबसे छोटा ग्रह माना गया था, परन्तु 24 अगस्त, 2006 में चेक गणराज्य के प्राग में हुए अन्तरराष्ट्रीय खगोल विज्ञानी संघ (International Astronomical Union-IAU) के सम्मेलन में खगोल विज्ञानियों ने यम का ग्रह होने का दर्जा समाप्त कर दिया। IAU ने यम का नया नाम **134340** रखा है।

- **सेरस (Ceres)** : इसकी खोज इटली के खगोलशास्त्री पियाजी ने की थी। IAU की नई परिभाषा

के अनुसार इसे बौने ग्रह की श्रेणी में रखा गया है, जहाँ इसे संख्या 1 से जाना जाता है। सेरस का व्यास बुध के व्यास का 1/5 भाग है।

- **अन्य बौने ग्रह (Other Dwarf Planet) :** अन्य बौने ग्रहों में **चेरॉन/शेरॉन** (Charon) तथा **इरिस** उल्लेखनीय हैं। **इरिस को 2003 UB-313/जेना नाम से भी जाना जाता है।**

उपग्रह (Satellite)

- ये वे आकाशीय पिण्ड हैं जो अपने-अपने ग्रहों की परिक्रमा करते हैं एवं अपने ग्रह के साथ-साथ सूर्य की भी प्रदक्षिणा करते हैं।
- ग्रहों के समान ही उपग्रहों की भी अपनी चमक नहीं होती है। ये सूर्य के प्रकाश से प्रकाशित होते हैं।
- ग्रहों के समान उपग्रहों का भी भ्रमण पथ अण्डाकार होता है।
- बुध एवं शुक्र का कोई उपग्रह नहीं है। सबसे अधिक उपग्रह शनि के हैं। पृथ्वी का एक मात्र उपग्रह चन्द्रमा है।

कृत्रिम उपग्रह (Artificial Satellite)

- विभिन्न देशों ने अनेक कृत्रिम उपग्रह भी स्थापित किये हैं। पृथ्वी की परिभ्रमण/घूर्णन (Rotation) दिशा से साम्य स्थापित करने के लिए ये पूर्व की ओर प्रक्षेपित किये जाते हैं।
- सामान्यतः दूर-संवेदी उपग्रह (Remote Sensing Satellite) ध्रुवीय सूर्य समतुल्य कक्षा (Polar Sun-Synchronous Orbit) में 600-1100 किमी. की दूरी पर स्थापित किये जाते हैं। इन उपग्रहों का परिभ्रमण काल 24 घंटे का होता है। ये भूमध्य रेखा को एक निश्चित स्थानीय समय पर ही पार करते हैं जो सामान्यतः प्रातः 9 से 10 बजे होता है।
- सुदूर-संवेदी उपग्रहों के द्वारा पृथ्वी के एक परिभ्रमण में सुदूर संवेदन किया जाने वाला क्षेत्र स्वाथ कहलाता है। विभिन्न उपग्रहों में यह प्रायः 10 से 100 किमी. चौड़ी धरातलीय पट्टी होती है। चूँकि पृथ्वी पश्चिम से पूर्व की ओर घूर्णन करती है। अतः ये उपग्रह पृथ्वी की परिक्रमा के क्रम में क्रमशः पश्चिम के भाग को बिना कवर किये आगे बढ़ जाते हैं। इसी कारण पूरी पृथ्वी को कवर करने के लिए सुदूर-संवेदी उपग्रहों की आवश्यकता पड़ती है।

ग्रहों से संबद्ध महत्त्वपूर्ण तथ्य			
आकार के अनुसार ग्रहों का अवरोही क्रम			
1. बृहस्पति	2. शनि	3. अरुण	4. वरुण
5. पृथ्वी	6. शुक्र	7. मंगल	8. बुध
द्रव्यमान के अनुसार ग्रहों का अवरोही क्रम			
1. बृहस्पति	2. शनि	3. वरुण	4. अरुण
5. पृथ्वी	6. शुक्र	7. मंगल	8. बुध
घनत्व के अनुसार ग्रहों का अवरोही क्रम			
1. बृहस्पति	2. शनि	3. वरुण	4. अरुण
5. पृथ्वी	6. शुक्र	7. मंगल	8. बुध
दूरी के अनुसार ग्रहों का आरोही क्रम			
1. बुध	2. शुक्र	3. पृथ्वी	4. मंगल
5. बृहस्पति	6. शनि	7. अरुण	8. वरुण
परिक्रमण अवधि के अनुसार ग्रहों का आरोही क्रम			
1. बुध	2. शुक्र	3. पृथ्वी	4. मंगल
5. बृहस्पति	6. शनि	7. अरुण	8. वरुण
परिक्रमण वेग के अनुसार ग्रहों का अवरोही क्रम			
1. बुध	2. शुक्र	3. पृथ्वी	4. मंगल
5. बृहस्पति	6. शनि	7. अरुण	8. वरुण

- दूर-संचार उपग्रह (Tele-Communication Satellite) भू-स्थैतिक कक्षा में 36,000 किमी. की ऊँचाई पर स्थापित किये जाते हैं। पृथ्वी के घूर्णन काल से मेल खाने के कारण ये स्थिर से प्रतीत होते हैं। इसी कारण इन्हें भू-स्थैतिक उपग्रह (Geo-Stationary Satellite) भी कहा जाता है।
- समस्त पृथ्वी को कवर करने के लिए न्यूनतम तीन-स्थैतिक उपग्रहों की आवश्यकता पड़ती है।

धूमकेतु (Comet)

- सौरमंडल के छोर पर बहुत ही छोट-छोटे अरबों पिंड विद्यमान हैं, जो धूमकेतु या पुच्छल तारे कहलाते हैं।
- यह गैस एवं धूल का संग्रह है जो आकाश में लंबी चमकदार पूँछ सहित प्रकाश के चमकीले गोले के रूप में दिखायी देते हैं।
- ये सूर्य के चारों ओर लंबी किन्तु अनियमित या असमकेन्द्रित कक्षा में घूमते हैं।
- धूमकेतु केवल तभी दिखायी पड़ता है जब वह सूर्य की ओर अग्रसर होता है क्योंकि सूर्य की किरणें इसकी गैस को चमकीला बना देती है।
- धूमकेतु की पूँछ हमेशा सूर्य से दूर दिखायी देता है।
- **हेली धूमकेतु** प्रमुख धूमकेतु है। इसका परिक्रमण काल 76 वर्ष है। यह अंतिम बार 1986 में दिखायी दिया था। अगली बार यह 1986+76 = 2062 में दिखायी देगा।
- धूमकेतु हमेशा के लिए टिकाऊ नहीं होते हैं, फिर भी प्रत्येक धूमकेतु के लौटने का समय निश्चित होता है।

उल्का (Meteors)

- उल्का अंतरिक्ष में तीव्र गति से घूमते हुए अत्यंत सूक्ष्म ब्रह्मांडीय कण अथवा पिण्ड है। ये मूलतः क्षुद्रग्रहों के टुकड़े तथा धूमकेतुओं के द्वारा पीछे छोड़े गये धूल के कण होते हैं।
- धूल व गैस से निर्मित ये कण अथवा पिण्ड जब वायुमंडल में प्रवेश करते हैं तो पृथ्वी के गुरुत्वाकर्षण के कारण तेजी से पृथ्वी की ओर आते हैं और वायुमंडलीय घर्षण से चमकने लगते हैं। इन्हें 'टूटता हुआ तारा' (Shooting Star) कहा जाता है। प्रायः ये पृथ्वी पर पहुँचने से पूर्व ही जलकर राख हो जाते हैं, इन्हें 'उल्का' या 'उल्काश्म' कहते हैं।
- कुछ पिण्ड वायुमंडल के घर्षण से पूर्णतः जल नहीं पाते हैं और चट्टानों के रूप में पृथ्वी पर आ गिरते हैं जिन्हें उल्कापिण्ड कहा जाता है।

क्षुद्रग्रह (Asteroids)

- मंगल एवं बृहस्पति ग्रह की कक्षाओं के बीच कुछ छोटे-छोटे आकाशीय पिण्ड हैं जो सूर्य की परिक्रमा कर रहे हैं उसे **क्षुद्रग्रह** कहते हैं। खगोलशास्त्रियों के अनुसार ग्रहों के विस्फोट के फलस्वरूप टूटे हुए टुकड़ों से क्षुद्रग्रह का निर्माण हुआ है। क्षुद्रग्रहों की अनुमानित संख्या 40,000 है।
- क्षुद्रग्रह जब पृथ्वी से टकराता है तो पृथ्वी के पृष्ठ पर विशाल गर्त बन जाता है। महाराष्ट्र में स्थित लोनार झील ऐसा ही एक गर्त है।
- **फोर वेस्टा** एकमात्र क्षुद्रग्रह है जिसे नंगी आँखों से देखा जा सकता है।

सौर परिवार की सारणी : एक नजर में

ग्रहों के नाम	व्यास (किमी.)	परिभ्रमण समय अपने अक्ष पर	परिक्रमण समय सूर्य के चारों ओर	उपग्रहों की संख्या
बुध	4,878	58.6 दिन	88 दिन	0
शुक्र	12,102	243 दिन	224.7 दिन	0
पृथ्वी	12,756-12,714	23.9 घण्टे	365.26 दिन	1
मंगल	6,787	24.6 घण्टे	687 दिन	2
बृहस्पति	1,42,800	9.9 घण्टे	11.9 दिन	28
शनि	1,20,500	10.3 घण्टे	29.5 वर्ष	30
अरुण	51,400	16.2 घण्टे	84.0 वर्ष	21
वरुण	48,600	18.5 घण्टे	164.8 घण्टे	8

3. पृथ्वी की आंतरिक संरचना

- पृथ्वी की आंतरिक संरचना से संबद्ध अभिनवमत के अनुसार इसके आंतरिक भाग को तीन वृहद् मंडलों में विभाजित किया जा सकता है, जिसका आधार वर्तमान भूकंपीय लहरों की गति या उनके भ्रमणपथ में आने वाले परिवर्तनों का वैज्ञानिक अध्ययन एवं विश्लेषण है। ये तीन मंडल हैं- 1. क्रस्ट (Crust), 2. मेंटल (Mantle) एवं 3. केन्द्रीय भाग (Core)।

1. क्रस्ट (Crust)

- पृथ्वी के ऊपरी भाग को **भू-पर्पटी, भूपृष्ठ** अथवा **भूपटल** कहते हैं। इसकी मोटाई लगभग 8-40 किमी है। यह अंदर की तरफ 34 किमी तक क्षेत्र है।
- भू-पर्पटी दो परतों से निर्मित है। इसकी बाह्य परत अवसादी चट्टानों से बनी है। यह परत सिलिका व ऐल्युमीनियम से निर्मित है और सियाल **(SIAL)** कहलाती है।
- निचली परत बेसाल्ट चट्टानों से बनी है। यह सिलिका व मैग्नीशियम से निर्मित है और **(SIMA)** कहलाती है।
- भूपटल की रचना-सामग्री सबसे अधिक ऑक्सीजन (46.80%), दूसरे स्थान पर सिलिकन (27.72%) और तीसरे स्थान पर एल्युमिनियम (8.13%) है।

2. मेंटल (Mantle)

- 2900 किमी मोटा यह क्षेत्र मुख्यत: बैसाल्ट पत्थरों के समूह की चट्टानों से बना है। मेंटल के इस हिस्से में मैग्मा चैम्बर पाये जाते हैं। इसका औसत घनत्व 3.5 ग्राम/सेमी^{3} से 5.5 ग्राम/सेमी^{3} है। यह पृथ्वी के कुल आयतन का 8.3% भाग घेरे हुए है।
- भू-पर्पटी (Crust) और मेंटल (Mantle) के बीच के सीमा क्षेत्र को मोहो असम्बद्धता (Moho Discontinuity) कहते हैं।

3. केन्द्रीय भाग (Core)

- पृथ्वी के केन्द्र के क्षेत्र को केन्द्रीय भाग (Core) कहते हैं।
- सम्पूर्ण केन्द्रीय भाग की संरचना में निकेल तथा फेरियम की अधिकता है जिसमें 80% फेरियम या लोहा तथा 20% सिलिका पाया जाता है।
- इस भाग का औसत घनत्व 13 ग्राम/सेमी^{3} है। पृथ्वी का केन्द्रीय भाग सम्भवत: द्रव अथवा प्लास्टिक अवस्था में है। यह पृथ्वी का कुल आयतन का 16% भाग घेरे हुए है।
- पृथ्वी का औसत घनत्व 5.5 ग्राम/सेमी^{3} एवं औसत त्रिज्या लगभग 6370 किमी है।
- पृथ्वी के नीचे जाने पर प्रति 32 मी. की गहराई पर तामान 1°C बढ़ता जाता है।
- सर आइजक न्यूटन ने साबित किया कि पृथ्वी नारंगी के समान है।
- जेम्स नीन ने इसे (पृथ्वी) नारंगी के बजाय नाशपाती के समान बतलाया।

भूपटल की रचना में शामिल तत्त्व : एक नजर में

क्र.	तत्त्व	क्रस्ट में % मात्रा
1.	ऑक्सीजन	46.80 %
2.	सिलिकन	27.72%
3.	एल्युमिनियम	8.13%
4.	लोहा	5.00%
5.	कैल्शियम	3.63%
6.	सोडियम	2.83%
7.	पोटैशियम	2.59%
8.	मैग्नीशियम	2.09%
	योग	**98.79%**

- पृथ्वी की बाह्य सतह को मुख्यत: चार भागों में बाँटा जा सकता है- 1. स्थलमंडल (Lithosphere) 2. जलमंडल (Hydrosphere) 3. वायुमंडल (Atmosphere) 4. जैवमंडल (Biosphere)।

नोट : भूपटल की रचना में शामिल उपरोक्त तत्त्व के शेष भाग में अन्य तत्त्व सम्मिलित होते हैं।

4. पृथ्वी की गतियाँ

➩ पृथ्वी सौरमंडल का एक ग्रह है। इसकी दो गतियाँ हैं- 1. घूर्णन गति (दैनिक गति) और 2. परिक्रमण गति (वार्षिक गति)। दोनों गतियाँ साथ-साथ होती हैं।

1. घूर्णन गति (Rotation)

➩ पृथ्वी सदैव अपने अक्ष पर पश्चिम से पूर्व की ओर लट्टू की भाँति घूमती रहती है, जिसे पृथ्वी का घूर्णन या परिभ्रमण कहते हैं। इसके कारण ही दिन व रात होते हैं। अतः इस गति को **दैनिक गति** भी कहते हैं।

➩ इस गति के कारण ही पवन एवं समुद्री धाराओं की दिशा में परिवर्तन होता है एवं समुद्र में ज्वार-भाटा आता है।

➩ पृथ्वी का जो हिस्सा सूर्य के सामने होता है, वहाँ दिन होता है और दूसरी ओर रात होती है।

➩ पृथ्वी को अपने अक्ष पर चक्कर पूरा करने मे 23 घंटे, 56 मिनट व 40.91 सेकंड लगते हैं।

➩ भूमध्य रेखा पर घूर्णन गति लगभग 1667 किमी/घंटा होती है। यह ध्रुवों की ओर कम होती जाती है।

➩ एम मध्याह्न रेखा के ऊपर किसी निश्चित नक्षत्र के उत्तरोत्तर दो बार गुजरने के बीच की अवधि को **नक्षत्र दिवस (Sideral Day)** कहते हैं। यह 23 घंटे व 56 मिनट की अवधि का होता है।

➩ जब सूर्य को गतिहीन मानकर पृथ्वी द्वारा उसके परिक्रमण की गणना दिवसों के रूप में की जाती है तब सौरदिवस (Solar Day) ज्ञात होता है। इसकी अवधि पूरे 24 घंटे होती है।

2. परिक्रमण गति (Revolution)

➩ पृथ्वी अपने अक्ष पर घूमने के साथ-साथ सूर्य के चारों ओर एक अंडाकार मार्ग (Geoid) पर 365 दिन तथा 6 घंटे में एक चक्कर पूरा करती है। पृथ्वी के इस अंडाकार मार्ग को **परिक्रमण या वार्षिक** गति कहते हैं।

➩ पृथ्वी जब सूर्य के अत्यधिक पास होती है तो उसे **उपसौर** (Perihelion) कहते हैं। ऐसी स्थिति 3 जनवरी को होती है।

➩ पृथ्वी जब सूर्य से अधिकतम दूरी पर होती है तो इसे **अपसौर** (Aphelion) कहते हैं। ऐसी स्थिति 4 जुलाई को होती है।

➩ **दिन-रात का छोटा व बड़ा होना :** यदि पृथ्वी अपनी धुरी पर झुकी हुई न होती तो सर्वत्र दिन-रात बराबर होते। इसी प्रकार यदि पृथ्वी सूर्य की परिक्रमा न करती तो एक गोलार्द्ध में रातें बड़ी और दिन छोटे होते, परन्तु विषुवतीरेखीय भाग को छोड़कर विश्व के अन्य सभी भागों में विभिन्न ऋतुओं में दिन रात की लंबाई में अंतर पाया जाता है। विषुवत रेखा पर सदैव दिन-रात बराबर होते हैं क्योंकि इसे प्रकाश वृत्त हमेशा दो बराबर भागों में बाँटता है। अतः विषुवत रेखा का आधा भाग प्रत्येक स्थिति में प्रकाश प्राप्त करता है।

ऋतु परिवर्तन

➩ चूँकि पृथ्वी न सिर्फ अपने अक्ष पर घूमती है बल्कि सूर्य की परिक्रमा भी करती है। अतः पृथ्वी की सूर्य से सापेक्ष स्थितियाँ बदलती रहती है। पृथ्वी के परिभ्रमण में चार प्रमुख अवस्थाएँ आती हैं एवं इन अवस्थाओं में ऋतु परिवर्तन होते हैं। इनका संक्षिप्त विवरण इस प्रकार है-

1. **21 जून की स्थिति :** इस समय सूर्य कर्क रेखा पर लंबवत् चमकता है। इस स्थिति को ग्रीष्म अयनांत (Summer Solistice) कहते हैं। वस्तुतः 21 मार्च के बाद सूर्य उत्तरायण होने लगता है एवं उत्तरी गोलार्द्ध में दिन की अवधि बढ़ने लगती है जिससे वहाँ ग्रीष्म ऋतु का आगमन होता है। 21 जून को उत्तरी गोलार्द्ध में दिन की लंबाई सबसे अधिक रहती है। दक्षिणी गोलार्द्ध में इस समय शीत ऋतु होती है। 21 जून के बाद 23 सितंबर तक सूर्य पुनः विषुवत रेखा की ओर उन्मुख होता है। परिणामस्वरूप धीरे-धीरे उत्तरी गोलार्द्ध में गर्मी कम होने लगती है।

2. **22 दिसंबर की स्थिति :** इस समय सूर्य मकर रेखा पर लंबवत् चमकता है। इस स्थिति को शीत अयनांत (Winter Solistice) कहते हैं। इस समय दक्षिणी गोलार्द्ध में दिन की अवधि लंबी तथा रात छोटी होती है। वस्तुतः सूर्य के दक्षिणायण होने अर्थात् दक्षिणी गोलार्द्ध में उन्मुख होने की प्रक्रिया 23 सितंबर के बाद प्रारंभ हो जाती है जिससे दक्षिणी गोलार्द्ध में दिन बड़े व रातें छोटी होने लगती है। इस समय उत्तरी गोलार्द्ध में ठीक विपरीत स्थिति देखी जाती है। 22 दिसंबर के उपरांत 21 मार्च तक सूर्य पुनः विषुवत रेखा की ओर उन्मुख होता है एवं दक्षिणी गोलार्द्ध में धीरे-धीरे ग्रीष्म ऋतु की समाप्ति हो जाती है।
3. **21 मार्च व 23 सितंबर की स्थितियाँ :** इन दोनों स्थितियों में सूर्य विषुवत रेखा पर लम्बवत चमकता है। अतः इस समय समस्त अक्षांश रेखाओं का आधा भाग सूर्य का प्रकाश प्राप्त करता है। अतः सर्वत्र दिन व रात की अवधि बराबर होती है। इस समय दिन व रात की अवधि के बराबर रहने एवं ऋतु की समानता के कारण इन दोनों स्थितियों को विषुव अथवा सम रात-दिन (Equinox) कहा जाता है। 21 मार्च की स्थिति को **बसंत विषुव (Spring Equinox)** एवं 23 सितंबर वाली स्थिति को **शरद विषुव (Antum Equinox)** कहा जाता है।

ग्रहण

- किसी खगोलीय पिण्ड का अंधकारमय हो जाना ग्रहण (Eclipse) कहलाता है। ग्रहण दो प्रकार के होते हैं- चन्द्रग्रहण और सूर्यग्रहण।

चन्द्रग्रहण

- जब पृथ्वी, सूर्य व चन्द्रमा के बीच में आ जाती है तो पृथ्वी की छाया चन्द्रमा पर पड़ती है, इस प्रकार चन्द्रग्रहण (Lunar Eclipse) होता है।
- यह पूर्णिमा के दिन होता है।
- चन्द्रग्रहण प्रत्येक पूर्णिमा को नहीं होता क्योंकि चन्द्रमा, पृथ्वी एवं सूर्य प्रत्येक पूर्णिमा को एक सीधी रेखा में नहीं आते हैं।
- चन्द्रग्रहण अधिकतम एक घंटे 40 मिनट तक होता है।

सूर्यग्रहण

- चन्द्रमा के पृथ्वी और सूर्य के बीच में आने पर सूर्यग्रहण (Solar Eclipse) होता है।
- सूर्यग्रहण केवल अमावस्या के दिन होता है।
- सूर्यग्रहण प्रत्येक अमावस्या को नहीं होता, क्योंकि चन्द्रमा की कक्षा में पृथ्वी की सूर्य की ओर कक्षा के सापेक्ष 5° का झुकाव है, इसी कारण चन्द्रमा की छाया प्रतिमाह पृथ्वी पर नहीं पड़ती और सूर्यग्रहण नहीं होता है।
- पूर्ण सूर्यग्रहण अधिकतम 7 मिनट 40 सेकंड तक हो सकता है।

ज्वार भाटा

- समुद्री जल में दिन में दो बार निश्चित अंतराल पर ऊपर उठता तथा नीचे गिरता है। यह प्रक्रिया ज्वारभाटा (Tides) कहलाती है।
- ज्वारभाटा की उत्पत्ति सूर्य एवं चन्द्रमा की गुरुत्वाकर्षण शक्ति के कारण होती है। चन्द्रमा की ज्वारोत्पादक शक्ति सूर्य से दो गुना ज्यादा होती है, क्योंकि सूर्य पृथ्वी से चन्द्रमा के मुकाबले अत्यधिक दूरी पर है।
- दो ज्वारभाटा के बीच का अंतराल 12 घंटे 26 मिनट होता है। पृथ्वी अपनी धुरी पर 24 घंटे में घूमती है। अतः प्रत्येक स्थान पर ज्वार 12 घंटे बाद उत्पन्न होना चाहिए, परंतु ऐसा नहीं होता है। इसका कारण पृथ्वी और चन्द्रमा की गतियाँ हैं। वस्तुतः पृथ्वी एक घुर्णन (Roatation) पूरा होने तक चन्द्रमा भी अपने पथ पर आगे बढ़ जाता है। चन्द्रमा 21½ दिन में पृथ्वी का एक चक्कर पूरा करता है। 24 घंटे में यह पृथ्वी का 1/28 भाग तय कर पाता है, इसलिए पृथ्वी के उस स्थान को चन्द्रमा के समक्ष पहुँचने में 52 मिनट का अतिरिक्त समय लग जाता है। अतः प्रत्येक स्थान पर 12 घंटे 26 मिनट बाद दूसरा ज्वार आता है।
- ज्वारभाटा दो प्रकार के होते हैं-

1. **दीर्घ ज्वार (Spring Tides)**
   ◯ पूर्णिमा एवं अमावस्या के दिन दीर्घ ज्वार की उत्पत्ति होती है क्योंकि इस दिन सूर्य, चन्द्रमा और पृथ्वी तीनों एक सीध में होते हैं।
2. **लघु ज्वार (Neap Tides)**
   ◯ कृष्ण शुक्लपक्ष की अष्टमी को लघु ज्वार की उत्पत्ति होती है क्योंकि इस दिन सूर्य, चन्द्रमा और पृथ्वी तीनों कोण की स्थिति में होते हैं।

5. अक्षांश-देशान्तर एवं अन्तरराष्ट्रीय तिथि रेखा व समय

अक्षांश (Lattitudes)

◯ यह ग्लोब पर पश्चिम से पूरब की ओर खींची गयी समानांतर काल्पनिक रेखाएँ हैं जिसे अंश में प्रदर्शित किया जाता है।

◯ 0° की अक्षांश रेखा भूमध्य रेखा (Equator) कहलाती है। यह पृथ्वी के केन्द्र से गुजरती है एवं पृथ्वी को दो बराबर भागों में बाँटती है। इसे विषुवत् रेखा या विषुवत् वृत्त भी कहते हैं। भूमध्य रेखा पर दिन-रात बराबर होते हैं।

◯ 1° अक्षांश = 111 किमी. (लगभग) होता है।

◯ भूमध्य रेखा के ऊपर 0° से 90° उत्तरी ध्रुव तक उत्तरी गोलार्द्ध और भूमध्य रेखा से नीचे का 0° से 90° दक्षिणी ध्रुव तक दक्षिणी गोलार्द्ध कहलाता है।

◯ उत्तरी गोलार्द्ध में 23½° N के दोनों बिंदुओं को मिलाने वाली रेखा कर्क रेखा (Tropic of Cancer) कहलाती है।

◯ दक्षिणी गोलार्द्ध में 23½° S के दोनों बिंदुओं को मिलाने वाली रेखा मकर रेखा (Tropic of Capricorn) कहलाती है।

◯ उत्तरी गोलार्द्ध में 66½° N के दोनों बिंदुओं को मिलाने वाली रेखा आर्कटिक रेखा (Arctic Circle) कहलाती है।

◯ दक्षिणी गोलार्द्ध में 66½° S के दोनों बिंदुओं को मिलाने वाली रेखा अंटार्कटिक रेखा (Antarctic Circle) कहलाती है।

देशांतर (Longitudes)

◯ यह ग्लोब पर उत्तर से दक्षिण की ओर खींची जाने वाली काल्पनिक रेखा है। ये रेखाएँ समानांतर नहीं होती है। ये रेखाएँ उत्तरी तथा दक्षिणी ध्रुव पर एक बिंदु पर मिल जाती है।

◯ ध्रुवों से विषुवत् रेखा की ओर बढ़ने पर देशांतरों के बीच की दूरी बढ़ती जाती है तथा विषुवत् रेखा पर इसके बीच की दूरी अधिकतम (111.32 किमी.) होती है। ग्रीनविच वेधशाला से गुजरने वाली रेखा को 0° देशांतर (प्रधान देशांतर) माना जाता है। इसकी बायीं ओर की रेखाएँ पश्चिमी देशांतर (पश्चिमी गोलार्द्ध) और दाहिनी ओर की रेखाएँ पूर्वी देशांतर (पूर्वी गोलार्द्ध) कहलाती है।

◯ देशांतर के आधार पर ही किसी स्थान का समय ज्ञात किया जाता है।

◯ दो देशांतर रेखाओं के बीच की दूरी **गोरे** (Gore) नाम से जानी जाती है।

◯ गोलाकार होने के कारण पृथ्वी 24 घंटे में 360° घूम जाती है। अतः 1° देशांतर की दूरी तय करने में पृथ्वी को 4 मिनट का समय लगता है।

◯ चूँकि सूर्य पूर्व से उदित होता है एवं पृथ्वी पश्चिम से पूर्व अपनी धुरी पर घूमती रहती है, अतः पूर्व का समय आगे और पश्चिम का समय पीछे रहता है। इसी कारण पृथ्वी के सभी स्थानों पर समय की भिन्नता देखने को मिलती है।

◯ प्रत्येक 15° देशांतर पर एक घंटे का अंतर होता है। इस प्रकार 0° से 180° पूर्व की ओर जाने पर 12 घंटे की अवधि लगती है एवं यह ग्रीनविच समय से 12 घंटे आगे होता है। इसी

0° से 180° पश्चिम की ओर जाने पर ग्रीनविच समय से 12 घंटे पीछे का समय मिलता है। यही कारण है कि 180° पूर्व व पश्चिम देशांतर में कुल 24 घंटे अर्थात् एक दिन-रात का अंतर पाया जाता है।

अन्तरराष्ट्रीय तिथि रेखा (Internationl Date Line)

- 180° देशांतर को अन्तरराष्ट्रीय तिथि रेखा कहते हैं। 1884 ई. में वाशिंगटन में सम्पन्न इंटरनेशनल मेरीडियन कांफ्रेस में 180वें याम्योत्तर (Meridian) को अन्तरराष्ट्रीय तिथि रेखा निर्धारित किया गया। ऐसा इसलिए किया गया ताकि विभिन्न देशों के मध्य यात्रियों को कुछ स्थानों पर 1 दिन का अंतर होने के कारण परेशानी न हो।
- अन्तरराष्ट्रीय तिथि रेखा आर्कटिक सागर, चुकी सागर, बेरिंग स्ट्रेट व प्रशांत महासागर से गुजरती है।
- ग्रीनविच मेरीडियन से गणना करते हुए इस रेखा (180वाँ याम्योत्तर) के पूर्व वाले क्षेत्र एक दिन आगे होंगे या दूसरे शब्दों में इस रेखा से पश्चिम वाले क्षेत्रों से 12 घंटे आगे होंगे। जब कोई जलयान पश्चिमी दिशा में यात्रा करते हुए तिथि रेखा को पार करता है तो उसे एक दिन की हानि होती है क्योंकि इस क्षेत्र में समय 12 घंटे पीछे चल रहा होता है (जैसे सोमवार के बाद रविवार आना), परन्तु यदि जलयान पूर्व की यात्रा करते हुए तिथि रेखा को पार करता है तो एक दिन का लाभ होता है, जैसे- यदि वह सोमवार को यात्रा प्रारंभ करता है तो तिथि रेखा पार करने पर नये क्षेत्र में बुधवार का दिन उसे प्राप्त होगा।
- बेरिंग स्ट्रेट (जलसंधि) अन्तरराष्ट्रीय तिथि रेखा के सामानांतर स्थित है।
- **समय जोन**- विश्व को 24 समय जोनों में बाँटा गया है। इन समय जोनों को ग्रीनविच मीन टाइम (GMT) व मानक समय (Standard Time) में एक घंटे के अंतराल के आधार पर विभाजित किया गया है अर्थात् प्रत्येक जोन 15° के बराबर होता है। ग्रीनविच याम्योत्तर 0° देशांतर पर है, जो कि ग्रीनलैंड व नार्वोनियन सागर व ब्रिटेन, स्पेन, अल्जीरिया, फ्रांस, माले, बुर्कीनाफासो, घाना व दक्षिण अटलांटिक समुद्र से गुजरता है।
- **मानक समय**- प्रत्येक देश का मानक समय (Standard Time) ग्रीनविच मीन टाइम से आधा घंटे के गुणक के अंतर पर निर्धारित किया जाता है। मानक समय स्वेच्छा से चयनित याम्योत्तर का स्थानीय समय होता है जो एक विशिष्ट क्षेत्र या देश के लिए मानक समय निर्धारित करता है। भारत में 82½° पूर्वी देशांतर जो इलाहाबाद के निकट नैनी से गुजरती है, का समय सम्पूर्ण भारत के लिए मानक समय (IST) है। इससे भारत के विभिन्न प्रदेशों में देशांतरीय अंतर के कारण समय की भिन्नता को समायोजित करने की समस्या से निजात मिल जाता है। भारत का मानक समय ग्रीनविच मीन टाइम से 5½ घंटा आगे है। अत: जब ग्रीनविच में दोपहर के 12 बजे हों तो उस समय भारत में शाम के 5½ बजेंगे।
- **स्थानीय समय**- यह पृथ्वी पर स्थान विशेष का सूर्य की स्थिति से परिकलित समय है। स्थानीय मध्याह्न समय वह समय है जब सूर्य उस स्थान विशेष पर लंबवत् चमकता है। भारत के सर्वाधिक पूर्व (अरुणाचल प्रदेश) एवं सर्वाधिक पश्चिम (गुजरात के द्वारका) में स्थित स्थानों के स्थानीय समय में लगभग दो घंटे का अंतर मिलता है।
- **विषुवत् रेखा**- पृथ्वी की मध्य सतह से होकर जाने वाली वह अक्षांश रेखा है जो उत्तरी एवं दक्षिणी ध्रुव से बराबर दूरी पर होती है। यह शून्य अंश की अक्षांश रेखा है। विषुवत् रेखा के उत्तरी भाग को उत्तरी गोलार्द्ध और दक्षिणी भाग को दक्षिणी गोलार्द्ध कहते हैं। विषुवत् रेखा को **भूमध्य रेखा** भी कहा जाता है।
- **कटिबंध**- प्रत्येक गोलार्द्ध को ताप के आधार पर कई भागों में बाँटा गया है। इन भागों को कटिबंध (Zone) कहते हैं ये निम्नलिखित हैं-

  1. **उष्ण कटिबंध (Tropical Zone)**- यह विषुवत् रेखा से 30° उत्तर एवं 30° दक्षिण का भाग होता है। यहाँ वर्ष में दो बार सूर्य शीर्ष पर चमकता है। इस भाग का मौसम सदैव गर्म रहता है।
  2. **उपोष्ण कटिबंध (Sub-Tropical Zone)**- यह 30° से 45° उत्तरी एवं दक्षिणी अक्षांशों के बीच स्थित क्षेत्र है जहाँ कुछ महीने ताप अधिक और कुछ महीने ताप कम रहता है।

3. **शीतोष्ण कटिबंध (Temperate Zone)-** यह 45° से 66° उत्तरी और दक्षिणी अक्षांशों के बीच का क्षेत्र होता है। यहाँ सूर्य सिर के ऊपर कभी नहीं चमकता है, बल्कि उसकी किरणें तिरछी होती है। अत: यहाँ ताप हमेशा कम रहता है।
4. **ध्रुवीय कटिबंध (Polar Zone)-** यह 66° से 90° के मध्य स्थित क्षेत्र है जहाँ ताप अत्यंत ही कम रहता है, जिसके फलस्वरूप वहाँ हमेशा बर्फ जमी रहती है।

6. स्थलमण्डल

▷ पृथ्वी की सम्पूर्ण बाह्य परत, जिस पर महाद्वीप एवं महासागर स्थित है, स्थलमण्डल (Lithosphere) कहलाती है। पृथ्वी के कुल 29% भाग पर स्थल तथा 71% भाग पर जल स्थित है।

▷ पृथ्वी के उत्तरी गोलार्द्ध का 61% तथा दक्षिणी गोलार्द्ध के 81% क्षेत्रफल पर जल का विस्तार है।

▷ पृथ्वी पर सर्वाधिक ऊँचाई माउंट एवरेस्ट (8848 मी.) की तथा सर्वाधिक गहराई मेरियाना गर्त (11,033 मी.) की है। इस प्रकार पृथ्वी की ऊँचाई एवं सर्वाधिक गहराई में लगभग 20 किमी. का अंतर है।

▷ स्थलमंडल महाद्वीपीय क्षेत्रों में अधिक मोटी (40 किमी.) एवं महासागरीय क्षेत्रों में अपेक्षाकृत पतली (20-12 किमी.) है।

चट्टानें

▷ बनावट के आधार पर यह तीन प्रकार की होती है-
1. आग्नेय चट्टान (Igneous Rock)
2. अवसादी चट्टान (Sedimentary Rock)
3. कायांतरित चट्टान (Metamorphic Rock)

1. आग्नेय चट्टान

▷ इनका निर्माण ज्वालामुखी उद्गार के समय निकलने वाले लावा (Magma) के पृथ्वी के अंदर या बाहर ठंडा होकर जम जाने से होता है।

▷ ये चट्टानें सभी चट्टानों में सबसे ज्यादा (95%) मिलती हैं।

▷ इन्हें **प्राथमिक या मातृ** (Primary or Mother) चट्टानें भी कहा जाता है।

▷ आग्नेय चट्टान स्थूल परतरहित, कठोर संघनन एवं जीवाश्मरहित होती है। आर्थिक रूप से आग्नेय चट्टान बहुत ही सम्पन्न चट्टान है। इसमें चुम्बकीय लोहा, निकिल, ताँबा, सीसा, जस्ता, क्रोमाइट, मैंगनीज, सोना तथा प्लेटिनम पाये जाते हैं।

▷ बेसाल्ट में लोहे की मात्रा सर्वाधिक होती है। इस चट्टान के क्षरण से काली मिट्टी का निर्माण होता है।

▷ उत्पत्ति के आधार पर आग्नेय चट्टानें तीन प्रकार की होती हैं-
1. **ग्रेनाइट (Granite)** : इन चट्टानों के निर्माण में मैग्मा धरातल के ऊपर न पहुँचकर अंदर ही जमकर ठोस रूप धारण कर लेता है। मैग्मा के ठंडा होने की प्रक्रिया बहुत धीमी होती है क्योंकि अंदर का तापमान अधिक होता है और बनने वाले क्रिस्टल (Crystal) काफी बड़े होते हैं।
2. **बेसाल्ट (Basalt)** : जब मैग्मा धरातल पर आकर ठंडा होता है, तब तीव्र गति से ठंडे होने के कारण चट्टानों के रवे (Crystal) बहुत बारीक होते हैं। इन्हें ही बेसाल्ट कहा जाता है। बेसाल्ट चट्टान के क्षरण के कारण ही काली मिट्टी का निर्माण होता है।
3. **ज्वालामुखीय (Volcanic)** : ज्वालामुखी विस्फोट के कारण मैग्मा के बाहर आकर जमने से इन चट्टानों का निर्माण होता है।

▷ पृथ्वी के आंतरिक भाग में पिघले हुए मैग्मा (Magma) से निर्मित चट्टानों को भिन्न-भिन्न नामों से जाना जाता है-

1. **डाइक (Dyke)** : जब मैग्मा किसी लम्बवत् दरार में जमता है तो डाइक कहलाता है। झारखंड के सिंहभूम जिले में अनेक डाइक दिखायी देते हैं।
2. **सिल (Sill)** : जब मैग्मा भू-पृष्ठ के समानांतर परतों में फैलकर जमता है, तो उसे सिल कहते हैं। इसकी मोटाई एक मीटर से लेकर सैकड़ों मीटर तक होती है। छत्तीसगढ़ तथा झारखंड में सिल जाये जाते हैं। एक मीटर से कम मोटाई वाले सिल को **शीट (Sheet)** कहते हैं।
3. **लैकोलिथ (Lacolith)** : पृथ्वी की धरातल के निकट परतदार चट्टानों के बीच गुंबदाकार संरचना में मैग्मा के जमने के कारण इसका निर्माण होता है। इस गुंबदाकार संरचना का आकार छतरीनुमा दिखायी देता है। लैकोलिथ बहिर्वेधी ज्वालामुखी पर्वत का ही एक अंतर्वेधी प्रतिरूप है।
4. **बैथोलिथ (Batholith)** : ये प्रायः गुंबद के आकार के होते हैं, जिनके किनारे तीव्र ढाल वाले एवं आधार तल अधिक गहराई में होता है। वास्तव में यह एक पाताली (Plutonic) चट्टान है। इनका ऊपरी भाग अत्यधिक असमान (Irregular) एवं उबड़-खाबड़ होता है। ये सैकड़ों किलोमीटर लंबे, 50 से 80 किमी चौड़े एवं काफी अधिक मोटे होते हैं। यह मूलतः ग्रेनाइट से बनता है।
5. **स्टॉक (Stock)** : छोटे आकर के बैथोलिथ को स्टॉक कहते हैं। इसका ऊपरी भाग गोलाकार गुंबदनुमा होता है। स्टॉक का विस्तार 100 वर्ग किमी से कम होता है।
6. **लैपोलिथ (Lapolith)** : जब मैग्मा जमकर तश्तरीनुमा आकार ग्रहण कर लेता है तो उसे लैपोलिथ कहते हैं। लैपोलिथ दक्षिण अमेरिका में मिलते हैं।
7. **फैकोलिथ (Phacolith)** : जब मैग्मा लहरदार आकृति में जमता है, तो फैकोलिथ कहलाता है।

2. अवसादी चट्टान

- पृथ्वी तल पर आग्नेय व रूपांतरित चट्टानों के अपरदान व निक्षेपण के फलस्वरूप निर्मित चट्टानों को अवसादी चट्टान कहते हैं।
- इन पुनर्निर्मित चट्टानों में परतों का विकास होने के कारण इन्हें प्रस्तरित या परतदार चट्टान भी कहा जाता है।
- इन चट्टानों के निर्माण में जैविक अवशेषों का भी योगदान होता है। सम्पूर्ण क्रस्ट (Crust) के लगभग 75% भाग पर अवसादी चट्टान फैले हुए हैं पर क्रस्ट के निर्माण में इसका योगदान मात्र 5% है।
- अवसादी चट्टानें परतदार होती हैं। इनमें वनस्पति एवं जीव-जंतुओं का जीवाश्म (Fossils) पाया जाता है। इन चट्टानों में लौह-अयस्क, फास्फेट, कोयला एवं सीमेंट बनाने की चट्टान पायी जाती है।
- खनिज तेल अवसादी चट्टानों में पाया जाता है। अप्रवेश्य चट्टानों की दो परतों के बीच यदि प्रवेश्य शैल की परत आ जाये तो खनिज तेल के लिए अनुकूल स्थिति पैदा हो जाती है।
- दामोदर, महानदी तथा गोदावरी नदी बेसिनों की अवसादी चट्टानों में कोयला पाया जाता है।

विभिन्न चट्टानों की रूपांतरण क्रिया

अवसादी चट्टानों के रूपान्तरण से बनी शैलें	
शैल	स्लेट
चूना पत्थर	संगमरमर
चॉक एवं डोलोमाइट	संगमरमर
बालुका पत्थर	क्वार्टजाइट
कांग्लोमेरेट	क्वार्टजाइट
आग्नेय चट्टानों के रूपांतरण से बनी शैलें	
ग्रेनाइट	नीस
बेसाल्ट	एम्फीबोलाइट
बेसाल्ट	सिस्ट
रूपांतरित चट्टानों के पुनः रूपांतरण से बनी शैलें	
स्लेट	फाइलाइट
फाइलाइट	सिस्ट
गैब्रो	सरपेंटाइन

- आगरा का किला एवं दिल्ली का लाल किला बलुआ पत्थर नामक अवसादी चट्टानों का बना है।
- चूना पत्थर, बलुआ पत्थर, स्लेट, कांग्लोमरेट, नमक की चट्टानें एवं शेलखड़ी आदि अवसादी चट्टानों के उदारहरण हैं।

3. कायांतरित चट्टान

- ताप एवं दाब के कारण आग्नेय तथा अवसादी चट्टानों के संगठन तथा स्वरूप में परिवर्तन या रूपांतरण हो जाता है। इसे रूपांतरित या कायांतरित चट्टान कहते हैं।
- कायांतरित चट्टान सर्वाधिक है तथा इसमें जीवाश्म नहीं मिलते हैं।

पर्वत

- धरातल के **27 प्रतिशत** भाग पर पर्वतों का विस्तार है।
- आयु के आधार पर पर्वतों को मुख्यत: दो भागों में बाँटा गया है-
  1. **प्राचीन पर्वत (Old Mountain)** : लगभग तीन करोड़ वर्ष पूर्व हुए महाद्वीपीय विस्थापन (Continental Drift) से पूर्व के पर्वत प्राचीन पर्वतों में आते हैं। जैसे- पेनाइन (यूरोप), अप्लेशियन (अमेरिका), अरावली (भारत)। अरावली विश्व का सबसे प्राचीन पर्वत माना जाता है।
  2. **नवीन पर्वत (Young Mountains)** : जो पर्वत महाद्वीपीय विस्थापन के बाद अस्तित्व में आये हैं, ये नवीन पर्वतों की श्रेणी में आते हैं। जैसे- हिमालय, रॉकी, एंडीज, आल्पस आदि। हिमालय विश्व का सबसे नवीन पर्वत माना जाता है।
- उत्पत्ति के आधार पर पर्वत मुख्यत: चार प्रकार के होते हैं-

विश्व के प्रमुख पर्वत

नाम	स्थिति	सर्वोच्च चोटी	अधिकतम ऊँचाई
हिमालय	एशिया	माउण्ट एवरेस्ट	8848
एण्डीज	दक्षिण अमेरिका	एकांकगुआ	6960
रॉकी	उत्तरी अमेरिका	माउण्ट एल्बर्ट	4400
काराकोरम	एशिया	गाडविन ऑस्टिन (K_2)	8611
ग्रेट डिवाईडिंग रेंज	ऑस्ट्रेलिया	माउण्ट कोसिस्को	2228
टिएनशॉन	एशिया	पीके पोबेडा	7439
अल्टाई	एशिया	बेलुखा	4505
यूराल	रूस	नैरोडनाया	1894
एटलस	अफ्रीका	टाउब्काल	4165
आल्प्स	यूरोप	माउण्ट ब्लैक	4807
अप्लेशियम	अमेरिका	माउण्ट मिचेल	2037
एपेनाइन	इटली	कोनोग्रांडे	2931
कास्केड श्रेणी	उत्तरी अमेरिका	माउण्ट रेनियर	4392
अलास्का श्रेणी	अलास्का	माउण्ट मेकिन्ले	6194
काकेशस श्रेणी	यूरोप	एलब्रुश	5633

वलित/मोड़दार पर्वत (Fold Mountains)

- पृथ्वी की विवर्तनिक (Tectonic) शक्तियों जैसे- दबाव, संपीड़न उभार, तनाव आदि के कारण चट्टानों के स्तर में व्यापक मोड़ या वलन का विकास होने से इन पर्वतों को निर्माण होता है।
- हिमालय, आल्पस, रॉकी, एंडीज, यूराल, एटलस आदि बड़ी श्रेणियों के पर्वत ही वलित पर्वत हैं।

अवरोधी पर्वत (Block Mountains)

- ये पृथ्वी के धरातल के ऊपर उठने या नीचे धँसने की वजह से बनते हैं।
- धरातल के नीचे लावा के ठंडा होने की वजह से तनाव या खिंचाव के कारण धरातल में भ्रंश व दरार (Faults) का विकास हो जाता है, जिससे कुछ भाग ऊपर उठ जाता है और कुछ भाग धँस जाता है।
- ऊपर उठा भाग भ्रंशोत्थ (Block Mountain or Horsts) तथा धंशा भाग भ्रंश घाटी (Rift Valley or Garben) कहलाता है।

- नर्मदा, ताप्ती व दामोदर घाटी (भारत), वास्जेस व ब्लैक फौरेस्ट पर्वत (यूरोप), वासाच रेंज (अमेरिका), साल्ट रैंज (पाकिस्तान) आदि प्रमुख भ्रंशोत्थ पर्वत (Block Mountain) है।

अवशिष्ट पर्वत (Residual or Relict Mountains)

- अत्यधिक अपरदन या अनाच्छादन के कारण (नदी, हिमनद, तुषार, वायु आदि कारकों के कारण से) पर्वत अपने प्रारंभिक स्वरूप को खोकर अवशिष्ट पर्वत का रूप धारण कर लेते हैं।
- विंध्याचल, अरावली, सतपुड़ा, नीलगिरी, पारसनाथ, राजमहल, पूर्वी घाट, पश्चिमी घाट (भारत), हाइलैंड्स (स्कॉटलैंड), कैटस्किल (न्यूयार्क) आदि इस श्रेणी के पर्वत हैं।

संग्रहित पर्वत (Mountains of Accumulation)

- ज्वालामुखी के उद्‌गार से निस्सृत लावा, विखंडित पर्वत तथा राखचूर्ण आदि के क्रमबद्ध अथवा असंबद्ध एकत्रीकरण के फलस्वरूप इन पर्वतों का निर्माण होता है। अत: इन्हें ज्वालामुखी पर्वत भी कहा जाता है। जापान का फ्यूजीयामा और इक्वेडोर का कोटोपैक्सी इसके प्रमुख उदाहरण है।

पठार

- पठार पर्वतों से नीचे और मैदानों से ऊँचे भू-भाग हैं जिनका ऊपरी (शीर्ष) भाग मेज की तरह चौरस और सपाट होता है।
- पृथ्वी के सम्पूर्ण धरातल के लगभग **33 प्रतिशत** भाग पर पठारों का विस्तार है।
- पठारों की रचना या तो पृथ्वी की भूगर्भिक हलचलों के कारण समतल भू-भाग के ऊपर उठ जाने से होती है या फिर उसके आस-पास के भू-भाग के नीचे धँस जाने से होती है।
- सामान्यत: पठार की ऊँचाई 300 से 1000 मीटर होती है।
- विश्व में अनेक पठार ऐसे भी हैं जिनकी ऊँचाई 2000 मीटर से भी अधिक है, जैसे कोलोरैडो पठार (2500 मीटर) तथा तिब्बत का पठार (5000 मीटर से भी अधिक)।
- तिब्बत का पठार क्षेत्रीय विस्तार की दृष्टि से विश्व में सबसे बड़ा है।
- जम्मू-कश्मीर में हिमानी निक्षेप से छोटे-छोटे पठारों का निर्माण होता है। इन पठारों को मर्ग/मार्ग कहा जाता है। सोनमर्ग, गुलमर्ग आदि ऐसे ही पठार हैं।
- जीर्ण या वृद्ध पठार की पहचान उन पर अवस्थित 'मेसा' से होती है। मेसा कठोर चट्टानों से निर्मित सपाट संरचनाएँ हैं जो पठार पर अवशेष रूप में अपरदन के प्रभाव के बावजूद बची रह जाती है।
- भौगोलिक स्थिति, निर्माण प्रक्रिया, आकृति, धरातलीय रचना, जलवायु तथा विकास की अवस्था के अनुसार पठारों के कई प्रकार हैं। इनमें मुख्य निम्न प्रकार से हैं-

1. **अन्तर्पर्वतीय पठार (Intermontace Plateau) :** ये पठार चारों ओर से पर्वतों से घिरे होते हैं। विश्व का सबसे ऊँचा पठार, तिब्बत का पठार इस प्रकार के पठारों का सर्वप्रमुख उदाहरण है जो उत्तर में क्युनलुन व दक्षिण में हिमालय पर्वतों से घिरा हुआ है।
2. **गिरिपद पठार (Piedmont Plateau) :** उच्च पर्वतों की तलहटी में स्थित पठारों को गिरिपद या पर्वतपदीय पठार के नाम से जाना जाता है। ये एक ओर उच्च पर्वतों से तथा दूसरी ओर से सागर या मैदान से घिरे होते हैं। संयुक्त राज्य अमेरिका का पीडमांट पठार व दक्षिण अमेरिका का पेटागोनिया का पठार ऐसे पठारों के सर्वोत्तम उदाहरण हैं।
3. **तटीय पठार (Coastal Plateau) :** समुद्रतटीय क्षेत्रों के समीप स्थित पठारों को तटीय पठार कहा जाता है तथा इनकी उत्पत्ति समीपवर्ती भाग के उत्थान से ही होती है। प्रायद्वीपीय भारत का कोरोमंडल का पठार एक ऐसा ही पठार है।

प्रमुख पठार व उनकी स्थिति

नाम	स्थिति
एशिया माइनर	तुर्की
अनातोलिया का पठार	तुर्की
मेसेटा पठार	आइबेरिया प्रायद्वीप (स्पेन)
चियापास पठार	दक्षिण मैक्सिको
अलास्का/यूक्रॉन पठार	सं. रा. अमेरिका
कोलम्बिया पठार	सं. रा. अमेरिका
ग्रेट बेसिन पठार	सं. रा. अमेरिका
कोलोरेडो पठार	सं. रा. अमेरिका
ग्रीनलैंड पठार	ग्रीनलैंड

4. **गुंबदाकार पठार (Dome-Shaped Plateau)** : पृथ्वी की आंतरिक हलचलों के कारण जब किसी भाग में गुंबद के आकार का उभार हो जाता है तब ऐसे पठारों की उत्पत्ति होती है। संयुक्त राज्य अमेरिका का ओजार्क पठार, भारत का छोटानागपुर पठार एवं रामगढ़ पठार इसी के उदाहरण हैं।
5. **महाद्वीपीय पठार (Continental Plateau)** : ये प्रायः पर्वतीय भागों से दूर किन्तु सागरीय तटों या मैदानों से घिरे होते हैं। इनकी उत्पत्ति धरातल के ऊपर उठने या लावा के अपरिमित निक्षेप से होती है। इन पठारों को शील्ड भी कहा जाता है। भारत का प्रायद्वीपीय पठार इनका **सर्वोत्तम उदाहरण** है। इस प्रकार के अन्य पठार हैं- ऑस्ट्रेलिया का पठार, अरब का पठार, दक्षिण अफ्रीका का पठार आदि, जिन्हें प्राचीन महाद्वीपीय पठारों के अंतर्गत रखा जाता है। इसके विपरीत अण्टार्कटिका तथा न्यूजीलैंड के पठारों को नवीन महाद्वीपीय पठारों के अंतर्गत रखा जाता है।

मैदान

▷ लगभग 500 फीट से कम ऊँचाई वाले भूपृष्ठ के समतल भाग को मैदान कहते हैं।
▷ ये पृथ्वी के धरातल पर द्वितीयक क्रम के सबसे सरल उच्चावच तथा अपेक्षाकृत समतल व निम्न भू-भाग हैं।
▷ निर्माण की प्रक्रिया के आधार पर मैदान तीन प्रकार के होते हैं-
   1. रचनात्मक या पटलविरूपणी मैदान (Constructive or Diastrophic Plains)
   2. अपरदनात्मक या विनाशात्मक मैदान (Erosional or Destructional Plains)
   3. निक्षेपात्मक मैदान (Depositional Plains)

1. रचनात्मक या पटलविरूपणी मैदान

▷ भू-संचलन के फलस्वरूप जब कोई स्थलखंड का सागर से निर्गमन (Emergence) होता है, तो संरचनात्मक मैदान का निर्माण होता है। जैसे- सं. रा. अमेरिका का विशाल मैदान एवं रूस का रूसी प्लेटफार्म। निर्गमन के पश्चात् इन मैदानों के विकास में जल एवं हिमानी के अपरदन तथा निक्षेपण का भी योगदान है।
▷ सागरीय तट के पास स्थलमंडल के सागर तल से ऊपर उठने के फलस्वरूप तटीय मैदान का निर्माण होता है। जैसे- सं. रा. अमेरिका का अटलांटिक तटीय मैदान।
▷ सागरीय तट यदि भू-संचलन के फलस्वरूप निमज्जित (Submerge) हो जाता है, तो वह निक्षेपण के फलस्वरूप मैदान में परिवर्तित हो जाता है। जैसे- भारत का कर्नाटक एवं पूर्वी तटीय मैदान।

2. अपरदनात्मक या विनाशात्मक मैदान

▷ ऐसे मैदानों का निर्माण अपक्षय तथा अपरदन की क्रियाओं के परिणामस्वरूप होता है। इस क्रिया द्वारा निर्मित होने वाले प्रमुख मैदान हैं-
   (i) **समप्राय मैदान (Peneplains)** : धरातल के पर्वतीय एवं पठारी भागों में बहते हुए जल, वायु अथवा हिमानी प्रक्रम द्वारा अपरदित हो जाने से ऐसे मैदानों की रचना होती है। इनके निर्माण में बहते हुए जल या नदियों का सबसे अधिक योगदान रहता है। इस प्रकार के मैदान के विशिष्ट उदाहरण हैं- पेरिस बेसिन, अमेजन बेसिन का दक्षिणी भाग, मिसीसिपी बेसिन का ऊपरी भाग, रूस का मध्यवर्ती मैदान, पूर्वी इंग्लैण्ड का मैदान तथा भारत का अरावली क्षेत्र।
   (ii) **हिमानी निर्मित मैदान (Glacial Plains)** : धरातल पर हिमानी के प्रवाह से निर्मित मैदानों को इस वर्ग में रखा जाता है। उत्तरी अमेरिका में कनाडा तथा संयुक्त राज्य एवं यूरोप के फिनलैण्ड तथा स्वीडेन के मैदानी भागों की उत्पत्ति इसी क्रिया के द्वारा हुई।
   (iii) **कार्स्ट मैदान (Karst Plains)** : चूना पत्थर (Lime Stone) वाली शैलों पर जल का प्रवाह होने से अपरदन एवं घुलनशीलता के कारण संपूर्ण भू-भाग एक समतल मैदान में परिवर्तित हो जाता है, जिससे कार्स्ट मैदानों की उत्पत्ति होती है। ऐसे मैदानों का सर्वोत्तम उदाहरण है- यूगोस्लाविया में एड्रियाटिक सागर के समीप कार्स्ट मैदान।

(iv) **मरुस्थलीय मैदान (Desert Plains)** : ऐसे मैदानों का निर्माण विश्व के मरुस्थलीय भागों में वायु की क्रियाओं के परिणामस्वरूप हुआ है। ऐसे मैदानों में अंत:प्रवाह (Inland Drainage) पाया जाता है क्योंकि वर्षाकाल में छोटी-छोटी जलधाराएँ अंदर की ओर प्रवाहित हो जाती हैं तथा बाद में सूख जाती है।

3. निक्षेपात्मक मैदान (Depositional Plains)

- अपरदन के कारकों द्वारा धरातल के किसी भाग से अपरदित पदार्थों को परिवर्तित करके उन्हें दूसरे स्थान पर निक्षेपित कर देने से ऐसे मैदानों की उत्पत्ति होती है।
- विश्व के **अधिकांश मैदान निक्षेपात्मक मैदान की श्रेणी** में आते हैं।
- निक्षेप के साधन एवं स्थान के आधार पर ऐसे मैदानों को निम्न वर्गों में रखा जाता है-

(i) **जलोढ़ मैदान (Alluvial Plains)** : ऐसे मैदानों का निर्माण पर्वतीय भागों से निकलने वाली नदियों द्वारा अपने साथ बहाकर लाये गये निक्षेपों के जमाव के परिणामस्वरूप होता है। ये मैदान काफी बड़े क्षेत्र पर विस्तृत एवं बहुत उपजाऊ होते हैं। विश्व के अधिकांश मैदान जलोढ़ मैदान ही हैं। मिसीसिपी का मैदान (संयुक्त राज्य अमेरिका), गंगा-ब्रह्मपुत्र का मैदान (ऊपरी भारत), ह्वांगहो तथा यांगटिसीक्यांग का मैदान (चीन), नील नदी का मैदान (मिस्र), बोल्गा तथा डेन्यूब का मैदान आदि ऐसे ही मैदान हैं।

(ii) **अपोढ़ मैदान (Drift Plains)** : ऐसे मैदानों की रचना पर्वतीय भागों से हिमानियों के नीचे उतरते समय उनके द्वारा बहाकर लाये गये निक्षेपों के जमाव से होती है। इन जमावों में बड़ी मात्रा में कंकड़, पत्थर, शिलाखंड, बालू, बजरी आदि शामिल होते हैं। ऐसे मैदानों के प्रमुख उदाहरण उत्तरी-पश्चिमी यूरोप तथा कनाडा के मध्यवर्ती भागों में मिलते हैं।

(iii) **झीलीय मैदान (Lacustrine Plains)** : झीलों में गिरने वाली नदियों द्वारा अपने साथ बहाकर लाये गये पदार्थों का उनमें निक्षेपण होते रहने से वे धीरे-धीरे भरती रहती हैं तथा कालांतर में एक मैदान में बदल जाती है। आगे चलकर ये मैदान सूख जाती हैं। ऐसे मैदान भी जलोढ़ मैदानों के समान समतल तथा उपजाऊ होते हैं। संयुक्त राज्य अमेरिका, कनाडा तथा उत्तरी पश्चिमी यूरोप में ऐसे मैदान पाये जाते हैं।

(iv) **लावा मैदान (Lava Plains)** : ऐसे मैदानों का निर्माण ज्वालामुखी उद्गार के समय निकलने वाले लावा तथा अन्य पदार्थों के निक्षेपण से होता है। ऐसे मैदान अत्यधिक उपजाऊ होते हैं क्योंकि इनमें खनिज पदार्थों की अधिकता होती है। भारत का प्रायद्वीपीय भाग लावा निर्मित मैदान का मुख्य उदाहरण है।

(v) **लोयस मैदान (Loess Plains)** : ऐसे मैदानों का निर्माण पवन के अपरदनात्मक कार्यों के पश्चात् किसी स्थान पर उसके साथ उड़ाकर लायी गयी बालू, रेत आदि के निक्षेपण से होता है। ऐसे मैदान समतल एवं विस्तृत होते हैं। इनमें परतों का सर्वथा अभाव होता है। लोयस के मैदान उत्तरी चीन, तुर्कमेनिस्तान तथा मिसीसिपी नदी के किनारे पाये जाते हैं।

मरुस्थल

- स्थलमंडल के शुष्क व अर्द्धशुष्क भग मरुस्थल (Desert) कहलाते हैं। ये मुख्यत: उपोष्ण उच्च दाब क्षेत्रों में जहाँ वायु उतरती है व तापीय प्रतिलोमन की स्थिति मिलती है।
- महाद्वीपीय अवस्थिति या तट से दूरी भी इसकी उत्पत्ति का कारण है, क्योंकि आंतरिक भागों में बढ़ने पर वर्षा की मात्रा में कमी आती है।
- ठंडी महासागरीय धाराएँ भी इनके निर्माण के उत्तरदायी लिए कारक हैं। कालाहारी, पैटागोनिया व अटाकामा इसके उदाहरण हैं।
- मरुस्थल चट्टानी, पथरीला या रेतीला तीनों प्रकार के हो सकते हैं। सहारा का हमद मरुस्थल, अल्जीरिया के रेग एवं लीबिया व मिस्र के सेरिर मरुस्थल तथा सहारा क्षेत्र के एर्ग मरुस्थल क्रमश: चट्टानी, पथरीले या रेतीले मरुस्थल के उदाहरण हैं।
- मरुस्थलीय क्षेत्रों में **एक वर्ष** में औसतन 25 से.मी. से कम वर्षा होती है।
- सामान्यत: रेगिस्तान/मरुस्थल गर्म स्थल होते हैं, परन्तु महाद्वीपों के आंतरिक भाग में पाये जाने वाले मरुस्थल हमेशा गर्म नहीं होते हैं।

| प्रमुख मरुस्थल व उनकी स्थिति ||||
नाम	स्थिति	नाम	स्थिति
सहारा (लीबिया तथा नूबियन मरुस्थल)	उत्तरी अफ्रीका	नामिब	नामीबिया
बारबर्टन, सिम्पसन, गिब्सन, स्टुअर्ट-स्टोनी, ग्रेट विक्टोरिया, ग्रेट सैंडी	ऑस्ट्रेलिया	काराकुम	तुर्कमेनिया
नाफूद, हमद, रब-अल-खाली	सऊदी अरब	थार मरुभूमि	उ.प. भारत व पाकिस्तान
गोबी	मंगोलिया व चीन	सोमाली मरुभूमि	सोमालिया
कालाहारी	बोत्सवाना	अटाकामा	उत्तरी चिली
तकला माकन	सीक्यांग प्रान्त (चीन)	काइजिल कुम	उजबेकिस्तान
सोनोरान	सं. रा. अमेरिका तथा मैक्सिको)	दस्त-ए-लुत	पूर्वी ईरान
दस्त-ए-कबीर	दक्षिण ईरान	मोजेब या मोहावे सेंचुरा, सियरा नेवादा	सं. रा. अमेरिका
पेंटागोनिया	अर्जेंटीना	दस्त-ए-कबीर	दक्षिणी ईरान

ज्वालामुखी

- ज्वालामुखी भूपटल पर वह प्राकृतिक छेद या दरार है, जिससे होकर पृथ्वी का पिघला हुआ पदार्थ लावा, राख, भाप तथा अन्य गैसें बाहर निकलती है। बाहर हवा में उड़ा हुआ लावा शीघ्र ही ठंडा होकर छोटे ठोस टुकड़ों में बदल जाता है, जिसे सिंडर कहते हैं।
- ज्वालामुखी उद्गार में निकलने वाली गैसों में 80 से 90% भाग वाष्प (हाइड्रोजन एवं ऑक्सीजन) का होता है। अन्य गैसें हैं- कार्बन डाइऑक्साइड, सल्फर डाइऑक्साइड आदि।
- ज्वालामुखी उद्गार के तरल पदार्थों में लावा सर्वाधिक महत्त्वपूर्ण है, जो बाहर निकलकर फैल जाता है। लावा दो प्रकार का होता है- एक गाढ़ा जिसमें सिलिका की मात्रा (75%) होती है एवं जिसे अम्लीय लावा (Acid Lava) कहा जाता है तथा दूसरा लावा पतला होता है, जिसमें सिलिका की मात्रा कम होती है, क्षारीय लावा (Alkaline Lava) कहा जाता है।
- उद्गार अवधि के अनुसार ज्वालामुखी तीन प्रकार की होती है- 1. सक्रिय ज्वालामुखी 2. प्रसुप्त ज्वालामुखी और 3. मृत या शांत ज्वालामुखी।
    1. **सक्रिय ज्वालामुखी (Active Volcano) :** वैसे ज्वालामुखी जिनसे लावा, गैस तथा विखंडित पदार्थ सदैव निकला करते हैं। वर्तमान समय में उनकी संख्या लगभग 500 है। इनमें प्रमुख है, इटली का एटना तथा स्ट्राम्बोली।

       स्ट्राम्बोली भूमध्य सागर में सिसली के उत्तर में लिपारी द्वीप पर अवस्थित है। इसमें सदा प्रज्वलित गैस निकला करती है, जिससे इसके आस-पास का भाग प्रकाशित रहता है, इस कारण इस ज्वालामुखी को **भूमध्य सागर का प्रकाश स्तंभ** कहा जाता है।

भूगोल

2. **प्रसुप्त ज्वालामुखी (Dormant Volcano) :** वैसे ज्वालामुखी जो वर्षों से सक्रिय नहीं है, पर कभी भी विस्फोट कर सकते हैं। इनमें इटली का विसुवियस, जापान का फ्यूजीयामा, इंडोनेशिया का क्राकाताओं तथा अंडमान-निकोबार के नारकोंडम द्वीप के ज्वालामुखी उल्लेखनीय हैं। दिसंबर 2004 के सुनामी के बाद नारकोंडम द्वीप में सक्रियता के लक्षण दिखायी पड़े हैं।
3. **मृत या शांत ज्वालामुखी (Dead or Extinct Volcano) :** इसके अंतर्गत वैसे ज्वालामुखी शामिल किये जाते हैं जिनमें हजारों वर्षों से कोई उद्भेदन नहीं हुआ है तथा भविष्य में भी इसकी कोई संभावना नहीं है। अफ्रीका के पूर्वी भाग में स्थित केनिया व किलिमंजारों, इक्वेडोर का चिम्बाराजो, म्यांमार का पोपा, ईरान का देमबंद व कोहसुल्तान और एण्डीज पर्वतश्रेणी का एकांकगुआ इसके प्रमुख उदाहरण हैं।

विश्व के कुछ प्रमुख ज्वालामुखी

नाम	देश
ओजसडेल सालाडो	अर्जेंटीना-चिली
कोटोपैक्सी	इक्वेडोर
पोपोकैटेपिटल	मैक्सिको
मोनालोआ	हवाईद्वीप
माउंट कैमरून	कैमरून (अफ्रीका)
माउंट इरेबस	रॉस (अंटार्कटिका)
माउंट एटना	सिसली (इटली)
माउंट पीली	मार्टिनीक द्वीप
हेक्ला व लाकी	आइसलैंड
विसुवियस	नेपल्स की खाड़ी (इटली)
स्ट्रॉम्बोली	लिपारी द्वीप (भूमध्यसागर)
क्राकाताओ	इंडोनेशिया
कटमई	अलास्का (अमेरीका)
माउंट रेनियर	अमेरीका
माउंट शस्ता	अमेरीका
चिम्बारेजो	इक्वेडोर
फ्यूजीयामा	जापान
माउंट ताल	फिलीपींस
माउंट पिनाटुबो	फिलीपींस
देमबंद	ईरान
कोहसुल्तान	ईरान
माउंट पोपा	म्यांमार (बर्मा)
किलिमंजारो	तंजानिया
मेयाना	फिलीपींस

ज्वालामुखी से सम्बन्धित अन्य प्रमुख तथ्य

- **क्रेटर (Crator) :** यह ज्वालामुखी शंकु के ऊपर सामान्यत: मिलने वाले कीपाकार गर्तनुमा आकृति है। इसमें यदि जल भर जाये तो क्रेटर झील बन जाती है। जैसे महाराष्ट्र के बुलढाना जिले में लोनार झील।
- **काल्डेरा (Caldera) :** जब क्रेटर का आकार काफी विस्तृत हो जाता है, तब उसे काल्डेरा की संज्ञा दी जाती है। यह क्रेटर में धंसाव अथवा विस्फोट उद्गार से निर्मित स्थलरूप माना जाता है।
- **धुंआरे (Fumaroles) :** ज्वालामुखी क्रिया से सीधे सम्बन्धित छिद्र जिससे निरंतर गैस तथा वाष्प निकला करती है, धुंआरा कहलाता है।
- **गेसर (Geyser) :** बहुत से ज्वालामुखी क्षेत्रों में उद्गार के समय दरारों तथा सुराखों से होकर जल तथा वाष्प कुछ अधिक ऊँचाई तक निकलने लगते हैं। इसे ही गेसर कहा जाता है। जैसे- ओल्ड फेथफुल गेसर, यह अमेरिका के यलोस्टोन पार्क में है। इसमें प्रत्येक मिनट उद्गार होता रहता है।
- अधिकांश सक्रिय ज्वालामुखी का प्रशांत महासागर के तटीय भाग में पाया जाता है। प्रशांत महासागर के परिमेखला को अग्नि वलय (Fire Ring of the Pacific) भी कहते हैं।
- सबसे अधिक सक्रिय ज्वालामुखी अमेरिका एवं एशिया महाद्वीप के तटों पर स्थित है।

➪ ऑस्ट्रेलिया महाद्वीप में एक भी ज्वालामुखी नहीं है।

➪ विश्व का सबसे ऊँचा ज्वालामुखी पर्वत कोटापैक्सी (इक्वेडोर) है, जिसकी ऊँचाई 19,613 फीट है।

➪ विश्व की सबसे ऊँचाई पर स्थित सक्रिय ज्वालामुखी **ओजस डेल सालाडो** (6885 मी.), एंडीज पर्वतमाला में अर्जेंटीना-चिली देश के सीमा पर स्थित है।

➪ विश्व की सबसे ऊँचाई पर स्थित शांत ज्वालामुखी एकांकगुआ (Aconcagua) एंडीज पर्वतमाला पर ही स्थित है, जिसकी ऊँचाई 6960 मी. है।

➪ पश्चिमी अफ्रीका का एकमात्र जाग्रत या सक्रिय ज्वालामुखी कैमरून पर्वत है।

➪ अलास्का (संयुक्त राज्य अमेरिका) के कटमई ज्वालामुखी क्षेत्र में **दस हजार धूम्रों की घाटी** (A Valley of Ten Thousand Smokes) पायी जाती है।

भूकंप

➪ पृथ्वी के भूपटल में किसी ज्ञात या अज्ञात, अंतर्जात या बाह्य, प्राकृतिक या कृत्रिम कारणों से होने वाला कंपन ही भूकंप (Earthquake) कहलाता है। यह भूपटल पर असंतुलन की दशा का परिचायक होता है तथा धरातल पर विनाशकारी प्रभावों का जनक भी होता है।

➪ भूगर्भशास्त्र की एक विशेष शाखा, जिसमें भूकंपों का अध्ययन किया जाता है, भूकंप विज्ञान (Seismology) कहलाता है।

➪ भूकंप की तीव्रता की माप रिचर स्केल (Richter Scale) पर की जाती है।

➪ **भूकंप मूल (Focus) :** धरातल के नीचे जिस स्थान पर भूकंप की घटना का प्रारंभ होता है, उसे भूकंप की उत्पत्ति केन्द्र या भूकंप मूल कहा जाता है।

➪ **भूकंप अधिकेन्द्र (Epicentre) :** भूकंप उत्पत्ति केन्द्र के ठीक ऊपर लंबवत् स्थान जहाँ सबसे पहले भूकंपीय तरंगों का पता चलता है, अधिकेन्द्र कहलाता है। भूकंप से प्रवाहित क्षेत्रों में अधिकेन्द्र ही ऐसा बिन्दु है, जो उत्पत्ति केन्द्र के सबसे समीप स्थित होता है।

भूकंप के प्रकार

➪ भूकंप मूल की गहराई के आधार पर भूकंपों को तीन वर्गों में रखा जाता है।

(i) सामान्य भूकंप-0-50 किमी

(ii) मध्यवर्ती भूकंप- 50-250 किमी

(iii) गहरे या पातालीय भूकंप-250-700 किमी

➪ भूकंप के दौरान जो ऊर्जा भूकंप मूल से निकलती है, उसे 'प्रत्यास्थ ऊर्जा' (Elastic Energy) कहते हैं। भूकंप के दौरान निकलने वाली भूकंपीय तरंगों (Seismic Waves) को मुख्यत: तीन श्रेणियों में रखा जाता है-

(i) **प्राथमिक अथवा लंबात्मक तरंगें (Primary or Longitudinal Waves) :** इन्हें 'P' तरंगें भी कहा जाता है। ये अनुदैर्ध्य तरंगें (Longitudinal Waves) एवं ध्वनि तरंगों (Sound Waves) की भाँति चलती हैं। यह तरंग पृथ्वी के अंदर प्रत्येक माध्यम से होकर गुजरती है। इसकी गति सभी तरंगों से अधिक होती है, जिससे ये तरंगें किसी भी स्थान पर सबसे पहले पहुँचती है। 'P' तरंगों की गति 'S' तरंगों की तुलना में 66% अधिक होती है।

(ii) **द्वितीय तरंगें (Secondary Waves) :** इन्हें 'S' अथवा अनुप्रस्थ तरंगें (Transverse Waves) भी कहा जाता है। यह तरंग केवल ठोस माध्यम से होकर गुजरती है। 'S' तरंगों की गति 'P' तरंगों की तुलना में 40% कम होती है।

(iii) **एल तरंगें (L-Waves) :** इन्हें धरातलीय या लंबी तरंगों (Surface or Long Period Waves) के नाम से भी पुकारा जाता है। ये तरंगें मुख्यतः धरातल तक ही सीमित रहती है। ये ठोस, तरल तथा गैस तीनों माध्यमों में से गुजर सकती है। इसकी औसत वेग 1.5–3 किमी प्रतिसेकंड है।

भूकंपों का विश्व वितरण

- विश्व की प्रमुख भूकंप पेटियाँ निम्न हैं-
  (i) **प्रशांत महासागर तटीय पेटी (Circum Pacific Belt) :** इस पेटी में सम्पूर्ण विश्व के 66प्रतिशत भूकंपों का अनुभव किया जाता है। इस पेटी के तहत तीन प्रमुख क्षेत्र शामिल हैं- (a) सागर तथा स्थल भागों के मिलन बिन्दु (b) नवीन मोड़दार पर्वतीय क्षेत्र तथा (c) ज्वालामुखी क्षेत्र।
  (ii) **मध्य महाद्वीपीय पेटी (Mid-Continental Belt) :** इस पेटी में विश्व के 21% भूकंप आते हैं। इसमें आने वाले अधिकांश भूकंप संतुलन मूलक तथा भ्रंशमूलक भूकंप हैं। भारत का भूकंप क्षेत्र इसी पेटी के अंतर्गत सम्मिलित किया जाता है।
  (iii) **मध्य एटलांटिक पेटी (Mid-Atlantic Betl) :** इस पेटी का विस्तार मध्य एटलांटिक कटक के सहारे पाया जाता है। इसमें भूमध्य रेखा के समीपवर्ती क्षेत्रों में सर्वाधिक भूकंप आते हैं।
  (iv) **अन्य क्षेत्र :** विश्व में भूकंप के अन्य क्षेत्र हैं- (a) नील नदी से लगाकर संपूर्ण अफ्रीका का पूर्वी भाग (b) अदन की खाड़ी से अरब सागर तक का क्षेत्र तथा (c) हिन्द महासागरीय क्षेत्र।

7. वायुमंडल

- पृथ्वी के चारों ओर व्याप्त गैसीय आवरण को वायुमंडल (Atmosphere) कहते हैं।
- वायुमंडल की ऊपरी परत के अध्ययन को वायुर्विज्ञान (Aerology) और निचली परत को अध्ययन को ऋतु विज्ञान (Meterology) कहते हैं।
- वायुमंडल के अभाव में चन्द्रमा पर दिन के समय का तापमान 100° से.ग्रे. तक पहुँच जाता है, जबकि रात में यह कम होकर -100° से.ग्रे. पर आ जाता है। इतने अधिक तापांतर पर जीवन की कल्पना भी नहीं की जा सकती है।
- वायुमंडल अनेक गैसों का मिश्रण है और पृथ्वी के गुरुत्वाकर्षण शक्ति के कारण ही इससे बँधा हुआ है।

वायुमंडल की गैसीय संरचना

क्र.	गैसें	प्रतिशत आयतन
1.	नाइट्रोजन	78.03/78.07
2.	ऑक्सीजन	20.99
3.	ऑर्गन	0.93
4.	कार्बन डाइऑक्साइड	0.03
5.	हाइड्रोजन	0.01
6.	नियॉन	0.0018
7.	हीलियम	0.0005
8.	क्रिप्टॉन	0.0001
9.	जिनॉन	0.000,005
10.	ओजोन	0.000,001

- धरातल के समीपवर्ती भाग में नाइट्रोजन एवं ऑक्सीजन गैस प्रमुखता से मिलती है। सम्पूर्ण वायुमंडलीय आयतन का लगभग 99 प्रतिशत भाग इन्हीं से निर्मित है।
- वायुमंडल में उपस्थित पाँच गैसों- नाइट्रोजन, ऑक्सीजन, ऑर्गन, कार्बन डाइऑक्साइड एवं हाइड्रोजन को **भारी गैस** कहा जाता है।

- वायुमंडल के संगठन में जलवाष्प एक महत्त्वपूर्ण अवयव के रूप में विद्यमान रहता है और यही समस्त वायुमंडीय घटनाओं के लिए उत्तरदायी भी माना जाता है।

वायुमंडल में पाये जाने वाले कुछ महत्त्वपूर्ण गैस

1. **नाइट्रोजन :** इसकी प्रतिशत मात्रा सभी गैसों से अधिक है। इसकी उपस्थिति के कारण ही वायुदाब, पवनों की शक्ति तथा प्रकाश के परावर्तन का आभास होता है। इस गैस का कोई रंग, गंध स्वाद नहीं होता। नाइट्रोजन का सबसे बड़ा लाभ यह है कि यह वस्तुओं को तेजी से जलने से बचाती है।

2. **ऑक्सीजन :** यह अन्य पदार्थों के साथ मिलकर जलने का कार्य करती है। ऑक्सीजन के अभाव में हम ईंधन नहीं जला सकते हैं। अतः यह ऊर्जा का मुख्य स्रोत है।

3. **कार्बन डाइऑक्साइड :** यह सबसे भारी गैस है और इस कारण यह सबसे निचली परत में मिलती है, फिर भी इसका विस्तार 32 किमी की ऊँचाई तक है। यह गैस सूर्य से आने वाली विकिरण के लिए पारगम्य तथा पृथ्वी से परावर्तित होने वाले विकिरण के लिए अपारगम्य है। अतः यह काँच घर या पौधा घर (Green House) प्रभाव के लिए उत्तरदायी है और वायुमंडल के निचली परत को गर्म रखती है।

4. **ओजोन :** ओजोन गैस (O_3) ऑक्सीजन का ही एक विशेष रूप है। यह वायुमंडल में अधिक ऊँचाइयों पर ही अति न्यून मात्रा में मिलती है। यह सूर्य से आने वाली तेज पराबैंगनी विकिरण (Ultraviolet Radiations) के कुछ अंश को अवशोषित कर लेती है। यह 10 से 50 किमी की ऊँचाई तक केन्द्रित है। वायुमंडल में ओजोन गैस की मात्रा में कमी होने से सूर्य की पराबैंगनी विकिरण अधिक मात्रा में पृथ्वी पर पहुँचकर कैंसर जैसी भयानक बीमारियाँ फैला सकती हैं

- गैसों के अतिरिक्त वायुमंडल में जलवाष्प तथा धूल के कण भी उपस्थित हैं।
- आकाशगंगा का रंग नीला धूलकण के कारण ही दिखायी देता है।
- वायुमंडल में जलवाष्प सबसे अधिक परिवर्तनशील तथा असमान वितरण वाली गैस है।
- पृथ्वी के ताप को बनाये रखने के लिए उत्तरदायी हैं- CO_2 एवं जलवाष्प।

वायुमंडल की परतें

- वायुमंडल को निम्न परतों में बाँटा गया है- 1. क्षोभमंडल 2. समताप मंडल 3. मध्यमंडल 4. आयन मंडल 5. बहिर्मंडल/बाह्यमंडल।

1. क्षोभमंडल (Troposphere)

- यह पृथ्वी की सतह के सबसे नजदीक अर्थात् वायुमंडल की सबसे नीचे की परत है। सभी मौसमी घटनाएँ इसी परत में सम्पन्न होती है।
- यह अन्य सभी परतों से घनी है और यहाँ पर जलवाष्प, धूलकण, आर्द्रता आदि मिलते हैं। मौसम सम्बन्धी अधिकांश परिवर्तनों के लिए क्षोभमंडल ही उत्तरदायी है।
- इस परत में ऊँचाई के साथ-साथ तापमान घटता है। प्रत्येक 165 मीटर पर 1°C तापमान की कमी हो जाती है। इसे सामान्य ताप ह्रास दर (Normal Lapse Rate of Temperature) कहते हैं।
- इस मंडल को संवहन मंडल कहते हैं, क्योंकि संवहन धाराएँ इसी मंडल की सीमा तक सीमित होती हैं। इस मंडल को अधोमंडल भी कहते हैं।
- क्षोममंडल के ऊपरी शीर्ष पर स्थित क्षोभमंडल सीमा (Tropopause) इसे समताप मंडल से अलग करती है।

2. समताप मंडल (Stratosphere)

- क्षोभ सीमा के ऊपर औसत 50 किमी. की ऊँचाई तक समताप मंडल का विस्तार पाया जाता है।
- इसकी निचली सीमा अर्थात् 20 किमी. की ऊँचाई पर तापमान अपरिवर्तित रहता है किन्तु ऊपर की ओर जाने पर उसमें वृद्धि होती रहती है। ऊपर की ओर तापमान की इस वृद्धि का कारण सूर्य की पराबैंगनी किरणों (Ultraviolet Radiations) का अवशोषण करने वाली ओजोन गैस (O_3) की उपस्थिति है।
- इस मंडल में बादलों का अभाव पाया जाता है तथा धूलकण एवं जलवाष्प भी नाममात्र को ही मिलते हैं।
- यह परत/मंडल वायुयान चालकों के लिए आदर्श होती है।
- समताप मंडल के सबसे निचले भाग में प्राय: 15 से 35 किमी. की ऊँचाई पर ओजोन मंडल की उपस्थिति पायी जाती है। ध्यान रहे कि ओजोन गैस में ऑक्सीजन के 3 अणु (O_3) पाये जाते हैं। ओजोन गैस पृथ्वी के रक्षा आवरण का काम करती है क्योंकि इसके द्वारा सूर्य से आने वाली तीव्र पराबैंगनी किरणों का अवशोषण कर लिया जाता है एवं पृथ्वी इसके हानिकारक प्रभाव से बच जाती है।

3. मध्य मंडल (Mesosphere)

- इस मंडल की ऊँचाई 50 से 80 किमी. होती है।
- इसमें ऊँचाई के साथ तापमान में गिरावट होती है और 80 किमी की ऊँचाई (Mesopause) पर तापमान $-100^{o}C$ हो जाता है।

4. आयन मंडल (Ionosphere)

- इसकी ऊँचाई 60 किमी. से 640 किमी. तक होती है। यह भाग कम वायुदाब तथा पराबैंगनी किरणों द्वारा आयनीकृत होता है।
- इस मंडल में सबसे नीचे स्थित D-layer से Long Radio Waves एवं E_1, E_2, और F_1, F_2 परतों (Layers) से Short Ratio Waves परावर्तित होती है, जिसके परिणामस्वरूप पृथ्वी पर रेडियो, टेलीविजन, टेलीफोन आदि की सुविधा प्राप्त होती है।
- यह परत पृथ्वी की हानिकारक विकिरण से भी रक्षा करता है। इससे इसमें ऊँचाई के साथ तापमान में वृद्धि होती है।
- आसमान से पृथ्वी की ओर गिरने वाले उल्कापिण्ड (Meteors) इस मंडल में आकर जल जाते हैं। इस प्रकार यह पृथ्वी की उल्काओं आदि से भी रक्षा करता है।

5. बाह्य मंडल (Exosphere)

- यह वायुमंडल की सबसे ऊपरी परत है।
- 640 किमी. से ऊपर के भाग को बाह्य मंडल कहा जाता है।
- इस मंडल की बाह्य सीमा अनिश्चित है। इसे अंतरिक्ष व पृथ्वी के वायुमंडल की सीमा माना जा सकता है। इसके बाद अंतरिक्ष का विस्तार है।
- इसमें हाइड्रोजन व हीलियम गैसों की प्रधानता होती है।
- ऊँचाई के साथ आयनीकृत अणुओं में वृद्धि होती जाती है। इसकी ऊपरी सतह में अत्यधिक आयनीकृत अणुओं की दो परतें पायी जाती हैं जो 'वॉन ऐलेन की विकिरण परत' (Van Allen's Radiation Belts) कहलाती हैं।

सूर्यातप (Insolation)

- सूर्य से पृथ्वी तक पहुँचने वाले सौर विकिरण (Solar Radiation) को सूर्यातप कहते हैं। यह ऊष्मा या ऊर्जा लघु तरंगों के रूप में पृथ्वी पर पहुँचती है और हमारी पृथ्वी का धरातल इसी विकिरित ऊर्जा को 2 कैलोरी प्रति वर्ग से.मी. की दर से प्राप्त करता है।
- वायुमंडल की सबसे बाह्य परत पर पहुँचने वाली कुल सौर विकिरित ऊर्जा का 51% भाग ही पृथ्वी को प्रत्यक्ष एवं अप्रत्यक्ष रूप से प्राप्त होता है जबकि शेष 49% भाग वायुमंडल से गुजरते समय गैस कणों एवं धूलकणों से बिखरकर बादलों से परावर्तित होकर तथा जलवाष्प द्वारा अवशोषित हो जाता है।
- किसी भी सतह को प्राप्त होने वाली सूर्यातप की मात्रा एवं उसी सतह से परावर्तित की जाने वाली सूर्याताप की मात्रा के बीच का अनुपात **एल्बिडो (Albedo)** कहलाता है।

वायुमंडल का गर्म एवं ठंडा होना

- वायुमंडल निम्न तीन विधियों से गर्म एवं ठंडी होती है–
  (i) **विकिरण (Radiation) :** किसी भी पदार्थ के ऊष्मा तरंगों के सीधे संचार द्वारा गर्म होने की क्रिया विकिरण कहलाती है। यही एकमात्र ऐसी प्रक्रिया है जिसमें ऊष्मा बिना किसी माध्यम के शून्य से होकर भी यात्रा कर सकती है। पृथ्वी पर आने तथा वापस जाने वाली सूर्यातप की विशाल मात्रा इसी प्रक्रिया का अनुसरण करती है।
  (ii) **संचालन (Conduction) :** जब असमान तापमान वाली दो वस्तुएँ एक-दूसरे के सम्पर्क में आती है तब अपेक्षाकृत गर्म वस्तु से ठंडी वस्तु में ऊष्मा का स्थानांतरण होता है। ऊष्मा का यह स्थानांतरण तब तक क्रियाशील रहता है जब तक कि दोनों वस्तुओं का तापमान एक समान नहीं हो जाता या दोनों वस्तुओं के बीच का सम्पर्क टूट नहीं जाता। यहाँ यह भी स्मरणीय है कि विभिन्न वस्तुओं में ऊष्मा के आदान-प्रदान की क्षमता में भी विभिन्नता पायी जाती है। एक तरफ जहाँ वस्तुएँ ऊष्मा की अच्छी सुचालक होती हैं वहीं लकड़ी, वायु आदि इसके कुचालक हैं। ऊष्मा के संचालन की यह प्रक्रिया वायुमंडल के निचले भागों में अधिक होती है, जहाँ हवा का धरातल से सीधा सम्पर्क होता है। यद्यपि वायुमंडल में ऊष्मा के स्थानांतरण में संचालन की क्रिया सबसे कम महत्त्वपूर्ण है।
  (iii) **संवहन (Convection) :** किसी पदार्थ में एक भाग से दूसरे भाग की ओर उसके तत्त्वों के साथ ऊष्मा के संचार की क्रिया संवहन कहलाती है। यह क्रिया केवल तरल तथा गैसीय पदार्थों में ही संभव होती है, क्योंकि इनके बीच स्थित अणुओं का पारस्परिक सम्बन्ध कमजोर होता है।

समताप रेखा

- समान तापमान वाले स्थानों को मिलाने वाली रेखा को समताप रेखा (Isotherms) के नाम से जाना जाता है। समताप रेखाओं के तीन सामान्य लक्षण होते हैं, जो निम्नलिखित हैं–
  (i) समताप रेखाएँ अधिकतर पूर्व-पश्चिम दिशा में अक्षांश रेखाओं का अनुसरण करती हुई मिलती हैं।
  (ii) जहाँ स्थल एवं जल की विषमता के कारण तापांतर अधिक पाया जाता है, वहाँ ये अकस्मात् मुड़ जाती हैं।
  (iii) समताप रेखाओं की परस्पर दूरी से अक्षांशीय ताप-प्रवणता या तापांतर दर की तीव्रता का पता चलता है।

तापांतर (Range of Temperature)

- अधिकतम तथा न्यूनतम तापमान के अंतर को तापांतर (Range of Temperature) कहते हैं। तापांतर दो प्रकार का होता है-
  - (i) **दैनिक तापांतर :** किसी स्थान पर किसी एक दिन के अधिकतम तथा न्यूनतम तापमान अंतर को वहाँ का दैनिक तापांतर कहते हैं। ताप में आये इस अंतर को ताप परिसर कहते हैं।
  - (ii) **वार्षिक तापांतर :** जिस प्रकार दिन तथा रात के तापमान में अंतर होता है, उसी प्रकार ग्रीष्म तथा शीत ऋतु के तापमान में भी अंतर होता है। अतः किसी स्थान के सबसे गर्म तथा सबसे ठंडे महीने के मध्यमान तापमान के अंतर को वार्षिक तापांतर कहते हैं। विश्व में सबसे अधिक वार्षिक तापांतर 65.5°C **बरखोयांस्क** साईबेरिया में स्थित नामक स्थान का है।
- किसी भी स्थान विशेष के औसत तापक्रम तथा उसके अक्षांश के औसत तापक्रम के अंतर को तापीय विसंगति (Temperature Anamoly) कहते हैं। तापीय विसंगति की स्थिति औसत से विचलन की मात्रा एवं दिशा को दर्शाती है। उत्तरी गोलार्द्ध में अधिकतम तापीय विसंगति पायी जाती है, जबकि दक्षिणी गोलार्द्ध में यह न्यूनतम पायी जाती है।
- समान तापीय विसंगति वाले स्थानों को मिलाते हुए मानचित्र पर खींची जाने वाली रेखा को समताप विसंगति रेखा (Isonomals) कहते हैं।
- नगरों के केन्द्रीय व्यावसायिक क्षेत्रों (Central Business Districts or CBD) या चौक क्षेत्रों में वर्ष भर सामान्य रूप से मिलने वाला उच्च तापमान का क्षेत्र ऊष्मा द्वीप के नाम से जाना जाता है। इसके कारण नगर विशेष तथा उसके चारों ओर स्थित ग्रामीण क्षेत्रों में तापीय विसंगति की स्थिति पायी जाती है।

वायुमंडलीय दाब, पवन एवं वायु राशियाँ

- पृथ्वी की एक निश्चित इकाई या क्षेत्रफल पर वायुमंडल की सभी परतों द्वारा पड़ने वाला दबाव, **वायुमंडलीय दाब** (Atmospheric Pressure) कहलाता है। इसे **वायुदाबमापी** (Barometer) से मापा जाता है। वायुमंडलीय दाब को मौसम के पूर्वानुमान के लिए एक महत्त्वपूर्ण सूचक माना जाता है।
- वायुमंडलीय दाब की इकाई **बार (bar)** है। 1 bar = 10^5 N/m^2 होता है।
- किसी मानचित्र पर समुद्रतल के बराबर घटाये हुए वायुदाब से तुलनात्मक रूप में समान वायुदाब वाले स्थानों को मिलाकर खींची जाने वाली कल्पित रेखा, **समताब रेखा** (Isobar) कहलाती है। वायुदाब को मानचित्र पर समदाब रेखा द्वारा दर्शाया जाता है।
- किन्हीं भी दो समदाब रेखाओं की पारस्परिक दूरियाँ वायुदाब में अंतर की दिशा एवं उसकी दर को दर्शाती है, जिसे **दाब-प्रवणता** (Pressure Gradient) कहते हैं। पास-पास स्थित समदाब रेखाएँ तीव्र दाब-प्रवणता की सूचक होती हैं, जबकि दूर-दूर स्थित समदाब रेखाएँ मंद दाब-प्रवणता की।

वायुदाब पेटियाँ

- पृथ्वी के धरातल पर वायुदाब को वायुदाब पेटियों (Pressure Belts) के आधार पर दर्शाया गया है। पृथ्वी के धरातल पर चार वायुदाब पेटियाँ हैं, जो निम्नलिखित प्रकार से हैं-

1. विषुवत-रेखीय निम्न वायुदाब पेटी (Equatorial Low Pressure Belt)

- इसका विस्तार दोनों गोलार्द्धों में 0° अक्षांश से 5° अक्षांश तक है।
- यहाँ अधिकतम सूर्यातप (Insolation) प्राप्त होता है, अतः वायु गर्म होकर हल्की हो जाती है और ऊपर उठने लगती है। इससे यहाँ निम्न दाब उत्पन्न हो जाता है।

- इस क्षेत्र में वायु लगभग गतिहीन या शांत होती है। अतः इसे शांत कटिबंध (Doldrum) भी कहते हैं।

2. उपोष्ण कटिबंधीय उच्चदाब पेटी (Tropical Subtropical High Pressure Belt)

- इसका विस्तार दोनों गोलार्द्धों मे 30°–35° अक्षांश तक है। अधिक तापमान रहते हुए भी यहाँ उच्च वायुदाब रहता है। इसका कारण पृथ्वी की दैनिक गति एवं वायु में अवकलन एवं अपसरण है।
- भूमध्य रेखा से लगातार हवा उठकर यहाँ एकत्रित हो जाती हैं, साथ ही उपध्रुवीय निम्न वायुदाब पेटी से हवाएँ यहाँ एकत्रित होती हैं। इस कारण यहाँ वायुदाब अधिक होता है।
- इस पेटी को अश्व अक्षांश (Horse Latitude) भी कहते हैं क्योंकि प्राचीनकाल में नाविकों को इस क्षेत्र में उच्च वायुदाब के कारण काफी कठिनाई होती थी। अतः उन्हें जलयानों का बोझ हल्का करने के लिए जलयानों से कुछ घोड़ों को समुद्र में डालना पड़ता था।

3. उपध्रुवीय निम्न दाब पेटी (Sub-Polar Low Pressure Belt)

- इसका विस्तार दोनों गोलार्द्धों में 60°–65° अक्षांश तक है।
- यहाँ तापमान कम होने के बावजूद भी दाब निम्न है क्योंकि पृथ्वी की घूर्णन गति के कारण यहाँ से वायु बाहर की ओर फैलकर स्थानांतरित हो जाती है, अतः वायुदाब कम हो जाता है।
- इसका दूसरा कारण ध्रुवों पर उच्च दाब की उपस्थिति है।

4. ध्रुवीय उच्चदाब पेटी (Polar High Pressure Belt)

- 80° उत्तरी एवं दक्षिणी दोनों ध्रुवों पर अत्यधिक कम तापमान उच्च वायुदाब की पेटियों की उपस्थिति पायी जाती है।
- यह उच्च वायुदाब तापजन्य ही होता है, क्योंकि पृथ्वी की घूर्णन गति का प्रभाव तापमान के बहुत ही कम होने के कारण नगण्य हो जाता है।
- इन क्षेत्रों में न्यूनतम तापमान मिलने के कारण ही ठंडी एवं भारी हवा नीचे उतरती है और ध्रुवीय उच्च वायुदाब की पेटियों का निर्माण करती है। इन पेटियों का विस्तार दोनों ध्रुवों के चारों ओर बहुत कम क्षेत्रफल पर सीमित होता है।

पवन

- पृथ्वी के धरातल पर वायुदाब में क्षैतिज विषमताओं के कारण हवा उच्च वायुदाब के क्षेत्रों से निम्न वायुदाब के क्षेत्रों की ओर संचालित होती है।
- क्षैतिज रूप में गतिशील होने वाली हवा को ही पवन (Wind) कहते हैं।
- वास्तव में वायुदाब की विषमताओं को संतुलित करने की दिशा में पवन प्रकृति का एक स्वाभाविक प्रयास है।
- पवन की दिशा एवं गति को प्रभावति करने वाले प्रमुख कारक इस प्रकार हैं- (i) दाब प्रवणता (ii) पृथ्वी की गुरुत्वाकर्षण शक्ति (iii) कोरिआलिस बल का प्रभाव (iv) अभिकेन्द्रीय त्वरण तथा (v) भूतल से घर्षण एवं उससे उत्पन्न होने वाल गतिरोध।

  (i) **प्रचलित पवन :** पृथ्वी के विस्तृत क्षेत्र पर एक ही दिशा में वर्ष भर चलने वाली पवन को प्रचलित या स्थायी पवन (Prevailing or Permanent Wind) कहा जाता है। ये पवन एक वायुभार कटिबंध से दूसरे वायुभार कटिबंध की ओर नियमित रूप से चला करती है। इसके उदाहरण हैं- (a) पछुआ पवन, (b) व्यापारिक पवन, और (c) ध्रुवीय पवन।

  (a) **पछुआ पवन :** दोनों गोलार्द्धों में उपोष्ण उच्च वायुदाब कटिबंधों से उपध्रुवीय निम्न वायुदाब कटिबंधों की ओर चलने वाली स्थायी हवाओं को इनकी पश्चिमी दिशा के कारण पछुआ पवन (Westerlies) कहा जता है। उत्तरी गोलार्द्ध में ये दक्षिण–पश्चिम

से उत्तर-पूर्व की ओर तथा दक्षिणी गोलार्द्ध में उत्तर-पश्चिम से दक्षिण-पूर्व की ओर प्रवाहित होती है। पछुआ पवन का सर्वश्रेष्ठ विकास 40° से 65° दक्षिणी अक्षांशों के मध्य पाया जाता है, क्योंकि यहाँ जलराशि के विशाल विस्तार के कारण पवन की गति अपेक्षाकृत तेज तथा दिशा निश्चित होती है। दक्षिणी गोलार्द्ध में इनकी प्रचण्डता के कारण ही 40° से 50° दक्षिणी अंक्षाश के बीच इन्हें **'गरजती चालीसा (Roaring Forties)** 50° दक्षिणी अक्षांश के समीपवर्ती भाग में **'प्रचण्ड पचासा' (Furious Fifties)** तथा दक्षिणी अक्षांश के पास **'चीखती साठा' (Shrieking Sixties)** कहा जाता है।

(b) **व्यापारिक पवन :** लगभग 30° उत्तरी और दक्षिणी अक्षांशों के क्षेत्रों या उपोष्ण उच्च वायुदाब कटिबंधों से भूमध्य रेखीय निम्न वायुदाब कटिबंधों की ओर दोनों गोलार्द्ध में वर्ष भर निरंतर प्रवाहित होने वाले पवन को व्यापारिक पवन (Trade Wind) कहा जाता है। कारिऑलिस बल और फेरल के नियम के कारण व्यापारिक पवन उत्तरी गोलार्द्ध में अपनी दायीं ओर तथा दक्षिणी गोलार्द्ध में अपनी बायीं ओर विक्षेपित हो जाता है।

(c) **ध्रुवीय पवन :** ध्रुवीय उच्च वायुदाब की पेटियों से उपध्रुवीय निम्न वायुदाब की पेटियों की ओर प्रवाहित होने वाले पवनों को ध्रुवीय पवन (Ploar Wind) के नाम से जाना जाता है। इन पवनों की वायु राशि अत्यधिक ठंडी एवं भारी होती है। उत्तरी गोलार्द्ध में इनकी दिशा उत्तर-पूर्व से दक्षिण-पश्चिम की ओर तथा दक्षिणी गोलार्द्ध में दक्षिण-पूर्व से उत्तर-पश्चिम की ओर होती है। कम तापमान के क्षेत्रों से अधिक तापमान वाले क्षेत्रों की ओर प्रवाहित होने के कारण ये पवनें प्राय: शुष्क होती हैं, क्योंकि इनकी जलवाष्प धारण करने की क्षमता कम होती है।

(ii) **सामयिक/मौसमी पवन :** मौसम या समय के साथ जिन पवनों की दिशा में परिवर्तन पाया जाता है, उन्हें सामयिक या कालिक या मौसमी पवन कहा जाता है। पवनों के इस वर्ग में मानसूनी पवनें, स्थल एवं सागर पवन तथा पर्वत एवं घाटी पवन को शामिल किया जाता है।

(iii) **स्थानीय पवन :** स्थानीय धरातलीय बनावट, तापमान एवं वायुदाब की विशिष्ट स्थिति के कारण स्वभावत: प्रचलित पवनों के विपरीत प्रवाहित होने वाली हवाएँ स्थानीय हवाओं के रूप में जानी जाती है। इनका प्रभाव अपेक्षाकृत छोटे क्षेत्रों पर पड़ता है तथा ये क्षोममंडल की सबसे निम्नवर्ती पर्तों में ही सीमित रहती हैं। इन हवाओं की स्वभावगत विशेषताएँ एवं इनके प्रभाव अलग-अलग प्रकार के होते हैं।

कुछ महत्त्वपूर्ण स्थानीय पवनें		
स्थानीय पवन	**प्रकृति**	**स्थान का नाम**
लू (Loo)	गर्म व शुष्क	उत्तरी भारत-पाकिस्तान
हबूब (Haboob)	गर्म	सूडान
चिनूक (Chinook) या (Snow eater)	गर्म व शुष्क	रॉकी पर्वत
मिस्ट्रल (Mistral)	ठंडी	स्पेन-फ्रांस
हरमटन (Harmattan) (इसे गिनी डॉक्टर भी कहते हैं)	गर्म व शुष्क	पश्चिम अफ्रीका
सिरोको (Sirocco)	गर्म व शुष्क	सहारा मरुस्थल

सिमून (Simoon)	गर्म व शुष्क	अरब मरुस्थल
बोरा (Bora)	ठंडी व शुष्क	इटली, हंगरी
ब्लिजर्ड (Blizzard)	ठंडी	टुण्ड्रा प्रदेश
लेवेन्टर (Levanter)	ठंडी	स्पेन
ब्रिक फील्डर (Brick Fielder)	गर्म व शुष्क	ऑस्ट्रेलिया
फ्राइजेम (Fryjeem)	ठंडी	ब्राजील
पापागयो (Papagayo)	ठंडी व शुष्क	मैक्सिको
खमसिन (Khamsin)	गर्म व शुष्क	मिस्र
सोलानो (Solano)	गर्म व आर्द्रतायुक्त	सहारा
पुनाज (Punas)	ठंडी व शुष्क	एण्डीज पर्वत
पुर्गा (Purga)	ठंडी	साइबेरिया
नॉवेस्टर (Norwester)	गर्म	न्यूजीलैण्ड
सान्ता एना (Santa Ana)	गर्म व शुष्क	कैलीफोर्निया
शामल (Shamal)	गर्म व शुष्क	इराक, ईरान
जोण्डा (Zonda)	गर्म व शुष्क	अर्जेन्टीना
पैम्पेरो (Pampero)	ठंडी	पम्पास मैदान

वायु राशियाँ (Air Masses)

- वायुमंडल का वह विशाल एवं विस्तृत भाग जिसमें तापमान तथा आर्द्रता के भौतिक लक्षण क्षैतिज दिशा में समरूप हों, वायु राशि कहलाता है। सामान्यत: वायु राशियाँ सैकड़ों किलोमीटर तक विस्तृत होती है। एक वायु राशि में कई परतें होती हैं, जो एक-दूसरे के ऊपर क्षैतिज दिशा में फैली होती हैं। प्रत्येक परत में वायु के तापमान तथा आर्द्रता की स्थिति लगभग समान होती है। यह जलवायु तथा मौसम के अध्ययन में महत्त्वपूर्ण भूमिका निभाती है।

वाताग्र (Fronts)

- दो विभिन्न प्रकार की वायु राशियाँ सुगमता से आपस में मिश्रित नहीं होती हैं और तापमान तथा आर्द्रता सम्बन्धी अपना अस्तित्व बनाये रखने के प्रयास करती है। इस प्रकार दो विभिन्न वायु राशियाँ एक सीमातल द्वारा अलग रहती हैं। इस सीमातल को ही वाताग्र कहते हैं। जब गर्म वायु हल्की होने के कारण ठंडी तथा भारी वायु के ऊपर चढ़ जाती है तो उसे उष्ण वाताग्र (Warm Front) तथा जब ठंडी तथा भारी वायु उष्ण तथा हल्की वायु राशि के विरुद्ध आगे बढ़ती है तो इसे शीत वाताग्र (Cold Front) कहते हैं।

आर्द्रता (Humidity)

- वायुमंडल में विद्यमान अदृश्य जलवाष्प की मात्रा ही आर्द्रता कहलाती है। यद्यपि वायुमंडल में जलवाष्प कम ही मात्रा (0 से 4%) में विद्यमान है, फिर भी यह मौसम एवं जलवायु के निर्णायक तत्त्व के रूप में हवा का सबसे महत्त्वपूर्ण घटक है। यह तीन तरह की होती है।
    (i) **निरपेक्ष आर्द्रता (Absolute Humidity) :** वायु के प्रति इकाई आयतन में विद्यमान जलवाष्प की मात्रा को निरपेक्ष आर्द्रता कहा जाता है। इसे अधिकतर ग्राम प्रति घनमीटर (ग्राम/घनमीटर) के रूप में व्यक्त किया जाता है।

(ii) **विशिष्ट आर्द्रता (Specific Humidity)** : हवा के प्रति इकाई भार में जलवाष्प के भार का अनुपात विशिष्ट आर्द्रता कहलाता है। इसे ग्राम प्रति किग्रा. (ग्राम/किग्रा.) की इकाई में मापा जाता है।

(iii) **सापेक्ष आर्द्रता (Relative Humidity)** : एक निश्चित तापमान पर निश्चित आयतन वाली वायु की आर्द्रता सामर्थ्य तथा उसमें विद्यमान वास्तविक आर्द्रता के अनुपात को सापेक्ष आर्द्रता कहते हैं। वायु की सापेक्ष आर्द्रता वाष्पीकरण की मात्रा एवं उसकी दर का भी निर्धारण करती है। अतः यह जलवायु के एक महत्त्वपूर्ण कारक के रूप में जानी जाती है।

सापेक्ष आर्द्रता हवा में विद्यमान जलवाष्प की मात्रा और उसी तापमान पर हवा की जलवाष्प धारण करने की क्षमता दोनों बातों पर निर्भर करती है।

- संतृप्त वायु की सापेक्ष आर्द्रता 100% होती है।

संघनन (Condensation)

- जल के गैसीय अवस्था से तरल या ठोस अवस्था में परिवर्तित होने की प्रक्रिया संघनन कहलाती है। यह वास्तव में वाष्पीकरण की विपरीत क्रिया है। संघनन की क्रिया वायुमंडल में विद्यमान सापेक्ष आर्द्रता पर आधारित होती है। संघनन दो कारकों पर निर्भर करता है- (i) तापमान में कमी तथा (ii) वायु की सापेक्ष आर्द्रता।

ओसांक (Dew Point)

- वायु के जिस तापमान पर जल अपनी गैसीय अवस्था से तरल या ठोस अवस्था में परिवर्तित होता है, उसे ओसांक कहते हैं। ओसांक पर वायु संतृप्त हो जाती है और उसकी सापेक्ष आर्दता 100% होती है।

ओस (Dew)

- हवा में उपस्थित जलवाष्प जब संघनित होकर नन्हीं बूँदों के रूप में धरातल पर स्थित घास की नोकों तथा पौधों की पत्तियों पर जमा होने लगती है तब इसे ओस कहा जाता है। ओस निर्माण के लिए तापमान का हिमांक (0°C) से ऊपर होना आवश्यक होता है।

तुषार/पाला (Frost)

- जब संघनन की क्रिया हिमांक बिन्दु (Freezing Point) से नीचे सम्पन्न होती है तब अतिरिक्त जलवाष्प जलकणों के बजाय हिमकणों में परिवर्तित होकर जमा हो जाती है, जिसे तुषार या पाल कहते हैं। इसके निर्माण के लिए तापमान का हिमांक या उससे नीचे गिरना आवश्यक होता है।

कोहरा (Fog)

- वायुमंडल की निचली परतों में एकत्रित धूलकण, धुएँ के रज संघनित जल-पिण्डों को कोहरा कहते हैं। ओसांक से नीचे वायु का तापमान कम होने पर कोहरे का निर्माण होता है। इसमें दृश्यता एक किमी से कम होती है।

कुहासा/धुंध (Mist)

- हल्के-फुल्के कोहरे को कुहासा या धुंध कहते हैं। इसमें दृश्यता एक किमी से अधिक किन्तु दो किमी से कम होती है।

चक्रवात एवं प्रतिचक्रवात

- अस्थिर एवं परिवर्तनशील हवाओं के वायुमंडलीय भंवर जिनके केन्द्र में निम्न वायुदाब और केन्द्र के बाहर उच्च वायुदाब होता है, चक्रवात (Cyclones) कहलाते हैं।
- चक्रवात के ठीक विपरीत प्रतिचक्रवात (Anticyclones) में निम्न वायुदाब के वृत्ताकार रेखाओं के केन्द्र में उच्च वायुदाब होता है। इस स्थिति में हवाएँ केन्द्र से बाहर की ओर चलती है।

- चक्रवात की दिशा उत्तरी गोलार्द्ध में घड़ी की सूई की विपरीत (Anti-clockwise) होती है तथा दक्षिणी गोलार्द्ध में घड़ी की सूई की दिशा में (Clockwise) होती है।
- प्रतिचक्रवात की दशा चक्रवात के ठीक विपरीत होती है, अर्थात् उत्तरी गोलार्द्ध में घड़ी की सूई के अनुकूल (Clokwise) एवं दक्षिणी गोलार्द्ध में घड़ी की सूई के विपरीत (Anti-clockwise) होती है।
- चक्रवात दो प्रकार के होते हैं- 1. शीतोष्ण कटिबंधीय चक्रवात एवं 2. उष्ण कटिबंधीय चक्रवात।

1. शीतोष्ण कटिबंधीय चक्रवात (Temperate Cyclones)

- ये 30° से 65° अक्षांशों के मध्य उत्पन्न होते हैं। यहाँ पर ध्रुवीय क्षेत्रों से आने वाली शीतल व भारी वायुराशि तथा अयनवर्ती क्षेत्रों से जाने वाली उष्ण वायु राशियों के मिलने से इन चक्रवातों की उत्पत्ति होती है।

2. उष्ण कटिबंधीय चक्रवात (Tropical Cyclone)

- इनका जन्म कर्क रेखा व मकर रेखा के बीच होता है। यहाँ पर अत्यधिक तापमान से निम्न दाब का क्षेत्र उत्पन्न हो जाता है, जिससे इनकी उत्पत्ति होती है।

चक्रवातों के विभिन्न स्थानों पर विभिन्न नाम	
चक्रवात (Cyclone)	हिन्द महासागर
हरीकेन (Hurricane)	कैरिबियन द्वीप समूह
टायफून (Typhoon)	दक्षिणी चीन सागर
विली-विलीज (Willy-Willies)	ऑस्ट्रेलिया
टॉरनेडो (Tornadoes)	तटीय अमेरिका
ट्विस्टर (Twister)	स्थलीय अमेरिका

बादल (Clouds)

- पृथ्वी के धरातल से विभिन्न ऊँचाइयों पर वायुमंडल में मौजूद जलवाष्पों के संघनन से निर्मित जलकण की राशि को बादल (Clouds) कहते हैं।
- धरातल से जल का वाष्पीकरण लगातार होता रहता है। जब जलवाष्प युक्त वायु ऊपर उठती है, तो प्रसरण की प्रक्रिया से वह शीतल होकर संतृप्त हो जाती है। जब तापमान ओसांक (Dew Point) से नीचे पहुँचता है तो संघनन होकर जलवाष्प अत्यंत सूक्ष्म जलकणों में परिवर्तित हो जाती है। यह जलकणों की संघनित संरचना ही बादल के रूप में नजर आती है।
- बादलों की ऊँचाई, आकार आदि के आधार पर इसका निम्न प्रकार से वर्गीकरण किया गया है-
  (i) ऊँचे मेघ - ऊँचाई धरातल से 6,000 से 12,000 मीटर
  (ii) मध्यम मेघ - ऊँचाई धरातल से 2,000 से 6,000 मीटर
  (iii) निचले मेघ - ऊँचाई धरातल से 2,000 मीटर तक
- 1932 में अन्तरराष्ट्रीय ऋतु विज्ञान परिषद् द्वारा प्रस्तुत किया गया बादलों का वर्गीकरण उनके उपर्युक्त सभी आधारों को शामिल करके किया गया है, ये निम्नलिखित है-
  1. **पक्षाभ मेघ (Cirrus Clouds) :** ये बादल आसमान में सबसे अधिक ऊँचाई पर (7,500 से 10,500 मीटर) सफेद रेशम की भाँति छितराये हुए कोमल एवं घने रूप में स्थित होते हैं। इनमें छोटे-छोटे हिमकणों की उपस्थिति पायी जाती है जिनके कारण चन्द्रमा तथा सूर्य की किरणें चमकती हैं। चूँकि ये अत्यधिक ऊँचाई पर स्थित ठंडे बादल हैं, अतः **इनसे वर्षा नहीं होती है।**

2. **पक्षाभ स्तरी मेघ (Cirro-Stratus Clouds) :** प्राय: 7,500 मीटर की ऊँचाई तक मिलने वाले ये बादल एक चादर की भाँति सम्पूर्ण आकाश में फैले हुए होते हैं। इनका रंग सफेद दूधिया होता है और इनके कारण सूर्य तथा चन्द्रमा के चारों ओर प्रभामंडल (Halo) का निर्माण हो जाता है। **ये प्रभामंडल निकट भविष्य में चक्रवात के आगमन के सूचक होते हैं।**

3. **पक्षाभ कपासी मेघ (Cirro-Cumulus Clouds) :** इनकी ऊँचाई भी सामान्यत: 7,500 मीटर तक पायी जाती है। किन्तु ये बादल सफेद रंग के छोटे-छोटे गोलों की भाँति या लहरदार पाये जाते हैं। **ये बादल पंक्तियों अथवा समूहों में मिलते हैं।**

4. **उच्चस्तरी मेघ (Alto-Stratus Clouds) :** ऊपरी वायुमंडल में 5,400 से 7,500 मीटर की ऊँचाई पर स्थित भूरे तथा नीले रंग के लगातार चादर की भाँति फैले हुए छोटे स्तरों वाले बादल को उच्चस्तरी मेघ कहते हैं। सामान्यतया इनके आसमान में छाये रहने पर सूर्य एवं चन्द्रमा का प्रकाश धुंधला एवं अस्पष्ट दिखाई देता है। इनसे **विस्तृत क्षेत्रों** पर लगातार वर्षा होती है।

5. **उच्च कपासी मेघ (Alto-Cumulus Clouds) :** श्वेत एवं भूरे रंग के पतले गोलाकार धब्बों की तरह दिखाई पड़ने वाले तथा 3,000 से 7,500 मीटर की ऊँचाई तक स्थित बादलों को उच्च कपासी बादल की संज्ञा दी जाती है। **ये सम्पूर्ण आसमान में महीन चादर के रूप में बिखरे दिखाई देते हैं।**

6. **स्तरी कपासी मेघ (Strato-Cumulus Clouds) :** ये हल्के भूरे रंग के गोलाकार धब्बों के रूप में मिलने वाले बादल होते हैं, जो साधारण रूप में 2,500 से 3,000 मीटर की ऊँचाई तक पाये जाते हैं। **इनका आकार एक परत की भाँति होता है तथा जाड़े के मौसम में ये सम्पूर्ण आसमान को आवृत कर लेते हैं।**

7. **स्तरी मेघ (Stratus Clouds) :** ये धरातल से 2,500 से 3,000 मीटर की ऊँचाई पर स्थित कुहरे के समान बादल हैं, जिनमें कई परतें पायी जाती है। **इनकी संरचना सर्वत्र एक समान रहती है तथा ये आकाश में पूरी तरह से छाये रहते हैं।** इनका निर्माण दो विपरीत स्वभाव वाली हवाओं के मिलने से शीत ऋतु में प्राय: शीतोष्ण कटिबंधीय क्षेत्रों में होता है।

8. **वर्षा स्तरी मेघ (Nimbo-Stratus Clouds) :** धरातल से 1,600 मीटर की ऊँचाई तक घने एवं काले पिण्ड के समान विस्तृत बादल इस श्रेणी में आते हैं। इनकी अधिक सघनता के कारण सूर्य का प्रकाश धरती तक नहीं पहुँच पाता, अत: इनके छा जाने पर अंधकार-सा छा जाता है। इनके कारण वायुमंडल नम हो जाता है तथा शीघ्र वर्षा होती है।

9. **कपासी मेघ (Cumulus Clouds) :** सामान्यतया इनकी ऊँचाई 1,000 से 3,000 मीटर तक मिलती है। इनका आकार गुंबदाकार गोभी की भाँति होता है, लेकिन आधार क्षेत्र समतल पाया जाता है। **ये प्राय: साफ मौसम की सूचना देते हैं।**

10. **कपासी वर्षा मेघ (Cumulo-Nimbus Clouds) :** ये अत्यधिक गहरे काले रंग वाले सघन एवं भारी बादल हैं। ये नीचे से ऊपर की ओर विशाल मीनार की भाँति उठे रहते हैं और इनका विस्तार काफी बड़े क्षेत्र पर होता है। इनका विस्तार ऊँचाई में भी काफी अधिक (7,500 मीटर) पाया जाता है। **इन बादलों से भारी वर्षा, ओला, तड़ित झंझा आदि आते हैं।**

वर्षण (Precipitation)

➪ मेघों के भीतर तीव्र गति से संघनन होकर जलकणों का पृथ्वी पर बरसना वर्षण या वर्षा (Precipitation) कहलाता है।

- उत्पत्ति के अनुसार या वर्षण में सहयोग करने वाली दशाओं के आधार पर वर्षा को तीन प्रकारों में वर्गीकृत किया जाता है-
  1. **संवहनीय वर्षा (Convectional Rainfall)** : संवहनीय वर्षा का सबसे प्रमुख कारण गर्म एवं आर्द्र हवाओं का संवहन धाराओं के रूप में ऊपर उठना है। इस प्रकार की वर्षा अधिकतर जलवृष्टि (Rainfall) के रूप में ही होती है। विषुवतरेखीय प्रदेशों अथवा शांत पेटी (Doldrums) में वर्षा संवहनीय प्रकार की ही होती है। चूँकि इन क्षेत्रों में वर्ष भर उच्च तापमान रहता है। अतएव यहाँ वर्षा भी साल भर लगातार होती रहती है।
  2. **पर्वतीय वर्षा (Orographic Rainfall)** : जब उष्ण व आर्द्र पवनों के मार्ग में कोई पर्वत आता है, तो ये पवनें उससे टकराकर ढाल के सहारे ऊपर उठकर ठंडी होती हैं एवं अपनी नमी को वर्षा के रूप में गिरा देती है। यह वर्षा पवनाभिमुख (Windward) ढालों पर होती है। प्रतिपवन ढाल (Leeward Side) पर वर्षा नहीं होती और यह वृष्टिछाया प्रदेश (Rain Shadow Region) कहलाता है। भारत में इसका सर्वोत्तम उदाहरण पश्चिमी घाट पर्वतीय क्षेत्र में स्थित महाबलेश्वर (वर्षा 600 से.मी.) तथा पुणे (वर्षा 70 से.मी.) है, जो एक-दूसरे से मात्र कुछ किलोमीटर की दूरी पर ही स्थित हैं, किन्तु पुणे की स्थिति वृष्टिछाया प्रदेश (Rain Shadow Region) में पड़ती है जबकि महाबलेश्वर की पवनाभिमुख (Windward) ढाल पर पड़ती है।
  3. **चक्रवातीय/वाताग्री वर्षा (Cyclonic Rainfall)** : धरातल पर चक्रवातों के कारण प्राप्त होने वाली वर्षा चक्रवातीय वर्षा के नाम से जानी जाती है। इस प्रकार की वर्षा तथा हिमवृष्टि विशेषकर शीतोष्ण कटिबंधीय चक्रवातीय क्षेत्रों में होती है। यहाँ गर्म एवं शीतल वायुराशियों के टकराने से भीषण तूफानी दशाएँ उत्पन्न हो जाती हैं और गर्म वायुराशि, ठंडी वायुराशि के ऊपर चढ़ जाने से संघनित होकर वर्षा करती है। ऐसी स्थितियाँ प्रायः वाताग्री क्षेत्रों में ही उत्पन्न होती है।

8. जलमंडल

- जलमंडल (Hydrosphere) से तात्पर्य पृथ्वी पर उपस्थित समस्त जलराशि से है।
- पृथ्वी की सतह के 71% भाग पर जल उपस्थित है।
- उत्तरी गोलार्द्ध में जलमंडल तथा स्थलमंडल लगभग बराबर है, परन्तु दक्षिणी गोलार्द्ध में जलमंडल, स्थलमंडल से 15 गुना अधिक है।
- महासागर चार हैं, जिनमें प्रशांत महासागर सबसे बड़ा है। बाकी तीन इस प्रकार हैं (आकार की दृष्टि से)- आंध/अटलाण्टिक महासागर, हिन्द महासागर और आर्कटिक महासागर।
- महासागरों की **औसत गहराई 4,000 मीटर** है।

महासागरीय धरातल

- महासागरीय धरातल (Ocean Floar) समतल नहीं है। महासागरीय धरातल को निम्नलिखित भागों में विभक्त किया जा सकता है-

महाद्वीपीय मग्नतट (Continental Shelf)

- यह महासागर तट से समुद्री सतह की ओर अल्प ढाल वाला जलमग्न धरातल होता है।
- **सामान्यतः इसकी गहराई 100 फैदम** (Fathom) तक होती है। (1 फैदम = 1.8 मीटर)।
- जिन तटों पर पर्वत समुद्री तट के साथ फैले रहते हैं, वहाँ मग्नतट संकरा (Narrow) होता है।
- विश्व में तेल व गैस का कुल 20% भाग यहाँ पाया जाता है।

- मग्नतट समुद्री जीव-जन्तुओं से समृद्धतम स्थल है। मछली और समुद्री खाद्य प्राप्त करने में इनकी अति महत्त्वपूर्ण भूमिका होती है।

महाद्वीपीय ढाल (Continental Slope)

- महाद्वीपीय मग्नतट की समाप्ति पर महाद्वीपीय ढाल आरंभ होती है।
- महाद्वीपीय मग्नतट और महाद्वीपीय ढाल के बीच की सीमा **एण्डेसाइट रेखा (Andesite Line)** कहलाती है, क्योंकि यहाँ एण्डेसाइट चट्टानें मिलती है।
- यह 2000 फैदम की गहराई तक होती है।

महाद्वीपीय उत्थान (Continental Rise)

- महाद्वीपीय ढाल की समाप्ति पर महासागरीय धरातल कुछ ऊपर को उठा हुआ मिलता है।
- अवशिष्ट पदार्थों के जमा होने के कारण महाद्वीपीय उत्थान बनते हैं।
- यहाँ गैस एवं तेल का शेष 80% भाग पाया जाता है।

अंतः सागरीय कटक (Ridges)

- ये कुछ सौ किमी चौड़ी व हजारों किमी लंबी अंतः सागरीय पर्वतमालएँ हैं।
- ये कटक अलग-अलग आकारों के होते हैं, जैसे- **अटलाण्टिक कटक S-आकार का** एवं **हिन्द महासागर कटक उल्टे Y-आकार का** है।
- जो कटक 1000 मीटर से ऊँचे होते हैं, वे वितलीय पहाड़ी या समुद्र टीला (Sea Mount) कहलाते हैं।
- ऐसे पहाड़ जिनकी चोटियाँ समतल होती हैं, **निमग्न द्वीप** (Guyot) कहलाते हैं। इनका उद्भव ज्वालामुखी क्रियाओं से हुआ है और कुछ वितलीय पहाड़ समुद्र के ऊपर तक पहुँचकर द्वीपों का निर्माण करते हैं (हवाई द्वीपों का निर्माण ऐसे ही हुआ है)।

अंतः सागरीय गर्त (Trenches)

- ये महासागर के सबसे गहरे भाग होते हैं। इनकी औसत गहराई 5,500 मीटर होती है।
- गर्त लंबा, संकरा व तीव्र पार्श्व वाला सागरीय तल में हुआ अवनमन (Depression) है।
- प्रशांत महासागर में सबसे ज्यादा गर्त पाये जाते हैं। प्रशांत महासागर में ही विश्व की सबसे गहरी गर्त (11,033 मीटर अथवा 11 किमी.) **मेरियाना गर्त** (Mariana Trench) है जो फिलीपीन्स के पास स्थित है। इसे **चैलेंजर गर्त** भी कहते हैं।
- प्लेट विवर्तनिकी (Plate Tectonics) सिद्धान्त के अनुसार महासागरीय गर्त, प्लेट अभिसरण क्षेत्र में महासागरीय प्लेट के क्षेपण के जोन को चिह्नित करते हैं। ऐसे क्षेत्र पर्वत निर्माण और ज्वालामुखी गतिविधियों से सम्बन्धित होते हैं। इसलिए अधिकांश महासागरीय गर्त द्वीप समूहों के तट के सहारे वलित पर्वत श्रृंखलाओं के आसपास तथा इनके समानांतर पाये जाते हैं।

लवणता (Salinity)

- महासागरीय जल के भार व घुले लवणीय पदार्थों के भार के अनुपात को महासागरीय लवणता (Salinity) कहा जाता है। लवणता को प्रति हजार में व्यक्त करते हैं।
- महासागरीय जल की औसत लवणता 35 प्रति हजार होती है।
- लवणता के कारण ही महासागरीय जल का हिमांक बिन्दु (Freezing Point) तथा उसका क्वथनांक बिन्दु (Boiling Point) सामान्य जल की अपेक्षा अधिक पाये जाते हैं।
- सागरीय जल में लवणता की मात्रा अधिक होने पर उसका वाष्पीकरण भी धीमी गति से सम्पन्न होता है एवं उसका घनत्व बढ़ जाता है।
- महासागरीय जल में मिलने वाली लवणता का **सबसे प्रमुख स्रोत** पृथ्वी है।

- आगरीय लवणता के संघटकों में क्लोरीन (Cl) सबसे ज्यादा मिलने वाला तत्त्व है। इसकी मात्रा सबसे ज्यादा है।
- भूमध्य रेखा के निकट अपेक्षाकृत कम लवणता पायी जाती है, क्योंकि यहाँ पर लगभग प्रतिदिन वर्षा हो जाती है। कर्क एवं मकर रेखा के क्षेत्र में लवणता सबसे ज्यादा होती है। ध्रुवों पर लवणता सबसे कम होती है।
- सबसे ज्यादा लवणता वॉन झील (टर्की)-330%, मृतसागर (इजरायल, जार्डन)-240%, साल्ट लेक (अमेरिका)-220% तक पायी जाती है।
- सागरों में सबसे ज्यादा लवणता लाल सागर में पायी जाती है।
- लवणला की वजह से जल का ऊर्ध्वाधर संचरण होता है।

सागरीय जल में मिलने वाले प्रमुख खनिजों की मात्रा		
सागरीय जल में घुले लवण	**(प्रति 1000 गाम इकाई में) मात्रा**	**प्रतिशत**
सोडियम क्लोराइड (NaCl)	27.213	77.8
मैग्नेशियम क्लोराइड (MgCl)	3.807	10.9
मैग्नेशियम सल्फेट ($MgSO_4$)	1.658	4.7
कैल्शियम सल्फेट ($CaSO_4$)	1.260	3.6
पोटैशियम सल्फेट (KSO_4)	0.863	2.5
कैल्शियम कार्बोनेट ($CaCO_3$)	0.123	0.3
मैग्नेशियम ब्रोमाइड (Mg)	0.076	0.2

तापमान (Temperature)

- धरातल पर विद्यमान सम्पूर्ण जल का 97% भाग महासागरीय जल के रूप में है। इस जल के दो सबसे महत्त्वपूर्ण गुण हैं- तापमान एवं लवणता।
- महासागरीय जल के तापमान का वास्तविक स्रोत है सूर्य, जिससे प्राप्त होने वाली सूर्यातप (Insolation) की मात्रा का महासागरीय जल द्वारा अवशोषण कर लिया जाता है।
- महासागरीय भागों में भूमध्य रेखा के समीपवर्ती क्षेत्रों में वर्ष भर उच्च तापमान की दशा मिलती है, जबकि ध्रुवों की ओर जाने पर तापमान क्रमशः घटता जाता है।
- भूमध्य रेखा पर औसत वार्षिक तापमान 26° सेंटीग्रेड पाया जाता है। 20° अक्षांशों पर तापमान घटकर 23° सेंटीग्रेड, 40° अक्षांशों पर 14° सेंटीग्रेड तथा 60° अक्षांशों पर 1° सेंटीग्रेड हो जाता है।
- महासागरीय जल की तापरेखा, 0° सेंटीग्रेड की ध्रुवों के चारों ओर टेढ़ा-मेढ़ा वृत्त बनाती हुई दर्शायी जाती है।
- महासागरीय भागों में सर्वाधिक तापमान उष्णकटिबंधीय सागरों में अंकित किया जाता है। ग्रीष्मकाल में लाल सागर सतह के जल का औसत तापमान 30° सेंटीग्रेड तक मापा गया है।
- प्रचलित पवनों एवं महासागरीय जलधाराओं के कारण महासागरीय भागों की समताप रेखाएँ अक्षांश रेखाओं के समानांतर न होकर विक्षेपित रूप में खींची जाती है।
- उष्णकटिबंधीय भागों में व्यापारिक पवनों के कारण महासागरों के पूर्वी भाग का तापमान उनके पश्चिमी भाग के तापमान की अपेक्षा कम पाया जाता है।
- समशीतोष्ण कटिबंधीय क्षेत्रों में पछुआ पवनों के प्रभाव से महासागरों के पूर्वी भाग का तापमान पश्चिमी भागों की अपेक्षा अधिक रहता है।

- सूर्यातप (Insolation) की प्राप्ति महासागरों की सतह वाले जल द्वारा ही की जाती है, इसलिए गहराई के साथ-साथ तापमान में कमी आती है। इसका कारण अधिक गहराई तक सूर्य की किरणों का प्रवेश न कर पाना भी है।

तरंगें (लहरें) (Waves)

- सागर में लहरें (Waves) पवनों द्वारा सागर की सतह को ऊर्जा हस्तांतरण के फलस्वरूप उत्पन्न होती हैं।
- तरंगों के माध्यम से जल आगे गतिमान नहीं होता है।
- तरंगें जब उथले जल में प्रवेश करती हैं, तो वे खंडित हो जाती हैं। उनकी ऊपरी सतह जब आगे की ओर गतिमान होती है, तभी जल आगे की ओर गति करता है।

ज्वार-भाटा (Tides)

- चन्द्रमा एवं सूर्य की आकर्षण शक्तियों के कारण सागरीय जल के ऊपर उठने तथा गिरने को ज्वार-भाटा (Tides) कहते हैं। सागरीय जल के ऊपर उठकर आगे बढ़ने को ज्वार (Tide) तथा सागरीय जल का नीचे गिरकर पीछे लौटने (सागरे की ओर) को भाटा (Ebb) कहते हैं।
- चन्द्रमा का ज्वार उत्पादक बल सूर्य की अपेक्षा दुगुना होता है, क्योंकि यह सूर्य की तुलना में पृथ्वी के अधिक निकट है।
- अमावस्या और पूर्णिमा के दिन चन्द्रमा, सूर्य एवं पृथ्वी एक सीध में होते हैं। अतः इस दिन उच्च ज्वार उत्पन्न होता है।
- पृथ्वी पर प्रत्येक स्थान पर प्रतिदिन 12 घंटे 12 मिनट के बाद ज्वार तथा ज्वार के 6 घंटा 13 मिनट बाद भाटा आता है।
- ज्वार प्रतिदिन दो बार आते हैं- एक बार **चन्द्रमा के आकर्षण** से दूसरी बार **पृथ्वी के अपकेन्द्रीय बल (Centrifugal Force)** के कारण।
- सामान्यतः ज्वार प्रतिदिन दो बार आता है, किन्तु इंग्लैंड के दक्षिणी तट पर स्थित साउथैम्पटन में ज्वार प्रतिदिन चार बार आते हैं। यहाँ दो बार ज्वार इंगलिश चैनल से होकर और दो बार उत्तरी सागर से होकर विभिन्न अंतरालों पर पहुँचते हैं।
- महासागरीय जल की सतह का औसत दैनिक तापांतर नगण्य होता है। (लगभग 1°C)।
- महासागरीय जल का उच्चतम वार्षिक तापक्रम अगस्त में एवं न्यूनतम वार्षिक तापक्रम फरवरी में अंकित किया जाता है।

महासागरीय धाराएँ

- जलराशि में एक सुनिश्चित दिशा में दीर्घ दूरी तक सामान्य गति को **महासागरीय धारा (Current)** कहते है।
- धाराएँ दो तरह की होती हैं- गर्म एवं ठंडी। जो धाराएँ भूमध्य रेखा से ध्रुवों की ओर (निम्न अक्षांशों से उच्च अक्षांशों की ओर) गति करती हैं, वे **गर्म** होती हैं। जो धाराएँ ध्रुवों से भूमध्य रेखा की ओर (उच्च अक्षांशों से निम्न अक्षांशों की ओर) आती है, वे **ठंडी** होती है।
- उत्तरी गोलार्द्ध में धाराएँ दायीं ओर और दक्षिणी गोलार्द्ध में बायीं ओर प्रवाहित होती है।
- धाराएँ जिस ओर बहती हैं, उसी के नाम से उन्हें सम्बोधित किया जाता है। जैसे- पेरू की ओर बहने वाली ठंडी जलधारा का नाम पेरू जलधारा रखा गया है।
- धाराओं की उत्पत्ति में निम्न कारकों को उत्तरदायी माना गया है- (i) लवणता (ii) घनत्व का अंतर (iii) तापमान की भिन्नता (iv) पृथ्वी की घूर्णन गति (v) वायुदाब एवं पवनें।

महासागरों की जलधाराएँ : एक नजर में			
नाम	**प्रकृति**	**नाम**	**प्रकृति**
अटलाण्टिक महासागर की धाराएँ			
उत्तरी विषुवतरेखीय जलधारा	उष्ण अथवा गर्म	पूर्वी ग्रीनलैंड धारा	ठंडी
दक्षिणी विषुवतरेखीय जलधारा	उष्ण	कनेरी की धारा	ठंडी
फ्लोरिडा की धारा	उष्ण	ब्राजील की जलधारा	उष्ण
गल्फ स्ट्रीम या खाड़ी की धारा	उष्ण	बेंगुएला की धारा	ठंडी
नार्वे की जलधारा	उष्ण	अण्टार्कटिक प्रवाह	ठंडी
लेब्रोडोर की धारा	ठंडी	विपरीत विषुवतरेखीय जलधारा	उष्ण
प्रशान्त महासागर की धाराएँ			
उत्तरी विषुवतरेखीय जलधारा	उष्ण अथवा गर्म	कैलीफोर्निया की धारा	ठंडी
क्यूरोशियो की जलधारा	गर्म	दक्षिणी विषुवत रेखीय जलधारा	गर्म
उत्तरी प्रशान्त प्रवाह	गर्म	पूर्वी ऑस्ट्रेलिया धारा (न्यू साउथवेल्स धारा)	गर्म
अलास्का की धारा	गर्म	हम्बोल्ट अथवा पेरूविनय धारा	ठंडी
सुशीमा (Tsushima) धारा	गर्म		
क्यूराइल जलधारा (आयोशियो धारा)	ठंडी	विपरीत विषुवतरेखीय जलधारा	गर्म
हिन्द महासागर की धाराएँ			
दक्षिणी विषुवतरेखीय जलधारा	गर्म एवं स्थायी	पश्चिमी ऑस्ट्रेलिया की धारा	ठंडी एवं स्थायी
मोजाम्बिक धारा	गर्म एवं स्थायी	ग्रीष्मकालीन मानसून प्रवाह	गर्म व परिवर्तनशील
अगुलहास धारा	गर्म एवं स्थायी	शीतकालीन मानसून प्रवाह	ठंडी एवं परिवर्तनशील

अटलाण्टिक महासागर की धाराएँ

- उत्तरी विषुवतरेखीय जलधारा वेस्टइंडीज द्वीप समूह के किनारे से उत्तर की ओर प्रवाहित होता है। उत्तरी अमेरिका के फ्लोरिडा प्रांत के पास इसका नाम 'फ्लोरिडा की धारा' पड़ जाता है।
- फ्लोरिडा की धारा को हटेरस अंतरीप (Cape Hatterus) से न्यू फाउंडलैण्ड के समीप स्थित ग्रैंड बैंक (Grand Bank) तक गल्फस्ट्रीम कहते हैं।
- ग्रैंड बैंक से गल्फस्ट्रीम पछुवा पवनों के प्रभाव में आकर पूर्व का रुख कर लेती है, जहाँ से यह अटलाण्टिक के आर-पार उत्तरी अटलाण्टिक धारा के नाम से पूर्व की ओर बहती है। पूर्वी भाग में यह धारा नार्वे धारा व कनेरी धारा में बँट जाती है। नार्वे धारा नार्वे तट से

आर्कटिक महासागर में प्रवेश कर जाती है, जबकि कनेरी धारा स्पेन के सहारे दक्षिण की ओर प्रवाहित होती है। यह पश्चिमी अफ्रीकी तट पर विपरीत विषुवतरेखीय जलधारा या गिनी धारा के नाम से जानी जाती है।

- ग्रीनलैंड व लेब्रोडोर धाराएँ आर्कटिक महासागर से आकर न्यूफाउंडलैंड के निकट गर्म गल्फस्ट्रीम धारा से मिलती है, जिसके कारण यहाँ मछली पकड़ने का एक महत्त्वपूर्ण केन्द्र विकसित हो गया है।
- दक्षिणी अटलांटिक महासागर में प्रमुख जलधाराएँ हैं- ब्राजील, फॉकलैंड एवं बेंगुएला जलधाराएँ।

प्रशांत महासागर की धाराएँ

- उत्तरी विषुवतरेखीय जलधारा मेक्सिको तट से फिलीपाइन तट तक जाती है। इस धारा की एक शाखा उत्तर से मुड़कर क्यूरोशियो धारा कहलाती है, जबकि दक्षिणी शाखा पूर्व की ओर मुड़कर विपरीत विषुवतरेखीय जलधारा का निर्माण करती है।
- गर्म क्यूरोशियो जलधारा जब जापान द्वीप समूह के पास पहुँचती है, तब उसमें ठंडी क्यूराइल एवं ओखोत्सक धाराएँ मिल जाती है। इससे इस क्षेत्र में विश्व का सबसे महत्त्वपूर्ण मछली पकड़ने का क्षेत्र विकसित हो गया है।
- क्यूरोशियो धारा पछुआ पवनों के प्रभाव में पश्चिम से पूर्व की ओर गति करती है, तब इसे उत्तरी प्रशांत प्रवाह के नाम से जाना जाता है। उत्तरी अमेरिका तट पर यह दो भागों में विभाजित हो जाती है- गर्म अलास्का की धारा तथा ठंडी कैलिफोर्निया की धारा।
- दक्षिणी प्रशांत में पूर्वी ऑस्ट्रेलिया (ऑस्ट्रेलिया के पूर्वी तट पर) व हम्बोल्ट अथवा पेरूवियन धाराएँ (दक्षिण अमेरिका के दक्षिणी-पश्चिमी तट पर) उल्लेखनीय हैं।

हिन्द महासागर की धाराएँ

- हिन्द महासागर में धाराओं के प्रवाह की प्रवृत्ति प्रशांत महासागर व अटलांटिक महासागर से भिन्न है। इसका कारण यह है कि हिन्द महासागर के उत्तर की ओर स्थल भूमि है जिसके कारण हिन्द महासागर में धाराओं की प्रवृत्ति परिवर्तित होती है। हिन्द महासागर के उत्तरी क्षेत्र में ग्रीष्म व शीत ऋतु में धाराओं की दिशा भिन्न-भिन्न होती है। हालाँकि हिन्द महासागर के दक्षिणी क्षेत्र में ऋतु परिवर्तनों का धाराओं की दिशाओं पर प्रभाव नहीं दिखता है।
- ग्रीष्म ऋतु में मानसून के आने (Coming of Monsoon) एवं शीतऋतु में मानसून के लौटने (Retreating of Monsoon) के कारण ऐसा होता है। शीत ऋतु में लौटता हुआ मानसून अपने साथ उत्तरी हिन्द महासागर की धाराओं को घड़ी की सूइयों के प्रतिकूल (Anticlockwise) बना देता है।
- दक्षिणी हिन्द महासागर में मोजाम्बिक धारा, अगुलहास धारा व पश्चिमी ऑस्ट्रेलिया की धारा उल्लेखनीय है।

विश्व के प्रमुख सागर: एक नजर में

क्र.	नाम	क्षेत्रफल (वर्ग किमी. में)	गहराई (मीटर में)
1.	दक्षिण चीन सागर	29,74,600	1200
2.	कैरीबियन सागर	27,53,000	2,400
3.	भूमध्य सागर	25,03,000	1,485
4.	बेरिंग सागर	22,68,180	1,400
5.	पूर्व चीन सागर	12,49,150	188
6.	अंडमान सागर	7,97,720	865

7.	ओखोटस्क सागर	15,27,570	840
8.	काला सागर	4,61,980	1,100
9.	बाल्टिक सागर	4,22,160	55
10.	लाल सागर	4,37,700	400
11.	उत्तरी सागर	5,75,300	90
12.	आयरिश सागर	88,550	60
13.	जापान सागर	10,07,500	1,370

9. विश्व के महाद्वीप

- समुद्रतल से ऊपर उठे हुए पृथ्वी के विशाल भूखंडों को महाद्वीप कहते हैं।
- सम्पूर्ण पृथ्वी का स्थल क्षेत्र सात महाद्वीपों में बँटा है- 1. एशिया, 2. यूरोप, 3. उत्तरी अमेरिका, 4. दक्षिणी अमेरिका, 5. अफ्रीका, 6. ऑस्ट्रेलिया, 7 अंटार्कटिका।
- क्षेत्रफल के हिसाब से महाद्वीपों का क्रम है- एशिया, अफ्रीका, उत्तरी अमेरिका, दक्षिणी अमेरिका, अंटार्कटिका, यूरोप और ऑस्ट्रेलिया (ओशेनिया)।
- एशिया और यूरोप को मिलाकर यूरेशिया कहते हैं। यह एक महान भू-भाग है।
- अफ्रीका और दक्षिण अमेरिका विषुवत् रेखा के दोनों ओर फैले हुए हैं।
- एशिया, यूरोप और उत्तरी अमेरिका उत्तरी गोलार्द्ध में हैं। ऑस्ट्रेलिया और अंटार्कटिका सर्वथा दक्षिण गोलार्द्ध में हैं।
- अंटार्कटिका अथवा दक्षिणी ध्रुव महाद्वीप लगभग 4000 मीटर मोटी बर्फ की पर्त के नीचे है।

महाद्वीपों की उत्पत्ति

- महाद्वीपों की उत्पत्ति के जानकारी के लिए महाद्वीपीय विस्थापन संकल्पना (Continental Drift Theory) प्रतिपादित की गयी। इस संकल्पना/सिद्धांत का प्रतिपादन ए. वेगनर (A. Wagener) ने किया था।
- इस संकल्पना के अनुसार ऐसा माना जाता है कि पूर्व में सभी महाद्वीप एक थे, जिसे पैंजिया (Pangaea) कहा गया।
- पैंजिया एक बड़े सागर पैंथालासिया (Panthalasia) से घिरा था।
- कालांतर में पैंजिया दो हिस्सों में टूट गया- उत्तरी लॉरेशिया (Northern Laurasia) एवं दक्षिण गोंडवाना लैंड (Southern Gondwana Land)।
  इसके बाद धीरे-धीरे महाद्वीप टूटने व एक-दूसरे से विस्थापित होने लगे।
- भारत शुरुआत में गोंडवाना लैंड का हिस्सा था।
- वैज्ञानिकों के अनुसार विस्थापन अभी भी जारी है। माउंट एवरेस्ट की बढ़ती ऊँचाई इस बात का उदाहरण है।

एशिया

- एशिया शब्द की उत्पत्ति हिब्रू भाषा के 'आसु' (ASU) से हुई है, जिसका अर्थ है- उदित सूर्य।
- एशिया उत्तर में आर्कटिक सागर (ध्रुव सागर), दक्षिण में हिन्द महासागर, पूर्व में प्रशांत महासागर तथा पश्चिम में यूराल पर्वत से घिरा है।

- एशिया पूर्वी गोलार्द्ध में भूमध्य रेखा से उत्तरी ध्रुव तक स्थित है। यह 10 डिग्री से 80.41 डिग्री उत्तरी अक्षांश तथा 26.04 डिग्री पूर्व से 169.50 डिग्री पूर्व देशांतर रेखाओं के बीच स्थित है।
- एशिया विश्व का सर्वाधिक क्षेत्रफल वाला महाद्वीप है। यह पृथ्वी के स्थल भाग के 30% क्षेत्र को घेरे हुए है। इसमें 45 देश स्थित है।
- एशिया महाद्वीप सर्वाधिक जनसंख्या वाला महाद्वीप है। यहाँ विश्व की लगभग 60% जनसंख्या निवास करती है।
- एशिया में विश्व का सबसे ऊँचा पर्वत शिखर एवरेस्ट (8848 मीटर) हिमालय पर्वत श्रेणियों में (नेपाल में) स्थित है।
- एशिया में विश्व का सबसे ऊँचा पठार 'पामीर' है जिसकी औसत ऊँचाई 5,000 मीटर है। इसी कारण पामीर को **विश्व की छत (Roof of the World)** कहते हैं।
- एशिया के प्रमुख द्वीप हैं- जापान द्वीप समूह, ताइवान, फिलीपीन्स, इंडोनेशिया, सिंगापुर, मालदीव, श्रीलंका, साइप्रस, अंडमान और निकोबार द्वीप समूह तथा लक्षद्वीप।
- एशिया के दक्षिण-पूर्व में स्थित प्रमुख द्वीप हैं- जावा, सुमात्रा, बोर्नियो तथा सेलेबिज। इनमें सर्वाधिक घने रूप में बसा हुआ द्वीप जावा है।
- एशिया में तीन प्रमुख प्रायद्वीप हैं- 1. अरब का प्रायद्वीप 2. दक्कन का प्रायद्वीप 3. इंडोचीन का प्रायद्वीप। इनमें अरब का प्रायद्वीप विश्व का सबसे बड़ा प्रायद्वीप है, जिसका क्षेत्रफल 32,50,000 वर्ग किमी है।
- एशिया महाद्वीप की प्रमुख खाड़ियाँ हैं- बंगाल की खाड़ी, खंभात की खाड़ी, कच्छ की खाड़ी, फारस की खाड़ी, टोगकिंग की खाड़ी एवं एडन की खाड़ी।
- एशिया के प्रमुख सागर हैं- बेरिंग सागर, जापान सागर, ओखोट्स्क सागर, लाल सागर, कैस्पियन सागर, काला सागर, पूर्वी चीन सागर, दक्षिणी चीन सागर, सुण्डा सागर तथा मारमारा सागर।
- एशिया महाद्वीप की प्रमुख बंदरगाह हैं- कोलकाता, मुंबई, चेन्नई, जकार्ता, कराची, मनीला, बैंकाक, हांगकांग, सिंगापुर, यंगून, याकोहामा, पोर्ट आर्थर, सैगोन, कोलंबो, बसरा, शंघाई, बुशहर, इज्मीर तथा एडन।
- एशिया में क्षेत्रफल की दृष्टि से **सबसे बड़ा देश** चीन तथा **सबसे छोटा देश** मालदीव है।
- एशिया में सबसे लंबी नदी यांगसी तथा अधिकतम गहराई मृत सागर (396 मीटर) की है।
- एशिया में फिलीपीन्स द्वीप समूह के पास विश्व का सबसे गहरा सागरीय गर्त प्रशांत महासागर में मेरियाना गर्त (11,033 मीटर अथवा 11 किमी.) है।
- विश्व की सबसे गहरी झील बैकाल झील (धरातल से 1940 मीटर गहरा और समुद्र तल से 1485 मीटर गहरा) एशिया में ही स्थित है।
- विश्व की सबसे बड़ी झील (आंतरिक सागर) कैस्पियन सागर एशिया महाद्वीप में ही स्थित है।
- एशिया में **विश्व की सबसे अधिक ऊँचाई पर स्थित खारे पानी की झील** पैगांग झील (4,267 मीटर ऊँचा) लद्दाख व तिब्बत में स्थित है।
- एशिया महाद्वीप में विश्व का **सर्वाधिक वर्षा वाला क्षेत्र** मासिनराम (11.872 मिमी अर्थात् 467.4 इंच), मेघालय, भारत में स्थित है।
- एशिया में विश्व का **सबसे लंबा रेलमार्ग** ट्रांस साइबेरियन रेलमार्ग (9438 किमी) है, जो मास्को से नोखोदका तक जाता है। इस मार्ग में 97 स्टेशन पड़ते हैं।
- **एशिया का सबसे बड़ा रेलवे स्टेशन** पेइचिंग (चीन) में है। यह 5 लाख वर्ग किमी क्षेत्र में फैला है।
- एशिया में **विश्व का सबसे लंबा प्लेटफार्म** गोरखपुर (उत्तरप्रदेश) में स्थित है। इसकी कुल लंबाई 1.3 किमी है।

- एशिया महाद्वीप में स्थित चीन विश्व का **सर्वाधिक मछली पकड़ने वाला** देश है।
- विश्व का **सर्वाधिक प्राकृतिक रबड़** उत्पादित करने वाला देश इंडोनेशिया एशिया में ही स्थित है।
- विश्व का **सर्वाधिक डाकघर** वाला देश भारत है।
- विश्व का **सर्वाधिक अभ्रक** उत्खनित करने वाला देश भारत है।
- विश्व का सर्वाधिक टिन उत्खनित करने वाला देश मलेशिया है।
- एशिया महाद्वीप के जैकोबाद स्थान में स्थित बरखोंयान्सक को **पृथ्वी का शीत ध्रुव** (Cold Pole) कहा जाता है।

अफ्रीका

- अफ्रीका विश्व का दूसरा बड़ा महाद्वीप है। इसका क्षेत्रफल 3,02,21,532 वर्ग किमी है। अफ्रीका जिब्राल्टर जलसंधि द्वारा यूरोप से अलग/पृथक होता है।
- अफ्रीका के पूर्व में एशिया, लाल सागर और हिन्द महासागर, उत्तर में भूमध्य सागर और यूरोप तथा पश्चिम में अटलाण्टिक महासागर है।
- सामाजिक, सांस्कृतिक, आर्थिक और औद्योगिक दृष्टि से अन्य महाद्वीपों से काफी पिछड़ा होने के कारण अफ्रीका को **काला/अंध महाद्वीप** (Black/Dark Continent) कहा जाता है।
- अफ्रीका के पर्वतों में एटलस व ड्रेकन्सबर्ग प्रमुख हैं। यहाँ का **ज्वालामुखी पर्वत** किलिमंजारो है।
- अफ्रीका के प्रमुख बंदरगाहों में शामिल हैं- काहिरा, सिकंदरिया, त्रिपोली, अल्जीरियर्स, डाकर, लागोस, दार-ए-बीदा, लुआंडा, केपटाउन, पोर्ट-एलिजावेथ, डरबन, मापुतो, बीरा, मोम्बासा, पोर्ट सूडान, मोगादिशू मोसाबा आदि।
- अफ्रीका में मिलने वाली प्रमुख **आदिम जातियाँ** बुशमैन (कालाहारी), पिग्मी (कांगो बेसिन) और बद्दू (सहारा मरुस्थल)हैं।
- विश्व की **सबसे लम्बी नदी** नील अफ्रीका महाद्वीप में ही बहती है।
- अफ्रीका का जोहान्सबर्ग नगर **विश्व के प्रमुख स्वर्ण उत्पादक** नगरों में से एक है।
- अफ्रीका का ट्रांसवाल क्षेत्र जेबरा और जिराफ जानवरों के लिए विश्व विख्यात है।
- अफ्रीका के उष्ण घास के मैदान **'सवाना'** और शीतोष्ण घास के मैदान **'वेल्ड्स'** कहलाते हैं।
- अफ्रीका का सबसे लंबा रेलमार्ग केप काहिरा रेलमार्ग है, जो दक्षिण अफ्रीका गणराज्य के केपटाऊन नगर से मिस्र के काहिरा नगर तक जाता है।
- मिस्र में **स्वेज नहर** है जो लाल सागर को भूमध्य सागर से मिलती है।
- अफ्रीका में किम्बरले खान (दक्षिण अफ्रीका) विश्व की **सबसे बड़ी हीरे की खान** है।
- अफ्रीका में **विश्व का सबसे विशाल मरुस्थल** सहारा (84,00,000 वर्ग किमी) स्थित है। चाड झील यहीं हैं।
- अफ्रीका का **आइवरी कोस्ट** देश विश्व में सर्वाधिक कोको उत्पादक देश है।
- अफ्रीका में सर्वाधिक बॉक्साइट उत्खनित करने वाला देश गिनी है। इसका विश्व में द्वितीय स्थान है।
- अफ्रीका के कालाहारी मरुस्थल में शुतुरमुर्ग नामक चिड़िया मिलती है।
- दक्षिण अफ्रीका में जोहांसवर्ग को **स्वर्णनगर** तथा किम्बरले को हीरों का नगर कहा जाता है।
- दक्षिण अफ्रीका में सर्वाधिक चाय उत्पादित करने वाला देश कीनिया है।
- अफ्रीका में **सर्वाधिक जैतून** उत्पादित करने वाला देश ट्यूनीशिया है।
- स्टेनली जलप्रपात कांगो नदी पर और विक्टोरिया प्रपात जाम्बेजी नदी पर स्थित है।

- **आस्वान बाँध** नील नदी पर बना है।
- नील नदी का उद्गम स्थल विक्टोरिया झील है।
- दक्षिण अफ्रीका के 6 देशों- अंगोला, बोत्सवाना, मोजाम्बिक, तंजानिया, जाम्बिया और जिम्बाब्वे को **फ्रंटलाइन स्टेट्स** (सीमावर्ती राज्य) कहा जाता है।
- **हर्न ऑफ अफ्रीका**, अफ्रीका के पूर्वी भाग को कहा जाता है। इसमें मुख्य रूप से इथियोपिया, सोमालिया एवं जिबूती नामक देश आते हैं।
- नील नदी पर बसा सबसे बड़ा शहर **काहिरा** है।
- एण्टवर्प (बेल्जियम) विश्व का हीरा व्यापार का सबसे बड़ा केन्द्र है।
- अफ्रीका का प्रमुख खजूर उत्पादक देश मिस्र है।
- अफ्रीका में सीसल नामक पौधे से जूट पैदा होता है।
- अफ्रीका में सर्वाधिक जनसंख्या वाला देश नाइजीरिया है।
- अफ्रीका का सर्वाधिक नगरीकृत देश लीबिया है।
- अफ्रीका महाद्वीप में नाइजर नदी को **पॉम तेल नदी** कहा जाता है।
- मिस्र को एशिया और यूरोप महाद्वीप का जंक्शन कहा जाता है।
- अफ्रीका ही एकमात्र ऐसा महाद्वीप है, जिसमें कर्क व मकर दोनों रेखाएँ गुजरती हैं।
- कांगो को **वनों का देश** कहा जाता है। विश्व में जल विद्युत शक्ति की संभावित क्षमता सबसे अधिक इसी देश में हैं।
- किलिमंजारो के पूर्वी ढलानों पर कहवा की कृषि छग्गा जनजाति द्वारा की जाती है।
- अफ्रीका महाद्वीप का नवीनतम देश (2011 से अस्तित्व) दक्षिण सूडान है जिसकी राजधानी **जुबा** है।

उत्तरी अमेरिका

- उत्तरी अमेरिका विश्व का तीसरा बड़ा महाद्वीप है। उत्तरी अमेरिका, मध्य अमेरिका एवं कैरेबियन सागरीय क्षेत्र में कुल 29 देश है।
- उत्तरी अमेरिका की खोज 1492 ई. में कोलम्बस द्वारा की गयी थी। इसी कारण इसे **नई दुनिया (New World)** कहा जाता है।
- उत्तरी अमेरिका का नाम अमेरिका, अमेरिगो विस्पुच्ची नामक साहसी यात्री के नाम पर पड़ा।
- उत्तरी अमेरिका पूर्णतः उत्तरी गोलार्द्ध में स्थित है। यह लगभग 7° उत्तरी अक्षांश से 83° उत्तरी अक्षांश तथा 20° पश्चिमी देशांतर से 170° पश्चिमी देशांतर के बीच स्थित है।
- 100° पश्चिमी देशांतर रेखा इस महाद्वीप के मध्य से गुजरती है।
- उत्तरी अमेरिका की प्रमुख नदियाँ हैं- मिसीसिपी, सेंट लारेंस, ह्यूरन, मिसौरी, रियोग्राण्डे, अरकन्सास, कोलारेडो, स्नेक, रेड एवं ओहियो।
- उत्तरी अमेरिका की प्रमुख झीलें हैं- सुपीरियर, मिशीगन ईरी इत्यादि।
- पनामा नहर उत्तरी अमेरिका तथा दक्षिणी अमेरिका को जोड़ती है, जिससे अटलाण्टिक तथा प्रशांत महासागरों के बीच जहाजों का यातायात सुगम हो गया है। उत्तरी अमेरिका का उच्चतम पर्वत शिखर **माउंट मैकिन्ले (6194 मी.)** अलास्का में है।
- पनामा नहर के दो प्रमुख बंदरगाह हैं- कोलन और पनामा।
- उत्तरी अमेरिका का न्यूयार्क (संयुक्त राज्य अमेरिका) विश्व का सबसे बड़ा बंदरगाह है।
- उत्तरी अमेरिका के पश्चिमी भाग में पश्चिमी कार्डिलेरा (रॉकी पर्वतमाला) और पूर्वी भाग में अप्लेशियन पर्वत फैला हुआ है।

- रॉकी पर्वत की प्रमुख श्रृंखलाओं में कास्केड, सियरपने वादा, कोस्ट रेंज और सियरामाद्रें प्रमुख हैं जो उत्तरी अमेरिका महादेश/महाद्वीप में है।
- उत्तरी अमेरिका में रेड इण्डियन (मैक्सिको) और नीग्रो (पश्चिमी द्वीप समूह) प्रमुख प्रजातियाँ निवास करती हैं।
- उत्तरी अमेरिका के पूर्वी तट पर न्यूफाउंडलैंड के दक्षिण-पश्चिमी तटीय भाग को 'ग्रैण्ड-बैंक' कहते हैं। यह मछली पालन का प्रमुख केन्द्र है।
- संयुक्त राज्य अमेरिका के दक्षिण-पूर्वी तट (मैक्सिको की खाड़ी) पर चलने वाले चक्रवात **हरीकेन और टारनेडो** कहलाते हैं।
- उत्तरी अमेरिका के शीतोष्ण घास के मैदान **प्रेयरी** कहलाते हैं।
- उत्तरी अमेरिका के दो प्रमुख रेलमार्ग हैं- 1. कैनेडियन पैसिफिक रेलमार्ग 2. यूनियन पैसिफिक रेलमार्ग।
- उत्तरी अमेरिका के न्यूयार्क सिटी में ग्रांड सेण्ट्रल टर्मिनल **विश्व का सबसे बड़ा स्टेशन** है।
- संयुक्त राज्य अमेरिका का **प्रमुख कार उद्योग का केन्द्र** है- डेट्रायट (Detroit)।
- कनाडा का **मांट्रियल** कागज उद्योग के लिए विश्व का प्रसिद्ध स्थान है। कनाडा विश्व में सर्वाधिक कागज उत्पादित करने वाला देश भी है।
- संयुक्त राज्य अमेरिका विश्व का सर्वाधिक मक्का उत्पादित करने वाला देश है।
- विश्व में सर्वाधिक सोयाबीन उत्पादित करने वाला देश संयुक्त राज्य अमेरिका है।
- उत्तरी अमेरिका का मैक्सिको विश्व में सर्वाधिक चाँदी उत्खनित करने वाला देश है।
- उत्तरी अमेरिका में स्थित सुपीरियर झील विश्व की **सबसे बड़ी ताजे पानी की झील** है।
- संयुक्त राज्य अमेरिका के कैलीफोर्निया का लॉस एंजिल्स नगर फिल्म उद्योग का प्रमुख केन्द्र है।
- कनाडा का बुड वुफेलो नेशनल पार्क **विश्व का सर्वाधिक बड़ा पार्क** है, जो उत्तरी अमेरिका महाद्वीप में ही स्थित है। यह अलबर्टा प्रांत में स्थित है।
- **विश्व की विख्यात मक्का मंडी** संयुक्त राज्य अमेरिका के सेंट लुईस नगर में स्थित है।
- संयुक्त राज्य अमेरिका का **एस्ट्रोडोम** गुंबज विश्व का सर्वाधिक बड़ा गुंबज है।
- न्यूयार्क में स्थित अमेरिकन म्यूजियम ऑफ नेचुरल हिस्ट्री विश्व का सबसे बड़ा अजायबघर है।
- संयुक्त राज्य अमेरिका के पश्चिमी भाग में नमकीन पानी की झील **ग्रेट साल्ट लेक** स्थित है। यह संयुक्त राज्य अमेरिका के यूटाह प्रांत में स्थित है।
- अमेरिका की सेंट लारेंस नदी झीलों से मिलकर विश्व का सबसे लंबा आंतरिक जलमार्ग बनाती है।
- न्याग्रा प्रपात ईरी तथा ओन्टेरियो झील के मध्य कनाडा एवं संयुक्त राज्य अमेरिका की सीमा पर स्थित है।
- उत्तरी अमेरिका के पूर्वी तट पर लेब्राडोर ठंडी जलधारा एवं गल्फ स्ट्रीम गर्म जलधारा बहती है।
- विश्व में गेहूँ की मंडी के नाम से प्रसिद्ध नगर विनिपेग (कनाडा) है।
- उत्तरी अमेरिका के दो अंतरपर्वतीय पठार (Intermontane Plateau) **कोलोरेडो पठार** एवं **मैक्सिको का पठार** है।
- संयुक्त राज्य अमेरिका का राष्ट्रीय पार्क है- येलोस्टाने पार्क।
- संयुक्त राज्य अमेरिका की लोहे की प्रसिद्ध खान है- मेसाबी खान।
- संयुक्त राज्य अमेरिका की सोने की प्रसिद्ध खान है- होमस्टेक खान (दक्षिण डकोट राज्य)।
- विश्व में **सोने की सबसे बड़ी खान** कनाडा के ओण्टोरियो में स्थित है।

- कनाडा में वायुयानों को झीलों और सागरों में जमी बर्फ पर भी उतार दिया जाता है, क्योंकि यहाँ वायुयान को उतारना आसान होता है।
- ब्लैक हिल, ब्लू हिल तथा ग्रीन हिल नामक पहाड़ियाँ संयुक्त राज्य अमेरिका में स्थित है।
- हवाई द्वीप समूह (संयुक्त राज्य अमेरिका) की राजधानी होनोलूलू, ओआहू द्वीप पर स्थित है।
- जनसंख्या की दृष्टि से उत्तरी अमेरिका का सबसे बड़ा नगर मैक्सिको सिटी है।

दक्षिणी अमेरिका

- दक्षिणी अमेरिका विश्व का चौथा बड़ा महाद्वीप है। इसका क्षेत्रफल 1,77,98,55 वर्ग किमी है। इसमें 15 देश स्थित हैं।
- दक्षिणी अमेरिका का अधिकांश भाग दक्षिणी गोलार्द्ध में स्थित है। यह 12° उत्तरी अक्षांश से 55° दक्षिणी अक्षांश तथा 35° पश्चिमी देशांतर से 81° पश्चिमी देशातंर के बीच स्थित है।
- दक्षिणी अमेरिका प्रशांत तथा अटलाण्टिक महासागर से घिरा हुआ है।
- दक्षिणी अमेरिका में स्थित एण्डीज **विश्व की सबसे लम्बी पर्वतमाला** है। यह लगभग 7,200 किमी लंबी है।
- दक्षिणी अमेरिका में चिली-अर्जेंटीना सीमा पर विश्व का सबसे ऊँचा ज्वालामुखी ओजेस-डेल सलाडो (688 मीटर) एण्डीज पर्वतमाला में स्थित है।
- दक्षिणी अमेरिका की प्रमुख नदियाँ हैं- अमेजन, ब्रेंको, मदीरा, ओरिनको, पराना-पराग्वे, रियोगाण्डे आदि।
- दक्षिणी अमेरिका के प्रमुख बंदरगाहों में बेलेम (पारा), रियो-डि-जेनेरो, रियोग्राण्डे, साओलुइस, ब्यूनस-आयर्स, सेंटियागो, तुमबस आदि शामिल हैं।
- दक्षिणी अमेरिका में पेरू-बोलिविया सीमा पर विश्व की सबसे अधिक ऊँची नौकायन झील टिटिकाका (3811 मीटर ऊँचाई पर) स्थित है।
- दक्षिणी अमेरिका के ब्राजील में बहने वाली अमेजन नदी **विश्व में अपवाह क्षेत्र की दृष्टि से प्रथम** है और यह इस महाद्वीप की सबसे लंबी नदी है।
- दक्षिणी अमेरिका के बेनेजुएला देश में स्थित एंजिल नामक झरना विश्व का सबसे ऊँचा झरना (979 मीटर) है।
- दक्षिणी अमेरिका के बोलिविया राज्य की राजधानी लापाज विश्व की सबसे अधिक ऊँचाई (समुद्रतल से 3658 मीटर) पर स्थित है।
- दक्षिणी अमेरिका का सबसे बड़ा नगर रियो-डि-जेनेरो (ब्राजील) है।
- ब्राजील के कहवा के बागों को **फजैण्डा** और उष्ण आर्द्र वनों को **सेल्वाज** कहते हैं।
- दक्षिणी अमेरिका के चिली में इस महाद्वीप का शुष्कतम भाग व मरुस्थल **अंटाकामा** स्थित है।
- दक्षिणी अमेरिका के अर्जेंटीना में विस्तृत घास के मैदान को **पंपास** कहते हैं।
- दक्षिण अमेरिका के वनों से रबड़, सिनकोना, चंदन, कार्नोबा आदि वस्तुएँ प्राप्त होती है।
- दक्षिणी अमेरिका में ब्राजील सर्वाधिक कोको उत्पादक देश है। विश्व में इसका दूसरा स्थान है।
- दक्षिणी अमेरिका में ब्राजील सर्वाधिक सोयाबीन उत्पादक देश है। विश्व में इसका दूसरा स्थान है।
- दक्षिणी अमेरिका का सबसे लंबा रेलमार्ग ट्रांस एण्डियन रेलमार्ग है, जो चिली के वानपैरेजो से अर्जेंटीना के ब्यूनस-आयर्स नगर के मध्य तक जाता है।
- दक्षिणी अमेरिका में गुयाना, ब्राजील और पेटोगोनिया के पठार हैं।
- दक्षिणी अमेरिका में अर्जेंटीना सर्वाधिक सूरजमुखी का बीज उत्पादित करता है। विश्व में इसका दूसरा स्थान है। गेहूँ की चन्द्राकार पेटी भी अर्जेंटीना में स्थित है।

- दक्षिणी अमेरिका का ब्राजील विश्व में सर्वाधिक कॉफी उत्पादित करने वाला देश है।
- दक्षिणी अमेरिका का ब्राजील विश्व में मैंगनीज उत्पादक करने वाला देश है। विश्व में इसका तीसरा स्थान है।
- चुकीका माता तांबा खान दक्षिणी अमेरिका के एण्डीज पर्वत पर 3000 मीटर की ऊँचाई पर स्थित है।
- दक्षिणी अमेरिका का सर्वाधिक मक्का उत्पादक देश **अर्जेंटीना** है। सर्वाधिक कहवा उत्पादक देश **ब्राजील** है और सर्वाधिक तेल उत्पादक देश **वेनेजुएला** और **कोलंबिया** तथा सर्वाधिक तांबा उत्पादक देश **चिली** है।
- अर्जेंटीना के विशाल पशु फार्मों को **एक्टांशिया** और यहाँ के पशुपालकों को **ग्वांको** कहते हैं।
- पंपास को अर्जेंटीना का हृदय कहते हैं।
- विश्व में कहवा का पात्र **ब्राजील** है और विश्व में कहवा की मंडी सॉओपालो है।
- दक्षिणी अमेरिका का कहवा निर्यात करने का प्रमुख बंदरगाह सेन्टास पत्तन है।
- अर्जेंटीना का प्रमुख कपास उत्पादक क्षेत्र चैको का मैदाना है।
- दक्षिणी अमेरिका का सर्वाधिक मछली पकड़ने वाला देश पेरू है।
- **अर्जेंटीना** विश्व का सबसे बड़ा मांस निर्यातक देश है।
- दक्षिणी अमेरिका के **मध्य चिली** में जाड़े के दिनों में वर्षा होती है।
- दक्षिणी अमेरिका का उष्ण मरुस्थल पेंटागोनिया है।
- ब्राजील का ऐन्टास बंदरगाह **कॉफी बंदरगाह** के नाम से जाना जाता है।
- दक्षिणी अमेरिका का सर्वाधिक नगरीकृत देश उरूग्वे है।

यूरोप

- यूरोप महाद्वीप के अधिकांश देश तीन ओर से सागरों से घिरे हैं, जिसके कारण इसे **प्रायद्वीपों का महाद्वीप** कहते हैं।
- यूरोप महाद्वीप उत्तर में उत्तरी ध्रुव सागर, दक्षिण में भूमध्य सागर और काला सागर तथा पश्चिम में अटलाण्टिक (अंध) महासागर से घिरा है।
- यूरोप के प्रमुख पर्वत हैं- आल्पस, यूराल तथा ब्लैक फॉररट। ब्लैक फॉरस्ट एक भ्रंशोत्थ पर्वत है।
- यूरोप का सर्वोच्च पर्वत शिखर एलबुर्ज (5642 मीटर) रूस में स्थित है।
- यूरोप की प्रमुख नदियाँ हैं- डेन्यूब, वोल्गा, टेम्स, टाइन, डोन, नीस्टर, सीन, पो, लोरे, मार्सी इत्यादि।
- यूरोप की सर्वाधिक महत्त्वपूर्ण नदी डेन्यूब (2,842 किमी लंबी) आस्ट्रिया, बुल्गारिया, चेक व स्लोवाकिया, युगोस्लाविया और रूमानिया से होकर बहती हुई यूक्रेन की सीमा के निकट काला सागर में गिरती है।
- डेन्यूब नदी के तट पर बुडापेस्ट, बुखारेस्ट, वियाना और बेलग्रेड बंदरगाह स्थित है।
- यूरोप के देशों, इटली व स्वीडन में सर्वाधिक विकसित जल विद्युत केन्द्र है।
- यूरोप महाद्वीप का सबसे बड़ा नगर लंदन है, जो टेम्स नदी के तट पर बसा है।
- फ्रांस की राजधानी पेरिस जो सीन नदी के तट पर बसी है, विश्व का **सबसे सुंदर नगर** माना जाता है। इसे (फ्रांस) **फैशन की नगरी** भी कहा जाता है।
- यूरोप के हंगरी, रूमानिया और यूक्रेन गणराज्य में शीतोष्ण घास के मैदान (प्रेयरी क्षेत्र) पाये जाते हैं।
- नार्वे, स्वीडेन, फिनलैंड व साइबेरिया क्षेत्र में विश्व के प्रमुख कोणधारी वन पाये जाते हैं।

- इटली **विश्व का सर्वाधिक** अंगूर एवं जैतून उत्पादक देश है।
- यूरोप के लौह उत्पादक देशों में जर्मनी व फ्रांस का प्रमुख स्थान है।
- यूरोप के प्रमुख खनिज तेल उत्पादक देशों में फ्रांस, आस्ट्रिया, रूमानिया, पोलैंड व हंगरी का स्थान है।
- राइन नदी का जलमार्ग यूरोप का सर्वाधिक व्यस्त अंत: स्थलीय जलमार्ग है।
- यूरोप का सबसे महत्त्वपूर्ण रेलमार्ग ओरियण्ट रेलमार्ग है, जो प्रगंस के पेरिस नगर से टर्की के कुस्तुनतुनिया नगर के मध्य तक जाता है।
- क्षेत्रफल की दृष्टि से विश्व का सर्वाधिक बड़ा देश रूस यूरोप महाद्वीप में स्थित है।
- काला सागर तथा भूमध्य सागर के तट पर स्थित यूगोस्लाविया, ग्रीस, रूमानिया और अल्बानिया के सम्मिलत रूप को ही **बाल्कन राज्य** कहा जाता था।
- ग्रेट ब्रिटेन और आयरलैंड के उत्तरी भाग के सम्मिलित रूप को संयुक्त राज्य (United Kingdom) कहा जाता है। इंगलिश चैनल फ्रांस को यूनाइटेड किंगडम (UK) से अलग करता है।
- यूरोप के फिनलैंड को **झीलों का देश** कहते हैं।
- **पो नदी** को **इटली की गंगा** कहा जाता है।
- फ्रांस को **ह्वाइन यार्ड** और नार्वे को **फियोर्ड तटों** का देश कहते हैं।
- इटली को यूरोप का भारत कहा जाता है, क्योंकि यह भी भारत की तरह कृषि प्रधान देश है। यहाँ हिमालय की तरह **आल्पस पर्वत** है।
- विश्व का सबसे लंबा भूमिगत रेलमार्ग लंदन एवं पेरिस को जोड़ता है।
- आस्ट्रिया एवं इटली के बीच **ब्रेनर दर्रा** मार्ग प्रदान करता है।
- आल्पस पर्वत का सर्वाधिक विस्तार स्विटजरलैंड में है।
- गल्फ स्ट्रीम जलधारा को यूरोप के गर्म कंबल (Warm Blanket of Europe) के उपनाम से जाना जाता है।
- स्विटजरलैंड को **यूरोप का खेल का मैदान** (Playground of Europe) कहा जाता है।
- नीदरलैंड ने उत्तरी सागर के तट के साथ बड़े-बड़े तटबंध बनाकर समुद्र से भूमि प्राप्त की है। इन तटबंधों को **डाइक** कहते हैं। इस प्रकार प्राप्त भूमि को **पोल्डर** कहते हैं।
- विश्व की सबसे लंबी सुरंग फ्रांस और इटली के बीच माउंट ब्लॉक में बनी हुई है। यह 12 किमी लंबी है।
- स्विटजरलैंड और इटली के बीच **ग्रेट सेण्ट बरनार्ड दर्रा** मार्ग प्रदान करता है।
- यूरोप का यूक्रेन गणराज्य विश्व का प्रमुख गेहूँ उत्पादक क्षेत्र है, जो **विश्व का अन्न भंडार** या **रोटी की डालिया** कहलाता है।
- शैम्पेन शराब विश्व में सबसे अधिक फ्रांस में बनती है। फ्रांस **सुरा और सुंदरियों का देश** भी कहलाता है।

ऑस्ट्रेलिया

- ऑस्ट्रेलिया **विश्व का सबसे छोटा** महाद्वीप है। इसका क्षेत्रफल 77,13,000 वर्ग किमी. है। राजनीतिक दृष्टि से ऑस्ट्रेलिया एक महाद्वीप है, लेकिन भौगोलिक दृष्टि से इसमें 22 देश हैं।
- ऑस्ट्रेलिया पूर्णत: दक्षिणी गोलार्द्ध में स्थित है। मकर रेखा इसके मध्य से होकर गुजरती है। यह प्रशांत तथा हिन्द महासागर से घिरा हुआ है।
- ऑस्ट्रेलिया की खोज का श्रेय **ऐबेल तस्मान (1642 ई.)** और **जेम्स कुक (1769 ई.)** को जाता है।

- ऑस्ट्रेलिया की प्रमुख नदियाँ हैं- मर्रे-डार्लिंग, फिट्‌जराय, केप विक्टोरिया, ब्रिसबेन, कूपरक्रिक, मुर्चिसन, पिलन्डर्स।
- ऑस्ट्रेलिया और न्यूगिनी के बीच **टारेस जलसंधि** है।
- न्यूजीलैंड के मूल निवासियों को **माओरी** कहते हैं।
- ऑस्ट्रेलिया की प्रमुख पर्वत श्रृंखला **ग्रेट डिवाइडिंग रेंज (Great Dividing Range)** है। इस पर्वत श्रेणी एवं महाद्वीप का सर्वोच्च शिखर कोसिस्को (2,228 मीटर ऊँचा) है।
- ऑस्ट्रेलिया की **विश्वविख्यात सोने की खानें कालूगर्ली** और **कूलगार्डी** है।
- ऑस्ट्रेलिया विश्व प्रसिद्ध मैरिनो ऊन का प्रमुख उत्पादक है। यह विश्व में **सर्वाधिक ऊन निर्यातक देश** भी है।
- मेलबर्न, सिडनी, पर्थ, होबार्ड (तस्मानिया), बेलिंगटन, क्राइस्ट चर्च और ऑकलैंड (न्यूजीलैंड) ऑस्ट्रेलियाई महाद्वीप के प्रमुख बंदरगाह हैं।
- विश्व विख्यात जीव कंगारू इसी ऑस्ट्रेलियाई महाद्वीप में पाया जाता है।
- ऑस्ट्रेलिया के दक्षिण-पूर्व में स्थित न्यूजीलैंड को **दक्षिण का ब्रिटेन** कहा जाता है।
- ऑस्ट्रेलिया का सबसे लंगा रेलमार्ग ऑस्ट्रेलियाई ट्रांसकाण्टीनेन्टल रेलमार्ग है, जो पर्थ से सिडनी के मध्य स्थित है।
- ऑस्ट्रेलिया विश्व में **सर्वाधिक बॉक्साइट उत्खनित करने वाला देश** है।
- न्यूजीलैंड में **ऐमू** और **कोकाबर्रा** नामक पक्षी पाये जाते हैं।
- ऑस्ट्रेलिया के पूर्वी तटीय क्षेत्र में प्रख्यात मूँगे की चट्टानें (प्रवाल भित्ति) **ग्रेट-बैरियर रीफ** स्थित है।
- ऑस्ट्रेलिया विश्व में सर्वाधिक सीसा-अयस्क उत्खनित करने वाला देश है।
- ऑस्ट्रेलिया महाद्वीप को द लैंड ऑफ गोल्डेन फ्लीस, लैंड ऑफ कंगारू एवं प्यासी भूमि का देश कहा जाता है।
- ऑस्ट्रेलिया के प्रमुख गेहूँ उत्पादक प्रदेश हैं- विक्टोरिया एवं न्यूसाउथवेल्स।
- ऑस्ट्रेलिया महाद्वीप के प्रमुख **मरुस्थल** हैं- गिब्सन और विक्टोरिया।
- ऑस्ट्रेलिया में भेड़ पालन केन्द्रों पर काम करने वाले मजदूरों को **जेकारू** के नाम से जाना जाता है।
- ऑस्ट्रेलिया के उत्तरी क्षेत्र का मैदान **कारपेन्ट्रिया का मैदान** कहलाता है।

अंटार्कटिका

- अंटार्कटिका महाद्वीप दक्षिण ध्रुव पर स्थित है, जिस पर सदैव बर्फ जमी रहती है। इसलिए इसे **बर्फीला** या **श्वेत महाद्वीप** कहा जाता है।
- अंटार्कटिका महाद्वीप का क्षेत्रफल 14,000 वर्ग किमी है। यहाँ सामान्य रूप से मानव जीवन नहीं है।
- इस महाद्वीप पर क्रिल व पेंग्विन नामक जंतु पाये जाते हैं।
- अंटार्कटिका के बारे में सर्वप्रथम जानकारी 1820 ई. में प्राप्त हुई थी। यह लगभग 4000 मीटर मोटी बर्फ की परत से ढका हुआ है।
- भारत के अंटार्कटिका में तीन स्थाई केन्द्र हैं-

  1. दक्षिण गंगोत्री 2. मैत्री 3. भारती

10. पारिस्थितिकी

- सर्वप्रथम जर्मनवासी अर्नस्ट हेकेल नामक प्राणीविज्ञान शास्त्री ने 1869 ई. में Ecology शब्द का प्रयोग 'Ockologie' के रूप में किया। यह शब्द दो ग्रीक शब्दों Oikas=house=घर तथा Logos=study=अध्ययन से मिलकर बना है। Eclology को हिन्दी में पारिस्थितिकी कहते हैं।
- पारिस्थितिकी को सर्वप्रथम परिभाषित करने और विस्तृत अध्ययन करने का श्रेय भी अर्नस्ट हेकेल को ही प्राप्त है। इस प्रकार अर्नस्ट हेके को पारिस्थितिकि के जनक की संज्ञा दी गयी है।
- अर्नस्ट हेकेल के अनुसार जीव समुदायों (Biotic Communities) का उसके वातावरण (Environment) के साथ पारस्परिक सम्बन्धों के अध्ययन को पारिस्थितिकी कहते हैं।

पारिस्थितिकी कारक

- पारिस्थितिकी में दो कारक होते हैं- जैविक और अजैविक।
- **जैविक कारक (Biotic Factors) :** वातावरण में विभिन्न प्रकार के जीव-जन्तु रहते हैं। प्रत्येक जीव का किसी दूसरे जीव से सम्बन्ध अवश्य होता है। ये सम्बन्ध मुख्यत: निम्न प्रकार के होते हैं-
  - (i) **सहजीवन (Symbiosis) :** इसमें दो जीवों का परस्पर लाभकारी सम्बन्ध होता है। जैसे- कवक और शैवाल मिलकर लाइकेन (Lichen) बनाते हैं।
  - (ii) **मृतोपजीविता (Saprophytism) :** कुछ जीव सड़े-गले पदार्थों पर आश्रित रहते हैं। जैसे- कवक, नीयोरिया आदि।
  - (iii) **परभक्षण (Predation) :** एक जीव दूसरे जीव का पूरी तरह से भक्षण कर लेता है। जैसे- जूफैगस और आर्थोवोट्रीस।
  - (iv) **परजीविका (Parasitism) :** एक जीव हमेशा दूसरे जीव पर आश्रित रहता है और उसे हानि पहुँचाता है। जैसे- कवक, जीवाणु, विषाणु आदि।
  - (v) **सहभोजिता (Commensalism) :** इस सम्बन्ध में एक जीव को हानि-लाभ नहीं होता, जबकि दूसरा जीव लाभ में रहता है। जैसे- अधिपादप (Epiphytes)।
- **अजैविक कारक (Abiotic Factors) :** पारिस्थितिकी के अजैविक कारकों में निम्न घटक शामिल हैं-
  - (i) **प्रकाश (Light) :** प्रकाश एक महत्त्वपूर्ण जलवायवीय कारक है। प्रकाश के द्वारा पौधे प्रकाश संश्लेषण विधि से अपना भोजन बनाते हैं। जंतु-समुदाय भोजन के लिए पौधों पर निर्भर होता है। प्रकाश के गुण, मात्रा तथा अवधि का प्रभाव पौधों पर पड़ता है। नीले रंग के प्रकाश में प्रकाश संश्लेषण कम तथा लाल रंग में सबसे अधिक होता है। प्रकाश की अवधि (Photo period) के आधार पर पौधों को तीन भागों में बाँटा जा सकता है-
    - (a) **दीर्घ प्रकाशीय पौधे (Long-day Plants)** : यथा-हेनबेन एवं पालक।
    - (b) **अल्पप्रकाशीय पौधे (Short-day Plants)** : यथा-सोयाबीन एवं तंबाकू आदि।
    - (c) **प्रकाश उदासीन पौधे (Day Neutral Plants) :** यथा- सूर्यमुखी, कपास, टमाटर, मिर्च।
  - (ii) **ताप (Temperatur) :** ताप का प्रभाव जीवों की रचना, क्रियाओं तथा प्रजनन पर पड़ता है। ताप के बदलने के कारण पौधों की दैनिक क्रिया पर प्रभाव पड़ता है। जैविक क्रिया के लिए औसतन 10°C से 45°C तक ताप आवश्यक होता है। ताप के कारण पौधों में होने वाली अनुक्रियाएँ तापकालिता (Thermoperiodism) कहलाती है।

(iii) **आर्द्रता (Humidity) :** वायुमंडल में जलवाष्प उपस्थित होने के कारण वायु नम रहती है। आर्द्रता का सम्बन्ध वाष्पोत्सर्जन से होता है। यदि आर्द्रता कम है तो वाष्पोत्सर्जन अधिक होता है।

(iv) **वायु (Wind) :** वायु एक महत्त्वपूर्ण कारक है। इसका प्रभाव मुख्य रूप से भूमि-अपरदन, पौधों को मोड़ना, परागण एवं बीजों का प्रकीर्णन इत्यादि पर पड़ता है।

(v) **भू-आकृतिक (Topogrophic) :** इसके अंतर्गत किसी स्थल की ऊँचाई, भूमि का ढलान तथा खुला होने का प्रभाव तथा वनस्पतियों पर होने वाले बदलाव के बारे में अध्ययन करते हैं।

(iv) **मृदीय (Edophic) :** सभी वनस्पतियाँ मृदा संरचना, मृदा वायु एवं मृदा जल इत्यादि से प्रभावित होती हैं। मृदा का संघटन है-

(a) मृदा जल (Soil Water)-25%

(b) मृदा वायु (Soil Air)-25%

(c) खनिज पदार्थ (Mineral Matter)-40%

(d) ह्यूमस (Humas or Organic Matter)-10%

पारिस्थितिकी तन्त्र

- किसी स्थान पर पाये जाने वाले किसी जीव समुदाय का वातावरण से तथा अन्य जैविक समुदायों से परस्पर सम्बन्ध है। इस पारस्परिक सम्बन्ध को पारिस्थितिकी तन्त्र (Ecosystem) कहते हैं।
- पारिस्थितिकी तन्त्र शब्द का प्रयोग सर्वप्रथम ए.जी. टेन्सले (A.G. Tenssley) ने 1935 ई. में किया था।
- पारिस्थितिकी तन्त्र दो प्रकार का होता है-

(i) **प्राकृतिक :** जैसे- वन, मरुस्थल, तालाब, टुंड्रा इत्यादि।

(ii) **कृत्रिम :** मनुष्य द्वारा निर्मित जैसे- बगीचा, फसल, पार्क इत्यादि।

पारिस्थितिकी तन्त्र के घटक

- पारिस्थितिकी तन्त्र में दो मुख्य घटक होते हैं- 1. जैविक घटक (Biotic Components) 2. अजैविक घटक (Abiotic Components)।

1. **जैविक घटक (Biotic Components) :** पादपों और जन्तुओं को मिलकार जैविक घटक बनते हैं। यह तीन प्रकार के होते हैं-

(i) **उत्पादक (Producers) :** ये पौधें होते हैं और सूर्य के प्रकाश की उपस्थिति में पर्णहरिम की सहायता से खाद्य पदार्थ बनाते हैं।

(ii) **उपभोक्ता (Consumers) :** इसके अन्तर्गत विविधपोषी (Heterotrophic) जीव आते हैं। ये पौधों पर आश्रित रहते हैं। इन्हें मुख्यतः तीन वर्गों में बाँटते हैं-

(a) **प्राथमिक उपभोक्ता :** ये शाकाहारी (Herbivores) होते हैं क्योंकि सिर्फ पौधों पर ही आश्रित रहते हैं। जैसे- गाय, भेड़, बकरी, खरगोश, चूहा, कीड़े-मकोड़े इत्यादि।

(b) **द्वितीयक उपभोक्ता :** ये वे मांसाहारी (Cornivorous) हैं, जो प्राथमिक उपभोक्ता जंतुओं को अपना भोजन बनाते हैं। जैसे- चूहा का बिल्ली द्वारा, हिरण का भेड़िया द्वारा खाया जाना इत्यादि। ये शाकाहारी भी होते हैं।

(c) **तृतीयक उपभोक्ता :** इसमें वे जन्तु आते हैं, जो द्वितीयक उपभोक्ता को खाते हैं अर्थात् ये केवल मांसाहारी होते हैं। जैसे- मेढक का साँप द्वारा खाया जाना, शेर इत्यादि इस श्रेणी में आते हैं।

(iii) **अपघटन कर्ता (Decomposers) :** इस श्रेणी में जीवाणु तथा कवक आते हैं जो सभी प्रकार के उपभोक्ताओं तथा उत्पादकों को अपघटित करके वायुमंडल में अकार्बनिक तत्त्वों के रूप में विसर्जित कर देते हैं।

2. **अजैविक घटक (Abiotic Components) :** इसके अन्तर्गत प्रकाश, ताप, आर्द्रता, हवा, भूमि, पर्वत इत्यादि आते हैं। किसी भी स्थान पर जीवों का निवास इन्हीं कारकों पर निर्भर करता है। अजैविक घटक को मुख्यत: तीन घटकों में बाँटा गया है-

(i) **अकार्बनिक घटक (Inorganic Components) :** इसके अन्तर्गत जल, विभिन्न प्रकार के लवण जैसे- कैल्शियम (Ca), पोटैशियम (K), मैगनीशियम (Mg), फॉस्फोरस (P), नाइट्रोजन (N_2) तथा सल्फर (S) आदि तथा वायु की गैसें जैसे- ऑक्सीजन (O_2), नाइट्रोजन (N_2), कार्बन डाइऑक्साइड (CO_2), हाइड्रोजन (H_2) तथा अमोनिया (NH_3) आदि सम्मिलित हैं।

(ii) **कार्बनिक घटक (Organic Components) :** इसके अन्तर्गत मृत पौधों एवं जन्तुओं के कार्बनिक यौगिक जैसे- प्रोटीन, कार्बोहाइड्रेटस तथा वसा और उनके अपघटन द्वारा उत्पादित उत्पाद जैसे यूरिया व ह्यूमस आदि आते हैं। अपघटन की क्रिया मृतोपजीवी कवकों व जीवाणुओं द्वारा होती है। इनके द्वारा मृत जीवधारियों का कुछ भाग अकार्बनिक रूप में परिणत हो जाता है। ये पदार्थ पुन: हरे पौधे द्वारा ग्रहण कर लिए जाते हैं। इस प्रकार ये जैविक एवं अजैविक घटकों में सम्बन्ध स्थापित करते हैं।

(iii) **भौतिक घटक (Physical Components) :** इसके अन्तर्गत विभिन्न प्रकार के जलवायुवीय कारक जैसे- प्रकाश, ताप, हवा व विद्युत आदि आते हैं। इन भौतिक घटकों में सूर्य-ऊर्जा मुख्य है, जो हरे पौधों के पर्णहरिम द्वारा विकिरण ऊर्जा के रूप में ली जाती है। पौधे इस ऊर्जा को कार्बनिक ऊर्जा में परिवर्तित करते हैं, जो कार्बनिक अणुओं के रूप में संचित रहती है। यही वह ऊर्जा है जो सम्पूर्ण जीवों में संचरित होती है और इसी के द्वारा पृथ्वी पर जीवन सम्भव है।

11. प्रदूषण

➩ वातावरण में प्राकृतिक रूप से विद्यमान प्रत्येक घटक एक संतुलित वातावरण (Balanced Environment) बनाये रखने में महत्त्वपूर्ण योगदान करता है, किन्तु आज विकास के युग में इन घटकों की मात्रा और अनुपात में काफी बदलाव आया है। वातावरण में अनावश्यक तत्त्वों की वृद्धि तथा आवश्यक तत्त्वों की कमी ही प्रदूषण (Pollution) कहलाता है। प्रदूषक (Pollutants) दो प्रकार के होते हैं-

(i) **जैव-क्षयकारी प्रदूषक (Biodegradable Pollutants) :** ये वे प्रदूषक हैं जिन्हें प्रकृति में कुछ समय बाद सूक्ष्मजीवों द्वारा अपघटित कर दिया जाता है। जैसे- वाहितमल (Sewage), जैवीय अवशिष्ट पदार्थ एवं कूड़ा-करकट (Squalor) आदि। ध्यान रहे कि इन पदार्थों की एक सीमित मात्रा ही सूक्ष्म जीवधारियों (कवक एवं जीवाणु) द्वारा अपघटित हो पाती है। जब इनका आधिक्य हो जाता है तो इनका अपघटन सूक्ष्म जीवधारियों द्वारा नहीं हो पाता और ये पदार्थ हमारे वातावरण में प्रदूषण फैलाने लगते हैं।

(ii) **जैव-अक्षयकारी प्रदूषक (Non-Biodegradable Pollutants) :** वे प्रदूषक, जिनका जैविक विघटन नही होता जैव-अक्षयकारी प्रदूषक कहलाते हैं। ये प्रदूषक कई साल तक प्रकृति में पड़े रहते हैं। जैसे- प्लास्टिक, डी.डी.टी. (D.D.T.- Dichloro-Diphenyl Trichloroethance) एवं पारा (Mercury) आदि।

प्रदूषण के प्रकार

1. **वायु प्रदूषण (Air pollution) :** वायु प्रदूषण मुख्यत: कारखानों, उद्योगों के धुएँ, वाहनों के धुएँ तथा जेट विमानों द्वारा छोड़ी गयी गैसों आदि कारणों से होता है।

प्रमुख वायु प्रदूषक : कार्बन मोनोऑक्साइड (CO), सल्फर डाइऑक्साइड (SO_2), हाइड्रोजन सल्फाइड (H_2S), शीशा (Pb), हाइड्रोजन फ्लूओराइड (HF), नाइट्रोजन के ऑक्साइड (NO

तथा NO_2), हाइड्रोकार्बन, अमोनियम (NH_3), तंबाकू का धुँआ, फ्लूओराइड्स, धूल तथा धुएँ के कण, एरोसोल्स आदि।

सल्फर डाइऑक्साइड (SO_2), सल्फरट्राईऑक्साइड (SO_3), नाइट्रोजन ऑक्साइड (NO) वातावरणीय जल के साथ क्रिया करके सल्फ्यूरिक अम्ल (Sulphuric Acid) या सल्फ्यूरस अम्ल (Sulphurus Acid) तथा नाइट्रिक अम्ल (Nitric Acid) का निर्माण करते हैं। वर्षा जल के साथ ये अम्ल पृथ्वी पर आ जाते हैं, इसे ही अम्ल वर्षा (Acid Rain) कहते हैं।

नोट : मध्यप्रदेश के भोपाल में स्थित उर्वरक निर्माता कंपनी यूनियन कार्बाइड फैक्टरी में दिसंबर, 1984 ई. में हुई दुर्घटना मिथाइल आइसोसायनाइट (MIC) के कारण हुई थी।

- वायु प्रदूषण से मनुष्य के स्वास्थ्य पर बुरा प्रभाव पड़ता है। लेड (Pb) से तन्त्रिका तन्त्र सम्बन्धी रोग होता है।
- कैडमियम (Cd) रक्त दाब बढ़ा देता है जिससे हृदय सम्बन्धी रोग होता है।
- सिलिका के कण लौह-अयस्क के कण से मिलकर लोहे की खानों में काम करने वाले मजदूरों में लौह-सकितमयता रोग पैदा करते हैं। एक चौथाई खान श्रमिक इस रोग से पीड़ित होते हैं।
- स्मॉग (Smog) में हाइड्रोजन तथा नाइट्रोजन के ऑक्साइड पाये जाते हैं। स्मॉग से फसलों को नुकसान पहुँचता है।
- ओजोन (O_3) गैस सूर्य से निकलने वाली पराबैंगनी किरणों (Ultraviolet-rays) को पृथ्वी पर आने से रोकती है। पराबैंगनी किरणें जीवों के लिए घातक होती हैं, किन्तु वैज्ञानिक खोजों से पता चला है कि अंटार्कटिका महाद्वीप के ऊपर ओजोन स्तर में छिद्र हो गया है। ओजोन छिद्र का मुख्य कारण क्लोरो फ्लोरोकार्बन या सीएफसी (Chlorofloro Carbons या CFCs) है जो रेफ्रीजरेटर, एयर-कंडीशन आदि में प्रयोग की जाती है।
- मथुरा तेल-शोधक कारखाने से निकलने वाली सल्फ्यूरिक ऑक्साइड (SO_2) गैस से आगरा का ताजमहल धूमिल पड़ता जा रहा है।

2. **जल प्रदूषण (Water Pollution) :** जल प्रदूषण के प्रमुख स्रोत हैं- वाहितमल (Sewage), औद्योगिक त्याज्य, घरेलू अपमार्जक (Domestic Detergents), हानिकारक वनस्पतियाँ, खाद, खरपतवारनाशी (Herbicides), कीटनाशी (Pesticides), रेडियोधर्मी पदार्थ (Radioactive Substance) इत्यादि।
   - उद्योगों से निकले प्रदूषकों में शीशा, पारा, ताँबा, जस्ता, सल्फाइड आदि होते हैं, जो जल को विषाक्त बनाते हैं। जापान में पारे (Mercury) के कारण 'मिनामता' (Minamata) नामक रोग होता है।

नोट : पृथ्वी पर उपलब्ध जल की मात्रा का केवल 2.5-3% ही स्वच्छ है।

3. **मृदा प्रदूषण (Soil Pollution):** खेतों में खरपतवार नष्ट करने वाले खरपतवारनाशी (Herbicides), कवकनाशी (Fungicides), कीटनाशी (Insecticides), चूहामारक (Rodenticides) तथा उर्वरक इत्यादि के अवशेष मृदा प्रदूषण बढ़ाते हैं।
4. **ध्वनि प्रदूषण (Sound Pollution):** सामान्य वार्तालाप का शोर-मूल्य 60 डेसीबल होता है। लेकिन अकसर गाड़ियों के तेज हार्न, हवाई जहाज का शोर इत्यादि ध्वनि प्रदूषण के प्रमुख कारण हैं।
   - अन्तरराष्ट्रीय मानक के अनुसार ध्वनि 45 डेसीबल होनी चाहिए।
5. **नाभिकीय प्रदूषण (Nuclear Pollution) :** यह प्रदूषण रेडियोएक्टिव किरणों से उत्पन्न होता है।

- **रेडियोएक्टिव (Radio-active) प्रदूषण के स्रोत निम्नलिखित है-**

(i) चिकित्सा के क्षेत्र में उपयोग होने वाली किरणों से प्राप्त प्रदूषण।

(ii) परमाणु भट्टियों में प्रयुक्त होने वाले ईंधन से उत्पन्न प्रदूषण।
(iii) नाभिकीय शस्त्रों के उपयोग से उत्पन्न प्रदूषण।
(iv) परमाणु बिजलीघरों से निकलने वाले अपशिष्ट पदार्थों से उत्पन्न प्रदूषण।
(v) शोध कार्यों में प्रयुक्त रेडियोधर्मी पदार्थों से उत्पन्न प्रदूषण।
(vi) सूर्य की पराबैंगनी किरणों से उत्पन्न प्रदूषण।

प्रदूषण नियन्त्रण

- प्रदूषण रोकने के लिए गंदे जल को नदियों में प्रवाहित नहीं करना चाहिए।
- वाहितमल (Sewage) को सीवेज ट्रीटमेंट (Sewage Treatment) से शुद्ध करना चाहिए।
- वाहनों का रखरखाव उचित ढंग से किया जाये जिससे वे अधिक धुँआ न दें।
- उद्योगों में जहाँ कोयला जलाया जाता है, धुएँ को फिल्टर करके निकालना चाहिए।
- कीटनाशी (Insecticides) के उपयोग पर नियन्त्रण करना चाहिए।
- अधिक वन लगाने चाहिए जिससे वायुमंडल में ऑक्सीजन की कमी नहीं हो और कार्बन डाइऑक्साइड (CO_2) की अधिकता न हो।
- भारत सरकार ने पर्यावरण सुरक्षा कानून (1986) में बनाया है, उसे सही ढंग से लागू किया जाये।
- संयुक्त राष्ट्र ने विश्व में पर्यावरण सुरक्षा के लिए एक अन्तरराष्ट्रीय संस्था संयुक्त राष्ट्र पर्यावरण कार्यक्रम (United Nation Environment Programme – UNEP) की स्थापना की है।
- पर्यावरण के प्रति जागरूकता हेतु प्रतिवर्ष 5 जून को विश्व पर्यावरण दिवस मनाया जाता है।

12. विश्व की प्रमुख फसलें

फसल	उत्पादक देश (घटते क्रम में)
चावल	चीन, भारत, इंडोनेशिया, बंगलादेश, थाईलैंड, म्यांमार
गेहूँ	चीन, भारत, सं. राज्य अमेरिका, फ्रांस, कनाडा, रूस, यूक्रेन
मक्का	सं. राज्य अमेरिका, चीन, ब्राजील, मैक्सिको, भारत, पाकिस्तान
तिलहन	ब्राजील, चीन, अर्जेग्टीना, भारत
मूँगफली	चीन, भारत, सं. राज्य अमेरिका, इंडोनेशिया,नाइजीरिया, ब्राजील, कोरिया
कपास	चीन, सं. राज्य अमेरिका, भारत, पाकिस्तान, सूडान, ब्राजील
जौ	रूस, कनाडा, जर्मनी, स्पेन
जई	रूस, कनाडा, सं. राज्य अमेरिका, ऑस्ट्रेलिया
सोयाबीन	सं. राज्य अमेरिका, ब्राजील, अर्जेण्टीना, चीन
मोटे अनाज	सं. राज्य अमेरिका, चीन, भारत, रोमानिया
चाय	भारत, चीन, श्रीलंका, कीनिया, जापान, बंगलादेश, टर्की, यूगांडा, मोजाम्बिक
चुकन्दर	रूस, फ्रांस, जर्मनी, सं. राज्य अमेरिका
कहवा	ब्राजील, कोलम्बिया, आइवरी-कोस्ट, मैक्सिको, कीनिया, क्यूबा, भारत
रबड़	थाईलैंड, मलेशिया, इंडोनेशिया, भारत, श्रीलंका
तम्बाकू	चीन, सं. राज्य अमेरिका, भारत, ब्राजील, हंगरी, बुल्गारिया, क्यूबा, जिम्बाब्वे

नारियल	मलेशिया, इंडोनेशिया, थाईलैंड, नाइजीरिया
सूर्यमुखी	रूस, यूक्रेन, अर्जेण्टीना, चीन, भारत
गन्ना	भारत, ब्राजील, क्यूबा, चीन, इंडोनेशिया, दक्षिण अफ्रीका, मॉरीशस, फिजी

13. विश्व के प्रमुख खनिज एवं उत्पादक देश

खनिज	उत्पादक देश (घटते क्रम)
लोहा	यूक्रेन, ब्राजील, ऑस्ट्रेलिया, चीन, सं. राज्य अमेरिका, आदि।
ताँबा	चिली, सं. राज्य अमेरिका, रूस, कनाडा, जायरे, जाम्बिया, पोलैंड, पेरू आदि।
मैंगनीज	यूक्रेन, गैबोन, ब्राजील, भारत आदि।
बॉक्साइट	ऑस्ट्रेलिया, गिनी, जमैका, ब्राजील, सुरीनाम, ग्रीस, भारत आदि।
जस्ता	कनाडा, जापान, सं. राज्य अमेरिका, पोलैंड, पेरू, मैक्सिको आदि।
टिन	मलेशिया, इंडोनेशिया, थाईलैंड, चीन, बोलीविया आदि।
सोना	दक्षिण अफ्रीका, पेरू, कनाडा आदि।
चाँदी	मैक्सिको, पेरू, कनाडा आदि।
हीरा	अफ्रीका महाद्वीप
अभ्रक	भारत, ब्राजील, रूस, मालागासी, दक्षिण अफ्रीका, कनाडा आदि।
कोयला	चीन, सं. राज्य अमेरिका, भारत, जर्मनी, रूस आदि।
खनिज तेल	सं. राज्य अमेरिका, रूस, सऊदी अरब, चीन, मैक्सिको, ग्रेट ब्रिटेन, ईरान, ईराक, कुवैत आदि।
यूरेनियम	कनाडा, दक्षिण अफ्रीका, सं. राज्य अमेरिका, जायरे, ऑस्ट्रेलिया, मालागासी आदि।
थोरियम	ब्राजील, ऑस्ट्रेलिया, श्रीलंका, भारत आदि।

14. विश्व के प्रमुख औद्योगिक नगर

नगर	उद्योग	नगर	उद्योग
बेलफास्ट	जहाज निर्माण	चेलियाबिंस्क	लोहा एवं इस्पात
बर्मिंघम	लोहा एवं इस्पात	डेट्रायट	ऑटोमोबाइल
एसेन (जर्मनी)	लोहा एवं इस्पात	ग्लासगो	जहाज निर्माण
हवाना	सिगार	हॉलीवुड	फिल्म उद्योग
लॉस एंजिल्स	पेट्रोलियम, फिल्म	कंशास	मांस उद्योग
कोबे	लोहा इस्पात	कीव	इंजीनियरिंग उद्योग
लियोन्स (फ्रांस)	सिल्क उद्योग	मैनचेस्टर	सूती वस्त्र उद्योग
मिलान	सिल्क वस्त्र उद्योग	फिलाडेल्फिया	लोकोमोटिव
प्लेमाउथ	जहाज निर्माण	पिट्सबर्ग	लोहा एवं इस्पात
शेफील्ड (ब्रिटेन)	कैंची, छुरी	सिएटल	वायु निर्माण

वेनिस	काँच उद्योग	व्लाडीवोस्टक	जहाज निर्माण
वेलिंगटन	डेयरी उद्योग	मुल्तान	मिट्टी के बर्तन
ढाका	कालीन उद्योग	म्यूनिख (जर्मनी)	लेंस निर्माण
नागोया	जहाज निर्माण, सूती वस्त्र	ओसाका	सूती वस्त्र, लोहा इस्पात

15. विश्व की प्रमुख जनजातियाँ

जनजाति	सम्बन्धित देश/क्षेत्र	जनजाति	सम्बन्धित देश/क्षेत्र
एस्कीमो	ग्रीनलैंड, कनाडा	रेड इंडियन	उत्तर अमेरिका (कनाडा)
खिरगीज	मध्य एशिया	पिग्मीज	कांगो बेसिन
माओरी	न्यूजीलैंड	बोरो	ब्राजील
मसाई	पूर्वी अफ्रीका (कीनिया)	इंकाथा	दक्षिण अफ्रीका
वेद्दास	श्रीलंका	हैदा	अमेरिका
नीग्रो	मध्य अफ्रीका	तार्तार	साइबेरिया
सेमांग	मलेशिया	बद्दू	अरब
यूकाधिर	साइबेरिया	पपुआन्स	न्यू गिनी
आइनू	जापान	याकू	टुण्ड्रा प्रदेश
बुशमैन	कालाहारी मरुस्थल (बोत्सवाना)	जुलु	नेटाल प्रांत (दक्षिण अफ्रीका)

16. विश्व की प्रमुख वनस्पति

1.	ट्रोपोफाइट	उष्ण कटिबंधीय जलवायु वाली घास एवं वनस्पति
2.	हाइग्रोफाइट	दलदली एवं भूमधय रेखीय उष्ण आर्द्रता वाली वनस्पति
3.	जेरोफाइट	उष्ण कटिबंधीय मरुस्थलीय क्षेत्रों की वनस्पति
4.	हाइड्रोफाइट	जलप्लावित क्षेत्रों की वनस्पति
5.	मेसोफाइट	शीतोष्ण कटिबंध क्षेत्र की वनस्पति
6.	क्रायोफाइट	टुण्ड्रा एवं शीत प्रधान क्षेत्रों की वनस्पति
7.	हैलोफाइट	नमकीन क्षेत्र में पायी जाने वाली वनस्पति
8.	लिथोफाइट	कड़ी चट्टानों में उगने वाली वनस्पति

17. विश्व के प्रमुख भौगोलिक उपनाम

1.	सात पहाड़ियों का नगर	रोम (इटली)
2.	पोप का शहर	रोम
3.	रक्तवर्ण महिला	रोम
4.	प्राचीन विश्व की सम्राज्ञी	रोम

5.	पश्चिम का बेबीलोन	रोम
6.	ईटरनल सिटी (होली सिटी)	रोम
7.	एण्टीलीज का मोतल	क्यूबा
8.	शुगर बाऊल ऑफ द वर्ल्ड	क्यूबा
9.	गगनचुम्बी इमारतों का नगर	न्यूयॉर्क (USA)
10.	पर्ल ऑफ दी ऑरियण्ट	सिंगापुर
11.	क्वेकर सिटी	फिलाडेल्फिया
12.	हवा वाला शहर/गार्डन सिटी	शिकागो (USA)
13.	चीन का शोक	ह्वांगहो नदी (पीली नदी)
14.	निरन्तर बहने वाले झरनों का शहर	क्विटो (इक्वेडोर)
15.	हर्मिट किंगडम	कोरिया
16.	लैंड ऑफ मॉर्निंग काम	कोरिया
17.	लैंड ऑफ द गोल्डेन फ्लीस	ऑस्ट्रेलिया
18.	लैंड ऑफ कंगारू	ऑस्ट्रेलिया
19.	लैंड ऑफ गोल्डेन वूल	ऑस्ट्रेलिया
20.	लैंड ऑफ थाउजेण्ड लेक्स	फिनलैंड
21.	लैंड ऑफ मिडनाइट सन	नार्वे
22.	भूमध्य सागर का द्वार	जिब्राल्टर
23.	होली लैंड	जेरूसलम (इजरायल)
24.	ग्रेनाइट सिटी	एवरडीन (स्कॉटलैंड)
25.	एम्राल्ड द्वीप	आयरलैंड
26.	नील नदी की देन	मिस्र
27.	एम्पायर सिटी	न्यूयॉर्क (USA)
28.	क्वीन ऑफ एड्रियाटिक	वेनिस (इटली)
29.	अरब सागर की रानी/पूर्व का वेनिस	कोच्चि (भारत)
30.	प्लेग्राउण्ट ऑफ यूरोप	स्विटजरलैंड
31.	सूर्योदय का देश	जापान
32.	लैंड ऑफ थण्डरवोल्ट	भूटान
33.	लैंड ऑफ ह्वाइट ऐलीफैन्ट्स	थाईलैंड
34.	लैंड ऑफ दी थाउजैंड ऐलीफैन्ट्स	लाओस
35.	लिलि का देश	कनाडा
36.	नेवर-नेवर लैंड	प्रेयरीज ऑफ नार्थ
37.	हैरिंग पोंड	एटलांटिक महासागर
38.	संसार की छत	पामीर का पठार

39.	वेनिस ऑफ दी वर्ल्ड	स्टॉकहोम (स्वीडन)
40.	गोरों की कब्र	गिनी तट (प. किनारा, अफ्रीका)
41.	लैंड ऑफ केक्स	स्कॉटलैंड
42.	कॉकपिट ऑफ यूरोप	बेल्जियम
43.	सिटी ऑफ गोल्डेन गेट	सेन फ्रांस्सिको (सं. राज्य अमेरिका)
44.	स्वप्निल मीनारों वाला शहर	ऑक्सफोर्ड (इंग्लैंड)
45.	दक्षिण का ब्रिटेन	न्यूजीलैंड
46.	अंध महाद्वीप	अफ्रीका
47.	स्वर्णिम पैगोडा का देश	म्यांमार
48.	संसार का रोटी भंडार	प्रेयरीज ऑफ नार्थ अमेरिका
49.	संसार का निर्जनतम द्वीप	त्रिस्तान डी कुन्हा
50.	सात टापुओं का नगर	मुम्बई (भारत)
51.	झीलों का देश	स्कॉटलैंड
52.	पूर्व का मैनचेस्टर	ओसाका (जापान)
53.	फॉरबिडन सिटी	ल्हासा (तिब्बत)
54.	इंग्लैंड का बगीचा	केन्ट (इंग्लैंड)
55.	भारत का बगीचा	बंगलुरु (भारत)
56.	आँसुओं का प्रवेश द्वार	बाब-अल-मंउब जलडमरूमध्य
57.	मातियों का द्वीप	बहरीन
58.	यूरोप के बारूद का पीपा	बाल्कन
59.	लैंड ऑफ सैटिंग सन	ब्रिटेन
60.	श्वेत शहर	बेलग्रेड (यूगोस्लाविया)
61.	भारत का मसालों का बगीचा	केरल (भारत)
62.	स्मारकों की नगरी	वियाना (आस्ट्रिया)
63.	विश्व की जन्नत	पेरिस (फ्रांस)
64.	एशिया का पेरिस	थाईलैंड
65.	आइलैंड ऑफ क्लोब्ज	जंजीवार (तंजानिया)
66.	गार्डन प्रोविन्स ऑफ साउथ अफ्रीका	नेटाल (दक्षिण अफ्रीका)
67.	गार्डन सिटी ऑफ इंडिया	बंगलुरू (भारत)
68.	पिलर्स ऑफ हरक्युलिस	स्ट्रेट्स ऑफ जिब्राल्टर
69.	पवन चक्कियों की भूमि	नीदरलैंड
70.	हिन्द महासागर का मोती	श्रीलंका

18. विश्व के प्रसिद्ध स्थान

1.	अल अक्सा, वेलिंग वाल, टेंपल माउंट	जरूसलम (इजरायल)
2.	बकिंघम पैलेस, 10 डाउनिंग स्ट्रीट, बिलिंग्स गेट	लंदन (इंग्लैण्ड)
3.	ग्रांड केन्यन	अरिजोना (यू०एस०ए०)
4.	झुकी हुई मीनार	पीसा (इटली)
5.	मर्डेका पैलेस	जकार्ता
6.	पोर्सलिन टॉवर	नानकिंग (चीन)
7.	रेड स्क्वायर, क्रेमलिन	मास्को
8.	स्फिंग्स, पिरामिड	मिस्र
9.	सेंट सोफिया	कान्सटेंटीनोपल
10.	बेडनबर्ग गेट, ब्राउन साउस	बर्लिन (जर्मनी)
11.	कालोसियम	रोम (इटली)
12.	काबा	मक्का (सऊदी अरब
13.	लोवर, एफिल टॉवर	पेरिस (फ्रांस)
14.	पोटाला	ल्हासा (तिब्बत)
15.	श्वेत डेगेन पैगोडा	रंगून (म्यान्मार)
16.	ब्राडवे, स्ट्रीट, स्टैच्यू ऑफ लिबर्टी, एंपायर स्टेट बिल्डिंग	न्यूयार्क (यू०एस०ए०)
17.	ह्वाइट हाउस, पेंटागन	वाशिंगटन डी०सी० (यू०एस०ए०)
18.	ओपेरा हाउस	सिडनी

19. विश्व की प्रमुख भौगोलिक खोजें

1.	आर. एमण्डसन (नार्वे)	दक्षिणी ध्रुव पर पहुँचने वाला प्रथम व्यक्ति (1911 ई.)
2.	रोबट पियरी (अमेरिका)	उत्तरी ध्रुव की खोज (1909 ई.
3.	क्रिस्टोफर कोलम्बस	पश्चिम द्वीप समूह (1492), दक्षिण अमेरिका (1498 ई.)
4.	जॉन कैवेट	न्यूफाउण्डलैंड (1497 ई.)
5.	कैप्टन कुक	हवाई द्वीप समूह (1770 ई.)
6.	कोपरनिकस (पोलैंड)	सौरमंडल (1540 ई.)
7.	फर्दीनन्द-द-लेपेस	स्वेज नहर का निर्माण (1869 ई.)
8.	केपलर (जर्मन)	ग्रहों का गति-नियम (1600 ई.)
9.	लिंडबर्ग	प्रथम सोलो उड़ान पेरिस से न्यूयार्क तक (1927 ई.)
10.	वास्को-डि-गामा (पुर्तगाल)	केप ऑफ गुड होप होकर भारत आगमन (1498 ई.)
11.	फ्रिड्टजौफ नानसेन	ग्रीनलैंड एवं उत्तरी ध्रुव का पहाड़ी भाग (1888 ई.)
12.	मैगलन	विश्व का भ्रमण, एटलाण्टिक के दक्षिण से प्रशान्त महासागर की खोज (1519 ई.)

20. विश्व के महासागर

क्र.	नाम	क्षेत्रफल (वर्ग किमी. में)	गहरा स्थान	मीटर में
1.	प्रशान्त महासागर	16,57,23,740	मेरियाना गर्त	11,033
2.	अटलाण्टिक महासागर	8,29,63,800	प्यूरिटो रिको गर्त	8,392
3.	हिन्द महासागर	7,34,25,500	सुण्डा गर्त	8,152
4.	आर्कटिक महासागर	1,40,56,000	यूरेशियन बेसिन	5,450,
5,	अण्टार्कटिक महासागर	अप्राप्त	अप्राप्त	

21. विश्व की प्रमुख नहरें

क्र.	नाम	स्थान	स्थिति
1.	सू नहर	सं. रा. अमेरिका	सुपीरियर झील को ह्यूरन झील से जोड़ती है।
2.	ईरी नहर	सं. रा. अमेरिका	ईरी झील और मिशीगन झील को जोड़ती है।
3.	गोटा नहर	स्वीडन	स्टॉकहोम और गोटेनवर्ग के बीच।
4.	कील नहर	जर्मनी	उत्तरी सागर और बाल्टिक सागर के बीच।
5.	उत्तरी सागर नहर	जर्मनी	उत्तरी सागर व एम्सटरडम के बीच।
6.	मैनचेस्टर नहर	ग्रेट ब्रिटेन	मैनचेस्टर और लिवरपुल के बीच।
7.	न्यू वाटर वे	जर्मनी	उत्तरी सागर और राटरडम के बीच।
8.	वोल्गा डान नहर	रूस	रोस्टोव और स्टालिनग्राड के बीच।
9.	बेलैंड नहर	सं. रा. अमेरिका	ईरी और ओण्टोरियो के बीच।
10.	के.पी नहर	भारत	आन्ध्रप्रदेश और तमिलनाडु के बीच।
11.	स्वेज नहर	मिस्र	लाल सागर एवं भूमध्य सागर के बीच।
12.	पनामा नहर	पनामा	कैरीबियन सागर और प्रशान्त महासागर के मध्य।
13.	अल्बर्ट नहर	पश्चिमी यूरोप	एण्टवर्प लीग तथा वेनेलक्स को जोड़ती है।

22. विश्व की प्रमुख जलसन्धियाँ

क्र.	जलसन्धि	किस-किस को जोड़ती है	भौगोलिक स्थिति
1.	मलक्का	अण्डमान सागर एवं दक्षिण चीन सागर	इंडोनेशिया-मलेशिया
2.	पाक	मन्नार एवं बंगाल की खाड़ी	भारत-श्रीलंका
3.	लुजोन	दक्षिण चीन एवं फिलीपीन्स सागर	ताइवान-फिलीपीन्स
4.	बेरिंग	बेरिंग सागर एवं चुकसी सागर	अलास्का-रूस
5.	डेविस	बेफिन खाड़ी एवं अटलाण्टिक महासागर	ग्रीनलैंड-कनाडा
6.	डेनमार्क	उत्तरी अटलाण्टिक एवं आर्कटिक महासागर	इंग्लैंड-फ्रांस

7.	डोवर	इंगलिश चैनल एवं उत्तरी सागर	इंग्लैंड-फ्रांस
8.	हडसन	हडसन की खाड़ी एवं अटलाण्टिक महासागर	कनाडा
9.	जिब्राल्टर	भूमध्य सागर एवं अटलाण्टिक महासागर	स्पेन-मोरक्को
10.	कोरिया	जापान सागर एवं पूर्वी चीन सागर	जापान-कोरिया
11.	मैगेलन	प्रशान्त एवं दक्षिणी अटलाण्टिक महासागर	चीली
12.	फ्लोरिडा	मैक्सिको की खाड़ी एवं अटलाण्टिक महासागर	अमेरिका-क्यूबा
13.	बॉस	तस्मान सागर एवं दक्षिण सागर	ऑस्ट्रेलिया
14.	कुक	दक्षिण प्रशान्त महासागर	न्यूजीलैंड
15.	सुण्डा	जावा सागर एवं हिन्द महासागर	इंडोनेशिया
16.	टोकरा	पूर्वी चीन सागर एवं प्रशान्त महासागर	जापान
17.	यूकाटन	मैक्सिको की खाड़ी एवं कैरीबियन सागर	मैक्सिका-क्यूबा
18.	ओरण्टो	एड्रियाटिक सागर एवं आयोनियन सागर	इटली-अल्बानिया
19.	नार्थ चैनल	आयरिश सागर एवं अटलांटिक महासागर	आयरलैंड-इंग्लैण्ड
20.	हारमुज	फारस की खाड़ी एवं ओमान की खाड़ी	ओमान-ईरान
21.	टारस	अराफुरा सागर एवं पापुआँ की खाड़ी	न्यूगिनी-ऑस्ट्रेलिया
22.	डार्डेनलीज	मारमरा सागर एवं एजियन सागर	टर्की
23.	बासफोरस	काला सागर एवं मारमरा सागर	टर्की
24.	बेलेद्वीप	सेण्टलारेन्स खाड़ी एवं अटलाण्टिक महासागर	कनाडा
25.	फोवेक्स	तस्मान सागर एवं जावा सागर	न्यूजीलैंड
26.	कारीमाटा	दक्षिणी चीन सागर एवं जावा सागर	इंडोनेशिया
27.	मकास्सार	जावा सागर एवं सेलीबीज सागर	इंडोनेशिया
28.	सुगारू	जापान सागर एवं प्रशांत महासागर	जापान
29.	सुसीमा	जापान सागर एवं पूर्वी चीन सागर	जापान
30.	बाव एल मंडव	लाल सागर एवं अरब सागर	यमन-जिबूती

23. विश्व की प्रमुख नदियाँ

क्र.	नाम	उद्गम स्थान	गिरने का स्थान	लम्बाई (किमी.)
1.	नील	विक्टोरिया झील	भूमध्य सागर	6690
2.	अमेजन	लैगो विलफेरो	अटलाण्टिक महासागर	6296
3.	मिसीसिपी मिसौरी	रेड रॉक स्रोत (अमेरिका)	मैक्सिको की खाड़ी	6240
4.	यांगसी	तिब्बत का पठार	चीन सागर	5797
5.	ओबे	अल्टाई पर्वत	ओब की खाड़ी	5567

6.	ह्वांगहो	क्यूनलुन पर्वत	चिहिल की खाड़ी	4667
7.	येनीसी	रान्नु-ओला पर्वत	आर्कटिक महासागर	4506
8.	कांगो	लूआलया और लआपूला नदी के संगम	अलटाण्टिक महासागर	4371
9.	आमूर	शिल्का रूस आरगून के संगम	टार्टर स्ट्रेट	4352
10.	लीना	बेकाल पर्वत (रूस)	आर्कटिक महासागर	4268
11.	मैकेंजी	फिनले नदी के मुहाने से	ब्यूफोर्ट सागर	4241
12.	नाइजर	गिनी (अफ्रीका)	गिनी की खाड़ी	4184
13.	मीकांग	तिब्बत के पठार	दक्षिणी चीन सागर	4023
14.	वोल्गा	ब्लडाई पठार (रूस)	कैस्पियन सागर	3687
15.	सेनफ्रांसिस्को	दक्षिण मिनास गिटेस (ब्राजील)	अन्ध महासागर	3198
16.	सेंट लारेंस	आण्टोरियो झील	सेंट लारेंस की खाड़ी	3058
17.	ब्रह्मपुत्र	मानसरोवर झील	बंगाल की खाड़ी	2900
18.	सिन्धु	मानसरोवर झील के पास	अरब सागर	2880
19.	डेन्यूब	ब्लैक फॉरेस्ट (जर्मनी)	काला सागर	2842
20.	फरात	कारासुन और मूरत नेहरी नदी के संगम से (टर्की)	शत-अल-अरब	2799
21.	डार्लिंग	ऑस्ट्रेलिया	मर्रे नदी	2789
22.	मर्रे	ऑस्ट्रेलियन आल्पस से	हिन्द महासागर	2589
23.	नेलसन	बो नदी का ऊपरी भाग	हडसन की खाड़ी	2575
24.	पेराग्वे	माटोग्रोसो (ब्राजील)	पेराना नदी	2549
25.	यूराल	दक्षिण यूराल पर्वत (रूस)	कैस्पियन सागर	2533
26.	गंगा	गोमुख हिमानी से	बंगाल की खाड़ी	2525
27.	आमू-दरिया	निकोलस श्रेणी (पामीर)	अरल सागर	2414
28.	सालवीन	तिब्बत क्युलुन पर्वत के दक्षिण	मर्तावान की खाड़ी	2414
29.	अरकन्सास	मध्य कोलोरेडो	मिसीसिपी नदी	2348
30.	कोलोरेडो	ग्रेंडकण्ट्री	कैलीफोर्निया की खाड़ी	2333
31.	नीपर	ब्लडाई पर्वत (रूस)	काला सागर	2284
32.	ओहियो	पोटरकन्ट्री (पेन्सिवानिया)	मिसीसिपी नदी	2102
33.	इरावदी	माली और नामी नदी का संगम (म्यांमार)	बंगाल की खाड़ी	2092
34.	ओरेंज	लिसोथो	अटलाण्टिक महासागर	2092

35.	ओरीनीको	सिएरापरिगा पर्वत	अटलाण्टिक महासागर	2062
36.	कोलम्बिया	कोलम्बिया झील (कनाडा)	प्रशांत महासागर	1983
37.	डोन	टूला (रूस)	अजोब सागर	1968
38.	टिगरिस	टॉरस पर्वत (टर्की)	शत-अल-अरब	1899

24. नदियों के किनारे बसे विश्व के प्रमुख नगर

क्र.	नगर	नदी	क्र.	नगर	नदी
1.	बगदाद (ईराक)	टाइग्रिस	26.	बेलग्रेड	डेन्यूब
2.	बर्लिन (जर्मनी)	स्प्री	27.	बुडापेस्ट (हंगरी)	डेन्यूब
3.	पर्थ (ऑस्ट्रेलिया)	स्वान	28.	वाशिंगटन	पोटोमेक
4.	वारसा (पोलैंड)	विस्चुला	29.	वियाना (आस्ट्रिया)	डेन्यूब
5.	अस्वान (मिस्र)	नील	30.	टोकियो (जापान)	अराकावा
6.	सेंट लुईस (अमेरिका)	मिसीपिसी	31.	शंघाई (चीन)	यांगटिसीक्यांग
7.	रोम (इटली)	टाइबर	32.	रंगून (म्यांबार)	इरावदी
8.	लंदन (इंग्लैंड)	टेम्स	33.	ओटावा (कनाडा)	सेंट लॉरेंस
9.	पेरिस (फ्रांस)	सीन	34.	न्यूयॉर्क	हडसन
10.	मास्को (रूस)	मोस्कावा	35.	मैड्रिड (स्पेन)	मैजेनसेस
11.	प्राग (गणराज्य)	वितावा	36.	लिस्बन (पूर्तगाल)	टंगस
12.	बोन (जर्मनी)	राइन	37.	लाहौर (पाकिस्तान)	रावी
13.	खारतूम (सूडान)	नील	38.	करांची (पाकिस्तान)	सिन्धु
14.	हांकोव (चीन)	यांगटीसिक्यांग	39.	डबलिन (आयरलैंड)	लीफें)
15.	काहिरा (मिस्र)	नील	40.	दिल्ली (भारत)	यमुना
16.	ब्यूनस आयर्स (अर्जेंटीना)	लाम्लाटा	41.	चटगाँव (बांगलादेश)	मैयाणी
17.	अंकारा (टर्की)	किजिल	42.	हैम्बर्ग (जर्मनी)	एल्ब
18.	डुंडी (स्कॉटलैंड)	टे	43.	शिकागो (अमेरिका)	शिकागो
19.	लीवरपुल (इंग्लैंड)	मर्सी	44.	ब्रिस्टल (इंग्लैंड)	एवन्
20	कोलोन (जर्मनी)	राइन	45.	बसरा (ईराक)	दजला और फरात
21.	माण्ट्रियल (कनाडा)	सेंट लारेंस	46.	क्यूबेक (कनाडा)	सेंट लारेंस
22.	सिडनी (ऑस्ट्रेलिया)	डार्लिंग	47.	लेनिनग्राड (रूस)	नेवा
23.	कीव (रूस)	नीपर	48.	स्टालिनग्राड (रूस)	वोल्गा
24.	मौलमीन (म्यांमार)	सालवीन	49.	अकयाव (म्यांमार)	इरावदी
25.	कैन्टन (चीन)	सीक्यांग	50.	डेजिंग (जर्मनी)	विस्टुला

25. विश्व की प्रमुख झीलें

क्र.	नाम	सम्बन्धित क्षेत्र	क्षेत्रफल (वर्ग किमी)
1.	कैस्पियन सागर	रूस, कजाकिस्तान, तुर्कमेनिस्तान, अजरबैजान तथा ईरान	3,71,000
2.	सुपीरियर झील	अमेरिका तथा कनाडा	82,100
3.	विक्टोरिया झील	केन्या, युगाण्डा तथा तंजानिया	69,400
4.	अरल सागर झील	कजाकिस्तान एवं उजबेकिस्तान	64,500
5.	ह्यूरन झील	संयुक्त राज्य अमेरिका तथा कनाडा	59,600
6.	मिशीगन झील	संयुक्त राज्य अमेरिका	57,800
7.	टांगानीका झील	तन्जानिया, जैम्बिया तथा जैरे	32,900
8.	बैकाल झील	रूस	31,500
9.	ग्रेट बेरियर झील	कनाडा	31,200
10.	ग्रेट स्लेव झील	कनाडा	28,438
11.	ईरी झील	संयुक्त राज्य अमेरिका तथा कनाडा	25,745
12.	विनीपेग झील	कनाडा	24,341
13.	मलावी झील	मलावी तथा मोजाम्बिक	23,310
14.	ओण्टेरिया झील	संयुक्त राज्य अमेरिका तथा कनाडा	19,529
15.	बाल्खश झील	कजाकिस्तान	18,260
16.	लडौगा झील	रूस	18,130
17.	चाड झील	नाइजीरिया, जाइजर तथा चाड	15,540
18.	ओनेगा झील	रूस	9,842
19.	आयर झील	ऑस्ट्रेलिया	9,583
20.	रूडोल्फ झील	केन्या	9,065
21.	टीटीकाका झील	पेरू-बोलीविया	9,065
22.	अथावास्का झील	कनाडा	8,081
23.	निकारागुआ झील	निकारागुआ	7,697
24.	रेन्डियर झील	कनाडा	6389
25.	इसिक कुल झील	किर्गिस्तान	6,190
26.	किन्धायी झील	चीन	5,957
27.	टोरेन्स झील	ऑस्ट्रेलिया	5,698

▷ बैकाल झील के पूर्वी भाग में ब्यूरेट (Buryat) नामक जनजाति पायी जाती हैं बैकाल झील विश्व की सबसे गहरी (1620 मी०) झील है।

▷ टांगानीका झील विश्व की सबसे लम्बी (660 किमी०) मीठे जल की झील है। यह विश्व की दूसरी सबसे गहरी (1436 मी०) झील है।

- कैस्पियन सागर विश्व की सबसे बड़ी झील (खारे पानी का) है।
- मीठे जल की सबसे बड़ी झील सुपीरियर झील है।
- विक्टोरिया झील तंजानिया और युगांडा के बीच अंतर्राष्ट्रीय सीमा बनाती है।

26. विश्व के प्रमुख जलप्रपात

जलप्रपात	देश	ऊँचाई (मी.)	जलप्रपात	देश	ऊँचाई (मी.)
एंजिल	वेनेजुएला	979	रिब्बोन	कैलिफोर्निया	491
योसेमाइट	कैलीफोर्निया	739	ग्रेट कामारना	गुयाना	488
दक्षिण मर्डाल्फोसेन	नार्वे	655	डेल्ला	कनाडा	440
तुगेला	दक्षिण अफ्रीका	614	गवार्नी	फ्रांस	422
कुकवेनन	वेनेजुएला	610	जोग (गरसोप्पा)	भारत	253
सूथरलैंड	न्यूजीलैंड	580	न्याग्रा	कनाडा एवं अमेरिका की सीमा पर	120

- एंजिल जलप्रपात कैरो नदी पर स्थित है।
- जोग जलप्रपात शरावती नदी पर स्थित है। इसे महात्मा गांधी जलप्रपात भी कहते हैं।

27. विश्व के प्रमुख द्वीप

क्र.	नाम	अवस्थिति	क्षेत्रफल (वर्ग किमी)
1.	ग्रीनलैंड	आर्कटिक महासागर	21,75,000
2.	न्यू गिनी	पश्चिमी प्रशांत महासागर	789,900
3.	बोर्निकी	प्रशांत महासागर	7,51,000
4.	मेडागास्कर	हिन्द महासागर	5,87,041
5.	बेफिन द्वीप (कनाडा)	उत्तरी आर्कटिक महासागर	5,07,451
6.	सुमात्रा (इंडोनेशिया)	हिन्द महासागर	4,22,200
7.	होन्शू (जापान)	उत्तरी-पश्चिम प्रशांत महासागर	2,30,092
8.	ब्रिटेन (ग्रेट ब्रिटेन)	उत्तरी अटलाण्टिक महासागर	2,29,849
9.	विक्टोरिया द्वीप (कनाडा)	उत्तरी ध्रुव महासागर	2,17,290
10.	ईलिसमेरे द्वीप (कनाडा)	उत्तरी ध्रुव महासागर	1,96,236
11.	सुलोवेसी (इंडोनेशिया)	हिन्द महासागर	1,78,700
12.	दक्षिण द्वीप (न्यूजीलैंड)	दक्षिणी-पश्चिमी प्रशांत महासागर	1,50,460
13.	जावा द्वीप (इंडोनेशिया)	हिन्द महासागर	1,26,400

14.	उत्तरी द्वीप (न्यूजीलैंड)	दक्षिणी-पश्चिमी प्रशांत महासागर	1,14,687
15.	क्यूबा	कैरीबियन सागर	1,10,922
16.	लुजोन द्वीप	पश्चिमी प्रशांत महासागर	1,04,688
17.	आइसलैंड	उत्तरी अटलाण्टिक महासागर	1,03,000
18.	आयरलैंड	उत्तरी अटलाण्टिक महासागर	82,460
19.	तस्मानिया	दक्षिणी-पश्चिमी प्रशांत महासागर	67,900
20.	श्रीलंका	हिन्द महासागर	65,600

28. विश्व के प्रमुख पठार

- **ग्रीनलैंड का पठार :** अन्ध महासागर के उत्तरी भाग में लगभग 21,75,600 वर्ग किमी क्षेत्र में हिम से ढँका विशाल पठार है। इसे ग्रीनलैंड का पठार कहा जाता है।
- **कोलम्बिया का पठार :** यह संयुक्त राज्य अमेरिका के ओरगन, वाशिंगटन और इडाहो राज्यों के मध्य 4,62,500 वर्ग किमी० क्षेत्र में विस्तृत रूप में फैला है।
- **मैक्सिको का पठार :** यह पठार पश्चिम सियारामाद्रे और पूर्वी सियारामाद्रे पर्वत-श्रेणियों के मध्य स्थित है।
- **तिब्बत का पठार :** यह हिमालय के उत्तर और क्यूनलुन पर्वत के दक्षिण में 4,000 से 5,000 मीटर तक की ऊँचाई पर स्थित है।
- **मंगोलिया का पठार :** यह चीन के उत्तरी-मध्य भाग में मंगोलिया गणराज्य में स्थित है।
- **ब्राजील का पठार :** दक्षिण अमेरिका के मध्य पूर्वी भाग में यह पठार त्रिभुजाकार रूप में स्थित है।
- **बोलीविया का पठार :** यह पठार 800 किमी० लम्बा और 128 किमी० चौड़ा तथा इसकी औसत ऊँचाई 3,110 मी० है। यह बोलीविया के एण्डीज पर्वतमाला क्षेत्र में विस्तृत रूप में फैला हुआ है।
- **अलास्का का पठार :** इसका निर्माण यूकन और उसकी सहायक नदियों द्वारा हुई है, अतः इसे यूकन का पठार भी कहा जाता है। कनाडा की ओर इसकी ऊँचाई लगभग 900 मी० है।
- **ग्रेट बेसिन का पठार :** यह कोलम्बिया पठार के दक्षिण में कोलोरेडो और कोलम्बिया नदियों के मध्य 5,25,000 वर्ग किमी० क्षेत्र में विस्तृत है।
- **कोलोरेडो का पठार :** यह ग्रेट बेसिन के दक्षिण में स्थित है तथा इसका विस्तार युटाह और एरीजोना राज्यों में पाया जाता है।
- **दक्कन का पठार :** यह पठार दक्षिण भारत में स्थित है। इसे तीन ओर से पर्वत-श्रेणियों ने घेर रखा है। इसके पूर्व में पूर्वी घाट, पश्चिम में पश्चिमी घाट तथा उत्तर में विंध्याचल एवं सतपुड़ा की श्रेणियाँ हैं।
- **ईरान का पठार :** इसे एशिया माइनर का पठार या ईरान का मध्यवर्ती पठार भी कहते हैं। इसकी औसत ऊँचाई 900-1500 मीटर के मध्य है।
- **अरब का पठार :** यह दक्षिण-पश्चिम एशिया में स्थित है। इसके पूर्व में फारस की खाड़ी, पश्चिम में लाल सागर, उत्तर-पश्चिम में भूमध्य सागर और दक्षिण में अरब सागर स्थित है।
- **अनातोलिया का पठार :** यह टर्की के एन्टिक एवं टारस श्रेणियों के मध्य स्थित है। इसे टर्की का पठार भी कहते हैं। इसकी औसत ऊँचाई 800 मीटर है।

➩ **अबीसीनिया का पठार :** यह पठार पूर्वी अफ्रीका के इथियोपिया एवं सोमालिया के क्षेत्र में विस्तृत रूप में फैला है।

➩ **मेडागास्कर का पठार :** मेडागास्कर द्वीप अफ्रीका के दक्षिण-पूर्व हिन्द महासागर में स्थित है। इस द्वीप के मध्यवर्ती भाग पठारी है, जिसे मेडागास्कर या मालागासी का पठार कहा जाता है।

➩ **ऑस्ट्रेलिया का पठार :** ऑस्ट्रेलिया के पश्चिमी भाग में ऑस्ट्रेलिया का पठार स्थित है इसकी सामान्य ऊँचाई 180 से 600 मी० के मध्य है। इस पठार का दक्षिणी भाग मरुस्थलीय है।

➩ **चियापास का पठार :** यह दक्षिणी मैक्सिको में प्रशान्त महासागर के तट पर स्थित है। इसके उत्तर में तबास्को, दक्षिणी-पश्चिम में तेहुआ-न्टेपेक की खाड़ी, पूर्व में ग्वाटेमाला और पश्चिम में ओकस्का और बेराक्रुज स्थित है।

➩ **मेसेटा का पठार :** स्पेन के आइबेरियन प्रायद्वीप पर मेसेटा का पठार स्थित है। इस पठार की औसत ऊँचाई 610 मी० है।

➩ **इण्डो-चीन का पठार :** यह दक्षिणी एशिया के पूर्वी प्रायद्वीप पर स्थित है। इस भाग पर सालविन, सीकांग, मीकांग, मीनाम आदि नदियाँ प्रवाहित होती हैं।

29. विश्व के प्रमुख पर्वत-शिखर

पर्वत शिखर	देश	ऊँचाई (मी.)	पर्वत-शिखर	देश	ऊँचाई (मी.)
एवरेस्ट	नेपाल	8,848	ग्रेशरब्रम	पाकिस्तान	8,068
के-2 (गाडविन आस्टिन)	भारत	8,611	गोसांईथान	चीन	8,018
कांचनजंगा	नेपाल-भारत	8,598	नन्दादेवी	भारत	7,817
लहात्से 1	नेपाल	8,501	राकापोशी	पाकिस्तान	7,788
मकालू 1	नेपाल-चीन	8,481	कामेट	भारत-चीन	7,756
धौलागिरी	नेपाल	8,172	नाम्वावर्वा	चीन	7,756
नंगा पर्वत	भारत	8,126	गुर्लमान्धाता	चीन	7,728
अन्नपूर्णा	नेपाल	8,078	तिरिचमीर	पाकिस्तान	7,728

30. विश्व के प्रमुख रेगिस्तान

क्र.	रेगिस्तान	क्षेत्रफल (किमी)	विस्तार क्षेत्र
1.	सहारा	84,00,000	अल्जीरिया, चाड, लीबिया, माली, मारितानिया, नाइजर, सूडान, टयूनीशिया, मिस्र और मोरक्को।
2.	ऑस्ट्रेलियन	15,50,000	ग्रेट सैन्ड्री, ग्रेट विक्टोरिया, सिम्पसन, गिब्सन तथा स्टुअर्ट रेगिस्तानी क्षेत्र इसमें सम्मिलित हैं।
3.	अरेबियन	13,00,000	दक्षिण अरब, सऊदी अरब, यमन, सीरिया, खाली क्षेत्र एवं नाफुद क्षेत्र के रेगिस्तान सम्मिलित हैं।
4.	गोबी	10,40,000	मंगोलिया और चीन

5.	कालाहारी	5,20,000	बोत्सवाना (अफ्रीका मध्य)
6.	टाकला माकन	3,20,000	सीक्यांग (चीन)
7.	सोनोरन	3,10,000	एरीजोना एवं कैलीफोर्निया, (यू.एस.ए. तथा मैक्सिको)
8.	नामिब	3,10,000	दक्षिण अफ्रीका (नामीबिया)
9.	कराकुम	2,70,000	तुकंमेनिस्तान
10.	थार	2,60,000	उत्तरी-पश्चिमी भारत और पाकिस्तान
11.	सोमाली	2,60,000	सोमालिया (अफ्रीका)
12.	अटाकामा	1,80,000	उत्तरी चिली (दक्षिण अमेरिका)
13.	काजिलकुम	1,80,000	उजबेकिस्तान, कजाकिस्तान
14.	दस्ते-ए-लुट	52,000	पूर्वी ईरान
15.	मोजाब	35,000	दक्षिणी कैलीफोर्निया (संयुक्त राज्य अमेरिका)
16.	द सितों डे सेचूरा	26,000	उत्तरी-पश्चिमी पेरू (दक्षिणी अमेरिका)

नोट : काराकुम और काजिलकुम दोनों को सम्मिलित रूप को तुर्किस्तान मरुस्थल के नाम से भी जाना जाता है।

31. विश्व के प्रमुख जलडमरूमध्य

जलडमरूमध्य	सम्बन्धित सागर	भू-भाग जिनको अलग करता है
बेरिंग	आर्कटिक एवं बेरिंग सागर	अलास्का (संयुक्त राज्य अमेरिका) व रूस
जिब्राल्टर	भूमध्य सागर एवं अटलाण्टिक	यूरोप (स्पेन) एवं अफ्रीका (मोरक्को)
डोबर	उत्तरी सागर एवं अटलाण्टिक	ब्रिटेन एवं फ्रांस
मलक्का	जावा सागर एवं बंगाल की खाड़ी	मलाया एवं सुमात्रा
फ्लोरिडा	मैक्सिको की खाड़ी एवं अटलाण्टिक	फ्लोरिडा (संयुक्त राज्य अमेरिका) एवं वेस्टइंडीज
पाक	बंगाल की खाड़ी एवं अरब सागर	भारत एवं श्रीलंका

32. विश्व के भू-आवेष्ठित देश

भू-आवेष्ठित देश वह देश है, जिसमें समुद्री तट रेखा नहीं पायी जाती। ये देश चारों ओर से अन्य देशों की भौगोलिक सीमाओं से घिरे रहते हैं। विश्व में कुल 44 देश भू-आवेष्ठित हैं।

एशिया	अफगानिस्तान, नेपाल, मंगोलिया, लाओस, अजरबैजान, उज्बेकिस्तान, तुर्कमेनिस्तान, भूटान, कजाकिस्तान, किर्गिस्तान, तजाकिस्तान।
यूरोप	ऑस्ट्रिया, चेक गणराज्य, स्लोवाकिया, लक्जमबर्ग, स्विट्जरलैंड, हंगरी, मेसीडोनिया, सर्बिया, वेटिकन सिटी, आर्मीनिया, बेलारूस, अंडोरा, लिचेंस्टीन, माल्डोवा।

अफ्रीका	बोत्सवाना, बुरुण्डी, चाड़, लेसोथो, मलावी, माली, नाइजर, जिम्बाब्वे (दक्षिण रोडेशिया), लुआंडा, स्वाजीलैंड, युगांडा, जाम्बिया (उत्तरी रोडेशिया), बुरकिना फासो (अपर बोल्टा), रवांडा।
दक्षिण अमेरिका	बोलीविया, पराग्वे।

33. विश्व के प्रमुख देशों की राजधानी एवं मुद्रा

एशिया

क्र.	देश	राजधानी	मुद्रा	क्र.	देश	राजधानी	मुद्रा
1.	भारत	नई दिल्ली	रुपया	24.	तुर्की	अंकारा	लीरा
2.	बांगलादेश	ढाका	टका	25.	इजराइल	जेरूसलम	न्यू शेकेल
3.	भूटान	थिम्पू	न्युलट्रम	26.	जॉर्डन	अम्मान	दिनार
4.	नेपाल	काठमांडू	रुपया	27.	कतर	दोहा	रियाल
5.	म्यांमार	नेय पईताव	क्यात	28.	कम्बोडिया	न्होमपेन्ह	रिएल
6.	पाकिस्तान	इस्लामाबाद	रुपया	29.	उ. कोरिया	प्योंगप्यांग	वॉन
7.	अफगानिस्तान	काबुल	अफगानी	30.	द. कोरिया	सिओल	वॉन
8.	चीन	बीजिंग	युआन	31.	मकाऊ	मकाऊ	पटाका
9.	श्रीलंका	कोलम्बो	रुपया	32.	जापान	टोक्यो	येन
10.	ईरान	तेहरान	रियाल	33.	ब्रुनेई	बंदरसेरी	डालर
11.	ईराक	बगदाद	दिनार	34.	साइप्रस	निकोसिया	पाउंड
12.	इंडोनेशिया	जकार्ता	रुपिया	35.	हांगकांग	विक्टोरिया	डालर
13.	बहरीन	मनामा	दिनार	36.	गुआम	अगाना	डालर
14.	मंगोलिया	उलानबटोर	तुगरिक	37.	ओमान	मस्कट	रियाल
15.	मलेशिया	क्वालालंपुर	रिंगगिट	38.	फिलीपींस	मनीला	पीसो
16.	मालदीव	माले	रुपया	39.	सीरिया	दमिश्क	पाउंड
17.	लेबनान	बेरुत	पाउंड	40.	सऊदी अरब	रियाद	रियाल
18.	लाओस	वियन्तियान	न्यूकिपलाओ	41.	सिंगापुर	सिंगापुर	डालर
19.	कुवैत	कुवैत सिटी	दिनार	42.	उजबेकिस्तान	ताशकंद	रूबल
20.	वियतनाम	हनोई	डाग	43.	कजाकिस्तान	अलमाटा	रूबल
21.	ताइवान	ताइपे	डालर	44.	किर्गिस्तान	फ्रेंजी	सोम
22.	थाईलैंड	बैंकाक	बहत	45.	यमन	साना	रियाल
23.	सं. अरब अमीरात	अबूधावी	दिरहम				

अफ्रीका							
1.	अंगोला	लुआंडा	क्वांजा	28.	मालागासी	अन्ताननरीबो	फ्रेंक
2.	अल्जीरिया	अल्जीयर्स	दीनार	29.	मलावी	लिलाँगवे	क्वाचा
3.	मारिशस	पोर्ट लुईस	रुपया	30.	बोत्सवाना	गेबोरोन	पुला
4.	मोरक्को	रबात	दिरहम	31.	बुरूंडी	बुजुमबुरा	फ्रेंक
5.	मोजाम्बिक	मपूतो	मेटीकल	32.	केमरून	याओंडे	फ्रेंक
6.	नामीबिया	विंडहॉक	रैंड	33.	कांगो	ब्राजाविले	फ्रेंक
7.	नाइजर	नियामी	फ्रैंक	34.	बेनिन	पोर्टो-नोवो	फ्रेंक
8.	नाइजीरिया	लागो	नैरा	35.	कैप वर्डे	प्रैआ	ऐस्कुडो
9.	रवांडा	किगाली	फ्रैंक	36.	चाड	एन दजामेनां	फ्रेंक
10.	सेनेगल	डकार	फ्रैंक	37.	माली	बमाको	फ्रेंक
11.	सोमालिया	मोगादिशू	शिलिंग	38.	मारीतानिया	नौकचोट्ट	ओगुवा
12.	द. अफ्रीका	प्रिटोरिया	रैंड	39.	रियूनियन	सेंट-डेनिस	फ्रेंक
13.	सूडान	खारतूम	पाउंड	40.	स्वाजीलैंड	म्बाबने	लिलान्गनी
14.	तंजानिया	डोडोमा	शिलिंग	41.	सियेरा लिओन	फ्री टाउन	लियोन
15.	सेशेल्स	विक्टोरिया	रुपया	42.	इरीट्रिया	अस्मारा	बिर्र
16.	ट्यूनीशिया	ट्यूनिश	दीनार	43.	लेसोथो	मसेरू	लोति
17.	युगांडा	कंपाला	शिलिंग	44.	लाइबेरिया	मोनराविया	फ्रेंक
18.	जांबिया	लुसाका	क्वाचा	45.	गेबोन	लिव्रेविले	फ्रेंक
19.	जिम्बाब्वे	हरारे	डालर	46.	गांबिया	बंजुल	दलासी
20.	कांगो	किंशासा	जैरे	47.	जिबूती	जिबूती	फ्रेंक
21.	टोगो	लोमे	फ्रेंक	48.	म.अ. गण.	बांगुई	फ्रेंक
22.	मिस्र	काहिरा	पाउंड	49.	बुर्किना फासो	क्वागादौगो	फ्रेंक
23.	इथिओपिया	अदिस अबाबा	बिर्र	50.	कोमोरोस	मोरोनी	फ्रेंक
24.	घाना	अक्रा	केडी	51.	कोटे द आइबरी	यामोउस्क्रो	फ्रेंक
25.	गिनी	कोनाक्रे	फ्रेंक	52.	गुयाना	मालाबो	फ्रेंक
26.	केन्या	नैरोबी	शिलिंग	53.	गिनी बिसाऊ	बिसाऊ	पीसो
27.	लीबिया	हून (त्रिपोली)	दीनार	54. 55.	साओटोम दक्षिण सूडान	साओटोम जुबा	डोब्रा सूडानी पाउंड

उत्तरी अमेरिका एवं कैरीबियन सागरीय देश							
1.	कनाडा	ओटावा	डालर	16.	ग्वाटेमाला	ग्वाटेमाला सिटी	क्वाट्ज़ाल
2.	क्यूबा	हवाना	पीसो	17.	निकारागुआ	मनागुआ	न्यू कोरडोवा
3.	पनामा	पनामा सिटी	बाल बोआ	18.	जमैका	किंगस्टन	डालर
4.	बर्मूडा	हेमिल्टन	डालर	19.	ग्रेनाडा	सेंट जॉर्ज	डालर
5.	बहामाज	नसाऊ	डालर	20.	ग्वाडेलोप	बस्से-तेरे	फ्रेंक
6.	बारबाडोज	ब्रिजटाउन	डालर	21.	बल सल्वाडोर	सान सल्वाडोर	कोलन
7.	कोस्टारिका	सान जोस	कोलन	22.	ग्रीनलैंड	नूक	क्रोन
8.	बेलीज	बेलमोपान	डालर	23.	हैती	पोर्ट-ओ-प्रिंस	गोर्डे
9.	मैक्सिको	मैक्सिको सिटी	पीसो	24.	मार्टिनीक	फोर्ट-डे-फ्रांस	फ्रेंक
10.	सं. राज्य अमेरिका	वाशिंगटन (डी. सी.)	डालर	25.	एंटीगुआ व बरबुडा	सेंट जान्स	कोलन
11.	डोमीनिका	रोसेऊ	डालर	26.	सेंट ल्यूसिया	कैस्टिज	डालर
12.	डोमीनियन गणतन्त्र	सैंटो डोमिंगो	पीसो	27.	सेंट किट्स व नेविस	बेस्सेतेरे	डालर
13.	होंडुरस	तेगुसिगल्पा	लेम्पीरा	28.	प्यूटोरिको	सान जुआन	डालर
14.	नीदरलैंड एंटिल्स	ब्लेमस्टड	गिल्डर	29.	सेंट विसेंट व ग्रेनेडाइंस	किंग्सटाउन	डालर
15.	वर्जिन द्वीप समूह	चारलोटे अमाली	डालर				

दक्षिणी अमेरिका							
1.	ब्राजील	साओ पाउलो	क्रुजैरा	8.	पेरू	लीमा	न्यू सोल
2.	चिली	सांतियागो	पीसा	9.	कोलंबिया	बोगोटा	पीसो
3.	इक्वाडोर	क्विटो	सुक्रे	10.	गुयाना	जॉर्ज टाउन	डालर
4.	सुरीनाम	परामारिबो	गिल्डर	11.	पराग्वे	असनश्यान	गुआरानी
5.	वेनेजुएला	काराकस	बोलिवर	12.	उरुग्वे	मोंटेवीडिओ	पीसो
6.	अर्जेंटीना	ब्यूनस आयार्स	अर्जेण्टीनो	13.	अरुबा	ओरंजेस्टेड	गिल्डर
7.	त्रिनिदाद व टोबेगो	पोर्ट ऑफ स्पेन	डालर	14. 15.	बोलीविया फ्रेंच गुयाना	लापाज कोयेन्ने	बोलिवियानों फ्रेंक

यूरोप							
1.	रूस	मास्को	रूबल	24.	आस्ट्रिया	वियाना	शिलिंग
2.	स्पेन	मेड्रिड	पेसेता	25.	आर्मेनिया	येरेवान	रूबल
3.	पोलैण्ड	वारसा	ज्लोती	26.	चेक गणराज्य	प्राग	कोरूना
4.	नार्वे	ओस्लो	क्रोन	27.	रोमानिया	बुखारेस्ट	ल्यू
5.	पुर्तगाल	लिस्बन	एस्कुडो	28.	माल्टा	वालेटा	पाउंड
6.	फ्रांस	पेरिस	फ्रेंक	29.	लिचेंटीन	वालेटा	पाउंड
7.	जर्मनी	बर्लिन	ड्यूश मार्क	30.	सान मारिनो	सान मारिनो	लीरा
8.	यूनान	एथेंस	ड्राचमा	31.	बोस्निया-हर्जेगोविना	सरायेवो	दीनार
9.	हंगरी	बुडापेस्ट	फ्रोरिंट	32.	डेनमार्क	कोपेनहेगन	क्रोन
10.	अंडोरा	अंडोरा ला विले	फ्रेंक, पेसेता	33.	लिथुआनिया	विल्नियस	लितास
11.	अजरबैजान	बाकू	मनात	34.	एस्तोनिया	ताल्लिन	क्रून
12.	जार्जिया	तिब्लिसी	रूबल	35.	स्वीडन	स्टॉकहोम	क्रोना
13.	आयरलैंड	डबलिन	पाउंड	36.	स्विट्जरलैंड	बर्न	फ्रेंक
14.	लक्समबर्ग	लक्समबर्ग	फ्रेंक	37.	ताजिकिस्तान	दुशानवे	रूबल
15.	बेल्जियम	ब्रुसेल्स	फ्रेंक	38.	मेसीडोनिया	स्कोपजे	दीनार
16.	बुल्गारिया	सोफिया	लेवा	39.	स्लोबेनिया	ल्यूकिल्यान	दीनार
17.	अल्बानिया	तिराना	लेक	40.	सर्बिया	बेलग्रेड	दीनार
18.	लातविया	रीगा	रूबल	41.	यूक्रेन	कीव	हिरविनिया
19.	बेला रूस	मिनस्क	रूबल	42.	तुर्कमेनिस्तान	आशखाबाद	रूबल
20.	मोल्दाविया	किशीनेव	रूबल	43.	फिनलैंड	हेलसिंकी	मारक्का
21.	क्रोशिया	जागरेव	दीनार	44.	नीदरलैंड	एमस्टरडम	गिल्डर
22.	इटली	रोम	लीरा	45.	आइसलैंड	रिक्याविक	क्रोना
23.	स्लोवाक गणराज्य	ब्रातिस्लावा	क्राउन	46.	ग्रेट ब्रिटेन	लंदन	पाउंड
ओसनियाई देश							
1.	आस्ट्रेलिया	कनेबरा	डालर	9.	फिजी	सुवा	डालर
2.	न्यूजीलैंड	बेलिंग्टन	डालर	10.	मार्शलद्वीप	मजुरो	डालर
3.	माइक्रोनेशिया	पीलीकीर	डारल	11.	नारू	यारेन	डालर
4.	टोंगा	नुकोअलाफा	पांग	12.	तुवालू	फुनाफुटी	डालर
5.	वानाआतू	पोर्ट विला	वातू	13.	प. सामोआ	एपिआ	ताला

6.	किरिबाती	बैरिकी	डालर	14.	न्यू कैलीडोनिया	नौमिया	फ्रेंक
7.	पापुआ न्यू गिनी	पोर्ट मोरेस्वी	किना	15.	पलाऊ (बेलाऊ)	कोडोर	USA डालर
8.	फ्रेंच पोलिनेशिया	पापीते	फ्रेंक	16.	सोलोमन द्वीप समूह	होनियारा	डालर

34. विश्व प्रसिद्ध स्थल

स्थान	देश/स्थान	विशेषता
ह्वाइट सैंड्स	यू०एस०ए०	अमेरिका ने जुलाई, 1945 में पहला नाभिकीय विस्फोट यहीं किया था।
बिलिंग्स गेट	लंदन	यह ब्रिज लंदन का प्रसिद्ध मछली बाजार है।
स्टैच्यू ऑफ लिबर्टी	न्यूयार्क (USA)	इसे 1867 में प्रसिद्ध मूर्तिकार फ्रेडरिक ऑगस्ट बर्थोल्डी ने डिजायन किया था। इस मूर्ति का टाइटिल है– 'लिबर्टी एनलाइटिंग द वर्ल्ड।' इस प्रतिमा के ताज में सात नुकीली आकृतियाँ बनी हुई हैं, जो सातों महाद्वीप का प्रतीक है। इसकी ऊँचाई 151 फुट इंच है। यह मूर्ति स्वतन्त्रता का प्रतीक है। 28 अक्टूबर, 1886 को संयुक्त राज्य अमेरिका ने इस आधिकारिक रूप से स्वीकार किया था।
रेड स्क्वायर	रूस	क्रेमलिन स्थित यह एक प्रसिद्ध स्थान है, जहाँ लेनिन की समाधि है।
एलिसी पैलेस	फ्रांस	यह फ्रांस के राष्ट्रपति का सरकारी आवास है।
लापनॉर	चीन	चीन का प्रमुख परमाणु संस्थान है। यह सीक्यांग मरुस्थल में स्थित है।
कान्स	फ्रांस	यहां प्रतिवर्ष फिल्म महोत्सव आयोजित किया जाता है।
पेंटागन	USA	यह USA के रक्षा मंत्रालय की बिल्डिंग है। वर्जीनिया में स्थित यह बिल्डिंग विश्व का सबसे बड़े कार्यालय की बिल्डिंग मानी जाती है।
डिज्नीलैंड	USA	यह एक मनोरंजन पार्क है, जो कैलिफोर्निया के अनाहीम नामक स्थान पर बना हुआ है। इसका निर्माण वाल्टर इलियास डिज्नी ने 1955 में करवाया था।
अराविले	भारत	यह यूनेस्को द्वारा घोषित विश्व का पहला अन्तरराष्ट्रीय नगर है। यह पांडिचेरी में स्थित है। इसकी स्थापना अरबिन्दो सोसायटी की मीरा अल्फेसा (Mira Alfassa) 'द मदर' के द्वारा 28 फरवरी, 1968 को की गयी थी।

भारत का भूगोल

1. सामान्य परिचय

- भारत एशिया महाद्वीप का एक देश है, जो एशिया के दक्षिणी भाग में हिन्द महासागर के शीर्ष पर तीन ओर समुद्र से घिरा हुआ है। पूरा भारत उत्तरी गोलार्द्ध में स्थित है।
- भारत का अक्षांशीय विस्तार 8°4' ये 37°6' उत्तरी अक्षांश तक है जबकि देशांतरीय विस्तार 68°7' से 97°25' पूर्वी देशांतर तक है।
- 82½° पूर्वी देशांतर उसके लगभग मध्य से होकर गुजरती है। इसी देशांतर को देश का मानक समय माना गया है। यह इलाहाबाद के निकट नैनी से होकर गुजरती है।
- भारत का क्षेत्रफल 32,87,263 वर्ग किमी है।
- पूर्व से पश्चिम तक इसकी लंबाई 2,933 किमी तथा उत्तर से दक्षिण तक लंबाई 3,214 किमी है।
- इसकी स्थलीय सीमा की लंबाई 15,200 किमी तथा जलीय (तटीय) सीमा की लंबाई 7516.5 किमी है, परंतु मुख्य भूमि के समुद्री भाग की लंबाई 6,100 किमी है।
- क्षेत्रफल के दृष्टिकोण से भारत विश्व का **7वाँ** सबसे बड़ा देश है, जबकि जनसंख्या के दृष्टिकोण से यह विश्व का दूसरा सबसे बड़ा देश है।
- क्षेत्रफल की दृष्टि से भारत से छः बड़े देश हैं- रूस, कनाडा, ब्राजील, संयुक्त राज्य अमेरिका, ऑस्ट्रेलिया तथा चीन।
- भारत का क्षेत्रफल सम्पूर्ण विश्व के क्षेत्रफल का 2.42 है। जबकि इसकी जनसंख्या सम्पूर्ण विश्व की जनसंख्या का 17.5 प्रतिशत है। (2011 के जनगणना के अनुसार)
- जनसंख्या के दृष्टिकोण से विश्व के 8 बड़े देश हैं- चीन, भारत, संयुक्त राज्य अमेरिका, इंडोनेशिया, ब्राजील, पाकिस्तान, बांगलादेश एवं रूस।

भारत के 7 पड़ोसी देशों के साथ सीमाओं की लंबाई

देश	लंबाई (किमी०)	सीमा से संबद्ध भारतीय राज्य
बांग्लादेश	4096.7	असम, मेघालय, मिजोरम, त्रिपुरा एवं पश्चिम बंगाल
चीन	3488.0	जम्मू-कश्मीर, हिमाचल प्रदेश, उत्तराखण्ड, सिक्किम एवं अरुणाचल प्रदेश
पाकिस्तान	3323.0	गुजरात, राजस्थान, पंजाब एवं जम्मू-कश्मीर
नेपाल	1751.0	उत्तर प्रदेश, बिहार, पश्चिम बंगाल, सिक्किम एवं उत्तराखण्ड
म्यांमार	1643.0	अरुणाचल प्रदेश, नगालैंड, मिजोरम एवं मणिपुर
भूटान	699.0	सिक्किम, असम, पश्चिम बंगाल एवं अरुणाचल प्रदेश
अफगानिस्तान	106.0	जम्मू-कश्मीर (पाक-अधिकृत)
कुल	15106.7	स्रोतः गृह मंत्रालय वार्षिक रिपोर्ट - 2010-11, पृष्ठ-40
नोटः भारत के कुल 17 राज्य पड़ोसी देश की सीमा से जुड़ते हैं।		

- भारत की आकृति पूर्णतः त्रिभुजाकार न होकर चतुष्कोणीय है एवं यह भूमध्य रेखा के उत्तर में स्थित है।

- कर्क रेखा लगभग भारत के मध्य से गुजरती है। कर्क रेखा जिन प्रदेशों से होकर गुजरती है वे हैं- गुजरात, राजस्थान, मध्यप्रदेश, झारखंड, पश्चिम बंगाल, त्रिपुरा तथा मिजोरम।
- भारत का मानक समय ग्रीनविच मीन टाइम (GMT) से 5 घंटा 30 मिनट आगे है।
- भारत का **सबसे दक्षिणी बिन्दु इंदिरा प्वॉइंट** है। यह निकोबार द्वीप समूह में स्थित है। इसके पूर्व नाम हैं- ला हि चिंग, पिगमेलियन प्वॉइंट तथा पारसन प्वॉइंट। यह भूमध्य रेखा से 876 किमी दूर है। भारत का **सबसे उत्तरी बिन्दु इंदिरा-कॉल** जम्मू कश्मीर राज्य में है।
- **कोलाबा प्वॉइंट** मुम्बई में, **प्वॉइंट कालीमेरे** तमिलनाडु में एवं **प्वॉइंट पेड्रो** जाफना (श्रीलंका के उत्तर-पूर्व) में है।
- भारत 29 राज्यों एवं 7 केन्द्र शासित प्रदेशों का एक संघ है।
- भारत के निकटतम पड़ोसी देश हैं- पाकिस्तान, अफगानिस्तान, चीन, नेपाल, भूटान, म्यांमार तथा बांगलादेश है।
- दक्षिण में श्रीलंका भारत से **पाक जलसंधि** तथा **मन्नार की खाड़ी** द्वारा अलग हिन्द महासागर में स्थित पड़ोसी देश है।
- श्रीलंका के बाद भारत का दूसरा निकटतम समुद्री पड़ोसी देश इंडोनेशिया है, जो निकोबार द्वीप समूह के अंतिम द्वीप ग्रेट निकोबार के दक्षिण में स्थित है।
- भूटान जैसा पड़ोसी देश एक विशेष संधि द्वारा भारत पर निर्भर करता है एवं इसकी प्रतिरक्षा, विकास आदि कार्यों का उत्तरदायित्व भारत पर है।
- पाकिस्तान और भारत की सीमा को स्पर्श करने वाले भारतीय राज्य हैं- जम्मू-कश्मीर, पंजाब, राजस्थान तथा गुजरात।
- अफगानिस्तान की सीमा को स्पर्श करने वाला एकमात्र भारतीय राज्य है- जम्मू-कश्मीर।

पड़ोसी देशों से लगा सबसे लंबा संबद्ध राज्य

देश	सबसे लंबा संबद्ध राज्य
बांग्लादेश	पश्चिम बंगाल
चीन	जम्मू-कश्मीर
पाकिस्तान	राजस्थान
नेपाल	बिहार
म्यांमार	मिजोरम
भूटान	असम
अफगानिस्तान	जम्मू-कश्मीर

- भारत और चीन की सीमा से सटे भारतीय राज्य हैं- जम्मू-कश्मीर, हिमाचल प्रदेश, उत्तराखंड, सिक्किम तथा अरुणाचल प्रदेश है।
- म्यान्मार की सीमा को स्पर्श करने वाले भारतीय राज्य हैं- अरुणाचल प्रदेश, नगालैंड, मणिपुर तथा मिजोरम।
- बांगलादेश और भारत की सीमा से सटे भारतीय राज्य हैं- मिजोरम, त्रिपुरा, असम, मेघालय तथा पश्चिम बंगाल।
- पूर्वोत्तर भारतीय राज्यों में नगालैंड, मणिपुर, अरुणाचल प्रदेश एवं सिक्किम की सीमाएँ, बांगलादेश से नहीं मिलती है।
- भारतीय उपमहाद्वीप में सम्मिलित देश हैं- भारत, पाकिस्तान, बांगलादेश, नेपाल व भूटान।
- भारत के पड़ोसी देशों- पाकिस्तान, अफगानिस्तान, चीन, नेपाल, भूटान, म्यान्मार और बांगलादेश के साथ भारत की सीमा की लंबाई क्रमशः 3,310 किमी, 80 किमी, 3,917 किमी, 1,752 किमी, 587 किमी, 1,458 किमी एवं 4,096 किमी है।

भारत के प्रमुख दर्रे

दर्रे	राज्य
काराकोरम दर्रा	जम्मू-कश्मीर
जोजिला दर्रा	जम्मू-कश्मीर
पीरपंजाल दर्रा	जम्मू-कश्मीर
बनिहाल दर्रा	जम्मू-कश्मीर
बुर्जिल दर्रा	जम्मू-कश्मीर
शिपकीला दर्रा	हिमाचल प्रदेश
रोहतांग दर्रा	हिमाचल प्रदेश
लिपुलेख दर्रा	उत्तराखंड
माना दर्रा	उत्तराखंड
नीति दर्रा	उत्तराखंड
नाथूला दर्रा	सिक्किम
जैलेप्ला दर्रा	सिक्किम
बोम्डिला दर्रा	अरुणाचल प्रदेश
यांग्याप दर्रा	अरुणाचल प्रदेश
दिफू दर्रा	अरुणाचल प्रदेश
तुजु दर्रा	मणिपुर

- भारत एवं चीन की सीमा को **मैकमोहन रेखा** कहते हैं। यह रेखा 1914 ई. में शिमला में निर्धारित की गयी थी। इसकी उत्तरी-पूर्वी सीमा की लंबाई लगभग 4224 किमी है।
- भारत और अफगानिस्तान के बीच **डुरण्ड रेखा** है, जो 1896 ई. में सर डुरण्ड द्वारा निर्धारित की गयी थी। अब यह रेखा अफगानिस्तान एवं पाकिस्तान के बीच है।
- भारत और पाकिस्तान के बीच **रेडक्लिफ रेखा** है जो 15 अगस्त, 1947 को सर एम. रेडक्लिफ के द्वारा निर्धारित की गयी थी।
- भारतीय राज्यों में गुजरात राज्य की तटरेखा सर्वाधिक लंबी (1200 किमी) है। इसके बाद आंध्रप्रदेश की तटरेखा लंबी है। भारत के 9 राज्य तटरेखा से लगे हैं।
- जम्मू-कश्मीर के लद्दाख क्षेत्र में स्थित काराकोरम दर्रा भारत का सबसे ऊँचा दर्रा (5624 मीटर) है। यहाँ से चीन को जाने वाली एक सड़क बनायी गयी है।
- **जोजिला दर्रे** का निर्माण सिंधु नदी द्वारा, **शिपकीला दर्रे** का निर्माण सतलज नदी द्वारा एवं जैलेप्ला दर्रे का निर्माण तिसता नदी द्वारा हुआ है।
- शिपकीला दर्रा शिमला से तिब्बत को जोड़ता है।
- बुर्जिल दर्रा श्रीनगर से गिलगित को जोड़ता है।
- बनिहाल दर्रे से जम्मू से श्रीनगर जाने का मार्ग गुजरता है। **जवाहर सुरंग** इसी में स्थित है।
- तीन अर्द्ध-चन्द्राकार समुद्र तट कन्याकुमारी में मिलते हैं।
- नेपाल की सीमा को स्पर्श करने वाले भारतीय राज्य हैं- उत्तराखंड, उत्तरप्रदेश, बिहार, पश्चिम बंगाल एवं सिक्किम।
- भूटान की सीमा को स्पर्श करने वाले भारतीय राज्य हैं- सिक्किम, पश्चिम बंगाल, असम एवं अरुणाचल प्रदेश।

2. भारत का भौगोलिक स्वरूप

- भारत का विशाल क्षेत्र भौतिक दृष्टि से सर्वत्र समान नहीं है, बल्कि इसके संरचना में काफी विविधता पायी जाती है।
- देश के कुल क्षेत्रफल के 10.7% भाग पर उच्च पर्वत श्रेणियों का विस्तार पाया जाता है जिनकी ऊँचाई समुद्र तल से 2,135 मीटर या उससे अधिक है।
- समुद्र से 305 से 915 मीटर तक ऊँचाई वाले पठारी भाग का विस्तार भी देश के 27.7% क्षेत्र पर है जबकि शेष 43.0% भाग पर विस्तृत मैदान पाये जाते हैं।

- भौतिक संरचना की दृष्टि से भारत को सामान्यतः चार भौतिक या प्राकृतिक भागों में बाँटा गया है, जो इस प्रकार है- 1. उत्तर का पर्वतीय प्रदेश 2. उत्तर का विशाल मैदान 3. प्रायद्वीपीय पठार 4. समुद्रतटीय मैदान।

1. उत्तर का पर्वतीय प्रदेश

- इस प्रदेश को **हिमालय पर्वतीय प्रदेश के रूप में भी** जाना जाता है, जो देश की उत्तरी सीमा पर **एक चाप** (Arc) के आकार में 5,000 किमी की लंबाई में फैला है। इसका क्षेत्रफल लगभग 5 लाख वर्ग किमी है। इसका उद्‌गम पामीर की गाँठ से हुआ है।
- भू-वैज्ञानिकों के मतानुसार जहाँ आज हिमालय पहाड़ हैं, वहाँ टेथिस नामक उथला समुद्र था।
- हिमालय की उत्पत्ति के सम्बन्ध में आधुनिक सिद्धान्त प्लेट विवर्तनिकी (Plate Tectonics) है।
- अरावली की पहाड़ियाँ राजस्थान राज्य में है तथा इसका विस्तार दिल्ली तक है। यह सबसे पुरानी चट्टानों से बनी है। इसकी सबसे ऊँची चोटी माउंट आबू पर स्थिर **गुरु शिखर** है। इसकी ऊँचाई 1,722 मीटर है।
- भौतिक दृष्टि से हिमालय पर्वत में चार समानांतर श्रेणियाँ मिलती हैं, जो निम्न है-

(i) **ट्रांस अथवा तिब्बत हिमालय श्रेणी**

- यह सबसे उत्तर में स्थित है।
- इस श्रेणी की औसत ऊँचाई 3,100 से 3,700 मीटर तक है।
- यह श्रेणी बंगाल की खाड़ी में गिरने वाली नदियों तथा उत्तर दिशा में भू-आवेष्ठित झीलों से निकलने वाली नदियों के बीच जल विभाजक की भूमिका निभाती है।

(ii) **महान अथवा वृहत् अथवा आंतरिक हिमालय श्रेणी**

- यह हिमालय पर्वतमाला की प्रमुख तथा सर्वोच्च श्रेणी है। इसकी औसत ऊँचाई 6,000 मीटर है।
- इस श्रेणी में विश्व की सर्वोच्च पर्वत चोटियाँ पायी जाती हैं जिनमें प्रमुख है- माउंट एवरेस्ट (8,848 मीटर), नंदा देवी (7,817 मीटर), नंगा पर्वत (8,126 मीटर), गोसाईं थान (8,013 मीटर), कंचनजंघा (8,598 मीटर), मकालू (8,481 मीटर), अन्नपूर्णा (8,078 मीटर), मनसालू (8,156 मीटर), हरामोश (7,397 मीटर) तथा धौलागिरि (8,172 मीटर)। इनमें कंचनजंघा, नंगा पर्वत और नंदा देवी भारत की सीमा में है और शेष नेपाल में है।
- इसी श्रेणी में भारत के प्रमुख दर्रे अवस्थित हैं।
- दुनिया की सबसे ऊँची पर्वत चोटी माउंट एवरेस्ट (8,848 मीटर) को नेपाल में सागरमाथा व चीन में क्योमोलांगमा कहते हैं।
- भारत में हिमालय की सबसे ऊँची चोटी कंचनजंघा (8,598 मीटर) सिक्किम में स्थित है।
- सिंधु, सतलज, दिहांग, गंगा, यमुना तथा इनकी सहायक नदियों की घाटियाँ इसी श्रेणी में स्थित है।

(iii) **लघु अथवा हिमालय श्रेणी**

- इस श्रेणी की औसत ऊँचाई 1,828 से 3,000 मीटर तक है।
- इस श्रेणी में नदियों द्वारा 1000 मीटर से भी अधिक गहरे खड्डों अथवा गार्जो का निर्माण किया गया है।

➡ यह श्रेणी मुख्यतः छोटी-छोटी पर्वत श्रेणियों जैसे- धौलाधार, नागटीबा, पीरपंजाल, महाभारत तथा मसूरी का सम्मिलित रूप है।

➡ इस श्रेणी के निचले भाग में देश के प्रसिद्ध पर्वतीय स्वास्थ्यवर्द्धक स्थान जैसे- शिमला, मसूरी, नैनीताल, चकराता, रानीखेत, दार्जिलिंग आदि अवस्थित हैं।

➡ इस श्रेणी के ढलानों पर मिलने वाले छोटे-छोटे घास के मैदानों को जम्मू-कश्मीर में मर्ग (जैसे- सोनमर्ग, गुलमर्ग आदि) तथा उत्तराखंड में बुग्याल एवं पयार कहा जाता है।

(iv) **उपहिमालय या शिवालिक श्रेणी**

➡ हिमालय की सबसे दक्षिण में स्थित इस श्रेणी को **बाह्य हिमालय** के नाम से भी जाना जाता है। इसकी औसत ऊँचाई 1000 मीटर तक है।

➡ इसका विस्तार पाकिस्तान के पोटवार पठार से पूर्व में कोसी नदी तक है।

➡ गोरखपुर (उत्तरप्रदेश) के समीप इसे डूंडवा श्रेणी तथा पूर्व की ओर चूरियामूरिया श्रेणी के स्थानीय नाम भी पुकारा जाता है।

➡ यह हिमालय पर्वत का सबसे नवीन भाग है।

➡ इस श्रेणी में मिट्टी और कंकड़ से बने ऊँचे मैदान मिलते हैं जिन्हें दून या द्वारा कहते हैं, जैसे- देहरादून, हरिद्वार।

➡ इस श्रेणी के बाद भारत के विशाल मैदान की शुरुआत होती है।

नोट : भारत की सबसे ऊँची पर्वत चोटी K-2 या गॉडविन ऑस्टिन है (ऊँचाई 8,611 मीटर) जो कि काराकोरम श्रेणी में स्थित है। यह पाक अधिकृत कश्मीर (POK) में है तथा वृहत हिमालय के उत्तर में स्थित है।

हिमालय का प्रादेशिक विभाजन

प्रादेशिक भाग का नाम	लंबाई (किमी में)	विस्तार
पंजाब हिमालय	560	सिंधु एवं सतलज नदियों के मध्य
कुमायूँ हिमालय	320	सतलज एवं काली-नदियों के मध्य
नेपाल हिमालय	800	काली एवं तिस्ता नदियों के मध्य
असम हिमालय	720	तिस्ता एवं दिहांग नदियों के मध्य

2. उत्तर का विशाल मैदान

➡ भारत का यह विशाल मैदान विश्व के सबसे अधिक उपजाऊ व घनी आबादी वाले भूभागों में से एक है। इसे गंगा का मैदान भी कहते हैं।

➡ इस विशाल मैदान का निर्माण नदियों द्वारा बहाकर लाये गये निक्षेपों से हुआ है।

➡ यह मैदान **धनुषाकार** रूप में 2,414 किमी की लंबाई में देश के 7.5 लाख वर्ग किमी क्षेत्र पर फैला हुआ है।

➡ प्रादेशिक दृष्टि से उत्तरी राजस्थान, पंजाब, हरियाणा, उत्तरप्रदेश, बिहार, पश्चिम बंगाल, ओडिशा तथा असम में इसका विस्तार है।

➡ इस मैदान को मुख्यतः पश्चिमी तथा पूर्वी दो भागों में बाँटा जाता है।

- पश्चिमी मैदान का अधिकांश भाग वर्तमान पाकिस्तान के सिंध प्रांत में पड़ता है जबकि इसका कुछ भाग पंजाब व हरियाणा राज्यों में भी मिलता है। इसका निर्माण सतलज, व्यास तथा रावी एवं इनकी सहायक नदियों द्वारा किया गया है।
- पूर्वी मैदान का विस्तार उत्तरप्रदेश, बिहार तथा पश्चिम बंगाल राज्यों में है। इस मैदान में धरातलीय भू-आकृति के आधार पर बांगर तथा खादर नामक दो विशेष भाग मिलते हैं। बांगर (Banger) प्राचीनतम संग्रहीत पुरानी जलोढ़ मिट्टी के उच्च मैदानी भाग हैं, जहाँ कभी भी नदियों की बाढ़ का पानी नहीं पहुँच पाता। खादर (Khadar) की गणना नवीनतम कछारी भागों के रूप में की जाती है। यहाँ पर प्रतिवर्ष बाढ़ का पानी पहुँचने एवं नई मिट्टी का जमाव होने से वे काफी उपजाऊ माने जाते हैं।
- उत्तर के विशाल मैदान से सम्बन्धित दो प्रमुख शब्दावलियाँ हैं- भावर तथा तराई। ये अवसादी जमाव की विशेषताओं की परिचायक भी हैं।
- भावर (Bhavar) क्षेत्र हिमालय तथा गंगा के मैदान के बीच पाया जाता है जिसमें पर्वतीय भाग से नीचे आने वाली नदियों ने लगभग 8 किमी की चौड़ाई में कंकड़ों एवं पत्थरों का जमाव कर दिया है। इस पथरीले क्षेत्र में हिमालय से निकलने वाली नदियाँ प्राय: विलीन हो जाती हैं और केवल कुछ बड़ी नदियों की धारा ही धरातल पर प्रवाहित होती दिखायी पड़ती हैं।
- तराई (Traai) क्षेत्र भावर के नीचे सामानांतर स्थित है, जिसकी चौड़ाई 15 से 30 किमी तक पायी जाती है। भावर प्रदेश में विलीन हुई नदियों का जल तराई क्षेत्र में ऊपर आ जाता है। यह वास्तव में निम्न समतल मैदानी क्षेत्र है, जहाँ नदियों का जल इधर-उधर फैल जाने से दलदलों का निर्माण होता है।

3. प्रायद्वीपीय पठार

- गंगा के विशाल मैदान के दक्षिण से लेकर कन्याकुमारी तक **त्रिभुजाकार आकृति** में लगभग 16 लाख वर्ग किमी क्षेत्र पर प्रायद्वीपीय पठारी भाग फैला हुआ है। यह देश के सर्वाधिक क्षेत्रफल वाला तथा प्राचीन भौतिक प्रदेश है। इस पर प्रवाहित होने वाली नदियों ने इसको कई छोटे-छोटे पठारों में विभाजित कर दिया है।

पश्चिमी घाट के दर्रे

दर्रा	ऊँचाई (मीटर)	स्थिति एवं महत्त्व
थाल घाट	580	नासिक एवं मुम्बई के बीच का सम्पर्क मार्ग
भोर घाट	520	मुम्बई एवं पुणे के बीच का सम्पर्क मार्ग
पाल घाट	530	कोयंबटूर एवं कोचीन के बीच का सम्पर्क मार्ग
सिनकोट	280	त्रिवेन्द्रम एवं मदुरै के बीच का सम्पर्क मार्ग

- मालवा का पठार मध्यप्रदेश एवं छत्तीसगढ़ राज्य में है। यह ज्वालामुखीय चट्टानों से निर्मित है। इससे बेतवा, पार्वती, नीवज, काली सिंध, चंबल तथा माही नदियाँ निकलती है।
- विंध्याचल का पठार झारखंड, उत्तरप्रदेश एवं छत्तीसगढ़ राज्य में है। यह परतदार चट्टानों का बना है। विंध्याचल पर्वतमाला उत्तर भारत को दक्षिण भारत से अलग करता है।
- मैकाल पठार छत्तीसगढ़ में है। मैकाल पहाड़ी का सर्वोच्च शिखर अमरकंटक (1036 मीटर)

है। यह पुरानी चट्टानों से निर्मित एक ब्लॉक पर्वत है। इसके पश्चिम की ओर से नर्मदा नदी, उत्तर की ओर से सोन नदी और दक्षिण की तरफ से महानदी निकलती है।

- छोटानागपुर स्थित रांची का पठार सम्प्राय मैदान का उदाहरण है। छोटानागपुर पठार को भारत का रूर भी कहा जाता है, क्योंकि खनिज भंडार की दृष्टि से यह भारत का सबसे सम्पन्न प्रदेश है।
- सतपुड़ा की पहाड़ियाँ मध्यप्रदेश राज्य में है। ये ज्वालामुखीय चट्टानों से निर्मित हुई है। इनकी सबसे ऊँची चोटी धूपगढ़ (1350 मीटर) है, जो महादेव पर्वत पर स्थित है। इसके पूर्वी हिस्से से ताप्ती नदी निकलती है।
- पश्चिमी घाट पर्वतमाला ताप्ती नदी के मुहाने से लेकर कुमारी अंतरीप तक लगभग 1600 किमी में विस्तृत है। इसकी औसत ऊँचाई 1200 मीटर है। पश्चिमी घाट से उत्तर में गुजरात के सौराष्ट्र प्रदेश में गिर की पहाड़ियाँ मिलती है जो एशियाई सिंह के लिए विख्यात है।
- दक्कन का पठार महाराष्ट्र राज्य में है। यह ज्वालामुखीय बेसाल्ट चट्टानों से बना है। यह काली मिट्टी का क्षेत्र है। इसके पश्चिमी हिस्से में सह्याद्रि की पहाड़ी है, जिसे पश्चिमी घाट भी कहते हैं, सह्याद्रि की सबसे ऊँची चोटी **काल्सुबाई** है। इस पठार के पूर्वी भाग को विदर्भ कहा जाता है।
- धारावाड़ का पठार कर्नाटक राज्य में है। यह परिवर्तित चट्टानों से बना है। इस पठार के पश्चिमी भाग में बाबाबुदन की पहाड़ी तथा ब्रह्मगिरी की पहाड़ी है।
- नीलगिरि की पहाड़ी तमिलनाडु में है, जो एक ब्लॉक पर्वत है। यह मुख्यतः चारनोकाइट पठार से बनी है। इसकी सबसे ऊँची चोटी डोडाबेट्टा (2637 मीटर) है जो दक्षिण भारत की दूसरी सबसे ऊँची चोटी है। 'उटकमंड या ऊटी' इसी पहाड़ी पर है।
- तमिलनाडु राज्य में नीलगिरि के दक्षिण भाग में पाल घाट दर्रा है। पाल घाट दर्रा (Pal Ghat Gap) पश्चिम एवं पूर्वी घाट का मिलन स्थल है अर्थात् पूर्वी घाट एवं पश्चिमी घाट के मिलन स्थल पर नीलगिरि पहाड़ी स्थित है।
- दक्षिण भारत की सबसे ऊँची चोटी अनाईमुडी (2695 मीटर) है। यह अन्नामलाई की पहाड़ी पर स्थित है।

  नोट : अनाईमुड़ी तीन पहाड़ियों का केन्द्र बिन्दु है। यहाँ से तीन पहाड़ी शृंखलाएँ तीन दिशाओं में जाती है। दक्षिण की ओर इलायची (कार्डेमम) की पहाड़ियाँ, उत्तर की ओर अन्नामलाई की पहाड़ियाँ तथा उत्तर-पूर्व की ओर पालनी की पहाड़ियाँ हैं। प्रसिद्ध पर्यटक स्थल 'कोडायकनाल' पालनी पहाड़ी में स्थित है, जो कि तमिलनाडु में है।
- पूर्वी घाट पर्वतमाला शृंखलाबद्ध रूप में नहीं मिलती क्योंकि महानदी, गोदावरी, कृष्णा, कावेरी नदियों ने इसे जगह-जगह पर काट दिया है।
- पूर्वी घाट की सबसे ऊँची चोटी ओडिशा की अरोयाकोंडा चोटी (विशाखापत्तनम चोटी) है।
- पूर्वी घाट को सबसे उत्तरी भाग में उत्तरी पहाड़ी (उत्तरी सरकार), मध्य में कुडप्पा पहाड़ी और दक्षिण में तमिलनाडु पहाड़ी के नाम से जाना जाता है।
- नल्लामल्ला, एर्रामल्ला, वेलीकोंडा व पालकोंडा कुडप्पा पहाड़ी के अंतर्गत एवं शेवराय व जवादी तमिलनाडु पहाड़ियों के अन्तर्गत आते हैं।
- पूर्वी घाट की औसत ऊँचाई 600 मीटर है, यद्यपि दक्षिण में बिलगिरी श्रेणी के निकट यह सर्वाधिक उँचाई प्राप्त करती है।

4. समुद्रतटीय मैदान

- दक्षिण के प्रायद्वीपीय पठारी भाग के दोनों ओर पूर्वी घाट तथा पश्चिमी घाट पर्वतमालाओं एवं सागर तट के बीच समुद्रतटीय मैदानों का विस्तार है। स्थिति के आधार पर इन्हें पूर्वी तथा पश्चिमी समुद्र तटीय मैदानों में विभाजित किया जाता है।

(i) **पूर्वी समुद्र तटीय मैदान**

- पूर्वी समुद्र तटीय मैदान पश्चिम बंगाल से कुमारी अंतरीप तक मिलता है। इसकी चौड़ाई पश्चिमी तटीय मैदान की अपेक्षा अधिक है।
- इस पर प्रवाहित होने वाली नदियों-महानदी, गोदावरी, कृष्णा, कावेरी आदि ने विस्तृत डेल्टा का निर्माण किया है।
- इस पर चिल्का तथा पुलीकट जैसी विस्तृत झीलें भी पायी जाती है।
- इसके उत्तरी भाग को उत्तरी सरकार तथा दक्षिणी भाग को कोरोमंडल तट के नाम से जाना जाता है।
- पूर्वी समुद्र तटीय मैदान को निम्न भागों में बाँटा गया है-
  (a) कन्याकुमारी से कृष्णा डेल्टा तक का तट कोरोमंडल तट।
  (b) कृष्णा डेल्टा से गोदावरी डेल्टा तक का तट गोलकुंडा तट।
  (c) कृष्णा डेल्टा से लेकर उत्तरी तटीय भाग को उत्तरी सरकार तट कहा जाता है।
- भारत के पूर्वी तट पर स्थित प्रमुख बंदरगाह हैं- पारादीप (ओडिशा), कोलकाता (पश्चिम बंगाल), विशाखापत्तनम (आंध्रप्रदेश), चेन्नई, तूतोकोरिन एवं एन्नौर (तमिलनाडु)।
- विशाखापत्तनम बंदरगाह डॉल्फिन नामक चट्टान के पीछे सुरक्षित है।
- पूर्वी तट पर स्थित प्रमुख लैगून हैं- पुलिकट (चेन्नई, तमिलनाडु), चिल्का (पुरी, ओडिशा) तथा कोलेरू (आंध्रप्रदेश)।
- पुलिकट एक वलयाकार प्रवाल झील (Atoll Lagoon) है जो श्रीहरिकोटा दीप द्वारा समुद्र से विलग है।

(ii) **पश्चिमी समुद्र तटीय मैदान**

- पश्चिमी समुद्र तटीय मैदान का विस्तार गुजरात में कच्छ की खाड़ी से लेकर कुमारी अंतरीप तक पाया जाता है। इसकी औसत चौड़ाई 64 किमी है। इस मैदान की सर्वाधिक चौड़ाई नर्मदा तथा ताप्ती नदियों के मुहानों के समीप 80 किमी तक मिलती है।
- इस मैदान का ढाल पश्चिम की ओर अत्यधिक तीव्र है, जिस पर तीव्रगामी नदियाँ प्रवाहित होती हैं।
- इस मैदान को निम्न भागों में बाँटा गया है-
  (a) गुजरात का मैदान-गुजरात का तटवर्ती क्षेत्र।
  (b) कोंकण तट- गुजरात से गोवा तक का तटीय क्षेत्र।
  (c) कन्नड़/केनरा तट- गोवा से कर्नाटक के मंगलौर तक का तटीय क्षेत्र।
  (d) मालाबार तट- मंगलौर से कन्याकुमारी तक का तटीय क्षेत्र।
- भारत के पश्चिमी तट पर स्थित प्रमुख बंदरगाह हैं- कांडला (गुजरात), मुंबई (महाराष्ट्र), मार्मागोवा (गोवा), मंगलौर (कर्नाटक), कोच्चि (केरल), न्हावासेवा (महाराष्ट्र)।

- मालाबार तट पर अनेक पश्च जल है, जिसे स्थानीय भाषा में कयाल (Kayal) कहते हैं।

3. भारत के द्वीप

- भारत में दो द्वीप समूह हैं- 1. अंडमान-निकोबार द्वीप समूह 2. लक्षद्वीप द्वीप समूह।

1. अंडमान-निकोबार द्वीप समूह

- अंडमान-निकोबार द्वीप समूह बंगाल की खाड़ी में स्थित है। इसमें लगभग 247 छोटे-छोटे द्वीप हैं, निकोबार में 19 द्वीप हैं। ये द्वीप वास्तव में समुद्र में डूबे हुए पर्वत शिखर हैं। लैंडफॉल द्वीप अंडमान-निकोबार द्वीप समूह का सबसे उत्तरी द्वीप है। कोको जलमार्ग इसे म्यांमार के कोको द्वीप से अलग करता है, जहाँ चीन ने निगरानी तन्त्र स्थापित किया है।
- बंगाल की खाड़ी में नदियों ने जलोढ़ मिट्टी के निक्षेप द्वारा अनेक द्वीपों का निर्माण किया है। हुगली के निकट 20 किमी लंबा सागर द्वीप है, जिसे गंगासागर के नाम से जाना जाता है। यहाँ न्यू मूर नामक द्वीप का निर्माण हाल ही में हुआ है।
- अंडमान-निकोबार द्वीप समूह की सबसे ऊँची पर्वत चोटी सैडल पीक (730 मीटर) है।
- माउंट हेरियट दक्षिण अंडमान में तथा माउंट पुलियर निकोबार द्वीप समूह में स्थित है।
- इस केन्द्र शासित प्रदेश का सबसे बड़ा पत्तन (बंदरगाह) पोर्ट ब्लेयर दक्षिणी अंडमान में स्थित है।
- नेल्लोर के निकट श्रीहरिकोटा प्रवाल (Atoll) निर्मित द्वीप है। पुलीकट झील इसी द्वीप द्वारा समुद्र से अलग है।

2. लक्षद्वीप द्वीप समूह

- लक्षद्वीप द्वीप समूह अरब सागर में स्थित है। इसमें कुल 36 द्वीप है। इसमें केवल 10 द्वीप पर ही आबादी है।
- लक्षद्वीप का सबसे बड़ा द्वीप आण्ड्रेट है। पिटली द्वीप जहाँ मनुष्य का निवास नहीं है, वहाँ एक पक्षी अभयारण्य है।
- पम्बल द्वीप मन्नार की खाड़ी में स्थित है।
- भारत में बैरन तथा नारकोंडम नामक दो प्रसिद्ध ज्वालामुखी द्वीप है। बैरन द्वीप (अंडमान तथा निकोबार द्वीप समूह में) एक सक्रिय ज्वालामुखी है, जबकि नारकोंडम दो सुषुप्त ज्वालामुखी है।

4. भारत में नदी प्रणाली

- भारत में भौतिक दृष्टि से नदियों को मुख्यत: दो भागों में बाँटा गया है-
    1. हिमालयीय नदियाँ एवं
    2. प्रायद्वीपीय नदियाँ

1. हिमालयीय नदियाँ

- हिमालय से निकलने वाली नदियाँ बारह मास प्रवाहित होती हैं। इसकी कुछ प्रमुख नदियाँ निम्न हैं-
    (i) सिंधु नदी तन्त्र
    - सिंधु नदी का उद्गम स्थल तिब्बत (चीन) में मानसरोवर झील के पास स्थित सानोख्बाब हिमनद (Glacier) है।
    - सिंधु नदी की कुल लंबाई 2,880 किमी है, जबकि भारत में इसकी लंबाई 1,114 किमी है। यह अंतत: पाकिस्तान से होकर अरब सागर में विलीन हो जाती है।

- सिंधु नदी के साथ बहने वाली सहायक नदियों में जम्मू-कश्मीर की नदियाँ हैं- गरतांग, श्योक, शिगार, नुब्रा और गिलगित।
- सिंधु तन्त्र की अन्य नदियाँ हैं- सतलज, रावी, व्यास, झेलम और चिनाब।

(ii) **गंगा नदी तन्त्र**

- गंगा नदी का उद्गम स्थल उत्तराखंड के उत्तरकाशी जिले में 3,900 मीटर की ऊँचाई पर स्थित गोमुख के निकट गंगोत्री हिमानी है। यहाँ इसे भागीरथी कहते हैं।
- अलकनंदा का उद्गम स्रोत बद्रीनाथ के ऊपर सतोपथ हिमानी (अलकापुरी हिमनद) में हैं।
- गंगा नदी का नाम गंगा देवप्रयाग के बाद पड़ता है, जहाँ अलकनंदा एवं भागीरथी आपस में मिलती है। गंगा नदी हरिद्वार के निकट मैदानी भाग में प्रवेश करती है।
- गंगा नदी की कुल लंबाई 2,525 किमी है, जिसमें से उत्तराखंड तथा उत्तरप्रदेश में 1450 किमी, बिहार में 445 किमी तथा पश्चिम बंगाल में 520 किमी है।
- गंगा की प्रमुख सहायक नदियाँ हैं- यमुना, चंबल, घाघरा, गंडक, कोसी, बेतवा, सोन एवं सिंध।
- यमुना गंगा की **सबसे बड़ी** सहायक नदी है। चंबल, सिंध, बेतवा और केन इसकी स्वयं की सहायाक नदियाँ है।
- हुगली नदी (कोलकाता में) गंगा की एक प्रमुख वितरिका (Distributry) है।
- गंगा को बांगलादेश में **पद्मा** के नाम से जाना जाता है।
- बंगाल की खाड़ी में गिरने से पूर्व पद्मा में से मेघना (Meghan) नामक एक प्रमुख वितरिका निकलती है।

(iii) **ब्रह्मपुत्र नदी तन्त्र**

- 2900 किमी लंबी ब्रह्मपुत्र नदी मानसरोवर झील के पास स्थित चीमायुंगदुंग हिमानी से निकलती है।
- तिब्बत (चीन) में ब्रह्मपुत्र का नाम **सांग्पो** एवं भारत में प्रवेश करने पर अरुणाचल प्रदेश में **दिहांग** है।
- असम में इसे **ब्रह्मपुत्र** कहा जाता है और बांगलादेश में **जमुना** कहा जाता है।
- ब्रह्मपुत्र की सहायक नदियाँ हैं- सुबनसेरी, कामेंग, धनसीरी, मानस एवं तीस्ता आदि।
- गंगा एवं ब्रह्मपुत्र विश्व की सबसे बड़ी डेल्टा, सुंदरवन डेल्टा बनाती है।

2. प्रायद्वीपीय नदियाँ

- इनमें से लगभग सभी नदियाँ मौसमी (Seasonal) होती हैं अर्थात् लगातार बारह महीने नहीं बहती बल्कि बारिश पर निर्भर होती हैं।
- इन्हें निम्नलिखित भागों में बाँटा जा सकता है-

(i) **पूर्वी प्रवाह वाली नदियाँ**

- ये सभी नदियाँ बंगाल की खाड़ी में गिरकर डेल्टा का निर्माण करती हैं। इनमें प्रमुख नदियाँ हैं- कृष्णा, गोदावरी, कावेरी, तुंगभद्रा, पेन्नार एवं महानदी।
- गोदावरी को **वृद्ध गंगा या दक्षिण गंगा** भी कहा जाता है। इसकी सहायक नदियाँ हैं- मंजरा, पेनगंगा, वर्धा, इंद्रावती, वेनगंगा, शबरी आदि।

- महानदी की सहायक नदियाँ हैं- इब, सेओनाथ, हसदो, माण्ड, जोंक, तेल आदि।
- कृष्णा की सहायक नदियाँ हैं- कोयना, दूधगंगा, पंचगंगा, भीमा, तुंगभद्रा, मूसी आदि।
- कावेरी दूसरी नदियों के मुकाबले कम मौसमी प्रकृति की है अर्थात् इसमें अधिक समय तक जल रहता है। इसका कारण है कि इसका ऊपर का हिस्सा गर्मियों में दक्षिण-पश्चिमी मानसून से और नीचे का हिस्सा सर्दियों में लौटते हुए उत्तर-पूर्वी मानसून से जल प्राप्त करता है। यह भारत की सबसे ज्यादा प्रयोग में लायी गयी (Most Harnessed) नदी है।
- कावेरी की सहायक नदियाँ हैं- हेमवती, लोकपावनी, शिमला, लक्ष्मण तीर्थ आदि।
- इसके अलावा सुवर्णरेखा और ब्राह्मणी नामक दो छोटी नदियाँ भी रांची के पठार से निकलकर बंगाल की खाड़ी में गिरती हैं। ये हुगली व महानदी के डेल्टाओं के बीच डेल्टा बनाती है।

(ii) **पश्चिमी प्रवाह वाली नदियाँ**

- ये पश्चिम की ओर बहती हैं तथा डेल्टा नहीं बनाती हैं। इनमें प्रमुख नदियाँ हैं- नर्मदा, ताप्ती, माही, लूनी, घग्घर तथा साबरमती आदि।
- नर्मदा नदी भेड़ाघाट (मध्यप्रदेश) में धुआँधार नामक जलप्रपात का निर्माण करती है। इसकी मुख्य सहायक नदियाँ हैं- हिरन, बुरनेर, बंजर, शेर, शक्कर, तवा आदि।
- ताप्ती या तापी को नर्मदा की जुड़वाँ नदी के रूप में जाना जाता है। इसकी सहायक नदियाँ हैं- पुरना, बैतूल, अरुणावती, गंजल आदि।
- लूनी को लवण नदी (Salt River) के नाम से भी जाना जाता है।
- शरावती (Sharavati) नदी पश्चिमी घाट से निकलती है। यह प्रसिद्ध जोग या गरसोप्पा जलप्रपात बनाती है, जो भारत में सबसे ऊँचा (253 मीटर अर्थात 829 फीट) जलप्रपात है।

(iii) **अंतःस्थलीय नदियाँ**

- कुछ नदियाँ ऐसी होती हैं जो सागर तक नहीं पहुँच पाती हैं। और रास्ते में ही लुप्त हो जाती हैं। ये अंतःस्थलीय (Inland Drainage) नदियाँ कहलाती हैं।
- घग्घर नदी इसका मुख्य उदाहरण है। यह एक मौसमी नदी है जो हिमालय की निचली ढालों से (कालका के समीप) निकलती है और हनुमानगढ़ (राजस्थान) में लुप्त हो जाती है। घग्घर को ही वैदिक काल की सरस्वती माना जाता हे।
- अन्य अंतःस्थलीय नदियाँ हैं- लूनी, कांतली, सावी काकनी आदि।

भारत की प्रमुख नदियाँ

नदी	उद्गम	संगम/मुहाना	लंबाई (किमी)	विशेष
सतलज	मानसरोवर झील के समीप स्थित राकस ताल (ऊँचाई समुद्र तल से 4,555 मीटर)	चिनाब नदी	लगभग 1,500 (भारत में 1050)	शिवालिक पर्वत श्रृंखला को काटती हुई पंजाब में प्रवेश करती है। लुधियाना तथा फिरोजपुर तटवर्ती नगर है।

सिंधु	तिब्बत में मानसरोवर झील के पास सानोख्याबाब हिमनद से	अरब सागर	2,880 (भारत में 1,114)	इसकी सहायक नदियाँ हैं- सतलज, चिनाब, रावी, व्यास तथा झेलम।
रावी	कांगड़ा जिले में रोहतांग दर्रे के समीप	चिनाब नदी	725	–
व्यास	रोहतांग दर्रे के समीप व्यास कुंड से 4,330 मीटर की ऊँचाई पर	हरिके (कपूरथला) के समीप सतलज नदी	470	कुल्लू घाटी से बहती हुई धौलाधार पर्वत को पार कर पंजाब के मैदान में पहुँचती है।
झेलम	बेरीनाग (कश्मीर) के समीप शेषनाग झील	चिनाब नदी	724 (भारत में 400)	श्रीनगर में शिकारा या बजरे चलाये जाते हैं।
गंगा	गंगोत्री के पास गोमुख हिमानी (समुद्रतल से 3900 मीटर से भी अधिक ऊँचाई पर)	बंगाल की खाड़ी	2525 (भारत में)	गंगा वास्तव में भागीरथी एवं अलकनंदा नदियों का सम्मिलित नाम है। प्रमुख सहायक नदियाँ हैं- यमुना, गंडक, घाघरा, कोसी, सोन आदि।
यमुना	बंदरपूँछ के पश्चिमी ढाल पर स्थित यमुनोत्री हिमानी (ऊँचाई समुद्र तल से 6,316 मीटर)	प्रयाग (इलाहाबाद) में गंगा नदी	13,75	इसकी सहायक नदियाँ हैं- चम्बल, बेतवा तथा केन। ये तीनों की नदियाँ दक्षिण से यमुना में मिलती हैं।
चम्बल	मध्यप्रदेश में मऊ के समीप स्थित जाना पाव पहाड़ी (ऊँचाई समुद्र तल से 616 मीटर)	इटावा (उत्तरप्रदेश) से 38 किमी दूर यमुना नदी	1050	देश के सबसे गहरे खड्डों का निर्माण, इसकी सहायक नदियाँ हैं- काली सिंध, पार्वती, सिप्ता तथा बनास।
रामगंगा	नैनीताल के समीप मुख्य हिमालय श्रेणी का दक्षिणी भाग	कन्नौज के निकट गंगा नदी	696	खोन इसकी प्रमुख सहायक नदी है।
शारदा (काली गंगा)	कुमायूँ हिमालय का मिलाम (Milam) हिमनद	बहरामघाट के समीप घाघरा नदी	602	इसकी सहायक नदियाँ हैं- सर्मा, लिसार, सरयू या पूर्वी रामगंगा, चौकिया।
घाघरा या, करनाली या कौरियाला	नेपाल में तकलाकोट से 37 किमी उत्तर-पश्चिम में म्पसातुंग हिमानी	सारन तथा बलिया जिले की सीमा पर गंगा नदी	1,080	शिवालिक को पार करते समय शीशपानी नामक 180 मीटर गहरे खड्ड का निर्माण चौकिया तथा छोटी गंगा इसकी सहायक नदियाँ हैं।

गंडक (नेपाल में शालीग्राम तथा मैदानी भाग में नारायणी)	नेपाल	पटना के समीप गंगा नदी	भारत में 425	सहायक नदियाँ काली गंडक तथा त्रिशूली गंगा है। इसमें मिलने वाले गोल-गोल पत्थरों को शालीग्राम कहा जाता है।
कोसी	गोसांई थान चोटी के उत्तर में	कारागोला के दक्षिण-पश्चिम में गंगा नदी	730	इसकी मुख्य धारा अरुण नदी (तिब्बत में पंगचू) है। सहायक नदियाँ हैं- यारू, सूनकोसी, तामूर कोसी, इन्द्रावती, लीखू, दूधकोसी, भीटकोसी, ताम्बाकोसी आदि।
बेतवा या वेत्रवती	मध्यप्रदेश के रायसेन जिले में कुमरागाँव के समीप विंध्याचल पर्वत	हमीरपुर के समीप यमुना नदी	480	ऊपरी मार्ग में कई झरनों का निर्माण।
सोन	अमरकण्टक की पहाड़ियाँ	पटना के समीप गंगा नदी	780	नर्मदा के समीप उद्गम
ब्रह्मपुत्र (तिब्बत में सांपू तथा असम में दिहांग)	तिब्बत में मानसरोवर झील से 80 किमी की दूरी पर स्थित हिमानी (ऊँचाई समुद्र तल से 5,150 मीटर)	बंगाल की खाड़ी	2,900 (भारत में 916)	प्रमुख सहायक नदियाँ हैं- डिबोंग लोहित, सेसरी, नोवा, दिहांग आदि हैं। अन्य सहायक नदियाँ हैं- सवर्णसीरी, धनसीरो, मानस, धारला, तिस्ता, बूढ़ी दिहांग, धनसिरी कुलसी तथा जिंजराम।
नर्मदा	विंध्याचल पर्वत श्रेणियों में स्थित अमरकंटक नामक स्थान (ऊँचाई समुद्र तल से 1,057 मीटर)	खम्भात की खाड़ी	1,312	जबलपुर में भेड़ाघाट के समीप कपिलधारा (धुआँधारा) प्रलप्रपात का निर्माण। डेल्टा के बजाय एश्चुअरी बनाती है।
ताप्ती	वैतूल जिले (मध्यप्रदेश) के मुल्ताई (मूलताप्ती) नगर के पास 722 मीटर की ऊँचाई	सूरत के निकट	724	डेल्टा के बजाय एश्चुअरी बनाती है। पूरणा प्रमुख सहायक नदी है।

महानदी	छत्तीसगढ़ के रायपुर जिले में सिहावा के समीप	बंगाल की खाड़ी	815	ब्राह्मणी तथा वैतरणी सहायक नदी है।
क्षिप्रा	इन्दौर जिले को काकरी बरडी नामक पहाड़ी	चम्बल नदी	560	इसके किनारे उज्जैन का विख्यात महाकालेश्वर मंदिर है, जहाँ प्रति 12वें वर्ष कुम्भ मेला लगता है।
माही	धार जिला (मध्यप्रदेश के अमझोरा में मेहद झील)	खम्भात की खाड़ी	585	इस पर बजाज सागर बाँध (बासवाड़ा) बनाया गया है।
लूनी	अजमेर जिले में स्थित नाग पहाड़ (अरावली पर्वत) (आनासागर)	कच्छ की रन	320	इसकी मुख्य सहायक नदियाँ बाड़ी, सूकरी, मिठड़ी आदि है। यह नमकीन नदी है। थार मरुस्थल में लुप्त हो जाती है।
सोम	उदयपुर जिले के बीछा मेंड़ा नामक स्थान पर	बपेश्वर के समीप माही नदी	–	जोखम, गोमती तथा सारनी इसकी सहायक नदियाँ हैं।
साबरमती	उदयपुर जिले में अरावली पर्वत पर स्थित जयसमुद्र झील	खम्भात की खाड़ी	371	इसकी प्रमुख सहायक नदियाँ हैं- सावर, हाथमती, मेश्वा, बेतरक तथा माजम है।
आयड़ या बेडच	उदयपुर के उत्तर में स्थित गोमुंडा पहाड़ियाँ	चित्तौड़गढ़ के समीप बनास नदी	190	प्रारम्भ में इसे आयड नदी एवं उदयसागर झील के बाद बेडच नदी कहा जाता है।
कृष्णा	महाबलेश्वर के समीप पश्चिम घाट पहाड़ (ऊँचाई समुद्र तल से 1,337 मीटर)	बंगाल की खाड़ी	1401	इसकी प्रमुख सहायक नदियाँ हैं- भीमा, तुंगभद्रा, मूसी, अमरावती, कोयना, पंचगंगा, दूधगंगा, घाटप्रभा, मालप्रभा आदि।

गोदावरी	नासिक जिले (महाराष्ट्र) दक्षिण पश्चिम में 64 किमी दूर स्थित त्र्यंबक गाँव की एक पहाड़ी	बंगाल की खाड़ी	1465	इसे वृद्धगंगा या दक्षिणी गंगा भी कहा जाता है। इसकी प्रमुख सहायक नदियाँ हैं- प्रवरा, पुरना, मंजरा, बेनगंगा, वर्धा, पैनगंगा, प्राण ाहिता, इन्द्रावती, मानेर तथा सवरी।
कावेरी	कर्नाटक के कुर्ग जिले में स्थित ब्रह्म गिरि पहाड़ी (ऊँचाई समुद्र तल से 1,341 मीटर)	बंगाल की खाड़ी	800	इसे दक्षिण भारत की गंगा के रूप में भी जाना जाता है। शिवसमुद्रम जलप्रपात तथा श्रीरंगपट्टम एवं शिवसमुद्रम द्वीपों की उपस्थिति इसका महत्त्व बढ़ा देती है।
तुंगभद्रा	कर्नाटक में पश्चिम घाट पहाड़ की गंगामूल चोटी से तुंगा तथा समीप में ही काडूर से भ्रदा नदी का उद्‌गम	कृष्णा नदी	331	इसकी प्रमुख सहायक नदियाँ हैं- कुमुदवती, वर्धा, मगारी तथा हिन्द।
पेन्नार	नन्दीदुर्ग पहाड़ी (कर्नाटक)	बंगाल की खाड़ी	597	इसकी सहायक नदियाँ हैं- पापाधनी तथा चित्रावती।
दक्षिणी टोंस	कैमूर पहाड़ियों में स्थित तमसाकुंड जलाशय	सिरसा के समीप गंगा नदी	265	इस पर बिहार प्रपात स्थित है।
पेरियार	पेरियार झील	–	–	यह नदी केरल में प्रवाहित होती है।
उमियम	उमियम झील (मेघालय)	–	–	यह एक छोटी नदी है।
हुगली	यह गंगा की एक शाखा है, जो धुलिया (पश्चिम बंगाल) के दक्षिण गंगा से अलग होती है।	बंगाल की खाड़ी		इसकी प्रमुख सहायक नदी जलांगी है।
बैगाई	कंडल मणिकन्यूर (पश्चिम घाट) में मदुरै के समीप (तमिलनाडु)	बंगाल की खाड़ी	288	इसकी सहायक नदियाँ हैं- कुमम, वर्षानाड, सरिलियार, तेवियार, बराह तथा मंगलार।

5. भारत की प्रमुख झीलें

- भारत की **सबसे बड़ी झील चिल्का झील (ओडिशा)** है। यह **खारे पानी** की एक लैगून झील है। यह नौसेना का प्रशिक्षण केन्द्र भी है।
- भारत की **सबसे बड़ी मीठे पानी** के झील वूलर झील (जम्मू-कश्मीर) है।
- महाराष्ट्र के बुलढ़ाना जिले में स्थित लोनार झील **ज्वालामुखी क्रिया से निर्मित** झील है।
- भारत की **सबसे ऊँची हिमानी निर्मित झील** देव प्रयाग झील है। यह गढ़वाल (हिमालय) में स्थित है।
- भारत की **सबसे बड़ी कृत्रिम झील** गोविंद सागर झील पंजाब के रोपड़ जिले में सतलज नदी पर भाखड़ा नांगल बाँध से निर्मित हुआ है।
- चौरस सतह तथा अनप्रवाहित द्रोणी वाली छोटी झीलों को प्लाया कहते हैं। इसमें वर्षा का पानी जमा होता है, परंतु जल्दी ही वह वाष्प बनकर उड़ जाता है।
- सांभर एवं डीडवाना थार मरुस्थल के पूर्वी सिरे पर खारे पानी की झील है।
- भारत में **सबसे अधिक ऊँचाई पर स्थित झील** पंच पोखरी (उत्तराखंड) है।
- भारत में **मानव निर्मित सबसे बड़ी झील** इंदिरा सागर है, जो ओंकारेश्वर, महेश्वर तथा सरदार सरोवर बाँध परियोजना (गुजरात-मध्यप्रदेश) का जलाशय है।

भारत की प्रमुख झीलें

क्र.	झील	सम्बन्धित राज्य	क्र.	झील	सम्बन्धित राज्य
1.	डल झील	जम्मू-कश्मीर	15.	नागिन झील	जम्मू-कश्मीर
2.	वुलर झील	जम्मू-कश्मीर	16.	शेषनाग झील	जम्मू-कश्मीर
3.	बैरीनाग झील	जम्मू-कश्मीर	17.	अनंतनाग झील	जम्मू-कश्मीर
4.	मानस बल झील	जम्मू-कश्मीर	18.	लुनकरनसर झील	राजस्थान
5.	राजसमंद झील	राजस्थान	19.	जयसमंद झील	राजस्थान
6.	पिछौला झील	राजस्थान	20.	फतेहसागर झील	राजस्थान
7.	सांभर झील	राजस्थान	21.	डीडवाना झील	राजस्थान
8.	सातताल झील	उत्तराखंड	22.	देवताल झील	उत्तराखंड
9.	नैनीताल झील	उत्तराखंड	23.	नौकुछियाताल झील	उत्तराखंड
10.	राकसताल झील	उत्तराखंड	24.	खुरपाताल झील	उत्तराखंड
11.	मालाताल झील	उत्तराखंड	25.	कोलेरू झील	आंध्रप्रदेश
12.	हुसैनसागर झील	आंध्रप्रदेश	26.	चिल्का झील	ओडिशा
13.	पुलीकट झील	तमिलनाडु	27.	लोनार झील	महाराष्ट्र
14.	लोकटक झील	मणिपुर	28.	बेम्बानड झील	केरल

6. भारत के प्रमुख जलप्रपात

	जलप्रपात	स्थिति	ऊँचाई		जलप्रपात	स्थिति	ऊँचाई
1.	जोग या गरसोप्पा	शरावती नदी	255 मी०	6.	चूलिया	चम्बल नदी	18 मी०
2.	येन्ना	नर्मदा नदी	183 मी०	7.	पुनामा	चम्बल नदी	12 मी०
3.	शिवसमुद्रम्	कावेरी नदी	90 मी०	8.	बिहार	टोंस नदी	100 मी०
4.	गोकक्	गोकक नदी	55 मी०	9.	धुआँधार	नर्मदा नदी	10 मी०
5.	पायकारा	नीलगिरि क्षेत्र	–	10.	हुंडरू	स्वर्णरखा नदी	74 मी०

7. भारत की जलवायु

- किसी क्षेत्र में लंबे समय तक जो मौसम की स्थिति होती है, उसे उस स्थान की जलवायु कहते हैं। भारतीय जलवायु उष्णकटिबंधीय मानसूनी जलवायु है।
- किसी स्थान पर थोड़े समय की, जैसे एक दिन या एक सप्ताह की वायुमंडलीय अवस्थाओं को वहाँ का मौसम कहते हैं।
- भारत में मौसम सम्बन्धी सेवा 1875 ई. में प्रारंभ की गयी थी, तब इसका मुख्यालय शिमला में था। प्रथम विश्व विश्व युद्ध के बाद इसका मुख्यालय पुणे लाया गया। अब भारत के मौसम सम्बन्धी मानचित्र वहीं से प्रकाशित होते हैं।
- भारतीय जलवायु को दो प्रमुख तत्त्वों की उपस्थिति ने सर्वाधिक प्रभावित किया है, जो इस प्रकार है–
  (i) **उत्तर में हिमालय पर्वत :** इसके कारण मध्य एशिया से आने वाली शीतल हवाएँ भारत में नहीं आ पाती तथा भारतीय जलवायु महाद्वीपीय जलवायु का स्वरूप प्राप्त करती है।
  (ii) **दक्षिण में हिन्द महासागर :** इसके कारण एवं भूमध्य रेखा की समीपता के कारण उष्ण कटिबंधीय जलवायु अपने आदर्श स्वरूप में पायी जाती है, जिसकी प्रमुख विशेषताएँ हैं– दैनिक तापांतर की न्यूनता, अत्यधिक आर्द्रता वाली वायु तथा सम्पूर्ण देश में न्यूनाधिक रूप में वर्षा का होना।
- मानसूनी पवनों द्वारा समय-समय पर अपनी दिशा पूर्णतया बदल लेने के कारण भारत में निम्न चार ऋतु चक्रवात पायी जाती है–
  (i) शीत ऋतु (15 दिसंबर से 15 मार्च तक)
  (ii) उष्ण एवं शुष्क ग्रीष्म ऋतु (16 मार्च से 15 जून तक)
  (iii) वर्षा ऋतु (16 जून से 15 सितंबर तक)
  (iv) शरद ऋतु (16 सितंबर से 15 दिसंबर) तक
- उपरोक्त तिथियाँ एक सामान्य सीमा रेखा को तय करती हैं, मानसून पवनों के आगमन एवं प्रत्यावर्तन में होने वाला विलंब इनको पर्याप्त रूप से प्रभावित करता है।
- उत्तर भारत के मैदानी भागों में शीत ऋतु में वर्षा पश्चिमी विक्षोभ या जेट स्ट्रीम के कारण होती है।
- शीत ऋतु में (जनवरी-फरवरी महीने में) तमिलनाडु के तट पर (कोरोमंडल के तट पर) वर्षा लौटती हुई मानसून या उत्तरी-पश्चिमी मानसून के कारण होती है।

- ग्रीष्म ऋतु में असम एवं पश्चिम बंगाल राज्यों में तीव्र आर्द्र हवाएँ चलने लगती हैं, जिनसे गरज के साथ वर्षा हो जाती है। इन हवाओं को पूर्वी भारत में **नारवेस्टर** एवं बंगाल में **काल वैशाखी** के नाम से जाना जाता है। कर्नाटक में इसे **चेरी ब्लास्म एवं कॉफी वर्षा** कहा जाता है, जो कॉफी की कृषि के लिए लाभदायक होता है। आम की फसल के लिए लाभदायक होने के कारण इसे दक्षिण भारत में **आम्र-वर्षा (Mango Shower)** कहते हैं।
- उत्तर-पश्चिम भारत के शुष्क भागों में ग्रीष्म ऋतु में चलने वाली गर्म एवं शुष्क हवाओं को **लू (Loo)** कहा जाता है।
- वर्षा ऋतु में उत्तर-पश्चिमी भारत तथा पाकिस्तान में उष्ण दाब का क्षेत्र बन जाता है, जिसे **मानसून गर्त** कहते हैं। इसी समय उत्तरी अंत: उष्ण अभिसरण (NITC) उत्तर की ओर खिसकने लगती है, जिसके कारण विषुवत रेखीय पछुआ पवन एवं दक्षिणी गोलार्द्ध की दक्षिण-पूर्वी वाणिज्यिक पवन विषुवत रेखा को पार कर फेरेल के नियम का अनुसरण करते हुए भारत में प्रवाहित होने लगती है, जिसे दक्षिण-पश्चिम मानसून के नाम से जाना जाता है, भारत की अधिकांश वर्षा (लगभग 80%) इसी मानसून से होती है।
- भारत की प्रायद्वीपीय आकृति के कारण दक्षिण-पश्चिम मानसून दो शाखाओं में विभाजित हो जाता है- (i) अरब सागर की शाखा तथा (ii) बंगाल की खाड़ी की शाखा।
- अरब सागर शाखा का मानसून सबसे पहले भारत के केरल राज्य में जून के प्रथम सप्ताह में आता है। यहाँ यह पश्चिमी घाट पर्वत से टकरा कर केरल के तटों पर वर्षा करती है। इसे **मानसून प्रस्फोट** (Brust of Monsoon) कहा जाता है।
- गारो, खासी एवं जयंतियाँ पहाड़ियों पर बंगाल की खाड़ी से आने वाली हवाएँ (दक्षिण-पश्चिम मानसून की शाखा) अधिक वर्षा लाती है, जिसके कारण यहाँ स्थित मासिनराम (मेघालय) विश्व में सर्वाधिक वर्षा प्राप्त करने वाला स्थान है। (लगभग 11.872 मिली मीटर अर्थात् 467.4 इंच)
- मानसून की अरब शाखा तुलनात्मक रूप से अधिक शक्तिशाली होती है। दक्षिण-पश्चिम मानसून द्वारा लाये कुल आर्द्रता का 65% भाग अरब सागर से एवं 35% भाग बंगाल की खाड़ी से आता है।
- अरब सागरीय मानसून की एक शाखा सिंध नदी डेल्टा क्षेत्र से आगे बढ़कर राजस्थान के मरुस्थल से होती हुई सीधे हिमालय पर्वत से जा टकराती है एवं वहाँ धर्मशाला के निकट अधिक वर्षा कराती है। राजस्थान में इसके मार्ग में अवरोध न होने के कारण वर्षा का अभाव पाया जाता है, क्योंकि अरावली पर्वतमाला इनके समानांतर पड़ती है।
- तमिलनाडु पश्चिमी घाट के पर्वत वृष्टि छाया क्षेत्र में पड़ता है। अत: यहाँ दक्षिण-पश्चिम मानसून द्वारा काफी कम वर्षा होती है।
- शरद ऋतु को मानसून प्रत्यावर्तन का काल (Retreating of Monsoon Season) कहा जाता है। इस ऋतु में बंगाल की खाड़ी एवं अरब सागर में उष्ण कटिबंधीय चक्रवातों की उत्पत्ति होती है। इन चक्रवातों से पूर्वी तटीय क्षेत्रों में मुख्यत: आंध्रप्रदेश एवं ओडिशा तथा पश्चिमी तटीय क्षेत्र में गुजरात में काफी क्षति पहुँचती है।

मौसम के अनुसार वर्षा का वितरण		
वर्षा का मौसम	समयावधि	वार्षिक वर्षा का प्रतिशत (लगभग)
दक्षिणी-पश्चिमी मानसून	जून से सितंबर तक	73.7
परावर्ती मानसून काल	अक्टूबर से दिसंबर	13.3
शीत ऋतु अथवा उत्तरी-पश्चिमी मानसून	जनवरी-फरवरी	2.6
पूर्व-मानसून काल	मार्च से मई	10.0

8. भारत की मिट्टियाँ

- मिट्टी के अध्ययन के विज्ञान को मृदा विज्ञान (Pedology) कहा जाता है।
- भारत जैसे विशाल देश में उच्चावच तथा जलवायु सम्बन्धी दशाओं में विविधताओं के कारण मिट्टियों में प्रादेशिक भिन्नता पायी जाती है।
- भारतीय कृषि अनुसंधान परिषद् (ICAR) ने भारत की मिट्टियों का विभाजन आठ वर्गों में किया है, जो निम्नलिखित है-

1.	जलोढ़ मिट्टी (Alluvial Soil)	5.	मरुस्थलीय मिट्टी (Desert Soil)
2.	काली मिट्टी (Balck Soil)	6.	क्षारीय मिट्टी (Alkaline Soil)
3.	लाल मिट्टी (Red Soil)	7.	पीट और जैव मिट्टी (Peat and Marshy Soil)
4.	लैटेराइट मिट्टी (Laterite Soil)	8.	वनीय मिट्टी (Forest Soil)

1. जलोढ़ मिट्टी (Alluvial Soil)

- यह मिट्टी भारत के लगभग 40% भागों में विस्तृत है।
- यह नदियों द्वारा लायी गयी मिट्टी है। इस मिट्टी में पोटाश की बहुलता होती है, लेकिन नाइट्रोजन, फॉस्फोरस एवं ह्यूमस की कमी होती है।
- यह दो प्रकार की होती है- (i) बांगर (Banger) और (ii) खादर (Khadar)।
- पुराने जलोढ़ मिट्टी को बांगर तथा नई जलोढ़ मिट्टी को खादर कहा जाता है।
- जलोढ़ मिट्टी उर्वरता के दृष्टिकोण से काफी अच्छी मानी जाती है। इसमें धान, गेहूँ, मक्का, दलहन, तिलहन और आलू आदि की फसलें उगायी जाती है।

2. काली मिट्टी (Black Soil)

- इसका निर्माण बेसाल्ट चट्टानों के टूटने-फूटने से होता है। इसमें आयरन, चूना, एल्युमीनियम एवं मैग्नेशियम की बहुलता होती है। इस मिट्टी का रंग काला टिटेनीफेरस मैग्नेटाइट एवं जीवाश्म (Humus) की उपस्थिति के कारण होता है।
- काली मिट्टी को रेगुर मिट्टी के नाम से भी जाना जाता है।
- कपास की खेती के लिए यह सर्वाधिक उपयुक्त होती है। अतः इसे कपासी मिट्टी (Cotton Soil) भी कहा जाता है।
- भारत में यह मिट्टी गुजरात, महाराष्ट्र, मध्यप्रदेश के पश्चिमी क्षेत्र, ओडिशा के दक्षिणी क्षेत्र,

कर्नाटक के उत्तरी जिला, आंध्रप्रदेश के दक्षिण समुद्रतटीय क्षेत्र, तमिलनाडु के सलेम, रामनाथपुरम, कोयम्बटूर तथा तिरूनलवैली जिले एवं राजस्थान के बूँदी एवं टोंक जिलों में पायी जाती है।

3. लाल मिट्टी (Red Soil)

- इसका निर्माण जलवायविक परिवर्तनों के परिणामस्वरूप रवेदार एवं कायांतरित शैलों के विघटन एवं वियोजन से होता है। इस मिट्टी में सिलिका एवं आयरन की बहुलता होती है।
- लाल मिट्टी का लाल रंग लौह-ऑक्साइड की उपस्थिति के कारण होता है, लेकिन जलयोजित रूप में यह पीली दिखायी पड़ती है।
- यह अम्लीय प्रकृति की मिट्टी होती है। इसमें नाइट्रोजन, फॉस्फोरस एवं ह्यूमस की कमी होती है। यह मिट्टी प्रायः उर्वरता विहीन बंजरभूमि के रूप में पायी जाती है।
- इस मिट्टी में कपास, गेहूँ, दालों तथा मोटे अनाजों की कृषि की जाती है।
- भारत में यह मिट्टी आंध्रप्रदेश एवं मध्यप्रदेश की पूर्वी भाग, छोटानागपुर के पठारी क्षेत्र, पश्चिम बंगाल के उत्तरी-पश्चिमी जिलों, मेघालय की गारो, खासी एवं जयंतिया के पहाड़ी क्षेत्रों, नगालैंड, राजस्थान में अरावली के पूर्वी क्षेत्र, महाराष्ट्र, तमिलनाडु एवं कर्नाटक के कुछ भागों में पायी जाती है।
- चूना का प्रयोग कर लाल मिट्टी की उर्वरता बढ़ायी जा सकती है।

4. लैटेराइट मिट्टी (Laterite Soil)

- इस मिट्टी का निर्माण मानसूनी जलवायु की आर्द्रता एवं शुष्कता के क्रमिक परिवर्तन के परिणामस्वरूप उत्पन्न विशिष्ट परिस्थितियों के कारण होता है। इसमें आयरन एवं सिलिका की बहुलता होती है।
- शैलों के टूट-फूट से निर्मित होने वाली इस मिट्टी को गहरी लाल लैटेराइट, सफेद लैटेराइट तथा भूमिगत जलवायी लैटेराइट के रूप में वर्गीकृत किया जाता है।
- गहरी लाल लैटेराइट में लौह ऑक्साइड तथा पोटाश की बहुलता होती है। इसकी उर्वरता कम होती है, लेकिन निचले भाग में कुछ खेती की जाती है।
- सफेद लैटेराइट की उर्वरता सबसे कम होती है और केओलिन के कारण इसका रंग सफेद होता है। भूमिगत जलवायी लैटेराइट काफी उपजाऊ होती है, क्योंकि वर्षाकाल में लौह ऑक्साइड जल के साथ घुलकर नीचे चले जाते हैं।
- लैटेराइट मिट्टी चाय की खेती के लिए सर्वाधिक उपयुक्त होती है।

5. मरुस्थलीय मिट्टी (Desert Soil)

- अरावली श्रेणी के पश्चिम में जलवायु की शुष्कता तथा भीषण ताप के कारण नंगी चट्टानों के विखंडित होने से इस मिट्टी का निर्माण हुआ है।
- यह मिट्टी राजस्थान तथा हरियाणा की दक्षिण-पश्चिमी भाग में पायी जाती है।
- इसमें सिंचाई की उपलब्धता के द्वारा कृषि कार्य संभव है।

6. क्षारीय मिट्टी (Alkaline Soil)

- ये अनुर्वर एवं अनुत्पादक रेह, ऊसर एवं कल्लर के रूप में भी जानी जाती है।
- ये मिट्टियाँ सोडियम व मैग्नेशियम की अधिकता के कारण लवणीय तथा कैल्शियम व पोटैशियम की अधिकता के कारण क्षारीय हो गयी है।

- यह मिट्टी राजस्थान पंजाब, हरियाणा, उत्तरप्रदेश, बिहार, महाराष्ट्र, तमिलनाडु के शुष्क व अर्द्धशुष्क क्षेत्रों में पायी जाती है।

7. पीट एवं जैव मिट्टी (Peat and Marshy Soil)
- उच्च घुलनशील लवण एवं जैविक पदार्थों से युक्त यह मिट्टी केरल के अलप्पी व कोहायम जिले, बिहार के पूर्वोत्तर भाग, तमिलनाडु, उत्तरप्रदेश तथा पश्चिम बंगाल के कुछ क्षेत्रों में मिलती है।

8. वनीय मिट्टी (Forest Soil)
- इस प्रकार की मिट्टी अधिकांशतः वनों एवं पर्वतीय क्षेत्रों में मिलती है।
- ये मिट्टियाँ उन क्षेत्रों को घेरती है जहाँ या तो पर्वतीय ढाल हो या वन्य क्षेत्रों में घाटियाँ हो।
- इस मिट्टी में जैविक पदार्थों एवं नाइट्रोजन की अधिकता होती है।

9. भारत में कृषि

- भारत एक कृषि प्रधान देश है, एवं यहाँ की लगभग 55% आबादी कृषि व उससे संबद्ध कार्यों में संलग्न है। कृषि से जहाँ हमारे देश की जनसंख्या को खाद्य सुरक्षा उपलब्ध होती है, वहीं उद्योगों को कच्चा माल भी प्राप्त होता है।
- भारत के कुल क्षेत्रफल का लगभग 51% भाग पर कृषि, 4% भू-भाग पर चारागाह, लगभग 21% भूमि पर वन तथा 24% भूमि बंजर तथा बिना उपयोग की है।
- भारत के सकल घरेलू उत्पाद (GDP) में कृषि व उससे सम्बन्धित क्षेत्रों का योगदान लगभग 15% है।
- भारत को 15 कृषि जलवायुविक प्रदेशों में विभक्त किया गया है।
- विश्व में चावल उत्पादन में चीन के बाद भारत का दूसरा स्थान है। भारत में खाद्यान्नों के अन्तर्गत आने वाले कुल क्षेत्र के 47% भाग पर चावल की खेती की जाती है।
- विश्व में गेहूँ के उत्पादन में भारत का चीन के बाद दूसरा स्थान है। देश की कुल कृषि योग्य भूमि के लगभग 15% भाग पर गेहूँ की खेती की जाती है।
- देश में गेहूँ के उत्पादन में उत्तरप्रदेश का प्रथम स्थान है, जबकि प्रति हेक्टेयर उत्पादन में पंजाब का स्थान प्रथम है।
- भारत में हरित क्रान्ति (Green Revolution) का सबसे अधिक प्रभाव गेहूँ एवं चावल की कृषि पर पड़ा है, परंतु चावल की तुलना में गेहूँ के उत्पादन में अधिक वृद्धि हुई है।
- प्रथम में हरित क्रान्ति लाने का श्रेय डॉ. एम.एस. स्वामीनाथन को है। भारत में हरित क्रान्ति की शुरुआत 1966-1967 ई. में हुई।
- भारत हरित क्रान्ति के बाद 1983-1984 ई. में द्वितीय हरित क्रान्ति की शुरुआत हुई, जिसमें अधिक अनाज उत्पादन, निवेश एवं कृषकों को दी जाने वाली सेवाओं का विस्तार हुआ।
- तिलहन प्रौद्योगिकी मिशन की स्थापना 1986 ई. में हुई।
- भारत विश्व में उर्वरकों का तीसरा सबसे बड़ा उत्पादक और दूसरा सबसे बड़ा उपभोक्ता देश है।
- पोटैशियम उर्वरक का पूरी तरह आयात किया जाता है।
- आम, केला, चीकू, खट्टे नींबू, काजू, नारियल, काली मिर्च, अदरक तथा हल्दी के उत्पादन में भारत का विश्व में प्रथम स्थान है।

➪ फलों तथा सब्जियों के उत्पादन में भारत का विश्व में दूसरा स्थान है।

ऋतुओं के आधार पर फसलों का वर्गीकरण

1. **रबी की फसल :** यह सामान्यतया अक्टूबर-नवंबर में बोकर अप्रैल-मई तक काट ली जाती है। सिंचाई की सहायता से तैयार होने वाली इस फसल में मुख्यतः गेहूँ, जौ, चना, मटर, सरसों, राई आदि की कृषि की जाती है।
2. **खरीफ की फसल :** यह वर्षाकाल की फसल है, जो जून-जुलाई में बोने के पश्चात् सितंबर-अक्टूबर तक काट ली जाती है। इसके अन्तर्गत चावल, ज्वार, बाजरा, रागी, मक्का, जूट, मूँगफली, कपास, सन, तंबाकू, मूँग, उड़द, लोबिया आदि की कृषि की जाती है।
3. **जायद की फसल :** यह फसल रबी एवं खरीफ के मध्यवर्ती काल में अर्थात् मार्च में बोने के पश्चात् जून तक काट ली जाती है। इसमें सिंचाई के सहारे सब्जियों तथा तरबूज, खरबूज, ककड़ी, खीरा, करेला आदि की कृषि की जाती है। मूँग व कुल्थी जैसी दलहन फसलें भी इस समय उगायी जाती है।

फसलें और उत्पादक राज्य	
फसल	**उत्पादक राज्य (घटते क्रम में)**
चावल	पश्चिम बंगाल, उत्तरप्रदेश, आन्ध्रप्रदेश, बिहार एवं पंजाब
गेहूँ	उत्तरप्रदेश, पंजाब, हरियाणा, बिहार, मध्यप्रदेश एवं राजस्थान
ज्वार	महाराष्ट्र, कर्नाटक, मध्यप्रदेश एवं आंध्रप्रदेश
बाजरा	गुजरात, राजस्थान एवं उत्तरप्रदेश
दलहन	मध्यप्रदेश, उत्तरप्रदेश, पंजाब, हरियाणा, राजस्थान, बिहार, पश्चिम बंगाल, गुजरात एवं ओडिशा
जौ	उत्तरप्रदेश, राजस्थान, बिहार एवं पंजाब
गन्ना	उत्तरप्रदेश, महाराष्ट्र, तमिलनाडु, कर्नाटक, हरियाणा, आंध्रप्रदेश, तेलंगाना एवं पंजाब
मूँगफली	गुजरात, आंध्रप्रदेश, तमिलनाडु, कर्नाटक, महाराष्ट्र एवं मध्यप्रदेश
चाय	असम, पश्चिम बंगाल, तमिलनाडु, केरल, त्रिपुरा, कर्नाटक एवं हिमाचल प्रदेश
कहवा	कर्नाटक, तमिलनाडु, केरल, आंध्रप्रदेश एवं महाराष्ट्र
कपास	गुजरात, महाराष्ट्र, मध्यप्रदेश, पंजाब, कर्नाटक, हरियाणा, राजस्थान, तमिलनाडु, आंध्रप्रदेश एवं तेलंगाना
रबड़	केरल, तमिलनाडु, कर्नाटक, असम एवं अंडमान निकोबार द्वीप समूह
पटसन	पश्चिम बंगाल, बिहार, असम, ओडिशा, एवं उत्तरप्रदेश
तम्बाकू	आंध्रप्रदेश, तेलंगाना, गुजरात, बिहार, उत्तरप्रदेश, महाराष्ट्र, पश्चिम बंगाल एवं तमिलनाडु
काली मिर्च	केरल, कर्नाटक, तमिलनाडु एवं पदुचेरी
हल्दी	आंध्रप्रदेश, ओडिशा, तमिलनाडु, महाराष्ट्र एवं बिहार
काजू	केरल, महाराष्ट्र एंव आंध्रप्रदेश

10. भारत में सिंचाई

- भारत की जलवायु वर्ष भर कृषि उत्पादकता के अनुकूल है, परंतु यहाँ सभी मौसमों में आर्द्रता आपूर्ति नहीं हो पाती, अत: सिंचाई आवश्यक हो जाता है।
- कृषि की गहनता बढ़ाने एवं हरित क्रान्ति लाने में सिंचाई की महती भूमिका रही है।
- भारत में सिंचाई के प्रमुख साधनों के अन्तर्गत- नहरें, कुएँ, नलकूप, डीजल पंपसेट, तालाब आदि आते हैं।
- भारत में सिंचाई परियोजनाओं को तीन वर्गों में बाँटा गया है जो इस प्रकार है–

1. लघु सिंचाई परियोजनाएँ
- इनसे 2000 हेक्टेयर से कम क्षेत्र की सिंचाई होती है।
- इसके अन्तर्गत कुआँ, नलकूप, डीजल पंपसेट, तालाब, ड्रिप सिंचाई, स्प्रिंकलर, एनीकट आदि शामिल किये जाते हैं।
- भारत की सिंचाई आवश्यकताओं के लगभग 62% सिंचाई की आपूर्ति लघु सिंचाई परियोजनाओं से होती है।

2. मध्यम सिंचाई परियोजनाएँ
- इनसे 2000 से 10,000 हेक्टेयर तक क्षेत्र की सिंचाई होती है।
- इसके अन्तर्गत नहरी सिंचाई प्रमुख हैं।

3. वृहत् सिंचाई परियोजनाएँ
- इनसे 10,000 हेक्टेयर से अधिक क्षेत्रों की सिंचाई होती है।
- इसके लिए बड़े बाँध बनाकर नहरें निकाली जाती हैं।
- बड़ी व मध्यम सिंचाई परियोजना से देश की 38% सिंचाई आवश्यकताओं की पूर्ति होती है।
- विश्व का सर्वाधिक सिंचित क्षेत्र चीन (21%) में है।
- भारत में शुद्ध बोये गये क्षेत्र (1360 लाख हेक्टेयर) के लगभग 33% भाग पर सिंचाई की सुविधा उपलब्ध है।
- वर्तमान में कुआँ और नलकूप भारत में सिंचाई का प्रमुख साधन है।
- देश में सर्वाधिक नलकूप व पंपसेट तमिलनाडु (18%) में पाये जाते हैं। महाराष्ट्र (15.6%) का दूसरा स्थान है। केवल नलकूपों की सर्वाधिक सघनता वाला राज्य उत्तरप्रदेश है।
- प्रायद्वीपीय भारत में सिंचाई का प्रमुख साधन तालाब है। तालाब द्वारा सर्वाधिक सिंचाई तमिलनाडु राज्य में की जाती है।

11. भारत के खनिज संसाधन

- भारत विश्व के प्रमुख खनिज संसाधन संपन्न देशों में आता है। चूँकि भारत की भूगर्भिक संरचना में प्राचीन दृढ़ भूखंडों का योगदान है, अत: यहाँ लगभग सभी प्रकार के खनिजों की प्राप्ति होती है।
- भारत में खनिजों के सर्वेक्षण एवं विकास के लिए जीओलॉजिकल सर्वे ऑफ इंडिया (GSI) जिसका मुख्यालय कोलकाता में है तथा भारतीय खान ब्यूरो (IBM) जिसका मुख्यालय नागपुर में है, जिम्मेदार हैं।
- भारत में पाये जाने वाले खनिजों को मुख्यत: तीन वर्गों में बाँटा गया है–

1. **धात्विक खनिज :** लोहा, मैंगनीज, टंगस्टन, ताँबा, सीसा, जस्ता, बाक्साइट, सोना, चाँदी, इल्मेनाइट, बैराइट, मैग्नेसाइट, सिल्मेनाइट, टिन आदि।
2. **अधात्विक खनिज :** अभ्रक, एस्बेस्टस, पायराइट, नमक, जिप्सम, हीरा, किएनाइट, इमारती पत्थर, संगमरमर, चूना-पत्थर, विभिन्न प्रकार की मिट्टियाँ आदि।
3. **अणुशक्ति के खनिज :** यूरेनियम, थोरियम, इल्मेनाइट, बैरीलियम, जिरकॉन, सुरमा, ग्रेफाइट आदि।
4. **जीवाश्म ईंधन :** कोयला, खनिज तेल तथा प्राकृतिक गैस आदि।

प्रमुख खनिज पदार्थ उनसे संबंद्धित राज्य		
खनिज पदार्थ	**संबंद्धित राज्य**	**विशेष बिन्दु**
लौह अयस्क	ओडिशा (सोनाई, क्योंझर, मयूरभंज), झारखंड (सिंहभूम, हजारीबाग, पलामू एवं धनबाद), छत्तीसगढ़ (बस्तर, दुर्ग, रायपुर, रायगढ़, बिलासपुर), मध्यप्रदेश (जबलपुर), कर्नाटक (बेलारी, चिकमंगलूर, चीतल दुर्ग) महाराष्ट्र (रत्नागिरि एवं चाँदा), तमिलनाडु (सलेम, तिरुचिरापल्ली), गोवा	झारखंड एवं ओडिशा राज्यों में देश का लगभग 75% लोहा प्राप्त किया जाता है। भारत लौह अयस्क का निर्यात- जापान, चेक, स्लोवाकिया, इटली, श्रीलंका आदि को करता है। कुल संचित भंडार की दृष्टि से भारत का विश्व में प्रथम स्थान है।
मैंगनीज	झारखंड (सिंहभूम), महाराष्ट्र (नागपुर और भंडारा), ओडिशा (क्योंझर, सुंदरगढ़) आन्ध्रप्रदेश (काकुलमणि), कर्नाटक (शिमोगा एवं बेलारी) गुजरात (पंचमहल) राजस्थान (बांसवाड़ा)	मैंगनीज उत्पादन में भारत का विश्व में तीसरा स्थान है। ओडिशा देश का सर्वाधिक मैंगनीज उत्पादन करने वाला राज्य है।
कोयला	झारखंड (धनबाद, सिंहभूम, गिरिडीह), पश्चिम बंगाल (रानीगंज, आसनसोल), छत्तीसगढ़ (रायगढ़), ओडिशा (देसगढ़ तथा तलचर), असम (माकूम, लखीमपुर), महाराष्ट्र (चाँदा), आंध्रप्रदेश (सिंगरेनी), मेघालय, जम्मू-कश्मीर, नगालैंड आदि	कोयले के उत्पादन में भारत का विश्व में तीसरा स्थान है। भारत में कोयले के उत्पादन में प्रथम तीन राज्य क्रमशः- झारखंड, छत्तीसगढ़, ओडिशा। एंथ्रेसाइट सबसे उत्तम श्रेणी का कोयला है।
ताँबा	झारखंड (धनबाद, सिंहभूम, हजारीबाग), राजस्थान (खेतड़ी, झुंझुनू, भीलवाड़ा, अलवर, एवं सिरोही), महाराष्ट्र (कोल्हापुर) कर्नाटक (चीतल दुर्ग, हासन, रायचूर), मध्यप्रदेश (बालाघाट), आंध्रप्रदेश (अग्नि गुण्डल)	भारत में ताँबा के उत्पादन में प्रथम तीन राज्य हैं- मध्यप्रदेश, राजस्थान, झारखंड। राजस्थान के जवारखान से जस्ते के साथ ताँबा भी निकाला जाता है।

बॉक्साइट	ओडिशा, झारखंड (कोडरमा, हजारीबाग), बिहार (गया एवं मुंगेर), महाराष्ट्र (नागपुर, भंडारा तथा रत्नागिरि), राजस्थान (अजमेर, शाहपुर), आंध्रप्रदेश (नेल्लोर)	भारत में बॉक्साइट का उत्पादन सबसे अधिक ओडिशा (कुल उत्पादन का 50%) होता है।
अभ्रक	झारखंड (पलामू), गुजरात (खेड़ा) मध्यप्रदेश (कटनी, बालाघाट, जबलपुर), छत्तीसगढ़ (बिलासपुर), राजस्थान	अभ्रक के उत्पादन में भारत का विश्व में प्रथम स्थान है। राजस्थान में 51% अभ्रक है।
सोना	कर्नाटक (कोलार तथा हट्‌टी की खान), आंध्रप्रदेश (अनन्तपुर, वारंगल), तमिलनाडु (नीलगिरि एवं सलेम), झारखंड (सिंहभूम)	देश की कुल स्वर्ण उत्पादन का 98% भाग अकेले कर्नाटक राज्य से प्राप्त किया जाता है।
जस्ता	राजस्थान (उदयपुर), ओडिशा, जम्मू-कश्मीर (उत्पादन में द्वितीय स्थान)	राजस्थान (उत्पादन में प्रथम) के जवारखान जस्ता उत्पादन के लिए प्रसिद्ध है।
पेट्रोलियम	असम (डिगबोई, सुरमा घाटी) गुजरात (खम्भात, अंकलेश्वर) महाराष्ट्र (मुम्बई हाई)	
यूरेनियम	झारखंड (रांची, हजारीबाग, सिंहभूम)	झारखंड प्रथम स्थान पर है।
मैग्नेजाइट	उत्तराखंड, राजस्थान, तमिलनाडु, आंध्र प्रदेश	इसका सर्वाधिक भंडार 68% उत्तराखंड में है।
थोरियम	राजस्थान (पाली, भीलवाड़ा)	विश्व का सबसे बड़ा थोरियम निर्माता देश भारत है।
चाँदी	राजस्थान (जवारखान) कर्नाटक (चित्रदुर्ग बेलारी) आंध्रप्रदेश (कुड़प्पा, गुण्टुर) झारखंड (संथाल परगाना, सिंहभूम)	
क्रोमाइट	झारखंड एवं ओडिशा	इसके उत्पादन में ओडिशा प्रथम स्थान पर है।
टंगस्टन	राजस्थान, तमिलनाडु, कर्नाटक	इसके मुख्य भंडार देगाना (राजस्थान) में है।
हीरा	मध्यप्रदेश (पन्ना खान)	
सीसा	झारखंड (हजारीबाग), राजस्थान (चिचोली)	
लिग्नाइट	तमिलनाडु, राजस्थान	इसका सर्वाधिक भंडार तमिलनाडु में है।

12. भारत के उद्योग

1. लौह–इस्पात उद्योग

➩ देश में पहला लौह इस्पात कारखाना 1874 ई. में कुल्टी (पश्चिम बंगाल) नामक स्थान पर बराकर लौह कंपनी के रूप में स्थापित किया गया था।

➩ देश में सबसे पहला लौह-इस्पात बड़े पैमाने का कारखाना 1907 ई. में तत्कालीन बिहार राज्य में साकची नामक स्थान पर जमशेदजी टाटा द्वारा स्थापित किया गया था।

स्वतन्त्रता से पूर्व स्थापित लौह-इस्पात कारखाना

(i) **भारतीय लौह-इस्पात कंपनी :** इसकी स्थापना 1918 ई. में पश्चिम बंगाल की दामोदर नदी घाटी में हीरापुर (वर्तमान बर्नपुर) नामक स्थान पर की गयी थी।

(ii) **मैसूर आयरन एण्ड स्टील वर्क्स :** 1923 ई. में मैसूर राज्य (वर्तमान कर्नाटक) के भद्रावती नामक स्थान पर स्थापित की गयी थी। इसका वर्तमान नाम विश्वेश्वरैया आयरन एण्ड स्टील कंपनी लिमिटेड (VISCL) है।

(iii) **स्टील कॉरपोरेशन ऑफ बंगाल :** इसकी स्थापना 1937 ई. में बर्नपुर (पश्चिम बंगाल) में की गयी थी। बाद में इसे 1953 ई. में भारतीय लौह-इस्पात कंपनी (IISCO) में मिला दिया है।

स्वतन्त्रता के बाद स्थापित लौह-इस्पात कारखाना

(i) **दूसरी पंचवर्षीय योजना काल (1956-1961) में स्थापित कारखाना**

(a) **भिलाई इस्पात संयत्र :** इसकी स्थापना 1955 ई. में तत्कालीन मध्यप्रदेश के भिलाई में पूर्व सोवियत संघ की सहायता से की गयी थी।

(b) **हिंदुस्तान स्टील लिमिटेड, राउरकेला :** इसकी स्थापना 1953 ई. में ओडिशा के राउरकेला नामक स्थान पर पश्चिमी जर्मनी की सहायता से की गयी थी।

(c) **हिंदुस्तान स्टील लिमिटेड, दुर्गापुर :** इसकी स्थापना 1956 ई. में पश्चिम बंगाल के दुर्गापुर नामक स्थान पर ब्रिटेन की सहायता से की गयी थी।

(ii) **तृतीय पंचवर्षीय योजना काल में स्थापित कारखाना**

(a) **बोकारो प्लांट :** इसकी स्थापना 1968 ई. में तत्कालीन बिहार राज्य के बोकारो नामक स्थान पर पूर्व सोवियत संघ की सहायता से की गयी थी।

(iii) **चौथी पंचवर्षीय योजना काल में स्थापित कारखाना**

(a) **सलेम इस्पात :** सलेम (तमिलनाडु)

(b) **विशाखापत्तनम इस्पात संयंत्र :** विशाखापत्तनम (आंध्रप्रदेश)

(c) **विजयनगर इस्पात संयंत्र :** हास्पेट, जिला बेलारी (कर्नाटक)

➩ **स्टील अथॉरिटी ऑफ इंडिया (SAIL) :** भारत सरकार ने 1974 ई. में स्टील अथॉरिटी ऑफ इंडिया लिमिडेड की स्थापना की। दुर्गापुर, भिलाई, राउरकेला, बोकारो, बर्नपुर, सलेम, विश्वेश्वरैया आयरन एण्ड स्टील कंपनी का प्रबंधन इसी के अधीन है।

2. एल्युमिनियम उद्योग

➩ भारत में एल्युमिनियम का पहला कारखाना 1937 ई. में पश्चिम बंगाल में आसनसोल के निकट जे.के. नगर में स्थापित किया गया था।

- 1938 ई. में चार कारखाने तत्कालीन बिहार राज्य के मुरी, केरल के अलवाये, पश्चिम बंगाल के बेलूर तथा ओडिशा के हीराकुण्ड में स्थापित किये गये।
- हिंदुस्तान एल्युमिनियम कार्पोरेशन (हिण्डाल्को) की स्थापना तत्कालीन मध्यप्रदेश के कोरबा नामक स्थान पर की गयी।
- मद्रास एल्युमिनियम कंपनी तमिलनाडु के मैदुर नामक स्थान पर स्थापित की गयी।

3. सूती वस्त्र उद्योग

- आधुनिक ढ़ंग से सूती वस्त्र की पहली मिल की स्थापना 1818 ई. में कोलकाता के समीप फोर्ट ग्लास्टर में की गयी थी, किन्तु यह असफल रही थी।
- सबसे पहला सफल आधुनिक सूती कपड़ा कारखाना 1854 ई. में बम्बई में कवासजी डावर द्वारा खोला गया, जिसमें 1856 ई. से उत्पादन प्रारंभ हुआ।
- सूती वस्त्र उद्योग का सर्वाधिक केन्द्रीकरण महाराष्ट्र एवं गुजरात राज्य में है। अन्य प्रमुख राज्य हैं- पश्चिम बंगाल, मध्यप्रदेश, तमिलनाडु, आंध्रप्रदेश, केरल, उत्तरप्रदेश।
- मुम्बई को भारत के सूती वस्त्रों की राजधानी के उपनाम से जाना जाता है।
- कानपुर को उत्तर भारत का मैनचेस्टर कहा जाता है।
- कोयम्बटूर (तमिलनाडु) को दक्षिण भारत का मैनचेस्टर कहा जाता है।
- अहमदाबाद को भारत का बोस्टन कहा जाता है।

4. जूट उद्योग

- सोने का रेशा (Golden Fibre) के नाम से प्रसिद्ध जूट के रेशों से सामानों का निर्माण करने में भारत का विश्व में प्रथम स्थान है।
- जूट का पहला कारखाना कोलकाता के समीप रिशरा नामक स्थान में 1859 ई. में लगाया गया था।
- भारतीय जूट निगम की स्थापना 1971 ई. में जूट के आयात, निर्यात एवं आंतरिक बाजार की देखभाल के लिए की गयी है।
- भारत पूरे विश्व में 35% जूट के समानों का निर्माण करता है।

जूट उद्योग से सम्बन्धित प्रमुख राज्य	
पश्चिम बंगाल	टीटागढ़, रिशरा, बाली, अगरपाड़ा, बाँसबेरियाँ, कान किनारा, उलबेरिया, सीरामपुर, बजबज, हावड़ा, श्यामनगर, शिवपुर, सियालदह, बिरलापुर, होलीनगर, बैरकपुर
आंध्रप्रदेश	विशाखापत्तनम, गुण्डूर
उत्तरप्रदेश	कानपुर, सहजनवाँ (गोरखपुर)
बिहार	पूर्णिया, कटिहार, सहरसा, दरभंगा

5. चीनी उद्योग

- भारत विश्व का सबसे बड़ा चीनी उत्पादक देश है। वजनह्रासी उद्योग होने के कारण इसका मुख्य सकेन्द्रण कच्चे माल के क्षेत्र में है।
- यह उद्योग सबसे पहले बेतिया (पश्चिमी चंपारण, बिहार) में 1840 ई. में लगया गया था, परंतु इसका वास्तविक विकास 1931 से प्रांरभ होता है जिस समय सरकार ने पहली बार इस उद्योग को संरक्षण दिया।

- 1960 ई. तक उत्तरप्रदेश व बिहार मुख्य चीनी उत्पादक राज्य थे, किन्तु उसके बाद दक्षिणी भारत में अनुकूल जलवायु व काली मृदा का क्षेत्र होने तथा नमी संरक्षण की क्षमता एवं ट्यूबवेल सिंचाई का विकास होने के कारण इस उद्योग में विकेन्द्रीकरण की उभरी।
- दक्षिण भारत में गन्ने की उत्पादकता व प्रति टन रस उपलब्धता अधिक होने के कारण अब यह उत्पादन की दृष्टि से महत्त्वपूर्ण प्रदेश बन गया है।
- यह उद्योग मुख्यतः उत्तरप्रदेश, महाराष्ट्र, बिहार, तमिलनाडु, मध्यप्रदेश, आंध्रप्रदेश, पंजाब, हरियाणा, पश्चिम बंगाल एवं राजस्थान राज्य में है।

चीनी उद्योग से सम्बन्धित प्रमुख राज्य	
उत्तरप्रदेश	देवरिया, भटनी, पडरौना, गोरखपुर, गौरी बाजार, सिसवाँ बाजार, बस्ती, गोंडा, बलरामपुर, बारांबकी, सीतापुर, हरदोई, बिजनौर, मेरठ, सहारनपुर, मुरादाबाद, बुलन्दशहर, कानपुर, फैजाबाद एवं मुजफ्फरनगर आदि।
बिहार	मोतीहारी, सुगौली, मझौलिया, चनपटिया, नरकटियागंज, मढ़हौरा, सासामूसा, गोपालगंज, मोतीपुर, डालमियानगर, सारण, समस्तीपुर, दरभंगा, चम्पारण, हसनपुर, मुजफ्फपुर आदि।
महाराष्ट्र	मनसद, नासिक, अहमदनगर, पूना, शोलापुर एवं कोल्हापुर।
पश्चिम बंगाल	तेलडांगा, पलासी, हावड़ा, एवं मुर्शिदाबाद।
पंजाब	हमीरा, फगवाड़ा, अमृतसर।
हरियाणा	जगधारी एवं रोहतक।
तमिलनाडु	अरकाट, मदुरै, कोयम्बटूर, तिरुचिरापल्ली।
आंध्रप्रदेश	सीतापुरम्, पीठापुरम्, बेजवाड़ा, हास्पेट, साभल कोट।
राजस्थान	गंगानगर एवं भूपाल सागर।

6. सीमेंट उद्योग

- विश्व में सबसे पहले आधुनिक रूप से सीमेंट का निर्माण 1824 ई. में ब्रिटेन के पोर्टलैंड नामक स्थान पर किया गया था।
- सीमेंट उद्योग देश के सर्वाधिक उन्नत उद्योगों में हैं। आवास निर्माण एवं देश के ढाँचागत क्षेत्र में इसकी महत्त्वपूर्ण भूमिका होती है।
- भारत में आधुनिक ढंग से सीमेंट बनाने का पहला कारखाना 1904 ई. में मद्रास में लगाया गया था, जो असफल रहा।
- मद्रास के कारखाने के बाद 1912-1913 ई. की अवधि में इंडियन सीमेंट कंपनी (ICC) लिमिटेड द्वारा गुजरात के पोरबंदर नामक स्थान पर कारखाने की स्थापना की गयी, जिसमें 1914 ई. से उत्पादन प्रारंभ हुआ।
- एसोसिएट सीमेंट कंपनी लिमिटेड (ACC) की स्थापना 1934 ई. में की गयी थी।
- राजस्थान भारत का सबसे बड़ा सीमेंट उत्पादक राज्य है।

सीमेंट उद्योग से सम्बन्धित प्रमुख राज्य	
राजस्थान	जयपुर, लखेरी
मध्यप्रदेश	सतना, कटनी, जबलपुर, बनमोर (ग्वालियर), रतलाम
छत्तीसगढ़	दुर्ग, जामुल, तिलदा, मंधार, अलकतरा
उत्तरप्रदेश	मिर्जापुर, चुर्क
झारखंड	जपला, खेलारी, सिन्दरी और झींकपानी
ओडिशा	राजगंगपुर
आंध्रप्रदेश	कृष्णा, विजयवाड़ा, मनचेरियल, मछेरिया, पनयम
कर्नाटक	भोजपुर, भद्रावती, बागलकोट, बंगलौर
तमिलनाडु	डालमियापुरम्, मधुकराय, तुलकापट्टी
केरल	कोट्टायम
गुजरात	पोरबंदर/द्वारका, सीका (जामनगर), भावनगर, सेवालियम और रानायाय
पंजाब	सूरजपुर
हरियाणा	चरखी दादरी

7. कागज उद्योग

- आधुनिक ढंग से भारत में कागज का पहला कारखाना 1716 ई. में मद्रास के समीप ट्रंकवार नामक स्थान पर डॉ. विलियम कोर द्वारा स्थापित किया गया, जो असफल रहा।
- कागज का पहला सफल कारखाना 1879 ई. में लखनऊ में लगाया गया।
- पश्चिम बंगाल भारत का सबसे बड़ा कागज उत्पादक राज्य है।
- मध्य प्रदेश के नेपानगर में अखबारी कागज तथा होशंगाबाद में नोट छापने के कागज बनाने का सरकारी कारखाना है।

कागज उद्योग से सम्बन्धित प्रमुख राज्य	
पश्चिम बंगाल	टीटागढ़, रानीगंज, नैहाटी, त्रिवेणी, कोलकाता, किनाडा, हुगली, बड़ानगर, शिवराफूली आदि
आंध्रप्रदेश	राजमहेन्द्री, सिरपुर, कागजपुर, तिरुपति आदि
उत्तरप्रदेश	सिकन्दराबाद, मेरठ, सहारनपुर, पिपराइच, मुजफ्फपुर, पिलखुआ, लखनऊ, नैनी (इलाहाबाद) आदि
झारखंड	संथाल परगना
बिहार	पटना, बरौनी, समस्तीपुर
मध्यप्रदेश	नेपानगर (अखबारी कागज बनाने का सरकारी कारखाना)
तमिलनाडु	पट्टीपलायम (सलेम), चरणमहादेवी (तिरुनलवैली), उदमलपेट तथा पालनी
महाराष्ट्र	मुम्बई, पुणे, बल्लारपुर, चन्द्रपुर, कल्याण, कराड, पिम्परी, भिवण्डी, रोहा
गुजरात	वापी, सूरत, बड़ोदरा, राजकोट, बरजोद, उदावाड़ा आदि

8. रासायनिक उर्वरक उद्योग

- ऐतिहासिक रूप से देश में सुपर फॉस्फेट उर्वरक का पहला कारखाना 1906 में तमिलनाडु के रानीपेट नामक स्थान पर स्थापित किया गया था।
- 1944 ई. में कर्नाटक के बैलेगुला नामक स्थान पर मैसूर केमिकल्स एण्ड फर्टिलाइजर्स के नाम से अमोनिया उर्वरक का कारखाना लगाया गया।
- 1947 ई. में अमोनियम सल्फेट का पहला कारखाना केरल के अल्वाय नामक स्थान पर खोला गया।
- भारत में उर्वरक निगम की स्थापना 1951 ई. में की गयी, जिसके तहत एशिया का सबसे बड़ा उर्वरक सन्यंत्र सिन्दरी (झारखंड) में स्थापित किया गया।
- भारत विश्व का तीसरा सबसे बड़ा रासायनिक उर्वरक उत्पादक एवं उपभोक्ता है।
- भारत पोटाश उर्वरक के लिए पूरी तरह आयात पर निर्भर है।
- भारत में नाइट्रोजनी उर्वरक की खपत सबसे अधिक है।

रासायनिक उर्वरक उत्पादन से सम्बन्धित प्रमुख राज्य	
झारखंड	सिन्दरी
बिहार	बरौनी
उत्तरप्रदेश	कानपुर, गोरखपुर, इलाहाबाद (फूलपुर)
ओडिशा	राउरकेला, तलचर
राजस्थान	खेतड़ी, सलादीपुर एवं कोटा
महाराष्ट्र	मुम्बई, ट्राम्बे, अम्बरनाथ तथा लोनी
पश्चिम बंगाल	बर्नपुर, हल्दिया, रिशरा तथा खारदाह
कर्नाटक	मंगलौर, बेलागुला तथा मुनीराबाद
तमिलनाडु	न्येवली, रानीपेट, इन्नौर, कोयम्बटूर, तूतीकोरन, आवाडी एवं मनाली
गुजरात	कांडला, बड़ोदरा, हजीरा, भावनगर
आंध्रप्रदेश	विशाखापट्टनम, तादेपल्ली तनूकू, रामागुडम

9. जलयान निर्माण उद्योग

- भारत में जलयान निर्माण का प्रथम कारखाना 1941 में सिंधिया स्टीम नेवीगेशन कंपनी द्वारा विशाखापट्टनम में स्थापित किया गया था। 1952 ई. में भारत सरकार द्वारा इसका अधिग्रहण करके हिंदुस्तान शिपयार्ड विशाखापट्टनम नाम दिया गया है।
- सार्वजनिक क्षेत्र की अन्य इकाइयाँ जो जलयानों का निर्माण करती है, निम्नलिखित हैं-

  (i) गार्डेनरीच वर्कशॉप लिमिटेड-कोलकाता (पश्चिम बंगाल)

  (ii) गोवा शिपयार्ड लिमिटेड-गोवा

  (iii) मंझगाँव डाक लिमिटेड-मुम्बई (महाराष्ट्र)

10. वायुयान निर्माण उद्योग

- भारत में वायुयान निर्माण का पहला कारखाना 1940 ई. में बंगलौर में 'हिंदुस्तान एयरक्राफ्ट कंपनी' के नाम स्थापित किया गया जो आज 'हिंदुस्तान एयरोनॉटिक्स लिमिटेड (HAL) के नाम से जाना जाता है।

➩ वर्तमान में HAL की पाँच इकाइयाँ बंगलोर में ही है। इसके अतिरिक्त कोरापुट, कोरवा, नासिक, बैरकपुर, लखनऊ, हैदराबाद तथा कानपुर में एक-एक इकाइयाँ वायुयानों के निर्माण कार्य में संलग्न है।

11. मोटरगाड़ी उद्योग

➩ मोटरगाड़ी को विकास उद्योग के नाम से जाना जाता है।

➩ मोटरगाड़ी से सम्बन्धित प्रमुख इकाइयाँ हैं- हिंदुस्तान मोटर (कोलकाता), प्रीमियर ऑटोमोबाइल्स लि. (मुम्बई), अशोक लिलैण्ड (चेन्नई), टाटा इंजीनियरिंग एण्ड लोकोमोटिव कम्पनी लि. (जमशेदपुर), महिन्द्रा एण्ड महिन्द्रा लि. (पुणे), मारूती उद्योग लि. गुड़गाँव (हरियाणा) और सनराइज इंडस्ट्रीज बंगलौर।

नोटः कुछ वर्ष पूर्व हिंदुस्तान मोटर (कोलकता) बंद हो गया।

12. शीशा उद्योग

➩ भारत में शीशा उद्योग का केन्द्रीकरण रेल की सुविधा वाले स्थानों में देखने में मिलता है।

➩ शीशा उद्योग का विकास मुख्यतः पश्चिम बंगाल, उत्तरप्रदेश, महाराष्ट्र एवं तमिलनाडु राज्य में हुआ है।

➩ उत्तरप्रदेश के फिरोजाबाद एवं शिकोहाबाद भारत में शीशा उद्योग के महत्त्वपूर्ण केन्द्र हैं।

शीशा उद्योग से सम्बन्धित प्रमुख राज्य	
पश्चिम बंगाल	बेलगछिया, सीतारामपुर, रिसड़ा, वर्द्धमान, रानीगंज एवं आसनसोल
उत्तरप्रदेश	नैनी (इलाहाबाद), रामनगर (वाराणसी), बहजोई (मुरादाबाद), बालाबाली (बिजनौर) एवं फिरोजाबाद
झारखंड	काण्ड्रा (जमशेदपुर), भुरकुण्डा (हजारीबाग), धनबाद
बिहार	पटना एवं कहलगाँव
गुजरात	बड़ौदा, मौरवी
राजस्थान	जयपुर
अन्य स्थान	अम्बाला, अमृतसर, हैदराबाद, जबलपुर, बंगलौर एवं गुवाहाटी

13. दवा निर्माण उद्योग

➩ यह एक हल्का उद्योग है। इसी कारण कच्चे माल या बाजार के स्थान पर कोल्ड स्टोरेज, एयरकंडीशनर, परिवहन व अन्य संरचनात्मक सुविधाओं की इस उद्योग की अवस्थिति में अधिक महत्त्वपूर्ण भूमिका है।

➩ उपरोक्त सुविधाएँ महानगरीय क्षेत्रों में बेहतर ढंग से उपलब्ध है, इसीलिए यहाँ इनका बेहतर विकास हुआ है।

➩ 1954 ई. में हिंदुस्तान एंटीबायोटिक्स लिमिटेड की स्थापना की गयी, जिसके प्रमुख केन्द्र हैं- बंगलुरू, नागपुर, व पिंपरी (पुणे)।

➩ 1960 ई. में इंडियन ड्रग एण्ड फॉर्मास्युटिकल लिमिटेड (IDPL) की स्थापना की गयी। ऋषिकेश, हैदराबाद, चेन्नई, गुड़गाँव व मुजफ्फरपुर में इसकी इकाइयाँ हैं।

➩ भारत में दवा निर्माण उद्योग के प्रमुख केन्द्र हैं- मुम्बई, दिल्ली, कानपुर, हरिद्वार, ऋषिकेश, अहमदाबाद, पुणे, पिंपरी (पेन्सिलीन), मथुरा, हैदराबाद।

- परंपरागत दवा उद्योग के अंतर्गत डाबर, वैद्यनाथ, ऊँझा, हमदर्द, हिमालया एवं पतांजलि जैसी कंपनियाँ निरंतर नये उत्पादों के उत्पादन दिशा में प्रयासरत हैं।

14. अभियांत्रिकी उद्योग

- इस उद्योग से सम्बन्धित प्रमुख स्थान हैं- हटिया (रांची, झारखंड), दुर्गापुर (पश्चिम बंगाल), विशाखापत्तनम (आंध्रप्रदेश), नैनी (इलाहाबाद), बंगलुरु, अजमेर, जादवपुर (कोलकाता)।
- भारी इंजीनियरिंग निगम लिमिटेड (HEC) रांची की स्थापना 1958 ई. में की गयी थी।

15. रेलवे उपकरण निर्माण उद्योग

- भारत रेल के इंजनों, सवारी डिब्बों तथा माल ढोने वाले डिब्बों के निर्माण में पूर्णतया आत्मनिर्भर है।
- भारत में रेलवे उपकरण से सम्बन्धित पहली कंपनी झारखंड के सिंहभूम जिले में 'पेनिसुलर लोकोमोटिव कंपनी' 1921 ई. में स्थापित की गयी थी। बाद में इसका नाम 'टाटा इंजीनियरिंग एण्ड लोकोमोटिव कंपनी (टेल्को) रखा गया।
- भारत में रेल इंजन का सबसे पुराना कारखाना चितरंजन (पश्चिम बंगाल) में है। इस कारखाने की स्थापना 26 जनवरी, 1950 ई. में चितरंजन लोकोमोटिव वर्क्स के नाम से हुई। वर्तमान में यहाँ विद्युत इंजन का निर्माण हो रहा है।
- डीजल से चलने वाले इंजनों का निर्माण मडुआडीह (वाराणसी) के डीजल लोकोमोटिव वर्क्स (DLW) में होता है।
- रेलवे इंजन निर्माण का कार्य जमशेदपुर (झारखंड) में भी होता है।
- बिहार के मढ़ौरा (सारण) में डीजल इंजन व मधेपुरा में विद्युत इंजन कारखाना लगाया जा रहा है।
- रेल के डिब्बे बनाने का प्रमुख केन्द्र चेन्नई के समीप पेराम्बूर नामक स्थान पर 1925 ई. में स्थापित किया गया है। इसके अन्य प्रमुख केन्द्र बंगलुरु तथा कोलकाता हैं। पंजाब के कपूरथला में इंटीग्रल कोच फैक्ट्री की स्थापना की गयी है।
- रायबरेली (उत्तरप्रदेश) व कचरापाड़ा (पश्चिम बंगाल) में रेलवे कोच फैक्ट्री की नई उत्पादन इकाई स्थापित की जा रही है।
- सोनपुर (सारण, बिहार) में रेल व्हील फैक्ट्री स्थापित की गयी है।

16. बिजली के समान

- बिजली के समान का निर्माण हरिद्वार (रानीपुर), भोपाल, हैदराबाद के निकट रामचन्द्रपुरम, तिरुचिरापल्ली एवं कोलकाता में होता है।

17. ऊनी वस्त्र

- भारत में ऊन की पहली मिल 1870 ई. में कानपुर में स्थापित की गयी, परन्तु इस उद्योग का वास्तविक विकास 1950 ई. के बाद ही हुआ।
- वर्तमान समय में ऊनी वस्त्र उद्योग मुख्य रूप से पंजाब, हरियाणा, उत्तरप्रदेश, महाराष्ट्र एवं गुजरात राज्यों में स्थापित है।

ऊनी वस्त्र से सम्बन्धित प्रमुख राज्य	
उत्तरप्रदेश	मिर्जापुर, आगरा, मुजफ्फरनगर, शाहजहाँपुर
पंजाब	अमृतसर, धारीवाल
जम्मू-कश्मीर	श्रीनगर
राजस्थान	जयपुर, भीलवाड़ा, बीकानेर, जोधपुर
कर्नाटक	बंगलौर, मैसूर

➪ पंजाब में लुधियाना, जालंधर, धारीवाल और अमृतसर ऊनी वस्त्र उद्योग के महत्त्वपूर्ण केन्द्र है।

18. रेशम उद्योग

➪ भारत एक ऐसा देश है, जहाँ शहतूती, एरी, तसर एवं मूँगा सभी चार किस्मों की रेशम का उत्पादन होता है।

➪ भारत का दो तिहाई शहतूती रेशम कर्नाटक से प्राप्त होता है।

➪ गैर-शहतूती रेशम मुख्यतः असम, बिहार और मध्यप्रदेश से प्राप्त होता है।

रेशम उद्योग से सम्बन्धित प्रमुख राज्य	
जम्मू-कश्मीर	श्रीनगर, जम्मू, उधमपुर, अनन्तनाग, बारामूला
उत्तरप्रदेश	मिर्जापुर, वाराणसी, शाहजहाँपुर
पश्चिम बंगाल	मुर्शिदाबाद, बांकुड़ा, हावड़ा, चौबीस परगना
तमिलनाडु	सलेम, तंजौर, कांजीवरम् तिरुचिरापल्ली, कोयम्बटूर
बिहार	भागलपुर, गया, पटना
कर्नाटक	बंगलौर, मैसूर
गुजरात	अहमदाबाद, सूरत, भावनगर, पोरबंदर

19. चर्म उद्योग

➪ भारत में चर्म उद्योग के मुख्य केन्द्र हैं- कानपुर, आगरा, मुम्बई, कोलकाता, पटना तथा बंगलुरु।

➪ कानपुर चर्म उद्योग का सबसे बड़ा केन्द्र है। यह जूते बनाने के लिए प्रसिद्ध है।

➪ आगरा में चर्म उद्योग के लगभग 150 कारखाने हैं।

13. भारत में परिवहन

1. सड़क परिवहन

➪ भारत दुनिया के सबसे बड़ी सड़क-प्रणाली वाले देशों में से एक है। देश में सड़कों की कुल लंबाई लगभग 46.9 लाख किमी है।

➪ भारत में प्रबंधन के आधार पर सड़कों को तीन वर्गों में रखा गया है। ये हैं- (i) राष्ट्रीय राजमार्ग (National Highways) (ii) राज्य राजमार्ग (State Highways) तथा (iii) सीमावर्ती सड़कें (Border Roads)।

(i) राष्ट्रीय राजमार्ग (National Highways)

➪ इसके निर्माण, प्रबंधन एवं रख-रखाव की जिम्मेदारी भारत सरकार द्वारा निभायी जाती है। इसका नियंत्रण केन्द्रीय लोक निर्माण विभाग (CPWD) द्वारा किया जाता है।

➪ वर्तमान में राष्ट्रीय राजमार्ग के अंतर्गत कुल 96,214 किमी लंबी सड़कें शामिल हैं। देश की सड़कों की कुल लंबाई का यह लगभग 2% ही है किन्तु ये सम्पूर्ण देश के सड़क परिवहन का लगभग 40% यातायात सम्पन्न कराती है।

➪ राष्ट्रीय राजमार्ग संख्या 1 और 2 को सम्मिलित रूप से **ग्रांड ट्रंक रोड** (G.T. Road) कहा जाता है।

➪ राष्ट्रीय राजमार्ग संख्या 1A में ही जवाहर सुरंग स्थित है। यह राजमार्ग जालंधर से जम्मू व श्रीनगर होते हुए उरी तक जाती है। जम्मू और श्रीनगर को जोड़ने वाले बनिहाल दर्रे में ही जवाहर सुरंग स्थित है।

- भारत का सबसे लंबा राष्ट्रीय राजमार्ग 7 है, जो उत्तरप्रदेश में 128 किमी, मध्यप्रदेश में 504 किमी, महाराष्ट्र में 232 किमी, आंध्रप्रदेश में 753 किमी, कर्नाटक में 125 किमी, तमिलनाडु में 627 किमी (कुल 2,369 किमी) लंबी है।
- भारत का सबसे छोटा राष्ट्रीय राजमार्ग 47A है, जिसकी लंबाई मात्र 6 किमी है। यह केरल के बेम्बानद झील में स्थित वेलिंगटन द्वीप में है।
- राष्ट्रीय राजमार्ग-15 राजस्थान के मरुस्थल से होकर गुजरता है।
- स्वर्णिम चतुर्भुज परियोजना, चार महानगरों दिल्ली, मुम्बई, चेन्नई, व कोलकाता को जोड़ने वाली चार लेन वाले द्रुत मार्गी राष्ट्रीय राजमार्ग परियोजना है। इस सड़क मार्ग की लंबाई 5846 किमी है। अब इस परियोजना के तहत शामिल सड़कों को कहीं-कहीं छह लेन में बदला जा रहा है।
- राष्ट्रीय राजमार्ग विकास कार्यक्रम के अन्तर्गत बनने वाली उत्तर-दक्षिण गलियारा से श्रीनगर को कन्याकुमारी से तथा पूर्व-पश्चिम गलियारा से सिलचर को पोरबंदर से जोड़ा गया है। इसकी कुल लंबाई 7,522 किमी है।
- विश्व की सबसे ऊँची सड़क मनाली-लेह राजमार्ग है।

कुछ प्रमुख राष्ट्रीय राजमार्ग

राष्ट्रीय राजमार्ग	कहाँ से कहाँ तक
NH-1	दिल्ली-अमृतसर (पाक सीमा तक)
NH-2	दिल्ली-कोलकाता
NH-3	आगरा-मुम्बई
NH-4	थाणे-चेन्नई
NH-5	बाहरागोरा-चेन्नई (पूर्वी तट के साथ)
NH-6	कोलकाता-मुम्बई
NH-7	वाराणसी-कन्याकुमारी (देश में सबसे अधिक लंबा)
NH-8	दिल्ली, जयपुर-मुम्बई
NH-9	मुम्बई-विजयवाड़ा
NH-10	दिल्ली-फजिल्का
NH-15	पठानकोट-सामाखिआली (भारत-पाकिस्तान सीमा के साथ)
NH-17	पानवेल-इडापेल्ली (पश्चिमी तट के साथ)
NH-28	दिल्ली-लखनऊ

(ii) **राज्य राजमार्ग (State Highways)**

- इसके निर्माण एवं रखरखाव की जिम्मेदारी राज्य सरकार की होती है।
- ये सड़कें राज्य की राजधानियों को जिला मुख्यालयों से जोड़ती हैं।

(iii) **सीमावर्ती सड़कें (Border Roads)**

- सीमावर्ती सड़कों का निर्माण एवं प्रबंधन सीमा सड़क विकास बोर्ड द्वारा किया जाता है।

- सीमा सड़क संगठन (BRO) की स्थापना 1960 ई. में हुई थी।
- भारत में सबसे अधिक सड़कों वाला राज्य महाराष्ट्र है।
- भारत में सर्वाधिक पक्की सड़कों वाला राज्य भी महाराष्ट्र है।
- भारत में सर्वाधिक कच्ची सड़कों वाला राज्य ओडिशा है।
- भारत में सड़कों का सर्वाधिक घनत्व केरल में तथा सबसे कम जम्मू-कश्मीर में है।
- सड़क निर्माण क्षेत्र में निजी भागीदारी को बढ़ावा देने के लिए सरकार ने बनाओ, चलाओ और हस्तांतरित करो (BOT) की नीति अपनाई है।
- प्रधानमन्त्री ग्राम सड़क योजना (PMGSY) के अन्तर्गत 500 की आबादी वाले सभी गाँवों को बारहमासी सड़कों से जोड़ना है।

2. रेल परिवहन

- भारतीय रेल एशिया की सबसे बड़ी तथा विश्व की दूसरी सबसे बड़ी रेल व्यवस्था है।
- भारत में पहली बार रेल व्यवस्था की शुरुआत 16 अप्रैल, 1853 ई. मुम्बई से थाणे के बीच प्रारंभ हुई थी। इसकी लंबाई 34 किमी थी।
- विश्व में सबसे पहली रेलगाड़ी 1825 ई. में लीवरपुल से मैनचेस्टर के बीच चली थी।

देश में रेलमार्गों की स्थिति एक नजर में	
रेलमार्ग का प्रकार (% में)	**पटरियों की चौड़ाई**
बड़ी लाइन (82.49%)	1.676 मीटर
मीटर लाइन (13.23%)	1.00 मीटर
छोटी लाइन (4.27%)	0.762 और 0.610 मीटर

- भारतीय रेलवे बोर्ड की स्थापना मार्च 1905 ई. में की गयी थी।
- **एटवर्थ समिति** के सुझाव पर 1924 ई. में रेल बजट को आम बजट से अलग करने का निर्णय हुआ। 1925 में पहली बार रेल बजट अलग से पेश किया गया।
- भारतीय रेल का **राष्ट्रीयकरण** 1950 ई. में किया गया।
- विश्व में अनेक प्रकार की रेल लाइनें विद्यमान हैं, जिसके कारण परिवहन सम्बन्धी समस्या बढ़ जाती है। छोटी रेल लाइनों का परिवहन अधिक समय लेने वाला तथा बहुत खर्चीला है। इस समस्या के निराकरण के लिए भारतीय रेलवे द्वारा **यूनीगेज प्रोजेक्ट अर्थात् एक समान रेलवे लाइन** की परियोजना 1992 ई. में प्रारंभ की गयी जिसके अन्तर्गत देश की सभी छोटी व मीटर (मध्यम) लाइनों को बड़ी लाइनों में परिवर्तित किया जाना है।
- देश की सबसे लंबी दूरी तय करने वाली रेलगाड़ी **विवेक एक्सप्रेस** है, जो डिब्रूगढ़ (असम) से कन्याकुमारी (तमिलनाडु) तक जाती है। इस दौरान यह 4,286 किमी दूरी तय करती है।
- विश्व का सबसे लंगा रेलमार्ग ट्रांस-साइबेरियन रेलमार्ग है, जो लेनिनग्राड से ब्लाडीवॉस्टक तक 9,438 किमी लंबा है।
- वर्तमान में भारतीय रेल व्यवस्था के अन्तर्गत कुल 65,808 किमी लंबी रेलमार्ग बिछाई गयी है। इसका लगभग 32.84% भाग विद्युतीकृत है।
- भारत में **बिजली से चलने वाली प्रथम रेलगाड़ी** डेक्कन क्वीन थी, जो बम्बई एवं पुणे के मध्य चली थी।
- भारतीय रेल प्रशासन तथा प्रबंध की जिम्मेवारी रेलवे बोर्ड पर है। रेलवे को **17 मंडलों** (Zones) में बाँटा गया है। प्रत्येक मंडल का प्रधान महाप्रबंधक होता है।

➡ भारत का **सबसे बड़ा रेलवे क्षेत्र/मंडल** उत्तर रेलवे (लंबाई 10, 980 किमी) है। इसके बाद पश्चिमी रेलवे का स्थान आता है।

➡ कोंकण रेलवे मुंबई के निकट रोह से मंगलौर (कर्नाटक) के बीच बनायी गयी है। 760 किमी लंबे इस रेलमार्ग पर 26 जनवरी, 1998 ई. में यातायात आरंभ हो गयी। इस रेलमार्ग पर रेलगाड़ियों की गतिसीमा 160 किमी/घंटा निर्धारित की गयी है। इस रेलमार्ग से लाभान्वित होने वाले राज्य हैं- महाराष्ट्र, गोवा, कर्नाटक एवं केरल।

➡ कश्मीर का शेष भारत के साथ रेल सम्पर्क स्थापित करने के लिए जम्मू से उधमपुर, कटरा, काजीगुंड व श्रीनगर होते हुए बारामूला तक जम्मू-बारामूला रेलमार्ग परियोजना को कार्यान्वित किया गया है। इस रेलमार्ग की समस्त लंबाई 342 किमी है।

प्रमुख रेल मंडल	
भारतीय रेलवे क्षेत्र	**मुख्यालय**
मध्य रेलवे	मुम्बई (सेंट्रल)
पूर्वी रेलवे	कोलकाता
उत्तर रेलवे	नई दिल्ली
उत्तर-पूर्वी रेलवे	गोरखपुर
उत्तर-पूर्वी सीमान्त रेलवे	मालीगाँव (गुवाहाटी)
दक्षिणी रेलवे	चेन्नई
दक्षिण-मध्य रेलवे	सिकन्दाबाद
दक्षिण-पूर्वी रेलवे	कोलकाता
पश्चिमी रेलवे	मुम्बई (चर्चगेट)
पूर्वी-मध्य रेलवे	हाजीपुर
पूर्वी-तटवर्ती रेलवे	भुवनेश्वर
उत्तर-मध्य रेलवे	इलाहाबाद
उत्तर-पश्चिमी रेलवे	जयपुर
दक्षिण-पूर्व मध्य रेलवे	बिलासपुर
दक्षिण-पश्चिम रेलवे	हुबली
पश्चिम-मध्य रेलवे	जबलपुर
कोलकाता मेट्रो रेलवे	कोलकाता

➡ **कोलकाता मेट्रो रेल सेवा**- 1972 ई. में बनी यह योजना 1975 ई. में अमल में आयी। दमदम से टालीगंज के लिए शुरू की गयी इस भूमिगत रेलमार्ग की वर्तमान लंबाई 25 किमी है। इसमें 23 स्टेशन है। यह कोलकाता के भीड़-भाड़ वाले इलाकों को जोड़ती है।

➡ **दिल्ली मेट्रो रेल सेवा**- यह परियोजना जापान और कोरिया की कंपनियों के सहयोग से बनायी गयी है। इसके अन्तर्गत सबसे पहली रेल सेवा 25 दिसंबर, 2002 को तीस हजारी से शाहदरा के बीच चलाई गयी, उसके बाद से दिल्ली मेट्रो का अत्यधिक विस्तार हुआ है और अब इसका विस्तार नोएडा, गाजियाबाद, गुड़गाँव, फरीदाबाद, बल्लभगढ़ तक हो गया है।

➡ **बंगलुरु मेट्रो रेल सेवा**- इसकी शुरुआत 20 अक्टूबर, 2011 से शुरू हुआ। बंगलुरू मेट्रो को **'नम्मा मेट्रो'** नाम दिया गया है। इस मेट्रो सेवा का विकास जापान के सहयोग से किया गया है।

➡ **जयपुर मेट्रो रेल सेवा**- राजस्थान की राजधानी में निर्मित इस मेट्रो रेल सेवा का परिचालन दिसंबर 2014 से प्रारंभ हो गया।

➡ **रैपिड मेट्रो सेवा**- यह देश की पहली निजी मेट्रो सेवा है, जो गुड़गाँव (हरियाणा) में रैपिड मेट्रो लिमिटेड द्वारा बनाया गया है। 5 किमी लंबी यह मेट्रो सेवा गुड़गाँव के सिंकदपुर मेट्रो स्टेशन से NH-8 तक है।

➡ लखनऊ, चेन्नई, हैदराबाद तथा भोपाल आदि शहरों में भी मेट्रो रेल सेवा का निर्माण कार्य चल रहा है।

➪ **मोनो रेल सेवा**- इस रेल सेवा का उद्घाटन 1 फरवरी, 2014 को मुम्बई में किया गया। वडाला से चेंबूर के बीच 8.93 किमी लंबी मोनो रेल से 2 फरवरी, 2014 को यात्री सेवा प्रारंभ हो गयी। इस रेल सेवा में चार कोच हैं, जिनमें 560 यात्री सफर कर सकते हैं। हरेक कोच में 18 यात्रियों की बैठने की जगह है, जबकि 124 यात्री खड़े होकर सफर कर सकते हैं।

3. वायु परिवहन

➪ भारत में वायु परिवहन की शुरुआत 1911 ई. में हुई, जब इलाहाबाद से नैनी के बीच **विश्व की प्रथम** विमान डाक सेवा का परिवहन किया गया।

➪ 1933 ई. में इंडियन नेशनल एयरवेज कम्पनी की स्थापना हुई। 1953 ई. में सभी वैमानिक कम्पनियों का राष्ट्रीयकरण करके उन्हें दो नवनिर्मित निगमों के अधीन रखा गया-1. भारतीय विमान निगम 2. एयर इंडिया।

➪ भारतीय विमान निगम (Indian Airlines Corporation) का मुख्यालय नई दिल्ली में है। यह देश के आंतरिक भागों के अतिरिक्त समीपवर्ती देशों यथा-नेपाल, बांगलादेश, पाकिस्तान, अफगानिस्तान, श्रीलंका, म्यांमार तथा मालद्वीप को भी अपनी सेवाएँ उपलब्ध कराता है।

➪ एयर इंडिया (Air India) विदेशों के लिए सेवाएँ उपलब्ध कराता है।

➪ 1981 ई. में देश में घरेलू उड़ान के लिए वायुदूत नामक तीसरे निगम की स्थापना की गयी थी, जिसका बाद में भारतीय विमान निगम में विलय कर दिया गया।

देश प्रमुख अन्तरराष्ट्रीय हवाई अड्डे		
1.	इन्दिरा गांधी अं० हवाई अड्डा	नई दिल्ली
2.	छत्रपति शिवाजी अं० हवाई अड्डा	मुम्बई
3.	नेताजी सु० बोस अं० हवाई अड्डा	कोलकाता
4.	अन्ना अं० हवाई अड्डा	चेन्नई
5.	बाबा साहेब अम्बेडकर अं० हवाई अड्डा	नागपुर
6.	स० बल्लभभाई पटेल अं० हवाई अड्डा	अहमदाबाद
7.	गोपीनाथ बारडोली अं० हवाई अड्डा	गुवाहाटी
8.	चौधरी चरण सिंह अं० हवाई अड्डा	लखनऊ
9.	श्री गुरु रामदास जी अं० हवाई अड्डा	अमृतसर
10.	त्रिवेन्द्रम अं० हवाई अड्डा	तिरुअनन्तपुरम
11.	कालीकाट अं० हवाई अड्डा	कोझोकोड
12.	शेख अलआलम अं० हवाई अड्डा	श्रीनगर
13.	राजीव गांधी अं० हवाई अड्डा	हैदराबाद
14.	कोचीन अं० हवाई अड्डा	कोच्चि
15.	वीर सावरकर अं० हवाई अड्डा	पोर्ट ब्लेयर
16.	दाबोलिम अं० हवाई अड्डा	गोवा
17.	कैम्पेगोड़ा अं० हवाई अड्डा	बंगलुरु
18.	मंगलुरु* अं० हवाई अड्डा	मंगलुरु
19.	देवी अहिल्लयाबाई होल्कर अं० हवाई अड्डा	इंदौर
20.	जयपुर अं० हवाई अड्डा	जयपुर
21.	कोयम्बटूर* अं० हवाई अड्डा	कोयम्बटूर
22.	तिरुचिरापल्ली* अं० हवाई अड्डा	तिरुचिरापल्ली
23.	लाल बहादुर शास्त्री* अं० हवाई अड्डा	वाराणसी
*	इन घरेलू हवाई अड्डे को अक्टूबर, 2012 में अन्तरराष्ट्रीय हवाई अड्डे का दर्जा मिला।	

➪ 24 अगस्त, 2007 को सार्वजनिक क्षेत्र की विमानन कम्पनियाँ एयर इंडिया एवं भारतीय विमान निगम (इंडियन एयरलाइंस) का विलय हो गया। अब इन दोनों कम्पनियों को नेशनल एविएशन कम्पनी ऑफ इंडिया लिमिटेड (NACIL) नाम दिया गया जिसका कारपोरेट ऑफिस मुम्बई में है।

- नवंबर 2010 से नेशनल एविएशन कम्पनी ऑफ इंडिया लिमिटेड (NACIL) का नाम बदलकर 'एयर इंडिया' कर दिया गया है।
- अब घरेलू व अन्तरराष्ट्रीय उड़ानों के लिए ब्रांड नाम 'एयर इंडिया' है।
- भारतीय विमानपत्तन प्राधिकरण (AAI) का गठन 1 अप्रैल, 1995 ई. को किया गया था। प्राधिकरण देश में 23 अन्तरराष्ट्रीय हवाई अड्डों और 87 घरेलू हवाई अड्डे और 25 नागरिक विमान टर्मिनलों सहित 135 हवाई अड्डों का प्रबंधन कर रहा है।

4. जल परिवहन

- भारत के अंतर्देशीय जलमार्गों के विकास, रख-रखाव तथा नियमन के लिए 1986 ई. में भारतीय अन्तर्देशीय जलमार्ग प्राधिकरण (Inland Waterways Authority of India) की स्थापना की गयी जिसे 1987 ई. में एक निगम का दर्जा दे दिया गया। इसका **मुख्यालय नोएडा** में है, जबकि **क्षेत्रीय कार्यालय** पटना, कोलकाता, गुवाहाटी व कोच्चि में है।
- राष्ट्रीय अन्तर्देशीय नौ-वहन संस्थान पटना में है।

भारत के राष्ट्रीय जलमार्ग

जलमार्ग	कहाँ से कहाँ तक	लंबाई (किमी)
N.W.-1	इलाहाबाद से हल्दिया	1,620
N.W.-2	सदिया से धुबरी	891
N.W.-3	कोल्लम से कोट्टापुरम	205
N.W.-4	काकीनाडा से पडुचेरी	1095
N.W.-5	तलचर से पारादीप	623
N.W.-6	भांगा से लखीमपुर तट	121

- केन्द्रीय जल परिवहन निगम का **मुख्यालय** कोलकाता में है।
- राष्ट्रीय जल क्रीड़ा संस्थान गोवा में है।
- देश के जलमार्गों को दो भागों में बाँटा गया है- 1. आंतरिक जलमार्ग, 2. सामुद्रिक जलमार्ग
  1. **आंतरिक जलमार्ग-** यह परिवहन नदियों, नहरों एवं झीलों के द्वारा होता है। हल्दिया से इलाहाबाद तक के जलमार्ग को 22 अक्टूबर, 1986 ई. को राष्ट्रीय जलमार्ग संख्या-1 घोषित किया गया।
  2. **सामुद्रिक जलमार्ग-** इस दृष्टि से भारत का सम्पूर्ण प्रायद्वीपीय तटीय भाग काफी महत्त्वपूर्ण भूमिका निभाता है। देश भर के मुख्य भूमि की 5000 किमी लंबी तटरेखा पर 13 बड़े एवं 185 छोटे व मझोले बंदरगाह स्थित है।

भारत के प्रमुख बंदरगाह

क्र.	नाम	राज्य	नदी/खाड़ी एवं समुद्र
1.	कोलकाता	पश्चिम बंगाल	हुगली नदी
2.	मुम्बई	महाराष्ट्र	अरब सागर
3.	चेन्नई	तमिलनाडु	बंगाल की खाड़ी
4.	कोच्चि	केरल	अरब सागर
5.	विशाखापत्तनम	आंध्रप्रदेश	बंगाल की खाड़ी
6.	पारादीप	ओडिशा	बंगाल की खाड़ी
7.	तूतीकोरिन	तमिलनाडु	बंगाल की खाड़ी
8.	मार्मागोवा	गोवा	अरब सागर
9.	कांडला	गुजरात	अरब सागर
10.	न्यू मंगलौर	कर्नाटक	अरब सागर
11.	न्हावाशेवा (जवाहरलाल नेहरू)	महाराष्ट्र	अरब सागर
12.	एन्नौर	तमिलनाडु	बंगाल की खाड़ी
13.	पोर्ट ब्लेयर	अंडमान	बंगाल की खाड़ी

- देश का **सबसे बड़ा बंदरगाह** मुम्बई में है।
- बड़े बंदरगाहों का नियंत्रण केन्द्र सरकार करती है, जबकि छोटे बंदरगाह संविधान की समवर्ती सूची में शामिल है, जिनका प्रबंधन सम्बन्धित राज्य सरकार करती है।
- देश का **सर्वश्रेष्ठ प्राकृतिक बंदरगाह** विशाखापत्तनम है। यह भारत का **सबसे गहरा** बंदरगाह है।
- गुजरात स्थित कांडला एक **ज्वारीय बंदरगाह** है। यह **मुक्त व्यापार क्षेत्र** वाला बंदरगाह है।
- चेन्नई एक **कृत्रिम बंदरगाह** है। यह भारत का **सबसे प्राचीन** बंदरगाह है।
- कुद्रेमुख से लौह-अयस्क का ईरान को निर्यात न्यू मंगलौर बंदरगाह से किया जाता है।

नोटः गुजरात स्थित दाहेज देश का प्रथम बदंरगाह है, जो रसायनों के निपटाने हेतु स्थापित किया गया है। इसलिए इस रसायन बंदरगाह भी कहा जाता है।

14. भारत की जनगणना-2011

- भारतीय संविधान की धारा 246 के अनुसार देश की जनगणना कराने का दायित्व संघ सरकार को सौंपा गया है। यह संविधान की सातवीं अनुसूची की क्रम संख्या 69 पर अंकित है।
- भारत में जनगणना की शुरुआत 1872 ई. में लार्ड रिपन के कार्यकाल में हुई थी।
- 1881 ई. में लार्ड रिपन के समय से प्रत्येक दस वर्ष के अंतराल पर जनसंख्या का क्रमवार आकलन प्रारंभ हुआ।
- वर्ष 2011 की जनगणना भारत की 15वीं (1872 से प्रारंभ) जनगणना है एवं स्वतन्त्र भारत की 7वीं जनगणना है।
- वर्ष 2011 जनगणना 21वीं शताब्दी की दूसरी जनगणना है।

जनगणना 2011 सम्बन्धी मुख्य बातें

- वर्ष 2011 की जनगणना के अनुसार भारत की जनसंख्या विश्व की कुल जनसंख्या का 17.5 प्रतिशत है।
- देश में महिलाओं की कुल आबादी 58 करोड़ 74 लाख एवं पुरुषों की कुल आबादी 62 करोड़ 31 लाख है।
- भारत की जनसंख्या की दशकीय वृद्धि (2001-2011) 17.7% है, जबकि वार्षिक वृद्धि दर 1.64% है।
- 2001-2011 के दौरान कुल जनसंख्या में 18.18 करोड़ की वृद्धि हुई है।
- 1911-21 के दशक के बाद यह पहला दशक है, जब जनसंख्या में कुल वृद्धि पिछले दशक से कम रही है।
- पुरुषों की आबादी में 17 प्रतिशत और महिलाओं की आबादी में 18 प्रतिशत की बढ़ोत्तरी हुई है।
- 2011 के जनगणना के अनुसार पिछले दस वर्षों (2001-2011) में भारत का लिंगानुपात 933 से बढ़कर 943 हो गया है, जो वर्ष 1961 के बाद सर्वाधिक है, लेकिन 0-6 आयु वर्ग के बच्चों का लिंगानुपात 927 से घटकर 919 हो गया है। यह अनुपात स्वतन्त्र भारत का सबसे निचला स्तर है।
- भारत में जन्म दर में गिरावट आयी है। कुल जनसंख्या के मुकाबले बच्चों की जनसंख्या (0-6 वर्ष की आयु) का अनुपात 2001 में 15.9 प्रतिशत से गिरकर 2011 में 13.6 प्रतिशत हो गया, जो भारत में घटती उर्वरता का सूचक है। 0-6 वर्ष तक के बच्चों की संख्या घटी है।
- नगालैंड देश का एकमात्र राज्य है जिसकी जनसंख्या में कमी आयी है। इस दशक (2001-2011) में नगालैंड की जनसंख्या वृद्धि दर 0.6 प्रतिशत रही। जबकि पिछले दशक (1991-2011) में सर्वाधिक जनसंख्या वृद्धि दर (64.53%) नगालैंड की रही थी।

- हरियाणा और चंडीगढ़ में कम से कम 110 वर्षों में सबसे बेहतर महिला अनुपात दर्ज किया गया है, जो क्रमशः 879 और 818 है, लेकिन यह अब भी देश में सबसे बदतर है जो इस बात का संकेत है कि भ्रूण हत्याएँ अब भी जारी है।
- सबसे बेहतर लिंगानुपात (प्रति 1000 पुरुषों पर स्त्रियों की संख्या) वाले दो राज्य केरल (1,084) और पुदुच्चेरी (1,037) है।
- सबसे कम लिंगानुपात वाला केंद्रशासित प्रदेश दमन और दीव है। यहाँ की लिंगानुपात 618 है।
- इस जनगणना के अनुसार देश में सर्वाधिक जनसंख्या वृद्धि दर वाले दो जिले क्रमशः अरुणाचल प्रदेश और पुदुच्चेरी के कुरंगकुमे (111.01%) और यमन (77.15%) है।
- इस जनगणना के अनुसार देश में न्यूनतम जनसंख्या वृद्धि दर वाले जिले क्रमशः नगालैंड के लांगलेंग (–58.39%) एवं किफरे (–30.50%) है।
- इस जनगणना के अनुसार देश में सर्वाधिक दशकीय वृद्धि दर वाले केन्द्रशासित क्षेत्र क्रमशः दादरा एवं नगर हवेली (55.9%) और दमन व दीप (53.6%) हैं।
- इस जनगणना के अनुसार निम्नतम दशकीय वृद्धि दर वाले दो राज्य क्षेत्र नगालैंड (–0.6%) और केरल (4.9%) है।
- इस जनगणना के अनुसार देश में सर्वाधिक जनसंख्या वाले दो जिले हैं- महाराष्ट्र का ठाणे (1,10,54,131) और पश्चिम बंगाल का उत्तर चौबीस परगना (1,00,82,852)।
- इस जनगणना के अनुसार देश में न्यूनतम जनसंख्या वाले दो जिले हैं- दिबांग घाटी (अरुणाचल प्रदेश) 7948 एवं अंजाव (अरुणाचल प्रदेश) 2189।
- इस जनगणना के अनुसार सर्वाधिक जनघत्व वाला राज्य बिहार (1106) हो गया। इसके पूर्व यह स्थान पश्चिम बंगाल को प्राप्त था।
- इस जनगणना के अनुसार सबसे कम जनघनत्व वाला राज्य अरुणाचल प्रदेश (17) है।
- इस जनगणना के अनुसार सर्वाधिक और न्यूनतम लिंगानुपात वाले राज्य हैं- केरल (1084) और हरियाणा (879)।
- इस जनगणना के अनुसार सर्वाधिक और न्यूनतम साक्षरता वाले राज्य क्रमशः हैं- केरल (94%) और बिहार (61.8%)।
- इस जनगणना में उसे साक्षर माना गया है जिसकी उम्र 7 वर्ष या अधिक है एवं जो किसी भाषा में पढ़ने के साथ-साथ लिखने में भी सक्षम हो।
- पुरुषों के मुकाबले महिलाओं की साक्षरता दर में तेजी से वृद्धि हुई है। पिछले दशक में महिलाओं की साक्षरता दर में 12% एवं पुरुषों के साक्षरता दर में 7% की वृद्धि दर्ज की गयी है।

जनगणना-2011 के राज्यवार अंतिम आँकड़े

राज्य/के.प्र. के कोड	भारत/राज्य/केन्द्रशासित प्रदेश	जनसंख्या (करोड़ में)			लिंगानुपात प्रति 1000 पुरुष पर	जनघनत्व (व्यक्ति/वर्ग किमी)	दशकीय वृद्धि प्रतिशत में)	साक्षरता (प्रतिशत में)		
		व्यक्ति	पुरुष	महिलाएँ				व्यक्ति	पुरुष	महिलाएँ
1	2	3	4	5	7	8	9	10	11	12
	भारत	**121.05**	**62.31**	**58.74**	**943**	**382**	**17.7**	**73.0**	**80.9**	**64.6**
1	जम्मू-कश्मीर	1.25	0.66	0.59	889	124	23.6	67.2	76.8	56.4
2.	हिमाचल प्रदेश	0.68	0.34	0.33	972	123	12.9	82.8	89.5	75.9

3.	पंजाब	2.77	1.46	1.31	895	551	13.9	75.8	80.4	70.7
4	चंडीगढ़	0.10	0.05	0.04	818	8258	17.2	86.0	90.0	81.2
5.	उत्तराखंड	1.00	0.51	0.49	963	189	18.8	78.8	87.4	70.0
6.	हरियाणा	2.53	0.34	1.18	879	573	19.90	75.6	84.1	65.9
7	दिल्ली	1.67	0.89	0.78	868	11320	21.2	86.2	90.9	80.8
8	राजस्थान	6.85	3.55	3.29	928	200	21.3	66.1	79.2	52.1
9.	उत्तरप्रदेश	19.98	10.44	9.53	912	829	20.2	67.7	77.3	57.2
10	बिहार	10.40	5.42	4.98	918	1106	25.4	61.8	71.2	51.5
11	सिक्किम	0.061	0.032	0.028	890	86	12.9	81.4	86.6	75.6
12	अरुणाचल प्रदेश	0.13	0.071	0.066	938	17	26.0	65.4	72.6	57.7
13	नगालैंड	0.19	0.10	0.09	931	119	0.6	79.6	82.8	76.1
14	मणिपुर	0.25	0.12	0.12	992	115	18.65	79.2	86.1	72.4
15	मिजोरम	0.109	0.055	0.054	976	52	23.5	91.3	93.3	89.3
16	त्रिपुरा	0.367	0.187	0.179	960	350	14.8	87.2	91.5	82.7
17	मेघालय	0.296	0.149	0.14	989	132	27.9	74.4	76.0	72.9
18	असम	3.11	1.59	1.52	958	398	17.1	72.2	77.8	66.3
19	प. बंगाल	9.13	4.69	4.44	950	1028	13.8	76.3	81.7	70.5
20	झारखंड	3.29	1.69	1.60	949	414	22.4	66.4	76.8	55.4
21	ओडिशा	4.19	2.12	2.07	979	270	14.0	72.9	81.6	64.0
22	छत्तीसगढ़	2.55	1.28	1.27	991	189	22.6	70.3	80.3	60.2
23	मध्यप्रदेश	7.25	3.76	3.49	931	236	20.30	69.3	78.7	59.2
24	गुजरात	6.03	3.14	2.89	919	308	19.3	78.0	85.8	69.7
25	दमन दीव	0.02	0.01	0.009	618	2191	53.8	87.1	91.5	79.5
26	दादर नगर हवेली	0.034	0.019	0.014	774	700	55.9	76.2	85.2	64.3
27	महाराष्ट्र	11.23	5.82	5.41	929	365	16.0	82.3	88.4	75.9
28	आंध्रप्रदेश	8.45	4.24	4.21	993	308	11.0	67.0	74.9	59.1
29	कर्नाटक	6.10	3.09	3.01	973	319	15.67	75.4	82.5	68.1
30	गोवा	0.145	0.073	0.071	973	394	8.2	88.7	92.6	84.7
31	लक्षद्वीप	0.006	0.003	0.003	947	2149	6.3	91.8	95.6	87.9
32	केरल	3.34	1.60	1.73	1084	860	4.9	94.0	96.1	92.1
33	तमिलनाडु	7.21	3.61	3.60	996	555	15.60	80.1	86.8	73.4
34.	पुदुच्चेरी	0.124	0.061	0.063	1037	2547	28.1	85.8	91.3	80.7
35	अंडमान निकाबार	0.038	0.020	0.017	876	46	6.9	86.6	90.3	82.4

ग्रामीण-नगरीय जनसंख्या 2011 (अंतिम आँकड़े)					
क्र.	राज्य/के.शा. प्रदेश	ग्रामीण जनसंख्या	नगरीय जनसंख्या	ग्रामीण जनसंख्या का %	नगरीय जनसंख्या का %
1.	जम्मू और कश्मीर	91,08,060	34,33,242	72.6	27.4
2.	हिमाचल प्रदेश	61,76,050	6,88,552	90.0	10.0
3.	पंजाब	1,73,44,192	1,03,99,146	62.5	37.5
4.	चंडीगढ़	28,991	10,26,459	2.7	97.3
5.	उत्तराखंड	70,36,954	30,49,338	69.8	30.2
6.	हरियाणा	1,65,09,359	88,42,103	65.1	34.9
7.	दिल्ली	4,19,042	1,63,68,899	2.5	97.5
8.	राजस्थान	5,15,00,352	1,70,48,085	75.1	24.9
9.	उत्तरप्रदेश	15,53,17,278	4,44,95,063	77.7	22.3
10.	बिहार	9,23,41,436	1,17,58,016	88.7	11.3
11.	सिक्किम	4,56,999	1,53,578	74.8	25.2
12.	अरुणाचल प्रदेश	10,66,358	3,17,369	77.1	22.9
13.	नगालैंड	14,07,536	5,70,966	71.1	28.9
14.	मणिपुर	17,36,236	8,34,154	67.5	32.5
15.	मिजोरम	5,25,435	5,71,771	47.9	52.1
16.	त्रिपुरा	27,12,464	9,61,453	73.8	26.2
17.	मेघालय	23,71,439	5,95,450	79.9	20.1
18.	असम	2,68,07,034	43,98,542	85.9	14.1
19.	पश्चिम बंगाल	6,21,83,113	2,90,93,002	68.1	31.9
20.	झारखंड	2,50,55,073	79,33,061	76.0	24.0
21.	ओडिशा	3,49,70,562	70,03,656	83.3	16.7
22.	छत्तीसगढ़	1,96,07,961	59,37,237	76.8	23.2
23.	मध्यप्रदेश	5,25,57,404	2,0069,405	72.4	27.6
24.	गुजरात	3,46,94,609	2,57,45,083	57.4	42.6
25.	दमन और दीव	60,396	1,82,851	24.8	75.2
26.	दादरा एवं नगर हवेली	1,83,114	1,60,595	53.3	46.7
27.	महाराष्ट्र	6,15,56,074	5,08,18,259	54.8	45.2
28.	आंध्रप्रदेश	5,63,61,702	2,82,19,075	66.6	33.4

29.	कर्नाटक	3,74,69,335	2,36,25,962	61.3	38.7
30.	गोवा	5,51,731	9,06,814	37.8	62.2
31.	लक्षद्वीप	14,141	50,332	21.9	78.1
32.	केरल	1,74,71,135	1,59,34,926	52.3	47.7
33.	तमिलनाडु	3,72,29,590	3,49,17,440	51.6	48.4
34.	पुदुच्चेरी	3,95,200	8,52,753	31.7	68.3
35.	अंडमान निकोबार	2,37,093	1,43,488	62.3	37.7
	भारत	83,34,63,448	37,71,06,125	68.8	31.2

15. भारत की प्रमुख बहुउद्देशीय नदी घाटी परियोजनाएँ

क्र.	परियोजना का नाम	नदी	लाभान्वित राज्य
1.	भाखड़ा नांगल परियोजना	सतलज नदी	पंजाब, हरियाणा, हिमाचल प्रदेश, राजस्थान
2.	व्यास परियोजना	व्यास नदी	राजस्थान, पंजाब, हरियाणा हिमाचल प्रदेश
3.	दामोदर घाटी योजना	दामोदर नदी	झारखंड, पश्चिम बंगाल
4.	हीराकुड बाँध परियोजना	महानदी	ओडिशा
5.	चम्बल परियोजना	चम्बल नदी	राजस्थान, मध्यप्रदेश
6.	तुंगभद्रा परियोजना	तुंगभद्रा नदी	तेलंगाना तथा कर्नाटक
7.	मयूरपक्षी परियोजना	मयूराक्षी नदी	पश्चिम बंगाल
8.	नागार्जुन सागर परियोजना	कृष्णा नदी	आंध्रप्रदेश तथा तेलंगाना
9.	कोसी परियोजना	कोसी नदी	बिहार तथा नेपाल
10.	गण्डक नदी परियोजना	गण्डक नदी	बिहार, नेपाल, उत्तर प्रदेश
11.	फरक्का परियोजना	गंगा, भागीरथी	पश्चिम बंगाल
12.	काकड़ापारा परियोजना	ताप्ती नदी	गुजरात
13.	तवा परियोजना	तवा नदी	मध्यप्रदेश
14.	नागपुर शक्तिगृह परियोजना	कोराडी नदी	महाराष्ट्र
15.	इंदिरा गांधी नहर परियोजना	सतलज नदी	राजस्थान, पंजाब तथा हरियाणा
16.	उकाई परियोजना	ताप्ती नदी	गुजरात
17.	पोचम्पाद परियोजना	गोदावरी नदी	कर्नाटक
18.	मालप्रभा परियोजना	मालप्रभा नदी	कर्नाटक
19.	महानदी डेल्टा परियोजना	महानदी	ओडिशा
20.	रिहन्द परियोजना	रिहन्द नदी	उत्तरप्रदेश
21.	कुण्डा परियोजना	कुण्डा नदी	तमिलनाडु

22.	दुर्गा वैराज परियोजना	दामोदर नदी	पश्चिम बंगाल तथा झारखंड
23.	इडुक्की परियोजना	पेरियार नदी	केरल
24.	टिहरी बाँध परियोजना	भागीरथी नदी	उत्तराखंड
25.	माताटीला परियोजना	बेतवा नदी	उत्तरप्रदेश तथा मध्यप्रदेश
26.	कोयना परियोजना	कोयना नदी	महाराष्ट्र
27.	रामगंगा परियोजना	रामगंगा नदी	उत्तरप्रदेश
28.	ऊपरी कृष्णा परियोजना	कृष्णा नदी	कर्नाटक
29.	घाटप्रभा परियोजना	घाटप्रभा नदी	कर्नाटक
30.	भीमा परियोजना	पवना नदी	महाराष्ट्र
31.	भद्रा परियोजना	भद्रा नदी	कर्नाटक
32.	जायकावाड़ी परियोजना	गोदावरी नदी	महाराष्ट्र
33.	रंजीत सागर बाँध परियोजना	रावी नदी	पंजाब
34.	हिडकल परियोजना	घाटप्रभा नदी	कर्नाटक
35.	सतलज परियोजना	पनामा नदी	गुजरात
36.	नाथपा झाकरी परियोजना	सतलज नदी	हिमाचल प्रदेश
37.	पनामा परियोजना	पनामा नदी	गुजरात
38.	कोल डैम परियोजना	सतलज नदी	हिमाचल प्रदेश
39.	कांगसावती परियोजना	कांगसावती	पश्चिम बंगाल
40.	पराम्बिकुलम अलियार परियोजना	8 छोटी नदियाँ	तमिलनाडु एवं केरल
41.	मुचकुण्ड परियोजना	मुचकुण्ड नदी	ओडिशा तथा आंध्रप्रदेश
42.	गिरना परियोजना	गिरना नदी	महाराष्ट्र
43.	शारदा परियोजना	शारदा, गोमती	उत्तरप्रदेश
44.	पूर्णा परियोजना	पूर्णा नदी	महाराष्ट्र
45.	बार्गी परियोजना	बार्गी नदी	मध्यप्रदेश
46.	हंसदेव बंगो परियोजना	हसंदेव नदी	मध्यप्रदेश
47.	दण्डकारण्य परियोजना	–	ओडिशा तथा मध्यप्रदेश
48.	शरावती परियोजना	शरावती नदी	कर्नाटक
49.	पंचेत बाँध	दामोदर नदी	झारखंड तथा पश्चिम बंगाल
50.	गंगा सागर परियोजना	चम्बल नदी	मध्यप्रदेश
51.	बाणसागर परियोजना	सोन नद	बिहार, उत्तरप्रदेश तथा मध्यप्रदेश
52.	नर्मदा सागर परियोजना	नर्मदा नदी	मध्यप्रदेश तथा गुजरात

53.	राणा प्रताप सागर परियोजना	चम्बल	राजस्थान
54.	जवाहर सागर परियोजना	चम्बल	राजस्थान
55.	सरहिन्द नहर परियोजना	सतलज नदी	हरियाणा
56.	तुलबुल परियोजना	झेलम नदी	जम्मू-कश्मीर
57.	दुलहस्ती परियोजना	चिनाब नदी	जम्मू-कश्मीर
58.	तिलैया परियोजना	बराकर	झारखंड
59.	सरदार सरोवर परियोजना	नर्मदा नदी	मध्यप्रदेश, महाराष्ट्र तथा राजस्थान

16. नदियों के किनारे बसे नगर

क्र.	नगर	नदियाँ	क्र.	नगर	नदियाँ
1.	आगरा	यमुना नदी	18.	अयोध्या	सरयू नदी
2.	बद्रीनाथ	अलकनंदा	19.	कोलकाता	हुगली नदी
3.	इलाहाबाद	गंगा, यमुना	20.	लखनऊ	गोमती नदी
4.	दिल्ली	यमुना नदी	21.	डिब्रूगढ़	ब्रह्मपुत्र नदी
5.	फिरोजपुर	सतलज नदी	22.	गुवाहाटी	ब्रह्मपुत्र नदी
6.	हरिद्वार	गंगा नदी	23.	जबलपुर	नर्मदा नदी
7.	कानपुर	गंगा नदी	24.	कोटा	चम्बल नदी
8.	कुर्नुल	तुंगभद्रा नदी	25.	कटक	महानदी
9.	सोकोवा घाट	ब्रह्मपुत्र नदी	26.	नासिक	गोदावरी
10.	पटना	गंगा नदी	27.	सम्बलपुर	महानदी
11.	श्रीनगर	झेलम नदी	28.	श्रीरंगपट्टनम्	कावेरी नदी
12.	सूरत	ताप्ती नदी	29.	वाराणसी	गंगा नदी
13.	विजयवाड़ा	कृष्णा नदी	30.	लुधियाना	सतलज नदी
14.	पंढ़रपुर	भीमा नदी	31.	हैदराबाद	मूसी नदी
15.	बरेली	रामगंगा नदी	32.	मथुरा	यमुना नदी
16.	ओरछा	बेतवा नदी	33.	जमशेदपुर	स्वर्णरेखा नदी
17.	उज्जैन	क्षिप्रा नदी	34.	अहमदाबाद	साबरमती नदी

17. भारत के पर्वतीय नगर

क्र.	पर्वतीय नगर	राज्य	ऊँचाई	क्र.	पर्वतीय नगर	राज्य	ऊँचाई
1.	गुलमर्ग	जम्मू-कशमीर	2651 मी.	22.	ऊटी	तमिलनाडु	2286 मी.
2.	शिमला	हिमाचल प्रदेश	2206 मी.	23.	पहलगाँव	जम्मू-कश्मीर	2195 मी.

3.	दार्जिलिंग	पश्चिम बंगाल	2134 मी.	24.	कोडाईकनाल	तमिलनाडु	2133 मी.
4.	लैंसडाउन	उत्तराखंड	2118 मी.	25.	डलहौजी	हिमाचल प्रदेश	2035 मी.
5.	मंसूरी	उत्तराखंड	2005 मी.	26.	कोटगिरि	तमिलनाडु	1981 मी.
6.	मुक्तेश्वर	उत्तराखंड	1974 मी.	27.	नैनीताल	उत्तराखंड	1938 मी.
7.	कसौली	हिमाचल प्रदेश	1890 मी.	28.	कुन्नूर	तमिलनाडु	1859 मी.
8.	गंगटोक	सिक्किम	1850 मी.	29.	मनाली	हिमाचल प्रदेश	1829 मी.
9.	रानीखेत	उत्तराखंड	1829 मी.	30.	रांची	झारखंड	670 मी.
10.	मिरिक	पश्चिम बंगाल	1800 मी.	31.	श्रीनगर	जम्मू-कश्मीर	1768 मी.
11.	कोटलिम	तमिलनाडु	1676 मी.	32.	भुवाली	उत्तराखंड	1650 मी.
12.	अल्मोड़ा	उत्तराखंड	1646 मी.	33.	शिलांग	मेघालय	1496 मी.
13.	सोलन	हिमाचल प्रदेश	1496 मी.	34.	नंदी हिल्स	कर्नाटक	1474 मी.
14.	येरकार्ड	तमिलनाडु	1459 मी.	35.	महाबालेश्वर	महाराष्ट्र	1372 मी.
15.	कालिम्पोंग	पश्चिम बंगाल	1250 मी.	36.	धर्मशाला	हिमाचल प्रदेश	1250 मी.
16.	कुल्लू घाटी	हिमाचल प्रदेश	1250 मी.	37.	माऊंट आबू	राजस्थान	1219 मी.
17.	पंचगनी	महाराष्ट्र	1219 मी.	38.	मन्नार	केरल	1158 मी.
18.	पंचमढ़ी	मध्यप्रदेश	1067 मी.	39.	सपूतारा	गुजरात	975 मी.
19.	केमानगुंडी	कर्नाटक	914 मी.	30.	पेरियार	केरल	914 मी.
20.	मंडी	हिमाचल प्रदेश	709 मी.	40.	लोनावाला	महाराष्ट्र	620 मी.
21.	खांडला	महाराष्ट्र	620 मी.				

18. भारत के प्रमुख वन्य जीव अभयारण्य/राष्ट्रीय उद्यान

क्र.	राष्ट्रीय उद्यान/अभयारण्य	राज्य	प्रमुख वन्यजीव प्राणी
1.	पलामू (बेतला) अभयारण्य	झारखंड	हाथी, हिरण, तेंदुआ, सांभर, जंगली सुअर
2.	दाल्मा वन्य जीव अभयारण्य	झारखंड	हाथी, तेंदुआ, हिरण, भालू, जंगली सुअर
3.	हजारीबाग वन्य जीव अभयारण्य	झारखंड	चीता, भालू, तेंदुआ, चीतल, सांभर, जंगली सुअर
4.	कैमूर वन्य जीव अभयारण्य	बिहार	बाघ, नीलगाय, घड़ियाल, सांभर, तेंदुआ
5.	गिर राष्ट्रीय उद्यान	गुजरात	शेर, सांभर, तेंदुआ, जंगली सुअर
6.	नल सरोवर अभयारण्य	गुजरात	जल-पक्षी

7.	कार्बेट राष्ट्रीय उद्यान	उत्तराखंड	हाथी, बाघ, चीता, हिरण, भालू, नील गाय, सांभर, जंगली सुअर
8.	दुधवा राष्ट्रीय उद्यान	उत्तरप्रदेश	चीता, बाघ, सांभर, नील गाय, तेंदुआ, हिरण
9.	चन्द्रप्रभा अभयारण्य	उत्तरप्रदेश	चीता, भालू, नीलबाय, तेंदुआ, सांभर
10.	बांदीपुर राष्ट्रीय उद्यान	कर्नाटक	हाथी, चीता, तेंदुआ, हिरण, चीतल, सांभर
11.	भद्रा अभयारण्य	कर्नाटक	भालू, हाथी, सांभर, तेंदुआ हिरण
12.	सोमेश्वर अभयारण्य	कर्नाटक	चीता, जंगली कुत्ता, हिरण, तेंदुआ
13.	तुंगभद्रा अभयारण्य	कर्नाटक	तेंदुआ, चीतल, काला हिरण, चौसिंगा एवं पक्षी
14.	पाखाल वन्य जीव अभयारण्य	तेलंगाना	चीता, तेंदुआ, सांभर, भालू, जंगली सुअर
15.	कावला वन्य जीव अभयारण्य	तेलंगाना	चीता, तेंदुआ, सांभर, भालू, जंगली सुअर, चीतल
16.	मानस राष्ट्रीय उद्यान	असम	हाथी, चीता, भालू, एक सींग वाला गैंडा, लंगूर, हिरण
17.	काजीरंगा राष्ट्रीय उद्यान	असम	चीता, एक सींग वाला गैंडा, लंगूर, हिरण
18.	घाना पक्षी विहार	राजस्थान	सांभर, काला हिरण, जंगली, सुअर, मुर्गा, घड़ियाल और साइबेरियन क्रेन
19.	रणथम्भौर अभयारण्य	राजस्थान	चीता, बाघ, शेर, तेंदुआ, लकड़बग्घा, भालू, नील गाय, सांभर
20.	कुंभलगढ़ अभयारण्य	राजस्थान	चीता, नील गाय, सांभर, भालू, जंगली सूअर
21.	पेंच राष्ट्रीय उद्यान	महाराष्ट्र	तेंदुआ, सांभर, चौसिंगा, जंगली सुअर, चीतल
22.	तंसा अभयारण्य	महाराष्ट्र	तेंदुआ, सांभर, चौसिंगा, जंगली सुअर, चीतल, पक्षी
23.	वोरीवली राष्ट्रीय उद्यान	महाराष्ट्र	लंगूर, हिरण, सांभर, तेंदुआ, जंगली सुअर
24.	अबोहर अभयारण्य	पंजाब	जंगली सुअर, हिरण, नील गाय, काला हंस, कबूतर
25.	चिल्का अभयारण्य	ओडिशा	क्रेन, जलकौवा, पेलीवन, प्रवासी पक्षी
26.	सिमलीपाल अभयारण्य	ओडिशा	हाथी, बाघ, चीता, तेंदुआ, सांभर, हिरण, मगरमच्छ
27.	वेदान्तगल अभयारण्य	तमिलनाडु	जलीय पक्षी
28.	इंदिरा गांधी अभयारण्य	तमिलनाडु	हाथी, बाघ, चीतल, तेंदुआ, सांभर, रीछ, भालू, जंगली कुत्ता, लंगूर
29.	मुदुमलाई अभयारण्य	तमिलनाडु	चीता, हाथी, तेंदुआ, सांभर, हिरण, जंगली कुत्ता
30.	डाम्फा अभयारण्य	मिजोरम	कोबरा, चीता, बिल्ली, फीजेंट

31.	पेरियार अभयारण्य	केरल	चीता, हाथी, तेंदुआ, सांभर, हिरण, भालू, नील गाय, जंगली सुअर
32.	पराम्बिकुलम अभयारण्य	केरल	चीता, हाथी, सांभर, नील गाय, जंगली सुअर, हिरण, तेंदुआ
33.	कान्हा किसली राष्ट्रीय उद्यान	मध्यप्रदेश	बाघ, चीतल, तेंदुआ, सांभर, बाहरसिंगा
34.	पंचमढ़ी अभयारण्य	मध्यप्रदेश	बाघ, तेंदुआ, सांभर, नील गाय, हिरण, भालू, जंगली भैंसा
35.	डाचिगम राष्ट्रीय उद्यान	जम्मू-कश्मीर	तेंदुआ, काला भालू, लाल भालू, हिरण
36.	किश्तवाड़ राष्ट्रीय उद्यान	जम्मू-कश्मीर	काला हिरण, जंगली याक, तिब्बती गधा, पहाड़ी तेंदुआ
37.	बांधवगढ़ राष्ट्रीय उद्यान	मध्यप्रदेश	बाघ, तेंदुआ, सांभर, भालू, नील गाय, सुअर, तीतर
38.	नागरहोल राष्ट्रीय उद्यान	कर्नाटक	चीता, हाथी, तेंदुआ, सांभर, भालू, चकोर, तीतर
39.	पखुई वन्य जीव अभयारण्य	अरुणाचल प्रदेश	हाथी, हिरण, अजगर, सांभर
40.	सुलतानपुर झील अभयारण्य	हरियाणा	विभिन्न जल पक्षी
41.	रोहिला राष्ट्रीय उद्यान	हिमाचल प्रदेश	कस्तूरी हिरण, भूरा भालू, पहाड़ी मुर्गा, पहाड़ी तेंदुआ
42.	सुन्दरवन राष्ट्रीय उद्यान	पश्चिम बंगाल	बाघ, चीता, हिरण, मगरमच्छ
43.	भगवान महावीर उद्यान	गोवा	हिरण, चूहा, साही, सांभर
44.	नोंगरवाइलेम अभयारण्य	मेघालय	हाथी, चीता, बाघ, हिरण, सांभर, भालू
45.	कीबुल लामजाओ राष्ट्रीय उद्यान	मणिपुर	हिरण, जंगली, बकरी, विभिन्न जल पक्षियाँ

19. भारत के प्रमुख भौगोलिक उपनाम

भौगोलिक उपनाम	शहर	भौगोलिक उपनाम	शहर
ईश्वर का निवास स्थान	प्रयाग	त्यौहारों का नगर	मदुरै
पाँच नदियों की भूमि	पंजाब	स्वर्ण मंदिर का शहर	अमृतसर
सात टापुओं का नगर	मुम्बई	महलों का शहर	कोलकाता
बुनकरों का शहर	पानीपत	नवाबों का शहर	लखनऊ
अंतरिक्ष का शहर	बंगलुरू	इस्पात नगरी	जमशेदपुर
डायमंड हार्बर	कोलकाता	पर्वतों की रानी	मसूरी
इलेक्ट्रॉनिक नगर	बंगलुरू	रैलियों का नगर	नई दिल्ली

भारत का प्रवेश द्वार	मुम्बई	अरब सागर की रानी	कोच्चि
पूर्व का वेनिस	कोच्चि	भारत का स्विटजरलैंड	कश्मीर
भारत का पिट्सबर्ग	जमशेदपुर	पूर्व का स्कॉटलैंड	मेघालय
भारत का मैनचेस्टर	अहमदाबाद	उत्तर भारत का मैनचेस्टर	कानपुर
मसालों का बगीचा	केरल	मंदिरों एवं घाटों का नगर	वाराणसी
गुलाबी नगर	जयपुर	धान की डलिया	छत्तीसगढ़
क्वीन ऑफ डेकन	पुणे	भारत का पेरिस	जयपुर
भारत का हालीवुड	मुम्बई	मेघों का घर	मेघालय
झीलों का नगर	श्रीनगर	बगीचों का शहर	कपूरथला
फलोद्यानों का स्वर्ग	सिक्किम	पृथ्वी का स्वर्ग	श्रीनगर
पहाड़ी की मल्लिका	नेतरहाट	पहाड़ों की नगरी	डुंगरपुर
भारत का डेट्राइट	पीथमपुर	भारत का उद्यान	बंगलुरू
पूर्व का पेरिस	जयपुर	भारत का वोस्टन	अहमदाबाद
साल्ट सिटी	गुजरात	गोल्डेन सिटी	अमृतसर
सोया प्रदेश	मध्यप्रदेश	सूती वस्त्रों की राजधानी	मुम्बई
मलय का देश	कर्नाटक	पवित्र नदी	गंगा
सर्वाधिक प्रदूषित नदी	साबरमती	बिहार का शोक	कोसी
दक्षिण भारत की गंगा	कावेरी	वृद्ध गंगा	गोदावरी
काली नदी	शारदा	पश्चिम बंगाल का शोक	दामोदर
ब्लू माउण्टेन	नीलगिरि पहाड़ियाँ	कोट्टायम की दादी	मलयाला
एशिया की अण्डों की टोकरी	आंध्रप्रदेश	जुड़वाँ नगर	हैदराबाद-सिकन्दराबाद
राजस्थान का हृदय	अजमेर	ताला नगरी	अलीगढ़
सुरमा नगरी	बरेली	राष्ट्रीय राजमार्गों का चौराहा	कानपुर
खुशबुओं का शहर	कन्नौज	पेठा नगरी	आगरा
काशी की बहन	गाजीपुर	भारत का टॉलीवुड	कोलकाता
लीची नगर	देहरादून	वन नगर	देहरादून
राजस्थान का शिमला	माउण्ट आबू	सूर्य नगरी	जोधपुर
सुपर प्रसारित नगर	चेन्नई	राजस्थान का गौरव	चित्तौड़गढ़
कर्नाटक का रत्न	मैसूर	कोयला नगरी	धनबाद

20. भारतीय राज्यों एवं केन्द्रशासित प्रदेशों की राजधानी

क्र.	राज्य	राजधानी	क्र.	राज्य	राजधानी
1.	बिहार	पटना	16.	पश्चिम बंगाल	कोलकाता
2.	असम	दिसपुर	17.	आंध्रप्रदेश	हैदराबाद*
3.	ओडिशा	भुवनेश्वर	18.	उत्तरप्रदेश	लखनऊ
4.	कर्नाटक	बंगलुरू	19.	केरल	तिरुवन्तपुरम्
5.	गुजरात	गांधीनगर	20.	जम्मू-कश्मीर	श्रीनगर
6.	तमिलनाडु	चेन्नई	21.	त्रिपुरा	अगरतल्ला
7.	नगालैंड	कोहिमा	22.	पंजाब	चंडीगढ़
8.	हरियाणा	चंडीगढ़	23.	मणिपुर	इम्फाल
9.	मध्यप्रदेश	भोपाल	24.	महाराष्ट्र	मुम्बई
10.	मेघालय	शिलांग	25.	राजस्थान	जयपुर
11.	हिमाचल प्रदेश	शिमला	26.	सिक्किम	गंगटोक
12.	मिजोरम	आइजॉल	27.	अरुणाचल प्रदेश	ईटानगर
13.	गोवा	पणजी	28.	उत्तराखंड	देहरादून
14.	छत्तीसगढ़	रायपुर	29.	झारखंड	रांची
15.	तेलंगाना	हैदराबाद			
		केन्द्रशासित प्रदेश			
1.	दिल्ली	नई दिल्ली	5.	चंडीगढ़	चंडीगढ़
2.	लक्षद्वीप	कवारत्ती	6.	पुदुचेरी	पुदुचेरी
3.	दमन और दीव	दमण	7.	दादर व नगर हवेली	सिलवासा
4.	अण्मान एवं निकोबार द्वीप समूह	पोर्ट-ब्लेयर			

नोट: * आंध्रप्रदेश की नई राजधानी अमरावती में प्रस्तावित है जो कि निमार्णाधीन है।

21. भारतीय जनजातियाँ

क्र.	राज्य	जनजातियाँ
1.	गुजरात	भील, बंजारा, कोली, पटेलिया, डाफर, टोड़िया आदि
2.	हिमाचल प्रदेश	गड्डी, स्वागला, कनोरा, लाहौली आदि
3.	जम्मू-कश्मीर	बक्करवाल, गद्दी, लद्दाखी, गुज्जर आदि
4.	केरल	कादर, उराली, मोपला, इरूला, पनियान आदि
5.	मध्यप्रदेश	भील, लमबाडी, बंजारा, गोंड, अबूझमरिया, मुरिया, बिशनहार्न, गोंड, खेरवार, असुर, वैगा, कोल, मुण्डा आदि

6.	महाराष्ट्र	बारली, बंजारा, कोली, चित्तपावन, गोंड, अबुम्फामड़िया आदि
7.	मणिपुर	कुकी, मैटी या मैठी, नागा, अंगामी आदि
8.	मेघालय	गारो, खासी, जयन्तिया, मिकिर आदि
9.	मिजोरम	लाखर, पावो, मीजो, चकमा, लुशाई, कुकी आदि
10.	नगालैंड	नागा, नबुई नागा, अंगामी, मिकिर आदि
11.	ओडिशा	जुआंग, खरिया, भुइआ, संथाल, हो, कोल, ओरांव, चेंचू, गोंड, सोंड आदि
12.	राजस्थान	मीणा, सहरिया, सांसी, गरासिया, भील, बंजारा, कोली आदि
13.	सिक्किम	लेपचा
14.	तमिलनाडु	बड़गा, टोडकोटा, कोटा, टोडा, (नीलगिरि की मूल जनजाति)
15.	त्रिपुरा	रियांग अथवा त्रिपुरी आदि
16.	उत्तराखंड	थारू, कोय, मारा, निति, भोट अथवा भोटिया (गढ़वाल और कुमायूँ क्षेत्र), खास (जौनसर बाबर क्षेत्र में) आदि
17.	पश्चिम बंगाल	लोघा, भूमिज, संथाल, लेपचा, (दार्जिलिंग क्षेत्र में) आदि
18.	असम	राभा, दिमारा, कछारी, बोडो, अबोर, आवो, मिकिर, नागा, लुसाई आदि
19.	आंध्रप्रदेश	चेंचू, कौढ़स, सवारा, गदवा, गोंड आदि
20.	अरुणाचल प्रदेश	मोंपा, डबला, सुलुंग, मिश्मी, मिनयोंग, मिरिगेलोंग, अपतनी, मेजी आदि
21.	झारखंड	संथाल, मुंडा, हो, ओरांव, बिरहोर, कोरबा, असुर, भूइया, गोंड, सौरिया, भूमिज आदि
22.	लक्षद्वीप	वासी
23.	अंडमान-निकोबार	औजें, जारवा, जरना, सेंटलीज, अंडमानी, निकोबारी

भारतीय संविधान

1. भारतीय संविधान का इतिहास

प्लासी की लड़ाई (1757) और बक्सर के युद्ध (1764) में अंग्रेजों की विजय ने बंगाल पर ब्रिटिश ईस्ट इंडिया कंपनी के शासन को सुदृढ़ बना दिया। इस शासन को अपने अनुकूल बनाये रखने के लिए अंग्रेजों ने समय-समय पर अनेक अधिनियम पारित किये, जो भारतीय संविधान के विकास की कड़ियाँ बनीं। वे निम्नलिखित हैं-

➪ **1773 का रेग्यूलेटिंग एक्ट :** इस एक्ट के अन्तर्गत कलकत्ता प्रेसीडेंसी में एक ऐसी सरकार स्थापित की गयी, जिसमें गवर्नर जनरल और उसकी परिषद् के चार सदस्य थे, जो अपनी सत्ता का उपयोग संयुक्त रूप से करते थे। इस अधिनियम की मुख्य बातें निम्नलिखित थीं-

(i) कंपनी के शासन पर संसदीय नियंत्रण स्थापित किया गया।

(ii) बंगाल के गवर्नर को तीनों प्रेसीडेंसियों का गवर्नर जनरल नियुक्त किया गया।

(iii) कलकत्ता में एक सुप्रीम कोर्ट की स्थापना की गयी।

➪ **1784 का पिट्स इंडिया एक्ट :** इस एक्ट के द्वारा दोहरे शासन का प्रारंभ हुआ-

(i) कोर्ट ऑफ डायरेक्टर्स- व्यापारिक मामलों के लिए।

(ii) बोर्ड ऑफ कंट्रोलर- राजनीतिक मामलों के लिए।

➪ **1793 का चार्टर अधिनियम :** इसके द्वारा नियंत्रण बोर्ड के सदस्यों तथा कर्मचारियों के वेतन आदि को भारतीय राजस्व में से देने की व्यवस्था की गयी।

➪ **1813 का चार्टर अधिनियम :** इसके द्वारा निम्नलिखित व्यवस्था की गयी-

(i) कंपनी के अधिकार पत्र को 20 वर्षों के लिए बढ़ा दिया गया।

(ii) कंपनी के भारत के साथ व्यापार के एकाधिकार को छीन लिया गया, किन्तु उसे चीन के साथ व्यापार एवं पूर्वी देशों के साथ चाय के व्यापार के सम्बन्ध में 20 वर्षों के लिए एकाधिकार प्राप्त रहा।

(iii) कुछ सीमाओं के अधीन सभी ब्रिटिश नागरिकों के लिए भारत के साथ व्यापार करने को मंजूरी दे दी गई।

(iv) इसी एक्ट में पहली बार भारतीय शिक्षा के प्रचार-प्रसार के लिए एक लाख रुपये खर्च करने की व्यवस्था की गयी।

➪ **1833 का चार्टर अधिनियम :** इसके द्वारा निम्नलिखित व्यवस्था की गयी-

(i) इसके द्वारा कंपनी के व्यापारिक अधिकार पूर्णतः समाप्त कर दिये गये।

(ii) अब कंपनी का कार्य ब्रिटिश सरकार की ओर से मात्र भारत का शासन करना रह गया।

- (iii) बंगाल के गवर्नर जनरल को भारत का गवर्नर जनरल कहा जाने लगा।
- (iv) भारतीय कानूनों का वर्गीकरण किया गया तथा इस कार्य के लिए विधि आयोग की नियुक्ति की व्यवस्था की गयी।

▷ **1853 का चार्टर अधिनियम :** इस अधिनियम के द्वारा सेवाओं में नामजदगी का सिद्धान्त समाप्त कर कंपनी के महत्त्वपूर्ण पदों को प्रतियोगी परीक्षाओं के आधार पर भरने की व्यवस्था की गयी।

▷ **1858 का चार्टर अधिनियम :** इसके द्वारा निम्नलिखित व्यवस्था की गयी-
- (i) भारत का शासन कंपनी से लेकर ब्रिटिश क्राउन के हाथों सौंपा गया।
- (ii) भारत में मंत्रिपद की व्यवस्था की गयी।
- (iii) पन्द्रह सदस्यों की भारत-परिषद् का सृजन किया गया।
- (iv) भारतीय मामलों पर ब्रिटिश संसद का सीधा नियंत्रण स्थापित किया गया।

▷ **1861 का भारत शासन अधिनियम :** इसके द्वारा निम्नलिखित व्यवस्था की गयी-
- (i) गवर्नर जनरल की कार्यकारिणी परिषद् का विस्तार किया गया।
- (ii) विभागीय प्रणाली का आरंभ हुआ।
- (iii) गवर्नर जनरल को पहली बार अध्यादेश जारी करने की शक्ति प्रदान की गयी।
- (iv) गवर्नर जनरल को बंगाल, उत्तर-पश्चिमी सीमा प्रांत और पंजाब में विधान परिषद् स्थापित करने की शक्ति प्रदान की गयी।

▷ **1892 का भारत सरकार अधिनियम :** इसके द्वारा निम्नलिखित व्यवस्था की गयी-
- (i) अप्रत्यक्ष चुनाव प्रणाली की शुरुआत हुई।
- (ii) इसके द्वारा राजस्व एवं व्यय अथवा बजट पर बहस करने तथा कार्यकारिणी से प्रश्न पूछने की शक्ति दी गयी।

▷ **1909 का भारत शासन अधिनियम/मार्ले-मिन्टो सुधार :** इसके द्वारा निम्नलिखित व्यवस्था की गयी-
- (i) पहली बार मुस्लिम समुदाय के लिए पृथक् प्रतिनिधित्व का उपबंध किया गया।
- (ii) भारतीयों को भारत सचिव एवं गवर्नर जनरल की कार्यकारिणी परिषदों में नियुक्ति की गयी।
- (iii) केन्द्रीय और प्रांतीय विधान परिषदों को पहली बार बजट पर वाद-विवाद करने, सार्वजनिक हित के विषयों पर प्रस्ताव करने, पूरक प्रश्न पूछने और मत देने का अधिकार मिला।
- (iv) प्रांतीय विधान परिषदों की संख्या में वृद्धि की गयी।

▷ **1919 भारत शासन अधिनियम/मांटेग्यू चेम्सफोर्ड सुधार :** इसके द्वारा निम्नलिखित व्यवस्था की गयी-
- (i) केन्द्र में द्विसदनात्मक विधायिका की स्थापना की गयी- **प्रथम** राज्य परिषद् तथा **दूसरी** केन्द्रीय विधान सभा। राज्य परिषद् के सदस्यों की संख्या 60 थी, जिसमें 34 निर्वाचित होते थे और उनका कार्यकाल 5 वर्षों का होता था। केन्द्रीय विधान सभा के सदस्यों की संख्या 145 थी, जिनमें 104 निर्वाचित तथा 41 मनोनीत होते थे। इनका कार्यकाल 3 वर्षों का था। दोनों सदनों के अधिकार समान थे। इनमें सिर्फ एक अंतर था कि बजट पर स्वीकृति प्रदान करने का अधिकार निचले सदन को था।

(ii) प्रांतों में द्वैध शासन प्रणाली का प्रवर्तन किया गया। इस योजना के अनुसार प्रांतीय विषयों को दो उपवर्गों में विभाजित किया गया- **आरक्षित** तथा **हस्तांतरित**।

आरक्षित विषय थे : वित्त, भूमिकर, अकाल सहायता, न्याय, पुलिस, पेंशन, आपराधिक जातियाँ (Criminal Tribes), छापाखाना, समाचार पत्र, सिंचाई, जलमार्ग, खान, कारखाना, बिजली, गैस, ब्यॉलर, श्रमिक कल्याण, औद्योगिक विवाद, मोटरगाड़ियाँ, छोटे बंदरगाह और सार्वजनिक सेवाएँ आदि।

हस्तांतरित विषय थे : (i) शिक्षा, पुस्कालय, संग्रहालय, स्थानीय स्वायत्त शासन, चिकित्सा सहायता (ii) सार्वजनिक निर्माण विभाग, आबकारी, उद्योग, तौल तथा माप, सार्वजनिक मनोरंजन पर नियंत्रण, धार्मिक तथा अग्रहार दान आदि। (iii) आरक्षित विषय का प्रशासन गवर्नर अपनी कार्यकारी परिषद् के माध्यम से करता था; जबकि हस्तांतरित विषय का प्रशासन प्रांतीय विधान मंडल के प्रति उत्तरदायी भारतीय मंत्रियों के द्वारा किया जाता था। (iv) द्वैध शासन प्रणाली को 1935 के एक्ट के द्वारा समाप्त कर दिया गया। (v) भारत सचिव को अधिकार दिया गया कि वह भारत में महालेखा परीक्षक की नियुक्ति कर सकता है। (vi) इस अधिनियम ने भारत में एक लोक सेवा आयोग के गठन का प्रावधान किया।

➪ **1935 का भारत शासन अधिनियम :** इसमें 451 धाराएँ और 15 परिशिष्ट थे। इस अधिनियम की मुख्य विशेषताएँ निम्नलिखित थी-

(i) **अखिल भारतीय संघ :** इस संघ का निर्माण 11 ब्रिटिश प्रांतों 6 चीफ कमीशनर के क्षेत्रों और उन देशी रियासतों से मिलकर होना था, जो स्वेच्छा से संघ में सम्मिलित हों। प्रांतों के लिए संघ में सम्मिलित होना अनिवार्य था, किन्तु देशी रियासतों के लिए यह ऐच्छिक था। देशी रियासतें संघ में सम्मिलित नहीं हुई और प्रस्तावित संघ की स्थापना सम्बन्धी घोषणा पत्र जारी करने का अवसर ही नहीं आया।

(ii) **प्रांतीय स्वायत्तता :** इस अधिनियम के द्वारा प्रांतों में द्वैध शासन व्यवस्था का अंत कर उन्हें एक स्वतंत्र और स्वशासित संवैधानिक आधार प्रदान किया गया।

(iii) **केन्द्र में द्वैध शासन की स्थापना :** कुछ संघीय विषयों (सुरक्षा, वैदेशिक सम्बन्ध, धार्मिक मामले) को गवर्नर जनरल के हाथों में सुरक्षित रखा गया। अन्य संघीय विषयों की व्यवस्था के लिए गवर्नर जनरल को सहायता एवं परामर्श देने हेतु मंत्रिमंडल की व्यवस्था की गयी, यह मंत्रिमंडल व्यवस्थापिका के प्रति उत्तरदायी था।

(iv) **संघीय न्यायालय की व्यवस्था :** इसका अधिकार क्षेत्र प्रांतों तथा रियासतों तक विस्तृत था। इस न्यायालय में एक मुख्य न्यायाधीश तथा दो अन्य न्यायाधीशों की व्यवस्था की गयी। न्यायालय से सम्बन्धित अंतिम शक्ति प्रिवी कौंसिल (लंदन) को प्राप्त थी।

(v) **ब्रिटिश संसद की सर्वोच्चता :** इस अधिनियम में किसी भी प्रकार के परिवर्तन का अधिकार ब्रिटिश संसद के पास था। प्रांतीय विधानमंडल और संघीय व्यवस्थापिका इसमें किसी प्रकार का परिवर्तन नहीं कर सकते थे।

(vi) **भारत परिषद् का अंत :** इस अधिनियम के द्वारा भारत परिषद् का अंत कर दिया गया।

(vii) **सांप्रदायिक निर्वाचन पद्धति का विस्तार :** संघीय तथा प्रांतीय व्यवस्थापिकाओं में विभिन्न संप्रदायों को प्रतिनिधित्व देने के लिए सांप्रदायिक निर्वाचन पद्धति को जारी रखा गया और उसका विस्तार आंग्ल-भारतीयों, भारतीय ईसाइयों, यूरोपियनों और हरिजनों के लिए भी किया गया।

(viii) इस अधिनियम में प्रस्तावना का अभाव था।

(xi) इसके द्वारा बर्मा को अलग कर दिया गया। अदन को इंग्लैंड के औपनिवेशिक कार्यालय के अधीन कर दिया गया और बरार को मध्य प्रांत में शामिल कर लिया गया।

➩ **1947 का भारतीय स्वतंत्रता अधिनियम :** ब्रिटिश संसद में जुलाई 1947 को भारतीय स्वतंत्रता अधिनियम प्रस्तावति किया गया, जो 18 जुलाई, 1947 को स्वीकृत हो गया। इस अधिनियम में 20 धाराएँ थी। इस अधिनियम के प्रमुख प्रावधान निम्नलिखित थे-

(i) 15 अगस्त, 1947 को भारत और पाकिस्तान नामक दो अधिराज्य बना दिये जायेंगे और ब्रिटिश सरकार उनको सत्ता सौंप देगी। सत्ता का उत्तरदायित्व दोनों अधिराज्यों की संविधान सभा को सौंपी जायेगी।

(ii) भारत एवं पाकिस्तान दोनों अधिराज्यों में एक-एक गवर्नर जनरल होंगे, जिनकी नियुक्ति उनके मंत्रिमंडल की सलाह से की जायेगी।

(iii) संविधान सभा का विधान मंडल के रूप में कार्य करना- जब तक संविधान सभाएँ संविधान का निर्माण नहीं कर लेती तब तक वे विधान मंडल के रूप में कार्य करती रहेंगी।

(iv) भारत मंत्री के पद समाप्त कर दिये जायेंगे।

(v) 1935 के भारतीय शासन अधिनियम द्वारा शासन- जब तक संविधान सभा द्वारा नया संविधान बनाकर तैयार नहीं किया जाता है, उस समय तक 1935 के भारतीय शासन अधिनियम द्वारा ही शासन होगा।

(vi) देशी रियासतों पर ब्रिटेन की सर्वोपरिता का अंत कर दिया गया। उनको भारत या पाकिस्तान किसी भी अधिराज्य में सम्मिलित होने और अपने भावी सम्बन्धों का निश्चय करने की स्वतंत्रता प्रदान की गयी।

2. संविधान सभा

➩ कैबिनेट मिशन की सिफारिशों के आधार पर भारतीय संविधान की निर्माण करने वाली संविधान सभा का गठन जुलाई 1946 में किया गया।

➩ संविधान सभा के सदस्यों की कुल संख्या 389 निश्चित की गयी थी, जिनमें 292 ब्रिटिश प्रांतों के प्रतिनिधि, 4 चीफ कमिश्नर क्षेत्रों के प्रतिनिधि एवं 93 देशी रियासतों के प्रतिनिधि थे।

➩ कैबिनेट मिशन योजना के अनुसार जुलाई 1946 में संविधान सभा का चुनाव हुआ। कुल 389 सदस्यों में से प्रांतों के लिए निर्धारित 296 सदस्यों के लिए चुनाव हुए। इसमें कांग्रेस को 208, मुस्लिम लीग को 73 स्थान एवं 15 अन्य दलों के तथा स्वतंत्र उम्मीदवार निर्वाचित हुए।

➩ संविधान सभा की पहली बैठक 9 दिसंबर, 1946 को नई दिल्ली स्थित कौंसिल चैम्बर के पुस्तकालय भवन में हुई। डॉ. सच्चिदानंद सिन्हा को संविधान सभा का अस्थायी अध्यक्ष चुना गया। मुस्लिम लीग ने इस बैठक का बहिष्कार किया और पाकिस्तान के लिए बिल्कुल अलग

संविधान की माँग प्रारंभ कर दी।

- हैदराबाद एक देशी रियासत थी तथा इसके प्रतिनिधि संविधान सभा में सम्मिलिति नहीं हुए थे।
- प्रांतों या देशी रियासतों को उनकी जनसंख्या के अनुपात में संविधान सभा में प्रतिनिधित्व दिया गया था। साधारणत: 10 लाख की आबादी पर एक स्थान का आबंटन किया गया था।
- प्रांतों का प्रतिनिधित्व मुख्यत: तीन प्रमुख समुदायों की जनसंख्या के आधार पर विभाजित किया गया था, ये समुदाय थे- मुस्लिम सिक्ख एवं साधारण।
- संविधान सभा में ब्रिटिश प्रांतों के 296 प्रतिनिधियों का विभाजन सांप्रदायिक आधार पर किया गया- 213 सामान्य, 79 मुसलमान तथा सिक्ख।
- संविधान सभा के सदस्यों में अनुसूचित जनजाति के सदस्यों की संख्या 33 थी।
- संविधान सभा में महिला सदस्यों की संख्या 12 थी।
- डॉ. राजेन्द्र प्रसाद 11 दिसंबर, 1946 को संविधान सभा के स्थायी अध्यक्ष निर्वाचित हुए।
- संविधान सभा की कार्यवाही 13 दिसंबर, 1946 को जवाहरलाल नेहरू द्वारा पेश किये गये उद्देश्य प्रस्ताव के साथ प्रारंभ हुई।
- 22 जनवरी, 1947 को उद्देश्य प्रस्ताव की स्वीकृति के बाद संविधान सभा ने संविधान निर्माण हेतु अनेक समितियाँ नियुक्त की। इनमें प्रमुख थी- वार्ता समिति संघ संविधान समिति, प्रांतीय संविधान समिति, संघ शक्ति समिति, प्रारूप समिति।
- बी.एन.राव द्वारा तैयार किये गये संविधान के प्रारूप पर विचार-विमर्श करने के लिए संविधान सभा द्वारा 29 अगस्त, 1947 को एक संकल्प पारित करके प्रारूप समिति का गठन किया गया तथा इसके अध्यक्ष के रूप में डॉ. भीमराव अंबेडकर को चुना गया। प्रारूप समिति के सदस्यों की संख्या सात थी, जिनके नाम इस प्रकार थे- 1. डॉ. भीमराव अंबेडकर (अध्यक्ष) 2. एन. गोपाल स्वामी आयंगर 3. अलसादी कृष्णा स्वामी अय्यर 4. कन्हैयालाल मणिकलाल मुंशी 5. सैय्यद मोहम्मद सादुल्ला 6. एन. माधव राव (बीएल मित्र के स्थान पर) 7. डी.पी. खेतान (1948 में इनकी मृत्यु के बाद टी.टी. कृष्णाचारी को सदस्य बनाया गया)। संविधान सभा में अंबेडकर का निर्वाचन पश्चिम बंगाल से हुआ था।
- 3 जून, 1947 की योजना के अनुसार देश का बँटवारा हो जाने पर भारतीय संविधान सभा की कुल सदस्य संख्या 324 नियत की गयी, जिसमें 235 स्थान प्रांतों के लिए और 89 स्थान देशी राज्यों के लिए थे।

संविधान सभा की प्रमुख समितियाँ एवं उनके अध्यक्ष		
क्र.	**समिति के नाम**	**अध्यक्ष**
1.	संचालन समिति	डॉ. राजेन्द्र प्रसाद
2.	संघ संविधान समिति	पंडित जवाहरलाल नेहरू
3.	प्रांतीय संविधान समिति	सरदार बल्लभभाई पटेल
4.	प्रारूप समिति	डॉ. भीमराव अम्बेडकर
5.	झंडा समिति	जे. बी. कृपलानी
6.	संघ शक्ति समिति	पंडित जवाहरलाल नेहरू

- देश विभाजन के बाद संविधान सभा का पुनर्गठन 31 अक्टूबर, 1947 को किया गया। पुनर्गठन के बाद 31 दिसंबर, 1947 को संविधान सभा के सदस्यों की कुल संख्या 299 थी, जिसमें प्रांतीय सदस्यों की संख्या 229 एवं देशी रियासतों के सदस्यों की संख्या 70 थी।
- प्रारूप समिति ने संविधान के प्रारूप पर विचार-विमर्श करने के बाद 21 फरवरी, 1948 को संविधान सभा को अपनी रिपोर्ट पेश की।
- संविधान सभा में संविधान का **प्रथम वाचन** 4 नवंबर से 9 नवंबर, 1948 तक चला। संविधान सभा का **दूसरा वाचन** 15 नवंबर, 1948 को प्रारंभ हुआ जो 17 अक्टूबर, 1949 तक चला। संविधान सभा में संविधान का तीसरा एवं अंतिम वाचन 14 नवंबर, 1949 को प्रारंभ हुआ जो 26 नवंबर, 1949 तक चला और संविधान सभा द्वारा संविधान को पारित कर दिया गया। इस समय संविधान सभा के 284 सदस्य उपस्थिति थे।
- संविधान निर्माण की प्रक्रिया में कुल 2 वर्ष 11 महीने एवं 18 दिन लगे। संविधान निर्माण पर लगभग 6.4 करोड़ रुपये खर्च हुए।
- संविधान के प्रारूप पर कुल 114 दिन बहस हुई।
- संविधान को जब 26 नवंबर, 1949 को संविधान सभा द्वारा पारित किया गया तब इसमें कुल 22 भाग, 395 अनुच्छेद और 8 अनुसूचियाँ थी। वर्तमान समय में संविधान में 22 भाग, 395 अनुच्छेद एवं 12 अनुसूचियाँ हैं।
- संविधान के कुल अनुच्छेदों में से 15 (5,6,7,8,9,60,324,366,367,372,380,388,39) (392 तथा 393) अनुच्छेदों को 26 नवंबर, 1949 को ही प्रवर्तित कर दिया गया जबकि शेष अनुच्छेद को 26 जनवरी, 1950 को लागू किया गया।
- संविधान सभा की अंतिम बैठक 24 जनवरी, 1950 को हुई और उसी दिन संविधान सभा के द्वारा डॉ. राजेन्द्र प्रसाद को भारत का प्रथम राष्ट्रपति चुना गया।
- कैबिनेट मिशन के सदस्य सर स्टेफोर्ड क्रिप्स, लार्ड पेंथिक लारेंस तथा ए.बी. एलेग्जेण्डर थे।

नोट : 26 जुलाई, 1947 को गवर्नर जनरल ने पाकिस्तान के लिए पृथक् संविधान सभा की स्थापना की घोषणा की।

कैबिनेट मिशन (1945) के प्रस्ताव पर गठित अंतरिम मंत्रिमंडल		
1.	जवाहर लाल नेहरू	कार्यकारी परिषद् के उपाध्यक्ष, विदेशी मामले तथा राष्ट्रमंडल
2.	बल्लभभाई पटेल	गृह, सूचना तथा प्रसारण
3.	बलदेव सिंह	रक्षा
4.	जान मथाई	उद्योग तथा आपूर्ति
5.	सी. राजगोपालाचारी	शिक्षा
6.	सी.एच. भाभा	कार्य, खान एवं बंदरगाह
7.	राजेन्द्र प्रसाद	खाद्य एवं कृषि
8.	आसफ अली	रेलवे
9.	जगजीवन राम	श्रम

10.	लियाकत अली खाँ	वित्त
11.	आई.आई. चुन्दरीगर	वाणिज्य
12.	अब्दुल रब नश्तर	संचार
13.	जोगेन्द्र नाथ मंडल	विधि
14.	गजान्तर अली खाँ	स्वास्थ्य

3. भारतीय संविधान की प्रस्तावना/उद्देशिका

- नेहरू द्वारा प्रस्तुत उद्देश्य संकल्प में जो आदर्श प्रस्तुत किया गया उन्हें ही संविधान की प्रस्तावना में शामिल कर लिया गया। संविधान के 42वें संशोधन (1976) द्वारा यथा संशोधित यह प्रस्तावना निम्नलिखित प्रकार से है-

  "हम भारत के लोग, भारत को एक सम्पूर्ण प्रभुत्व सम्पन्न, समाजवादी, पंथनिरपेक्ष, लोकतंत्रात्मक गणराज्य बनाने के लिए तथा उसके समस्त नागरिकों को सामाजिक, आर्थिक और राजनीतिक न्याय, विचार, अभिव्यक्ति, विश्वास, धर्म और उपासना की स्वतंत्रता, प्रतिष्ठा और अवसर की समता प्राप्त करने के लिए तथा उन सबमें व्यक्ति की गरिमा और राष्ट्र की एकता और अखंडता सुनिश्चित करने वाली बंधुता बढ़ाने के लिए दृढ़ संकल्प होकर अपनी इस संविधान सभा में आज तारीख 26 नवंबर, 1949 ई. (मिति मार्ग शीर्ष शुक्ल सप्तमी, संवत् दो हजार छह विक्रमी) को एतद् द्वारा इस संवधिान को अंगीकृत, अधिनियमित और आत्मार्पित करते हैं।"

प्रस्तावना की मुख्य बातें

- यह प्रस्तावना भारत को एक प्रभुसत्ता सम्पन्न, समाजवादी, धर्मनिरपेक्ष, लोकतांत्रिक गणराज्य घोषित करती है, जिसे समस्त शक्ति जनता से प्राप्त होती है तथा जो अपने नागरिकों को सामाजिक, आर्थिक तथा राजनैतिक न्याय प्रदान करना चाहता है। यह नागरिकों को विचार अभिव्यक्ति, विश्वास, धर्म व उपासना की स्वतंत्रता प्रदान करने का आश्वासन देती है तथा उन्हें समान स्थिति तथा अवसर प्रदान करती है।
- प्रस्तावना में प्रयोग किये गये शब्द 'प्रभुसत्ता सम्पन्न' से तात्पर्य है कि राज्य आंतरिक तथा बाह्य मामलों में पूरी तरह से स्वतंत्र है तथा किसी बाह्य शक्ति पर निर्भर नहीं हैं।
- 'समाजवाद' से तात्पर्य उस व्यवस्था से है जिसमें उत्पादन व वितरण का स्वामित्व राज्य के हाथ में रहता है।
- 'धर्म निरपेक्षता' से तात्पर्य है कि राज्य का कोई धर्म नहीं है तथा राज्य केवल नागरिकों के आपसी सम्बन्धों से सम्बन्धित है तथा इसका मानव व ईश्वर के आपसी सम्बन्धों से कोई सरोकार नहीं है।
- 'लोकतंत्र' का तात्पर्य है कि सरकार को समस्त शक्ति जनता से प्राप्त होती है। शासकों का निर्वाचन जनता द्वारा किया जाता है और वे उन्हीं के प्रति उत्तरदायी है।
- 'गणराज्य' से तात्पर्य है कि राज्य का अध्यक्ष एक निर्वाचित व्यक्ति है जो एक निश्चित अवधि के लिए पदग्रहण करता है।

- प्रस्तावना का बहुत अधिक महत्त्व है तथा इसे **संविधान की कुंजी** की संज्ञा दी गयी है।
- बेरूबाड़ी यूनियन वाद (1960) में सर्वोच्च न्यायालय ने निर्णय दिया कि जहाँ संविधान की भाषा संदिग्ध हो, वहाँ प्रस्तावना विधिक निर्वाचन में सहायता करती है।
- बेरूबाड़ी वाद में ही सर्वोच्च न्यायालय ने प्रस्तावना को संविधान का अंग नहीं माना। इसलिए विधायिका प्रस्तावना में संशोधन नहीं कर सकती, परन्तु सर्वोच्च न्यायालय ने केशवानंद भारती बनाम केरल राज्य वाद (1973) में कहा कि प्रस्तावना संविधान का अंग है। इसलिए विधायिका (संसद) उसमें संशोधन कर सकती है।
- केशवानंद भारती वाद में ही सर्वोच्च न्यायलय ने मूल ढाँचा का सिद्धान्त (Theory of Basic Structure) दिया तथा प्रस्तावना को संविधान का मूल ढाँचा माना।
- संसद संविधान की मूल ढाँचा में नकारात्मक संशोधन नहीं कर सकती है, स्पष्टत: संसद वैसा संशोधन कर सकती है, जिसमें मूल ढाँचा का विस्तार व मजबूतीकरण होता है।
- 42वें संविधान अधिनियम 1976 द्वारा प्रस्तावना में 'समाजवादी', 'पंथनिरपेक्ष' और 'राष्ट्र की एकता व अखंडता' शब्द जोड़े गये।

4. भारतीय संविधान के विभिन्न स्रोत

ब्रिटेन	संसदीय शासन, विधि निर्माण प्रक्रिया, एकल नागरिकता, संसदीय विशेषाधिकार, मंत्रिमंडल का लोकसभा के प्रति सामूहिक उत्तरदायित्व, औपचारिक प्रधान के रूप में राष्ट्रपति।
अमेरिका	मौलिक अधिकार, उपराष्ट्रपति, स्वतंत्र एवं निष्पक्ष न्यायालय, न्यायिक पुनर्विलोकन, सर्वोच्च न्यायालय का गठन एवं शक्तियाँ, सर्वोच्च व उच्च न्यायालय के न्यायाधीशों को हटाने की विधि।
कनाडा, 1935 एक्ट	संघात्मक व्यवस्था, अवशिष्ट शक्तियों (Residual Powers) का केन्द्र के पास होना।
आयरलैंड	नीति-निर्देशक तत्त्व।
जर्मनी, 1935 एक्ट	आपात उपबंध
सोवियत संघ (रूस)	मौलिक कर्तव्य, पंचवर्षीय योजना।
फ्रांस	गणतंत्र
ऑस्ट्रेलिया	समवर्ती सूची, प्रस्तावना की भाषा, केन्द्र-राज्य के बीच सम्बन्ध तथा शक्तियों का विभाजन।
दक्षिण अफ्रीका	संविधान संशोधन की प्रक्रिया।
जापान	'कानून द्वारा स्थापित' शब्दावली।

- **नोट:** भारतीय संविधान के अनेक देशी और विदेशी स्रोत हैं, लेकिन इस पर सबसे अधिक प्रभाव 'भारतीय शासन अधिनियम-1935 का है।' भारतीय संविधान के 395 अनुच्छेदों में से लगभग 250 अनुच्छेद ऐसे हैं, जो 1935 के अधिनियम से या तो शब्दश: लिए गये हैं या फिर उनमें थोड़ा बहुत परिवर्तन किया गया है।

5. भारतीय संविधान की अनुसूचियाँ

- मूल भारतीय संविधान में 8 अनुसूचियाँ थी, लेकिन वर्तमान में भारतीय संविधान में 12 अनुसूचियाँ हैं। संविधान की इन अनुसूचियों का विवरण निम्न प्रकार से है-
- **प्रथम अनुसूची :** इनमें भारतीय संघ के घटक राज्यों (29 राज्य) एवं संघ शासित (7 राज्य) क्षेत्रों का उल्लेख है।

  नोट : संविधान के 69वें संशोधन (1991) के द्वारा दिल्ली को राष्ट्रीय राजधानी क्षेत्र का दर्जा दिया गया।
- **द्वितीय अनुसूची :** इसमें भारतीय राज-व्यवस्था के विभिन्न पदाधिकारियों (राष्ट्रपति, राज्यपाल, लोकसभा के अध्यक्ष और उपाध्यक्ष, राज्य सभा के सभापति एवं उपसभापति, विधान सभा के अध्यक्ष और उपाध्यक्ष, विधान परिषद् के सभापति एवं उपसभापति, उच्चतम न्यायालय और उच्च न्यायालयों के न्यायाधीशों और भारत के नियत्रंक महालेखा परीक्षक आदि) को प्राप्त होने वाले वेतन, भत्ते और पेंशन आदि का उल्लेख किया गया है।
- **तृतीय अनुसूची :** इसमें विभिन्न पदाधिकारियों (राष्ट्रपति, उपराष्ट्रपति, मंत्री, उच्चतम एवं उच्च न्यायालय के न्यायाधीशों) द्वारा पद ग्रहण के समय ली जाने वाली शपथ का उल्लेख है।
- **चौथी अनुसूची :** इसमें विभिन्न राज्यों तथा संघीय क्षेत्रों की राज्य सभा में प्रतिनिधित्व का विवरण दिया गया है।
- **पाँचवीं अनुसूची :** इसमें विभिन्न अनुसूचित क्षेत्रों और अनुसूचित जनजाति के प्रशासन और नियंत्रण के बारे में उल्लेख है।
- **छठी अनुसूची :** इसमें असम, मेघालय, त्रिपुरा और मिजोरम राज्यों के जनजाति क्षेत्रों के प्रशासन के बारे में प्रावधान है।
- **सातवीं अनुसूची :** इसमें केन्द्र एवं राज्यों के बीच शक्तियों के बँटवारे के बारे में विवरण दिया गया है। इसके तहत तीन सूचियाँ हैं- संघ सूची, राज्य सूची एवं समवर्ती सूची।

  (i) **संघ सूची :** इस सूची में दिये गये विषय पर केन्द्र सरकार कानून बनाती है। संविधान के लागू होने के समय इसमें 97 विषय थे, वर्तमान समय में इसमें 98 विषय है।

  (ii) **राज्य सूची :** इस सूची में दिये गये विषय पर राज्य सरकार कानून बनाती है। राष्ट्रीय हित से सम्बन्धित होने पर केन्द्र सरकार भी कानून बना सकती है। संविधान के लागू होने के समय इसके अन्तर्गत 66 विषय थे, वर्तमान समय में इसमें 62 विषय हैं।

  (iii) **समवर्ती सूची :** इस सूची में दिये गये विषय पर केन्द्र एवं राज्य दोनों सरकारें कानून बना सकती हैं, परन्तु कानून के विषय समान होने पर केन्द्र सरकार द्वारा बनाया गया कानून ही मान्य होता है। राज्य सरकार द्वारा बनाया गया कानून केन्द्र सरकार के कानून बनाने के साथ ही समाप्त हो जाता है। संविधान के लागू होने के समय समवर्ती सूची में 47 विषय थे- वर्तमान समय में इसमें 52 विषय हैं।

  नोट : समवर्ती सूची का प्रावधान जम्मू-कश्मीर राज्य के सम्बन्ध में नहीं हैं।
- **आठवीं अनुसूची :** इसमें भारत की 22 भाषाओं का उल्लेख किया गया है। मूल रूप से इस सूची में 14 भाषाएँ थीं, 1967 में सिंधी को और 1992 में कोंकणी, मणिपुरी तथा नेपाली को

आठवीं अनुसूची में शामिल किया गया। 2004 में मैथिली, संथाली, डोगरी और बोडो को आठवीं अनुसूची में शामिल किया गया।

- **नौवीं अनुसूची :** संविधान में यह अनुसूची प्रथम संविधान संशोधन अधिनियम (1951) के द्वारा जोड़ी गयी। इसके अन्तर्गत राज्य द्वारा सम्पत्ति के अधिग्रहण की विधियों का उल्लेख किया गया है। इस अनुसूची में सम्मिलित विषयों को न्यायालय में चुनौती नहीं दी जा सकती है। वर्तमान में इस अनुसूची में 284 अधिनियम हैं।

  नोट : अब तक यह मान्यता थी कि संविधान की नौंवी अनुसूची में सम्मिलित कानूनों की न्यायिक समीक्षा नहीं की जा सकती। 11 जनवरी, 2007 के संविधान पीठ के एक निर्णय द्वारा स्थापित किया गया है कि नौंवी अनुसूची में सम्मिलित किसी भी कानून को इस आधार पर चुनौती दी जा सकती है कि वह मौलिक अधिकारों का उल्लंघन करता है तथा उच्चतम न्यायालय इन कानूनों की समीक्षा कर सकता है।

- **दसवीं अनुसूची :** यह संविधान के 52वें संशोधन (1985) के द्वारा जोड़ी गयी है। इसमें दल-बदल से सम्बन्धित प्रावधानों का उल्लेख है।

राज्य	गठन वर्ष
आन्ध्र प्रदेश	1 अक्टूबर, 1953
महाराष्ट्र	1 मई, 1960
गुजरात	1 मई, 1960
नगालैंड	1 दिसम्बर, 1963
हरियाणा	1 नवम्बर, 1966
हिमाचल प्रदेश	25 जनवरी, 1971
मेघालय	21 जनवरी, 1972
मणिपुर	21 जनवरी, 1972
त्रिपुरा	21 जनवरी, 1972
सिक्किम	26 अप्रैल, 1975
मिजोरम	20 फरवरी, 1987
अरुणाचल प्रदेश	20 फरवरी, 1987
गोवा (25वाँ)	30 मई, 1987
छत्तीसगढ़ (26वाँ)	1 नवम्बर, 2000
उत्तराखण्ड (27वाँ)	9 नवम्बर, 2000
झारखण्ड (28वाँ)	15 नवम्बर, 2000
तेलंगाना (29वाँ)	2 जून, 2014

- **ग्यारहवीं अनुसूची :** यह अनुसूची संविधान के 97वें संशोधन (1993) के द्वारा जोड़ी गयी है। इसमें पंचायती राज संस्थाओं को कार्य करने के लिए 29 विषय प्रदान किये गये हैं।
- **बारहवीं अनुसूची :** यह अनुसूची संविधान के 74वें संशोधन (1993) के द्वारा जोड़ी गयी है। इसमें शहरी क्षेत्र की स्थानीय स्वशासन संस्थाओं को कार्य करने के लिए 18 विषय प्रदान किये गये हैं।

6. भारतीय नागरिकता

- भारत में एकल नागरिकता का प्रावधान है। भारतीय संविधान के भाग-2 के अनुच्छेद 5-11 में नागरिकता के सम्बन्ध में उल्लेख है।
- भारत जैसे संप्रभु राष्ट्र की ओर से नागरिकों को कुछ ऐसे अधिकार प्राप्त हैं जो विदेशियों को प्रदान नहीं किये जाते हैं। ये अधिकार निम्नलिखित हैं-

  (i) अनुच्छेद 15, 16, 19, 29 और 30 में प्रदत्त मौलिक अधिकार केवल देश के नागरिकों को ही प्राप्त है।

  (ii) केवल नागरिक ही कुछ उच्च पदों पर आसीन हो सकते हैं। जैसे- राष्ट्रपति, उपराष्ट्रपति, राज्यपाल, उच्चतम न्यायालय तथा उच्च न्यायालय के न्यायाधीश, महान्यायवादी और महाधिवक्ता।

(iii) मतदान करने का अधिकर और संसद तथा राज्यों के विधानमंडलों के सदस्य बनने का अधिकार केवल नागरिकों को ही हासिल है।

➪ **भारतीय नागरिकता अधिनियम, 1955:** इसके अनुसार निम्न में से किसी एक आधार पर नागरिकता प्राप्त की जा सकती है-

(i) **जन्म से :** प्रत्येक व्यक्ति जिसका जन्म संविधान लागू होने अर्थात् 26 जनवरी, 1950 को या उसके बाद भारत में हुआ हो, वह जन्म से भारत का नागरिक होगा। इसका अपवाद है- राजनयिकों के बच्चे और विदेशियों के बच्चे।

(ii) **वंश परंपरा द्वारा नागरिकता :** भारत के बाहर अन्य देशों में 26 जनवरी, 1950 के बाद जन्म लेने वाला व्यक्ति भारत का नागरिक माना जायेगा, यदि उसके जन्म के समय उसके माता-पिता में से कोई भारत का नागरिक हो।

भारतीय संविधान के प्रमुख भाग	
भाग	**अनुच्छेद**
1 : संघ एवं उसका राज्य क्षेत्र	1 से 4
2 : नागरिकता	5 से 11
3 : मौलिक अधिकार	12 से 35
4 : नीति-निर्देशक तत्त्व	36 से 51
4 : (क) मूल कर्त्तव्य	51 (क)
5 : संघ	52 से 151
6 : राज्य	152 से 237
8 : संघ राज्य क्षेत्र	239 से 242
11 : संघ और राज्यों के बीच संबंध	245 से 263
14 : संघ एवं राज्यों के अधीन सेवाएँ	308 से 323
15 : निर्वाचन	324 से 329
17 : राजभाषा	343 से 351
18 : आपात उपबंध	352 से 360
20 : संविधान संशोधन	368

नोट : माता की नागरिकता के आधार पर विदेश में जन्म लेने वाले व्यक्ति को नागरिकता प्रदान करने का प्रावधान नागरिकता संशोधन अधिनियम 1992 द्वारा किया गया है।

(iii) **देशीयकरण द्वारा नागरिकता :** भारत सरकार से देशीयकरण का प्रमाण पत्र प्राप्त कर भारत की नागरिकता प्राप्त की जा सकती है।

(iv) **पंजीकरण द्वारा नागरिकता :** निम्न वर्गों में आने वाले लोग पंजीकरण के द्वारा भारत की नागरिकता प्राप्त कर सकते हैं-

(a) वे व्यक्ति जो पंजीकरण प्रार्थना पत्र देने की तिथि से छह माह पूर्व (अब पाँच वर्ष) से भारत में रह रहे हों।

(b) वे भारतीय जो अविभाज्य भारत से बाहर किसी देश में निवास कर रहे हों।

(c) वे स्त्रियाँ जो भारतीयों से विवाह कर चुकी हैं या भविष्य में विवाह करेंगी।

(d) भारतीय नागरिकों के नाबालिग बच्चे।

(e) राष्ट्रमंडलीय देशों के नागरिक, जो भारत में रहते हों या भारत सरकार की नौकरी कर रहे हों। आवेदन पत्र देकर भारत की नागरिकता प्राप्त कर सकते हैं।

- (v) **भूमि विस्तार द्वारा :** यदि किसी नये भू-भाग को भारत में शामिल किया जाता है, तो उस क्षेत्र में निवास करने वाले व्यक्तियों को स्वत: भारत की नागरिकता प्राप्त हो जाती है।
- ❖ **भारतीय नागरिकता संशोधन अधिनियम, 1986 :** इस अधिनियम के आधार पर भारतीय नागरिकता संशोधन अधिनियम, 1955 में निम्न संशोधन किये गये हैं-
  - (i) अब भारत में जन्म लेने वाले उस व्यक्ति को ही नागरिकता प्रदान की जायेगी, जिसके माता-पिता में से एक भारत का नागरिक हो।
  - (ii) जो व्यक्ति पंजीकरण के माध्यम से भारतीय नागरिकता प्राप्त करना चाहते हैं, उन्हें अब भारत में कम से कम पाँच वर्षों तक निवास करना होगा। पहले यह अवधि छह माह थी।
  - (iii) देशीयकरण द्वारा नागरिकता तभी प्रदान की जायेगी जबकि सम्बन्धित व्यक्ति कम से कम 10 वर्षों तक भारत में रह चुका हो। पहले यह अवधि 5 वर्ष थी।
  - (iv) नागरिकता संशोधन अधिनियम, 1986 जम्मू-कश्मीर व असम सहित भारत के सभी राज्यों पर लागू होगा।
- ❖ **भारतीय नागरिकता का अंत :** भारतीय नागरिकता का अंत निम्नलिखित प्रकार से होता है-
  - (i) नागरिकता का परित्याग करने पर।
  - (ii) किसी अन्य देश की नागरिकता स्वीकार कर लेने पर।
  - (iii) सरकार द्वारा नागरिकता छीनने पर।
    नोट : जम्मू-कश्मीर राज्य के विधानमंडल को निम्नलिखित विषयों के सम्बन्ध में राज्य में स्थायी रूप से निवास करने वाले व्यक्तियों को अधिकार तथा विशेषाधिकार प्रदान करने की शक्ति प्रदान की गयी है-
    - (i) राज्य के अधीन नियोजन के सम्बन्ध में।
    - (ii) राज्य में अचल सम्पत्ति के अर्जन के सम्बन्ध में।
    - (iii) राज्य में स्थायी रूप से बस जाने के सम्बन्ध में।
    - (iv) छात्रवृत्तियाँ अथवा इसी प्रकार की सहायता, जो राज्य सरकार प्रदान करे।

7. मूल अधिकार

- ❖ भारतीय संविधान में मूल अधिकार संयुक्त राज्य अमेरिका के संविधान से लिया गया है। भारतीय संविधान के भाग-3 के अनुच्छेद 12-35 तक में मूलाधिकारों का उल्लेख है।
- ❖ मूलाधिकारों में संशोधन हो सकता है एवं राष्ट्रीय आपात के दौरान (अनुच्छेद 352)) जीवन एवं व्यक्तिगत स्वतंत्रता के अधिकारों को छोड़कर अन्य मूलाधिकारों को स्थगित किया जा सकता है।
- ❖ मूल संविधान में मूलाधिकारों की संख्या सात थी, लेकिन 44वें संविधान संशोधन (1979) के द्वारा सम्पत्ति के मूलाधिकार (अनुच्छेद 31 एवं 19f) को मूलाधिकार की सूची से हटाकर इसे संविधान के अनुच्छेद 300(a) के तहत कानूनी अधिकार के रूप में रखा गया है।
- ❖ वर्तमान में भारतीय नागरिकों को छह मूलाधिकार प्राप्त हैं, जो निम्नलिखित हैं-
  1. समता/समानता का अधिकार
  2. स्वतंत्रता का अधिकार

3. शोषण के विरुद्ध अधिकार
4. धार्मिक स्वतंत्रता का अधिकार
5. संस्कृति और शिक्षा सम्बन्धी अधिकार
6. संवैधानिक उपचारों का अधिकार

1. समता/समानता का अधिकार (अनुच्छेद 14-18)

- **अनुच्छेद 14- विधि के समक्ष समता :** इसका अर्थ यह है कि राज्य सभी व्यक्तियों के लिए एक समान कानून बनायेगा तथा उन पर एक समान लागू करेगा।
- **अनुच्छेद 15- धर्म, नस्ल, जाति, लिंग या जन्म-स्थान के आधार पर भेदभाव का प्रतिषेध:** राज्य के द्वारा धर्म, मूलवंश, जाति, लिंग एवं जन्म स्थान आदि के आधार पर नागरिकों के प्रति जीवन के किसी भी क्षेत्र में भेदभाव नहीं किया जायेगा।
- **अनुच्छेद 16- लोक नियोजन के विषय में अवसर की समता :** राज्य के अधीन किसी पद पर नियोजन या नियुक्ति से सम्बन्धित विषयों में सभी नागरिकों के लिए अवसर की समानता होगी। केवल अनुसूचित जाति/जनजाति एवं अन्य पिछड़ा वर्ग को छोड़कर।
- **अनुच्छेद 17- अस्पृश्यता का अंत :** अस्पृश्यता के उन्मूलन के लिए इसे दंडनीय अपराध घोषित किया गया है।
- **अनच्छेद 18- उपाधियों का अंत :** सेना या विधा सम्बन्धी सम्मान के सिवाए अन्य कोई भी उपाधि राज्य द्वारा प्रदान नहीं की जायेगी। भारत का कोई नागरिक किसी अन्य देश से राष्ट्रपति की आज्ञा के बिना कोई उपाधि स्वीकार नहीं कर सकता है।

2. स्वतंत्रता का अधिकार (अनुच्छेद 19-22)

- **अनुच्छेद 19 :** मूल संविधान में सात प्रकार की स्वतंत्रता का उल्लेख था। वर्तमान में इसकी संख्या छह है, जो निम्नलिखित हैं-

  19(a)-बोलने की स्वतंत्रता

  19(b)-शान्तिपूर्वक बिना हथियारों के एकत्रित होने और सभा तथा सम्मेलन करने की स्वतंत्रता।

  19(c)-संघ बनाने की स्वतंत्रता

  19(d)-देश के किसी भी क्षेत्र में आवागमन की स्वतंत्रता

  (19(e)-देश के किसी भी क्षेत्र में निवास करने और बसने की स्वतंत्रता। (अपवाद जम्मू-कश्मीर)

  19(f)-सम्पत्ति का अधिकार (निरसित)

  (19(g)-कोई भी व्यापार एवं आजीविका चलाने की स्वतंत्रता
- **अनुच्छेद 20- अपराधों के लिए दोष सिद्धि के सम्बन्ध में सरंक्षण :** इसके अन्तर्गत तीन प्रकार की स्वतंत्रता का वर्णन है-

  (i) किसी भी व्यक्ति को एक अपराध के लिए सिर्फ एक बार सजा मिलेगी।

  (ii) अपराध करने के समय जो कानून है उसी के तहत सजा मिलेगी न कि पहले और बाद में बनने वाले कानून के तहत।

  (iii) किसी भी व्यक्ति को स्वयं के विरुद्ध न्यायालय में गवाही देने के लिए बाध्य नहीं किया जायेगा।

- **अनुच्छेद 21- प्राण एवं दैहिक स्वतंत्रता का संरक्षण :** किसी भी व्यक्ति को विधि द्वारा स्थापित प्रक्रिया के अतिरिक्त उसके जीवन और वैयक्तिक स्वतंत्रता के अधिकार से वंचित नहीं किया जा सकता है।
- **अनुच्छेद 21(क) :** राज्य 6 से 14 वर्ष के आयु के समस्त बच्चों को ऐसे ढंग से जैसा कि राज्य, विधि द्वारा निर्धारित करें, नि:शुल्क तथा अनिवार्य शिक्षा उपलब्ध करायेगा। (86वाँ संशोधन-2002 द्वारा संस्थापित)।
- **अनुच्छेद 22- कुछ दशाओं में गिरफ्तारी और निरोध में सरंक्षण :** अगर किसी भी व्यक्ति को मनमाने ढंग से हिरासत में लिया गया हो तो उसे तीन प्रकार की स्वतंत्रता प्रदान की गयी है-
  (i) हिरासत में लेने का कारण बताना होगा।
  (ii) 24 घंटे के अंदर (आने-जाने में लगने वाले समय को छोड़कर) उसे दंडाधिकारी के समक्ष पेश करना होगा।
  (iii) उसे अपने पसंद के अधिवक्ता से सलाह लेने का अधिकार होगा।
- **निवारक निरोध :** भारतीय संविधान के अनुच्छेद 22 के खंड-3,4,5 एवं 6 में तप्तसम्बन्धी प्रावधानों का उल्लेख है। निवारक निरोध कानून के तहत किसी व्यक्ति को अपराध करने के पूर्व ही गिरफ्तार किया जाता है। निवारक निरोध का उद्देश्य व्यक्ति को अपराध के लिए दण्ड देना नहीं, बल्कि उसे अपराध से रोकना है। वस्तुत: यह निवारक निरोध राज्य की सुरक्षा तथा लोक व्यवस्था बनाये रखने या भारत की सुरक्षा सम्बन्धी कारणों से हो सकता है। जब किसी व्यक्ति को निवारक निरोध की किसी विधि के अधीन गिरफ्तार किया जाता है, तब-
  (i) सरकार ऐसे व्यक्ति को केवल तीन महीने तक अभिरक्षा में निरूद्ध कर सकती है। यदि गिरफ्तार व्यक्ति को तीन माह से अधिक समय के लिए निरूद्ध करना होता है, तो इसके लिए सलाहकार बोर्ड का प्रतिवेदन प्राप्त करना पड़ता है।
  (ii) इस प्रकार निरूद्ध व्यक्ति को यथाशीघ्र निरोध के आधार पर सूचित किये जायेंगे, किन्तु जिन तथ्यों को निरस्त करना लोकहित के विरुद्ध समझा जायेगा उन्हें प्रकट करना आवश्यक नहीं है।
  (iii) निरूद्ध व्यक्ति को निरोध आदेश के विरुद्ध अभ्यावेदन करने के लिए जल्द से जल्द अवसर दिया जाना चाहिए।

निवारक निरोध से सम्बन्धित अब तक बने कानून

1. **निवारक निरोध अधिनियम, 1950 :** भारतीय संसद ने 26 फरवरी, 1950 को पहला निवारक निरोध अधिनियम पारित किया था। इसका उद्देश्य राष्ट्र विरोधी तत्त्वों को भारत की प्रतिरक्षा के प्रतिकूल कार्य को रोकना था। इस कानून को 1 अप्रैल, 1951 को समाप्त हो जाना था, किन्तु समय-समय पर इसके अवधि को बढ़ाया गया। अंतत: 31 दिसंबर, 1971 को यह कानून समाप्त हो गया।
2. **आंतरिक सुरक्षा व्यवस्था अधिनियम, 1971(MISA) :** 44वाँ संवैधानिक संशोधन (1979) इसके प्रतिकूल था। इस कारण अप्रैल 1979 में यह कानून समाप्त हो गया।
3. **विदेशी मुद्रा संरक्षण व तस्करी निरोध अधिनियम, 1974 :** इस कानून में तस्करों के लिए

नजरबंदी की अवधि एक वर्ष थी, जिसे 13 जुलाई, 1984 को एक अध्यादेश के द्वारा बढ़ाकर दो वर्ष कर दिया गया।

4. **राष्ट्रीय सुरक्षा कानून, 1980 :** जम्मू-कश्मीर के अतिरिक्त इसे सभी राज्यों में लागू किया गया है।
5. **आतंकवादी एवं विध्वंसकारी गतिविधियाँ निरोधक कानून (TADA) :** निवारक निरोध व्यवस्था के तहत अब तक जो कानून बने उनमें यह सबसे अधिक प्रभावी और सर्वाधिक कठोर कानून था। इस कानून को 23 मई, 1995 को समाप्त कर दिया गया।
6. **पोटा (POTA- Prevention of Terrorism Ordinance, 2001) :** इसे 25 अक्टूबर, 2001 को लागू किया गया। 'पोटा' टाडा का ही एक रूप है। इसके अन्तर्गत कुल 23 आतंकवादी गुटों को प्रतिबंधित किया गया है। आतंकवादी और आतंकवादियों से सम्बन्धित सूचना को छिपाने वालों को भी दंडित करने का प्रावधान किया गया है। पुलिस शक के आधार पर किसी को भी गिरफ्तार कर सकती है, किन्तु बिना आरोप पत्र तीन माह से अधिक हिरासत में नहीं रख सकती। पोटा के अन्तर्गत गिरफ्तार व्यक्ति हाईकोर्ट या सुप्रीम कोर्ट में अपील कर सकता है, लेकिन यह अपील भी गिरफ्तारी के तीन माह बाद ही हो सकती है। 21 सितंबर, 2004 को इस कानून को एक अध्यादेश द्वारा समाप्त कर दिया गया।

3. शोषण के विरुद्ध अधिकार (अनुच्छेद 23 – 24)

➭ **अनुच्छेद 23- मानव खरीद फरोख्त और बलात् श्रम का प्रतिषेध :** इसके द्वारा किसी व्यक्ति की खरीद-बिक्री, बेगारी तथा इसी प्रकार का अन्य जबरदस्ती लिया हुआ श्रम निषिद्ध ठहराया गया है, जिसका उल्लंघन विधि के अनुसार दंडनीय अपराध है।

➭ **अनुच्छेद 24- बालकों के नियोजन का प्रतिषेध :** 14 वर्ष से कम आयु वाले किसी बच्चे को कारखानों, खानों या अन्य किसी जोखिम भरे काम पर नियुक्त नहीं किया जा सकता है।

4. धार्मिक स्वतंत्रता का अधिकार (अनुच्छेद 25 – 28)

➭ **अनुच्छेद 25- अंतःकरण की और धर्म को अबाध रूप से मानने, आचरण और प्रचार करने की स्वतंत्रता :** कोई भी व्यक्ति किसी भी धर्म को मान सकता है और उसका प्रचार-प्रसार कर सकता है।

➭ **अनुच्छेद 26- धार्मिक कार्यों की स्वतंत्रता :** व्यक्ति को अपने धर्म के लिए संस्थाओं की स्थापना व पोषण करने, विधि सम्मत सम्पत्ति के अर्जन, स्वामित्व व प्रशासन का अधिकार है।

➭ **अनुच्छेद 27 :** राज्य किसी भी व्यक्ति को ऐसे कर देने के लिए बाध्य नहीं कर सकता है जिसकी आय किसी विशेष धर्म अथवा धार्मिक सम्प्रदाय की उन्नति या पोषण में व्यय करने के लिए विशेष रूप से निश्चित कर दी गयी है।

➭ **अनुच्छेद 28 :** राज्य विधि से पूर्णतः पोषित किसी शिक्षा संस्था में कोई धार्मिक शिक्षा नहीं दी जायेगी। ऐसे शिक्षण संस्थान अपने विद्यार्थियों को किसी धार्मिक अनुष्ठान में भाग लेने या किसी धर्मोपदेश को बलात् सुनने हेतु बाध्य नहीं कर सकते हैं।

5. संस्कृति और शिक्षा सम्बन्धी अधिकार (अनुच्छेद 29 – 30)

➭ **अनुच्छेद 29- अल्पसंख्यक वर्गों के हितों का संरक्षण :** कोई भी अल्पसंख्यक वर्ग अपनी भाषा, लिपि और संस्कृति को सुरक्षित रख सकता है और केवल भाषा, जाति, धर्म और संस्कृति के आधार पर उसे किसी भी सरकारी शैक्षिक संस्था में प्रवेश से नहीं रोका जायेगा।

- **अनुच्छेद 30- शिक्षा संस्थाओं की स्थापना और प्रशासन करने का अल्पसंख्यक वर्गों का अधिकार :** कोई भी अल्पसंख्यक वर्ग अपनी पसंद का शैक्षणिक संस्था चला सकता है और सरकार उसे अनुदान देने में किसी भी तरह की भेदभाव नहीं करेगी।

6. संवैधानिक उपचारों का अधिकार (अनुच्छेद 32)

- संवैधानिक उपचारों के अधिकार को डॉ. भीमराव अंबेडकर ने **संविधान की आत्मा** कहा है।
- **अनुच्छेद 32 :** इसके अन्तर्गत मौलिक अधिकारों को प्रवर्तित कराने के लिए समुचित कार्रवाइयों द्वारा उच्चतम न्यायालय में आवेदन करने का अधिकार प्रदान किया गया है। इस संदर्भ में सर्वोच्च न्यायालय को पाँच तरह के रिट (Writ) जारी करने की शक्ति प्रदान की गयी है-

(i) **बंदी प्रत्यक्षीकरण (Habeas Corpus) :** यह उस व्यक्ति की प्रार्थना पर जारी किया जाता है, जो यह समझता है कि उसे अवैध रूप से बंदी बनाया गया है। इसके द्वारा न्यायालय बंदीकरण करने वाले अधिकारी को आदेश देता है कि वह बंदी बनाये गये व्यक्ति को निश्चित स्थान और निश्चित समय के अंदर उपस्थित करे, जिससे न्यायालय बंदी बनाये जाने के कारणों पर विचार कर सके।

(ii) **परमादेश (Mandamus) :** यह उस समय जारी किया जाता है, जब कोई पदाधिकारी अपने सार्वजनिक कर्तव्य का निर्वाह नहीं करता है। इस प्रकार के आज्ञापत्र के आधार पर पदाधिकारी को उसके कर्तव्य का पालन करने का आदेश जारी किया जाता है।

(iii) प्रतिषेध लेख (Prohibition) : यह आज्ञापत्र सर्वोच्च न्यायालय तथा उच्च न्यायालयों द्वारा निम्न न्यायालयों तथा अर्द्धन्यायिक न्यायाधिकरणों को जारी करते हुए आदेश दिया जाता है कि इस मामले में अपने यहाँ कार्यवाही न करें, क्योंकि यह मामला उनके अधिकार क्षेत्र के बाहर है।

(iv) उत्प्रेषण (Certiorari) : इसके द्वारा अधीनस्थ न्यायालयों को यह निर्देश दिया जाता है कि वे अपने पास लंबित मुकदमों के न्याय निर्णयन के लिए वरिष्ठ न्यायालय को भेजे।

(v) अधिकार पृच्छा लेख (Quo-Warranto) : जब कोई व्यक्ति ऐसे पदाधिकारी के रूप में कार्य करने लगता है, जिसके रूप में कार्य करने का उसे वैधानिक रूप से अधिकार नहीं है तो न्यायालय अधिकार पृच्छा के आदेश के द्वारा उस व्यक्ति से पूछता है कि वह किस अधिकार से कार्य कर रहा है और जब तक वह संतोषजनक उत्तर नहीं देता, वह कार्य नहीं कर सकता है।

8. राज्य के नीति निर्देशक तत्त्व

- संविधान के भाग-4 के अनुच्छेद 36-51 तक में राज्य के नीति निर्देशक तत्त्वों का वर्णन है। इसकी प्रेरणा आयरलैंड की संविधान से मिली है।
- ये उन उद्देश्यों को प्रतिबिंबित करते हैं जो राज्य को हासिल करने चाहिए।
- ये वे तत्त्व हैं जो हमारे संविधान की प्रतिज्ञाओं और आकांक्षाओं को वाणी प्रदान करते हैं। इस प्रकार ये सिद्धान्त देश के प्रशासकों के लिए एक आचार संहिता है।
- नीति निर्देशक तत्त्व केवल अनुदेश है, ये न्यायालय द्वारा लागू नहीं कराये जा सकते अर्थात् ये वाद योग्य नहीं है। इनमें और मौलिक अधिकारों में यही सबसे बड़ा अन्तर है।

- सुप्रीम कोर्ट ने तमिलनाडु राज्य बनाम अबु कवूर बाई मामले (1984) में कहा था कि 'यद्यपि नीति निर्देशक तत्त्व बाध्यकारी नहीं है फिर भी न्यायालयों को इनकी अनदेखी नहीं करनी चाहिए।' इससे सिद्ध होता है कि ये तत्त्व देश के शासन में मूलभूत हैं।

नीति निर्देशक तत्त्व से सम्बन्धित महत्त्वपूर्ण अनुच्छेद

- **अनुच्छेद 38 :** राज्य लोक कल्याण की अभिवृद्धि के लिए सामाजिक व्यवस्था बनायेगा, जिससे नागरिक को सामाजिक, आर्थिक एवं राजनीतिक न्याय मिलेगा।
- **अनुच्छेद 39(क) :** समान न्याय और निःशुल्क विधिक सहायता, समान कार्य के लिए समान वेतन की व्यवस्था इसी में हैं।
- **अनुच्छेद 39(ख) :** सार्वजनिक धन का स्वामित्व तथा नियंत्रण इस प्रकार करना ताकि सार्वजनिक हित का सर्वोत्तम साधन हो सके।
- **अनुच्छेद 39(ग) :** धन का समान वितरण
- **अनुच्छेद 40 :** ग्राम पंचायतों का संगठन।
- **अनुच्छेद 41 :** कुछ दशाओं में काम, शिक्षा और लोक सहायता पाने का अधिकार।
- **अनुच्छेद 42 :** काम की न्यायसंगत और मानवोचित दशाओं तथा प्रसूति सहायता का उपबंध।
- **अनुच्छेद 43 :** कर्मकारों के लिए निर्वाचन मजदूरी एवं कुटीर उद्योग को प्रोत्साहन देना।
- **अनुच्छेद 44 :** नागरिक के लिए एक समान सिविल संहिता।
- **अनुच्छेद 46 :** अनुसूचित जातियों/जनजातियों और अन्य दुर्बल वर्गों के शिक्षा और अर्थ-सम्बन्धी हितों की अभिवृद्धि।
- **अनुच्छेद 47 :** पोषाहार स्तर, जीवन स्तर को ऊँचर करने तथा लोक स्वास्थ्य का सुधार करने का राज्य का कर्तव्य।
- **अनुच्छेद 48 :** कृषि एवं पशुपालन का संगठन।
- **अनुच्छेद 48(क) :** पर्यावरण का संरक्षण तथा संवर्धन और वन एवं वन्य जीवों की रक्षा।
- **अनुच्छेद 49 :** राष्ट्रीय महत्त्व के स्मारकों, स्थानों और वस्तुओं का संरक्षण।
- **अनुच्छेद 50 :** कार्यपालिका एवं न्यायपालिका का पृथक्करण।
- **अनुच्छेद 51 :** अन्तरराष्ट्रीय शांति और सुरक्षा की अभिवृद्धि।

उपर्युक्त अनुच्छेदों के अतिरिक्त कुछ ऐसे अनुच्छेद भी हैं, जो राज्य के लिए निर्देशक तत्त्व के रूप में कार्य करते हैं, जैसे-

- **अनुच्छेद 350(क) :** प्राथमिक स्तर पर मातृभाषा में शिक्षा देना।
- **अनुच्छेद 351 :** हिन्दी को प्रोत्साहन देना।

मौलिक अधिकार एवं नीति निर्देशक सिद्धान्त में अन्तर			
क्र.	**नीति निर्देशक सिद्धान्त**	**क्र.**	**मौलिक अधिकार**
1.	यह आयरलैंड के संविधान से लिया गया है।	1.	यह संयुक्त राज्य अमेरिका के संविधान से लिया है।
2.	इसका वर्णन संविधान के भाग-4 में किया गया है।	2.	इसका वर्णन संविधान के भाग-3 में किया गया है।
3.	इसे लागू कराने के लिए न्यायालय नहीं जाया जा सकता है।	3.	इसे लागू कराने के लिए न्यायालय की शरण ले सकते हैं।
4.	यह समाज की भलाई के लिए है।	4.	यह व्यक्ति के अधिकार के लिए है।

5.	इसके पीछे राजनीतिक मान्यता है।	5.	मौलिक अधिकार के पीछे कानूनी मान्यता है।
6.	यह सरकार के अधिकारों को बढ़ाता है।	6.	यह सरकार के महत्त्व को घटाता है।
7.	यह राज्य सरकार के द्वारा लागू करने के बाद ही नागरिक को प्राप्त होता है।	7.	यह अधिकार नागरिकों को स्वतः प्राप्त हो जाता है।

9. मौलिक कर्तव्य

- मौलिक कर्तव्य भारतीय संविधान में सरदार स्वर्ण सिंह समिति की अनुशंसा पर संविधान के 42वें संशोधन (1976) के द्वारा जोड़ा गया। इसे रूस के संविधान से लिया गया है।
- इसे संविधान के भाग 4(क) के अनुच्छेद 51(क) के तहत रखा गया है।
- मौलिक कर्तव्यों की संख्या वर्तमान में 11 है, जो इस प्रकार है-
  1. प्रत्येक नागरिक का यह कर्तव्य होगा कि वह संविधान का पालन करे और उसके आदर्शों, संस्थाओं, राष्ट्र ध्वज और राष्ट्रगान का आदर करे।
  2. स्वतंत्रता के लिए हमारे राष्ट्रीय आंदोलन को प्रेरित करने वाले उच्च आदर्शों को हृदय में संजोये रखे और उनका पालन करे।
  3. भारत की प्रभुता, एकता और अखंडता की रक्षा करे और उसे अक्षुण्ण रखे।
  4. देश की रक्षा करे।
  5. भारत के सभी लोगों में समरसता और समान भ्रातृत्व की भावना का निर्माण करे।
  6. हमारी सामाजिक संस्कृति की गौरवशाली परंपरा का महत्त्व समझे और उसका परीक्षण करे।
  7. प्राकृतिक पर्यावरण की रक्षा और उसका संवर्धन करे।
  8. वैज्ञानिक दृष्टिकोण और ज्ञानार्जन की भावना का विकास करे।
  9. सार्वजनिक सम्पत्ति को सुरक्षित रखे।
  10. व्यक्तिगत एवं सामूहिक गतिविधियों के सभी क्षेत्रों में उत्कर्ष की ओर बढ़ने का सतत प्रयास करे।
  11. माता-पिता/संरक्षक द्वारा 6-14 वर्ष के बच्चों हेतु प्राथमिक शिक्षा प्रदान करना (86वाँ संशोधन, 2002)।

10. संघीय कार्यपालिका

- भारतीय संघ की कार्यपालिका के प्रधान को राष्ट्रपति कहा जाता है।
- भारत में संसदीय व्यवस्था को अपनाया गया है। अतः राष्ट्रपति नाममात्र की कार्यपालिका का प्रधान है। जबकि प्रधानमंत्री तथा उसका मंत्रिमंडल वास्तविक कार्यपालिका है।

राष्ट्रपति

- राष्ट्रपति भारत का संवैधानिक प्रधान होता है।
- राष्ट्रपति भारत का प्रथम नागरिक कहलाता है।

योग्यता

- वह भारत का नागरिक हो।
- वह 35 वर्ष की आयु पूरी कर चुका हो।
- वह लोकसभा का सदस्य निर्वाचित होने की योग्यता रखता हो।
- उसे किसी भी सरकारी लाभ के पद पर आसीन नहीं होना चाहिए। निम्न पद लाभ के पद नहीं माने जाते- राष्ट्रपति, उपराष्ट्रपति, राज्यपाल, केन्द्रीय अथवा राज्यमंत्री।

- राष्ट्रपति पद के लिए नाम का प्रस्ताव तथा उसका अनुमोदन कम से कम 50-50 निर्वाचकों द्वारा किया जाना चाहिए।

निर्वाचन प्रक्रिया

- भारत का राष्ट्रपति अप्रत्यक्ष रूप से एक निर्वाचक मंडल द्वारा चुना जाता है जिसमें संसद के दोनों सदनों के निर्वाचित सदस्य और राज्य विधान सभाओं और संघीय क्षेत्रों की विधान सभाओं के निर्वाचित सदस्य भाग लेते हैं। राष्ट्रपति के निर्वाचक मंडल में संसद के मनोनीत सदस्य, राज्य विधानसभाओं के मनोनीत सदस्य तथा राज्य विधान परिषदों के सदस्य शामिल नहीं किये जाते हैं।

भारत के राष्ट्रपति		
क्र.	नाम	कार्यकाल
1.	डॉ. राजेन्द्र प्रसाद	26.01.1950-13.05.1962
2.	डॉ. एस. राधाकृष्णन	13.05.1962-13.05.1967
3.	डॉ. जाकिर हुसैन	13.05.1967-03.05.1969
4.	वी. वी. गिरि	24.08.1969-24.08.1974
5.	फखरूद्दीन अली अहमद	24.08.1974-11.02.1977
6.	नीलम संजीव रेड्डी	25.07.1977-25.07.1982
7.	ज्ञानी जैल सिंह	25.07.1982-25.07.1987
8.	आर. वेंकटरमण	25.07.1987-25.07.1992
9.	डॉ. शंकर दयाल शर्मा	25.07.1992-25.07.1997
10.	के. आर. नारायण	25.07.1997-25.07.2002
11.	डॉ. ए. पी. जे. अब्दुल कलाम	25.07.2002-25.07.2007
12.	प्रतिभा पाटिल	25.07.2007-25.07.2012
13.	प्रणव मुखर्जी	25.07.2012--
नोट : वी. वी. गिरि 3 मई, 1969 से 20 जुलाई, 1969 तक, न्यायमूर्ति मुहम्मद हिदायतुल्ला 20 जुलाई, 1969 से 24 अगस्त, 1969 तक एवं बी. डी. जत्ती 11 फरवरी, 1977 से 25 जुलाई, 1977 तक कार्यवाहक राष्ट्रपति के पद पर रहे।		

- एक व्यक्ति जितनी बार चाहे राष्ट्रपति के पद पर निर्वाचित हो सकता है।
- राष्ट्रपति के चुनाव के लिए आनुपातिक प्रतिनिधित्व की एकल संक्रमणीय मत प्रणाली को अपनाया गया है।
- मतदान गुप्त मतपत्र द्वारा होता है और चुनाव में सफलता प्राप्त करने के लिए उम्मीदवार को 'न्यूनतम कोटा' प्राप्त होना आवश्यक होता है। न्यूनतम कोटा निर्धारित करने के लिए निम्न सूत्र अपनाया जाता है :

$$\text{न्यूनतम कोटा} = \frac{\text{दिये गये मतो की संख्या}}{\text{राष्ट्रपति पद हेतु प्रत्याशियों की संख्या} + 1} + 1$$

- न्यूनतम कोटा की व्यवस्था इसलिए की गयी है ताकि स्पष्ट बहुमत प्राप्त होने पर ही एक व्यक्ति को राष्ट्रपति का पद प्राप्त हो सके।

- राष्ट्रपति के निर्वाचक मंडल के प्रत्येक सदस्य के मत का मूल्य समान नहीं होता। प्रत्येक सदस्य के मत का मूल्य निम्नलिखित दो सिद्धान्तों के आधार पर निश्चित किया जाता है-
  1. किसी भी राज्य का संघीय क्षेत्र की विधानसभा के सदस्य के मतों की संख्या (मूल्य)

$$= \frac{\text{राज्य या संघीय क्षेत्र की जनसंख्या}}{\text{राज्य विधान सभा, संघीय क्षेत्र की विधान सभा के निर्वाचित सदस्यों की संख्या}} \div 1000$$

  2. संसद के प्रत्येक सदन के प्रत्येक निर्वाचित सदस्य के मतों की संख्या (मूल्य)

$$= \frac{\text{समस्त राज्यों और संघीय क्षेत्रों की विधान सभाओं के समस्त सदस्यों को प्राप्त मतों की संख्याओं का कुल योग}}{\text{संसद के दोनों सदनों के निर्वाचित सदस्यों की संख्या}}$$

- राष्ट्रपति के चुनाव के पश्चात् उसी व्यक्ति को निर्वाचित घोषित किया जाता है, जो आधे से अधिक मत प्राप्त करता है। यदि किसी उम्मीदवार को नियत कोटे के बराबर मत मूल्य नहीं प्राप्त होता है, तो मतगणना के और दौर होते हैं।
- राष्ट्रपति के निर्वाचन से सम्बन्धित विवादों का निपटारा उच्चतम न्यायालय द्वारा किया जाता है। निर्वाचन अवैध घोषित होने पर उसके द्वारा किये गये कार्य अवैध नहीं होते हैं।
- राष्ट्रपति अपने पद ग्रहण की तिथि से पाँच वर्ष की अवधि तक पद धारण करता है। अपने पद की समाप्ति के बाद भी वह पद पर तब तक बना रहेगा जब तक उसका उत्तराधिकारी पद ग्रहण नहीं कर लेता है।
- पद धारण करने से पूर्व राष्ट्रपति को एक निर्धारित प्रपत्र पर भारत के मुख्य न्यायाधीश अथवा उनकी अनुपस्थिति में उच्चतम न्यायालय के वरिष्ठतम न्यायाधीश के सम्मुख शपथ लेनी पड़ती है।
- राष्ट्रपति निम्न दशाओं में पाँच वर्ष के पहले भी पद त्याग कर सकता है-
  - (i) उपराष्ट्रपति को संबोधित अपने त्यागपत्र द्वारा।
  - (ii) महाभियोग द्वारा हटाये जाने पर (अनुच्छेद 56 एवं 61)। महाभियोग के लिए केवल एक ही आधार है, जो अनुच्छेद 61(1) में वर्णित है, वह है संविधान का अतिक्रमण।
- **राष्ट्रपति पर महाभियोग :** राष्ट्रपति द्वारा संविधान के प्रावधानों के उल्लंघन पर संसद के किसी भी सदन द्वारा इस पर महाभियोग लगाया जा सकता है, परन्तु इसके लिए आवश्यक है कि राष्ट्रपति को 14 दिन पहले लिखित सूचना दी जाये, जिस पर उस सदन के 1/4 सदस्यों के हस्ताक्षर हों। संसद के उस सदन जिसमें महाभियोग का प्रस्ताव पेश है, के दो-तिहाई सदस्यों द्वारा पारित कर देने पर प्रस्ताव दूसरे सदन में जायेगा, तब दूसरा सदन राष्ट्रपति पर लगाये गये आरोपों की जाँच करेगा या करायेगा और ऐसी जाँच में राष्ट्रपति के ऊपर लगाये गये आरोपों को सिद्ध करने वाला प्रस्ताव दो-तिहाई बहुमत से पारित हो जाता है, तब राष्ट्रपति पर महाभियोग की प्रक्रिया पूरी समझी जायेगी और उसी तिथि से राष्ट्रपति को पदत्याग करना होगा।
- राष्ट्रपति की रिक्ति को छह महीने के अंदर भरना होता है।
- जब राष्ट्रपति पद की रिक्ति पदावधि (पाँच वर्ष) की समाप्ति से हुई है, तो राष्ट्रपति का निर्वाचन पदावधि की समाप्ति के पहले ही कर लिया जायेगा [अनुच्छेद 62(1)] किन्तु यदि उसे पूरा करने में कोई विलंब हो जाता है, तो 'राज अंतराल' न हो जाये इसलिए यह उपबंध है कि राष्ट्रपति अपने पद की अवधि समाप्त हो जाने पर भी तब तक पद धारण करता रहेगा, जब तक उसका उत्तराधिकारी पद धारण नहीं कर लेता है [अनुच्छेद 56(1)]। ऐसी दशा में उपराष्ट्रपति, राष्ट्रपति के रूप में कार्य नहीं कर सकेगा।

राष्ट्रपति के वेतन एवं भत्ते
- राष्ट्रपति का मासिक वेतन डेढ़ लाख रुपया है।
- राष्ट्रपति का वेतन आयकर से मुक्त होता है।
- राष्ट्रपति के कार्यकाल के दौरान उनके वेतन तथा भत्ते में किसी प्रकार की कमी नहीं की जा सकती है।
- राष्ट्रपति को नि:शुल्क निवास स्थान व संसद द्वारा स्वीकृत अन्य भत्ते प्राप्त होते हैं।
- राष्ट्रपति के लिए 9 लाख रुपये वार्षिक पेंशन निर्धारित किया गया है।

राष्ट्रपति के अधिकार एवं कर्तव्य

1. **नियुक्ति सम्बन्धी अधिकार :** राष्ट्रपति निम्न व्यक्तियों की नियुक्ति करता है-
   - (i) भारत का प्रधानमंत्री
   - (ii) प्रधानमंत्री की सलाह पर मंत्रिपरिषद् के अन्य सदस्यों
   - (iii) सर्वोच्च एवं उच्च न्यायालय के मुख्य न्यायाधीशों
   - (iv) भारत के नियंत्रक एवं महालेखा परीक्षक
   - (v) राज्यों के राज्यपाल
   - (vi) मुख्य चुनाव आयुक्त एवं अन्य चुनाव आयुक्त
   - (vii) भारत के महान्यायवादी
   - (viii) राज्यों के मध्य समन्वय के लिए अन्तरराज्यीय परिषद् के सदस्य
   - (ix) संघीय लोक सेवा आयोग के अध्यक्ष और अन्य सदस्यों
   - (x) संघीय क्षेत्रों के मुख्य आयुक्तों
   - (xi) वित्त आयोग के अध्यक्ष एवं सदस्यों
   - (xii) भाषा आयोग के सदस्यों
   - (xiii) पिछड़ा वर्ग आयोग के सदस्यों
   - (xiv) अल्पसंख्यक आयोग के सदस्यों
   - (xv) भारत के राजदूतों एवं अन्य राजनयिकों
   - (xvi) अनुसूचित क्षेत्रों के प्रशासन के सम्बन्ध में रिपोर्ट देने वाले आयोग के सदस्यों आदि।

2. **विधायी शक्तियाँ :** राष्ट्रपति संसद का अभिन्न अंग होता है। इसे निम्न विधायी शक्तियाँ प्राप्त हैं-
   - (i) संसद के सत्र को आहूत करने, सत्रावसान करने तथा लोकसभा भंग करने सम्बन्धी अधिकार।
   - (ii) संसद के एक सदन में या एक साथ सम्मिलित रूप में दोनों सदनों में अभिभाषण करने की शक्ति।
   - (iii) लोकसभा के लिए प्रत्येक साधारण निर्वाचन के पश्चात् प्रथम सत्र के प्रारंभ में और प्रत्येक वर्ष के प्रथम सत्र के आरंभ में सम्मिलित रूप से संसद में अभिभाषण करने की शक्ति।
   - (iv) संसद द्वारा पारित विधेयक राष्ट्रपति के अनुमोदन के बाद ही कानून बनता है।
   - (v) संसद में निम्न विधेयक को पेश करने के लिए राष्ट्रपति की पूर्व सहमति आवश्यक है-
     - (a) नये राज्यों का निर्माण और वर्तमान राज्य के क्षेत्रों, सीमाओं या नामों में परिवर्तन सम्बन्धी विधेयक।
     - (b) धन विधेयक [अनुच्छेद 110]।
     - (c) संचित निधि में व्यय करने वाले विधेयक [अनुच्छेद 117(3)]।
     - (d) ऐसे कराधान पर जिसमें राज्यहित जुड़े हैं, प्रभाव डालने वाले विधेयक।
     - (e) राज्यों के बीच व्यापार, वाणिज्य और समागम पर निर्बन्धन लगाने वाले विधेयक। [अनुच्छेद 304]।

3. **संसद सदस्यों के मनोनयन का अधिकार :** जब राष्ट्रपति को यह लगे कि लोकसभा में आंग्ल-भारतीय समुदाय के व्यक्तियों का समुचित प्रतिनिधित्व नहीं है, तब वह उस समुदाय के दो व्यक्तियों को लोकसभा के सदस्य के रूप में नामांकित कर सकता है। इसी प्रकार वह कला, साहित्य, पत्रकारिता, विज्ञान तथा सामाजिक कार्यों में पर्याप्त अनुभव एवं दक्षता रखने वाले 12 व्यक्तियों को राज्यसभा में नामजद कर सकता है।
4. **अध्यादेश जारी करने की शक्ति :** वह संसद के स्थगन के समय अनुच्छेद 123 के तहत अध्यादेश जारी कर सकता है, जिसका प्रभाव संसद के अधिनियम के समान होता है। इसके प्रभाव से संसद सत्र के शुरू होने के छह सप्ताह तक रहता है। परन्तु राष्ट्रपति राज्य सूची के विषयों पर अध्यादेश नहीं जारी कर सकता, जब दोनों सदन सत्र में होते हैं, तब राष्ट्रपति को यह शक्ति नहीं होती है।
5. **सैनिक नीति :** सैन्य बलों की सर्वोच्च शक्ति राष्ट्रपति में सन्निहित है, किन्तु इसका प्रयोग विधि द्वारा नियमित होता है।
6. **राजनैतिक शक्ति :** दूसरे देशो के साथ कोई भी समझौता या संधि राष्ट्रपति के नाम से ही की जाती है। राष्ट्रपति विदेशों के लिए भारतीय राजदूतों की नियुक्ति करता है एवं भारत में विदेशों के राजदूतों की नियुक्ति का अनुमोदन करता है।
7. **क्षमादान की शक्ति :** संविधान के अनुच्छेद 72 के तहत राष्ट्रपति को किसी अपराध के लिए दोषी ठहराए गये किसी व्यक्ति के दण्ड को क्षमा करने, उसका प्रविलंबन, परिहार और लघुकरण की शक्ति प्राप्त है।
8. **राष्ट्रपति की आपातकालीन शक्तियाँ :** भारतीय संविधान के भाग-18 के अनुच्छेद 352-360 के तहत आपातकाल से सम्बन्धित उपबंध का वर्णन है। मंत्रिपरिषद् के परामर्श से राष्ट्रपति तीन प्रकार के आपातकाल लागू कर सकता है-
   (a) युद्ध या बाह्य आक्रमण या सशक्त विद्रोह के कारण लगाया गया आपात अर्थात् राष्ट्रीय आपात (अनुच्छेद 352)।
   (b) राज्यों में सांविधानिक तंत्र के विफल होने से उत्पन्न आपात अर्थात् राष्ट्रपति शासन (अनुच्छेद 356)।
   (c) वित्तीय आपात (अनुच्छेद 360)। वित्तीय आपात की न्यूनतम अवधि दो माह होती है।
9. राष्ट्रपति किसी सार्वजनिक महत्त्व के प्रश्न पर सर्वोच्च न्यायालय से अनुच्छेद 143 के अधीन परामर्श ले सकता है, लेकिन वह यह परामर्श मानने के लिए बाध्य नहीं है।
10. किसी विधेयक पर अनुमति देने या न देने के निर्णय लेने की सीमा का अभाव होने के कारण राष्ट्रपति जेबी वीटो (Pocket Veto) का प्रयोग कर सकता है, क्योंकि अनुच्छेद 111 केवल यह कहता है कि यदि राष्ट्रपति विधेयक लौटाना चाहता है, तो विधेयक को उसे प्रस्तुत किये जाने के बाद यथाशीघ्र लौटा देगा। जेबी वीटो शक्ति के प्रयोग का उदाहरण है, 1986 में संसद द्वारा भारतीय डाकघर संशोधन विधेयक, जिस पर तत्कालीन राष्ट्रपति ज्ञानी जैल सिंह ने कोई निर्णय नहीं लिया।

राष्ट्रपति से संबन्धित अन्य महत्त्वपूर्ण तथ्य

- डॉ. राजेन्द्र प्रसाद भारत के प्रथम राष्ट्रपति थे। वह लगातार दो बार राष्ट्रपति निर्वाचित हुए।
- डॉ. एस. राधाकृष्णन लगातार दो बार उपराष्ट्रपति तथा एक बार राष्ट्रपति के पद पर रहे।
- केवल वी.वी. गिरि के निर्वाचन के समय दूसरे चक्र की मतगणना करनी पड़ी।
- केवल नीलम संजीव रेड्डी ऐसे राष्ट्रपति हुए जो एक बार चुनाव में हार गये, किन्तु बाद में निर्विरोध राष्ट्रपति निर्वाचित हुए।

- भारत की प्रथम महिला राष्ट्रपति प्रतिभा देवी सिंह पाटिल थीं।

उपराष्ट्रपति

- संविधान के अनुच्छेद 63 के अनुसार भारत में उपराष्ट्रपति पद का प्रावधान किया गया है।
- उपराष्ट्रपति का कार्यकाल 5 वर्ष का होता है।
- संविधान में उपराष्ट्रपति से सम्बन्धित प्रावधान अमेरिका के संविधान से ग्रहण किया गया है।
- उपराष्ट्रपति राज्यसभा का पदेन सभापति होता है।
- उपराष्ट्रपति राज्यसभा का सदस्य नहीं होता है अतः इसे मतदान का अधिकार नहीं है, किन्तु सभापति के रूप में निर्णायक मत देने का अधिकार उसे प्राप्त है।

योग्यता

- भारत का नागरिक हो।
- 35 वर्ष की आयु पूरी कर चुका हो।
- राज्यसभा का सदस्य निर्वाचित होने के योग्य हो।
- निर्वाचन के समय किसी प्रकार के लाभ के पद पर नहीं हो।
- वह संसद के किसी सदन या राज्य विधानमंडल के किसी सदन का सदस्य नहीं हो सकता और यदि ऐसा व्यक्ति उपराष्ट्रपति निर्वाचित हो जाता है, तो वह समझा जायेगा कि उसने उस सदन का अपना स्थान अपने पद ग्रहण की तारीख से रिक्त कर दिया है।

निर्वाचन प्रक्रिया

- उपराष्ट्रपति के निर्वाचन मंडल में संसद के दोनों सदनों के सभी सदस्य शामिल होते हैं।
- उपराष्ट्रपति का निर्वाचन संसद के दोनों सदनों की संयुक्त बैठक में आनुपातिक प्रतिनिधित्व की पद्धति के अनुसार एकल संक्रमणीय मत से तथा गुप्त मतदान द्वारा होता है।

कुछ अन्य महत्त्वपूर्ण तथ्य

- उपराष्ट्रपति को अपना पद ग्रहण करने से पूर्व राष्ट्रपति अथवा उसके द्वारा नियुक्त किसी व्यक्ति के समक्ष शपथ लेनी पड़ती है।
- राष्ट्रपति के पद खाली रहने पर उपराष्ट्रपति राष्ट्रपति की हैसियत से कार्य करता है। उपराष्ट्रपति को राष्ट्रपति के रूप में कार्य करने की अधिकतम अवधि छह महीने होती है। इस दौरान राष्ट्रपपति का चुनाव करा लेना अनिवार्य होता है। राष्ट्रपति के रूप में कार्य करते समय उपराष्ट्रपति राष्ट्रपति को मिलने वाली वेतन तथा सभी सुविधाओं का उपभोग करता हे।
- वर्तमान में उपराष्ट्रपति को 1,25,000 रुपये प्रतिमाह वेतन मिलता है।

प्रधानमंत्री एवं मंत्रिपरिषद्

- संविधान के अनुच्छेद 74 के अनुसार राष्ट्रपति को उसके कार्यों के संपादन व सलाह देने हेतु एक मंत्रिपरिषद् होती है, जिसका प्रधान प्रधानमंत्री होता है।
- संविधान के अनुच्छेद 75 के अनुसार प्रधानमंत्री की नियुक्ति राष्ट्रपति करेगा और अन्य मंत्रियों की नियुक्ति राष्ट्रपति प्रधानमंत्री की सलाह पर करेगा।
- मंत्रिपरिषद् का सदस्य बनने के लिए वैधानिक दृष्टि से यह आवश्यक है कि व्यक्ति संसद के किसी सदन का सदस्य हो, यदि व्यक्ति मंत्री बनते समय संसद सदस्य नहीं हो, तो उसे छः महीने के अंदर संसद सदस्य बनना अनिवार्य है, नहीं तो उसे अपना पद छोड़ना होगा।
- पद ग्रहण से पूर्व प्रधानमंत्री सहित प्रत्येक मंत्री को राष्ट्रपति के समाने पद और गोपनीयता की शपथ लेनी पड़ती है।

	भारत के प्रधानमंत्री		
क्र.	नाम	कार्यकाल	विशेष
1.	जवाहरलाल नेहरू	15.08.1947-27.05.1964	सबसे लंबा कार्यकाल (16 वर्ष 286 दिन)
2.	लालबहादुर शास्त्री	09.06.1964-11.011966	
3.	इंदिरा गांधी	24.01.1966-24.03.1977	
4.	मोरारजी देसाई	24.03.1977-28.07.1979	प्रथम गैर-कांग्रेसी प्रधानमंत्री एवं प्रधानमंत्री पद से त्यागपत्र देने वाले प्रथम प्रधानमंत्री
5.	चौधरी चरण सिंह	28.07.1979-14.01.1980	लोकसभा का सामना न करने वाले प्रधानमंत्री
6.	इंदिरा गांधी	14.01.1980-31.10.1984	
7.	राजीव गांधी	31.10.1984-02.12.1989	
8.	विश्वनाथ प्रताप सिंह	02.12.1989-10.11.1990	अविश्वास प्रस्ताव के द्वारा हटाये जाने वाले प्रथम प्रधानमंत्री
9.	चन्द्रशेखर	10.11.1990-21.06.1991	
10.	पी. वी. नरसिम्हाराव	21.06.1991-16.05.1996	पद ग्रहण करने के समय किसी भी सदन के सदस्य नहीं
11.	अटल बिहारी वाजपेयी	16.05.1996-01.06.1996	सबसे छोटा कार्यकाल (13 दिन)
12.	एच. डी. देवगौड़ा	01.06.1996-21.04.1997	पद ग्रहण करते समय विधानसभा सदस्य
13.	आई. के. गुजराल	21.04.1997-19.03.1998	
14.	अटल बिहारी वाजपेयी	19.03.1998-13.10.1999	
15.	अटल बिहारी वाजपेयी	13.10.1999-22.05.2004	
16.	डॉ. मनमोहन सिंह	22.02.2004-26.05.2004	
17.	नरेन्द्र मोदी	26.05.2014	

* भारत के तीन प्रधानमंत्रियों (जवाहरलाल नेहरू, लाल बहादुर शास्त्री तथा श्रीमती इंदिरा गांधी) की मृत्यु उनकी पदावधि के दौरान हो गयी थी।
* लाल बहादुर शास्त्री की मृत्यु 11 जनवरी, 1966 को भारत से बाहर ताशकंद में हुई थी।
* मोरारजी देसाई सबसे अधिक उम्र में एवं राजीव गांधी सबसे कम उम्र में प्रधानमंत्री बने।
* गुलजारी लाल नंदा 27 मई, 1964 से 09 जून, 1964 तक एवं 11 जनवरी, 1966 से 24 जनवरी 1966 तक कार्यवाहक प्रधानमंत्री बने।

➪ सभी मंत्रियों, राज्य मंत्रियों और उपमंत्रियों को निःशुल्क आवास तथा अन्य सुविधाएँ प्राप्त होती है।
➪ मंत्रिपरिषद् सामूहिक रूप से लोकसभा के प्रति उत्तरदायी होती है।

- यदि लोकसभा किसी एक मंत्री के विरुद्ध अविश्वास प्रस्ताव पारित करे अथवा उस विभाग से सम्बन्धित विधेयक को रद्द कर दे, तो समस्त मंत्रिमंडल को त्यागपत्र देना होता है।
- मंत्री **तीन प्रकार** के होते हैं- कैबिनेट मंत्री, राज्य मंत्री एवं उपमंत्री।
- कैबिनेट मंत्री विभाग के अध्यक्ष होते हैं। प्रधानमंत्री एवं कैबिनेट मंत्री को मिलाकर मंत्रिमंडल का निर्माण होता है।
- प्रधानमंत्री की सलाह पर ही राष्ट्रपति लोकसभा भंग करता है।
- प्रधानमंत्री नीति आयोग का पदेन अध्यक्ष होता है।
- प्रधानमंत्री में सबसे बड़ा कार्यकाल प्रथम प्रधानमंत्री जवाहरलाल नेहरू का था। वे कुल 16 वर्ष 9 महीने और 13 दिन तक अपने पद पर रहे।
- देश की प्रथम महिला प्रधानमंत्री श्रीमती इंदिरा गांधी बनीं। वे ऐसी पहली महिला थी जो दो अलग-अलग अवधियों में प्रधानमंत्री रहीं।
- इंदिरा गांधी जब पहली बार प्रधानमंत्री बनीं तो वह राज्य सभा की सदस्य थी।
- चरण सिंह एकमात्र ऐसे प्रधानमंत्री थे जो कभी लोकसभा में उपस्थित नहीं हुए।
- विश्वास मत प्राप्त करने में असफल होने वाले प्रथम प्रधानमंत्री विश्वनाथ प्रताप सिंह थे।
- सबसे कम समय तक एक कार्यकाल में प्रधानमंत्री के पद पर रहने वाले प्रधानमंत्री अटल बिहारी वाजपेयी थे (मात्र 13 दिन)।
- कैबिनेट मंत्रियों में सबसे बड़ा कार्यकाल जगजीवन राम का रहा, जो लगभग 32 वर्ष केन्द्रीय मंत्रिमंडल में रहे।

11. भारतीय संसद

- भारत में संसद का निर्माण-राष्ट्रपति, राज्यसभा तथा लोकसभा से मिलकर होता है।
- संसद के निम्न सदन को लोकसभा और उच्च सदन को राज्यसभा कहते हैं।

राज्यसभा

- राज्यसभा के सदस्यों की अधिकतम संख्या 250 हो सकती है।
- वर्तमान समय में यह संख्या 245 है। इनमें 12 सदस्य राष्ट्रपति द्वारा मनोनीत किये जाते हैं। वैसे व्यक्तियों को मनोनीत किया जाता है जिन्हें कला, साहित्य, विज्ञान समाजसेवा या सहकारिता के क्षेत्र में विशेष ज्ञान तथा अनुभव हो। शेष 233 सदस्य संघ की इकाइयों का प्रतिनिधित्व करते हैं।
- राज्यसभा की सदस्यता के लिए न्यूनतम उम्र सीमा 30 वर्ष है।
- राज्यसभा के सदस्य के लिए जरूरी है कि उसका नाम उस राज्य के किसी निर्वाचन क्षेत्र की सूची में हो जिस राज्य से वह राज्यसभा का चुनाव लड़ना चाहता है।
- राज्यसभा एक स्थायी सदन है जो कभी भंग नहीं होता है। इसके एक-तिहाई सदस्य प्रति दो वर्ष बाद सेवानिवृति हो जाते हैं।
- भारत का उपराष्ट्रपति राज्यसभा का पदेन सभापति होता है।

राज्यों एवं संघीय क्षेत्रों में राज्यसभा सदस्यों की संख्या			
राज्य	सदस्य संख्या	राज्य	सदस्य संख्या
उत्तरप्रदेश	31	हरियाणा	5
महाराष्ट्र	19	जम्मू-कश्मीर	4
आंध्रप्रदेश	11	हिमाचल प्रदेश	3
तमिलनाडु	18	उत्तराखंड	3
बिहार	16	नगालैंड	1
पश्चिम बंगाल	16	मिजोरम	1
कर्नाटक	12	मेघालय	1
मध्यप्रदेश	11	मणिपुर	1
गुजरात	11	त्रिपुरा	1
ओडिशा	10	सिक्किम	1
राजस्थान	10	अरुणाचल प्रदेश	1
केरल	9	गोवा	1
पंजाब	7	**संघीय क्षेत्र**	
असम	7	दिल्ली	3
तेलंगाना	7	पुदुचेरी	1
झारखंड	6		
छत्तीसगढ़	5		

- ➪ राज्यसभा अपने सदस्यों में से किसी एक को 6 वर्ष के लिए उपसभापति निर्वाचित करती है।
- ➪ मंत्रिपरिषद राज्यसभा के प्रति उत्तरदायी नहीं होती है।
- ➪ केवल राज्यसभा को राज्य सूची के किसी विषय को राज्यसभा में उपस्थित तथा मतदान देने वाले सदस्यों के कम-से-कम दो तिहाई सदस्यों के समर्पित संकल्प द्वारा राष्ट्रीय महत्त्व को घोषित करने का अधिकार है। (अनुच्छेद 249)।

राज्यसभा सदस्य जो प्रधानमंत्री बने	
इंदिरा गांधी	1966-1967
एच.डी. देवगौड़ा	1996-1997
आई.के. गुजराल	1997-1998
डॉ. मनमोहन सिंह	2004-2014

- ➪ केवल राज्यसभा को राज्यसभा में उपस्थित तथा मतदान करने वाले सदस्यों के कम-से-कम दो-तिहाई सदस्यों के बहुमत से अखिल भारतीय सेवाओं (All India Services) का सृजन का अधिकार है। (अनुच्छेद 312)।
- ➪ धन विधेयक के सम्बन्ध में राज्यसभा को केवल सिफारिशें करने का अधिकार है, जिसे मानने के लिए लोकसभा बाध्य नहीं है। इसके लिए राज्यसभा को 14 दिन का समय मिलता है। यदि इस समय में विधेयक वापस नहीं होता तो उसे पारित समझा जाता है। राज्यसभा धन विधेयक को न अस्वीकार कर सकती है और न ही उसमें कोई संशोधन कर सकती है।
- ➪ राष्ट्रपति वर्ष में कम से कम दो बार राज्यसभा का अधिवेशन आहूत करता है। राज्यसभा के एक सत्र की अंतिम बैठक तथा अगले सत्र की प्रथम बैठक के लिए नियत तिथि के बीच 6 माह से अधिक का अंतर नहीं होना चाहिए।

- 3 अगस्त, 1952 को राज्यसभा का पहली बार गठन किया गया था।
- अंडमान निकोबार, चंडीगढ़, दादर व नागर हवेली, दमन व दीप और लक्षद्वीप जैसे संघ शासित पाँच राज्यों में राज्य सभा का **कोई प्रतिनिधित्व** नहीं है।

लोकसभा

- लोकसभा संसद का प्रथम या निम्न सदन है। इसे लोकप्रिय सदन भी कहा जाता है। लोकसभा का सभापतित्व करने के लिए एक अध्यक्ष होता है। लोकसभा अपनी पहली बैठक के पश्चात् यथाशीघ्र अपने दो सदस्यों को अध्यक्ष और उपाध्यक्ष के रूप में चुनती है (अनुच्छेद 93)।
- मूल संविधान में लोकसभा की सदस्य संख्या 500 निश्चित की गयी है। अभी इसके सदस्यों की अधिकतम संख्या 552 हो सकती है। इनमें से अधिकतम 530 सदस्य राज्यों के निर्वाचन क्षेत्रों से व अधिकतम 20 सदस्य संघीय क्षेत्रों से निर्वाचित किये जा सकते हैं एवं राष्ट्रपति आंग्ल-भारतीय वर्ग के अधिकतम दो सदस्यों का मनोनयन कर सकते हैं।
- वर्तमान में लोकसभा की सदस्या संख्या 545 है। इन सदस्यों में 530 सदस्य 29 राज्यों से 13 सदस्य केन्द्र शासित प्रदेशों से निर्वाचित होते हैं तथा 2 सदस्य आंग्ल-भारतीय वर्ग के प्रतिनिधि के रूप में राष्ट्रपति द्वारा मनोनीत होते हैं।

राज्यों एवं संघीय क्षेत्रों में लोकसभा सदस्यों की संख्या			
राज्य	सदस्य संख्या	राज्य	सदस्य संख्या
उत्तरप्रदेश	80	हिमाचल प्रदेश	4
महाराष्ट्र	48	उत्तराखंड	5
आंध्रप्रदेश	25	नगालैंड	1
तमिलनाडु	39	मिजोरम	1
बिहार	40	मेघालय	2
पश्चिम बंगाल	42	मणिपुर	2
कर्नाटक	28	त्रिपुरा	2
मध्यप्रदेश	29	सिक्किम	1
गुजरात	26	अरुणाचल प्रदेश	2
ओडिशा	21	गोवा	2
राजस्थान	25	संघीय क्षेत्र	
केरल	20	दिल्ली	7
तेलंगाना	17	पुदुचेरी	1
पंजाब	13	चंडीगढ़	1
असम	14	दादर तथा नागर हवेली	1
झारखंड	14	अंडमान निकोबार	1
छत्तीसगढ़	11	लक्षद्वीप	1
हरियाणा	10	दमन एवं दीव	1
जम्मू-कश्मीर	6		

भारतीय संविधान

- 84वें संविधान संशोधन अधिनियम (2001) के अनुसार लोकसभा एवं विधानसभाओं की सीटों की संख्या में 2026 तक कोई परिवर्तन नहीं किया जायेगा।
- लोकसभा के सदस्यों का चुनाव गुप्त मतदान के द्वारा व्यस्क मताधिकार (18 वर्ष) के आधार पर किया जाता है।
- 61वें संवैधानिक संशोधन (1989) के अनुसार भारत में अब 18 वर्ष की आयु प्राप्त व्यक्ति को व्यस्क माना गया है।

लोकसभा सदस्यता के लिए योग्यता

(i) वह भारत का नागरिक हो।
(ii) उसकी आयु 25 वर्ष या इससे अधिक हो।
(iii) वह भारत सरकार या राज्य सरकार के अन्तर्गत कोई लाभ के पद पर न हो।
(iv) वह पागल तथा दिवालिया न हो।

- लोकसभा का अधिकतम कार्यकाल सामान्यत: 5 वर्ष का होता है। मंत्रिपरिषद् लोकसभा के प्रति सामूहिक रूप से उत्तरदायी होती है। [अनुच्छेद 75(3)]।
- प्रधानमंत्री के परामर्श के आधार पर राष्ट्रपति लोकसभा को समय से पूर्व भी भंग कर सकता है, ऐसा अब तक 8 बार किया गया है।
- आपातकाल की घोषणा लागू होने पर विधि द्वारा संसद लोकसभा के कार्यकाल में वृद्धि कर सकती है, जो एक बार में एक वर्ष से अधिक नहीं होगी। 1976 में लोकसभा का कार्यकाल दो बार एक-एक वर्ष के लिए बढ़ाया गया था।
- लोकसभा एवं राज्यसभा का अधिवेशन राष्ट्रपति के द्वारा बुलाया और स्थगित किया जाता है। लोकसभा की दो बैठकों में 6 माह से अधिक का अंतराल नहीं होना चाहिए।
- लोकसभा की गणपूर्ति या कोरम कुल सदस्य संख्या का दसवाँ भाग (55 सदस्य) होता है।

संसद का संयुक्त अधिवेशन

- संविधान के अनुच्छेद 108 में संसद के संयुक्त अधिवेशन की व्यवस्था है। संयुक्त अधिवेशन राष्ट्रपति द्वारा निम्नलिखित तीन स्थितियों में बुलाया जा सकता है-
    (i) जब एक सदन द्वारा पारित विधेयक को दूसरे सदन द्वारा अस्वीकार कर दिया जाये।
    (ii) जब किसी भी विधेयक में एक सदन द्वारा सुझाये गये संशोधन को दूसरा स्वीकार न करे।
    (iii) जब एक सदन द्वारा पारित विधेयक दूसरे सदन के पास भेजा जाये और वह उस पर 6 मास तक कोई कार्यवाही न करे।
- संयुक्त अधिवेशन की अध्यक्षता लोकसभा के अध्यक्ष के द्वारा की जाती है। संयुक्त बैठक से अध्यक्ष की अनुपस्थिति के दौरान सदन का उपाध्यक्ष या यदि, वह भी अनुपस्थित है, तो ऐसा अन्य व्यक्ति पीठासीन होगा, जो उस बैठक में उपस्थित सदस्यों द्वारा अवधारित किया जाये।
- धन विधेयक के सम्बन्ध में लोकसभा का निर्णय अंतिम होता है। इस सम्बन्ध में संयुक्त अधिवेशन की व्यवस्था नहीं है।
- संविधान संशोधन विधेयक पर संयुक्त अधिवेशन की व्यवस्था नहीं है, संविधान संशोधन विधेयक दोनों सदनों में अलग-अलग पारित होना चाहिए।

लोकसभा के पदाधिकारी

- संविधान के अनुच्छेद 93 के अनुसार लोकसभा स्वयं ही अपने सदस्यों में से एक अध्यक्ष और एक उपाध्यक्ष का निर्वाचन करेगी।
- अध्यक्ष उपाध्यक्ष को तथा उपाध्यक्ष अध्यक्ष को त्याग पत्र देता है।
- लोकसभा का अध्यक्ष, अध्यक्ष के रूप में शपथ नहीं लेता, बल्कि सामान्य सदस्य के रूप में शपथ लेता है।
- 14 दिन के पूर्व सूचना देकर लोकसभा के तत्कालीन समस्त सदस्यों के बहुमत से पारित संकल्प द्वारा लोकसभा के अध्यक्ष तथा उपाध्यक्ष को पद से हटाया जा सकता है।
- लोकसभा के भंग होने की स्थिति में अध्यक्ष अपना पद अगली लोकसभा की पहली बैठक होने तक रिक्त नहीं करता है।
- लोकसभा में अध्यक्ष की अनुपस्थिति में उपाध्यक्ष, उपाध्यक्ष की अनुपस्थिति में राष्ट्रपति द्वारा बनाये गये वरिष्ठ सदस्यों का पैनल में से कोई व्यक्ति, पीठासीन होता है। इस पैनल में आमतौर पर 6 सदस्य होते हैं।

लोकसभाध्यक्ष के कार्य एवं अधिकार

(i) सदन के सदस्यों के प्रश्नों को स्वीकार करना, उन्हें नियमित करना व नियम के विरुद्ध घोषित करना।

(ii) किसी विषय को लेकर प्रस्तुत किया जाने वाला 'कार्य स्थगन प्रस्ताव' अध्यक्ष की अनुमति से पेश किया जा सकता है।

(iii) वह विचाराधीन विधेयक पर बहस रुकवा सकता है।

(iv) संसद सदस्यों को भाषण देने की अनुमति देना और भाषणों का क्रम व समय निर्धारित करना।

(v) विभिन्न विधेयक व प्रस्तावों पर मतदान करवाना व परिणाम घोषित करना तथा मतों की समानता की स्थिति में निर्णायक मत देने का अधिकार है।

(vi) संसद व राष्ट्रपति के मध्य होने वाला पत्र-व्यवहार करना तथा कोई विधेयक, धन विधेयक है या नहीं, इसका निर्णय करना।

(vii) अध्यक्ष द्वारा धन विधेयक के रूप में प्रमाणित विधेयक की प्रकृति के प्रश्न पर न्यायालय में या किसी सदन में या राष्ट्रपति द्वारा विचार नहीं किया जायेगा।

- लोकसभा में विपक्ष के नेता को राजकोष से वेतन प्राप्त होता है तथा उसे कैबिनेट स्तर के मंत्री के समान समस्त सुविधाएँ प्राप्त होती हैं।

संसद सदस्यों के विशेषाधिकार

- किसी संसद-सदस्य की योग्यता अथवा अयोग्यता से सम्बन्धित प्रश्न का अंतिम विनिश्चय चुनाव आयोग की सलाह से राष्ट्रपति करता है।
- एक समय एक व्यक्ति केवल एक ही सदन का सदस्य रह सकता है।
- यदि कोई सदस्य सदन की अनुमति के बिना 60 दिनों की अवधि से अधिक समय के लिए सदन के सभी अधिवेशनों से अनुपस्थित रहता है तो सदन उसकी सदस्यता समाप्त कर सकता है।
- संसद सदस्यों को संसद की बैठक से पूर्व या बाद 40 दिन की अवधि के दौरान गिरफ्तारी से मुक्ति प्रदान की गयी है। गिरफ्तारी से यह मुक्ति केवल सिविल मामलों में है। आपराधिक

मामले अर्थात् निवारक निरोध की विधि के अधीन गिरफ्तारी से छूट नहीं है।

लोकसभा के अध्यक्ष	
लोकसभा	अध्यक्ष
पहली	गणेश वासुदेव मावलंकर, एम अनंतशयनम आयंगर
दूसरी	एम अनंतशयनम आयंगर
तीसरी	हुकम सिंह
चौथी	नीलम संजीव रेड्डी, गुरुदयाल सिंह ढिल्लों
पाँचवीं	गुरुदयाल सिंह ढिल्लों, बलिराम भगत
छठी	नीलम संजीव रेड्डी, के एस हेगड़े
सातवीं	बलराम जाखड़
आठवीं	बलराम जाखड़
नौवीं	रवि राय
दसवीं	शिवराज वी. पाटिल
ग्यारहवीं	पी. ए. संगमा
बारहवीं	जी.एम.सी. बालयोगी
तेरहवीं	जी.एम.सी. बालयोगी, मनोहर गजानंद जोशी
चौदहवीं	सोमनाथ चटर्जी
पन्द्रहवीं	मीरा कुमार
सोलहवीं	सुमित्रा महाजन

12. भारत की संचित निधि

▷ भारत की संचित निधि (Consolidated Fund of India) का उल्लेख भारतीय संविधान के अनुच्छेद 266(1) में है। इस निधि पर भारित व्यय निम्नलिखित है-

(i) राष्ट्रपति का वेतन एवं भत्ता और अन्य व्यय।

(ii) राज्य सभा के सभापति और उपसभापति तथा लोकसभा अध्यक्ष और उपाध्यक्ष के वेतन एवं भत्ते।

(iii) सर्वोच्च न्यायालय एवं उच्च न्यायालय के न्यायाधीशों के वेतन, भत्ता तथा पेंशन।

(iv) भारत के नियंत्रक-महालेखा परीक्षक का वेतन, भत्ता तथा पेंशन।

(v) ऐसा ऋण-भार जिसका दायित्व भारत सरकार पर है।

(vi) भारत सरकार पर किसी न्यायालय द्वारा दी गयी डिक्री या पंचाट।

(vii) कोई अन्य व्यय जो संविधान द्वारा या संसद विधि द्वारा इस प्रकार भारित घोषित करें।

13. भारत की आकस्मिकता निधि

- भारतीय संविधान का अनुच्छेद 267 संसद और राज्य विधानमंडल को यथास्थिति, भारत या राज्य की आकस्मिकता निधि सृजित करने की शक्ति प्रदान करता है।
- यह निधि, 1950 द्वारा गठित की गयी है। यह निधि कार्यपालिका के व्यय के अधीन है।
- जब तक विधान मंडल अनुपूरक, अतिरिक्त या अधिक अनुदान द्वारा ऐसे व्यय को प्राधिकृत नहीं करता है, तब तक समय-समय पर अनवेक्षित व्यय करने के प्रयोजन के लिए कार्यपालिका इस निधियों से अग्रिम धन दे सकती है।
- इस निधि में कितनी रकम हो यह समुचित विधानमंडल विनियमित करेगा।

14. भारत का महान्यायवादी

- भारतीय संविधान के अनुच्छेद 76 में महान्यायवादी का उल्लेख है।
- महान्यायवादी भारत सरकार का प्रथम विधि अधिकारी होता है।
- भारत का महान्यायवादी न तो संसद का सदस्य होता है और न ही मंत्रिमंडल का सदस्य होता है, लेकिन वह किसी भी सदन में अथवा उनकी समितियों में वक्तव्य दे सकता है, किन्तु उसे मत देने का अधिकार नहीं है (अनुच्छेद 88)।
- महान्यायवादी की नियुक्ति राष्ट्रपति करता है तथा वह उसके प्रसादपर्यंत पद धारण करता है।
- महान्यायवादी बनने के लिए वही अर्हताएँ होनी चाहिए जो उच्चतम न्यायालय के न्यायाधीश बनने के लिए होती है।
- महान्यायवादी को भारत के राज्य क्षेत्र के सभी न्यायालयों में सुनवाई का अधिकार है।
- माहन्यायवादी को सहायता देने के लिए एक सॉलिसिटर जनरल तथा दो अतिरिक्त सॉलिसिटर जनरल भी नियुक्त किए जाते हैं।

15. राज्य का महाधिवक्ता

- भारतीय संविधान के अनुच्छेद-165 में राज्य के महाधिवक्ता की व्यवस्था की गयी है। वह राज्य सरकार का सर्वोच्च कानूनी अधिकारी होता है।
- इसकी नियुक्ति राज्यपाल द्वारा की जाती है। राज्यपाल वैसे व्यक्ति को महाधिवक्ता नियुक्त करता जिसमें उच्च न्यायालय के न्यायाधीश बनने की योग्यता हो। वह अपने पद पर राज्यपाल के प्रसादपर्यंत बना रहता है।
- उसे वे सभी विशेषाधिकार एवं भत्ते मिलते हैं जो विधानमंडल के किसी सदस्य को मिलते हैं।
- अपने कार्य सम्बन्धी कर्त्तव्यों के तहत उसे राज्य के किसी न्यायालय के समक्ष सुनवाई का अधिकार है। वह विधानमंडल के दोनों सदनों या सम्बन्धित समिति अथवा उस सभा में, जहाँ कि वह अधिकृत है, में बिना मताधिकार बोलने व भाग लेने का अधिकारी है।

महाधिवक्ता के कार्य

- राज्य सरकार को विधि सम्बन्धी ऐसे विषयों पर सलाह देना जो उसे राष्ट्रपति द्वारा सौंपे गये हों।
- विधिक स्वरूप से ऐसे अन्य कर्त्तव्यों का पालन करना जो राज्यपाल द्वारा सौंपे गयो हों।

16. भारत का नियंत्रक एवं महालेखा परीक्षक

- नियंत्रक एवं महालेखा परीक्षक के विषय में संविधान के अनुच्छेद 148-151 तक में उल्लेख है।
- नियंत्रक एवं महालेखा परीक्षक की नियुक्ति राष्ट्रपति करता है, किन्तु उसे पद से संसद के दोनों सदनों के समावेदन पर ही हटाया जा सकेगा और उसके आधार होंगे- (i) साबित कदाचार और (ii) असमर्थता।
- इसकी पदावधि पद ग्रहण करने की तिथि से 6 वर्ष तक होगी, लेकिन यदि इससे पूर्व 65 वर्ष की आयु प्राप्त कर लेता है तो वह अवकाश ग्रहण कर लेता है।
- वह सेवानिवृत्ति के पश्चात् भारत सरकार के अधीन कोई पद धारण नहीं कर सकता है।
- नियंत्रक महालेखा परीक्षक सार्वजनिक धन का संरक्षक होता है।
- भारत के प्रत्येक राज्य तथा प्रत्येक संघ राज्य क्षेत्र की संचित निधि से किये गये सभी व्यय विधि के अधीन हुए हैं कि नहीं, यह इस बात की संपरीक्षा अर्थात् जांच करता है।

17. संविधान संशोधन की विधि

- संविधान के अनुच्छेद 368 में संशोधन की प्रक्रिया का उल्लेख किया गया है। इसमें संशोधन तीन विधियों से होता है-

  (i) **साधारण विधि द्वारा संशोधन :** संसद के साधारण बहुमत द्वारा पारित विधेयक राष्ट्रपति की स्वीकृति मिलने पर कानून बन जाता है। इसके अन्तर्गत राष्ट्रपति की पूर्व अनुमति मिलने पर निम्न संशोधन किये जा सकते हैं-

  (a) नये राज्यों का निर्माण

  (b) राज्य क्षेत्र, सीमा और नाम में परिवर्तन

  (c) संविधान की नागरिकता सम्बन्धी अनुसूचित क्षेत्रों और जनजातियों की प्रशासन सम्बन्धी तथा केन्द्र द्वारा प्रशासित क्षेत्रों की प्रशासन सम्बन्धी व्यवस्थाएँ।

  (ii) **विशेष बहुमत द्वारा संशोधन :** यदि संसद के प्रत्येक सदन द्वारा कुल सदस्यों का बहुमत तथा उपस्थित और मतदान में भाग लेने वाले सदस्यों के 2/3 मतों से विधेयक पारित हो जाये तो राष्ट्रपति की स्वीकृति मिलते ही वह संशोधन का अंग बन जाता है। न्यायपालिका तथा राज्यों के अधिकारों तथा शक्तियों जैसी कुछ विशिष्ट बातों को छोड़कर संविधान की अन्य सभी व्यवस्थाओं में इसी प्रक्रिया के द्वारा संशोधन किया जाता है।

  (iii) **संसद के विशेष बहुमत एवं राज्य विधानमंडलों की स्वीकृति से संशोधन :** संविधान के कुछ अनुच्छेदों में संशोधन के लिए विधेयक को संसद के दोनों सदनों में विशेष बहुमत तथा राज्यों के कुल विधानमंडलों में से आधे द्वारा स्वीकृति आवश्यक है। इसके द्वारा किये जाने वाले संशोधन के प्रमुख विषय हैं-

  (a) राष्ट्रपति का निर्वाचन (अनुच्छेद 54)

  (b) राष्ट्रपति निर्वाचन की कार्यपद्धति (अनुच्छेद 55)

  (c) संघ की कार्यपालिका शक्ति का विस्तार

  (d) राज्यों की कार्यपालिका शक्ति का विस्तार

  (e) केन्द्रशासित क्षेत्रों के लिए उच्च न्यायालय

- (f) संघीय न्यायपालिका
- (g) राज्यों के उच्च न्यायालय
- (h) संघ एवं राज्यों में विधायी सम्बन्ध
- (i) सातवीं अनुसूची का कोई विषय
- (j) संसद में राज्यों का प्रतिनिधित्व
- (k) संविधान संशोधन की प्रक्रिया से सम्बन्धित उपबंध

18. सर्वोच्च न्यायालय

- भारत की न्यायिक व्यवस्था इकहरी और एकीकृत है, जिसके सर्वोच्च शिखर पर भारत का सर्वोच्च अर्थात् उच्चतम न्यायालय है। उच्चतम न्यायालय दिल्ली में स्थित है।
- उच्चतम न्यायालय की स्थापना, गठन, अधिकारिता, शक्तियों के विनियमन से सम्बन्धित विधि निर्माण की शक्ति भारतीय संसद को प्राप्त है।
- संविधान के अनुच्छेद 124 में उच्चतम न्यायालय के गठन सम्बन्धी प्रावधान है।
- उच्चतम न्यायालय में एक मुख्य न्यायाधीश तथा 30 अन्य न्यायाधीश होते हैं।
- इन न्यायाधीशों की नियुक्ति राष्ट्रपति के द्वारा की जाती है।
- उच्चतम न्यायालय के न्यायाधीश बनने के लिए न्यूनतम आयु सीमा निर्धारित नहीं की गयी है। एक बार नियुक्ति के बाद इनके अवकाश ग्रहण करने की आयु 65 वर्ष है।
- उच्चतम न्यायालय के न्यायाधीश साबित कदाचार तथा असमर्थता के आधार पर संसद के प्रत्येक सदन में विशेष बहुमत से पारित समावेदन के आधार पर राष्ट्रपति के द्वारा हटाये जा सकते हैं।
- वर्तमान में उच्चतम न्यायालय के मुख्य न्यायाधीश को एक लाख रुपये प्रतिमाह और अन्य न्यायाधीशों को 90,000 प्रतिमाह वेतन मिलता है।

न्यायाधीश होने के लिए योग्यता

- वह भारत का नागरिक हो।
- वह किसी उच्च न्यायालय अथवा दो या दो से अधिक न्यायालयों में लगातार कम से कम 5 वर्षों तक न्यायाधीश के रूप में कार्य कर चुका हो, अथवा किसी उच्च न्यायालय या न्यायालयों में लगातार 10 वर्षों तक अधिवक्ता रह चुका हो, अथवा राष्ट्रपति की दृष्टि में कानून का उच्च कोटि का ज्ञाता हो।
- उच्चतम न्यायालय के न्यायाधीश अवकाश प्राप्त करने के बाद भारत में किसी भी अधिकारी के सामने वकालत नहीं कर सकते हैं।
- उच्चतम न्यायालय के न्यायाधीशों को पद एवं गोपनीयता की शपथ राष्ट्रपति दिलाता है।
- मुख्य न्यायाधीश, राष्ट्रपति की पूर्व स्वीकृति लेकर, दिल्ली के अतिरिक्त अन्य किसी भी स्थान पर उच्चतम न्यायालय की बैठकें बुला सकता है। अब तक हैदराबाद और श्रीनगर में इस तरह की बैठकें आयोजित की जा चुकी हैं।

उच्चतम न्यायालय का क्षेत्राधिकार

1. **प्रारंभिक क्षेत्राधिकार :** यह निम्न मामलों में प्राप्त है-
    - (i) भारत संघ तथा एक या एक से अधिक राज्यों के मध्य उत्पन्न विषयों में।

(ii) भारत संघ तथा कोई एक राज्य या अनेक राज्यों और एक या एक से अधिक राज्यों के बीच विवादों में।

(iii) दो या दो से अधिक राज्यों के बीच विवादों में जिसमें उनके वैधानिक अधिकारों का प्रश्न निहित है।

➪ प्रारंभिक क्षेत्राधिकार के तहत उच्चतम न्यायालय उसी विवाद को निर्णय के लिए स्वीकार करेगा, जिसमें किसी तथ्य या विधि का प्रश्न शामिल है।

2. **अपीलीय क्षेत्राधिकार :** देश का सबसे बड़ा अपीलीय न्यायालय उच्चतम न्यायालय है। इसे भारत के सभी उच्च न्यायालयों के निर्णयों के विरुद्ध अपील सुनने का अधिकार है। इसके अन्तर्गत तीन प्रकार के प्रकरण आते हैं- (i) सांविधानिक (ii) दीवानी एवं (iii) फौजदारी।

3. **परामर्शदात्री क्षेत्राधिकार :** राष्ट्रपति को यह अधिकार है कि वह सार्वजनिक महत्त्व के विवादों पर उच्चतम न्यायालय का परामर्श माँगे (अनुच्छेद 143)। न्यायालय के परामर्श को स्वीकार या अस्वीकार करना राष्ट्रपति के विवेक पर निर्भर करता है।

4. **पुनर्विचार सम्बन्धी क्षेत्राधिकार :** संविधान के अनुच्छेद 137 के अनुसार सर्वोच्च न्यायालय को यह अधिकार प्राप्त है कि वह स्वयं द्वारा दिये गये आदेश या निर्णय पर पुनर्विचार कर सके तथा यदि उचित समझे तो उसमें आवश्यक परिवर्तन कर सके।

➪ संविधान का अनुच्छेद 129 उच्चतम न्यायालय को अभिलेख न्यायालय का स्थान प्रदान करता है। इसका आशय यह है कि इस न्यायालय के निर्णय सभी जगह साक्षी के रूप में स्वीकार किये जायेंगे और इसकी प्रमाणिकता के विषय में प्रश्न नहीं किया जायेगा।

➪ भारत का उच्चतम न्यायालय नागरिकों के मौलिक अधिकारों का रक्षक है। अनुच्छेद 32 सर्वोच्च न्यायालय को विशेष रूप से उत्तरदायी ठहराता है कि वह मौलिक अधिकारों को लागू कराने के लिए आवश्यक कार्रवाई करें। न्यायालय मौलिक अधिकारों की रक्षा के लिए बंदी प्रत्यक्षीकरण (Habeas Corpus), परमादेश (Mandamus), प्रतिषेध (Prohibition), अधिकार पृक्षा (Quo-Warranto) तथा उत्प्रेषण (Certiorari) लेख जारी कर सकता है।

19. राज्य की कार्यपालिका

राज्यपाल

➪ संविधान के भाग 6 में राज्य शासन के लिए प्रावधान किया गया है। यह प्रावधान जम्मू-कश्मीर को छोड़कर सभी राज्यों के लिए लागू होता है।

➪ राज्य की कार्यपालिका का प्रमुख राज्यपाल होता है, वह प्रत्यक्ष रूप से अथवा अधीनस्थ अधिकारों के माध्यम से इसका उपयोग करता है।

➪ प्रत्येक राज्य में एक राज्यपाल होता है लेकिन एक ही राज्यपाल को दो या अधिक राज्यों का राज्यपाल नियुक्त किया जा सकता है।

योग्यता

(i) वह भारत का नागरिक हो।

(ii) वह 35 वर्ष की उम्र पूरा कर चुका हो।

(iii) वह किसी प्रकार के लाभ के पद पर न हो।

(iv) वह राज्य विधानसभा का सदस्य चुने जाने योग्य हो।
- राज्यपाल की नियुक्ति राष्ट्रपति द्वारा पाँच वर्षों की अवधि के लिए की जाती है, परन्तु यह राष्ट्रपति के प्रसादपर्यंत पद धारण करता है।
- राज्यपाल का वेतन 1,10,000 रुपये मासिक है। यदि दो या दो से अधिक राज्यों का एक ही राज्यपाल हो, तब उसे दोनों राज्यपालों का वेतन उस अनुपात में दिया जायेगा जैसा कि राष्ट्रपति निर्धारित करे।
- राज्यपाल पद ग्रहण करने से पूर्व उच्च न्यायालय के मुख्य न्यायाधीश अथवा वरिष्ठतम न्यायाधीश के सम्मुख अपने पद की शपथ लेता है।

उन्मुक्तियाँ तथा विशेषाधिकार

(i) वह अपने पद की शक्तियों के प्रयोग तथा कर्तव्यों के पालन के लिए किसी न्यायालय के प्रति उत्तरदायी नहीं है।
(ii) राज्यपाल की पदावधि के दौरान उसके विरुद्ध किसी भी न्यायालय में किसी प्रकार की आपराधिक कार्रवाई नहीं आरंभ की जा सकती है।
(iii) जब वह पद पर हो तब उसकी गिरफ्तारी का आदेश किसी न्यायालय द्वारा जारी नहीं किया जा सकता।
(iv) राज्यपाल का पद ग्रहण करने से पूर्व या पश्चात् उसके द्वारा किये गये कार्य के सम्बन्ध में कोई सिविल कार्रवाई करने से पहले उसे दो माह पूर्व सूचना देनी पड़ती है।

शक्तियाँ और कार्य

1. कार्यपालिका सम्बन्धी कार्य

(a) राज्य के समस्त कार्यपालिका कार्य राज्यपाल के नाम से किये जाते हैं।
(b) राज्यपाल मुख्यमंत्री की सलाह से उसकी मंत्रिपरिषद् के सदस्यों को नियुक्त करता है तथा उन्हें पद एवं गोपनीयता की शपथ दिलाता है।
(c) राज्यपाल राज्य के उच्च अधिकारियों, जैसे- महाधिवक्ता, राज्य लोक सेवा आयोग के अध्यक्ष तथा सदस्यों की नियुक्ति करता है तथा राज्य के उच्च न्यायालय में न्यायाधीशों की नियुक्ति के सम्बन्ध में परामर्श देता है।
(d) राज्यपाल को अधिकार है कि वह राज्य के प्रशासन के सम्बन्ध में मुख्यमंत्री से सूचना प्राप्त करे।
(e) जब राज्य का शासन संवैधानिक तंत्र के अनुसार न चलाया जा रहा हो तो राज्यपाल राष्ट्रपति से राज्य में राष्ट्रपति शासन की सिफारिश करता है।
(f) राष्ट्रपति शासन के समय राज्यपाल केन्द्र सरकार के अभिकर्ता (Agent) के रूप में राज्य का प्रशासन चलाता है।
(g) राज्यपाल राज्य के विश्वविद्यालयों का कुलाधिपति होता है तथा वह उपकुलपतियों को भी नियुक्त करता है।

2. विधायी अधिकार

(a) राज्यपाल विधानमंडल का अभिन्न अंग है।

(b) राज्यपाल विधानमंडल के सत्र का आह्वान करता है, उसका सत्रावसान करता है तथा उसका विघटन करता है। राज्यपाल विधानसभा के अधिवेशन अथवा दोनों सदनों के संयुक्त अधिवेशन को संबोधित करता है।

(c) वह राज्य विधान परिषद् की कुल सदस्य संख्या का 1/6 भाग सदस्यों को नियुक्त करता है, जिनका सम्बन्ध विज्ञान, साहित्य, कला, समाजसेवा, सहकारी आंदोलन आदि से रहता है।

(d) राज्य विधान सभा के किसी सदस्य पर अयोग्यता का प्रश्न उत्पन्न होता है, तो अयोग्यता सम्बन्धी विवाद का निर्धारण राज्यपाल चुनाव आयोग से परामर्श करके करता है।

(e) राज्य विधानमंडल द्वारा पारित विधेयक राज्यपाल के हस्ताक्षर के बाद ही अधिनियम बन ताता है।

(f) यदि विधानसभा में आंग्ल-भारतीय समुदाय को पर्याप्त प्रतिनिधित्व प्राप्त नहीं है तो राज्यपाल उस समुदाय के एक व्यक्ति को विधानसभा का सदस्य मनोनीत कर सकता है।

नोट : जम्मू-कश्मीर राज्य विधानसभा में प्रदेश का राज्यपाल दो महिलाओं को विधानसभा सदस्य के रूप में मनोनीत कर सकता है।

(g) जब विधानमंडल का सत्र नहीं चल रहा हो और राज्यपाल को ऐसा लगे कि तत्काल कार्यवाही की आवश्यकता है, तो वह अध्यादेश जारी कर सकता है, जिसे वही स्थान प्राप्त है जो विधानमंडल द्वारा पारित किसी अधिनियम का है। ऐसे अध्यादेश 6 सप्ताह के भीतर विधानमंडल द्वारा स्वीकृत होना आवश्यक है। यदि विधानमंडल 6 सप्ताह के भीतर उसे अपनी स्वीकृति नहीं देता है तो उस अध्यादेश की वैधता समाप्त हो जाती है।

(h) कुछ विशिष्ट प्रकार के विधेयकों को राज्यपाल राष्ट्रपति के पास विचार के लिए भेजता है।

3. वित्तीय अधिकार

(a) राज्यपाल प्रत्येक वित्तीय वर्ष में वित्तमंत्री को विधानमंडल के सम्मुख वार्षिक वित्तीय विवरण प्रस्तुत करने के लिए कहता है।

(b) विधानसभा में धन विधेयक राज्यपाल की पूर्व अनुमति से ही पेश किया जाता है।

(c) ऐसा कोई विधेयक जो राज्य की संचित निधि से खर्च निकालने की व्यवस्था करता हो, उस समय तक विधानमंडल द्वारा पारित नहीं किया जा सकता जब तक राज्यपाल इसकी संस्तुति न कर दे।

(d) राज्यपाल की संस्तुति के बिना अनुदान की किसी माँग को विधानमंडल के सम्मुख नहीं रखा जा सकता है।

(e) राज्यपाल धन विधेयक के अतिरिक्त किसी विधेयक को पुनः विचार के लिए राज्य विधानमंडल के पास भेज सकता है, परंतु राज्य विधानमंडल द्वारा इसे दुबारा पारित किये जाने पर वह उस पर अपनी सहमति देने के लिए बाध्य होता है।

4. न्यायिक अधिकार

- राज्यपाल को उस विषय सम्बन्धी, जिस विषय पर उस राज्य की कार्यपालिका शक्ति का विस्तार है, किसी विधि के विरुद्ध किसी अपराध के लिए सिद्ध दोष ठहराये गये किसी व्यक्ति के दंड को क्षमा, उसका प्रतिलंबन, विराम या परिहार करने की अथवा दंडादेश के निलंबन, परिहार या लघुकरण की शक्ति प्राप्त है।

राज्यपाल की स्थिति

- यदि हम राज्यपाल के उपरोक्त अधिकारों का अवलोकन करें तो ऐसा लगता है कि राज्यपाल एक बहुत शक्तिशाली अधिकारी है किन्तु वास्तविकता इससे सर्वथा भिन्न है।
- हम लोगों ने संसदीय शासन प्रणाली को अपनाया है, जिसमें मंत्रीपरिषद् विधानमंडल के प्रति उत्तरदायी होती है। अत: वास्तविक शक्तियाँ मंत्रिपरिषद् को प्राप्त होती है, न कि राज्यपाल को। राज्यपाल एक संवैधानिक प्रमुख रूप में कार्य करता है किन्तु असाधारण स्थितियों में उसे इच्छानुसार कार्य करने के अवसर प्राप्त हो सकते हैं।
- केन्द्रशासित प्रदेश- दिल्ली, पुदुचेरी, अंडमान और निकोबार द्वीपसमूह के राज्यपाल को **उपराज्यपाल** कहा जाता है।
- केन्द्रशासिक प्रदेश- दादर एवं नगर हवेली, लक्षद्वीप, दमन तथा दीव के राज्यपाल को **प्रशासक** कहा जाता हे।

विधान परिषद्

- विधान परिषद् राज्य विधानमंडल का उच्चसदन होता है।
- यदि किसी राज्य की विधानसभा अपने कुल सदस्यों के पूर्ण बहुमत तथा उपस्थित मतदान करने वाले सदस्यों के दो-तिहाई बहुमत से प्रस्ताव पारित करे, तो संसद उस राज्य में विधान परिषद् स्थापित अथवा समाप्त कर सकती है।
- वर्तमान में केवल सात राज्यों (उत्तरप्रदेश, कर्नाटक, जम्मू-कश्मीर, महाराष्ट्र, बिहार तथा आंध्रप्रदेश तथा तेलंगाना) में विधान परिषदें विद्यमान हैं।
- विधान परिषद् के कुल सदस्यों की संख्या, उस राज्य की विधानसभा के कुल सदस्यों की संख्या की एक-तिहाई से अधिक नहीं हो सकती है, किन्तु किसी भी अवस्था में विधान परिषद् के सदस्यों की कुल संख्या 40 से कम नहीं हो सकती है। इसका अपवाद केवल जम्मू-कश्मीर है, जहाँ की विधान परिषद् के सदस्यों की संख्या 36 है।
- विधान परिषद् का सदस्य बनने के लिए न्यूनतम आयु 30 वर्ष होती है।
- विधान परिषद् के प्रत्येक सदस्य का कार्यकाल 6 वर्ष होता है, किन्तु प्रति दूसरे वर्ष एक-तिहाई सदस्य अवकाश ग्रहण करते हैं तथा उनके स्थान पर नवीन सदस्य निर्वाचित होते हैं।
- विधान परिषद् के सदस्यों का निर्वाचन आनुपातिक प्रतिनिधित्व की एकल संक्रमणीय मत पद्धति द्वारा होता है।
- विधान परिषद् के कुल सदस्यों के एक-तिहाई सदस्य, राज्य की स्थानीय स्वशासी संस्थाओं के एक निर्वाचक मंडल द्वारा निर्वाचित होते हैं, 1/12 सदस्य उन स्नातकों द्वारा निर्वाचित होते हैं, जिन्होंने कम से कम 3 वर्ष पूर्व स्नातक की उपाधि प्राप्त कर ली हो, 1/12 सदस्य उन अध्यापकों के द्वारा निर्वाचित होते हैं, जो कम से कम 3 वर्षों से माध्यमिक पाठशालाओं अथवा उनसे ऊँची कक्षाओं में शिक्षण कार्य कर रहे हों तथा 1/6 सदस्यों को राज्यपाल उन व्यक्तियों में से मनोनीत करता है, जिन्हें साहित्य, कला, विज्ञान, सहकारिता आंदोलन या सामाजिक सेवा से सम्बन्धित विषय का ज्ञान हो।
- विधान परिषद् की किसी भी बैठक के लिए कम से कम 10 या विधान परिषद् के कुल सदस्यों का दशमांश (1/10) इनमें जो भी अधिक हो, गणपूर्ति होगा।

- विधान परिषद् अपने सदस्यों में से दो को क्रमशः सभापति एवं उपसभापति चुनती है।
- सभापति एवं उपसभापति को विधानमंडल द्वारा निर्धारित वेतन एवं भत्ते प्राप्त होते हैं।
- सभापति, उपसभापति को संबोधित कर एवं उपसभापति, सभापति को संबोधित कर त्यागपत्र दे सकता है, अथवा परिषद् के सदस्यों के बहुमत से पारित प्रस्ताव द्वारा उसे अपदस्थ भी किया जा सकता है। किन्तु ऐसे किसी प्रस्ताव को लाने के लिए 14 दिनों की पूर्व सूचना आवश्यक है।

विधान सभा और विधान परिषद् की सदस्य संख्या

क्र.	राज्य	विधान सभा	विधान परिषद्	क्र.	राज्य	विधान सभा	विधान परिषद्
1.	अरुणाचल प्रदेश	60	—	16.	नगालैंड	60	—
2.	असम	126	—	17.	पंजाब	117	—
3.	आंध्रप्रदेश	175	50	18.	पश्चिम बंगाल	294	—
4.	ओडिशा	147	—	19.	बिहार	243	75
5.	उत्तरप्रदेश	403	99	20.	मणिपुर	60	—
6.	उत्तराखंड	70	—	21.	मध्यप्रदेश	230	—
7.	कर्नाटक	224	75	22.	महाराष्ट्र	288	78
8.	केरल	140	—	23.	मिजोरम	40	—
9.	गुजरात	182	—	24.	मेघालय	60	—
10.	गोवा	40	—	25.	राजस्थान	200	—
11.	छत्तीसगढ़	90	—	26.	सिक्किम	32	—
12.	जम्मू-कश्मीर	87	36	28.	हरियाणा	90	—
13.	झारखंड	81	—	29.	हिमाचल प्रदेश	68	—
14.	तमिलनाडु	234	—	29.	त्रिपुरा	60	—
15.	तेलंगाना	119	40				
	संघीय प्रदेश						
1.	दिल्ली	70	—	2.	पुदुचेरी	30	—

विधान सभा

- विधान सभा का कार्यकाल पाँच वर्ष होता है, किन्तु विशेष परिस्थिति में राज्यपाल को यह अधिकार है कि वह इससे पूर्व भी उसको विघटित कर सकता है।
- विधान सभा के सत्रावसान (Prorogation) के आदेश राज्यपाल के द्वारा दिये जाते हैं।
- विधान सभा में निर्वाचित होने के लिए न्यूनतम आयु सीमा 25 वर्ष है।
- प्रत्येक राज्य की विधान सभा में कम से कम 60 और अधिक से अधिक 500 सदस्य होते हैं। केवल अपवाद है- गोवा (40), मिजोरम (40) और सिक्किम (32)। इन तीनों राज्यों को अनुच्छेद 371 के तहत विशेष राज्य का दर्जा देकर यह व्यवस्था किया गया है।

- विधान सभा की अध्यक्षता करने के लिए एक अध्यक्ष का चुनाव करने का अधिकार सदन को प्राप्त है, जो इसकी बैठकों का संचालन करता है।
- साधारणतया विधान सभा अध्यक्ष सदन में मतदान नहीं करता किन्तु यदि सदन में मत बराबर में बँट जायें तो वह निर्णायक मत देता है।
- जब कभी अध्यक्ष को उसके पद से हटाने का प्रस्ताव विचाराधीन हो, उस समय वह सदन की बैठकों की अध्यक्षता नहीं करता है।
- किसी विधेयक को धन विधेयक माना जाये अथवा नहीं इसका निर्णय विधान सभा अध्यक्ष ही करता है।
- सदन के बैठकों के लिए सदन के कुल सदस्यों के दसमांश (1/10) सदस्यों की उपस्थिति गणपूर्ति हेतु आवश्यक है।

विधान सभा के अधिकार और कार्य

- विधान सभा के अधिकार और कार्यों को निम्नलिखित वर्गों में बाँटा जा सकता है-

1. **विधि निर्माण :** (i) इसे राज्य सूची से सम्बद्ध विषयों पर विधि निर्माण का असीमित अधिकार प्राप्त है। (ii) समवर्ती सूची से सम्बद्ध विषयों पर संसद की तरह राज्य विधान मंडल भी विधि निर्माण कर सकता है, किन्तु यदि दोनों द्वारा निर्मित विधियों में परस्पर विरोध की सीमा तक संसदीय विधि मान्य है।
2. **वित्तीय विषयों से सम्बन्धित प्रक्रिया :** (i) राज्य विधान मंडल राज्य सरकार की वित्तीय अवस्था को पूर्णतया नियंत्रित करता है। प्रत्येक वित्तीय वर्ष के प्रारंभ में विधान मंडल के सम्मुख वार्षिक वित्तीय विवरण अथवा बजट प्रस्तुत किया जाता है, जिसमें शासन की आय-व्यय का विवरण रहता है। बजट वित्त मंत्री द्वारा रखा जाता है। (ii) कोई धन विधेयक प्रारंभ में विधान परिषद् में प्रस्तुत नहीं किया जा सकता है। जब विधान सभा किसी धन विधेयक को पारित कर देती है, तब उसे विधान परिषद् के पास भेज दिया जाता है। विधान परिषद् को 14 दिनों के भीतर धन विधेयक को विधान सभा को लौटाना पड़ता है। विधान परिषद् उस विधेयक के सम्बन्ध में संस्तुतियाँ तो दे सकती है, किन्तु वह न तो उसे अस्वीकार कर सकती है और न उसमें संशोधन ही कर सकती है। (iii) विधान सभा द्वारा पारित किये जाने के 14 दिनों के बाद विधेयक को दोनों सदनों द्वारा पारित समझ लिया जाता है तथा राज्यपाल को उस पर अपनी सहमति देनी पड़ती है।
3. **कार्यपालिका पर नियंत्रण :** मंत्रिपरिषद् सामूहिक रूप से विधान सभा के प्रति उत्तरदायी है। जब कभी मंत्रिपरिषद् के विरुद्ध अविश्वास प्रस्ताव पारित हो जाता है तो समूची मंत्रिपरषिद् को त्यागपत्र देना पड़ता है।
4. **संवैधानिक संशोधन :** संघीय स्वरूप को प्रभावित करने वाला कोई संशोधन विधेयक यदि संसद के दोनों सदनों के द्वारा पारित हो जाता है, तो आधे से अधिक राज्यों के विधान मंडलों द्वारा उसकी पुष्टि आवश्यक है।
5. **निर्वाचन सम्बन्धी अधिकार :** राष्ट्रपति के निर्वाचन में जितना मताधिकार संसद के दोनों सदनों के सदस्यों को प्राप्त है, उतना ही राज्यों की विधान सभाओं के निर्वाचित सदस्यों को प्राप्त है।

मुख्यमंत्री

- मुख्यमंत्री की नियुक्ति राज्यपाल द्वारा की जाती है। साधारणत: वैसे व्यक्ति को मुख्यमंत्री नियुक्त किया जाता है जो विधान सभा में बहुमत दल का नेता होता है।
- मुख्यमंत्री ही शासन का मुख्य प्रवक्ता है और मंत्रिपरिषदों की बैठकों की अध्यक्षता करता है।
- मंत्रिपरिषद् के निर्णयों को मुख्यमंत्री ही राज्यपाल तक पहुँचाता है।
- जब कभी राज्यपाल कोई बात मंत्रिपरिषद् तक पहुँचाना चाहता है, तो वह मुख्यमंत्री के द्वारा ही यह कार्य करता है।
- राज्यपाल के सारे अधिकारों का प्रयोग मुख्यमंत्री ही करता है।

  नोट : राष्ट्रीय राजधानी क्षेत्र दिल्ली एवं पुदुचेरी में चुनाव पश्चात् मुख्यमंत्री की नियुक्ति राष्ट्रपति द्वारा होती है और मुख्यमंत्री राष्ट्रपति के प्रति उत्तरदायी होता है।

20. उच्च न्यायालय

- संविधान के अनुसार प्रत्येक राज्य के लिए एक उच्च न्यायालय होगा (अनुच्छेद 214), लेकिन संसद विधि द्वारा दो या दो से अधिक राज्यों और किसी संघ राज्य क्षेत्र के लिए एक ही उच्च न्यायालय स्थापित कर सकती है (अनुच्छेद 231)।
- वर्तमान में पंजाब एवं हरियाणा व चंडीगढ़; असम, नगालैंड, मिजोरम तथा अरुणाचल प्रदेश; महाराष्ट्र, गोवा, दादर और नागर हवेली, दमन तथा दीव पश्चिम बंगाल, अंडमान निकोबार द्वीपसमूह और आंध्र प्रदेश व तेलंगाना के लिए एक ही उच्च न्यायालय है।
- वर्तमान में भारत में 24 उच्च न्यायालय हैं।
- केन्द्र शासित प्रदेशों में केवल दिल्ली में उच्च न्यायालय है।
- प्रत्येक उच्च न्यायालय का गठन एक मुख्य न्यायाधीश तथा अन्य न्यायाधीशों से मिलकर किया जाता है। इनकी नियुक्ति राष्ट्रपति के द्वारा होती है।
- भिन्न-भिन्न उच्च न्यायालयों में न्यायाधीशों की संख्या भिन्न-भिन्न होती है। गुवाहाटी उच्च न्यायालय में न्यायाधीशों की संख्या सबसे कम एवं इलाहाबाद उच्च न्यायालय में न्यायाधीशों की संख्या सबसे अधिक है।

न्यायाधीशों के लिए योग्यताएँ

(i) भारत का नागरिक हो।

(ii) कम-से-कम दस वर्ष तक न्यायिक पद धारण कर चुका हो अथवा किसी उच्च न्यायालय में या एक से अधिक उच्च न्यायालयों में लगातार 10 वर्षों तक अधिवक्ता रहा हो।

- उच्च न्यायालय के न्यायाधीशों को, वह राज्य जिसमें उच्च न्यायालय स्थित है का राज्यपाल उसे पद की शपथ दिलाता है।
- उच्च न्यायालय के न्यायाधीशों के अवकाश ग्रहण करने की अधिकतम उम्र सीमा 62 वर्ष से बढ़ाकर 65 वर्ष कर दिया गया है। उच्च न्यायालय के न्यायाधीश अपने पद से राष्ट्रपति को संबोधित कर कभी भी त्यागपत्र दे सकता है।
- उच्च न्यायालय के न्यायाधीश को उसी प्रकार अपदस्थ किया जा सकता है, जिस प्रकार उच्चतम न्यायालय का न्यायाधीश पदमुक्त किया जाता है।

- जिस व्यक्ति ने उच्च न्यायालय में स्थायी न्यायाधीश के रूप में कार्य किया है, वह उस न्यायालय में वकालत नहीं कर सकता, किन्तु वह किसी दूसरे उच्च न्यायालय में अथवा उच्चतम न्यायालय में वकालत कर सकता है।
- राष्ट्रपति आवश्यकतानुसार किसी भी उच्च न्यायालय में न्यायाधीशों की संख्या में वृद्धि कर सकता है अथवा अतिरिक्त न्यायाधीशों की नियुक्ति कर सकता है।
- राष्ट्रपति उच्च न्यायालय के किसी अवकाश प्राप्त न्यायाधीश को भी उच्च न्यायालय के न्यायाधीश के रूप में कार्य करने का अनुरोध कर सकता है।
- उच्च न्यायालय एक अभिलेख न्यायालय होता है। उसके निर्णय आधिकारिक माने जाते हैं तथा उनके आधार पर न्यायालय अपना निर्णय देते हैं।
- भारत के मुख्य न्यायाधीश से परामर्श कर राष्ट्रपति उच्च न्यायालय के किसी भी न्यायाधीश का स्थानांतरण किसी दूसरे उच्च न्यायालय में कर सकता है।

उच्च न्यायालय का क्षेत्राधिकार

1. **प्रारंभिक क्षेत्राधिकार :** प्रत्येक उच्च न्यायालय को इच्छापत्र, तलाक, विवाह, नौकाधिकरण, कंपनी न्यायालय की अवमानना तथा कुछ राजस्व सम्बन्धी प्रकरणों तथा नागरिकों के मौलिक अधिकारों के क्रियान्वयन के लिए आवश्यक निर्देश विशेषकर बंदी प्रत्यक्षीकरण (Habeas Corpus), परमादेश (Mandamus), प्रतिषेध (Prohibition), उत्प्रेषण (Certiorari) तथा अधिकार पृच्छा (Quo-Warranto) के लेख जारी करने के अधिकार प्राप्त हैं।
2. **अपीलीय क्षेत्राधिकार :** उच्च न्यायालय के अपीलीय क्षेत्राधिकार के अन्तर्गत निम्नलिखित मामले आते हैं-
   (i) फौजदारी मामलों में अगर सत्र न्यायाधीश ने मृत्युदंड दिया हो, तो उच्च न्यायालय में उसके विरुद्ध अपील हो सकती है।
   (ii) दीवानी मामलों में उच्च न्यायालय में उन सभी मामलों की अपील हो सकती है जो पाँच लाख रुपये या उससे अधिक संपत्ति से सम्बद्ध हो।
   (iii) उच्च न्यायालय पेटेंट और डिजाइन, उत्तराधिकार, भूमि-प्राप्ति, दिवालियापन और संरक्षकता आदि मामले में भी अपील सुनता है।
3. **उच्च न्यायालय में मुकदमों का हस्तांतरण :** यदि किसी उच्च न्यायालय को ऐसा लगे कि जो अभियोग अधीनस्थ न्यायालय में विचाराधीन है, वह विधि के किसी सारगर्भित प्रश्न से सम्बद्ध है तो वह उसे अपने यहाँ स्थानांतरित कर या तो उसका निपटारा स्वयं कर देता है या विधि से सम्बद्ध प्रश्न को निपटाकर अधीनस्थ न्यायालय को निर्णय के लिए वापस भेज देता है।
4. **प्रशासकीय अधिकार :** उच्च न्यायालयों को अपने अधीनस्थ न्यायालयों में नियुक्त, पदावनति, पदोन्नति तथा छुट्टियों के सम्बन्ध में नियम बनाने का अधिकार है।

   नोट : उच्च न्यायालय राज्य में अपील का सर्वोच्च न्यायालय नहीं है। राज्य सूची से सम्बद्ध विषयों में भी उच्च न्यायालय के निर्णयों के विरुद्ध उच्चतम न्यायालय में अपील हो सकती है।

उच्च न्यायालय : अधिकारिता तथा स्थान					
क्र.	नाम	स्थापना वर्ष	राज्य क्षेत्रीय अधिकारिता	मूल स्थान	खंडपीठ
1.	कलकत्ता	1862 ई.	पश्चिम बंगाल, अंडमान और निकोबार द्वीप समूह	कोलकाता	पोर्टब्लेयर
2.	बम्बई	1862 ई.	महाराष्ट्र, गोवा, दादर और नागर हवेली, दमन तथा दीव	मुम्बई	नागपुर, पणजी, औरंगाबाद
3.	मद्रास	1862 ई.	तमिलनाडु, पुदुचेरी	चेन्नई	–
4.	इलाहाबाद	1866 ई.	उत्तरप्रदेश	इलाहाबाद	लखनऊ
5.	कर्नाटक	1884 ई.	कर्नाटक	बंगलुरू	–
6.	पटना	1916 ई.	बिहार	पटना	–
7.	जम्मू-कश्मीर	1928 ई.	जम्मू-कश्मीर	श्रीनगर	जम्मू
8.	ओडिशा	1948 ई.	ओडिशा	कटक	–
9.	गुवाहाटी	1948 ई.	असम, नगालैंड, मिजोरम एवं अरुणाचल प्रदेश	गुवाहाटी	कोहिमा, आइजोल, इटानगर
10.	राजस्थान	1949 ई.	राजस्थान	जोधपुर	जयपुर
11.	आंध्रप्रदेश	1954 ई.	तेलंगाना, आंध्रप्रदेश	हैदराबाद	
12.	मध्यप्रदेश	1956 ई.	मध्यप्रदेश	जबलपुर	ग्वालियर, इन्दौर
13.	केरल	1958 ई.	केरल, लक्षद्वीप	अर्नाकुलम	–
14.	गुजरात	1960	गुजरात	अहमदाबाद	–
15.	दिल्ली	1966 ई.	दिल्ली	दिल्ली	
16.	हिमाचल प्रदेश	1971 ई.	हिमाचल प्रदेश	शिमला	–
17.	पंजाब एवं हरियाणा	1975 ई.	पंजाब, हरियाणा, चंडीगढ़	चंडीगढ़	–
18.	सिक्किम	1975 ई.	सिक्किम	गंगटोक	–
19.	छत्तीसगढ़	2000 ई.	छत्तीसगढ़	बिलासपुर	–
20.	उत्तराखंड	2000 ई.	उत्तराखंड	नैनीताल	–
21.	झारखंड	2000 ई.	झारखंड	रांची	–
22.	मेघालय	2013 ई.	मेघालय	शिलांग	–
23.	त्रिपुरा	2013 ई.	त्रिपुरा	अगरतल्ला	–
24.	मणिपुर	2013 ई.	मणिपुर	इम्फाल	–

➯ **नोट :** केरल उच्च न्यायालय ने 1997 में सबसे पहले बंद (हड़ताल) को असंवैधानिक घोषित किया था।

21. केन्द्र-राज्य सम्बन्ध

- भारत में केन्द्र राज्य सम्बन्ध संघवाद की ओर उन्मुख है और संघवाद की इस प्रणाली को कनाडा के संविधान से लिया गया है।
- भारतीय संविधान में केन्द्र तथा राज्य के मध्य विधायी, प्रशासनिक तथा वित्तीय शक्तियों का विभाजन किया गया है, लेकिन न्यायापालिका को विभाजन की परिधि से बाहर रखा गया है।
- भारतीय संविधान की सातवीं अनुसूची में केन्द्र एवं राज्यों की शक्तियों के बँटवारे से सम्बन्धित तीन सूची दी गयी है-
  1. **संघ सूची :** इस सूची में उन विषयों को शामिल किया गया है, जो राष्ट्रीय महत्त्व के हैं तथा जिन पर कानून बनाने का एकमात्र अधिकार केन्द्रीय विधायिका अर्थात् संसद को है। इस सूची में कुल 98 विषयों को शामिल किया गया है, जिनमें प्रमुख हैं- रक्षा, विदेशी मामले, युद्ध, अन्तरराष्ट्रीय संधि, अणु शक्ति, सीमा शुल्क, जनगणना, विदेशी ऋण, डाक एवं तार, प्रसारण, टेलीफोन, विदेशी व्यापार, रेल तथा वायु एवं जल परिवहन आदि।
  2. **राज्य सूची :** इसमें उन विषयों को शामिल किया गया है जो स्थानीय महत्त्व के हैं तथा जिन पर कानून बनाने का एकमात्र अधिकार राज्य विधान मंडल को है, लेकिन कुछ विशेष परिस्थितियों में संसद भी कानून बना सकती है। इस सूची में शामिल विषयों की संख्या 62 है, जनमें प्रमुख है- लोक सेवा, कृषि, वन, कारागार, भू-राजस्व, लोक व्यवस्था, पुलिस, लोक स्वास्थ्य, स्थानीय शासन, क्रय-विक्रय एवं सिंचाई आदि।
  3. **समवर्ती सूची :** इसमें शामिल विषयों पर संसद तथा राज्य विधान मंडल दोनों द्वारा कानून बनाया जाता है और यदि दोनों कानूनों में विरोध हो, तो संसद द्वारा निर्मित कानून लागू होगा। इसमें 52 विषयों को शामिल किया गया है। उनमें प्रमुख हैं- राष्ट्रीय जलमार्ग, परिवार नियोजन, जनसंख्या नियंत्रण, समाचार-पत्र, कारखाना, शिक्षा आर्थिक तथा सामाजिक योजना।
- **अवशिष्ट विधायी शक्ति :** जिन विषयों को संघ सूची, राज्य सूची और समवर्ती सूची में नहीं शामिल किया गया है, उन पर कानून बनाने का अधिकार संसद को प्रदान किया गया है।
- **राज्यसूची के विषयों पर कानून बनाने की संसद की शक्ति :** संविधान के अनुच्छेद 249 में यह प्रावधान किया गया है कि यदि राज्यसभा अपने उपस्थित तथा मतदान करने वाले सदस्यों के दो-तिहाई बहुमत से यह पारित कर दे कि राष्ट्रीय हित को ध्यान में रखकर संसद राज्य सूची के विषयों पर कानून बनाए, तो संसद को राज्य सूची में वर्णित विषयों पर कानून बनाने की शक्ति प्राप्त हो जाती है। संसद द्वारा इस प्रकार बनाया गया कानून एक वर्ष के लिए प्रवर्तनीय है, लेकिन राज्यसभा द्वारा पारित कर इसे बार-बार कई वर्षों के लिए बढ़ाया जा सकता है।
- राज्यों की सहमति से भी संसद राज्यसूची पर कानून बना सकती है।
- राष्ट्रीय आपात एवं राष्ट्रपति शासन के समय भी संसद को राज्य सूची पर कानून बनाने का अधिकार होता है।

22. अन्तरराज्य परिषद्

- संविधान के अनुच्छेद 263 में अंतरराज्य परिषद् के स्थापना का उल्लेख है।
- इस अनुच्छेद 263 के तहत ही केन्द्र एवं राज्यों के बीच समन्वय स्थापित करने के लिए राष्ट्रपति अन्तरराज्य परिषद् की स्थापना करता है।
- सर्वप्रथम जून, 1990 में अंतरराज्य परिषद् की स्थापना की गयी। जिसकी पहली बैठक 10 अक्टूबर, 1990 को हुई थी।
- अन्तरराज्य परिषद् के सदस्यों में शामिल होते हैं- प्रधानमंत्री तथा उनके द्वारा मनोनीत छह कैबिनेट स्तर के मंत्री, सभी-राज्यों व संघ राज्य क्षेत्रों के मुख्यमंत्री एवं संघ राज्य क्षेत्रों के प्रशासक।
- अंतरराज्य परिषद की बैठक वर्ष में तीन बार आयोजित की जाती है जिसकी अध्यक्षता प्रधानमंत्री या उसकी अनुपस्थिति में प्रधानमंत्री द्वारा नियुक्त कैबिनेट स्तर का मंत्री करता है। परिषद् की बैठक के लिए आवश्यक है कि कम से कम 10 सदस्य उपस्थित हों।

23. नीति आयोग

- प्रधानमंत्री नरेन्द्र मोदी ने 15 अगस्त, 2014 को लाल किले की प्राचीर से राष्ट्र के नाम अपने संबोधन में योजना आयोग के स्थान पर एक नई संस्था लाने की घोषणा की।
- 1 जनवरी, 2015 को मंत्रिमंडल के एक प्रस्ताव के तहत एक नई संस्था जिसे 'राष्ट्रीय भारत परिवर्तन संस्थान (National Institution for Transforming India—NITI) कहा गया, अस्तित्व में आई। आमतौर पर इसे नीति आयोग के नाम पर जाना जा रहा है।
- प्रधानमंत्री की अध्यक्षता वाला यह आयोग सरकार के थिंक टैंक के रूप में कार्य करेगा तथा केन्द्र सरकार के साथ-साथ राज्य सरकारों के लिए भी नीति निर्माण करने वाले संस्थान की भूमिका निभाएगा।
- केन्द्र व राज्य सरकारों को राष्ट्रीय व अन्तरराष्ट्रीय महत्त्व के महत्त्वपूर्ण मुद्दों पर यह रणनीतिक व तकनीकी सलाह देगा।
- पंचवर्षीय योजनाओं के भावी स्वरुप आदि के संबंध में यह आयोग सरकार की सलाह देगा।

नीति आयोग की संरचना

- अध्यक्ष–नरेन्द्र मोदी (प्रधानमंत्री)
- उपाध्यक्ष– अरबिन्द पनगढ़िया।
- पूर्णकालिक सदस्य–विवेक देवराय एवं वी. के. सारस्वत।
- पदेन सदस्य–राजनाथ सिंह (गृहमंत्री), अरुण जेटली (वित्त एवं कॉर्पोरेट मामले तथा सूचना प्रसारण मंत्री), सरेश प्रभु (रेल मंत्री) तथा राधामोहन सिंह (कृषि मंत्री)।
- विशेष आमंत्रित–नितिन गडकरी (सड़क परिवहन एवं जहाजरानी मंत्री), स्मृति ईरानी (मानव संसाधन विकास मंत्री), थावर चन्द्र गहलोत (सामाजिक न्याय एवं अधिकारिता मंत्री)।
- अधिशासी परिषद् (Governing Council) के अन्य सदस्य, सभी राज्यों के मुख्यमंत्री तथा केन्द्रशासित क्षेत्रों के उपराज्यपाल।
- मुख्य कार्यकारी अधिकारी–सिन्धु श्री खुल्लर।

24. राष्ट्रीय विकास परिषद

- योजना के निर्माण में राज्यों की भागीदारी होनी चाहिए, इस विचार को स्वीकार करते हुए सरकार के एक प्रस्ताव द्वारा 6 अगस्त, 1952 ई० को राष्ट्रीय विकास परिषद् का गठन हुआ
- प्रधानमंत्री, परिषद् का अध्यक्ष होता है।
- भारतीय संघ के सभी राज्यों के मुख्यमंत्री एवं योजना आयोग के सभी सदस्य इसके पदेन सदस्य होते हैं ।
- राष्ट्रीय विकास परिषद का मुख्य कार्य केन्द्र व राज्य सरकार और योजना आयोग के बीच सेतु की तरह कार्य करना होता है।

नोट : के० सन्थानम ने राष्ट्रीय विकास परिषद को सुपर कैबिनेट की संज्ञा दी।

25. लोक सेवा आयोग

- भारत में 1919 के भारत सरकार अधिनियम के तहत सर्वप्रथम 1926 में लोकसेवा आयोग की स्थापना की गयी थी। लोक सेवा आयोग की स्थापना की सिफारिश 1924 में विधि आयोग ने की थी।
- संघ लोक सेवा आयोग के अध्यक्ष तथा सदस्यों की नियुक्ति राष्ट्रपति द्वारा की जाती है।
- संघ लोक सेवा आयोग के सदस्यों की संख्या निर्धारित करने की शक्ति राष्ट्रपति को है।
- वर्तमान में संघ लोक सेवा आयोग के एक अध्यक्ष तथा 10 सदस्य होते हैं।
- संघ लोक सेवा आयोग के अध्यक्ष एवं सदस्यों की नियुक्ति 6 वर्षों के लिए की जाती है। यदि वह 6 वर्षों के अंदर 65 वर्ष की आयु पूरी कर लेता है तो वह पद से मुक्त हो जाता है।
- राज्य लोक सेवा आयोग के अध्यक्ष तथा सदस्यों की नियुक्ति राज्यपाल के द्वारा की जाती है, परन्तु इन्हें हटाने का अधिकार राज्यपाल को नहीं है।
- राज्य लोक सेवा आयोग के अध्यक्ष एवं सदस्यों का कार्यकाल 6 वर्ष या 62 वर्ष की उम्र तक होता है। इन दोनों में जो पहले पूरा होता है उसी के तहत वे अवकाश ग्रहण करते हैं, परन्तु उन्हें कार्यकाल के बीच उच्चतम न्यायालय के प्रतिवेदन पर तथा कुछ निहरताओं के होने पर संविधान के अनुच्छेद 317 के अन्तर्गत राष्ट्रपति हटा सकते हैं।

26. वित्त आयोग

- वित्त आयोग एक संवैधानिक संस्था है और अनुच्छेद 280 के तहत प्रत्येक पाँच साल में राष्ट्रपति इसका गठन करता है।
- वित्त आयोग में राष्ट्रपति द्वारा एक अध्यक्ष एवं चार अन्य सदस्य नियुक्त किये जाते हैं।
- राज्य वित्त आयोग का गठन भारतीय संविधान के अनुच्छेद 243(1) के द्वारा किया जाता है।

वित्त आयोग के कार्य

- संघ और राज्यों के बीच करों के शुद्ध आगमों के वितरण के बारे में राष्ट्रपति से सिफारिश करना।
- भारत की संचित निधि में से राज्यों के राजस्वों में सहायता अनुदान को शासित करने वाले सिद्धान्तों की सिफारिश करना।

- राज्यों में पंचायतों और नगरपालिकाओं के संसाधनों की पूर्ति के लिए राज्य की संचित निधि के संवर्द्धन के लिए आवश्यक उपायों की सिफारिश करना।
- वित्त आयोग की सभी सिफारिशें सलाहकारी प्रकृति की होती है। सरकार इसे मानने के लिए बाध्य नहीं है।

भारत के वित्त आयोग

वित्त आयोग	नियुक्ति वर्ष	अध्यक्ष	अवधि
पहला	1951 ई.	के.सी. नियोगी	1952-1957 ई.
दूसरा	1956 ई.	के. संथानाम	1957-1962 ई.
तीसरा	1960 ई.	ए.के. चन्दा	1962-1966 ई.
चौथा	1964 ई.	डा.पी.वी. राजमन्नार	1966-1969 ई.
पाँचवाँ	1968 ई.	महावीर त्यागी	1969-1979 ई.
छठा	1972 ई.	पी. ब्रह्मानन्द रेड्डी	1974-1979 ई.
सातवाँ	1977 ई.	जे.पी. सेलट	1979-1984 ई.
आठवाँ	1982 ई.	वाई.पी. चौहान	1985-1989 ई.
नौवाँ	1987 ई.	एन.के.पी. साल्वे	1989-1995 ई.
दसवाँ	1992 ई.	के.सी पन्त	1995-2000 ई.
ग्यारहवाँ	1998 ई.	प्रो. ए.एम. खुसरो	2000-2005 ई.
बारहवाँ	2003 ई.	डा. सी. रंगराजन	2005-2010 ई.
तेरहवाँ	2007 ई.	डा. विजय एल. केलकर	2010-2015 ई.
चौदहवाँ	2013 ई.	डॉ. आई. वी. रेड्डी	2015-2020 ई.

27. निर्वाचन आयोग

- संविधान के भाग 15 के अनुच्छेद 324 से 329 तक में निर्वाचन से सम्बन्धित उपबंध दिया गया है।
- निर्वाचन आयोग का गठन मुख्य निर्वाचन आयुक्त एवं अन्य निर्वाचन आयुक्तों से किया जाता है, जिनकी नियुक्ति राष्ट्रपति के द्वारा की जाती है।
- मुख्य निर्वाचन आयुक्त का कार्यकाल 6 वर्ष या 65 वर्ष की आयु, जो भी पहले हो तब तक होगा। अन्य चुनाव आयुक्तों का कार्यकाल 6 वर्ष या 62 वर्ष की आयु जो पहले हो तब तक रहता है।
- मुख्य चुनाव आयुक्त तथा अन्य चुनाव आयुक्तों को सर्वोच्च न्यायालय के न्यायाधीशों के बराबर वेतन (90,000 रुपये मासिक) एवं भत्ते प्राप्त होंगे।
- पहले चुनाव आयोग एक सदस्यीय अयोग था, परन्तु अक्टूबर 1993 में इसे तीन सदस्यीय बना दिया गया, जिसमें एक मुख्य चुनाव आयुक्त (CEC) और दो अन्य चुनाव आयुक्त होते हैं।

निर्वाचन आयोग के मुख्य कार्य

(i) चुनाव क्षेत्रों का परिसीमन

(ii) मतदाता सूचियों को तैयार करवाना

(iii) विभिन्न राजनीतिक दलों को मान्यता प्रदान करना

(iv) राजनीतिक दलों को आरक्षित चुनाव चिह्न प्रदान करना

(v) चुनाव करवाना

(vi) राजनीतिक दलों के लिए आचारसंहिता तैयार करवाना

चुनाव आयोग की स्वतंत्रता के संवैधानिक प्रावधान

(i) निर्वाचन आयोग एक संवैधानिक संस्था है अर्थात् इसका निर्माण संविधान के तहत किया गया है।

(ii) मुख्य चुनाव आयुक्त एवं अन्य चुनाव आयुक्तों की नियुक्ति राष्ट्रपति करते हैं।

(iii) मुख्य चुनाव आयुक्त का दर्जा सर्वोच्च न्यायालय के मुख्य न्यायाधीश के समान ही है।

(iv) मुख्य चुनाव आयुक्त को महाभियोग जैसी प्रक्रिया से ही हटाया जा सकता है।

(v) नियुक्ति के बाद मुख्य चुनाव आयुक्त एवं अन्य चुनाव आयुक्तों की सेवा शर्तों में कोई अलाभकारी परिवर्तन नहीं किया जा सकता है।

(vi) मुख्य चुनाव आयुक्त एवं अन्य चुनाव आयुक्तों का वेतन भारत की संचित निधि से दिया जाता है।

परिसीमन आयोग

संविधान में परिसीमन आयोग के सम्बन्ध में कोई स्पष्ट निर्देश नहीं दिया गया है। अनुच्छेद 82 में प्रत्येक जनगणना की समाप्ति पर लोकसभा एवं राज्य के निर्वाचन क्षेत्रों के विभाजन एवं पुनः समायोजन का कार्य संसद द्वारा विहित अधिकारी द्वारा किये जाने का प्रावधान है।

- 42वें संविधान संशोधन अधिनियम द्वारा संविधान के अनुच्छेद 82 में संशोधन कर परिसीमन पर वर्ष 2000 तक के लिए रोक लगा दी गयी थी।
- 84वें संविधान संशोधन अधिनियम, 2001 के द्वारा संविधान के अनुच्छेद 82 और 170(3) की शर्तों में संशोधन किया गया है, जिसके अनुसार देश में लोकसभा एवं विधान सभा की सीटों की संख्या में वर्ष 2026 तक कोई वृद्धि अथवा कमी नहीं की जायेगी।
- अब तक चार परिसीमन आयोग गठित किये गये हैं–

  (i) परिसीमन अयोग 1952

  (ii) परिसीमन आयोग 1962

  (iii) परिसीमन आयोग 1973

  (iv) परिसीमन आयोग 2002
- परिसीमन आयोग 2002 का गठन 12 जुलाई, 2002 को न्यायमूर्ति कुलदीप सिंह की अध्यक्षता में किया गया तथा इस आयोग की सिफारिशों को केन्द्रीय मंत्रिमंडल ने 10 जनवरी, 2008 को मंजूरी प्रदान की।
- नये परिसीमन से लोक सभा में आरक्षित सीटों की संख्या बढ़ गयी है।

जाति	वर्तमान में आरक्षित सीट	नये परिसीमन के बाद आरिक्षित सीट
अनुसूचित जाति	79	84
अनुसूचित जनजाति	41	47

- अनारक्षित सीटों की संख्या 412 है।
- नया परिसीमन 2001 की जनगणना के आधार पर किया गया है।
- परिसीमन आयोग में देश के मुख्य निर्वाचन आयुक्त सहित सभी राज्य व केन्द्रशासित प्रदेशों के निर्वाचन आयुक्त इस आयोग के सदस्य हैं।
- **नोट :** वैसे राज्य जिनका परिसीमन आयोग 2002 के द्वारा परिसीमन नहीं हो सका- असम, मणिपुर, अरुणाचल प्रदेश, नगालैंड एवं झारखंड।

28. राजभाषा

- संविधान के भाग-17 के अनुच्छेद-343 के अनुसार संघ की राजभाषा हिन्दी और लिपि देवनागरी है।
- भारतीय संविधान के अनुच्छेद 344 में राष्ट्रपति को राजभाषा से सम्बन्धित कुछ विषयों में सलाह देने के लिए एक आयोग की नियुक्ति का प्रावधान है। राष्ट्रपति ने इस अधिकार का प्रयोग करते हुए 1955 में श्री बी.बी. खरे की अध्यक्षता में प्रथम राजभाषा आयोग का गठन किया। इस आयोग ने 1956 में अपना प्रतिवेदन दिया।
- संविधान की आठवीं अनुसूची के अनुसार निम्नलिखित भाषाओं को राजभाषा के रूप में मान्यता प्राप्त है- 1. असमिया 2. बांग्ला 3. गुजराती 4. हिन्दी 5. कन्नड़ 6. कश्मीरी 7. मलयालम 8. मराठी 9. ओडिया 10. पंजाबी 11. संस्कृत 12. सिंधी 13 तमिल 14. तेलुगु 15. उर्दू 16. कोंकणी 17. मणिपुरी 18. नेपाली 19. मैथिली 20. संथाली 21. डोगरी 22. बोडो।

नोट

(i) 21वें संविधान संशोधन अधिनियम 1967 द्वारा सिंधी भाषा को आठवीं अनुसूची में शामिल किया गया।

(ii) 71वें संविधान संशोधन अधिनियम, 1992 के द्वारा मणिपुरी, कोंकणी एवं नेपाली भाषाओं को आठवीं अनुसूची में शामिल किया गया।

(iii) 92वें संविधान संशोधन अधिनियम, 2003 के द्वारा मैथिली, संथाली, डोगरी एवं बोडो भाषाओं को आठवीं अनुसूची में शामिल किया गया।

- **राज्य की भाषा :** भारतीय संविधान के अनुच्छेद 345 के अधीन प्रत्येक राज्य के विधानमंडल को यह अधिकार दिया गया है कि वह आठवीं अनुसूची में अंतर्विष्ट भाषाओं में से किसी एक या अधिक को सरकारी कार्यों के लिए राज्य की सरकारी भाषा के रूप में अंगीकार कर सकता है, किन्तु राज्यों के परस्पर सम्बन्धों तथा संघ एवं राज्यों के परस्पर सम्बन्धों में संघ की राजभाषा को ही प्राधिकृत भाषा माना जायेगा।
- **उच्चतम और उच्च न्यायालयों तथा विधानमंडलों की भाषा :** भारतीय संविधान में प्रावधान किया गया है कि जब तक संसद द्वारा कानून बनाकर अन्यथा प्रावधान न किया जाये, तब तक उच्चतम न्यायालय और उच्च न्यायालयों की भाषा अंग्रेजी होगी और संसद तथा राज्य विधानमंडलों द्वारा पारित कानून अंग्रेजी में होंगे।

29. आपात उपबंध

- भारतीय संविधान में तीन प्रकार के आपातकाल की व्यवस्था का उल्लेख है- (i) राष्ट्रीय आपात (अनुच्छेद 352), (ii) राष्ट्रपति शासन (अनुच्छेद 356), (iii) वित्तीय आपात (अनुच्छेद 360)।

राष्ट्रीय आपात (अनुच्छेद 352)

- राष्ट्रीय आपात की घोषणा निम्न में से किसी भी आधार पर राष्ट्रपति के द्वारा की जाती है- (i) युद्ध (ii) बाह्य आक्रमण और (iii) सशक्त विद्रोह।
- राष्ट्रीय आपात की घोषणा राष्ट्रपति मंत्रिमंडल की लिखित सिफारिश पर करता है।
- राष्ट्रीय आपात की उद्घोषणा को न्यायालय में प्रश्नगत किया जा सकता है।
- अनुच्छेद 352 के अधीन राष्ट्रीय आपात की उद्घोषणा सम्पूर्ण भारत में या उसके किसी भाग में की जा सकती है।
- राष्ट्रीय आपात के समय राज्य सरकार निलंबित नहीं की जाती है, बल्कि वह संघ की कार्यपालिका के पूर्ण नियंत्रण में आ जाती है।
- राष्ट्रपति द्वारा की गयी आपात की घोषणा एक माह तक प्रवर्तन में रहती है और यदि इस दौरान इसे संसद के दो-तिहाई बहुमत से अनुमोदित करवा लिया जाता, तो वह छह माह तक प्रवर्तन में रहती है। संसद इसे पुनः एक बार में छह महीने तक बढ़ा सकती है।

  यदि आपात की उद्घोषण तब की जाती है जब लोकसभा का विघटन हो गया हो या लोकसभा का विघटन एक मास के अन्तर्गत आपात उद्घोषाणा का अनुमोदन किये बिना हो जाता है, तो आपात् उद्घोषणा लोकसभा की प्रथम बैठक की तारीख से 30 दिन के अंदर अनुमोदित होना चाहिए, अन्यथा 30 दिन के बाद यह प्रवर्तन में नहीं रहेगी।
- यदि लोकसभा साधारण बहुमत से आपात उद्घोषणा को वापस लेने का प्रस्ताव पारित कर देती है, तो राष्ट्रपति को उद्घोषणा वापस लेनी पड़ती है।
- आपात् उद्घोषणा पर विचार करने के लिए लोकसभा का विशेष अधिवेशन तब आहूत किया जा सकता है, जब लोकसभा की कुल सदस्य संख्या के 1/10 सदस्यों द्वारा लिखित सूचना लोकसभा अध्यक्ष को जब सत्र चल रहा हो या राष्ट्रपति को जब सत्र नहीं चल रहा हो, दी जाती है।
- लोकसभा अध्यक्ष या राष्ट्रपति सूचना प्राप्ति के 14 दिनों के अंदर लोकसभा का विशेष अधिवेशन आहूत करते हैं।

आपातकाल की उद्घोषणा के प्रभाव

- संविधान के अनुच्छेद 352 के अन्तर्गत आपातकाल की उद्घोषणा के निम्न प्रभाव होते हैं-
  (i) राज्य की कार्यपालिका शक्ति संघीय कार्यपालिका के अधीन हो जाती है।
  (ii) संसद की विधायी शक्ति राज्य सूची से सम्बद्ध विषयों तक विस्तृत हो जाती है।
  (iii) संविधान के अनुच्छेद 19 में वर्णित स्वतंत्रताएँ स्थगित हो जाती हैं।
  (iv) राष्ट्रपति को यह अधिकार प्राप्त हो जाता है, कि संविधान के अनुच्छेद 20-21 में उल्लेखित अधिकारों के क्रियान्वयन के लिए न्यायपालिका की शरण लेने के अधिकार को स्थगित कर दे।

- अनुच्छेद 352 के अधीन बाह्य आक्रमण के आधार पर आपात की प्रथम घोषणा चीनी आक्रमण के समय 26 अक्टूबर, 1962 को की गयी थी। यह उद्घोषणा 10 जनवरी, 1968 को वापस ले ली गयी।
- दूसरी बार आपात की उद्घोषणा 3 दिसंबर, 1971 को पाकिस्तान से युद्ध के समय बाह्य आक्रमण के आधार पर की गयी।
- तीसरी बार राष्ट्रीय आपात की घोषणा 26 जून, 1975 को आतंरिक गड़बड़ी की आशंका के आधार पर जारी की गयी।

राज्य में राष्ट्रपति शासन (अनुच्छेद 356)

- अनुच्छेद 356 के अधीन राष्ट्रपति को किसी राज्य के सम्बन्ध में यह समाधान हो जाने पर कि राज्य में संवैधानिक तंत्र विफल हो गया है अथवा राज्य संघ की कार्यपालिका के किन्हीं निर्देशों का अनुपालन करने में असमर्थ रहता है, तो आपात स्थिति की घोषणा कर सकता है।
- राज्य में आपात की घोषणा के बाद संघ न्यायिक कार्य छोड़कर राज्य प्रशासन के कार्य अपने हाथ में ले लेता है।
- राज्य में आपात उद्घोषणा की अवधि दो मास होती है। इससे अधिक के लिए संसद से अनुमति लेनी होती है। तब यह छह मास की होती है। अधिकतम तीन वर्ष तक यह एक राज्य के प्रवर्तन में रह सकती है। इससे अधिक के लिए संविधान में संशोधन करना पड़ता है।

नोट:

(i) सर्वप्रथम पंजाब राज्य में 1951 में अनुच्छेद 356 का प्रयोग किया गया।

(ii) सर्वाधिक समय तक अनुच्छेद 356 का प्रयोग पंजाब राज्य में रहा (11/5/1987 से 25/2/1992)।

वित्तीय आपात (अनुच्छेद 360)

- अनुच्छेद 360 के तहत वित्तीय आपात की उद्घोषणा राष्ट्रपति द्वारा तब की जाती है, जब उसे विश्वास हो जाये कि ऐसी स्थिति विद्यमान है जिसके कारण भारत के वित्तीय स्थायित्व या साख को खतरा है।
- वित्तीय आपात की घोषणा को दो महीने के अंदर संसद के दोनों सदनों के सम्मुख रखना तथा उनकी स्वीकृति प्राप्त करना आवश्यक है।
- वित्तीय आपात की घोषणा उस समय की जाती है, जब लोक सभा विघटित हो, तो दो महीने के अंदर राज्यसभा की स्वीकृति मिलने के बाद वह आगे भी लागू रहेगी। किन्तु नवनिर्वाचित लोकसभा द्वारा उसकी प्रथम बैठक के आरंभ के 30 दिन के भीतर ऐसी घोषणा की स्वीकृति आवश्यक है।
- राष्ट्रपति वित्तीय आपात की घोषणा को किसी समय वापस ले सकता है।

वित्तीय आपात का प्रभाव

(i) उच्चतम न्यायालय, उच्च न्यायलय के न्यायाधीशों और संघ तथा राज्य सरकारों के अधिकारियों के वेतन में कमी की जा सकती है।

(ii) राष्ट्रपति आर्थिक दृष्टि से किसी भी राज्य सरकार को निर्देश दे सकता है।

(iii) राष्ट्रपति को यह अधिकार प्राप्त हो जाता है कि वह राज्य सरकारों को यह निर्देश दे कि राज्य के समस्त वित्त विधेयक उसकी स्वीकृति से विधानसभा में प्रस्तुत किये जायें।

(iv) राष्ट्रपति केन्द्र तथा राज्यों में धन सम्बन्धी विभाजन के प्रावधानों में आवश्यक संशोधन कर सकता है।

30. संसद की वित्तीय समितियाँ

1. प्राक्कलन समिति

- इस समिति में लोकसभा के 30 सदस्य होते हैं। इसमें राज्यसभा के सदस्यों को शामिल नहीं किया जाता है।
- समिति के सदस्यों का चुनाव प्रत्येक वर्ष आनुपातिक प्रतिनिधित्व के अनुसार एकल संक्रमणीय मत के माध्यम से किया जाता है।
- इसके सदस्यों का कार्यकाल 1 वर्ष का होता है।
- यह समिति सरकारी खर्च में कैसे कमी लायी जाये, संगठन में कैसे कुशलता लायी जाये तथा प्रशासन में कैसे सुधार किये जायें आदि विषयों पर रिपोर्ट देती है।
- प्राक्कलन समिति के प्रतिवेदन पर सदन में बहस नहीं होती है, परन्तु यह समिति अपना कार्य वर्ष भर करती है और अपना दृष्टिकोण सदन के समक्ष रखती है।

2. लोक लेखा समिति

- प्राक्कलन समिति की **'जुड़वा बहन'** के रूप में प्रसिद्ध इस समिति में 22 सदस्य होते हैं जिसमें लोकसभा द्वारा 15 सदस्य तथा राज्यसभा द्वारा 7 सदस्य एक वर्ष के लिए निर्वाचित किये जाते हैं।
- 1967 में स्थापित प्रथा के अनुसार इस समिति के अध्यक्ष के रूप में विपक्ष के किसी सदस्य को नियुक्त किया जाता है।
- लोक लेखा समिति में राज्यसभा के सदस्यों को सह-सदस्य माना जाता है लेकिन उन्हें मत देने का अधिकार प्राप्त नहीं है।

लोक लेखा समिति के मुख्य कार्य

(i) यह समिति भारत के नियंत्रक महालेखा परीक्षक द्वारा दिया गया लेखा परीक्षण सम्बन्धी प्रतिवेदनों की जाँच करती है।

(ii) भारत सरकार के व्यय के लिए सदन द्वारा प्रदान की गयी राशियों का विनियोग दर्शाने वाली लेखाओं की जाँच करना।

(iii) संसद द्वारा प्रदान की गयी धनराशि के अतिरिक्त यदि धनराशि व्यय किया जाता है तो समिति उन परिस्थितियों की जाँच करती है, जिसके कारण अतिरिक्त व्यय करना पड़ा।

(iv) समिति राष्ट्र के वित्तीय मामलों के संचालन में अपव्यय, भ्रष्टाचार, अकुशलता में कमी के किसी प्रमाण को खोज सकती है।

3. सरकारी उपक्रमों की समिति

- इस समिति में 15 सदस्य होते हैं, जिनमें से 10 लोकसभा तथा 5 राज्यसभा द्वारा आनुपातिक प्रतिनिधित्व की एकल संक्रमणीय मत पद्धति द्वारा निर्वाचित किये जाते हैं।
- इस समिति का अध्यक्ष लोकसभा अध्यक्ष द्वारा नामजद किया जाता है।

सरकारी उपक्रम समिति के कार्य

(i) सरकारी उपक्रमों के प्रतिवेदनों और लेखाओं की और उन पर नियंत्रक एवं महालेखा परीक्षक के प्रतिवेदनों की जाँच करना।

(ii) ऐसे विषयों की जाँच करना, जो सदन या अध्यक्ष द्वारा निर्दिष्ट किये जायें।

कुछ अन्य महत्त्वपूर्ण समितियाँ

- **कार्य-मंत्रणा समिति :** लोकसभा की कार्य-मंत्रणा समिति में अध्यक्ष सहित 15 सदस्य होते हैं। लोकसभा अध्यक्ष इसका पदेन अध्यक्ष होता है। राज्य सभा की कार्य-मंत्रणा समिति में राज्य सभा का सभापति ही इसका पदेन सभापति होता हे।
- **गैर-सरकारी सदस्यों के विधेयकों तथा संकल्पों सम्बन्धी समिति :** इसका गठन लोक सभा में किया जाता है। इस समिति में 15 सदस्य होते हैं। लोकसभा का उपाध्यक्ष इस समिति का अध्यक्ष होता हे।
- **नियम समिति :** लोकसभा की नियम समिति में लोकसभा अध्यक्ष सहित 15 सदस्य होते हैं, जबकि राज्यसभा की नियम समिति में सभापति एवं उपसभापति सहित 16 सदस्य होते हैं। लोकसभा अध्यक्ष एवं राज्यसभा के सभापति अपने-अपने सदन की समितियों के पदेन अध्यक्ष होते हैं।
- **अनुसूचित जातियों तथा अनुसूचित जनजातियों की कल्याण सम्बन्धी समिति :** इसमें 30 सदस्य शामिल किये जाते हैं। इसमें 20 लोकसभा तथा 10 राज्यसभा के सदस्य होते हैं।
- **ग्रंथालय समिति :** इसमें 9 सदस्य होते हैं, लोकसभा के अध्यक्ष द्वारा मनोनीत 6 लोकसभा के सदस्य तथा राज्यसभा के सभापति द्वारा मनोनीत राज्यसभा के 3 सदस्य शामिल किये जाते हैं। इस समिति का गठन प्रत्येक वर्ष किया जाता है।

31. पंचायती राज

- भारत में पंचायती राज का शुभारंभ स्वतंत्र भारत में 2 अक्टूबर, 1959 को भारत के प्रथम प्रधानमंत्री पण्डित जवाहरलाल नेहरू के द्वारा राजस्थान राज्य के नागौर जिला से किया गया।
- 11 अक्टूबर, 1959 को पण्डित जवाहरलाल नेहरू ने आंध्रप्रदेश राज्य में पंचायती राज का प्रारंभ किया।

73वाँ संविधान संशोधन और पंचायती राज

- 73वाँ संविधान संशोधन पंचायती राज से सम्बन्धित है। इसके द्वारा संविधान के भाग-9 में अनुच्छेद 243 (क से ण तक) तथा अनुसूची-11 का प्रावधान किया गया है।

73वाँ संविधान संशोधन की मुख्य बातें

(i) इसके द्वारा पंचायती राज के त्रिस्तरीय ढाँचे का प्रावधान किया गया। ग्राम स्तर पर ग्राम पंचायत, प्रखंड स्तर पर पंचायत समिति तथा जिला स्तर पर जिला परिषद् के गठन की व्यवस्था की गयी है।

(ii) पंचायती राज संस्था के प्रत्येक स्तर में एक-तिहाई स्थान पर महिलाओं के लिए आरक्षण की व्यवस्था की गयी है।

पंचायती राजव्यवस्था में सुधार हेतु गठित समितियाँ		
क्र.	**समिति का नाम**	**गठन का वर्ष**
1.	बलवंत राय मेहता समिति	1957
2.	अशोक मेहता समिति	1977
3.	पी.वी.के राय समिति	1985
4.	एल.एम. सिंघवी समिति	1986

नोट : कुछ भारतीय राज्यों ने कुछ वर्ष पूर्व पंचायती राज संस्थाओं के प्रत्येक स्तर पर 50 प्रतिशत महिलाओं के आरक्षण की व्यवस्था की है।

(iii) इसका कार्यकाल पाँच वर्ष निर्धारित किया गया है।

(iv) राज्य की संचित निधि से इन संस्थाओं को अनुदान देने की व्यवस्था की गयी है।

नोट : 73वाँ संविधान संशोधन के बाद पंचायती राज अधिकनियम का निर्माण करने वाला प्रथम राज्य कर्नाटक है।

74वाँ संविधान संशोधन

➩ 74वाँ संविधान संशोधन नगर पालिकाओं से सम्बन्धित है। इसके द्वारा संविधान के भाग-9क में अनुच्छेद 243 (त से य, क्ष तक) एवं 12वीं अनुसूची का प्रावधान किया गया है।

74वाँ संविधान संशोधन की मुख्य बातें

(a) नगरपालिकाएँ तीन प्रकार की होती हैं-
  (i) **नगर पंचायत** : ऐसा ग्रामीण क्षेत्र जो नगर क्षेत्र में परिवर्तित हो रहा हो।
  (ii) **नगर परिषद्** : छोटे नगर क्षेत्र के लिए।
  (iii) **नगर निगम** : बड़े नगर क्षेत्र के लिए।

(b) इन संस्थाओं में महिलाओं के लिए 1/3 भाग स्थान आरक्षित है।

(c) अनुसूचित जाति/जनजाति के लिए भी आरक्षण की व्यवस्था की गयी है।

(d) नगरीय संस्थाओं का कार्यकाल पाँच वर्ष का होगा। विघटन की स्थिति में छह माह के अंदर चुनाव कराना होगा।

नोट :

(i) 73वाँ संविधान संशोधन अधिनियम 25/4/1993 से 74वाँ संविधान संशोधन अधिनियम 1/6/1993 से प्रवृत हुआ।

(ii) नगर-निगम की स्थापना सर्वप्रथम मद्रास में 1687 में की गयी थी।

32. महत्त्वपूर्ण संवैधानिक शब्दावली

➩ **दबाव समूह:** व्यक्तियों के ऐसे समूह जिनके हित समान होते हैं, 'दबाव समूह' (Pressure Group) कहे जाते हैं। ये ग्रुप अपने हित के लिए शासन-तंत्र पर विभिन्न प्रकार से दबाव बनाते हैं।

➩ **पंगु सत्र:** एक विधान मंडल के कार्यकाल की समाप्ति तथा दूसरे विधान मंडल के कार्यकाल की शुरुआत के बीच के काल में सम्पन्न होने वाले सत्र को 'पंगु सत्र' (Lameduck Session) कहा जाता है। यह व्यवस्था केवल अमेरिका में है।

- **सचेतक:** राजनीतिक दल में अनुशासन बनाये रखने के लिए सचेतक की नियुक्ति प्रत्येक संसदीय दल द्वारा की जाती है। किसी विषय विशेष पर मतदान होने की स्थिति में सचेतक (Whip) अपने दल के सदस्यों को मतदान विषयक निर्देश देता है। सचेतक के निर्देशों के विरुद्ध मतदान करने वाले सदस्य के विरुद्ध दल-बदल निरोध कानून के अन्तर्गत कार्यवाही की जाती है।
- **शून्य काल :** संसद के दोनों सदनों में प्रश्न काल के ठीक बाद के समय को शून्य काल कहा जाता है। यह 12 बजे प्रारम्भ होता है और एक बजे दिन तक चलता है। शून्य काल का लोक सभा या राज्य सभा की प्रक्रिया तथा संचालन नियम में कोई उल्लेख नहीं है। इस काल (12 बजे से 1 बजे) तक के समय को शून्यकाल का नाम समाचारपत्रों द्वारा दिया गया। इस काल के दौरान सदस्य अविलम्बनीय महत्त्व के मामलों को उठाते हैं तथा उस पर तुरंत कार्यवाही चाहते हैं।
- **सदन का स्थगन :** सदन के स्थगन द्वारा सदन के कामकाज को विनिर्दिष्ट समय के लिए स्थगित कर दिया जाता है। यह कुछ घण्टे, दिन या सप्ताह का भी हो सकता है, जबकि सत्रावसान द्वारा सत्र की समाप्ति होती है।
- **विघटन :** विघटन केवल लोक सभा का ही हो सकता है। इससे लोक सभा का अन्त हो जाता है।
- **अनुपूरक प्रश्न :** सदन में किसी सदस्य द्वारा अध्यक्ष की अनुमति से किसी विषय, जिसके सम्बन्ध में उत्तर दिया जा चुका है, के स्पष्टीकरण हेतु अनुपूरक प्रश्न पूछने की अनमुति प्रदान की जाती है।
- **तारांकित प्रश्न :** जिन प्रश्नों का उत्तर सदस्य तुरन्त सदन में चाहता है उसे तारांकित प्रश्न कहा जाता है। तारांकित प्रश्नों का उत्तर मौखिक दिया जाता है तथा तारांकित प्रश्नों के अनुपूरक प्रश्न भी पूछे जा सकते हैं। इस प्रश्न पर तारा लगाकर अन्य प्रश्नों से इसका भेद किया जाता है।
- **अतारांकित प्रश्न :** जिन प्रश्नों का उत्तर सदस्य लिखित चाहता है, उन्हें अतारांकित प्रश्न कहा जाता है। अतारांकित प्रश्न का उत्तर सदन में नहीं दिया जाता और इन प्रश्नों के अनुपूरक प्रश्न नहीं पूछे जाते हैं।
- **अल्प सूचना प्रश्न :** जो प्रश्न अविलम्बनीय लोक महत्त्व का हो तथा जिन्हें साधारण प्रश्न के लिए निर्धारित दस दिन की अवधि से कम सूचना देकर पूछा जा सकता है, उन्हें अल्प-सूचना प्रश्न कहा जाता है।
- **स्थगन प्रस्ताव :** स्थगन प्रस्ताव पेश करने का मुख्य उद्देश्य किसी अविलम्बनीय लोक महत्त्व के मामले की ओर सदन का ध्यान आकर्षित करना है। जब इस प्रस्ताव को स्वीकार कर लिया जाता है, तब सदन अविलम्बनीय लोक महत्त्व के निश्चित मामले पर चर्चा करने के लिए सदन का नियमित कार्य रोक देता है। इस प्रस्ताव को पेश करने के लिए न्यूनतम 50 सदस्यों की स्वीकृति आवश्यक है।
- **संचित निधि :** संविधान के अनुच्छेद 266 में संचित निधि का प्रावधान है। संचित निधि (Consolidated Fund) से धन संसद में प्रस्तुत अनुदान माँगों के द्वारा ही व्यय किया जाता है। राज्यों को करों एवं शुल्कों में से उनका अंश देने के बाद जो धन बचता है, संचित निधि में डाल दिया जाता है। राष्ट्रपति, उपराष्ट्रपति नियंत्रक एवं महालेखा परीक्षक आदि के वेतन तथा भत्ते इसी निधि पर भारित होते हैं।
- **आकस्मिक निधि :** संविधान के अनुच्छेद 267 के अनुसार भारत सरकार एक आकस्मिक निधि (Contingency Fund) की स्थापना करेगी। इसमें जमा धनराशि का व्यय विधि द्वारा

स्थापित प्रक्रिया के अनुसार किया जाता है। संसद की स्वीकृति के बिना इस मद से धन नहीं निकाला जा सकता है। विशेष परिस्थितियों में राष्ट्रपति अग्रिम रूप से इस निधि से धन निकाल सकते हैं।

- **आधे घंटे की चर्चा :** जिन प्रश्नों का उत्तर सदन में दे दिया गया हो, उन प्रश्नों से उत्पन्न होने वाले मामलों पर चर्चा लोक सभा में सप्ताह में तीन दिन, यथा- सोमवार, बुधवार तथा शुक्रवार को बैठक के अंतिम आधे घंटे में की जा सकती है। राज्य सभा में ऐसी चर्चा किसी दिन, जिसे सभापति नियत करे, सामान्यत: 5 बजे से 5.30 बजे के बीच की जा सकती है। ऐसी चर्चा का विषय पर्याप्त लोक महत्त्व का होना चाहिए तथा विषय हाल के किसी तारांकित, अतारांकित या अल्प सूचना का प्रश्न रहा हो और जिसके उत्तर के किसी तथ्यात्मक मामले का स्पष्टीकरण आवश्यक हो। ऐसी चर्चा को उठाने की सूचना कम से कम तीन दिन पूर्व दी जानी चाहिए।

- **अल्पकालीन चर्चाएँ :** भारत में इस प्रथा की शुरुआत 1953 ई. के बाद हुई। इसमें लोक महत्त्व के प्रश्न पर सदन का ध्यान आकर्षित किया जाता है। ऐसी चर्चा के लिए स्पष्ट कारणों सहित सदन के महासचिव को सूचना देना आवश्यक होता है। इस सूचना पर कम से कम दो अन्य सदस्यों के हस्ताक्षर होना भी आवश्यक है।

- **विनियोग विधेयक :** विनियोग विधेयक में भारत की संचित निधि पर भारित व्यय की पूर्ति के लिए अपेक्षित धन तथा सरकार के खर्च हेतु अनुदान की माँग शामिल होती है। भारत की संचित निधि में से कोई धन विनियोग विधेयक के अधीन ही निकाला जा सकता है।

- **लेखानुदान :** जैसा कि विदित है, विनियोग विधेयक के पारित होने के बाद ही भारत की संचित निधि से कोई रकम निकाली जा सकती है। अनुच्छेद-116(क) के अन्तर्गत लोक सभा लेखा-अनुदान (Vote on Account) पारित कर सरकार के लिए एक अग्रिम राशि मंजूर कर सकती है, जिसके बार में बजट-विवरण देना सरकार के लिए सम्भव नहीं है।

- **वित्त विधेयक :** संविधान का अनुच्छेद-112 वित्त विधेयक को परिभाषित करता है। जिन वित्तीय प्रस्तावों को सरकार आगामी वर्ष के लिए सदन में प्रस्तुत करती है, उन वित्तीय प्रस्तावों को मिलाकर वित्त विधेयक की रचना होती है। सामान्यत: वित्त विधेयक (Finance Bill) उस विधेयक को कहते हैं, जो राजस्व या व्यय से सम्बन्धित होता है। संसद में प्रस्तुत सभी वित्त विधेयक धन विधेयक नहीं हो सकते हैं। वित्त विधेयक, धन विधेयक है या नहीं, इसे प्रमाणित करने का अधिकार केवल लोकसभा अध्यक्ष को है।

- **धन विधेयक :** संसद में राजस्व एकत्र करने अथवा अन्य प्रकार से धन से सम्बद्ध विधेयक को धन विधेयक कहते हैं। संविधान के अनुच्छेद-110(1) के उपखंड(क) से (छ) तक में उल्लिखित विषयों से सम्बन्धित विधेयकों को धन विधेयक कहा जाता है। धन विधेयक केवल लोक सभा में ही पेश किया जाता है। धन विधेयक को राष्ट्रपति पुन: विचार के लिए लौटा नहीं सकता है।

- **अनुपूरक अनुदान :** यदि विनियोग विधेयक द्वारा किसी विशेष सेवा पर चालू वर्ष के लिए व्यय किये जाने के लिए प्राधिकृत कोई राशि अपर्याप्त पायी जाती है या वर्ष के बजट में उल्लिखित न की गयी, और किसी नई सेवा पर खर्च की आवश्यकता उत्पन्न हो जाती है, तो राष्ट्रपति एक अनुपूरक अनुदान संसद के समक्ष पेश करवाता। अनुपूरक अनुदान और विनियोग विधेयक दोनों के लिए एक ही प्रक्रिया विहित की गयी है।

- **बजट सत्र :** यह सत्र फरवरी के दूसरे या तीसरे सप्ताह के सोमवार को आरंभ होता है। इसे बजट सत्र इसलिए कहते हैं कि इस सत्र में आगामी वित्तीय वर्ष का अनुमानित बजट प्रस्तुत, विचारित और पारित किया जाता है।
- **सामूहिक उत्तरदायित्व :** अनुच्छेद-75(3) के अनुसार मंत्रिपरिषद् लोक सभा के प्रति सामूहिक रूप से उत्तरदायी होगी। इसका अभिप्राय यह है कि वह अपने पद पर तब तक बनी रह सकती है जब तक उसे निम्न सदन अर्थात् लोक सभा के बहुमत का समर्थन प्राप्त है। लोक सभा का विश्वास खोते ही मंत्रिपरिषद् को तुरंत पद-त्याग करना होगा।
- **कटौती प्रस्ताव :** सत्तापक्ष द्वारा सदन की स्वीकृति के लिए प्रस्तुत अनुदान की माँगों में से किसी भी प्रकार की कटौती के लिए विपक्ष द्वारा रखे गये प्रस्ताव को 'कटौती प्रस्ताव' कहा जाता है। सरकार की नीतियों की स्वीकृति को दर्शाने के लिए विपक्ष द्वारा प्रायः एक रुपया की कटौती का प्रस्ताव किया जाता है जिसका अर्थ यह भी होता है कि प्रस्ताव माँग के मुद्दों का स्पष्ट उल्लेख किया जाये।
- **अविश्वास प्रस्ताव :** अविश्वास प्रस्ताव सदन में विपक्षी दल के किसी सदस्य द्वारा रखा जाता है। प्रस्ताव के पक्ष में कम से कम 50 सदस्यों का होना आवश्यक है तथा प्रस्ताव प्रस्तुत किये जाने के 10 दिन के अन्दर इस पर चर्चा होना भी आवश्यक है। चर्चा के बाद अध्यक्ष मतदान द्वारा निर्णय की घोषणा करता है।
- **मूल प्रस्ताव :** मूल प्रस्ताव अपने आप में सम्पूर्ण प्रस्ताव होता है, जो सदन के अनुमोदन के लिए पेश किया जाता है। मूल प्रस्ताव को इस तरह से बनाया जाता है कि उससे सदन के फैसले की अभिव्यिक्ति हो सके। निम्नलिखित प्रस्ताव मूल प्रस्ताव होते हैं-
  - (i) राष्ट्रपति के अभिभाषण पर धन्यवाद प्रस्ताव।
  - (ii) अविश्वास प्रस्ताव : इस प्रस्ताव के माध्यम से सदन का कोई सदस्य मंत्रिपरिषद में अपना अविश्वास व्यक्त करता है और यदि यह प्रस्ताव पारित कर दिया जाता है, तो मंत्रिपरिषद को त्यागपत्र देना पड़ता है।
  - (iii) लोक सभा के अध्यक्ष, उपाध्यक्ष या राज्य सभा के उपसभापति के निर्वाचन के लिए या हटाने के लिए प्रस्ताव।
  - (iv) विशेषाधिकार प्रस्ताव : यह प्रस्ताव संसद के किसी सदस्य द्वारा पेश किया जाता है, जब उसे यह प्रतीत होता है कि मंत्रिपरिषद के किसी सदस्य ने संसद में झूठा तथ्य प्रस्तुत करके सदन के विशेषाधिकार का उल्लंघन किया है।
- **स्थानापन्न प्रस्ताव :** जो प्रस्ताव मूल प्रस्ताव के स्थान पर और उसके विकल्प के रूप में पेश किये जाते हैं, उन्हें स्थानापन्न प्रस्ताव कहा जाता है।
- **अनुषंगी प्रस्ताव :** इस प्रस्ताव को विभिन्न प्रकार के कार्यों की अगली कार्यवाही के लिए नियमित उपाय के रूप में पेश किया जाता है।
- **प्रतिस्थापन प्रस्ताव :** यह किसी अन्य प्रश्न पर विचार-विमर्श के दौरान पेश किया जाता है। कोई सदस्य किसी विधेयक पर विचार करने के प्रस्ताव के सम्बन्ध में प्रतिस्थापन प्रस्ताव पेश करता है।
- **संशोधन प्रस्ताव** - यह प्रस्ताव मूल प्रस्ताव में संशोधन करने के लिए पेश किया जाता है।

- **अनियमित दिन वाले प्रस्ताव :** जिस प्रस्ताव को अध्यक्ष द्वारा स्वीकार या अस्वीकार किया जा सकता है, लेकिन उस प्रस्ताव पर विचार-विमर्श के लिए कोई समय नियत नहीं किया जाता है, उसे अनियमित दिन वाला प्रस्ताव कहा जाता है।
- **अध्यादेश :** राष्ट्रपति अथवा राज्यपाल संसद अथवा विधान मंडल के सत्रावसान की स्थिति में आवश्यक विषयों से सम्बन्धित अध्यादेश का प्रख्यापन करते हैं। अध्यादेश में निहित विधि संसद अथवा विधान मंडल के अगले सत्र की शुरुआत के छह सप्ताह के बाद प्रवर्तन योग्य नहीं रह जाती यदि संसद अथवा विधान मंडल द्वारा उसका अनुमोदन नहीं कर दिया जाता है।
- **निन्दा प्रस्ताव :** निन्दा प्रस्ताव मंत्रिपरिषद अथवा किसी एक मंत्री के विरुद्ध उसकी विफलता पर खेद अथवा रोष व्यक्त करने के लिए किया जाता है। निन्दा प्रस्ताव में निन्दा के कारणों का उल्लेख करना आवश्यक होता है। निन्दा प्रस्ताव नियमानुसार है या नहीं इसका निर्णय अध्यक्ष करता है।
- **धन्यवाद प्रस्ताव :** राष्ट्रपति के अभिभाषण के बाद संसद की कार्यमंत्रणा समिति की सिफारिश पर तीन-चार दिनों तक धन्यवाद प्रस्ताव पर चर्चा होती है। चर्चा प्रस्तावक द्वारा आरंभ होती है तथा उसके बाद प्रस्तावक का समर्थक बोलता है। इस चर्चा में राष्ट्रपति के नाम का उल्लेख नहीं किया जाता है, क्योंकि अभिभाषण की विषय-वस्तु के लिए सरकार उत्तरदायी होती है। अन्त में धन्यवाद प्रस्ताव मतदान के लिए रखा जाता है तथा उसे स्वीकृत किया जाता है।
- **विश्वास प्रस्ताव :** बहुमत का समर्थन प्राप्त होने में सन्देह होने की स्थिति में सरकार द्वारा लोक सभा में विश्वास प्रस्ताव लाया जाता है। इस प्रस्ताव का उद्देश्य यह सिद्ध करना होता है कि सदन का बहुमत उसके साथ है। विश्वास प्रस्ताव के पारित न होने की दशा में सरकार को त्यागपत्र देना आवश्यक हो जाता है।
- **बैक बेंचर :** सदन में आगे के स्थान प्राय: मंत्रियों, संसदीय सचिवों तथा विरोधी दल के नेताओं के लिए आरक्षित रहते हैं। गैर-सरकारी सदस्यों के लिए पीछे का स्थान नियत रहता है। पीछे बैठने वाले सदस्यों को ही बैक बेंचर (Back Bencher) कहा जाता है।
- **गुलेटिन :** गुलेटिन वह संसदीय प्रक्रिया है जिसमें सभी माँगों को जो नियत तिथि तक न निपटायी गयी हो बिना चर्चा के ही मतदान के लिए रखा जाता है।
- **काकस :** किसी राजनीतिक दल अथवा गुट के प्रमुख सदस्यों की बैठक को 'काकस' (Caucus) कहते हैं। इन प्रमुख सदस्यों द्वारा तय की गयी नीतियों से ही पूरा दल संचालित होता है।
- **त्रिशंकु संसद :** आम चुनाव में किसी राजनीतिक दल को स्पष्ट बहुमत न मिलने की स्थिति में त्रिशंकु संसद की रचना होती है। त्रिशंकु संसद की स्थिति में दल-बदल जैसे कुप्रवृत्तियों को प्रोत्साहन मिलता है।
- **नियम-193 :** इस नियम के अन्तर्गत सदस्य अत्यावश्यक एवं अविलम्बनीय विषय पर तुरंत अल्पकालिक चर्चा की माँग कर सकते हैं। यह नियम 1953 ई. में बनाया गया था। इससे सदन की नियमावली में अविलम्ब चर्चा के लिए स्थगन प्रस्ताव के अतिरिक्त अन्य कोई साधन सदस्यों के पास न था, इसीलिए यह नियम बनाया गया। इसके अन्तर्गत सदस्य किसी भी सार्वजनिक महत्त्व के अविलंबनीय विषय पर अल्पकालिक चर्चा के लिए नोटिस दे सकते हैं। यह चर्चा किसी प्रस्ताव माध्यम से नहीं होती। इस कारण चर्चा के अंत में सदन में मत-विभाजन नहीं

होता। केवल सभी पक्ष के सदस्यों को सम्बद्ध विषय पर अपने विचार प्रकट करने का अवसर मिलता है।

- **न्यायिक पुनर्विलोकन :** भारत में न्यायपालिका को न्यायिक पुनर्विलोकन की शक्ति प्राप्त है। न्यायिक पुनर्विलोकन के अनुसार न्यायालयों को यह अधिकार प्राप्त है कि यदि विधान मंडल द्वारा पारित की गयी विधियाँ अथवा कार्यपालिका द्वारा किये गये आदेश संविधान के प्रतिकूल हैं, तो वे उन्हें निरस्त घोषित कर सकते हैं।
- **गणपूर्ति :** सदन में किसी बैठक के लिए गणपूर्ति (Quorum) अध्यक्ष सहित कुल सदस्य संख्या का दसवाँ भाग होती है। बैठक शुरू होने के पूर्व यदि गणपूर्ति नहीं है तो गणपूर्ति घंटी बजायी जाती है। अध्यक्ष तभी पीठासीन होता है, जब गणपूर्ति हो जाती है।
- **प्रश्न-काल :** दोनों सदनों में प्रत्येक बैठक के प्रारंभ के एक घंटे तक प्रश्न किये जाते हैं और उनके उत्तर दिये जाते हैं। इसे प्रश्न-काल कहा जाता है। प्रश्न काल के दौरान सदस्यों को सरकार के कार्यों पर आलोचना-प्रत्यालोचना का समय मिलता है। इसके दो लाभ है- एक तो सरकार जनता की कठिनाइयों एवं अपेक्षाओं के प्रति सजग रहती है। दूसरे, इस दौरान सरकार अपनी नीतियों एवं कार्यक्रमों की जानकारी सदन को देती है।

33. संविधान के महत्त्वपूर्ण अनुच्छेद

- **अनुच्छेद 1 :** यह घोषणा करता है कि भारत 'राज्यों का संघ' है।
- **अनुच्छेद 3 :** संसद विधि द्वारा नये राज्य बना सकती है तथा पहले से अवस्थित राज्यों के क्षेत्रों, सीमाओं एवं नामों में परिवर्तन कर सकती है।
- **अनुच्छेद 5 :** संविधान के प्रारंभ होने के समय भारत में रहने वाले वे सभी व्यक्ति यहाँ के नागरिक होंगे, जिनका जन्म भारत में हुआ हो, जिनके पिता या माता भारत के नागरिक हों या संविधान के प्रारंभ के समय से भारत में रह रहे हों।
- **अनुच्छेद 53 :** संघ की कार्यपालिका सम्बन्धी शक्ति राष्ट्रपति में निहित रहेगी।
- **अनुच्छेद 64 :** उपराष्ट्रपति राज्य सभा का पदेन अध्यक्ष होगा।
- **अनुच्छेद 74 :** एक मंत्रिपरिषद् होगी, जिसके शीर्ष पर प्रधानमंत्री रहेगा, जिसकी सहायता एवं सुझाव के आधार पर राष्ट्रपति अपने कार्य सम्पन्न करेगा। राष्ट्रपति मंत्रिपरिषद् के लिए किसी सलाह के पुनर्विचार को आवश्यक समझ सकता है, पर पुनर्विचार के पश्चात् दी गयी सलाह के अनुसार वह कार्य करेगा। इससे सम्बन्धित किसी विवाद की परीक्षा न्यायालय में नहीं की जायेगी।
- **अनुच्छेद 76 :** राष्ट्रपति द्वारा महान्यायवादी की नियुक्ति की जायेगी।
- **अनुच्छेद 78 :** प्रधानमंत्री का यह कर्तव्य होगा कि वह देश के प्रशासनिक एवं विधायी मामलों तथा मंत्रिपरिषद् के निर्णयों के सम्बन्ध में राष्ट्रपति को सूचना दे, यदि राष्ट्रपति इस प्रकार की सूचना प्राप्त करना आवश्यक समझे।
- **अनुच्छेद 86 :** इसके अन्तर्गत राष्ट्रपति द्वारा संसद को संबोधित करने तथा संदेश भेजने के अधिकार का उल्लेख है।
- **अनुच्छेद 108 :** यदि किसी विधेयक के सम्बन्ध में दोनों सदनों में गतिरोध उत्पन्न हो गया हो तो संयुक्त अधिवेशन का प्रावधान है।

- **अनुच्छेद 110 :** इसमें धन विधेयक को पारिभाषित किया गया है।
- **अनुच्छेद 111 :** संसद के दोनों सदनों द्वारा पारित विधेयक राष्ट्रपति के पास जाता है। राष्ट्रपति उस विधेयक को सम्मति प्रदान कर सकता है या अस्वीकृत कर सकता है। वह संदेश के साथ या बिना संदेश के संसद को उस पर पुनर्विचार के लिए भेज सकता है, पर यदि दुबारा विधेयक को संसद द्वारा राष्ट्रपति के पास भेजा जाता है तो वह इसे अस्वीकृत नहीं करेगा।
- **अनुच्छेद 112 :** प्रत्येक वित्तीय वर्ष हेतु राष्ट्रपति द्वारा संसद के समक्ष बजट पेश किया जायेगा।
- **अनुच्छेद 123 :** संसद के अवकाश (सत्र नहीं चलने की स्थिति) में राष्ट्रपति को अध्यादेश जारी करने का अधिकार।
- **अनुच्छेद 124 :** इसके अन्तर्गत सर्वोच्च न्यायालय के गठन का वर्णन है।
- **अनुच्छेद 129 :** सर्वोच्च न्यायालय एक अभिलेख न्यायालय है।
- **अनुच्छेद 148 :** नियंत्रक एवं महालेखा परीक्षक (CAG) की नियुक्ति राष्ट्रपति द्वारा की जायेगी।
- **अनुच्छेद 163 :** राज्यपाल के कार्यों में सहायता एवं सुझाव देने के लिए राज्यों में एक मंत्रिपरिषद् एवं इसके शीर्ष पर मुख्यमंत्री होगा, पर राज्यपाल के स्वविवेक सम्बन्धी कार्यों में वह मंत्रिपरिषद् के सुझाव लेने के लिए बाध्य नहीं होगा।
- **अनुच्छेद 169 :** राज्यों में विधान परिषदों की रचना या उनकी समाप्ति विधान सभा द्वारा बहुमत से पारित प्रस्ताव तथा संसद द्वारा इसकी स्वीकृत से संभव है।
- **अनुच्छेद 200 :** राज्यों की विधायिका द्वारा पारित विधेयक राज्यपाल के समक्ष प्रस्तुत किया जायेगा। वह इस पर अपनी सहमति दे सकता है या इसे अस्वीकृत कर सकता है। वह इस विधेयक को संदेश के साथ या बिना संदेश के पुनर्विचार हेतु विधायिका को वापस भेज सकता है, पर पुनर्विचार के बाद दुबारा विधेयक आ जाने पर वह इसे अस्वीकृत नहीं कर सकता। इसके अतिरिक्त वह विधेयक को राष्ट्रपति के पास विचार के लिए भेज सकता है।
- **अनुच्छेद 213 :** राज्य विधायिका के सत्र में नहीं रहने पर राज्यपाल अध्यादेश जारी कर सकता है।
- **अनुच्छेद 214 :** सभी राज्यों के लिए उच्च न्यायालय की व्यवस्था होगी।
- **अनुच्छेद 226 :** मूल अधिकारों के प्रवर्तन के लिए उच्च न्यायालय को लेख (Writ) जारी करने की शक्तियाँ।
- **अनुच्छेद 233 :** जिला न्यायाधीशों की नियुक्ति राज्यपाल द्वारा उच्च न्यायालय के परामर्श से की जायेगी।
- **अनुच्छेद 235 :** उच्च न्यायालय का नियंत्रण अधीनस्थ न्यायालयों पर रहेगा।
- **अनुच्छेद 239 :** केन्द्र शासित प्रदेशों का प्रशासन राष्ट्रपति द्वारा होगा। वह यदि उचित समझे तो बगल के किसी राज्य के राज्यपाल को इसके प्रशासन का दायित्व सौंप सकता है या एक प्रशासक की नियुक्ति कर सकता है।
- **अनुच्छेद 245 :** संसद सम्पूर्ण देश या इसके किसी हिस्से के लिए तथा राज्य विधानपालिका अपने राज्य या इसके किसी हिस्से के लिए कानून बना सकती है।
- **अनुच्छेद 248 :** विधि निर्माण सम्बन्धी अवशिष्ट शक्तियाँ संसद में निहित है।
- **अनुच्छेद 249 :** राज्यसभा विशेष बहुमत द्वारा सूची के किसी विषय पर लोकसभा को एक वर्ष के लिए कानून बनाने के लिए अधिकृत कर सकती है, यदि वह इसे राष्ट्रहित में आवश्यक समझे।

- **अनुच्छेद 262 :** अन्तर्राज्यीय नदियों या नदी-घाटियों के जल के वितरण एवं नियंत्रण से सम्बन्धित विवादों के लिए संसद विधि द्वारा निर्णय कर सकती है।
- **अनुच्छेद 263 :** केन्द्र-राज्य सम्बन्धों में विवादों का समाधान करने एवं परस्पर सहयोग के क्षेत्रों के विकास के उद्देश्य से राष्ट्रपति एक अन्तर्राज्यीय परिषद् की स्थापना कर सकता है।
- **अनुच्छेद 266 :** भारत की संचित निधि, जिसमें सरकार की सभी मौद्रिक अविष्टियाँ एकत्र रहेंगी, विधि-सम्मत प्रक्रिया के बिना इससे कोई भी राशि नहीं निकाली जा सकती है।
- **अनुच्छेद 267 :** संसद विधि द्वारा एक आकस्मिक निधि स्थापति कर सकती है, जिसमें अकस्मात उत्पन्न परिस्थितियों के लिए राशि एकत्र की जायेगी।
- **अनुच्छेद 275 :** केन्द्र द्वारा राज्यों को सहायक अनुदान दिये जाने का प्रावधान है।
- **अनुच्छेद 280 :** राष्ट्रपति हर पाँचवें वर्ष एक वित्त आयोग की स्थापना करेगा, जिसमें अध्यक्ष के अतिरिक्त चार अन्य सदस्य होंगे तथा जो राष्ट्रपति के पास केन्द्र एवं राज्यों के बीच करों के वितरण के सम्बन्ध में अनुशंसा करेगा।
- **अनुच्छेद 300 क :** राज्य किसी भी व्यक्ति को उसकी सम्पत्ति से वंचित नहीं करेगा। पहले यह प्रावधान मूल अधिकारों के अन्तर्गत था, पर संविधान के 44वें संशोधन, 1978 ई. द्वारा इसे अनुच्छेद 300(क) में एक सामान्य वैधानिक (कानूनी) अधिकार के रूप में अवस्थित किया गया।
- **अनुच्छेद 312 :** राज्य सभा विशेष बहुमत द्वारा नई अखिल भारतीय सेवाओं की स्थापना की अनुशंसा कर सकती है।
- **अनुच्छेद 315 :** संघ एवं राज्यों के लिए एक लोक सेवा आयोग की स्थापना की जायेगी।
- **अनुच्छेद 324 :** चुनावों के पर्यवेक्षण, निर्देशन एवं नियंत्रण सम्बन्धी समस्त शक्तियाँ चुनाव आयोग में निहित रहेंगी।
- **अनुच्छेद 326 :** लोकसभा तथा विधान सभाओं में चुनाव वयस्क मताधिकार के आधार पर होगा।
- **अनुच्छेद 331 :** आंग्ल-भारतीय समुदाय के लोगों का राष्ट्रपति द्वारा लोकसभा में मनोनयन संभव है, यदि वह समझे कि उनका उचित प्रतिनिधित्व नहीं है।
- **अनुच्छेद 332 :** अनुसूचित जातियों एवं जनजातियों का विधानसभाओं में आरक्षण का प्रावधान।
- **अनुच्छेद 333 :** आंग्ल-भारतीय समुदाय के लोगों का विधान सभाओं में मनोनयन।
- **अनुच्छेद 335 :** अनुसूचित जातियों, जनजातियों एवं पिछड़े वर्गों के लिए विभिन्न सेवाओं में पदों पर आरक्षण का प्रावधान।
- **अनुच्छेद 343 :** संघ की अधिकारिक भाषा देवनागरी लिपि में लिखी गयी 'हिन्दी' होगी।
- **अनुच्छेद 347 :** यदि किसी राज्य में पर्याप्त संख्या में लोग किसी भाषा को बोलते हों और उनकी आकांक्षा हो कि उनके द्वारा बोली जाने वाली भाषा को मान्यता दी जाये तो इसकी अनुमति राष्ट्रपति दे सकता है।
- **अनुच्छेद 351 :** यह संघ का कर्तव्य होगा कि वह हिन्दी भाषा का प्रसार एवं उत्थान करे ताकि वह भारत की मिश्रित संस्कृति के सभी अंगों के लिए अभिव्यक्ति का माध्यम बने।
- **अनुच्छेद 352 :** राष्ट्रपति द्वारा आपात स्थिति की घोषणा, यदि वह समझता हो कि भारत या उसके किसी भाग की सुरक्षा, युद्ध, बाह्य आक्रमण या सैन्य विद्रोह के फलस्वरूप खतरे में है।

- **अनुच्छेद 356 :** यदि किसी राज्य के राज्यपाल द्वारा राष्ट्रपति को यह रिपोर्ट दी जाये कि उस राज्य में संवैधानिक तंत्र असफल हो गया है तो वहाँ राष्ट्रपति शासन लागू किया जा सकता है।
- **अनुच्छेद 360 :** यदि राष्ट्रपति यह समझता है कि भारत या इसके किसी भाग की वित्तीय स्थिरता एवं साख खतरे में है तो वह वित्तीय आपात स्थिति की घोषणा कर सकता है।
- **अनुच्छेद 365 :** यदि कोई राज्य केन्द्र द्वारा भेजे गये किसी कार्यकारी निर्देश का पालन करने में असफल रहता है तो राष्ट्रपति द्वारा यह समझा जाना विधि-सम्मत होगा कि उस राज्य में संधिधान तंत्र के अनुरूप प्रशासन चलने की स्थिति नहीं है और वहाँ राष्ट्रपति शासन लागू किया जा सकता है।
- **अनुच्छेद 368 :** संसद को संविधान के किसी भी भाग का संशोधन करने का अधिकार है।
- **अनुच्छेद 370 :** इसके अन्तर्गत जम्मू और कश्मीर की विशेष स्थिति का वर्णन है।
- **अनुच्छेद 371 :** कुछ राज्यों के विशेष क्षेत्रों के विकास के लिए राष्ट्रपति बोर्ड स्थापित कर सकता है, जैसे- महाराष्ट्र, गुजरात, नगालैंड, मणिपुर इत्यादि।
- **अनुच्छेद 394 क :** राष्ट्रपति अपने अधिकार के अन्तर्गत इस संविधान का हिन्दी भाषा में अनुवाद करायेगा।
- **अनुच्छेद 395 :** भारतीय स्वतंत्रता अधिनियम, 1947 भारत सरकार अधिनियम, 1953 तथा इनके अन्य पूरक अधिनियमों को, जिसमें प्रिवी कौंसिल क्षेत्राधिकार अधिनियम शामिल नहीं है, यहाँ रद्द किया जाता है।

34. प्रमुख संवैधानिक संशोधन

- **पहला संशोधन (1951) :** इस संशोधन द्वारा नौवीं अनुसूची को शामिल किया गया।
- **दूसरा संशोधन (1952) :** संसद में राज्यों के प्रतिनिधित्व को निर्धारित किया गया।
- **सातवाँ संशोधन (1956) :** इस संशोधन द्वारा राज्यों का अ, ब, स और द वर्गों में विभाजन समाप्त कर उन्हें 14 राज्यों और 6 केन्द्रशासित क्षेत्रों में विभक्त कर दिया गया।
- **आठवाँ संशोधन (1960) :** अनुसूचित जातियों तथा जनजातियों और एंग्लो-इण्डियन समुदाय के लिए विशेष आरक्षण की अवधि 10 वर्ष बढ़ाकर सन 1970 तक की गयी।
- **दसवाँ संशोधन (1961) :** दादर और नगर हवेली को भारतीय संघ में शामिल कर उन्हें संघीय क्षेत्र की स्थिति प्रदान की गयी।
- **12वाँ संशोधन (1962) :** गोवा, दमन और दीव का भारतीय संघ में एकीकरण किया गया।
- **13वाँ संशोधन (1962) :** संविधान में एक नया अनुच्छेद 371(अ) जोड़ा गया, जिसमें नगालैंड के प्रशासन के लिए कुछ विशेष प्रावधान किये गये। 1 दिसंबर, 1963 को नगालैंड को एक राज्य की स्थिति प्रदान कर दी गयी।
- **14वाँ संशोधन (1963) :** पाण्डिचेरी (पुडुचेरी) को संघ राज्य क्षेत्र के रूप में प्रथम अनुसूची में जोड़ा गया तथा संघ राज्य क्षेत्रों (हिमाचल प्रदेश, गोवा, दमन और दीव, पाण्डिचेरी और मणिपुर) में विधानसभाओं की स्थापना, की व्यवस्था की गयी।
- **15वाँ संशोधन (1963) :** उच्च न्यायालय के न्यायाधीशों की सेवानिवृत्ति की आयु 60 वर्ष से बढ़ाकर 62 वर्ष की गयी।

- **21वाँ संशोधन (1967)** : आठवीं अनुसूची में 'सिन्धी' भाषा को जोड़ा गया।
- **22वाँ संशोधन (1968)** : संसद को मेघालय को एक स्वतन्त्र राज्य के रूप में स्थापित करने तथा उसके लिए विधानमंडल और मंत्रिपरिषद् का उपबन्ध करने की शक्ति प्रदान की गयी।
- **23वाँ संशोधन (1970)** : अनुसूचित जातियों और जनजातियों के लिए आरक्षण की अवधि को और 10 वर्ष तक बढ़ाया गया।
- **24वाँ संशोधन (1971)** : संसद को मौलिक अधिकारों सहित संविधान के किसी भी भाग में संशोधन का अधिकार दिया गया।
- **26वाँ संशोधन (1971)** : भूतपूर्व देशी रियासतों के शासकों का प्रिवीपर्स समाप्त कर दिया गया।
- **27वाँ संशोधन (1971)** : उत्तरी-पूर्वी क्षेत्र के पाँच राज्यों- असम, नगालैंड, मेघालय, मणिपुर व त्रिपुरा तथा दो संघीय क्षेत्रों- मिजोरम और अरुणाचल प्रदेश का गठन किया गया तथा इनमें समन्वय और सहयोग के लिए एक 'पूर्वोत्तर सीमान्त परिषद्' की स्थापना की गयी।
- **36वाँ संशोधन (1975)** : सिक्किम को भारतीय संघ में संघ के 22वें राज्य के रूप में प्रवेश प्रदान किया गया।
- **37वाँ संशोधन (1975)** : अरुणाचल प्रदेश में व्यवस्थापिका तथा मंत्रिपरिषद् की स्थापना की गयी।
- **42वाँ संशोधन (1976)** : कुछ विद्वानों द्वारा इसकी व्यापक प्रकृति को दृष्टिगत रखते हुए इसे **'लघु संविधान'** (Mini Constitution) की संज्ञा प्रदान की गयी है। इसकी प्रमुख बातें इस प्रकार हैं-
  - इसके द्वारा संविधान की प्रस्तावना में 'धर्मनिरपेक्ष', 'समाजवादी' और 'अखण्डता' शब्द जोड़े गये।
  - इसके द्वारा मौलिक कर्तव्यों की व्यवस्था करते हुए नागरिकों के लिए 10 मूल कर्तव्य निश्चित किये गये।
  - इसके अनुसार नीति निर्देशक तत्त्वों को प्रभावी करने के लिए मूलाधिकारों में संशोधन किया जा सकता है।
  - लोकसभा तथा विधानसभाओं के कार्यकाल में एक वर्ष की वृद्धि की गयी।
  - निर्देशक तत्त्वों में कुछ नवीन तत्त्व जोड़े गये।
  - इसके द्वारा शिक्षा, नाप-तौल, वन और जंगली जानवर तथा पक्षियों की रक्षा, ये विषय राज्य सूची से निकालकर समवर्ती सूची में रख दिये गये।
  - यह व्यवस्था की गयी कि अनुच्छेद 352 के अन्तर्गत आपातकाल सम्पूर्ण देश में लागू किया जा सकता है या देश के किसी एक या कुछ भागों के लिए।
  - संसद द्वारा किये गये संविधान संशोधन को न्यायालय में चुनौती देने से वर्जित कर दिया गया।
- **43वाँ संशोधन (1977)** : 42वें संवैधानिक संशोधन की कुछ आपत्तिजनक व्यवस्थाओं, विशेषतया न्यायपालिका से सम्बन्धित व्यवस्थाओं को रद्द कर दिया गया।
- **44वाँ संशोधन (1978)** : इसकी प्रमुख बातें इस प्रकार हैं-
  - सम्पत्ति के मूलाधिकार को समाप्त करके इसे विधिक अधिकार बना दिया गया।
  - लोकसभा तथा राज्य विधानसभाओं की अवधि पुनः 5 वर्ष कर दी गयी।

- राष्ट्रपति, उपराष्ट्रपति, प्रधानमंत्री और लोकसभा अध्यक्ष के चुनाव विवादों की सुनवाई का अधिकार पुन: सर्वोच्च तथा उच्च न्यायालय को ही दे दिया गया।
- मंत्रिमंडल द्वारा राष्ट्रपति को जो भी परामर्श दिया जायेगा, राष्ट्रपति मंत्रिमंडल को उस पर दोबारा विचार करने के लिए कह सकेंगे लेकिन पुनर्विचार के बाद मंत्रिमंडल राष्ट्रपति को जो भी परामर्श देगा, राष्ट्रपति उस परामर्श को अनिवार्यत: स्वीकार करेंगे।
- (a) राष्ट्रपति द्वारा आपातकाल की घोषणा तभी का जा सकेगी जबकि मंत्रिमंडल लिखित रूप में राष्ट्रपति को ऐसा परामर्श दे। (b) आपातकाल युद्ध, बाहरी आक्रमण या सशस्त्र विद्रोह की स्थिति में ही घोषित किया जा सकेगा 'आन्तरिक अशान्ति' के आधार पर नहीं। (c) घोषणा के एक माह के भीतर संसद के विशेष बहुमत से इसकी स्वीकृति आवश्यक होगी।
- 'व्यक्ति के जीवन और स्वतन्त्रता के अधिकार' को शासन के द्वारा आपातकाल में भी स्थगित या सीमित नहीं किया जा सकता, आदि।
- **45वाँ संशोधन (1980)** : अनुसूचित जातियों तथा जनजाति वर्गों के लिए आरक्षण की अवधि 25 जनवरी, 1990 तक के लिए कर दी गयी।
- **49वाँ संशोधन (1984)** : इसके आधार पर संविधान छठी अनुसूची के अन्तर्गत त्रिपुरा में 'स्वायत्तशाली जिला परिषद्' की स्थापना की गयी।
- **51वाँ संशोधन (1984)** : मेघालय, नगालैंड, अरुणाचल प्रदेश और मिजोरम की अनुसूचित जनजातियों को लोकसभा में आरक्षण प्रदान किया गया तथा नगालैंड और मेघालय की विधान सभाओं में जनजातियों के लिए आरक्षण की व्यवस्था की गयी।
- **52वाँ संशोधन (1985)** : इस संशोधन द्वारा संविधान में दसवीं अनुसूची जोड़ी गयी। इसके द्वारा राजनीतिक दल-बदल पर कानूनी रोक लगाने की चेष्टा की गयी है।
- **55वाँ संशोधन (1986)** : अरुणाचल प्रदेश को भारतीय संघ के अन्तर्गत राज्य का दर्जा प्रदान किया गया।
- **56वाँ संशोधन (1987)** : इसमें गोवा को पूर्ण राज्य का दर्जा देने तथा 'दमन व दीव' को नया संघीय क्षेत्र बनाने की व्यवस्था है।
- **57वाँ संशोधन (1987)** : मेघालय, मिजोरम, नगालैंड तथा अरुणाचल प्रदेश की विधान सभाओं में जनजातियों के लिए आरक्षण की व्यवस्था की गयी।
- **58वाँ संशोधन (1987)** : संविधान के हिन्दी में प्राधिकृत पाठ को मान्यता प्रदान की गयी है।
- **61वाँ संशोधन (1989)** : मताधिकार के लिए न्यूनतम आवश्यक आयु 21 वर्ष से घटाकर 18 वर्ष कर दी गयी।
- **62वाँ संशोधन (1990)** : लोकसभा तथा राज्य विधानसभाओं में अनुसूचित जातियों तथा जनजातियों के आरक्षण में 10 वर्ष की और वृद्धि की गयी।
- **65वाँ संशोधन (1990)** : 'अनुसूचित जाति तथा जनजाति आयोग' के गठन की व्यवस्था की गयी है।
- **69वाँ संशोधन (1991)** : दिल्ली का नाम 'राष्ट्रीय राजधानी क्षेत्र' किया गया तथा इसके लिए 70 सदस्यीय विधानसभा तथा एक मंत्रिपरिषद के गठन का प्रावधान किया गया।
- **70वाँ संशोधन (1992)** : दिल्ली तथा पाण्डिचेरी (पुडुचेरी) संघ राज्य क्षेत्रों की विधानसभाओं के सदस्यों को राष्ट्रपति के निर्वाचक मंडल में शामिल करने का प्रावधान किया गया।

- **71वाँ संशोधन (1992) :** तीन और भाषाओं- कोंकणी, मणिपुरी और नेपाली को संविधान की आठवीं अनुसूची में सम्मिलित किया गया है।
- **73वाँ संशोधन (1992) :** संविधान में एक नया भाग 9 तथा एक नई अनुसूची ग्यारहवीं अनुसूची जोड़ी गयी और पंचायती राज व्यवस्था को संवैधानिक दर्जा प्रदान किया गया।
- **74वाँ संशोधन (1993) :** संविधान में एक नया भाग- भाग 9क और एक नई अनुसूची 12वीं अनुसूची जोड़कर शहरी क्षेत्र की स्थानीय स्वशासन संस्थाओं को संवैधानिक दर्जा प्रदान किया गया।
- **79वाँ संशोधन (2000) :** अनुसूचित जातियों तथा अनुसूचित जनजातियों के लिए आरक्षण की अवधि 25 जनवरी, 2010 ई. तक के लिए बढ़ा दी गयी है।
- **80वाँ संशोधन (2000) :** इस संवैधानिक संशोधन के माध्यम से व्यवस्था की गयी है कि अब राज्यों को 'प्रत्यक्ष केन्द्रीय करों' से प्राप्त कुल धनराशि का 29 प्रतिशत हिस्सा मिलेगा।
- **84वाँ संशोधन (2001) :** इसके तहत लोकसभा एवं विधानसभाओं की सीटों की संख्या में सन् 2026 तक कोई छेड़छाड़ नहीं करने की व्यवस्था की गई।
- **85वाँ संशोधन (2001) :** इस संशोधन से सरकारी नौकरियों में अनुसूचित जाति व अनुसूचित जनजाति के कर्मचारियों को पदोन्नति में आरक्षण का मार्ग प्रशस्त किया गया।
- **87वाँ संशोधन (2003) :** इसमें ये प्रावधान किया गया है कि निर्वाचन क्षेत्रों का परिसीमन सन 2001 की जनगणना के आधार पर होगा। एक बात ध्यान रहे कि 84वाँ संशोधन (2011) में परिसीमन के लिए 1991 की जनगणना को आधार बनाया गया था। हांलाकि इसे लागू नहीं किया गया।
- **88वाँ संशोधन (2003) :** इस संशोधन के द्वारा संविधान की सातवीं अनुसूची में संशोधन कर केन्द्र सरकार को **सेवा कर** लगाने का अधिकार प्रदान किया गया है।
- **89वाँ संशोधन (2003) :** अनुसूचित जनजाति के लिए अलग राष्ट्रीय आयोग स्थापित किया गया।
- **90वाँ संशोधन (2003) :** असम विधानसभा में अनुसूचित जनजातियों और गैर-अनुसूचित जनजातियों का प्रतिनिधित्व बरकरार रखते हुए बोडोलैंड टेरीटोरियल कौंसिल क्षेत्र, गैर-जनजाति के लोगों के अधिकारों की सुरक्षा का प्रावधान किया गया।
- **91वाँ संशोधन (2003) :** इसमें दलबदल विरोधी कानून में संशोधन किया गया है। इसके अतिरिक्त ये प्रावधान भी किया गया है कि केन्द्र और राज्य सरकारें अपने-अपने मंत्रिमंडल में मंत्रियों की संख्या लोकसभा और विधानसभा की सीटों के 15% से ज्यादा नहीं कर सकतीं।
- **92वाँ संशोधन (2003) :** इसमें आठवीं अनुसूची में चार और भाषाओं- मैथिली, डोगरी, बोडो और सन्थाली को जोड़ा गया है।
- **93वाँ संशोधन (2006) :** इसके तहत अनुसूचित जाति/जनजाति व अन्य पिछड़े वर्गों के लिए शिक्षण संस्थाओं में आरक्षण की सुविधा प्रदान की गयी है। इसे संविधान के अनुच्छेद 15 की धारा 4 में जोड़ा गया है
- **94वाँ संशोधन (2006) :** इसके द्वारा बिहार राज्य को एक जनजाति कल्याण मंत्री नियुक्त करने के उत्तरदायित्व से मुक्त कर दिया गया तथा इस प्रावधान को झारखंड व छत्तीसगढ़ राज्यों में लागू करने की व्यवस्था की गयी। मध्यप्रदेश एवं ओडिशा राज्य में यह प्रावधान पहले से ही लागू है।

- **95वाँ संशोधन (2009) :** इसके द्वारा अनुच्छेद-334 में संशोधन कर, लोकसभा में अनुसूचित जातियों व जनजातियों के आरक्षण एवं आंग्ल-भारतीयों को मनोनीत करने सम्बन्धी प्रावधान को 2020 तक के लिए बढ़ा दिया गया है।
- **96वाँ संशोधन (2011) :** इसके संविधान की आठवीं अनुसूची में 'उडिया' के स्थान पर 'ओडिया' लिखा गया।
- **97वाँ संशोधन (2012) :** अनुच्छेद 19(1) (C) मे 'अथवा संघों' शब्दों के बाद अथवा 'सहकारी सोसाइटी' शब्द जोड़े गए तथा अनुच्छेद 43(B) यानी सहकारी सोसाइटियों के संवर्धन को शामिल किया गया और खंड यानी सहकारी सोसाइटी जोड़ा गया।
- **98वाँ संशोधन (2013) :** इसके तहत अनुच्छेद 371(J) शामिल किया गया। इसका उद्देश्य कर्नाटक के राज्यपाल का हैदराबाद-कर्नाटक क्षेत्र के विकास हेतु कदम उठाने के लिए सशक्त करना था।
- **99वाँ संशोधन (2014) :** इस संशोधन के द्वारा राष्ट्रीय न्यायिक नियुक्ति आयोग (NJAC) का गठन किया गया। साथ ही संविधान में अनुच्छेद 124 A, 124 B, और 124 C को शामिल किया गया। इसके अतिरिक्त अनुच्छेद 127, 128, 217, 222, 224A तथा 231 में संशोधन किया गया। इसे सर्वोच्च न्यायालय ने 16 अक्टूबर, 2015 में निरस्त कर दिया।
- **100वाँ संशोधन (2015) :** इस संशोधन के द्वारा भारत व बांग्लादेश के बीच भूमि संबंधी अदला-बदली की व्यवस्था की गई। साथ ही इस संशोधन से संविधान की पहली अनुसूची में भी कुछ संशोधन किया गया।

35. 1950 के पश्चात् बनाये गये राज्य

आंध्रप्रदेश	आंध्रप्रदेश अधिनियम, 1953 द्वारा चेन्नई राज्य के कुछ क्षेत्रों को निकालकर बनाया गया। भाषायी आधार पर पृथक् होने वाला पहला राज्य।
गुजरात, महाराष्ट्र	1960 में मुम्बई राज्य को दो भागों गुजरात तथा महाराष्ट्र में विभाजित कर दिया गया।
केरल	ट्रावनकोर-कोचीन की जगह बनाया गया (राज्य पुनर्गठन अधिनियम, 1956 के द्वारा)।
कर्नाटक	राज्य पुनर्गठन अधिनियम, 1956 द्वारा मैसूर राज्य से पृथक् कर बनाया गया। राज्य अधिनियम, 1973 में इसे कर्नाटक नाम दिया गया।
नागालैंड	नागालैंड राज्य अधिनियम, 1962 द्वारा असम राज्य से अलग बनाया गया नया राज्य।
हरियाणा	पंजाब पुनर्गठन अधिनियम, 1966 द्वारा पंजाब के कुछ क्षेत्रों को निकालकर बनाया गया।
हिमाचल प्रदेश	हिमाचल संघ राज्य क्षेत्र को हिमाचल प्रदेश राज्य अधिनियम, 1970 द्वारा राज्य का दर्जा।
मेघालय	संविधान के 23वें संशोधन अधिनियम, 1969 द्वारा इसे असम राज्य के भीतर एक उपराज्य बनाया गया, पूर्वोत्तर क्षेत्र पुनर्गठन अधिनियम, 1971 द्वारा इसे पूर्ण राज्य का दर्जा प्रदान किया गया।
मणिपुर, त्रिपुरा	पूर्वोत्तर क्षेत्र पुनर्गठन अधिनियम, 1971 द्वारा संघ राज्य क्षेत्र से पूर्ण राज्य का दर्जा दिया गया।

सिक्किम	36वें संविधान संशोधन अधिनियम, 1975 द्वारा इसे पूर्ण राज्य की मान्यता प्रदान की गयी।
मिजोरम	मिजोरम राज्य अधिनियम, 1986 द्वारा पूर्ण राज्य का दर्जा प्रदान किया गया।
अरुणाचल प्रदेश	अरुणाचल प्रदेश अधिनियम, 1986 द्वारा संघ राज्य क्षेत्र से पूर्ण राज्य का दर्जा प्रदान किया गया।
गोवा	गोवा, दमन और दीव पुनर्गठन अधिनियम, 1987 द्वारा संघ दमन और दीव राज्य क्षेत्र बना रहने दिया गया तथा गोवा को निकालकर राज्य का दर्जा प्रदान किया गया।
छत्तीसगढ़	यह राज्य मध्यप्रदेश से अलग करके बनाया गया है। (84वें संविधान संशोधन अधिनियम, 2000 द्वारा सृजित)
उत्तराखंड	यह राज्य उत्तरप्रदेश से अलग करके बनाया गया है। (84वें संविधान संशोधन अधिनियम, 2000 द्वारा सृजित)।
झारखंड	यह राज्य बिहार राज्य से अलग करके बनाया गया है। (84वें संविधान संशोधन अधिनियम, 2000 द्वारा सृजित)।
तेलंगाना	आंध्रप्रदेश पुनर्गठन अधिनियम–2014 द्वारा तेलंगाना को आंध्रप्रदेश से पृथक कर भारत का 29वाँ राज्य बनाया गया।

36. भारत के महत्त्वपूर्ण पदाधिकारियों से सम्बन्धित महत्त्वपूर्ण तथ्य

पदाधिकारी	निर्वाचन/चयन	शपथ ग्रहण	त्यागपत्र
राष्ट्रपति	निर्वाचक मंडल द्वारा	मुख्य न्यायाधीश	उपराष्ट्रपति
उपराष्ट्रपति	निर्वाचक मंडल	राष्ट्रपति	राष्ट्रपति
प्रधानमंत्री	राष्ट्रपति	राष्ट्रपति	राष्ट्रपति
लोकसभा अध्यक्ष	मतदान द्वारा	राष्ट्रपति	लोकसभा उपाध्यक्ष
लोकसभा उपाध्यक्ष	लोकसभा द्वारा	राष्ट्रपति	लोकसभा अध्यक्ष
राज्यसभा उपसभापति	राज्य सभा द्वारा	–	राज्यसभा सभापति अर्थात् उपराष्ट्रपति
मुख्य चुनाव आयुक्त	राष्ट्रपति	राष्ट्रपति	राष्ट्रपति
मुख्य न्यायाधीश	राष्ट्रपति	राष्ट्रपति	राष्ट्रपति
नियंत्रक एवं महालेखा परीक्षक	राष्ट्रपति	राष्ट्रपति	राष्ट्रपति
अध्यक्ष, संघ लोक सेवा आयोग	राष्ट्रपति	राष्ट्रपति	राष्ट्रपति
अध्यक्ष, नीति आयोग	राष्ट्रपति	राष्ट्रपति	राष्ट्रपति
राज्यपाल	राष्ट्रपति	राष्ट्रपति	राष्ट्रपति
मुख्यमंत्री	राज्यपाल	राज्यपाल	राज्यपाल
अध्यक्ष, वित्त आयोग	राष्ट्रपति	–	राष्ट्रपति

37. भारत के मुख्य पदाधिकारियों से सम्बन्धित उम्र सम्बन्धी तथ्य

पदाधिकारी	न्यूनतम उम्र	अधिकतम उम्र
राष्ट्रपति	35 वर्ष	–
उपराष्ट्रपति	35 वर्ष	–
लोकसभा अध्यक्ष	25 वर्ष	–
लोकसभा सदस्य	25 वर्ष	–
राज्यसभा सदस्य	30 वर्ष	–
मुख्य न्यायाधीश (सर्वोच्च न्यायालय)	–	65 वर्ष
महान्यायवादी	–	65 वर्ष
नियंत्रक एवं महालेखा परीक्षक	–	65 वर्ष
अध्यक्ष, लोक सेवा आयोग	–	65 वर्ष
राज्यपाल	35 वर्ष	–
मुख्यमंत्री	25 वर्ष	–
विधानसभा सदस्य	25 वर्ष	–
विधान परिषद् सदस्य	30 वर्ष	–
मुख्य न्यायाधीश (उच्च न्यायालय)	–	65 वर्ष
अन्य न्यायाधीश (उच्च न्यायालय)	–	65 वर्ष

38. विभिन्न राष्ट्रीय व राज्यस्तरीय पार्टियाँ

पार्टी (स्थापना वर्ष)	संस्थापक/अध्यक्ष	चुनाव चिह्न	वर्तमान अध्यक्ष/ महासचिव
भाजपा (1956)	श्याम प्र. मुखर्जी	कमल	अमित शाह
कांग्रेस (1885)	ए.ओ. ह्यूम	हाथ (पंजा)	श्रीमती सोनिया गांधी
जनता दल (यू.)	शरद यादव	तीर	नीतीश कुमार
भाकपा (1920)	एम.एन. राय	अनाज की बाली एवं हंसिया	एम. सुधाकर रेड्डी वर्द्धन
माकपा (1964)	इ.एम.एम. डांगे	हंसिया, हथौड़ा एवं तारा	सीताराम येचुरी
बसपा	कांशीराम	हाथी	मायावती
समाजवादी पार्टी	मुलायम सिंह यादव	साईकिल	मुलायम सिंह यादव
राष्ट्रीय जनता दल (1997)	लालू प्रसाद यादव	लालटेन	लालू प्रसाद यादव
शिवसेना (1969)	बाला साहेब ठाकरे	तीर-धनुष	उद्धव ठाकरे
अन्नाद्रमुक (1972)	एम.जी. रामचन्द्रन	दो पत्तियाँ	जे. जयललिता
द्रविड़ मुनेत्र कड़गम (1949)	ए.एन. अन्नादुरै	उगता सूरज	एम. करुणानिधि
अकाली दल (1925)	मास्टर तारा सिंह	स्कैल	प्रकाश सिंह बादल
तेलुगुदेशम	एन.टी. रामाराव	साईकिल	चन्द्रबाबू नायडू
नेशनल कांफ्रेस (1934)	शेख अब्दुल्ला	हल	उमर अब्दुल्ला
तृणमूल कांग्रेस (1997)	ममता बनर्जी	फूल एवं घास	ममता बनर्जी
बीजू जनता दल (1997)	नवीन पटनायक	शंख	नवीन पटनायक

39. देश में वरीयता अनुक्रम

1. राष्ट्रपति
2. उपराष्ट्रपति
3. प्रधानमंत्री
4. राज्यों के राज्यपाल अपने-अपने राज्य में
5. भूतपूर्व राष्ट्रपति

5.क उप प्रधानमंत्री

6. भारत के मुख्य न्यायाधीश, लोकसभा के अध्यक्ष
7. केन्द्रीय मंत्रिमंडल के मंत्री, राज्यों के मुख्मंत्री अपने-अपने राज्य में, उपाध्यक्ष, योजना आयोग, भूतपूर्व प्रधानमंत्री, राज्य सभा और लोक सभा में विपक्ष के नेता

7.क भारत रत्न से सम्मानित व्यक्ति

8. भारत स्थित विदेशों के असाधारण तथा पूर्णाधिकारी राजदूत तथा राष्ट्रमंडल देशों के उच्चायुक्त, राज्यों के मुख्यमंत्री अपने-अपने राज्य से बाहर, राज्यों के राज्यपाल अपने-अपने राज्य से बाहर
9. उच्चतम न्यायालय के न्यायाधीश

9.क मुख्य निर्वाचन आयुक्त

भारत के नियंत्रक और महालेखा परीक्षक

10. राज्य सभा के उप-सभापति, राज्यों के उप-मुख्यमंत्री, लोक सभा के उपाध्यक्ष, योजना आयोग के सदस्य

    केन्द्र के राज्यमंत्री और रक्षा मंत्रालय के रक्षा सम्बन्धी मामलों के लिए कोई अन्य मंत्री
11. भारत के महान्यायवादी (एटार्नी जनरल), मंत्रिमंडलीय सचिव

    उप-राज्यपाल अपने-अपने केन्द्रशासित प्रदेशों में
12. जनरल अथवा उनके समान रैंक वाले सेनाध्यक्ष
13. भारत स्थित विदेश के असाधारण दूत तथा पूर्णाधिकारी मंत्री
14. राज्यों के विधानमंडलों के सभापति और अध्यक्ष अपने-अपने राज्य में, उच्च न्यायालयों के मुख्य न्यायाधीश अपने-अपने क्षेत्राधिकार में।
15. राज्यों के मंत्रिमंडल स्तर के मंत्री अपने-अपने राज्य में, केन्द्रशासित प्रदेशों के मुख्यमंत्री और दिल्ली के मुख्य कार्यकारी पार्षद अपने-अपने केन्द्र शासित प्रदेशों में, केन्द्र के उप-मंत्री
16. लेफ्टिनेंट जनरल अथवा उनके समान रैंक वाले स्थानापन्न सेनाध्यक्ष।
17. केन्द्रीय प्रशासनिक ट्रिब्यूनल के अध्यक्ष, अल्पसंख्यक आयोग के अध्यक्ष, अनुसूचित जाति एवं जनजाति आयोग के अध्यक्ष, संघ लोक सेवा आयोग के अध्यक्ष, उच्च न्यायालयों के मुख्य न्यायाधीश अपने-अपने क्षेत्राधिकार के बाहर, उच्च न्यायालयों के अपर न्यायाधीश अपने-अपने क्षेत्र में।
18. राज्यों के कैबिनेट मंत्री अपने-अपने राज्य से बाहर, राज्यों के विधानमंडल के सभापति और अध्यक्ष अपने-अपने राज्य से बाहर।

    एकाधिकार और निर्बन्धन व्यापारिक व्यवहार आयोग के अध्यक्ष, राज्य विधानमंडल के उप-सभापति तथा उपाध्यक्ष अपने-अपने राज्य में, राज्यों के राज्यमंत्री और दिल्ली महानगर परिषद् के कार्यकारी

पार्षद अपने-अपने केन्द्र शासित प्रदेशों में, केन्द्रशासित प्रदेशों की विधान सभाओं के अध्यक्ष और दिल्ली महानगर परिषद् के सभापति अपने-अपने केन्द्रशासित प्रदेशों में।

19. बिना मंत्रिपरिषद् वाले केन्द्रशासित प्रदेशों के मुख्यायुक्त अपने-अपने केन्द्रशासित प्रदेशों में, राज्य के उपमंत्री अपने-अपने राज्य में, केन्द्रशासित प्रदेशों की विधान सभाओं के उपाध्यक्ष और दिल्ली महानगर परिषद् के उप-सभापति अपने-अपने केन्द्रशासित प्रदेशों में।

20. राज्यों के विधानमंडलों के उप-सभापति तथा उपाध्यक्ष अपने-अपने राज्यों से बाहर, राज्यों के राज्यमंत्री अपने-अपने राज्य से बाहर, उच्च न्यायालयों के अवर न्यायाधीश अपने-अपने क्षेत्राधिकार से बाहर।

21. संसद सदस्य

22. राज्यों के उपमंत्री अपने-अपने राज्य से बाहर।

23. आर्मी कमांडर/उप-थलसेनाध्यक्ष अथवा अन्य सेवाओं में उसके समान पद वाले अधिकारी, राज्य सरकारों के मुख्य सचिव अपने-अपने राज्य में।

भाषायी अल्पसंख्यकों का आयुक्त, अनुसूचित जाति तथा अनुसूचित जनजाति आयुक्त, अल्पसंख्यक आयोग के सदस्य, अनुसूचित जाति तथा अनुसूचित जनजाति आयोग के सदस्य, जनरल के रैंक के अथवा उसके समान रैंक वाले अधिकारी, भारत सरकार के सचिव (इस पद को पदेन धारण करने वाले अधिकारियों सहित), अल्संख्यक आयोग के सचिव, अनुसूचित जाति तथा अनुसूचित जनजाति आयोग के सचिव, राष्ट्रपति के सचिव, प्रधानमंत्री के सचिव, सचिव, राज्यसभा/लोकसभा, सॉलिसिटर जनरल, केन्द्रीय प्रशासनिक ट्रिब्यूनल के उपाध्यक्ष।

24. लेफ्टिनेंट जनरल के रैंक के अथवा उसके समान रैंक वाले अधिकारी।

25. भारत सरकार के अतिरिक्त सचिव, एडीशनल सॉलिसिटर जनरल, राज्यों के महाधिवक्ता, स्थायी एवं अस्थायी कार्यदूत (चार्ज डी अफेयर्स) तथा स्थानापन्न उच्चायुक्त, केन्द्रशासित प्रदेशों के मुख्यमंत्री और दिल्ली के मुख्य कार्यकारी पार्षद अपने-अपने केन्द्रशासित प्रदेशों के बाहर, राज्य सरकारों के मुख्य सचिव अपने-अपने राज्य में, उपनियंत्रक तथा महालेखा परीक्षक (डिप्टी कन्ट्रोलर एवं ऑडिटर जनरल), केन्द्र शासित प्रदेशों की विधानसभाओं के उपाध्यक्ष और दिल्ली महानगर परिषद् के उप-सभापति अपने-अपने केन्द्रशासित प्रदेशों से बाहर, निदेशक, केन्द्रीय अन्वेषण ब्यूरो, महानिदेशक, सीमा सुरक्षा बल, महानिदेशक, केन्द्रीय रिजर्व पुलिस बल, निदेशक, खुफिया ब्यूरो, उप-राज्यपाल अपने-अपने केन्द्रशासित प्रदेशों के बाहर, सदस्य केन्द्रीय प्रशासनिक ट्रिब्यूनल, सदस्य संघ लोक सेवा आयोग, संघ शासित क्षेत्रों के मंत्री और दिल्ली के कार्यकारी पार्षद अपने-अपने राज्य से बाहर, मेजर जनरल अथवा उनके समकक्ष सैन्य अधिकारी, संघ शासित राज्यों के विधान सभा अध्यक्ष अपने राज्य से बाहर।

26. भारत सरकार के संयुक्त सचिव और उनके समकक्ष अधिकारी।

40. प्रमुख संवैधानिक अधिकारियों के मासिक वेतन

1.	राष्ट्रपति	1,50,000 रुपये
2.	उपराष्ट्रपति	1,25,000 रुपये
3.	लोक सभा अध्यक्ष	1,25,000 रुपये

4.	राज्यपाल	1,10,000 रुपये
5.	सर्वोच्च न्यायालय के मुख्य न्यायाधीश	1,00,000 रुपये
6.	सर्वोच्च न्यायालय के अन्य न्यायाधीश	90,000 रुपये
7.	उच्च न्यायालय के मुख्य न्यायाधीश	90,000 रुपये
8.	उच्च न्यायालय के अन्य न्यायाधीश	80,000 रुपये
9.	नियंत्रक एवं महालेखा परीक्षक	90,000 रुपये
10.	मुख्य चुनाव आयुक्त	90,000 रुपये
11.	महान्यायवादी	90,000 रुपये

41. भारत के राष्ट्रीय प्रतीक

राष्ट्रीय ध्वज

- संविधान सभा ने राष्ट्रीय ध्वज (तिरंगा) का प्रारूप 22 जुलाई, 1947 को अपनाया।
- ध्वज में समान अनुपात वाली तीन आड़ी पट्टियाँ हैं जो केसरिया, सफेद व हरे रंग की हैं।
- ध्वज के सबसे ऊपर गहरा केसरिया रंग होता है, जो जागृति, शौर्य तथा त्याग का प्रतीक है, बीच में सफेद रंग होता है, जो सत्य एवं पवित्रता का प्रतीक है तथा सबसे नीचे गहरा हरा रंग होता है, जो जीवन समृद्धि का प्रतीक है।
- ध्वज के बीच में सफेद रंग वाली पट्टी के बीच में गहरे नीले रंग की 24 तीलियों वाला अशोक चक्र है जो धर्म और ईमानदारी के मार्ग पर चलकर देश को उन्नति की ओर ले जाने की प्रेरणा देता है।
- ध्वज की लम्बाई एवं चौड़ाई का अनुपात 3:2 है।
- ध्वज का प्रयोग और प्रदर्शन एक संहिता द्वारा नियमित होता है।

राष्ट्रीय गान

- रवीन्द्र नाथ टैगोर द्वारा रचित **'जन-गण-मन'** को भारत के राष्ट्रीय गान के रूप में स्वीकार किया गया है।

> जन-गण-मन अधिनायक जय हे। भारत-भाग्य विधाता॥
> पंजाब-सिंध-गुजरात-मराठा। द्राविड़ उत्कल बंगा॥
> विंध्य हिमाचल यमुना गंगा। उच्छल-जलधि-तरंगा॥
> तब शुभ नामे जागे, तब शुभ आशिष मांगे॥
> जाहे तब जय-गाथा॥
> जन-गण-मंगलदायक जय हे, भारत-भाग्य विधाता॥
> जय हे, जय हे, जय हे, जय जय जय जय हे॥

- राष्ट्रगान को 24 जनवरी, 1950 ई. को संविधान सभा द्वारा अंगीकृत किया गया।
- राष्ट्रगान के गायन का समय 52 सेकंड है किन्तु कुछ अवसरों पर इसे संक्षिप्त रूप में गाया जाता है जिसका समय 20 सेकंड है।
- इस गीत को सर्वप्रथम सन् 1911 ई. में भारतीय राष्ट्रीय कांग्रेस के कलकत्ता अधिवेशन में गाया गया था।

- यह जनवरी, 1912 में 'तत्त्वबोधिनी' नामक पत्रिका में 'भारत भाग्य विधाता' शीर्षक से सर्वप्रथम प्रकाशित हुआ।
- सन् 1919 ई. में रवीन्द्र नाथ टैगोर ने इस गीत का अंग्रेजी अनुवाद 'द मॉर्निंग सौंग ऑफ इंडिया' (The Morning Song of India) शीर्षक से किया।
- राष्ट्रगान में 13 पंक्तियाँ हैं।
- राष्ट्रगान का वर्तमान संगीतमय धुन बनाने का श्रेय कैप्टन रामसिंह ठाकुर (INA के सिपाही) को दिया जाता है।

राष्ट्रीय गीत

- बंकिमचन्द्र चटर्जी द्वारा रचित **'वन्दे मातरम्'** को भारत के राष्ट्रीय गीत के रूप में 24 जनवरी, 1950 को अपनाया गया।
- यह गीत बंकिमचन्द्र चटर्जी के प्रसिद्ध उपन्यास **'आनन्दमठ'** से लिया गया है।
- इस गीत की रचना सन् 1874 ई. में हुई थी।

> वंदे मातरम्!
> सुजलाम्, सुफलाम्, मलयज-शीतलाम्,
> शस्यश्यामलम्, मातरम्!
> शुभ्रज्योत्सनां, पुलकितयामिनीम्
> फुल्लकुसुमित द्रुमदल शोभिनीम्
> सुहासिनीम् सुमधर भाषिणीम्
> सुखदाम्, वरदाम्, मातरम्!
> वंदे मातरम्

- इस गीत को सन् 1896 ई. के भारतीय राष्ट्रीय कांग्रेस के अधिवेशन में पहली बार गाया गया था।
- इस गीत को गाने का समय 1 मिनट और पाँच सेकंड है।
- राष्ट्रीय गीत का अंग्रेजी अनुवाद श्री अरबिन्दों घोष ने किया था।

राष्ट्रीय चिह्न

- 26 जनवरी, 1950 ई. को भारत ने सारनाथ स्थित **अशोक स्तम्भ** के शीर्ष की अनुकृति को राज चिह्न के रूप में स्वीकार किया।
- अशोक स्तम्भ के शीर्ष की जिस अनुकृति को स्वीकार किया गया उसमें तीन सिंह दिखायी पड़ते हैं।
- मूल आकृति में स्तम्भ के चार सिंह एक-दूसरे की ओर पीठ किये हुए खड़े हैं।
- इसके नीचे की पट्टी के मध्य में उभरी नक्काशी में चक्र है जिसके दायीं ओर एक-एक साँड और बायीं ओर एक घोड़ा है।
- फलक के नीचे देवनागरी लिपि में **'सत्यमेव जयते'** अंकित है जो मुण्डकोपनिषद से लिया गया है।

राष्ट्रीय पंचांग (कैलेण्डर)

- भारत ने सरकारी उद्देश्य के लिए 22 मार्च, 1957 को राष्ट्रीय पंचांग को अपनाया।

- भारतीय राष्ट्रीय पंचांग **शक संवत्** पर आधारित है।
- राष्ट्रीय पंचांग के अनुसार वर्ष का प्रारम्भ चैत्र प्रथम तिथि को होता है, जो ग्रिगेरियन कैलेण्डर के अनुसार सामान्य वर्षों में 21 मार्च को तथा लीप वर्ष 22 मार्च को पड़ता है।

अन्य राष्ट्रीय प्रतीक

भारत का राष्ट्रीय वाक्य	सत्यमेव जयते	भारत की राष्ट्रीय मुद्रा	रुपया
भारत की राष्ट्रीयता	भारतीय	भारत की राष्ट्रीय नदी	गंगा
भारत की राष्ट्रभाषा	हिन्दी	भारत का राष्ट्रीय पक्षी	मोर
भारत की राष्ट्रीय लिपि	देवनागरी	भारत का राष्ट्रीय पशु	बाघ
भारत का राष्ट्रीय ध्वज गीत	हिन्द देश का प्यारा झंडा	भारत का राष्ट्रीय फूल	कमल
भारत का राष्ट्रीय नारा	श्रमेव जयते	भारत का राष्ट्रीय फल	आम
भारत के राष्ट्रपिता	महात्मा गांधी	भारत का राष्ट्रीय धरोहर पशु	हाथी
भारत की राष्ट्रीय विदेश नीति	गुट-निरपेक्षता	भारत का राष्ट्रीय खेल	हॉकी
भारत का राष्ट्रीय पुरस्कार	भारत रत्न	भारत का राष्ट्रीय मिठाई	जलेबी
भारत का राष्ट्रीय सूचना पत्र/ (दस्तावेज)	श्वेत पत्र	भारत के राष्ट्रीय पर्व	26 जनवरी (गणतंत्र दिवस) 15 अगस्त (स्वतंत्रता दिवस) 2 अक्टूबर (गांधी जयंती)

भारतीय अर्थव्यवस्था

1. भारतीय अर्थव्यवस्था के महत्त्वपूर्ण लक्षण

भारतीय अर्थव्यवस्था रूप से प्राथमिक विकासशील अर्थव्यवस्था है। आज भी यह पिछड़ी हुई है, लेकिन अब गरीबी के दुश्चक्र से बाहर है। भारत के कुल कार्यशील जनसंख्या का लगभग 52 प्रतिशत भाग कृषि में लगा हुआ है जबकि सकल घरेलू उत्पाद (GDP) का लगभग 15 प्रतिशत भाग कृषि तथा सम्बद्ध क्षेत्र से प्राप्त होता है। भारत की अर्थव्यवस्था के विभिन्न पहलुओं से सम्बद्ध विशेषताओं को निम्नलिखित बिन्दुओं के माध्यम से प्रस्तुत किया जा सकता है–

1. **निम्न प्रतिव्यक्ति आय :** भारत में प्रतिव्यक्ति आय का स्तर बहुत नीचा है। अब अन्तरराष्ट्रीय तुलना के लिए प्रतिव्यक्ति आय की गणना में एक नई रीति का प्रयोग किया जाने लगा है। इस नई रीति में प्रतिव्यक्ति आय की गणना सम्बन्धित राष्ट्र में मुद्रा की क्रय शक्ति के आधार पर की जाती है, जबकि पारम्परिक रीति में मुद्रा की विनिमय दर को आधार माना जाता था।
2. **धन एवं आय के वितरण में असमानता :** भारत में धन एवं आय के वितरण में भारी असमानता पायी जाती है, यद्यपि दूसरी पंचवर्षीय योजना में समाजवादी समाज की स्थापना का लक्ष्य स्वीकार किया गया फिर भी इस दिशा में अभी तक कोई विशेष प्रगति नहीं हो पायी है।
3. **कृषि की प्रधानता एवं कृषि पर जनसंख्या का अधिक दबाव :** भारत में भूमि–श्रम का अनुपात अनुकूल नहीं है। प्रतिव्यक्ति भूमि बहुत कम है। दूसरे शब्दों में प्रति हेक्टेयर व्यक्तियों की संख्या अधिक है। भारत की कुल श्रमशक्ति का लगभग 52% भाग कृषि में लगा हुआ है जबकि सकल घरेलू उत्पाद (GPD) का लगभग 15% भाग कृषि तथा उससे जुड़े क्षेत्र से प्राप्त होता है।
4. **जनसंख्या का अधिक होना :** भारत में जनाधिक्य की स्थिति पायी जाती है। प्रत्येक दशक में यहाँ जनसंख्या में लगभग 24 प्रतिशत की वृद्धि हो जाती है। यद्यपि हाल के दशकों में इस प्रवृत्ति में कमी आयी है। भारत का क्षेत्रफल विश्व के क्षेत्रफल का 2.4 प्रतिशत है, जबकि भारत की जनसंख्या विश्व की कुल जनसंख्या का 17.5 प्रतिशत है।
5. **असंतुलित आर्थिक विकास :** अभी भी भारतीय अर्थव्यवस्था का संतुलित विकास नहीं हुआ है। यह बात इस तथ्य से प्रमाणित होता है कि आज भी देश की श्रमशक्ति का लगभग 52 प्रतिशत भाग प्राथमिक क्षेत्र अर्थात् कृषि पर निर्भर है।
6. **अत्यधिक दरिद्रता :** भारत में अभी भी गाँवों व शहरों में करोड़ों व्यक्ति निर्धनता रेखा से नीचे हैं। भारत में आज भी लगभग 21 प्रतिशत लोग निर्धनता रेखा से नीचे जीवनयापन करते हैं।
7. **पूँजी का अभाव :** राष्ट्रीय आय कम होने तथा इसका बड़ा भाग उपभोग पर व्यय होने के कारण बचत कम होती है। फलतः घरेलू बचत और पूँजी निर्माण की दर कम है।
8. **औद्योगीकरण का अभाव :** भारत में आधुनिक ढंग के बड़े पैमाने के उद्योगों का अभाव है। आधारभूत उद्योगों के अभाव में अर्थव्यवस्था में तीव्र विकास के लिए आवश्यक पृष्ठभूमि तैयार नहीं हो पाती है।
9. **आर्थिक कुचक्रों का जोर :** यह कहा जाता है कि भारत एक गरीब देश इसलिए है, क्योंकि वह गरीब है। वास्तव में एक पिछड़े हुए देश की आर्थिक परिस्थिति का यह एक सही चित्र है। देश में अनेक आर्थिक कुचक्र चलते रहते हैं, जिन्हें तोड़ना अत्यंत कठिन होता है।

10. **बाजार की अपूर्णताएँ :** भारत में बाजार की अनेक अपूर्णताएँ एवं कमियाँ भी देखने को मिलती हैं, जैसे- उत्पादन के साधन, विशेषकर श्रमिक, एक स्थान से दूसरे स्थान तथा एक व्यवसाय से दूसरे व्यवसाय में अनेक कारणों से गतिशील नहीं हो पाते हैं। आर्थिक क्रियाओं में विशिष्टीकरण (Specialisation) की कमी पायी जाती है। इससे साधनों का सर्वोत्तम उपयोग नहीं पाता है।

11. **यातायात एवं संचार के साधनों की कमी :** भारत जैसे विशाल देश में यातायात एवं संचार के साधनों का बड़ा महत्त्व है, किन्तु अभी तक इन साधनों का यथोचित विकास नहीं हो पाया है। देश के अनेक भाग ऐसे हैं, जहाँ प्रचुर मात्रा में खनिज पदार्थ उपलब्ध हैं, किन्तु यातायात के साधनों के अभाव के कारण इन क्षेत्रों में उद्योगों की स्थापना नहीं हो पायी है।

12. **परंपरावादी समाज :** भारत के परंपरावादी समाज में अनेक सामाजिक प्रथाएँ, कुरीतियाँ तथा अंधविश्वास बुरी तरह से व्याप्त है, जिनका अर्थव्यवस्था पर बहुत बुरा प्रभाव पड़ता है। यहाँ लोग बाल-विवाह, मृतक भोज, विवाह पर दावतें तथा आभूषण निर्माण जैसे अनुत्पादक कार्यों के लिए कर्ज लेकर भी अपव्यय कर देते हैं।

2. राष्ट्रीय आय

- भारत की राष्ट्रीय आय और प्रति व्यक्ति आय की गणना का प्रथम प्रयास 1867-1868 ई. में दादा भाई नौरोजी ने किया था। नौरोजी ने अपनी पुस्तक 'Poverty and Un-British Rule in India' में 1868 ई. में प्रतिव्यक्ति वार्षिक आय 20 रुपये बतायी थी।
- स्वतन्त्रता प्राप्ति से पूर्व इस दिशा में प्रथम आधिकारिक प्रयास वाणिज्य मंत्रालय (आर्थिक सलाहकार कार्यालय) द्वारा किया गया।
- राष्ट्रीय आय से तात्पर्य अर्थव्यवस्था द्वारा पूरे वर्ष के दौरान उत्पादित अंतिम वस्तुओं व सेवाओं के शुद्ध मूल्य के योग से होता है। इसमें विदेशों से अर्जित शुद्ध आय भी शामिल होती है।
- वास्तव में कुल राष्ट्रीय आय किसी अर्थव्यवस्था में वस्तुओं तथा सेवाओं के प्रवाह का माप है। अत: राष्ट्रीय आय एक प्रवाह है, संग्रह (Stock) नहीं।
- राष्ट्रीय धन अथवा सम्पत्ति (National Wealth) एक समय विशेष के अंतर्गत किसी देश के व्यक्तियों के पास विद्यमान वस्तुओं के संग्रह की माप है। अत: राष्ट्रीय सम्पत्ति को संग्रह कहा जा सकता है।
- राष्ट्रीय आय एक दिये हुए समय में किसी अर्थव्यवस्था की उत्पादन शक्ति को मापती है।

राष्ट्रीय आय की अवधारणाएँ

- राष्ट्रीय आय अथवा राष्ट्रीय उत्पत्ति की माप करने के लिए प्राय: अनेक धारणाओं का प्रयोग किया जाता है। यह बहुत कुछ उस उद्देश्य पर निर्भर करता है, जिसके लिए राष्ट्रीय आय का प्रयोग किया जाता है। सामान्यतया राष्ट्रीय आय की कुछ महत्त्वपूर्ण अवधारणाएँ निम्नलिखित बतायी जा सकती हैं-

1. **सकल राष्ट्रीय उत्पाद (Gross National Product-GNP) :** यह किसी देश के नागरिकों द्वारा किसी दी हुई समयावधि में (सामान्यतया एक वर्ष की अवधि में) उत्पादित कुल अंतिम वस्तुओं तथा सेवाओं का मौद्रिक मूल्य होती है। GNP में देशवासियों द्वारा देश के बाहर उत्पादित वस्तुओं के मूल्य को भी सम्मिलित किया जाता है। GNP को ज्ञात करने के लिए विदेशों में निवेशों तथा विदेशों में प्रदान की गयी अन्य साधन सेवाओं के लिए देश के नागरिकों को विदेशों से प्राप्त हुई आय को सकल घरेलू उत्पाद (Gross Domestic Product-GDP) में जोड़ देना चाहिए। इसी प्रकार देश के अंदर विदेशियों द्वारा उत्पादित आय को GDP में से घटा दिया जाना चाहिए। इसे निम्न समीकरण से दर्शाया जा सकता है-

$$GNP = GDP + X - M$$

जिसमें,

X = देशवासियों द्वारा विदेशों में अर्जित आय

M = विदेशियों द्वारा देश में अर्जित आय

उपर्युक्त समीकरण से स्पष्ट है कि यदि X = M है, तो GNP = GDP होगा। इसी प्रकार बंद अर्थव्यवस्था के अंतर्गत X – M = 0 है, तो वहाँ GNP = GDP होगा।

नोट: सकल घरेलू उत्पाद (GDP) देश की सीमा के अंदर (देश की भौगोलिक सीमाओं के भीतर) किसी दी हुई किसी समयावधि, सामान्यतया एक वर्ष में उत्पादित अंतिम वस्तुओं तथा सेवाओं का कुल मौद्रिक मूल्य होती है। GNP में GDP का केवल वही भाग सम्मिलित किया जाता है, जो देश के नागरिकों की उत्पादक सेवाओं का परिणाम है।

2. **शुद्ध राष्ट्रीय उत्पाद (Net National Product-NNP)**: शुद्ध राष्ट्रीय उत्पाद ज्ञात करने के लिए GNP में से पूँजी स्टॉक की खपत (मूल्य ह्रास) को घटाना होता है। इसे निम्न समीकरण से दर्शाया जाता है–

$$NNP = GNP - Depreciation$$

3. **राष्ट्रीय आय (National Income)**: NNP की गणना दो प्रकार से की जा सकती है। प्रथम, वस्तुओं तथा सेवाओं की बाजार कीमतों पर तथा द्वितीय, कुल उत्पत्ति की उत्पादन साधन लागत के रूप में। जब NNP का मूल्यांकन अथवा माप साधन लागत पर किया जाता है तो उसे ही राष्ट्रीय आय के नाम से जाना जाता है। इसे ज्ञात करने के लिए बाजार मूल्य पर आकलित शुद्ध राष्ट्रीय उत्पाद (NNP) में से शुद्ध अप्रत्यक्ष करों (कुल अप्रत्यक्ष कर-सब्सिडी) को घटाना होता है। इस प्रकार से ज्ञात मूल्य ही साधन लागत पर शुद्ध राष्ट्रीय उत्पाद (Net National Product at Factor Cost) अथवा राष्ट्रीय आय कहलाता है। इसे निम्न समीकरण से दर्शाया जाता है–

साधन लागत पर शुद्ध राष्ट्रीय उत्पाद अथवा राष्ट्रीय आय = बाजार, कीमत पर NNP–अप्रत्यक्ष + सब्सिडी

4. **वैयक्तिक आय (Personal Income)**: वैयक्तिक आय वह आय है जो देशवासियों को वास्तव में प्राप्त होती है। इसे निम्न समीकरण से दर्शाया जाता है–

वैयक्तिक आय = राष्ट्रीय आय–निगमों का अवितरित लाभांश–निगम कर–सामाजिक सुरक्षा योजना के लिए किये गये भुगतान + सरकारी हस्तांतरण भुगतान + व्यापारिक भुगतान।

नोट: किसी भी देश की आर्थिक विकास दर का **सर्वश्रेष्ठ सूचक** प्रति व्यक्ति आय होती है।

5. **व्यय योग्य वैयक्तिक आय (Disposable Personal Income)**: व्यय योग्य वैयक्तिक आय ज्ञात करने के लिए वैयक्तिक आय में से वैयक्तिक प्रत्यक्ष करों को घटाया जाता है। इसे निम्न समीकरण से दर्शाया जाता है–

व्यय योग्य वैयक्तिक आय = वैयक्तिक आय–वैयक्तिक प्रत्यक्ष कर

राष्ट्रीय आय को मापने की विधियाँ

▷ साइमन कुजनेट्स के अनुसार किसी देश की राष्ट्रीय आय को निम्नलिखित तीन विधियों द्वारा मापा जाता है–

1. **उत्पादन गणना विधि**: इस विधि के अंतर्गत देश में एक वर्ष में उत्पादित अंतिम वस्तुओं तथा सेवाओं का शुद्ध मूल्य ज्ञात किया जाता है तथा उसके योग को अंतिम उपज योग (Final Product Total) कहा जाता है। यह वास्तव में सकल घरेलू उत्पाद (GDP) को दर्शाता है। राष्ट्रीय आय (साधन लागत पर शुद्ध राष्ट्रीय उत्पाद) की गणना के लिए सकल घरेलू उत्पाद के मूल्य में विदेशों में अर्जित शुद्ध आय को जोड़ा जाता है तथा मूल्य ह्रास को घटाया जाता है।

2. **आय गणना विधि**: इस विधि के अंतर्गत राष्ट्रीय आय की गणना के लिए विभिन्न क्षेत्रों

में कार्यरत व्यक्तियों तथा व्यावसायिक उपक्रमों की शुद्ध आय का योग प्राप्त किया जाता है। डॉ. बाउले तथा रॉबर्टसन के अनुसार इस विधि के तहत आयकर देने वाले तथा आयकर न देने वाले समस्त व्यक्तियों की आय को जोड़ दिया जाता है। ऐसा करने के लिए कभी-कभी देश के विभिन्न आय वर्गों के व्यक्तियों का चुनाव कर लिया जाता है तथा उनकी आय के आधार पर देश की कुल आय का अनुमान लगाया जाता है। इस विधि को निम्न समीकरण द्वारा दर्शाया जाता है-

राष्ट्रीय आय = कुल लगान+कुल मजदूरी+कुल उपज+कुल लाभ

3. **उपभोग बचत विधि :** इस विधि को व्यय विधि भी कहा जाता है। इस विधि के अनुसार कुल आय या तो उपभोग पर व्यय की जाती है अथवा बचत पर। अतः राष्ट्रीय आय कुल उपभोग तथा कुल बचतों का योग होती है। इस विधि से आय की गणना करने के लिए उपभोक्ताओं की आय तथा उनकी बचत से सम्बन्धित आँकड़ों का उपलब्ध होना आवश्यक होता है। चूँकि इस प्रकार के सही आँकड़े आसानी से उपलब्ध नहीं हो पाते। अतः इस विधि का प्रयोग सामान्यतः कम ही किया जाता है।

   नोट : भारत जैसे देश में राष्ट्रीय आय की गणना के लिए **उत्पादन प्रणाली** (Production Method) तथा **आय प्रणाली** (Income Method) का सम्मिश्रण प्रयोग किया जाता है।

भारत की राष्ट्रीय आय से सम्बन्धित महत्त्वपूर्ण तथ्य

- स्वतन्त्रता प्राप्ति के बाद भारत सरकार ने अगस्त 1949 में प्रो. पी.सी महालनोबिस की अध्यक्षता में एक राष्ट्रीय आय समिति का गठन किया था, जिसका उद्देश्य भारत की राष्ट्रीय आय के सम्बन्ध में अनुमान लगाना था।
- आगे चलकर राष्ट्रीय आय के आँकड़ों का संकलन करने के लिए सरकार ने केन्द्रीय सांख्यिकीय संगठन (Central Statistical Organisation-CSO) की स्थापना की। यह संस्था नियमित रूप से राष्ट्रीय आय के आँकड़े प्रकाशित करती है।
- राष्ट्रीय आय के सृजन में अर्थव्यवस्था के **तीन क्षेत्रों** का योगदान होता है। यह क्षेत्र प्राथमिक, द्वितीयक व तृतीयक क्षेत्र कहलाते हैं।
- अर्थव्यवस्था के **प्राथमिक क्षेत्र में** कृषि, वन क्षेत्र, मत्स्य क्षेत्र व खानें शामिल की जाती हैं। **द्वितीयक क्षेत्र** (उद्योग क्षेत्र) के दो प्रमुख अंग हैं- विनिर्माण (Manufacturing) तथा निर्माण (Construction)। **तृतीयक क्षेत्र** में व्यापार, परिवहन, संचार, बैंकिंग, बीमा, वास्तविक जायदाद (Real Estate) तथा सामुद्रिक सेवाएँ आदि शामिल की जाती हैं।
- नियोजन के प्रारंभ में भारत के सकल घरेलू उत्पाद (GDP) में प्राथमिक, द्वितीयक तथा तृतीयक क्षेत्र का योगदान क्रमशः 55.11, 13.34 तथा 29.55 प्रतिशत था।
- उदारीकरण के बाद सकल घरेलू उत्पाद (GDP) में तृतीयक क्षेत्र का योगदान सबसे अधिक हो गया है, जबकि द्वितीयक क्षेत्र दूसरे स्थान तथा प्राथमिक क्षेत्र तीसरे स्थान पर है।

3. आर्थिक नियोजन

- आर्थिक नियोजन से अभिप्राय है 'राज्य के अभिकरणों द्वारा देश के आर्थिक संपदा और सेवाओं की एक निश्चित अवधि हेतु आवश्यकताओं का पूर्वानुमान लगाना।' इस प्रकार स्पष्ट हो जाता है कि आर्थिक नियोजन अपने आप में सामाजिक नियोजन की अवधारणा को भी समाहित करता है।
- आर्थिक नियोजन के निर्धारित उद्देश्य हैं- आर्थिक संवृद्धि, आर्थिक व सामाजिक असमानता को दूर करना, गरीबी का निवारण तथा रोजगार के अवसरों में वृद्धि।
- भारत में नियोजन की आवश्यकता के संदर्भ में एक पुस्तक **भारत के लिए नियोजित अर्थव्यवस्था** (Planned Economy for India) 1934 ई. में प्रकाशित हुई थी, इस पुस्तक के

लेखक सर एम. विश्वेश्वररैया थे। इस दिशा में यह प्रथम प्रयास था। इस पुस्तक में उन्होंने भारत के नियोजित विकास के लिए एक 10 वर्षीय कार्यक्रम प्रस्तुत किया।

- भारत में नियोजन की आवश्यकता व संभावना पर विचार करने के लिए भारतीय राष्ट्रीय कांग्रेस के हरिपुरा अधिवेशन (1938) में **सर्वप्रथम** एक राष्ट्रीय नियोजन समिति का गठन किया गया था, जिसके अध्यक्ष पण्डित जवाहरलाल नेहरू थे।
- 1944 में मुंबई के प्रमुख उद्योगपतियों ने एक 15 वर्षीय सूत्रबद्ध योजना **बाम्बे प्लान** प्रस्तुत की, जो कि विभिन्न कारणों से क्रियान्वित नहीं हो सकी।
- महात्मा गांधी की आर्थिक विचारधारा से प्रेरणा लेकर श्रीमन्नारायण ने 1944 में एक योजना निर्मित की जिसे **गांधीवादी योजना** के नाम से जाना जाता है।
- 1945 ई. में श्रमिक नेता एम.एन. राय द्वारा **जन योजना** (People's Plan) तथा 1950 में जयप्रकाश नारायण द्वारा **सर्वोदय योजना** प्रस्तुत की गयी।

योजना आयोग

- योजना आयोग का भारतीय संविधान में कोई उल्लेख नहीं है। अतः इसका गठन परामर्शवादी व विशेषज्ञ संस्था के रूप में सरकार के एक प्रलेख द्वारा हुआ। योजना आयोग को निम्न कार्य सौंपे गये-
  (i) देश के भौतिक, पूँजीगत एवं मानवीय संसाधनों का अनुमान लगाना।
  (ii) राष्ट्रीय संसाधनों के अधिक से अधिक प्रभावी एवं संतुलित उपयोग के लिए योजना तैयार करना।
  (iii) योजना के विभिन्न चरणों का निर्धारण करना एवं प्राथमिकता के आधार पर संसाधनों का आवंटन करने का प्रस्ताव करना।
  (iv) उन तत्त्वों को जो कि आर्थिक विकास में बाधक हैं, सरकार को इंगित करना तथा उन परिस्थितियों का निर्धारण करना जो कि वर्तमान सामाजिक एवं राजनीतिक परिस्थितियों में योजना के कार्यान्वयन के लिए आवश्यक है।
  (v) योजना के प्रत्येक चरण के क्रियान्वयन के फलस्वरूप सुधारात्मक सुझाव देना।

राष्ट्रीय विकास परिषद्

- राष्ट्रीय विकास परिषद् (NDC) एक गैर-संवैधानिक निकाय है, जिसका गठन (6 अगस्त, 1952) आर्थिक नियोजन हेतु राज्यों एवं योजना आयोग के बीच सहयोग का वातावरण बनाने के लिए किया गया था। श्री के संथानम ने राष्ट्रीय विकास परिषद् को सर्वोच्च मंत्रिपरिषद् (Superb Cabinet) की संज्ञा दी है। राष्ट्रीय विकास परिषद् के निम्न प्रमुख कार्य हैं-
  (i) राष्ट्रीय योजना के संचालन का समय-समय पर मूल्यांकन करना।
  (ii) राष्ट्रीय विकास को प्रभावित करने वाली सामाजिक व आर्थिक नीतियों की समीक्षा करना।
  (iii) राष्ट्रीय योजना में निर्धारित लक्ष्य की प्राप्ति के लिए सुझाव देना तथा राष्ट्रीय नियोजन में अधिक से अधिक जन-सहयोग प्राप्त करना, प्रशासनिक दक्षता को सुधारना, अल्पविकसित व पिछड़े वर्गों एवं क्षेत्रों के विकास के लिए आवश्यक परियोजना का सुझाव देना एवं राष्ट्रीय विकास के लिए संसाधनों का निर्माण करना।
  (iv) योजना आयोग द्वारा तैयार की गयी योजना का अध्ययन करना तथा विचार-विमर्श के पश्चात् उसे अंतिम रूप प्रदान करना। राष्ट्रीय विकास परिषद् की स्वीकृति के बाद ही योजना का प्रारूप प्रकाशित होता है।

अन्तरराज्यीय परिषद्

- यह एक संवैधानिक संस्था है। केन्द्र तथा राज्यों के मध्य समन्वय स्थापित करने के लिए राष्ट्रपति अन्तरराज्यीय परिषद् (Interstate Council) का गठन कर सकता है। संविधान के

अनुच्छेद 263 में इस परिषद् की स्थापना तथा कार्यों का वर्णन किया गया है। इस परिषद् के निम्नलिखित कार्य हैं-

(i) राज्य तथा केन्द्र के बीच जो विवाद हों, उनकी जाँच कर उचित सलाह देना।

(ii) राज्यों तथा केन्द्र के पारस्परिक हित से सम्बन्धित विषयों पर अनुसंधान करना।

(iii) उपर्युक्त विषयों के बारे में बेहतर समन्वय हेतु कार्यवाही की सिफारिश करना।

- भारत में अब तक ग्यारह पंचवर्षीय योजनाएँ लागू की जा चुकी हैं और 1 अप्रैल, 2012 से 12वीं पंचवर्षीय योजना प्रारंभ की गयी है।
- विभिन्न पंचवर्षीय योजनाओं का संक्षिप्त विवरण निम्न प्रकार से है-

भारत : विभिन्न पंचवर्षीय योजनाएँ, लक्षित व प्राप्त विकास दर और प्राथमिकता के क्षेत्र

योजना एवं योजनावधि	लक्षित विकास दर	प्राप्त विकास दर	प्राथमिकता के क्षेत्र
पहली योजना (1951-56)	2.1	3.5	कृषि, सिंचाई विद्युत
दूसरी योजना (1956-61)	4.5	4.2	भारी उद्योग, चिकित्सा एवं स्वास्थ्य
तीसरी योजना (1961-66)	5.6	2.8	खाद्यान्न, उद्योग
चौथी योजना (1969-74)	5.7	3.2	कृषि, सिंचाई
पाँचवीं योजना (1974-79)	4.4	4.7	जन स्वास्थ्य, समाज, कल्याण
छठवीं योजना (1980-85	5.2	5.5	कृषि उद्योग, ऊर्जा
सातवीं योजना (1985-90)	5.0	5.6	ऊर्जा, खाद्यान्न
आठवीं योजना (1992-97)	5.6	6.5	मानव संसाधन शिक्षा, स्वास्थ्य और रोजगार विकास
नौवीं योजना (1997-02)	6.5	5.5	सामाजिक न्याय, ग्राम विकास, रोजगार
दसवीं योजना (2002-07)	7.9	7.7	रोजगार, ऊर्जा-सुधार तथा सामाजिक अवसंरचना का विकास
ग्यारहवीं योजना (2007-12)	9.0	7.8	विकास को सर्वहितकारी बनाना तथा तीव्रतर विकास के साथ अधिक संहित (Inclusive) संवृद्धि की दुतरफा रणनीति
बारहवीं योजना (2012-17)	8.0	उपलब्ध नहीं	तीव्र, संपोषणीय और अधिक समावेशी विकास

- उपर्युक्त पंचवर्षीय योजनाओं के अतिरिक्त सात वार्षिक योजनाएँ भी बनीं। ये वार्षिक 1966-67, 1967-68, 1968-69 के बीच, 1979-80 तथा 1990-91 से 1991-92 के लिए बनी थीं। 1978-79 को अनवरत योजना (Rolling Plan) के रूप में क्रियान्वित किया गया था।
- 1966-69 के काल को योजना अवकाश (Plan Holiday) भी कहा जाता है।

नीति आयोग

- लगभग 65 वर्षों तक भारत के आर्थिक नियोजन में महत्त्वपूर्ण भूमिका निभाने वाले योजना आयोग को भंग (1 जनवरी, 2015) करके उसके स्थान पर **नीति** (NITI– National Institute for Transforming India) आयोग का गठन किया गया।

- प्रधानमंत्री नरेंद्र मोदी की अध्यक्षता वाले नीति आयोग (Niti Aayog) में चार केंद्रीय मंत्री पूर्णकालिक (Full time) सदस्य बनाये गये हैं। नवगठित संस्था में छह सदस्य और तीन विशेष आमंत्रित सदस्य भी शामिल किये गये हैं।
- नीति आयोग का **पहला उपाध्यक्ष** अरविंद पनगढ़िया को नियुक्त किया गया है।
- नीति आयोग का **पहला मुख्य कार्यकारी अधिकारी** (CEO) सिंधुश्री खुल्लर को नियुक्त किया गया।
- नीति आयोग का संचालन परिषद होगा, जिसमें सभी राज्यों के मुख्यमंत्री और संघशासित प्रदेशों के उपराज्यपाल/प्रशासक होंगे। यह परिषद केंद्र व राज्यों के साथ मिलकर सहकारी संघवाद (Co-operative Federalism) का एक राष्ट्रीय एजेंडा तैयार करेगी।

4. निर्धनता

- गरीबी अथवा निर्धनता का आशय उस सामाजिक अवस्था से है, जिसमें समाज के एक वर्ग के लोग अपने जीवन की बुनियादी आवश्यकताओं को पूरा नहीं कर पाते हैं।
- सैद्धान्तिक रूप में गरीबी की माप करने के लिए सापेक्षिक और निरपेक्ष प्रतिमानों का प्रयोग किया जाता है।
- **सापेक्षिक प्रतिमान (Relative Measure)** : इस प्रतिमान से गरीबी के सापेक्ष रूप का ज्ञान होता है, अर्थात् विभिन्न आयु वर्गों के बीच कितनी असमानता है, यह स्पष्ट होता है। इसे सापेक्ष गरीबी (Relative poverty) भी कहते हैं। सापेक्षिक प्रतिमान से गरीबी मापने के लिए दो विधियों, यथा- लारेंज वक्र एवं गिनी गुणांक का प्रयोग किया जाता है।
- **निरपेक्ष प्रतिमान (Absolute Measure)** : यह प्रतिमान एक न्यूनतम आय अथवा उपभोग स्तर पर आधारित है। इस प्रतिमान का निर्धारण करते समय मनुष्य की पोषक आवश्यकताओं तथा अनिवार्यताओं के आधार पर आय अथवा उपभोग व्यय के न्यूनतम स्तर को ज्ञात किया जाता है। इस प्रतिमान का सर्वप्रथम प्रयोग खाद्य एवं कृषि संगठन (F.A.O.) के प्रथम महानिदेशक आर. ब्याएड ने 1945 ई. में किया था और उन्होंने गरीबी के माप करने के लिए **क्षुधा रेखा** (Starvation Line) की संकल्पना का प्रतिपादन किया था।

नोट : भारत में निर्धनता की माप के लिए निरपेक्ष प्रतिमान (Absolute Measure) का प्रयोग किया जाता है। इस आधार पर निर्धारित किये गये न्यूनतम उपभोग व्यय को निर्धनता रेखा कहा जाता है।

- भारत में अनेक अर्थशास्त्रियों एवं संस्थाओं ने निर्धनता के निर्धारण के लिए अपने-अपने प्रमाप बनाये हैं। इन सभी अध्ययनों का आधार 2,250 कैलोरी के बराबर खाद्य का मूल्य है।

चुनिंदा राज्यों में निर्धनता रेखा के नीचे की जनसंख्या	
राज्य	निर्धनता रेखा से नीचे जीवनयापन करने वाली जनसंख्या का प्रतिशत
ओडिशा	46.4
बिहार	41.4
छत्तीसगढ़	40.9
झारखंड	40.3
उत्तरप्रदेश	32.8
असम	19.7
केरल	15.0
दिल्ली	14.7
हरियाणा	14.0
गोवा	13.8
मिजोरम	12.6
हिमाचल प्रदेश	10.0
पंजाब	8.4
जम्मू-कश्मीर	5.4
अखिल भारत	17.5

योजना आयोग द्वारा गठित विशेषज्ञ दल 'Task Force on Minimum Needs and Effective Consumption Demand' की रिपोर्ट के अनुसार ग्रामीण क्षेत्र में प्रतिव्यक्ति 2400 कैलोरी प्रतिदिन तथा शहरी क्षेत्र में प्रति व्यक्ति 2100 कैलोरी प्रतिदिन के हिसाब से भी भोजन जिन्हें प्राप्त नहीं हो पाता, उसे गरीबी रेखा से नीचे माना गया है।

निर्धनता के विभिन्न फॉर्मूले

- **लकड़ावाला फॉर्मूला :** इसमें शहरी निर्धनता के आकलन हेतु औद्योगिक श्रमिकों के उपभोक्ता मूल्य सूचकांक व ग्रामीण क्षेत्रों में इस उद्देश्य हेतु कृषि श्रमिकों के उपभोक्ता मूल्य सूचकांक को आधार बनाया गया है। इस प्रकार लकड़ावाला फॉर्मूला के तहत सभी राज्यों में अलग-अलग निर्धनता रेखाएँ होंगी।
- **सुरेश तेंदुलकर समिति फॉर्मूला :** निर्धनता रेखा से नीचे (BPL) के लोगों की पहचान हेतु यह सबसे नया फॉर्मूला है। सुरेश तेंदुलकर की अध्यक्षता वाली समिति ने निर्धनता रेखा के निर्धारण हेतु अपने फॉर्मूले में उपभोग व्यय को आधार बनाते हुए इसे अधिक व्यवहारिक बताया है। जीवन के लिए आवश्यक सामग्रियों को इसके तहत 'Basket of Minimum List' उपभोग व्यय में शामिल किया गया है।

गरीबी तथा बेरोजगारी उन्मूलन से सम्बन्धित योजनाएँ तथा उनके प्रारंभ वर्ष

योजनाएँ	प्रारंभ वर्ष
मरुभूमि विकास कार्यक्रम	1977-1978 ई.
काम के बदले अनाज कार्यक्रम	1977-1978 ई.
अन्त्योदय योजना कार्यक्रम	1977-1978 ई.
ट्रायसेम (TRYSEM)	1979 ई.
एकीकृत ग्रामीण विकास कार्यक्रम	1980 ई.
ड्वाकरा (DWCRA)	1982 ई.
जवाहर रोजगार योजना	1989 ई.
नेहरू रोजगार योजना	1989 ई.
दस लाख कुआँ योजना	1988-1989 ई.
इंदिरा आवास योजना	1985-1986 ई.
प्रधानमन्त्री रोजगार योजना	1993 ई.
रोजगार आश्वासन योजना	1993 ई.
स्वर्ण जयंती शहरी रोजगार योजना	1997 ई.
जवाहर ग्राम समृद्धि योजना	1999 ई.
प्रधानमन्त्री ग्रामोदय योजना	2000-2001 ई.
अन्नपूर्णा योजना	2000 ई.
जनश्री बीमा योजना	2000-2001 ई.
अन्त्योदय अन्न योजना	2000 ई.
आश्रय बीमा योजना	2001-2002 ई.
जे.पी. रोजगार गारंटी योजना	2002-2006 ई.
भारत निर्माण कार्यक्रम	2005-2006 ई.
राष्ट्रीय रोजगार गारंटी कार्यक्रम (NREGA अब MNREGA)	2006 ई.

नोट:

(i) देश में निर्धनता रेखा के निर्धारण के लिए जिस दांडेकर-रथ फॉर्मूले का इस्तेमाल 1971 से किया जाता रहा है, उसमें भोजन में कैलोरी की मात्रा को ही एकमात्र आधार माना गया है।

(ii) सुरेश तेंदुलकर समिति के नये फॉर्मूले में **कॉस्ट ऑफ लिविंग** (Cost of Living) को **निर्धनता की पहचान के लिए आधार** स्वीकार किया गया है। इसमें यह देखा जाता है कि जीवनयापन के लिए कम-से-कम कितनी राशि की आवश्यकता होती है।

5. बेरोजगारी

- सामान्य रूप से बेरोजगारी का आशय उत्पादन कार्य में न लगा होना है।
- भारत में प्रायः निम्नलिखित प्रकार की बेरोजगारी देखी जा सकती है।

रोजगार और बेरोजगारी की वर्तमान स्थिति	
राज्य	**बेरोजगारी की दर**
भारत (अखिल भारतीय)	5.2%
मिजोरम	2.2%
हिमाचल प्रदेश	5.2%
राजस्थान	3.2%
मध्यप्रदेश	2.4%
तमिलनाडु	4.9%
उत्तरप्रदेश	6.0%
कर्नाटक	2.4%
ओडिशा	8.4%
महाराष्ट्र	4.4%
स्रोत : श्रम ब्यूरो रिपोर्ट (शिमला)	

(i) **संरचनात्मक बेरोजगारी (Structural Unemployment) :** औद्योगिक क्षेत्र में संरचनात्मक परिवर्तनों के परिणामस्वरूप उत्पन्न होने वाली बेरोजगारी को संरचनात्मक बेरोजगारी कहते हैं। यह दीर्घकालीन होती है। भारत में मूलतः बेरोजगारी का स्वरूप इसी प्रकार का है।

(ii) **अल्परोजगार (Underemployment) :** इसके तहत ऐसे श्रमिक आते हैं, जिनको थोड़ा बहुत काम मिलता है और जिनके द्वारा वे कुछ अंशों तक उत्पादन में योगदान देते हैं, किन्तु इनको अपनी क्षमतानुसार काम नहीं मिलता या पूरा काम नहीं मिलता है। इसमें कृषि में लगे श्रमिक भी आते हैं, जिन्हें करने के लिए कम काम मिलता है।

(iii) **छिपी हुई बेरोजगारी अथवा अदृश्य बेरोजगारी (Disguised Unemployment) :** इसके अन्तर्गत श्रमिक बाहर से तो काम पर लगे हुए प्रतीत होते हैं, किन्तु वास्तव में उन श्रमिकों की उस कार्य में आवश्यकता नहीं होती अर्थात् यदि उन श्रमिकों को उस कार्य से निकाल दिया जाये तो कुल उत्पादन पर कोई प्रतिकूल प्रभाव नहीं पड़ता। इन श्रमिकों की सीमांत उत्पादकता शून्य अथवा नगण्य होती है। कृषि में इसी प्रकार की बेरोजगारी की प्रधानता है।

(iv) **खुली बेरोजगारी (Open Unemployment) :** इससे तात्पर्य उस बेरोजगारी से है जिसके तहत श्रमिकों को बिना किसी कामकाज के रहना पड़ता है। उन्हें थोड़ा बहुत भी काम नहीं मिलता है। भारत में बहुत से श्रमिक गाँवों से शहरों की ओर काम की तलाश में जाते हैं, किन्तु काम उपलब्ध न होने के कारण वहाँ बेरोजगार पड़े रहते हैं। इसके अन्तर्गत मुख्यतः शिक्षित बेरोजगार तथा साधारण (अदक्ष) बेरोजगार श्रमिकों को सम्मिलित किया जाता है।

(v) **शिक्षित बेरोजगारी (Educated Unemployment) :** शिक्षित बेरोजगार ऐसे श्रमिक हैं, जिनको शिक्षित करने के लिए संसाधन उपलब्ध कराये जाते हैं तथा उनकी कार्यकुशलता (क्षमता) भी अन्य श्रमिकों से अधिक होती है, किंतु उनको अपनी योग्यतानुसार कार्य नहीं मिलता तथा वे बेरोजगारी से ग्रसित हो जाते हैं। वर्तमान में देश के सामने शिक्षित बेरोजगारी की समस्या बहुत गंभीर समस्या बनी हुई है।

(vi) **घर्षणात्मक बेरोजगारी (Frictional Unemployment) :** बाजार की दशाओं में परिवर्तन (माँग एवं पूर्ति की शक्तियों में परिवर्तन) होने से उत्पन्न बेरोजगारी को घर्षणात्मक बेरोजगारी कहते हैं। हमारे देश में कृषि एक मुख्य व्यवसाय है। देश की कृषि अधिकांशतः प्राकृति पर निर्भर करती है। इसी प्रकार बाजार की माँग देश में उपलब्ध साधनों पर निर्भर करती है। इनकी उपलब्धता में परिवर्तन हो जाने पर माँग पक्ष प्रभावित होता है।

(vii) **मौसमी बेरोजगारी (Seasonal Unemployment) :** इसके अन्तर्गत किसी विशेष मौसम या अवधि में प्रतिवर्ष उत्पन्न होने वाली बेरोजगारी को सम्मिलित किया जाता है। भारत में कृषि में सामान्यत: 7-8 माह ही काम चलता है तथा शेष महीनों में खेती में लगे व्यक्तियों को बेकार बैठना पड़ता है।

(viii) **शहरी बेरोजगारी (Urban Unemployment) :** शहरी क्षेत्रों में प्राय: खुले किस्म की बेरोजगारी तथा शिक्षित बेरोजगारी को सम्मिलित किया जा सकता है।

(ix) **ग्रामीण बेरोजगारी (Rural Unemployment) :** इसे कृषिगत बेरोजगारी भी कहा जाता है। भारत में ग्रामीण बेरोजगारी एक प्रमुख समस्या बनी हुई है।

6. भारत में कृषि

- कृषि भारतीय अर्थव्यवस्था का मेरुदंड है। जनसंख्या का लगभग 52% भाग आजीविका के लिए कृषि पर निर्भर है। यह निजी क्षेत्र का सबसे बड़ा व्यवसाय है।
- राष्ट्रीय अर्थव्यवस्था में कृषि के महत्त्व का मूल्यांकन निम्नलिखित बिन्दुओं के आधार पर किया जा सकता है-

(i) **राष्ट्रीय आय में कृषि का अंश :** भारत के सकल घरेलू उत्पाद (GDP) में कृषि का योगदान काफी अधिक है। यद्यपि उदारीकरण के दौर में यह घटा है किन्तु अभी भी कृषि का लगभग 15% योगदान भारत के सकल घरेलू उत्पाद में है।

(ii) **रोजगार की दृष्टि से कृषि का महत्त्व :** देश की कुल श्रम शक्ति का लगभग 52% भाग कृषि एवं इससे सम्बद्ध उद्योग-धंधों से अपनी आजीविका कमाता है और निजी क्षेत्र का यह सबसे बड़ा अकेला व्यवसाय है।

(iii) **औद्योगिक विकास के लिए कृषि का महत्त्व :** भारत के प्रमुख उद्योगों को कच्चा माल कृषि से ही प्राप्त होता है। सूती और पटसन वस्त्र उद्योग, चीनी, वनस्पति तथा बागान उद्योग आदि प्रत्यक्ष रूप से कृषि पर निर्भर हैं। हथकरघा, बुनाई, तेल निकालना, चावल कूटना आदि बहुत से लघु और कुटीर उद्योगों को भी कृषि से ही कच्चा माल प्राप्त होता है। अत: देश के औद्योगिक विकास के लिए भी कृषि महत्त्वपूर्ण है।

कृषिगत उपजों के अधिकतम उत्पादन करने वाले राज्य

उपज	राज्य	कुल उत्पादन का प्रतिशत (अखिल भारतीय संदर्भ में)
चावल	पश्चिम बंगाल	14.32%
गेहूँ	उत्तरप्रदेश	30.85%
मक्का	कर्नाटक	20.02%
मोटा अनाज	राजस्थान	16.06%
दालें	मध्यप्रदेश	26.71%
कुल खाद्यान्न	उत्तरप्रदेश	19.09%
मूँगफली	गुजरात	52.08%
सरसो	राजस्थान	46.81%
सोयाबीन	मध्यप्रदेश	44.10%
सनफ्लॉवर	कर्नाटक	44.67%
समस्त तिलहन	मध्यप्रदेश	20.54%
गन्ना	उत्तरप्रदेश	38.56%
कपास	गुजरात	30.48%
जूट/मेस्ता	पश्चिम बंगाल	74.19%

स्रोत : आर्थिक सर्वेक्षण-2013-14

(iv) अन्तरराष्ट्रीय व्यापार के क्षेत्र में कृषि का महत्त्व : भारत के विदेशी व्यापार का अधिकांश भाग कृषि से ही जुड़ा है। भारत के समग्र निर्यात में कृषि क्षेत्र की भागीदारी 2011-2012 वर्ष में 12.4% थी, जबकि समान अवधि में ही देश के समग्र आयात में कृषि एवं सम्बद्ध क्षेत्र में आयात का अंश 3.0% था।

- जनवरी 2004 में राष्ट्रीय किसान आयोग का गठन हुआ, जिसके प्रथम अध्यक्ष सोमपाल थे।
- तत्कालीन प्रधानमन्त्री श्री अटल बिहारी वाजपेयी ने 21 जनवरी, 2004 को नई दिल्ली में 'किसान कॉल सेंटर' तथा 'कृषि चैनल' का उद्घाटन किया। किसान कॉल सेंटर (KCC) के वर्तमान में 144 किसान कॉल एजेंट्स लगाये जा चुके हैं। किसान बिना शुल्क दिये 1800-180-1551 नंबर डायल करके कृषि सम्बन्धी जानकारी किसान काल सेंटर से प्राप्त कर सकते हैं।

  इसी अवसर पर तत्कालीन प्रधानमन्त्री ने उपग्रह प्रणाली के माध्यम से इंदिरा गांधी मुक्त विश्वविद्यालय के 'किसान चैनल' का भी उद्घाटन किया। इसके अन्तर्गत केबल के जरिए एक वर्ष तक दिन में चार बार एक-एक घंटे के कार्यक्रम प्रसारित किये गये। दिसंबर 2006 से तीन-तीन घंटे के कार्यक्रम दिन में चार बार आयोजित किये जाते हैं।
- केन्द्र सरकार ने राष्ट्रीय कृषि तथा ग्रामीण विकास बैंक 'नाबार्ड (NABARD) के जरिए देश के ग्रामीण क्षेत्रों में रूरल नॉलेज सेंटर (Rural Knowledge Centre) की स्थापना की है। इन केन्द्रों में आधुनिक सूचना प्रौद्योगिकी व दूरसंचार तकनीक का उपयोग किसानों को वांछित जानकारियाँ उपलब्ध कराने के लिए किया जाता है। रूरल नॉलेज सेंटर की स्थापना राष्ट्रीय किसान आयोग की संस्तुति के आधार पर की गयी है।

नई कृषि नीति

- राष्ट्रीय कृषक आयोग के संस्तुति पर आधारित नई कृषि नीति के तहत निम्नलिखित बातों पर जोर दिया गया है-
  - (i) सभी कृषिगत उपजों के न्यूनतम समर्थन मूल्य (MSP)।
  - (ii) मूल्यों के उतार-चढ़ाव से किसानों की सुरक्षा हेतु मार्केट रिस्क स्टेबलाइजेशन फंड का सुझाव।
  - (iii) सूखे एवं वर्षा सम्बन्धी जोखिमों से बचाव हेतु एग्रीकल्चर रिस्क फंड का सुझाव।
  - (iv) सभी राज्यों में राज्यस्तरीय किसान आयोग के गठन का सुझाव।
  - (v) किसानों के लिए बीमा योजनाओं का विस्तार।
  - (vi) कृषि सम्बन्धी मामलों में स्थानीय पंचायतों के अधिकार में वृद्धि।
  - (vii) राज्य सरकारों द्वारा कृषि हेतु अधिक संसाधनों के आवंटन की संस्तुति।
  - (viii) केन्द्र एवं राज्यों में कृषि मन्त्रालयों का नाम बदलकर कृषि एवं कृषक कल्याण मन्त्रालय करने का सुझाव

कृषि से सम्बद्ध अन्य मुख्य बातें

- भारत में कृषि उत्पादन को दो भागों में बाँटा जा सकता है- खाद्यान्न और अखाद्यान्न। इसमें खाद्यान्नों का हिस्सा लगभग दो-तिहाई और अखाद्यान्नों का हिस्सा लगभग एक-तिहाई है।
- भारत में मुख्य खाद्य फसल चावल है।
- भारत में चावल का सर्वाधिक उत्पादन करने वाला राज्य पश्चिम बंगाल है। दूसरे और तीसरे स्थान पर क्रमशः उत्तरप्रदेश एवं आंध्रप्रदेश है।
- भारत में गेहूँ का सर्वाधिक उत्पादन करने वाला राज्य उत्तरप्रदेश है। दूसरे और तीसरे स्थान पर क्रमशः पंजाब एवं हरियाणा है।
- गन्ने तथा चीनी के उत्पादन में भारत का विश्व में प्रथम स्थान है।
- चाय के उत्पादन तथा उपभोग में भारत का विश्व में प्रथम स्थान है। भारत विश्व के कुल चाय उत्पादन का 27% उत्पादित करता है।

- विश्व के कुल कॉफी उत्पादन के 4% भाग का उत्पादन भारत में होता है। कॉफी उत्पादन में विश्व में भारत का स्थान छठा है। भारत में कॉफी के कुल उत्पादन का 56.5% केवल कर्नाटक राज्य में होता है।
- राष्ट्रीय कृषि बीमा योजना अक्टूबर 1999 ई. से लागू किया गया है।
- बागवानी उत्पादों को प्रोत्साहन देने के लिए केन्द्र सरकार ने एक राष्ट्रीय बागवानी मिशन (National Horticulture Mission-NHM) 5 मई, 2005 से प्रारंभ किया है।
- वर्ष 2007-2008 के रबी मौसम से केन्द्र प्रायोजित राष्ट्रीय खाद्य सुरक्षा मिशन का शुभारंभ किया गया है।
- केन्द्र सरकार ने 6 नवंबर, 2005 को किसानों तक नई तकनीक और आवश्यक जानकारी उपलब्ध कराने के लिए किसानों एवं गाँव पंचायत से लेकर जिला स्तर की प्रशासकीय इकाइयों, कृषि विज्ञान केन्द्रों और गैर-सरकारी संगठनों को एक साथ जोड़कर **एग्रीकल्चर टेक्नोलॉजी मैनेजमेंट एजेंसी** (आत्मा) का गठन किया है। इस योजना पर केन्द्र सरकार कुल खर्च का 90% तथा राज्य सरकार 10% वहन करती है।
- 16 अगस्त, 2007 को राष्ट्रीय कृषि विकास योजना (RKVY) का शुभारंभ किया गया।
- किसानों को संगठित बैंकिंग प्रणाली से लचीले, झंझट मुक्त और कम खर्चीले तरीके से पर्याप्त और यथासमय ऋण सहायता मुहैया कराने के लिए 1998-1999 किसान क्रेडिट कार्ड (KCC) योजना शुरू की गयी।
- भारत में भूमि सुधार के अन्तर्गत मुख्यत: तीन प्रकार के कदम उठाये गये हैं- (i) मध्यस्थों का उन्मूलन (ii) काश्तकारी सुधार और (iii) कृषि का पुनर्गठन।
- प्रथम पंचवर्षीय योजना की समाप्ति के दौरान देश में मध्यस्थों का उन्मूलन (छोटे-छोटे क्षेत्रों को छोड़कर) किया जा चुका था।
- काश्तकारी सुधार के अन्तर्गत मुख्यत: तीन उपाय किये गये- (i) लगान का नियमन (ii) काश्त अधिकार की सुरक्षा तथा (iii) काश्तकारों को भूमि का मालिकाना अधिकार।
- कृषि के पुनर्गठन के अन्तर्गत मुख्य दो उपाय किये गये हैं- (i) जोतों की सीमाबंदी तथा (ii) जोतों की चकबंदी।
- जोतों की सीमाबंदी जोत का वह अधिकतम/महत्तम क्षेत्रफल है, जो राज्यों के कानून द्वारा निर्धारित किया जाता है तथा जिससे अधिक जोत का होना अवैध माना जाता हे।
- जोतों की चकबंदी वह प्रक्रिया है, जिसमें विभाजित तथा खंडित जोतों को इकट्ठा किया जाता है।
- भारत में जोतों को तीन वर्गों में बाँटा गया है- (i) सीमांत जोत (ii) लघु जोत तथा (iii) बृहत् जोत।
- 1 हेक्टेयर से कम क्षेत्रफल वाली जोत **सीमांत जोत**, 1 से 4 हैकटेयर वाली जोत **लघु जोत** तथा 4 हेक्टेयर से बड़ी क्षेत्रफल वाली जोत **बृहत् जोत** कही जाती है।
- भारत में **सर्वाधिक जोतों** की संख्या सीमांत प्रकार की है।
- भारत में **सबसे पहले** चकबंदी 1920 ई. में बड़ौदा में लागू किया गया।
- हरित क्रान्ति का प्रारंभ तीसरी पंचवर्षीय योजना से माना जाता है।
- हरित क्रान्ति का सर्वाधिक सकारात्मक प्रभाव गेहूँ पर पड़ा है, जिसकी पैदावार में 500% की वृद्धि हुई है।
- भारत में कृषि वित्त के स्रोतों को दो वर्गों में रखा गया है- (i) गैर-संस्थागत स्रोत और (ii) संस्थागत स्रोत।
- कृषि वित्त के गैर-संस्थागत स्रोतों में महाजन तथा साहूकार, सम्बन्धी या रिश्तेदार, व्यापारी, जमींदार और आढ़तिए प्रमुख हैं।
- कृषि वित्त के संस्थागत स्रोतों में सहकारी समितियाँ और सहकारी बैंक, व्यापारिक बैंक, क्षेत्रीय ग्रामीण बैंक, सरकार आदि प्रमुख हैं।

- सहकारी साख संगठन का आरंभ सर्वप्रथम 1904 ई. में हुआ था।
- प्राथमिक सहकारी समिति **अल्पकालीन ऋण** उपलब्ध कराती है।
- राज्य सहकारी कृषि और ग्रामीण विकास बैंक **दीर्घकालीन ऋण** उपलब्ध कराती है।
- भूमि विकास बैंक मूलत: **दीर्घकालीन साख** उपलब्ध कराती है।
- भूमि विकास बैंक का आरंभ भूमि बंधक बैंक के रूप में 1919 ई. में हुआ था।
- राष्ट्रीय ग्रामीण विकास बैंक अर्थात् नाबार्ड (NABARD), ग्रामीण साख की शीर्ष संस्था है। नाबार्ड की स्थापना 12 जुलाई, 1982 ई. को भारतीय रिजर्व बैंक (RBI) के कृषि साख विभाग और कृषि के पुनर्वित और विकास निगम के विलय द्वारा की गयी।
- किसानों के फसलों के नुकसान के कारण आर्थिक क्षतिपूर्ण के लिए वर्ष 2016 में **प्रधानमंत्री फसल बीमा योजना** शुरू की गयी है।

विभिन्न प्रकार की कृषिकों के नाम	
एरोपोनिक (Aeroponic)	पौधों को हवा में उगाना
एपीकल्चर (Apiculture)	मधुमक्खी पालन
हॉर्टीकल्चर (Horticulture)	बागवानी
फ्लोरीकच्चर (Floriculture)	फूलों की खेती
ओलेरीकल्चर (Olericulture)	सब्जी की खेती
पोमोलॉजी (Pomology)	फल की खेती
विटीकल्चर (Viticulture)	अंगूर की खेती
वर्मीकल्चर (Vermiculture)	केंचुआ पालन
पिसीकल्चर (Pisciculture)	मत्स्यपालन
सेरीकल्चर (Sericulture)	रेशम उद्योग
मोरीकल्चर (Moriculture)	रेशम कीट हेतु शहतूत (Mulberry) उगाना

7. भारत के प्रमुख उद्योग

- स्वतन्त्रता के पश्चात् देश की **प्रथम औद्योगिक नीति** की घोषणा 6 अप्रैल, 1948 ई. को तत्कालीन केन्द्रीय उद्योग मन्त्री डॉ. श्यामा प्रसाद मुखर्जी द्वारा की गयी।
- प्रथम औद्योगिक नीति में निजी एवं सार्वजनिक क्षेत्र के लिए क्षेत्रों का स्पष्ट बँटवारा करते हुए देश में मिश्रित एवं नियन्त्रित अर्थव्यवस्था (Mixed and Controlled Economy) की नींव रखी गयी।
- प्रथम औद्योगिक नीति में सार्वजनिक तथा निजी क्षेत्र दोनों के ही महत्त्व को स्वीकार किया गया। परन्तु मूल उद्योगों के विकास का दायित्व सार्वजनिक क्षेत्र को सौंपा गया।
- समाजवादी ढंग के समाज की स्थापना के उद्देश्य से पुन: 30 अप्रैल, 1956 ई. को **दूसरी औद्योगिक नीति** की घोषणा की गयी।
- दूसरी औद्योगिक नीति में सार्वजनिक क्षेत्र का विस्तार, सहकारी क्षेत्र का विकास तथा निजी एकाधिकारों पर नियन्त्रण जैसे उद्देश्य शामिल किये गये।
- प्रथम औद्योगिक नीति (1948) में उद्योगों की **चार श्रेणियाँ** बनायी गयी जबकि दूसरी औद्योगिक नीति (1956) में उद्योगों की श्रेणियाँ घटाकर **तीन** कर दी गयी।
- 1973 ई. में दत्त समिति के सिफारिशों के आधार पर संयुक्त क्षेत्र का गठन किया गया।
- 1980 ई. की औद्योगिक नीति संघवाद की अवधारणा से प्रेरित थी तथा इसमें कृषि पर आधारित उद्योगों को रियायतें देने की नीति अपनायी गयी।
  नोट : प्रथम औद्योगिक नीति के बाद तथा 1991 के नई औद्योगिक नीति के पूर्व सरकार द्वारा जो भी औद्योगिक नीतियाँ घोषित की गयी, उन सभी का आधार 1956 ई. के औद्योगिक नीति का प्रस्ताव ही था।

- जून 1991 में नरसिम्हा राव द्वारा सत्ता ग्रहण करने के बाद आर्थिक नीतियों में बड़े पैमाने पर बदलाव हुए तथा 24 जुलाई, 1991 को नई औद्योगिक नीति की घोषणा की गयी। इस नई औद्योगिक नीति में व्यापक स्तर पर उदारवादी कदमों की घोषणा की गयी। नई औद्योगिक नीति में 18 प्रमुख उद्योगों को छोड़कर अन्य सभी उद्योगों को लाइसेंस से मुक्त कर दिया गया। बाद में 13 और उद्योगों को लाइसेंस से मुक्त कर दिया गया जिससे लाइसेंसिंग से युक्त उद्योगों की संख्या घटकर 5 रह गयी है। वे 5 उद्योग जिनके लिए लाइसेंस लेना अनिवार्य है, निम्नलिखित प्रकार से हैं-
    1. एल्कोहॉल युक्त पेयों का आसवन एवं इनसे शराब बनाना (Distillation and Brewing of Alcoholic Drinks)।
    2. तंबाकू के सिगार एवं सिगरेट तथा विनिर्मित तंबाकू के अन्य विकल्प।
    3. सभी प्रकार के इलेक्ट्रॉनिक, एयरोस्पेस तथा रक्षा उपकरण।
    4. डिटोनेटिंग फ्यूज, सेफ्टी फ्यूज, गन पाउडर, नाइट्रोसेल्यूलोज तथा माचिसों सहित औद्योगिक विस्फोटक सामग्री।
    5. खतरनाक रसायन।
- नई औद्योगिक नीति में वैश्वीकरण निजीकरण एवं उदारीकरण प्रमुख तत्त्व हैं।
- वैसे उद्यम जिनका संचालन एंव नियन्त्रण सरकार द्वारा होता है, सार्वजनिक उद्यम कहलाते हैं।
- 1997 ई. में सार्वजनिक क्षेत्र के मूलतः नौ कंपनियों के लिए ही नवरत्न दर्जा का सृजन किया गया था, किन्तु बाद में इनकी संख्या बढ़ गयी। वर्तमान में 17 नवरत्न कंपनियाँ हैं, जो निम्नलिखित हैं-
    1. भारत इलेक्ट्रॉनिक लिमिटेड (BEL),
    2. भारत पेट्रोलियम कॉर्पोरेशन लिमिटेड (BPCL)
    3. हिन्दुस्तान पेट्रोलियम कॉर्पोरेशन लिमिटेड (HPCL)
    4. महानगर टेलीफोन निगम लिमिटेड (MTNL)
    5. हिन्दुस्तान एयरोनॉटिक्स लिमिटेड (HAL)
    6. पॉवर ग्रिड कॉर्पोरेशन ऑफ इंडिया (PGCIL)
    7. राष्ट्रीय खनिज विकास निगम (NMDC)
    8. ग्रामीण विद्युतीकरण निगम लिमिटेड (REC)
    9. नेशनल एल्यूमिनियम कंपनी (NALCO)
    10. राष्ट्रीय इस्पात निगम लिमिटेड (RINL)
    11. पॉवर फाइनेंस कॉर्पोरेशन लिमिटेड (PFC)
    12. भारतीय नौवहन निगम (SCI)
    13. ऑइल इंडिया लिमिटेड (OIL)
    14. निवेली लिग्नाइट कॉर्पोरेशन (NLC)
    15. इंजीनियर्स इंडिया लिमिटेड (EIL)
    16. कंटेनर कॉर्पोरेशन ऑफ इंडिया लिमिटेड (CONCORIL)
    17. राष्ट्रीय भवन निर्माण निगम लिमिटेड (NBCCL)
- नवरत्न का दर्जा प्राप्त हो जाने से कंपनियों को ज्यादा प्रशासनिक और वित्तीय सहायता मिलती है। ये कंपनियाँ सरकार के अनुमति के बगैर देश या विदेश में संयुक्त उद्यम लगा सकती हैं और उनमें अपनी नेटवर्थ के 15% तक निवेश कर सकती हैं।
- सार्वजनिक क्षेत्र की कुछ नवरत्न दर्जा प्राप्त रही कंपनियों को 'अब' महारत्न का दर्जा दिया गया है। महारत्न का दर्जा प्राप्त कंपनियों को निवेश के मामले में अपेक्षाकृत अधिक स्वायत्तता प्राप्त होती है। 'नवरत्न' का दर्जा प्राप्त कंपनियाँ जहाँ 1000 करोड़ रुपये तक के निवेश प्रस्तावों पर केंद्र सरकार की पूर्वानुमति के बिना ही निर्णय ले सकती हैं, वहीं 'महारत्न' कंपनियों को

5000 करोड़ रुपये तक के निवेश प्रस्तावों के लिए यह स्वायत्तता प्राप्त है। वर्तमान में 'महारत्न' दर्जा प्राप्त कंपनियों की संख्या 7 हैं, जो निम्नलिखित है-

1. भारतीय इस्पात प्राधिकरण (SAIL)
2. तेल एवं प्राकृतिक गैस निगम (ONGC)
3. भारतीय तेल निगम (IOC)
4. राष्ट्रीय ताप विद्युत निगम (NTPC)
5. कोल इंडिया लिमिटेड (CIL)
6. भारत हैवी इलेक्ट्रिकल्स लिमिटेड (BHEL)
7. भारतीय गैस प्राधिकरण लिमिटेड (GAIL)

- देश के कुल उद्यमों में 50% से अधिक, उद्यम पाँच राज्यों- तमिलनाडु, महाराष्ट्र, पश्चिम बंगाल, आंध्रप्रदेश व उत्तरप्रदेश में स्थापित है।
- उदारीकरण के बाद औद्योगिक क्षेत्र (द्वितीयक क्षेत्र) का GDP में हिस्सा 2010-2011 में लगभग 28% हो गया है।
- 12वीं योजना के दौरान औद्योगिक क्षेत्र की विकास दर का लक्ष्य 10% रखा गया है।
- वर्तमान समय में गुजरात में 112 सूती वस्त्र मिलें हैं, जिनमें से अकेले अहमदाबाद में 66 मिलें हैं। इसे **पूर्व का वोस्टन** कहा जाता है। महाराष्ट्र राज्य में 104 मिलें हैं, जिनमें से 54 मिलें अकेले मुम्बई में हैं। मुम्बई को **सूती वस्त्रों की राजधानी** कहा जाता है। कानपुर शहर में सूती की 10 मिलें हैं, जिसे **उत्तर भारत का मैनचेस्टर** कहा जाता है।
- सर्वाधिक उद्यम संख्या वाले तीन केंन्द्रशासित क्षेत्र हैं- दिल्ली, चंडीगढ़ और पुदुचेरी।
- सर्वाधिक रोजगार वाले पाँच राज्य हैं- महाराष्ट्र, तमिलनाडु, पश्चिम बंगाल, आंध्रप्रदेश और उत्तरप्रदेश।
- भारत में लघु व कुटीर उद्योग का कुल औद्योगिक निर्यात में भागीदारी लगभग 40% है।
- लघु व कुटीर उद्योगों द्वारा लगभग 3 करोड़ लोगों को रोजगार के अवसर उपलब्ध कराये गये हैं।
- लघु व कुटीर उद्योग पर विशेष ध्यान 1977 ई. की औद्योगिक नीति में दिया गया।
- जिला उद्योग केन्द्रों की स्थापना 1977 में की गयी थी।
- लघु उद्योगों को वित्त प्रदान करने के उद्देश्य से 1990 में भारतीय लघु उद्योग विकास बैंक (SIDBI) की स्थापना की गयी।
- आबिद हुसैन समिति लघु उद्योगों में सुधार से सम्बन्धित है।

निजीकृत की गयी सार्वजनिक क्षेत्र की कंपनियाँ	
सार्वजनिक कंपनी	**निजी क्षेत्र की जिस कंपनी को बेचा गया**
मॉडर्न फूड इण्डस्ट्रीज	हिन्दुस्तान लिवर लिमिटेड
बाल्को	स्टरलाइट इण्स्ट्रीज
सीएमसी	टाटा संस
हिन्द टेलीप्रिंटर्स	एचएफसीएल
विदेश संचार निगम लिमिटेड	टाटा समूह की पैनाटोन फिनवैस्ट
आईबीपी लिमिटेड	भारतीय तेल निगम
पारादीप फॉस्फेट्स लिमिटेड	जुआरी मारोक फॉस्फेटस प्राइवेट लिमिटेड

- भारतीय औद्योगिक वित्त निगम (IFCI) की स्थापना संविधान के विशेष अधिनियम द्वारा 1 जुलाई, 1948 को की गयी। इस संस्था के स्थापना का उद्देश्य निजी तथा सहकारी क्षेत्र के उद्यमों को दीर्घकालीन व मध्यकालीन साख उपलब्ध कराना है।

- भारतीय औद्योगिक साख एवं निवेश निगम लिमिटेड (ICICI) की स्थापना 1955 में भारतीय कंपनी अधिनियम के अन्तर्गत की गयी। इस संस्था के स्थापना का उद्देश्य निजी क्षेत्र में स्थापित होने वाले उद्यमों की स्थापना, विकास तथा आधुनिकीकरण में सहायता करना है।
- औद्योगिक वित्त के क्षेत्र में भारतीय औद्योगिक विकास बैंक (IDBI) का **सबसे ऊँचा स्थान** है। इस संस्था की स्थापना 1 फरवरी, 1964 को की गयी। इसने अपना कार्य 1 जुलाई, 1964 से प्रारंभ किया।
- भारतीय औद्योगिक पुनर्निर्माण बैंक (IRBI) की स्थापना अस्वस्थ औद्योगिक इकाइयों के पुनर्निर्माण के उद्देश्य से 20 मार्च, 1985 में की गयी।
- भारतीय यूनिट ट्रस्ट (UTI) 1 फरवरी, 1964 को संसदीय अधिनियम के द्वारा स्थापित किया गया। यह संस्था लोगों की छोटी-छोटी बचतों को यूनिटों की बिक्री के माध्यम से एकत्रित करता है तथा उनका प्रतिभूतियों में निवेश करता है।
- भारतीय जीवन बीमा निगम (LIC) की स्थापना 1956 में की गयी थी। इसका मुख्यालय मुम्बई में हैं। इस समय इसके 7 जोनल कार्यालय तथा 100 क्षेत्रीय कार्यालय हैं।
- साधारण बीमा निगम (GIC) की स्थापना 1972 में की गयी।
- भारत सरकार ने कंपनी अधिनियम 1956 के अधीन 17 मार्च, 1997 को भारतीय औद्योगिक निवेश बैंक लिमिटेड की स्थापना की। इसका मुख्यालय कोलकाता में हैं।
- देश को विश्व का मैन्यूफैक्चरिंग हब बनाकर औद्योगिक विकास की गति तेज करने हेतु 25 सितंबर, 2014 को प्रधानमंत्री ने Make in India कार्यक्रम की शुरुआत की।

8. नई आर्थिक नीति

- नई आर्थिक नीति आर्थिक सुधार से सम्बन्धित है, जिसका उद्देश्य उत्पादिता में सुधार, नई तकनीक को आत्मसात करना तथा समग्र रूप से क्षमता के पूर्णत: प्रयोग को एक राष्ट्रीय अभियान का रूप देना है।
- नई आर्थिक सुधार की रूपरेखा सर्वप्रथम राजीव गांधी के प्रधानमंत्रीत्व काल में सन् 1985 में बनाई एवं शुरू की गयी।
- नई आर्थिक सुधार की दूसरी लहर पी.वी. नरसिम्हा राव की सरकार के काल में सन् 1991 में आयी।
- नई आर्थिक सुधार नीति (1991) को शुरू करने का प्रमुख कारण खाड़ी युद्ध तथा भारत के भुगतान संतुलन की समस्या थी।
- नई आर्थिक नीति के तीन प्रमुख घटक थे- निजीकरण, उदारीकरण तथा विश्वव्यापीकरण।
- नई आर्थिक सुधार नीति के मुख्य क्षेत्र थे- राजकोषीय नीति, मौद्रिक नीति, मूल्य निर्धारण नीति, विदेश नीति, औद्योगिक नीति, विदेशी विनियोग नीति, व्यापार नीति और सार्वजनिक क्षेत्र नीति।
- राजकोषीय नीति 1991 के तहत मुख्यत: चार कदम उठाये गये-
    (i) सार्वजनिक व्यय को सख्ती से नियंत्रित करना।
    (ii) कर एवं कर भिन्न राजस्व को बढ़ाना।
    (iii) केन्द्र तथा राज्य सरकारों पर राजकोषीय अनुशासन लागू करना।
    (iv) अनुदान राशि (Subsidy) में कटौती करना।
- मौद्रिक नीति 1991 के स्फीतिकारी (Inflationary) दबावों के लिए प्रतिबंधात्मक उपाय किये गये।
- औद्योगिक सुधार नीति 1991 के अधीन जिन उपायों को लागू किया गया, वे हैं-
    (i) 18 उद्योगों की सूची को छोड़ अन्य सभी उद्योगों के लिए लाइसेंस हटा दिये गये। वर्तमान में 5 उद्योगों के लिए लाइसेंस को अनिवार्य रखा गया है।

(ii) एम.आर.पी.टी. (MRPT) कंपनियों को विनियोग हेतु एम.आर.टी.पी. आयोग से मुक्त कर दिया गया।

(iii) सार्वजनिक क्षेत्र के लिए आरक्षित क्रियाओं का दायरा सीमित कर दिया गया तथा उक्त क्षेत्र में निजी क्षेत्र को अनुमति दी गयी।

➪ विदेशी विनियोग नीति 1991 के तहत जिन सुधारों को लक्ष्यबद्ध किया गया, वे हैं-

(i) बहुत से उद्योगों में 51% विदेशी हिस्सा पूँजी के स्वामित्व की सीमा तक प्रत्यक्ष विदेशी विनियोग की स्वतः स्वीकृति दी गयी।

(ii) निर्यात क्रियाओं में लगी विदेशी व्यापार कंपनी को 51% तक पूँजी लगाने की अनुमति होगी।

(iii) सरकार उच्च प्राथमिकता वाले उद्योगों में तकनीकी संधियों के लिए स्वतः स्वीकृति प्रदान करेगी।

➪ व्यापार नीति 1991 के तहत, अर्थव्यवस्था के अंतर्राष्ट्रीय एकीकरण को प्रोन्नत करने हेतु उद्योग को प्राप्त अत्यधिक व अविवेकपूर्ण संरक्षण धीरे-धीरे समाप्त करने की दिशा में कदम उठाये गये।

➪ सार्वजनिक क्षेत्र सम्बन्धी नीति 1991 के तहत, उद्यमों में कार्यकुशलता तथा बाजार अनुशासन लाने के लिए जिन उपायों को लागू किया गया, वे हैं-

(i) आरक्षित उद्योगों की संख्या घटाकर आठ कर दी गयी। (वर्तमान में केवल तीन उद्योग)।

(ii) जीर्ण व रूग्ण उद्योगों के पुनरुत्थान का कार्य औद्योगिक एवं वित्तीय पुनर्निर्माण बोर्ड (Board for Industrial and Financial Reconstruction-BIFR) को सौंप दिया गया।

(iii) सार्वजनिक उद्यमों के निष्पादन में उन्नति के लिए उद्यमों को समझौता ज्ञापन (MOU) के माध्यम से मजबूत किया गया।

(iv) श्रमिकों की संख्या कम करने के लिए स्वैच्छिक सेवा निवृत्ति योजनाएँ (VRS) आरंभ की गयी।

➪ अब नई आर्थिक सुधार नीति अपने आरंभिक काल 1991 से आगे बढ़ते हुए अब काफी खुली, उदार तथा वैश्वीकृत हो चुकी है।

प्रमुख औद्योगिक क्षेत्र	**विदेशी निवेश की सीमा 2014 ई.**
बैंकिंग क्षेत्र	49%
निजी बैंकिंग क्षेत्र	74%
गैर बैंकिंग वित्तीय कंपनी	100%
बंदरगाह निर्माण	100%
विद्युत् एवं ऊर्जा (परमाणु ऊर्जा को छोड़कर)	100%
पर्यटन	100%
दूरसंचार	100%
लघु उद्योग क्षेत्र	100%
पेट्रोलियम रिफाइनिंग	49%
कोयला खनन	100%
दवा उद्योग	100%
नागरिक उड्डयन	49%
बीमा क्षेत्र	49%
रक्षा क्षेत्र	49%
चाय बागान	49%
कोरियर सर्विस	100%
सिंगल ब्रांड रिटेल	100%
कोयला खनन	100%
क्रेडिट इंफॉर्मेशन कंपनीज	75%

➪ वर्तमान में नई औद्योगिक नीति के तहत आरक्षित उद्योगों की संख्या 3 है- (i) परमाणु ऊर्जा (ii) रेल परिवहन एवं (iii) परमाणु ऊर्जा की अनुसूची में निर्दिष्ट खनिज। 9 मई, 2009 के मन्त्रीमंडलीय निर्णय के अनुसार सरकार ने सुरक्षा उत्पादन के क्षेत्र में निजी क्षेत्र के प्रवेश की अनुमति प्रदान कर दी है, जिसके लिए कंपनी को रक्षा मंत्रालय से लाइसेंस लेना पड़ता है।

- संसाधन जुटाने तटाा कार्यकुशलता लाने के लिए सार्वजनिक उद्यमों के सम्बन्ध में विनिवेश की नीति 1991-1992 से अपनाई गयी है।
- 100 प्रतिशत निर्यात मूलक इकाइयों (EOUs) में 100% विदेशी पूँजी निवेश की अनुमति दी गयी है।
- विनिवेश या अपनिवेश (Disinvestment) का अर्थ उद्यमों में सरकारी भागीदारी घटाना है।
- 1996 में विनिवेश मुद्दे पर समीक्षा, सुझाव तथा विनियमन के लिए विनिवेश आयोग (Disinvetment Commission) का गठन किया गया था, जिसके पहले अध्यक्ष जी.वी. राधाकृष्ण थे।
- औद्योगिक आधुनिकीकरण व तकनीकी विकास के परिणामस्वरूप प्रभावित होने वाली तथा बंद की जाने वाली रुग्ण इकाइयों के विस्थापित श्रमिकों की सहायता तथा पुनर्स्थापना के लिए 1992 में राष्ट्रीय नवीकरण निधि की स्थापना की गयी।
- दूसरे चरण के आर्थिक सुधार कार्यक्रम के प्रमुख लक्ष्य, 7 से 8 प्रतिशत वृद्धि दर से निरंतर समान एवं रोजगार सृजनकारी दिशा में विकास तथा देश से गरीबी का उन्मूलन करना है।

9. मुद्रा एवं बैंकिंग

- मुद्रा बाजार उस संगठन को कहा जाता है, जहाँ वित्तीय एवं अन्य संस्थानों तथा व्यक्तियों के पास उपलब्ध विनियोज्य निधियाँ (Investible Funds) उधार प्राप्त करने वालों द्वारा अल्पकाल के लिए उधार ली जाती हैं। इस प्रकार कोई भी व्यक्ति अथवा संस्था, जो अल्पकाल के लिए मौद्रिक ऋण उपलब्ध कराने को तत्पर है, मुद्रा बाजार का अंग है।
- भारतीय मुद्रा बाजार में भारतीय रिजर्व बैंक (RBI) को केन्द्रीय स्थान प्राप्त है, क्योंकि वही देश में साख का नियमन व नियंत्रण करता है।
- भारतीय मुद्रा बाजार को प्रायः **दो भागों** में बाँटा गया है- संगठित क्षेत्र एवं असंगठित क्षेत्र। **संगठित क्षेत्र** में भारतीय रिजर्व बैंक (RBI) शीर्ष संस्था है तथा इसके अतिरिक्त राष्ट्रीयकृत बैंक, क्षेत्रीय ग्रामीण बैंक, सहकारी बैंक व गैर-सरकारी क्षेत्र के अन्य बैंक सम्मिलित किये जाते हैं, जबकि **असंगठित क्षेत्र** में साहूकार, महाजन आदि आते हैं।

भारतीय रिजर्व बैंक

- भारतीय रिजर्व बैंक देश में मौद्रिक गतिविधियों का नियमन एवं नियंत्रण करता है। इसकी स्थापना 1 अप्रैल, 1935 ई. को 5 करोड़ की अधिकृत पूँजी से हुई तथा 1 जनवरी, 1949 ई. को इसका राष्ट्रीयकरण किया गया। रिजर्व बैंक ऑफ इंडिया (RBI) भारत का केन्द्रीय बैंक है, इसका मुख्यालय मुम्बई में हैं।
- रिजर्व बैंक में सामान्य प्रबंध एवं निर्देशन का कार्य 20 सदस्यों के एक केन्द्रीय निदेशक मंडल द्वारा किया जाता है। इसमें एक गवर्नर, 4 डिप्टी गवर्नर, एक वित्त मंत्रालय द्वारा नियुक्त सरकारी अधिकारी और भारत सरकार द्वारा नामजद 10 ऐसे निदेशक होते हैं जो देश की आर्थिक जीवन के विभिन्न पहलुओं का प्रतिनिधित्व करते हैं तथा 4 निदेशक स्थानीय बोर्डों (Local Bords) का प्रतिनिधित्व करने के लिए केन्द्र सरकार द्वारा नामजद किये जाते हैं।
- केन्द्रीय बोर्ड के अतिरिक्त 4 स्थानीय बोर्ड भी हैं जिनके मुख्य कार्यालय मुम्बई (बम्बई), कलकत्ता (कोलकाता), चेन्नई और नई दिल्ली में हैं। स्थानीय बोर्डों के 5 सदस्य होते हैं जो केन्द्र सरकार द्वारा चार वर्ष की अवधि के लिए नियुक्त किये जाते हैं
- भारतीय रिजर्व बैंक के दो प्रकार के कार्य हैं- **प्रथम** सामान्य केन्द्रीय बैंकिंग कार्य तथा **द्वितीय** विकास सम्बन्धी और प्रवर्तन कार्य।

  नोटः सर ऑस्बोर्न स्मिथ RBI के पहले गवर्नर थे, जबकि प्रथम भारतीय एवं स्वतंत्र भारत के प्रथम RBI गवर्नर सी.डी देशमुख थे।
- भारतीय रिजर्व बैंक द्वारा सामान्य केन्द्रीय बैंकिंग कार्य के तहत निम्नलिखित कार्य किये जाते हैं-

(i) करेंसी नोटों का निर्गमन
(ii) सरकार के बैंकर के रूप में कार्य करना
(iii) बैंकों के बैंक के रूप में कार्य करना
(iv) साख नियंत्रण
(v) विदेशी विनियम पर नियंत्रण
(vi) आँकड़ों का संग्रहण एवं प्रकाशन आदि।

नोट : वर्तमान में रिजर्व बैंक करेंसी नोट जारी करने के लिए न्यूनतम निधि पद्धति (Minimum Reserve System) को अपनाता है।

➪ विकास सम्बन्धी एवं प्रवर्तन कार्य के अधीन भारतीय रिजर्व बैंक निम्नलिखित कार्य करता है-
(i) मुद्रा बाजार पर प्रतिबंधात्मक नियंत्रण
(ii) बचतों को बैंक व अन्य वित्तीय संस्थाओं के माध्यम से उत्पादन के लिए उपलब्ध कराना।
(iii) लोगों में बैंकिंग की आदत बढ़ाने के लिए प्रयास करना।

➪ बैंकिंग की आदत बढ़ाने के उद्देश्य से ही 1964 ई. में भारतीय यूनिट ट्रस्ट (UTI) की स्थापना की गयी।

➪ भारतीय रिजर्व बैंक द्वारा साख पर नियंत्रण निम्नलिखित तरीकों से किया जाता है-
(i) बैंक दर नीति द्वारा
(ii) खुले बाजार की क्रियाओं द्वारा
(iii) बैंकों की नकद कोष सम्बन्धी आवश्यकताओं में परिवर्तन करके
(iv) तरलता सम्बन्धी वैधानिक आवश्यकताओं को पूरा करके
(v) विभेदक ब्याज दरों की प्रणाली अपनाकर
(vi) चयनात्मक साख नियंत्रण नीति से
(vii) नैतिक प्रभाव की नीति द्वारा

भारतीय स्टेट बैंक

➪ 1921 ई. में तीन प्रेसीडेंसी बैंकों (बैंक ऑफ बंगाल, बैंक ऑफ बम्बई, बैंक ऑफ मद्रास) को मिलाकर इम्पीरियल बैंक की स्थापना की गयी। वर्ष 1955 में इसका नाम बदलकर भारतीय स्टेट बैंक (SBI) कर दिया गया।

➪ सार्वजनिक क्षेत्र के बैंकों में भारतीय स्टेट बैंक (SBI) सबसे बड़ा बैंक है।

➪ SBI के राष्ट्रीयकरण के समय इसके साथ अन्य 8 बैंकों (वर्तमान में 7) को SBI के सहायक बैंक (Associate Bank) के रूप में बदल दिया गया था और इसे स्टेट बैंक समूह (State Bank Group) का नाम दिया गया।

➪ SBI के सहायक बैंक हैं-
(i) स्टेट बैंक ऑफ बीकानेर एण्ड जयपुर
(ii) स्टेट बैंक ऑफ पटियाला
(iii) स्टेट बैंक ऑफ हैदराबाद
(iv) स्टेट बैंक ऑफ इंदौर
(v) स्टेट बैंक ऑफ मैसूर
(vi) स्टेट बैंक ऑफ सौराष्ट्र
(vii) स्टेट बैंक ऑफ ट्रावनकोर

नोट : स्टेट बैंक ऑफ सौराष्ट्र और स्टेट बैंक ऑफ इंदौर का क्रमशः वर्ष 2008 और 2010 में भारतीय स्टेट बैंक में विलय हो जाने से वर्तमान में भारतीय स्टेट बैंक के सहायक बैंकों की संख्या 5 हो गयी है। सरकार स्टेट बैंक ऑफ इंडिया के वर्तमान सहायक बैंकों को भी स्टेट बैंक ऑफ इंडिया में विलय करने पर विचार कर रही है।

व्यापारिक बैंकों का राष्ट्रीयकरण

➪ बैंकों को राष्ट्रीय नियोजन की मुख्य धारा से जोड़ने के उद्देश्य से सरकार ने 19 जुलाई, 1969

को 14 बड़े व्यापारिक बैंकों (जिनकी कुल जमा राशि 20 करोड़ रुपये से अधिक थी) का राष्ट्रीयकरण कर दिया। ये बैंक थे-

1.	सेंट्रल बैंक ऑफ इंडिया	2.	पंजाब नेशनल बैंक
3.	बैंक ऑफ इंडिया	4.	यूनाइटेड कमर्शियल बैंक
5.	सिंडीकेट बैंक	6.	केनरा बैंक
7.	बैंक ऑफ बड़ौदा	8.	यूनाइटेड बैंक ऑफ इंडिया
9.	यूनियन बैंक ऑफ इंडिया	10.	देना बैंक
11.	इलाहाबाद बैंक	12.	इंडियन बैंक
13.	इंडियन ओवरसीज बैंक	14.	बैंक ऑफ महाराष्ट्र

➪ पुनः 15 अप्रैल, 1980 को सरकार ने 6 बड़े व्यापारिक बैंकों (जिनकी कुल जमा राशि 200 करोड़ रुपये से अधिक थी) का राष्ट्रीकरण कर दिया। ये बैंक थे-

1.	आंध्रा बैंक	2.	पंजाब एण्ड सिंध इंडिया
3.	न्यू बैंक ऑफ इंडिया	4.	विजया बैंक
5.	ओरिएण्टल बैंक ऑफ कॉमर्स	6.	कॉर्पोरेशन बैंक

➪ सरकार द्वारा 4 सितंबर, 1993 को न्यू बैंक ऑफ इंडिया का विलय पंजाब नेशनल बैंक में कर दिया गया। इससे अब देश में राष्ट्रीयकृत बैंकों की संख्या 20 से घटकर 19 रह गयी है।
नोटः बैंकों के राष्ट्रीयकरण के समय एल.के. झा RBI के गवर्नर थे।

निजी क्षेत्र के बैंकों के पंजीकृत कार्यालय एवं स्थापना वर्ष		
निजी क्षेत्र के बैंक	**पंजीकृत कार्यालय**	**स्थापना वर्ष**
इंडस इंड बैंक	पुणे	02.04.1994
ग्लोबल ट्रस्ट बैंक	सिकंदराबाद	06.09.1994
ICICI बैंक	बड़ौदा	17.05.1994
UTI बैंक*	अहमदाबाद	28.02.1994
टाइम्स बैंक	फरीदाबाद	26.04.1995
सेंचुरियन बैंक	पणजी	13.01.1995
बैंक ऑफ पंजाब	चण्डीगढ़	05.04.1995
HDFC बैंक	मुम्बई	05.01.1995
IDBI बैंक	इंदौर	28.09.1995
डेवलपमेंट क्रेडिट बैंक लि.	मुम्बई	21.05.1995

* UTI बैंक का नाम बदलकर एक्सिस बैंक लि. (Axis Bank Ltd.) कर दिया गया है। यह नाम 30, जुलाई 2007 से प्रभावी हो गया।

भारतीय प्रतिभूति एवं विनिमय बोर्ड (SEBI)

➪ भारतीय प्रतिभूति एवं विनियम बोर्ड (SEBI) की स्थापना 12 अप्रैल, 1988 को आर्थिक उदारीकरण की नीति के अंतर्गत पूँजी बाजार में निवेशकों की रुचि बढ़ाने तथा उनके हितों की रक्षा के उद्देश्य से की गयी थी। 30 जनवरी, 1992 को एक अध्यादेश के द्वारा इसे वैधानिक दर्जा

भी प्रदान कर दिया गया है। सेबी (SEBI) अधिनियम को संशोधित कर 30 जनवरी, 1992 को सेबी को म्यूचुअल फंडों एवं स्टॉक मार्केट के नियंत्रण के अधिकार दिये गये। सेबी के अध्यक्ष का कार्यकाल सामान्यत: तीन वर्ष का होता है, किन्तु अधिकतम 65 वर्ष की आयु तक कोई व्यक्ति इस पद पर रह सकता है। सेबी का प्रबंध 6 सदस्यों द्वारा किया जाता है, जिनमें एक अध्यक्ष होता है जो केन्द्र सरकार द्वारा नामित होता है।

- भारतीय पूँजी बाजार को विनियमित करने की वैधानिक शक्तियाँ अब सेबी को ही प्राप्त है।
- नये प्रावधानों के अनुसार अब किसी भी शेयर बाजार को मान्यता प्रदान करने का अधिकार सेबी को है। शेयर बाजार के किसी सदस्य के किसी बैठक में मताधिकार के सम्बन्ध में नियम बनाने तथा उसे संशोधित करने का भी अधिकार सेबी को ही है।
- सेबी (संशोधन) विधेयक 2002 के तहत 'इन साइडर ट्रेडिंग' के लिए 25 करोड़ रुपये तक जुर्माना सेबी द्वारा लगाया जा सकता है। इसी विधेयक में लघु निवेशकों के साथ धोखाधड़ी के मामलों में एक लाख रुपये प्रतिदिन की दर से एक करोड़ रुपये जुर्माना आरोपित करने का प्रावधान किया गया है।

भारत के मान्यता प्राप्त 23 स्टॉक एक्सचेन्ज*			
1.	उत्तरप्रदेश स्टॉक एक्सचेन्ज, उत्तरप्रदेश	13.	दिल्ली स्टॉक एक्सचेन्ज, दिल्ली
2.	बड़ौदा स्टॉक एक्सचेन्ज, वड़ोदरा	14.	गोवाहाटी स्टॉक एक्सचेन्ज, गुवाहाटी
3.	कोयम्बटूर स्टॉक एक्सचेन्ज, कोयम्बटूर	15.	हैदराबाद स्टॉक एक्सचेन्ज, हैदराबाद
4.	मेरठ स्टॉक एक्सचेन्ज, मेरठ	16.	जयपुर स्टॉक एक्सचेन्ज, जयपुर
5.	मुम्बई स्टॉक एक्सचेन्ज, मुम्बई	17.	कनारा स्टॉक एक्सचेन्ज, मंगलौर
6.	ओवर दी काउण्टर एक्सचेन्ज ऑफ इण्डिया (OTCEI), मुम्बई	18.	लुधियाना स्टॉक एक्सचेन्ज, लुधियाना
7.	राष्ट्रीय स्टॉक एक्सचेन्ज, मुम्बई	19.	चेन्नई स्टॉक एक्सचेन्ज, चेन्नई
8.	अहमदाबाद स्टॉक एक्सचेन्ज, अहमदाबाद	20.	मध्यप्रदेश स्टॉक एक्सचेन्ज, इंदौर
9.	बंगलौर स्टॉक एक्सचेन्ज, बंगलुरू	21.	मगध स्टॉक एक्सचेन्ज, पटना
10.	भुवनेश्वर स्टॉक एक्सचेन्ज, भुवनेश्वर	22.	पुणे स्टॉक एक्सचेन्ज, पुणे
11.	कलकत्ता स्टॉक एक्सचेन्ज, कोलकाता	23.	कैपिटल स्टॉक एक्सचेन्ज केरला लिमिटेड, तिरुअनन्तपुरम, केरल
12.	कोचीन स्टॉक एक्सचेन्ज, कोचीन		
*	सेबी ने पिछले कई वर्षों से निष्क्रिय पड़े सौराष्ट्र कच्छ स्टॉक एक्सचेन्ज का मान्यता 9 जुलाई, 2007 को समाप्त कर दी थी अत: अब मान्यता प्राप्त स्टॉक एक्सचेन्ज की संख्या 24 से घटकर 23 रह गयी है।		

बैंकिंग एवं वित्त व्यवस्था से सम्बन्धित महत्त्वपूर्ण तथ्य

- बैंक ऑफ हिन्दुस्तान (1770) **यूरोपियन प्रबंध में भारत का पहला बैंक** था।
- भारत में **पहला भारतीय बैंक** अवध कमर्शियल बैंक था, जिसकी स्थापना वर्ष 1881 में की गयी थी।
- **पहला पूर्ण रूप से भारतीय बैंक** पंजाब नेशनल बैंक था, जिसकी स्थापना 1894 में हुई थी।

- रिजर्व बैंक ऑफ इंडिया (RBI) की स्थापना 1 अप्रैल, 1935 को 5 करोड़ रुपये की अधिकृत पूँजी से हुई तथा 1 जनवरी, 1949 में इसका राष्ट्रीयकरण किया गया।
- रिजर्व बैंक भारत का केन्द्रीय बैंक है, इसका मुख्यालय मुम्बई में हैं।
- एक रुपये के नोट तथा सिक्के का निर्गमन वित्त मंत्रालय (भारत सरकार) करता है तथा इसके अतिरिक्त समस्त करेंसी नोटों का निर्गमन रिजर्व बैंक करता है।
- मुद्रा की दशमलव प्रणाली के साथ प्रचलित नया पैसा 1 अप्रैल 1957 से पैसा हो गया।
- सार्वजनिक क्षेत्र के बैंकों द्वारा कुल बैंक जमा का लगभग 91% का नियंत्रण किया जाता है।
- सार्वजनिक बैंकों में भारतीय स्टेट बैंक समूह सबसे बड़ा है, जो कुल बैंक जमा का लगभग 29% का नियंत्रण करता है।
- वाणिज्यिक बैंकों द्वारा **स्वैच्छिक सेवानिवृत्ति योजना** (VRS) को लागू करने वाला **सार्वजनिक क्षेत्र का पहला बैंक पंजाब नेशनल बैंक** था। इस बैंक ने यह योजना 1 नवंबर, 2000 को लागू की थी।
- देश में **पहला मोबाइल बैंक** मध्यप्रदेश के खरगोन जिले के ग्रामीण क्षेत्रों में कार्यरत है। लक्ष्मी वाहिनी बैंक नाम के इस चलते-फिरते बैंक की स्थापना 1 करोड़े रुपये की लागत से एक मोबाइल वैन में की गयी है।
- स्टेट बैंक ऑफ इंडिया (SBI) द्वारा देश का पहला तैरता ATM कोच्चि में 9 फरवरी, 2004 को लांच किया गया था। यह ATM केरला शिपिंग एण्ड इनलैंड नेविगेशन कॉर्पोरेशन के झंकार नामक स्टीमर में लगया गया है। यह स्टीमर एर्नाकुलम और व्यपीन के बीच चलती है।
- देश के पहले डाकघर बचत बैंक ATM का उद्घाटन (27 फरवरी, 2014) त्यागराज नगर, चेन्नई में किया गया।

भारत की प्रमुख वित्तीय संस्थाओं के स्थापना वर्ष	
संस्थान	**स्थापना वर्ष**
इम्पीरियल बैंक ऑफ इंडिया	1921
भारतीय रिजर्व बैंक	1 अप्रैल, 1935
रिजर्व बैंक का राष्ट्रीयकरण	1 जनवरी, 1949
भारतीय औद्योगिक निगम	1948
भारतीय औद्योगिक ऋण व निवेश निगम (ICICI)	जनवरी 1955
भारतीय स्टेट बैंक	1 जुलाई, 1955
भारतीय यूनिट ट्रस्ट (UTI)	1 फरवरी, 1964
भारतीय औद्योगिक विकास बैंक (IDBI)	जुलाई 1964
कृषि एवं ग्रामीण विकास राष्ट्रीय बैंक (NABARD)	12 जुलाई, 1982
भारतीय औद्योगिक पुनर्निर्माण बैंक (IRBI)	20 मार्च, 1985
भारतीय लघु उद्योग विकास बैंक (SIDBI)	1990
भारतीय निर्यात-आयात बैंक (EXIM Bank)	1 जनवरी, 1982
राष्ट्रीय आवास बैंक	जुलाई 1988
भारतीय जीवन बीमा निगम (LIC)	सितम्बर 1956
भारतीय साधारण बीमा निगम (GIC)	नवम्बर 1972
क्षेत्रीय ग्रामीण बैंकों का प्रारंभ	2 अक्टूबर, 1975

जोखिम पूँजी एवं टेक्नोलॉजी निमग (Risk Capital and Technology Finance Corporation Ltd. RVTC)	मार्च 1975
भारतीय तकनीकी विकास एवं सूचना कंपनी (Technology Development and Information Co. of India Ltd. TDICI)	1989
अध:सरंचना पट्टेदारी एवं वित्त सेवा लि. (Infrastructure Leasing and Financial Services Ltd.)	1988
गृह विकास वित्त निगम लि. (Housing Development Finance Corporation Ltd. HDFC)	1977

- गैर बैंकिंग वित्तीय कंपनी (NBFC) से बैंकिंग कंपनी के रूप में रूपांतरित होने वाला पहला बैंक, कोटक महिन्द्रा बैंक लि. है। पूर्व में यह कोटक महिन्द्रा फाइनेंस कंपनी के रूप में कार्यरत था।
- निजी क्षेत्र के नये बैंकों में सर्वप्रथम यू.टी.आई. बैंक ने 1994 से कार्य करना प्रारंभ किया था। इस बैंक का मुख्यालय अहमदाबाद में है।
- भारत में सहकारी बैंकों का गठन तीन स्तरों वाला है। **प्रथम स्तर** पर राज्य सहकारी बैंक सम्बन्धित राज्य में शीर्षस्थ (Apex) संस्था होती है। **द्वितीय स्तर** पर केन्द्रीय या जिला सहकारी बैंक जिला स्तर पर कार्य करते हैं। **तृतीय स्तर** पर प्राथमिक ऋण समितियाँ होती है, जो कि ग्राम स्तर पर कार्य करती है।
- प्रथम क्षेत्रीय ग्रामीण बैंक (RRB) की स्थापना 2 अक्टूबर, 1975 को हुई। सिक्किम और गोवा को छोड़कर देश के सभी राज्यों में क्षेत्रीय ग्रामीण बैंक (RRBs) कार्यरत हैं। सितंबर 2005 से क्षेत्रीय ग्रामीण बैंकों के विलय की प्रक्रिया शुरू की गयी है।
- क्षत्रीय ग्रामीण बैंको (RRBs) में केन्द्र सरकार राज्य सरकार एवं प्रवर्तक बैंक की पूँजी अनुपात होती है, क्रमश: 50:15:35।
- **स्वाभिमान योजना** क्षेत्रीय ग्रामीण बैकों द्वारा परवर्तित की गई है।
- बैंकिंग प्रणाली की पुनर्संरचना के सम्बन्ध में सुझाव देने हेतु 1991 में नरसिम्हन समिति का गठन किया गया था।
- राष्ट्रीय स्टॉक एक्सचेन्ज की स्थापना की संस्तुति 1991 में फेरवानी समिति ने की थी।
- एशिया का सबसे पुराना स्टॉक एक्सचेन्ज, 'बम्बई स्टॉक एक्सचेन्ज' (BSE) है, जिसकी स्थापना 1875 मे की गयी थी। बम्बई स्टॉक एक्सचेन्ज 19 अगस्त, 2005 से एक पब्लिक लिमिटेड कंपनी के रूप में रूपांतरित हो गया।
- कर ढाँचे में सुधार के लिए सुझाव देने हेतु 'चेलैया समित' का गठन अगस्त 1991 में किया गया था।
- छोटे व्यापारियों के लिए एकमुश्त आयकर योजना की सिफारिश चेलैया समिति ने की थी।
- **वस्तु एवं सेवा कर (Good and Services Tax-Gst):** राष्ट्र स्तर पर संपूर्ण अर्थव्यवस्था में वस्तुओं तथा सेवाओं के संबंध में सभी उपभोक्ताओं द्वारा क्रय की गयी वस्तुओं तथा सेवाओं पर एक दर से समान रूप से कर देना वस्तु एवं सेवा कर के रूप में जाना जाता है। यह कर व्यवस्था फिलहाल प्रक्रियाधिन है तथा इसे 1 अप्रैल, 2017 से लागू होने की उम्मीद है। इस कर के लागू होने से विनर्माण लागत में कमी आयेगी तथा वाणिज्यिक कुशलता बढ़ेगी।

कर (Tax) के प्रकार	
प्रत्यक्ष कर	आयकर, सम्पत्तिकर, उपहार कर
अप्रत्यक्ष कर	बिक्री कर, तट कर, उत्पाद कर, सीमा शुल्क

केन्द्र सरकार द्वारा लगाये जाने वाले कर	आयकर, निगम कर, सम्पत्ति पर कर, उत्तराधिकार कर, धन कर, उपहार कर, सीमा शुल्क, कृषि धन पर कर
राज्य सरकार द्वारा लगाये जाने वाले कर	भूराजस्व कर, कृषि आयकर, कृषि जोत कर, बिक्री कर, राज्य उत्पादन शुलक, मनोरंजन कर, स्टांप शुल्क, पथ कर, मोटर वाहन कर, व्यावसायिक कर
नोट : केन्द्र सरकार को सर्वाधिक निवल (Net) राजस्व की प्राप्ति सीमा शुल्कों से होती है।	

10. अन्तरराष्ट्रीय वित्तीय संस्थाएँ/व्यापारिक संगठन

संस्थाएँ तथा संगठन	स्थापना	मुख्यालय	सदस्य संख्या
अन्तरराष्ट्रीय मुद्रा कोष (IMF)	1945	वाशिंगटन	188
विश्व बैंक समूह	1945	वाशिंगटन	188
आईबीआरडी (IBRD)	1945	वाशिंगटन	188
आईएफसी (IFC)	1956	वाशिंगटन	184
आईडीए (IDA)	1960	वाशिंगटन	172
एमआईजीए (MIGA)	1988	वाशिंगटन	176
आईसीएसआईडी (ICSID)	1966	वाशिंगटन	158
यूरोपियन संघ (EU)-(EEC का परिवर्तित रूप)	1958	बुसेल्स	27
विश्व व्यापार संगठन (WTO)	1995	जिनेवा	159
आसियान (ASEAN)	1967	जकार्ता	10
एशियाई विकास बैंक (ADB)	1966	मनीला	67
एशिया प्रशान्त आर्थिक सहयोग (APEC)	1989	सिंगापुर	21
दक्षिण एशियाई क्षेत्रीय सहयोग संघ (SAARC)	1985	काठमाण्डू	8
आर्थिक सहयोग और विकास संगठन (OECD)	1948	पेरिस	30
दक्षिण साझा बाजार (MERCOSUR)	1995	मोंटेवीडियो	4
पेट्रोलियम निर्यातक देशों का संगठन (OPEC)	1960	वियना	12
हिमतक्षेस (IORARC)	1997	वाकोस	18
मेकांग-गंगा सहयोग (MGC)	2000	विएनतिएन	6
शंघाई सहयोग संगठन (SCO)	1996	बीजिंग	6
बिमस्टेक (BIMSTEC)	1997	ढाका	7
(G-7)*	1975	–	7
(G-77)	1964	न्यूयॉर्क	131
(G-15)	1989	जिनेवा	19
(G-20)	1999		20
(G-10)	1962	पेरिस	11

इब्सा (IBSA)	2003	–	4
नाफ्टा (NAFTA)	1992	–	3
अंकटाड (UNCTAD)	1964	जिनेवा	194
एशियन इंफ्रास्ट्रक्चर इंवेस्टमेंट बैंक (AIIB)	2015	बीजिंग	21
ब्रिक्स (BRICS) बैंक	2016	शंघाई	5

नोट: * G-7 में पहले रूस भी शामिल था, तब इसे G-8 कहा जाता था। रूस के निलंबन के बाद इस संगठन के सदस्य के देशों की संख्या 7 हो गई। जिससे इसे अब G-7 कहा जाता है।

11. आर्थिक शब्दावली

- **अनुदान (Subsidy) :** सरकार द्वारा किसी उद्योग या व्यापार को किया गया भुगतान, ताकि उससे उत्पादित वस्तु की कीमतें न बढ़े या वह अपनी गतिविधियाँ बंद न करे। अनुदान प्रदान करने का उद्देश्य उद्योगों के साथ-साथ उपभोक्ताओं को भी सहायता पहुँचाना है।

- **अनुषंगी हितलाभ (Fringe Benefits) :** निर्धारित मौद्रिक वेतन के अतिरिक्त नियोक्ताओं द्वारा अपने कर्मचारियों को जो अतिरिक्त सुविधाएँ उपलब्ध करायी जाती है, उन्हें अनुषंगी हितलाभ कहा जाता है।

- **अस्थिर उद्योग (Footloose Industry) :** वह उद्योग जो किन्हीं विशिष्ट अवस्थिति सम्बन्धी आवश्यकताओं के अभाव के कारण कहीं भी स्थापित किये जा सकते हैं अर्थात् किसी भी क्षेत्र में उनकी स्थापना की जा सकती है, उन्हें अस्थिर उद्योग कहते हैं।

- **अतिरेक बजट (Surplus Budget) :** ऐसा बजट जिसमें सरकार की आय उसके व्यय से अधिक होती है, अतिरेक बजट कहलाता है।

- **अनौपचारिक क्षेत्रक (Informal Sector) :** विकासशील अर्थव्यवस्था वाले देशों में बड़ी संख्या में लोग छोटे-मोटे एवं श्रम प्रधान स्वरोजगार में संलग्न रहते हैं। अर्थव्यवस्था के इस क्षेत्रक को 'अनौपचारिक क्षेत्रक' कहते हैं। उदाहरणार्थ- दर्जी, धोबी, रिक्शाचालक, मोटर मैकेनिक आदि इस अनौचारिक क्षेत्रक के अन्तर्गत आते हैं।

- **अल्पाधिकार (Oligopoly) :** यदि किसी वस्तु के बाजार में विक्रेताओं की संख्या बहुत कम होती है, किन्तु दो से अधिक होती है तो ऐसा बाजार अल्पाधिकार बाजार कहलाता है।

- **अधिविकर्ष (Overdraft) :** बैंकों में जमाकर्ताओं द्वारा अपनी जमा रकम के अतिरिक्त धन निकालना 'अधिविकर्ष' कहलाता है।

- **अमूर्त सम्पत्तियाँ (Intangible Assets) :** इस प्रकार की सम्पत्तियों का कोई भौतिक अस्तित्व नहीं होता अर्थात् इनका आन्तरिक मूल्य कुछ नहीं होता, परन्तु इनका मूल्य स्वामित्व एवं कब्जे के द्वारा प्रदत्त अधिकारों से प्राप्त किया जाता है। जैसे- व्यापारिक चिह्न, पेटेंट, ख्याति, कॉपीराइट इत्यादि।

- **अनुसूचित व्यापारिक बैंक (Scheduled Commercial Banks) :** वे बैंक, जिन्हें भारतीय रिजर्व बैंक द्वारा अपनी दूसरी अनुसूची में शामिल कर लिया गया है। इस श्रेणी में शामिल किये जाने की कुछ आवश्यक शर्तें हैं, जिन्हें पूरा करने के पश्चात् ही बैंकों को इस अनुसूची में शामिल किया जाता है। उदाहरणस्वरूप बैंक की चुकता पूँजी तथा आरक्षित पूँजी का योग कम-से-कम 5 लाख रुपये होना चाहिए तथा बैंक का संचालन ऐसा होना चाहिए कि जिससे जमाकर्ता के हित सुरक्षित रहे।

- **अभ्यंश (Quota) :** जब किसी वस्तु के आयात के लिए एक निश्चित सीमा निर्धारित कर दी जाती है, जिससे अधिक मात्रा में उस वस्तु का आयात नहीं किया जा सकता, तो यह अभ्यंश कहलाता है।

- **आर्थिक विकास (Economic Development) :** किसी अविकसित राष्ट्र की सकल और प्रतिव्यक्ति आय में वृद्धि के साथ-साथ उसके सामाजिक ढाँचे में भी मौलिक परिवर्तन होना,

जैसे द्वितीयक तथा तृतीयक क्षेत्रों का विकास, नगरीय विकास, आयातों पर निर्भरता में कमी तथा आत्मनिर्भरता की प्राप्ति आदि, आर्थिक विकास कहलाता है।

- **आर्थिक संवृद्धि (Economic Growth) :** किसी देश की अर्थव्यवस्था की उत्पादन क्षमता और राष्ट्रीय आय में वृद्धि की प्रक्रिया 'आर्थिक संवृद्धि' कहलाती है।
- **आर्थिक नियोजन (Economic Planning) :** आर्थिक संसाधनों का पूर्ण मूल्यांकन कर, एक निर्धारित अवधि में आर्थिक विकास करने की ऐसी पूर्व नियोजित पद्धति, जिसमें योजनाबद्ध ढंग से विभिन्न क्षेत्रों का विकास किया जाता है।
- आर्थिक नियोजन (Economic Planning) के अन्तर्गत प्राथमिक आवश्यकताओं का निर्धारण कर लिया जाता है और उन्हीं के आधार पर संसाधनों का आवंटन किया जाता है।
- **आवर्ती जमा खाता या संचयी जमा खाता (Recurring Deposit Account or Cumulative Deposit Account) :** आवर्ती जमा खाता के अन्तर्गत खाता खोलने वाले व्यक्ति को एक निश्चित राशि एक नियत अवधि तक प्रति मास अपने खाते में जमा करनी पड़ती है। यह एक प्रकार का सावधि खाता है, इसलिए इस खाते पर दिये जाने वाले ब्याज की दर बचत जमा खातों की तुलना में कुछ अधिक होती है।
- **आर्थिक मंदी (Recession) :** जब वस्तुओं की आपूर्ति की तुलना में माँग कम हो, तब रिसेशन या आर्थिक मंदी की स्थिति उत्पन्न हो जाती है तथा उत्पादित वस्तुओं का विक्रय नहीं हो पाता। इससे उद्योगों को बन्द करने की प्रक्रिया आरम्भ हो जाती है तथा बेरोजगारी बढ़ने की सम्भावना भी बढ़ जाती है। वर्ष 1930 की विश्वव्यापी आर्थिक मंदी प्रसिद्ध है।
- **आयोजन व्यय (Planned Expenditure) :** ऐसे व्यय जिनकी व्यवस्था केन्द्रीय योजनाओं के अन्तर्गत की जाती है, आयोजन व्यय कहलाते हैं।
- **उत्पाद शुल्क (Excise Duty) :** देश में निर्मित वस्तुओं के उत्पादन-बिन्दु पर लगया गया कर उत्पाद शुल्क कहलाता है।
- **उपहार कर (Gift Tax) :** किसी भी व्यक्ति को उपहार दिये जाने पर जो कर लगाया जाता है, उसे उपहार कर कहते हैं। यह प्रत्यक्ष कर का एक उदाहरण है।
- **उत्तर दिनांकित चेक (Post Dated Cheque) :** यदि किसी चेक के आहरणकर्ता द्वारा चेक लिखते समय उस पर कोई आगामी तारीख लिखी जाती है तो इस प्रकार के चेक को 'उत्तर दिनांकित चेक' कहते हैं। यद्यपि ऐसा चेक विधि-अमान्य तो नहीं होता, परन्तु यह उस तारीख से प्रभावित होता है, जो उसमें लिखी गयी होती है।
- **उदार मुद्रा (Soft Currency) :** वह मुद्रा जिसके पक्ष में भुगतान संतुलन की स्थिति प्राप्त हो जाये अथवा माँग की तुलना में अधिक आपूर्ति हो जाये, उदार मुद्रा कहलाती है।
- **उदार ऋण (Soft Loan) :** वह ऋण, जिसे कम ब्याज और लम्बी भुगतान अवधि जैसी आसान शर्तों पर प्राप्त किया जा सके, उसे उदार ऋण की संज्ञा दी जाती है।
- **उद्यमी (Entrepreneur) :** किसी फर्म का स्वामी एवं प्रबन्धक, जो अपने पारिश्रमिक के रूप में लाभ लेता है। उत्पादन के अन्य मुख्य साधनों भूमि, श्रम और पूँजी का वही नियोक्ता होता है।
- **एम्बार्गो (Embargo) :** एम्बार्गो का अभिप्राय 'व्यापार प्रतिषेध' से है, जिसके अन्तर्गत कोई देश या कुछ देश एक साथ मिलकर किसी विशेष देश के साथ अपना सम्पूर्ण व्यापार या किसी वस्तु विशेष का व्यापार बन्द कर देते हैं। एम्बार्गो का प्रयोग घाटाबन्दी के रूप में भी किया जाता है, जिसके अन्तर्गत कोई देश या एक से अधिक देश मिलकर किसी देश के जहाजों के बढ़ने पर रोक लगा देते हैं। ऐसी स्थिति में उन जहाजों को किसी बंदरगाह पर रोक दिया जाता है।
- **एड वेलोरम (Ad Valorem) :** किसी वस्तु पर लगाया गया कर, जो उनकी मात्रा के आधार पर न लगाकर मूल्यानुसार लगाया जाता है, एड वेलोरम कहलाता है।

- **एन्युटी (Annuity) :** किसी पूर्व निर्धारित योजना के अन्तर्गत एक या दो अथवा इससे अधिक किश्तों में प्राप्त होने वाला भुगतान 'एन्युटी' कहलाता है। यथा सरकार से प्राप्त ऋण पत्रों पर आज का भुगतान एन्युटी के रूप में हो सकता है।
- **एडवांस-डिक्लाइन (Advance Decline) :** यह शेयर बाजार की प्रवृत्ति को प्रदर्शित करने वाला एक प्रकार का माप है। किसी समयावधि में मूल्य वृद्धि की स्थिति को प्रदर्शित करने वाले शेयरों की संख्या का मूल्य ह्रास वाले शेयरों की संख्या के साथ अनुपात एडवांश-डिक्लाइन कहलाता है।
- **एमोर्टाइजेशन (Amortization) :** जब किसी ऋण के निर्धारित ब्याज का पूर्ण भुगतान किया जाता है, तो उसे एमोर्टाइजेशन कहा जाता है।
- **एकीकरण (Amalgamation) :**जब दो अलग-अलग फर्म अथवा लिमिटेड कंपनियाँ मिलकर अपना अस्तित्व खोते हुए नई व्यापारिक इकाई को स्थापित करते हैं, तब इस प्रक्रिया को एकीकरण कहा जाता है।
- **एर्गोनॉमिक्स (Ergonomics) :** इसके अन्तर्गत किसी श्रमिक की कार्यक्षमता तथा उसके द्वारा किये जाने वाले वास्तविक कार्य के मध्य सम्बन्ध का अध्ययन किया जाता है।
- **एस्टेट डयूटी (Estate Duty) :** किसी व्यक्ति की मृत्यु के उपरान्त उसकी सम्पत्ति के हस्तांतरण के समय जो कर उस सम्पत्ति पर लगाया जाता है, वह 'एस्टेट ड्यूटी' कहलता है।
- **कर (Tax) :** किसी भी अर्थव्यवस्था में जनता द्वारा सरकार को दिया जाने वाला भुगतान कर कहलाता है।
- **कर-दर (Tax Rate) :** जिस दर पर कर लगाया जाता है, उसे कर-दर कहा जाता है।
- **करेंसी फ्लोटिंग (Currency Floating) :** किसी मुद्रा की विनियम दर को स्वतन्त्र छोड़ने की क्रिया, ताकि माँग और पूर्ति की दशाओं के आधार पर वह अपना नया मूल्य स्वयं तय कर सके, 'करेंसी फ्लोटिंग' कहलाती है।
- **कर अपवंचन (Tax Evasion) :** आय को छिपाने की वह प्रक्रिया जिसमें कर अदायगी को अवैध रूप से बचा लिया जाता है, कर अपवंचन कहलाती है। कर अपवंचन द्वारा संचित किये गये धन को काला धन (Black Money) कहा जाता है।
- **कर लोच (Tax Elasticity) :** सरकार द्वारा किसी कर के विस्तार या उसकी दरों में संशोधन के फलस्वरूप जनता द्वारा उस पर व्यक्त की गयी प्रतिक्रिया कर लोच कहलाती है।
- **कॉर्टेल (Cartel) :** जब कहीं भी व्यापार में कुछ सीमित उत्पादक आपस में मिलकर उत्पादन मूल्य तथा वितरण पर नियन्त्रण कर लेते हैं, तो उसे कॉर्टेल कहा जाता है।
- **काला बाजारी (Black Marketing) :** बाजार की वह स्थिति जिसमें वस्तुओं को गोदामों में व्यापारियों द्वारा संग्रहित करके वस्तुओं का कृत्रिम अभाव उत्पन्न कर दिया जाता है और कृत्रिम अभाव उत्पन्न हो जाने के उपरान्त उन वस्तुओं की कीमतें बढ़ाकर उन्हें बेचा जाता है। इस प्रक्रिया को काला बाजारी कहा जाता है।
- **कॉल मनी (Call Money) :** जब कोई भी कम्पनी अपना शेयर जारी करती है, जो शेयर मूल्य का एक भाग शेयर आवेदनकर्ता से आवेदन पत्र के साथ ले लेती है। शेष राशि शेयर धारकों से आगामी निश्चित तिथि तक ले ली जाती है, जिसे कॉल मनी कहा जाता है।
- **कागजी स्वर्ण (Golden Paper) :** अन्तरराष्ट्रीय मुद्राकोष द्वारा वर्ष 1969 में जारी की गयी हिसाबी मुद्रा है जिसे विशेष आहरण अधिकार (SDR) के नाम से जाना जाता है। वर्तमान समय में भी आई.एम.एफ. के सभी सदस्यों के खाते एवं लेन-देन एस.डी.आर. इकाई में ही किये जाते हैं। 1 जनवरी, 1981 से एस.डी.आर. का मूल्य विश्व के पाँच बड़े निर्यातक देशों की मुद्राओं की पिटारी द्वारा निर्धारित किया जाता है।

- **कृषि साख पत्र (Agricultural Credit Card)** : वाणिज्य बैंकों द्वारा प्रारम्भ की गयी ऐसी व्यवस्था जिसमें अच्छे उत्पादन का रिकार्ड रखने वाले कृषकों को कृषि के लिए तत्काल ऋण प्रदान करने की सुविधा उपलब्ध करायी गयी है।
- **क्रियात्मक घाटा (Operational Deficit)** : राजकोषीय घाटे में स्फीतिक समायोजन के लिए जब ब्याज के कुछ भाग को घटा दिया जाता है तो क्रियात्मक घाटा प्राप्त होता है।
- **कुटीर उद्योग (Small Scale Industry)** : वह उद्योग जिसे अंशतः पारिवारिक सदस्यों द्वारा आंशिक अथवा पूर्णकालिक कार्य के रूप में चलाया जाता है, कुटीर उद्योग कहलाता है।
- **केन्द्रक क्षेत्र (Core Sector)** : आर्थिक विकास के लिए जिन मूलभूत क्षेत्रों का विकास आवश्यक है, उसे केन्द्रक क्षेत्र के अन्तर्गत शामिल करते हैं, जैसे- लौह-इस्पात, सीमेंट, भारी मशीनें आदि। ये केन्द्रक क्षेत्र अर्थव्यवस्था के अन्य उद्योगों के विकास में सहायता करते हैं।
- **खुला व्यापार (Free Trade)** : अन्तरराष्ट्रीय व्यापार, जिसमें वस्तुओं और सेवाओं के आवागमन पर सरकार द्वारा किसी प्रकार का हस्तक्षेप नहीं किया जाता अर्थात् व्यापार के लिए कोई विशेष शर्तें नहीं रखी जाती।
- **खुले बाजार की क्रियाएँ (Open Market Operations)** : केन्द्रीय बैंक द्वार साख नियन्त्रण के लिए किया गया एक महत्त्वपूर्ण उपाय जिसमें केन्द्रीय बैंक द्वारा बाजार में किसी प्रकार के बिलों अथवा प्रतिभूतियों का क्रय-विक्रय किया जाता है, परन्तु संकीर्ण अर्थ में इसका अभिप्राय यह है कि केन्द्रीय बैंक द्वारा केवल सरकारी प्रतिभूतियों का ही क्रय-विक्रय होता है।
- **गरीबी रेखा (Poverty Line)** : आय की वह न्यूनतम स्थिति, जिससे औसत आकार के परिवार के जीवन निर्वाह के लिए आवश्यक वस्तुओं को खरीदा जा सके, गरीबी रेखा के रूप में माना जाता है, किन्तु जिनमें ऐसी क्षमता का अभाव होता है, उन्हें गरीबी रेखा के नीचे की श्रेणी में रखा जाता है।

  भारत में इस न्यूनतम आय के स्तर का निर्धारण शहरी एवं ग्रामीण के लिए अलग-अलग प्रति व्यक्ति प्रतिदिन आवश्यक कैलोरी प्राप्त करने के आधार पर किया जाता है।
- **गैर-योजना ऋण (Non-plan Loan)** : केन्द्र द्वारा राज्य सरकारों को लघु बचतों से जमा राशि के बदले में दिया जाने वाला ऋण। यह ऋण केन्द्रशासित राज्यों को भी उनके गैर-योजना पूँजी अन्तराल को पूरा करने के लिए तथा सार्वजनिक क्षेत्र के उद्यमों को उनके नकद घाटे और क्रियाशील व्ययों को पूरा करने के लिए भी प्रदान किया जाता है।
- **गैर-कर राजस्व (Non-tax Revenue)** : सरकार की ब्याज प्राप्ति और शिक्षा, सार्वजनिक स्वास्थ्य आदि सेवाओं द्वारा हुई प्रशासकीय प्राप्ति आदि गैर-कर राजस्व के अन्तर्गत आते हैं। केन्द्र सरकार के गैर-कर राजस्व में विभागीय उपक्रमों जैसे- रेलवे, डाक व तार, करेंसी आदि सार्वजनिक क्षेत्र की इकाइयाँ, सरकार की वित्तीय संस्थाएँ आदि के प्राप्त लाभ शामिल हैं, जबकि राज्य सरकारों के गैर-कर राजस्व में विभागीय उपक्रम जैसे- विद्युत बोर्ड, वाणिज्यिक, सिंचाई एवं वन आदि से प्राप्त लाभ आते हैं।
- **गैर-योजना व्यय (Non-plan Expenditure)** : सरकार द्वारा किये गये वे सभी व्यय जिन्हें किसी योजना के अन्तर्गत व्यय नहीं किया जाता, गैर-योजना व्यय कहलाते हैं। इसका कुछ भाग ब्याज, पेंशन और राज्यों को वैधानिक अन्तरण पर, कुछ भाग रक्षा और आन्तरिक सुरक्षा पर तथा कुछ विदेशी सम्बन्धों, मुद्रा आदि पर खर्च होता है।
- **गैर-योजना अनुदान (Non-plan Grants)** : भारतीय संविधान के अनुच्छेद 275(1) के अन्तर्गत वित्त आयोग के प्रतिवेदन पर और विशिष्ट योजनाओं के लिए राज्यों को दिया जाने वाला वह अनुदान, जो कॉलेज एवं विश्वविद्यालयों के शिक्षकों के वेतन संशोधन, पुलिस योजनाओं, विस्थापित लोगों के पुनर्वास, सीमा सड़कों के निर्माण एवं रख-रखाव यात्री किरायों पर कर आदि के लिए दिया जाता है।

- **घटिया ऋण (Bad Debt)** : वह ऋण, जिसकी वसूली संदिग्ध अथवा अत्यन्त कठिन होती है, घटिया ऋण कहलाती है।
- **घाटे का बजट (Budget Deficit)** : जब आय की तुलना में सरकार का व्यय अधिक होता है तब यह बजट 'घाटे का बजट' कहलाता है। मन्दी के समय यह घाटे का बजट महत्त्वपूर्ण भूमिका निभाता है।
- **घिसावट या मूल्य (Depreciation)** : किसी परिसम्पत्ति के निरन्तर प्रयोग से उसमें टूट-फूट के कारण उसके मूल्य में होने वाले ह्रास या किसी मुद्रा की माँग में कमी होने से उसका सोने या अन्य मुद्राओं की तुलना में होने वाला मूल्य ह्रास।
- **चालू खाता (Current Account)** : इस खाते के अन्तर्गत किसी भी दिन और अनेकों बार कितनी भी राशि का लेन-देन किया जा सकता है। यह एक प्रकार से माँग जमा खाता है। इन खातों में जमा राशियों पर कोई ब्याज नहीं दिया जाता, बल्कि बैंक द्वारा लेन-देन की संख्या के आधार पर कुछ सेवा शुल्क अवश्य वसूल किया जाता है।
- **चिट फण्ड (Chit Fund)** : लघु बचतों का उपयोग करने के लिए कुछ लोग मिलकर चिट फण्ड का आयोजन करते हैं, जिसमें प्रत्येक सदस्य एक निर्धारित राशि देता है, और इस राशि को प्रत्येक महीने या हफ्ते किसी एक सदस्य को प्रदान कर दिया जाता है। इस प्रकार बारी से (क्रम से) सभी सदस्यों को यह राशि प्राप्त होती जाती है।
- **चेक (Cheque)** : यह एक प्रकार की विनियम हुण्डी है, जो किसी विशेष (निर्दिष्ट) बैंक के ऊपर आहरित होती है तथा माँग के अनुसार ही जिसका भुगतान किया जा सकता है। चेक में तीन पक्ष होते हैं–
  (i) भुगतान का आदेश देने वाला आहर्ता
  (ii) जिसको आदेश दिया जाता है अर्थात् बैंक
  (iii) जो भुगतान प्राप्त करता है अर्थात् चेक का धारक
- **छँटनी (Layoff)** : किसी औद्योगिक संस्थान में उत्पादन कम हो जाने या उस वस्तु की माँग कम हो जाने पर कर्मचारियों को नौकरी से पृथक् करना 'ले ऑफ' या छँटनी कहलाता है।
- **छूट (Rebate)** : किसी संस्थान या व्यक्ति को दिये जाने वाले धन में छूट के रूप में एक निश्चित भाग को कम कर दिया जाता है, तो वह छूट कहलाता है।
- **जन्म दर (Birth Rate)** : किसी क्षेत्र में किसी वर्ष प्रति इकाई जनसंख्या पर जन्म लेने वाले शिशुओं की संख्या जन्म-दर कहलाती है। भारत में जन्म-दर की माप प्रति 1000 की इकाई पर की जाती है।
- **जमा राशि (Caution Money)** : किसी संविदा या दायित्व को पूर्ण करने हेतु जमानत के रूप में माँगी जाने वाली धन राशि।
- **जीवन प्रत्याशा (Life Expectancy)** : व्यक्ति के जीवित रहने की औसत अवधि (वर्ष में) जीवन प्रत्याशा कहलाती है।
- **ड्राफ्ट (Draft)** : यह एक साख पत्र है, जिसमें किसी बैंक द्वारा अपने बैंक की किसी अन्य शाखा को पावक के आदेशानुसार धनराशि माँग पर भुगतान करने का आदेश होता है।
- **डिविडेण्ड (Dividend)** : विभिन्न प्रकार की कंपनियों से शेयरों पर प्राप्त लाभांश डिविडेण्ड कहलाता है।
- **तालाबन्दी (Lockout)** : श्रमिकों में असन्तोष अथवा अन्य कारणों से उद्यमी द्वारा औद्योगिक इकाई या अन्य उद्यम को बन्द कर देना। इसका मुख्य उद्देश्य श्रमिकों पर अपनी शर्तें वापस लेने के लिए दबाव डालना होता है।
- **धारक चेक (Bearer Cheque)** : किसी चेक पर धारक या बियरर लिखे जाने का तात्पर्य यह है कि उस चेक को बैंक में प्रस्तुत करने वाले व्यक्ति और उसे जारी करने वाले व्यक्ति दोनों के अधिकार समान होंगे।

- **तेजड़िया (Bulls) :** स्टॉक एक्सचेंच में जो व्यक्ति शेयरों की कीमत बढ़ाना चाहता है, उसे तेजड़िया कहा जाता है।
- **द्वितीयक क्षेत्र (Secondary Sector) :** द्वितीयक क्षेत्र में विनिर्माण क्षेत्र अर्थात् प्राथमिक वस्तुओं का रूप बदलकर उसे विनिर्मित वस्तु बनाने वाले उद्योग जैसे- निर्माण, गैस, जल आपूर्ति, वस्तु निर्माण आदि शामिल किये जाते हैं।
- **तृतीयक क्षेत्र (Tertiary Sector) :** तृतीयक क्षेत्र में सेवाएँ जैसे- बैंकिंग, बीमा, यातायात व संचार, व्यापार-वाणिज्य आदि को शामिल किया जाता है। इसलिए इस क्षेत्र को **सेवा क्षेत्र** भी कहा जाता है।
- **द्वैध अर्थव्यस्था (Dual Economy) :** ऐसी अर्थव्यवस्था, जिसमें आधुनिक और प्राचीन व्यवस्थाएँ साथ-साथ चलें। भारत इसका प्रत्यक्ष उदाहरण है। अल्पविकसित या विकासशील देशों में आमतौर पर ऐसी ही अर्थव्यवस्थाएँ होती हैं।
- **परिसम्पत्ति (Asset) :** किसी व्यक्ति या फर्म की सभी प्रकार की चल-अचल सम्पत्ति, जिसके द्वारा वह अपने ऋणों का कानूनी भुगतान कर सकता है।
- **प्रतिभूति (Security) :** अर्थव्यस्था के क्षेत्रों में प्रतिभूति का प्रयोग अनेक अर्थों में होता है, यथा-शेयर, डिबेंचर, ऋण-पत्र आदि के लिए बैंकों में ऋणों की जमानत के लिए अर्थात् जब सरकार या कंपनी जनता से ऋण लेती है, तब ऋण के बदले जनता को दिये गये धन वापसी के प्रतिज्ञा पत्र को प्रतिभूति कहा जाता है।
- **प्रति व्यक्ति आय (Per Capita Income) :** किसी भी देश में एक वित्तीय वर्ष में वस्तुओं एवं सेवाओं से जितना उत्पादन होता है, उस मूल्य के योग को ही स्थूल रूप में राष्ट्रीय आय कहा जाता है और कुल राष्ट्रीय आय में कुल जनसंख्या से भाग देने पर जो भागफल प्राप्त होता है, उसे प्रति व्यक्ति आय कहते हैं।
- **प्रत्यक्ष कर (Direct Tax) :** व्यक्ति या कंपनियों पर लगाया जाने वाला कर, जो उनकी आय या सम्पत्ति पर लगया जाता है। इस कर का किसी अन्य व्यक्ति पर अन्तरण सम्भव नहीं हो पाता, जैसे- आयकर, निगम कर आदि।
- **पूँजी (Capital) :** उत्पादन का वह महत्त्वपूर्ण साधन जिसके द्वारा उत्पादन की प्रक्रिया को संचालित किया जाता है। इसके अभाव में उत्पादन की कल्पना नहीं की जा सकती।
- **पूँजीवाद (Capitalism) :** ऐसी राजनैतिक-आर्थिक व्यवस्था, जो निजी सम्पत्ति एवं निजी लाभ की अवधारणा को मान्यता देती है और सार्वजनिक क्षेत्र के विस्तार और आर्थिक गतिविधियों में सरकारी हस्तक्षेप का विरोध करती है।
- **पेट्रो डॉलर (Petro Dollar) :** पेट्रोलियम उत्पादक एवं निर्यातक देशों द्वारा पेट्रोल की ऊँची कीमतों पर बिक्री के द्वारा जो विदेशी मुद्रा विशेषकर अमेरिकी डॉलर के रूप में प्राप्त होती है, वह पेट्रो डॉलर कहलाती है।
- **पेटेण्ट (Patent) :** जब शोध/आविष्कार के परिणामस्वरूप कोई नई उत्पादन प्रक्रिया अथवा मशीनरी मॉडल तैयार किया जाता है तब सरकार इस सफल आविष्कार को पेटेण्ट अधिकार प्रदान करती है। इस कानून से शोधकर्ता अपने आविष्कार के निषेधक उपयोग का अधिकारी हो जाता है।
- **पोर्टफोलियो (Portfolio) :** किसी निवेशकर्ता के पास उपलब्ध विभिन्न प्रकार की वित्तीय परिसम्पत्तियों का सम्पूर्ण समूह जैसे- शेयर, ऋण-पत्र, सरकारी बॉण्ड, यूनिट ट्रस्ट प्रमाण पत्र तथा (सप्ताह, महीने या वर्ष के) आय एवं व्यय का लेखा-जोखा, जो देश या किसी वित्तीय संस्था या परिवार के वित्तीय मामलों की भावी रणनीति को व्यक्त करता है।
- **बजट (Budget) :** बजट में किसी संस्था या सरकार के एक वर्ष की अनुमानित आय-व्यय का लेखा-जोखा तथा आगामी वर्ष के आय-व्यय का अनुमान भी प्रस्तुत किया जाता है।
- **बफर स्टॉक (Buffer Stock) :** आपात स्थिति में किसी वस्तु की कमी की पूर्ति के लिए वस्तु का स्टॉक तैयार करना बफर स्टॉक कहलाता है।
- **बचत बैंक खाता (Saving Bank Account) :** बचत बैंक खाता उन व्यक्तियों के लिए है, जो

अपनी भावी आवश्यकताओं को पूरा करने के लिए अपनी वर्तमान आय का कुछ भाग बचाकर रखना चाहते हैं। इस खाते में जमा राशि पर कुछ ब्याज दिया जाता है।

- **ब्लू चिप (Blue Chip)** : यह शब्द प्राय: उन कंपनियों के शेयरों के लिए प्रयुक्त होता है, जो अत्यन्त सुदृढ़ है तथा जिनका प्रबन्धन अत्यन्त कुशल है।
- **बैलेंस शीट (Balance Sheet)** : यह एक ऐसा लेखा-पत्र है, जिसमें किसी व्यापारिक संस्थान की किसी निश्चित तिथि को समस्त आस्तियों व देनदारियों को दिखाया जाता है। बैलेंस शीट के आधार पर किसी फर्म की वास्तविक वित्तीय स्थिति का अनुमान लगाया जाता है।
- **बैंक दर (Bank Rate)** : ब्याज की वह दर, जिस पर केन्द्रीय बैंक सदस्य बैंकों की प्रथम श्रेणी के बिलों की पुनर्कटौती करता है अथवा स्वीकार्य प्रतिभूतियों पर ऋण देता है।
- **बोनस (Bonus)** : उद्यमी द्वारा अपने कर्मचारियों को नियमित वेतन के अलावा दिया गया धन या किसी उद्यम द्वारा अपने भागीदारों को सामान्य लाभांश के अतिरिक्त दिया गया धन।
- **बौद्धिक सम्पदा अधिकार (Intellectual Property Right)** : किसी विशिष्ट बौद्धिक पद्धति से विकसित वस्तु, सेवा या ज्ञान का स्व-उपयोग करने या अन्य व्यक्ति द्वारा उसके उपयोग को प्रतिबन्धित करने या उचित मुआवजा प्राप्त करने का अधिकार।
- **भुगतान संतुलन (Balance of Payment)** : किसी देश द्वारा अन्य देशों या अन्तरराष्ट्रीय संस्थाओं के साथ होने वाले लेन-देन में आगत-निर्गत का लेखा-जोखा, जो खण्डों में विभाजित होता है, चालू खाता और पूँजी खाता। चालू खाता दृश्य-अदृश्य मदों के व्यापार का लेखा है, जबकि पूँजी खाता विनियोग एवं अन्य पूँजी प्रवाहों का लेखा है।
- **मानव विकास सूचकांक (Human Development Index)** : किसी देश में आधारभूत मानवीय आवश्यकता की औसत प्राप्ति जैसे- लोगों की जीवन प्रत्याशा, साक्षरता तथा अच्छे रहन-सहन के स्तर के लिए आय से वंचन, इन तीनों का संयुक्त सूचकांक ही मानव विकास सूचकांक कहलाता है।
- **मृत्यु दर (Death Rate)** : किसी क्षेत्र में किसी वर्ष में प्रति हजार जनसंख्या पर मरने वाले व्यक्तियों की संख्या उस क्षेत्र की मृत्यु दर कहलाती है।
- **मुद्रा संकुचन या अवस्फीति (Deflation)** : जब मुद्रा की कमी के कारण मूल्य गिरता है, तो उत्पादन व व्यापार का स्तर भी गिर जाता है और बेरोजगारी में वृद्धि होती है, तो उसे मुद्रा संकुचन की स्थिति कहते हैं।
- **मुद्रा स्फीति (Inflation)** : मुद्रा-स्फीति वह स्थिति है, जिसमें मुद्रा का मूल्य घटता है तथा वस्तुओं की कीमतें बढ़ती हैं।
- **मंदड़िया (Bears)** : स्टॉक एक्सचेंज में जो व्यक्ति शेयरों की कीमतें गिरने की आशा कर वस्तु को भविष्य में देने का वायदा कर बेचता है, उसे मंदड़िया कहा जाता है।
- **मिश्रित अर्थव्यवस्था (Mixed Economy)** : ऐसी अर्थव्यवस्था, जिसमें निजी और सार्वजनिक दोनों क्षेत्रों का अस्तित्व होता है, जो एक-दूसरे से सहयोग करते हुए आर्थिक विकास में योगदान करते हैं।
- **म्युचुअल फण्ड (Mutual Fund)** : इस फण्ड के अन्तर्गत जन-साधारण के निवेश योग्य धन को ऐच्छिक आधार पर एकत्रित कर विनियोग से बेहतर अवसरों में प्रयोग किया जाता है।
- **मौद्रिक नीति (Monetary Policy)** : ऐसी नीति जो अर्थव्यवस्था में मुद्रा की मात्रा पर नियन्त्रण करके मुद्रा स्फीति कम करने, भुगतान संतुलन को सुधारने, राष्ट्रीय आय को बढ़ाने आदि का प्रयास करती है।
- **मॉडवेट (Modvat)** : वर्ष 1986 में प्रारंभ किया संशोधित मूल्य संवर्द्धन पर लगाया गया केन्द्रीय उत्पाद शुल्क है, जिसके फलस्वरूप विनिर्मित वस्तुओं को उत्पादक, प्रयुक्त आगतों पर बार-बार उत्पाद कर देने के भार से मुक्त हो जाता है।
- **माँग पत्र (Demand Draft)** : ऐसा विनिमय बिल जिसका भुगतान तात्कालिक रूप से किया जाता है।

- **मनी लाउण्ड्रिग प्रिवेंशन एक्त-1998 (Money Laundering Prevention Act-1998):** अवैध रूप से प्राप्त किये धन की आवाजाही पर निगरानी रखने तथा दोषी मामलों में समुचित दण्ड के लिए मनी लाउण्ड्रिग प्रिवेंशन बिल को सरकार द्वारा 4 अगस्त, 1998 को प्रस्तुत किया गया। विधेयक में 25 लाख रुपये से ऊपर के सभी वित्तीय लेन-देनों पर निगरानी रखने तथा उनकी रिपोर्ट तैयार करने का दायित्व वित्तीय संस्थानों को सौंपा गया है। ऐसा करने में असफल रहने पर वित्तीय संस्थानों के अधिकारियों पर भी 1 लाख रुपये तक का दण्ड (कम-से-कम 10 हजार रुपये) आरोपित किया जा सकेगा।
- **लिमिटेड कंपनी (Limited Company) :** ऐसी कंपनी, जिसका स्वामित्व अशंदाताओं के बीच बँटा होता है और प्रत्येक अंशदाता का उत्तरदायित्व उसके अंश तक ही सीमित रहता है।
- **वस्तु विनिमय प्रणाली (Barter System) :** वस्तुओं का आदान-प्रदान करना वस्तु विनिमय प्रणाली कहलाता है, इसमें मुद्रा का उपयोग नहीं होता है।
- **वास्तविक आय (Real Income) :** मौद्रिक आय की क्रय शक्ति को वास्तविक आय कहा जाता है।
- **विनिमय दर (Exchange Rate) :** जिस दर पर एक देश की मुद्रा दूसरे देश की मुद्रा में बदल जाती है, उसे 'विनिमय दर' कहते हैं।
- **विदेशी मुद्रा खाता (Foreign Currnecy Account) :** इस प्रकार के जमा खाते कुछ चुनी हुई परिवर्तनशील मुद्राओं में खोले जाते हैं। जिस मुद्रा में खाते खोले जाते हैं, ब्याज उसी मुद्रा में अदा किया जाता है।
- **विमुद्रीकरण (Demonetization) :** जब काले धन में वृद्धि से अर्थव्यवस्था के लिए संकट उत्पन्न हो जाता है, तो इसे दूर करने के लिए विमुद्रीकरण की विधि अपनायी जाती है। विमुद्रीकरण के अन्तर्गत सरकार पुरानी मुद्रा को समाप्त कर नई मुद्रा को लागू करती है।
- **वैधानिक तरलता अनुपात (SLR) :** बैंकिंग विनियमन अधिनियम की धारा (24) के अन्तर्गत सभी बैंकों के लिए अनिवार्य है कि वे भारत में अपनी जमाराशियों के कम से कम 25% के बराबर धन अर्थ सुलभ आस्तियों में (प्रतिभूतियों के रूप में) रखें। रिजर्व बैंक इस प्रतिशत को 25% से बढ़ाकर 40% तक कर सकता है, जिसके परिणामस्वरूप बैंकों को प्रतिभूतियों के रूप में अधिक धन रखना होता है तथा साख की मात्रा घट जाती है।
- **शून्य बजट (Zero Budget) :** भारतीय बजट के इतिहास में सर्वप्रथम 1985 में शून्य बजट की अवधारणा का विकास हुआ। इसके अन्तर्गत गैर-योजना बजट के कोष को पूर्वयोजनाओं के प्रावधान से अलग करके देखा जाये और उस मद का पुनर्मूल्यांकन करके नये सिरे से उसके लिए धन की व्यवस्था करने का प्रावधान किया जाये। इस व्यवस्था का उद्देश्य उन योजनाओं को अतिरिक्त वित्त जारी करने के बजाय समाप्त कर देना है, जिनका महत्त्व समाप्त हो या अब वे अप्रासंगिक हो चुकी हों।
- **शेयर सूचकांक (Share Index) :** शेयरों के बाजार में मूल्य का प्रदर्शन शेयर सूचकांक द्वारा किया जाता है। प्रत्येक शेयर को उनके आकार एवं महत्त्व के अनुसार भार देकर मूल्यों में होने वाले परिवर्तनों के आधार पर शेयर सूचकांक तैयार किये जाते हैं।
- **सार्वजनिक क्षेत्र (Public Sector) :** अर्थव्यवस्था के अन्तर्गत ऐसे क्षेत्र, जिनका प्रबन्धन और संचालन सरकार के स्वामित्व में होता है। भिलाई, दुर्गापुर, एवं बोकारो स्टील प्लान्ट सार्वजनिक क्षेत्र के अन्तर्गत आते हैं।
- **सार्वजनिक ऋण (Public Debt) :** सरकार द्वारा जनता से या वित्तीय संस्थाओं से या बाहर के देशों से लिया गया ऋण सार्वजनिक ऋण कहलाता है।
- **हार्ड करेंसी (Hard Currency) :** अन्तरराष्ट्रीय बाजार में जिस मुद्रा की आपूर्ति माँग की अपेक्षा कम होती है, वह हार्ड करेंसी कहलाती है। विकसित देशों की मुद्रा को प्रायः हार्ड करेंसी कहते हैं।

भौतिक विज्ञान

विज्ञान की वह शाखा जिसके अन्तर्गत द्रव्य (Matter), ऊर्जा (Energy) एवं इनकी पारस्परिक क्रियाओं का अध्ययन किया जाता है, उसे भौतिक विज्ञान कहते हैं। भौतिकी प्राकृतिक जगत् का मूल विज्ञान है, क्योंकि विज्ञान की अन्य शाखाओं का विकास भौतिकी के ज्ञान पर बहुत हद तक निर्भर करता है।

1. मात्रक

- किसी भौतिक राशि को व्यक्त करने के लिए उसी प्रकार की राशि के मात्रक की आवश्यकता होती है। प्रत्येक राशि की माप के लिए उसी राशि का कोई मानक (Standard) मान चुन लिया जाता है। इस मानक को मात्रक (Unit) कहा जाता है।
- मात्रक दो प्रकार के होते हैं- 1. मूल मात्रक (Fundamental Units) 2. व्युत्पन्न मात्रक (Derived Units)।

1. मूल मात्रक (Fundamental Units)

- मूल मात्रक वे मात्रक हैं, जो अन्य मात्रकों से स्वतंत्र होते हैं अर्थात् उनको एक-दूसरे से सम्बन्धित अथवा आपस में बदला नहीं जा सकता है। अन्तरराष्ट्रीय मात्रक पद्धति (International System of Units या SI पद्धति) के मात्रकों को मूल मात्रक (Fundamental Units) कहते हैं। SI पद्धति में मूल मात्रक की संख्या सात है, जो नीचे दिये गये सारणी में वर्णित है-

क्र. स.	भौतिक राशि	SI के मूल मात्रक	संकेत
1.	लंबाई	मीटर (Metre)	m (मी)
2.	द्रव्यमान	किलोग्राम (Kilogram)	kg (किग्रा)
3.	समय	सेकंड (Second)	s (से)
4.	ताप	केल्विन (Kelvin)	K (के)
5.	विद्युत धारा	ऐम्पियर (Ampere)	A (ऐ)
6.	ज्योति-तीव्रता	कैण्डेला (CVandela)	cd (कैण्ड)
7.	पदार्थ का परिमाण	मोल (Mole)	mol (मोल)

SI के कुछ पुराने मात्रकों के नये नाम व संकेत			
क्र. स.	भौतिक राशि	पुराना नाम व संकेत	नया नाम व संकेत
1.	ताप	डिग्री सेंटीग्रेड, °C	डिग्री सेल्सियस, °C
2.	आवृत्ति	कंपन प्रति सेकंड, CPS	हर्टज, Hz
3.	ज्योति तीव्रता	कैण्डिल शक्ति, CP	कैण्डेला, Cd

SI के संपूरक मूल मात्रक			
क्र. स.	भौतिक राशि	मात्रक	संकेत
1.	समतल कोण	रेडियन (Radian)	rad (रेड)
2.	घनकोण (Solid Angle)	स्टेरेडियन (Steradian)	sr

2. व्युत्पन्न मात्रक (Derived Units)

- वे सभी मात्रक जो मूल मात्रकों पर निर्भर करते हैं, अर्थात् जिनको मूल मात्रकों की सहायता से व्यक्त किया जा सकता है, व्युत्पन्न मात्रक कहलाते हैं।
- बहुत लंबी दूरियाँ मापने के लिए लंबाई के मात्रक **'प्रकाश-वर्ष'** का प्रयोग किया जाता है। एक प्रकाश-वर्ष वह दूरी है, जिसे प्रकाश एक वर्ष में तय करता है, अर्थात् प्रकाश-वर्ष दूरी का मात्रक है।

$$1 \text{ प्रकाश वर्ष} = 9.46 \times 10^{15} \text{ मीटर}$$

- दूरी मापने की सबसे बड़ी इकाई **'पारसेक'** है।

$$1 \text{ पारसेक} = 3.26 \text{ प्रकाश-वर्ष} = 3.08 \times 10^{16} \text{ मीटर}$$

- CGS पद्धति में बल का मात्रक **'डाइन'** है जबकि SI पद्धति में बल का मात्रक **'न्यूटन'** है।
- CGS पद्धति में कार्य का मात्रक **'अर्ग'** है, जबकि SI पद्धति में कार्य का मात्रक **'जूल'** है।

2. गति

- यदि किसी वस्तु की स्थिति, किसी स्थिर वस्तु के सापेक्ष (Relative) एक समान रूप से बदलती रही हो तो वह वस्तु गति (Motion) में कही जाती है।
- **अदिश राशि (Scalar Quantity)** : जिन भौतिक राशियों को निरूपित करने के लिए केवल परिमाण (Magnitude) की आवश्यकता होती है, दिशा (Direction) की नहीं, उन्हें अदिश राशि कहते हैं। जैसे- समय, चाल, द्रव्यमान, कार्य, ऊर्जा आदि।
- **सदिश राशि (Vector Quantity)** : जिन भौतिक राशियों को पूर्णतया निरूपित करने के लिए परिमाण (Magnitude) के साथ-साथ दिशा की भी आवश्यकता पड़ती है, उन्हें सदिश राशि कहते हैं। जैसे- वेग, विस्थापन, बल, त्वरण आदि।

गति के प्रकार

- गति को मुख्यतः तीन भागों में बाँटा जा सकता है-

  1. **स्थानान्तरीय गति (Translatory Motion)** : जब कोई वस्तु एक सीधी रेखा में गति करती है तो ऐसी गति को स्थानान्तरीय गति कहते हैं। स्थानान्तरीय गति को रेखीय गति भी कहते हैं।

     उदाहरणार्थ - सीधी पटरियों पर चलती रेलगाड़ी।

  2. **घूर्णन गति (Rotatory Motion)** : जब कोई पिण्ड किसी अक्ष के परितः घूमता है तो ऐसी गति को घूर्णन गति कहते हैं।

     उदाहरणार्थ - पृथ्वी का अपने अक्ष पर घूमना।

  3. **कंपनीय गति (Vibratory Motion)** : जब कोई वस्तु किसी निश्चित बिन्दु के इधर-उधर गति करती है तो उसे कंपनीय गति कहते हैं।

     उदाहरणार्थ - घड़ी के लोलक का अपनी मध्यमान स्थिति के दोनों ओर दोलन करना।

- **दूरी (Distance)** : किसी दिये गये समयान्तराल में वस्तु द्वारा तय किये गये मार्ग की लंबाई को दूरी कहते हैं। यह एक अदिश राशि है व सदैव धनात्मक होती है।
- **विस्थापन (Displacement)** : किसी विशेष दिशा में गतिशील वस्तु के स्थिति परिवर्तन को उसका विस्थापन कहते हैं। यह एक सदिश राशि है तथा इसका SI मात्रक मीटर है। विस्थापन धनात्मक, ऋणात्मक और शुन्य कुछ भी हो सकता है।
- **वेग (Velocity)** : गतिशील वस्तु के विस्थापन की दर अर्थात् एक सेकंड में हुए विस्थापन को वस्तु का वेग कहते हैं। वेग एक सदिश राशि है। इसका SI मात्रक मी/से होता है। वस्तु का वेग धनात्मक व ऋणात्मक दोनों हो सकता है। वेग को निम्न सूत्र से व्यक्त करते हैं-

$$\text{वेग} = \frac{\text{विस्थापन}}{\text{समय}}$$

➩ **चाल** (Speed) : किसी गतिमान वस्तु के स्थिति में पविर्तन की दर अर्थात् एक सेकंड में चली गयी दूरी को उस वस्तु की चाल कहते हैं। चाल एक अदिश राशि है और यह सदैव धनात्मक होती है। चाल को निम्नलिखित सूत्रों से व्यक्त करते हैं-

$$\text{चाल} = \frac{\text{चली गयी दूरी}}{\text{समय}}$$

➩ **त्वरण (Acceleration)** : किसी वस्तु के वेग में परिवर्तन की दर को **'त्वरण'** कहते हैं। यह एक सदिश राशि है। इसका SI मात्रक मी/से^{2} है। यदि समय के साथ वस्तु का वेग घटता है तो त्वरण ऋणात्मक होता है, जिसे **मंदन (Retardation)** कहते हैं।

➩ **न्यूटन के गति विषयक नियम (Newton's Law of Motion)** : गति विषयक हमारा ज्ञान तीन मूल नियमों पर आधारित है। इन्हें सर्वप्रथम महान वैज्ञानिक आइजक न्यूटन ने सन् 1687 ई. में अपनी पुस्तक **'प्रिंसिपिया (Principia)** में प्रतिपादित किया था।

➩ **न्यूटन का प्रथम गति नियम (Newton's First Law of Motion)** : इस नियम के अनुसार, यदि कोई वस्तु विरामावस्था में है या एक सरल रेखा में समान वेग से गतिशील रहती है, तो उसकी विरामावस्था या समान गति की अवस्था में परिवर्तन तभी होता है, जब उस पर कोई बाह्य बल लगाया जाता है। **इस नियम को गैलिलियो का नियम या जड़त्व का नियम भी कहते हैं**। इस तरह प्रथम नियम से बल की परिभाषा मिलती है।

➩ **न्यूटन का द्वितीय गति नियम (Newton's Second Law of Motion)** : इस नियम के अनुसार किसी वस्तु के संवेग में परिवर्तन की दर उस वस्तु पर आरोपित बल के समानुपाती होता है तथा संवेग परिवर्तन बल की दिशा में होता है। अब यदि आरोपित बल F, बल की दिशा में उत्पन्न त्वरण a एवं वस्तु का द्रव्यमान m हो, तो न्यूटन के गति के दूसरे नियम से $F = ma$ अर्थात् न्यूटन के दूसरे नियम से बल का व्यंजक प्राप्त है।

➩ **न्यूटन का तृतीय नियम (Newton's Third Law of Motion)** : इस नियम के अनुसार, प्रत्येक क्रिया की उसके समान परंतु विपरीत दिशा में प्रतिक्रिया होती है। इस नियम को क्रिया-प्रतिक्रिया सूत्र नियम भी कहते हैं। इस नियम के कुछ उदाहरण हैं- 1. बंदूक से गोली चलाने पर चलाने वाले को पीछे की ओर धक्का लगना 2. नाव से कूदने पर नाव का पीछे की ओर हट जाना 3. कुँओं से पानी खींचते समय रस्सी टूट जाने पर व्यक्ति का पीछे की ओर गिर पड़ना 4. ऊँचाई से कूदने पर चोट लगना 5. रॉकेट का आगे बढ़ना आदि।

➩ **संवेग संरक्षण का सिद्धान्त (Theory of Conservation of Momentum)** : यदि कणों के किसी समूह या निकाय पर कोई बाह्य बल नहीं लग रहा हो, तो उस निकाय का कुल संवेग नियत रहता है। अर्थात् टक्कर के पहले और बाद का संवेग बराबर होता है।

➩ **आवेग (Impulse)** : जब कोई बड़ा बल किसी वस्तु पर थोड़े समय के लिए कार्य करता है, तो बल तथा समय अंतराल के गुणनफल को उस बल का आवेग कहते हैं। आवेग एक सदिश राशि है, जिसका मात्रक न्यूटन सेकंड (Ns) है तथा इसकी दशा वही होती है जो बल की होती है। आवेग को निम्न सूत्र से व्यक्त करते हैं-

$$\text{आवेग} = \text{बल} \times \text{समय अंतराल} = \text{संवेग में परिवर्तन}$$

➩ **अभिकेन्द्रीय बल (Centripetal Force)** : जब कोई वस्तु किसी वृत्ताकार मार्ग पर चलती है, तो उस पर एक बल वृत्त के केन्द्र की ओर कार्य करता है। इस बल को अभिकेन्द्रीय बल कहते हैं। इस बल के अभाव में वस्तु वृत्ताकार मार्ग पर नहीं चल सकती है। यदि कोई m द्रव्यमान का पिण्ड v चाल से r त्रिज्या के वृत्तीय मार्ग पर चल रहा है तो उस पर कार्यकारी वृत्त के केन्द्र की ओर आवश्यक अभिकेन्द्रीय बल $F = \frac{mv^2}{r}$ होता है।

- **अपकेन्द्रीय बल (Centrifugal Force)** : जब कोई पिण्ड किसी वृत्तीय मार्ग पर चलता है, तो उस पर मार्ग के केन्द्र की ओर एक बल लगता है, जिसे अभिकेन्द्रीय बल कहते हैं। न्यूटन के तीसरे नियम के अनुसार इस बल का एक प्रतिक्रिया बल जो कि परिमाण में अभिकेन्द्रीय बल के बराबर परंतु इसकी दिशा अभिकेन्द्रीय बल के विपरीत अर्थात् केन्द्र के बाहर की ओर होती है, लगता है। इस प्रतिक्रिया बल को ही अपकेन्द्रीय बल कहते हैं। कपड़ा सुखाने की मशीन, दूध से मक्खन निकालने की मशीन आदि अपकेन्द्रीय बल के सिद्धान्त पर कार्य करती है।

- **बल आघूर्ण (Moment of Force)** : बल द्वारा एक पिण्ड को एक अक्ष के परित: घुमाने की प्रवृत्ति को बल-आघूर्ण कहते हैं। किसी अक्ष के परित: एक बल का बल-आघूर्ण उस बल के परिमाण तथा अक्ष से बल की क्रिया रेखा के बीच लंबवत् दूरी के गुणनफल के बराबर होता है। यह एक सदिश राशि है तथा इसका मात्रक न्यूटन मीटर होता है। बल-आघूर्ण को निम्नलिखित सूत्र से व्यक्त करते हैं-

$$\text{बल – आघूर्ण (T)} = \text{बल} \times \text{आघूर्ण भुजा}$$

- **सरल मशीन (Simple Machines)** : यह बल-आघूर्ण के सिद्धान्त पर कार्य करती है। सरल मशीन एक ऐसी युक्ति है जिसमें किसी सुविधाजनक बिन्दु पर बल लगाकर, किसी अन्य बिन्दु पर रखे हुए भार को उठाया जाता है। जैस- उत्तोलक, घिरनी, आनत तल, स्क्रू जैक आदि।

- **गुरुत्व केन्द्र (Centre of Gravity)** : किसी वस्तु का गुरुत्व केन्द्र वह बिन्दु है, जहाँ वस्तु का समस्त भार कार्य करता है। किसी वस्तु का भार गुरुत्व केन्द्र से ठीक नीचे की ओर कार्यरत रहता है। किसी पिण्ड का गुरुत्व केन्द्र तब तक स्थिर रहता है जब तक उसका आकार नहीं बदलता।

- **संतुलन (Equilibrium)** : जब किसी वस्तु पर कई बल इस प्रकार कार्य कर रहे हों कि वस्तु न तो रेखीय गति करे और न ही घूर्णन गति, तो हम कहते हैं कि वस्तु संतुलन की अवस्था में हैं। संतुलन तीन प्रकार के होते हैं- स्थायी संतुलन, अस्थायी संतुलन एवं उदासीन संतुलन।

  (i) **स्थायी संतुलन (Stable Equilibrium)** : यदि किसी वस्तु को उसकी संतुलनावस्था से थोड़ा-सा विस्थापित करके छोड़ने पर यदि वस्तु पुन: संतुलन की अवस्था प्राप्त कर लेती हो तो कहा जाता है कि वस्तु स्थायी संतुलन में है। जैसे- चौड़े मुँह पर रखा हुआ शंकु।

  (ii) **अस्थायी संतुलन (Unstable Equilibrium)** : यदि किसी वस्तु को उसकी संतुलनावस्था से थोड़ा-सा विस्थापित करके छोड़ने पर वह पुन: संतुलन की अवस्था में न आये तो इसे अस्थायी संतुलन कहते हैं। जैसे- शीर्ष पर खड़ा हुआ शंकु।

  (iii) **उदासीन संतुलन (Neutral Equilibrium)** : यदि किसी वस्तु को उसकी संतुलन स्थिति से थोड़ा-सा विस्थापित करके छोड़ने पर वह वस्तु अपनी पूर्व अवस्था में आने का प्रयास न करे, बल्कि अपनी नई स्थिति में ही रहे, तो हम कहते हैं कि वस्तु उदासीन संतुलन में है। जैसे- गोलाकार वस्तुएँ, किसी तल पर पड़ा शंकु आदि।

3. कार्य, ऊर्जा एवं शक्ति

- **कार्य (Work)** : कार्य की माप लगाये गये बल तथा बल की दिशा में वस्तु के विस्थापन के गुणनफल के बराबर होती है। कार्य एक अदिश राशि है तथा इसका SI मात्रक **'जूल'** होता है। कार्य को निम्न सूत्र से व्यक्त करते हैं-

$$\text{कार्य} = \text{बल} \times \text{बल की दिशा में विस्थापन}$$

- **ऊर्जा (Energy)** : किसी वस्तु के कार्य करने की क्षमता को उस वस्तु की ऊर्जा कहते हैं। ऊर्जा एक अदिश राशि है तथा इसका भी SI मात्रक **'जूल'** होता है। कार्य द्वारा प्राप्त ऊर्जा यांत्रिक ऊर्जा कहलाती है, जो दो प्रकार की होती है- गतिज ऊर्जा एवं स्थितिज ऊर्जा।

(i) **गतिज ऊर्जा (Kinetic Energy) :** किसी वस्तु में उसकी गति के कारण कार्य करने की जो क्षमता आ जाती है, उसे उस वस्तु को गतिज ऊर्जा कहते हैं। गतिज ऊर्जा सदैव धनात्मक होती है। यदि m द्रव्यमान की वस्तु v वेग से चल रही हो तो गतिज ऊर्जा (KE) होगी-

$$KE = \frac{1}{2}mv^2$$

(ii) **स्थितिज ऊर्जा (Potential Energy) :** यदि किसी वस्तु की विशेष अवस्था (State) अथवा स्थिति के कारण उसमें कार्य करने की जो क्षमता होती है, उसे वस्तु की स्थितिज ऊर्जा कहते हैं। जैसे- दबी हुई स्प्रिंग, घड़ी में चाबी भरना, पृथ्वी से कुछ ऊँचाई पर स्थित वस्तु, बाँध बनाकर इकट्ठा किये गये पानी की ऊर्जा। गुरुत्व बल के विरुद्ध संचित स्थितिज ऊर्जा का व्यंजक है-

$PE = mgh$ जहाँ $m =$ द्रव्यमान, $g =$ गुरुत्वजनित त्वरण, $h =$ ऊँचाई

- **ऊर्जा संरक्षण का नियम (Law of Conservation of Energy) :** ऊर्जा न तो उत्पन्न की जा सकती है और न नष्ट की जा सकती है। ऊर्जा केवल एक रूप से दूसरे रूप में परिवर्तित की जा सकती है। जब भी ऊर्जा किसी रूप में लुप्त होती है तब ठीक उतनी ही ऊर्जा अन्य रूपों में प्रकट होती है। अतः विश्व की सम्पूर्ण ऊर्जा का परिमाण स्थिर रहता है। यह ऊर्जा-संरक्षण का नियम कहलाता है।

विभिन्न उपकरण व उनसे होने वाले ऊर्जा का रूपांतरण		
क्र. स.	**उपकरण**	**ऊर्जा का रूपांतरण**
1.	विद्युत बल	विद्युत ऊर्जा से ऊष्मा एवं प्रकाश ऊर्जा
2.	विद्युत सेल	रासायनिक ऊर्जा से विद्युत ऊर्जा
3.	मोमबत्ती	रासायनिक ऊर्जा से प्रकाश व ऊष्मा ऊर्जा
4.	फोटो इलेक्ट्रिक सेल	प्रकाश ऊर्जा से विद्युत ऊर्जा
5.	डायनेमो	यांत्रिक ऊर्जा से विद्युत ऊर्जा
6.	मोटर	विद्युत ऊर्जा से यांत्रिक ऊर्जा
7.	लाउडस्पीकर	विद्युत ऊर्जा से ध्वनि ऊर्जा
8.	माइक्रोफोन	ध्वनि ऊर्जा से विद्युत ऊर्जा
9.	सितार	यांत्रिक ऊर्जा से ध्वनि ऊर्जा
10.	इंजन	ऊष्मा ऊर्जा से यांत्रिक ऊर्जा

- **शक्ति (Power) :** कार्य करने की दर को शक्ति कहते हैं। यदि किसी कर्त्ता द्वारा W कार्य t समय में किया जाता है तो कर्त्ता की शक्ति W/t होगी। शक्ति का SI मात्रक वाट (W) है, जिसे वैज्ञानिक जेम्स वाट के नाम पर रखा गया है। शक्ति को निम्न सूत्र से व्यक्त करते हैं-

$$\text{शक्ति} \quad \frac{\text{कार्य}}{\text{समय}}$$

- $1KW = 1000W$, $1MW = 10^6W$
- शक्ति (Power) की एक और मात्रक अश्वशक्ति (HP) है।
- 1 अश्वशक्ति (HP) = 746 W होता है।

4. गुरुत्वाकर्षण

◯ **न्यूटन का गुरुत्वाकर्षण का नियम (Newton's Law of Gravitation)** : इस नियम के अनुसार 'पदार्थ के दो कणों के बीच कार्य करने वाला आकर्षण बल कणों के द्रव्यमानों के गुणनफल के अनुक्रमानुपाती तथा उनके बीच की दूरी के वर्ग के व्युत्क्रमानुपाती होता है।'
माना दो कण जिनके द्रव्यमान M_1 व M_2 है, एक दूसरे से R दूरी पर स्थित हैं, तो न्यूटन के नियम के अनुसार उनके बीच लगने वाला आकर्षण बल, $F = G\dfrac{M_1 M_2}{R^2}$ होता है। जहाँ G एक नियतांक है, जिसे सार्वत्रिक नियतांक (Universal Constant) कहते हैं।

इसका मान $6.6710^{-11} \dfrac{\text{न्यूटन मीटर}^2}{\text{किग्रा}^2}$ होता है।

◯ **गुरुत्व (Gravity)** : न्यूटन के गुरुत्वाकर्षण के अनुसार दो पिण्डों के बीच एक आकर्षण बल कार्य करता है। यदि इनमें से एक पिण्ड हो तो इस आकर्षण बल को **'गुरुत्व'** कहते हैं। अर्थात् गुरुत्व वह आकर्षण बल है जिससे पृथ्वी किसी वस्तु को अपने केन्द्र की ओर खींचती है। इस बल के कारण जो त्वरण उत्पन्न होता है, उसे गुरुत्वजनित त्वरण (g) कहते हैं, जिसका मान 9.8 m./s^2 होता है। गुरुत्वजनित त्वरण (g) वस्तु के रूप, आकार, द्रव्यमान आदि पर निर्भर नहीं करता है।

भिन्न-भिन्न स्थानों पर 'g' का मान
(i) पृथ्वी की सतह से ऊपर या नीचे जाने पर 'g' का मान घटता है।
(ii) भूमध्य रेखा (Equator) पर 'g' का मान सबसे कम होता है।
(iii) ध्रुवों (Pols) पर 'g' का मान सबसे अधिक होता है।
(iv) पृथ्वी के घूर्णन गति बढ़ने पर 'g' का मान कम हो जाता है।
(v) पृथ्वी के घूर्णन गति घटने पर 'g' का मान बढ़ जाता है।
(vi) पृथ्वी के केन्द्र पर 'g' का मान शून्य होता है।

◯ **गुरुत्व केन्द्र (Centre of Gravity)** : किसी वस्तु का गुरुत्व केन्द्र वह बिन्दु है, जहाँ वस्तु का समस्त भार कार्य करता है। किसी वस्तु का भार गुरुत्व केन्द्र से ठीक नीचे की ओर कार्यरत रहता है। किसी पिण्ड का गुरुत्व केन्द्र तब तक स्थिर रहता है। जब तक उसका आकार नहीं बदलता है।

◯ **लिफ्ट में पिंड का भार (Weight of a Body in Lift)** :
(i) जब लिफ्ट ऊपर की ओर जाती है तो लिफ्ट में स्थित पिण्ड का भार बढ़ा हुआ प्रतीत होता है।
(ii) जब लिफ्ट नीचे की ओर जाती है तो लिफ्ट में स्थित पिण्ड का भार घटा हुआ प्रतीत होता है।
(iii) जब लिफ्ट एक समान वेग से ऊपर या नीचे गति करती है तो लिफ्ट पिण्ड के भार में कोई परिवर्तन प्रतीत नहीं होता है।
(iv) यदि नीचे उतरते समय लिफ्ट की डोर टूट जाये तो वह मुक्त पिंड की भाँति नीचे गिरती है। ऐसी स्थिति में लिफ्ट में स्थित पिंड का भार शून्य होता है। यही भारहीनता की स्थिति होती है।
(v) यदि लिफ्ट के नीचे उतरते समय लिफ्ट का त्वरण गुरुत्वीय त्वरण से अधिक हो तो लिफ्ट में स्थित पिंड उसकी फर्श से उठकर उसकी छत से जा लगेगा।

ग्रहों की गति से सम्बद्ध केप्लर का नियम
(i) प्रत्येक ग्रह सूर्य के चारों ओर दीर्घवृत्ताकार (Elliptical) कक्षा में परिक्रमा करता है तथा सूर्य ग्रह की कक्षा के एक फोकस बिन्दु पर स्थित होता है।

(ii) प्रत्येक ग्रह का क्षेत्रीय वेग (Areal Velocity) नियम रहता है। इसका प्रभाव यह होता है कि जब ग्रह सूर्य के निकट होता है तो उसका वेग बढ़ जाता है और जब वह दूर होता है तो उसका वेग कम हो जाता है।

(iii) सूर्य के चारों ओर ग्रह एक चक्कर जितने समय में लगाता है, उसे उसका परिक्रमण काल (T) कहते हैं। परिक्रमण काल का वर्ग (T^2) ग्रह की सूर्य से औसत दूर (r) के धन (r^3) के अनुक्रमानुपाती होता है, अर्थात् $T^2 \propto r^3$।

उपग्रह (Satellite)

➩ वे आकाशकीय पिंड जो ग्रहों के चारों ओर परिक्रमा करते हैं, उपग्रह कहलाते हैं। जैसे- चन्द्रमा पृथ्वी का उपग्रह है।

उपग्रह का कक्षीय चाल (Orbital Speed of a Satellite)

(i) उपग्रह की कक्षीय चाल उसकी पृथ्वी तल से ऊँचाई पर निर्भर करती है। उपग्रह पृथ्वी तल से जितना अधिक दूर होगा, उतनी ही उसकी चाल कम होगी।

(ii) उपग्रह की कक्षीय चाल उसके द्रव्यमान पर निर्भर नहीं करती है। एक ही त्रिज्या के कक्षा में भिन्न-भिन्न द्रव्यमानों के उपग्रहों की चाल समान होगी।

(iii) पृथ्वी तल के अति निकट चक्कर लगाने वाले उपग्रह की कक्षीय चाल लगभग 8 किमी/सेकंड होता है।

उपग्रह का परिक्रमण काल (Period of Revolution of Satellite)

➩ उपग्रह अपनी कक्षा में पृथ्वी का एक चक्कर जितने समय में लगाता है, उसे उसका परिक्रमण काल कहते हैं। परिक्रमण काल से संबद्ध मुख्य बातें निम्न हैं-

(i) उपग्रह का परिक्रमण काल भी केवल उसकी पृथ्वी तल से ऊँचाई पर निर्भर करता है और उपग्रह जितना अधिक दूर होता है, उसका परिक्रमण काल उतना ही अधिक होता है।

(ii) उपग्रह का परिक्रमण काल उसके द्रव्यमान पर निर्भर नहीं करता है।

(iii) पृथ्वी के अति निकट चक्कर लगाने वाले उपग्रह का परिक्रमण काल 1 घंटा 24 मिनट होता है।

(iv) परिक्रमण काल को निम्न सूत्र से व्यक्त करते हैं-

$$\text{परिक्रमण काल} = \frac{\text{कक्षा की परिधि}}{\text{कक्षीय चाल}}$$

कृत्रिम उपग्रह (Artificial Satellite)

➩ ये उपग्रह मानव निर्मित होते हैं। यदि हम किसी पिंड को पृथ्वी तल के कुछ सौ किलोमीटर ऊपर आकाश में भेजकर उसे लगभग 8 किलोमीटर/सेकंड का क्षैतिज वेग दे दें तो वह पिंड पृथ्वी के चारो ओर एक निश्चित कक्षा में परिक्रमण करता रहता है तथा इसका परिक्रमण काल लगभग 84 मिनट होता है। इसे ही हम कृत्रिम उपग्रह कहते हैं। कृत्रिम उपग्रह दो प्रकार के होते हैं- कक्षीय उपग्रह एवं भू-स्थिर उपग्रह।

(i) **कक्षीय उपग्रह (Orbital Satellite) :** पृथ्वी के चारों ओर परिक्रमा करते रहने वाले उपग्रह कक्षीय उपग्रह कहलाते हैं।

(ii) **भू-स्थिर उपग्रह (Geo-Stationary Satellite) :** ये उपग्रह पृथ्वी के किसी स्थान के सापेक्ष स्थिर रहते हैं, इसीलिए इन्हें भू-स्थिर उपग्रह कहा जाता है। भू-स्थिर उपग्रहों की कक्षा पृथ्वी के विषुवतीय तल (Equatrial Line) में होती है तथा इनका पृथ्वी के चारों ओर परिक्रमण काल पृथ्वी के अपने अक्ष के परितः घूर्णन काल के बराबर अर्थात् 24 घंटे होता है। ऐसे उपग्रहों की पृथ्वी तल से ऊँचाई लगभग 36000 किमी होती है। भू-स्थिर

उपग्रह संचार व्यवस्था के लिए अत्यधिक उपयोगी होते हैं, इसीलिए इन्हें संचार उपग्रह भी कहा जाता है। इन उपग्रहों का उपयोग टेलीफोन, टेलीग्राफ एवं टेलीविजन सिग्नलों के संचार में किया जाता है।

पलायन वेग (Escape Velocity)

◯ पलायन वेग वह न्यूनतम वेग है जिससे किसी पिंड को पृथ्वी की सतह से ऊपर की ओर फेंके जाने पर वह पृथ्वी के गुरुत्वीय क्षेत्र को पार कर जाता है व वापस पृथ्वी पर नहीं आता। पृथ्वी के लिए पलायन वेग का मान 11.2Km/s है अर्थात् पृथ्वी तल से किसी वस्तु को 11.2Km/s या इससे अधिक वेग से ऊपर किसी भी दिशा में फेंक दिया जाये तो वस्तु फिर पृथ्वी तल पर वापस नहीं आयेगी।

5. दाब (Pressure)

दाब (Pressure)

◯ किसी सतह के एकांक क्षेत्रफल पर लगने वाले बल को दाब कहते हैं। दाब एक अदिश राशि है तथा इसका SI मात्रक न्यूटन/मीटर^2 (N/m^2) होता है जिसे पास्कल (Pa) भी कहते हैं। दाब को निम्नलिखित सूत्र से व्यक्त करते हैं–

$$दाब\ (P) = \frac{F}{A} = \frac{पृष्ठ\ के\ लंबवत्\ बल}{पृष्ठ\ का\ क्षेत्रफल}$$

वायुमंडलीय दाब (Atmospheric Pressure)

◯ पृथ्वी के चारों ओर उपस्थित वायु एवं विभिन्न गैसों को वायुमंडल कहा जाता है। अतः वायुमंडल में उपस्थित वायु भी हम सभी पर अत्यधिक दाब डालती है, जिसे वायुमंडलीय दाब कहा जाता है।

◯ सामान्यतः वायुमंडलीय दाब वह दाब होता है जो पारे के 76 सेंटीमीटर वाले एक कलम द्वारा 0°C पर 45° के अक्षांश पर समुद्र तल पर लगाया जाता है। यह एक वर्ग सेमी. अनुप्रस्थ काट वाले पारे के 76 सेमी. लंबे कॉलम के भार के बराबर होता है। वायुमंडलीय दाब का SI मात्रक **बार** (Bar) होता है।

◯ वायुमंडलीय दाब 10^5 न्यूटन/मीटर^2 अर्थात् एक बार (bar) के बराबर होता है।

◯ पृथ्वी की सतह से ऊपर जाने पर वायुमंडलीय दाब कम होता जाता है, जिसके कारण– (i) पहाड़ों पर खाना बनाने में कठिनाई होती है, (ii) वायुयान में बैठे यात्री के फाउंटेन पेन से स्याही रिस जाती है (iii) उच्च रक्त चाप वाले व्यक्ति को वायुयान में यात्रा न करने की सलाह दी जाती है।

◯ वायुमंडलीय दाब को **बैरोमीटर** (Barometer) से मापा जाता है। इसकी सहायता से मौसम सम्बन्धी पूर्वानुमान भी लगाया जाता है।

◯ बैरोमीटर का पाठ्यांक अर्थात् पारा जब एकाएक नीचे गिरता है, तो आंधी आने की संभावना होती है।

◯ बैरोमीटर का पाठ्यांक अर्थात् पारा जब धीरे-धीरे ऊपर चढ़ता है तो दिन साफ रहने की संभावना होती है।

द्रव में दाब (Pressure in Liquid)

◯ द्रव की अणुओं के द्वारा बर्तन की दीवार अथवा तली के प्रति एकांक क्षेत्रफल पर लगने वाले बल को द्रव का दाब कहते हैं। द्रव के अंदर किसी बिन्दु पर द्रव के कारण दाब द्रव की सतह से उस बिन्दु की गहराई (h) द्रव के घनत्व (d) तथा गुरुत्वीय त्वरण (g) के गुणनफल

के बराबर होता है अर्थात्-

$$P\ (\text{दाब}) = h \times d \times h$$

द्रवों में दाब के नियम

(i) स्थिर द्रव में एक क्षैतिज तल में स्थित सभी बिन्दुओं पर दाब समान होता है।

(ii) स्थिर द्रव के भीतर किसी बिन्दु पर दाब प्रत्येक दिशा में बराबर होता है।

(iii) द्रव के भीतर किसी बिन्दु पर दाब स्वतन्त्र तल से बिन्दु की गहराई के अनुक्रमानुपाती होता है।

(iv) किसी बिन्दु पर द्रव का दाब द्रव के घनत्व पर निर्भर करता है। घनत्व अधिक होने पर दाब भी अधिक होता है।

द्रव-दाब सम्बन्धी पास्कल का नियम

- **पास्कल के नियम का प्रथम कथन :** यदि गुरुत्वीय प्रभाव को नगण्य माना जाय तो संतुलन की अवस्था में द्रव के भीतर प्रत्येक बिन्दु पर दबाव समान होता है।
- **पास्कल के नियम का द्वितीय कथन :** किसी बर्तन में बंद द्रव के किसी भाग पर आरोपित बल, द्रव द्वारा सभी दिशाओं में समान परिमाण में संचारित कर दिया जाता है।
- **पास्कल के नियम पर आधारित कुछ यंत्र :** हाइड्रोलिक लिफ्ट, हाइड्रोलिक प्रेस, हाइड्रोलिक ब्रेक आदि।
- द्रव का दाब उस पात्र के आकार या आकृति पर निर्भर नहीं करता जिसमें द्रव रखा जाता है।

गलनांक व क्वथनांक पर दाब का प्रभाव (Effect of Pressure on Melting Pointing and Boiling Point)

गलनांक पर प्रभाव

(i) वे पदार्थ जो पिघलने पर प्रसारित (Expands) होते हैं उन पर दाब बढ़ाने से उनका गलनांक बढ़ जाता है। उदाहरणार्थ- मोम एवं घी आदि।

(ii) वे पदार्थ जो पिघलने पर संकुचित (Contract) होते हैं, उन पर दाब बढ़ाने से उनका गलनांक कम हो जाता है। उदाहरणार्थ- बर्फ।

क्वथनांक पर प्रभाव

- सभी द्रवों का क्वथनांक दाब बढ़ाने पर बढ़ जाता है।

6. प्लवन

उत्प्लावक बल (Buoyant Force)

- द्रव का वह गुण जिसके कारण वह वस्तुओं पर ऊपर की ओर एक बल लगाता है, उसे उत्क्षेप या उत्प्लावक बल कहते हैं। यह बल वस्तुओं द्वारा हटाये गये द्रव के गुरुत्व-केन्द्र पर कार्य करता है जिसे उत्प्लावन केन्द्र (Centre of Buoyancy) कहते हैं। सर्वप्रथम आर्किमिडीज ने इसका अध्ययन किया था।

आर्किमिडीज का सिद्धान्त

- जब कोई वस्तु किसी द्रव में पूरी अथवा आंशिक रूप से डुबोई जाती है, तो उसके भार में कमी का आभास होता है। भार में यह आभासी कमी वस्तु द्वारा हटाये गये द्रव के भार के बराबर होता है।

प्लवन का नियम

(i) संतुलित अवस्था में तैरने पर वस्तु अपने भार के बराबर द्रव विस्थापित करती है।

(ii) ठोस का गुरुत्व-केन्द्र तथा हटाये गये द्रव का गुरुत्व-केन्द्र दोनों एक ही उर्ध्वाधर रेखा में होने चाहिए।

- आपेक्षिक घनत्व (Relative Density) एक अनुपात है। इसका कोई मात्रक नहीं होता है। आपेक्षिक घनत्व को **हाइड्रोमीटर** (Hydrometer) से मापा जाता है।
- सामान्य जल की अपेक्षा समुद्री जल का घनत्व (Density) अधिक होता है, इसीलिए इसमें तैरना आसान होता है।
- जब बर्फ पानी में तैरती है, तो उसके आयतन का 1/10 भाग पानी के ऊपर रहता है।
- किसी बर्तन में पानी भरा है और उस पर बर्फ का टुकड़ा तैर रहा है, जब बर्फ पूरी तरह पिघल जाती है तब भी, पात्र में पानी का तल नहीं बढ़ता है, पहले के समान ही रहता है।
- दूध की शुद्धता दुग्धमापी (Lactometer) से मापी जाती है।

मित केन्द्र (Meta Centre)

- तैरती हुई वस्तु द्वारा विस्थापित द्रव के गुरुत्व-केन्द्र को उत्प्लावन-केन्द्र कहते हैं। उत्प्लावन केन्द्र से जाने वाली ऊर्ध्व रेखा जिस बिन्दु पर वस्तु के गुरुत्व केन्द्र से जाने वाली प्रारंभिक ऊर्ध्व रेखा को काटती है, उसे मित केन्द्र कहते हैं।

तैरने वाली वस्तु के स्थायी संतुलन के लिए शर्तें

(i) मित केन्द्र गुरुत्व केन्द्र के ऊपर होना चाहिए।

(ii) वस्तु का गुरुत्व केन्द्र तथा हटाये गये द्रव का गुरुत्व केन्द्र अर्थात् उत्प्लावन केन्द्र दोनों को एक ही ऊर्ध्वाधर रेखा में होना चाहिए।

7. पृष्ठ तनाव

पृष्ठ तनाव (Surface Tension)

- द्रव अपने पृष्ठीय क्षेत्रफल को न्यूनतम करने की प्रवृत्ति रखता है, जिसके कारण उसका पृष्ठ सदैव तनाव की स्थिति में रहती है। इसे ही पृष्ठ तनाव कहते हैं। किसी द्रव का पृष्ठ तनाव वह बल है, जो द्रव के पृष्ठ पर खींची गयी काल्पनिक रेखा की इकाई लंबाई पर रेखा के लंबवत् कार्य करता है। पृष्ठ तनाव का SI मात्रक न्यूटन/मीटर होता है। यदि रेखा की लंबाई (l) पर F बल कार्य करता है, तो पृष्ठ तनाव होगा, $T = F/l$।
- द्रव के पृष्ठ के क्षेत्रफल में एकांक वृद्धि करने के लिए किया गया कार्य द्रव के पृष्ठ तनाव के बराबर होता है। इसके अनुसार पृष्ठ तनाव का मात्रक जूल/मीटर^2 होगा।
- द्रव का ताप बढ़ाने पर पृष्ठ तनाव कम हो जाता है और क्रांतिक ताप (Critical Temperature) पर यह शून्य हो जाता है।

पृष्ठ तनाव के कुछ उदाहरण

(i) जल की सतह पर हल्के से पिन रखे जाने पर पिन तैरता है। जल की वह सतह दब जाती है और तानित कला (Stretched Membrance) के रूप में कार्य करने लगती है। पिन को अँगुली से दबा देने पर पृष्ठ तनाव की तह टूट जाती है और पिन जल में डूब जाता है।

(ii) शेविंग ब्रश को जल से निकाले जाने पर इसके केश आपस में सटे रहते हैं।

(iii) पतली नली के सिरे से पिघला सीसा गिराये जाने पर सीसे की बूँद पृष्ठ तनाव के कारण गोलाकार रूप ले लेती है। कारखाने में सीसे की गोली इसी तरह बनायी जाती है।

(iv) पानी भरे गड्ढे में मिट्टी का तेल छिड़क देने से मच्छर मर जाते हैं क्योंकि, मिट्टी का तेल छिड़कने से पानी का पृष्ठ तनाव कम हो जाता है। पृष्ठ तनाव कम होने से उसकी सतह पर जो तनाव झिल्ली होती है वह टूट जाती है, जिससे मच्छर बैठते ही डूबकर मर जाते हैं।

(v) समुद्र की लहरों को शांत करने के लिए तेल गिराया जाता है। पृष्ठ तनाव में कमी आने पर लहरों की ऊँचाई कम हो जाती है।

(vi) साबुन के घोल के बुलबुले बड़े इसलिए बनते हैं क्योंकि जल में साबुन घोलने पर उसका पृष्ठ तनाव कम हो जाता है।

ससंजक बल (Cohesive Force)

- एक ही पदार्थ के अणुओं के बीच कार्यकारी आकर्षण बलों को ससंजक बल कहते हैं। ठोसों में ससंजक बल का मान अधिक होता है, फलतः उनके आकार निश्चित होते हैं। गैसों में ससंजक बल का मान नगण्य होता है। पृष्ठ तनाव का कारण ससंजक बलों का होना है।

आसंजक बल (Adhesive Force)

- भिन्न-भिन्न पदार्थों के अणुओं के बीच कार्यकारी बल को आसंजक बल कहते हैं। आसंजक बल के कारण ही एक वस्तु दूसरे से चिपकती है।

केशिकत्व (Capillarity)

- केशनली (Capillary Tube) एक ऐसी नली होती है जिसकी त्रिज्या बहुत कम तथा एक समान होती है।
- केशनली में द्रव के ऊपर चढ़ने या नीचे उतरने की घटना को केशिकत्व (Capillarity) कहते हैं।
- केशनली में द्रव किस सीमा तक चढ़ता या उतरता है, यह केशनली की त्रिज्या पर निर्भर करता है। संकीर्ण नली में द्रव का चढ़ाव अधिक तथा चौड़ी नली में द्रव का चढ़ाव कम होता है।
- सामान्यतः जो द्रव काँच को भिंगोता है, वह केशनली में ऊपर चढ़ जाता है और जो द्रव काँच को नहीं भिंगोता है वह नीचे दब जाता है, जैसे- जब केशनली को पानी में डुबाया जाता है तो पानी ऊपर चढ़ जाता है और पानी का सतह केशनली के अंदर धँसा हुआ रहता है। इसके विपरीत जब केशनली को पारे में डुबाया जाता है, तो पारा केशनली में बर्तन में रखे पारे की सतह से नीचे ही रहता है और केशनली में पारा की सतह उभरा हुआ रहता है।

केशिकत्व के कुछ उदाहरण

(i) ब्लॉटिंग पेपर स्याही को शीघ्र सोख लेता है, क्योंकि इसमें बने छोटे-छोटे छिद्र केशनली की तरह कार्य करती है।

(ii) लालटेन या लैंप की बत्ती में केशिकत्व के कारण ही तेल ऊपर चढ़ता है।

(iii) पेड़-पौधों की शाखाओं, तनों एवं पत्तियों तक जल और आवश्यक लवण केशिकत्व की क्रिया के द्वारा ही पहुँचते हैं।

(iv) कृत्रिम उपग्रह के अंदर (भारहीनता की अवस्था) यदि किसी केशनली को जल में खड़ा किया जाये तो नली में चढ़ने वाले जल स्तंभ का प्रभावी भार शून्य होने के कारण जल नली के दूसरे सिरे तक पहुँच जायेगा चाहे केशनली कितनी लंबी क्यों न हो।

(v) वर्षा के बाद किसान अपने खेतों की जुताई कर देते हैं ताकि मिट्टी में बनी केशनलियाँ टूट जाये और पानी ऊपर न आ सके व मिट्टी में नमी बनी रहे।

8. श्यानता

श्यान बल (Viscous Force)

- किसी द्रव या गैस की दो क्रमागत परतों (Layers) के बीच उनकी आपेक्षिक गति का विरोध करने वाले घर्षण बल को श्यान बल कहते हैं।

श्यानता (Viscosity)

- तरल का वह गुण जिसके कारण तरल की विभिन्न परतों के मध्य आपेक्षिक गति का विरोध होता है, श्यानता कहलाता है।
- श्यानता केवल द्रवों तथा गैसों का गुण है।
- द्रवों में श्यानता, अणुओं के मध्य लगने वाले ससंजक बलों (Cohesive Forces) के कारण होती है।

- गैसों में श्यानता इसकी एक परत से दूसरी परत में अणुओं के स्थानांतरण के कारण होती है।
- गैसों में श्यानता द्रवों की तुलना में बहुत कम होती है। ठोसों में श्यानता नहीं होती है।
- एक आदर्श तरल की श्यानता शून्य होती है।
- ताप बढ़ने पर द्रवों की श्यानता घट जाती है, परन्तु गैसों की बढ़ जाती है।
- किसी तरलता की श्यानता को श्यानता गुणांक (Coefficient of Viscosity) द्वारा मापा जाता है। इसका SI मात्रक डेकाप्वॉइज या प्वॉजली (PI) या पास्कल सेकंड (Pas) है। इसे प्राय: 'η' (ईंटा) द्वारा सूचित किया जाता है।

श्यानता के कुछ उदाहरण

(i) जितनी तेजी से हम वायु में दौड़ सकते हे, उतनी तेजी से जल में नहीं दौड़ सकते। इसका कारण है कि जल की श्यानता वायु से अधिक होती है जो हमारे दौड़ने का विरोध करती है।

(ii) यदि हम किसी द्रव को किसी बर्तन में घुमाकर छोड़ दें तो घूमता हुआ द्रव थोड़ी देर बाद स्थिर हो जाता है। इसका कारण भी श्यानता ही है।

(iii) यदि हम कम श्यान द्रव जैसे जल तथा अधिक श्यान द्रव जैसे शहद व ग्लिसरीन आदि को फर्श पर गिरा दें तो शहद व ग्लिसरीन अधिक श्यान होने के कारण जल्दी ठहर जाते हैं तथा जल अधिक दूर तक बहता जाता है।

सीमांत वेग (Terminal Velocity)

- जब कोई वस्तु किसी श्यान द्रव में गिरती है तो प्रारंभ में उसका वेग बढ़ता जाता है, किन्तु कुछ समय के पश्चात् व नियत वेग से गिरने लगती है। इस नियत वेग को ही वस्तु का सीमांत वेग कहते हैं। इस अवस्था में वस्तु का भार, श्यान बल और उत्प्लावन बल के योग के बराबर होते हैं। अर्थात् वस्तु पर कार्य करने वाले सभी बलों का योग शून्य होता है।
- सीमांत वेग वस्तु की त्रिज्या के वर्ग के अनुक्रमानुपाती होता है। अर्थात् बड़ी वस्तु अधिक वेग से और छोटी वस्तु कम वेग से गिरती है।

धारा रेखीय प्रवाह (Stream Line Flow)

- द्रव का ऐसा प्रवाह जिसमें द्रव का प्रत्येक कण उसी बिन्दु से गुजरता है, जिससे पहले उससे पहले वाला कण गुजरा था, धारा रेखीय प्रवाह कहलाता है। इसमें किसी नियत बिन्दु पर प्रवाह की चाल व उसकी दिशा निश्चित बनी रहती है।

क्रांतिक वेग (Critical Velocity)

- धारा रेखीय प्रवाह के महत्तम वेग को क्रांतिक वेग कहते हैं। अर्थात् धारा रेखीय प्रवाह की वह उच्च सीमा जिसके बाद द्रव का प्रवाह धारा रेखीय न होकर विक्षुब्ध (Turbulent) हो जाये, क्रांतिक वेग कहलाता है। क्रांतिक वेग में द्रव की गति अनियमित व टेढ़ी-मेढ़ी (Zig-Zag) हो जाती है। इस प्रकार की गति से भँवर धाराएँ (Eddy-Current) उत्पन्न होने लगती है, जैसे- बरसात के दिनों में नदियों-नालों की गति आदि।
- यदि द्रव प्रवाह का वेग क्रांतिक वेग से कम होता है, तो उसका प्रवाह उसकी श्यानता (Viscosity) पर निर्भर करता है, यदि द्रव प्रवाह का वेग उसके क्रांतिक वेग से अधिक होता है, तो उसका प्रवाह मुख्यत: उसके घनत्व पर निर्भर करता है। जैसे- ज्वालामुखी से निकलने वाला लावा बहुत गाढ़ा होने पर भी तेजी से बहता है, क्योंकि उसका घनत्व अपेक्षाकृत कम होता है और घनत्व ही उसके वेग को निर्धारित करता है।

बरनौली का प्रमेय (Vernoulli's Theorem)

- जब कोई आदर्श द्रव अथवा गैस एक स्थान से दूसरे स्थान तक धारा रेखीय प्रवाह में बहता है तो उसके मार्ग के प्रत्येक बिन्दु पर उसके एकांक आयतन की कुल ऊर्जा अर्थात् दाब ऊर्जा, गतिज ऊर्जा तथा स्थितिज ऊर्जा का योग नियत रहता है।

यदि द्रव के एकांक आयतन की दाब ऊर्जा P, द्रव का घनत्व p, तथा वेग u है और द्रव का प्रवाह क्षैतिज तल में होता है, तो बरनौली के प्रमेय के अनुसार-

$$P + \frac{1}{2}pu^2 = \text{नियतांक}$$

बरनौली के सूत्र से स्पष्ट है कि जिस स्थान पर द्रव का वेग कम होता है, वहाँ दाब अधिक होता है तथा जिस स्थान पर वेग अधिक होता है, वहाँ दाब कम होता है।

बरनौली प्रमेय के कुछ उदाहरण

(i) आँधी आने पर घरों के छप्पर व टीन का उड़ जाना। ऐसा इसलिए होता है कि जब हवा टीन के ऊपर बहुत अधिक वेग से बहती है तो टीन के ऊपर वायुदाब बहुत कम रह जाता है। जबकि टीन के नीचे का दाब पहले जैसा रहता है इस दाबांतर के कारण ही टीन व छप्पर आँधी में उड़ जाते हैं।

(ii) फुहारे के ऊपर गेंद का नाचना। ऐसा इसलिए होता है कि जब जल की धारा तेजी से निकलती है तो उसके आसपास वायुदाब घट जाता है, जबकि बाहर का वायुदाब वही बना रहता है। अत: जब भी गेंद बाहर निकलने की कोशिश करती है बाहर का दाब उसे पुन: अंदर की ओर कम दाब वाले क्षत्र की ओर ढकेल देती है, जिससे गेंद फुहारे के ऊपर नाचती रहती है।

(iii) प्लेटफार्म पर खड़े रहने पर तेजी से रेलगाड़ी आने पर हमें गाड़ी की ओर गिर जाने का खतरा। ऐसा इसलिए होता है कि जब रेलगाड़ी अधिक वेग से आती है तो हमारे व रेलगाड़ी के बीच दाब कम हो जाता है, परन्तु हमारे पीछे की वायु जो अधिक दाब पर है, वह हमें गाड़ी की ओर धक्का देती है।

9. प्रत्यास्थता

प्रत्यास्थता (Elasticity)
▻ प्रत्यास्थता पदार्थ का वह गुण है, जिसके कारण वस्तु उस वस्तु पर लगाये गये बाह्य बल से उत्पन्न किसी भी प्रकार के परिवर्तन का विरोध करती है तथा जैसे ही बल हटा लिया जाता है, वह अपनी पूर्व अवस्था में वापस आ जाती है।

प्रत्यास्थता की सीमा (Elastic Limit)
▻ विरूपक बल के परिणाम की वह सीमा जिसमें कम बल लगाने पर पदार्थ में प्रत्यास्थता का गुण बना रहता है तथा जिससे अधिक बल लगाने पर पदार्थ का प्रत्यास्थता का गुण समाप्त हो जाता है, प्रत्यास्थता की सीमा कहलाती है।

विकृति (Strain)
▻ किसी तार पर विरूपक बल लगाने पर उसकी प्रारंभिक लंबाई L में वृद्धि l होती है, तो $\frac{l}{L}$ को विकृति कहते हैं।

प्रतिबल (Stress)
▻ प्रति एकांक क्षेत्रफल पर लगाये गये बल को प्रतिबल कहते हैं।

प्रत्यास्थता का यंग मापांक (Young's Modulus of Elasticity)
▻ प्रतिबल और विकृति के अनुपात को तार के पदार्थ की प्रत्यास्थता का यंग मापांक कहते हैं।

हुक का नियम (Hook's Law)
▻ प्रत्यास्थता की सीमा में किसी वस्तु में उत्पन्न विकृति उस पर लगाये गये प्रतिबल के अनुक्रमानुपाती होती है। इसे निम्न सूत्र से व्यक्त किया जाता है-

$$\text{प्रतिबल} \propto \text{विकृति} \text{ या } \frac{\text{प्रतिबल}}{\text{विकृति}} \times \quad (\text{एक नियतांक}) = \text{प्रत्यास्थता गुणांक}$$

प्रत्यास्थता गुणांक (E) का मान भिन्न-भिन्न पदार्थों के लिए भिन्न-भिन्न होता है। इसका SI मात्रक न्यूटन मीटर$^{-2}$ होता है, जिसे पास्कल कहते हैं।

➭ यंग का प्रत्यास्थता गुणांक, $Y = \frac{\text{अनुदैर्ध्य प्रतिबल}}{\text{अनुदैर्ध्य विकृति}}$

यदि विकृति आयतन में हो, तो उसे आयतन प्रत्यास्थता गुणांक (K) कहते हैं। अपरूपण विकृति (shear) के लिए इसे दृढ़ता गुणांक (η) कहते हैं।

10. तरंग

तरंग (Wave)

➭ तरंगों के द्वारा ऊर्जा का एक स्थान से दूसरे स्थान तक स्थानांतरण होता है। तरंगे कई प्रकार की होती है, जैस- पानी की तरगें, ध्वनि की तरंगे तथा रेडियो तरगें। इन सभी द्वारा ऊर्जा का एक स्थान से दूसरे स्थान तक संचरण होता है।

➭ पानी की तरंगों व ध्वनि की तरंगों के लिए एक माध्यम (Medium) की आवश्यकता होती है तथा ये तरंगें माध्यम को बिना नुकसान पहुँचाये आगे बढ़ती हैं। जबकि प्रकाश तरंगों और रेडियो तरंगों के संचरण के लिए किसी माध्यम की आवश्यकता नहीं पड़ती तथा ये तरंगें निर्वात् (Vaccum) में चलती है।

तरंगों के प्रकार (Types of Waves)

➭ तरंगों को मुख्यत: दो भागों में बाँटा जा सकता है-

1. यांत्रिक तरंगें (Mechanical Waves)
2. अयांत्रिक तरंगें (Non-Mechanical Waves) या विद्युत चुम्बकीय तरंगें (Electro-Magnatic Waves)

1. यांत्रिक तरंगें (Mechanical Waves)

➭ यदि किसी शांत नदी या तालाब के जल में कोई पत्थर का टुकड़ा फेंका जाये तो जहाँ पत्थर गिरता है, उस स्थान पर एक विक्षोभ (Disturbance) उत्पन्न हो जाता है। यह विक्षोभ बगैर कोई अपना रूप बदले बाहर की ओर बढ़ने लगता है तथा किनारे तक पहुँच जाता है। इस प्रकार किसी माध्यम (Medium) में उठे विक्षोभ को यांत्रिक तरंगें कहते हैं। यांत्रिक तरंगों के किसी माध्यम में संचरण के लिए यह आवश्यक है कि माध्यम में प्रत्यास्थता (Elasticity) व जड़त्व (Insetia) के गुण मौजूद हों। ये तरंगें ठोस, द्रव अथवा गैस में संचरित होती हैं।

यांत्रिक तरंगों के प्रकार (Types of Machanical Waves)

➭ यांत्रिक तरंगें दो प्रकार की होती हैं- (i) अनुप्रस्थ तरंगें (Transverse Waves) (ii) अनुदैर्ध्य तरंगें (Longitudinal Waves)।

(i) **अनुप्रस्थ तरंगें (Transverse Wave) :** जब किसी माध्यम में यांत्रिक तरंग के संचरित होने पर माध्यम के कण तरंग के चलने की दिशा में लंबवत् (Perpendicular) कंपन करते हैं, उसे अनुप्रस्थ तरंगें कहते हैं। अनुप्रस्थ तरंगें केवल ठोस में उत्पन्न की जा सकती है। द्रवों के भीतर ये तरंगें उत्पन्न नहीं की जा सकती है, लेकिन उनकी सतह पर उत्पन्न की जा सकती हैं। गैसों में अनुप्रस्थ तरंगें उत्पन्न नहीं की जा सकती। अनुप्रस्थ तरंगें श्रृंग (Crest) व गर्त (Trough) के रूप में संचरति होती है।

(ii) **अनुदैर्ध्य तरंगें (Longitudinal Waves) :** जब किसी माध्यम में यांत्रिक तरंगें इस प्रकार चलती हैं कि माध्यम के कण तरंग के संचरण की दिशा में समांतर (अनुदिशा) कंपन करते हैं तो ऐसी तरंगों को अनुदैर्ध्य तरंगें कहते हैं। अनुदैर्ध्य तरंगें सभी माध्यमों (ठोस,

द्रव, गैस) में उत्पन्न की जा सकती हैं। ये तरंगें संपीड़न (Compression) व विरलन (Rarefaction) के रूप में संचरित होती हैं। वायु में उत्पन्न तरंगें अनुदैर्ध्य तरंगें होती हैं। **भूकंप तरंगें, स्प्रिंग में उत्पन्न तरंगें भी अनुदैर्ध्य तरंगों के उदाहरण हैं।**

2. विद्युत चुम्बकीय तरंगें (Electromagnetic Waves)

- वैसी तरंगें जिसके संचरण के लिए किसी माध्यम की आवश्यकता नहीं होती है, अर्थात् तरंगें निर्वात (Space) में भी संचरित हो सकती है, उन्हें विद्युत चुम्बकीय या अयांत्रिक तरंगें (Electromagnetic or Non-Mechanical Wave) कहते हैं। सभी विद्युत चुम्बकीय तरंगें एक ही चाल से चलती हैं जो प्रकाश की चाल के बराबर होती हैं।
- सभी विद्युत चुम्बकीय तरंगें **फोटॉन** की बनी होती हैं।
- विद्युत चुम्बकीय तरंगों का तरंगदैर्ध्य परिसर (Wave Length Range) 10^{-14} मी. से लेकर 10^4 मीटर तक होता है।

विद्युत चुम्बकीय तरंगों के गुण

(i) यह उदासीन होती है।
(ii) यह अनुप्रस्थ होती है।
(iii) यह प्रकाश के वेग से गमन करती है।
(iv) इसके पास ऊर्जा एवं संवेग होती है।
(v) इसकी अवधारणा मैक्सवेल (Maxwell) के द्वारा प्रतिपादित किया गया।

प्रमुख विद्युत चुम्बकीय तरंगें					
क्र. सं.	विद्युत चुम्बकीय तरंगें	खोजकर्ता	तरंगदैर्ध्य परिसर	आवृत्ति	उपयोग
1.	गामा-किरणें	बैकुरल	10^{-14}m से 10^{-10}m तक	10^{20} से 10^{18} तक	इसकी वेधन क्षमता अत्यधिक होती है, इसका उपयोग नाभिकीय अभिक्रिया तथा कृत्रिम रेडियोधर्मिता में की जाती है।
2.	एक्स किरणें	रॉन्जन	10^{-10}m से 10^{-8}m तक	10^{18} से 10^{16} तक	चिकित्सा एवं औद्योगिक क्षेत्र में इसका उपयोग किया जाता है।
3.	पराबैंगनी किरणें	रिटर	10^{-8}m से 10^{-7}m तक	10^{16}से 10^{16}तक	सेंकाई करने, प्रकाश-विद्युत प्रभाव को उत्पन्न करने, बैक्टीरिया को नष्ट करने में किया जाता है।
4.	दृश्य विकिरण	न्यूटन	3.9×10^{-7} m से 7.8×10^{-7} m तक	10^{14} से 10^{12} तक	इससे हमें वस्तुएँ दिखलाई पड़ती हैं।
5.	अवरक्त विकिरण	हरशैल	7.8×10^{-7}से 10^{-7} m तक	10^{12} से 10^{10} तक	ये किरणें ऊष्मीय विकिरण हैं। ये जिस वस्तु पर पड़ती हैं, उसका ताप बढ़ जाता है। इसका उपयोग कुहरे में फोटो ग्राफी करने एवं रोगियों की सेंकाई करने में किया जाता है।

6.	लघु रेडियो तरंगें या हर्ट्जियन तरंगें	हेनरिक हर्ट्ज	10^{-3} m से 1 m तक	10^{10} से 10^{8} तक	रेडियो, टेलीविजन एवं टेलीफोन में इसका उपयोग होता है।
7.	दीर्घ रेडियो तरंगें	मारकोनी	1 m से 10^{4} m तक	10^{6} से 10^{4} तक	रेडियो एवं टेलीविजन में उपयोग होता है।
नोट : 10^{-3} m से 10^{-2} m की तरंगें सूक्ष्म तरंगें कहलाती हैं।					

तरंग गति (Wave Motion)

- किसी कारक द्वारा उत्पन्न विक्षोभ (Disturbance) के आगे बढ़ने की प्रक्रिया को तरंग गति कहते हैं।
- आवर्त्त गति में कंपन करते हुए किसी कण की किसी कण पर स्थिति तथा गति की दिशा को जिस राशि द्वारा निरूपित किया जाता है, उसे उस कण पर के **कंपन की कला** (Phase of Vibration) कहते हैं।
- निम्न तरंगें विद्युत चुम्बकीय नहीं हैं-

  (a) कैथोड किरणें (b) कैनाल किरणें (c) अल्फा-किरणें

  (d) बीटा-किरणें (e) ध्वनि तरंगें (f) पराश्रव्य किरणें
- **आवृत्ति (Frequency) :** माध्यम का कंपन करता हुआ कोई कण एक सेकंड में जितने कंपन करता है, उसे आवृत्ति कहते हैं।
- **आवर्त्त काल (Time Period) :** माध्यम का कंपन करता हुआ कोई कण एक कंपन पूरा करने में जितना समय लेता है, उसे आवर्त्त काल कहते हैं। इसे प्रायः T से प्रदर्शित करते हैं।
- **आयाम (Amplitude) :** दोलन करने वाली वस्तु अपनी साम्यावस्था (Equilibrum Position) की किसी भी ओर जितनी अधिक से अधिक दूरी तक जाती है, उस दूरी को दोलन का **आयाम** कहते हैं।
- **तरंगदैर्ध्य (Wave-Length) :** माध्यम के किसी कण के एक कंपन पूरा किये जाने पर तरंग जितनी दूरी तय करती है, उसे तरंगदैर्ध्य कहते हैं। इसे λ (लैम्डा) से व्यक्त किया जाता है। अनुप्रस्थ तरंगों में दो पास-पास के श्रृंगों अथवा गर्तों के बीच की दूरी तथा अनुदैर्ध्य तरंगों में क्रमागत दो संपीड़नों या विरलनों के बीच की दूरी तरंगदैर्ध्य कहलाती है।
- सभी प्रकार की तरंगों में तरंग की चाल, तरंगदैर्ध्य एवं आवृत्ति के बीच निम्न सम्बन्ध होता है-

  तरंग चाल = आवृत्ति × तरंगदैर्ध्य या $v = n\lambda$

11. ध्वनि तरंग

- ध्वनि तरंगें अनुदैर्ध्य यांत्रिक तरंगें होती हैं। जिन तरंगों की आवृत्ति (Frequency) 20Hz से 20,000Hz के बीच होती है, उनकी अनुभूति हमें अपने कानों द्वारा होती है और उन्हें हम ध्वनि के नाम से पुकारते हैं।
- **ध्वनि तरंगों का आवृत्ति परिसर (Frequency Rang of Sound Waves) :** यांत्रिक तरंगों को उनके आवृत्ति परिसर के आधार पर मुख्यतः तीन भागों में विभाजित किया जा सकता है-

  (i) **श्रव्य तरंगें (Audible Waves) :** श्रव्य तरंगें वे यांत्रिक तरंगें हैं जिनकी आवृत्ति परिसर 20Hz से लेकर 20,000Hz तक होता है। इन तरंगों को हमारा कान सुन सकता है।

  (ii) **अवश्रव्य तरंगें (Infrasonic Waves) :** जिन तरंगों की आवृत्ति परिसर 20Hz से कम

होती है उन्हें अवश्रव्य तरंगें कहा जाता है। ये तरंगें हमें सुनायी नहीं देती हैं। ये तरंगें भूकंप के समय पृथ्वी के अंदर उत्पन्न होती है। हमारे ह्दय के धड़कन की आवृत्ति अवश्रव्य तरंगों के समान होती है। इस प्रकार की तरंगों को बहुत बड़े आकार के स्रोतों से उत्पन्न किया जा सकता है।

(iii) **पराश्रव्य तरंगें (Ultrasonic Waves) :** 20,000Hz से ऊपर की तरंगों को पराश्रव्य तरंगें कहा जाता है। मनुष्य के कान इसे नहीं सुन सकते हैं, परन्तु कुछ जानवर जैसे- कुत्ता, बिल्ली, चमगादड़ आदि इस ध्वनि को सुन सकते हैं। इन तरंगों को सबसे पहले गाल्टन (Galton) ने एक सीटी द्वारा उत्पन्न किया था। पराश्रव्य तरंगों को गाल्टन की सीटी के द्वारा तथा दाब वैद्युत प्रभाव की विधि द्वारा क्वार्ट्ज के क्रिस्टल के कंपनों से उत्पन्न करते हैं। तरंगों की आवृत्ति बहुत ऊँची होने के कारण इसमें बहुत अधिक ऊर्जा होती है। साथ ही इनका तरंगदैर्ध्य छोटी होने के कारण इन्हें एक पतले किरण-पुंज के रूप में बहुत दूर तक भेजा जा सकता है।

पराश्रव्य तरंगों के उपयोग

(i) चिकित्सा जगत् में रुधिर रहित ऑपरेशन, गठिया व तंत्रिका सम्बन्धी रोगों, मस्तिष्क के ट्यूमर का पता लगाने तथा दाँतों को निकालने में किया जाता है।

(ii) कीमती कपड़ों, वायुयान तथा घड़ियों के पुर्जों को साफ करने में किया जाता है।

(iii) फैक्ट्रियों की चिमनियों से कालिख हटाने में।

(iv) दूध के अंदर के हानिकारक जीवाणुओं को नष्ट करने में किया जाता है।

(v) धुंध व कुहरा वाले दिनों में हवाई अड्डों पर धुंध को समाप्त करने में प्रयोग किया जाता है।

(vi) समुद्र की गहराई, समुद्र के अंदर की बड़ी-बड़ी चट्टानों, हिमशैलों, विशाल मछलियों का पता लगानें में। **सोनार** (SONAR- Sound Navigation Ranging) एक ऐसी विधि है जिसके द्वारा समुद्र में डुबी हुई वस्तुओं का पता लगाया जाता है।

(vii) संकेत भेजने में।

ध्वनि की चाल (Speed of Sound)

- ध्वनि तरंगें अनुदैर्ध्य यांत्रिक तरंगें होती हैं। अतः इनके संचरण के लिए किसी न किसी माध्यम की आवश्यकता पड़ती है। निर्वात (Sapce) में ध्वनि तरंगों का संचरण नहीं होता है।
- किसी माध्यम में ध्वनि की चाल मुख्यतः माध्यम की प्रत्यास्थता (Elasticity) तथा घनत्व पर निर्भर करती है। कोई माध्यम जितना अधिक प्रत्यास्थ होगा उसमें ध्वनि की चाल उतनी ही अधिक होगी। इसके विपरीत अधिक घनत्व वाले माध्यमों में ध्वनि की चाल कम होती है।
- ध्वनि की चाल ठोस में **सबसे अधिक**, द्रव में **उससे कम** तथा गैस में **सबसे कम** होती है।
- जल में ध्वनि की चाल 1483 मीटर/सेकंड, लोहे में 5130 मीटर/सेकंड, वायु में 332 मीटर/सेकंड होती है।
- जब ध्वनि एक माध्यम से दूसरे माध्यम में जाती है, तो ध्वनि की चाल एवं तरंगदैर्ध्य बदल जाती है, जबकि आवृत्ति नहीं बदलती है।
- किसी माध्यम में ध्वनि की चाल आवत्ति पर निर्भर नहीं करती है।
- **ध्वनि की चाल पर दाब का प्रभाव :** ध्वनि की चाल पर दाब का कोई प्रभाव नहीं पड़ता है। अर्थात् दाब घटाने या बढ़ाने पर ध्वनि की चाल अपरिवर्तित रहती है।
- **ध्वनि की चाल पर ताप का प्रभाव :** माध्यम का ताप बढ़ाने पर उसमें ध्वनि की चाल बढ़ जाती है। वायु में प्रति 1°C ताप बढ़ने पर ध्वनि की चाल 0.61 मीटर/सेकंड बढ़ जाती है।

➪ **ध्वनि की चाल पर आर्द्रता का प्रभाव :** नमीयुक्त वायु का घनत्व, शुष्क वायु के घनत्व से कम होता है। अत: शुष्क वायु की अपेक्षा नमीयुक्त वायु में ध्वनि की चाल अधिक होती है। यही कारण है कि बरसात के दिनों में रेल के इंजन, सायरन आदि की आवाज गर्मी के दिनों की अपेक्षा अधिक दूर तक सुनायी देती है।

	विभिन्न माध्यमों में ध्वनि की चाल	
क्र. स.	**माध्यम**	**ध्वनि की चाल (मीटर/सेकंड 0°C पर)**
1.	वायु	332
2.	लोहा	5130
3.	जल	1483
4.	हाइड्रोजन	1269
5.	कार्बन डाई-ऑक्साइड	260
6.	भाप 100°C	405
7.	अल्कोहल	1213
8.	समुद्री जल	1533
9.	पारा	1450
10.	काँच	5640
11.	एल्युमिनियम	6420

➪ **ध्वनि के लक्षण (Characteristics of Sound) :** ध्वनि के मुख्यत: तीन लक्षण होते हैं- (i) तीव्रता (ii) तारत्व तथा (iii) गुणता।

(i) **तीव्रता (Intensity) :** तीव्रता ध्वनि का वह लक्षण है, जिसके कारण हमें कोई ध्वनि धीमी अथवा तेज सुनाई देती है। तीव्रता, ध्वनि उत्पन्न करने वाली कंपनशील वस्तु के कंपन के आयाम पर निर्भर करती है। कंपन का आयाम जितना अधिक होगा, ध्वनि की तीव्रता उतनी ही अधिक होगी तथा वह ध्वनि हमें उतनी ही तेज सुनायी देगी। ध्वनि की तीव्रता व्यक्त करने का मात्रक **बेल** (Bel) है। ध्वनि की निरपेक्ष तीव्रता (Absolute Intensity) को वाट मीटर$^{-2}$ (Wm^{-2}) में व्यक्त किया जाता है। बेल एक बड़ा मात्रक है, अत: व्यवहार में इससे छोटा मात्रक **डेसीबल** (dB) प्रयुक्त होता है।

स्रोत के आधार पर ध्वनि की तीव्रता		
क्र. सं.	**ध्वनि के स्रोत**	**तीव्रता (डेसीबल में)**
1.	साधारण बातचीत	40-30 डेसीबल
2.	जोर से बातचीत	50-60 डेसीबल
3.	ट्रक-ट्रैक्टर	90-100 डेसीबल
4.	आरकेस्ट्रा	100 डेसीबल
5.	मोटर साइकिल, विद्युत मोटर	110 डेसीबल
6.	साइरन	110-120 डेसीबल
7.	जेट विमान	140-150 डेसीबल

8.	मशीनगन	170 डेसीबल
9.	मिसाइल	180 डेसीबल

(ii) **तारत्व (Pitch) :** तारत्व ध्वनि का वह लक्षण है, जिसके कारण हम ध्वनि को मोटी (Grave) या पतली (Shrill) कहते हैं। यदि तारत्व अधिक होता हैं तो ध्वनि को पतली या तीक्ष्ण ध्वनि कहते हैं तथा यदि तारत्व कम होता है तो ध्वनि को मोटी या सपाट (Flat) ध्वनि कहा जाता है। ध्वनि का तारत्व उसकी आवृत्ति पर निर्भर करता है।

(iii) **गुणता (Quality) :** गुणता ध्वनि का वह लक्षण है जो समान तीव्रता व समान आवृत्तियों की ध्वनियों में अंतर स्पष्ट करता है। गुणता के कारण ही हम अपने विभिन्न परिचितों को बगैर देखे उनकी आवाज सुनकर पहचान लेते हैं।

- **ध्वनि का परावर्तन (Reflection of Sound) :** जब ध्वनि तरंगें एक माध्यम से चलकर दूसरे माध्यम के पृष्ठ से टकराती हैं तो टकराने के पश्चात् पहले माध्यम में लौट आती हैं। इसे ध्वनि का परावर्तन कहते हैं। उदाहरणार्थ- यदि कुँए में झाँककर बोलें तो हमें अपनी आवाज पानी से परावर्तित होकर पुनः सुनायी देती है।
- **प्रतिध्वनि (Echo) :** जब ध्वनि तरंगें दूर स्थित किसी दृढ़ टॉवर या पहाड़ से टकराकर परावर्तित होती है तो इस परावर्तित ध्वनि को प्रतिध्वनि कहते हैं। प्रतिध्वनि सुनने के लिए श्रोता व परावर्तक सतह के बीच की दूरी कम-से-कम 17 मीटर (16.6 मीटर) होनी चाहिए।
- **ध्वनि का अपवर्तन (Refraction of Sound) :** ध्वनि तरंगें जब एक माध्यम से दूसरे माध्यम में जाती हैं तो वे अपने पथ से विचलित हो जाती हैं। ध्वनि तरंगों का अपने पथ से विचलन ही ध्वनि अपवर्तन कहलाता है। ध्वनि तरंगों का अपवर्तन वायु की भिन्न-भिन्न पर्तों का ताप भिन्न-भिन्न होने के कारण होता है। ध्वनि के अपवर्तन के कारण ध्वनि दिन की अपेक्षा रात में अधिक दूरी तक सुनायी पड़ती है।
- **ध्वनि का विवर्तन (Diffraction of Sound) :** ध्वनि का तरंगदैर्ध्य 1 मीटर की कोटि का होता है। अतः जब इसी कोटि का कोई अवरोध ध्वनि के मार्ग में आता है, तो ध्वनि अवरोध के किनारे से मुड़कर आगे बढ़ जाती है। इस घटना को ध्वनि का विवर्तन कहते हैं। दूसरे शब्दों में विवर्तन के लिए जरूरी है कि अवरोधों का आकार (Shape) ध्वनि की तंरगदैर्ध्य के तुलनीय होना चाहिए। चूँकि ध्वनि की तरंगदैर्ध्य 1 मीटर होती है।
- **ध्वनि का व्यतिकरण (Interference of Sound) :** जब समान आवृत्ति व आयाम की दो ध्वनि तरंगें एक साथ किसी बिन्दु पर पहुँचती हैं तो उस बिन्दु पर ध्वनि ऊर्जा का पुनर्वितरण (Re-distribution) हो जाता है। इसे ही ध्वनि का व्यतिकरण कहते हैं।
- **अनुनाद (Resonance) :** जब किसी वस्तु के कंपनों की स्वाभाविक आवृत्ति किसी चालक बल के कंपनों की आवृत्ति के बराबर होती है, तो वह वस्तु बहुत अधिक आयाम से कंपन करने लगती है। इस घटना को अनुनाद कहते हैं।
- **अनुरणन (Reverberation) :** किसी हॉल में ध्वनि स्रोतों को बंद करने के बाद भी ध्वनि का कुछ देर तक सुनायी देना **अनुरणन** कहलाता है तथा वह समय जिसके दौरान वह ध्वनि सुनायी देती है। **अनुरणन काल (Reverberation Time)** कहलाता है।
- **मैक संख्या (Mach-Number) :** किसी माध्यम में किसी पिंड की चाल तथा उसी माध्यम में ताप एवं दाब की उन्हीं परिस्थितियों में ध्वनि की चाल के अनुपात को उस वस्तु की उस माध्यम में मैक संख्या कहते हैं।

भौतिक विज्ञान 19

- यदि मैक संख्या 1 से अधिक है, तो पिंड की चाल पराध्वनिक (Supersonic) कहलाती है। यदि मैक संख्या 5 से अधिक है, तो ध्वनि की चाल अति-पराध्वनिक (Hypersonic) कहलाती है।
- **डॉप्लर का प्रभाव (Doppler's Effect) :** जब किसी ध्वनि स्रोत (Source) व श्रोता (Observer) के बीच आपेक्षिक गति (Relative Motion) होती है तो श्रोता को ध्वनि की आवृत्ति उसकी वास्तविक आवृत्ति से अलग (Defferent) सुनायी देती है। ध्वनि में आवृत्ति परिवर्तन के इस प्रभाव को सर्वप्रथम जॉन डॉपलर ने 1842 में प्रतिपादित किया था, जिसके कारण उन्हीं के नाम पर इसे डॉप्लर प्रभाव कहते हैं।
- **पराध्वनिक तरंगें (Supersonic Waves) :** जब किसी पिंड की किसी गैस में चाल, उसी गैस में ध्वनि की चाल से अधिक हो जाती है, तो पिंड की चाल को पराध्वनिक (Supersonic) कहते हैं। इसका वेग 1200 किमी/घंटा से अधिक होता है।
- **प्रघाती तरंगें (Shock Waves) :** जब पिंड की वायु में चाल ध्वनि की चाल से अधिक हो जाती है, तो वह अपने पीछे वायु में एक शंक्वाकार (Conical) हलचल छोड़ता जाता है। जैसे-जैसे पिंड दूर जाता है, ये हलचल आकार में फैलती जाती हैं। इस प्रकार की हलचल को प्रघाती तरंग कहते हैं।

12. ऊष्मा

ऊष्मा (Heat)

- ऊष्मा वह ऊर्जा (Energy) है, जो एक वस्तु से दूसरी वस्तु में केवल तापांतर (Temperature Difference) के कारण स्थानांतरित होती है। किसी वस्तु में निहित ऊष्मा उस द्रव्य के द्रव्यमान पर निर्भर करती है।
- जब कभी कार्य W ऊष्मा Q में बदलता है, या ऊष्मा कार्य में बदलती है, तो किये गये कार्य व उत्पन्न ऊष्मा का अनुपात एक स्थिरांक होता है, जिसे ऊष्मा का यांत्रिक तुल्यांक (Mechanical Equivalent of Heat) कहते हैं तथा इसको J से प्रदर्शित करते हैं। यदि W कार्य करने से उत्पन्न ऊष्मा की मात्रा Q हो तो-

$$\frac{W}{Q} = J \quad \text{या } W = JQ$$

J का मान 4186 जूल/किलो कैलोरी या 4.186 जूल/कैलोरी या 4.186×10^7 अर्ग/कैलोरी होता है। इसका तात्पर्य हुआ कि यदि 4186 जूल का यांत्रिक कार्य किया जाये तो उत्पन्न ऊष्मा की मात्रा 1 किलो कैलोरी होगी।

ऊष्मा के मात्रक (Units of Heat)

- ऊष्मा का SI मात्रक जूल है। इसके लिए निम्न मात्रक का भी प्रयोग किया जाता है-
  - (i) **कैलोरी (Calorie) :** एक ग्राम जल का ताप 1° बढ़ाने के लिए आवश्यक ऊष्मा की मात्रा को अन्तरराष्ट्रीय कैलोरी कहते हैं। इसी प्रकार एक किग्रा. पानी का ताप 14.5°C से 15.5°C तक बढ़ाने के लिए आवश्यक ऊष्मा की मात्रा को किलोकैलोरी कहते हैं।
  - (ii) **अन्तरराष्ट्रीय कैलोरी (International Calorie) :** एक ग्राम शुद्ध जल का ताप 14. 5°C से 15.5°C तक बढ़ाने के लिए आवश्यक ऊष्मा की मात्रा को अन्तरराष्ट्रीय कैलोरी कहते हैं। इसी प्रकार एक किग्रा. पानी का ताप 14.5°C से 15.5°C तक बढ़ाने के लिए आवश्यक ऊष्मा की मात्रा को किलोकैलोरी कहते हैं।
  - (iii) **ब्रिटिश थर्मल यूनिट (B.Th.U.) :** एक पौंड जल का ताप 1°F बढ़ाने के लिए आवश्यक ऊष्मा की मात्रा को 1B.Th.U कहते हैं।

विभिन्न मात्रकों में सम्बन्ध :

1B.Th.U = 252 कैलोरी

1 कैलोरी = 4.186 जूल

1 किलोकैलोरी = 4186 जूल = 1000 कैलोरी

ताप (Temperature)

- ताप वह भौतिक कारक है, जो एक वस्तु से दूसरी वस्तु में ऊष्मीय ऊर्जा के प्रवाह की दिशा निश्चित करता है। अर्थात् जिस कारण से ऊर्जा स्थानांतरण होती है, उसे ताप कहते हैं।
  ताप मापने (Measurement) के लिए जिस उपकरण को प्रयोग में लाया जाता है, उसे तापमापी (Thermometer) कहते हैं।

ताप मापने के पैमाने (Scales of Temperature Measurement)

- निम्न प्रकार के ताप पैमाने प्रचलित हैं–

(i) **सेल्सियस पैमाना (Celsius Scale) :** इस पैमाने का आविष्कार स्वीडेन के वैज्ञानिक सेल्सियस ने किया था। इस पैमान में हिमांक बिन्दु या निचले बिन्दु को 0°C व भाप बिन्दु या ऊपरी बिन्दु को 100°C में अंकित किया जाता है तथा इनके बीच की दूरी को 100 बराबर भागों में बाँट दिया जाता है। प्रत्येक भाग को 1°C कहते हैं। **इस पैमाने का उपयोग अधिक वैज्ञानिक कारणों के लिए किया जाता है।**

(ii) **फारेनहाइट पैमाना (Fahrenheit Scale) :** इस पैमाने का आविष्कार जर्मन वैज्ञानिक फारेनहाइट ने किया था। इस पैमाने में ताप को अंग्रेजी के बड़े अक्षर **F** से प्रदर्शित करते हैं। इस पैमाने में हिमांक बिन्दु या निचले बिन्दु को 32°F तथा भाप बिन्दु या ऊपरी बिन्दु को 212°F पर अंकित किया जाता है तथा इनके बीच की दूरी को 180 बराबर भागों में बाँट दिया जाता है। एक भाग का मान 1°F होता है।

(iii) **र्‍यूमर पैमाना (Reamur Scale) :** इस पैमाने पर हिमांक बिन्दु या निचले बिन्दु को 0°R तथा भाप बिन्दु या ऊपरी बिन्दु को 80°R पर अंकित किया जाता है। इन दोनों बिन्दुओं के बीच की दूरी को 80 बराबर भागों में बाँट दिया जाता है। इस पैमाने पर ताप को **R** से प्रदर्शित करते हैं।

(iv) **केल्विन पैमाना (Kelvin Scale) :** इस पैमाने पर हिमांक बिन्दु या निचले बिन्दु को 273K तथा भाप बिन्दु या ऊपरी बिन्दु को 373K पर अंकित किया जाता है। इन दोनों बिन्दुओं के बीच की दूरी को समान 100 भागों में बाँट दिया जाता है। इस पैमाने पर ताप को केल्विन (K) से व्यक्त किया जाता है।

उपरोक्त चारों पैमाने में सम्बन्ध

$$\frac{C}{100} = \frac{F - 32}{180} = \frac{R - 0}{80} = \frac{K - 273}{100}$$

- पहले सेल्सियस पैमाने को सेंटीग्रेड पैमाना कहा जाता था।
- केल्विन में व्यक्त ताप में डिग्री (°) नहीं लिखा जाता है।
- पारा –39°C पर जमता है, अतः इससे निम्न ताप ज्ञात करने के लिए अल्कोहल तापमापी का प्रयोग किया जाता है। अल्कोहल –115°C पर जमता है।

तापमापी (Thermometers)

- तापमापी एक ऐसा यंत्र है, जिससे ताप मापा जाता है। मुख्य रूप से अल्कोहल व पारा ही ऐसे द्रव हैं, जो थर्मामीटर में प्रयोग किये जाते हैं। विभिन्न परिसरों का ताप मापने के लिए निम्नलिखित प्रकार के तापमापी प्रयोग में लाये जाते हैं–

(i) **द्रव तापमापी :** इस प्रकार के तापमापी का उदाहरण पारे का तापमापी है। पारा तापमापी लगभग –30°C से 350°C तक के ताप मापने के लिए प्रयुक्त होता है।

(ii) **गैस तापमापी :** इस प्रकार के तापमापियों में स्थिर आयतन हाइड्रोजन गैस तापमापी से 500°C तक के ताप को मापा जा सकता है। हाइड्रोजन की जगह नाइट्रोजन गैस लेने पर 1500°C तक के ताप का मापन किया जाता सकता है।

(iii) **प्लेटिनम प्रतिरोध तापमापी :** ताप बढ़ाने से धातु के तार के विद्युत प्रतिरोध में परिवर्तन होता है। इसी सिद्धान्त पर प्लेटिनम प्रतिरोध तापमापी कार्य करता है। इसके द्वारा –200°C से 1200°C तक के ताप को मापा जाता है।

(iv) **ताप-युग्म तापमापी :** ताप–युग्म तापमापी (Theromo-couple Thermometer) का उपयोग –200°C से 1600°C तक के तापों के मापन के लिए किया जाता है।

(v) **पूर्ण विकिरण उत्तापमापी :** पूर्ण विकिरण उत्तापमापी (Total Radiation Pyrometer) से दूर स्थित वस्तु के ताप को मापा जाता है, जैसे– सूर्य का ताप। इसके द्वारा प्राय: 800°C से ऊँचे ताप ही मापे जा सकते हैं। इससे नीचे का ताप नहीं, क्योंकि इससे कम ताप की वस्तुएँ ऊष्मीय विकिरण उत्सर्जित नहीं करती हैं। यह तापमापी स्टीफेन के नियम (Stefan's Law) पर आधारित है, जिसके अनुसार उच्च ताप पर किसी वस्तु से उत्सर्जित विकिरण की मात्रा इसके परमताप (Absolute Temperature) के चतुर्थघात के अनुक्रमानुपाती होती है।

➩ **परमशून्य (Absolute Zero) :** सिद्धान्त रूप में अधिकतम ताप की कोई सीमा नहीं है परन्तु निम्नतम ताप की सीमा है। किसी भी वस्तु का ताप –273.15°C से कम नहीं हो सकता है। इसे परमशून्य ताप कहते हैं। केल्विन पैमाने पर OK लिखते हैं। अर्थात्

OK = 273.15°C एवं 273.16K = 0°C

विशिष्ट ऊष्मा (Specific Heat)

➩ किसी पदार्थ की विशिष्ट ऊष्मा, ऊष्मा की वह मात्रा है जो उस पदार्थ की विशिष्ट द्रव्यमान में एकांक ताप वृद्धि उत्पन्न करती है। इसे प्राय: **'C'** द्वारा व्यक्त किया जाता है। विशिष्ट ऊष्मा का SI मात्रक जूल किलोग्राम$^{-1}$ केल्विन$^{-1}$ ($JKg^{-1}K^{-1}$) होता है।

➩ एक ग्राम जल का ताप 1°C बढ़ाने के लिए एक कैलोरी ऊष्मा की जरूरत होती है। अत: जल की विशिष्ट ऊष्मा धारिता एक कैलोरी/ग्राम°C होता है। **जल की विशिष्ट ऊष्मा धारिता अन्य पदार्थों की तुलना में सबसे अधिक होती है।**

कुछ पदार्थों की विशिष्ट ऊष्मा		
क्र. सं.	**पदार्थ के नाम**	**विशिष्ट ऊष्मा**
1.	पानी	1.0
2.	लोहा	0.11
3.	एल्युमिनियम	0.21
4.	मैग्नीशियम	0.25
5.	सीसा	0.03
6.	कार्बन	0.17
7.	जिंक	0.092
8.	संगमरमर	0.21
9.	बर्फ	0.50
10.	बालू	0.50
11.	एल्कोहल	0.60
12.	पीतल	0.09
13.	तारपीन	0.42

गुप्त ऊष्मा (Latent Heat)
- जब पदार्थ की अवस्था में परिवर्तन होता है, तो उसका ताप स्थिर रहता है। अवस्था परिवर्तन के समय स्थिर ताप पर पदार्थ के एकांक द्रव्यमान को दी गयी आवश्यक ऊष्मा की मात्रा को गुप्त ऊष्मा कहते हैं। गुप्त ऊष्मा का SI मात्रक जूल/किग्रा है।

गलन की गुप्त ऊष्मा (Latent Heat of Fusion)
- नियत ताप पर ठोस के एकांक द्रव्यमान को द्रव में बदलने के लिए आवश्यक ऊष्मा की मात्रा को ठोस के गलन की गुप्त ऊष्मा कहते हैं। बर्फ के लिए गलन की गुप्त ऊष्मा का मान 80 कैलोरी/ग्राम होता है।

वाष्पन की गुप्त ऊष्मा (Latent Heat of Vaporisation)
- नियत ताप पर द्रव के एकांक द्रव्यमान को वाष्प में बदलने के लिए आवश्यक ऊष्मा की मात्रा को द्रव की वाष्पन की गुप्त ऊष्मा कहते हैं। जल के लिए वाष्पन के गुप्त ऊष्मा का मान 540 कैलोरी/ग्राम होता है।
- यदि पदार्थ की गुप्त ऊष्मा L है, तो पदार्थ के m द्रव्यमान की अवस्था परिवर्तन के लिए आवश्यक ऊष्मा $Q = mL$ ।
- उबलते जल की अपेक्षा भाप से जलने पर अधिक कष्ट होता है, क्योंकि जल की अपेक्षा भाप की गुप्त ऊष्मा अधिक होती है।
- 0°C पर पिघलती बर्फ में कुछ नमक, शोरा मिलाने से बर्फ का गलनांक 0°C से घटकर –22°C तक कम हो जाता है। ऐसे मिश्रण को हिम-मिश्रण (Freezing Mixture) कहते हैं। इस मिश्रण का उपयोग कुल्फी, आईसक्रीम आदि बनाने में किया जाता है।

अवस्था परिवर्तन तथा गुप्त ऊष्मा (Change of State and Latent Heat)
- निश्चित ताप पर पदार्थ का एक अवस्था से दूसरी अवस्था में परिवर्तित होना अवस्था परिवर्तन कहलाता है। अवस्था परिवर्तन में पदार्थ का ताप नहीं बदलता है।
- **त्रिक बिन्दु :** वह बिन्दु जिस पर तीनों अवस्थाएँ ठोस, तरल (द्रव) एवं गैस एक साथ पायी जाती है।

गलनांक (Melting Point)
- निश्चित ताप पर ठोस का द्रव में बदलना गलन कहलाता है तथा इस निश्चित ताप को ठोस का गलनांक कहते हैं।
- जो पदार्थ ठोस से द्रव में बदलने पर सिकुड़ते हैं, (जैसे- बर्फ) उनका गलनांक दाब बढ़ाने पर घटता है तथा जो पदार्थ ठोस से द्रव में बदलने पर फैलते हैं, उनका गलनांक दाब बढ़ाने पर बढ़ता है।
- अपद्रव्यों (Impurities) को मिलाने से गलनांक सामान्यतः घटता है। उदाहरणार्थ- 0°C पर पिघलती बर्फ में कुछ नमक तथा शोरा आदि मिलाने से बर्फ का गलनांक 0°C से घटकर –22°C तक कम हो जाता है। ऐसे मिश्रण को हिम-मिश्रण (Freezing Mixture) कहते हैं। इस मिश्रण का उपयोग कुल्फी तथा आइसक्रीम आदि बनाने में किया जाता है।

हिमांक (Freezing Poing)
- निश्चित ताप पर द्रव के ठोस में बदलने को हिमीकरण कहते हैं यह निश्चित ताप द्रव का हिमांक कहते हैं।
- प्रायः गलनांक एवं हिमांक बराबर होते हैं।

क्वथनांक (Boiling Point)
- निश्चित ताप पर द्रव का वाष्प में बदलना वाष्पन कहलाता है तथा इस निश्चित ताप को द्रव का क्वथनांक कहते हैं। दाब बढ़ाने पर क्वथनांक बढ़ता है। अशुद्धियों (Impurities) को मिलाने से भी क्वथनांक बढ़ता है।

संघनन (Condensation)

- निश्चित ताप पर वाष्प का द्रव में बदलना संघनन कहलाता है।
- प्रायः क्वथनांक एवं संघनन का ताप समान होता है।

ऊष्मा ग्राहिता (Thermal Capacity)

- ऊष्मा का वह परिमाण जो वस्तु के तापमान को 1°C बढ़ाने के लिए आवश्यक होता है, वस्तु की ऊष्मा-ग्राहिता (Thermal Capacity) कहलाता है।

वाष्पीकरण (Evaporation)

- द्रव के खुली सतह से प्रत्येक ताप पर धीरे-धीरे द्रव का अपने वाष्प में बदलना वाष्पीकरण कहलाता है।

प्रशीतक (Refrigerator)

- प्रशीतक में वाष्पीकरण द्वारा ठंडक (Cooling) उत्पन्न की जाती है। तांबे की एक वाष्प कुंडली में द्रव फ्रीऑन भरा रहता है जो वाष्पीकृत होकर ठंडक उत्पन्न करता है।

आपेक्षिक आर्द्रता (Relative Humidity)

- किसी दिये हुए ताप पर वायु के किसी आयतन में उपस्थित जलवाष्प की मात्रा तथा उसी ताप पर, उसी आयतन की वायु को संतृप्त करने के लिए आवश्यक जलवाष्प की मात्रा के अनुपात को सापेक्षिक आर्द्रता कहते हैं। इस अनुपात को 100 से गुणा करते हैं, क्योंकि आपेक्षिक आर्द्रता को प्रतिशत में व्यक्त किया जाता है।
- समाचारों में मौसम सम्बन्धी जानकारी आपेक्षिक आर्द्रता को प्रतिशत में व्यक्त करते हैं। आपेक्षिक आर्दता को मापने के लिए **हाइग्रोमीटर (Hygrometer)** नामक यंत्र का प्रयोग करते हैं।
- ताप बढ़ाने पर आपेक्षिक आर्द्रता (Relative Humidity) बढ़ जाती है।

वातानुकूलन (Air-Conditioning)

सामान्यतः मनुष्य के स्वास्थ्य व अनुकूल जलवायु के लिए निम्नलिखित परिस्थितियाँ होनी चाहिए-

(i) **ताप** : 23°C से 25°C

(ii) **आपेक्षिक आर्द्रता** : 60 प्रतिशत से 65 प्रतिशत के मध्य

(iii) **वायु की गति** : 0.75 मी/मिनट से 2.5मी/मिनट तक

यदि किसी स्थान की जलवायु उपर्युक्त परिस्थितियों के अनुसार नहीं होती है तो वह जलवायु मनुष्य के लिए आरामदेह व स्वस्थ्यकर नहीं होती है। अतः इसको अनुकूल बनाने के लिए इन बाह्य परिस्थितियों को कृत्रिम रूप से निर्धारित व नियंत्रित करने की प्रक्रिया को ही **वातानुकूलन** कहते हैं।

उष्मा का संचरण (Transmission of Heat)

- पदार्थ में तापांतर के कारण ऊष्मा का एक स्थान से दूसरे स्थान तक स्थानांतरण होता है। जिस प्रकार कोई द्रव सदैव ऊँचे तल से नीचे तल की ओर बहता है, ठीक उसी प्रकार से ऊष्मा भी ऊँचे ताप की वस्तु से नीचे ताप की वस्तु की ओर जाती है। ऊष्मा के इस स्थानांतरण को ही ऊष्मा का संचरण कहते हैं। ऊष्मा का संचरण निम्नलिखित तीन विधियों से होता है- 1. चालन 2. संवहन और 3. विकिरण।

1. चालन (Conduction)

- चालन के द्वारा ऊष्मा पदार्थ के एक स्थान से दूसरे स्थान तक पदार्थ के कणों को अपने स्थान का परित्याग किये बिना पहुँचती है। ठोस पदार्थ में ऊष्मा का संचरण चालन विधि द्वारा होता है। पदार्थ में चालन द्वारा ऊष्मा का संचरण **उष्मा चालकता** कहलाती है। ऊष्मा चालकता के आधार पर हम पदार्थों का वर्गीकरण तीन वर्गों में कर सकते हैं-

(i) **चालक (Conductor)** : जिन पदार्थों से होकर ऊष्मा का चालन सरलता से हो जाता है, उन्हें चालक कहते हैं। ऐसे पदार्थों की ऊष्मा चालकता अधिक होती है। सभी धातु, अम्लीय जल, मानव शरीर आदि ऊष्मा के अच्छे चालक हैं।

(ii) **कुचालक (Bad Conductor) :** जिन पदार्थों में ऊष्मा का चालन सरलता से नहीं होता या बहुत कम होता है, उन्हें कुचालक कहते हैं। जैसे - लकड़ी, काँच, सिलिका, वायु, गैसें, रबर आदि।

(iii) **ऊष्मारोधी (Heat Resistence) :** जिन पदार्थों में ऊष्मा का चालन एकदम नहीं होता उन्हें ऊष्मारोधी पदार्थ कहते हैं। ऐसे पदार्थों की ऊष्मा चालकता शून्य होती है। जैसे - ऐस्बेस्टस व एवोनाइट ऊष्मारोधी पदार्थ हैं।

2. संवहन (Convection)

➪ इस विधि में ऊष्मा का चालन पदार्थ के कणों के स्थानांतरण के द्वारा होता है। इस प्रकार पदार्थ के कणों के स्थानांतरण से धाराएँ बहती हैं, जिन्हें संवहन धाराएँ कहते हैं। गैसों एवं द्रवों में ऊष्मा का संचरण संवहन द्वारा ही होता है। वायुमंडल संवहन विधि द्वारा ही गर्म होता है।

3. विकिरण (Radiation)

➪ इस विधि में ऊष्मा गर्म वस्तु से ठंडी वस्तु की ओर बिना किसी माध्यम को गर्म किये प्रकाश की चाल से सीधी रेखा में संचरित होती है। सूर्य से हम तक ऊष्मा विकिरण के द्वारा ही आती है।

उत्सर्जन (Emission)

➪ प्रत्येक वस्तुएँ सभी ताप पर विकिरण द्वारा ऊर्जा का उत्सर्जन करती है। इस ऊर्जा को विकिरण ऊर्जा या ऊष्मीय विकिरण कहते हैं। यह ऊर्जा विद्युत चुम्बकीय तरंगों के रूप में प्रकाश की चाल से चलती है, जो पिंड अपने सतह से सभी प्रकार के ऊष्मीय विकिरण का पूर्णतया उत्सर्जन करता है उसे 'कृष्ण पिंड' (Black Body) कहते हैं।

अवशोषण (Absorption)

➪ जब ऊष्मीय विकिरण किसी पृष्ठ पर गिरता है, तो उसका कुछ भाग तो परावर्तित हो जाता है, कुछ भाग पृष्ठ द्वारा अवशोषित कर लिया जाता है। इस अवशोषित विकिरण द्वारा पृष्ठ का ताप बढ़ जाता है। पिंड द्वारा इस प्रकार ऊष्मीय विकिरण के अवशोषित होने की क्रिया को अवशोषण तथा इस प्रकार के पिंड को अवशोषक पिंड कहते हैं।

किरचौफ का नियम (Kirchhoff's Law)

➪ इस नियम के अनुसार, अच्छे अवशोषक ही अच्छे उत्सर्जक होते हैं। अर्थात् जो पिंड किसी ताप पर अधिक ऊष्मा का उत्सर्जन करते हैं, वही कम ताप पर ऊष्मा का अच्छा अवशोषण भी करते हैं तथा अच्छे अवशोषक अच्छे उत्सर्जक भी होते हैं इसके विपरीत बुरे अवशोषक बुरे उत्सर्जक भी होते हैं। अंधेरे कमरे में यदि एक काली और एक सफेद वस्तु को समान ताप पर गर्म करके रखा जाये जो काली वस्तु अधिक विकिरण उत्सर्जित करेगी। अतः काली वस्तु अंधेरे में अधिक चमकेगी।

न्यूटन का शीतलन नियम (Newton's Law of Cooling)

➪ इस नियम के अनुसार किसी वस्तु के ठंडे होने की दर वस्तु तथा उसके चारों ओर के माध्यम के तापांतर के अनुक्रमानुपाती होती है। अतः वस्तु जैसे-जैसे ठंडी होती जायेगी उसके ठंडे होने की दर कम होती जायेगी। उदाहरणार्थ- गर्म पानी को 80°C से 70°C तक ठंडा होने में लिया गया समय, 40°C से 30°C तक ठंडा होने में लिए गये समय की अपेक्षा बहुत कम होता है।

ऊष्मागतिकी (Thermodynamic)

➪ इसके अन्तर्गत ऊष्मीय ऊर्जा का यान्त्रिक ऊर्जा, रासायनिक ऊर्जा, वैद्युत ऊर्जा आदि के साथ सम्बन्ध ज्ञात किया जाता है। यह सम्बन्ध ज्ञात करने के लिए ऊष्मागतिकी के दो नियम हैं-

1. ऊष्मागतिकी का प्रथम नियम : यह नियम मुख्यतः ऊर्जा संरक्षण को प्रदर्शित करता है। इस नियम के अनुसार किसी निकाय (System) को दी जाने वाली ऊष्मा दो प्रकार के कार्यों में होती है-

(i) निकाय की आंतरिक ऊर्जा में वृद्धि करने में, जिससे निकाय का ताप बढ़ता है।

भौतिक विज्ञान 25

(ii) बाह्य कार्य करने में।

- **समतापी प्रक्रम (Isothermal Process)** : जब किसी निकाय (System) में कोई परिवर्तन इस प्रकार हो कि निकाय का ताप पूरी क्रिया में स्थिर रहे तो उस परिवर्तन को समतापी परिवर्तन कहते हैं।
- **रूद्धोष्म प्रक्रम (Adiabatic Process)** : यदि किसी निकाय में कोई परिवर्तन इस प्रकार हो कि पूरी प्रक्रिया के दौरान निकाय न तो बाहरी माध्यम को ऊष्मा दे और न उससे कोई ऊष्मा ले तो इस परिवर्तन को रूद्धोष्म परिवर्तन कहते हैं। कार्बन डाई-ऑक्साइड का अचानक प्रसार होने पर शुष्क बर्फ (Dry Ice) के रूप में बदलना रूद्धोष्म परिवर्तन का उदाहरण है।

2. **ऊष्मागतिकी का दूसरा नियम** : ऊष्मागतिकी का प्रथम नियम ऊष्मा के प्रवाहित होने की दिशा नहीं बताता, जबकि ऊष्मागतिकी का दूसरा नियम ऊष्मा के प्रवाहित होने की दिशा को व्यक्त करता है। ऊष्मागतिकी का दूसरा नियम दो कथनों (Statement) के रूप में व्यक्त किया जाता है जो निम्नलिखित है-

(i) **केल्विन का कथन** : इस कथन के अनुसार ऊष्मा का पूर्णतया कार्य में परिवर्तन असंभव है।
(ii) **क्लासियस कथन** : इस कथन के अनुसार ऊष्मा अपने कम ताप की वस्तु से अधिक ताप के वस्तु की ओर प्रवाहित नहीं हो सकती है।

13. प्रकाश

- प्रकाश एक प्रकार की ऊर्जा है, जो विद्युत चुम्बकीय तरंगों के रूप में संचारित होती है। इसका ज्ञान हमें आँखों द्वारा प्राप्त होता है। इसक तरंगदैर्ध्य 3900Å से 7800Å के मध्य होता है।
- प्रकाश का विद्युत चुम्बकीय तरंग-सिद्धान्त प्रकाश के केवल कुछ गुणों की व्याख्या कर पाता है, जैसे- प्रकाश का परावर्तन, प्रकाश का अपवर्तन, प्रकाश का सीधी रेखा में गमन, प्रकाश का विवर्तन, प्रकाश का व्यतिकरण एवं प्रकाश का ध्रुवण।
- विद्युत चुम्बकीय तरंग अनुप्रस्थ (Transverse) होती है। अतः प्रकाश भी अनुप्रस्थ तरंग है।
- प्रकाश के कुछ गुण ऐसे हैं जिनकी व्याख्या तरंग सिद्धान्त नहीं कर पाता है, जैसे- प्रकाश विद्युत प्रभाव तथा क्रॉम्पटन सिद्धान्त।
- प्रकाश-विद्युत प्रभाव एवं क्रॉम्पटन सिद्धान्त की व्याख्या आइंस्टीन द्वारा प्रतिपादित प्रकाश के फोटॉन सिद्धान्त द्वारा की जाती है। वास्तव में यह दोनों प्रभाव प्रकाश की कण प्रकृति को प्रकट करते हैं।

प्रकाश का फोटॉन सिद्धान्त : इसके अनुसार प्रकाश ऊर्जा के छोटे-छोटे बण्डलों या फैकटों के रूप में चलता है, जिन्हें फोटॉन कहते हैं।

- आज प्रकाश को कुछ घटनाओं में तरंग और कुछ में कण माना जाता है। इसी को प्रकाश की दोहरी प्रकृति (Dualistic Nature of Light) कहते हैं।
- प्रकाश के वेग की गणना **सबसे पहले** रोमर ने की थी।
- प्रकाश की चाल (Velocity of Light) माध्यम के अपवर्तनांक (μ) पर निर्भर करता है। जिस माध्यम का अपवर्तनांक जितना अधिक होता है, उसमें प्रकाश की चाल उतनी ही कम होती है।
- प्रकाश को सूर्य से पृथ्वी तक आने में औसतन 499 सेकंड अर्थात् 8 मिनट का समय लगता है।
- चन्द्रमा से परावर्तित प्रकाश को पृथ्वी तक आने में 1.28 सेकंड का समय लगता है।

विभिन्न माध्यमों में प्रकाश की चाल

क्र. सं.	माध्यम	अपवर्तनांक (μ)	प्रकाश की चाल (मीटर/सेकंड)
1.	निर्वात/वायु	1.0	3.00×10^8

2.	पानी	1.33	2.25×10^8
3.	काँच	1.5	2.00×10^8
4.	तारपीन तेल	1.47	2.04×10^8
5.	नॉयलन	1.53	1.96×10^8

प्रकाश के स्रोत के आधार पर वस्तुओं का वर्गीकरण

(i) **प्रदीप्त वस्तुएँ (Luminous Bodies)** : प्रदीप्त वस्तुएँ वे वस्तुएँ हैं, जो अपने स्वयं के प्रकाश से प्रकाशित होती हैं। जैसे- सूर्य, विद्युत बल्ब आदि।

(ii) **अप्रदीप्त वस्तुएँ (Non-luminous Bodies)** : अप्रदीप्त वस्तुएँ वे वस्तुएँ हैं, जिनका अपना स्वयं का प्रकाश नहीं होता, लेकिन उन पर प्रकाश डालने पर वे दिखाई देने लगती हैं। जैसे- मेज, किताब, कुर्सी आदि।

(iii) **पारदर्शक वस्तुएँ (Transparent Bodies)** : पारदर्शक वस्तुएँ वे वस्तुएँ हैं, जिनमें होकर प्रकाश की किरणें निकल जाती हैं। जैसे- काँच आदि।

(iv) **अर्धपारदर्शक वस्तएँ (Translucent Bodies)** : कुछ वस्तुएँ ऐसी होती हैं, जिन पर प्रकाश की किरणें पड़ने से उनका कुछ भाग तो अवशोषित हो जाता है तथा कुछ भाग बाहर निकल जाता है। ऐसी वस्तुओं को अर्धपारदर्शक वस्तुएँ कहते हैं। जैसे- तेल लगा हुए कागज।

(v) **अपारदर्शक वस्तुएँ (Opaque Bodies)** : अपारदर्शक वस्तुएँ वे वस्तुएँ हैं, जिनमें होकर प्रकाश की किरणें बाहर नहीं निकल पाती हैं। जैसे- धातुएँ आदि।

सूर्यग्रहण (Solar Eclipse) : जब चन्द्रमा सूर्य तथा पृथ्वी के बीच आ जाता है, तो सूर्य ग्रहण दिखलायी पड़ता है।

चन्द्रग्रहण (Lunar Eclipse) : जब पृथ्वी सूर्य तथा चन्द्रमा के बीच आ जाती है, तो चन्द्रग्रहण दिखलायी पड़ता है।

प्रकाश का परावर्तन (Reflection of Light)

➩ जब प्रकाश किसी चिकने व चमकदार पृष्ठ पर पड़ता है, तो इसका विभिन्न दिशाओं में अधिकांश भाग वापस लौट जाता है। इस प्रकार प्रकाश के चिकने पृष्ठ से टकराकर वापस लौटने की घटना को प्रकाश का परावर्तन कहते हैं। समतल दर्पण प्रकाश का सबसे अच्छा परावर्तक माना जाता है। प्रकाश का परावर्तन निम्नलिखित दो नियमों के अनुसार होता है-

(i) आपाती किरण, अभिलंब व परावर्तित किरण एक ही समतल में होते हैं।

(ii) आपतन कोण का मान परावर्तन कोण के बराबर होता है।

समतल दर्पण (Plan Mirror) से परावर्तन

➩ समतल दर्पण किसी वस्तु का प्रतिबिम्ब दर्पण के पीछे उतनी दूरी पर बनाता है, जितनी दूरी पर वस्तु दर्पण के समाने रखी होती है। यह प्रतिबिम्ब काल्पनिक वस्तु के बराबर एवं पार्श्व उल्टा (Lateral Inverse) होता है।

➩ यदि कोई व्यक्ति v चाल से दर्पण की ओर चलता है, तो उसे दर्पण में अपना प्रतिबिम्ब $2v$ चाल से अपनी ओर आता हुआ प्रतीत होगा।

➩ यदि आपतित/आपाती किरण (Incident Ray) को नियत रखते हुए दर्पण को $\theta°$ कोण से घुमा दिया जाये तो परावर्तित किरण $2\theta°$ से घूम जाती है।

➩ समतल दर्पण में वस्तु का पूर्ण प्रतिबिम्ब देखने के लिए दर्पण की लंबाई वस्तु की लंबाई की कम से कम आधी होनी चाहिए।

➩ यदि दो समतल दर्पण $\theta°$ कोण पर झुके हों तो उनके बीच रखी वस्तु के प्रतिबिम्बों की संख्या

$\frac{360°}{\theta} - 1$ होगी।

जैसे- 90° पर झुके दो समतल दर्पणों के बीच $\frac{360°}{90°} - 1 = 4 - 1 = 3$ प्रतिबिम्ब बनेंगे।

➢ यदि $\frac{360°}{\theta}$ का मान विषम संख्या यानि 3,5,7, ..., हो तो प्रतिबिम्ब की संख्या में से एक को नहीं घटाते हैं।

जैसे- 40° कोण पर झुके दो समतल दर्पण के बीच $\frac{360°}{40°} = 9$ प्रतिबिम्ब बनेंगे।

गोलीय दर्पण से परावर्तन (Reflection from Spherical Mirror)
गोलीय दर्पण दो प्रकार के होते हैं-
  (i) अवतल दर्पण (Concave Mirror)
  (ii) उत्तल दर्पण (Convex Mirror)

अवतल दर्पण के उपयोग:
  (a) आकाशीय पिंडों, तारे आदि की फोटोग्राफी करने के लिए परावर्तक दूरदर्शी में।
  (b) चिकित्सकों द्वारा कान, आँख एवं नाक के आंतरिक भागों की जाँच के लिए।
  (c) गाड़ियों की सर्चलाइट (Search Light) तथा हेडलाइट (Head Light) में
  (d) दाढ़ी बनाने वाले दर्पण के रूप में।
  (e) सोलर कुकर (Solar Cooker) में।

उत्तल दर्पण के उपयोग:
  (a) कार व बस आदि में चालक के बगल में (Side Mirror) पीछे का दृश्य देखने के लिए।
  (b) सड़क में लगे परावर्तक लैंपों में सोडियम परावर्तक लैंप में।

प्रकाश का विवर्तन (Diffraction of Light)
➢ यदि किसी प्रकाश स्रोत व पर्दे के बीच कोई अपारदर्शी अवरोध (Obstacle) रख दिया जाये तो हमें पर्दे पर अवरोध की स्पष्ट छाया दिखलाई पड़ती है। इससे प्रतीत होता है कि प्रकाश का संचरण सीधी रेखा में होता है, लेकिन यदि अवरोध का आकार बहुत छोटा हो तो प्रकाश अपने सरल रेखीय संचरण से हट जाता है व अवरोध के किनारों पर मुड़कर छाया में प्रवेश कर जाता है। प्रकाश के इस प्रकार अवरोध के किनारों पर मुड़ने की घटना को प्रकाश का विवर्तन कहते हैं।

प्रकाश का प्रकीर्णन (Scattering of Light)
➢ जब प्रकाश किसी ऐसे माध्यम से गुजरता है, जिसमें धूल तथा अन्य पदार्थों के अत्यंत सूक्ष्म कण होते हैं, तो इनके द्वारा प्रकाश सभी दिशाओं में प्रसारित हो जाता है। इस घटना को प्रकाश का प्रकीर्णन कहा जाता है। बैंगनी रंग के प्रकाश का प्रकीर्णन सबसे अधिक तथा लाल रंग के प्रकाश का प्रकीर्णन सबसे कम होता है। प्रकाश के प्रकीर्णन के कुछ उदाहरण निम्नलिखित प्रकार से हैं-
  (a) आकाश का रंग नीला दिखायी देना।
  (b) उगते व डूबते समय सूर्य का लाल दिखायी देना।
  (c) समुद्र के पानी का नीला दिखायी देना।
  (d) चन्द्रमा तल पर खड़े अंतरिक्षयात्री को आकाश काला दिखायी देना।

प्रकाश का अपवर्तन (Refraction of Light)

- किसी समांग (Homogenous) माध्यम में प्रकाश किरणें एक सीध में संचरित होती है, लेकिन जब प्रकाश विभिन्न घनत्व वाले एक माध्यम से दूसरे माध्यम में प्रवेश करता है तो यह अपने एक रेखीय पथ से विचलित हो जाता है। प्रकाश का इस प्रकार एक माध्यम से दूसरे माध्यम में प्रवेश करते समय उनकी सीमा (Boundry) पर अपने रेखीय पथ से विचलित होना ही प्रकाश का अपवर्तन कहलाता है। जब प्रकाश की कोई किरण विरल माध्यम (Rarer Medium) से सघन माध्यम (Densor Medium) (जैसे- हवा से पानी) में प्रवेश करती है, तो वह दोनों माध्यमों के पृष्ठ पर खींचे गये अभिलंब की ओर झुक जाती है तथा जब किरण सघन माध्यम (पानी से हवा) में प्रवेश करती है, तो वह अभिलंब से दूर हट जाती है, लेकिन जो किरण अभिलंब के समांतर प्रवेश करती है, उनके पथ में कोई परिवर्तन नहीं होता एवं वे बिना झुके सीधी निकल जाती हैं। प्रकाश के अपवर्तन का कारण प्रकाश का भिन्न-भिन्न माध्यमों में वेग का भिन्न-भिन्न होना है। प्रकाश का अपवर्तन निम्न दो नियमों के अनुसार होता है-

(i) आपतित किरण, अभिलंब तथा अपवर्तित किरण तीनों एक ही समतल में स्थित होते हैं।

(ii) किन्हीं दो माध्यमों के लिए आपतन कोण के sine तथा अपवर्तन कोण के sine का अनुपात एक नियतांक होता है।

$$\frac{\text{sine}\,i}{\text{sine}\,r} = \text{नियतांक} = \mu$$

नियतांक (μ) को पहले माध्यम के सापेक्ष दूसरे माध्यम का अपवर्तनांक कहते हैं। इस नियम को **स्नेल का नियम** कहते हैं।

- किसी माध्यम का अपवर्तनांक भिन्न-भिन्न रंग के प्रकाश के लिए भिन्न-भिन्न होता है। तरंगदैर्ध्य बढ़ने के साथ अपवर्तनांक का मान कम हो जाता है। अत: लाल रंग का अपवर्तनांक सबसे कम तथा बैगनी रंग का अपवर्तनांक सबसे अधिक होता है।
- ताप बढ़ने पर भी सामान्यत: अपवर्तनांक घटता है, लेकिन यह परिवर्तन बहुत ही कम होता है।
- किसी माध्यम का निरपेक्ष अपवर्तनांक निर्वात् में प्रकाश की चाल तथा उस माध्यम में प्रकाश की चाल के अनुपात के बराबर होती है।

$$\text{अर्थात्, निरपेक्ष अपवर्तनांक } (\mu) = \frac{\text{निर्वात में प्रकाश की चाल}}{\text{माध्यम में प्रकाश की चाल}}$$

प्रकाश के अपवर्तन से सम्बद्ध घटनाएँ:

(i) पानी में अंशत: पड़ी हुई कोई लकड़ी, छड़ या चम्मच का टेढ़ा दिखायी देना।

(ii) रात्रि के समय तारों का टिमटिमाते (Twinkling of Stars) हुए दिखायी देना।

(iii) उगते एवं डुबते समय सूर्य का क्षितिज के नीचे होने पर भी दिखायी देना।

(iv) पानी से भरे किसी बर्तन की तली में पड़ा हुआ सिक्का का ऊपर उठा हुआ दिखायी पड़ना।

(v) जल के अंदर पड़ी हुई मछली का वास्तविक गहराई से कुछ ऊपर उठा हुआ दिखायी पड़ना।

प्रकाश का पूर्ण आंतरिक परावर्तन (Total Internal Reflection of Light)

- **क्रांतिक कोण (Critical Angle):** क्रांतिक कोण सघन माध्यम में बना वह आपतन कोण होता है, जिसके लिए विरल माध्यम में अपवर्तन कोण का मान 90° होता है।
- आपतन कोण का मान क्रांतिक कोण से थोड़ा-सा अधिक कर दें तो प्रकाश विरल माध्यम में बिल्कुल ही नहीं जाता, बल्कि सम्पूर्ण प्रकाश परावर्तित होकर सघन माध्यम में ही लौट आता है। इस घटना को प्रकाश का पूर्ण आंतरिक परार्वतन कहते हैं। इसमें प्रकाश का अपवर्तन बिल्कुल नहीं होता, सम्पूर्ण आपतित प्रकाश परावर्तित हो जाता है। किसी पृष्ठ के जिस भाग में पूर्ण आंतरिक परावर्तन होता है, वह चमकने लगता है।

- प्रकाश के पूर्ण आंतरिक परावर्तन के लिए निम्न दो शर्तों का पूरा होना अनिवार्य है–
  (i) प्रकाश की किरण सघन माध्यम से विरल माध्यम में जा रही हो।
  (ii) आपतन कोण क्रांतिक कोण से बड़ा हो।

पूर्ण आंतरिक परावर्तन से सम्बद्ध घटनाएँ:
(i) हीरों का चमकना।
(ii) गर्मियों के मौसम में रेगिस्तान में मरीचिका (Mirage) का बनना।
(iii) जल में रखी हुई परखनली का चमकना।
(iv) काँच में आयी दरार का चमकना।

प्रकाशित तंतु (Optical Fibres)
- प्रकाश सरल रेखा में गमन करता है, लेकिन पूर्ण आंतरिक परावर्तन का उपयोग करके प्रकाश को एक वक्रीय मार्ग में चलाया जा सकता है। प्रकाशित तंतु पूर्ण आंतरिक परावर्तन के सिद्धांत पर आधारित एक ऐसी युक्ति है जिसके द्वारा प्रकाश सिग्नल को इसकी तीव्रता में बिना क्षय के एक स्थान से दूसरे स्थान तक स्थानांतरित किया जा सकता है, चाहे मार्ग कितना भी टेढ़ा-मेढ़ा हो। जब कभी प्रकाश को अधिक दूरी तक भेजना होता है, तो प्रकाशित तंतु का उपयोग किया जाता है, क्योंकि इसमें प्रकाश का अवशोषण (Absorption) बहुत कम होता है।

प्रकाशित तंतु के उपयोग:
(i) प्रकाशकीय सिग्नलों के संचरण के लिए।
(ii) मनुष्य के शरीर के आंतरिक भागों का परीक्षण करने के लिए।
(iii) विद्युत सिग्नलों को प्रकाश सिग्नल में बदलकर भेजने एवं प्राप्त करने में।
(iv) शरीर के अंदर लेसर किरणों को भेजने में।

प्रकाश का वर्ण–विक्षेपण (Dispersion of Light)
- जब सूर्य का प्रकाश किसी प्रिज्म से गुजरता है, तो यह अपवर्तन के पश्चात् प्रिज्म के आधार की ओर झुकने के साथ-साथ विभिन्न रंगों के प्रकाश में बँट जाता है। इस प्रकार से प्राप्त रंगों के समूह को वर्ण-क्रम (Spectrum) कहते हैं तथा प्रकाश के इस प्रकार अवयवी रंगों में विभक्त होने की प्रक्रिया को वर्ण-विक्षेपण कहते हैं।
- सूर्य के प्रकाश से प्राप्त रंगों में बैंगनी रंग आधार की ओर सबसे नीचे व लाल रंग सबसे ऊपर होता है अर्थात् बैंगनी रंग का विक्षेपण सबसे अधिक एवं लाल रंग का विक्षेपण सबसे कम होता है।
- विभिन्न रंगों का आधार से ऊपर की ओर क्रम इस प्रकार है– बैंगनी (Violet), जामुनी (Indigo), नीला (Blue), हरा (Green), पीला (Yellow), नारंगी (Orange) तथा लाल (Red)।
- 1666 ई. में न्यूटन ने पाया कि भिन्न-भिन्न रंग भिन्न-भिन्न कोणों से विक्षेपित होते हैं। वर्ण-विक्षेपण किसी पारदर्शी पदार्थ में भिन्न-भिन्न रंगों के प्रकाश के भिन्न-भिन्न वेग होने के कारण होता है। हालाँकि निर्वात् या वायु में सभी रंगों का प्रकाश एक ही वेग (3×10^8 मीटर/सेकंड) से चलता है। अतः किसी पदार्थ का अपवर्तनांक भिन्न-भिन्न रंगों के लिए भिन्न-भिन्न होता है।
- पारदर्शी पदार्थ में जैसे-जैसे प्रकाश के रंगों का अपवर्तनांक बढ़ता जाता है, वैसे-वैसे उस पदार्थ में उसकी चाल कम होती जाती है। जैसे- काँच में बैंगनी रंग के प्रकाश का वेग सबसे कम तथा अपवर्तनांक सबसे अधिक होता है तथा लाल रंग में प्रकाश का वेग सबसे अधिक एवं अपवर्तनांक सबसे कम होता है।

इन्द्रधनुष (Rainbow)
- परावर्तन पूर्ण, आंतरिक परावर्तन तथा अपवर्तन द्वारा वर्ण-विक्षेपण (Dispersion) का सबसे अच्छा उदाहरण आकाश में वर्षा के बाद दिखायी देने वाला इन्द्रधनुष है। जब सूर्य की किरणें वायुमंडल में उपस्थित वर्षा की छोटी-छोटी बूँदों पर पड़ती है तो इन्द्रधनुष दिखायी देता है। इन्द्रधनुष मुख्यतः दो प्रकार के होते हैं– (i) प्राथमिक इन्द्रधनुष व (ii) द्वितीयक इन्द्रधनुष।

(i) **प्राथमिक इन्द्रधनुष (Primary Rainbow)** : जब वर्षा की बूँदों पर आपतित होने वाली सूर्य की किरणों का दो बार अपवर्तन एवं एक बार परावर्तन होता है, तो प्राथमिक इन्द्रधनुष बनता है। प्राथमिक इन्द्रधनुष में लाल रंग बाहर की ओर और बैंगनी रंग अंदर की ओर होता है तथा शेष रंग इन दोनों रंगों के बीच होते हैं। प्राथमिक इन्द्रधनुष में अंदर वाली बैंगनी किरण आँख पर $40.8°$ तथा बाहर वाली लाल किरण आँख पर $42.8°$ का कोण बनाती है।

(ii) **द्वितीयक इन्द्रधनुष (Secondary Rainbow)** : जब वर्षा की बूँदों पर आपतित होने वाली सूर्य की किरणों का दो बार अपवर्तन व दो बार परावर्तन हो तो द्वितीयक इन्द्रधनुष दिखाई देता है। इसमें बाहर की ओर बैंगनी रंग और अंदर की ओर लाल रंग होता है। द्वितीयक इन्द्रधनुष में बाहर वाली बैंगनी किरण आँख पर $54.52°$ तथा अंदर वाली लाल किरण $50.8°$ का कोण बनाती है। द्वितीयक इन्द्रधनुष प्राथमिक इन्द्रधनुष की अपेक्षा कुछ धुँधला दिखलाई पड़ता है।

वस्तुओं के रंग (Colour of Objects)

▷ जब प्रकाश किरणें वस्तुओं पर आपतित होती हैं, तो वे उनसे परावर्तित होकर हमारी आँखों पर पड़ती हैं और वस्तुएँ हमें दिखायी देने लगती हैं। वस्तुएँ प्रकाश का कुछ भाग परावर्तित करती हैं तथा कुछ भाग अवशोषित (Absorb) भी करती हैं। प्रकाश का परावर्तित भाग ही वस्तुओं का रंग निर्धारित करता है। जैसे- जब हम किसी गुलाब के फूल को सफेद प्रकाश में देखते हैं, तो इसकी पंखुड़ियाँ लाल व पत्तियाँ हरी दिखायी देती हैं। पंखुड़ियाँ सफेद प्रकाश का लाल भाग परावर्तित करती हैं तथा हरे रंग की पत्तियाँ सफेद प्रकाश का हरा भाग परावर्तित करती है, शेष रंग अवशोषित हो जाते हैं। लेकिन यदि वही गुलाब का फूल हरे प्रकाश में देखा जाये, तो उसकी पत्तियाँ हरी दिखायी देगी, लेकिन पंखुड़ियाँ अब काली दिखायी देग। इस प्रकार कोई वस्तु जिस रंग की दिखायी देती है, वह उसको परावर्तित करती है तथा शेष रंगों को अवशोषित कर लेती है।

रंगों का मिश्रण (Mixing of Colours)

▷ नीले, हरे व लाल रंगों को परस्पर उपयुक्त मात्रा में मिलाकर अन्य रंग प्राप्त किये जा सकते हैं तथा इनको बराबर-बराबर मात्रा में मिलने से श्वेत प्रकाश प्राप्त होते हैं। रंगों के मिश्रण के आधार पर ये तीन तरह के होते हैं-

(i) **प्राथमिक रंग (Primary Colour)** : नीले, हरे व लाल रंगों को प्राथमिक रंग कहते हैं। रंगीन टेलीविजन में प्राथमिक रंग का उपयोग किया जाता है।

(ii) **द्वितीयक रंग (Secondary Colour)** : पीला, मैजेंटा और पीकॉक-ब्लू को द्वितीयक रंग कहते हैं। यह दो प्राथमिक रंगों को मिलाने से प्राप्त होता है। **जैसे-**
लाल + नीला → मैजेंटा, हरा + नीला → पीकॉक-ब्लू, लाल + हरा → पीला

(iii) **पूरक रंग (Complementry Colours)** : जब दो रंग परस्पर मिलाने से सफेद प्रकाश उत्पन्न करते हैं तो उन्हें पूरक रंग कहते हैं। **जैसे-**
लाल + पीकॉक-ब्लू → सफेद, नीला + पीला → सफेद, हरा + मैजेंटा → सफेद
लाल + हरा + नीला → सफेद

प्रकाश तरंगों का व्यतिकरण (Interference of Light Waves)

▷ प्रकाश तरंगों के व्यतिकरण का सिद्धान्त प्रकाश के 'तरंग-प्रकृति' की पुष्टि करता है। सर्वप्रथम 1802 ई. में 'थामस यंग' ने प्रकाश के व्यतिकरण को प्रयोगात्मक रूप में दर्शाया। जब समान आवृत्ति व समान आयाम की दो प्रकाश तरंगे जो मूलतः एक ही प्रकाश स्रोत से एक ही दिशा में संचारित होती हैं, तो माध्यम के कुछ बिन्दुओं पर प्रकाश की तीव्रता अधिकतम व कुछ बिन्दुओं पर तीव्रता न्यूनतम या शून्य पायी जाती है अर्थात् कुछ बिन्दुओं पर प्रकाश अधिकतम होता है व कुछ बिन्दुओं पर अंधेरा होता है। इस घटना को ही प्रकाश तरंगों का व्यतिकरण कहते हैं। व्यतिकरण दो प्रकार के होते हैं-

भौतिक विज्ञान

(i) संपोषी व्यतिकरण (Constructive Interference)

(ii) विनाशी व्यतिकरण (Destructive Interference)

➩ **संपोषी व्यतिकरण :** जिन बिन्दुओं पर प्रकाश की तीव्रता अधिकतम होती है, उन बिन्दुओं पर हुए व्यतिकरण को संपोषी व्यतिकरण कहा जाता है।

➩ **विनाशी व्यतिकरण :** जिन बिन्दुओं पर प्रकाश की तीव्रता न्यूनतम होती है, उन बिन्दुओं पर हुए व्यतिकरण को विनाशी व्यतिकरण कहते हैं।

➩ दो स्वतंत्र प्रकाश स्रोतों से निकली प्रकाश तरंगों में व्यतिकरण की घटना नहीं पायी जाती है।

प्रकाश के व्यतिकरण से सम्बद्ध घटनाएँ

(i) जल की सतह पर फैली हुई मिट्टी के तेल की परत का सूर्य के प्रकाश में रंगीन दिखायी देना।

(ii) साबुन के बुलबुलों का रंगीन दिखायी देना।

प्रकाश तरंगों का ध्रुवण (Polarisation of Waves of Light)

ध्रुवण प्रकाश सम्बन्धी ऐसी घटना है, जो अनुदैर्ध्य तरंग (Longitudinal Wave) व अनुप्रस्थ तरंग (Transverse Wave) में अंतर स्पष्ट करती है। अनुदैर्ध्य तरंग में ध्रुवण की घटना नहीं होती, जबकि अनुप्रस्थ तरंग में ध्रुवण की घटना होती है। यदि प्रकाश तरंग के कंपन प्रकाश संचरण की दिशा के लम्बवत् तल में एक ही दिशा में हो, प्रत्येक दिशा में समान न हो, तो इस प्रकाश को समतल ध्रुवित प्रकाश (Polarised Light) कहते हैं। प्रकाश सम्बन्धी यह घटना ध्रुवण कहलाती है। साधारण प्रकाश में विद्युत क्षेत्र के कंपन प्रकाश संचरण की दिशा में लम्बवत् तल में प्रत्येक दिशा में समान रूप से होते हैं, ऐसे प्रकाश को अध्रुवित प्रकाश (Unpolarised Light) कहते हैं। प्रकाश स्रोतों, जैसे- विद्युत बल्ब, मोमबत्ती, ट्यूब लाइट आदि से उत्सर्जित प्रकाश अध्रुवित प्रकाश होते हैं।

➩ प्रकाश तरंगों का प्रकाशकीय प्रभाव केवल विद्युत क्षेत्र के कारण होता है।

मानव नेत्र (Human Eye)

➩ नेत्र के सामने वह निकटतम दूरी जहाँ पर रखी वस्तु नेत्र को स्पष्ट दिखायी देती है, नेत्र की स्पष्ट दृष्टि की न्यूनतम दूरी कहलाती है। सामान्य आँख के लिए यह दूरी 25 सेंटीमीटर होती है। इस दूरी को आँख का निकट बिन्दु (Near Point) की कहते हैं।

दृष्टि दोष (Defects of Vision)

➩ मनुष्य की आँख में दृष्टि सम्बन्धी दोष निम्नलिखित प्रकार के होते हैं-

(i) **निकट दृष्टि दोष (Myopia) :** इस रोग से पीड़ित व्यक्ति अपने पास की वस्तुओं को स्पष्ट देख लेना है, लेकिन एक निश्चित दूरी से अधिक दूरी पर रखी वस्तुओं को स्पष्ट नहीं देख पाता है।

कारण :

(a) लेंस की गोलाई बढ़ जाती है। (b) लेंस की फोकस दूरी घट जाती है।

(c) लेंस की क्षमता बढ़ जाती है।

इस दृष्टि दोष में वस्तु का प्रतिबिम्ब रेटिना पर न बनकर रेटिना के आगे बन जाता है।

➩ **रोग का निदान :** निकट दृष्टि दोष के निवारण के लिए उपयुक्त फोकस दूरी के अवतल लेंस (Cancave Lens) का प्रयोग किया जाता है, क्योंकि यह लेंस अपसारी (Divergent) प्रकृति का होने के कारण किरणों को फैलाकर रेटिना पर केन्द्रित कर देता है।

(ii) **दूर दृष्टि दोष (Hypermetropia) :** इस रोग से पीड़ित व्यक्ति दूर की वस्तु को तो स्पष्ट देख लेता है, किन्तु पास की वस्तुएँ स्पष्ट नहीं देख पाता है।

कारण :

(a) लेंस की गोलाई कम हो जाती है।

(b) लेंस की फोकस दूरी बढ़ जाती है।

(c) लेंस की क्षमता घट जाती है।

इस दृष्टि दोष में निकट की वस्तु का प्रतिबिम्ब रेटिना के पीछे बनता है।

➩ **रोग का निदान :** दूर दृष्टि दोष के निवारण के लिए व्यक्ति के चश्मे में उत्तल लेंस (Convex Lens) का प्रयोग किया जाता है, क्योंकि यह अभिसारी (Convergent) प्रकृति का होने के कारण किरणों को सिकोड़कर पुनः रेटिना पर ला देता है।

(iii) **जरा दृष्टि दोष (Prebyopia) :** वृद्धावस्था के कारण आँख की सामंजस्य क्षमता घट जाती है या समाप्त हो जाती है, जिसके कारण व्यक्ति न तो दूर की वस्तु और न ही निकट की वस्तु देख पाता है।

➩ **रोग का निदान :** इस दृष्टि के दोष के निवारण के लिए द्विफोकसी लेंस (Bifocal Lens) या उभयावत्तल लेंस (Biconcave Lens) का उपयोग किया जाता है।

(iv) **दृष्टि वैषम्य/अबिन्दुकता (Astigmatism) :** इसमें नेत्र क्षैतिज दिशा में ठीक देख पाता है, परन्तु उर्ध्व दिशा में नहीं देख पाता है। इसके निवारण के लिए बेलनाकार लेंस (Cylindrical Lens) का प्रयोग किया जाता है।

कारण :

(a) रेटिना की शंकु (Cones) कोशिका से रंग का एवं छड़ (Rods) कोशिका से प्रकाश की तीव्रता का आभास होता है।

(b) जब आँख में धूल जाती है तो उसका नेत्र श्लेष्मता (Conjunctiva) अंग सूज जाता है और लाल हो जाता है।

(c) आँख के रंग से मतलब आइरिस के रंग से होता है।

सूक्ष्मदर्शी (Microscope)

सूक्ष्मदर्शी मुख्यतः दो प्रकार के होते है-

1. सरल सूक्ष्मदर्शी (Simple Microscope)

यह एक ऐसा यंत्र होता है, जिसकी सहायता से हम अत्यंत सूक्ष्म चीज को देखते हैं। इस सूक्ष्मदर्शी में छोटी फोकस दूरी का एक उत्तल लेंस होता है। इस लेंस को आवर्धक (Magnifying) लेंस भी कहते हैं। इस सूक्ष्मदर्शी में वस्तु का आकार वस्तु द्वारा नेत्र पर बनाये गये दर्शन कोण पर निर्भर करता है। दर्शन कोण जितना छोटा होता है, वस्तु उतनी ही छोटी दिखायी पड़ती है। इस सूक्ष्मदर्शी का उपयोग स्केल (Scale) के बने छोटे-छोटे खानों के बीच की दूरी पढ़ने, फिंगरप्रिंट की जाँच करने, सूक्ष्म जीवाणुओं को देखने आदि के काम आता है।

2. संयुक्त सूक्ष्मदर्शी (Compound Microcope)

इससे हम वस्तुओं के आकार को लगभग दस गुना बड़ा करके देख सकते हैं। इस सूक्ष्मदर्शी में दो उत्तल लेंस होते हैं। इनमें से एक को अभिदृश्यक लेंस (Objective Lens) व दूसरे को अभिनेत्र लेंस (Eye Lens) कहते हैं। जो लेंस वस्तु की ओर होता है, उसे अभिदृश्यक लेंस (Objective Lens) और जो आँख के समीप होता है, उसे अभिनेत्र लेंस (Eye Lens) कहते हैं।

➩ अभिदृश्यक लेंस का द्वारक (Aperture) अभिनेत्र लेंस की अपेक्षा छोटा होता है।

➩ नेत्रिका तथा अभिदृश्यक में जितनी ही कम फोकस दूरी के लेंसों का उपयोग होता है, उसकी आवर्धन क्षमता उतनी ही अधिक होती है।

➩ इस सूक्ष्मदर्शी का उपयोग प्रयोगशालाओं में सूक्ष्म जंतुओं, वनस्पतियों आदि के आकार को बड़ा करके देखने में होता है। इसके द्वारा खून तथा बलगम आदि की भी जाँच की जाती है।

दूरदर्शी (Telescope)

➩ इसमें दो उत्तल लेंस होते हैं- एक को अभिदृश्यक (Objective) व दूसरे को नेत्रिका (Eye Piece) कहते हैं। अभिदृश्यक की फोकस दूरी नेत्रिका से अधिक होती है।

- अभिदृश्यक लेंस अधिक द्वारक (Aperture) का होता है, जिससे यह दूर से आने वाले प्रकाश की अधिक मात्रा को एकत्रित करता है।
- अभिदृश्यक लेंस एक बेलनाकार नली के एक किनारे पर लगा होता है। नेत्रिका लेंस भी दूसरी बेलनाकार नली के एक किनारे पर लगा होता है।
- दूरदर्शी का उपयोग आकाशीय पिंडों, जैसे- चन्द्रमा, तारे व पृथ्वी की सतह पर दूर स्थित वस्तुओं को देखने में किया जाता है।

14. विद्युत

- पदार्थों को परस्पर रगड़ने से उस पर जो आवेश की मात्रा संचित रहती है, उसे स्थिर विद्युत (Static-electricity) कहते हैं। स्थिर विद्युत में आवेश स्थिर रहता है। जब आवेश किसी तार या चालक पदार्थ में बहता है तो उसे धारा-विद्युत (Current-Electricity) कहते हैं।
- आवेश (Charge) द्रव्य का एक मूल गुण है, इसे द्रव्य से अलग करना असंभव है। बेंजामिन फ्रैंकलिन (Benjamin Franklin) ने दो प्रकार के आवेशों को धनात्मक आवेश (+) व ऋणात्मक आवेश (–) नाम दिया है।
- वस्तुओं का निर्माण अनेक छोटी-छोटी इकाइयों से होता है, जिन्हें परमाणु (Atom) कहा जाता है। परमाणु के केन्द्र में एक नाभिक (Nucles) होता है जिसमें धनात्मक कण प्रोटॉन (Proton) व उदासीन कण न्यूट्रॉन (Neutron) होते हैं तथा नाभिक के बाहर ऋणात्मक कण इलेक्ट्रॉन (Electron) नाभिक के चारों ओर चक्कर लगाते हैं। एक प्रोट्रॉन पर जितना धनात्मक आवेश होता है उतना ही ऋणात्मक आवेश एक इलेक्ट्रॉन पर होता है तथा इस आवेश का मान $1.6 X 10^{-19}$ कूलॉम होता है।
- वस्तुओं का आवेशन इलेक्ट्रॉनों के स्थानांतरण के फलस्वरूप होता है। इस प्रक्रिया में प्रोट्रॉन भाग नहीं लेता है। जब किसी वस्तु पर इलेक्ट्रॉनों की कमी होती है तो उस पर धनात्मक आवेश होता है तथा यदि इलेक्ट्रॉनों की अधिकता होती है तो उस पर ऋणात्मक आवेश होता है।
- **चालक (Conductor) :** जिन पदार्थों से होकर विद्युत आवेश सरलता से प्रवाहित होता है, उन्हें चालक कहते हैं। जैसे- सभी धातुएँ, अम्ल, क्षार, लवणों के जलीय विलयन मानव शरीर आदि।
- चाँदी विद्युत का सबसे अच्छा चालक है जबकि दूसरा स्थान ताँबा का है।
- **अचालक (Non-Conductor) :** जिन पदार्थों से होकर आवेश का प्रवाह नहीं होता है, उन्हें अचालक कहते हैं। जैसे- लकड़ी, रबर, कागज, अभ्रक, शुद्ध आसुत जल आदि।
- शुद्ध आसुत जल विद्युत का अचालक होता है, परन्तु इसमें थोड़ा-सा अम्ल, क्षार या लवण मिलाने पर यह विद्युत चालक की भाँति कार्य करता है।
- **अर्द्ध-चालक (Semi-Conductor) :** चालक तथा अचालक पदार्थों के अतिरिक्त कुछ पदार्थ ऐसे होते हैं जिनकी विद्युत चालकता चालक एवं अचालक पदार्थों के बीच होती है, उन्हें अर्द्ध-चालक कहते हैं। अर्द्ध-चालक पदार्थों के उदाहरण हैं- कार्बन, सिलिकॉन, जर्मेनियम, सेलीनियम, गैलियम-आरसेनाइट आदि।
- **आवेश का पृष्ठ घनत्व (Surface Density of Charge) :** किसी चालक के इकाई क्षेत्रफल पर आवेश की मात्रा को आवेश का पृष्ठ घनत्व कहते हैं। चालक का पृष्ठ घनत्व चालक के आकार व चालक के समीप स्थित अन्य चालक या विद्युत-रोधी पदार्थों पर निर्भर करता है। किसी चालक के पृष्ठ के विभिन्न स्थानों पर आवेश का वितरण उन स्थानों के आकार पर निर्भर करता है। चालक के नुकीले भाग पर आवेश का पृष्ठ घनत्व सबसे अधिक होता है, क्योंकि नुकीले भाग का क्षेत्रफल सबसे कम होता है।
- **तड़ित चालक (Lightning Conductor) :** तड़ित के द्वारा अत्यधिक विद्युत-आवेशन होता है। यह दो आवेशित बादलों के बीच या आवेशित बादलों व पृथ्वी के बीच होता है। तड़ित

चालक का प्रयोग तड़ित के दौरान भवनों की सुरक्षा के लिए किया जाता है। तड़ित चालक एक मोटी ताँवे की पट्टी है, जिसके ऊपरी सिरे पर कई नुकीले सिरे बने होते हैं। इस नुकीले सिरे को भवनों के सबसे ऊपर लगा दिया जाता है तथा दूसरे सिरे को ताँबे की पट्टी के साथ जमीन में दबा दिया जाता है। जब आवेशित बादल भवन के ऊपर से गुजरते हैं तो उनका आवेश तड़ित चालक के द्वारा ग्रहण कर लिया जाता है तथा यह आवेश बिना किसी नुकसान के जमीन में स्थानांतरित हो जाता है। इस प्रकार भवनों की सुरक्षा हो जाती है।

- **विद्युत-धारा (Electric Current) :** आवेश के प्रवाह को विद्युत-धारा कहते हैं। ठोस चालकों में आवेश का प्रवाह इलेक्ट्रॉनों के एक स्थान से दूसरे स्थान तक स्थानांतरण के कारण होता है। जबकि द्रवों जैसे- अम्लों, क्षारों व लवणों के जलीय विलयनों तथा गैसों में यह प्रवाह आयनों की गति के कारण होता है। साधारणतः विद्युत-धारा की दिशा धन आवेश के गति की दिशा की ओर तथा ऋण आवेश के गति की विपरीत दिशा में मानी जाती है।
- यदि किसी परिपथ में धारा एक ही दिशा में बहती है तो उसे **दिष्ट धारा** (Direct Current-DC) कहते हैं तथा यदि धारा की दिशा लगातार बदलती रहती है, तो उसे **प्रत्यावर्ती धारा** (Alternating Current-AC) कहते हैं।
- विद्युत धारा का SI पद्धति में मात्रक एम्पीयर होता है।
- **विद्युत विभव (Electric Potential) :** किसी धनात्मक आवेश को अनंत से विद्युत क्षेत्र के किसी बिन्दु तक लाने में किये गये कार्य (W) एवं आवेश के मान (q_o) के अनुपात (Ratio) को उस बिन्दु का विद्युत विभव कहा जाता है।
- विद्युत विभव का SI मात्रक **वोल्ट** (Volt) होता है। यह एक अदिश राशि है।
- **विभवांतर (Potential Difference) :** एक कूलॉम (Coulomb) धनात्मक आवेश को विद्युत क्षेत्र में एक बिन्दु से दूसरे बिन्दु तक ले जाने में किये गये कार्य को उन बिन्दुओं के मध्य विभवांतर कहते हैं। इसका मात्रक भी **वोल्ट** (Volt) होता है। यह एक अदिश राशि है।
- **विद्युत सेल (Electric Cell) :** विद्युत सेल में विभिन्न रासायनिक क्रियाओं से रासायनिक ऊर्जा को विद्युत ऊर्जा में परिवर्तित किया जाता है। विद्युत सेल में धातु की दो छड़ें होती हैं जिन्हें इलेक्ट्रोड (Electrod) कहते हैं। इन छड़ों पर विपरीत प्रकार के आवेश होते हैं। वह छड़ जो धनावेशित (+) होती है एनोड (Anode) कहलाती है तथा ऋणावेशित-छड़ कैथोड (Cathode) कहलाती है। ये छड़ें विभिन्न प्रकार के विलयनों में पड़ी रहती है। इन विलयनों को विद्युत अपघट्य (Electrolyle) कहते हैं। विद्युत सेल मुख्यतः दो प्रकार के होते हैं- (i) प्राथमिक सेल (ii) द्वितीयक सेल।

  (i) **प्राथमिक सेल (Primary Cell) :** इसमें रासायनिक ऊर्जा को सीधे विद्युत ऊर्जा में परिवर्तित किया जाता है। एक बार प्रयुक्त कर लेने के बाद प्राथमिक सेल बेकार हो जाते हैं। टार्च में भी प्राथमिक सेल प्रयुक्त किया जाता है। वोल्टीय सेल (Voltaic Cell), लेकलांशे सेल (Leclanche Cell), डेनियल सेल (Deniell Cell) आदि प्राथमिक सेलों के उदाहरण हैं।

  (ii) **द्वितीयक सेल (Secondary Cell) :** इसमें पहले विद्युत ऊर्जा को रासायनिक ऊर्जा फिर रासायनिक ऊर्जा को विद्युत ऊर्जा में परावर्तित किया जाता है। द्वितीयक सेल में रासायनिक ऊर्जा को विद्युत ऊर्जा में बदलने के साथ-साथ इसमें व्यय हुई रासायनिक ऊर्जा को किसी बाह्य विद्युत स्रोत से प्राप्त किया जाता है। इसे सेलों का आवेशन (Charging) कहते हैं। आवेशन द्वारा द्वितीयक सेल को बार-बार प्रयोग में लाया जा सकता है। द्वितीयक सेलों का उपयोग मोटरकारों, ट्रकों, ट्रैक्टरों आदि में इंजनों को स्टार्ट करने में किया जाता है।

- **वोल्टीय सेल (Voltaic Cell) :** इसका आविष्कार 1799 ई. में प्रो. एलिजाण्डों वोल्टा ने किया था। इस सेल में एक जस्ते की छड़ कैथोड (Cathode) के रूप में एवं ताँबे की छड़ एनोड

(Anode) के रूप में प्रयोग की जाती है। इन छड़ों को काँच के बर्तन में रखे सल्फ्यूरिक अम्ल (H_2SO_4) में रखा जाता है।

- लेकलांशे सेल में एनोड के रूप में कार्बन की छड़ एवं कैथोड के रूप में जस्ते की छड़ का प्रयोग किया जाता है। इन छड़ों को काँच के बर्तन में रखे अमोनिया क्लोराइड (नौसादर) में रखा जाता है।
- लेकलांशे सेल में एनोड के रूप में प्रयुक्त कार्बन की छड़ मैगनीज डाइऑक्साइड व कार्बन के मिश्रण के बीच रखी जाती है।
- लेकलांशे सेल का प्रयोग वहाँ किया जाता है जहाँ रुक-रुक कर थोड़े समय के लिए विद्युत धारा की आवश्यकता होती है। जैसे-विद्युत घंटी एवं टेलीफोन आदि। लेकलांशे सेल का विद्युत वाहक बल 1.5 वोल्ट होता है।
- शुष्क सेल (Dry Cell) में जस्ते के बर्तन में मैंगजीन डाइऑक्साइड, अमोनिया क्लोराइड (नौसादर) एवं कार्बन की एक छड़ रखी रहती है। इसमें कार्बन की छड़ एनोड के रूप में एवं जस्ते की बर्तन कैथोड के रूप में कार्य करती है। इस सेल का विद्युत वाहक बल यानी विभव लगभग 1.5 होता है। इसका प्रयोग टार्च, ट्रांजिस्टर एवं रेडियो आदि उपकरणों में किया जाता है।
- **विद्युत धारा के प्रभाव (Effect of Electric Current) :** सामान्यत: विद्युत धारा के तीन प्रभाव देखने को मिलते हैं- (i) ऊष्मीय प्रभाव (ii) रासायनिक प्रभाव और (iii) चुम्बकीय प्रभाव।

  (i) **ऊष्मीय प्रभाव (Thermal Effect) :** जब किसी चालक में विद्युत धारा प्रवाहित की जाती है तो उसमें गतिशील इलेक्ट्रॉन निरंतर चालक के परमाणुओं से टकराते रहते हैं तथा इस प्रक्रिया में अपनी ऊर्जा चालक के परमाणुओं को स्थानांतरित करते हैं। इससे चालक का ताप बढ़ जाता है। चालक के ताप के बढ़ने की घटना को ही विद्युत धारा का ऊष्मीय प्रभाव (Thermal Effect of Electric Current) कहते हैं। विद्युत धारा का ऊष्मीय प्रभाव घरेलू उपकरणों जैसे- विद्युत हीटर, विद्युत प्रेस, बल्ब, ट्यूब लाइट आदि में देखने को मिलता है।

  (ii) **रासायनिक प्रभाव (Chemical Effect) :** जब किसी लवण के जलीय विलयन में विद्युत धारा प्रवाहित की जाती है तो उसका विद्युत अपघटन (Electrolysis) होता है। इस घटना को विद्युत धारा का रासायनिक प्रभाव (Chemical Effect of Electric Current) कहते हैं। जिस उपकरण में लवणों के जलीय विलयनों का विद्युत अपघटन होता है उसे वोल्टमीटर कहते हैं। जब किसी विद्युत अपघट्य लवण का जलीय विलयन बनाते हैं तो लवण दो प्रकार के आयनों में टूट जाता है। इन आयनों पर विपरीत प्रकार के आवेश होते हैं। जिन आयनों पर धन आवेश होता है, उन्हें धनायन (calion) कहते हैं तथा ऋणावेश वाले आयनों को ऋणायन (anion) कहते हैं। जब इस आयन युक्त विलयन में विद्युत धारा प्रवाहित की जाती है तो ध नायन कैथोड की ओर एवं ऋणायन एनोड की ओर चलने लगते हैं और उन पर जाकर जमा हो जाते हैं। विद्युत अपघटन के अनुप्रयोग- विद्युत लेपन (Electroplating) में विद्युत मुद्रण (Electrotyping) में एवं धातु का वैद्युत परिष्करण (Electro-Refining of Metal) में।

  (iii) **चुम्बकीय प्रभाव (Magnetic Effect) :** जब किसी उपकरण में विद्युत धारा प्रवाहित की जाती है, तो उसके चारों ओर एक चुम्बकीय क्षेत्र उत्पन्न हो जाता है। इस घटना को विद्युत धारा का चुम्बकीय प्रभाव (Magnetic Effect of Electric Current) कहते हैं। विद्युत धारा के चुम्बकीय प्रभाव पर आधारित उपकरण हैं- टेलीफोन, टेलीग्राफ, विद्युत घंटी, पंखा एवं मोटर आदि।
- **कूलॉम का नियम (Coulomb's Law) :** दो स्थिर आवेशों के बीच लगने वाला बल, उनकी मात्राओं के गुणनफल के अनुक्रमानुपाती व उनकी बीच की दूरी के वर्ग के व्युत्क्रमानुपाती होता है।

- **प्रतिरोध (Resistence) :** जब किसी चालक में विद्युत धारा प्रवाहित की जाती है तो चालक में गतिशील इलेक्ट्रॉन अपने मार्ग में आने वाले परमाणुओं से निरंतर टकराते रहते हैं, जिससे उनकी ऊर्जा में ह्रास होता है। परमाणुओं व अन्य कारकों द्वारा उत्पन्न किये गये इस व्यवधान को ही चालक का प्रतिरोध कहते हैं। इसका मात्रक **ओम** होता है।
- **ओम का नियम (Ohm's Law) :** यदि किसी चालक की भौतिक अवस्था जैसे- ताप आदि में कोई परिवर्तन न हो तो चालक के सिरों पर लगाया गया विभवांतर उसमें प्रवाहित धारा के अनुक्रमानुपाती होता है। यदि किसी चालक के दो बिन्दुओं के बीच विभवांतर V वोल्ट हो तथा उसमें प्रवाहित धारा I एम्पियर हो तो ओम के अनुसार- $V \propto I$

  या $V = IR$, जहाँ R एक नियतांक है, जिसे चालक का प्रतिरोध कहते हैं।
- **ओमीय प्रतिरोध (Ohmic Resistance) :** जो चालक ओम के नियम का पालन करते हैं, उसके प्रतिरोध को ओमीय प्रतिरोध कहते हैं। जैसे- मैंगनीज का तार।
- **विशिष्ट प्रतिरोध (Specific Resistence) :** किसी चालक का प्रतिरोध उसकी कुल लंबाई के अनुक्रमानुपाती तथा उसके अनुप्रस्थ काट के क्षेत्रफल के व्युत्क्रमानुपाती होता है, अर्थात् यदि चालक की लंबाई l है और उसकी अनुप्रस्थ काट का क्षेत्रफल A है तो

$$R \propto \frac{l}{A}$$

$$\text{या } R = \rho \frac{l}{A}$$

  जहाँ ρ एक नियतांक है, जिसे चालक का **विशिष्ट प्रतिरोध** कहते हैं। अतः एक ही पदार्थ के बने मोटे तार का प्रतिरोध कम तथा पतले तार का प्रतिरोध अधिक होता है। विशिष्ट प्रतिरोध का मात्रक **ओम मीटर** होता है।
- **प्रतिरोधों का संयोजन (Combination of Resistence) :** सामान्यतः प्रतिरोधों को परिपथ में दो प्रकार से संयोजित किया जा सकता है- (i) श्रेणी क्रम (Series Combination) में, (ii) समानांतर क्रम (Parallel Combination) में।
- श्रेणी क्रम में संयोजित प्रतिरोधों का तुल्य प्रतिरोध समस्त प्रतिरोधों के योग के बराबर होता है।
- समानांतर क्रम में संयोजित प्रतिरोधों के समतुल्य प्रतिरोध का व्युत्क्रम (Inverse) उनके प्रतिरोधों के व्युत्क्रमों के योग के बराबर होता है।
- **विद्युत सामार्थ्य (Electric Power) :** कार्य करने की दर को सामर्थ्य कहते हैं। किसी चालक में विद्युत ऊर्जा के व्यय की दर किये गये कार्य के बराबर होती है।

$$\text{विद्युत सामर्थ्य} = \frac{\text{व्यय ऊर्जा}}{\text{लगा समय}}$$

- विद्युत सामर्थ्य का मात्रक **वाट** होता है। इसके अन्य बड़े मात्रक किलोवाट (KW) व मेगावाट (MW) होते हैं।
- घरों में प्रयुक्त विद्युत उपकरणों द्वारा खर्च की गयी कुल ऊर्जा के मापन की आवश्यकता पड़ती है। इसके लिए किलोवाट-घंटा-मीटर या मीटर नामक यंत्र प्रयोग में लाया जाता है।
- व्यय ऊर्जा को वाट-घंटा या **किलोवाट घंटा** में मापते हैं।
- **अमीटर (Ammeter) :** विद्युत धारा को एम्पियर में मापने के लिए अमीटर नामक यंत्र का प्रयोग किया जाता है। अमीटर को परिपथ में सदैव श्रेणी क्रम (Series Combination) में लगाया जाता है।
- **वोल्ट मीटर (Voltmeter) :** वोल्ट मीटर का प्रयोग परिपथ के किन्हीं दो बिन्दुओं के बीच विभवांतर मापने में किया जाता है। इसे परिपथ में सदैव समानांतर क्रम (Parallel Combination) में लगाते हैं। एक आदर्श वोल्टमीटर का प्रतिरोध अनंत होना चाहिए।

- **घरेलू विद्युत का वितरण** : घरों में विद्युत का वितरण एक मीटर के द्वारा किया जाता है, जो कि विद्युत ऊर्जा को **किलोवाट घंटा** में मापता है।
- घरों में पंखा, बल्ब आदि उपकरण समानांतर क्रम (Parallel Combination) में लगे रहते हैं। हर उपकरण के साथ एक-एक स्विच श्रेणी क्रम (Series Combination) में जुड़े होते हैं।
- **रेगुलेटर (Regulator)** : रेगुलेटर परिपथ में सामान्यतः एक धारा नियंत्रक (Current Controller) का कार्य करता है।
- **विद्युत फ्यूज (Electric Fuse)** : विद्युत फ्यूज का प्रयोग परिपथ में लगे उपकरणों की सुरक्षा के लिए किया जाता है। यह ताँबा, टिन एवं सीसा की मिश्र धातु से बना होता है एवं इसका गलनांक (Melting Point) कम होता है। यह परिपथ के साथ श्रेणी क्रम (Series Combination) में जोड़ा जाता है।
- **गैल्वेनोमीटर (Galvanometer)** : विद्युत परिपथ में विद्युत धारा की उपस्थिति बनाने वाला एक यंत्र है। इसकी सहायता से 10^{-6} ऐम्पियर तक की विद्युत धारा को मापा जा सकता है।
- **ट्रांसफॉर्मर (Transformer)** : यह एक ऐसा विद्युत उपकरण है जिसकी सहायता से प्रत्यावर्ती धारा (Alternating Current-AC) को कम या अधिक किया जाता है। इसका प्रयोग **केवल** प्रत्यावर्ती धारा (AC) के लिए किया जाता है। ट्रांसफॉर्मर विद्युत चुम्बकीय प्रेरण सिद्धान्त (Electro Magnetic Induction Theory) पर कार्य करता है।
- **माइक्रोफोन (Mrcrophone)** : इसके द्वारा ध्वनि ऊर्जा को विद्युत ऊर्जा में परिवर्तित किया जाता है। इससे ध्वनि को एक स्थान से दूसरे स्थान तक भेजा जाता है। यह भी विद्युत चुम्बकीय प्रेरण सिद्धान्त (Electro Magnetic Induction Theroy) पर कार्य करता है।
- **विद्युत जनरेटर (Electric Generator)** : इसके द्वारा यांत्रिक ऊर्जा (Mechanical Energy) को विद्युत ऊर्जा (Electric Energy) में परिवर्तित किया जाता है। यह भी विद्युत चुम्बकीय प्रेरण सिद्धान्त (Electro Magnetic Induction Therory) पर कार्य करता है।

15. चुम्बकत्व

- प्रकृति में स्वतंत्र रूप से पाये जाने वाले चुम्बकों को प्राकृतिक चुम्बक (Natural Magnet) कहते हैं। यह लोहे का ऑक्साइड (Fe_3O_4) है। प्राकृतिक चुम्बक की आकर्षण शक्ति बहुत कम होती है तथा उनकी कोई निश्चित आकृति नहीं होती है।
- कृत्रिम विधियों द्वारा बनाये गये चुम्बक को कृत्रिम चुम्बक (Artificial Magnet) कहते हैं। ये मुख्यतः लोहे, इस्पात एवं कोबाल्ट आदि से बनाये जाते हैं। इनकी आकर्षण शक्ति अधिक होती है। कृत्रिम चुंबक तीन प्रकार के होते हैं- (i) छड़ चुम्बक (Bar Magnet) (ii) नाल चुम्बक (Horse-Shoe Magnet) (iii) सूई चुम्बक (Needle Magnet) इनके इन रूपों का नामकरण आकार के अनुसार किया गया है।

चुम्बक के गुण (Properties of Magnet)
(i) **आकर्षण (Attraction)** : चुम्बक में लोहे, इस्पात आदि धातुओं के टुकड़े को अपनी ओर आकर्षित करने की क्षमता होती है। इन धातुओं की टुकड़े की मात्रा चुम्बक के दोनों सिरों पर सबसे अधिक एवं मध्य में सबसे कम होती है। इससे यह निष्कर्ष निकलता है कि आकर्षण शक्ति उसके दोनों किनारों पर सबसे अधिक एवं मध्य में सबसे कम होती है। चुम्बक के किनारे के दोनों सिरों को चुम्बक का ध्रुव (Poles) कहते हैं।

(ii) **दिशात्मक गुण (Directional Property)** : यदि किसी चुम्बक को धागे से बाँधकर स्वतंत्रतापूर्वक लटका दिया जाये तो उसके दोनों सिरे सदैव उत्तर-दक्षिण दिशा की ओर संकेतित होते हैं। चुम्बक का जो सिरा उत्तर की ओर होता है उसे उत्तरी ध्रुव (North Pole) और जो

सिरा दक्षिण की ओर होता है उसे दक्षिण ध्रुव (South Pole) कहते हैं। चुम्बक के उत्तरी ध्रुव को N से एवं दक्षिणी ध्रुव को S से प्रदर्शित करते हैं।

(iii) **ध्रुवों में आकर्षण-प्रतिकर्षण (Attraction and De-attraction in Poles) :** चुम्बक के समान ध्रुवों के बीच प्रतिकर्षण व विपरीत ध्रुवों के बीच आकर्षण होता है।

- चुम्बक के उत्तरी ध्रुव व दक्षिणी ध्रुव को मिलाने वाली रेखा को चुम्बकीय अक्ष (Magnetic Axis) कहा जाता है।
- चुम्बक चुम्बकीय पदार्थों में प्रेरण (Induction) द्वारा चुम्बकत्व उत्पन्न कर देता है।

- **चुम्बकीय क्षेत्र (Magnetic Field) :** चुम्बक के चारों ओर का वह क्षेत्र, जिसमें चुम्बक के प्रभाव का अनुभव किया जा सकता है। चुम्बकीय क्षेत्र कहलाता है। चुम्बकीय क्षेत्र की दिशा, चुम्बकीय सुई (Magnetic Needle) से निर्धारित की जाती है। चुम्बकीय क्षेत्र का मात्रक **गौस (Gauss)** होता है।
- **चुम्बकीय सुई (Magnetic Needle) :** चुम्बकीय सुई का उपयोग दिशा ज्ञात करने में किया जाता है। यह सदैव उत्तर-दक्षिण दिशा में ठहरती है। यदि हम चुम्बकीय सुई को लेकर पृथ्वी का पूरा चक्कर लगायें तो सुई पृथ्वी तल के दो स्थानों पर, तल के लंबवत् हो जाती है, इन स्थानों को पृथ्वी का चुम्बकीय ध्रुव (Magnetic Poles) कहते हैं।
- **चुम्बकीय क्षेत्र की तीव्रता (Intensity of Magnetic Field) :** चुम्बकीय क्षेत्र में क्षेत्र के लंबवत् एकांक लंबाई का ऐसा चालक तार रखा जाये जिसमें एकांक प्रबलता की धारा प्रवाहित हो रही हो तो चालक पर लगने वाला बल ही चुम्बकीय क्षेत्र की तीव्रता की माप होगी। चुम्बकीय क्षेत्र की तीव्रता एक सदिश राशि है। इसका मात्रक **न्यूटन/ऐम्पीयर मीटर अथवा वेबर/मी^{2} या टेसला (T)** होता है।
- **चुम्बकीय बल रेखाएँ (Magnetic Lines of Force) :** चुम्बकीय क्षेत्र में बल रेखाएँ वे काल्पनिक रेखाएँ हैं, जो उस स्थान में चुम्बकीय क्षेत्र की दिशा को अविरत प्रदर्शन करती है। चुम्बकीय बल रेखा के किसी भी बिन्दु पर खींची गयी स्पर्श रेखा उस बिन्दु पर चुम्बकीय क्षेत्र की दिशा को प्रदर्शित करती है।

चुम्बकीय बल रेखाओं के गुण

(i) चुम्बकीय बल रेखाएँ सदैव चुम्बक के उत्तरी ध्रुव से निकलती हैं तथा वक्र बनाती हुई दक्षिणी ध्रुव में प्रवेश कर जाती हैं और चुम्बक के अंदर से होती हुई पुनः उत्तरी ध्रव पर वापस आती हैं।

(ii) दो बल-रेखाएँ एक-दूसरे को कभी नहीं काटती।

(iii) चुम्बकीय क्षेत्र जहाँ प्रबल होता है, वहाँ बल-रेखाएँ पास-पास होती हैं।

(iv) एक समान चुम्बकीय क्षेत्र की बल-रेखाएँ परस्पर समांतर एवं बराबर-बराबर दूरियों पर होती हैं।

चुम्बकीय पदार्थ (Magnetic Substances)

(i) **प्रति-चुम्बकीय पदार्थ (Dia-Magnetic Substance) :** वे पदार्थ जो चुम्बकीय क्षेत्र में रखे जाने पर क्षेत्र के विपरीत दिशा में चुंबकित हो जाते हैं, प्रति-चुम्बकीय पदार्थ कहलाते हैं। उदाहरणार्थ- जस्ता, विस्मथ, ताँबा, चाँदी, सोना, हीरा, नमक, जल आदि।

(ii) **अनु-चुम्बकीय पदार्थ (Para-Magnetic Substance) :** वे पदार्थ जो चुम्बकीय क्षेत्र की दिशा में मामूली रूप से चुम्बकीय होते हैं, अनु-चुम्बकीय पदार्थ कहलाते हैं। उदाहरणार्थ- सोडियम, एल्युमिनियम, मैंगनीज, कॉपर, प्लैटिनम, ऑक्सीजन, पोटैशियम आदि।

(iii) **लौह-चुम्बकीय पदार्थ (Ferromagnetic Substances) :** वे पदार्थ जो चुम्बकीय क्षेत्र में रखने पर क्षेत्र की दिशा में प्रबल रूप से चुंबकित हो जाते हैं, लौह-चुम्बकीय पदार्थ कहलाते हैं। उदाहरणार्थ- लोहा, इस्पात, निकिल, मिश्रधातु, कोबाल्ट आदि।

- **चुम्बकीय प्रेरण (Magnetic Induction) :** किसी चुम्बकीय पदार्थ में चुम्बक के प्रभाव से चुम्बकत्व उत्पन्न करने की क्रिया को चुम्बकीय प्रेरण कहा जाता है।

➪ **डोमेन (Domains) :** लौह चुम्बकीय पदार्थों के भीतर परमाणुओं की असंख्य, अतिसूक्ष्म संरचनाओं को डोमेन कहा जाता है। एक डोमेन में 10^{18} से लेकर 10^{21} तक परमाणु होते हैं। लौह चुम्बकीय पदार्थों का चुम्बकीय गुण इन्हीं डोमेनों के परस्पर प्रतिस्थापन व घूर्णन के फलस्वरूप होता है।

➪ **क्यूरी ताप (Curie Temperature) :** क्यूरी ताप वह ताप है जिसके ऊपर पदार्थ अनु-चुम्बकीय (Para-Magnetic) व जिसके नीचे लौह-चुम्बकीय (Ferro-Magnetic) होता है। लोहा एवं निकिल के लिए क्यूरी ताप का मान क्रमशः 770°C तथा 358°C होता है।

➪ **क्यूरी बिन्दु (Curie Point) :** वह तापक्रम (690°C से 970°C) जिस पर चुम्बक अपना चुम्बकत्व खो देता है, क्यूरी बिन्दु कहलाता है।

➪ स्थायी चुम्बक (Permanent Magnet) बनाने के लिए इस्पात (Steel) का प्रयोग किया जाता है। लाउडस्पीकर एवं विद्युत मापक यन्त्रों के चुम्बक इस्पात के बने होते हैं।

➪ नर्म लोहे से निर्मित चुम्बक का चुम्बकन और विचुम्बकन दोनों ही सरलता से हो जाते हैं। इसके विपरीत इस्पात से चुम्बक का चुम्बकन और विचुम्बकन दोनों की कठिन है।

➪ **भू-चुम्बकत्व (Earth Magnetism) :** किसी स्थान पर पृथ्वी के चुम्बकीय क्षेत्र को तीन तत्त्वों द्वारा व्यक्त किया जाता है- (i) दिक्पात कोण (ii) नमन/नति कोण (iii) चुम्बकीय क्षेत्र का क्षैतिज घटक।

(i) **दिक्पात कोण (Angle of Declination) :** किसी स्थान पर भौगोलिक याम्योत्तर और चुम्बकीय याम्योत्तर के बीच जो कोण बनता है, उसे दिक्पात कोण कहा जाता है।

(ii) **नमन/नति कोण (Angle of Dip or Inclination) :** किसी स्थान पर पृथ्वी का सम्पूर्ण चुम्बकीय क्षेत्र क्षैतिज तल के साथ जितना कोण बनाता है, उसे उस स्थान का नमन/नति कोण कहते हैं। पृथ्वी के ध्रुव पर नमन कोण का मान 90° तथा विषुवत् रेखा पर 0° होता है।

(iii) **चुम्बकीय क्षेत्र के क्षैतिज घटक (Horizontal Component of Magnefic Field) :** पृथ्वी के सम्पूर्ण का चुम्बकीय क्षेत्र के क्षैतिज घटक (H) अलग-अलग स्थानों पर अलग-अलग होता है, परन्तु इसका मान लगभग 0.4 **गौस** (Gauss) या $0.4 X 10^{-4}$ **टेसला** होता है।

16. परमाणु भौतिकी

➪ परमाणु वे सूक्ष्तम कण हैं जो रासायनिक क्रिया में भाग ले सकते हैं, परन्तु स्वतंत्र अवस्था में नहीं रह सकते। पदार्थ के अणुओं का निर्माण परमाणुओं से होता है। परमाणु मुख्यतः तीन मूल कणों- इलेक्ट्रॉन, प्रोटॉन एवं न्यूट्रॉन से मिलकर बना होता है। इसके केन्द्र में एक नाभिक (Nucleus) होता है जिसमें प्रोटॉन व न्यूट्रॉन स्थिर होते हैं जबकि इलेक्ट्रॉन नाभिक के चारों ओर चक्कर लगाते हैं।

➪ परमाणु में प्रोटॉन एवं इलेक्ट्रॉन की संख्या समान एवं आवेश विपरीत होते हैं, जिसके कारण यह उदासीन होता है।

मूल कणों की विशेषताएँ			
कण	द्रव्यमान (किग्रा)	आवेश (कूलॉम)	खोजकर्ता
प्रोटॉन	$1.672 X 10^{-27}$	$+1.6 X 10^{-19}$	रदरफोर्ड
न्यूट्रॉन	$1.675 X 10^{-27}$	0	चैडविक
इलेक्ट्रॉन	$9.108 X 10^{-31}$	$-1.6 X 10^{-19}$	जे.जे. थॉमसन

➪ आज मूल कणों की संख्या 30 से ऊपर पहुँच चुकी है, कुछ प्रमुख कणों का विवरण निम्नलिखित है-

कण	द्रव्यमान	आवेश	खोजकर्ता	विशेष
पॉजिट्रॉन	$9.108X10^{-31}$	$+1.6X10^{-19}$	एंडरसन	इलेक्ट्रॉन का एंटिकण
न्यूट्रिनो	0	0	पाऊली	
पाई-मैसोन	इलेक्ट्रॉन का 274 गुणा	धनात्मक एवं ऋणात्मक दोनों	युकावा	अस्थायी, जीवनकाल 10^{-8} सेकंड
फोटॉन	0	0	आइंस्टीन	इसका वेग प्रकाश के वेग के बराबर होता है

- **नाभिक (Nucleus) :** परमाणु के नाभिक का आकार अत्यंत छोटा होता है। इसकी लंबाई लगभग 10^{-12} सेमी होती है। परमाणु का समस्त द्रव्यमान इसके नाभिक में केन्द्रित रहता है। नाभिक का संघटन प्रोटानों व न्यूट्रॉन से होता है। परमाणु का समस्त द्रव्यमान इसके नाभिक में होता है, जिसके कारण नाभिक काफी सघन (Dense) व दृढ़ (Rigid) होता है।

- **नाभिकीय बल (Nuclear Force) :** नाभिक के भीतर समान आवेश के प्रोटॉन स्थित होते हैं जिनके बीच प्रतिकर्षण बल कार्य करता है। अब प्रश्न यह उठता है कि इस प्रतिकर्षण बल के बावजूद यह कण नाभिक के भीतर कैसे रहते हैं। इसका कारण यह है कि नाभिक के भीतर प्रोटॉनों व न्यूट्रॉनों के बीच कुछ तीव्र (Srong) आकर्षण बल कार्यशील होते हैं, जो इन कणों को आपस में बाँधे रहते हैं। इन बलों को ही नाभिकीय बल कहा जाता है।
- **द्रव्यमान संख्या (Mass Number) :** किसी तत्त्व के परमाणु नाभिक में उपस्थित प्रोटॉनों तथा न्यूट्रॉनों की संख्या के योग को द्रव्यमान संख्या कहते हैं।
- **समस्थानिक (Isotopes) :** एक तत्त्व के परमाणुओं को जिनकी परमाणु संख्या समान हो परन्तु परमाणु द्रव्यमान संख्या भिन्न हो समस्थानिक कहलाते हैं। **समस्थानिकों के रासायनिक गुण एक समान होते हैं।**
- **समभारी (Isobars) :** कुछ तत्त्व ऐसे होते हैं जिनके परमाणुओं का परमाणु भार तो एक समान होता है, परन्तु इलेक्ट्रॉनों एवं प्रोटॉनों की संख्या (परमाणु क्रमांक) भिन्न-भिन्न होती है। ऐसे परमाणुओं को समभारी कहते हैं। **समभारियों के रासायनिक गुण भिन्न-भिन्न होते हैं।**
- **रेडियो सक्रियता (Radioactivity) :** रेडियोसक्रियता की खोज फ्रेंच वैज्ञानिक हेनरी बेकरल, राबर्ट पियरे क्यूरी एवं मैडम ने किया था। इस खोज के लिए इन तीनों को संयुक्त रूप से नोबेल पुरस्कार मिला था।
- जिन नाभिकों में प्रोटॉन की संख्या 83 या उससे अधिक होती है वे अस्थायी होते हैं। स्थायित्व प्राप्त करने के लिए ये नाभिक स्वत: ही क्रमश: अल्फा (α), बीटा (β) एवं गामा (γ) किरणें उत्सर्जित करने लगती हैं। ऐसे नाभिक जिन तत्त्वों के परमाणुओं में होते हैं, उन्हें रेडियोसक्रिय तत्त्व कहते हैं तथा किरणों की उत्सर्जन की घटना को रेडियोसक्रियता कहते हैं।
- राबर्ट पियरे क्यूरी एवं उनकी पत्नी मैडम क्यूरी ने एक नये रेडियोसक्रिय तत्त्व 'रेडियम' (Radium) की खोज की, जिसको उन्होंने पिच बलेण्डी (Pitch-blende) नामक यूरेनियम खनिज से प्राप्त किया।
- रेडियोसक्रियता के दौरान निकलने वाली किरणें- अल्फा (α), बीटा (β) एवं गामा (γ) की पहचान सर्वप्रथम 1902 ई. में रदरफोर्ड नामक वैज्ञानिक ने की थी।

अल्फा (α) किरणें

- ये किरणें गतिमान धनावेशित कणों से मिलकर बनी होती हैं।
- इन कणों का द्रव्यमान हाइड्रोजन के परमाणु का चार गुना होता है।

- इनकी बेधन क्षमता (Penetrating Power) बहुत कम व गैसों की आयतन क्षमता बहुत अधिक होती है।
- इन कणों का वेग प्रकाश के वेग का 1/10 होता है तथा लगभग 2.2×10^7 मीटर/सेकंड होता है। अत्यधिक वेग से निकलने के कारण ये कण नाभिकों पर बमबारी करने तथा एक तत्त्व को दूसरे तत्त्व में परिवर्तित करने के काम आते हैं।

बीटा (β) किरणें

- ये किरणें ऋणावेशित कणों से मिलकर बनी होती हैं। इन कणों पर इलेक्ट्रॉन के आवेश के बराबर आवेश होता है।
- इन कणों का वेग बहुत अधिक होता है तथा प्रकाश के वेग के लगभग बराबर हो सकता है।
- इन कणों की बेधन क्षमता अल्फा (α) कणों की अपेक्षा अधिक एवं आयनन क्षमता (Ionisation) अल्फा कणों की अपेक्षा कम होती है।

गामा (γ) किरणें

- ये किरणें विद्युत चुम्बकीय तरंगें हैं तथा ऊर्जा के छोटे-छोटे बण्डलों (Packets) से मिलकर बनी होती हैं, जिन्हें फोटॉन (Photons) कहते हैं।
- इन किरणों का वेग प्रकाश के वेग के बराबर होता है।
- इनकी वेधन क्षमता अत्यधिक होती है व आयनन क्षमता न्यूनतम होती है।
- ये विद्युत या चुम्बकीय क्षेत्र से प्रभावित नहीं होती, लेकिन प्रतिदिप्ति (Fluorescence) उत्पन्न करती है।
- इन किरणों में ऊर्जा की मात्रा बहुत अधिक संचित रहती है।
- रेडियोसक्रियता की माप **जी.एम. काउंटर** से की जाती है।
- नाभिकीय खोजों, जीवविज्ञान व औषधियों, कृषि, उद्योगों एवं रोगों के उपचार में रेडियोसक्रियता के अनुप्रयोग होते हैं।
- रेडियोसक्रिय कोबाल्ट का प्रयोग कैंसर को ठीक करने में किया जाता है। रेडियो आयोडीन अवटुग्रंथि (Thyroid Gland) के उपचार में काम आता है।
- कोबाल्ट एवं टंगस्टन के समस्थानिक मशीन व अन्य यंत्रों में खराबी या टूटन को ज्ञात करने में प्रयोग किये जाते हैं।
- रेडियो समस्थानिकों का प्रयोग अत्यधिक प्राचीन तत्त्वों की आयु ज्ञात करने में बहुत होता है। इस विधि में मृत जीवाश्म या पौधों में प्राप्त कार्बन के दो समस्थानिकों ${}_6C^{12}$ व ${}_6C^{14}$ का अनुपात ज्ञात करके आयु का निर्धारण किया जाता है। इन दो समस्थानिकों में ${}_6C^{14}$ रेडियोसक्रिय होता है।
- **अर्द्ध आयु (Half Life) :** जितने समयान्तराल में किसी रेडियोसक्रिय पदार्थ की मात्रा विघटित होकर अपने प्रारंभिक मान की आधी रह जाती है उस समयान्तराल को पदार्थ की अर्द्ध-आयु कहते हैं।
- **अभ्र कोष्ठ (Cloud Chamber) :** इसका उपयोग रेडियोसक्रिय कणों की उपस्थिति का पता लगाने, उनकी ऊर्जा को मापने आदि के लिए किया जाता है। इसका आविष्कार 1911 ई. में सी.आर.टी. विल्सन ने किया था।
- **द्रव्यमान ऊर्जा सम्बन्ध (Mass-Energy Relation) :** 1905 ई. में आइंस्टीन ने द्रव्यमान एवं ऊर्जा के बीच एक सम्बन्ध स्थापित किया जिसे आपेक्षिकता का सिद्धान्त (Theory of Relativity) कहा जाता है। इसके अनुसार द्रव्यमान एवं ऊर्जा एक-दूसरे से स्वतंत्र नहीं हैं, बल्कि दोनों एक-दूसरे से सम्बन्धित है तथा प्रत्येक पदार्थ में उसके द्रव्यमान के कारण ऊर्जा भी होती है। यदि किसी वस्तु का द्रव्यमान m एवं प्रकाश वेग c हो तो इस द्रव्यमान से सम्बद्ध ऊर्जा $E=mc^2$ होती है।

- सूर्य से पृथ्वी को लगातार ऊर्जा ऊष्मा के रूप में प्राप्त हो रही है, जिसके फलस्वरूप सूर्य का द्रव्यमान लगातार घटता जा रहा है। अर्थात् सूर्य का द्रव्यमान लगातार ऊर्जा के रूप में पृथ्वी को प्राप्त हो रहा है। आँकड़ों के अनुसार सूर्य से पृथ्वी को प्रति सेकंड 4×10^{26} जूल ऊर्जा प्राप्त हो रही है, जिसके फलस्वरूप इसका द्रव्यमान लगभग 4×10^{9} किग्रा/सेकंड की दर से कम हो रहा है। परन्तु सूर्य का द्रव्यमान इतना अधिक है कि वह पृथ्वी को लगातार एक हजार करोड़ वर्षों तक इसी दर से ऊर्जा देता रहेगा।

17. नाभिकीय विखंडन तथा संलयन

- **नाभिकीय विखंडन (Nuclear Fission) :** वह नाभिकीय प्रक्रिया जिसमें कोई भारी नाभिक दो लगभग समान आकार के नाभिकों में टूट जाता है नाभिकीय विखंडन कहलाता है। नाभिकीय विखंडन से प्राप्त ऊर्जा को ही नाभिकीय ऊर्जा (Nuclear Energy) कहते हैं।
- नाभिकीय ऊर्जा (Nuclear Energy) का मुख्य उपयोग नाभिकीय रिएक्टर (Nuclear Reactor) में किया जाता है। नाभिकीय ऊर्जा को विद्युत शक्ति में परिवर्तित करके कल-कारखाने चलाये जा सकते हैं एवं विद्युत संकट का हल निकाला जा सकता है।
- सबसे पहले नाभिकीय विखंडन हॉन तथा स्ट्रासमैन (Hahn and Strassmann) नामक वैज्ञानिकों द्वारा दिखाया गया। इन्होंने जब यूरेनियम 235 (U^{235})पर न्यूट्रॉनों की बमबारी की, तो पाया कि यूरेनियम के नाभिक दो खंडों में विभाजित हो गए।
- **शृंखला अभिक्रिया (Chain Reaction) :** जब यूरेनियम पर न्यूट्रॉनों की बमबारी की जाती है तो एक यूरेनियम नाभिक के विखंडन पर बहुत अधिक ऊर्जा व तीन नये न्यूट्रॉन उत्सर्जित होते हैं। ये उत्सर्जित न्यूट्रॉन यूरेनियम के अन्य नाभिकों को भी विखंडित करते हैं। इस प्रकार यूरेनियम नाभिकों के विखंडन की एक शृंखला बन जाती है तथा यह शृंखला तब तक चलती रहती है जब तक कि सारा यूरेनियम समाप्त नहीं हो जाता। इसे ही शृंखला अभिक्रिया कहते हैं। इस शृंखला अभिक्रिया के फलस्वरूप अत्यधिक ऊर्जा उत्पन्न होती है। शृंखला अभिक्रिया दो प्रकार की होती है- (i) नियंत्रित शृंखला अभिक्रिया (ii) अनियंत्रित शृंखला अभिक्रिया।
  - (i) **नियंत्रित शृंखला अभिक्रिया (Controlled Chain Reaction) :** यह अभिक्रिया धीरे-धीरे होती है तथा इससे प्राप्त ऊर्जा का उपयोग लाभदायक कार्यों के लिए किया जाता है। नाभिकीय रिएक्टर (Nuclear Reactor) या परमाणु भट्टी (Atomic Pile) में नियंत्रित शृंखला अभिक्रिया अपनायी जाती है।
  - (ii) **अनियंत्रित शृंखला अभिक्रिया (Uncontrolled Chain Reaction) :** इस अभिक्रिया में ऊर्जा अत्यंत तीव्र गति से उत्पन्न होती है तथा बहुत कम समय में बहुत अधिक विनाश हो सकती है। इस अभिक्रिया में प्रचण्ड विस्फोट होता है। परमाणु बम (Atom Bomb) में अनियंत्रित शृंखला अभिक्रिया ही होती है।
- **परमाणु बम (Atom Bomb) :** परमाणु बम को सामान्यत: नाभिकीय बम (Nuclear Bomb) भी कहा जाता है। इसका सिद्धान्त नाभिकीय विखंडन (Nuclear Fission) पर आधारित है। परमाणु बम को बनाने के लिए यूरेनियम-235 (U^{235}) अथवा प्लूटोनियम-239 (Pu^{239}) का प्रयोग किया जाता है। इसमें अनियंत्रित शृंखला अभिक्रिया (Uncontrolled Chain Reaction) होती है जिसके फलस्वरूप अपार ऊर्जा की मात्रा उत्पन्न होती है।
- **क्रांतिक द्रव्यमान (Critical Mass) :** परमाणु बम में प्रयुक्त होने वाले पदार्थ के लिए यह आवश्यक है कि उसका द्रव्यमान एक निश्चित द्रव्यमान से अधिक हो। इस निश्चित द्रव्यमान को क्रांतिक द्रव्यमान कहते हैं।
- **परमाणु भट्टी (Atomic Pile) या नाभिकीय रिएक्टर (Nuclear Reactor) :** इसके द्वारा नाभिकीय ऊर्जा को रचनात्मक कार्यों में उपयोग में लाया जाता है। इसमें नियंत्रित शृंखला अभिक्रिया

(Controlled Chain Reaction) के द्वारा ऊर्जा उत्पन्न की जा सकती है। सबसे पहले नाभिकीय रिएक्टर प्रो. फर्मी के निर्देशन में शिकागो विश्वविद्यालय में बनाया गया था।

- नाभिकीय रिएक्टर में यूरेनियम–235 (U^{235}) या प्लूटोनियम–239 (Pu^{239}) को ईंधन (Fuel) के रूप में प्रयुक्त किया जाता है। जब इन विस्फोटक पर न्यूट्रॉनों की बमबारी की जाती है तो नये न्यूट्रॉन उत्पन्न होते हैं। इन न्यूट्रॉनों की गति को धीमी करने के लिए भारी जल (D_2O), ग्रेफाइट या बेरेलियम ऑक्साइड आदि **मंदकों** (Moderators) को प्रयोग में लाया जाता है।
- नाभिकीय रिएक्टर में अभिक्रिया के दौरान कई प्रकार के हानिकारक विकिरण उत्सर्जित होते हैं जो आस-पास के वातावरण व रिएक्टर में काम करने वालों को नुकसान पहुँचा सकते हैं। इसे रोकने के लिए रिएक्टर के चारों ओर मोटी-मोटी कंक्रीट की दीवारें बना दी जाती है। इन दीवारों को **परिरक्षक** (Shield) कहते हैं।
- नाभिकीय रिएक्टर में होने वाली अभिक्रिया को नियंत्रित रखना आवश्यक होता है, नहीं तो विस्फोट हो सकता है। इसके लिए रिएक्टर में कैडमियम की छड़ें लगायी जाती है। ये छड़ें **नियंत्रक छड़ें** (Controller Rods) कहलाती हैं।

नाभिकीय रिएक्टर के उपयोग

(i) इससे प्राप्त नाभिकीय ऊर्जा से विद्युत ऊर्जा प्राप्त किया जा सकता है।
(ii) रिएक्टर में अनेक प्रकार के समस्थानिक (Isotopes) उत्पन्न होते हैं जिनका उपयोग चिकित्सा, विज्ञान, कृषि, रोगों के उपचार, उद्योग धंधों आदि में किया जाता है।

- **नाभिकीय संलयन (Nuclear Fusion) :** जब दो या दो से अधिक हल्के नाभिक संयुक्त होकर एक भारी नाभिक बनाते हैं तथा अत्यधिक ऊर्जा विमुक्त करते हैं, तो इस अभिक्रिया को नाभिकीय संलयन कहते हैं। एक नाभिकीय संलयन अभिक्रिया का उदारहण है-

$$_1H^2 + _1H^3 \rightarrow _2He^4 + _0n^1 + 17.6 Mev \text{ (ऊर्जा)}$$

- सूर्य एवं तारों से प्राप्त ऊर्जा एवं प्रकाश का स्रोत **नाभिकीय संलयन** ही है।
- नाभिकों को संलयित करने के लिए लगभग 10^8 केल्विन के उच्च ताप तथा अत्यंत उच्च दाब की आवश्यकता होती है।
- **हाइड्रोजन बम (Hydrogen Bomb) :** इस बम का आविष्कार अमेरिकी वैज्ञानिकों ने 1952 में किया। यह नाभिकीय संलयन (Nuclear Fusion) की प्रक्रिया पर आधारित है। यह बम परमाणु बम की अपेक्षा 1000 गुना अधिक शक्तिशाली है।

18. वैज्ञानिक यंत्र एवं उनके उपयोग

आल्टीमीटर	Altimeter	यह ऊँचाई मापक यंत्र है जिसका उपयोग विमानों में किया जाता है।
ऐनीमीटर	Anemometer	इससे वायु के बल तथा गति को मापा जाता है। यह वायु की दिशा भी बताता है।
ऑडियोमीटर	Audiometer	यह ध्वनि की तीव्रता को मापता है।
एरोमीटर	Aerometer	यह वायु और गैसों के घनत्व को मापने वाला यंत्र है।
ऐक्टिनोमीटर	Actinometer	विद्युत-चुम्बकीय विकिरण की तीव्रता मापने वाला यंत्र।
ऐक्युमुलेटर	Accumulator	विद्युत ऊर्जा उत्पन्न करने का द्वितीयक सेल/एक बैटरी।
ऐस्ट्रोमीटर	Astrometer	तारों के प्रकाश की तीव्रताओं का तुलना (या माप) करने वाला यंत्र

एण्टी-एअरक्राफ्ट गन	Anti-Aircraft Gun	गोला मारकर हवाई जहाज को गिराने वाली तोप।
ऐक्सिलरोमीटर	Accelerometer	वाहन के त्वरण को मापने वाला यंत्र।
ऑडियोफोन	Audiophone	इसे लोग सुनने में सहायता के लिए कान में लगाते हैं। इसे सुनने की मशीन भी कहते हैं।
बैरोग्राफ	Barograph	यह वायुमण्डल के दाब में होने वाले परिवर्तन को लगातार मापता रहता है और स्वत: ही इसका ग्राफ भी बना देता है।
बाइनोकुलर्स	Binoculars	इससे दूर स्थित वस्तुएँ स्पष्ट देखी जा सकती हैं।
बोलोमीटर	Bolometer	यह ऊष्मीय विकिरण को मापने का यंत्र है।
कैलीपर्स	Callipers	इससे बेलनाकार तथा गोल वस्तुओं के भीतरी तथा बाहरी व्यास को मापा जा सकता है। इससे मोटाई भी मापी जा सकती है।
कैलोरीमीटर	Calorimeter	इससे ऊष्मा की मात्रा मापी जाती है।
कार्डियोग्राम	Cardiogram	इससे हृदय रोग से ग्रसित व्यक्ति की हृदय गति की जाँच की जाती है। हृदय गति के ग्राफ को कार्डियोग्राफ या ECG (इलेक्ट्रोकार्डियाग्राफ) कहते हैं।
कम्पास नीडिल	Compass Needle	इसके द्वारा किसी स्थान पर उत्तर-दक्षिण आदि दिशाओं का ज्ञान प्राप्त किया जाता है।
कारबुरेटर	Carburetter	इससे अन्तर्दहन पेट्रोल इंजनों में पेट्रोल तथा हवा का मिश्रण बनाया जाता है।
क्रोनीमीटर	Chronometer	यह यंत्र जलयानों पर सही समय बताने के लिए लगा होता है।
क्रेस्कोग्राफ	Crescograph	पौधों की वृद्धि नापने का यंत्र।
साइक्लोट्रॉन	Cyclotron	इस यंत्र की सहायता से आवेशित कणों (जैसे-प्रोटॉन) को त्वरित किया जाता है।
कम्प्यूटर	Computer	यह एक गणितीय इलेक्ट्रॉनिक यांत्रिक व्यवस्था है। इसका उपयोग गणितीय समस्याओं को हल करने में किया जाता है।
सिनेमैटोग्राफ	Cinematograph	छोटी-छोटी फिल्मों को बड़ा करके पर्दे पर लगातार क्रम में प्रक्षेपण (Projection) करने के लिए इस यंत्र का प्रयोग किया जाता है।
रंगमापक यंत्र	Colourimeter	रंगों की गहनता की माप करने वाला यंत्र।
कम्यूटेटर	Commutator	इससे किसी परिपथ में विद्युत धारा की दिशा बदली जाती है।
कायमोग्राफ	Cymograph	रुधिर के दाब का ग्राफ चित्रण करने वाला यंत्र।

साइटोट्रॉन	Cytotrone	कृत्रिम मौसम उत्पन्न करने में काम आने वाला यंत्र।
साइटोस्कोप	Cytoscope	मूत्राशय के आन्तरिक भागों को सीधे ही देखने के लिए प्रयुक्त किये जाने वाला यंत्र।
डायनमो	Dynamo	यांत्रिक ऊर्जा को विद्युत ऊर्जा में बदलने वाला यंत्र।
डायनमोमीटर	Dynamometer	विद्युत शक्ति को मापने का यंत्र।
डिक्टाफेन	Dictaphone	अपनी बात तथा आदेश दूसरे व्यक्ति को सुनाने के लिए इस यंत्र द्वारा रिकार्ड किया जाता है।
नमनमापी	Dip Circle	किसी स्थान पर चुम्बकीय नमन कोण (Dip Angle) मापने के लिए इस यंत्र का प्रयोग किया जाता है।
डाइलेटोमीटर	Dilatometer	यह यंत्र किसी वायु में उत्पन्न आयतन के परिवर्तन को मापता है।
एपिडायस्कोप	Epidiascope	चित्रों का पर्दे पर प्रक्षेपण (Projection) करने के लिए इस यंत्र को प्रयोग किया जाता है।
इलेक्ट्रिक मोटर	Electric Motor	विद्युत ऊर्जा को यांत्रिक ऊर्जा में बदलने वाला यंत्र
इलेक्ट्रोस्कोप	Electroscope	विद्युत आवेश की उपस्थिति तथा उसकी प्रकृति का पता लगाने वाला यंत्र।
यूडियोमीटर	Eudiometer	इसके द्वारा गैसों में रासायनिक क्रिया के कारण आयतन में होने वाले परिवर्तनों को नापा जाता है।
इलेक्ट्रोएंसेफेलोग्राफ	Electroence-phalograph (EEG)	यह यंत्र मस्तिष्क की तरंगों (Brain Waves) को रिकॉर्ड करता है तथा उनकी व्याख्या भी करता है। रिकॉर्ड को इलेक्ट्रोएंसेफेलोग्राफ कहते हैं।
एण्डोस्कोप	Endoscope	यह वह यंत्र है, जिसे शरीर के अन्दर प्रवेश कराके अंदर की रचना व विकारों को देखा जा सकता है।
फैदोमीटर	Fathometer	समुद्र की गहराई नापने का यंत्र।
फ्लक्समापी	Flux Meter	यह चुम्बकीय फ्लक्स को मापने वाला यंत्र है।
धारामापी	Galvanometer	विद्युत परिपथों में विद्युत धारा की दिशा बताने वाला एवं उसकी तीव्रता मापने वाला यंत्र।
ग्रैवीमीटर	Gravimeter	पानी की सतह पर तेल की उपस्थिति ज्ञात करने में इस यंत्र का उपयोग किया जाता है।
गाइगर मूलर काउंटर	Geiger Muller Counter	इससे किसी रेडियोऐक्टिव स्रोत से निकलने वाले विकिरणों (अल्फा, बीटा व गामा किरणों) को मापा जाता है। इसे केवल गाइगर काउंटर भी कहते हैं।
जाइरोस्कोप	Gyroscope	घूमती हुई वस्तुओं की गति मापने का यंत्र।
हाइड्रोमीटर	Hydrometer	द्रवों का आपेक्षिक घनत्व ज्ञात करने का यंत्र।
हाइग्रोमीटर	Hygrometer	वायुमण्डल की आर्द्रता को मापने वाला यंत्र।

हाइड्रोफोन	Hydrophone	पानी के अन्दर ध्वनि तरंगों को संसूचित (Detect) करने वाला यंत्र।
हार्ट–लंग्स मशीन	Heart-lungs Machine	हृदय और फेफड़ों का ऑपरेशन करते समय यह मशीन काम आती है।
हाइग्रोस्कोप	Hygroscop	यह वायुमण्डलीय आर्द्रता में परिवर्तन दिखाने वाला यंत्र है।
हिप्सोमीटर	Hypsometer	यह द्रवों के क्वथनांक ज्ञात करने वाला यंत्र है।
किमोग्राफ	Kymograph	यह यंत्र रक्तचाप (Blood Pressure), हृदय-स्पंदन (Heart Beats) आदि शारीरिक गतियों या कारकों के परिवर्तन का ग्राफ बनाता है।
लैक्टोमीटर	Lactometer	दूध की शुद्धता जाँच करने का यंत्र। यह यंत्र दूध का आपेक्षिक घनत्व मापता है जिससे उसमें पानी की मात्रा का पता चलता है।
दाबमापी	Manometer	इससे गैसों का दाब ज्ञात किया जाता है।
मैग्नेट्रॉन	Magnetron	विशेष प्रकार की इलेक्ट्रॉन ट्यूब जो बहुत छोटी तरंगदैर्ध्य वाली सूक्ष्म तरंगें (माइक्रोवेव) उत्पन्न करती है।
माक्रोटोम	Microtome	इसे किसी वस्तु को बहुत पतले-पतले भागों में काटने के काम में लाया जाता है।
मैकमीटर	Machmeter	यह यंत्र वायु की गति को ध्वनि की गति के पदों में (in terms of) मापता है।
चुम्बकत्वमापी	Magnetometer	यह विभिन्न आघूर्णों (Moments) तथा चुम्बकीय क्षेत्रों (Fields) की तुलना करने के लिए प्रयुक्त किया जाने वाला यंत्र है।
माइक्रोमीटर	Micrometer	बहुत छोटे व्यासों तथा मोटाइयों को मापने वाला यंत्र।
माइक्रोफोन	Microphone	यह यंत्र ध्वनि तरंगों को विद्युत स्पन्दनों में परिवर्तन करता है।
नेफेटोमीटर	Nephetometer	द्रव में लटके हुए कणों द्वारा प्रकाश के प्रकीर्णन को मापता है।
ओडोमीटर	Odometer	इससे मोटर गाड़ी की गति को ज्ञात किया जाता है। इसे चक्करमापी भी कहते हैं।
पेरिस्कोप	Periscope	इसके द्वारा जब पनडुब्बी पानी के अन्दर होती है, तो पानी की सतह का अवलोकन किया जा सकता है और उसेमें बैठे लोग बिना किसी के जाने हुए बिना किसी बाधा के बाहरी हलचलों को देख सकते हैं। दीवार के दूसरी ओर (अपने कमरे में ही बैठे हुए) देखने के लिए भी इसका प्रयोग किया जाता है।

ओण्डोमीटर	Ondometer	यह यंत्र विद्युत चुंबकीय तरंगों की आवृत्ति को मापता है, विशेषत: रेडियो आवृत्ति बैण्ड में।
पोटेन्शियोमीटर	Potentiometer	इससे किसी सेल के विद्युत वाहक बल तथा आन्तरिक प्रतिरोध की नाप होती है।
पायरोमीटर	Pyrometer	यह उच्च तापों (High Tempeatures) को मापने का यंत्र है, जैसे- सूर्य का ताप
पोलीग्राफ	Polygrap	इस यंत्र को झूठ का पता लगाने के लिए लाई- डिटेक्टर के रूप में प्रयुक्त किया जाता है, जैसे- हृदय-स्पंदन, रक्तचाप, श्वसन आदि।
पाइक्नोमीटर	Pyknometer	यह यंत्र द्रवों के घनत्व तथा प्रसार गुणांक का मापन करता है।
पाइर्हीलियोमीटर	Pyrheliometer	यह यंत्र सौर विकिरण के घटकों (Components) का मापन करता है।
क्वाड्रैण्ट	Quadrant	इसके द्वारा नौकाचालन (Navigation) तथा खगोल विज्ञान में ऊँचाइयों और कोणों को मापा जाता है।
रडार	Radar	रेडियो तरंगों द्वारा पास आते हुए वायुयान की दिशा और दूरी को ज्ञात करने के लिए इस यंत्र का प्रयोग किया जाता है। रडार (RADAR) संक्षिप्त रूप है- Radio Detection and Ranging का।
रेडियो माइक्रोमीटर	Radio Micrometer	इसके द्वारा ऊष्मीय विकिरण को मापा जाता है।
रिफ्रेक्टोमीटर	Refractometer	इस यंत्र से अपवर्तनांक (Refractive Index) मापा जाता है।
रेडिएटर	Radiator	यह कारों तथा गाड़ियों के इंजनों को ठंडा करने वाला उपकरण है।
रेन गॉज	Rain-Gauge	इससे किसी विशेष स्थान पर हुई वर्षा की मात्रा नापी जाती है।
रेडियोमीटर	Radiometer	इस यंत्र द्वारा विकिरण ऊर्जा की तीव्रता को नापा जाता है।
शर्करामापी	Saccharimeter	यह यंत्र किसी घोल में शक्कर की मात्रा मापने के काम आता है।
सिस्मोग्राफ	Seismograph	इस यंत्र से पृथ्वी की सतह पर आने वाले भूकम्प के झटकों की तीव्रता का ग्राफ स्वत: ही चित्रित हो जाता है।
स्पेक्ट्रोमीटर	Spectrometer	इस यंत्र के माध्यम से विभिन्न प्रकार के स्पेक्ट्रमों का अध्ययन किया जाता है तथा विभिन्न रंगों के तरंगदैर्ध्य को मापा जाता है।

स्पीडोमीटर	Speedometer	इससे मोटरगाड़ी की गति मापी जाती है।
स्फिग्मोमैनोमीटर	Sphygmo-manometer	इससे मानव की धमनियों में बहने वाले रक्त का दाब मापा जाता है।
स्फिग्मोफोन	Sphygmophone	इससे नाड़ी धड़कन को तेज ध्वनि में सुना जा सकता है।
स्टीरियोस्कोप	Stereoscope	यह एक प्रकार का उत्तम वाइनोकुलर है। इससे किसी द्वि विमीय चित्र को भलीभाँति देखा जा सकता है।
सैलिनोमीटर	Salinometer	यह यंत्र घोल की लवणता का मापन करता है।
सेक्सटैण्ट	Sextant	इस यंत्र द्वारा सुदूर के पर्वत, वृक्ष, टॉवर आदि की ऊँचाई मापी जाती है। नौचालक (Nevigator) इसके द्वारा किसी स्थान का अक्षांश (Latitude) भी मापते हैं।
स्पेक्ट्रोस्कोप	Spectroscope	स्पेक्ट्रम को देखने के लिए इस यंत्र का उपयोग किया जाता है।
स्टेथोस्कोप	Stethoscope	इस यंत्र का प्रयोग डॉक्टरों द्वारा फेफड़ों तथा हृदय की धड़कनों तथा ध्वनियों को सुनने तथा उनकी व्याख्या करने के लिए किया जाता है।
स्ट्रोबोस्कोप	Stroboscope	तीव्र गति करने वाली वस्तुओं को देखने के लिए इसका उपयोग किया जाता है।
टैकोमीटर	Tachometer	इस यंत्र द्वारा शाफ्ट की गति (विशेषत: वायुयान और मोटरबोट में लगे हए शाफ्ट) विशेषत: घूर्णन गति मापी जाती है।
टेलीस्टार	Telestar	10 जुलाई, 1962 को अमेरिका द्वारा केप कैनेडी से छोड़ा गया यह अन्तरिक्ष का संचार उपग्रह है। इसके द्वारा एक देश के निवासी दूसरे देश के निवासियों से टेलीफोन द्वारा बातचीत कर सकते हैं। इसके अतिरिक्त टेलीविजन संचार भी विभिन्न देशों में इसके द्वारा सम्भव हो सका है।
थ्योडोलाइट	Theodolite	यह सर्वेक्षण करने का यंत्र है, जो क्षैतिज तथा उर्ध्वाधर कोणों को नापकर दूरी को ज्ञात करता है।
थर्मोस्टैट	Thermostat	इस यंत्र के द्वारा ऊष्मा आपूर्ति पर नियंत्रण करके किसी वस्तु या पदार्थ का तापमान किसी बिन्दु पर नियत कर दिया जाता है।
ट्रांसफॉर्मर	Transformer	इसके द्वारा कम या अधिक वोल्टेज की A.C. को अधिक या कम वोल्टेज की A.C. में बदला जाता है।
थर्मोपाइल	Thermopile	ऊष्मा विकिरण का पता लगाने तथा उसकी माप ज्ञात करने के लिए प्रयुक्त यंत्र।
टेलीमीटर	Telemeter	दूर स्थानों पर होने वाली भौतिक घटनाओं को रिकॉर्ड करने वाला और मापने वाला यंत्र।

टैकियोमीटर	Tachemometer	सर्वेक्षण के समय दूरी, उन्नयन (Elevation) आदि मापने वाला यंत्र।
टेलीप्रिन्टर	Teleprinter	यह यंत्र एक स्थान से दूसरे स्थान पर टाइप किये हुए समाचार भेजता है और उनका अभिग्रहण करता है।
टोनोमीटर	Tonometer	किसी ध्वनि की पिच (तारत्व) या आवृत्ति को मापने वाला यंत्र।
ट्रांसपोण्डर	Transponder	इस यंत्र का काम है, किसी संकेत (Signal) को ग्रहण करना और उसके उत्तर को तुरन्त प्रेषित करना।
यूडोमीटर	Udometer	वर्षामापक यंत्र (रेनगॉज)।
अल्ट्रासोनोस्कोप	Ultrasonoscope	यह यंत्र पराध्वनि (अल्ट्रासोनिक साउण्ड) को मापता है और उसको प्रयुक्त करता है। इसका उपयोग मस्तिष्क के ट्यूमर का पता लगाने, हृदय के दोषों को ज्ञात करने आदि के लिए इकोग्राम (Echogram) बनाने में किया जाता है।
वेन्चुरीमीटर	Venturimeter	द्रव के प्रवाह की दर ज्ञात करने का यंत्र।
विस्कोमीटर	Viscometer	यह यंत्र किसी द्रव की श्यानता (Viscosity) मापता है।
वोल्टमीटर	Voltmeter	यह किन्हीं दो बिन्दुओं के मध्य विद्युत विभवान्तर ज्ञात करने का यंत्र है।
वाटमीटर	Wattmeter	विद्युत स्रोत की शक्ति (Power) को मापने वाला यंत्र।
वेवमीटर	Wavemeter	किसी रेडियो तरंग की तरंगदैर्ध्य मापने वाला यंत्र।

19. विभिन्न यंत्रों एवं उपकरणों के आविष्कारक

यंत्र उपकरण	आविष्कारक	देश	वर्ष
बैरोमीटर	ई. टौरसेली	इटली	1644
विद्युत बैटरी	अलेसांड्रो वोल्टा	इटली	1800
बाईसिकल	के. मैकमिलन	स्कॉटलैंड	1839
बाईसिकल टायर	जॉन डनलप	ब्रिटेन	1888
बाई-फोकल लेंस	बेंजामिन फ्रेंकलिन	यू.एस.ए.	1780
बुन्सन बर्नर	राबर्ट बुन्सन	जर्मनी	1855
कम्प्यूटर	चार्ल्स बैवेज	ब्रिटेन	1834
क्रेस्कोग्राफ	जे.सी. बोस	भारत	1928
कॉस्मिक किरणें	विक्टर हेस	आस्ट्रिया	1912
कार्बन पेपर	राल्फ वेजवुड	इंग्लैंड	1806
कार (वाष्प)	निकोलस कुगनाट	फ्रांस	1769
कार (आंतरिक दहन)	सैमुअन ब्राउन	ब्रिटेन	1826

कार (पेट्रोल)	कार्ल बेन्ज	जर्मनी	1885
कॉर्ब्युरेटर	जी. डैमलर	जर्मनी	1876
कताई मशीन	सैमुअल क्रॉम्पटन	ब्रिटेन	1826
कारपेट स्वीपर	मेलविल बिसेल	यू.एस.ए.	1876
क्रोनोमीटर	जॉन हैरीसन	जर्मनी	1735
घड़ी (यांत्रिक)	आई सिंग व लियांग सैन	चीन	1725
घड़ी (पेंडुलम)	क्रिश्चियन हयूगेंस	नीदरलैंड	1656
डीजल इंजन	रुडोल्फ डीजल	जर्मनी	1895
डायनेमो	माइकल फैराडे	इंग्लैंड	1831
डेंटल प्लेट	ऐन्थोनी प्लेटसन	यू.एस.ए.	1817
डिस्क ब्रेक	एफ. लेचेस्टर	ब्रिटेन	1902
डी.सी. मोटर	जेनोबे ग्रामे	बेल्जियम	1873
ए.सी. मोटर	निकोला टेसला	यू.एस.ए.	1888
इलेक्ट्रो मैग्नेट	विलियम स्टारजन	ब्रिटेन	1824
फिल्म (मूक चलचित्र)	लुई लि प्रिंस	यू.एस.ए.	1855
फिल्म (वाक चलचित्र)	जे. मुसौली व हैंस वागट	जर्मनी	1922
फिल्म (संगीत युक्त)	ली डी फॉरेस्ट	यू.एस.ए.	1923
फाउंटेनपेन	लेविस वाटरमैन	यू.एस.ए.	1884
गैल्वेनोमीटर	एण्ड्रे-मेरी एम्पियर	फ्रांस	1834
गैस-लाइटिंग	विलियम मरडॉक	ब्रिटेन	1792
ग्लाइडर	जार्ज कैले	ब्रिटेन	1853
ग्रामोफोन	थॉमस अल्वा एडीसन	यू.एस.ए.	1878
गाइरा-कम्पास	सर अल्पर स्पेरी	यू.एस.ए.	1911
गीगर-काउंटर	हैंस गीगर	जर्मनी	1913
गैस फायर	फिलिप लेबन	फ्रांस	1799
लाउडस्पीकर	होरेस शार्ट	ब्रिटेन	1900
लोगरिथम	जॉन नेपियर	स्कॉटलैंड	1614
नियोन-लैम्प	जार्ज क्लाड	फ्रांस	1910
नायलॉन	डा. वालेस कैरायर्स	अमेरिका	1937
सैफ्टी पिन	वाल्टर हन्ट	यू.एस.ए.	1849
स्काच टेप	रिचर्ड ड्रू	यू.एस.ए.	1930
स्वतः चालक	चार्ल्स कैटरिंग	यू.एस.ए.	1911
स्लाइड पैमाना	विलियम ओफट्रेड	ब्रिटेन	1621
स्काईस्क्रेपर	विलियम जेनी	यू.एस.ए.	1882

स्टील	हेनरी बेसेमर	ब्रिटेन	1855
सुपर कंडक्विटी	एच.के. ओनेस	नीदरलैंड	1911
स्टीम इंजन (कंडेसर)	जेम्स वाट	स्कॉटलैंड	1769
स्टीम इंजन (पिस्टन)	धाम न्यूकोमेन	ब्रिटेन	1712
सेलूलाइड	अलेक्जेंडर पार्क	ब्रिटेन	1861
सेफ्टी मैच	जान वाकर	ब्रिटेन	1826
सेफ्टी लैम्प	हम्फ्रेडेवी	ब्रिटेन	1816
सीमेंट (पोर्टलैंड)	जोसेफ अरगडीन	ब्रिटेन	1824
सिनेमा	लाउस निकोलस व लाउस लुमियारी	फ्रांस	1895
ट्रैक्टर	रावर्ड फॉरमिच	यू.एस.ए.	1892
टॉरपीडो	राबर्ट ह्वलईटहेट	ब्रिटेन	1866-68
टैंक	सर अर्नेस्ट स्विटन	ब्रिटेन	1914
टेलीग्राफ कोड	सेमुअल मोर्स	यू.एस.ए.	1837
टेलीफोन	ग्राहम बेल	यू.एस.ए.	1876
टेलीविजन (यांत्रिक)	जे.एल. बेयर्ड	ब्रिटेन	1926
टेलीविजन (इलेक्ट्रॉनिक)	टेलर फारन्सवर्थ	यू.एस.ए.	1927
टेरीलीन	विनफील्ड व डिक्सन	ब्रिटेन	1941
टाइपराइटर	पेलेग्रीन टैरी	इटली	1808
ट्रांजिस्टर	जॉन बरडीन, विलियम शाकले व वाल्टर बर्टन	यू.एस.ए.	1948
थर्मामीटर	गैलीलियो गैलीलेई	इटली	1593
ट्रांसफार्मर	माइकल फैराडे	ब्रिटेन	1831
वाशिंग मशीन	हार्ले मीशन कंपनी	यू.एस.ए.	1907
बेल्डिंग मशीन (विद्युत)	एलीसा थॉमसन	यू.एस.ए.	1877
पनडुब्बी	डेविल बुसनेल	यू.एस.ए.	1776
विद्युत पंखा	ह्वीलर	यू.एस.ए.	1776
हेलीकॉप्टर (प्रारूपिक)	लाउन्वाय एवं बियेन्वेनू	फ्रांस	1784
हेलीकॉप्टर (मानव चालित)	ई. आर. ममफोर्ड	--	1905
होवरक्राप्ट	सर क्रिस्टोफर कांकरेल	ब्रिटेन	1955
मशीनगन	सर जेम्स पकल	ब्रिटेन	1718
मानचित्र	सुमेरियनों द्वारा		ई. पू. 2250
माइक्रोप्रोसेसर	एम.ई. हौफ	यू.एस.ए.	1971
माइक्रोस्कोप	जेड. जानसेन	नीदरलैंड	1590

मोटर साइकिल	जी. डैमलर	जर्मनी	1885
माइक्रोफोन	ग्राहम बेल	यू.एस.ए.	1876
पेनिसिलिन	एलेक्जेंडर फ्लेमिंग	इंग्लैंड	1928
प्रकाश का वेग	फिजियाऊ	इंग्लैंड	1902
प्रेशर कुकर	डेनिस पैपिन	इंग्लैंड	1679
पेपर	मुलबेरी (फाइबर)	चीन	105
पैराशूट	जीन पियरे ब्लानचार्ड	फ्रांस	1795
प्लास्टिक	अलेक्जेंडर पार्कस	ब्रिटेन	1862
प्रोपलर (जलयान)	फ्रांसिस स्मिथ	ब्रिटेन	1837
प्रिंटिंग प्रेस	जॉन गुटेनबर्ग	जर्मनी	1455
पाकिक मीटर	कार्लटन मैगी	यू.एस.ए.	1935
पाश्चुरीकरण	लुई पास्चर	फ्रांस	1867
रडार	रॉबर्ट वाटसन वाट	स्कॉटलैंड	1930
रेडियो टेलीग्राफी	डेविड एडवर्ड ह्यूज	ब्रिटेन	1879
रेडियो टेलीग्राफी	जी. मार्कोनी	इटली	1901
रेजर (विद्युत)	जैकेब शिक	यू.एस.ए.	1931
रेजर (सैफ्टी)	किंग जिलेट	यू.एस.ए.	1895
रेफ्रीजरेटर	हैरीसन व टिनिंग	यू.एस.ए.	1850
रबर (पौधों का दूध) फोम	डनलप रबर कंपनी	ब्रिटेन	1928
रबर (टायर)	थॉमस हॉनकाक	ब्रिटेन	1846
रबर (जलरोधी)	चार्ल्स मैकिनटोस	ब्रिटेन	1823
रबर (वल्कनीकृत)	चार्ल्स गुडइयर	यू.एस.ए.	1841
रिवाल्वर	सैमुअल कोल्ट	यू.एस.ए.	1935
रिकार्ड (लांग-प्लेइंग)	डा. पीटर गोल्डमार्क	यू.एस.ए.	1948
लंड्रिट	जार्ज केन्ट्रेल	यू.एस.ए.	1934
लेसर	थियोडर मेमैन	यू.एस.ए.	1960
लिफ्ट (यांत्रिक)	इलीसा ओटिस	यू.एस.ए.	1852
लाइटिंग-कंडक्टर	बेंजामिन फ्रेंकलिन	यू.एस.ए.	1737
लिनोलियम	फ्रेडिक बाल्टन	ब्रिटेन	1860
लोकोमोटिव (रेल)	रिचर्ड ट्रेकिथिक	ब्रिटेन	1804
थर्मस फ्लास्क	डेवार	यू.एस.ए.	1714
माइक्रोमीटर	विलियम कोजीन	ब्रिटेन	1636
साइक्लोट्रान	लारेंस	यू.एस.ए.	1931
जेट इंजन	फ्रेंक ह्वीटल	ब्रिटेन	1937

सौरमंडल	कॉपरनिकस	पोलेण्ड	1540
ग्रहों की खोज	केपलर	जर्मनी	1601
स्कूटर	जी. ब्राडशा	ब्रिटेन	1919
नोट : 1907 ई. में लूइस बरगुएट (फ्रांस) ने पहली बार हेलीकॉप्टर में उड़ान भरी।			

20. भौतिकी सम्बन्धी महत्त्वपूर्ण खोज

खोज	वैज्ञानिक	वर्ष
परमाणु	जॉन डॉल्टन	1808
परमाणु संरचना	नील बोह्र व रदरफोर्ड	1913
गति विषयक नियम	न्यूटन	1687
रेडियो ऐक्टिवता	हेनरी बेकरल	1896
रेडियम	मैडम क्यूरी	1898
सापेक्षता का सिद्धान्त	अल्बर्ट आइंस्टीन	1905
विद्युत चुम्बकीय प्रेरण	माइकल फैराडे	1831
रमन प्रभाव	सी.वी. रमन	1928
एक्स-रे (X-किरणें)	विल्हेम रॉन्टन	1895
क्वाण्टम सिद्धान्त	मैक्स प्लांक	1900
प्रकाश विद्युत प्रभाव	अल्बर्ट आइंस्टीन	1905
विद्युत आकर्षण के नियम	कूलम्ब	1779
फोटोग्राफी (धातु में)	जे. नीप्से	1826
फोटोग्राफी (कागज में)	डब्ल्यू फाक्स टालबोट	1835
फोटोग्राफी (फिल्म में)	जान कारबट	1888
आवर्त सारणी	मैण्डलीफ	1869
विद्युत प्रतिरोध के नियम	जी.एस. ओम	1827
तैरने के नियम	आर्कमिडीज	1827
तापायनिक उत्सर्जन	एडीसन	–
डायोड बल्ब	सर जे.एस. फ्लेमिंग	1904
ट्रायोड बल्ब	डॉ. ली.डी. फोरेस्ट	1906
नाभिकीय रिएक्टर	एनरिको फर्मी	1942
विद्युत अपघटन के नियम	फैराडे	–
बेतार का तार	मार्कोनी	1901
डायनामाइट	एल्फ्रेड नोबेल	1867

21. माप-तौल के विभिन्न मात्रक

राशि	मात्रक (S.I.)	प्रतीक
लम्बाई	मीटर	m
द्रव्यमान	किलोग्राम	kg
समय	सेकंड	s
कार्य तथा ऊर्जा	जूल	J
विद्युत धारा	एम्पीयर	A
ऊष्मागतिक ताप	केल्विन	K
ज्योति तीव्रता	कैण्डेला	cd
कोण	रेडियन	rad
ठोस कोण	स्टेरेडियन	sr
बल	न्यूटन	N
क्षेत्रफल	वर्गमीटर	m^2
आयतन	घनमीटर	m^3
चाल	मीटर प्रति सेकंड	ms^{-1}
कोणीय वेग	रेडियन प्रति सेकंड	$rad\ s^{-1}$
आवृत्ति	हर्ट्ज	Hz
जड़त्व आघूर्ण	किलोग्राम वर्गमीटर	kgm^2
संवेग	किलोग्राम, मीटर प्रति सेकंड	$kg\ ms^{-1}$
आवेग	न्यूटन-सेकंड	N.s.
कोणीय संवेग	किलोग्राम, वर्गमीटर प्रति सेकंड	kgm^2s^{-1}
दाब	पास्कल	Pa
शक्ति	वाट	W
पृष्ठ तनाव	न्यूटन प्रति मीटर	Nm^{-1}
श्यानता	न्यूटन सेकंड प्रति वर्ग मीटर	$N.s.m^{-2}$
ऊष्मा चालकता	वाट प्रति मीटर प्रति डिग्री सेंटीग्रेड	$Wm^{-1}C^{-1}$
विशिष्ट ऊष्मा	जूल प्रति किलोग्राम प्रति केल्विन	$J\ kg^{-1}K^{-1}$
विद्युत आवेश	कूलॉम	C
विभवान्तर	वोल्ट	V
विद्युत प्रतिरोध	ओम	Ω
विद्युत धारिता	फैरड	F
प्रेरक	हेनरी	H
चुम्बकीय फ्लक्स	बेवर	Wb

भौतिक विज्ञान

ज्योति फ्लक्स	ल्यूमेन	lm
प्रदीप्ति घनत्व	लक्स	lx
तरंगदैर्ध्य	ऐंगस्ट्रम	Å

22. मात्रकों का एक पद्धति से दूसरी पद्धति में परिवर्तन

एक इंच	2.54 सेंटीमीटर	एक ग्रेन	64.8 मिलीग्राम
एक फुट	0.3 मीटर	एक ड्रेम	1.77 ग्राम
एक गज	0.91 मीटर	एक औन्स	28.35 किलोग्राम
एक मील	1.60 मीटर	एक पाउण्ड	0.4536 किलोग्राम
एक फैदम	1.8 मीटर	एक डाइन	10^{-5} न्यूटन
एक चेन	20.11 मीटर	फाउण्डल	0.1383 न्यूटन
एक नॉटिकल मील	1.85 मीटर	अर्ग	10^{-7} जूल
एक एंगस्ट्राम	10^{-10} मीटर	अश्वशक्ति	746 वाट
वर्ग इंच	6.45 वर्ग सेंटीमीटर	एक नॉटिकल मील	6080 फीट
वर्ग फुट	0.09 वर्ग मीटर	एक फैदम	6 फीट
वर्ग गज	0.83 वर्ग मीटर	एक मील	8 फलांग
एकड़	10^4 वर्ग मीटर	एक मील	5280 फीट
वर्ग मील	2.58 वर्ग किलोमीटर	एक फुट	12 इंच
घन इंच	16.38 घन सेंटीमीटर	एक गज	3 फीट
घन फुट	0.028 घन मीटर	37° सेंटीग्रेड	98.6° फारेनहाइट
घन यार्ड	0.76 घन मीटर	50° सेंटीग्रेड	122° फारेनहाइट
एक लीटर	1000 घन सेंटीमीटर	−40° फारेनहाइट	−40° सेंटीग्रेड
एक पिन्ट	0.56 लीटर	32° फारेनहाइट	0° सेंटीग्रेड

23. मापने की इकाइयाँ

लम्बाई

1 माइक्रोमीटर = 1000 नैनोमीटर
1 मिलीमीटर = 1000 माइक्रोमीटर
1 सेंटीमीटर = 10 मिलीमीटर
1 मीटर = 100 सेंटीमीटर
1 डेकामीटर = 10 मीटर
1 हेक्टोमीटर = 10 डेकामीटर
1 किलोमीटर = 10 हेक्टोमीटर
1 मेगामीटर = 1000 किलोमीटर
1 नॉटिकल मील = 1852 मीटर यात्रा

मात्रा

1 सेंटीमीटर = 10 मिलीलीटर
1 डेसीलीटर = 10 सेंटीलीटर
1 लीटर = 10 डेसीलीटर
1 डेकालीटर = 10 लीटर
1 हेक्टोलीटर = 10 डेकालीटर
1 किलोलीटर = 10 हेक्टोलीटर क्षेत्र

क्षेत्र

1 वर्ग फुट	=	144 वर्ग इंच
1 वर्ग यार्ड	=	9 वर्ग फीट
1 एकड़	=	4840 वर्ग गज
1 वर्ग मील	=	640 एकड़

क्षेत्रफल

1 वर्ग सेंटीमीटर	=	100 वर्ग मिलीमीटर
1 वर्ग डेसीमीटर	=	1000 वर्ग सेंटीमीटर
1 वर्ग मीटर	=	100 वर्ग डेसीमीटर
1 एकड़	=	100 वर्ग मीटर
1 हेक्टेयर	=	2.471 एकड़
1 वर्ग किलोमीटर	=	100 हेक्टेयर

भार

1 ग्राम	=	1000 मिलीग्राम
1 डेकाग्राम	=	10 ग्राम
1 हेक्टोग्राम	=	10 डेकाग्राम
1 किलोग्राम	=	10 हेक्टोग्राम
1 क्विंटल	=	100 किलोग्राम
1 टन	=	1000 किलोग्राम

दूरी

1 फीट	=	12 इंच
1 मील	=	1760 यार्ड
1 फर्लांग	=	10 चेन
1 यार्ड (गज)	=	3 फीट
1 मील	=	8 फर्लांग

नॉटिकल/समुद्री दूरी

1 फैदम	=	6 फीट
1 केबुल लेंथ	=	100 फैदम
1 नॉटिकल मील	=	6080 फीट

रसायन विज्ञान

- रसायन विज्ञान के अन्तर्गत पदार्थों के संघटन तथा उसके अति सूक्ष्म कणों की संरचना का अध्ययन किया जाता है। इसके अतिरिक्त पदार्थ के गुण, पदार्थों में परस्पर संयोग के नियम, ऊष्मा आदि ऊर्जाओं का पदार्थ पर प्रभाव, यौगिकों का संश्लेषण, जटिल व मिश्रित पदार्थों से सरल व शुद्ध पदार्थ का अलग करना आदि का अध्ययन भी रसायन विज्ञान के अन्तर्गत किया जाता है।
- रसायन विज्ञान का विकास सर्वप्रथम मिस्र देश से हुआ था। प्राचीन काल में मिस्र को 'केमिया' (Chemea) कहा जाता था। रसयान विज्ञान, जिसे अंग्रेजी में केमिस्ट्री (Chemistry) कहते हैं की उत्पत्ति मिस्र में पायी जाने वाली काली मिट्टी से हुई। इसे वहाँ के लोग केमि (Chemi) कहते थे। प्रारम्भ में रसायन विज्ञान को केमिटेकिंग (Chemeteching) कहा जाता था।
- प्रीस्टले (Priestley), शीले (Scheele) व लेवायसिये (Lavoisier) ने रसायन विज्ञान के विकास में अत्यधिक योगदान दिया। लेवायसिये को रसायन विज्ञान का **जन्मदाता** भी कहा जाता है।

1. पदार्थ एवं उसकी प्रकृति

- **पदार्थ :** ऐसी कोई भी वस्तु जो स्थान घेरती है व जिसमें भार होता है, पदार्थ/द्रव्य (Matter) कहलाती है। जैसे- लकड़ी, लोहा, हवा, पानी, दूध आदि। ये वस्तुएँ स्थान घेरती हैं व इनमें भार होता है, फिर भी इनके गुणों में कई प्रकार की असमानताएँ होती हैं। जैसे- लकड़ी, लोहा आदि पदार्थों से बनी वस्तु का आकार व आयतन निश्चित होता है। पानी, दूध आदि का आयतन तो निश्चित होता है, परन्तु आकार निश्चित नहीं होता है तथा जिस बर्तन में ये डाले जाते हैं, उसी का आकार ग्रहण कर लेते हैं। हवा, ऑक्सीजन आदि गैसों का आकार और आयतन दोनों अनिश्चित होता है।

पदार्थों का वर्गीकरण

- सामान्यत: पदार्थ को इसके गुणों के आधार पर तीन अवस्थाओं में विभाजित किया जा सकता है- 1. ठोस 2. द्रव 3. गैस।
- **ठोस (Solid) :** पदार्थ की वह भौतिक अवस्था जिसका आकार एवं आयतन दोनों निश्चित होता है, ठोस कहलाता है। जैसे- लोहा व लकड़ी आदि पदार्थों से बनी वस्तुएँ।
- **द्रव (Liquid) :** पदार्थ की वह भौतिक अवस्था जिसका आयतन तो निश्चित होता है, परंतु आकर निश्चित नहीं होता है, द्रव कहलाता है। द्रव जिस बर्तन में डाले जाते हैं, उसी का आकार ग्रहण कर लेते हैं। जैसे- पानी, दूध, अल्कोहल, तारपीन का तेल, मिट्टी का तेल आदि।
- **गैस (Gas) :** पदार्थ की वह भौतिक अवस्था जिसका आकार एवं आयतन दोनों अनिश्चित होता है, गैस कहलाता है। जैसे- हवा, ऑक्सीजन आदि।

  नोट : गैसों का कोई पृष्ठ नहीं होता है, इसका विसरण बहुत अधिक होता है तथा इसे आसानी से संपीड़ित (Compress) किया जा सकता है।

- ताप एवं दाब में परिवर्तन करके किसी भी पदार्थ की अवस्था को बदला जा सकता है, परन्तु इसके कुछ अपवाद भी हैं, जैसे- लकड़ी एवं पत्थर। ये दोनों पदार्थ सदैव ठोस अवस्था में ही रहते हैं।
- जल तीनों भौतिक अवस्था में रह सकता है।
- पदार्थ की तीनों भौतिक अवस्थाओं में निम्न रूप से साम्य होता है- ठोस→ द्रव → गैस। उदाहरण- जल।
- पदार्थ की **चौथी** अवस्था प्लाज्म एवं **पाँचवीं** अवस्था बोस आइंस्टाइन कंडनसेट है।
- समांग/समांगी पदार्थ (Homogeneous Matter) : समांगी पदार्थ वे पदार्थ हैं जिनके प्रत्येक भाग के संघटन (Composition) व गुण एक समान होते हैं। जैसे- सोना, पानी आदि। समांगी पदार्थ को दो वर्गों में वर्गीकृत किया जा सकता है। 1. शुद्ध पदार्थ व 2. विलयन या समांगी मिश्रण।
- तत्त्व (Element) : तत्त्व वह शुद्ध पदार्थ है, जिसे किसी भी ज्ञात भौतिक एवं रासायनिक विधियों से न तो दो या दो से अधिक पदार्थों में विभाजित किया जा सकता है और न ही अन्य सरल पदार्थों के योग से बनाया जा सकता है। जैसे- सोना, चाँदी, ताँबा, हाइड्रोजन, ऑक्सीजन आदि।
- यौगिक (Compound) : जो पदार्थ दो या दो से अधिक तत्त्वों के निश्चित अनुपात में परस्पर क्रिया के संयोग से बनते हैं व जो साधारण विधि से पुन: तत्त्वों में विभाजित किये जा सकते हैं, यौगिक कहलाते हैं। यौगिक के गुण इसके संघटक तत्त्वों के गुण से बिल्कुल भिन्न होते हैं। पानी, नमक, एल्कोहल, क्लोरोफार्म आदि यौगिकों के उदाहरण हैं। यौगिकों में उपस्थित तत्त्वों का अनुपात सदैव एक समान रहता है, चाहे वह यौगिक किसी भी स्रोत से क्यों न प्राप्त किया गया हो। जैसे- जल में हाइड्रोजन व ऑक्सीजन 2:1 के अनुपात में पाये जाते हैं। यह अनुपात **सदैव स्थिर** रहता है, चाहे जल किसी भी स्रोत से क्यों न प्राप्त किया गया हो।
- मिश्रण (Mixtures) : दो या दो से अधिक तत्त्वों अथवा यौगिकों को किसी भी अनिश्चित अनुपात में मिलाने से जो द्रव्य प्राप्त होता है, उसे मिश्रण कहते हैं। मिश्रण में उपस्थित विभिन्न घटकों के गुण बदलते नहीं हैं। दूध, बालू, चीनी का जलीय विलयन, बारूद, मिट्टी आदि। विभिन्न प्रकार के मिश्रणों के उदाहरण हैं। मिश्रण दो प्रकार के होते हैं- 1. समांग मिश्रण और 2 विषमांग मिश्रण।
    1. **समांग मिश्रण (Homogeneous Mixutre)** : निश्चित अनुपात में अवयवों को मिलाने से समांग मिश्रण का निर्माण होता है। इसके प्रत्येक भाग के गुण धर्म एक समान होते हैं। जैसे- चीनी या नमक जलीय विलयन कॉपर सल्फेट का जलीय विलयन, हवा आदि।
    2. **विषमांग मिश्रण (Heterogeneous Mixture)** : अनिश्चित अनुपात में अवयवों को मिलाने से विषमांग मिश्रण का निर्माण होता है। इसके प्रत्येक भाग के गुण व उनके संघटक भिन्न-भिन्न होते हैं। जैसे- बारूद और कुहासा आदि।

मिश्रणों को अलग करने की विधियाँ

- रवाकरण (Crystallisation) : यह विधि अकार्बनिक ठोसों के मिश्रण के पृथक्करण व शुद्धिकरण के लिए प्रयुक्त होती है। इसमें अशुद्ध ठोस या मिश्रण को उचित विलायक (Solvent) के साथ मिलाकर गर्म किया जाता है तथा गर्म अवस्था में ही कीप (Funnel) द्वारा छाना जाता है। छानने के पश्चात् विलयन को कम ताप पर धीरे-धीरे ठंडा किया जाता है। ठंडा होने पर शुद्ध पदार्थ रवा (Crystal) के रूप में विलयन से अलग हो जाता है। जैसे- शर्करा और नमक के मिश्रण को इथाइल अल्कोहल में 348K ताप पर गर्म कर इस विधि द्वारा अलग किया जाता है।

- **आसवन (Distillation) :** इस विधि में मुख्यत: द्रवों के मिश्रण को अलग किया जाता है। जब दो द्रवों के क्वथनांकों में अंतर अधिक होता है तो उनके मिश्रण को इस विधि से अलग किया जाता है। इस विधि में दो प्रक्रिया अपनाई जाती है। पहला प्रक्रम वाष्पन (Vaporisation) तथा दूसरा प्रक्रम संघनन (Condensation) है।
- **उर्ध्वापातन (Sublimation) :** इस विधि द्वारा दो ऐसे ठोसों के मिश्रण को अलग करते हैं, जिसमें एक ठोस ऊर्ध्वपातित (Sublimate) हो, दूसरा नहीं। इस विधि से कर्पूर, नेफ्थलीन, अमोनियम क्लोराइड, ऐंथ्रासीन आदि को अलग करते हैं।
- **प्रभाजी आसवन (Fractional Distillation) :** इस विधि द्वारा उन मिश्रित द्रवों को पृथक् करते हैं, जिनके क्वथनांकों में अंतर बहुत कम होता है अर्थात् द्रवों के क्वथनांक एक-दूसरे के समीप होते हैं। भूगर्भ से निकाले गये कच्चे तेल में से शुद्ध पेट्रोल, डीजल, किरोसीन तथा कोलतार आदि इसी विधि द्वारा अलग किये जाते हैं। जलीय वायु (Liquid Air) से विभिन्न गैसें भी इसी विधि से अलग की जाती है।
- **वर्णलेखन (Chromatography) :** यह विधि इस तथ्य पर आधारित है कि किसी मिश्रण के विभिन्न घटकों की अवशोषण क्षमता (Absorption Capacity) भिन्न-भिन्न होती है तथा वे किसी अधिशोषक पदार्थ (Absorbent Material) में विभिन्न दूरियों पर अवशोषित होते हैं, इस प्रकार वे पृथक् कर लिए जाते हैं।
- **भाप आसवन (Steam Distillation) :** इस विधि से ऐसे कार्बनिक मिश्रण को शुद्ध किया जाता है, जो जल में अघुलनशील होते हैं, परन्तु भाप के साथ वाष्पशील होते हैं। इस विधि द्वारा विशेष रूप से उन पदार्थो का शुद्धिकरण किया जाता है, जो अपने क्वथनांक पर अपघटित (Decompose) हो जाते हैं। कार्बनिक पदार्थो- ऐसोटीन, मेथिल एल्कोहल, ऐसेटेर्लडहांइड आदि का शुद्धिकरण इसी विधि द्वारा किया जाता है।

पदार्थ की अवस्था परिवर्तन

- **द्रवणांक (Melting Point) :** गर्म करने पर जब ठोस पदार्थ द्रव अवस्था में परिवर्तित होते हैं, तो उनमें से अधिकांश में यह परिवर्तन एक विशेष दाब पर तथा एक नियत ताप होता है। यह नियत ताप वस्तु का द्रवणांक (Melting Point) कहलाता है। जब तक पदार्थ गलता (ठोस के आखिरी कण तक) रहता है, तब तक ताप स्थिर रहता है। यदि विशेष दाब नियत रहे।
- **हिमांक (Freezing Point) :** किसी विशेष दाब पर वह नियत ताप जिस पर कोई द्रव जमता है, हिमांक कहलाता है।
- सामान्यत: पदार्थ का द्रवणांक एवं हिमांक का मान बराबर होता है। जैसे- बर्फ का द्रवणांक एवं हिमांक 0°C है।
- अशुद्धियों की उपस्थिति की अवस्था में पदार्थ का द्रवणांक और हिमांक दोनों कम हो जाता है।

द्रवणांक पर दाब का प्रभाव

(i) उन पदार्थों के द्रवणांक दाब बढ़ाने से बढ़ जाता है, जिनका आयतन गलने पर बढ़ जाता है। जैसे- मोम एवं ताँबा आदि।

(ii) उन पदार्थों के द्रवणांक दाब बढ़ाने से घट जाता है, जिनका आयतन गलने पर घट जाता है। जैसे- बर्फ एवं ढलवाँ लोहा आदि।

गलने तथा जमने पर आयतन में परिवर्तन

- क्रिस्टलीय पदार्थों में से अधिकांश पदार्थ गलने पर आयतन में बढ़ जाते हैं, ऐसी दशा में ठोस अपने ही गले हुए द्रव में डूब जाता है।

- ढला हुआ लोहा, बर्फ, एंटीमनी, बिस्मथ, पीतल आदि गलने पर आयतन में सिकुड़ते हैं। अतः इस प्रकार के ठोस अपने ही गले द्रव में प्लवन करते रहते हैं। इसी विशेष गुण के कारण गले हुए बर्फ का टुकड़ा पानी में प्लवन करता है।
- सांचे में केवल वे पदार्थ ढाले जा सकते हैं, जो ठोस बनने पर आयतन में बढ़ते हैं, क्योंकि तभी वे सांचे के आकार को पूर्णतया प्राप्त कर सकते हैं।
- मुद्रण धातु ऐसे पदार्थ के बने होते हैं, जो जमने पर आयतन में बढ़ते हैं।
- चाँदी या सोने की मुद्राएँ ढाली नहीं जाती, केवल मुहर (Stamp) लगाकर बनायी जाती है।
- मिश्र धातुओं का द्रवणांक (Melting Point) उन्हें बनाने वाले पदार्थों के गलनांक से कम होता है, क्योंकि अशुद्धियाँ मिला देने पर पदार्थ का गलनांक घट जाता है।
- **क्वथनांक (Boiling Point) :** दाब के किसी दिये हुए नियत मान के लिए वह नियत ताप जिस पर कोई द्रव उबलकर द्रव अवस्था से वाष्प की अवस्था में परिणत हो जाये तो वह नियत ताप द्रव का क्वथनांक कहलाता है।
- दाब बढ़ाने से द्रव का क्वथनांक बढ़ जाता है और दाब घटाने से द्रव का क्वथनांक घट जाता है।
- **हिमकारी मिश्रण (Freezing Mixture) :** किसी ठोस को उसके द्रवणांक पर गलने के लिए ऊष्मा की आवश्यकता होगी जो उसकी गुप्त ऊष्मा होगी। यह ऊष्मा साधारणतः बाहर से मिलती है, जैसे जल में बर्फ का टुकड़ा मिलाने पर बर्फ गलेगी, परन्तु गलने के लिए द्रवणांक पर वह जल से ऊष्मा लेगी जिससे जल का तापमान घटने लगेगा और मिश्रण का ताप घट जायेगा। हिमकारी मिश्रण का बनना इसी सिद्धान्त पर आधारित है। उदाहरण- घर पर आईसक्रीम जमाने के लिए नमक का एक भाग एवं बर्फ का तीन भाग मिलाया जाता है, इससे मिश्रण का ताप $-22°C$ प्राप्त होता है।
- **वाष्पीकरण (Vaporization) :** द्रव से वाष्प में परिणत होने की क्रिया वाष्पीकरण कहलाती है। यह दो प्रकार से होती है- (i) वाष्पन (Evaporation) (ii) क्वथन (Boiling)।
- क्वथनांक से कम तापमान पर द्रव के वाष्प में परिवर्तित होने की प्रक्रिया को वाष्पन कहते हैं। वाष्पन की क्रिया निम्नलिखित बातों पर निर्भर करती है-
  (i) **क्वथनांक का कम होना :** क्वथनांक जितना कम होगा, वाष्पन की क्रिया उतनी ही अधिक तेजी से होगी।
  (ii) **द्रव का ताप :** द्रव का ताप अधिक होने से वाष्पन अधिक होगा।
  (iii) **द्रव के खुले पृष्ठ का क्षेत्रफल :** द्रव के खुले पृष्ठ का क्षेत्रफल अधिक होने पर वाष्पन तेजी से होगा।
  (iv) **द्रव के पृष्ठ पर :**
    (a) द्रव के पृष्ठ पर वायु बदलने पर वाष्पन तेज होगा।
    (b) द्रव के पृष्ठ पर वायु का दाब जितना ही कम होगा, वाष्पन उतनी ही तेजी से होगा।
    (c) द्रव के पृष्ठ पर वाष्प दाब जितना बढ़ता जायेगा वाष्पन की दर उतनी ही घटती जायेगी।

2. परमाणु संरचना

- 1300 ई.पू. कणाद ऋषि ने बताया कि पदार्थ अत्यंत छोटे-छोटे कणों से मिलकर बना होता है।
- वर्ष 1808 ई. में ब्रिटेन के प्रसिद्ध भौतिकशास्त्री जॉन डाल्टन ने पदार्थ की संरचना के संदर्भ में बताया कि पदार्थ अत्यंत छोटे-छोटे अविभाज्य (Indivisible) कणों से मिलकर बना होता है, जिन्हें परमाणु कहते हैं।

- **परमाणु (Atom) :** परमाणु तत्त्व का वह छोटा-से-छोटा कण है जो किसी भी रासायनिक अभिक्रिया में भाग ले सकता है, परन्तु स्वतंत्र अवस्था में नहीं रह सकता है।
- **अणु (Molecule) :** तत्त्व तथा यौगिक का वह छोटा से छोटा कण जो स्वतंत्र अवस्था में रह सकता है, अणु कहलाता है।
- **परमाणु भार (Atomic Weight) :** किसी तत्त्व का परमाणु भार वह संख्या है, जो यह प्रदर्शित करता है कि तत्त्व का एक परमाणु, कार्बन-12 के एक परमाणु के 1/12 भाग द्रव्यमान अथवा हाइड्रोजन के 1.008 भाग द्रव्यमान से कितना गुणा भारी है।
- **अणुभार (Molecular Weight) :** किसी पदार्थ का अणुभार वह संख्या है, जो यह प्रदर्शित करता है कि उस पदार्थ का एक अणु, कार्बन-12 के एक परमाणु के 1/12 भाग में कितना गुना भारी है।
- **मोल धारणा (Mole Concept) :** एक मोल किसी भी निश्चित सूत्र वाले पदार्थ की वह राशि है, जिसमें इस पदार्थ के इकाई-सूत्र की संख्या उतनी है, जिनकी शुद्ध कार्बन-12 समस्थानिक (Isotopes) के ठीक 12 ग्राम में परमाणुओं की संख्या है।
- **मोल इकाई का मान (Value of Mole Unit) :** मोल का मान $6.022X10^{23}$ है। कार्बन के 12 ग्राम या एक मोल में $6.022X10^{23}$ परमाणु हैं। $6.022X10^{23}$ को **आवोगाद्रो संख्या** कहते हैं।
- मोल संख्या एवं द्रव्यमान दोनों का प्रतीक है। वर्ष 1967 ई. में मोल को इकाई के रूप में स्वीकार किया गया।
- 20वीं शताब्दी में आधुनिक खोजों के परिणामस्वरूप जे.जे. थॉमसन, रदरफोर्ड, चैडविक आदि वैज्ञानिकों ने यह सिद्ध कर दिया कि परमाणु विभाज्य है तथा मुख्यत: तीन मूल कणों से मिलकर बना है, जिन्हें इलेक्ट्रॉन, प्रोटॉन तथा न्यूट्रॉन कहते हैं।

प्रमुख मूल कणों के लक्षण					
मूल कण	**प्रतीक**	**आवेश**	**द्रव्यमान (ग्राम)**	**खोजकर्ता**	**वर्ष**
इलेक्ट्रॉन	–1e°	–1	9.1095X10–28g	जे.जे थॉमसन	1897 ई.
प्रोटॉन	1p1	+1	1.6726X10–24 g	रदरफोर्ड	1919-20 ई.
न्यूट्रॉन	on1	0	1-6749X10–24g	चैडविक	1932 ई.

- **परमाणु क्रमांक (Atomic Number) :** किसी तत्त्व के परमाणु के नाभिक में उपस्थित प्रोटॉनों की संख्या को परमाणु क्रमांक कहते हैं।
- **द्रव्यमान संख्या (Mass Number) :** किसी परमाणु के नाभिक में उपस्थित प्रोटॉनों और न्यूट्रॉनों की संख्याओं का योग उस परमाणु की द्रव्यमान संख्या कहलाती है। इसे निम्नलिखित सूत्र से व्यक्त किया जा सकता है-

  द्रव्यमान संख्या = प्रोटॉनों की संख्या + न्यूट्रॉनों की संख्या
- परमाणु के नाभिक में उपस्थित इलेक्ट्रॉन नाभिक के चारों ओर विभिन्न बंद कक्षाओं में चक्कर लगाते हैं। इन कक्षाओं को 1,2,3,4 या K,L,M,N आदि से प्रदर्शित करते हैं। किसी भी कक्षा में इलेक्ट्रॉनों की संख्या $2n^2$ से अधिक नहीं हो सकती है, जहाँ n कक्षा संख्या है अर्थात् पहली कक्षा में 2 इलेक्ट्रॉन, दूसरी कक्षा में 8 इलेक्ट्रॉन, तीसरी कक्षा में 18 इलेक्ट्रॉन होते हैं।
- **संयोजकता का इलेक्ट्रॉनिक सिद्धान्त (Electronic Theory of Valency) :** तत्त्वों के परमाणुओं के परस्पर संयोजन करने की क्षमता को ही संयोजकता (Valency) कहते हैं। किसी तत्त्व की संयोजकता उसके परमाणु की बाहरी कक्षा में उपस्थित इलेक्ट्रॉनों की संख्या पर निर्भर

करती है। प्रत्येक तत्त्व के परमाणु की यह प्रवृत्ति होती है कि वह अपनी बाह्य कक्षा में 8 इलेक्ट्रॉन रखकर स्थायी अवस्था प्राप्त करे। यदि परमाणु के बाहरी कक्षा में इलेक्ट्रानों की संख्या 8 से कम होती है तो वह उतने ही इलेक्ट्रॉनों को प्राप्त कर अपना अष्टक पूर्ण करना चाहता है तथा ऐसे तत्त्वों की संयोजकता ऋणात्मक (Negative) होती है। दूसरी ओर यदि तत्त्व के बाहरी कक्षा में इलेक्ट्रॉनो की संख्या 8 से अधिक होती है तो यह परमाणु अधिक इलेक्ट्रॉनों को त्याग कर अपना अष्टक पूर्ण करता है तथा ऐसे तत्त्वों की संयोजकता धनात्मक (Positive) होती है।

- जिन तत्त्वों के परमाणुओं की बाह्य कक्षा में 8 इलेक्ट्रॉन नहीं होते, उनके परमाणु ही रासायनिक क्रिया में भाग लेते हैं तथा क्रियाशील होते हैं। इसके विपरीत जिन तत्त्वों के परमाणुओं की बाह्य कक्षा में 8 इलेक्ट्रॉन होते हैं, उनके परमाणु अक्रिय होते हैं तथा रासायनिक क्रिया में भाग नहीं लेते।
- प्रकृति में 6 गैसों के परमाणु अक्रिय होते हैं। इनमें से हीलियम गैस को छोड़कर सभी के परमाणुओं की बाह्य कक्षा में आठ इलेक्ट्रॉन होते हैं।

विभिन्न अक्रिय गैस		
गैस	**इलेक्ट्रॉनों की संख्या**	**विभिन्न कक्षाओं में इलेक्ट्रॉनों की संख्या**
हीलियम (He)	2	2
नियान (Ne)	10	2 8
आर्गन (Ar)	18	2 8 8
क्रिप्टान (Kr)	36	2 8 18 8
जीनान (Xe)	44	2 8 18 8 8
रेडान (Rn)	62	2 8 18 18 8 8

नोट : अक्रिय गैसों (Inert Gases) को नोबेल गैस तथा Ideal Gas भी कहते हैं। इनकी खोज रैमजै ने की थी। इनमें रेडान (Rn) को छोड़कर सभी गैसें वायुमंडल में थोड़ी-बहुत मात्रा में पायी जाती हैं।

- **क्वाण्टम संख्या (Quantum Number) :** स्पेक्ट्रम रेखाओं की सूक्ष्म प्रकृति समझाने तथा इलेक्ट्रॉन की ठीक-ठीक स्थिति का वर्णन करने हेतु चार क्वाण्टम संख्याओं का प्रयोग किया जाता है, ये हैं-

  (i) **मुख्य क्वाण्टम संख्या (Principal Quantum Number) :** 'n'– यह इलेक्ट्रॉन में मुख्य ऊर्जा स्तर को प्रदर्शित करती है।

  (ii) **दिगंशी क्वाण्टम संख्या (Azimuthal Quantum Number) :** '*l*'– यह इलेक्ट्रॉन कक्षक (Orbital) की आकृति को प्रकट करती है। l का न्यूनतम मान शून्य तथा अधिकतम मान (n-1) होता है।

  (iii) **चुंबकीय क्वाण्टम संख्या (Magnetic Quantum Nubmer) :** 'm'– यह उप ऊर्जा स्तरों के कक्षकों (Orbitals) को प्रदर्शित करती है। m का मान l के मान पर निर्भर करता है। किसी l के लिए m का मान $+l$ से लेकर $-l$ तक होते हैं (शून्य सहित)।

  (iv) **चक्रण क्वाण्टम संख्या (Spine Quantum Number) :** 's'– यह इलेक्ट्रॉन के चक्रण की दिशा को प्रदर्शित करती है। किसी चुंबकीय क्वाण्टम संख्या (m) के लिए चक्रण क्वाण्टम संख्या (s) का मान +1/2 और −1/2 होता है।

- **समस्थानिक (Isotopes)** : समान परमाणु क्रमांक (Atomic Number) परन्तु भिन्न परमाणु द्रव्यमानों (Atomic Masses) के परमाणुओं को समस्थानिक कहते हैं। समस्थानिकों में प्रोटॉन की संख्या समान होती है, किन्तु न्यूट्रॉन की संख्या भिन्न होती है। जैसे- $_1H^1$, $_1H^2$ तथा $_1H^3$ समस्थानिक है।
- सबसे अधिक समस्थानिकों वाला तत्त्व पोलोनियम है।
- **समभारिक (Isobars)** : समान परमाणु द्रव्यमान परन्तु भिन्न परमाणु क्रमांक के परमाणुओं को समभारिक कहते हैं। जैसे- $_{18}Ar^{40}$, $_{19}K^{40}$, $_{20}Ca^{40}$ समभारिक है।
- **समन्यूट्रॉनिक (Isotone)** : जिन परमाणुओं में न्यूट्रॉनों की संख्या समान होती है, उन्हें समन्यूट्रॉनिक कहते हैं। जैसे- $_1H^3$ और $_2He^4$। इन दोनों परमाणुओं के नाभिक में न्यूट्रॉनों की संख्या दो-दो है।
- **समइलेक्ट्रॉनिक (Isoelectronic)** : जिन आयनों और परमाणुओं के इलेक्ट्रॉनिक विन्यास समान होते हैं, उन्हें समइलेक्ट्रॉनिक कहते हैं। समइलेक्ट्रॉनिक परमाणुओं और आयनों में इलेक्ट्रॉनों की संख्या समान होती है। जैसे- Ne, Na^+, Mg^{++} और Al^{+++} समइलेक्ट्रॉनिक है।

3. तत्त्वों की आवर्त सारणी

मेंडलीव का आवर्त नियम (Mendeleev's Periodic Law)

- सर्वप्रथम आवर्त सारणी की खोज रशियन वैज्ञानिक डी.आई. मेंडलीव ने 1869 ई. में की थी। उन्होंने तत्त्वों तथा उनके यौगिकों के तुलनात्मक अध्ययन से एक नियम प्रस्तुत किया जिसे मेंडलीव का आवर्त नियम कहते हैं।
- मेंडलीव आवर्त नियम के अनुसार 'तत्त्वों का भौतिक एवं रासायनिक गुण उनके परमाणु भारों के आवर्त फलन होते हैं।'
- मेंडलीव द्वारा बनाये गये आवर्त सारणी (Periodic Table) में **नौ वर्ग** और **सात आवर्त** थे।
- मेंडलीव ने उस समय तक ज्ञात सभी तत्त्वों को शामिल करने के अतिरिक्त बहुत से अज्ञात तत्त्वों के लिए स्थान रिक्त रखे थे।

मेंडलीव की आवर्त सारणी के दोष

(i) हाइड्रोजन को क्षार धातु एवं हैलोजन जैसे दोहरे व्यवहार के कारण दोनों वर्गों में रखा गया।
(ii) सामान गुण वाले तत्त्वों को अलग-अलग रखा गया। जैसे- Cu और Hg, Ag और Ti, AU और Pt तथा Ba और Pb।
(iii) उच्च परमाणु भार वाले तत्त्वों को कम परमाणु भार वाले तत्त्वों के पहले रखा गया, जैसे- आयोडीन (126.92) को टेल्यूरियम (127.61) के बाद रखा गया है।
(iv) समस्थानिकों के लिए स्थान नहीं।
(v) 8वें वर्ग में तीन तत्त्वों को एक साथ समूहित करना।

आधुनिक आवर्त सारणी (Modern Periodic Table)

- आधुनिक आवर्त सारण **मोसले (Moseley) के नियम** पर आधारित है, जिसे उन्होंने 1913 में बनाया। आधुनिक आवर्त सारणी के गुण उनके परमाणु संख्या (Atomic Number) के आवर्त फलन होते हैं।
- आधुनिक आवर्त सारणी में **आवर्त की संख्या 7** होती है एवं **वर्ग की संख्या 9** होती है।
- वर्ग I से लेर VII तक दो उपवर्गों A एवं B में बँटे हैं, इस प्रकार उपवर्गों सहित कुल वर्गों की संख्या 16 है।

➩ प्रत्येक आवर्त का प्रथम सदस्य क्षार धातु है और अंतिम सदस्य कोई अक्रिय गैस (Inert Gas)। सिर्फ पहले आवर्त का पहला सदस्य हाइड्रोजन है, जो अपवाद है।

➩ आधुनिक आवर्त सारणी में परमाणु संख्या 57 से लेकर 71 तक को लेन्थेनाइड श्रेणी एवं परमाणु संख्या 89 से लेकर 103 तक को ऐक्टिनाइड श्रेणी कहा जाता है।

➩ **आयनन विभव (Ionisational Potential) :** ऊर्जा की वह न्यूनतम मात्रा है, जो तत्त्व की एक गैसीय परमाणु की बाह्यतम कक्षा (Outer Shell) से एक इलेक्ट्रॉन को निकाल बाहर करने के लिए आवश्यक है।

➩ **इलेक्ट्रॉन बंधुता (Electron Affinity) :** जब उदासीन परमाणु एक इलेक्ट्रॉन ग्रहण करता है, तो उसके फलस्वरूप उत्पन्न ऊर्जा को इलेक्ट्रॉन बंधुता कहते हैं।

➩ वर्ग VII A के तत्त्वों की इलेक्ट्रॉन बंधुता **उच्च** होती है।

➩ सबसे अधिक इलेक्ट्रॉन क्लोरीन की होती है।

➩ **विद्युत ऋणात्मकता (Electron Negativity) :** किसी तत्त्व की परमाणु की वह क्षमता, जिससे वह साझेदारी की इलेक्ट्रॉन जोड़ी को अपनी ओर खींचती है, उसे उस तत्त्व की विद्युत ऋणात्मकता कहते हैं।

➩ फ्लोरीन की विद्युत ऋणात्मकता **सबसे अधिक** होती है।

नोट : निष्क्रिय गैसों का गलनांक (Melting Point) निम्न होता है, वहीं वर्ग IV A के तत्त्वों का गलनांक उच्चतम होता है।

तत्त्वों से सम्बन्धित प्रमुख जानकारियाँ					
क्र. सं.	**तत्त्व का नाम**	**आविष्कारक**	**आविष्कार का वर्ष**	**गलनांक (°C)**	**क्वथनांक (°C)**
1.	हाइड्रोजन (H)	एच. कैवेण्डिस (यू.के.)	1766	(–)259.192	(–)252.753
2.	हीलियम (He)	लोकेयर (यू.के.)	1868	(–)272.375	(–)268.928
3.	लिथियम (Le)	जे.ए. अर्फेडसन (स्वीडन)	1817	180.57	1339
4.	बेरीलियम (Be)	एच.एच. वाक्वेलिन (फ्रांस)	1798	1287	2471
5.	बोरॉन (B)	गैलुसाक, थेनार्ड, डेनी (स्वीडन)	1808	2130	3910
6.	कार्बन (C)	प्रागैतिहासिक	–	3530	3870
7.	नाइट्रोजन (N)	रदरफोर्ड (यू.के.)	1722	(–)210.044	(–)195.206
8.	ऑक्सीजन (O)	शीले और प्रीस्टले	1772-74	(–)218.789	(–)189.962
9.	फ्लोरीन (F)	एच. म्वायसन (फ्रांस)	1886	(–)219.669	(–)188.200
10.	नियान (Ne)	सौजे और ट्रेवर्स (यू.के.)	1898	(–)248.588	(–)246.048
11.	सोडियम (Na)	डेवी (यू.के.)	1807	97.819	882
12.	मैग्नीशियम (Mg)	डेवी (यू.के.)	1808	650	1095
13.	एल्यूमिनियम (Al)	ओस्टेंड और बोलर	1828-27	660.457	2516
14.	सिलिकॉन (Si)	बजीलियस (स्वीडन)	1824	1414	3150
15.	फॉस्फोरस (P)	एच. वैंड (जर्मनी)	1669	44.14	217

16.	सल्फर (S)	प्रागैतिहासिक	–	115.21	444.674
17.	क्लोरीन (Cl)	सी.डब्ल्यू शीले (स्वीडन)	1774	(–)100.98	(–)33.99
18.	आर्गन (Ar)	रैमजे और रैले (यू.के.)	1894	(–)189.352	(–)185.885
19.	पोटैशियम (K)	डेवी (यू.के.)	1807	63.60	758
20.	कैल्शियम (Ca)	डेवी (यू.के.)	1808	842	1495
21.	स्कैण्डियम (Sc)	एल.एफ. निल्सन (स्वीडन)	1879	1541	2831
22.	टाइटेनियम (Ti)	क्लेप्रोथ (जर्मनी)	1795	1672	3360
23.	वेनेडियम (V)	सैफस्ट्राम (स्वीडन)	1830	1929	3410
24.	क्रोमियन (Cr)	वाक्वेलिन (फ्रांस)	1798	1860	2680
25.	मैंगनीज (Mn)	जे.जी. जान (स्वीडन)	1774	1246	2051
26.	आयरन (Fe)	प्रागैतिहासिक	4000 ई.पू.	1538	3837
27.	कोबाल्ट (Co)	जी. क्रैण्डट	1337	1495	2944
28.	निकिल (Ni)	ए.एफ. क्रांसटेड्ट (स्वीडन)	1751	1455	2887
29.	कॉपर (Cu)	प्रागैतिहासिक	8000 ई.पू.	1084.88	2573
30.	जिंक (Zn)	ए.एस. मारग्राफ (जर्मनी)	1746	419.58	908
31.	गैलियम (Ga)	एल.डी. ब्बाडस बाउड्रान (फ्रांस)	1875	29.772	2203
32.	जर्मेनियम (Ge)	सी.ए. विन्कलर (जर्मनी)	1886	938.3	2772
33.	आर्सेनिक (As)	एल्बर्टस मैग्नस (जर्मनी)	1220	81738 वायुमंडल पर	603
34.	सिलिनियम (Se)	बर्जीलियस (स्वीडन)	1818	221.18	685
35.	ब्रोमीन (Br)	ए.जे. बैलार्ड (फ्रांस)	1826	(–)7.25	59.76
36.	क्रिप्टन (Kr)	रैमजे और ट्रेवर्स (यू.के.)	1898	(–)157.386	(–)153.353
37.	रुबिडियम (Rb)	बुनसेन और किरचाफ (जर्मनी)	1861	39.29	687
38.	स्ट्रांशियम (Sr)	क्रुकशैंक (यू.के.)	1787	768	1388
39.	यूट्रियम (Y)	जे. गैडोलिन (फिनलैंड)	1794	1522	3300
40.	जिरकोनियन (Zr)	क्लैप्रोथ (जर्मनी)	1789	1855	3360
41.	नायोबियम (Nb)	सी हैचेट (यू.के.)	1801	2473	4860
42.	मोलिब्डेनम (Mo)	पी.जे. जेम (स्वीडन)	1781	2624	4710
43.	टेक्निशियम (Tc)	पेरियर (फ्रांस)	1937	2157	4270
44.	रुथेनियम (Ru)	के.के. क्लाउस (सोवियत संघ)	1844	2334	4710
45.	रोडियन (Rh)	वोलेस्टोन (यू.के.)	1804	1963	3700

46.	पैलेडियन (Pd)	वोलेस्टोन (यू.के.)	1803	1555.3	2975
47.	सिल्वर (Ag)	प्रागैतिहासिक	4000 ई.पू.	961.93	2167
48.	कैडमियम (Cd)	एफ. स्ट्रोमेयर (जर्मनी)	1817	321.108	768
49.	इण्डियम (In)	एफ. रिच. और एच.टी. रिचर (जर्मनी)	1863	156.635	2019
50	टिन (Sn)	प्रागैतिहासिक	3500 ई.पू.	231.968	2595
51.	एण्टीमनी (Sb)	ऐतिहासिक	1000 ई.पू.	630.755	1635
52.	टेल्यूरियम (Te)	एफ.जे. मूलर (ऑस्ट्रिया)	1783	449.87	989
53.	आयोडीन (I)	वी. कोटोंइज (फ्रांस)	1811	113.6	185.1
54.	जीनान (Xe)	रैमजे और ट्रेवर्स (यू.के.)	1898	(–)111.760	(–)108.096
55.	सीजियम (Cs)	बनुसेन और किरचॉफ (जर्मनी)	1860	28.47	668
56.	बेरियम (Ba)	एच. डेवी (यू.के.)	1808	729	1740
57.	लैन्थेनम (La)	मोसान्डर (स्वीडन)	1839	921	3410
58.	सेरियम (Ce)	बर्जीग्यिस, हिसिंगर और क्लैप्रोथ	1803	799	3470
59.	प्रैसियोडिमियम (Pn)	वेल्स वैच (ऑस्ट्रिया)	1885	1021	3020
60.	नियोडिमियम (Nd)	वेल्स वैच (ऑस्ट्रिया)	1885	934	3480
61.	प्रोमिथियम (Pm)	मेरिन्स्की, ग्लैण्डेनिम और कॉर्येल (सं. रा. अमेरिका)	1945	1042	3000
62.	सैमेरियम (Sm)	ब्वाइसबाउड्रान	1879	1077	1794
63.	यूरोपियम (Eu)	इ.ए. डिमार्के (फ्रांस)	1901	822	1556
64.	गैडोलिनियम (Gd)	मेरिम्नैक (स्विट्जरलैंड)	1880	1313	3270
65.	टर्बियम (Tb)	मोसाण्डर (स्वीडन)	1843	1356	3230
66.	डाइप्रोसियम (Dg)	बिसबाउड्रान (फ्रांस)	1886	1412	2573
67.	होल्मियम (Ho)	जे.एल. सोरेट (फ्रांस) और क्लीव (स्वीडन)	1878-79	1474	2700
68.	अर्बियम (Er)	मोसाण्डर (फ्रांस)	1843	1529	2815
69.	थूलियम (Th)	क्लीव (स्वीडन)	1879	1545	1950
70.	थूटर्बियम (Tb)	मैरिग्नैक (फ्रांस)	1878	817	1227
71.	ल्यूटिशियम (Lu)	जी. अर्बियन (फ्रांस)	1907	1665	3400
72.	हैफनियम (Hf)	डी. कोस्टर (नीदरलैण्ड्स)	1923	2230	4700

73.	टैण्टेलम (Ta)	इकबर्ग (स्वीडन)	1802	3020	5490
74.	टंग्स्टन (W)	डल्यूअर ब्रदर्स	1783	3420	5860
75.	रिनियम (Re)	नौडैक, टैक और बर्ग	1925	3185	5610
76.	ओस्मियम (Os)	एस. टीनैण्ड (यू.के.)	1804	3137	5020
77.	इरिडियम (Ir)	एस. टीनैण्ड (यू.के.)	1804	2447	4730
78.	प्लेटीनम (Pf)	ए.डी. ओलाव (स्पेन)	1784	1768.7	3870
79.	गोल्ड (Au)	प्रागैतिहासिक	–	1064.63	2875
80.	मर्करी (Hg)	ऐतिहासिक	1600 ई.पू.	(–)38.836	356.661
81.	थैलियम (Te)	डब्ल्यू. क्रूक्स (यू.के.)	1861	303	1468
82.	लेड (Pb)	प्रागैतिहासिक	–	327.502	1748
83.	बिस्मथ (Bi)	सी.एफ. ज्योफ्रे (फ्रांस)	1753	271.442	1566
84.	पोलोनियम (Po)	मैडम क्यूरी (पोलैण्ड/फ्रांस)	1898	254	948
85.	एस्टेटीन (At)	कोर्सन और मैकेन्जी	1940	302	377
86.	रेडान (Rn)	एफ.ई. डार्न	1900	(–)64.9	(–)61.2
87.	फैन्सियम (Fr)	म्ली एम. पेरी (फ्रांस)	1939	24	650
88.	रेडियम (Ra)	पीयरे क्यूरी, मैडम क्यूरी और बेमोण्ड (फ्रांस)	1898	707	1530
89.	ऐक्टीनियम (Ac)	ए. डेबियर्ने (फ्रांस)	1899	1230	3600
90.	थोरियम (Th)	जे.जे. बर्जीलियस (स्वीडन)	1829	1760	4660
91.	प्रोटैक्टीनियम (Pa)	हान, मिटनर, सोडी और क्रैन्सटन	1917	1570	4450
92.	यूरेनियम (V)	क्लैप्रोथ (जर्मनी)	1789	1134	4160
93.	नेप्च्यूनियम तत्त्व (NP)	मिलन और एवेल्सन (सं. रा. अमेरिका)	1940	637	4090
94.	प्लूटोनियम (Pu)	सीबोर्ग, मिलन, कैनेडी और वाल (सं. रा. अमेरिका)	1941–42	640	3270
95.	अमेरिसियम (Am)	सीबोर्ग, जेम्स और मोर्गन (सं. रा. अमेरिका)	1944–45	1176	2023
96	क्यूरियम (Cm)	सीबोर्ग और जेम्स (सं. रा. अमेरिका)	1944	1340	3180
97.	बर्केलियम (Bk)	थाम्पसन, घीओसों और सीबोर्ग (सं. रा. अमेरिका)	1949	1050	2710
98.	कैलीफोर्नियम (Cf)	थामसन, स्ट्रीट, घीओसों और सीबोर्ग (सं. रा. अमेरिका)	1950	900	1612

99.	आइंस्टीनियम (Es)	घीओसों (सं. रा. अमेरिका)	1952	860	996
100.	फर्मियम (Fm)	घीओसों (सं. रा. अमेरिका)	1953	–	–
101.	मैण्डेलेवियम (Md)	घीओसों, हार्वे, चोपिन, सीबोर्ग, थाम्पसन (सं. रा. अमेरिका)	1955	–	–
102.	नोबेलियम (No)	घीओसों, सिकलेण्ड वाल्टन, सीबोर्ग (सं. रा. अमेरिका)	1958	–	–
103.	लारेन्सियम (Lm)	घीओसों, सिकलेण्ड, वार्स और लैटिमर (सं. रा. अमेरिका)	1961	–	–
104.	अननिलक्वैडियम (Vng)	ए, घीओसों, नूरमिया, हैरिस, इस्कोला	1969	–	–
105.	अननिलपैण्टियम (Vnp)	घीओसों, इस्कोला (सं. रा. अमेरिका)	1970	–	–
106.	अननिलहैक्सियम (Vnh)	घीओसों (सं. रा. अमेरिका)	1974	–	–
107.	अननिलसेप्टियम (Vns)	मुन्जेनबर्ग (जर्मनी)	1981	–	–
108.	अननिलअक्टियम (Vno)	मुन्जेनबर्ग (जर्मनी)	1984	–	–
109.	अननिलेनियम (Vne)	मुन्जेनबर्ग (जर्मनी)	1982	–	–

4. रासायनिक बंधन

▷ परमाणु स्थायी संरचना प्राप्त करने के लिए रासायनिक बंधन (Chemical Bonding) बनाते हैं।

▷ रासायनिक बंधन तीन प्रकार के होते हैं– 1. वैद्युत संयोजी बंधन 2. सहसंयोजी बंधन और 3. उप-सहसंयोजी बंधन। इनके अतिरिक्त ये हाइड्रोजन बंधन भी बनाते हैं।

1. वैद्युत संयोजी बंधन (Electrovalent Bond)

▷ परमाणुओं के मध्य इलेक्ट्रॉनों के स्थानांतरण से जो बंधन बनते हैं, उन्हें वैद्युत संयोजी बंधन या आयनिक (Ionic) बंधन कहते हैं।

▷ जब कोई धातु, किसी अधातु के साथ संयोग करती है, तो उनके मध्य साधारणत: वैद्युत संयोजी बंधन बनता है।

वैद्युत संयोजी/आयनिक बंधन के गुण

(i) आयनिक यौगिक ध्रुवीय घोल में प्राय: घुलनशील होती है। (वह घोलक जिनका परावैद्युत स्थिरांक उच्च होता है ध्रुवीय घोलक कहलाता है, जैसे जल)।

(ii) द्रवणांक एवं क्वथनांक (Melting and Boiling Point) उच्च होते हैं।

(iii) जलीय घोल विद्युत का सुचालक होता है।

(iv) आयनन की मात्रा प्राय: उच्च होती है।

नोट : जालक ऊर्जा : किसी रवा (Crystal) के आयनों को एक-दूसरे से अनंत दूरी तक अलग करने के लिए आवश्यक ऊर्जा को जालक ऊर्जा कहते हैं।

2. सहसंयोजी बंधन (Covalent Bond)

- परमाणुओं के मध्य इलेक्ट्रॉन युग्मों की साझेदारी से जो बंधन बनते हैं, उन्हें सहसंयोजी बंधन कहते हैं।
- जब दो ऋण विद्युती तत्त्वों (अधातुओं) के परमाणु परस्पर संयोग करते हैं, तो उनके मध्य सहसंयोजी बंधन बनते हैं।

  उदाहरणतः HCl, H_2O, NH_3 आदि।
- जब दो ऋण विद्युती तत्त्व (अधातु) के दो या अधिक परमाणु परस्पर संयोग करते हैं तो उनके मध्य सहसंयोजी बंधन बनते हैं।

  उदाहरणतः H_2, N_2, O_2, Cl_2 आदि।

सहसंयोजी बंधन के प्रकार

(i) एकल बंधन (एक इलेक्ट्रॉन युग्म के साझेदार)

(ii) युग्म बंधन (दो इलेक्ट्रॉन युग्म के साझेदार)

(iii) त्रिक बंधन (तीन इलेक्ट्रॉन युग्म के साझेदार)

सहसंयोजी यौगिक के गुण

(i) सहसंयोजी बंधन दृढ़ (Rigid) और दिशात्मक (Directional) होता है। अतः वे विभिन्न स्थानिक अवस्था (Spatial Arrangement) में रहते हैं, तथा त्रिविम समावयता (Stereo Isomerism) प्रदर्शित करते हैं।

(ii) सहसंयोजी यौगिक आणविक रूप में रहते हैं, न कि आयनिक रूप में। इस कारण ये घोल की अवस्था में विद्युत के कुचालक होते हैं।

(iii) ताप, दाब की सामान्य अवस्था में प्रायः गैस, वाष्पशील द्रव एवं मुलायम ठोस पदार्थ होते हैं।

(iv) इनका द्रवणांक एवं क्वथनांक (Melting and Boiling Point) निम्न होता है।

(v) ध्रुवीय घोलकों में प्रायः अघुलनशील किन्तु अध्रुवीय घोलकों में प्रायः घुलनशील होता है।

3. उप-सहसंयोजी बंधन (Co-ordinate Bond)

- उप-सहसंयोजी बंधन एक विशेष प्रकार का सहसंयोजी बंधन है, जिसमें दो परमाणु परस्पर साझे के एक इलेक्ट्रॉन युग्म द्वारा बंधे रहते हैं, परन्तु साझे का इलेक्ट्रॉन युग्म केवल एक परमाणु द्वारा दिया जाता है, जो परमाणु साझे के लिए इलेक्ट्रॉन युग्म देता है उसे दाता परमाणु कहते हैं तथा जो परमाणु इलेक्ट्रॉन युग्म ग्रहण करता है, उसे ग्राही परमाणु कहते हैं।
- **इलेक्ट्रॉन युग्म दाता :** वह परमाणु, आयन या अणु जिसके पास एकाकी इलेक्ट्रॉन युग्म होता है, इलेक्ट्रॉन युग्म दाता का कार्य करता है।
- **इलेक्ट्रॉन युग्म ग्राही :** वह अणु, जिसमें केन्द्रीय परमाणु को अपने संयोजी कोश में 8 इलेक्ट्रॉन पूरे करने के लिए एक या अधिक इलेक्ट्रॉन युग्मों की आवश्यकता होती है, इलेक्ट्रॉन युग्म ग्राही का कार्य करता है।

हाइड्रोजन बंधन (Hydrogen Bond)

- यह एक प्रबल ऋण विद्युती परमाणु A से सहसंयोजक बंधन द्वारा जुड़े हाइड्रोजन परमाणु में दूसरे प्रबल ऋण विद्युती परमाणु B के साथ एक अपेक्षाकृत क्षीण बंधन बनाने की प्रवृत्ति होती है। यह अपेक्षाकृत क्षीण बंधन होता है, जो एक ऋण विद्युती परमाणु A से जुड़ा हाइड्रोजन परमाणु दूसरे ऋण विद्युती परमाणु B के साथ बनाता है, हाइड्रोजन बंधन कहलाता है। यह दो प्रकार के होते हैं-

(i) अंतराअणुक हाइड्रोजन बंधन (उदाहरणत: H_2O अणु आदि)

(ii) अंत: अणुक हाइड्रोजन बंधन (उदाहरणत: O नाइट्रो फिनोल आदि।)

- हाइड्रोजन बंधन एक कमजोर स्थिर वैद्युत आकर्षण बल है, जो सहसंयोजक बंधन से कमजोर होता है।
- हाइड्रोजन बंधन सिर्फ क्लोरीन, ऑक्सीजन एवं नाइट्रोजन के यौगिकों में ही पाया जाता है।

5. विलयन

- दो या दो से अधिक पदार्थों के परस्पर मिश्रण से जो समांग (Homogeneous) मिश्रण प्राप्त होता है विलयन (Solution) कहलाता है।
- किसी भी विलयन में विलेय के कणों की त्रिज्या 10^{-7} सेमी से कम होती है। अत: इन कणों को सूक्ष्मदर्शी द्वारा भी नहीं देखा जा सकता है।
- विलयन स्थायी एवं पारदर्शक होता है।

विलायक व विलेय (Solvent and Solute)

- विलयन में जो पदार्थ अपेक्षाकृत अधिक मात्रा में होता है, उसे विलायक कहते हैं तथा जो पदार्थ कम मात्रा में उपस्थित रहते हैं, विलेय कहलाते हैं।
- जिस विलायक का डाइइलेक्ट्रिक नियतांक जितना अधिक होता है, वह उतना ही अच्छा विलायक माना जाता है।
- जल का डाइइलेक्ट्रिक नियतांक का मान अधिक होने के कारण इसे सार्वत्रिक विलायक (Universal Soluent) कहा जाता है।

विलायक तथा उनमें विलेय पदार्थ		
क्र. सं.	**विलायक**	**विलेय पदार्थ**
1.	जल	नम, चीनी, फिटकरी, नीला थोथा (कापर-सल्फेट) फेरस सल्फेट, एल्कोहल
2.	एसीटोन	वार्निश, कारडाइट, क्लोडियन, रेयान, सेलुलोस, कृत्रिम रेशम
3.	ऐल्कोहल	वार्निश, पालिस, कपूर, चमड़ा, लाख, आयोडीन
4.	कार्बन ट्रेटा क्लोराइड	तेल, वसा, घी, मोम आदि
5.	ईथर	चर्बी, मोम, आदि
6.	नैफ्था	रबर
7.	तारपीन का तेल	पेंट व रेजिन
8.	कार्बन डाइसल्फाइड	गंधक, फॉस्फोरस आदि

विलायक का उपयोग

(i) औषधी के निर्माण में

(ii) निर्जल धुलाई (Dry Cleaning) में (पेट्रोलियम, बेंजीन, ईथर जैसे विलायकों का)

(iii) इत्र निर्माण में

(iv) अनेक प्रकार के पेय व खाद्य पदार्थों के निर्माण में

विलयन के प्रकार:

1. **संतृप्त विलयन (Saturated Solution) :** किसी निश्चित ताप पर बना ऐसा विलयन जिसमें विलेय पदार्थ की अधिकतम मात्रा घुली हुई हो, संतृप्त विलयन कहलाता है।

2. **असंतृप्त विलयन (Unsaturated Solution)** : किसी निश्चित ताप पर बना ऐसा विलयन जिसमें विलेय पदार्थ की और अधिक मात्रा उस ताप पर घुलाई जा सकती है, असंतृप्त विलयन कहलाता है।

3. **अतिसंतृप्त विलयन (Super Saturated Solution)** : ऐसा संतृप्त विलयन जिसमें विलेय की मात्रा उस विलयन को संतृप्त करने के लिए आवश्यक विलेय की मात्रा से अधिक घुली हुई हो, अतिसंतृप्त विलयन कहलाता है।

	विलयन के प्रकार	
1.	ठोस में ठोस का विलयन	मिश्रधातुएँ जैसे- पीतल (ताँबा में जस्ता)
2.	ठोस में द्रव का विलयन	थैलियम में पारा का विलयन
3.	ठोस में गैस का विलयन	कपूर में वायु का विलयन
4.	द्रव में ठोस का विलयन	पारा में लेड का विलयन
5.	द्रव में द्रव का विलयन	जल में अल्कोहल का विलयन
6.	द्रव में गैस का विलयन	जल में कार्बन डाइऑक्साइड का विलयन
7.	गैस में ठोस का विलयन	धुआँ, वायु में आयोडीन का विलयन
8.	गैस में द्रव का विलयन	कुहरा, बादल, अमोनिया गैस का जल में विलयन
9.	गैस में गैस का विलयन	वायु, गैसों का मिश्रण

➦ **विलेयता (Solubility)** : किसी निश्चित ताप और दाब पर 100 ग्राम विलायक में घुलने वाली विलेय की अधिकतम मात्रा को उस विलेय पदार्थ की उस विलायक में विलेयता कहते हैं। इसे निम्नलिखित सूत्र से व्यक्त करते हैं-

$$\text{विलेयता} = \frac{\text{विलेय की मात्रा}}{\text{विलायक की मात्रा}} \times 100$$

➦ किसी पदार्थ की विलायक में विलेयता, विलायक तथा विलेय की प्रकृति पर, ताप एवं दाब पर निर्भर करती है।

विलेयता पर ताप का प्रभाव

➦ सामान्यतः ठोस पदार्थों की विलेयता ताप बढ़ाने से बढ़ती है। कुछ ठोस पदार्थों की विलेयता ताप बढ़ाने से घटती है। जैसे- सोडियम सल्फेट, कैल्सियम हाइड्रॉक्साइड, कैल्सियम नाइट्रेट आदि।

➦ किसी द्रव में गैस की विलेयता ताप बढ़ाने से घटती है।

विलेयता पर दाब का प्रभाव : दाब बढ़ाने पर द्रव में गैस की विलेयता बढ़ती है।

➦ **विलयन की सांद्रता (Concentration of Solution)** : किसी विलायक (या विलयन) की इकाई मात्रा में उपस्थित विलेय की मात्रा को विलयन की सांद्रता कहते हैं। जिस विलयन में विलय की पर्याप्त मात्रा घुली रहती है उसे सांद्र विलयन (Concentrated Solution) कहा जाता है और जिसमें विलेय की कम मात्रा घुली रहती है उसे तनु विलयन (Dilute Solution) कहा जाता है। सभी तनु विलयन असंतृप्त विलयन (Unsaturated Solution) होते हैं। जो विलयन जितना ही अधिक तनु होता है वह उतना ही अधिक असंतृप्त होता है।

➦ **परिक्षेपण (Dispersion)** : जब किसी पदार्थ के कण (परमाणु, अणु या आयन) दूसरे पदार्थ के कणों के इर्द-गिर्द बिखेर दिये जाते हैं तो यह क्रिया परिक्षेपण (Dispersion) कहलाती है।

पहले पदार्थ को परिक्षेपित पदार्थ और दूसरे को परिक्षेपण माध्यम कहा जाता है। परिक्षेपण के परिणामस्वरूप दो प्रकार के पदार्थ बनते हैं- (i) विषमांग पदार्थ (निलंबन एवं कोलॉइड) (ii) समांग पदार्थ (वास्तविक विलयन)।

- **निलंबन (Suspension) :** इसमें परिक्षेपित कणों का आकार 10^{-3} सेमी से 10^{-4} सेमी या इससे अधिक होता है। इन्हें आँखों से देखा जा सकता है। इसके कण छन्न-पत्र के आर-पार नहीं आ-जा सकते। ये अस्थायी होते हैं तथा इनके कणों में परिक्षेपण माध्यम से अलग हो जाने की प्रवृत्ति पायी जाती है। उदाहरणार्थ- नदी का गंदा पानी, वायु में धुँआ आदि।
- **कोलॉइड (Colloid) :** इसमें परिक्षेपित कणों का आकार 10^{-5} सेमी और 10^{-7} सेमी के बीच होता है। इसके कणों को नग्न आँखों की सहायता से नहीं देखा जा सकता है बल्कि सूक्ष्मदर्शी की सहायता से देखा जा सकता है। इसके कण छन्ना-पत्र के आर-पार आ-जा सकते हैं, लेकिन चर्म पत्र से नहीं निकल सकते हैं। इसके कणों में परिक्षेपण माध्यम से अलग हो जाने की बहुत कम प्रवृत्ति पायी जाती है। उदाहरणार्थ- दूध, गोंद, रक्त, स्याही आदि।

कोलॉइड के विभिन्न प्रकार

- **सोल :** वैसा कोलॉइड जिसमें ठोस कण द्रव में परिक्षेपित होते हैं, उसे सोल कहा जाता है। रबर के दस्तानों का निर्माण विद्युत लेपन द्वारा रबर सोल से किया जाता है।
- **जेल :** वैसा कोलॉइड जिसमें ठोस कण द्रव में समान रूप से परिक्षेपित तो होते हैं, पर उनमें प्रवहता (Flow) नहीं होती है, जेल कहलाती है। उदाहरणार्थ- जेली या जिलेटिन।
- **एरोसोल :** किसी गैस में द्रव या ठोस कणों का परिक्षेपण एरोसोल कहलाता है। जब परिक्षेपित कण ठोस होता है तो ऐसे एरोसोल को धुँआ (Smoke) कहा जाता है और जब परिक्षेपित पदार्थ द्रव होता है तो ऐसे एरोसोल को कोहरा (Fog) कहा जाता है।

  नोट : जब परिक्षेपण का माध्यम जल, अल्कोहल एवं बेंजीन हो तो कोलॉइडों को क्रमशः हाइड्रोसोल, अल्कोहल एवं बेंजोसोल कहते हैं।
- **स्कंदन (Coagulation) :** जब कोलॉइडी विलयन में कोई विद्युत अपघट्य मिलाते हैं तो कोलॉइडी कणों का आवेश उदासीन हो जाता है और उसका अवक्षेपण हो जाता है, इसे स्कंदन कहते हैं।
- **पायस (Emulsion) :** जब किसी कोलॉइड में एक द्रव के सारे कण दूसरे द्रव के सारे कणों में परिक्षेपित तो हो जाते हैं, लेकिन घुलते नहीं हैं, तो इस कोलॉइड को पायस कहते हैं। पायस बनाने की प्रक्रिया को पायसीकण कहते हैं। दूध एक प्राकृतिक पायस है, जबकि पेंट एक कृत्रिम पायस। कॉडलिवर तेल जिसमें जल के कण तेल में परिक्षेपित होते हैं, भी पायस का उदाहरण है। सबसे बड़े पैमाने पर पायसीकरण के रूप में साबुनों और डिटर्जेंट का प्रयोग किया जाता है। इनकी पायसीकरण की प्रकृति कपड़ों को धोने में सहायता करती है। पायसी कारकों का प्रयोग अयस्कों के सान्द्रण में भी किया जाता है।
- **झाग (Foams) :** द्रव में गैस का परिक्षेपण झाग कहलाता है। ये साबुन से उत्पन्न होते हैं।
- **वास्तविक विलयन (True Solution) :** इनके कण आणविक आकार वाले होते हैं अर्थात् इनके कणों का आकार 10^{-7} से 10^{-8} सेमी होता है। इसके कण छन्ना-पत्र के आर-पार आसानी से आ-जा सकते हैं। यह सबसे स्थायी एवं पारदर्शक होता है। इन्हें आँख तथा सूक्ष्मदर्शी से नहीं देखा जा सकता है।
- **बफर विलयन (Buffer Solution) :** वह विलयन जो कि अम्ल या क्षार की साधारण मात्राओं को अपनी प्रभावी अम्लता या क्षारता में पर्याप्त परविर्तन किये बिना अवशोषित कर लेता है, बफर विलयन कहलाता है। उदाहरणार्थ- सोडियम ऐसीडेट तथा ऐसीटिक अम्ल का मिश्रण एक प्रभावी बफर है, जब उसे पानी में विलीन किया जाता है।

वास्तविक विलयन और कोलॉइडी विलयन में अन्तर			
	वास्तविक विलयन		कोलॉइडी विलयन
1.	वास्तविक विलयन में पदार्थ (विलेय) के कणों का आकार (व्यास) 10^{-7} से कम रहता है।	1.	कोलॉइडी विलयन में पदार्थ (विलेय) के कणों का आकार (व्यास) प्राय: 10^{-7} सेमी और 10^{-5} सेमी के बीच रहता है।
2.	इस पदार्थ के कण हर अवस्था में अदृश्य होते हैं।	2.	कोलॉइडी कणों से उत्पन्न प्रकाश प्रकीर्णन को अल्ट्रा-माइक्रोस्कोप द्वारा देखा जा सकता है।
3.	इसमें पदार्थ का कण प्रकाश का प्रकीर्णन नहीं करते हैं।	3.	ये कण प्रकाश का प्रकीर्णन करते हैं।
4.	इस विलयन का परासरणी दाब अधिक होता है।	4.	इसका परासरणी दाब अपेक्षाकृत कम होता है।
5.	यह समांग तथा एकांगी स्वरूप वाला होता है।	5.	यह विषमांग तथा दो स्वरूप वाला होता है।

- **अपोहन (Dialysis) :** कोलॉइडी विलयन को वास्तविक विलयन से अलग करने की प्रक्रिया अपोहन कहलाती है। अर्थात् इस विधि द्वारा कोलॉइडी विलयन को शुद्ध किया जाता है।
- **ब्राउनी गति (Brownian Movement) :** कोलॉइडी विलयन के कण लगातार इधर-उधर भागते रहते हैं, इसे ब्राउली गति कहते हैं। यह गति कोलॉइड कणों की प्रकृति पर निर्भर नहीं करती है। कण जितने ही सूक्ष्म होते हैं तथा माध्यम की श्यानता जितनी ही कम होती है एवं ताप जितना ही अधिक होता है, वह गति उतनी ही तेज होती है।
- **टिंडल प्रभाव (Tindal Effect) :** जब किसी कोलॉइडी में तीव्र प्रकाश गुजारते हैं और इसके लम्बवत् रखे सूक्ष्मदर्शी से देखते हैं तो कोलॉइड कण काली पृष्ठभूमि में आलपिन की नोक की भाँति चमकने लगते हैं। इसे टिंडल प्रभाव कहते हैं। टिंडल प्रभाव का कारण प्रकाश का प्रकीर्णन (Scattering of Light) है।

विलयन का रंग			
सूचक	अम्लीय विलयन	क्षारीय विलयन	उदासीन विलयन
मिथाईल औरेंज	गुलाबी	पीला	नारंगी
लिट्मस	लाल	नीला	बैगनी
फिनॉल्फथेलीन	रंगहीन	गुलाबी	रंगहीन

6. उत्प्रेरण

- वह अभिक्रिया जिसमें अभिक्रिया की गति उत्प्रेरक की उपस्थिति के कारण परिवर्तित हो जाती है, उत्प्रेरण (Catalysis) कहलाती है।
- वह पदार्थ जो किसी रासायनिक अभिक्रिया के वेग को परिवर्तित कर देता है, परन्तु स्वयं क्रिया के अंत में भार तथा बनावट में अपरिवर्तित रहता है, उत्प्रेरक (Catalysts) कहलाता है।

उत्प्रेरक की सामान्य विशेषताएँ

(i) उत्प्रेरक भार तथा बनावट में अपरिवर्तित रहते हैं।

(ii) उत्प्रेरक की बहुत सूक्ष्म मात्रा अभिक्रिया के वेग को परिवर्तित कर देती है।
(iii) उत्प्रेरक किसी क्रिया को आरंभ नहीं कर सकता।
(iv) सामान्यतः उत्प्रेरक उत्पादों की प्रवृत्ति नहीं बदलते।
(v) उत्प्रेरक अपने कार्य में विशिष्ट होते हैं।
(vi) उत्प्रेरक का साम्यावस्था पर कोई प्रभाव नहीं पड़ता।
(vii) उत्प्रेरक का प्रमुख कार्य, अभिक्रिया की सक्रियता ऊर्जा को कम करना है।

उत्प्रेरक के प्रकार

(i) **धनात्मक उत्प्रेरक (Positive Catalysis)** : वे उत्प्रेरक जो रासायनिक क्रियाओं के वेग को बढ़ाते हैं, धनात्मक उत्प्रेरक कहलाते हैं।

(ii) **ऋणात्मक उत्प्रेरक (Negative Catalysis)** : वे उत्प्रेरक, जो रासायनिक क्रियाओं के वेग को घटाते हैं, ऋणात्मक उत्प्रेरक कहलाते हैं।

(iii) **प्रेरित उत्प्रेरक (Induced Catalysis)** : जब एक रासायनिक क्रिया दूसरी रासायनिक क्रिया को बढ़ाती है, तो इसे प्रेरित उत्प्रेरक कहते हैं।

(iv) **स्वः-उत्प्रेरक (Auto-Catalysis)** : कभी-कभी किसी रासायनिक क्रिया के फलस्वरूप प्राप्त पदार्थों में से ही कोई पदार्थ उत्प्रेरक का कार्य करने लगता है। इस प्रकार के उत्प्रेरक स्वः-उत्प्रेरक कहलाते हैं।

उत्प्रेरकों के उपयोग

➩ उत्प्रेरकों का आजकल रासायनिक उद्योगों में बहुत महत्त्व है। इसी प्रकार जीव रासायनिक उत्प्रेरक या एन्जाइम मनुष्य के पाचन तंत्र में अत्यधिक उपयोगी भूमिका निभाते हैं। कुछ प्रमुख उद्योगों में प्रयोग किये जाने वाले उत्प्रेरक व एन्जाइम नीचे सारणी में दिये गये हैं-

क्र. सं.	उद्योग	उत्प्रेरक
1.	अमोनिया गैस बनाने की हैबर विधि में	लोहे का चूर्ण
2.	वनस्पति तेलों से कृत्रिम घी बनाना	निकिल
3.	सल्फ्यूरिक अम्ल बनाने की सम्पर्क विधि में	प्लेटिनिम चूर्ण
4.	सल्फ्यूरिक अम्ल बनाने की सीस कक्ष विधि में	नाइट्रोजन के ऑक्साइड
5.	अल्कोहल से ईथर बनाने की विधि में	गर्म ऐलुमिना
6.	क्लोरीन गैस बनाने की डीकन विधि में	क्यूप्रिक क्लोराइड
7.	आमाशय में प्रोटीनों को पेटटाइड में अपघटित करने में	पेप्सिन एन्जाइम
8.	आँतों (Intestines), प्रोट्रीनों को अमीनो अम्ल में अपघटित करने में	इरेप्सिन एन्जाइम
9.	पैंक्रियाज (Pancreas) में प्रोट्रीनों को अमीनो अम्ल में अपघटित करने में	ट्रिपसिन एन्जाइम
10.	मानव लार में स्टार्च को ग्लूकोज में परिवर्तित करने में	फाइऐलिम एन्जाइम
11.	ग्लूकोज से एथिल ऐल्कोल बनाने में	जाइमेस एन्जाइम
12.	स्टार्च से माल्टोस के बनाने में	डाइस्टेस एन्जाइम
13.	गन्ने की शक्कर से सिरके (Veneger) के निर्माण में	माइकोडमी ऐसिटी
14.	गन्ने की शक्कर से ग्लूकोज व फ्रक्टोज बनने में	इन्वर्टेज एन्जाइम
15.	दूध से लैक्टिक अम्ल बनने में	लैक्टिक, वैसिली

7. धातुएँ

- ऐसे तत्त्व (हाइड्रोजन के अतिरिक्त) जो इलेक्ट्रॉन को त्याग कर धनायन प्रदान करते हैं, धातु कहलाते हैं। धातुएँ सामान्यतः चमकदार, अघातवर्ध्य तथा तन्य होती हैं।
- प्रकृति में पारे को छोड़कर लगभग सभी धातुएँ ठोस अवस्था में पायी जाती हैं। पारा ही एक ऐसी धातु है जो कि द्रव अवस्था में पायी जाती है।
- धातुएँ ऊष्मा एवं विद्युत की सुचालक (Good Conductor) होती हैं। चाँदी विद्युत का सर्वश्रेष्ठ सुचालक है।
- धातुओं में विद्युत चालकता घटते क्रम में होती है–

चाँदी > ताँबा > एल्युमिनियम

- सीसा की ऊष्मीय एवं विद्युत चालकता सबसे कम होती है।
- धातुओं के ऑक्साइड की प्रकृति क्षारीय होती है।
- धातुएँ अम्लों से क्रिया करके हाइड्रोजन गैस विस्थापित करती हैं।
- धातुओं की प्राप्ति का मुख्य स्रोत पृथ्वी की भू-पर्पटी है। भू-पर्पटी में मिलने वाली धातुओं में एल्युमिनियम (7%), लोहा (4%) एवं कैल्सियम (3%) का क्रमशः प्रथम, द्वितीय एवं तृतीय स्थान है।
- **खनिज (Minerals) :** भू-पर्पटी में प्राकृतिक रूप से पाये जाने वाले तत्त्वों या यौगिक को खनिज कहते हैं।
- **अयस्क (Ores) :** वे खनिज जिनसे धातुओं को सुगमतापूर्वक तथा लाभकारी रूप में निष्कर्षित किया जा सकता है, अयस्क कहलाते हैं।
- **धातुकर्म (Metallurgy) :** अयस्कों से धातुओं के निष्कर्षण तथा परिष्करण में सम्मिलित विभिन्न प्रक्रमों को धातुकर्म कहते हैं।
- **गैंग (Gangue) :** अयस्क में मिले अशुद्ध पदार्थ को गैंग कहते हैं।
- **फ्लक्स (Flux) :** अयस्क में मिले गैंग (अशुद्ध पदार्थ) को हटाने के लिए बाहर से मिलाये गये पदार्थ को फ्लक्स कहते हैं।
- **धातुमल (Slag) :** गैंग एवं धातु फ्लक्स के मिलने से बने पदार्थ धातुमल कहलाते हैं।
- **निस्तापन (Calcination) :** इस प्रक्रिया में धातु के अयस्क को उसके द्रवणांक (Melting Point) से नीचे के ताप पर गर्म करते हैं, ताकि अयस्क में मिले वाष्पशील अशुद्धियाँ दूर हो जायें।
- **भर्जन (Roasting) :** इस प्रक्रिया में धातु के अयस्क को गर्म हवा की उपस्थिति में उसके द्रवणांक से नीचे के ताप पर गर्म करते हैं ताकि इसमें मिली अशुद्धि ऑक्सीकृत (Oxidise) हो जाये।
- **एसमेल्टिंग (Smelting) :** इस प्रक्रिया में धातु कोक एवं फ्लक्स की उपस्थिति में उसके द्रवणांक से ऊपर के ताप पर गर्म करते हैं, जिससे शुद्ध धातु प्राप्त होती है।
- **सक्रियता सूची :** सक्रियता श्रेणी वह सूची है जिसमें शुद्ध धातुओं की क्रियाशीलता को अवरोही क्रम (Decending Order) में व्यवस्थित किया जाता है।
- कार्बोनेट अयस्क को निस्तापन (Calcination) द्वारा धातु ऑक्साइड में परिवर्तित किया जाता है और सल्फाइड अयस्क को भर्जन (Roasting) द्वारा धातु ऑक्साइड में परिवर्तित किया जाता है।
- धातु ऑक्साइडों को कार्बन, एल्युमिनियम अथवा विद्युत अपघटनी अपचयन द्वारा धातु में अपचयित किया जाता है।

- सोडियम, पोटैशियम तथा कैल्शियम धातुओं को उनके गलित क्लोराइडों के विद्युत अपघटन द्वारा निष्कर्षित किया जाता है जबकि एल्युमिनियम धातु को उसके गलित ऑक्साइड के विद्युत अपघटन द्वारा निष्कर्षित किया जाता है।
- गलित लवणों के विद्युत अपघटन के दौरान शुद्ध धातु कैथोड पर निक्षेपित होती है।
- **संक्षारण (Corrosion) :** धातुओं का उनकी सतह पर वायु एवं आर्द्रता के प्रभाव द्वारा नष्ट होना संक्षारण कहलाता है। लोहे में जंग लगना, ताँबा की सतह पर हरे रंग की परत चढ़ना एवं चाँदी की वस्तुओं का काला हो जाना संक्षारण के उदाहरण है।
- लोहे में जंग लगना रासायनिक परिवर्तन का उदाहरण है। जंग लगने से लोहे का भार बढ़ जाता है। लोहे में जंग लगने में बना पदार्थ फेरिसोफेरिक ऑक्साइड $Fe_2O_2xH_2O$ है। (जल के अणुओं की संख्या x बदलती रहती है।)
- पेंट करके, तेल लगाकर, ग्रीज लगाकर, यशदलेपन, क्रोमियम लेपन, ऐनोडीकरण या मिश्रधातु बनाकर लोहे को जंग से बचाया जा सकता है।
- **यशदलेपन (Glabnization)** : लोहे एवं इस्पात को जंग से सुरक्षित रखने के लिए उन पर जस्ते की पतली परत चढ़ाने की विधि को यशदलेपन कहते हैं।
- ताँबा वायु में उपस्थित आर्द्र कार्बन डाइऑक्साइड के साथ अभिक्रिया करता है जिससे इसकी सतह से भूरे रंग की चमक धीरे-धीरे खत्म हो जाती है तथा इस पर हरे रंग की परत चढ़ जाती है। यह हरा पदार्थ कॉपर कार्बोनेट होता है।
- खुली हवा में कुछ दिन छोड़ देने पर चाँदी (Silver) की वस्तुएँ काली हो जाती है। ऐसा चाँदी का वायु में उपस्थित सल्फर के साथ अभिक्रिया कर सिल्वर सल्फाइड की परत बनाने के कारण ऐसा होता है।

प्रमुख धातु, अयस्क तथा रासायनिक सूत्र		
धातुओं के नाम	**अयस्क**	**रासायनिक सूत्र**
एल्युमिनियम (Al)	बॉक्साइट, कोरंडम, क्रायोलाइट	$Al_2O_3.2H_2O$; Al_2O_3; Na_3AlF_6
लोहा (Fe)	हेमेटाइट, मैग्नेटाइट	Fe_2O_3; Fe_3O_4
ताँबा (Cu)	कॉपर ग्लांस, कॉपर पाइराइट्स	Cu_2S; CuFeS
जस्ता (Zn)	जिंकब्लेंड, केलामाइन या जिंक स्पार	ZnS
सोडियम (Na)	रॉक साल्ट, सोडियम कार्बोनेट	NaCl; Na_2CO_3
पोटैशियम (K)	कार्नेलाइट, शोरा	KCl $MgCl_2.6H_2O$; KNO_3
सीसा (Pb)	गैलेना	PbS
टिन (Sn)	टिन पाइराइट्स, कैसिटेराइट	Cu_2FeSnS_4; SnO_2
चाँदी (Ag)	सिल्वर ग्लांस	Ag_2S
सोना (Au)	कैल्वेराइट, पेटसाइट	$AuTe_2$; $Ag(Au)_2Te$
पारा (Hg)	सिनेबार, कैलोमल	HgS; Hg_2Cl_2
मैग्नीशियम (Mg)	डोलोमाइट, कोर्नेलाइट	$MgCO_3.CaCO_3$; KCl $MgCl_2$. $6H_2O$
कैल्शियम (Ca)	लाइम स्टोन, डोलोमाइट	$CaCO_3$; $MgCO_3$; $CaCO_3$
फॉस्फोरस (P)	फॉस्फोराइट, फ्लोरएपेटाइट	$Ca_3(PO_4)_2$; $3Ca_3(PO_4)_2$ CaF_2

धातुओं से सम्बन्धित महत्त्वपूर्ण तथ्य

- टंगस्टन का संकेत W होता है। इसका गलनांक लगभग 3500°C होता है।
- भारत में टंगस्टन का उत्पादन राजस्थान स्थित देगाना (Degana) खान से होता है।
- टंगस्टन तंतु के उपचयन को रोकने के लिए बिजली के बल्ब से हवा निकाल दी जाती है।
- जिरकोनियम धातु ऑक्सीजन तथा नाइट्रोजन दोनों में जलते हैं।
- बेडीलेआइट जिरकोनियम का अयस्क है।
- न्यूट्रॉनों को अवशोषित करने के गुणों के कारण जिरकोनियम, कैडमियम एवं बोरॉम्न का उपयोग नाभिकीय रिएक्टर में किया जाता है।
- बेराइल (Baryl) बेरीलियम धातु का मुख्य अयस्क है।
- फ्रांसियम एक रेडियोसक्रिय द्रव धातु है।
- स्टेनस सल्फाइड (SnS_2) को मोसाइक गोल्ड (Mosaic Gold) कहते हैं, इसका प्रयोग पेंट के रूप में किया जाता है।
- टिन अपरूपता प्रदर्शित करता है।
- **सबसे भारी धातु** ओसमियम (Os) है, और प्लेटिनम **सबसे कठोर धातु** है।
- बेरियम हाइड्रॉक्साइड को बैराइटा वाटर कहते हैं।
- बेरियम सल्फेट (Barium Sulphate) का उपयोग बेरियम मील के रूप में उदर के x-ray में होता है।
- आतिशबाजी के दौरान **हरा रंग** बेरियम (Ba) की उपस्थिति के कारण होता है।
- आतिशबाजी के दौरान **लाल चटक रंग** (Crimson Red Colour) स्ट्रॉन्शियम (Sr) की उपस्थिति के कारण उत्पन्न होता है।
- लिथियम सबसे हल्का धात्विक तत्त्व है। यह सबसे प्रबल अपचायक होता है।
- चाँदी (Ag), सोना (Au), ताँबा (Cu), प्लेटिनम (Pt) तथा बिस्मथ (Bi) अपने कम अभिक्रियाशीलता के कारण स्वतंत्र अवस्था में पाये जाते हैं।
- गोल्ड, प्लेटिनम, सिल्वर तथा मरकरी उत्कृष्ट धातुएँ हैं।
- धातुओं में सबसे अधिक आघातवर्ध्य सोना (Au) व चाँदी (Ag) होते हैं।
- पारा व लोहा विद्युत धारा के प्रवाह में अपेक्षाकृत अधिक प्रतिरोध उत्पन्न करते हैं।
- चाँदी एवं ताँबा विद्युत धारा का सर्वोत्तम चालक है।
- एल्युमिनियम का सर्वप्रथम पृथक्करण 1827 ई. में हुआ था।
- प्याज व लहसून में गंध का कारण पोटैशियम (K) की उपस्थिति है।
- कार्नोटाइट का रासायनिक ना पोटैशियम यूरेनिल वेन्डेट होता है।
- कैंसर रोग के इलाज में कोबाल्ट के समस्थानिक का उपयोग होता है।
- स्मेल्टाइट (Smeltite) निकेल धातु का अयस्क है।
- सोडियम परऑक्साइड्ज का उपयोग पनडुब्बी जहाजों तथा अस्पताल आदि की बंद हवा को शुद्ध करने में होता है।
- ग्रीनोकाइट कैडमियम का अयस्क है।
- कैडमियम का प्रयोग नाभिकीय रिएक्टरों में न्यूटॉन मंदक के रूप में, संग्राहक बैटरियों में तथा निम्न गलनांक की मिश्रधातु बनाने में होता है।
- एक्टिनाइड (Actinides) रेडियोसक्रिय तत्त्वों का समूह होता है।
- विश्व प्रसिद्ध एफिल टॉवर का आधार स्टील व सीमेण्ट का बना है।

- थूलियम का संकेत Tm होता है।
- रेडियम का निष्कर्षण पिचब्लैंड से किया जाता है। मैडम क्यूरी ने पिचब्लैंड से ही रेडियम का निष्कर्षण किया था।
- वायुयान के निर्माण में पेलेडियम धातु प्रयुक्त होती है।
- गैलियम धातु कमरे के ताप पर द्रव अवस्था में पाया जाता है।
- सेलीनियम धातु का उपयोग फोटो इलेक्ट्रिक सेल में होता हे।
- साइट्रोक्रोम (Cytochrome) में लोहा उपस्थित होता है।
- जिओलाइट (Zeolite) का प्रयोग जल को मृदु बनाने में किया जाता है।
- टिन अपरूपता प्रदर्शित करता है।
- अधिकांश संक्रमण धातु (Transition Elements) और उनके यौगिक रंगीन होते हैं।
- पोटैशियम कार्बोनेट (K_2CO_3) को पर्ल एश (Pearl Ash) कहते हैं।
- नाइक्रोम (Nichrome) निकिल, क्रोमियम ट्राइऑक्साइड है।
- ब्रिटेनिया धातु (Britannia Metal) एण्टिमनी (Sb), ताँबा व टिन (Sn) की मिश्रधातु है।
- बारूद 75% पोटैशियम नाइट्रेट, 10% गंधक व 15% चारकोल एवं अन्य पदार्थों का मिश्रण होता है।
- बैबिट धातु (Babbitt Metal) में 89% टिन, 9% एण्टिमनी व 2% ताँबा होता है।
- समूह–I के तत्त्व क्षार धातुएँ (Alkali Metals) कहलाते हैं एवं इसके हाइड्रॉक्साइड क्षारीय होते हैं। जबकि समूह–II के तत्त्व क्षारीय मृदा धातुएँ (Alkaline Earth Metals) कहलाते हैं।
- टाइटेनियम को रणनीतिक धातु (Strategic Metal) कहते हैं, क्यों इसका उपयोग रक्षा उत्पादन में होता है। यह इस्पात के बराबर मजबूत लेकिन भार में उसका आधा गुना होता है। वायुयान का फ्रेम तथा इंजन बनाने में, नाभिकीय रिऐक्टरों में इसका उपयोग होता है।
- फ्लैश बल्बों में नाइट्रोजन गैस के वायुमंडल में मैग्नीशियम का तार रखा रहता है।
- एल्युमिनियम हाइड्रॉक्साइड का उपयोग कपड़ों को अदाह्य बनाने तथा जलरोधी कपड़े तैयार करने में किया जाता है।
- कैल्शियम हाइड्रॉक्साइड को हाइड्रोलिथ कहते हैं।
- पिटवाँ लोहा (Wrought Iron) में कार्बन की मात्रा सबसे कम (0.12–0.25%) रहती है। अतः यह अपेक्षाकृत शुद्ध होता है।
- आयरन (III) ऑक्साइड (Fe_2O_3) के साथ ऐल्युमिनियम की अभिक्रिया का उपयोग रेल की पटरी एवं मशीनी पुर्जों की दरारों को जोड़ने के लिए किया जाता है। इस अभिक्रिया को **थर्मिट अभिक्रिया** कहते हैं।
- शरीर में लोहे की कमी से एनीमिया तथा अधिकता से लौहमयता (Siderosis) रोग होता है। अफ्रीका के बाँटू आदिवासियों में लौहमयता रोग पाया जाता है। ऐसा उनमें लोहे के बर्तन में बीयर सेवन के कारण होता है।
- मानव शरीर में ताँबा की मात्रा में वृद्धि होने पर विल्सन रोग हो जाता है।
- टिन की अधिक मात्रा युक्त कांसा को श्वेत कांसा कहते हैं।
- जिंक फॉस्फाइड का उपयोग चूहा विष के रूप में होता है।
- लकड़ी की वस्तुओं को कीड़ों से बचाने के लिए उस पर जिंक क्लोराइड का लेपन किया जाता है।
- जिंक ऑक्साइड को जस्ते का फूल कहते हैं। इसका ह्वाइट अथवा चाइनीज ह्वाइट के नाम से पेंटों में प्रयोग किया जाता है। इसका उपयोग मरहम तथा चेहरे के क्रीम बनाने में किया जाता है।

- सिल्वर क्लोराइड को हॉर्न सिल्वर कहा जाता है। इसका उपयोग फोटोक्रोमेटिक काँच में होता है।
- सिल्वर आयोडाइड का उपयोग कृत्रिम वर्षा में होता है।
- सिल्वर नाइट्रेट का प्रयोग **निशान लगाने वाली स्याही** बनाने में किया जाता है। मतदान के समय मतदाओं की अँगुलियों पर इसी का निशान लगाया जाता है। सूर्य की प्रकाश में अपघटित हो जाने कारण इसे रंगीन बोतलों में रखा जाता है।
- चाँदी के चम्मच से अण्डा खाना वर्जित रहता है, क्योंकि चाँदी अण्डे में उपस्थित गंधक से प्रतिक्रिया कर काले रंग का सिल्वर सल्फाइड बनाती है, जिससे चम्मच नष्ट हो जाती है।
- सोना को कठोर बनाने के लिए उसमें ताँबा या चाँदी मिलाया जाता है। शुद्ध सोना 24 कैरेट का होता है। आभूषण बनाने के लिए 22 कैरेट सोने का उपयोग होता है।
- आयरन पायराइट्स (FeS_2) को झूठा सोना या बेवकूफों का सोना कहते हैं।
- प्लैटिनम को **सफेद सोना** कहा जाता है।
- **सर्प विषरोधी इंजेक्शन** बनाने में ऑरिक क्लोराइड का उपयोग किया जाता है।
- स्वर्ण लेपन में पोटैशियम ओरिसायनाइड का प्रयोग विद्युत अपघट् के रूप में होता है।
- पारा को क्विक सिल्वर के नाम से भी जाना जाता है। इसका निष्कर्षण मुख्यतः सिनेवार से होता है।
- पारा को लौह पात्र में रखा जाता है, क्योंकि यह लोहे के साथ अमलगम नहीं बनाता है।
- ट्यूब लाइट में सामान्यतः पारा का वाष्प और ऑर्गन गैस भरी रहती है।
- सीसा सबसे अधिक स्थायी तत्त्व है। इसका उपयोग कागज पर लिखने में होता है।
- लेड आर्सेनिक नामक मिश्रधातु का उपयोग गोली बनाने में होता है। कार्बन सीसा का उपयोग कृत्रिम अंगों के निर्माण में होता है।
- लेड ऑक्साइड को लीथार्ज कहा जाता है, जो एक उभयधर्मी ऑक्साइड है। इसका उपयोग रबर उद्योग में, स्टोरेज बैटरी के निर्माण में तथा फ्लिण्ट काँच बनाने में होता है।
- बेसिक लेड कार्बोनेट को ह्वाइट लेड कहा जाता है। इसे सफेदा के नाम से भी जाना जाता है।
- लेड टेट्राइथाइल का उपयोग अपस्फोटन रोकने में किया जाता है।
- लेड पाइप पीने के जल को ले जाने के लिए उपयुक्त नहीं होते हैं, क्योंकि ये वायु मिश्रित जल के साथ घुलकर विषैले लेड हाइड्रॉक्साइड उत्पन्न करते हैं।
- विद्युत उपकरणों में प्रयुक्त होने वाला फ्यूज तार तांबा, लेड और टिन से बना मिश्रधातु होता है।
- यूरेनियम को आशा धातु कहा जाता है। भारत में यूरेनियम का सर्वाधिक उत्पादन झारखंड में होता है। यूरेनियम का समस्थानिक ${}_{92}U^{238}$ रेडियो सक्रियता प्रदर्शित नहीं करता है।
- यूरेनियम कार्बाइड का उपयोग हैबर विधि में अमोनिया के उत्पादन में उत्प्रेरक के रूप में किया जाता है। यूरेनियम का उपयोग परमाणु ऊर्जा के उत्पादन में होता है।
- यूरेनियम के नाइट्रेट एवं एसीटेट का उपयोग फोटोग्राफी में होता है।
- यूरेनियम धातु का निष्कर्षण मुख्यतः उसके अयस्क पिंचब्लैंड से किया जाता है।
- प्लूटोनियम एक भारी रेडियोसक्रिय धातु है। यह एक्टीनाइड श्रेणी का सदस्य है। इसका उपयोग परमाणु बम बनाने में होता है। हिरोशिमा एवं नागासाकी पर गिराये गये परमाणु बम इसी से बने हुए थे।

8. मिश्रधातु

- **मिश्रधातु (Alloys) :** किसी धातु का किसी अन्य धातु या अधातु के साथ मिश्रण, मिश्रधातु कहलाता है। मिश्रधातुओं के गुण उनके घटकों के गुणों से भिन्न होते हैं, जिससे मिलकर मिश्रधातुएँ बनी है।

➩ **इस्पात :** लोहा एवं 0.1 से 1.5% कार्बन की मिश्रधातु इस्पात कहलाती है। इस्पात के कुछ मिश्रधातु निम्नलिखित हैं–

1. **स्टेनलेस इस्पात :** इसमें 18% तक क्रोमियम और निकेल होते हैं। यह संक्षारण या जंग प्रतिरोधी होता है। इसका उपयोग बर्तन और शल्य उपकरण बनाने में किया जाता है।
2. **टंगस्टन इस्पात :** इसमें 15 से 20% टंगस्टन, 5% क्रोमियम और कुछ वैंनेडियम युक्त इस्पात होता है। इसमें उच्च तापों पर भी कठोरता बनी रहती है। इसका उपयोग वेधन यंत्रों तथा उच्च वेग खराद मशीनों के कर्तन यंत्रों (काटने वाले यंत्रों) को बनाने के लिए किया जाता है।
3. **सिलिकन इस्पात :** 35% सिलिकन (परन्तु अत्यंत कम कार्बन) युक्त सिलिकन इस्पात का उपयोग ट्रांसफार्मर और विद्युत चुंबक बनाने के लिए किया जाता है। 15% सिलिकन युक्त सिलिकन इस्पात अत्यधिक कठोर और अम्लरोधी होती है। इसका उपयोग अम्लवाही पाइपों और पम्पों को बनाने के लिए किया जाता है।
4. **कोबाल्ट इस्पात :** इस प्रकार के इस्पात में 35% तक कोबाल्ट होता है। इसका उपयोग स्थायी चुंबक बनाने में किया जाता है।
5. **मैंगनीज इस्पात :** 7% से 20% मैंगनीज युक्त इस्पात अत्यंत कठोर, दृढ़ तथा टूट–फूट रोधी होता है। इसका उपयोग रेल की पटरी रोडरोलर तथा चोर अभेद्य तिजोरी निर्माण में होता है।
6. **निकल इस्पात :** इसमें क्रोमियम या निकेल या दोनों के कुछ प्रतिशत अंश विद्यमान होते हैं। यदि निकेल 36% होता है तो उससे वैज्ञानिक उपकरण एवं यंत्र बनाये जाते हैं तथा अगर इसमें 46% निकेल उपस्थित होता है तो इसका उपयोग लैम्प बल्ब तथा रेडियो वाल्बों को बनाने में किया जाता है।

➩ जिरकोनियम धातु का प्रयोग अभेद्य (या गोली सह) मिश्रधातु इस्पात बनाने में किया जाता है।

➩ **ऐनीलिंग (Annealing) :** इस्पात को उच्च ताप पर गर्म कर धीरे–धीरे ठंडा करने पर उसकी कठोरता घट जाती है, इस प्रक्रिया को एनीलिंग कहते हैं।

➩ **अमलगन (Amalgum) :** पारा के मिश्रधातु अमलगम कहलाते हैं।

➩ निम्न धातुएँ अमलगम नहीं बनाते हैं– लोहा, प्लैटिनम, कोबाल्ट, निकेल एवं टंगस्टन आदि।

कुछ मिश्रधातुएँ उनके घटक तथा उपयोग		
मिश्रधातु	**अवयव घटक**	**उपयोग**
पीतल (Brass)	CU+Zn (70%+30%)	बर्तन बनाने में
काँसा (Bronze)	Cu+Sn (90%+10%)	सिक्का, घंटी एवं बर्तन बनाने में
जर्मन सिल्वर (German Silver)	Cu+Zn+Ni (60%+20%+20%)	बर्तन बनाने में
रोल्ड गोल्ड (Rolled Gold)	CU+Al (90%+10%)	सस्ते आभूषण बनाने में
गन मेटल (Gun Metal)	Cu+Zn+Sn (90%+2%+8%)	तोप, गेयर, बेयरिंग बनाने में
डेल्टा मेटल (Delta Metal)	Cu+Zn+Fe (60%+38%+2%)	जहाज के पंखा बनाने में

मुंज मेटल (Munz Metal)	Cu+Zn (60%+40%)	सिक्का बनाने में
डच मेटल (Dutch Metal)	Cu+Zn (80%+20%)	सस्ते आभूषण बनाने में
मोनेल मेटल (Monel Metal)	Cu+Ni (70%+30%)	क्षार रखने वाले बर्तन बनाने में
टाँका (Solder)	Sn+Pb (67%+33%)	जोड़ों में टाँका लगाने में
रोज मेटल (Rose Metal)	Bi+Pb+Sn (50%+28%+22%)	स्वचालित (Automatic) फ्यूज बनाने में
मैगनेलियम (Magnelium)	Al+Mg (95%+5%)	हवाई जहाज के ढाँचा बनाने में
ड्यूरेलुमिन (Durelumin)	Al+Cu+Mg+Mn (95%+4%+.5%+.5%)	बर्तन बनाने में, रसोई के सामान बनाने में
टाइप मेटल (Type Metal)	Pb+Sb+Sn (82%+15%+3%)	

9. अधातुएँ

- आधुनिक आवर्त सारणी के अनुसार 22 अ-धात्वीय (Non-metallic) तत्त्व हैं, जिनमें 11 गैस, एक द्रव तथा शेष 10 ठोस है।
- कार्बन, गंधक आदि ठोस अधातु हैं, जबकि ब्रोमीन द्रव व ऑक्सीजन, नाइट्रोजन आदि गैसें हैं।
- अधातुएँ सामान्यत: विद्युत एवं ऊष्मा की कुचालक होती है। अपवाद- ग्रेफाइट।
- अधातुओं के गलनांक (Melting Point) धातुओं की अपेक्षा कम होते हैं।

हाइड्रोजन (Hydrogen)

- हाइड्रोजन के तीन समस्थानिक ज्ञात हैं- 1. प्रोटियम ($_1H^1$ या H) 2. डयूटीरियम ($_1H^2$ या D) और 3. ट्राइटियम ($_1H^3$ या T)।
- डयूटीरियम के ऑक्साइड को भारी जल (D_2O) कहते हैं।
- यूरे और वाशबर्न ने 1932 में भारी जल (Heavy Water) की खोज की थी।
- साधारण जल के लगभग 6000 भागों में 9 भाग भारी जल का होता है।
- भारी जल 3.8°C पर जमता है।

ऑक्सीजन (Oxygen)

- ऑक्सीजन के तीन समस्थानिक होते हैं- $_8O^{16}$(99.76%), $_8O^{17}$(0.037%) तथा $_8O^{18}$ (0. 204%)।
- ऑक्सीजन की खोज सर्वप्रथम स्वीडन के शीले (Scheele) नामक वैज्ञानिक ने 1772 में की थी। ऑक्सीजन एक रंगहीन, गंधहीन गैस है तथा वायु से कुछ भारी होती है। ठंडा करने पर यह नीले रंग के द्रव में परिवर्तित हो जाती है।
- ऑक्सीजन गैस स्वयं नहीं जलती, परन्तु जलने में सहायक होती है। इसको कृत्रिम श्वसन के रूप में प्रयोग करते हैं, इस कारण इसे प्राण वायु (Life-Air) भी कहते हैं।
- ऑक्सीजन धातुओं को जोड़ने तथा क्लोरीन, सल्फ्यूरिक अम्ल आदि के औद्योगिक निर्माण में प्रयोग की जाती है।
- वायु में लगभग 29% मात्रा ऑक्सीजन की होती है।
- चाँदी को गर्म करने पर यह ऑक्सीजन को अवशोषित कर लेती है तथा ठंडा करने पर अवशोषित ऑक्सीजन निकल जाती है। इसे चाँदी का उदवमन (Spitting of Silver) कहते हैं।

➩ ओजोन (O_3) ऑक्सीजन का एक अपरूप है। समुद्र तट से 30-32 किमी की ऊँचाई पर इसकी सांद्रता (Concentration) अधिक होती है। यह (ओजोन) सूर्य से आने वाली पराबैंगनी किरणों (Ultraviolet Rays) के दुष्प्रभाव से हमें बचाती है।

सल्फर (Sulphur)

➩ पृथ्वी पटल में सल्फर की प्रतिशतता लगभग 0.05% है।

➩ सल्फर से प्राप्त अत्यधिक महत्त्वपूर्ण औद्योगिक रसायन सल्फ्यूरिक अम्ल (H_2SO_4) है।

➩ सान्द्र सल्फ्यूरिक अम्ल 98% शुद्ध होता है।

सल्फ्यूरिक अम्ल के उपयोग

(i) सल्फ्यूरिक अम्ल का मुख्य भाग उर्वरकों (जैसे- अमोनियम सल्फेट, सुपर फास्फेट) के संश्लेषण में प्रयुक्त होता है।

(ii) पेट्रोलियम शोधन में।

(iii) संचालक शोधन में।

(iv) डिटर्जेंट उद्योग में।

(v) रंजक द्रव्यों, पेंट तथा रंगों के संश्लेषण में प्रयुक्त होने वाले मध्यवर्ती यौगिक बनाने में।

नाइट्रोजन (Nitrogen)

➩ आयतन की दृष्टि से वायुमंडल का 78% भाग नाइट्रोजन है।

➩ वायुमंडल सहित पृथ्वी पर नाइट्रोजन का बाहुल्य भारानुसार 0.01% है।

➩ नाइट्रोजन का उपयोग वहाँ भी करते हैं, जहाँ किसी निष्क्रिय गैस की आवश्यकता होती है। जैसे- लोहा व इस्पात उद्योग में तनुकारक के रूप में।

➩ द्रव नाइट्रोजन का उपयोग जैव पदार्थों के लिए प्रशीतक के रूप में, भोज्य पदार्थों को जमाने एवं निम्न ताप पर शल्य चिकित्सा के लिए होता है।

➩ नाइट्रोजन के यौगिकों में अमोनिया (NH_3) एक प्रमुख यौगिक है। इसका निर्माण हैबर विधि द्वारा किया जाता है।

अमोनिया के उपयोग

➩ (i) बर्फ बनाने में (ii) नाइट्रिक अम्ल के निर्माण में (iii) यूरिया, अमोनियम सल्फेट आदि ऊर्वरक बनाने में (iv) सोडियम कार्बोनेट एवं सोडियम बाइकार्बोनेट के निर्माण करने में (v) अमोनियम लवण बनाने में (vi) विस्फोटक बनाने में (vii) कृत्रिम रेशम बनाने में।

नोट : दलहनी पौधों की जड़ों में राइजोबियम (Rizobium) नामक जीवाणु पाये जाते हैं, जो नाइट्रोजन स्थिरीकरण (Fixation of Nitrogen) में भाग लेते हैं।

फॉस्फोरस (Phosphrus)

➩ फॉस्फोरस प्राणी तथा वनस्पति पदार्थों का आवश्यक अवयव है। यह हड्डियों तथा जीव कोशिकाओं (DNA में) उपस्थित रहता है।

➩ फॉस्फोरस अपरूपता (Allotropy) प्रदर्शित करता है। श्वेत फॉस्फोरस, लाल फॉस्फोरस एवं काला फॉस्फोरस इसके अपरूप हैं।

➩ लाल फॉस्फोरस, श्वेत फॉस्फोरस की अपेक्षा कम क्रियाशील तथा अम्ल विलेय है।

हैलोजन (Halogen)

➩ वर्ग VIIA के तत्त्वों को हैलोजन कहा जाता है।

फ्लोरीन का उपयोग

(i) इसका उपयोग UF_6 तथा SF_6 बनाने में होता है जिनको क्रमशः परमाणु ऊर्जा उत्पादन तथा परावैद्युतिकी (Dielectric) में इस्तेमाल किया जाता है।

(ii) HF के उपयोग द्वारा क्लोरोफ्लोरो कार्बन (CFC) यौगिक तथा पॉलिटेट्रा फ्लुओरो एथिलीन (टेफ्लॉन) संश्लेषित किये जाते हैं। क्लोरोफ्लोरोकार्बन यौगिकों को फ्रियान (Freon) कहते हैं। इसका उपयोग प्रशीतक (Refrigerent) के रूप में तथा ऐरोसॉल (Aeroslo) में किया जाता है।

- नॉन-स्टिक (Non-Stick) बर्तन का ऊपरी परत टेफ्लॉन का बना होता है।
- क्लोरीन का उपयोग अनेक कार्बनिक यौगिकों (जैस- पॉलिवाइनिल क्लोराइड, क्लोरीनकृत हाइड्रोकार्बन) औषधियों, शाकनाशी तथा कीटनाशी के संश्लेषण में किया जाता है।
- ब्रोमीन का उपयोग एथिलीन ब्रोमाइड के संश्लेषण में होता है, जिसको सीसाकृत पेट्रोल (Leaded Petrol) में मिलाया जाता है। इसके अतिरिक्त सिल्वर ब्रोमाइड (AgBr) बनाने में ब्रोमीन इस्तेमाल करते हैं, जिसकी आवश्यकता फोटोग्राफी में होती है।

निष्क्रिय गैस (Nobel Gases)

- आवर्त सारणी में शून्य वर्ग में 6 तत्त्व है- हीलियम (He), नियॉन (Ne), आर्गन (Ar), क्रिप्टान (Kr), जीनॉन (Xe) और रेडॉन (Rn)। ये सभी तत्त्व रासायनिक रूप में निष्क्रिय हैं। अत: इन तत्त्वों को अक्रिय गैसें (Inert Gases) या उत्कृष्ट गैसें (Nobel Gases) कहते हैं।
- **रेडॉन (Rn) :** रेडॉन को छोड़कर अन्य सभी अक्रिय गैसें वायुमंडल में पायी जाती है।
- **आर्गन (Ar) :** आर्गन का उपयोग मुख्यत: उच्चतापीय धातुकर्मिक प्रक्रियाओं धातुओं अथवा मिश्र धातुओं की आर्क-वेल्डिंग में निष्क्रिय वातावरण उत्पन्न करने तथा बिजली के बल्ब में भरने में किया जाता है।
- **हीलियम (He) :** यह हल्की तथा अज्वलनशीन गैस है। इसका उपयोग- (i) गुब्बारों को भरने में (ii) मौसम सम्बन्धी अध्ययनों के लिए (iii) ठंडी वायु वाली नाभिकीय भट्टी में (iv) द्रव हीलियम का उपयोग निम्न ताप पर प्रयोगों में निम्न तापीय अभिकर्मक के रूप में करते हैं।
- **नियॉन (Ne) :** नियॉन विसर्जन लैंपों व ट्यूबों (वायुयान) तथा प्रतिदीप्ति बल्बों में भरी जाती है, जिनको विज्ञापन के लिए इस्तेमाल करते हैं।

10. धातुएँ, अधातुएँ और उनके यौगिकों का उपयोग

1. **फेरस ऑक्साइड :** (i) हरा काँच बनाने में (ii) फेरस लवणों के निर्माण में।
2. **फेरिक यौगिक (Fe_3O_4) :** (i) जेवरात पॉलिश करने में (ii) फेरिक लवणों के निर्माण में।
3. **फेरिक हाइड्रोक्साइड ($Fe(OH)_3$) :** (i) प्रयोगशाला में प्रतिकारक के रूप में (ii) दवा बनाने में।
4. **फेरस सल्फेट ($FeSO_4$ $7H_2O$) :** (i) रंग उद्योग में (ii) मोहर लवण बनाने में (iii) स्याही बनाने में।
5. **आयोडीन :** (i) कीटाणुनाशक के रूप में (ii) औषधियों के उत्पादन में (iii) टिंचर आयोडीन बनाने में (iv) रंग उद्योग में।
6. **ब्रोमीन का उपयोग (Br) :** (i) रंग उद्योग (ii) टिंचर गैस बनाने में (iii) प्रतिकारक के रूप में (iv) औषधि बनाने में।
7. **हाइड्रोक्लोरिक अम्ल (HCl) :** (i) क्लोरीन बनाने में (ii) अम्लराज बनाने में (iii) रंग बनाने में (iv) क्लोराइड लवण के निर्माण में।
8. **क्लोरीन (Cl) :** (i) हाइड्रोक्लोरिक अम्ल HCl के निर्माण में (ii) मस्टर्ड गैस बनाने में (iii) ब्लीचिंग पाउडर बनाने में (iv) कपड़ों एवं कागज को विरंजित करने में।

9. **सल्फ्यूरिक अम्ल (H_2SO_4)** : (i) प्रयोगशाला में प्रतिकारक के रूप में (ii) रंग उत्पादन में (iii) पेट्रोलियम के शुद्धीकरण में (iv) स्टोरेज बैटरी में।

10. **सल्फर डाइऑक्साइड (SO_2)** : (i) अवकारक के रूप में (ii) ऑक्सीकारक के रूप में (iii) विरंजक के रूप में।

11. **हाइड्रोजन सल्फाइड (H_2S)** : (i) सल्फाइड के निर्माण में, (ii) लवणों के भास्मिक मूलकों के गुणात्मक विश्लेषण में।

12. **सल्फर (S)** : (i) कीटाणुनाशक के रूप में, (ii) रबर वल्केनाइज करने में, (iii) बारूद बनाने में (iv) औषधि के रूप में।

13. **अमोनिया (NH_3)** : (i) प्रतिकारक के रूप में, (ii) आइस फैक्ट्री में, (iii) रेयॉन बनाने में।

14. **नाइट्रस ऑक्साइड (N_2O)** : (i) शल्य-चिकित्सा में।

15. **फॉस्फोरस (P)** : (i) लाल फॉस्फोरस दियासलाई बनाने में, (ii) श्वेत फॉस्फोरस चूहे मारने में, (iii) श्वेत फॉस्फोरस दवा बनाने में, (iv) फॉस्फोरस ब्रांज बनाने में।

16. **प्रोड्यूसर गैस ($CO+N_2$)** : (i) भट्टी गर्म करने में, (ii) सस्ते ईंधन के रूप में, (iii) धातु-निष्कर्षण में।

17. **वाटर गैस ($CO+H_2$)** : (i) ईंधन के रूप में, (ii) वेल्डिंग के कार्य में।

18. **कोल गैस** : (i) ईंधन के रूप में, (ii) निष्क्रिय वातावरण तैयार करने में।

19. **कार्बन डाइऑक्साइड (CO_2)** : (i) सोडा वाटर बनाने में, (ii) आग बुझाने में, (iii) हार्ड स्टील के निर्माण में।

20. **कार्बन मोनोऑक्साइड (CO)** : (i) $COCl_2$ बनाने में।

21. **ग्रेफाइट** : (i) इलेक्ट्रोड बनाने में, (ii) स्टोव की रंगाई में, (iii) लोहे के बने पदार्थ पर पॉलिश करने में।

22. **हीरा** : (i) आभूषण-निर्माण में, (ii) काँच काटने में।

23. **फिटकरी [$K_2SO_4Al_2(SO_4)_3.24H_2O$]** : (i) जल को शुद्ध करने में, (ii) चमड़े के उद्योग में, (iii) कपड़ों की रंगाई में।

24. **एल्युमिनियम सल्फेट [$Al_2(SO_4)_3.18H_2O$]** : (i) कागज उद्योग में, (ii) चमड़े के उद्योग में, (iii) आग बुझाने में।

25. **अनार्द्र ऐल्युमिनियम क्लोराइड ($AlCl_3$)** : (i) पेट्रोलियम के भंजन में।

26. **मरक्यूरिक क्लोराइड ($HgCl_2$)** : (i) कैलोमेल बनाने में, (ii) कीटनाशक के रूप में।

27. **मरक्यूरिक ऑक्साइड (HgO)** : (i) मलहम बनाने में, (ii) जहर के रूप में।

28. **मरकरी (Hg)** : (i) थर्मामीटर में, (ii) सिन्दूर बनाने में, (iii) अमलगम बनाने में।

29. **जिंक सल्फाइड (ZnS)** : (i) श्वेत पिगमैट के रूप में।

30. **जिंक सल्फेट या उजला थोथा ($ZnSO_4.7H_2O$)** : (i) लिथेपोन के निर्माण में (ii) आँखों के लिए लोशन बनाने में, (iii) कैलिको छपाई में, (iv) चर्म उद्योग में।

31. **जिंक क्लोराइड ($ZnCl_2$)** : (i) टेक्सटाइल उद्योग में, (ii) कार्बनिक संश्लेषण में, (iii) ताम्र, काँच आदि की सतहों को जोड़ने में।

32. **जिंक ऑक्साइड (ZnO)** : (i) मलहम बनाने में, (ii) पोरसेलिन में चमक (Glaze) लाने में।

33. **जिंक (Zn)** : (i) बैटरी बनाने में, (ii) हाइड्रोजन बनाने में।

34. **कैल्शियम कार्बाइड (CaC_2)** : (i) कैल्शियम सायनाइड एवं एसीटीलिन निर्माण में।

35. **ब्लीचिंग पाउडर ($CaOCl_2$) :** (i) कीटाणुनाशक के रूप में, (ii) कागज तथा कपड़ों के विरंजन में, (iii) रासायनिक उद्योगों में उपचायक के रूप में, (iv) क्लोरोफार्म के उत्पादन में।
36. **प्लास्टर ऑफ पेरिस ($(CaSO_4)_2H_2O$ या ($CaSO_4.1/2H_2O$) :** (i) मूर्ति बनाने में (ii) शल्य-चिकित्सा में पट्टी बाँधने में (iii) छतों एवं दीवारों को चिकना बनाने हेतु।
37. **कैल्शियम कार्बोनेट ($CaCoO_3$) :** (i) चूना बनाने में, (ii) टूथपेस्ट बनाने में।
38. **कैल्शियम सल्फेट या जिप्सम ($CaSO_4.2H_2O$) :** (i) स्वाद के रूप में, (ii) प्लास्टर ऑफ पेरिस बनाने में, (iii) अमोनियम सल्फेट बनाने में, (iv) सीमेंट उद्योग में।
39. **कैल्शियम (Ca) :** (i) अवकारक के रूप में, (ii) पेट्रोलिय से सल्फर हटाने में।
40. **मैग्नीशियम क्लोराइड ($MgCl_2.6H_2O$) :** (i) रूई की सजावट में, (ii) सोरेल सीमेंट के रूप में व्यवहृत।
41. **मैग्नीशियम कार्बोनेट ($MgCO_3$) :** (i) दंतमंजन बनाने में, (ii) दवा बनाने में, (iii) जिप्सम लवण बनाने में।
42. **मैग्नीशियम (Mg) :** (i) धातु मिश्रण बनाने में, (ii) फ्लैश बल्ब बनाने में, (iii) थर्माइट वेल्डिंग बनाने में।
43. **मैग्नीशियम ऑक्साइड (MgO) :** (i) औषधि निर्माण में, (ii) रबर पूरक (Rubber Filler) के रूप में, (iii) वायलरों के प्रयोग में।
44. **मैग्नीशियम हाइड्रोक्साइड ($Mg(OH)_3$) :** (i) चीनी उद्योग में मोलासिस से चीनी तैयार कराने में।
45. **कॉपर सल्फेट या नीला थोथा ($CuSO_4.5H_2O$) :** (i) कीटाणुनाशक के रूप में, (ii) विद्युत सेलों में, (iii) कॉपर के शुद्धीकरण में, (iv) रंग बनाने में।
46. **क्यूप्रिक क्लोराइड ($CuCl_2.2H_2O$) :** (i) ऑक्सीकरण के रूप में, (ii) जल शुद्धीकरण में, (iii) धागों की रंगाई में।
47. **क्यूप्रिक ऑक्साइड (CuO) :** (i) ब्लू तथा ग्रीन ग्लास निर्माण में, (ii) पेट्रोलियम के शुद्धीकरण में।
48. **क्यूप्रस ऑक्साइड (Cu_2O) :** (i) लाल ग्लास के निर्माण में, (ii) पेस्टिसाइड के रूप में।
49. **कॉपर (Cu) :** (i) बिजली का तार बनाने में, (ii) बर्तन बनाने में, (iii) ब्रास तथा ब्रांज बनाने में।
50. **सोडियम नाइट्राइट ($NaNO_3$) :** (i) N_2 बनाने में, (ii) प्रतिकारक के रूप में।
51. **सोडियम नाइट्रेट ($NaNO_2$) :** (i) खाद के रूप में, (ii) KNO_3,HNO_3 के निर्माण में।
52. **सोडियम सल्फेट या ग्लॉवर लवण ($Na_2SO_4.10H_2O$) :** (i) औषधि बनाने में, (ii) सस्ता काँच बनाने में।
53. **सोडियम बाईकार्बोनेट या खाने का सोडा ($NaHCO_3$) :** (i) अग्निशामक यंत्र, (ii) बेकरी उद्योग में, (iii) प्रतिकारक के रूप में।
54. **सोडियम कार्बोनेट या धोवन का सोडा (Na_2CO_3) :** (i) ग्लास निर्माण में, (ii) कागज उद्योग में, (iii) जल की स्थायी कठोरता हटाने में, (iv) धुलाई के लिए घरों में धोवन सोडा के रूप में।
55. **हाइड्रोजन परॉक्साइड (H_2O_2) :** (i) ऑक्सीकारक के रूप में, (ii) कीटाणुनाशक के रूप में, (iii) रेशम, ऊन, चमड़ा वगैरह के विरंजन में, (iv) लेड के रंगों में।
56. **भारी जल (D_2O) :** (i) न्यूक्लियर प्रतिक्रियाओं में, (ii) ड्यूटरेटेड यौगिक के निर्माण में।
57. **हाइड्रोजन (H_2) :** (i) अमोनिया के उत्पादन में, (ii) कार्बनिक यौगिक के निर्माण में।

58. **द्रव हाइड्रोजन :** (i) रॉकेट ईंधन के रूप में।

59. **सोडियम :** (i) सोडियम परॉक्साइड बनाने में।

➡ **मिश्रधातु (Alloys) :** किसी धातु का किसी अन्य धातु या अधातु के साथ मिश्रण, मिश्रधातु कहलाता है। मिश्रधातु के गुण उनके घटकों के गुणों से भिन्न होते हैं, जिनसे मिलकर मिश्रधातुएँ बनी हैं।

11. कार्बन तथा उसके यौगिक

➡ कार्बन एक अधातु है। इसकी परमाणु संख्या 6 है। इसे आधुनिक आवर्त सारणी के वर्ग IVA में रखा गया है।

➡ प्रकृति में कार्बन ही एक ऐसा तत्त्व है, जिसके सबसे अधिक यौगिक पाये जाते हैं।

➡ कार्बन अपरूपता/बहुरूपता (Allotropy) प्रदर्शित करता है। यह क्रिस्टलीय तथा अक्रिस्टलीय दो अपरूपों में पाया जाता है। हीरा तथा ग्रेफाइट कार्बन के **क्रिस्टलीय अपरूप** हैं, जबकि पत्थर, लकड़ी, हड्डी आदि का कोयला इसके **अक्रिस्टलीय अपरूप** हैं। वायुमंडल में कार्बन, कार्बन डाइऑक्साइड के रूप में पाया जाता है।

➡ **अपरूपता (Allotro[y) :** वैसे पदार्थ जिनके रासायनिक गुण समान एवं भौतिक गुण भिन्न हों, अपरूप कहलाते हैं और इस घटना को अपरूपता कहते हैं।

➡ कार्बन के सर्वाधिक महत्त्वपूर्ण अपरूप हैं- हीरा एवं ग्रेफाइट।

हीरा के प्रमुख गुणः

(i) यह ताप एवं विद्युत का कुचालक (Non-Conductor) होता है।

(ii) यह संसार का सबसे कठोर पदार्थ है तथा किसी भी द्रव में नहीं घुलता है। इस पर अम्ल, क्षार आदि का कोई प्रभाव नहीं पड़ता है।

(iii) इसके रवे घनाकार होते हैं।

(iv) इसका अपवर्तनांक 2.417 होता है। अतः पूर्ण आंतरिक परावर्तन (Total Internal Reflection) के कारण यह बहुत चमकता है। इस पर रेडियन से निकलने वाली एक्स-किरणों के पड़ने पर यह हरा रंग प्रदर्शित करता है।

(v) शुद्ध हीरा पारदर्शक एवं रंगहीन होता है।

➡ कुछ हीरे काले होते हैं, जिन्हें **बोर्ट** (Boart) कहते हैं। इसका उपयोग शीशा काटने में किया जाता है।

ग्रेफाइट के प्रमुख गुणः

(i) यह विद्युत का सुचालक होता है।

(ii) इसका आपेक्षिक घनत्व 2.2 होता है।

(iii) कागज पर रगड़ने से यह उस पर काला निशान बना देता है, इसलिए इसको काला शीशा भी कहते हैं।

➡ ग्रेफाइट का उपयोग पेंसिल बनाने में, परमाणु भट्टी में, इलेक्ट्रोड के रूप में एवं कार्बन आर्क बनाने में किया जाता है।

➡ हीरा में कार्बन sp^3 एवं ग्रेफाइट में कार्बन sp^3 प्रसंकरित रहता है।

हाइड्रोकार्बन (Hydrocarbon)

➡ कार्बन एवं हाइड्रोजन के यौगिक को हाइड्रोकार्बन कहते हैं। हाइड्रोकार्बन का एक प्राकृतिक स्रोत पेट्रोलियम (कच्चा तेल) है, जिसे प्रकृति द्वारा पृथ्वी में कुछ विशेष प्रकार के अवसादी चट्टानों (Sedimentry Rocks) के बीच बने भंडारों में संरक्षित किया गया है। हाइड्रोकार्बन के तीन प्रकार होते हैं-

1. **संतृप्त हाइड्रोकार्बन (Saturated Hydrocarbon) :** जिस हाइड्रोकार्बन में प्रत्येक कार्बन परमाणु की चारों संयोजकताएँ एक सहसंयोजी आबंधों द्वारा संतुष्ट होती है उसे संतृप्त हाइड्रोकार्बन या एल्केन (Alkane) कहते हैं। एल्केन श्रेणी का सामान्य सूत्र CnH_{2n+2} द्वारा दर्शाया जा सकता है, जहाँ n किसी अणु में उपस्थित कार्बन परमाणुओं की संख्या दर्शाता है। एल्केन के प्रमुख उदाहरण हैं- मिथेन, इथेन, प्रोपेन एवं ब्यूटेन आदि।
2. **असंतृप्त हाइड्रोकार्बन (Unsaturated Hydrocarbon) :** वे हाइड्रोकार्बन जिनमें कम से कम दो निकटतम कार्बन परमाणु आपस में द्विबंध अथवा त्रिबंध बनाकर अपनी संयोजकता को संतुष्ट करते हैं, असंतृप्त हाइड्रोकार्बन कहलाते हैं। द्विबंध वाला असंतृप्त हाइड्रोकार्बन को एल्कीन (Alkene) कहते हैं। एल्कीन श्रेणी का सामन्य रासायनिक सूत्र CnH_{2n} होता है। इस श्रेणी का पहला सदस्य एथीन (C_2H_4) है। त्रिबंध वाला असंतृप्त हाइड्रोकार्बन एल्काइन (Alkyne) कहलाता है। एल्काइन का सामान्य रासायनिक सूत्र CnH_{2n-2} होता है। सबसे सरल एल्काइन एथाइन (C_2H_2 or $H{-}C \equiv C{-}H$) है।
3. **ऐरोमैटिक हाइड्रोकार्बन (Aromatic Hydrocarbon) :** बेंजिन (C_6H_6) सरलतम ऐरोमैटिक हाइड्रोकार्बन है। इसकी संरचना वलय निम्न प्रकार से होती है-

अथवा

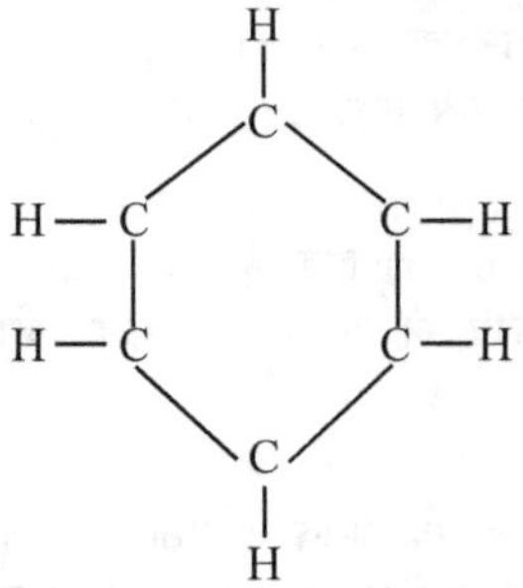

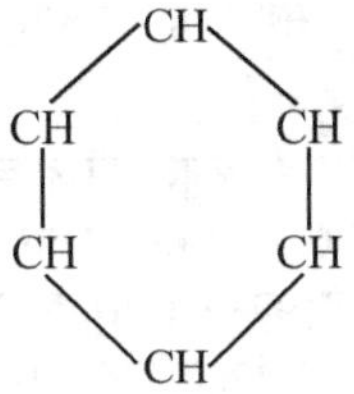

➪ **समावयवता (Isomerism) :** जब दो या दो से अधिक यौगिकों के अणुसूत्र समान होते हैं, परन्तु उनके गुणों में अंतर होता है, तब इस विशेष गुण को समावयवता कहते हैं और प्राप्त यौगिक एक-दूसरे के समावयवी कहलाते हैं। इसके दो मुख्य प्रकार हैं-

(i) **सरंचनात्मक समावयवता :** यह परमाणु के विभिन्न बंधों के कारण उत्पन्न होती है।

(ii) **त्रिविम समावयवता :** यह अंतरिक्ष में परमाणुओं के भिन्न प्रबंध के कारण उत्पन्न होती है।

12. बहुलकीकरण एवं प्लास्टिक

बहुलकीकरण (Polymerisation)

➪ जब एक ही प्रकार के एक से अधिक अणु आपस में जुड़कर कोई अधिक अणुभार वाला बड़ा अणु बनाते हैं, तब इस अभिक्रिया को बहुलकीकरण कहा जाता है। बहुलकीकरण में भाग लेने वाले अणुओं को एकलक (Monomex) व उत्पाद को बहुलक (Ploymer) कहते हैं।

बहुलकीकरण की विशेषताएँ:

(i) इसमें एक ही यौगिक के अणु परस्पर संयोग करते हैं।

(ii) किसी भी अणु का निष्कर्षण नहीं होता है।

(iii) बहुलक का अणुभार मूल यौगिक के अणुभार का गुणक होता है।

➪ प्राकृतिक बहुलक के उदाहरण हैं- स्टार्च एवं सेल्यूलोज।

प्लास्टिक (Plastic)

➩ बहुत से असंतृप्त हाइड्रोकार्बन, जैसे- एथिलीन, प्रोपिलीन आदि बहुलकीकरण की क्रिया के बाद जो उच्च बहुलक बनाते हैं, उसे ही प्लास्टिक कहा जाता है। प्राकृतिक प्लास्टिक का उदाहरण है- लाह। ताप सहन करने की क्षमता के अनुसार रासायनिक विधि से तैयार प्लास्टिक दो प्रकार के होते हैं- 1. थर्मोप्लास्टिक 2. थर्मोसेटिंग प्लास्टिक।

1. **थर्मोप्लास्टिक (Thermoplastic)** : यह गर्म करने पर मुलायम तथा ठंडा करने पर कठोर हो जाता है। यह गुण इसमें सदैव मौजूद रहता है चाहे इसे कितनी बार ठंडा व गर्म किया जाये। जिन कार्बनिक यौगिकों के अंत में एक द्विबंध रहता है, उनके योग बहुलकीकरण से थर्मोप्लास्टिक बनाते हैं। उदाहरणार्थ- पॉलीथीन, नायलॉन, पॉलीस्टॉइरीन, टेफ्लॉन और पॉलीविनाइल क्लोराइड आदि।
2. **थर्मोसेटिंग प्लास्टिक (Thermosetting Plastic)** : यह वह प्लास्टिक है, जो पहली बार गर्म करते समय मुलायम हो जाता है और उसे इच्छित आकार में ढाल लिया जाता है। इसे पुनः गर्म करके मुलायम नहीं बनाया जा सकता है। इस प्रकार के अनुक्रणीय बहुलकों को ताप दृढ़ बहुलक कहते हैं। उदाहरणार्थ- बैकेलाइट तथा मेलामाइन।

प्लास्टिकों के प्रमुख प्रकारः

(i) **पॉलीथीन (Polythene)** : पॉलीथीन, एथिलीन (C_2H_4) के उच्च ताप एवं उच्च दाब पर बहुलकीकरण के फलस्वरूप प्राप्त किया जाता है। पॉलीथीन पर अम्ल तथा क्षार आदि का प्रभाव नहीं पड़ता। इसका उपयोग तार के ऊपर का आवरण, खिलौने, बोतल, बाल्टी, पाइप एवं पैकिंग की थालियाँ बनाने में होता है।

(ii) **पॉली विनाइल क्लोराइड (Poly Vinyl Chloride-PVC)** : यह प्लास्टिक, विनाइल क्लोराइड के बहुलकीकरण के फलस्वरूप प्राप्त होता है। इसका उपयोग सीट कवर, चादरे, फिल्म, पर्स, बरसाती आदि बनाने में किया जाता है।

(iii) **पॉलीस्टॉइरीन (Polystyrene)** : यह प्लास्टिक, फेनिल एथिलीन के बहुलकीकरण के फलस्वरूप प्राप्त होता है। इसे स्टाइरोन (Styron) भी कहा जाता है। इसका उपयोग अम्ल रखने की बोतलों व सेलों के कवर आदि बनाने में किया जाता है।

(iv) **बैकेलाइट (Bakelite)** : यह प्लास्टिक, फिनॉल व फार्मेल्डिहाइड के बहुलकीकरण के फलस्वरूप प्राप्त होता है। यह रेडियो, टेलीविजन के आवरण, ढलाई तथा विद्युतरोधी समान बनाने आदि के काम आता है।

(v) **यूरिया फार्मोल्डिहाइड प्लास्टिक (Urea Farmoldihide Plastic)** : यह प्लास्टिक यूरिया व फार्मोल्डिहाइड के जलीय विलयन को गर्म करके बनाया जाता है। इसका उपयोग सजावट करने वाली वस्तुओं को बनाने में किया जाता है।

➩ **रबर (Rubber)** : रबर दो प्रकार का होता है- (i) प्राकृतिक रबर एवं (ii) संश्लिष्ट अथवा कृत्रिम रबर।

➩ **प्राकृतिक रबर (Natural Rubber)** : यह आइसोप्रीन (Isoprene) का बहुलक होता है, यह थर्मोप्लास्टिक है।

➩ **वल्कनीकरण (Vulcanisation)** : प्राकृतिक रबर को सल्फर के साथ मिलाकर गर्म करने की क्रिया वल्कनीकरण कहलाता है। इसके बाद रबर एक निश्चित आकार ग्रहण कर लेता है। इस प्रकार के रबर का उपयोग दस्ताना (Gloves) तथा रबर बैंड (Rubber Band) बनाने में किया जाता है।

- रबर आसानी से कार्बन डाइऑक्साइड में घुल जाता है।
- प्राकृतिक रबर बहुत मुलायम होता है, इसे कठोर बनाने के लिए इसमें कार्बन मिलाया जाता है। तब इसका प्रयोग टायर एवं ट्यूब आदि बनाने में किया जाता है।
- **संश्लिष्ट रबर (Syntnetic Rubber) :** यह दो प्रकार का होता है-

  (i) **नियोप्रीन (Neoprene) :** यह 2-क्लोरोब्यूटाडाइन (2-Chlrobutadiene) के बहुलकीकरण से बनता है। इसका उपयोग विद्युतरोधी पदार्थ (Insulating Material), विद्युत तार (Electri Cable), कनवेयर बेल्टर (Conveyor Belt) तथा खनिज तेल ले जाने वाले पाइप बनाने में किया जाता है।

  (ii) **थाईकॉल (Thiokol) :** यह दूसरे कृत्रिम रबर है, जो डाइक्लोरो इथेन (Dichloro Ehtene) को पॉलीसल्फाइड (Polysulphide) की प्रतिक्रिया से बनाया जाता है। इसका उपयोग खनिज तेल ले जाने वाले पाइप बनाने में, विलायक जमा करने वाला टैंक (Solvant Storage Tank) आदि बनाने में किया जाता है।

  नोट : थाईकॉल रबर को ऑक्सीजन मुक्त करने वाले रसायनों के साथ मिलाकर रॉकेट इंजनों में ठोस ईंधन के रूप में प्रयोग किया जाता है।
- **रेशे (Fibres) :** वे शृंखला-युक्त ठोस जिनकी लंबाई, चौड़ाई की अपेक्षा सैकड़ों या हजारों गुना अधिक हो, रेशे कहलाते हैं।

रासायनिक रेशे

- **नायलॉन (Nylon) :** नॉयलॉन शब्द न्यूयार्क (Newyork) शहर के 'NY' तथा लंदन (London) शहर के 'LON' को मिलाकर बनाया गया है। नॉयलॉन ऐसे छोटे कार्बनिक अणुओं के बहुलकीकरण प्रक्रिया द्वारा बनाया जाता है, जो प्राकृतिक रूप से उपलब्ध नहीं है। यह एक पॉली एमाइड रेशे का उदाहरण है, जिसमें एमाइड समूह ($>CONH_2$) प्रत्येक इकाई पर होता है तथा बार-बार दोहराया जाता है। पॉली एमाइड रेशा बनाने के लिए, दो एमीन ($-NH_2$) समूह-युक्त किसी कार्बनिक यौगिक की अभिक्रिया किसी ऐसे कार्बनिक यौगिक के साथ की जाती है, जिसमें कार्बोक्सिलिक अम्ल (–COOH) के दो समूह हों। नॉयलॉन मानव द्वारा संश्लिष्ट किया गया पहला रेशा था। इसका निर्माण सर्वप्रथम 1935 ई. में किया गया था तथा व्यापारिक स्तर पर पहली बार 1939 ई. में महिलाओं के लिए इससे जुराबें (Socks) इससे बनायी गयीं। नॉयलॉन का उपयोग मछली पकड़ने के जाल में, पैरासूट के कपड़ा में, टायर, दाँत ब्रश, पर्वतारोही के लिए रस्सी बनाने आदि में होता है।
- **रेयॉन (Rayon) :** सेल्युलोज से बने कृत्रिम रेशे को रेयॉन कहते हैं। रेयॉन बनाने के लिए सेल्युलोज कागज की लुगदी या काष्ठ को लिया जाता है। इसे सान्द्र तथा ठंडे सोडियम हाइड्रोक्साइड तथा कार्बन डाइसल्फाइड से उपचारित करते हैं, उसके बाद इस सेल्युलोज के विलयन को धातु बेलनों में बने छिद्रों में से होकर तनु सल्फ्यूरिक अम्ल में गिराया जाता है, यहाँ इसके लंबे-लंबे तंतु बन जाते हैं। रेयॉन रासायनिक दृष्टि से सूत के समान है। रेयॉन का उपयोग कपड़ा बनाने में, कालीन बनाने में चिकित्सा क्षेत्र में लिंट या जाली बनाने के लिए किया जाता है।
- **पॉलिएस्टर (Polyster) :** इसे इंग्लैड में विकसित किया गया था। इसे संश्लिष्ट करने के लिए दो हाइड्रोक्सिल (–OH) समूह-युक्त कार्बन यौगिक की अभिक्रिया दो कार्बोक्सिलिक (–COOH) समूह के यौगिक के साथ की जाती है। हाइड्रोक्सिल तथा कार्बोक्सिलिक समूह के मध्य अभिक्रिया के परिणामस्वरूप एस्टर समूह बनाता है। चूँकि इस रेशे में अनेक एस्टर समूह होते हैं, इसलिए इसे पॉलिएस्टर कहते हैं। पॉलिएस्टर का उपयोग कपड़े के रूप में, पाल

नौकाओं का पाल बनाने में, अग्निशमन में प्रयुक्त हौज पाइप बनाने में इसका प्रयोग किया जाता है।

- **कार्बन फाइबर (Carbon Fibres) :** कार्बन फाइबर कार्बन परमाणुओं की लंबी श्रृंखला से बने होते हैं। इनका संक्षारण (Corrosion) नहीं होता है। इसका निर्माण संश्लिष्ट रेशों को ऑक्सीजन की अनुपस्थिति में गर्म करके किया जाता है, जिससे रेशे अपघटित होकर कार्बन फाइबर उत्पन्न करते हैं। इसका उपयोग अंतरिक्ष तथा खेलकूद की सामग्री बनाने में होता है।

13. पेट्रोलियम उद्योग

- पेट्रोलियम प्रायः प्राकृतिक गैस के नीचे पाया जाता है। कच्चे पेट्रोलियम को प्रभाजी आसवन (Fractional Distillation) के द्वारा शुद्ध किया जाता है। इसमें भिन्न-भिन्न क्वथनांक (Boiling Point) पर संघनित प्रभाज पृथक-पृथक इकट्ठे कर लिए जाते हैं।

पेट्रोलियम के विभिन्न अवयव व उनके उपयोगः

1. **अद्रवीभूत गैसें :** पेट्रोलियम में लगभग 17% साइमोजीन व रिगोलिन गैसें उपस्थित रहती हैं। ये गैसें मिथेन, ऐथेन, प्रोपेन व ब्यूटेन आदि गैसों का मिश्रण होती हैं। इनका उपयोग खाना बनाने में, बर्फ बनाने में तथा निश्चेतक (Anaesthetic) के रूप में किया जाता है।
2. **पेट्रोलियम ईथर :** यह पेट्रोलियम में 17% तक पाया जाता है। पेट्रोलियम ईथर, पेन्टेन, हेक्सेन (C_5–C_6) आदि हाइड्रोकार्बन का मिश्रण होता है। इसका उपयोग चर्बी, वसा, तेल आदि के विलायक के रूप में किया जाता है।
3. **पेट्रोल या गैसोलिन :** यह अत्यधिक वाष्पशील व हेक्सेन, हेप्टेन, ऑक्टेन (C_6–C_8) हाइड्रोकार्बनों का मिश्रण होता है। इसका उपयोग मोटरकारों व वायुयानों के ईंधन के रूप में, सूखी धुलाई व विलायक के रूप में किया जाता है।
4. **बेन्जाइन :** यह C_7 से C_9 तक के हाइड्रोकार्बन का मिश्रण होता है। इसका उपयोग सूखी धुलाई में व वार्निश आदि बनाने में किया जाता है।
5. **मिट्टी का तेल :** मिट्टी का तेल C_{10} से C_{15} तक के हाइड्रोकार्बन का मिश्रण है। पेट्रोलियम में इसकी मात्रा 54% तक पायी जाती है। इसका उपयोग घरों में प्रकाश करने में तथा खाना बनाने के लिए ईंधन के रूप में किया जाता है।

प्रमुख पेट्रोलियम उत्पाद				
क्र. सं.	पेट्रोलियम प्रभाजों के नाम	ताप-परिसर	कार्बन-अणुओं की संख्या	उपयोग
1.	प्राकृतिक गैस (Natural Gas)	30°C से नीचे	C_1 से C_4 तक	रसोई गैस के रूप में
2.	पेट्रोल या गैसोलीन (Petrol or Gasoline)	20°C से 100°C	C_5 से C_{10} तक	ईंधन (मोटर) एवं स्पिरिट के रूप में
3.	नेफ्था (Neptha)	100°C से 180°	C_7 से C_{12} तक	संश्लिष्ट रेशे के उत्पादन के रूप में
4.	किरोसीन तेल (Kerosene Oil)	175°C से 250°C	C_{10} से C_{15} तक	लैम्प एवं स्टोव जलाने के लिए ईंधन के रूप में

5.	डीजल (Diesel)	250° से 250°C	C_{16} से C_{20} तक	डीजल इंजन में ईंधन के रूप में
6.	स्नेहक तेल (Lubricant Oil)	250°C से 450°	C_{20} से C_{30} तक	स्नेहक के रूप में एवं दवा बनाने में
7.	पेट्रोलियम जेली (Petroleum Jelly)	450°C से 500°C	C_{30} से C_{35} तक	स्नेहक एवं दवा बनाने में
8.	पाराफीन मोम (Paraffin Wax)	500°C से ऊपर	C_{35} से C_{40} तक	मोमबत्ती एवं जलरोधी बनाने में
9.	कोलतार (Coaltar)	अवशिष्ट	अवशिष्ट	सड़क बनाने में

14. ईंधन

ईंधन (Fuel)

- वह पदार्थ जो हवा में जलकर बगैर अनावश्यक उत्पाद के ऊष्मा उत्पन्न करता है, ईंधन कहलाता है।

अच्छे ईंधन के गुण:

(i) वह सस्ता एवं आसानी से उपलब्ध होना चाहिए।

(ii) उसका ऊष्मीय मान (Calorific value) उच्च होना चाहिए।

(iii) जलने के बाद उससे अधिक मात्रा में अवशिष्ट पदार्थ नहीं बचना चाहिए।

(iv) जलने के दौरान या बाद में कोई हानिकारक पदार्थ नहीं उत्पन्न होना चाहिए।

(v) उसका जमाव और परिवहन आसान होना चाहिए।

(vi) उसका जलना नियंत्रित होना चाहिए।

(vii) उसका प्रज्वलन ताप (Ignition Temperature) निम्न होना चाहिए।

ईंधन का ऊष्मीय मान (Calorific Value of Fuels)

- किसी ईंधन का ऊष्मीय मान ऊष्मा की वह मात्रा है, जो उस ईंधन के एक ग्राम को वायु या ऑक्सीजन में पूर्णतः जलाने के पश्चात् प्राप्त होती है। किसी भी अच्छे ईंधन का ऊष्मीय मान अधिक होना चाहिए। सभी ईंधनों में हाइड्रोजन का ऊष्मीय मान सबसे अधिक होता है परन्तु सुरक्षित भंडारण की सुविधा नहीं होने के कारण इसका उपयोग आमतौर पर नहीं किया जाता है। हाइड्रोजन का उपयोग रॉकेट ईंधन के रूप में तथा उच्च ताप उत्पन्न करने वाले ज्वालकों में किया जाता है। हाइड्रोजन को **भविष्य का ईंधन** भी कहा जाता है।

अपस्फोटन (Knocking) व आक्टेन संख्या (Octane Number)

- कुछ ईंधन ऐसे होते हैं जिनके वायु मिश्रण का इंजनों के सिलेण्डर में ज्वलन समय से पहले हो जाता है, जिससे ऊष्मा पूर्णतया कार्य में परिवर्तित न होकर धात्विक ध्वनि उत्पन्न करने में नष्ट हो जाती है। यह धात्विक ध्वनि ही अपस्फोटन (Knocking) कहलाती है। ऐसे ईंधन जिनका अपस्फोटन अधिक होता है, उपयोग के लिए उचित नहीं माने जाते हैं। अपस्फोटन कम करने के लिए ऐसे ईंधन में अपस्फोटनरोधी यौगिक मिला दिये जाते हैं, जिससे इनका अपस्फोटन कम हो जाता है। सबसे अच्छा अपस्फोटनरोधी यौगिक टेट्रा एथिल लेड (TEL) है। अपस्फोटन को ऑक्टेन संख्या (Octane Number) के द्वारा व्यक्त किया जाता है। किसी ईंधन, जिसकी ऑक्टेन संख्या जितनी अधिक होती है, का अपस्फोटन उतना ही कम होता है तथा वह उतना ही उत्तम ईंधन माना जाता है।

ईंधन के प्रकार

▷ भौतिक अवस्था के आधार पर ईंधन तीन प्रकार के होते हैं-
1. ठोस ईंधन (Solid Fuel)
2. द्रव ईंधन (Liquid Fuel)
3. गैसीय ईंधन (Gaseous Fuel)

1. ठोस ईंधन (Solid Fuel)

▷ ये ईंधन ठोस रूप में होते हैं तथा जलाने पर कार्बन डाइऑक्साइड, कार्बन मोनोऑक्साइड व ऊष्मा उत्पन्न करते हैं। लकड़ी, कोयला, कोक आदि ठोस ईंधनों के उदाहरण हैं। **ठोस ईंधन में सबसे मुख्य कोयला है।**

▷ **कोयला (Coal)** : कार्बन की मात्रा के आधार पर कोयला चार प्रकार के होते हैं-
 (i) **पीट कोयला** : इसमें कार्बन की मात्रा 50% से 60% तक होती है। इसे जलाने पर अधिक राख एवं धुँआ निकलता है। यह सबसे निम्न श्रेणी का कोयला होता है।
 (ii) **लिग्नाइट कोयला** : इसमें कार्बन की मात्रा 65% से 70% तक होती है। इसका रंग भूरा (Brown) होता है। इसमें जलवाष्प की मात्रा अधिक होती है।
 (iii) **बिटुमिनस कोयला** : इसे मुलायम कोयला (Soft Coal) भी कहा जाता है। इसमें कार्बन की मात्रा 70% से 85% तक होती है।
 (iv) **एंथ्रासाइट कोयला** : यह सबसे उत्तम श्रेणी का कोयला है। इसमें कार्बन की मात्रा 85% से भी अधिक होती है।

2. द्रव ईंधन (Liquid Fuel)

▷ द्रव ईंधन विभिन्न प्रकार के हाइड्रोकार्बन के मिश्रण से बने होते हैं तथा जलाने पर कार्बन डाइऑक्साइड व जल का निर्माण करते हैं।

▷ किरोसीन, पेट्रोल, डीजल, अल्कोहल, ईथर एवं स्प्रिट आदि द्रव ईंधन के उदाहरण हैं।

3. गैसीय ईंधन (Gaseous Fuel)

▷ जिस प्रकार ठोस व द्रव ईंधन जलाने पर ऊष्मा उत्पन्न करते हैं, उसी प्रकार कुछ ऐसी गैसें भी हैं जो जलाने पर ऊष्मा उत्पन्न करती हैं। गैस ईंधन द्रव व ठोस ईंधनों की अपेक्षा अधिक सुविधाजनक होते हैं व पाइपों द्वारा एक स्थान से दूसरे स्थान तक सरलतापूर्वक भेजे जा सकते हैं। इसके अतिरिक्त गैस ईंधन की ऊष्मा सरलता से नियंत्रित की जा सकती है। **प्रमुख गैस ईंधन निम्न हैं-**

 (i) **प्राकृतिक गैस (Natural Gas)** : यह पेट्रोलियम कुआँ से निकलती है। इसमें 95% हाइड्रोकार्बन होता है, जिसमें 80% मिथेन रहता है। घरों में प्रयुक्त होने वाली द्रवित प्राकृतिक गैस को एलपीजी (LPG) कहते हैं। यह ब्यूटेन एवं प्रोपेन का मिश्रण होता है, जिसे उच्च दाब पर द्रवित कर सिलेण्डरों में भर लिया जाता है।
 एलपीजी (LPG) अत्यधिक ज्वलनशील होती है। अत: इससे होने वाली दुर्घटना से बचने के लिए इसमें सल्फर के यौगिक (मिथाइल मरकॉप्टेन) को मिला देते हैं, ताकि इसके रिसाव को इसकी गंध से पहचान लिया जाये।

 (ii) **गोबर गैस (Bio-Gas)** : गीले गोबर (पशुओं के मल) के सड़ने पर ज्वलनशील मिथेन गैस बनती है, जो वायु की उपस्थिति में सुगमता से जलती है। गोबर गैस संयंत्र में शेष रहे पदार्थ का उपयोग कार्बनिक खाद के रूप में किया जाता है।

 (iii) **प्रोड्यूसर गैस (Producer Gas)** : यह गैस लाल तप्त कोक पर वायु प्रवाहित करके बनायी जाती है, इसमें मुख्यत: कार्बन मोनोऑक्साइड ईंधन का काम करता है। इसमें 70%

नाइट्रोजन, 25% कार्बन मोनोऑक्साइड एवं 4% कार्बन डाइऑक्साइड रहता है। इसका ऊष्मीय मान (Calorific Value) 1100–1750 Kcal/Kg होता है। **काँच एवं इस्पात उद्योग में इसका उपयोग ईंधन के रूप में किया जाता है।**

(iv) **जल गैस (Water Gas) :** इसमें हाइड्रोजन 49%, कार्बन मोनोऑक्साइड 45% तथा कार्बन डाइऑक्साइड 4.5% होता है। इसका ऊष्मीय मान 2500 से 2800 Kcal/Kg होता है। इसका उपयोग हाइड्रोजन एवं अल्कोहल के निर्माण में अपचायक के रूप में होता है।

(v) **कोल गैस (Coal Gas) :** यह कोयले के भंजक आसवन (Destructive Distillation) से बनाया जाता है। यह रंगहीन एवं तीक्ष्ण गंध वाली गैस है। यह वायु के साथ विस्फोटक मिश्रण बनाती है। इसमें 54% हाइड्रोजन, 35% मिथेन, 11% कार्बन मोनोऑक्साइड, 5% हाइड्रोकार्बन, 3% कार्बन डाइऑक्साइड होता है।

- ईंधन का ऊष्मीय मान उसकी कोटि का निर्धारण करता है।
- अल्कोहल को जब पेट्रोल में मिला दिया जाता है, तो उसे पॉवर अल्कोहल (Power Alcohol) कहते हैं, जो ऊर्जा का एक वैकल्पिक स्रोत है।

15. जल की कठोरता

- जल एक यौगिक (Compound) है। इसमें हाइड्रोजन व ऑक्सीजन का अनुपात भार के अनुपात में 1:8 एवं आयतन के अनुपात में 2:1 होता है।
- जल दो प्रकार का होता है- 1. मृदु जल (Soft Water) एवं 2. कठोर जल (Hard Water)।

1. मृदु जल (Soft Water)

- जो जल साबुन के साथ आसानी से झाग देता है और पीने में उपयुक्त होता है, उसे मृदु व शुद्ध जल कहते हैं।

2. कठोर जल (Hard Water)

- वह जल जिसमें साबुन आसानी से झाग नहीं देता है और पीने में उपयुक्त नहीं होता है, उसे कठोर जल कहते हैं।
- **जल की कठोरता :** जल की कठोरता, जल में कैल्सियम और मैग्नीशियम के घुलनशील लवणों (बाईकार्बोनेट, सल्फेट, क्लोराइड आदि) के कारण होती है। जल की कठोरता को दूर करने के लिए इसमें सोडियम कार्बोनेट (Na_2CO_3) मिलाया जाता है।
- जल की कठोरता दो प्रकार की होती है- 1. अस्थायी कठोरता (Temporary Hardness) 2. स्थायी कठोरता (Permanent Hardness)।

1. **अस्थायी कठोरता (Temporary Hardness) :** जल की अस्थायी कठोरता उसमें कैल्सियम (Ca) और मैग्नीशियम (Mg) के बाईकार्बोनेट के घुले रहने के कारण होती है। जल की अस्थायी कठोरता निम्न विधियों से दूर की जा सकती है-

   (i) **उबालकर :** जल को उबालने पर कैल्सियम और मैग्नीशियम के बाईकार्बोनेट विच्छेदित होकर अघुलनशील कार्बोनेट में परिणत हो जाते हैं, जिन्हें छानकर अलग कर दिया जाता है।

   (ii) **क्लार्क विधि :** जल में चूना- जल मिलाकर भी अस्थायी कठोरता दूर की जाती है। इस विधि को क्लार्क विधि कहा जाता है। कठोर जल में चूना-जल की आवश्यक मात्रा डालने पर, कैल्सियम बाईकार्बोनेट और मैग्नीशियम बाईकार्बोनेट क्रमशः कैल्सियम कार्बोनेट और मैग्नीशियम बाईकार्बोनेट में परिणत होकर अवक्षेपित हो जाते हैं।

   (iii) जल में कॉस्टिक सोडा या अमोनिया हाइड्रोऑक्साइड भी डालकर अस्थायी कठोरता दूर की जाती है।

2. **स्थायी कठोरता (Permanent Hardness) :** जल की कठोरता यदि जल को उबालने से दूर नहीं होती है, तो उस प्रकार की कठोरता स्थायी कठोरता कहलाती है। जल की स्थयी कठोरता निम्नलिखित विधियों से दूर की जा सकती है-

   (i) **सोडा विधि :** जल की स्थायी कठोरता कैल्सियम और मैग्नीशियम के घुलनशील लवणों के कारण होती है। इन्हें जल से अलग करने के लिए इसमें सोडियम कार्बोनेट का घोल मिलाया जाता है जिससे कैल्सियम और मैग्नीशियम के घुलनशील लवण अघुलनशील कार्बोनेट में परिणत हो जाते हैं, जिन्हें छानकर अलग निकाल दिया जाता है।

   (ii) **साबुन विधि :** जल की स्थायी कठोरता साबुन मिलाकर भी दूर की जा सकती है। साबुन उच्च वसा-अम्लों का सोडियम लवण होता है। जल में उपस्थित कैल्सियम और मैग्नीशियम के घुलनशील लवण साबुन की प्रतिक्रिया से, कैल्सियम और मैग्नीशियम के अघुलनशील लवण के रूप में परिणत हो जाते हैं, जिन्हें छानकर बाहर निकाल दिया जाता है।

   (iii) **परम्यूटिट विधि :** यह जल की स्थायी कठोरता दूर करने की मुख्य विधि है। सोडियम और एल्युमिनियम के मिश्रित सिलिकेट को परम्यूटिट या सोडियम जियोलाइट भी कहा जाता है। कठोर जल को जियोलाइट की तहों से प्रवाहित करने पर जल में उपस्थित कैल्सियम और मैग्नीशियम के लवण सोडियम लवण के रूप में परिणत हो जाते हैं।

   (iv) **कैलगन विधि :** कैलगन, सोडियम हेक्सामेटा फॉस्फेट का व्यापारिक नाम है। यह जल में उपस्थित कैल्शियम और मैग्नीशियम के लवणों के साथ प्रतिक्रिया करता है और इसके फलस्वरूप ऐसे यौगिक का निर्माण होता है, जो अवक्षेप के रूप में जल से अलग तो नहीं होता, साबुन के साथ प्रतिक्रिया भी नहीं करता है।

   (v) **स्रवण विधि :** इस विधि में जल को उबालकर वाष्प में परिणत किया जाता है, पुनः वाष्प को संघनित कर जल में परिणत कर दिया जाता है। फलस्वरूप अपद्रव्य जल से अलग हो जाता है।

16. अम्ल, क्षार एवं लवण

अम्ल (Acid)

- अम्ल वे पदार्थ हैं जिनमें हाइड्रोजन पाया जाता है एवं जलीय विलयन में वे हाइड्रोजन आयन उत्पन्न करते हैं। अम्ल साधारणतया खट्टे फलों, जैसे- नींबू, इमली आदि में पाये जाते हैं। नींबू में साइट्रिक अम्ल व इमली में टार्टरिक अम्ल पाये जाते हैं। हाइड्रोक्लोरिक अम्ल, सल्फ्यूरिक अम्ल, नाइट्रिक अम्ल, ऑक्जेलिक अम्ल, ऐसीटिक अम्ल, फार्मिक अम्ल आदि कुछ मुख्य अम्ल हैं-
- **आरहेनियम के अनुसार :** अम्ल एक यौगिक है, जो जल में घुलकर H^+ आयन देता है।
- **बॉरॉन्सटेड एवं लॉरी सिद्धांत के अनुसार :** अम्ल वह पदार्थ है, जो किसी दूसरे पदार्थ को प्रोटॉन प्रदान करने की क्षमता रखता है।
- **लुईस इलेक्ट्रॉनिक सिद्धान्त के अनुसार :** अम्ल वह यौगिक है, जिसमें इलेक्ट्रॉन की एक निर्जन जोड़ी (Lone Pair of Electron) स्वीकार करने की प्रवृत्ति होती है।
- अम्ल स्वाद में खट्टे होते हैं।
- अम्ल का जलीय विलयन नीले लिटमस को लाल कर देता है।

कुछ अम्लों के उपयोग:

(i) कुछ अम्ल खाने के काम में आता है, जैसे- खट्टे दूध (लैक्टिक अम्ल), सिरका एवं अचार (एसीटिक अम्ल), सोडावाटर एवं अन्य पेय (कार्बोनिक अम्ल), अंगूर एवं इमली (टार्टरिक अम्ल), सेव (मैलिक अम्ल), नींबू एवं नारंगी (साइट्रिक अम्ल)।

(ii) खाना पचाने में हाइड्रोक्लोरिक अम्ल (HCl) का उपयोग होता है।

(iii) नाइट्रिक अम्ल का प्रयोग सोना और चाँदी के शुद्धीकरण में किया जाता है।

(iv) लोहा पर जस्ते की परत चढ़ाने से पहले लोहा को साफ करने में सल्फ्यूरिक अम्ल (H_2SO_4) एवं नाइट्रिक अम्ल (HNO_3) का प्रयोग किया जाता है।

नोट : कपड़ों पर लगे जंग के धब्बे को हटाने के लिए ऑक्जेलिक अम्ल प्रयुक्त किया जाता है।

➩ **अम्लराज (Aqua Regia) :** यह 3:1 के अनुपात में सांद्र हाइड्रोक्लोरिक अम्ल एवं सांद्र नाइट्रिक अम्ल का ताजा मिश्रण होता है। यह सोना एवं प्लैटिनम को गलाने में समर्थ होता है।

प्रमुख अम्ल, स्रोत, बनाने की विधि एवं उपयोग			
अम्ल	**प्राकृतिक स्रोत**	**औद्योगिक निर्माण की विधि**	**उपयोग**
सल्फ्यूरिक अम्ल	हराकसीस	सीसकक्ष (Lead Chamber) व सम्पर्क विधि	पेट्रोलियम के शोधन में, कई प्रकार के विस्फोटक बनाने में, रंग व औषधियाँ बनाने में, संचायक बैटरियों में।
नाइट्रिक अम्ल	फिटकरी व शोरा	साल्टपीटर व वर्क लैंड अर्क प्रक्रम द्वारा	औषधियाँ, उर्वरक बनाने में, फोटोग्राफी में व विस्फोटक पदार्थ बनाने में।
हाइड्रोक्लोरिक अम्ल	—	—	प्रयोगशाला में अभिकर्मक के रूप में, रंग व औषधि बनाने में, अम्लराज बनाने में।
एसीटिक अम्ल	फलों के रसों में, सुगन्धित तेलों में	ऐसीटिलीन से, सिरका (Vinegar) से	विलायक के रूप में, ऐसीटोन बनाने में व खट्टे खाद्य पदार्थ बनाने में।
फार्मिक अम्ल	लाल चीटियों में, बर्रों व बिच्छू में	—	जीवाणु नाशक के रूप में, फलों को संरक्षित व रबर के स्कन्दन में, चमड़ा व्यवसाय में।
आक्जेलिक अम्ल	सारेल का वृक्ष	सोडियम फार्मेट से	फोटोग्राफी में, कपड़ों की छपाई व रंगाई में, चमड़े के विरंजक के रूप में।
बेन्जोइक अम्ल	घास, पत्ते व मूत्र	बेन्जाइल क्लोराइड से	दवा व खाद्य पदार्थों के संरक्षण के रूप में।
साइट्रिक अम्ल	खट्टे फलों में	कच्ची शर्करा के किण्वन से	धातुओं को साफ करने में, खाद्य पदार्थों व दवाओं के बनाने में व कपड़ा उद्योगों में

क्षार/भस्म (Base)

- क्षार/भस्म वे पदार्थ हैं जिनमें हाइड्राक्सिल समूह पाया जाता है तथा जिनके जलीय विलयन में हाइड्राक्सिल आयन (OH) उपस्थित रहते हैं। क्षार लाल लिटमस पेपर को नीला कर देते हैं। कास्टिक सोडा सोडियम हाइड्राक्साइड व कास्टिक पोटाश (पोटैशियम हाइड्राक्साइड) प्रमुख क्षार हैं।
- **ब्रान्सटेड लॉरी के सिद्धान्त के अनुसार :** वह यौगिक जिसमें प्रोटॉन ग्रहण करने की क्षमता हो भस्म कहलाता है।
- **लुई इलेक्ट्रॉनिक सिद्धान्त के अनुसार :** वह यौगिक जिसमें इलेक्ट्रॉन की एक निर्जन जोड़ी (Lone Pair of Electron) प्रदान करने की क्षमता होती है, भस्म कहलाता है।
- भस्म दो प्रकार के होते हैं- (i) जल में विलेय भस्म और (ii) जल में अविलेय भस्म।
  - (i) **जल में विलेय भस्म :** वैसा भस्म जो जल में विलेय हो क्षार कहलाता है। यह लाल लिटमस पत्र को नीला कर देता है तथा स्वाद में कड़वा होता है। जैसे- पोटैशियम हाइड्रोक्साइड (KOH), सोडियम हाइड्रोक्साइड (NaOH) आदि।
  - (ii) **जल में अविलेय भस्म :** ये अम्ल के साथ प्रतिक्रिया कर लवण एवं जल बनाते हैं, लेकिन क्षार के अन्य गुण प्रदर्शित नहीं करते हैं। जैसे- ZnO, $Cu(OH)_2$, FeO, Fe_2O_3 आदि।

कुछ भस्मों के उपयोग

(i) **कैल्सियम हाइड्रोक्साइड [$Ca(OH)_2$]**

(a) घरों में चूना पोतने में (b) गारा एवं प्लास्टर बनाने में (c) ब्लीचिंग पाउडर बनाने में (d) चमड़ा के ऊपर का बाल साफ करने में (e) जल को मृदु बनाने में (f) अम्ल के जलन पर मरहम पट्टी करने में।

(ii) **कॉस्टिक सोडा या सोडियम हाइड्रॉक्साइड (NaOH)**

(a) साबुन बनाने में (b) पेट्रोलियम साफ करने में (c) दवा बनाने में (d) कपड़ा एवं कागज बनाने में।

(iii) **मिल्क ऑफ मैग्नीशियम या मैग्नीशियम हाइड्रॉक्साइड ($Mg(OH)_2$:** पेट की अम्लीयता को दूर करने में।

लवण (Salt)

- अम्ल एवं भस्म/क्षार की प्रतिक्रिया के फलस्वरूप लवण एवं जल का निर्माण होता है। इसे निम्नलिखित सूत्र से व्यक्त किया जाता है–

$$NaOH + HCl \rightarrow NaCl + H_2O$$

- साधारण नमक, जिसे सोडियम क्लोराइड कहते हैं, हाइड्रोक्लोरिक अम्ल व सोडियम हाइड्रॉक्साइड की परस्पर अभिक्रिया से बनता है।

कुछ लवणों के उपयोग:

(i) **साधारण नमक या सोडियम क्लोराइड (NaCl) :** खाने के रूप में एवं अचार के परिरक्षण में इसका उपयोग होता है।

(ii) **खाने का सोडा या सोडियम बाईकार्बोनेट ($NaHCO_3$) :** पेट की अम्लीयता को दूर करने एवं अग्निशामक यंत्रों में इसका उपयोग किया जाता है।

(iii) **कास्टिक सोडा या सोडियम हाइड्रॉक्साइड (NaOH) :** इसका उपयोग अपमार्जक का चूर्ण बनाने में किया जाता है।

कुछ मुख्य पदार्थों का pH मान

पदार्थ	pH मान
समुद्री जल	8.4
रक्त	7.4
लार	6.5
दूध	6.4
मूत्र	6
शराब	2.8
सिरका	2.4
नींबू	2.2

(iv) **धोवन सोडा या सोडियम कार्बोनेट ($Na_2CO_3.10H_2O$)** : इसका उपयोग कपड़ा धोने में होता है।

(v) **पोटैशियम नाइट्रेट (KNO_3)** : बारूद बनाने में इसका उपयोग होता है।

pH का मान (pH Value)

- pH मूल्य एक संख्या होती है जो पदार्थों की अम्लीयता व क्षारीयता को निर्धारित करती है। इसका मान हाइड्रोजन आयन (H^+) के सांद्रण के व्युत्क्रम के लघुगुणक के बराबर होता है।
- pH का मान O से लेकर 14 के बीच होता है। जिन विलयनों के pH का मान 7 से कम होता है, वे अम्लीय होते हैं तथा जिनका मान 7 से अधिक होता है वे क्षारीय होते है।
- उदासीन विलयनों के pH का मान 7 होता है। शुद्ध जल का pH मान 7 होता है, इस प्रकार शुद्ध जल उदासीन होता है।
- मनुष्य के रक्त व आँतों का माध्यम क्षारीय होता है। जबकि अमाशय अम्लीय होता है।
- रक्त का pH माना लगभग 7.4 होता है।
- उद्योगों में अल्कोहल, शक्कर, कागज आदि के उत्पादन में pH मूल्य का प्रयोग किया जाता है।

17. मनुष्य द्वारा निर्मित पदार्थ

सीमेंट (Cement)

- चूना-पत्थर या खड़िया का मृत्तिका (लाल मिट्टी) या शेल के साथ खूब गर्म करने से प्राप्त होने वाले पदार्थ को सीमेंट कहते हैं।
- सीमेंट उत्पादक संयंत्रों को चूना-पत्थर, चिकनी मिट्टी और जिप्सम की आवश्यकता होती है।
- सीमेंट प्रमुख रूप से कैल्सियम सिलिकेटों और एल्युमिनियम सिलिकेटों का मिश्रण है। जिसमें जल के साथ मिश्रित करने पर जमने का गुण होता है। जल के साथ मिश्रित करने पर सीमेंट का जमना उसमें उपस्थित कैल्सियम सिलिकेटों और एल्युमिनियम सिलिकेटों के जलयोजन के कारण होता है।
- सीमेंट में 2-5% तक जिप्सम ($CaSO_4.2H_2O$) मिलाने का उद्देश्य, सीमेंट के प्रारंभिक जमाव को धीमा करना है। सीमेंट के धीमें जमाव से उसका अत्यधिक मजबूतीकरण होता है।
- जमते समय सीमेंट में दरारें पड़ने का मुख्य कारण इसमें चूना का अधिक होना है।
- सीमेंट के जल्दी जमने का मुख्य कारण, इसमें एल्युमिनियम की मात्रा का अधिक होना है।
- जब सीमेंट में आयरन की मात्रा कम होती है तो इसका रंग सफेद होता है।
- जब सीमेंट के साथ बालू और जल मिलाया जाता है तो इस मिश्रण को मोर्टार (Mortar) कहते हैं। इसका उपयोग फर्श बनाने और प्लास्टर आदि में किया जाता है।

सीमेंट का संघटन	
CaO	60–70%
SiO_2	20–25%
Al_2O_3	5–10%
Fe_2O_3	2–3%
MgO	2%
Na_2O	1.5 %
K_2O	1.5%
SO_2	1%

- जब सीमेंट के साथ बालू, जल और छोटे-छोटे पत्थर के टुकड़े मिलाये जाते हैं तो इस मिश्रण को **कंकरीट** (Concrete) कहते हैं। इसका उपयोग इमारतों के छतें, पुल व बाँध बनाने में किया जाता है।

नोट : वर्ष 1824 में एक ब्रिटिश इंजीनियर जोसेफ एस्पीडन ने चूना-पत्थर तथा चिकनी मिट्टी से जोड़ने वाला ऐसा नया पदार्थ बनाया जो अधिक शक्तिशाली और जलरोधी था। उसने उसे पोर्टलैंड सीमेंट कहा, क्योंकि यह रंग में पोर्टलैंड के चूना-पत्थर जैसा था।

काँच (Glass)

- काँच विभिन्न क्षारीय धातु के सिलिकेटों का अक्रिस्टलीय मिश्रण होता है।
- साधारण काँच सिलिका (Si_2), सोडियम सिलिकेट (Na_2SiO_3) और कैल्सियम सिलिकेट का ठोस विलयन (मिश्रण) होता है।
- काँच अक्रिस्टलीय ठोस के रूप में एक अतिशीतित द्रव है। इसलिए काँच की न तो क्रिस्टलीय संरचना होती है और न ही उसका कोई निश्चित गलनांक होता है।
- सोडियम कार्बोनेट व सिलिका को गर्म करने पर सोडियम सिलिकेट प्राप्त होता है। यह जल में विलेय है तथा इसे जल काँच (Water Glass) कहते हैं।
- काँच का कोई निश्चित रासायनिक सूत्र नहीं होता है, क्योकि काँच मिश्रण है, यौगिक नहीं। साधारण काँच का औसत संघटन $Na_2.SiO_3.CaSiO_3.4SiO_2$ होता है।

विभिन्न प्रकार के काँच, संघटक एवं उनके उपयोग		
काँच	**संघटक**	**उपयोग**
फ्लिन्ट काँच	पोटैशियम कार्बोनेट, लेड ऑक्साइड व सिलिका	कैमरा, दूरबीन के लेन्स व विद्युत बल्ब
पाइरेक्स काँच	सोडियम सिलिकेट, बेरियम सिलिकेट	प्रयोगशाला के उपकरण
सोडा काँच	सोडियम कार्बोनेट, कैल्सियम कार्बोनेट व सिलिका	ट्यूब लाइट, बोतलें, प्रयोगशाला के उपकरण व दैनिक प्रयोग के बर्तन
क्रुक्स काँच	सिरियम ऑक्साइड व सिलिका	धूप-चश्मों के लेन्स
पोटाश काँच	पोटैशियम कार्बोनेट, कैल्सियम कार्बोनेट व सिलिका	अधिक ताप तक गर्म किये जाने वाले काँच के बर्तन व प्रायोगिक उपकरण
प्रकाशकीय काँच	पोटैशियम कार्बोनेट, रेड लेड तथा सिलिका	चश्मा, सूक्ष्मदर्शी, टेलिस्कोप एवं प्रिज्म बनाने में

- रेशेदार काँच (Fibre Glass) का प्रयोग बुलेट प्रुफ जैकेट बनाने में किया जाता है।
- काँच की वस्तुओं को बनाने के बाद विशेष प्रकार की भट्टियों में धीरे-धीरे ठंडा करते हैं। इस क्रिया को काँच का तापानुशीतलन (Annealing of Glass) कहते हैं।
- **काँच का रंग :** काँच में रंग देने के लिए अल्प मात्रा में धातुओं के यौगिक (रंगीन) मिलाये जाते हैं। धात्विक यौगिक का चुनाव वांछित रंग पर निर्भर करता है।

काँच में रंग देने वाले पदार्थ	
मिश्रित पदार्थ	**काँच का रंग**
कोबाल्ट ऑक्साइड	गहरा नीला
सोडियम क्रोमेट या फेरस ऑक्साइड	हरा
सिलेनियम ऑक्साइड	नारंगी लाल
फेरिक ऑक्साइड	भूरा
गोल्ड क्लोराइड	रुबी लाल
कैडमियम सल्फेट	पीला

क्यूप्रिक लवण	पीकॉक नीला
क्रोमिक ऑक्साइड	हरा
मैगनीज डाइऑक्साइड	लाल
क्यूप्रस ऑक्साइड	चटक लाल

- **नोट :** फोटोक्रोमैटिक काँच सिल्वर ब्रोमाइड की उपस्थिति के कारण धूप में स्वतः काला हो जाता है।

साबुन (Soap)

- सभी साधारण साबुन उच्चवसीय अम्लों जैसे- स्टियरिक, पालमिटिक अथवा ओलिक अम्ल के सोडियम अथवा पोटैशियम लवणों के मिश्रण होते हैं।
- साबुन बनाने की क्रिया को साबुनीकरण कहते हैं।
- वे साबुन जो उच्चवसीय अम्लों के सोडियम लवण (कॉस्टिक सोडा) होते हैं, कड़े साबुन कहलाते हैं। इनका उपयोग कपड़ा धोने में किया जाता है।
- वे साबुन जो उच्चवसीय अम्लों के पोटैशियम लवण (कॉस्टिक पोटाश) होते है, वे मुलायम साबुन कहलाते हैं। इनका उपयोग स्नान करने में किया जाता है।

डिटर्जेंट (Detergents)

- इसमें लंबी श्रृंखला का हाइड्रोकार्बन होता है एवं श्रृंखला के अंत में एक ध्रुवीय समूह। परन्तु ये साबुन से इस मामले में उत्तम है कि Ca^{+2}, Mg^{+2} तथा Fe^{+2} आयन के साथ अघुलनशील लवण नहीं प्रदान करता है। इनके उदाहरण हैं- सोडियम एल्काइल सल्फोनेट, सोडियम एल्काइल बेंजीन सल्फोनेट आदि। डिटर्जेंट एवं एन्जाइम मिला हुआ पदार्थ बहुत ही साफ धुलाई करता है। इस प्रकार की धुलाई को माइक्रोसिस्टम धुलाई कहते हैं।

उर्वरक (Fertilizers)

- कृषि में फसलों के अधिक उत्पादन व पौधों की वृद्धि के लिए नाइट्रोजन, फॉस्फोरस, पोटैशियम, कैल्सियम आदि तत्त्वों की आवश्यकता होती है। पौधे इन तत्त्वों को भूमि से ग्रहण करते हैं, लेकिन धीरे-धीरे भूमि में इन तत्त्वों की कमी हो जाती है। इस कमी को पूरा करने के लिए कृत्रिम रूप से बनाये गये इन तत्त्वों के यौगिक उचित मात्रा में भूमि में मिलाये जाते हैं। कृत्रिम रूप से बनाये गये इन यौगिकों को ही उर्वरक कहते हैं। उर्वरक कई प्रकार के होते हैं, जिनका विवरण निम्नलिखित है-

A. **नाइट्रोजन के उर्वरक (Nitrogenous Fertilizers)** : इन उर्वरकों में मुख्यतः नाइट्रोजन तत्त्व पाया जाता है। जैसे-

(i) **यूरिया [Urea (H_2NCONH_2)]** : यूरिया में 46% नाइट्रोजन की मात्रा पायी जाती है।

(ii) **अमोनिया सल्फेट [Ammonium Sulphate $(NH_4)_2SO_4$]** : इसमें नाइट्रोजन अमोनिया के रूप में उपस्थित रहती है तथा लगभग 25% अमोनिया पायी जाती है। यह आलू की कृषि के लिए अच्छा उर्वरक है। इसका प्रयोग चूनारहित भूमि में नहीं किया जाता है।

(iii) **कैल्सियम नाइट्रेट [Calcium Nitrate ($CaNO_3$)]** : यह नाइट्रोजन का सबसे अच्छा उर्वरक है। बाजार में यह नार्वेजियन साल्टपीटर के नाम से जाना जाता है।

(iv) **कैल्सियम सायनामाइड [Calcium Cyanamide ($CaCN_2$)]** : इसका बुआई करने से पहले भूमि में छिड़काव किया जाता है। पौधों की वृद्धि के समय इस उर्वरक का

प्रयोग पौधों के लिए लाभप्रद नहीं होता। कार्बन के साथ इसके मिश्रण को बाजार में नाइट्रोलिम के नाम से बेचा जाता है।

B. **पोटैशियम के उर्वरक (Potassium Fertilizers) :** पोटैशियम क्लोराइड, पोटैशियम नाइट्रेट, पोटैशियम सल्फेट आदि पोटैशियम के कुछ प्रमुख उर्वरक हैं।

C. **फॉस्फोरस के उर्वरक (Phosphous Fertilizers) :** सुपर फॉस्फेट ऑफ लाइम, फास्फेटी धातुमल, फॉस्फोरस के प्रमुख उर्वरक हैं। सुपर फॉस्फेट को हड्डियों को पीस कर बनाया जाता है। इसमें 16-20% P_2O_5 रहता है।

D. **मिश्रित उर्वरक (Mixed Fertilizers) :** इस प्रकार के उर्वरकों में एक से अधिक तत्त्व पाये जाते हैं। जैसे- अमोनियम फॉस्फेट एवं अमोनियम सुपर फॉस्फेट आदि।

विस्फोटक (Explosive)

- विस्फोटक ऐसे पदार्थ होते हैं, जिनके दहन पर अत्यधिक ऊष्मा व तीव्र ध्वनि उत्पन्न होती है। कुछ प्रमुख विस्फोटक निम्नलिखित हैं-

(i) डाइनामाइट (Dynamite)

- इसका आविष्कार अल्फ्रेड नोबेल ने 1863 ई. में किया था।
- यह नाइट्रोग्लिसरीन को किसी अक्रिय पदार्थ जैसे लकड़ी के बुरादे या कीजेलगूर (Kieselguhr) में अवशोषित करके बनाया जाता है।
- जिलेटिन डाइनामाइट में नाइट्रो सेलुलोस की भी मात्रा उपस्थित रहती है। इसके विस्फोट के समय उत्पन्न गैसों का आयतन बहुत अधिक होता है।
- आधुनिक डाइनामाइट में नाइट्रोग्लिसरीन की जगह सोडियम नाइट्रेट का प्रयोग किया जाता है।

(ii) ट्राई नाइट्रो-टाल्वीन (T.N.T.)

- यह हल्का पीला क्रिस्टलीय ठोस पदार्थ है।
- यह टाल्वीन ($C_6H_5CH_3$) के साथ सान्द्र सल्फ्यूरिक अम्ल (H_2SO_4) व सान्द्र नाइट्रिक अम्ल (HNO_3) की क्रिया से बनाया जाता है।
- इसका सबसे अधिक उपयोग विस्फोटक के रूप में किया जाता है।
- इसकी विस्फोटक गति 6900 मीटर/सेकंड है।

(iii) ट्राईनाइट्रो ग्लिसरीन (T.N.G.)

- यह एक रंगहीन तैलीय द्रव है। इसे नोबेल का तेल (Nobel's Oil) भी कहा जाता है।
- यह डाइनामाइट बनाने के काम आता है।
- यह सान्द्र सल्फ्यूरिक अम्ल (H_2SO_4) और सान्द्र नाइट्रिक अम्ल (HNO_3) को ग्लिसरीन के साथ क्रिया करके बनाया जाता है।

(iv) ट्राईनाइट्रो फिनॉल (T.N.P.)

- इसे पिकरिक अम्ल भी कहा जाता है।
- यह फीनॉल एवं सान्द्र नाइट्रिक अम्ल (HNO_3) की अभिक्रिया द्वारा बनाया जाता है।
- यह हल्का पीला, क्रिस्टलीय ठोस होता है तथा अत्यधिक विस्फोटक होता है।

(v) आर.डी.एक्स. (R.D.X.)

- R.D.X. का पूरा नाम Research and Development Explosive है।
- इसका **रासायनिक नाम साइक्लो ट्राइमिथाइलीन ट्राईनाइट्रोमाइन है।**
- इसे **प्लास्टिक विस्फोटक** भी कहा जाता है।

इस विस्फोटक को यू.एस.ए. में **साइक्लोनाइट**, जर्मनी में **हेक्सोजन** तथा इटली में **टी-4** के नाम से जाना जाता है।

- R.D.X. एक प्रचंड विस्फोटक है तथा इसके तापमान व आग की गति को बढ़ाने के लिए इसमें एल्युमिनियम चूर्ण को मिलाया जाता है।
- R.D.X. की विस्फोटक ऊष्मा 1510 किलो कैलोरी प्रति किग्रा होती है।
- इसकी खोज 1899 ई. में जर्मनी के हेंस हेनिंग ने शुद्ध सफेद दानेदार पाउडर के रूप में किया था। इसका उपयोग द्वितीय विश्वयुद्ध के दौरान इसे स्थिर यौगिक के रूप में परिवर्तित किये जाने के बाद प्रारंभ हुआ।

गन पाउडर (Gun Powder)

- इसकी खोज रोजर बैंकन ने किया था।
- इसका प्रथम अभिलेखित प्रयोग 1346 ई. में अंग्रेजों द्वारा यूनान के युद्ध में किया गया था।

18. रासायनिक विज्ञान के महत्त्वपूर्ण तथ्य

- **क्षार :** ऐसा भस्म (Base) जो जल में विलेय होता है।
- **भस्म :** ऐसा पदार्थ जो अम्ल से क्रिया करके लवण तथा जल बनाता है। यह इलेक्ट्रॉनदाता होता है।
- **एमोर्फस :** ऐसा पदार्थ जिसका निश्चित रूप और आकार न हो।
- **उभयधर्मी :** ऐसा पदार्थ जिसमें अम्ल तथा भस्म दोनों के गुण विद्यमान रहते हैं।
- **अमलगम :** किसी धातु की मरकरी के साथ मिश्र धातु को अमलगम कहते हैं।
- एक ग्राम अणु में उपस्थित अणुओं की संख्या को **एवोगाद्रो संख्या** कहते हैं। इसका भाग $6.023X10^{23}$ होता है।
- **कार्बोहाइड्रेट :** कार्बनिक यौगिक जिनका सामान्य सूत्र $C\times(H_2O)$ होता है। ये भोजन का मुख्य अंग होते हैं।
- **प्रोटीन :** नाइट्रोजनी यौगिक जो प्राणी तथा वनस्पति अंगों के प्रमुख घटक होते हैं। ये अमीनो अम्ल से बनते हैं।
- ऐसा पदार्थ जो किसी रासायनिक क्रिया की दर को परिवर्तित करता है, **उत्प्रेरक** कहलाता है।
- दो या दो से अधिक तत्त्वों के निश्चित अनुपात से बना पदार्थ यौगिक कहलाता है।
- भौतिक परिवर्तन में कोई रासायनिक क्रिया नहीं होती है, अर्थात् नया पदार्थ नहीं बनता है।
- तत्त्वों की आवर्त सारणी (दीर्घ) में 18 समूह तथा 7 आवर्त हैं।
- परमाणु क्रमांक की खोज वैज्ञानिक मोजले ने की थी। परमाणु संख्या किसी तत्त्व के परमाणु में उपस्थित प्रोटॉनों अथवा इलेक्ट्रॉनों की संख्या के बराबर होती है।
- मैण्डलीफ की आवर्त सारणी समूह संख्या, उस समूह की उपस्थित तत्त्वों की संयोजकता को प्रदर्शित करती है।
- प्रथम-ए समूह के तत्त्वों को क्षार धातुएँ कहते हैं (Li, Na, K, Rb, Cs and Fr)
- प्रथम-बी समूह के तत्त्वों को सिक्का धातु कहते हैं (Cu, Ag, Au)।
- मरकरी को **क्विक सिल्वर** कहा जाता है।
- फॉर्मिक अम्ल लाल चींटियों से प्राप्त किया जाता है।
- सर्वाधिक वैद्युत ऋणात्मक तत्त्व **फ्लोरीन** है।
- सर्वाधिक वैद्युत धनात्मक तत्त्व **फ्रैन्शियम** है।
- सर्वाधिक विद्युत चालकता वाला तत्त्व सिल्वर होता है।
- सर्वाधिक विद्युत चालक अधातु ग्रेफाइट होता है।

- उच्चतम इलेक्ट्रॉन बन्धुता वाला तत्त्व क्लोरीन होता है।
- प्लेटिनम को **सफेद स्वर्ण** कहते हैं।
- भू-परत में सबसे कम मात्रा में पाया जाने वाला तत्त्व एस्टैटीन (At) है।
- भू-परत में सबसे अधिक मात्रा में पाया जाने वाला तत्त्व ऑक्सीजन है।
- वायुमंडल में सर्वाधिक मात्रा में पाया जाने वाला तत्त्व नाइट्रोजन है।
- पेट्रोल को **द्रव स्वर्ण** कहा जाता है।
- 24 कैरेट स्वर्ण, शुद्ध स्वर्ण को कहते है।
- केवल हाइड्रोजन परमाणु ही ऐसा परमाणु है जिसके नाभिक में न्यूट्रॉन नहीं होता है।
- गोल्ड, प्लेटिनम, मरकरी तथा सिल्वर उत्कृष्ट धातुएँ हैं।
- लीथियम सबसे हल्का धात्विक तत्त्व है।
- रेडॉन गैसीय तत्त्वों में सबसे भारी तत्त्व है।
- एस्टैटीन ठोस अधातुओं में सबसे भारी तत्त्व है।
- सबसे प्रबल अपचायक लीथियम होता है।
- परमाणु बम नाभिकीय विखण्डन पर आधारित है।
- हाइड्रोजन बम नाभिकीय संलयन पर आधारित है।
- ठोस कार्बन डाइऑक्साइड को शुष्क बर्फ कहते है।
- केवल हाइड्रोजन एक ऐसा तत्त्व है, जिसके सभी समस्थानिकों को अलग-अलग नाम दिये गये हैं। (प्रोटियम, ड्यूटिरियम तथा ट्राइटियम)।
- अल्फा कण (α) हीलियम नाभिक के समकक्ष होता है।
- बीटा कण (β) इलेट्रॉन के समकक्ष होता है।
- हीरा प्रकृति में पाया जाने वाला सबसे कठोर पदार्थ होता है।
- पोलोनियम (Po) के सर्वाधिक समस्थानिक (27 समस्थानिक) होते हैं।
- आयरन सल्फाइड (FeS_2) को झूठा सोना कहा जाता है।
- कार्बन ऐसा तत्त्व है, जिसमें सबसे अधिक श्रृंखलन की प्रवृत्ति होती है।
- मार्श गैस का प्रमुख घटक मिथेन (CH_4) है।
- ऑक्सी-एसीटिलीन ज्वाला धातुओं को काटने तथा वैल्ड करने के काम आती है।
- पेट्रोल को खनिज तेल, रॉक तेल तथा क्रूड तेल भी कहते हैं।
- शराब (Wine) में लगभग 12% एथिल एल्कोहॉल होता है।
- बीयर (Beer) में लगभग 4% एथिल एल्कोहॉल होता है।
- व्हिस्की और ब्रान्डी में 40-50% एथिल एल्कोहॉल होता है।
- एसिटिक अम्ल में 10% विलयन को सिरका कहते हैं।
- शुद्ध सेल्यूलोज से कागज बनता है।
- फ्रिऑन (CF_2Cl_2) एक अति प्रचलित प्रशीतक है।
- रेक्टिफाइड स्पिरिट (Rectified Spirit) में 95.6% एथिल एल्कोहॉल तथा 4.4% जल होता है। इसे कामर्शियल एल्कोहॉल भी कहते हैं।
- ग्रेफाइट को पेंसिल लैड भी कहते हैं।
- स्टेनलैस स्टली में 7% आयरन, 18% क्रोमियम, 1% कार्बन और 8% निकिल होता है।
- चाय तथा कॉफी में कैपीन नामक प्यूरीन पाया जाता है, जो स्फूर्ति का अनुभव कराता है।
- दूध में जल, वसा, शर्करा के अतिरिक्त कैफीन नामक फॉस्फो प्रोटीन भी पाया जाता है।

- प्रोटीन पाचन का अन्तिम उत्पाद अमीनो अम्ल होता है।
- भारी जल परमाणु भट्टी में मंदक के रूप में प्रयुक्त होता है।
- जब तेलों को निकिल फॉर्मेट की उपस्थिति में 150°-180° पर गर्म करके हाइड्रोजन गैस प्रवाहित की जाती है तो दानेदार ठोस वनस्पति घी प्राप्त होता है।
- मेथाइल आइसोसाइनाइट को (MIC) **मिक गैस** कहते हैं। यह अत्यन्त विषैली गैस है। भोपाल गैस कांड (1984) में इसी गैस के रिसाब ने हाहाकार मचाया था।
- शुद्ध जल का pH 7 होता है।
- 4°C तापमान पर जल का घनत्व अधिकतम होता है।
- आग बुझाने के लिए कार्बन डाइऑक्साइड का प्रयोग किया जाता है।
- हीरा तथा ग्रेफाइट कार्बन के क्रिस्टलीय अपररूप हैं।
- ईंधनों के जलने से प्राप्त कार्बन डाइऑक्साइड प्रदूषण का मुख्य कारण है।
- ओजोन मंडल पराबैंगनी किरणों को अवशोषित करके पृथ्वी के जीवों की रक्षा करता है।
- पेट्रोल की गाड़ी चन्द्रमा पर नहीं चल सकती, क्योंकि वहाँ पर वायुमंडल नहीं है।
- पीतल जस्ता व ताँबा की मिश्रधातु है।
- नाइट्रस ऑक्साइड तथा सल्फर डाइऑक्साइड पर्यावरण में अम्ल वर्षा का प्रमुख कारण है।
- सोने के आभूषण बनाते समय सोने में ताँबा मिलाया जाता है।
- पानी की स्थायी कठोरता का कारण कैल्शियम तथा मैग्नीशियम के घुलित क्लोराइड तथा सल्फेट लवण होते हैं।
- पानी की अस्थायी कठोरता कैल्शियम तथा मैग्नीशियम के बाइकार्बोनेटों के कारण होती है।
- पानी की अस्थायी कठोरता को पानी को उबालकर दूर किया जा सकता है।
- फॉस्फोरस का अणु सूत्र P_4 तथा सल्फर का S_8 होता है।
- यदि पृथ्वी पर सारी वनस्पति नष्ट हो जाये तो सभी जीव-जन्तु ऑक्सीजन के अभाव में मर जायेंगे।
- नींबू में साइट्रिक अम्ल पाया जाता है।
- इमली में टारटरिक अम्ल होता है।
- बॉक्साइट एल्युमीनियम का प्रमुख खनिज होता हे।
- साधारण काँच में सोडियम, पोटैशिमय, कैल्शियम और लैड के सिलिकेट होते हैं।
- यदि साधारण काँच को बनाते समय उसमें सिल्वर क्लोराइड डाल दिया जाये तो वह काँच फोटोक्रोमिक किस्म का अथवा स्वत: रंग बदलने वाला बन जाता है।
- घरों में ईंधन के रूप में प्रयुक्त की जाने वाली द्रवित प्राकृतिक गैस को एलपीजी (LPG) कहते हैं। यह ब्यूटेन तथा प्रोपेन गैसों का मिश्रण होता है।
- किसी विद्युत अपघटनी सैल के एनोड पर हमेशा ऑक्सीकरण और कैथोड पर अवकरण की क्रिया होती है।
- सोडियम एक ऐसी धातु है जो जल पर तैरती है।
- ग्रीन हाउस प्रभाव में प्रमुख उत्तरदायी गैस कार्बन डाइऑक्साइड है।
- गंधक के अम्ल का प्रयोग मोटरकार की बैटरियों में किया जाता है।
- क्वार्टज प्रकृति में सबसे अधिक मात्रा में पाया जाने वाला खनिज है। अधिकतर चट्टानें इसी से बनी हैं।
- कुछ पदार्थ सूर्य के प्रकाश में रखने के बाद प्रकाश से हटाये जाने पर भी प्रकाश निकालते रहते हैं। इस घटना को **स्फुरण** (Phosphorescence) कहते हैं। यह गुण कैल्शियम सल्फाइड में पाया जाता है।

- सबसे भारी धातु ओसमियम (Os) है।
- डीडीटी का पूरा नाम डाइक्लोरो डाइफिनाइल ट्राइक्लोरोईथेन है। यह एक कीटाणुनाशक दवा है।
- धातुओं की विद्युत चालकता तापमान बढ़ाने के साथ बढ़ती है और ताममान घटाने पर कम होती है।
- –273°C तापमान का केल्विन में मान 0°K होता है।
- 0°K तापमान को परम शून्य (Absolute Zero) कहते हैं।
- परम शून्य तापमान पर गैसों का आयतन शून्य हो जाता है अथवा अणुओं के सभी प्रकार की गति शून्य हो जाती है।
- VII B उप समूह के तत्त्वों (F, Cl, Br, I, At) को हैलोजन कहते हैं जिसका अर्थ है लवण बनाने वाले।
- क्लोरीन एक रोगाणुनाशी है।
- एस्प्रिन तथा पैरासिटामोल ज्वरनाशी पदार्थ है।
- नाइट्रस ऑक्साइड (N_2o) एक सामान्य निश्चेतक है।
- क्लोरोफॉर्म का प्रयोग भी निश्चेतक के रूप में किया जाता है।
- प्रतिजैविक (Antibiotics) बैक्टीरिया, कवक तथा मोल्डस द्वारा उत्पन्न होते हैं, जो अन्य बैक्टीरिया के लिए विषैले होते हैं।
- पेनसिलिन एक उत्तम प्रतिजैविक है, जो कवक से प्राप्त होता है।
- क्लोरोमफेनिकोल का व्यापारिक नाम क्लोरोमाइसिटिन हैं इसका प्रयोग टाइफाइड, ज्वर, डाइरिया तथा पेचिस में किया जाता है। यह एक प्रभावी प्रतिजैविक है।
- रेशम तथा ऊन जंतु से निकले प्राकृतिक रेशे हैं। सूत, जूट तथा हैम्प वानस्पतिक से निकले प्राकृतिक रेशे हैं।
- बोरिक अम्ल तथा पोटैशियम परमैग्नेट प्रतिरोधी (Antiseptic) पदार्थ हैं।
- आयोडीन एक प्रबल जीवाणुनाशी है। आयोडीन का प्रयोग टिक्चर बनाने में किया जाता है।
- एन्जाइम विशेष प्रकार के प्रोटीन होते हैं।
- गेमैक्सिन ($C_6H_6Cl_6$) हैक्साक्लोरो साइक्लो हैक्सेन है। यह एक उत्तम कीटनाशी है।
- हीमोग्लोबिन एक विशेष प्रकार का प्रोटीन है, जिसका प्रमुख कार्य फेफड़ों से आक्सीजन को रक्त धारा की सहायता से विभिन्न ऊतकों को पहुँचाना है।
- कार्बन टेट्राक्लोराइड (CCl_4) का प्रयोग पायरीन के नाम से आग बुझाने के संयंत्रों में किया जाता है।
- नाइट्रोग्लिसरीन का प्रयोग डायनामाइट बनाने में किया जाता है।
- एलम (Alum) का प्रयोग चमड़े की टेनिंग में किया जाता है।
- क्यूप्रस ऑक्साइड (Cu_2O) को रूबी कॉपर कहते हैं। इसका प्रयोग काँच को रंगीन बनाने में किया जाता है।
- मैग्नीशियम सल्फेट ($MgSO_4.7H_2O$) को एप्सोम लवण कहते हैं। इसका उपयोग दस्तावर (Purgative) के रूप में होता है।
- ग्राह्य लवण सोडियम हैक्सामेटा फॉस्फेट $(NaPO_3)_6$ को कहते हैं। इसका प्रयोग जल की कठोरता दूर करने में किया जाता है। इसे केल्गन (Calgen) भी कहते हैं।
- स्टैनिक सल्फाइड (SnS_2) को मोसाइक गोल्ड कहते हैं। इसका प्रयोग पेंट के रूप में किया जाता है।

- मैग्नीशियम एल्व [$Mg(OH)_2.MgCO_3.3H_2O$] का प्रयोग पेट की अम्लता दूर करने में किया जाता है, अतः यह एक एन्टासिड है।
- मैग्नीशियम हाइड्रॉक्साइड [$Mg(OH)_2$, को मिल्क ऑफ मैग्नीशियम कहा जाता है। इसका प्रयोग पेट की दवाओं में किया जाता है।
- पोटैशिमय नाइट्रेट (KNO_3) को नाइटर या शोरा कहा जाता है। इसका प्रयोग विस्फोटकों में होता है।
- प्रोड्यूसर गैस में CO_2, N_2 तथा H_2 होती है। यह एक **ईंधन गैस** है।
- पोटैशियम कार्बोनेट को **पर्ल एश** (Pearl Ash) कहते हैं। यह सोप बनाने में काम आता है।
- सुपर फॉस्फेट ऑफ लाइम [$Ca(H_2PO_4)_2.H_2O+2CuSO_4.2H_2O$] एक उत्तम फॉस्फेटी है।
- अमोनियम फॉस्फेट (NH_4Cl) को नौसादर कहते हैं। यह औषधियों में काम आता है।
- कैल्शियम फॉस्फेट [$Ca_3(PO_4)_2H_2O$] का प्रयोग हड्डी टूटने पर प्लास्टर चढ़ाने के काम आता है।
- सिक्का धातु में 75% कॉपर तथा 25% निकिल होता है।
- नाइक्रोम (Nichrome) क्रोमियम, निकिल तथा आयरन की मिश्र धातु है। यह हीटरों के कॉइल (Coil) बनाने के काम आती है।
- इनवार मिश्र धातु में 63% आयरन, 36% निकिल और 1% कार्बन होता है। यह घड़ियों के पेन्डुलम बनाने के काम आती है।
- ग्रेफाइट का प्रयोग शुष्क स्नेहक (Dry Lubricant) के रूप में किया जाता है।
- कार्बन डाइऑक्साइड पौधों के लिए प्राणदायिनी गैस है।
- बादल तथा कोहरा कोलॉइडी विलयन है।
- जब कोई ठोस पदार्थ द्रव में परिक्षेपित होकर कोलॉइडी विलयन बनाता है तो वह सॉल (Sol) कहलाता है।
- जब कोई द्रव किसी ठोस में परिक्षेपित होकर कोलॉइडी विलयन बनाता है, तो वह जैल (Gel) कहलाता है, जैसे- जैली, पनीर, मक्खन आदि।
- वायुमण्डल में धूल के कोलॉइडी कण नीले रंग के प्रकाश का प्रकीर्णन करते हैं और शेष रंगों को अवशोषित कर लेते हैं। इसलिए आकाश नीला दिखायी पड़ता है।
- धुआँ वायु में कार्बन और अन्य कणों का कोलॉइडी विलयन होता है।
- फोटोग्राफिक प्लेट पर सिल्वर ब्रोमाइड तथा जिलैटिन की पतली परत चढ़ी होती है।
- हीलियम गैस हल्की होने के कारण वायुयानों के टायरों में भरी जाती है।
- हीलियम और ऑक्सीजन का मिश्रण गहरे समुद्रों में गोताखोरों द्वारा वायु के स्थान पर प्रयोग किया जाता है, क्योंकि अधिक दाब पर हीलियम नाइट्रोजन की अपेक्षा रक्त में कम विलेय होती है।
- दमा के रोगी को भी हीलियम और ऑक्सीजन का मिश्रण वायु के स्थान पर दिया जाता है।
- विज्ञापन चिह्नों में विभिन्न रंग के प्रकाश उत्पन्न करने के लिए नियॉन गैस का प्रयोग किया जाता है।
- हवाई अड्डों पर विमान चालकों को संकेत देने के लिए नियॉन लैम्प का प्रयोग किया जाता है, क्योंकि यह प्रकाश कुहरे में अधिक चमकता है।
- आर्गन गैस विद्युत बल्बों में भरी जाती है, क्योंकि इसकी उपस्थिति में तन्तु (Filament) बहुत समय तक सुरक्षित रहता है।
- रेडॉन का प्रयोग कैंसर उपचार में किया जाता है।

- हाइड्रोजन परॉक्साइड के तनु विलयन का प्रयोग कीटाणुनाशक के रूप में, दाँत, कान, घाव आदि धोने में किया जाता है।
- पुराने तैल चित्रों को चमकदार बनाने के लिए हाइड्रोजन परॉक्साइड का प्रयोग किया जाता है।
- सोडियम हाइड्रॉक्साइड का प्रयोग सूती कपड़ों में चमक पैदा करने (Marcerisation) में किया जाता है।
- सोडियम बाइकार्बोनेट ($NaHCO_3$) का प्रयोग बेकिंग पाउडर, झागदार पेय तथा अनेक दवाइयों में किया जाता है।
- पोटैशियम क्लोरेट ($KClO_3$) का प्रयोग आतिशबाजी तथा कीड़े मारने की दवाई के रूप में किया जाता है।
- पोटैशियम साइनाइड (KCN) एक विष है, इसका प्रयोग सोने व चाँदी के विद्युत लेपन में किया जाता है।
- कॉपर सल्फेट एक जहर है। इसे कीटाणुनाशक के रूप में प्रयोग किया जाता है।
- सिल्वर नाइट्रेट ($AgNO_3$) का प्रयोग निशान लगाने वाली स्याही बनाने में किया जाता है। वोटरों की अँगुली पर इसी का निशान लगाया जाता है।
- बुझा हुआ चूना [$Ca(OH)_2$] दीवारों पर सफेदी करने के काम आता है।
- कैल्शियम कार्बोनेट ($CaCO_3$) दीवारों पर सफेदी करने के काम आता है।
- कैल्शियम कार्बोनेट ($CaCO_3$) का प्रयोग दंत मंजन, पाउडर तथा पेस्ट बनाने में किया जाता है।
- जिंक ऑक्साइड (ZnO), जिंक व्हाइट अथवा चाइनीज व्हाइट के नाम से सफेद पेन्टों में प्रयोग किया जाता है।
- मरहम और चेहरे की क्रीम बनाने में भी जिंक ऑक्साइड (ZnO) का प्रयोग किया जाता है।
- जिंक सल्फा स्फुरदीप्ति पर्दे (Phosphorescence Screens) बनाने में काम आता है।
- मरक्यूरिक क्लोराइड ($HgCl_2$) का 1% विलयन शल्यकर्म औजारों के निजर्मीकरण (Sterilisation) में प्रयोग किया जाता है।
- पारे का उपयोग मरकरी वाष्प लैम्प बनाने में होता है।
- एल्युमिनियम का प्रयोग सिगरेट, साबुन, मिठाई लपेटने के लिए पतली परतों के रूप में किया जाता है।

19. रासायनिक पदार्थों के व्यापारिक तथा रासायनिक नाम एवं सूत्र

व्यापारिक नाम	रासायनिक नाम	सूत्र
साधारण लवण	सोडियम क्लोराइड	NaCl
चिली साल्टपीटर	सोडियम नाइट्रेट	$NaNO_3$
सुहागा	बोरेक्स	$Na_2B_4O_7.10H_2O$
खाने का सोडा	सोडियम बाइकार्बोनेट	$NaHCO_3$
धोवन सोडा	सोडियम कार्बोनेट	$Na_2CO_3.10H_2O$
कास्टिक सोडा	सोडियम हाइड्रॉक्साइड	NaOH
तूतिया (नीला थोथा)	कॉपर सल्फेट	$CuSO_4.5H_2O$
उजला थोथा (सफेद कसीस)	जिंक सल्फेट	$ZnSO_4.7H_2O$

हरा कसीस	फेरस सल्फेट	$FeSO_4.7H_2O$
संगमरमर	कैल्शियम कार्बोनेट	$CaCO_3$
कली चूना	कैल्शियम ऑक्साइड	CaO
भखरा चूना	कैल्शियम हाइड्रॉक्साइड	$Ca(OH)_2$
सिंदूर	मरक्यूरिक सल्फाइड	HgS
शोरा	पोटैशियम नाइट्रेट	KNO_3
शोरे का अम्ल	नाइट्रिक एसिड	HNO_3
नमक का अम्ल	हाइड्रोक्लोरिक एसिड	HCl
गंधक का अम्ल	सल्फ्यूरिक एसिड	H_2SO_4
नौसादर	अमोनियम क्लोराइड	NH_4Cl
लाफिंग गैस	नाइट्रस ऑक्साइड	N_2O
जिप्सम	कैल्शियम सल्फेट	$CaSO_4.2H_2O$
शुष्क बर्फ (ड्राइ आइस)	ठोस कार्बन डाइऑक्साइड	CO_2
फिटकरी	पोटैशियम एल्युमिनियम सल्फेट	$K_2SO_4Al_2(SO_4)_3$ $24H_2O$
गैलेना	लेड सल्फाइड	PbS
टीएनटी	ट्राई नाइट्रोटाल्वीन	$C_6H_2CH_3$ $(NO_2)_3$
कास्टिक पोटाश	पोटैशियम हाइड्रॉक्साइड	KOH
विरंजक चूर्ण	ब्लीचिंग पाउडर	$Ca(OCl)Cl$
प्लास्टर ऑफ पेरिस	कैल्शियम सल्फेट हाफ हाइड्रेट	$(CaSO_4)_2H_2O$
साल्ट केक	सोडियम सल्फेट	Na_2SO_4
ग्लोबर लवण	सोडियम सल्फेट	$Na_2SO_4.10H_2O$
बालू	सिलिकन ऑक्साइड	SiO_2
अम्लराज	अम्लराज	$3HCl+HNO_3$
भारी जल	ड्यूटेरियम ऑक्साइड	D_2O
श्वेत पोटाश	पोटैशियम क्लोरेट	$KClO_3$
हाइड्रोजन परॉक्साइड	हाइड्रोजन परॉक्साइड	H_2O_2
चाईनीज श्वेत	जिंक ऑक्साइड	ZnO
हाईपो	सोडियम थायोसल्फेट	$Na_2S_2O_3.5H_2O$
मार्श गैस	मिथेन	CH_4
एल्कोहॉल	इथाइल एक्लोहॉल	C_2H_5OH
चीनी	सुक्रोज	$C_{12}H_{22}O_{11}$

जीव विज्ञान

- जीव विज्ञान, विज्ञान की वह शाखा है जिसके अन्तर्गत जीवधारियों का अध्ययन किया जाता है।
- जीव विज्ञान शब्द का सर्वप्रथम प्रयोग लैमार्क (Lamarck) और ट्रेविरेनस (Treviranus) नामक वैज्ञानिकों ने 1801 ई. में किया था। लैमार्क फ्रांस और ट्रेविरेनस जर्मनी के निवासी थे।
- Biology में Bio का अर्थ है- जीवन (Life) और Logos का अर्थ है- अध्ययन (Study) अर्थात् जीवन का अध्ययन ही Biology कहलाता है।
- जीव विज्ञान को हम पुन: दो भागों में विभाजित करते हैं- (a) वनस्पति विज्ञान (Botany), (b) जन्तु विज्ञान (Zoology)।
- 'बॉटनी' (Botany) शब्द की उत्पत्ति ग्रीक भाषा के 'बास्कीन' (Baskein), शब्द से हुई है, जिसका अर्थ है, 'चरना'।
- थियोफ्रेस्ट्स (Theophrastus, 378-285BC) ने 500 प्रकार के पौधों का वर्णन अपनी पुस्तक 'Historia Plantarum' में किया है। उन्हें वनस्पति विज्ञान का जनक (Father of Botany) कहा जाता है।
- हिप्पोक्रेटस (Hippocrates, 460-370 BC) ने मानव रोगों पर प्रथम लेख लिखा। उन्हें 'चिकित्सा शास्त्र का जनक' (Father of Medicine) कहा जाता है। चिकित्सा शास्त्र के विद्यार्थियों को आज भी उनकी शपथ दिलायी जाती है।
- जीव विज्ञान का एक क्रमबद्ध ज्ञान के रूप में विकास प्रसिद्ध ग्रीक दार्शनिक अरस्तू (Aristote 384-322 BC) के काल में हुआ। उन्होंने ही सर्वप्रथम पौधों एवं जन्तुओं के जीवन के विभिन्न पक्षों के विषय में अपने विचार प्रकट किये। इसलिए अरस्तू को 'जीव विज्ञान का जनक' (Father of Biology) कहते हैं।
- अरस्तू ने अपनी पुस्तक जन्तु विज्ञान (Historia Animalium) में 500 जन्तुओं का वर्णन किया है। इसलिए उन्हें 'जन्तु विज्ञान का जनक' (Father of Zoology) भी कहा जाता है।

जीवों के गुण

1. **श्वसन (Respiration) :** जीवधारियों का मुख्य लक्षण श्वसन है। इस क्रिया में जीव वायुमंडल से ऑक्सीजन लेते हैं तथा कार्बन डाइऑक्साइड (CO_2) को बाहर निकालते हैं। श्वसन के दौरान वसा, कार्बोहाइड्रेट और प्रोटीन का विघटन होता है और ऊर्जा निकलती है। यह ऊर्जा एटीपी (A.T.P. - Adenasine Tri-Phospate) के रूप में निकलती है।
2. **पोषण (Nutrition) :** जीवन के विकास तथा ऊर्जा के उत्पादन में पोषण की आवश्यकता होती है। पौधे अपना भोजन प्रकाश संश्लेषण विधि से बनाते हैं जबकि, जन्तु पौधों पर ही आश्रित रहते हैं।
3. **प्रजनन (Reproduction) :** प्रत्येक जीव प्रजनन द्वारा अपने ही जैसा जीव पैदा करता है। प्रत्येक जीव का जीवनकाल एक निश्चित समय तक रहता है तथा उसके बाद वह नष्ट हो जाता है। अत: प्रजनन द्वारा जीव अपने वंश को बनाये रखता है।

4. **वृद्धि (Growth) :** किसी भी जीव के आयतन, शुष्क भार और संरचना में वृद्धि होती है। यह जीवद्रव्य (Protoplasm) के बनने और कोशिका विभाजन (Cell Division) के फलस्वरूप बढ़ता है।

5. **अनुकूलन (Adaptation) :** जीवों में यह क्षमता होती है कि वे जीवन-संघर्ष में सफल होने के लिए अपनी संरचनाओं एवं कार्यों में परिवर्तन कर लेते हैं।

6. **गति (Movement) :** जीवधारियों में गति करने का गुण होता है। जन्तु एक स्थान से दूसरे स्थान पर चलते रहते हैं, जबकि एक ही स्थान पर स्थिर रहकर अपने अंगों में गति करने की क्षमता पौधों में होती है।

7. **कोशा संरचना (Cell Structure) :** प्रत्येक जीव में कोशा कला (Cell Membrane) पायी जाती है, जिसके अंदर जीवद्रव्य (Protoplasm) रहता है।

8. **संवेदनशीलता (Sensitivity) :** जीव संवेदनशील होते हैं। वातावरण में होने वाले परिवर्तन का अनुभव करते हैं तथा उसके अनुसार अपने को सुरक्षित रखने के लिए आवश्यक परिवर्तन कर लेते हैं।

9. **उपापचय (Metabolism) :** उपापचय क्रिया दो क्रियाओं से मिलकर बनती है- उपचय (Anabolic) तथा अपचय (Catabolic)। उपचय में रचनात्मक क्रियाएँ होती हैं तथा अपचय में अपघटन होता है।

10. **जीवन चक्र (Life Cycle) :** सभी जीवधारी एक निश्चित समय पर अपनी सभी जैविक क्रियाएँ करते हुए नष्ट हो जाते हैं। अर्थात् इनका एक निश्चित कार्यकाल होता है। जैसे- मनुष्य का सामान्य जीवन चक्र 100 वर्ष, गेहूँ का जीवन चक्र 4 महीने इत्यादि।

जीव विज्ञान की कुछ शाखाएँ	
एपीकल्चर (Apiculture)	मधुमक्खी पालन का अध्ययन
सेरीकल्चर (Sericulture)	रेशम कीट पालन का अध्ययन
पीसीकल्चर (Pisciculture)	मत्स्य पालन का अध्ययन
माइकोलॉजी (Mycology)	कवकों का अध्ययन
फाइकोलॉजी (Phycology)	शैवालों का अध्ययन
एन्थोलॉजी (Anthology)	पुष्पों का अध्ययन
पोमोलॉजी (Pomology)	फलों का अध्ययन
ऑरर्निथोलॉजी (Ornithology)	पक्षियों का अध्ययन
इक्थ्योलॉजली (Ichtoyology)	मछलियों का अध्ययन
एण्टोमोलॉजी (Entomology)	कीटों का अध्ययन
डेन्ड्रोलॉजी (Dendrology)	वृक्षों एवं झाड़ियों का अध्ययन
ओफियोलॉजी (Ophiology)	सर्पों (Snakes) का अध्ययन
सॉरोलॉजी (Saurology)	छिपकलियों का अध्ययन
सिल्विकल्चर (Silviculture)	काष्ठी पेड़ों का संवर्धन

1. जीवधारियों का वर्गीकरण (Classification of Organism)

- अरस्तू द्वारा समस्त जीवों को दो समूहों में विभाजित किया गया- जन्तु समूह एवं वनस्पति समूह।
- कैरोलस लीनियस ने भी अपनी पुस्तक Systema Natureae में सम्पूर्ण जीवधारियों को दो जगतों (Kingdoms)- पादप जगत (Plant Kingdom) तथा जन्तु जगत (Animal Kingdom) में विभाजित किया।
- कैरोलस लीनियस ने वर्गीकरण की जो प्रणाली शुरू की उसी से आधुनिक वर्गीकरण प्रणाली की नींव पड़ी। इसलिए उन्हें आधुनिक वर्गीकरण का पिता (Father of Modern Taxonomy) कहते हैं।
- परंपरागत द्वि-जगत वर्गीकरण का स्थान 1969 ई. में आर.एच. ह्विटकर (R.H. Whittaker) द्वारा प्रतिपादित पाँच जगत प्रणाली ने ले लिया। इसके अनुसार समस्त जीवों को निम्नलिखित पाँच जगत (Kingdom) में वर्गीकृत किया गया है।

1. **मोनेरा (Monera) :** इसमें सभी प्रोकैरियोटिक जीव (Procaryotic) अर्थात् जीवणु, सायनोवैक्टीरिया तथा आर्की बैक्टीरिया सम्मिलित किये जाते हैं। तंतुमय जीवाणु भी इसी जगत के भाग हैं।
2. **प्रोटिस्टा (Protista) :** इस जगत में विविध प्रकार के एककोशिकीय (Unicellular), प्राय: जलीय (Aquatic) यूकैरियोटिक (Eucaryotic) जीव सम्मिलित किये गये हैं। पादप एवं जंतु के बीच स्थित यूग्लीना इसी जगत में हैं। यह दो प्रकार की जीवन पद्धति प्रदर्शित करती है- सूर्य के प्रकाश में स्वपोषित एवं प्रकाश के अभाव में इतर पोषित, इसके अन्तर्गत साधारणतया प्रोटोजोआ आते हैं।
3. **प्लांटी (Plantae) :** ये बहुकोशिकीय पौधे होते हैं। इनमें प्रकाश-संश्लेषण होता है। इनकी कोशिकाओं में रिक्तिका (Vacuole) पायी जाती है। जैसे- सभी प्रकार के पेड़-पौधे।
4. **कवक (Fungi) :** इस जगत में वे यूकैरियोटिक तथा परपोषित जीवधारी सम्मिलित किये जाते हैं जिनमें अवशोषण द्वारा पोषण होता है। ये सभी इत्तरपोषी होते हैं। ये परजीवी अथवा मृतोपजीवी होते हैं। इसकी कोशिका भित्ति काइटिन की बनी होती है।
5. **जन्तु (Animal) :** इस जगत में सभी बहुकोशिकीय जन्तुसमभोजी (Holozoic) यूकैरियोटिक, उपभोक्ता जीव सम्मिलित किये जाते हैं। इनको मेटाजोआ (Metazoa) भी कहते हैं। हाइड्रा जेली फिश, कृमि, सितारा, मछली, सरीसृप, उभयचर, पक्षी तथा स्तनधारी जीव इसी जगत के अंग हैं।

जीवों के नामकरण की द्विनाम पद्धति

- 1753 ई. में कैरोलस लीनियस नामक वैज्ञानिक के जीवों की **द्विनाम पद्धति** को प्रचलित किया। उन्हें वर्गिकी का जन्मदाता (Father of Taxonomy) भी कहा जाता है।
- इस पद्धति के अनुसार प्रत्येक जीवधारी का नाम लैटिन भाषा के दो शब्दों से मिलकर बनता है। पहला शब्द वंश नाम (Generic Name) तथा दूसरा शब्द जाति नाम (Species Name) कहलाता है।
- वंश तथा जाति नामों के बाद उस वर्गिकीविद अर्थात् वैज्ञानिक का नाम लिखा जाता है, जिसने सबसे पहले उस जाति को खोजा या जिसने इस जाति को सबसे पहले वर्तमान नाम प्रदान किया। जैसे- मानव का वैज्ञानिक नाम होमो सैपियन्स लिन (Homo Sapiens Linn) है। वास्तव में होमो (Homo) उस वंश का नाम है, जिसकी एक जाति सैपियन्स है। लिन (Linn) वास्तव में लीनियस (Linnaeus) शब्द का संक्षिप्त रूप है। इसका अर्थ यह है कि सबसे पहले लीनियस ने इस जाति को हामो सैपियन्स नाम से पुकारा।

कुछ जीवधारियों के वैज्ञानिक नाम	
मनुष्य (Man)	Homo Sapiens
मेढ़क (Frog)	Rana Tigrina
बिल्ली (Cat)	Felis Domestica
कुत्ता (Dog)	Canis Familiaris
गाय (Cow)	Bos Indicus
मक्खी (Housefly)	Musca Domestica
आम (Mango)	Mangifera Indica
धान (Rice)	Oryza Sativa
गेहूँ (Wheat)	Triticum Aestivum
मटर (Pea)	Pisum Sativum
चना (Gram)	Cicer Arietinum
सरसों (Mustard)	Brassica Campestris

2. कोशिका विज्ञान

कोशिका (Cell)

- संसार में सभी जीव छोटे से अमीबा से लेकर विशालकाय हाथी तक छोटी-छोटी कोशिकाओं से मिलकर बना है।
- कोशिका जीवधारियों की रचनात्मक एवं कार्यात्मक इकाई है। यह अर्धपारगम्य झिल्ली (Semipermeable Membrance) से ढकी रहती है।
- कोशिका के अध्ययन विज्ञान को Cytology कहा जाता है।
- कोशिका शब्द का सर्वप्रथम प्रयोग अंग्रेज वैज्ञानिक राबर्ट हुक ने (Robert Hooke) 1665 में किया था। उन्होंने बोतल की कार्क के आधार पर मधुमक्खी जैसे छत्ते देखे और इसे कोशिका (Cell) का नाम दिया। राबर्ट हुक का अध्ययन उनकी पुस्तक माइक्रोग्राफिया (Micrographia) में प्रकाशित हुआ।
- सबसे बड़ी कोशिका शुतुरमुर्ग के अंडे (Ostrich Egg) की कोशिका है।
- सबसे छोटी कोशिका जीवाणु माइकोप्लाज्म गैलिसेप्टिकमा (Mycoplasm Gallisepticuma) की है।
- सबसे लंबी कोशिका तंत्रिका तंत्र की कोशिका है।
- 1838-39 ई. में वनस्पति शास्त्री श्लाइडेन (Schleiden) और जन्तु विज्ञानी श्वान (Schwann) ने कोशिका का सिद्धान्त (Cell Theory) प्रस्तुत किया। कोशिका सिद्धांत की मुख्य बातें निम्नलिखित हैं-
    - (i) प्रत्येक जीव की उत्पत्ति एक कोशिका से होती है।
    - (ii) प्रत्येक जीव का शरीर एक या अनेक कोशिकाओं का बना होता है।
    - (iii) प्रत्येक कोशिका एक स्वाधीन इकाई है, तथापि सभी कोशिकाएँ मिलकर काम करती हैं जिसके फलस्वरूप एक जीव का निर्माण होता है।
    - (iv) कोशिका का निर्माण जिस क्रिया से होता है, उसमें केन्द्रक (Nucleus) मुख्य अभिकर्ता (Creator) होता है।

जीवद्रव्य (Protoplasm)

- जीवद्रव्य का नामकरण पुरकिंजे (Prkinje) द्वारा 1837 ई. में किया गया।
- यह एक तरल गाढ़ा रंगहीन, पारभासी, लसलसा, वजनयुक्त पदार्थ है, जीव की सारी जैविक क्रियाएँ इसी के द्वारा होती है।
- हेक्सले (Huxley) के अनुसार जीवद्रव्य जीवन का भौतिक आधार है।
- जीवद्रव्य दो भागों में बँटा होता है-
  - (i) **कोशिका द्रव्य (Cytoplasm) :** यह कोशिका में केन्द्रक एवं कोशिका झिल्ली के बीच रहता है।
  - (ii) **केन्द्रक द्रव्य (Nucleoplasm) :** यह कोशिका में केन्द्रक के अंदर रहता है।
- जीवद्रव्य का 99% भाग निम्नलिखित चार तत्त्वों से मिलकर बना होता है- (a) ऑक्सीजन (76%), (b) कार्बन (10.5%), (c) हाइड्रोजन (10%) (d) नाइट्रोजन (2.5%)।
- जीवद्रव्य का लगभग 80% भाग जल होता है।
- जीवद्रव्य में अकार्बनिक एवं कार्बनिक यौगिकों का अनुपात 81:19 का होता है।

कोशिका के प्रकार (Types of Cell)

- रचना के आधार पर कोशिकाएँ दो तरह की होती हैं-
  1. प्रोकैरियोटिक कोशिका (Procaryotic Cells)
  2. यूकैरियोटिक कोशिका (Eucaryotic Cells)

1. प्रोकैरियोटिक कोशिका (Procaryotic Cells)

- इन कोशिकाओं में हिस्टोन प्रोटीन नहीं होता है जिसके कारण क्रोमैटिन नहीं बन पाता है। केवल DNA का सूत्र ही गुणसूत्र के रूप में पड़ा रहता है, अन्य कोई आवरण इसे घेरे नहीं रहता है। अत: केन्द्रक नाम की कोई विकसित कोशिकांग इसमें नहीं होता है। जीवाणुओं एवं नील हरित शैवालों में ऐसी ही कोशिकाएँ मिलती हैं।

2. यूकैरियोटिक कोशिका (Eucaryotic Cells)

- इन कोशिकाओं में दोहरी झिल्ली के आवरण से घिरा सुस्पष्ट केन्द्रक पाया जाता है, जिसमें DNA एवं हिस्टोन प्रोटीन से संयुक्त होने वे बनी क्रोमैटिन तथा इसके अलावा केन्द्रिका (Nucleoulus) होते हैं।

प्रोकैरियोटिक तथा यूकैरियोटिक कोशिका में मुख्य अन्तर		
विशेषता/अंगक	**प्रोकैरियोटिक**	**यूकैरियोटिक**
कोशिका भित्ति	प्रोटीन तथा कार्बोहाइड्रेट की बनी होती है।	सैल्यूलोज की बनी होती है।
माइटोकॉन्ड्रिया	अनुपस्थित होता है।	उपस्थित होता है।
इंडोप्लाज्मिक रेटीकुलम	अनुपस्थित होता है।	उपस्थित होता है।
राइबोसोम	70s प्रकार के होते हैं।	80s प्रकार के होते हैं।
गॉल्जीकाय	अनुपस्थित होते हैं।	उपस्थित होते हैं।
केन्द्रक झिल्ली	अनुपस्थित होती है।	उपस्थित होती हैं।
लाइसोसोम	अनुपस्थित होते हैं।	उपस्थित होते हैं।
डीएनए	एकल सूत्र के रूप में।	पूर्ण विकसित एवं दोहरे सूत्र के रूप में।

कशाभिका	केवल एक तंतु होता है।	कुल 11 तंतु होते हैं।
केन्द्रिका	अनुपस्थित होती है।	उपस्थित होता है।
सेन्ट्रियोल	अनुपस्थित होता है।	उपस्थित होता है।
श्वसन	प्लाज्मा झिल्ली द्वारा होता है।	माइटोकॉन्ड्रिया द्वारा होता है।
लिंग प्रजनन	नहीं पाया जाता है।	पाया जाता है।
प्रकाश संश्लेषण	थायलेकाइड में होता है।	क्लोरोप्लास्ट में होता है।
कोशिका विभाजन	अर्द्धसूत्री प्रकार का होता है।	अर्द्धसूत्री या समसूत्री प्रकार का होता है।

कोशिका के मुख्य भाग (Main Parts of a Cell)

1. **कोशिका भित्ति (Cell wall)** : (i) यह केवल पादप कोशिका में पाया जाता है। (ii) यह सेलुलोज का बना होता है। (iii) यह कोशिका की निश्चित आकृति एवं आकार बनाये रखने में सहायक होता है।
2. **कोशिका झिल्ली (Cell Membrance)** : कोशिका के सभी अवयव एक पतली झिल्ली के द्वारा घिरे रहते हैं। इस झिल्ली को कोशिका झिल्ली कहते हैं। यह अर्द्धपारगम्य झिल्ली (Semipermeable Membrance) होती है। इसका मुख्य कार्य कोशिका के अंदर जाने वाले एवं अंदर से बाहर आने वाले पदार्थों का निर्धारण करना है।
3. **माइटोकॉन्ड्रिया (Mitochondria)** : इसकी खोज अल्टमैन (Altman) ने 1886 में की थी। यह कोशिका का श्वसन स्थल है। कोशिका में इसकी संख्या निश्चित नहीं होती है। ऊर्जायुक्त कार्बनिक पदार्थों का ऑक्सीकरण (Oxidation) माइटोकॉन्ड्रिया में होता है, जिससे काफी मात्रा में ऊर्जा प्राप्त होती है। इसीलिए माइटोकॉन्ड्रिया को कोशिका का शक्ति केन्द्र (Power House of Cell) कहते हैं।
4. **लवक (Plastid)** : यह केवल पादप कोशिका में पाये जाते हैं। यह तीन प्रकार के होते हैं–
(i) हरित लवक (Chloroplast) यह हरा रंग का होता है, क्योंकि इसके अन्दर एक हरे रंग का पदार्थ पर्णरहित होता है। इसी की सहायता से पौधा प्रकाश-संश्लेषण करता है और भोजन बनता है, इसलिए हरित लवक को पादप कोशिका की रसोई कहते हैं।
नोट: पत्तियों का रंग पीला उनमें कैरोटिन के निर्माण होने के कारण होता है।
(ii) अवणी लवक (Leucoplast) यह रंगहीन लवक है। यह पौधे के उन भागों की कोशिकाओं में पाया जाता है, जो सूर्य के प्रकाश से वंचित है, जैसे कि जड़ों में, भूमिगत तनों आदि में ये भोज्य-पदार्थों का संग्रह करने वाला लवक है।
(iii) वर्णी लवक (Chromoplsat) ये रंगीन लवक होते हैं, जो प्राय: लाल, पीले, नारंगी रंग के होते हैं। ये पौधे के रंगीन भाग जैसे पुष्प, फलभित्ति, बीज आदि में पाये जाते हैं। वर्णी लवक के अन्य उदाहरण: टमाटर में लाइकोपेन (Lycopene), गाजर में केरोटीन (Carotene) एवं चुकंदर में बीटानिन (Betanin)
5. **अन्त:द्रव्यी लवक (Endoplasmic Reticulum)** : यह कोशिका के अन्त:काल के रूप में कार्य करता है। प्रोटीन संश्लेषण करने वाले राइबोसोम इसी पर जमे रहते हैं।
6. **गोल्गीकाय (Golgibody)** : इसे डिक्टियोसोम (Dictyosome) भी कहते हैं। इसकी खोज इटली के वैज्ञानिक कैमिलो गोल्गी ने 1898 ई. में की थी। इसीलिए इसे गोल्गीबाडी कहते हैं। इसका मुख्य कार्य कोशिका भित्ति और Cell Plate का निर्माण करना है।

7. **लाइसोसोम (Lysosome) :** इसकी खोज डी डूवे (De Duve) नामक वैज्ञानिक ने की थी। सूक्ष्म, गोल, इकहरी झिल्ली से घिरी थैली जैसी इस रचना का सबसे प्रमुख बाहरी पदार्थों का भक्षण एवं पाचन करना है। इसमें 24 प्रकार के एन्जाइम पाये जाते हैं। यदि पूर्ण क्षतिग्रस्त या मृत कोशिकाओं को नष्ट करने की आवश्यकता हो तो ये अपनी झिल्ली तोड़कर एक ही बार में अपना सारा द्रव्य मुक्त कर देते हैं। चूँकि इस क्रिया में ये स्वयं भी नष्ट हो जाते हैं, इसलिए इनको आत्महत्या की थैली (Suicide Bags) भी कहते हैं।

8. **राइबोसोम (Ribosome) :** इसकी खोज पैलेड ने की थी। यह राइबोन्यूक्लिक ऐसिड (Ribonuclic Acid-RNA) नामक अम्ल व प्रोटीन की बनी होती है। यह प्रोटीन संश्लेषण के लिए उपर्युक्त स्थान प्रदान करती है अर्थात् यह प्रोटीन का उत्पादन स्थल है। इसीलिए इसे प्रोटीन की फैक्ट्री (Factory of Protein) भी कहा जाता है।

9. **तारककाय (Centrosome) :** इसकी खोज बोबेरी ने की थी। यह केवल जन्तु कोशिकाओं में पाया जाता है। तारककाय के अंदर एक या दो कण जैसी रचना होती है, जिसे सेण्ट्रियोल कहते हैं। समसूत्री विभाजन में यह ध्रुव का निर्माण करता है।

10. **रसधानी (Vacuoles) :** यह कोशिका की निर्जीव रचना है। इसमें तरल पदार्थ भरी होती है। जन्तु कोशिकाओं में यह अनेक व बहुत छोटी होती है, परन्तु पादप कोशिका में प्रायः बहुत बड़ी और केन्द्र में स्थित होती है।

11. **केन्द्रक (Nucleus) :** केन्द्रक कोशिका का मुख्य भाग होता है। केन्द्रक में डीएनए (DNA- Deoxy Ribonucleic Acid), आरएनए (RNA-Ribonucleic Acid) तथा गुणसूत्र (Chromosome) पाये जाते हैं। इसलिए केन्द्रक का आनुवंशिकी में महत्त्वपूर्ण स्थान है।

12. **डीएनए (DNA) :** डीएनए में न्यूक्लियोटाइड (Nucleotide) इकाइयों का बहुलक (Polymer) होता है जो Polynucleotide चेन बनाता है। डीएनए का संगठन इस प्रकार है-

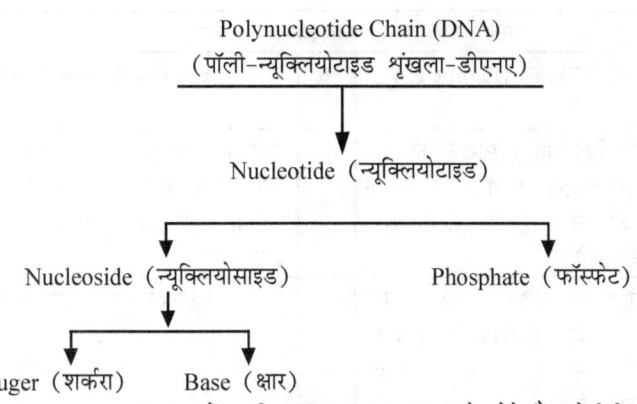

➪ **क्षार (Base) :** DNA में उपस्थित क्षार चार प्रकार के होते हैं- ऐडीनीन (Adenine =A), गुआनीन (Guanin = G), थायमिन (Thymine = T) तथा साइटोसीन (Cytosine = C)। DNA में अणु संख्या के आधार पर ऐडीनीन सदैव थायमिन से एवं साइटोसीन सदैव गुआनीन से जुड़ा रहता है। ऐडीनीन व थायमिन के बीच दो हाइड्रोजन आबंध तथा साइटोसीन व गुआनीन के बीच तीन हाइड्रोजन आबंध होते हैं। [A = T, G = C]।

➪ **डीएनए का आकार :** 1953 ई. में वाटसन एवं क्रिक ने DNA का द्विकुंडिलत मॉडल (Double Helix Model) प्रतिपादित किया। इस काम के लिए उन्हें 1962 ई. में नोबेल पुरस्कार मिला।

- **डीएनए (DNA) का कार्य :** यह सभी आनुवंशिकी क्रियाओं को संचालित करता है। यह प्रोटीन संश्लेषण को नियंत्रित करता है।
- **आरएनए (RNA) का निर्माण :** DNA से ही RNA का संश्लेषण होता हे। इस क्रिया में DNA की एक शृंखला पर RNA की न्यूक्लियोटाइड आकार जुड़ जाती है। इस प्रकार एक अस्थायी DNA-RNA संकर का निर्माण होता है। इसमें नाइट्रोजन बेस थायमिन के स्थान पर यूरेसिल होता है। कुछ समय बाद RNA की समजात शृंखला अलग हो जाती है। RNA तीन प्रकार के होते हैं-
    - (i) **r-RNA (Ribosomal RNA) :** ये राइबोसोम पर लगे रहते हैं और प्रोटीन संश्लेषण में सहायता करते हैं।
    - (ii) **t-RNA (Transfer RNA) :** यह प्रोटीन संश्लेषण में विभिन्न प्रकार के अमीन अम्लों को राइबोसोम पर लाते हैं, जहाँ पर प्रोटीन बनता है।
      नोट : प्रोटीन बनने की अंतिम क्रिया को Translation कहते हैं।
    - (iii) **m-RNA (Messenger RNA) :** यह केन्द्रक के बाहर विभिन्न आदेश लेकर अमीन अम्लों को चुनने में मदद करता है।

DNA एवं RNA में मुख्य अन्तर

क्र.	DNA	क्र.	RNA
1.	इसमें डीऑक्सीराइबोज शर्करा होती है।	1.	इसमें शर्करा राइबोज होती है।
2.	इसमें बेस एडिनीन, ग्वानीन, थायमिन एवं साइटोसीन होते हैं।	2.	इसमें बेस थायमिन की जगह यूरेसिल आ जाता है।
3.	यह मुख्यत: केन्द्रक में पाया जाता है।	3.	यह केन्द्रक एवं कोशिका द्रव्य दोनों में पाया जाता है।

पादप और जन्तु कोशिका में अन्तर

क्र. सं.	पादप कोशिका (Plant Cell)	क्र. सं.	जन्तु कोशिका (Animal Cell)
1.	पौधों में विकसित त्रिस्तरीय कोशिका भित्ति (Cellwall) पायी जाती है, जो मुख्य रूप से सेलूलोज (Cellulose) की बनी होती है।	1.	जन्तु कोशिका में कोशिका भित्ति नहीं पायी जाती बल्कि कोशिका जीवद्रव्य झिल्ली (Plasma Membrane) से ढकी रहती है।
2.	कुछ पौधों को छोड़कर [जैसे- कवक (Fungi), जीवाणु (Baceria)] बाकी सभी पौधों में पर्णहरित Chlorophill पाया जाता है।	2.	जन्तुओं में वर्णहरित नहीं पाया जाता है।
3.	वनस्पति कोशिका में सेन्ट्रोसोम (Centrosome) नहीं पायी जाती है।	3.	जन्तु कोशिका में केन्द्रक के पास ताराकार सेन्ट्रोसोम रचना होती है जो कोशिका विभाजन में कार्य करती है।
4.	पौधों में प्राय: लाइसोसोम (Lysosome) नहीं पायी जाती है।	4.	लाइसोसोम जन्तु कोशिका में मिलती है।

5.	पादप कोशिका में रसधानी (Vacuole) या रिक्तिका होती है।	5.	जन्तु कोशिका में रिक्तिका नहीं मिलती है।
6.	अधिकांश पादपों की कोशिकाओं में तारकेन्द्र (Centrioles) नहीं होते हैं।	6.	अधिकांश जन्तु कोशिकाओं में तारकेन्द्र (Centrioles) होते हैं।

कोशिका विभाजन (Cell Division)

- कोशिका विभाजन को सर्वप्रथम 1855 ई. में विरचाऊ नामक वैज्ञानिक ने देखा।
- कोशिका विभाजन मुख्यत: तीन प्रकार से होते हैं– 1. असूत्री विभाजन (Amitosis) 2. समसूत्री विभाजन (Mitosis) एवं 3. अर्द्धसूत्री विभाजन (Meiosis)।

1. **असूत्री विभाजन (Amitosis) :** यह विभाजन अविकसित कोशिकाओं जैसे- जीवाणु, नीलहरित शैवाल, यीस्ट, अमीबा तथा प्रोटोजोआ में होता है।
2. **समसूत्री विभाजन (Mitosis) :** समसूत्री विभाजन की प्रक्रिया को जन्तु कोशिकाओं में सबसे पहले जर्मनी के जीव वैज्ञानिक वाल्थेर फ्लेमिंग ने 1879 ई. में देखा। उन्होंने ही 1882 ई. में इस प्रक्रिया को माइटोसिस (Mitosis) नाम दिया। यह विभाजन कायिक कोशिका (Samatic Cell) में होता है।
   - अध्ययन की सुविधा के लिए समसूत्री विभाजन को पाँच अवस्थाओं में बाँटा गया है–
     (i) विभाजनान्तराल अवस्था (Interphase)
     (ii) पूर्वावस्था (Prophase)
     (iii) मध्यावस्था (Metaphase)
     (iv) पश्चावस्था (Anaphase)
     (v) अंत्यावस्था (Telophase)
3. **अर्द्धसूत्री विभाजन (Meiosis) :** फार्मर तथा मुरे (Farmer and Moore-1905) ने कोशिकाओं में अर्द्धसूत्री विभाजन को Meiosis नाम दिया। अर्द्धसूत्री विभाजन की खोज सर्वप्रथम वीजमैन (Weisman) ने की थी, लेकिन इसका सर्वप्रथम विस्तृत अध्ययन स्ट्रासवर्ग ने 1888 ई. में किया। यह विभाजन केवल लिंगी जनन (Sexual Reproduction) करने वाले जीवों में होता है। अर्द्धसूत्री कोशिका विभाजन दो चरणों में पूरा होता है– (i) अर्द्धसूत्री-I (ii) अर्द्धसूत्री-II।

अर्द्धसूत्री-I

- इसमें गुणसूत्रों की संख्या आधी रह जाती है, इसलिए इसे न्यूनकारी विभाजन (Reduction Division) भी कहते हैं। इस विभाजन में चार अवस्थाएँ होती हैं– (i) प्रोफेज-I (ii) मेटाफेज-I (iii) एनाफेज-I एवं (iv) टेलोफेज-I।
- प्रोफेज-I सबसे लंबी अवस्था होती है, जो कि पाँच उप-अवस्थाओं में पूरी होती है– (a) लेप्टोटीन (Leptotene) (b) जाइगोटीन (Zygotene) (c) पैकीटीन (Pachytene) (d) डिप्लोटीन (Diplotene) (e) डायकाइनेसिस (Diakinesis)।
- जाइगोटीन (Zygotene) अवस्था में गुणसूत्रों के जोड़े बन जाते हैं। इस क्रिया को अंतर्ग्रंथन (Synapsis) कहते हैं।
- डिप्लोटीन (Diplotene) उप-अवस्था में गुणसूत्र कुछ बिन्दुओं पर आपस में जुड़े होते हैं। इन बिन्दुओं को काइएज्मा (Chiasma) कहते हैं। यहाँ पर समजात गुणसूत्रों के बीच क्रोमेटिड खण्डों का आदान-प्रदान होता है। इस घटना को क्रोसिंग ओवर (Crossing Over) कहते हैं।

अर्द्धसूत्री-II

- यह समसूत्री विभाजन की तरह समान विभाजन (Equatational Division) होता है।
- इस विभाजन में एक जनक कोशिका (Parent Cell) से चार संतति कोशिका (Daughter Cell) का निर्माण होता है।

समसूत्री एवं अर्द्धसूत्री विभाजन में अन्तर			
क्र. सं.	समसूत्री विभाजन	क्र. सं.	अर्द्धसूत्री विभाजन
1.	यह विभाजन कायिक (Somatic) कोशिका में होता है।	1.	यह विभाजन जनन कोशिकाओं में होता है।
2.	इस विभाजन में कम समय लगता है।	2.	इस विभाजन में अधिक समय लगता है।
3.	इस विभाजन के द्वारा एक कोशिका से दो कोशिकाएँ बनती हैं।	3.	इस विभाजन में एक कोशिका से चार कोशिकाओं का निर्माण होता है।
4.	संतति कोशिका में जनक जैसी ही गुणसूत्र होने के कारण आनुवंशिक विविधिता नहीं होती।	4.	संतति कोशिकाओं में जनकों से भिन्न गुणसूत्र होने के कारण आनुवंशिक विविधिता होती है।
5.	इसमें गुणसूत्रों के आनुवंशिक पदार्थों में आदान-प्रदान (Crossing Over) नहीं होता है।	5.	इस विभाजन में गुणसूत्रों के बीच आनुवंशिक पदार्थों का आदान-प्रदान (Crossing Over) होता है।
6.	इसकी प्रोफेज अवस्था छोटी होती है।	6.	इसकी प्रोफेज अवस्था लम्बी होती है।

3. आनुवंशिकी

- माता-पिता से संतानों में विभिन्न लक्षणों के स्थानातंरण का विषय तथा उससे सम्बन्धित कारणों और नियमों का अध्ययन आनुवंशिक विज्ञान (Genetics) कहलाता है।
- जेनेटिक्स (Genetics) नाम का सर्वप्रथम उपयोग 1905 ई. में डब्ल्यू. वाटसन ने किया था।
- आस्ट्रिया निवासी ग्रेगर जॉन मेन्डेल (1822-1854 ई.) ने आनुवंशिकता के बारे में सर्वप्रथम जानकारी दी। इसी कारण उन्हें आनुवंशिकता का पिता (Father of Genetics) कहा जाता है।
- जॉन मेन्डेल ने मटर के पौधे पर अपना प्रयोग किया था।
- मेन्डेल ने मटर में सात जोड़े गुणों का अध्ययन करके तीन नियम दिया, जो निम्नलिखित प्रकार से है-

1. **प्रभाविकता का नियम (Law of Dominance)** : एक जोड़ा विपर्यायी गुणों वाले शुद्ध पिता तथा माता में संकरण करने से प्रथम संतान पीढ़ी में प्रभावी गुण प्रकट होते हैं जबकि अप्रभावी गुण छिप जाते हैं।
2. **पृथक्करण का नियम (Law of Segregation)** : एक जोड़ा लक्षण कारकों (जीन) के प्रत्येक सजातीय जोड़े के दोनों कारक युग्मक बनाते समय पृथक होते हैं और इनमें से केवल एक कारक ही किसी एक युग्मक (gamate) में पहुँचता है। इस नियम को युग्मकों के शुद्धता का नियम (Law of Purity of gametes) भी कहते हैं।
3. **स्वतंत्र अपव्यूहन का नियम (Law of Independent Assortment)** : संकरण के दौरान संकर के विभिन्न गुणों की वंशागति स्वतंत्र रूप में होती है और जब दो या दो से अधिक गुणों के समजातीय जोड़ों की वंशागति का अध्ययन एक ही संकरण में किया जाता है तो

दोनों जोड़ों का वितरण एक-दूसरे से स्वतंत्र होता है। उदाहरणार्थ-

(एक संकर वंशागति) (TT लंबा पौधा X tt – माता-पिता (P_1) बौना पौधा

↓

Tt प्रथम संतान पीढ़ी (F_1) लंबा पौधा

TT Tt Tt tt–(F_2)

लंबा बौना

3 1

- **युग्म विकल्पी (Alleles) :** एक ही गुण के विभिन्न विपर्यायी रूपों को प्रकट करने वाले लक्षण कारकों को एक-दूसरे का विकल्पी या एलील या एलीलोमार्फ (allelomorph) कहते हैं। जैसे किसी पुष्प का रंग लाल, हरा, पीला को क्रमशः R, G, Y से प्रकट करते हैं। इसी प्रकार लंबा (T) तथा बौना (t) भी युग्म विकल्पी है।
- **समयुग्मजी (Homozygous) :** जब किसी गुण के एलील (Alleles) समान हों, जैसे- लंबा पौधा (TT), बौना पौधा (tt)।
- **विषम युग्मजी (Heterzygous) :** यदि समजातीय कारकों के जोड़ों में दोनों कारक एक-दूसरे के विपर्यायी हो अर्थात् उनमें एक प्रभावी होगा तथा दूसरा अप्रभावी हों तो यह जोड़ा विषमयुग्मजी या संकर (hybrid) कहलाता है।
- **समलक्षणी (Phenotype) :** जीवधारी के जो लक्षण प्रत्यक्ष रूप से दिखायी पड़ते हैं उसे समलक्षणी कहते हैं।
- **समजीनी (Genotype) :** जीवधारी के आनुवंशिकी संगठन को उसका समजीनी कहते हैं, जो कि कारकों (जीन) का बना होता है।
- **सहलग्नता (Linkage) :** एक गुणसूत्र पर स्थित जीनों में एक साथ वंशगत होने की प्रवृत्ति पायी जाती है। जीनों की इस प्रवृत्ति को 'सहलग्नता' कहते हैं। जबकि जीन जो एक ही गुणसूत्र पर स्थापित होते हैं और एक साथ वंशानुगत होते हैं, उन्हें सहलग्न जीन (Linked genes) कहते हैं। लिंग सहलग्न जीन (Sex linked genes) लिंग सहलग्न गुणों को एक पीढ़ी से दूसरी पीढ़ी में ले जाते हैं। वास्तव में X गुणसूत्र पर स्थित जीन ही लिंग सहलग्न जीन कहे जाते हैं क्योंकि इसका प्रभाव नर तथा मादा दोनों पर पड़ता है। लिंग सहलग्नता की सर्वप्रथम विस्तृत व्याख्या 1910 ई. में मार्गन (Morgan) ने की थी। मनुष्यों में कई लिंग सहलग्न गुण जैसे- रंगवर्णान्धिता, गंजापन, हीमोफीलिया, मायोपिया, हाइपरट्राइकोसिस आदि पाये जाते हैं। लिंग सहलग्न गुण स्त्रियों की अपेक्षा पुरुषों में ज्यादा प्रकट होते हैं।
- **एक जीन-एक एन्जाइम सिद्धान्त (One gene-one enzyme theory) :** एक जीन के द्वारा एक एन्जाइम का संश्लेषण होता है। इस सिद्धान्त की खोज बीडल और टेटम (Beadle and Tatum) ने 1948 ई. में किया तथा इसके लिए उन्हें 1958 ई. में नोबेल पुरस्कार मिला था।
- **बैक क्रॉस (Back Cross) :** यदि प्रथम पीढ़ी के जीनोटाइप से पितृपीढ़ी के जोनोटाइप में शुद्ध या संकर प्रकार को संकरण कराया जाये तो यह क्रॉस बैक-क्रॉस कहलाता है।

मानव आनुवंशिकी (Human Genetic)

- गुणसूत्रों (Chromosomes) का नामकरण डब्ल्यू. वाल्डेयर ने 1888 ई. में किया था। ये केन्द्रक में धागे की तरह पड़े रहते हैं।
- गुणसूत्र ही आनुवंशिक गुणों का माता-पिता से संतानों में युग्मकों (Gametes) के माध्यम से स्थानांतरण करते हैं।

- गुणसूत्रों में पाये जाने वाले आनुवंशिक पदार्थ को जीनोम (Genome) कहते हैं। जीन इन्हीं गुणसूत्रों पर पाया जाता है।
- गुणसूत्रों के बाहर जीन यदि कोशिका द्रव्य के कोशिकांगों में होती है, तो उन्हें प्लाज्माजीन (Plasmagene) कहते हैं।
- जीन की आधुनिक विचारधारा 1956 ई. में एस. बेंजर द्वारा दी गयी। इनके अनुसार जीन को कार्य की इकाई **सिस्ट्रॉन (Cistron)**, उत्परिवर्तन की इकाई **म्यूटॉन (Muton)** तथा पुनः संयोजन की इकाई **रेकान (Recon)** कहा गया। इस प्रकार जीन को तीन भागों में बाँटा गया है।
- मानव में 20 आवश्यक अमीनो एसिड पाये जाते हैं।
- **आर्थर कोर्नबर्ग (A. Kornberg)** ने 1962 में डी.एन.ए. पालीमेरेज (DNA Polymerase) नामक एन्जाइम की खोज की, जिसकी सहायता से डी.एन.ए. का संश्लेषण होता है।
- **मनुष्य में लिंग-निर्धारण (Sex Determination in Man)** : मनुष्य में गुणसूत्रों (Chromosomes) की संख्या 46 होती है। मनुष्य एक लिंगी जीव है और प्रत्येक संतान को समजात गुणसूत्रों की प्रत्येक जोड़ी का एक गुणसूत्र अंडाणु के द्वारा माता से तथा दूसरा शुक्राणु के द्वारा पिता से प्राप्त होता है। शुक्रजनन (Spermatogenesis) में अर्द्धसूत्री विभाजन द्वारा दो प्रकार के शुक्राणु बनते हैं- आधे वे जिनमें 23वीं जोड़ी का X गुणसूत्र जाता है अर्थात् (22+X) और आधे वे जिनमें 23वीं जोड़ी में Y गुणसूत्र जाता है अर्थात् (22+Y) । स्त्रियों में एक समान प्रकार के गुणसूत्र अर्थात् (22+X) तथा (22+X) वाले अंडाणु पाये जाते हैं। निषेचन के समय यदि अंडाणु X गुणसूत्र वाले शुक्राणु से मिलता है तो युग्मनज (Zygote) में 23वीं जोड़ी XX होगी और इससे बनने वाली संतान लड़की होगी। इसके विपरीत किसी अंडाणु से Y गुणसूत्र वाला शुक्राणु निषेचित होगा तो XY गुणसूत्र वाला युग्मनज बनेगा तथा संतान लड़का होगा। इस प्रकार लिंग निर्धारण में पुरुष का Y गुणसूत्र संतान में लिंग निर्धारण के लिए उत्तरदायी होता है।

नोट : परखनली शिशु के मामले में निषेचन परखनली के अंदर होता है।

विभिन्न जीवों में गुणसूत्रों की संख्या

क्र. सं.	जाति का नाम	गुणसूत्र संख्या
1.	एस्केरिस	2
2.	घरेलू मक्खी	12
3.	ड्रोसोफिला	8
4.	मच्छर	6
5.	मधुमक्खी	16, 32
6.	मेढक	26
7.	कबूतर	80
8.	खरगोश	44
9.	कुत्ता	78
10.	बिल्ली	38
11.	घोड़ा	64
12.	चिम्पैंजी	48
13.	मनुष्य	46

14.	आलू	48
15.	टमाटर	24
16.	मटर	14
17.	गेहूँ	42
18.	प्याज	16
19.	नींबू	18, 36
20.	मक्का	20
21.	तम्बाकू	48
22.	टेरिडोफाइट्स	1300-1600

4. जैव-विकास

➩ प्रारंभिक, निम्नकोटि के जीवों से क्रमिक परिवर्तनों द्वारा अधिकाधिक जीवों की उत्पत्ति को जैव-विकास (Organic Evolution) कहा जाता है। जीव-जन्तुओं की रचना, कार्यिकी एवं रासायनी, भ्रूणीय विकास, वितरण आदि में विशेष क्रम व आपसी सम्बन्ध के आधार पर सिद्ध किया गया है कि जैव-विकास हुआ है।

➩ लैमार्क, डार्विन, वैलेस, डी, ब्रीज आदि ने जैव-विकास के सम्बन्ध में अपनी-अपनी परिकल्पनाओं को सिद्ध करने के लिए इन्हीं सम्बन्धों को दर्शाने वाले निम्नलिखित प्रमाण प्रस्तुत किये हैं-

1.	वर्गीकरण से प्रमाण	7.	भौगोलिक वितरण से प्रमाण
2.	तुलनात्मक शरीर रचना से प्रमाण	8.	तुलनात्मक कार्यिकी एवं जीव-रासायनी से प्रमाण
3.	अवशोषी अंगों से प्रमाण	9.	आनुवंशिकी से प्रमाण
4.	संयोजता जन्तुओं से प्रमाण	10.	पशुपालन से प्रमाण
5.	पूर्वजता से प्रमाण	11.	रक्षात्मक समरूपता से प्रमाण
6.	तुलनात्मक भ्रौणिकी से प्रमाण	12.	जीवाश्म विज्ञान एवं जीवाश्मकों से प्रमाण

➩ **समजात अंग (Homologous Organ) :** ऐसे अंग जो विभिन्न कार्यों के लिए उपयोजित हो जाने के कारण काफी असमान दिखायी दे सकते हैं, परन्तु मूल रचना एवं भ्रूणीय परिवर्धन में समान होते हैं, समजात अंग कहलाते हैं। उदाहरणार्थ- सील के फ्लीपर, चमगादड़ के पंख, घोड़े की अगली टाँग, बिल्ली का पंजा तथा मनुष्य के हाथ की मौलिक रचना एक जैसी होती हैं। इन सभी में ह्यूमेरस, रेडियो अल्ना, कार्पल्स, मेटाकार्पल्स आदि अस्थियाँ होती हैं। इनका भ्रौणिकीय विकास भी एक-सा ही होता है। परन्तु इन सभी का कार्य अलग-अलग होता है। सील का फ्लीपर तैरने के लिए, चमगादड़ के पंख उड़ने के लिए, घोड़े की टाँग दौड़ने के लिए तथा मनुष्य का हाथ वस्तु को पकड़ने के लिए अनुकूलित होता है।

➩ **समरूप अंग (Analogous Organ) :** ऐसे अंग जो समान कार्य के लिए उपयोजित हो जाने के कारण समान दिखायी देते हैं, परन्तु मूल रचना एवं भ्रूणीय परिवर्धन में भिन्न होते हैं, समरूप अंग कहलाते हैं। उदाहरणार्थ- तितली, पक्षियों तथा चमगादड़ के पंख उड़ने का कार्य करते हैं और देखने में एक समान लगते हैं, परन्तु इन सभी की उत्पत्ति अलग-अलग ढंग से होती है। तितलियों के पंख की रचना शरीर भित्ति के भंज द्वारा, पक्षियों के पंख की रचना इनकी

अग्रपादों पर परों द्वारा, चमगादड़ के पंख की रचना हाथ की चार लंबी अँगुलियों तथा छड़ के बीच फैली त्वचा से हुई है।

- **अवशेषी अंग (Vestigial Organ) :** ऐसे अंग जो जीवों के पूर्वजों में पूर्ण विकसित होते हैं, परन्तु वातावरणीय परिस्थितियों में बदलाव से इनका महत्त्व समाप्त हो जाने के कारण विकास क्रम में इनका क्रमिक लोप होने लगता है, अवशेषी अंग कहलाते हैं। उदाहरणार्थ- कर्ण-पल्लव (Pinna), त्वचा के बाल, बार्मीफार्म एपेन्डिक्स आदि।

  नोट : मनुष्य में लगभग 100 अवशेषी अंग पाये जाते हैं।
- **जीवाश्म (Fossil) :** अनेक ऐसे प्राचीनकालीन जीवों एवं पादपों के अवशेष, जो हमारी पृथ्वी पर विद्यमान थे, परन्तु बाद में समाप्त अर्थात् विलुप्त हो गये, भूपटल की चट्टानों में परिरक्षित मिलते हैं, उन्हें जीवाश्म कहते हैं एवं इनके अध्ययन को जीवाश्म विज्ञान कहा जाता है।

जैवविकास के प्रमुख सिद्धान्त

1. **लैमार्कवाद (Lamarckism) :** लैमार्क का सिद्धान्त 1809 ई. में उनकी पुस्तक फिलॉसफी जूलोजीक (Philosophic Zoologique) में प्रकाशित हुआ। इस सिद्धान्त के अनुसार, जीवों एवं इनके अंगों में सतत बड़े होते रहने की प्राकृतिक प्रवृत्ति होती है। इन जीवों पर वातावरणीय परिवर्तन का सीधा प्रभाव पड़ता है। इसके कारण जीवों में विभिन्न अंगों का उपयोग घटता-बढ़ता रहता है। अधिक उपयोग में आने वाले अंगों का विकास अधिक एवं कम उपयोग में आने वाले अंगों का विकास कम होने लगता है। इसे 'अंगों के कम या अधिक उपभोग का सिद्धान्त' भी कहते हैं। इस प्रकार से जीवों द्वारा उपार्जित लक्षणों की वंशगति होती है, जिसके फलस्वरूप नयी-नयी जातियाँ बन जाती हैं। उदाहरणार्थ- जिराफ की गर्दन का लंबा होना।
2. **डार्विनवाद (Darwinism) :** जैव विकास के सम्बन्ध में डार्विनवाद सर्वाधिक प्रसिद्ध है। डार्विन को पुरावशेष का महानतम अन्वेषक कहा जाता है। चार्ल्स डार्विन (1809-1882 ई.) ने 1831 में बीगल नामक विश्व सर्वेक्षण जहाज पर पूरे विश्व का भ्रमण किया। डार्विनवाद के अनुसार सभी जीवों में प्रचुर संतानोत्पत्ति की क्षमता होती है। अतः अधिक आबादी के कारण प्रत्येक जीवों को अपनी आवश्यकताओं की पूर्ति हेतु दूसरे जीवों से जीवनपर्यंत संघर्ष करना पड़ता है। ये संघर्ष सजातीय, अंतर्जातीय तथा पर्यावरणीय होते हैं। दो सजातीय जीव आपस में बिल्कुल समान नहीं होते हैं। ये विभिन्नताएँ इन्हें इनके जनकों से वंशानुक्रम में मिलते हैं। कुछ विभिन्नताएँ जीवन संघर्ष के लिए लाभदायक होती हैं, जबकि कुछ अन्य हानिकारक होती हैं। जीवों में विभिन्नताएँ वातावरणीय दशाओं के अनुकूल होने पर वे बहुमुखी जीवन-संघर्ष में सफल होते हैं। उपयोगी विभिन्नताएँ पीढ़ी-दर-पीढ़ी इकट्ठी होती रहती हैं और काफी समय बाद उत्पन्न जीवधारियों के लक्षण मूल जीवधारियों से इतने भिन्न हो जाते हैं कि एक नई जाति बन जाती है।
3. **नव-डार्विनवाद (No-Darwinism) :** डार्विन के बाद इनके समर्थकों द्वारा डार्विनवाद को जीनवाद के ढाँचे में ढाल दिया, जिसे नव-डार्विनवाद कहा जाता है। इसके अनुसार किसी जाति पर कई कारकों का एक साथ प्रभाव पड़ता है, जिससे इस जाति से नई जाति बन जाती है। ये कारक हैं- (i) विविधता (ii) उत्परिवर्तन (iii) प्रकृतिवरण (iv) जनन। इस प्रकार नव-डार्विनवाद के अनुसार जीन में साधारण परिवर्तनों के परिणास्वरूप जीवों की नई जातियाँ बनती हैं, जिनमें जीन परिवर्तन के कारण भिन्नताएँ बढ़ जाती हैं।
4. **उत्परिवर्तनवाद :** यह सिद्धान्त वस्तुतः ह्यूगो डी व्राइज (Hugo-De-Vries) द्वारा प्रतिपादित किया गया है। इस सिद्धान्त के पाँच प्रमुख तथ्य निम्नवत् हैं-

   (i) नयी जीवजातियों की उत्पत्ति लक्षणों में छोटी-छोटी एवं स्थिर विभिन्नताओं के प्राकृतिक

चयन द्वार पीढ़ी-दर-पीढ़ी संचय एवं क्रमिक विकास के फलस्वरूप नहीं होती है, बल्कि यह उत्परिवर्तनों के फलस्वरूप होती है।
(ii) इस प्रकार से उत्पन्न जाति का प्रथम सदस्य उत्परिवर्तक कहलाता है। यह उत्परिवर्तित लक्षण के लिए शुद्ध नस्ल का होता है।
(iii) उत्परिवर्तन अनिश्चित होते हैं। ये किसी एक अंग विशेष में अथवा अनेक अंगों में एक साथ उत्पन्न हो सकते हैं।
(iv) सभी जीव-जातियों में उत्परिवर्तन की प्राकृतिक प्रवृत्ति होती है।
(v) जाति के विभिन्न सदस्यों में उत्परिवर्तन भिन्न-भिन्न हो सकते हैं।
(vi) उपर्युक्त उत्परिवर्तनों के फलस्वरूप अचानक ऐसे जीवधारी उत्पन्न हो सकते हैं, जो जनक से इतने अधिक भिन्न हों कि उन्हें एक नई जाति का माना जा सके।

5. वनस्पति विज्ञान

▷ विभिन्न प्रकार के पेड़, पौधों तथा उनकी क्रियाकलापों के अध्ययन को वनस्पति विज्ञान (Botany) कहते हैं।
▷ थियोफ्रेस्ट्स (Theophrastus) को वनस्पति विज्ञान का जनक (Father of Botany) कहा जाता है।

वनस्पति विज्ञान की कुछ विशेष शाखाएँ

(i) शैवाल-विज्ञान (Algoloy or Phycology) - शैवालों का अध्ययन।
(ii) कवक-विज्ञान (Mycology) - कवक, मोल्ड्स का अध्ययन।
(iii) जीवाणु-विज्ञान (Bacteriology) - जीवाणुओं का अध्ययन।
(iv) विषाणु-विज्ञान (Virology) - विषाणुओं का अध्ययन।
(v) लाइकेन-विज्ञान (Lichenology) - लाइकेन का अध्ययन।
(vi) पोमोलॉजी (Pomology) फलों का अध्ययन।
(vii) पेडोलॉजी (Pedlogy) - मिट्टी का अध्ययन।
(viii) एन्थोलॉजी (Anthology) - फूलों का अध्ययन।
(ix) पोलेनोलॉजी (Polenology) - परागकणों का अध्ययन।
(x) बाह्य-जीव-विज्ञान (Exobiology) - अंतरिक्ष के जीवन।
(xi) डेन्ड्रोक्रोनोलॉजी (Dendrochronology) - वार्षिक वलय (Annul Ring) की गणना करना।
(xii) एग्रोस्टोलॉजी (Agrostology) - घासों का अध्ययन।
(xiii) ब्रायोलॉजी (Bryology) - ब्रायोफाइट्स का अध्ययन।
(xiv) टेरिडोलॉजी (Pteridology) - टेरिडोफाइट्स का अध्ययन।
(xv) पादप प्रजनन (Plant Breeding) - संकरण की विधि का अध्ययन।

1. पौधों का वर्गीकरण (Classification of Plant)

▷ संसार में 3,43,225 के आसपास विभिन्न प्रकार के पौधे हैं जो रूप, संरचना और आकार में एक-दूसरे से भिन्नता रखते हैं। वर्गीकरण की तीन पद्धतियाँ कृत्रिम, प्राकृतिक और जातिवृत्तीय (Phylogenetic) प्रचलित हैं, किन्तु आज सर्वाधिक मान्यता जातिवृत्तीय वर्गीकरण पद्धति को है।
▷ 1883 ई. में एकलर (Eichler) ने वनस्पति जगत का वर्गीकरण निम्नलिखित रूप से किया-

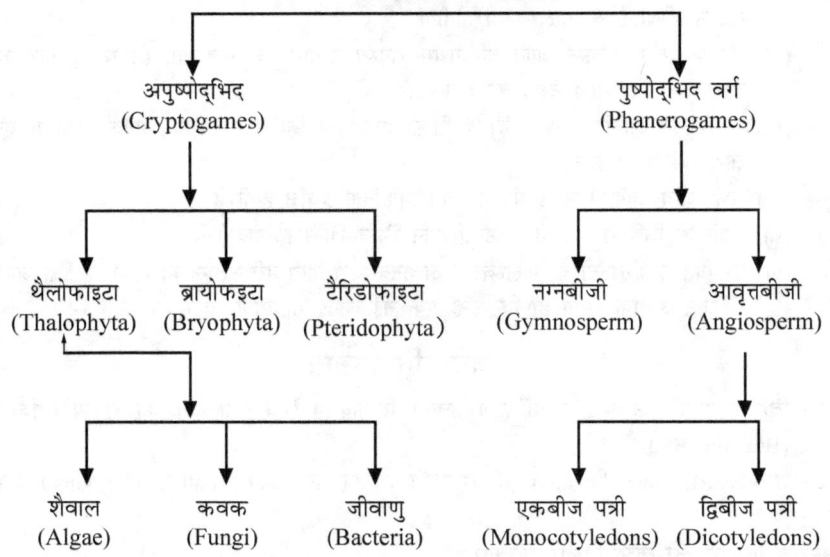

अपुष्पोद्भिद पौधा (Cryptogames)

- इस वर्ग के पौधों में पुष्प तथा बीज नहीं होता है। इन्हें निम्न समूह में बाँटा गया है-

थैलोफाइटा (Thalophyta)

- यह वनस्पति जगत का सबसे बड़ा समूह है।
- इस समूह के पौधों का शरीर सूकाय (Thalus) होता है, अर्थात् पौधे, जड़, तना एवं पत्ती आदि में विभक्त नहीं होते।
- इसमें संवहन उत्तक नहीं होता है।

शैवाल (Algae)

- शैवालों के अध्ययन को फाइकोलॉजी (Phycology) कहते हैं।
- शैवाल प्राय: पर्णहरितयुक्त (Chlorphyllous), संवहन ऊतक रहित (Non-Vascular), आत्मपोषी (Autotrophic) तथा सेलूलोज भित्ति वाले होते हैं।
- शैवालों का शरीर सूकाय सदृश (Thalloid) होता है, अर्थात् जड़, तना एवं पत्तियों में विभक्त नहीं होता है।

लाभदायक शैवाल

(i) **भोजन के रूप में :** फोरफाइरा, अल्बा, सरगासन, लेमिनेरिया, नॉस्टक आदि।

(ii) **आयोडीन बनाने में :** लेमिनेरिया, फ्यूकस, एकलोनिया आदि।

(iii) **खाद के रूप में :** नॉस्टॉक, एनाबीना, केल्प आदि।

(iv) **औषधियाँ बनाने में :** क्लोरेला से क्लोरेलिन नामक प्रतिजैविक एवं लेमिनेरिया से टिंचर आयोडीन बनायी जाती है।

(v) **अनुसंधान कार्यों में :** क्लोरेला एसीटेबुलेरिया, बेलोनिया आदि।

नोट : क्लोरेला (Chlorella) नामक शैवाल को अंतरिक्षयान के केबिन के हौज में उगाकर अंतरिक्ष यात्री को प्रोटीनयुक्त भोजन, जल और ऑक्सीजन उपलब्ध कराया जाता है।

कवक (Fungi)

- इसके अध्ययन को कवक विज्ञान (Mycology) कहा जाता है।
- कवक पर्णहरित रहित, संकेन्द्रीय, संवहन ऊतकरहित थैलोफाइट है।
- कवक में संचित भोजन ग्लाइकोजन (glycogen) के रूप में रहता है।
- इनकी कोशिकाभित्ति काइटिन (Chitin) की बनी होती है।
- कवक पौधों में गंभीर रोग उत्पन्न करते हैं। सबसे अधिक हानि रस्ट (Rust) और स्मट (Smut) से होती है। पौधों में कवक के द्वारा होने वाले प्रमुख रोग निम्नलिखित हैं-
  (a) सरसों का सफेद रस्ट (White Rust of Crucifer)
  (b) गेहूँ का ढीला स्मट (Loose Smut of Wheat)
  (c) गेहूँ का किट्टू रोग (Rust of Wheat)
  (d) आलू की अंगमारी (Blight of Potato)
  (e) गन्ने का लाल अपक्षय (Red Rot of Sugarcane)
  (f) मूँगफली का टिक्का रोग (Tikka Disease of Groundnut)
  (g) आलू का मस्सा रोग (Wart Diseases of Potato)
  (h) धान की भूरी अर्ज चित्ति (Brown Leaf Spot of Rice)
  (i) आलू की पछेला अंगमारी (Late Blight of Potato)
  (j) प्रांकुरों का डेपिंग रोग (Damping off of Seedlings)

कवक से मुनष्यों में होने वाले रोग	
रोग	**कवक**
दमा	एस्परजिलस फ्यूमिगेटस (Aspergillus Fumigaths)
एथलीट फूट	टीनिया पेडिस (Tineapedis)
खाज	एकेरस स्केबीज (Acarus Scabies)
गंजापन	टीनिया केपिटिस (Taenia Capitis)
दाद	ट्राइकोफाइटान (Trichophyton)

जीवाणु (Bacteria)

- जीवाणु की खोज 1653 ई. में हॉलैंड के **एण्टोनीवान ल्यूवेनहॉक** ने की। इसी कारण इन्हें जीवाणु विज्ञान का पिता (Fater of Bacteriology) कहते हैं।
- एहरेनवर्ग (Ehrenberg) ने 1829 ई. इन्हें जीवाणु नाम दिया।
- 1843-1910 ई. में रॉबर्ट कोच (Robert Koch) ने हैजा (Cholera) तथा तपेदिक (Tuberculosis) के जीवाणुओं की खोज की तथा रोग का जर्म सिद्धान्त (Germ Theory of Disease) प्रतिपादित किया।
- 1812-1892 ई. में लुई पाश्चर ने रेबीज का टीका और दूध के पाश्चुराइजेशन (Pasteurization) की खोज की।
- आकृति के आधार पर जीवाणु कई प्रकार के होते हैं-
  (i) **छड़ाकार (Bacillus) :** ये छड़नुमा या बेलनाकार होते हैं।
  (ii) **गोलाकार (Cocus) :** ये गोलाकार एवं सबसे छोटे जीवाणु होते हैं।
  (iii) **सर्पिलाकार (Spirillum) :** ये स्प्रिंग या स्क्रू के आकार के होते हैं।

(iv) **कोमा-आकार (Comma Shaped) या विब्रियो (Vibrio)** : ये अंग्रेजी के चिह्न कोमा (,) के आकार के होते हैं। उदाहरणार्थ- विब्रियो कॉलेरी।

◘ ऐजोटोबैक्टर (Azotobacter), एजोसपाइरिलम (Azospirillum) तथा क्लोस्ट्रीडियम (Clostridium) जीवाणु की कुछ जातियाँ स्वतन्त्र रूप से मिट्टी में निवास करती हैं व मिट्टी के कणों के बीच स्थित वायु के नाइट्रोजन का स्थिरीकरण करती है।

◘ एनबीना (Anabaena) तथा नॉस्टॉक (Nostoc) नामक सायनोबैक्टीरिया वायुमंडल की N_2 का स्थिरीकरण करते हैं।

◘ राजोबियम (Rhizobium) तथा ब्रैडीराइजोबियम (Brdyrhizobium) इत्यादि जीवाणु की जातियाँ लैग्यूमिनोसी (मटर कुल) के पौधें की जड़ों में रहती हैं और वायुमंडलीय N_2 का स्थिरीकरण करती हैं।

◘ दूध को अधिक दिनों तक सुरक्षित रखने के लिए इसका पाश्चुरीकरण (Pasteurization) करते हैं। इसकी दो विधियाँ हैं-

(i) **LTH Method (Low Temperature Holding Method)** : दूध को 62.5°C पर 30 मिनट तक गरम करते हैं।

(ii) **HTST Method (High Temperature Short Time Method)** : दूध को 71.7° पर 15 सेकंड तक गरम करते हैं।

◘ चर्म उद्योग में चमड़े से बालों और वसा हटाने का कार्य जीवाणुओं के द्वारा होता है। इसे चमड़ा कमाना (Tanning) कहते हैं।

◘ आचार, मुरब्बे, शर्बत को शक्कर की गाढ़ी चासनी में या अधिक नमक में रखते हैं ताकि जीवाणुओं का संक्रमण होते ही जीवाणुओं का जीव द्रव्यकुंचन (Plasmolyis) हो जाता है तथा जीवाणु नष्ट हो जाते हैं, इसलिए आचार, मुरब्बे बहुत अधिक दिनों तक खराब नहीं होते हैं।

◘ शीत भंडार (Cold Storage) में न्यूनताप (–10°C से –18°C) पर सामाग्री का संचय करते हैं।

ब्रायोफाइटा (Bryophyta)

◘ यह सबसे सरल स्थलीय पौधों का समूह है। इस समूह में लगभग 25000 जातियाँ सम्मिलित की जाती हैं।

◘ इसमें संवहन ऊतक अर्थात् जाइलम एवं फ्लोएम का पूर्णत: अभाव होता है।

◘ इस समुदाय को वनस्पति जगत का एम्फीबिया वर्ग भी कहा जाता है।

◘ इस समुदाय के पौधे मृदा अपरदन (Soil Erosion) को रोकने में सहायता प्रदान करते हैं।

◘ स्फेगनम (Sphagnum) नामक मॉस (Moss) अपने स्वयं के भार से 18 गुना अधिक पानी सोखने की क्षमता रखता है। इसलिए माली इसका उपयोग पौधों को एक स्थान से दूसरे स्थान पर ले जाते समय सूखने से बचाने के लिए करते हैं।

◘ स्फेगनम मॉस का प्रयोग ईंधन (Fuel) तथा ऐन्टिसेप्टिक (Antiseptic) के रूप में भी किया जाता है।

टेरिडोफाइटा (Pteridophyta)

◘ इस समूह के पौधे नमी, छायादार स्थानों, जंगलों एवं पहाड़ों पर अधिकता से पाये जाते हैं।

◘ पौधे का शरीर जड़, तना, शाखा एवं पत्तियों में विभेदित रहता है। तना साधारण राइजोम के रूप में रहता है।

◘ पौधे बीजाणु जनक होते हैं और जनन की क्रिया बीजाणु के द्वारा होती है।

➡ इस समुदाय के पौधों में संवहन ऊतक पूर्ण विकसित होते हैं, परन्तु जाइलम में वेसेल (Vessels) एवं फ्लोएम (Phloem) में सहकोशाएँ (Companion Cell) नहीं होती हैं।

पुष्पोदभिद्/फूलों वाला पौधा (Phanerogamus)

➡ इस समूह के पौधे पूर्ण विकसित होते हैं। इस समूह के सभी पौधों में फूल, फल तथा बीज होते हैं। इस समूह के पौधों को **दो उप-समूहों** में बाँटा गया है- नग्नबीजी/अनावृत्त बीजी (Gymnosperm) व आवृत्तबीजी (Angiosperm)।

नग्नबीजी/अनावृत्त बीजी (Gymnosperm)

➡ इनके पौधे वृक्ष, झाड़ी या आरोही के रूप में होते हैं।

➡ पौधे काष्ठीय, बहुवर्षी और लंबे होते हैं।

➡ इनकी मुसला जड़ें पूर्ण विकसित होती हैं।

➡ परागण की क्रिया वायु द्वारा होती है।

➡ ये मरूद्भिद (Xerophytic) होते हैं।

➡ वनस्पति जगत का सबसे ऊँचा पौधा सिकोया सेम्परविरेंस इसी के अन्तर्गत आता है। इसकी ऊँचाई 120 मीटर है। इसे कोस्ट रेडबुक ऑफ कैलीफीर्निया भी कहा जाता है।

➡ सबसे छोटा नग्नबीजी पौधा जैमिया पिग्मिया है।

➡ जीवित जीवाश्म साइकस (Cycas), जिंगो बाइलोबा (Ginkgo biloba) व मेटासिकाया (Metasequoia) है।

➡ जिंगो बाइलोबा (Ginkgo biloba) को मेडन हेयर ट्री (Maiden Hair Tree) भी कहते हैं।

➡ साइकस (Cycas) के बीजाण्ड (Ovules) एवं नरयुग्मक (Antherogoids) पादप जगत में सबसे बड़े होते हैं।

➡ पाइनस के परागकण इतनी तादाद में होते हैं कि पीले बादल (Sulpher Showers) बन जाते हैं।

नग्नबीजी पौधों का आर्थिक महत्त्व

(i) **भोजन के रूप में :** साइकस के तनों से मंड निकालकर खाने वाला साबूदाना (Sago) बनाया जाता है। इसलिए साइकस को सागोपाम कहते हैं।

(ii) **लकड़ी :** चीड़ (Pine), सिकोया, देवदार, स्प्रूस आदि की लकड़ी से फर्नीचर बनते हैं।

(iii) **वाष्पीय तेल :** चीड़ के पेड़ से तारपीन का तेल, देवदार की लकड़ी से सेड्रस तेल (Cedrus Oil) तथा जूनीपेरस की लकड़ी से सेडस्काष्ठ तेल मिलता है।

(iv) **टेनिन :** चमड़ा बनाने (Tanning) तथा स्याही बनाने के काम आता है।

(v) **रेजिन :** कुछ शंकु पौधों से रेजिन निकाला जाता है। जिसका प्रयोग वार्निश, पॉलिश, पेंट आदि बनाने में होता है।

आवृत्तबीजी (Angiosperm)

➡ आवृत्तबीजी का अर्थ है 'ढका हुआ बीज' क्योंकि इस वर्ग के पौधों में बीज अंडाशय (Ovary) में बनता है। अर्थात् इस उपसमूह के पौधों में बीच फल के अंदर होते हैं।

➡ इनके पौधों में जड़, पत्ती, फूल, फल एवं बीज सभी पूर्ण विकसित होते हैं।

➡ इस समूह के पौधों में बीजपत्र होते हैं। बीजपत्रों की संख्या के आधार पर इस समूह के पौध ों को दो वर्गों में विभाजित किया गया है–

1. एकबीजपत्री (Monocotyledonae)

2- द्विबीजपत्री (Dicotyledonae)

➡ **एकबीजपत्री पौधे (Monocotyledonae) :** उन पौधों को कहते हैं, जिनके बीज में सिर्फ एकबीजपत्र होता है। इनके कुल का नाम एवं प्रमुख पौधों का नाम निम्न सारणी में वर्णित है–

क्र.	कुल का नाम	प्रमुख पौधों के नाम
1.	लिलिएसी (Liliaceae)	लहसुन, प्याज
2.	म्यूजेसी (Musaceae)	केला
3.	पाल्मी (Palmae)	सुपारी, ताड़, नारियल, खजूर
4.	ग्रेमिनेसी (Gramineceae)	गेहूँ, मक्का, बाँस, गन्ना, चावल, ज्वार, बाजरा, जौ, जई आदि।

◆ **द्विबीजपत्री पौधे (Dicotyledonae)** : इस वर्ग में वे पौधे आते हैं, जिनके पौधों के बीजों में दो पत्र होते हैं। इस कुल का नाम एवं प्रमुख पौधों का नाम निम्न सारणी में वर्णित है-

क्र.	कुल का नाम	प्रमुख पौधों के नाम
1.	क्रूसीफेरी (Cruciferae)	शलजम, सरसों, मूली
2.	मालवेसी (Malvaceae)	कपास, भिन्डी, गुड़हल
3.	लेग्यूमिनोसी (Leguminasae)	बबूल, छुईमुई, कत्था, गुलमोहर, अशोक, कचनार, इमली तथा सभी दलहन वाली फसलें।
4.	कम्पोजिटी (Compositae)	सूरजमुखी, भृंगराज, कुसुम, गेंदा, सलाद, जीनीया, डहेलिया आदि।
5.	रुटेसी (Rutaceae)	नींबू, चकोतरा, सन्तरा, मुसम्मी, बेल, कैथ, कामिनी आदि।
6.	कुकुबिटेसी (Cucurbitaceae)	तरबूज, खरबूजा, टिन्डा, कद्दू, लौकी, जीरा, ककड़ी, परवल, चिचिन्डा, करेला आदि।
7.	रोजेसी (Rosaceae)	स्ट्राबेरी, सेब, बादाम, नाशपाती, खुबानी, आड़ू, गुलाब, रसभरी आदि।
8.	मिरटेसी (Myrtaceae)	अमरूद, यूकेलिप्टस, जामुन, मेंहदी।
9.	अम्बेलीफेरी (Umbelliferae)	धनिया, जीरा, सौंफ, गाजर आदि।
10.	सोलेनेसी (Solanaceae)	आलू, मिर्च, बैंगन, मकोय, धतूरा, बैलाडोना, टमाटर आदि।

2. **पादप आकारिकी (Plant Morphology)**
   ◆ आकारिकी के अन्तर्गत हम पौधों के शरीर की बाह्य रचना का अध्ययन करते हैं। जड़, तना, पत्ती, पुष्प, पुष्पक्रम, फल आदि के रूपों तथा गुणों के अध्ययन को आकारिकी कहते हैं।

जड़ (Root)
   ◆ जड़ पौधों का अवरोही भाग है, जो मूलांकुर से विकसित होता है।
   ◆ जड़ सदैव प्रकाश से दूर भूमि में वृद्धि करती है।
   ◆ जड़ें दो प्रकार की होती है-
   (i) मूसला जड़ (Tap Root) तथा
   (ii) अपस्थानिक जड़ (Adventitious Root)

मूसला जड़ों का रूपांतरण	
जड़ें	**उदाहरण**
शंकु आकार (Conical)	गाजर
कुंभी रूप (Napiform)	चुकंदर, शलजम
तर्कु रूपी (Fusiform)	मूली
श्वसन-मूल (Pneumatophores)	मेन्ग्रूव वनस्पति

तना (Stem)

- यह पौधे का वह भाग है, जो प्रकाश की ओर वृद्धि करता है।
- यह प्रांकुर से विकसित होता है। यह पौधे का प्ररोह तन्त्र बनता है।

तनों का रूपांतरण	
भूमिगत तने	**उदाहरण**
कंद (Tuber)	आलू
घनकंद (Corm)	बन्डा, केसर
शल्ककंद (Bulb)	प्याज
प्रकंद (Rhizome)	हल्दी, अदरक

पत्ती (Leaf)

- यह हरे रंग की होती है। इसका मुख्य कार्य प्रकाश संश्लेषण (Photosynthesis) क्रिया के द्वारा भोजन बनाना है।

पुष्प (Flower)

- यह पौधे का जनन अंग है।
- पुष्प में बाह्य दलपुंज (Calyx), दलपुंज (Corolla), पुमंग (Androecium) और जायांग (Gynoecium) पाये जाते हैं। इनमें से पुमंग नर जननांग तथा जायांग मादा जननांग है।
- **पुमंग (Androecium) :** इसमें एक या एक से अधिक पुंकेसर (Stamens) होते हैं। पुंकेसर में परागकण (Pollen Grains) पाये जाते हैं।
- **जायांग (Gynoecium) :** इसमें अंडप (Carpels) होते हैं। अंडप के तीन भाग होते हैं- (i) अंडाशय (Ovary) (ii) वर्तिका (Style) एवं (iii) वर्तिकाग्र (Stigma)।
- **परागण** (Pollinaion) : परागकोष (Anther) से निकलकर अंडप के वर्तिकाग्र पर परागकणों के पहुँचने की क्रिया को परागण कहते हैं। परागण दो प्रकार के होते हैं- (i) स्व-परागण (Self-Pollination) (ii) पर-परागण (Cross- Pollination)।
- **निषेचन (Fertilization) :** परागनली बीजाण्ड में प्रवेश करके बीजाण्डकाय को भेदती हुई भ्रूणकोष तक पहुँचती है और परागकणों को वहाँ छोड़ देती है। इसके बाद एक नर युग्मक एक अण्डकोशिका से संयोजन करता है। इसे निषेचन कहते हैं। निषेचित अण्ड युग्मनज (Zygote) कहलाता है।
- आवृत्तबीजी (Angiosperm) में निषेचन त्रिक-संलयन (Tripple Fusion) जबकि अन्य वर्ग के पौधों में द्वि-सलंयन (Double-Fusion) होता है।
- **अनिषेक फलन (Partheno Carpy) :** कुछ पौधों में बिना निषेचन हुए ही अंडाशय से फल बन जाता है। इस तरह बिना निषेचन हुए फल के विकास को अनिषेक फलन

(Pharthenocarpy) कहते हैं। इस प्रकार के फल बीजरहित होते हैं। जैसे- केला, पपीता, नारंगी, अंगूर, अनन्नास आदि।

फलों का निर्माण

- फल का निर्माण अंडाशय से होता है।
- सम्पूर्ण फलों को तीन भागों में विभाजित किया गया है-
  - (i) **सरल फल (Simple Fruit) :** जैसे- अमरूद, केला आदि।
  - (ii) **पुंज फल (Aggregate Fruit) :** जैसे- स्ट्राबेरी, रसभरी आदि।
  - (iii) **संग्रथित फल (Composit Fruit) :** जैसे- कटहल, शहतूत आदि।
- कुछ फलों के निर्माण में बाह्य दलपुंज, दलपुंज या पुष्पासन आदि भाग लेते हैं, ऐसे फलों को असत्य फल (False Fruit) कहते हैं। जैसे- सेब, कटहल आदि।

कुछ फल तथा उनके खाने योग्य भाग

फल के नाम	**फल का प्रकार**	**खाने योग्य भाग**
सेब (Apple)	पोम	गूदेदार पुष्पासन
नाशपाती (Pear)	पोम	गूदेदार पुष्पासन
आम (Mango)	ड्रुप	मध्य फलभित्ति
बेर (Chinese Date)	अष्ठिल	बाह्य एवं मध्य फलभित्ति
अमरूद (Guava)	बेरी	फलभित्ति एवं बीजाण्डसन
अंगूर (Grapes)	बेरी	फलभित्ति एवं बीजाण्डसन
पपीता (Papaya)	बेरी	मध्य फलभित्ति
नारियल (Coconut)	अष्ठिल	भ्रूण पोष
टमाटर (Tomato)	बेरी	फलभित्ति एवं बीजाण्डसन
केला (Banana)	बेरी	मध्य एवं अन्तः फलभित्ति
बेल (Wood Apple)	बेरी	मध्य एवं अन्तः फलभित्ति बीजाण्डसन
तरबूज (Watermelon)	पीपो	मध्य एवं अन्तः फलभीत्ति
नींबू (lemon)	हेस्पिरिडियम	अन्तः भित्ति से विकसित एक कोशिकीय रसीले रोम, रसदार बीजाण्डसन
अनार (Pomegranate)	बलौस्टा	सीले बीजचोल
गेहूँ (Wheat)	कैश्योसिस	भ्रूणपोष एवं भ्रूण
काजू (Cashewnut)	नट	पुष्पवृन्त एवं बीजपत्र
लीची (Litchi)	नट	गूदेदार एरिल
सिंघाड़ा (Water Chest Nut)	नट	बीजपत्र
चना (Gram)	संपुटी फली	बीजपत्र एवं भ्रूण
सेम (Kidney Bean)	संपुटी फली	बीजपत्र एवं भ्रूण
भिन्डी (Lady's Finger)	केप्सूल	सम्पूर्ण फल
इमली (Tamarind)	लोमेन्टम	मध्य फलभित्ति

मूँगफली (Groundnut)	लोमेन्टम	बीजपत्र एवं भ्रूण
धनियाँ (Coriander)	क्रीमोकार्प	पुष्पासन एवं बीज
शरीफा (Custurd Apple)	बेरी का पुंज	गूदेदार फलभित्ति
शहतूत (Mulberry)	सोरोसिस	रसीले परिदल पुंज
कटहल (Jack Fruit)	सोरोसिस	सहपत्र, परिदल एवं बीज
अनन्नास (Pineapple)	सोरोसिस	सहपत्र, परिदल, रेकिस व फलभित्ति

3. पादप ऊतक (Plant Tissue)

➩ समान उत्पत्ति, संरचना एवं कार्यों वाली कोशिकाओं के समूह को ऊतक (Tissue) कहते हैं।

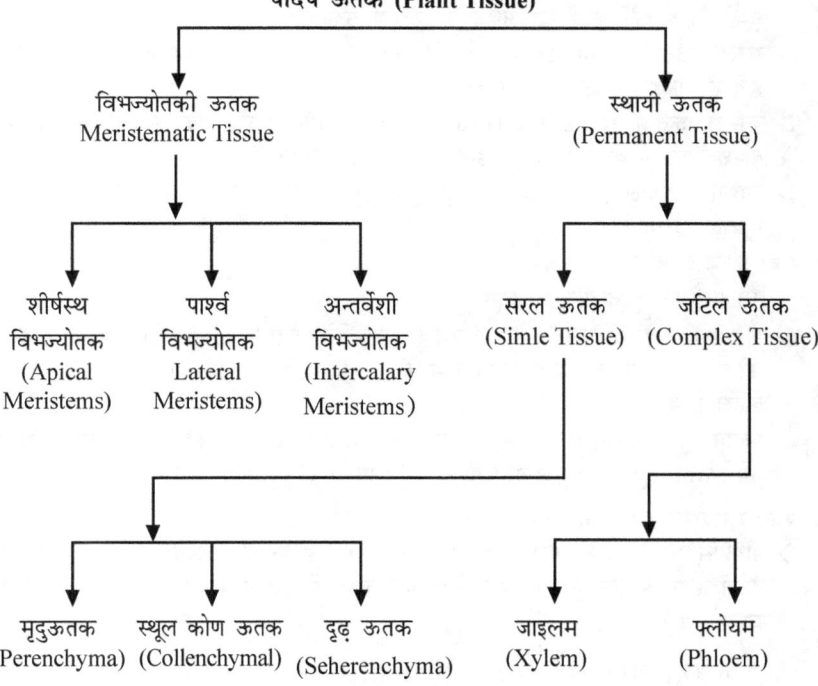

पादप ऊतक (Plant Tissue)

- विभज्योतकी ऊतक Meristematic Tissue
  - शीर्षस्थ विभज्योतक (Apical Meristems)
  - पार्श्व विभज्योतक Lateral Meristems)
  - अन्तर्वेशी विभज्योतक (Intercalary Meristems)
- स्थायी ऊतक (Permanent Tissue)
  - सरल ऊतक (Simle Tissue)
    - मृदुऊतक (Perenchyma)
    - स्थूल कोण ऊतक (Collenchymal)
    - दृढ़ ऊतक (Seherenchyma)
  - जटिल ऊतक (Complex Tissue)
    - जाइलम (Xylem)
    - फ्लोयम (Phloem)

➩ **विभज्योतकी ऊतक (Meristematic Tissue) :** पौधे के वर्धी क्षेत्रों (Growing Regions) को विभज्योतकी (Meristem) कहते हैं। इनसे बनी संतति कोशिकाएँ वृद्धि करके पौधे के विभिन्न अंगों का निर्माण करती हैं। यह प्रक्रिया पौधे के जीवनपर्यंत चलती है। विभज्योतकी ऊतक के विशिष्ट लक्षण निम्नलिखित हैं–

(i) ये गोल अंडाकार या बहुभुजाकार होती है।

(ii) इनकी भित्तियाँ पतली तथा एकसार (Homogeneous) होती है।

(iii) जीवद्रव्य सघन, केन्द्रक बड़े तथा रसधानी छोटी होती है।

(iv) कोशिकाओं के बीच अंतरकोशिकीय स्थानों का अभाव होता है।

- **शीर्षस्थ विभज्योतक (Apical Meristems) :** ये ऊतक जड़ों अथवा तनों के शीर्षों पर पाये जाते हैं तथा पौधे की प्राथमिक वृद्धि (विशेषकर लंबाई में) इन्हीं के कारण होती है।
- **पार्श्व विभज्योतक (Lateral Meristems) :** इनमें विभाजन होने से जड़ तथा तने के घेरे (girth) में वृद्धि होती है। अर्थात् इससे तना एवं जड़ की मोटाई में वृद्धि होती है।
- **अन्तर्वेशी विभज्योतक (Intercalary Meristems) :** यह वास्तव में शीर्षस्थ विभज्योतक का अवशेष है जो बीच में स्थाई ऊतकों के आ जाने से अलग हो गये हैं। इनकी क्रियाशीलता से भी पौधा लंबाई में वृद्धि करता है। इसकी महत्ता वैसे पौधे के लिए है, जिसके शीर्षाग्र को शाकाहारी जानवर खा जाते हैं। शीर्षाग्र खा लिए जाने पर ये पौधे अन्तर्वेशी विभज्योतक की सहायता से ही वृद्धि करते हैं। जैसे- घास।
- **स्थायी ऊतक (Permanent Tissue) :** स्थायी ऊतक उन परिपक्व कोशिकाओं के बने होते हैं, जो विभाजन की क्षमता खो चुकी हैं तथा विभिन्न कार्यों को करने के लिए विभेदित हो चुकी हैं। ये कोशिकाएँ मृत अथवा जीवित हो सकती है।
- **सरल ऊतक (Simple Tissue) :** यदि स्थायी ऊतक एक ही प्रकार की कोशिकाओं के बने होते हैं, तो इन्हें सरल ऊतक कहते हैं।
- **जटिल ऊतक (Complex Tissue) :** यदि स्थायी ऊतक एक से अधिक प्रकार की कोशिकाओं के बने होते हैं, तो इन्हें जटिल ऊतक कहते हैं।
- **जाइलम (Xylem) :** इसे प्रायः काष्ठ (Wood) भी कह देते हैं। यह संवहनी ऊतक है। इसके मुख्यतः दो कार्य हैं-
  (i) जल एवं खनिज लवणों का संवहन एवं
  (ii) यान्त्रिक दृढ़ता प्रदान करना।
- पौधे की आयु की गणना जाइलम ऊतक के वार्षिक वलय (Annual Rings) को गिनकर ही की जाती है। पौधे की आयु के निर्धारण की यह विधि डेन्ड्रोक्रोनोलॉजी (Dendrochronology) कहलाती है।
- **फ्लोएम (Phloem) :** यह भी एक संवहन ऊतक है। इसका मुख्य कार्य पत्तियों द्वारा बनाये गये भोजन को पौधे के अन्य भागों में पहुँचाना है।

4. प्रकाश संश्लेषण (Photosynthesis)

- पौधों में जल, प्रकाश, पर्णहरित (Chlorophyll) तथा कार्बन डाइऑक्साइड की उपस्थिति में कार्बोहाइड्रेट के निर्माण को प्रकाश संश्लेषण कहते हैं। इसे नीचे दिये गये सूत्र से व्यक्त किया जा सकता है-

$$6CO_2+12H_2O \xrightarrow[\text{प्रकाश}]{\text{पर्णहरित}} \underset{\text{ग्लूकोज}}{C_6H_{12}O_6}+\underset{\text{ऑक्सीजन}}{6O_2}+\underset{\text{जल}}{6H_2O}$$

- कार्बन डाइऑक्साइड, पानी, पर्णहरित और सूर्य का प्रकाश, प्रकाश-संश्लेषण के लिए आवश्यक है।
- पत्ती की कोशिकाओं में जल शिरा से परासरण (Osmosis) द्वारा एवं CO_2 वायुमंडल से विसरण (Diffusion) द्वारा जाता है।
- प्रकाश-संश्लेषण के लिए आवश्यक जल पौधों की जड़ों के द्वारा अवशोषित किया जाता है एवं प्रकाश-संश्लेषण के दौरान निकलने वाला ऑक्सीजन इसी जल के अपघटन से प्राप्त होता है।
- पर्णहरित (Chlorophyll) पत्तियों में हरे रंग का वर्णक है। इसके चार घटक हैं- क्लोरोफिल a, क्लोरोफिल b, कैरोटीन तथा जैथोंफिल। इनमें क्लोरोफिल a एवं b हरे रंग का होता है और ऊर्जा स्थानांतरित करता है। यह प्रकाश-संश्लेषण का केन्द्र होता है।

- क्लोरोफिल के केन्द्र में मैग्नीशियम (Mg) का एक परमाणु होता है।
- क्लोरोफिल प्रकाश में बैंगनी, नीला तथा लाल रंग को ग्रहण करता है।
- प्रकाश की दर लाल रंग के प्रकाश में सबसे अधिक एवं बैंगनी रंग के प्रकाश में सबसे कम होती है।
- प्रकाश-संश्लेषण की क्रिया एक उपचयन-अपचयन (Oxidation-Reduction) की क्रिया है। इसमें जल का उपचयन (Oxidation) ऑक्सीजन बनने में तथा कार्बन डाइऑक्साइड का अपचयन (Reduction) ग्लूकोज/शर्करा के निर्माण में होता है।
- प्रकाश-संश्लेषण की क्रिया की दो अवस्थाएँ होती हैं–
    - (i) **प्रकाश रासायनिक क्रिया (Photochemical Reaction)** : यह क्रिया क्लोरोफिल के ग्राना (Grana) में होती है। इसे हिल क्रिया (Hill Reaction) भी कहते हैं। इस क्रिया में जल का अपघटन होकर हाइड्रोजन आयन तथा इलेक्ट्रॉन बनता है। जल के अपघटन के लिए ऊर्जा प्रकाश द्वारा मिलती है। इस प्रक्रिया के अंत में ऊर्जा के रूप में ATP तथा NADPH निकलता है, जो रासायनिक प्रकाशहीन प्रतिक्रिया संचालित करने में मदद करता है।
    - (ii) **रासायनिक प्रकाशहीन क्रिया (Chemical Dark Reaction)** : यह क्रिया क्लोरोफिल के स्ट्रोमा में होती है। इस क्रिया में कार्बन डाइऑक्साइड का अपचयन होकर शर्करा, स्टार्च आदि बनता है।

5. पादप हार्मोन (Plant Hormones)
- हार्मोन विशेष कार्बनिक यौगिक है जो बहुत लघु मात्रा में वृद्धि एवं उपापचयी क्रियाओं को प्रभावित व नियंत्रित करते हैं। इन्हें वृद्धि नियंत्रक पदार्थ (Growth Regulator Substance) भी कहते हैं।
- पौधों में पाये जाने वाले हार्मोंस निम्नलिखित हैं–

(i) ऑक्सिन्स (Auxins)
- इसकी खोज 1880 ई. में डार्विन ने की थी।
- यह पौधे की वृद्धि को नियंत्रित करने वाला हार्मोन है।
- इसका निर्माण पौधे के ऊपरी हिस्सों में होता है।
- इसके मुख्य कार्य निम्न हैं–
    - (a) इसके कारण पौधों में शीर्ष की प्रमुखता हो जाती है और पार्श्वीय कक्षीय कलिकाओं की वृद्धि रूक जाती है।
    - (b) यह पत्तियों का विलगन रोकता है।
    - (c) यह खर-पतवार को नष्ट कर देता है।
    - (d) इसके द्वारा अनिषेक फल प्राप्त किये जाते हैं।
    - (e) यह फसलों को गिरने से बचाता है।

(ii) जिबरेलिन्स (Gibberellins)
- इसकी खोज जापानी वैज्ञानिक कुरोसावा (Kurosawa) ने 1926 ई. में की।
- यह बौने पौधों को लंबा कर देता है। यह फूल बनने में भी मदद करता है।
- यह बीजों की प्रसुप्ति भंग कर उनको अंकुरित होने के लिए प्रेरित करते हैं।
- ये काष्ठीय पौधों में एधा (Cambium) की सक्रियता को बढ़ाते हैं।

➪ इसके छिड़काव द्वारा बृहत् आकार के फल तथा फूलों का उत्पादन किया जा सकता है।

(iii) साइटोकाइनिन (Cytokinins)

➪ इसकी खोज मिलर ने 1955 ई. में की थी, परन्तु इसका नामकरण लिथाम ने किया।
➪ यह प्राकृतिक रूप से ऑक्जिन के साथ मिलकर काम करता है।
➪ यह ऑक्जिन की उपस्थिति में कोशिका विभाजन और विकास में मदद करता है।
➪ यह हार्मोन जीर्णता को रोकता है।
➪ यह RNA एवं प्रोटीन बनाने में सहायक है।

(iv) एबसिसिक एसिड (Abscisic Acid-ABA)

➪ इस हार्मोन की खोज पहले 1961–1965 ई. में कार्न्स एवं एडिकोट तथा बाद में वेयरिंग ने की।
➪ यह वृद्धिरोधक हार्मोन है।
➪ यह बीजों को सुषुप्तावस्था में रखता है।
➪ यह पत्तियों के विलगन में मुख्य भूमिका अदा करता है।
➪ यह पुष्पन में बाधक होता है।

(v) इथीलीन (Ethylene)

➪ यह एकमात्र ऐसा हार्मोन है जो गैसीय रूप में पाया जाता है।
➪ 1962 ई. में बर्ग (Burg) ने इसे हार्मोन के रूप में प्रमाणित किया।
➪ यह भी वृद्धिरोधक हार्मोन है।
➪ यह फलों को पकाने में सहायता करता है।
➪ यह मादा पुष्पों की संख्या में वृद्धि करता है।
➪ यह पत्तियों, पुष्पों व फलों के विलगन को प्रेरित करता है।

(vi) फ्लोरिजेन्स (Florigens)

➪ ये पत्ती में बनते हैं, लेकिन फूलों के खिलने में मदद करते हैं। इसलिए, इन्हें फूल खिलाने वाले हार्मोन (Flowering Hormones) भी कहते हैं।

(vii) ट्राउमैटिन (Traumatin)

➪ यह एक प्रकार का डाइकार्बोक्सिलिक अम्ल (Dicarbozylic Acid) है। इसका निर्माण घायल कोशिका में होता है, जिससे पौधों के जख्म भर जाते हैं।

6. पादप गतियाँ (Plant Movement)

➪ पौधों में गति गुरुत्वबल, प्रकाश, ताप तथा संवेदन से प्रेरित होती है।
➪ गुरुत्वबल के कारण ही जड़ें हमेशा जमीन की तरफ तथा तना हमेशा जमीन से विपरीत दिशा में जाता है। इसी प्रकार प्रकाश के प्रभाव से जड़ें प्रकाश के विपरीत तथा तना प्रकाश की दिशा में जाना चाहता है।
➪ पादप की कुछ विशेष गतियाँ निम्नलिखित प्रकार से होती हैं–

(i) **स्पर्शानुर्वन (Thigmotropism) :** उदाहरण– लौकी, ककड़ी आदि का प्रतान हमेशा दूसरे वस्तु से लिपटकर आग बढ़ते रहते हैं। उद्दीपन घर्षण से प्रेरित होता है।

(ii) **कंपानुकुंचनी गति (Seismonastic Movement) :** उदाहरण– छुई-मुई (Mimosapudica) की पत्तियाँ छूते ही झुक जाती है।

(iii) **प्रकाशनुकुंचनी गति (Photonastic Movement) :** उदाहरण– सूर्यमुखी का फूल हमेशा सूर्य के प्रकाश की ओर रहता है।

7. पादप रोग (Plant Diseases)

(i) विषाणुजनित रोग (Viral Diseases)

(a) **तंबाकू का मोजेक रोग :** इस रोग में पत्तियाँ सिकुड़ जाती हैं तथा छोटी हो जाती हैं। पत्तियों में क्लोरोफिल नष्ट हो जाता है। इस रोग का कारक टोबैको मोजेक वायरस (TMV) है।

नियंत्रण : रोग से प्रभावित पौधों को इकट्ठा करके जला देना चाहिए। फसल परिवर्तन विधि को अपनाना चाहिए। रोगरोधी प्रजाति बोना चाहिए।

(b) **पोटेटो मोजेक (Potato Mosaic) :** यह रोग पोटेटो वाइरस-x (Potato Vtus-x) से होता है। इसमें पत्तियों में चितकबरापन तथा बौनापन के लक्षण दिखायी देते हैं।

(c) **बंकी टाफ ऑफ बनाना (Bunchy Top of Banana) :** यह रोग बनाना वाइरस-1 (Banana Virus-1) द्वारा होता है। इस रोग में पौधे बौने तथा सभी पत्तियाँ शिखा पर गुलाबवत् एकत्रित हो जाती हैं।

(d) **रंग परिवर्तन (Colour Change) :** हरिमाहीनता एक विषाणुजनित रोग है। इस रोग में पूरी पत्ती का रंग पीला, सफेद या मोजेक पैटर्न का हो जाता है।

(ii) जीवाणुजनित रोग (Bacterial Diseases)

(a) **आलू का शैथिल रोग** (Wilt Diseases of Potato) **:** इसको रिंग रोग (Ring Disease) के नाम से भी जानते हैं क्योंकि जाइलम पर भूरा रंग बन जाता है। इस रोग का कारक स्यूडोमोनास सोलेनेसियेरम (Pseudomonas Solana Cearum) नामक जीवाणु है। यह रोग मिट्टी से फैलता है। पत्तियाँ पीली पड़ जाती है। इस रोग से 70% का नुकसान हो सकता है।

(b) **ब्लैक आर्म/एंगुलर लीफ स्पॉट ऑफ काटन (Black Arm/Angular Leaf Spot of Cotton) :** इस रोग का कारक जैन्थोमोनास (Xaznthomonas) नामक जीवाणु है। इस रोग में पत्ती पर छोटी-सी जलाद्र संरचना (भूरा रंग) हो जाती है।

(c) **धान का अंगमारी रोग (Bacterial Blight of Rice) :** यह रोग जैन्थोमोनास ओराइजी (Xaznthomonas Oryzae) नामक जीवाणु से होता है। इसमें पत्तियों की एक या दोनों सतहों पर पीला-हरा स्पॉट दिखायी देता है। इस रोग का संचरण बीज के माध्यम से होता है।

(d) **साइट्रस कैंकर (Sitrus Canker) :** इस रोग का कारक जैन्थोमोनास सीट्री (Xaznthomonas Citri) नामक जीवाणु है। यह रोग नींबू उत्पादन के लिए गंभीर समस्या पैदा करता है। इस रोग की उत्पत्ति चीन में हुई थी।

(e) **गेहूँ का टून्डू रोग (Tundu Disease of Wheat) :** इस रोग में पत्तियों के नीचे का भाग मुरझाकर मुड़ जाता है। यह रोग फसल पकने पर दिखायी देता है। इस रोग का कारक कोरीनोबेक्टिरियम ट्रिटिकी (Corynebacterium Tritici) नामक जीवाणु तथा एन्जूइना ट्रिटिकी (Anguina Tritici) नामक नेमैटोड है। इस रोग पर नियंत्रण रोग से मुक्त बीज बोकर किया जा सकता है।

(iii) कवकीय रोग (Fungal Diseases)

(a) **आलू का वार्ट रोग (Wart Disesae of Potato) :** इस रोग में आलू के टयूबर में काले धागे जैसी संरचना बन जाती है और कभी-कभी पूरा आलू सड़ जाता है। इसका कारक सिनकीट्रियस इन्डोबायोटिकम (Synchyrium Endobioticum) नामक कवक है।

(b) **डैम्पिग ऑफ (Damping-Off)/आर्द्र-गलन :** बीज इस रोग से प्रभावित भूमि में उगने में असमर्थ होते हैं या उगते ही मर जाते हैं। जड़ों में कवकों का प्रभाव होता है। इस रोग का कारण पाइथीयम (Pythium sp.) नामक कवक है।

(c) **आलू का उत्तरभावी अंगमारी रोग (Late Blight of Potato) :** इस रोग में पत्तियों पर सर्वप्रथम भूरे धब्बे पड़ते हैं जो कि अनुकूल मौसम में बढ़कर बड़े-बड़े काले धब्बे में बदल जाते हैं। अन्त में पत्तियाँ पूरी तरह झुलस जाती है और पौधा सूख जाता है। इस रोग का कारक फाइटोफ्थोरा इन्फेस्टेन्स (Phytophthora Infestans) नामक कवक है।

(d) **बाजरा का ग्रीन इयर रोग (Green Ear Disease of Millet)** : इस रोग को डाउन मिल्डयू (Down Mildew) रोग भी कहते हैं। इसमें बाजरे की बालियों में हरे रंग के रेशे निकल जाते हैं। जो बाद में काले रंग के पाउडर में बदल जाते हैं। इस रोग का कारक स्केलेरोस्पोरा ग्रेमिकोला (Sclerospora Gramicola) नामक कवक है।

(e) **गेहूँ का किट्टू रोग (Rust of Wheat)** : इसमें लाल भूरी जंग के समान स्फोट तने और पत्तियों पर दिखायी देता है। इस रोग का कारण पक्सिनिया ग्रेमिनिस ट्रिटिकी (Puccinia Graminis Tritici) नामक कवक है। इस कवक में पाँच तरह के स्पोर पाये जाते हैं जिसमें से टेल्यूटोस्पोर (Teleutospore) अधिक हानिकारक होते हैं।

(f) **गेहूँ का ढीला कंड (Loose Smut of Wheat)** : इस रोग में गेहूँ की बालियों में कालिख के समान पाउडर जैसा पदार्थ भर जाता है। इस रोग का कारक अस्टिलागो नूडा ट्रिटिकी (Ustilogo Nuda Tritici) नामक कवक है। यह रोग बीज द्वारा संक्रमित होता है।

(g) **ब्लास्ट ऑफ राइस (Blast of Rice)** : इस रोग में धान की पत्तियों पर तुर्क आकर के क्षत चिह्न किनारे पर भूरे तथा बीच में राख जैसा हो जाता है। दाने खोखले हो जाते हैं तथा अंकुरों की मुरझान दिखायी पड़ती है।

(h) **मूँगफली का टिक्का रोग (Tikka Disease of Groundnut)** : पत्ती की दोनों सतहों पर गोल-गोल धब्बे पड़ जाते हैं। इसका कारक सर्कोस्पोरा पर्सोनेटा (Corcospora Personata) नामक कवक है।

(i) **गन्ने का रेड राट (Red Rot of Sugarcane)** : गन्ने के तने और पत्तियों में लाल धारियाँ हो जाती हैं। तने का छोटा होना, पत्ती का मुरझाना तथा गन्ने का फटना इसका मुख्य लक्षण है। गन्ने के रस में से शराब जैसी गंध आती है। इस रोग का कारण कोलेटोट्रिक्स फालकेटम (Colletotrichum Falcatum) नामक कवक है। नियंत्रण के लिए स्वस्थ गन्ने की बुआई करनी चाहिए।

(j) **ब्राउन लीफ स्पाट ऑफ राइस (Brown Leaf Spot of Rice)** : इस रोग में पत्तियों पर गोल भूरे चिह्न होते हैं जिनमें बीच में काला पड़ जाता है। इसे रोग का कारक हेल्मिन्थोस्पोरियम ओराइजी (Helminthosporium Oryzea) नामक कवक है। रोग के नियंत्रण के लिए बोडियेक्स मिक्चर, डाइथेन जेड-78 का छिड़काव करना चाहिए।

(k) **बाजरे का इरगाट (Ergot of Millet)** : यह रोग क्लेवीसेप्स माइक्रोसेफेला नामक कवक द्वारा होता है।

(l) **बाजरे का स्मट (Smut of Millet)** : यह रोग टोलीपोस्पोरियम नामक कवक द्वारा होता है।

(m) **अरहर का झुलसा रोग (Wilt of Arhar)** : यह रोग फ्यूजेरियम ऑक्सीस्पोरियम नामक कवक द्वारा होता है।

(n) **कॉफी रस्ट (Coffee Rust)** : यह रोग हेमोलिया बेस्ट्रोफिक्स नामक कवक द्वारा होता है।

(o) **गेहूँ का पाउडरी मिल्ड्यू रोग (Powdery Mildwe of Wheat)** : इस रोग का कारक इरीसिफे ग्रेमिनिस ट्रिटिकी (Erysiphe Graminis Tritici) नामक कवक है।

(p) **राई का इरगाट रोग (Ergot of Rye)** : इस रोग का कारक क्लेवीसेप्स परपूरिया (Claviceps purpurea) नामक कवक है।

(q) **सरसो का श्वेत गैरिक रोग (White Rust of Mustard)** : इस रोग का कारक सिस्टोपस नामक कवक है।

(r) **आडू का लीफ कर्ल रोग (Leaf Curl of Peach)** : इस रोग का कारक टेफ्रिना डेफार्मेन्स नामक कवक है।

(s) **तीसी का रस्ट** (Rust of Linseed) : इस रोग का कारक मेलेम्पसोरा लिनी नामक कवक है।

(t) **धनिए का स्टेम गाल रोग (Stem Gall of Coriander)** : इस रोग का कारक प्रोटोमाइसीज मेक्रोस्पोरस नामक कवक है।

(u) **अजैविक रोग (Abiotic Disease)** : यह रोग पौधों में विभिन्न तत्त्वों की कमी से उत्पन्न होता है।

पौधों में तत्त्वों की कमी से उत्पन्न रोग			
रोग/लक्षण	**किस तत्त्व की कमी से**	**रोग/लक्षण**	**किस तत्त्व की कमी से**
आम एवं बैगन में लिटिल लीफ	जस्ता	लीची में पत्ती का जलना	पोटैशियम
नींबू में डाईबैक	ताँबा	आँवले में निक्रोसिस	बोरीन
नींबू में लिटिल लीफ	ताँबा	शलजम में वाटर कोर	मैंगनीज
		फूलगोभी में ब्राउनिंग	बोरोन
मटर में मार्श रोग	मैंगनीज	गाजर में कोटर स्पॉट	कैल्शियम
आलू का ब्लैक हट रोग	भंडारण में O_2 की कमी	मक्का में White Bud	जस्ता
धान में खैरा रोग	जस्ता	चुकन्दर में हट रॉट	बोरोन

6. आर्थिक वनस्पति विज्ञान

➩ आज पूरी मानव सभ्यता किसी न किसी रूप में पेड़-पौधों और उसके उत्पादों पर निर्भर है। फर्नीचर, अनाज, औषधि, खाद्य तेल, अखाद्य तेल, सब्जियाँ, फल, प्रसाधन, वस्त्र, चाय-पान इत्यादि पौधों के द्वारा प्राप्त होता है। कुछ पौधों के नाम और उसका वानस्पतिक नाम नीचे दिया गया है।

(क) फर्नीचर के लिए		
क्र.	**नाम**	**वानस्पतिक नाम**
1.	सागौन	टेक्टोना ग्रेन्डिस (Tactona Grandis)
2.	साल	शोरिया रोबस्टा (Shorea Robusta)
3.	शीशम	दल्बर्जिया शिशू (Dalbergia Sissoo)
4.	चीड़	पाइनस लांगीफोलिया (Pinus Longifolia)
5.	देवदार	सेन्ड्रस देवदारा (Cnedrus Devdara)
6.	सिरिस	एल्बिजिया लेबेक (Albizzia Labbek)
(ख) सुगंधित तेल देने वाले पौधे		
1.	गुलाब का तेल	रोजा सेन्टीफोलिया (Rosa Centifolia)
2.	लेवेन्डर आयल	लेवेन्डुला आफिसेनिलिस (Lavandula Officinalis)
3.	जस्मीन का तेल	जेस्मीनियम (Jasminium)
4.	चन्दन का तेल	सेन्टलम एलबम (Santalum Album)

5.	चम्पा का तेल	माइकेलिया चम्पाका (Michelia Champaca)
6.	लौंग का तेल	सीजीजीयम एरोमेटिकम (Syzygium Aromaticum)
7.	कपूर का तेल	सिनामोमम कैम्फोरा (Cinnamomum Camphora)
8.	पिपरमिंट का तेल	मेन्था पिपरिटा (Mentha Piperita)
9.	केवड़ा का तेल	पेन्डेनस टेंक्टोरिअस (Pandanus Tinctorius)
(ग) औषधीय पौधे		
1.	एकोनिट या मीठा जहर	एकोनिटम नापेलस (Aconitum Napellus)
2.	रेस्प्रीन	रावोल्फिया सर्पेन्टाइना (Rauwolfia Serpentina)
3.	कुनैन	सिनकोना (Cinchona sp.)
4.	बेलोडोना	एट्रोपा बेलाडोना (Atropa Belladona)
(घ) रंग देने वाले पौधे		
1.	कत्था	एकेसिया केटेचु (Acacia Catechu) के लकड़ी से
2.	नील	इंडिगोफेरा टिंक्टोरिया (Indigofera Tinctoria) के पत्ती से
3.	कुसुम	कार्थेमस टिंक्टोरियस (Carthemus Tinctorius) के फूल से
4.	ढाक	बेटुला मोनोस्पर्मा (Betula Monospernna) के फूल से
5.	केसर	क्रोकस सेटाइवस (Chrocus Sativus) के स्टिग्मा और स्टाइस से
6.	हल्दी	कुरकुमा लौंगा (Curcuma Longa) के ट्यूबर से

7. वनस्पति शास्त्र से सम्बद्ध महत्त्वपूर्ण तथ्य

तथ्य	**उदाहरण एवं विवरण**
सबसे बड़ा आवृत्तबीजी वृक्ष	युकेलिप्टस
संसार में सबसे लंबा वृक्ष	सिकोया, यह एक नग्नबीजी है। इसकी ऊँचाई 120 मीटर है। इसे कोस्ट रेड बुड ऑफ कैलीफोर्निया भी कहते हैं।
सबसे छोटा (आकार में) आवृत्तबीजी पौधा	(Lemna), यह जलीय आवृत्तबीजी है, जो भारत में भी पाया जाता है।
सबसे बड़ी पत्ती वाला पौधा	विक्टोरिया रीजिया, यह भारत में बंगाल में पाया जाने वाला जलीय पादप है।
सबसे बड़ा फल	लोडोसिया (Lodoicea), इसे डबल कोकोनट भी कहते हैं, यह केरल में पाया जाता है।
सबसे छोटा टेरिडोफाइटा	एजोला, यह एक जलीय पादप है।
सबसे छोटे बीज	आर्किड (Orchid)
सबसे छोटा पुष्प	बुल्फिया, इसका व्यास 0.1 मिमी. का होता है।

सबसे बड़ा पुष्प	रैफ्लेशिया ओरनोल्डाई, व्यास 1 मीटर तथा भार लगभग 8 किग्रा. हो सकता है। यह वाइटिश की जड़ पर परजीवी है।
सबसे छोटा आवृत्तबीजी परजीवी	आरसीथोबियम, यह एक द्विबीजपत्री है, जो नग्नबीजियों के तने पर पूर्ण परजीवी है।
सबसे बड़ा नरयुग्म	साइकस, यह एक नग्नबीजी पादप है।
सबसे बड़ा बीजाण्ड	साइकस
जीवित जीवाश्म	साइकस
सबसे छोटे गुणसूत्र	शैवाल में
सबसे लम्बे गुणसूत्र	ट्राइलियन में
सबसे ज्यादा गुणसूत्र वाला पौधा	औफियोग्लोसम, (फर्न) जिसके डिप्लॉयड कोशिका में 1266 गुणसूत्र होते हैं।
सबसे कम गुणसूत्र वाला पादप	हेप्लोपोपस ग्रेसिलिस
सबसे छोटा नग्न बीजी पादप	जेमिया पिगमिया
सबसे भारी काष्ठ वाला पौधा	हार्डविचिया बाइनेका
सबसे हल्की काष्ठ वाला पौधा	ओक्रोमा लेगोपस
सबसे छोटी कोशिका	माइकोप्लाज्मा गेलिसेप्टिकम
टेनिस गेंद जैसा फल	केन्थ
जंगल की आग	ढाक
कॉफी देने वाला पौधा	कोफिया अरेबिका, इसमें कैफीन होती है।
कोको देने वाला पौधा	थियोब्रोममा केकओ, इसमें थिओब्रोमीन व कैफीन होती है।
अफीम देने वाला पौधा	पोपी (पेपावर सोमेनिफेरम) इसमें मोपीन होती है।

नोटः मशालों के रूप में प्रयुक्त लौंग फूल की कली से प्राप्त होता है।

8. जन्तु विज्ञान

- 'जन्तु विज्ञान' ग्रीक भाषा के दो शब्दों से मिलकर बना है। इसमें (Zoon = Animal और Logos = Study) अर्थात् जन्तुओं का अध्ययन। अतः जन्तु विज्ञान, विज्ञान की वह शाखा है, जिसके अन्तर्गत समस्त जन्तुओं अथवा प्राणियों का अध्ययन किया जाता है।

I. जन्तु-जगत का वर्गीकरण (Classification of Animal Kingdom)

- विश्व के समस्त जन्तु-जगत को दो उप-जगतों में विभक्त किया गया है- (i) एककोशिकीय प्राणी (Unicellular Animal) (ii) बहुकोशिकीय प्राणी (Multicellular Animal)।
- एककोशिकीय प्राणी एक ही संघ प्रोटोजोआ में रखे गये जबकि बहुकोशिकीय प्राणियों को 9 संघों में विभाजित किया गया है।
- स्टोरर व यूसिन्जर ने जन्तुओं का वर्गीकरण निम्न प्रकार से किया है-

1. संघ-प्रोटोजोआ (Protozoa)

- प्रोटोजोआ शब्द का प्रयोग सर्वप्रथम गोल्डफस (Goldfus) ने 1820 ई. में किया, जिसका अर्थ

है प्रथम जन्तु (First Animal)। ये एककोशिकीय (Unicellular) तथा सूक्ष्मदर्शी जन्तु हैं। इस संघ के जन्तुओं के प्रमुख लक्षण निम्नलिखित हैं–

(i) इनका शरीर केवल एककोशिकीय होता है।

(ii) इनके जीवद्रव्य में एक या अनेक केन्द्रक पाये जाते हैं।

(iii) प्रचलन पदाभों, पक्ष्मों या कशाभों के द्वारा होता है।

(iv) ये स्वतंत्रजीवी एवं परजीवी दोनों प्रकार के होते हैं।

(v) सभी जैविक क्रियाएँ (भोजन, पाचन, श्वसन, उत्सर्जन, जनन) एककोशिकीय शरीर के अंदर होती है।

(vi) श्वसन एवं उत्सर्जन कोशिका की सतह से विसरण के द्वारा होते हैं, प्रोटोजोआ एण्ट अमीबा हिस्टोलिटिका का संक्रमण मनुष्य में 0-40 वर्षों के लिए बना रहता है।

2. संघ-पोरिफेरा (Porifera)

➩ पोरिफेरा शब्द का प्रयोग सर्वप्रथम राबर्ट ग्राण्ट (Robert Grant) ने 1825 ई. में किया था। इनका सम्पूर्ण शरीर छोटे-छोटे छिद्रों से बना होता है। यह छिद्र इनकी क्रियात्मक सक्रियता की प्राथमिक संरचनाएँ हैं। इस संघ के जन्तुओं के प्रमुख लक्षण निम्नलिखित हैं–

(i) इस संघ के सभी जन्तु खारे जल में पाये जाते हैं।

(ii) ये बहुकोशिकीय (Multicellular) जन्तु हैं, परन्तु कोशिकाएँ नियमित ऊतकों का निर्माण नहीं करती हैं।

(iii) शरीर पर असंख्य छिद्र (Ostia) पाये जाते हैं।

(iv) शरीर में एक गुहा पायी जाती है, जिसे स्पंज गुहा कहते हैं।

उदाहरण : साइकन, मायोनिया, स्पंज आदि इस संघ के प्रमुख जन्तु हैं।

3. संघ सीलेन्ट्रेटा या निडेरिया (Coelenterata or Canidaria)

➩ सीलेन्ट्रेटा शब्द का प्रयोग सर्वप्रथम लूकर्ट (Leuckart) ने 1847 ई. में किया। ये बहुकोशिकीय (Multicellular) तथा अरीय सममित (Radially Symmetrical) जन्तु है। कुछ जातियाँ स्वच्छ जल एवं तालाबों में और अधिकांश समुद्री खारे पानी (Marine) में पायी जाती है। इस संघ के जन्तुओं के प्रमुख लक्षण निम्नलिखित हैं–

(i) प्राणी जलीय द्विस्तरीय होते हैं।

(ii) मुख के चारों ओर कुछ धागे की तरह की संचरनाएँ, पायी जाती हैं, जो भोजन आदि पकड़ने में मदद करती हैं।

उदाहरण : हाइड्रा, जेलीफिश, सी एनीमोन, मूँगा आदि इस संघ के प्रमुख जन्तु हैं।

4. संघ-प्लेटीहेल्मिन्थीज (Platyhelminthes)

➩ प्लेटीहेल्मिन्थीज शब्द का प्रयोग सर्वप्रथम गीगेनबार (Gegenbar) ने 1899 ई. में किया। इस संघ के अधिकांश जन्तु परजीवी होते हैं। इस संघ के जन्तुओं के प्रमुख लक्षण निम्नलिखित हैं–

(i) तीन स्तरीय शरीर परन्तु देहगुहा नहीं होती।

(ii) पृष्ठ आधार तल से शरीर चपटा होता है।

(iii) पाचन तंत्र विकसित नहीं होता है।

(iv) उत्सर्जन फ्लेम कोशिकओं द्वारा होता है।

(v) कंकाल, श्वसन अंग, परिवहन अंग आदि नहीं होते हैं।

(vi) ये प्राय: उभयलिंगी (Bisexual) जन्तु हैं।

उदाहरण : प्लेनेरिया, लिवर फल्यूक, फीता कृमि आदि इस संघ के प्रमुख जन्तु हैं।

5. संघ-निमैटोडा (Nematoda)

➩ इनको मुख्यतः गोलकृमि कहा जाता है। इस संघ के जन्तुओं के प्रमुख लक्षण निम्नलिखित हैं-

(i) लंबे, बेलनाकार, अखंडित कृमि होते हैं।

(ii) शरीर द्विपार्श्व सममित, त्रिस्तरीय होता है।

(iii) आहारनाल स्पष्ट होती है, जिनमें मुख तथा गुदा दोनों ही होते हैं।

(iv) परिवहन अंग तथा श्वसन अंग नहीं होते, परन्तु तंत्रिका तंत्र विकसित होता है।

(v) उत्सर्जन प्रोटोनफ्रीडिया द्वारा होता है।

(vi) एकलिंगी होते हैं।

उदाहरण : गोलकृमि जैसे- ऐस्कैरिस, थ्रेडवर्म, वुचरेरिया आदि इस संघ के प्रमुख जन्तु हैं।

नोटः (i) थ्रेडवर्म/पिनवर्म मुख्यतः छोटे बच्चों की गुदा में पाये जाते हैं। इससे बच्चों को वहां खुजली होती है, भूख कम लगती है और उल्टियाँ भी होती हैं।

(ii) वुचरेरिया (Wuchereria) द्वारा फाइलेरिया होता है।

6. संघ ऐनीलिडा (Annelida)

➩ ऐनीलिडा शब्द का सर्वप्रथम प्रयोग लैमार्क (Lamarck) ने किया था। इस संघ के जन्तुओं के प्रमुख लक्षण निम्नलिखित हैं-

(i) शरीर लंबा, पतला, द्विपार्श्व सममित तथा खंडों में बँटा हुआ होता है।

(ii) प्रचलन मुख्यतः काइटिन के बने सीटी (Setae) द्वारा होता है।

(iii) आहारनाल पूर्णतः विकसित होते हैं।

(iv) श्वसन प्रायः त्वचा के द्वारा कुछ जन्तुओं में क्लोम के द्वारा होता है।

(v) रुधिर लाल होता है एवं तंत्रिका तंत्र साधारण होता है।

(vi) उत्सर्जी अंग वृक्क के रूप में होते हैं।

(vii) एकलिंगी एवं उभयलिंगी दोनों प्रकार के होते हैं।

उदाहरण : केंचुआ, जोंक, नेरिस आदि इस संघ के प्रमुख जन्तु हैं।

नोटः केंचुए में चार जोड़ी हृदय होते है। इसके जीवद्रव्य में हीमोग्लोबिन का विलय हो जाता है।

7. संघ-आर्थोपोडा (Arthopoda)

➩ आर्थ्रोपोडा शब्द का प्रयोग सर्वप्रथम वान सीबोल्ड (Van Seibold) ने 1845 ई. में किया, जिसका अर्थ है संयुक्त उपांग। यह संसार का सबसे बड़ा संघ है। इस संघ का सबसे बड़ा वर्ग कीटवर्ग (Insecta) है। इस संघ के जन्तुओं के प्रमुख लक्षण निम्नलिखित हैं-

(i) शरीर तीन भागों में विभक्त होता है- सिर, वक्ष एवं उदर।

(ii) इनके पाद संधियुक्त होते हैं।

(iii) रुधिर परिसंचारी तंत्र खुले प्रकार का होता है।

(iv) इनकी देह गुहा हीमोसील कहलाती है।

(v) ट्रेकिया गिल्स, बुक लंग्स, सामान्य सतह आदि श्वसन अंग हैं।

(vi) यह प्रायः एकलिंगी होते हैं एवं निषेचन शरीर के अंदर होता है।

उदाहरण : तिलचट्टा, झींगा मछली, केकड़ा, खटमल, मक्खी, मच्छर, मधुमक्खी, टिड्डी आदि इस संघ के प्रमुख जन्तु हैं।

नोट :

(i) कीटों में छह पाद व चार पंख होते हैं।

(ii) कॉकरोच के हृदय में 13 कक्ष (Chamber) होते हैं।

(iii) चींटी एक सामाजिक जन्तु हैं, जो श्रम-विभाजन प्रदर्शित करती है।

(iv) दीमक (Termite) भी एक सामाजिक कीट है, जो बस्ती (Colony) में रहती है।

8. संघ-मोलस्का (Mollusca)

➩ मोलस्का अकशेरुकी का दूसरा सबसे बड़ा संघ है। मोलस्का शब्द का प्रयोग सर्वप्रथम अरस्तू (Aristotle) ने कटलफिश के लिए किया था। अधिकांश मोलस्का खारे जल में पाये जाते हैं, परन्तु इनमें से कुछ स्वच्छ जलीय एवं कुछ स्थलीय (Terrestrial) भी हो। इस संघ के जन्तुओं के प्रमुख लक्षण निम्नलिखित हैं-

(i) शरीर तीन भागों में विभक्त होता है- सिर, अंतरांग तथा पाद।

(ii) इनमें कवच सदैव उपस्थित रहता है।

(iii) आहारनाल पूर्ण विकसित होता है।

(iv) इनमें श्वसन गिल्स (Gills), टिनीडिया (Ctenidia) अथवा मेन्टल (Mantle) द्वारा होता है।

(v) रक्त रंगहीन होता है।

(vi) उत्सर्जन वृक्कों के द्वारा होता है।

उदारहण : घोंघा, सीपी आदि इस संघ के प्रमुख जन्तु हैं।

9. संघ-इकाइनोडर्मेटा (Echinodermata)

➩ इकाइनोडर्मेटा सर्वप्रथम जैकोब क्लिन (Jacob Klein) ने 1738 ई. में स्थापित किया जिसका अर्थ है कंटकीय त्वचा। इस संघ के जन्तुओं के प्रमुख लक्षण निम्नलिखित हैं-

(i) इस संघ के सभी जन्तु समुद्री होते हैं।

(ii) जल संवहन तंत्र पाया जाता है।

(iii) प्रचलन, भोजन ग्रहण करने हेतु नाल पाद होते हैं, जो संवेगी अंग का कार्य करते हैं।

(iv) तंत्रिका तंत्र में मस्तिष्क विकसित नहीं होता।

(v) पुनरुत्पादन की विशेष क्षमता होती है।

उदाहरण : तारा मछली (Star Fish), ब्रिटल स्टार (Brittle Star), समुद्री अरचिन (See Urchins), समुद्री खीरा (See Cucumber), कुकमेरिया (Cucumaria), थायोन (Thione) आदि इस संघ के प्रमुख जन्तु हैं।

10. संघ-कॉर्डेटा (Chordata)

➩ इस संघ के जीव समुद्रीय, कृमि के आकार के (Worm Like), जीभ-कृमि (Tongue Worms) होते हैं। ये समुद्र किनारे सुरंगें (Burrows) बनाकर रहते हैं। इस संघ के जन्तुओं के प्रमुख लक्षण निम्नलिखित हैं-

(i) इनमें नोटोकॉर्ड (Notochord) उपस्थित होता है।

(ii) इनमें क्लोम छिद्र (Gill Slits) अवश्य होते हैं।

(iii) इनमें नालदार तंत्रिका रज्जु अवश्य पाया जाता है।

संघ कॉर्डेटा के प्रमुख वर्ग

➩ कॉर्डेटा में वर्गीकरण के अनुसार 13 वर्ग हैं, किन्तु इनके सबसे प्रमुख वर्ग और उनके लक्षण निम्नलिखित हैं-

A. मत्स्य वर्ग (Pisces) और इनके लक्षण

(i) ये सभी असमतापी (Cold Blooded) जन्तु हैं।

(ii) इनका हृदय द्विवेशमी (Two Chambered) होता है और केवल अशुद्ध रक्त ही पंप करता है।

(iii) श्वसन गिल्स (Gills) के द्वारा होता है।

उदाहरण : रोहू, कतला, स्कोलियोडन, समुद्री घोड़ा तथा टारपीडो (Torpedo) आदि।

B. एम्फीबिया वर्ग (Amphibia) और इनके लक्षण

(i) ये सभी प्राणी जल और थल दोनों में पाये जाते हैं, इसलिए इन्हें एम्फीबिया या उभयचर कहा जाता है।

(ii) ये असमतापी (Cold Blooded) होते हैं।

(iii) श्वसन क्लोमों, त्वचा एवं फेफड़ों द्वारा होता है।

(iv) हृदय त्रिवेश्मी (Three Chambered) होता है, अर्थात् इनमें दो अलिन्द (Auricles) और एक निलय (Ventricle) होते हैं। **उदाहरण**- मेढक।

C. सरीसृप वर्ग (Reptiles) और इनके लक्षण

(i) ये साधारणतः स्थलवासी हैं, लेकिन कुछ जलवासी भी होते हैं।

(ii) ये असमतापी (Cold Blooded) होते हैं।

(iii) वास्तविक स्थलीय कशेरुकी जन्तु हैं।

(iv) दो जोड़ी पाद होते हैं।

(v) कंकाल पूर्णतः अस्थिल होता है।

(vi) त्वचा सूखी (Dry) और खुरदुरी होती है।

(vii) श्वसन फेफड़ों के द्वारा होता है।

(viii) इनके अंडे कैल्शियम कार्बोनेट की बनी कवच से ढके रहते हैं।

उदाहरण : छिपकली, साँप, घड़ियाल, कछुआ आदि इस वर्ग के प्रमुख जन्तु हैं।

सरीसृप वर्ग से सम्बन्धित अन्य बातें

(i) घोंसला बनाने वाला एकमात्र सर्प नागराज है, जिसका भोजन मुख्य रूप से अन्य सर्प है।

(ii) विश्व की एकमात्र जहरीली छिपकली हिलोडर्मा है।

(iii) समुद्री साँप जिसे हाइड्रोफिश कहते हैं, संसार का सबसे जहरीला साँप है।

(iv) मेबुईया बिल बनाने वाली छिपकली होती है, इसका प्रचलित नाम स्किंक है।

नोट : मीसोजोइक युग (Mesozoic Era) को सरीसृपों का युग (Era of Reptiles) कहा जाता है।

D. पक्षी वर्ग (Aves) और इनके लक्षण

(i) इसका अगला पाद उड़ने के लिए पंखों में रूपांतरित हो जाते हैं।

(ii) ये समतापी या गर्म रुधिर वाले (Warm Blooded) होते हैं, अर्थात् इनके शरीर का तापक्रम वातावरण के बदलने के साथ बदलता नहीं, बल्कि सदैव स्थिर होता है।

(iii) इसके हृदय में चार वेश्म (Four Chamber) होते हैं- दो आलिंद और दो निलय।

(iv) इनका श्वसन अंग फेफड़ा है।

(v) मूत्राशय अनुपस्थित रहता है।

उदाहरण : कौआ, मोर तथा तोता आदि इस वर्ग के प्रमुख जन्तु हैं।

पक्षी वर्ग से सम्बन्धित अन्य बातें

(i) कुछ पक्षियों जैसे- कीवी (Kiwi), ईमू (Emu) तथा शुतुरमुर्ग (Ostrich) में दौड़ने की क्षमता तो होती है लेकिन उड़ने की क्षमता नहीं होती।

(ii) सबसे बड़ा जीवित पक्षी शुतुरमुर्ग है।

(iii) सबसे छोटा पक्षी हमिंग बर्ड (Humming Bird or Sun Bird) है जबकि सबसे बड़ी पक्षी कन्डोर्स तथा एल्वाट्रासेस (Condors and Albatrosses) है।

(iv) तीव्रतम पक्षी अवावील है।

नोट: भारत का सबसे बड़ा चिड़ियाघर अलीपुर (कोलकाता) एवं विश्व का सबसे बड़ा चिड़ियाघर क्रूजर नेशनल पार्क दक्षिण अफ्रीका में है।

E. स्तनधारी वर्ग (Mammalia) और इनके लक्षण

(i) स्तनधारी शब्द का अर्थ स्तन ग्रन्थियाँ (Mammary Gland) है जिनसे उत्पन्न दुग्ध द्वारा इनके शिशु पोषण प्राप्त करते हैं।

(ii) ये मुख्यत: स्थलीय होते हैं तथा कुछ जलीय एवं वायुवीय भी होते हैं।

(iii) त्वचा पर स्वेद ग्रन्थियाँ (Sweat Gland) और तैल ग्रन्थियाँ (Oil gland) पायी जाती है।

(iv) इनके शरीर का तापमान बाहरी वातावरण के तापमान परिवर्तन के साथ नहीं बदलता।

(v) इनका हृदय चार वेश्मों (Four Chambered) वाला होता है।

(vi) इनमें दाँत जीवन में दो बार निकलते हैं। इसलिए इन्हें द्विबारदंती (Diophyodont) कहते हैं।

(vii) इनके लाल रुधिराणुओं में केन्द्रक नहीं होता (केवल ऊँट एवं लामा इसके अपवाद हैं)।

(viii) बाह्य कर्ण (Pinna) उपस्थित होता है।

स्तनधारी वर्ग के उपवर्ग

➩ स्तनधारी वर्ग को तीन उपवर्गों में बाँटा गया हैं-

(i) **प्राटोथीरिया (Prototheria) :** ये अण्डे देने वाले (Oviparous) जन्तु हैं जिनके अण्डे कवच-युक्त (Shelled) होते हैं।

उदाहरण : एकिडना (Echidna), ऑर्निथोरिका (Ornithorhynchus) या बत्तख चोंच (Duck Billed Platpus) इनके प्रमुख अंग है।

(ii) **मैटाथीरिया (Metatheria) :** ये अपरिपक्व बच्चे को जन्म देते हैं।

उदाहरण : ऑस्ट्रेलिया में पाया जाने वाला कंगारू इसका प्रमुख उदाहरण हैं।

(iii) **यूथीरिया (Eutheria) :** ये पूर्ण विकसित शिशुओं को जन्म देते हैं।

उदाहरण : मनुष्य इस उपवर्ग का प्रमुख उदाहरण है।

नोट : (i) स्तनधारी वर्ग में रक्त का सबसे अधिक तापमान बकरी का होता है। बकरी का औसत तापमान 39°C होता है।

(ii) डक विल्ड प्लैटीपस एकमात्र विषैला स्तनी है।

II. जन्तु कोशिका (Animal Tissue)

➩ कोशिकाओं के समूह को ऊतक कहते हैं। ऊतकों को चार श्रेणियों में बाँटा गया है- 1. उपकला ऊतक (Epithelial Tissue) 2. पेशीय ऊतक (Muscular Tissue) 3. संयोजी ऊतक (Connective Tissues) 4. तंत्रिका ऊतक (Nerve Tissue)।

1. **उपकला ऊतक (Epithelial Tissue) :** ये ऊतक शरीर की सुरक्षा का कार्य करते हैं। गैसीय विनिमय, अवशोषण और उत्सर्जन का भी काम करते हैं। इन ऊतकों द्वारा घाव भर जाता है, क्योंकि इनमें पुनरुत्पादन (Regeneration) की क्षमता बहुत ज्यादा होती है। शरीर की त्वचा, अमाशय, आँत, पित्ताशय, हृदय, जीभ आदि का बाहरी आवरण इन्हीं ऊतकों का बना होता है।

2. **पेशीय ऊतक (Muscular Tissue) :** इसे संकुचनशील ऊतक (Contractile Tissue) के नाम से भी जाना जाता है। शरीर की सभी पेशियाँ इसी ऊतक से मिलकर बनी होती है। पेशीय ऊतक तीन प्रकार के होते हैं-

(i) **रेखित (Striped) :** ये पेशियाँ शरीर के उन भागों में पायी जाती है जो इच्छानुसार गति करती हैं। प्राय: इन पेशियों के एक या दोनों सिरे रूपांतरित होकर टेण्डन के रूप में अस्थियों से जुड़े होते हैं।

(ii) **अरेखित (Unstriped) :** यह पेशी ऊतक उन अंगों की दीवारों पर पाया जाता है जो अनैच्छिक रूप से गति करते हैं, जैसे- आहारनाल, मलाशय, मूत्राशय, रक्त-वाहिनियाँ आदि। अरेखित पेशियाँ उन सभी अंगों की गतियों को नियंत्रित करती हैं जो स्वयंमेव गति करते हैं।

(iii) **हृदयक (Cardiac) :** ये पेशियाँ केवल हृदय की दीवारों में पायी जाती हैं। हृदय गति इन्हीं पेशियों के कारण होती है जो बिना रुके जीवनपर्यंत गति करती है। संरचना की दृष्टि से यह रेखित पेशी ऊतक से मिलती-जुलती है।

नोट : (a) मानव शरीर में मांसपेशियों की संख्या 639 होती है।

(b) मानव शरीर की सबसे बड़ी मांसपेशी ग्लूटियस मैक्सीमस (कूल्हा की मांसपेशी) तथा सबसे छोटी मांसपेशी स्टैपिडियस है।

3. **संयोजी ऊतक (Connective Tissue) :** यह ऊतक शरीर के सभी अन्य ऊतकों तथा अंगों को आपस में जोड़ने का कार्य करती है। तरल संयोजी ऊतक (जैसे-रक्त एवं लसिका) संवहन के कार्य में भी सहायक होता है। यह ऊतक शरीर के तापक्रम को नियंत्रित करता है तथा मृत कोशिकाओं को नष्ट करके मृत ऊतकों एवं कोशिकाओं की पूर्ति करता है। रक्त, लिम्फ, हड्डियाँ, प्रोटीन ऊतक आदि संयोजी ऊतक हैं।

4. **तंत्रिका ऊतक (Nerve Tissue)** - इसे चेतना ऊतक भी कहते हैं। जीवों का तंत्रिका-तन्त्र इन्हीं ऊतकों का बना होता है। यह दो विशिष्ट प्रकार की कोशिकओं का बना होता है- (a) तंत्रिका कोशिका या न्यूरॉन्स और (b) न्यूरोग्लिया। यह ऊतक शरीर में होने वाली सभी अनैच्छिक एवं ऐच्छिक क्रियाओं को नियंत्रित करता है। न्यूरोग्लिया कोशिकएँ मस्तिष्क की गुहा को आस्तिरित करती है।

जन्तु ऊतकों का संक्षिप्त विवरण

क्र.	ऊतक का नाम	स्थिति	रचना	कार्य
1.	उपकला (Epithelial Tissues)	शरीर एवं आंतरांगों की सभी उघड़ी सतहों पर	आधार झिल्ली पर सधी एवं सटी कोशाओं की एक या अधिक पर्तें	सुरक्षात्मक, संवहन अवशोषण, उत्सर्जन संवदेना ग्रहण
2.	संयोजी ऊत (Connective Tissues)	ऊतकों एवं अंगों के बीच में संयोजन	अन्तराकोशिकीय पदार्थ अधिक, इसमें दूर-दूर कोशाएँ एवं तन्तु	आंतरांगों को रोगों से रक्षा, पदार्थो का संग्रह एवं संवहन, मरम्मत
	(i) वास्तविक संयोजी ऊतक	त्वचा के नीचे, अस्थियाँ उपास्थियाँ, नेत्रों पेशियों आदि की खोल, वसा पिण्ड, अस्थिमज्जा, प्लीहा, यकृत, वृक्क आदि में	जैली मैट्रिक्स कोलजन, इलास्टिन से बना हुआ	शरीर की सुरक्षा, ताप नियंत्रण, पेशी संकुचन इत्यादि।

	(ii) कंकालीय ऊतक	पैरों की हड्डियों में, कान का पिन्ना, कंकाल की सारी लंबी हड्डियाँ	मैट्रिक्स काण्ड्रिन का, खोल तन्तुमय झिल्ली का	कंकाल का अंश
	(iii) संवहनीय ऊतक	रुधिर एवं लसिका	तरल प्लाज्मा मैट्रिक्स	शरीर में संचरण का काम, रोग से बचाव, रक्तस्राव को रोकना
3.	पेशीय ऊतक	शरीर की सारी पेशियाँ	सकरी व लंबी, तन्तुनुमा संकुचनशील कोशाएँ	गति एवं गमन
	(i) रेखित	सारी कंकाल पेशियाँ	कोशाएँ बेलनाकार व जटिल	शरीर की गमन अंगों की ऐच्छिक गति
	(ii) अरेखित	आंतरांगों की दीवारों में	कोशाएँ तुर्करूप एवं सरल	आंतरांगों की अनैच्छिक गति
	(iii) हृदयक	हृदय की दीवारों में	रेखित पेशीय कोशाएँ, बेलनाकार	हृदय-स्पन्दन
4.	तंत्रिकीय ऊतक	सम्पूर्ण तंत्रिका तन्त्र	कोशाएँ बड़ी, जटिल, शाखान्वित	विद्युत-रासायनिक स्पन्दों का संवहन
5.	जनन ऊतक	जनन अंगों में	मुख्यत: जनित्र कोशाएँ	युग्मक कोशाओं का निर्माण

III. मानव रक्त (Human Blood)

- मानव शरीर में रक्त की मात्रा शरीर के भार का लगभग 7% होती है।
- रक्त एक क्षारीय विलयन है, जिसका pH मान 7.4 होता है।
- रक्त एक तरल संयोजी ऊतक (Connective Tissue) है।
- एक स्वस्थ्य वयस्क मनुष्य में औसतन 5-6 लीटर रक्त होता है।
- महिलाओं में पुरुषों की तुलना में आधा लीटर रक्त कम होता है।
- रक्त में दो तरह के पदार्थ पाये जाते हैं- 1. प्लाज्मा (Plasma) और 2. रुधिराणु (Blood Corpuscles)।

1. **प्लाज्मा (Plasma)** : यह रक्त का अजीवित तरल भाग होता है।
    - रक्त का लगभग 60 प्रतिशत भाग प्लाज्मा होता है।
    - प्लाज्मा का 90% भाग जल, 7% प्रोटीन, 0.9% लवण और 0.1% ग्लूकोज होता है। शेष पदार्थ बहुत कम मात्रा में होता है।

- **प्लाज्मा के कार्य** : पचे हुए भोजन एवं हार्मोन का शरीर में संवहन प्लाज्मा के द्वारा ही होता है।

नोट : जब प्लाज्मा में से फाइब्रिनोजेन नामक प्रोटीन निकाल लिया जाता है, तो शेष प्लाज्मा को **सेरम** (Serum) कहा जाता है।

2. **रुधिराणु (Blood Corpuscles) :** यह रक्त का शेष 40% भाग होता है। इसे तीन भागों में बाँटते हैं- (a) लाल रक्त कणिकाएँ (RBCs-Red Blood Corpuscles) (b) श्वेत रक्त कणिकाएँ (WBCs- White Blood Corpuscles) (c) रुधिर बिम्बाणु या थ्राम्बोसाइट्स (Blood Platelets or Thrombocytes)

(a) लाल रक्त कणिकाएँ (RBCs- Red Blood Corpuscles or Erythrocytes)

- लाल रुधिराणु, रुधिराणु का 99% होती है।
- स्तनधारियों के लाल रक्त कण उभयावतल होते हैं।
- इसमें केन्द्रक नहीं होता है। केवल ऊँट और लामा नामक स्तनधारी के RBCs में ही अपवाद के रूप में केन्द्रक पाया जाता है।
- RBCs का निर्माण अस्थिमज्जा (Bonemarrow) में होता है।
- प्रोटीन, आयरन, विटामिन B_{12} एवं फोलिक अम्ल RBCs के निर्माण में मदद करते हैं।
- भ्रूण अवस्था में मदद करते हैं।
- RBCs का जीवनकाल 110-120 दिन का होता है।
- RBCs की मृत्यु यकृत (Liver) और प्लीहा (Spleen) में होती है। इसीलिए यकृत और प्लीहा को RBCs का कब्र कहा जाता है।
- RBCs में हीमोग्लोबिन (Haemoglobin) नामक प्रोटीन पायी जाती है, जिसमें हीम (Haem) नामक रंजक (Dye) होता है, जिसके कारण रक्त का रंग लाल होता है। ग्लोबिन (Globin) लौहयुक्त प्रोटीन है, जो ऑक्सीजन एवं कार्बन डाइऑक्साइड से संयोग करने की क्षमता रखता है।
- हीमोग्लोबिन में पाया जाने वाला लौह यौगिक हीमैटिन (Haematin) है।
- हीमीग्लोबिन बैंगनी (Viloet) रंग का होता है जबकि ऑक्सी-हीमोग्लोबिन (HbO_2) चमकदार लाल रंग का होता है। ऑक्सीजन (O_2) की कितनी मात्रा का संयोजन हीमोग्लोबिन से होगा, यह ऑक्सीजन के आंशिक दाब एवं रक्त pH पर आधारित होता है।

नोट : भ्रूण अवस्था में RBCs का निर्माण यकृत (Liver) तथा प्लीहा (Spleen) में होता है।

RBCs के मुख्य कार्य

- शरीर के हर कोशिका में ऑक्सीजन पहुँचाना और कार्बन डाइऑक्साइड को वापस लाना है।
- हीमोग्लोबिन की शरीर में कम मात्रा होने पर रक्तक्षीणता (Anaemai) रोग हो जाता है। अत्यधिक थकान का महसूस होना, आँखों के सामने अंधेरा छा जाना, चक्कर आना तथा भूख न लगना इत्यादि रक्तक्षीणता के लक्षण हैं।
- सोते समय RBCs 5% कम हो जाता है एवं जो लोग 4200 मीटर की ऊँचाई पर होते हैं उनकी RBCs में 30% की वृद्धि हो जाती है।।
- RBCs की संख्या हीमोसाइटोमीटर से ज्ञात की जाती है।

(b) श्वेत रक्त कणिकाएँ (WBCs-White Blood Corpuscles or Leucocytes)

- मनुष्य के शरीर में WBCs की संख्या 5 से 9 हजार तक होती है। इनमें इओसिनोफिल 1 से 4% तक होता है।
- WBCs शरीर की प्रतिरक्षा में महत्त्वपूर्ण भूमिका निभाते हैं।
- WBCs आकार और रचना में अमीबा (Amoeba) के समान होता है। इसमें केन्द्रक रहता है।
- WBCs का निर्माण अस्थिमज्जा (Bonemarrow), लिम्फ नोड (Lymphnode) और कभी-कभी यकृत (Liver) एवं प्लीहा (Spleen) में भी होता है।

- WBCs का जीवन काल 24-30 घंटा होता है। इसकी मृत्यु रक्त में ही हो जाती है।
- WBCs का मुख्य कार्य शरीर को रोगों के संक्रमण से बचाना है।
- WBCs का सबसे अधिक भाग (60-70%) न्यूट्रोफिल्स कणिकाओं का बना होता है। न्यूट्रोफिल्स कणिकाएँ रोगाणुओं तथा जीवाणुओं का भक्षण करती हैं।
- WBCs में अन्य पदार्थ, जैसे- बेसोफिल्स, हेटरोफिल्स, लिम्फोसाइट, मोनासाइट होते हैं। लिम्फोसाइट (Lymphocytes) WBCs की कुल संख्या का 20% से 40% तक होते हैं। मोनासाइट (Monacytes) सक्रिय भ्रमण और भक्षण का कार्य करते हैं।
- RBCs और WBCs का अनुपात 600:1 है।

(c) रुधिर बिम्बाणु (Blood Platelets or Thrombocytes)

- यह केवल मनुष्य एवं स्तनधारियों के रक्त में पाया जाता है।
- इनकी संख्या 2 से 5 लाख प्रतिघन मिमी. रक्त होती है।
- इनमें केन्द्रक नहीं होता है। इसका निर्माण अस्थिमज्जा (Bonemarrow) में होता है।
- इनका जीवनकाल 3 से 5 दिन का होता है। इनकी मृत्यु प्लीहा (Spleen) में होती है।
- इनका मुख्य कार्य रक्त के थक्का बनाने (Clotting) में मदद करना।

रक्त के मुख्य कार्य (Main Functions of Blood)

- शरीर के ताप का नियंत्रण तथा शरीर की रोगों से रक्षा करना।
- शरीर के वातावरण को स्थायी बनाये रखना तथा घावों को भरना।
- O_2, CO_2 पचा हुआ भोजन, उत्सर्जी पदार्थ एवं हार्मोन का संवहन करना।
- लैंगिक वरण में सहायता करना तथा विभिन्न अंगों में सहयोग स्थापित करना।
- रक्त का थक्का (Clot) बनाना।
- **रक्त का थक्का बनना (Clotting of Blood)** : रक्त का थक्का बनने के दौरान तीन महत्त्वपूर्ण प्रतिक्रियाएँ होती हैं। ये प्रतिक्रियाएँ निम्नलिखित हैं-

1.	थ्राम्बोप्लास्टिन (Thromboplastin)	+	प्रोथ्रोम्बिन (Prothrombin)	+	कैल्शियम$^{++}$ (Calcium^{++})	=	थ्रोम्बिन (Thrombin)
2.	थ्रोम्बिन (Thrombin)	+	फाइब्रिनोजोन (Fibrinogen)			=	फिबरीन (Fibrin)
3.	फिबरीन (Fibrin)	+	रक्त रुधिराणु (Blood Corpuscles)			=	रक्त का थक्का (Clot of Blood)

- रुधिर प्लाज्मा के प्रोथ्रोम्बिन (Prothrombin) तथा फाइब्रिनोजोन (Fibrinogen) का निर्माण यकृत में विटामिन K की सहायता से होता है। विटामिन K रक्त के थक्का बनाने में सहायक से होता है। सामान्यत: रक्त का थक्का 2-5 मिनट में बन जाता है।
- रक्त का थक्का बनाने के लिए अनिवार्य प्रोटीन फाइब्रिनोजोन (Fibrinogen) है।

मानव के रक्त-समूह (Blood Groups of Human)

- मानव रुधिर में चार प्रकार के रुधिर वर्ग होते हैं। इसकी खोज 1902 में कार्ल लैंडस्टीनर (Karl Landsteiner) ने की तथा इसके लिए इन्हें 1930 में नोबल पुरस्कार मिला।
- मानव समुदाय के रक्तों की भिन्नता का मुख्य कारण RBC में पायी जाने वाली ग्लाइको प्रोटीन है, जिसे एण्टीजन (Antigen) कहते हैं।
- एण्टीजन (Antigen) दो प्रकार के होते हैं- एण्टीजन A एवं एण्टीजन B।

➩ एण्टीजन या ग्लाइको प्रोटीन की उपस्थिति के आधार पर मनुष्य में चार प्रकार के रुधिर वर्ग होते हैं-

(i) जिनमें एण्टीजन (Antigen) A होता है- रुधिर वर्ग A।

(ii) जिनमें एण्टीजन (Antigen) B होता है- रुधिर वर्ग B।

(iii) जिनमें एण्टीजन (Antigen) A एवं B दोनों होते हैं- रुधिर वर्ग AB।

(iv) जिनमें दोनों में से कोई एण्टीजन (Antigen) नहीं होता है- रुधिर वर्ग O।

मानव में विभिन्न रुधिर वर्ग			
रुधिर वर्ग	**प्रतिरक्षी/एण्टीबॉडी (प्लाज्मा में)**	**प्रतिजन/एण्टीजन (RBC में)**	**भारतीयों में संख्या (% में)**
A	केवल b	केवल A	23.5
B	केवल a	केवल B	34.5
AB	अनुपस्थित	A,B दोनों	7.5
O	a तथा b दोनों	अनुपस्थित	34.5

➩ किसी एण्टीजन (Antigen) की अनुपस्थिति में एक प्रकार की प्रोटीन रुधिर प्लाज्मा में पायी जाती है। इसको एण्टीबॉडी (Antibody) कहते हैं। एण्टीबॉडी दो प्रकार की होती है- एण्टीबॉडी a एवं एण्टीबॉडी b।

रक्त का आधान (Blood Transfusion)

➩ एण्टीजन A एवं एण्टीबॉडी a, एण्टीजन B एवं एण्टीबॉडी b एक साथ नहीं रह सकते हैं। ऐसा होने पर ये आपस में मिलकर अत्यधिक चिपचिपे हो जाते हैं, जिससे रक्त नष्ट हो जाता है। इसे रक्त का अभिश्लेषण (Agglutination) कहते हैं। अतः रक्त आधान में एण्टीजन तथा एण्टीबॉडी का ऐसा तालमेल करना चाहिए जिससे रक्त का अभिश्लेषण न हो सके।

➩ 'O' रक्त समूह को सर्वदाता (Universal Donor) रक्त समूह कहते हैं, क्योंकि इसमें कोई एण्टीजन नहीं होता है एवं 'AB' रक्त समूह को सर्वग्राहक (Universal Recipitor) रक्त समूह कहते हैं, क्योंकि इसमें कोई एण्टीबॉडी नहीं होता है।

➩ **आर.एच. तत्त्व (Rh-Factor)** : 1940 ई. में लैंडस्टीनर और वीनर (Landsteiner and Wiener) ने रक्त में एक अन्य प्रकार के एण्टीजन (Antigen) का पता लगाया। इन्होंने रीसस बंदर (Rhesus Monkey) में इस तत्त्व का पता लगाया, इसलिए इसे Rh-Factor कहते हैं। जिन व्यक्तियों में यह तत्त्व पाया जाता है, उनका रक्त Rh सहित (Rh-positive) तथा जिसमें नहीं पाया जाता, उनका रक्त Rh रहित (Rh-negative) कहलाता है। भारत में 97% व्यक्ति Rh-positive रुधिर वर्ग वाले है, सिर्फ 3% व्यक्तियों में Rh-negtive रुधिर वर्ग पाया जाता है।

➩ रक्त देने-लेने अर्थात् आधान (Transfusion) के समय Rh-factor की जाँच पहले की जाती है। Rh-positive को Rh-positive का एवं Rh-negative को Rh-negative का रक्त दिया जाता है।

➩ यदि Rh-positive रक्त वर्ग का रक्त Rh-negative रक्त वर्ग वाले व्यक्ति को दिया जाता हो, तो प्रथम बार कम मात्रा होने के कारण कोई प्रभाव नहीं पड़ता किन्तु जब दोबारा इसी तरह रक्तधान किया गया हो तो अभिश्लेशण (Agglutination) के कारण Rh-negative वाले व्यक्ति की मृत्यु हो जाती है।

- **एरिथ्रोब्लास्टोसिस फीटेलिस (Erythroblastosis Fetalis) :** यदि पिता का रक्त Rh-सहित (Rh-positive) हो और माता का रक्त Rh-रहित (Rh-negative) हो तो जन्म लेने वाले शिशु की जन्म से पहले गर्भावस्था में अथवा जन्म के तुरंत बाद मृत्यु हो जाती है। (ऐसा प्रथम संतान के बाद की संतान होने पर होता है।)

माता एवं पिता के रक्त समूह के आधार पर बच्चों के संभावित रक्त समूह		
माता-पिता का रक्त समूह	**बच्चों में संभावित रक्त समूह**	**बच्चों में असंभावित रक्त समूह**
O × O	O	A, B, AB
O × A	O, A	B, AB
O × B	O, B	A, AB
O × AB	A, B	O, AB
A × A	A, O	B, AB
A × B	O, A, B, AB	None
A × AB	A, B, AB	O
B × B	B, O	A, AB
B × AB	A, B, AB	O
AB × AB	A, B, AB	O

9. मानव शरीर के प्रमुख तंत्र

- शरीर के अंगों को उनकी क्रियाओं का सामूहिक रूप से ध्यान रखते हुए कुछ प्रमुख तंत्रों (Systesms) में बाँटा गया है, जो निम्नलिखित रूप से हैं-

1. पाचन तंत्र (Digestive System)

- पाचन तंत्र में भोजन के पचने की क्रिया होती है। पाचन तंत्र में मुख, ग्रासनली, अमाशय, पक्वाशय, यकृत, ग्रहणी, छोटी आँत, बड़ी आँत इत्यादि होती है।
- भोजन के पाचन की सम्पूर्ण प्रक्रिया पाँच प्रावस्थाओं में होता है- 1. अन्तर्ग्रहण (Ingestion) 2. पाचन (Digestion) 3. अवशोषण (Absorption) 4. स्वांगीकरण (Assimilation) 5. मल परित्याग (Defecation)।

अमाशय (Stomach) में पाचन

- अमाशय में भोजन लगभग चार घंटे तक रहता है।
- भोजन के अमाशय में पहुँचे पर पाइलोरिक ग्रन्थियों से जठर रस (Gastric Juice) निकलता है। यह हल्का पीला रंग का अम्लीय द्रव होता है, जिसका pH 0.9-15 होता है।
- अमाशय के ऑक्सिन्टिक कोशिकाओं में हाइड्रोक्लोरिक अम्ल (HCl) निकलता है, जो भोजन के साथ आये हुए जीवाणुओं को नष्ट कर देता है तथा एन्जाइम की क्रिया को तीव्र कर देता है। हाइड्रोक्लोरिक अम्ल भोजन के माध्यम को अम्लीय बना देता है, जिससे लार के टायलिन की क्रिया समाप्त हो जाती है।
- अमाशय से निकलने वाले जठर रस में एन्जाइम होते हैं- पेप्सिन एवं रेनिन।
- पेप्सिन प्रोटीन को खंडित कर सरल पदार्थों (पेप्टोन्स) में परिवर्तित कर देता है।
- रेनिन दूध की धुली हुई प्रोटीन केसीनोजेन (Caseinogen) को ठोस प्रोटीन कैल्शियम पैरा केसीनेट (Casein) के रूप में बदल देता है।

पक्वाशय (Duodenum) में पाचन

- भोजन को पक्वाशय में पहुँचते ही सर्वप्रथम इसमें यकृत (Liver) से निकलने वाले पित्त रस (Bile Duct) आकर मिलता है। पित्त रस क्षारीय होता है और यह भोजन को अम्लीय से क्षारीय बना देता है।
- यहाँ अग्न्याशय (Pancreas) से अग्न्याशय रस आकर भोजन में मिलता है, इसमें तीन प्रकार के एन्जाइम होते हैं–
  (i) **ट्रिप्सिन (Trypsin)** : यह प्रोटीन एवं पेप्टीन को पॉलीपेप्टाइड्स तथा अमीनों अम्ल में परिवर्तित करता है।
  (ii) **एमाइलेज (Amylase)** : यह मांड (Starch) को घुलनशील शर्करा (Sugar) में परिवर्तित करता है।
  (iii) **लाइपेज (Lipase)** : यह इमल्सीफाइड वसाओं को ग्लिसरीन तथा फैटी एसिड्स में परिवर्तित करता है।

छोटी आँत (Small Intestine) में पाचन

- पक्वाशय से भोजन छोटी आँत में आता है। छोटी आँत में पचे भोजन का अवशोषण तथा अनपचे भोजन का पाचन होता है।
- छोटी आँत की दीवारों से आंतरिक रस निकलता है। आंतरिक रस क्षारीय (pH_8) होता है। एक स्वस्थ मनुष्य में प्रतिदिन लगभग 2 लीटर आंतरिक रस स्रावित होता है। इस आंत्रिक रस में निम्न एन्जाइम होते हैं–
  (i) **माल्टेज (Maltase)** : यह शर्करा को ग्लूकोज में बदलता है।
  (ii) **सुक्रोज (Sucrose)** : यह शर्करा को फ्रक्टोज तथा ग्लूकोज में बदलता है।
  (iii) **लैक्टोज (Lactose)** : यह शर्करा को ग्लैक्टोज तथा ग्लूकोज में बदलता है।
  (iv) **लाइपेज (Lipase)** : यह इमल्सीफायड वसाओं को ग्लिसरीन तथा फैटी एसिड्स में परिवर्तित करता है।
  (v) **इरेप्सिन (Erepsin)** : यह पोटीन के अनपचे भाग एवं पेप्टोन को अमीनों अम्ल में परिवर्तित करता है।
  (vi) **अवशोषण (Absorption)** : पचे हुए भोजन का रुधिर में पहुँचना अवशोषण कहलाता है। पचे हुए भोजन का अवशोषण छोटी आँत की रचना उद्धर्घ (Villi) के द्वारा होती है।

स्वांगीकरण (Assimilation)

पाचन क्रिया में भाग लेने वाले प्रमुख अंग

यकृत (Liver)

- यकृत मानव शरीर की सबसे बड़ी ग्रन्थि है, जो उदर-गुहा (Abdominal Cavity) के ऊपरी भाग में दाहिनी ओर स्थित होता है।
- यकृत का वजन 1.5–2kg होता है तथा यह गहरे धूसर रंग का होता है।
- यकृत द्वारा ही पित्त स्रावित होता है। यह पित्त आँत में उपस्थित एन्जाइमों की क्रिया को तीव्र कर देता है।
- यकृत प्रोटीन उपापचय (Protein Metabolism) में सक्रिय रूप से भाग लेता है और प्रोटीन विघटन के फलस्वरूप उत्पन्न विषैले अमोनिया को यूरिया में परिवर्तित कर देता है।
- यकृत प्रोटीन की अधिकतम मात्रा को कार्बोहाइड्रेट में परिवर्तित कर देता है।
- कार्बोहाइड्रेट उपापचय के अन्तर्गत यकृत रक्त के ग्लूकोज (Glucose) वाले भाग को ग्लाइकोजिन (Glycogen) में परिवर्तित कर देता है और संचित पोषक तत्त्वों के रूप में यकृत कोशिका

(Hepatic Cell) में संचित कर लेता है। रक्त को विभिन्न अवयवों के लिए ग्लूकोज की आवश्यकता होने पर, यकृत संचित ग्लाइकोजिन को खंडित कर ग्लूकोज में परिवर्तित कर देता है।

- भोजन में वसा की कमी होने पर यकृत कार्बोहाइड्रेट के कुछ भाग को वसा में परिवर्तित कर देता है।
- **फाइब्रिनोजेन** (Fibrinogen) एवं **हिपैरीन** (Heparin) नामक प्रोटीन का उत्पादन यकृत द्वारा ही होता है। फाइब्रिनोजेन रक्त के थक्का बनाने में मदद करता है, जबकि हिपैरीन शरीर के अंदर रक्त को जमने से रोकता है।
- मृत RBC को यकृत के द्वारा ही नष्ट किया जाता है।
- यकृत थोड़ी मात्रा में लोहा (Iron), ताँबा (Copper) और विटामिन को संचित करके रखता है।
- यकृत शरीर के ताप को बनाये रखने में मदद करता है।
- भोजन में जहर (Poision) देकर मारे गये व्यक्ति की मृत्यु के कारणों की जाँच में यकृत एक महत्त्वपूर्ण सुराग का कार्य करता है।

पित्ताशय (Gall-Bladder)

- पित्ताशय नाशपाती के आकर की एक थैली होती है, जो यकृत के नीचे स्थित होती है। पित्त नालिका यकृत से जुड़ी होती है।
- यकृत में जो पित्त बनता है वह पित्त-नालिका के माध्यम से पक्वाशय (Duodenum) में आ जाता है।
- पित्त का पक्वाशय में गिरना प्रतिवर्ती क्रिया (Reflex Action) द्वारा होता है।
- पित्त (Bile) पीले-हरे रंग का क्षारीय द्रव (Alkaline Fluid) है, जिसका pH मान 7.7 होता है।
- पित्त में जल 85%, पित्त वर्णक (Bile Pigment) 12%, पित्त लवण 0.7%, कोलेस्ट्राल 0.28%, मध्यम वसाएँ 0.3% तथा लेसीथिन (Lecithin) 0.15% होते हैं।
- पित्त लवणों में सोडियम ग्लाइकोलेट तथा सोडियम टॉरोकोलेट नामक कार्बनिक लवण तथा सोडियम क्लोराइड एवं सोडियम बाईकार्बोनेट नामक अकार्बनिक लवण पाये जाते हैं।
- मनुष्य में 700-1000 मिली लीटर पित्त प्रतिदिन बनता है।

पित्त के कार्य (Functions of Bile)

- यह भोजन के माध्यम को क्षारीय (Alkaline) कर देता है ताकि अग्न्याशयी रस क्रिया कर सके।
- यह भोजन के साथ आये हानिकारक जीवाणुओं को नष्ट करता है। यह पित्त वसाओं का इमाल्सीकरण (Emulsification of Fat) करता है।
- पित्त आँत की क्रमाकुंचन गतियों को बढ़ाता है जिससे भोजन में पाचक रस भली-भाँति मिल जाते हैं।
- पित्त अनेक उत्सर्जी पदार्थों, विषैले पदार्थों तथ धातुओं के उत्सर्जन का कार्य करता है।
- पित्त वसा अवशोषण में भी सहायक होता है।
- पित्त विटामिन-K तथा वसाओं में घुले और विटामिनों के अवशोषण में सहायक होता है।

  नोट : पित्तवाहिनी में अवरोध आ जाने पर यकृत कोशिकाएँ रुधिर से बिलिरुबिन (Bilirubin) लेना बन्द कर देती हैं। फलस्वरूप बिलिरूबिन सम्पूर्ण शरीर में फैल जाता है। इसे ही पीलिया (Jaundice) कहते हैं।

अग्न्याशय (Pancreas)

- अग्न्याशय शरीर की यकृत के बाद दूसरी सबसे बड़ी ग्रन्थि है।
- इसकी सबसे बड़ी विशेषता यह है कि यह एक साथ अंत:स्रावी (नलिकाहीन-Endocrine) और बहि:स्रावी (नलिकायुक्त-Exocrine) दोनों प्रकार की ग्रन्थि है।

- इससे अग्न्याशयी रस (Pancreatic Juice) निकलता है जिसमें 98% जल तथा शेष भाग में लवण तथा एन्जाइम होते हैं। यह क्षारीय द्रव होता है तथा pH मान 7.5-8.3 होता है। अग्न्याशयी रस में तीनों प्रकार के मुख्य भोज्य पदार्थों को पचाने के एन्जाइम होते हैं। इसलिए इसे 'पूर्ण पाचक रस' कहते हैं। इसमें मुख्यत: पाँच एन्जाइम- एमाइलेज, ट्रिप्सिन, कार्बोक्सिपेप्टिडेस लाइपेज तथा माल्टेज एवं रेनिन पाये जाते हैं। इसमें एमाइलेज और माल्टेज कार्बोहाइड्रट को, ट्रिप्सिन प्रोटीन को तथा लाइपेज वसा को पचाता है।

लैंगर हैंस की द्वीपिका (Islets of Langerhans)

- यह अग्न्याशय का ही एक भाग है।
- इसकी खोज लैंगर हैंस नामक चिकित्साशास्त्री ने की थी। उन्हीं के नाम पर इसका नाम लैंगर हैंस की द्वीपिका पड़ा। यह आमाशय में स्थित ऊतकों का समूह है जो इन्सुलिन (Insulin) और ग्लूकॉन (Glucagon) नामक हार्मोन का आंतरकि स्राव करती है। इसके α-कोशिका (α-Cell) से ग्लूकॉन (Glucagon), β-कोशिका (β-Cell) से इन्सुलिन (Insuline) एवं γ-कोशिका (γ-Cell) से सोमेटोस्टेटिन (Somatostatin) नामक हार्मोन निकलता है।

इन्सुलिन (Insuline)

- यह अग्न्याशय के एक भाग लैंगर हैंस की द्वीपिका के β-कोशिका (β-Cell) द्वारा स्रावित हार्मोन होता है।
- यह हार्मोन रक्त में शर्करा की मात्रा को नियंत्रित करता है।
- इसकी खोज वैटिंग एवं वेस्ट ने वर्ष 1921 ई. में की थी।
- इन्सुलिन के अल्प स्रवण से मधुमेह (Diabeteas) नामक रोग होता है। रुधिर में शर्करा की मात्रा बढ़ना मधुमेह कहलाता है। इन्सुलिन के अतिस्रावण से हाइपोग्लाइसीमिया (Hypoglycemia) नामक रोग हो जाता है जिसमें जनन क्षमता तथा दृष्टि ज्ञान कम होने लगता है।
- ग्लूकॉन (Glucagon), ग्लाइकोजिन (Glycogen) को पुन: ग्लूकोज में परिवर्तित कर देता है।
- सोमेटोस्टेटिन (Somatostatin), पॉलीपेप्टाइड (Polypeptide) हार्मोन होता है, जो भोजन के स्वांगीकरण (Assimilation) की अवधि को बढ़ाता है।

पाचन का सारांश					
क्र.	ग्रन्थि रस		एन्जाइम	भोज्य पदार्थ	प्रतिक्रिया के बाद
1.	लार	(i)	टायलिन	मॉड (श्वेत सार)	माल्टोस
		(ii)	माल्टेस	माल्टोस	ग्लूकोस
2.	जठर रस	(i)	पेप्सिन	प्रोटीन	पेप्टोन्स
		(ii)	रेनिन	केसीन	कैल्शियम पैराकैसीनेट
3.	अग्न्याशय रस	(i)	ट्रिप्सिन	प्रोटीन	पॉलीहेप्टाइड्स
		(ii)	एमाइलेज	मांड (Starch)	शर्करा
		(iii)	लाइपेज	वसा	वसा अम्ल एवं ग्लिसरॉल
4.	आन्त्रीय रस	(i)	इरेप्सिन	प्रोटीन	अमीनो अम्ल
		(ii)	माल्टेस	माल्टोस	ग्लूकोज
		(iii)	लैक्टेस	लैक्टोस	ग्लूकोज एवं फ्रुक्टोज
		(iv)	सुक्रेस	सुक्रोस	ग्लूकोज एवं ग्लैक्टोज
		(v)	लाइपेज	वसा	वसीय अम्ल एवं ग्लिसरॉल

2. परिसंचरण तंत्र (Circulatory System)

- शरीर के विभिन्न अंगों में रक्त विनिमय (Exchange) परिसंचरण-तंत्र के द्वारा होता है।
- रक्त परिसंचरण की खोज 1628 ई. में विलियम हार्वे ने किया था।
- रक्त परिसंचरण-तंत्र में हृदय (Heart), रक्तवाहिनी नलियाँ (Blood Vessels), धमनी (Artery), शिराएँ (Veins), कोशिकाएँ (Capillaries) आदि सम्मिलित हैं।
- हृदय (Heart), हृदयावरण (Pericardium) नामक थैली में सुरक्षित रहता है। इसका भार लगभग 400 ग्राम होता है।
- मनुष्य का सम्पूर्ण हृदय चार कक्षों (Chamber) में बँटा होता है। दायीं तरफ ऊपर वाला कक्ष दायाँ आलिंद (Right Atrium) तथा निचला कक्ष दायाँ निलय (Right Ventricle) कहलाता है। इसी प्रकार बायीं तरफ नीचे वाला कक्ष बायाँ निलय (Left Ventricle) तथा ऊपर वाला कक्ष बायाँ आलिंद (Left Atrium) कहलाता है।
- दायें आलिंद (Right Atrium) तथा दायें निलय (Right Ventricle) के बीच त्रिवलनी कपाट (Tricuspid Value) होता है।
- बायें आलिंद (Left Atrium) तथा बायें निलय (Left Ventricle) के बीच द्विवलनी कपाट (Biscuspid Valve) होता है।
- शरीर से हृदय की ओर रक्त ले जाने वाली रक्तवाहिनी को शिरा (Vein) कहते हैं।
- शिरा में अशुद्ध रक्त अर्थात् कार्बन डाइऑक्साइड युक्त रक्त होता है। इसका अपवाद है पल्मोनरी शिरा (Pulmonary Vein)।
- पल्मोनरी शिरा (Pulmonary Vein) फेफड़ा से रक्त को बाये आलिंद (Left Atrium) में पहुँचाता है। इसमें शुद्ध रक्त होता है।
- हृदय से शरीर की ओर ले जाने वाली रक्तवाहिनी को धमनी (Artery) कहते हैं।
- धमनी (Artery) में शुद्ध रक्त अर्थात् ऑक्सीजन युक्त रक्त होता है। इसका अपवाद है पल्मोनरी धमनी (Pulmonary Artery)।
- पल्मोनरी धमनी (Pulmonary Artery) रक्त को दायें निलय (Right Ventricle) से फेफड़ा में पहुँचाता है। इसमें अशुद्ध रक्त होता है।
- हृदय के दायें भाग में अशुद्ध रक्त अर्थात् कार्बन डाइऑक्साइड युक्त रक्त एवं बायें भाग में शुद्ध रक्त अर्थात् ऑक्सीजन युक्त रक्त रहता है।
- हृदय की मांसपेशियों को रक्त पहुँचाने वाली वाहिनी को कोरोनरी धमनी (Coronary Artery) कहते हैं। इसमें किसी प्रकार की रूकावट होने पर हृदयाघात (Heart Attack) होता है।
- हृदय के संकुचन (Systole) एवं शिथिलन (Diastole) को सम्मिलित रूप से हृदय का धड़कन/स्पंदन (Heart Beat) कहते हैं। सामान्य अवस्था में मनुष्य का हृदय एक मिनट में 72 बार (भ्रूण अवस्था में 150 बार) धड़कता है। हर एक स्पंदन में पहले आलिंदों (Atriums) का संकुचन (Systole) फिर निलयों (Ventricles) का संकुचन (Systole) होता है, फिर दोनों का एक साथ शिथिलन (Diastole) होता है।
- साइनो ऑरिकुलर नोड (SAN) दायें आलिंद (Right Atrium) की दीवार में स्थित तंत्रिका कोशिकाओं का समूह है, जिससे हृदय धड़कन की तरंग प्रारंभ होती है।
- थायरॉक्सिन एवं एड्रीनेलिन स्वतन्त्र रूप से हृदय की धड़कन को नियंत्रित करने वाले हार्मोन हैं।
- रुधिर में उपस्थित CO_2 रुधिर के pH को कम करके हृदय की गति को बढ़ाता है। अर्थात् अम्लीयता हृदय की गति को बढ़ाती हे तथा क्षारीयता हृदय की गति को कम करती है।

- नाड़ी (Pulse) शरीर में जीवन का लक्षण बताती है। जब हृदय काम करता है तो नाड़ी भी चलती है तथा हृदय के निष्क्रिय हो जाने पर नाड़ी का चलना बंद हो जाता है, यही मृत्यु का सूचक है।
- सामान्य व्यक्ति का रक्तदाब (Blood Pressure) 120/80 mmhg होता है। (Systolic-120/Diastolic-80)।
- रक्तदाब स्फिग्मोमेनोमीटर (Sphygmomanometer) नामक यन्त्र से मापा जाता है।

भारतीयों के रक्तदाब के औसत

उम्र वर्ष	प्रंकुचन	रक्तदाब (मिमी.) अनुशिथिलन
10	99	68
12	100	70
15	106	70
18	111	76
20	117	78
22	119	79
25	120	80
30	122	82
35	124	84
40	127	86
45	130	88
50	133	90
55	138	92

3. उत्सर्जन तंत्र (Excretory System)

- जीवों के शरीर की कोशिकाओं से अपशिष्ट पदार्थों (Waste Products) के निष्कासन की क्रियाविधि, उत्सर्जन (Excretory) कहलाता है। साधारणत: उत्सर्जन का तात्पर्य नाइट्रोजनी उत्सर्जी पदार्थों, जैसे- यूरिया, अमोनिया, यूरिक अम्ल आदि के निष्कासन से है।
- मनुष्य के प्रमुख उत्सर्जी अंग हैं- (i) वृक्क (Kidneys), (ii) त्वचा (Skin), (iii) यकृत (Liver), (iv) फेफड़ा (Lungs)।
  - (i) **वृक्क (Kidney)** : मनुष्य एवं अन्य स्तनधारियों में मुख्य उत्सर्जी अंग एक जोड़ा, सेम के बीज के आकार का लगभग 5 इंच लंबा वृक्क है। वृक्क का वजन 140 ग्राम होता है। वृक्क के दो भाग होते हैं, बाहरी भाग को कोर्टेक्स (Cortex)तथा भीतरी भाग को मेडुला (Medulla) कहते हैं। वृक्क की कार्यात्मक इकाई (Functional Unit) नेफ्रॉन (Nephron) या वृक्क नलिकाएँ (Uriniferous Tubules) होती है। प्रत्येक नेफ्रॉन द्विभित्ति (Doublelayer), प्याले के आकार के बोमन-सम्पुट (Bowman's Capsule) का बना होता है।
    - बोमन-सम्पुट (Bowman's Capsule) में पतली रुधिर कोशिकाओं (Capillaries) का केशिकागुच्छ (Glomerulus) पाया जाता है, जो दो प्रकार की धमनिकाओं (Arterioles) से बनता है-

(a) **चौड़ी अभिवाही धमनिका (Afferent Arteriole) :** यह रुधिर को केशिकागुच्छ में पहुँचती है।

(b) **पतली अपवाही धमनिका (Efferent Arteriole) :** यह रक्त को केशिकागुच्छ से वापस लाती है।

◊ केशिकागुच्छ (Glomerulus) की कोशिकाओं से द्रव से छनकर बोमन-सम्पुट की गुहा में पहुँचने की प्रक्रिया को परानिष्यंदन (Ultrafiltration) कहते हैं।

◊ वृक्कों का प्रमुख कार्य रक्त की प्लाज्मा को छानकर शुद्ध बनाना अर्थात् इसमें से अनावश्यक और अनुपयोगी पदार्थों को जल की कुछ मात्रा के साथ मूत्र के द्वारा शरीर से बाहर निकालना है।

◊ वृक्कों के रुधिर की आपूर्ति अन्य अंगों की तुलना में बहुत अधिक होती है।

◊ वृक्क में प्रति मिनट औसतन 125 मिली अर्थात् दिन भर में 180 लीटर रक्त निष्यंद (Filtrate) होता है। इसमें से 1.45 लीटर मूत्र रोजाना बनता है, बाकी निष्यंद वापस रक्त में अवशोषित हो जाता है।

◊ सामान्य मूत्र में 95% जल, 2% लवण, 2.7% यूरिया एवं 0.3% यूरिक अम्ल होते हैं।

◊ मूत्र का रंग हल्का पीला उसमें उपस्थित वर्णक (Pigment) यूरोक्रोम (Urochrome) के कारण होता है। यूरोक्रोम हीमोग्लोबिन के विखंडन से बनता है।

◊ मूत्र अम्लीय होता है, इसका pH मान 6 होता है।

◊ वृक्क के द्वारा नाइट्रोजनी पदार्थों के अतिरिक्त पेनिसिलिन और कुछ मसालों का भी उत्सर्जन होता है।

◊ वृक्क के बनने वाला पथरी कैल्शियम ऑक्जलेट का बना होता है।

(ii) **त्वचा (Skin) :** त्वचा एक उत्सर्जी अंग के रूप में कार्य करती है। इसमें पायी जाने वाली तैलीय ग्रन्थियाँ एवं श्वेद ग्रन्थियाँ (Sweat Glands) क्रमशः सीबम एवं पसीने का स्रवण करती है।

(iii) **यकृत (Liver) :** यकृत कोशिकाएँ आवश्यकता से अधिक अमीनो अम्ल (Amino Acid) तथा रुधिर की अमोनिया को यूरिया (Urea) में परिवर्तित करके उत्सर्जन में मुख्य भूमिका निभाता है।

(iv) **फेफड़े (Lungs) :** फेफड़ा दो प्रकार के गैसीय पदार्थ कार्बन डाइऑक्साइड और जलवाष्प का उत्सर्जन करता है। कुछ पदार्थ जैसे- लहसुन, प्याज और कुछ मसाले जिसमें वाष्पशील घटक होते हैं, का उत्सर्जन फेफड़ों के द्वारा ही होता है।

विभिन्न जन्तु एवं उनमें उत्सर्जन

क्र. सं.	जन्तु	उत्सर्जन
1.	एक कोशिकीय जन्तु	विसरण के द्वारा
2.	पोरीफेरा संघ के जन्तु	विशिष्ट नलिकातंत्र द्वारा
3.	सीलेन्ट्रेट्स	सीधे कोशिकाओं द्वारा
4.	चपटे कृमि	ज्वाला कोशिकाओं द्वारा
5.	एनेलिडा संघ के जन्तु	वृक्क (Nephridia) द्वारा
6.	आर्थोपोड्स	मैल्पीधियन नलिकाओं द्वारा
7.	मोलस्का	मूत्र अंग द्वारा
8.	केशरुकी	मुख्यतया वृक्क द्वारा

4. श्वसन तंत्र (Respiratory System)

- मनुष्य के श्वसन तंत्र का सबसे महत्त्वपूर्ण अंग फेफड़ा या फुफ्फुस (Lungs) होता है, जहाँ पर गैसों का आदान-प्रदान होता है। इसलिए इसे फुफ्फुसीय श्वसन भी कहते हैं।
- श्वास के माध्यम से शरीर के प्रत्येक भाग में ऑक्सीजन पहुँचता है तथा कार्बन डाइऑक्साइड बाहर निकलता है। रक्त श्वसन तंत्र में सहायता करता है।
- श्वसन तंत्र के अन्तर्गत वे सभी अंग आते हैं, जिससे होकर वायु का आदान-प्रदान होता है। जैसे- नासामार्ग, ग्रसनी, लैरिंक्स या स्वर यंत्र, ट्रैकिया तथा फेफड़ा आदि।
- **नासामार्ग (Nasal Passage) :** इसका मुख्य कार्य सूँघने से सम्बन्धित है। यह श्वसन नाल के द्वार का भी कार्य करता है। इसके भीतर की गुहा म्यूकस कला (Mucous Membrane) में स्तरित होती है। यह स्तर लगभग 1/2 लीटर म्यूकस प्रतिदिन स्रावित करती है। यह स्तर धूल-कण, जीवाणु या अन्य सूक्ष्म जीव को शरीर के अंदर प्रवेश करने से रोकती है। यह शरीर में प्रवेश करने वाली वायु को नम एवं शरीर के ताप के बराबर बनाती है।
- **ग्रसनी (Pharynx) :** यह नासा गुहा के ठीक पीछे स्थित होता है।
- **लैरिंक्स या स्वर यंत्र (Larynx or Voice Box) :** श्वसन मार्ग का वह भाग जो ग्रसनी को ट्रेकिया (Trachea) से जोड़ता है, लैरिंक्स या स्वर यंत्र कहलाता है। इसका मुख्य कार्य ध्वनि उत्पादन है। लैरिंक्स प्रवेश द्वार पर एक पतला, पत्ती समान कपाट होता है जिसे इपिग्लॉटिस (Epiglottis) कहते हैं। जब कुछ भी निगलना होता है तो यह इपिग्लॉटिस द्वारा बंद कर देता है, जिससे भोजन श्वास नली में प्रवेश नहीं कर पाता।
- **ट्रैकिया (Trachea) :** यह वक्ष गुहा (Thoracic Cavity) में प्रवेश करती है। ट्रैकिया की दोनों प्रमुख शाखाओं को प्राथमिक ब्रोंकियोल कहते हैं। दायीं ब्रोंकियोल तीन शाखाओं में बँट कर दायीं ओर के फेफड़े में प्रवेश करती है। बायाँ ब्रोकियोल केवल दो शाखाओं में बँट कर बायें फेफड़े में प्रवेश करती है।
- **फेफड़ा (Lungs) :** वक्ष गुहा में एक जोड़ी फेफड़े होते हैं। इनका रंग लाल होता है और इनकी रचना स्पंज के समान होती है। दायाँ फेफड़ा बायाँ फेफड़ा की तुलना में बड़ा होता है। प्रत्येक फेफड़ा एक झिल्ली द्वारा घिरा रहता है, जिसे प्लूरल मेम्ब्रेन (Pleural Membrane) कहते हैं। फेफड़े में रुधिर कोशिकाओं का जाल बिछा रहता है। यहाँ O_2 रुधिर में चली जाती है और CO_2 बाहर आ जाती है।
- श्वसन की पूरी प्रक्रिया को चार भागों में बाँटा जा सकता है- 1. बाह्य श्वसन (External Respiration) 2. गैसों का परिवहन (Transportation of Gases) 3. आंतरिक श्वसन (Internal Respiration) 4. कोशिकीय श्वसन (Cellular Respiration)।

  1. **बाह्य श्वसन (External Respiration) :** स्तनधारियों में बाह्य श्वसन दो निम्न रूपों में होता है-

     (a) **श्वासोच्छ्वास (Breathing) :** फेफड़ों में निश्चित दर से वायु भरी तथा निकाली जाती है, जिसे साँस लेना अथवा श्वासोच्छ्वास कहते हैं। श्वास लेने की प्रक्रिया दो चरणों में पूरी होती है-

     (i) **निश्वसन (Inspiration) :** इस अवस्था में वायु वातावरण से वायु पथ द्वारा फेफड़े में प्रवेश करती है। फलतः वक्ष गुहा का आयतन बढ़ जाता है एवं फेफड़ों में एक निम्न दाब का निर्माण हो जाता है। यह हवा तब तक प्रवेश करती रहती है जब तक कि वायु का दाब शरीर के भीतर एवं बाहर बराबर न हो जाये।

(ii) **नि:श्वसन/उच्छ्श्वसन (Expiration) :** इसमें श्वसन के पश्चात् वायु उसी वायु पथ के द्वारा फेफड़े से बाहर निकलकर वातावरण में पुनः लौट जाती है, जिस पथ से वह फेफड़े में प्रवेश करती है।

श्वासोच्छ्वास में वायु का संगठन			
श्वास लेने की प्रक्रिया	**नाइट्रोजन**	**ऑक्सीजन**	**कार्बन डाइऑक्साइड**
अंदर ली गयी वायु (Inspired Air)	79%	21%	0.03%
बाहर निकाली गयी वायु (Expired Air)	79%	17%	4%

(b) **गैसों का विनिमय (Exchange of Gases) :** गैसों का विनिमय, फेफड़े (Lungs) के अंदर होता है। यह गैसीय विनिमय घुली अवस्था में या विसरण प्रवणता (Diffusion Gradient) के आधार पर साधारण विसरण (Simple Diffusion) द्वारा होती है। फेफड़े में ऑक्सीजन (O_2) तथा कार्बन डाइऑक्साइड (CO_2) गैसों का विनिमय उनके दाबों के अंतर के कारण होता है। अतः इन दोनों गैसों (O_2 एवं CO_2) की विसरण (Diffusion) की दिशा, एक-दूसरे के विपरीत होती है।

2. **गैसों का परिवहन (Transportation of Gases) :** गैसों का (CO_2 एवं O_2) फेफड़े से शरीर की कोशिकाओं तक पहुँचना तथा पुनः फेफड़े तक वापस आने की क्रिया को गैसों का परिवहन कहते हैं। इस प्रकार इन दोनों गैसों का परिवहन एक निश्चित क्रम में होता है।

- ऑक्सीजन का परिवहन मुख्यतः रुधिर में पाये जाने वाले लाल वर्णक (Pigment) हीमोग्लोबिन (Haemoglobin) के द्वारा होता है। हीमोग्लोबिन रक्त की लाल रक्त कोशिकाओं (RBC) के अंदर उपस्थित रहता है। इसकी अनुपस्थिति में श्वसन-क्रिया असंभव है।
- कार्बन डाइऑक्साइड का परिवहन कोशिकाओं से फेफड़े तक हीमोग्लोबिन के द्वारा केवल 10 से 20% तक ही हो पाता है। अतः कार्बन डाइऑक्साइड का परिवहन रक्त परिसंचरण के द्वारा अन्य प्रकारों से भी होता है, जो निम्न है-

(i) **प्लाज्मा में घुलकर (Dissolved in Plasma) :** CO_2 प्लाज्मा में घुलकर कार्बोनिक अम्ल (Carbonic Acid) बनाती है। कार्बोनिक अम्ल के रूप में CO_2 का लगभग 7% परिवहन होता है।

(ii) **बाईकार्बोनेट्स के रूप में (As Bicarbonates) :** बाईकार्बोनेट्स के रूप में CO_2 की अधिकांश मात्रा (लगभग 70%) का परिवहन होता है। यह रुधिर के पोटैशियम तथा प्लाज्मा के सोडियम के साथ मिलकर क्रमशः पोटैशियम बाईकार्बोनेट्स ($KHCO_3$) एवं सोडियम बाईकार्बोनेट्स ($NaHCO_3$) का निर्माण कराती है।

(iii) **कार्बोमिनों यौगिकों के रूप में (As Carbomino Compounds) :** कार्बन डाइऑक्साइड, हीमोग्लोबिन के अमीनों (NH_2) समूह से संयोजन के फलस्वरूप कार्बोऑक्सीहीमोग्लोबिन (Carboxy Haemoglobin) के रूप में तथा प्लाज्मा-प्रोटीन से संयोग कर कार्बोमीनोहीमोग्लोबिन (Carbomino-Haemoglobin) बनाती है। इस प्रकार यह लगभग 23% कार्बन डाइऑक्साइड ले जाती है।

3. **आंतरिक श्वसन (Internal Respiration) :** शरीर के अंदर रुधिर एवं ऊतक द्रव्य (Tissue-Fluid) के बीच गैसीय विनिमय होता है, उसे आंतरिक श्वसन कहते हैं।

नोट : फेफड़े में होने वाले गैसीय विनिमय को बाह्य श्वसन (External Respiration) कहते हैं, जबकि ऊतक द्रव्य या कोशिका द्रव्य में होने वाले गैसीय विनिमय को आंतरिक श्वसन (Internal Repiration) कहते हैं।

➩ आंतरिक श्वसन में निम्न क्रियाएँ सम्मिलित होती हैं-

(i) **ऑक्सीहीमोग्लोबिन का विघटन (Dissociation of Oxyhaemoglogin):** रक्त-परिसंचरण के फलस्वरूप ऑक्सीहीमोग्लोबिन कोशिकाओं में पहुँचता है, जहाँ पर ऑक्सीजन का दाब रुधिर के दाब से कम होता है। अत: ऑक्सी हीमोग्लोबिन का ऑक्सीजन में विघटन हो जाता है। इस प्रकार मुक्त हुई ऑक्सीजन ऊतक-द्रव्य तथा कोशिकाओं में पहुँच जाती है। इस प्रकार से लगभग 25% ऑक्सीजन ऊतकों में पहुँच जाती है।

(ii) **खाद्या पदार्थों का ऑक्सीकरण (Oxidation of Food Stuff) :** कोशिका द्रव्य में ऑक्सीजन की उपस्थिति में ऑक्सीकरण या जारण होता है, जिससे ऊर्जा मुक्त होती है। इस तरह प्राप्त ऊर्जा शरीर की विभिन्न क्रियाओं में प्रयोग की जाती है।

4. **कोशिकीय श्वसन (Cellular Respiration) :** भोज्य पदार्थों के पाचन के फलस्वरूप प्राप्त ग्लूकोज का कोशिका में ऑक्सीजन द्वारा ऑक्सीकरण (Oxidation) या जारण (Combustion) किया जाता है। इस क्रिया को कोशिकीय श्वसन कहते हैं। यह एक रासायनिक क्रिया है जिसके फलस्वरूप ऊर्जा मुक्त होती है। कोशिकीय श्वसन दो प्रकार के होते हैं- (i) अनॉक्सी श्वसन (Anaerobic Respiration) (ii) ऑक्सी श्वसन (Aerobic Respiration)।

(i) **अनॉक्सी श्वसन (Anaerobic Respiration) :** जो श्वसन ऑक्सीजन की अनुपस्थिति में होता है, उसे अनॉक्सी श्वसन कहते हैं। इसमें ग्लूकोज बिना ऑक्सीजन के मांसपेशियों में लैक्टिक अम्ल (Lactic Acid) और बैक्टीरिया एवं यीस्ट की कोशिकाओं में इथाइल अल्कोहल में विघटित हो जाता है। इसे शर्करा किण्वन (Sugar Fermentation) भी कहते हैं। इसके अन्तर्गत होने वाले पूरे प्रक्रम को ग्लाइकोलिसिस (Glycolysis) कहते हैं।

➩ अनॉक्सी श्वसन के अंत में पाइरूविक अम्ल (Pyruvic Acid) बनता है।

➩ अनॉक्सी श्वसन प्राय: जीवों में गहराई पर स्थित ऊतकों में अंकुरित होते बीजों में एवं फलों में थोड़ें समय के लिए होता है। परन्तु यीस्ट एवं जीवाणु में यह प्राय: पाया जाता है।

(ii) **ऑक्सी श्वसन (Aerobic Respiration) :** यह ऑक्सीजन की उपस्थिति में होती है। इसमें श्वसनी पदार्थ का पूरा ऑक्सीकरण होता है, जिसके फलस्वरूप CO_2 एवं H_2O बनते हैं तथा काफी मात्रा में ऊर्जा विमुक्त होती है। इसे निम्नलिखित सूत्र से व्यक्त किया जा सकता है-

$$C_6H_{12}O_6 + 6O_2 \rightarrow 6CO_2 + 6H_2O + 2830KJ \text{ ऊर्जा}$$

➩ कोशिकीय श्वसन में होने वाली जटिल प्रक्रिया को दो भागों में बाँटा गया है- (a) ग्लाइकोलिसिस (Glycolysis) (b) क्रेब्स चक्र (Kreb's Cycle)।

(a) ग्लाइकोलिसिस (Glycolysis)
- इसका सर्वप्रथम अध्ययन एम्बडेन मेयरहाफ, पारसन (Embden-Meyerhof Parson) ने किया था। इसलिए इसे EMP पथ भी कहते हैं।
- इसको अनॉक्सी श्वसन (Anaerobic Respiration) या शर्करा किण्वन (Sugar Fermentation) भी कहा जाता है।
- इसमें ऑक्सीजन की अनुपस्थिति में ऊर्जा मुक्त होती है।
- यह अवस्था ऑक्सी (Aerobic) एवं अनॉक्सी (Anaerobic) दोनों प्रकार के श्वसन में उपस्थित रहती है।
- एक ग्लूकोज अणु के ग्लाइकोलिसिस में विघटन के फलस्वरूप पाइरूविक अम्ल (Pyruvic Acid) के दो अणु बनते हैं।
- इस अभिक्रिया को आरंभ करने के लिए 2 अणु ATP (Adinosin Triphosphate) व्यय होते हैं किन्तु प्रक्रिया के अंत में 4 अणु ATP के प्राप्त होते हैं। अत: ग्लाइकोलिसिस के फलस्वरूप 2 अणु ATP का शुद्ध लाभ होता है अर्थात् 16000 कैलोरी (2X8000) ऊर्जा प्राप्त होती है।
- इस अभिक्रिया में हाइड्रोजन के 4 परमाणु बनते हैं जो NAD को $2NADH_2$ में बदलने में काम आते हैं।
- इस अभिक्रिया में ऑक्सीजन का कहीं भी प्रयोग नहीं किया जाता, अत: यह अनॉक्सी (Anaerobic) अवस्था में होती है।

(b) क्रेब्स चक्र (Kreb's Cycle)
- इसका वर्णन हैन्स क्रेब (Hans A Krebs) ने 1937 ई. में किया था, इसलिए इसे क्रेब्स चक्र कहते हैं।
- इसे साइट्रिक अम्ल चक्र (Citric Acid Cycle) या ट्राइकार्बोक्सेलिक चक्र (Tricarboxylic Cycle) भी कहते हैं।
- यह पूरा चक्र माइटोकॉन्ड्रिया के अंदर विशेष एन्जाइम की उपस्थिति में ही सम्पन्न होता है।
- ADP के 2 अणु ATP के 2 अणु में बदलते हैं।
- इस चक्र में हाइड्रोजन के 2-2 परमाणु 5 बार मुक्त होते हैं।
- पूरे चक्र में दो अणु पाइरूलिक अम्ल (Pyruvic Acid) के होते हैं। अत: कुल 6 अणु कार्बन डाइऑक्साइड (CO_2) के बनते हैं।
- हमारे तंत्र में अधिकतम ATP अणुओं का निर्माण क्रेब्स चक्र के दौरान होता है।

श्वसन क्रिया से सम्बन्धित अन्य बातें
- कार्बोहाइड्रेट, वसा एवं प्रोटीन प्रमुख श्वसनी पदार्थ हैं। सबसे पहले कार्बोहाइड्रेट एवं वसा का भंडार समाप्त होने के बाद ही प्रोटीन का श्वसन होता है।
- श्वसन एक अपचयी क्रिया (Catabolic Process) है। इससे शरीर के भार में भी कमी होती है।

5. तंत्रिका तंत्र (Nervous System)
- तंत्रिका तंत्र शरीर में दूरसंचार की भाँति काम करता है। सारे शरीर में महीन धागे के समान तंत्रिकाएँ फैली होती हैं जो वातावरणीय परिवर्तनों की सूचनाओं को संवेदी अंगों से प्राप्त करके विद्युत आवेगों (Electrical Impulses) के रूप में इनका प्रसारण करती हैं साथ ही शरीर के विभिन्न भागों के बीच कार्यात्मक समन्वय स्थापित करती है।
- तंत्रिका तंत्र की क्रिया की प्रकृति प्रतिवर्त/प्रतिक्षेप (Reflex) प्रकार की होती है।
- मनुष्य के तंत्रिका तंत्र को तीन भागों में बाँटा गया है-

1. केन्द्रीय तंत्रिका तंत्र (Central Nervous Systeem)
2. परिधीय तंत्रिका तंत्र (Peripheral Nervous System)
3. स्वायत या स्वाधीन तंत्रिका तंत्र (Autonomic Nervous System)

1. केन्द्रीय तंत्रिका तंत्र (Central Nervous System)

➪ तंत्रिका तंत्र का वह भाग जो सम्पूर्ण शरीर तथा स्वयं तंत्रिका तंत्र पर नियंत्रण रखता है, केन्द्रीय तंत्रिका तंत्र कहलाता है। मनुष्य का केन्द्रीय तंत्रिका तंत्र दो भागों से मिलकर बना होता है- (i) मस्तिष्क (Brain) और (ii) मेरुरज्जु (Spinal Cord)।

(i) **मस्तिष्क (Brain)** : इसके तीन भाग होते हैं- (a) प्रमस्तिष्क या सेरिब्रम (Cerebrum) (b) अनुमस्तिष्क या सेरिबेलम (Cerebellum) और (c) अंतस्था या मेड्युला (Medulla)।

(a) **प्रमस्तिष्क (Cerebrum) :** मस्तिष्क के अगले भाग को प्रमस्तिष्क कहा जाता है। इसका आकार सबसे बड़ा तथा झुर्रियों (Wrinkles) और कुंडलियों (Convolution) से भरा होता है। इसका बाहरी भाग धूसर (Gray) और भीतरी भाग श्वेत पदार्थों का बना होता है। यह सभी संवेदनाओं, ऐच्छिक क्रियाओं और बुद्धि-विवेक आदि का नियंत्रण करता है।

(b) **अनुमस्तिष्क (Cerebellum) :** प्रमस्तिष्क के पिछले भाग को अनुमस्तिष्क कहा जाता है। उसमें प्रमस्तिष्क की अपेक्षा कम झुर्रियाँ रहती है तथा धूसर पदार्थ की मात्रा भी कम रहती है। यह मांसपेशी तंत्र और शरीर के संतुलन का भी नियंत्रण करता है। यह ऐसी क्रियाओं का भी नियंत्रण करता है जो आगे चलकर आदत का रूप ले लेती है।

(c) **अंतस्था (Medulla) :** मेरुरज्जु के सिरे पर एक छोटी-सी गाँठ जैसा अवयव है, जिसे अंतस्था कहते हैं। यह अनैच्छिक (Involuntary) और स्वचालित (Automatic) क्रियाओं को नियंत्रित करता है। इसका सम्बन्ध फुफ्फुस, हृदय, पाचन-तंत्र, रक्त प्रणाली आदि कार्यों से होता है।

(ii) **मेरुरज्जु (Spinal Cord) :** अंतस्था (Medulla) का पिछला भाग ही मेरुरज्जु बनता है। इसका मुख्य कार्य निम्नलिखित है-

(a) प्रतिवर्ती क्रियाओं (Reflex Action) का नियंत्रण एवं समन्वय करना अर्थात् यह प्रतिवर्ती क्रिया के केन्द्र का कार्य करता है।

(b) मस्तिष्क से आने-जाने वाले उद्दीपनों का संवहन करना।

नोट : मार्शल हाल नामक वैज्ञानिक ने सर्वप्रथम प्रतिवर्ती क्रियाओं (Reflex Actions) का पता लगाया था।

2. परिधीय तंत्रिका तंत्र (Peripheral Nervous System)

➪ परिधीय तंत्रिका तंत्र मस्तिष्क एवं मेरुरज्जु से निकलने वाली तंत्रिकाओं का बना होता है। इन्हें क्रमशः कपाल (Cranial) एवं मेरुरज्जु (Spinal Cord) तंत्रिकाएँ कहते हैं। मनुष्य में 12 जोड़ी कपाल तंत्रिकाएँ और 31 जोड़ी मेरुरज्जु तंत्रिकाएँ पायी जाती हैं।

➪ तंत्रिका ऊतक की इकाई को **न्यूरॉन (Neuron)** या तंत्रिका कोशिका (Nerve Cell) कहते हैं। न्यूरॉन दो भागों से मिलकर बना होता है। **पहला** साइटॉन (Cyton) जो गोल व अंडाकार तथा केन्द्रक सहित होता है। **दूसरा** एक्सॉन (Axon) जो लंबाई में काफी बड़ा होता है। एक्सॉन में भरा द्रव एक्सोप्लाज्म (Axoplasm) कहलाता है।

3. स्वायत्त तंत्रिका तंत्र (Autonomic Nervous System)

➪ स्वायत्त तंत्रिका तंत्र कुछ मस्तिष्क एवं कुछ मेरुरज्जु तंत्रिकाओं का बना होता है। यह शरीर के सभी आंतरिक अंगों व रक्त-वाहिनियों को तंत्रिकाओं की आपूर्ति करता है। स्वायत्त तंत्रिका

तंत्र की अवधारणा को सर्वप्रथम लैंगली ने 1921 ई. में प्रस्तुत किया। स्वायत्त तंत्र के दो भाग होते हैं- (i) अनुकंपी तंत्रिका तंत्र (Symphathetic Nervous System) (ii) परानुकंपी तंत्रिका तंत्र (Parasymphathetic Nervous System)।

अनुकंपी तंत्रिका तंत्र के कार्य

(a) यह त्वचा में उपस्थित रुधिर वाहिनियों को संकीर्ण करता है।
(b) इसकी क्रिया से बाल खड़ें हो जाते हैं।
(c) यह लार ग्रन्थियों के स्राव को कम करता है।
(d) यह हृदय स्पंदन को तेज करता है।
(e) यह श्वेद ग्रन्थियों (Sweat Glands) के स्राव को प्रारंभ करता है।
(f) यह आँख की पुतली को फैलाता है।
(g) यह मूत्राशय की पेशियों का विमोचन करता है।
(h) यह आँत्र में क्रमाकुंचन गति को कम करता है।
(i) इसके द्वारा श्वसन दर तीव्र हो जाती है।
(j) यह रक्त दाब को बढ़ाता है।
(k) यह रक्त में शर्करा के स्तर को बढ़ाता है।
(l) यह रक्त में लाल रुधिर कणिकाओं (RBC) की संख्या में वृद्धि करता है।
(m) यह रक्त के थक्का (Clotting) बनाने में मदद करता है।
(n) इसके सामूहिक प्रभाव से भय, पीड़ा तथा क्रोध पर प्रभाव पड़ता है।

परानुकंपी तंत्रिका तंत्र के कार्य

(a) यह रुधिर-वाहिनियों की गुहा को चौड़ा करता है, किन्तु कोरोनरी रुधिर वाहिनियों (Coronary Artery) को छोड़कर।
(b) यह लार के स्राव में तथा अन्य पाचक रसों में वृद्धि करता है।
(c) यह नेत्र की पुतली का संकुचन करता है।
(d) यह मूत्राशय की अन्य पेशियों में संकुचन उत्पन्न करता है।
(e) यह आंत्रीय भित्ति में संकुचन एवं गति उत्पन्न करता है।
(f) इस तंत्रिका तंत्र का प्रभाव सामूहिक रूप से आराम और सूख की स्थितियाँ उत्पन्न करना है।

6. विशिष्ट ज्ञानेन्द्रिय तंत्र (Special Sense Organs System)

➪ जिन अंगों से हमें पर्यावरण एवं बाहरी परिवेश का ज्ञान होता है।, वे विशिष्ट ज्ञानेन्द्रियाँ कहलाती हैं। इन ज्ञानेन्द्रियों का सम्बन्ध मस्तिष्क से बना रहता है। विशिष्ट ज्ञानेन्द्रियाँ पाँच हैं- (i) नेत्र (ii) कर्ण (iii) त्वचा (iv) नासिका (v) जिह्वा।

(i) **नेत्र (Eyes) :** पाँचों ज्ञानेन्द्रियों में नेत्र का स्थान सबसे महत्त्वपूर्ण है। नेत्र गोलाकार होता है तथा इसका व्यास लगभग एक इंच होता है। नेत्र के प्रमुख अंग अक्षिगोलक (Eyeball), दृष्टि तंत्रिका (Optic Nerve) और मस्तिष्क में स्थित दृष्टि-केन्द्र (Visual Centres) तथा कुछ और उपांग भी होते हैं। नेत्र के सहायक अंगों में भौं (Eye Brow), पलकें (Eye Lids), नेत्र श्लेष्मला (Conjuctiva), अश्रु उपकरण (Lacrimal Apparatus) तथा पेशियाँ होती हैं।

नोट : अश्रु का स्राव अश्रुवाहिनी (Lactrimal Duct) से होता है। अश्रु कुछ क्षारीय, सोडियम क्लोराइड (NaCl) युक्त जलीय द्रव है। अश्रु में लाइसोजाइम भी होता है।

(ii) **कर्ण (Ears) :** कर्ण से ध्वनि का बोध होता है। कर्ण के तीन भाग होते हैं- बाह्य कर्ण, मध्य कर्ण तथा अंत: कर्ण। बाह्य कर्ण ध्वनि तरंगों को एकत्रित करके आगे बढ़ाते हैं। डॉक्टर कर्णदर्शक यंत्र जिसे ऑरोस्कोप (Auroscope) कहते हैं से बाह्य में स्थित कर्ण पटल (Tympanic Membrane) देखते हैं। मध्य कर्ण कपाल के अंदर होता है। अंत: कर्ण ध्वनिग्राही अंग में स्थित होता है।

नोट : वृद्धावस्था में मध्य कर्ण की अस्थियाँ निष्क्रिय हो जाती हैं जिससे व्यक्ति को ऊँचा सुनायी देता है।

(iii) **त्वचा (Skin) :** त्वचा के द्वारा स्पर्श, ताप, पीड़ा, शीत, दबाव, भारी, हल्का, चिकना, खुरदरा आदि का बोध होता है। त्वचा के विभिन्न प्रकार की संवेदनाओं के लिए विशिष्ट प्रकार के संग्राहक अंग होते हैं। दाब के लिए विशिष्ट प्रकार के संग्राहक अंग होते हैं। दाब के लिए पेसिनी कणिका (Pacinian Corpuscies), स्पर्श के स्पर्श कणिका (Tactile Corpuscies), शीत के लिए क्रौजन्कन्द (Krausebulb), ताप के लिए गोल्गी मेजोनी तथा रफीनी (Golgi-Mazzoni and Ruffini) आदि कुछ विशिष्ट संग्राहक अंग हैं।

(iv) **नासिका** (Nose) : इसके द्वारा कोई भी गंधयुक्त पदार्थ जो गैस के रूप में हमारी नासिका में पहुँचकर स्थानीय स्राव में घुल जाता है और घ्राण-क्षेत्र की कोशिकाओं (Olfactory Cells) को उद्दीप्त करता है जिससे हमें उसकी गंध का अनुभव होता है।

(v) **जिह्वा (Tongue) :** स्वाद का बोध हमें स्वाद संवेदनाओं के माध्यम से होता है। स्वाद मुख्य रूप से चार प्रकार के होते हैं- मीठा, नमकीन, कड़वा तथा खट्टा। जिह्वा पर नन्हें उभार होते हैं जिन्हें जिह्वांकुर (Papillate) कहते हैं। इन्हीं के द्वारा स्वाद की अनुभूति होती है। हमारे शरीर में लगभग 10000 स्वाद कलिकाएँ होती हैं।

7. कंकाल–तंत्र (Skeleton System)

➩ मानव शरीर छोटी-बड़ी कुल 206 अस्थियों से मिलकर बना हुआ है। अस्थियों से बने ढाँचे को कंकाल-तंत्र कहते हैं। अस्थियाँ आपस में संधियों के द्वारा जुड़ी रहती हैं। सिर की हड्डी को कपाल गुहा कहते हैं। इन अस्थियों में 50% जल तथा 50% ठोस पदार्थ होता है। ठोस पदार्थ में 33% अकार्बनिक पदार्थ तथा 67% कार्बनिक पदार्थ पाये जाते हैं।

➩ मनुष्य का कंकाल-तंत्र दो भागों में बना होता है-

(i) अक्षीय कंकाल (Axial Skeleton)।

(ii) उपांगीय कंकाल (Appendicular Skeleton)।

(i) **अक्षीय कंकाल (Axial Skeleton) :** शरीर का मुख्य अक्ष बनाने वाले कंकाल को अक्षीय कंकाल कहते हैं। इसके अन्तर्गत खोपड़ी, कशेरुकदण्ड तथा छाती की अस्थियाँ आती हैं-

(a) **खोपड़ी (Skull) :** मनुष्य के सिर (Head) के अंत:कंकाल के भाग को खोपड़ी कहते हैं। इसमें 29 अस्थियाँ होती हैं। इनमें 8 अस्थियाँ संयुक्त रूप से मनुष्य के मस्तिष्क को सुरक्षित रखती हैं। इन अस्थियों से बनी रचना को कपाल (Cranium) कहते हैं। कपालों की सभी अस्थियाँ सियनों/टाँकों (Sutures) के द्वारा दृढ़ता से जुड़ी रहती हैं। इनके अतिरिक्त 14 अस्थियाँ चेहरे को बनाती हैं। 6 अस्थियाँ कान को। हॉयड नामक एक और अस्थि खोपड़ी में होती है।

(b) **कशेरुक दण्ड (Vertebral Column) :** कशेरुक दण्ड हमारे शरीर के कंकाल का मुख्य आधार है, जो मध्य में स्थित होता है। यह सिर को सहारा देता है। इसमें छोटी-छोटी 33 हड्डियाँ होती हैं, जिन्हें सामूहिक रूप से कशेरुक कहते हैं।

कशेरुक दण्ड के मुख्य कार्य

- यह सिर को साधे रहता है।
- यह गर्दन तथा धड़ को आधार प्रदान करता है।
- यह मनुष्य को खड़े होकर चलने, खड़े होने आदि में मदद करता है।
- यह गर्दन तथा धड़ को लचक प्रदान करते हैं, जिससे मनुष्य किसी भी दिशा में अपनी गर्दन और धड़ को मोड़ने में सफल होता है।
- यह मेरुरज्जु (Spinal Cord) को सुरक्षा प्रदान करता है।

(ii) **उपांगीय कंकाल (Appendicular Skeleton) :** इसके अन्तर्गत निम्नलिखित भाग आते हैं-

(a) **पाद अस्थियाँ :** दोनों हाथ और पैर मिलाकर 118 अस्थियाँ होती हैं।

(b) **मेखलाएँ :** मनुष्य के अग्रपाद तथा पश्चपाद को अक्षीय कंकाल पर साधने के लिए दो चाप पाये जाते हैं, जिन्हें मेखलाएँ (Girdles) कहते हैं।

- अग्रपाद की मेखला को अंश मेखला (Shoulder Girdle) तथा पश्च पाद की मेखला को श्रेणी मेखला (Pelvic Girdle) कहते हैं।
- अंश मेखला से अग्रपाद की अस्थि ह्यूमरस (Humerus) एवं श्रेणी मेखला से पश्च पाद की हड्डी फीमर (Femur) जुड़ी होती है।

कंकाल तंत्र के मुख्य कार्य

- शरीर को निश्चित आकार प्रदान करना।
- शरीर के कोमल अंगों की सुरक्षा प्रदान करना।
- पेशियों को जुड़ने का आधार प्रदान करना।
- श्वसन एवं पोषण में सहायता प्रदान करना।
- लाल रक्त कोशिकाओं का निर्माण करना।

कंकाल तंत्र से सम्बन्धित अन्य बातें

- मनुष्य के शरीर में कुल हड्डियों की संख्या-206
- बाल्यावस्था में कुल हड्डियों की संख्या-208
- सिर की कुल हड्डियों की संख्या-29
- रीढ़ की कुल हड्डियों की संख्या (प्रारंभिक काल में)-33
- रीढ़ की कुल हड्डियों की संख्या (विकसित होने पर)-26
- पसलियों की कुल हड्डियों की संख्या-24
- शरीर की सबसे बड़ी हड्डी-फीमर (Femur), जाँघ की हड्डी।
- शरीर की सबसे छोटी हड्डी-स्टेप्स (Steps), कान की हड्डी।
- मांसपेशी एवं अस्थि के जोड़ को टेण्डन (Tendon) कहते हैं।
- अस्थि से अस्थि के जोड़ को लिगामेंटस (Ligaments) कहते हैं।

कुछ विशेष स्थानों की अस्थियों के नाम एवं संख्या			
क्र.	**स्थान**	**अस्थियों के नाम**	**संख्या**
1.	कान	मैलियस	2
	अस्थियाँ	इन्कस	2
		स्टैप्स	2

2.	ऊपरी बाहु	ह्यूमरस	2
3.	अग्रबाहु	रेडियोअलना	2
4.	कलाई	कार्पल्स	16
5.	हथेली	मेटाकार्पल्स	10
6.	अँगुलियाँ	फैलेन्जेज	28
7.	जाँघ	फीमर	2
8.	पिंडली	टिबियो फिबुला	4
9.	घुटना	पटेला	2
10.	टखना	टार्सल	14
11.	तलवा	मेटाटार्सल्स	10

8. लसीका तंत्र (Lymphatic System)

- रक्त और ऊतकों (Tissues) के बीच पोषक तत्त्वों, ऑक्सीजन तथा कार्बन डाइऑक्साइड और अन्य अपशिष्ट पदार्थों (Waste Products) का आदान-प्रदान निरंतर चलता रहता है। लसीका का निर्माण इसी क्रिया (Metabolic Interchange) के क्रम में होता है।
- लसीका एक प्रकार का पीला द्रव्य है, जिसकी रचना लगभग रक्त प्लाज्मा जैसी ही होती है, जिसमें पौष्टिक पदार्थ ऑक्सीजन तथा कई अन्य पदार्थ मौजूद रहते हैं।
- लसीका में पायी जाने वाली कणिकाएँ लिम्फोसाइट्स (Lymphocytes) कहलाती हैं। ये वास्तव में श्वेत रुधिर कणिकाएँ (WBC) होती हैं।
- लसीका ऊतक से हृदय की ओर केवल एक ही दिशा में बहता है।

लसीका के मुख्य कार्य

- लसीका में उपस्थित लिम्फोसाइट्स हानिकारक जीवाणुओं का भक्षण करके रोगों की रोकथाम में सहायक होता है।
- लसीका, लिम्फोसाइट्स का निर्माण करती है।
- लसीका के नोड, जिन्हें लिम्फनोड कहते हैं, मनुष्य के शरीर में छन्ने का कार्य करते हैं। धूल के कण, जीवाणु कैंसर कोशिकाएँ इत्यादि लिम्फनोड में फँस जाते हैं।
- लसीका घाव भरने में सहायता करती है।
- लसीका ऊतकों से शिराओं में विभिन्न जन्तुओं का परिसंचरण करती है।

9. त्वचीय तंत्र (Cutaneous System)

- शरीर की रक्षा करने के लिए त्वचा से ढका सम्पूर्ण शरीर त्वचीय तंत्र कहलाता है। त्वचा का बाहरी भाग स्तरित उपकला (Stratified Epithelium) के कड़े स्तरों से बना रहता है। बाह्य संवेदनाओं का अनुभव करने के लिए तंत्रिका के स्पर्शकण (Tactile-buds) होते हैं।

10. पेशी तंत्र (Muscular System)

- पेशियाँ त्वचा के नीचे का मांस होती हैं। सम्पूर्ण शरीर में 500 से अधिक पेशियाँ हैं। पेशियाँ प्रेरक उपकरण (Motor Apparatus) का सक्रिय भाग हैं। इनके संकुचन के फलस्वरूप विभिन्न गतिविधियाँ होती हैं। कार्य के आधार पर पेशियाँ को दो वर्गों में बाँटा गया है–

   (i) **ऐच्छिक पेशियाँ (Voluntary Muscles) :** ये रेखित पेशी ऊतक (Striated Muscles Tissue) से बनी होती है तथा मनुष्य के इच्छानुसार संकुचित हो जाती हैं। इस वर्ग में

सिर, धड़, अग्रांगों (Extremities) की पेशियाँ अर्थात् कंकाल पेशियाँ (Skeleton Muscle) और शरीर के कुछ आंतरिक अंगों, जैसे- जीभ, स्वर यंत्र आदि की पेशियाँ आती हैं।

(ii) **अनैच्छिक पेशियाँ (Involuntary Muscles) :** ये पेशियाँ कोमल और आरेखित (Non-Striated) पेशी ऊतक की बनी होती हैं। ये आंतरिक अंगों, रुधिर वाहिकाओं तथा त्वचा की दीवारों में पायी जाती है। इन पेशियों का संकुचन मनुष्य की इच्छा द्वारा नियंत्रित नहीं होता है।

पेशियों के मुख्य गुण

- पेशी ऊतकों में अन्य ऊतकों की भाँति उत्तेजनशीलता अर्थात् उद्दीपन के प्रत्युत्तर में कार्य करने का गुण होता है।
- पेशी ऊतक की प्रमुख विशेषता इसकी संकुचन क्षमता है, जो इसे अन्य पेशियों से अलग करती है। पेशी संकुचित अवस्था में छोटी और मोटी हो जाती है। यह अपना कार्य संकुचन की अवस्था में ही करती है।
- केन्द्रीय तंत्रिका तंत्र प्रेरक तंत्रिकाओं के माध्यम से पेशियों को कार्य करने का आदेश, तंत्रिका-आवेग (Nerve Impulses) के रूप में देता है, जिसके फलस्वरूप पेशियाँ सक्रिय हो जाती हैं और अपना कार्य करने लगती हैं।
- रेखित पेशियों (Striated Muscles) का संकुचन ऐच्छिक क्रियाओं द्वारा और आरेखित पेशियों (Non-striated Muscles) का नियंत्रण अनैच्छिक क्रियाओं द्वारा होता है।
- पेशियों में एक निश्चित सीमा तक फैलाव होता है। पेशियों में जिस कारण से प्रसार होता है, उसके समाप्त होते ही, पेशियाँ पूर्व अवस्था में आ जाती हैं। इसे लोचकता का गुण कहा जाता है।

11. अंतःस्रावी तंत्र (Endocrine System)

- शरीर के विभिन्न भागों में उपस्थित नलिका विहीन (Ductless) ग्रन्थियों को अंतःस्रावी तंत्र कहते हैं। इनमें हार्मोन बनता है और शरीर की सभी रासायनिक क्रियाओं का नियंत्रण इन्हीं हार्मोनों द्वारा होता है। जैसे- पीयूष ग्रन्थि, अवटु ग्रन्थि, पराअवटु ग्रन्थि, थाइमस ग्रन्थि आदि।

1. पीयूष ग्रन्थि (Pituitory Gland)

- यह कपाल (Skull) की स्फेनॉयड (Sphenoid) हड्डी में सेलाटर्सिका (Sellaturcica) नामक गड्ढे में उपस्थित रहती है।
- इसका वजन लगभग 0.6 ग्राम होता है, लेकिन स्त्रियों में गर्भावस्था में यह कुछ बड़ी हो जाती है।
- पीयूष ग्रन्थि को मास्टर ग्रन्थि कहा जाता है, क्योंकि यह अन्य अंतःस्रावी ग्रन्थियों के स्रावण का नियंत्रण करती है। यह व्यक्ति के स्वभाव, स्वास्थ्य, वृद्धि एवं लैंगिक विकास को भी प्रेरित करती है। इसलिए पीयूष ग्रन्थि को मास्टर ग्रन्थि (Master Gland) कहा जाता है।

पीयूष ग्रन्थि से स्रावित हार्मोन एवं उनके कार्य

(i) **STH हार्मोन (Somatotrophic Hormone) :** इस हार्मोन को वृद्धि हार्मोन (Growth Hormone-GH) भी कहा जाता है। यह हार्मोन शरीर की वृद्धि, विशेषता हड्डियों की वृद्धि को नियंत्रित करती है। STH की अधिकता से भीमकायत्व/महाकायता (Gigantism) तथा एक्रोमिगेली (Acromegaly) नामक विकार उत्पन्न हो जाते हैं, जिसमें मनुष्य की लंबाई सामान्य से बहुत अधिक बढ़ जाती है। STH की कमी से मनुष्य में बौनापन (Dwarfism) होता है।

(ii) **TSH हार्मोन (Thyroid Stimulating Hormone) :** यह हार्मोन थाइरॉइड ग्रन्थि के कार्यों को उद्दीपित करता है। यह थॉइरॉक्सिन (Thyroxin) हार्मोन के स्रवण को भी प्रभावित करता है।

(iii) **ACTH हार्मोन (Adrenocorticotropic Hormone) :** यह हार्मोन एड्रीसन ग्रन्थि के कार्टेक्स को प्रभावित कर उससे निकलने वाले हार्मोन को भी प्रेरित करता है।

(iv) **GTH हार्मोन (Gonadotropic Hormone) :** यह जनन अंगों के कार्यों को नियंत्रित करता है। यह दो प्रकार का होता है–

(a) **FSH हार्मोन (Follicle Stimulating Hormone) :** पुरुषों में यह हार्मोन शुक्रकीट निर्माण (Spermatogenesis) को उद्देपित करता है, जबकि स्त्रियों में यह हार्मोन अण्डाशय से अण्डोत्सर्ग (Ovulation) को प्रेरित करता है।

(b) **LH हार्मोन (Luteiniging Hormone) :** पुरुषों में यह अंतराली कोशिकाओं (Interstial Cells) को प्रभावित कर नर हार्मोन (Testosteron) को प्रेरित करता है, जबकि स्त्रियों में यह कार्पस ल्यूटियम (Corpus Luteum) को प्रेरित करता है।

(v) **LTH हार्मोन (Lactogenic Hormone) :** यह हार्मोन स्तन वृद्धि एवं दुग्ध के स्राव को कायम रखता है। इस हार्मोन की कमी से दुग्ध-स्राव नहीं होता है।

(vi) **ADH हार्मोन (Antidiuretic Hormone) :** इसके कारण छोटी-छोटी रक्त धमनियों का संकीर्णन होता है एवं रक्तदाब बढ़ जाता है। यह शरीर के जल संतुलन में सहायक होता है।

2. अवटु ग्रन्थि (Thyriod Gland)

- यह ग्रन्थि मनुष्य में गर्दन के भाग में श्वासनली (Trachea) के दोनों ओर तथा स्वरयंत्र (Larynx) के जोड़ के अधर तल पर स्थित होती है। यह संयोजी ऊतक (Connective Tissues) की पतली अनुप्रस्थ पट्टी से जुड़ी रहती है, जिसे इस्थमस (Isthmus) कहते हैं।
- इस ग्रन्थि से निकलने वाले हार्मोन थाइरॉक्सिन (Thyroxine) एवं ट्रायोडोथाइरोनिन (Triodothyronine) हैं, जिनमें आयोडीन (Iodine) अधिक मात्रा में रहता है।

थाइरॉक्सिन (Thyroxine) के कार्य

- यह कोशिकीय श्वसन की गति को तीव्र करता है।
- यह शरीर की सामान्य वृद्धि विशेषत: हड्डियों, बाल इत्यादि के विकास के लिए अनिवार्य है।
- जनन अंगों के सामान्य कार्य इन्हीं की सक्रियता पर आधारित होते हैं।
- पीयूष ग्रन्थि के हार्मोन के साथ मिलकर यह शरीर के जल संतुलन का नियंत्रण करते हैं।

थाइरॉक्सिन (Thyroxine) की अधिकता से होने वाले रोग

(i) **एक्सोप्थैलमिक ग्वायटर (Exophthalmic Goitre) :** इसमें आँखें फूलकर नेत्र कोटर से बाहर आती हैं। नेत्र गोलक के नीचे श्लेष्मा जमा हो जाता है।

(ii) **ग्रेब्स रोग (Grave's Disease) :** इसमें थायरॉइड ग्रन्थि के आकार में वृद्धि हो जाती है।

(ii) **प्लूमर रोग (Plummer's Disease) :** इसमें थाइरॉइड ग्रन्थि में जगह-जगह गाँठें बन जाती हैं।

(iv) **टॉक्सिक ग्वायटर (Toxic Goitre) :** इसमें हृदय गति तीव्र हो जाती है, रक्तचाप बढ़ जाता है, श्वसन दर तीव्र हो जाती है।

थाइरॉक्सिन (Thyroxine) की कमी से होन वाले रोग

(i) **जड़वामनता (Cretinism) :** यह रोग बच्चों में होता है। ऐसे बच्चे बौने, कुरूप, पेट बाहर निकला हुआ, जीभ मोटी व बाहर निकली हुई, जननांग अल्पविकसित तथा त्वचा सूखी हुई होती है। ये मानसिक रूप से अल्प विकसित होते हैं।

(ii) **मिक्सीडेमा (Myxoedema) :** यौवनावस्था में होने वाले इस रोग में उपापचय भली-भाँति नहीं हो पाता, जिससे हृदय स्पंदन तथा रक्तचाप कम हो जाता है।

(iii) **हाशीमोटो रोग (Hashimoto's Disease) :** यह रोग शरीर में थाइरॉक्सिन की अत्यधिक कमी से हो जाता है।

(iv) **घेंघा (Goitre) :** थाइरॉक्सिन हार्मोन में अधिकांश मात्रा में आयोडीन (Iodine) होती है।

अतः आयोडीन की कमी से यह रोग हो जाता है। इस रोग में थाइरॉइड ग्रन्थि (Thyroid Gland) के आकार में बहुत वृद्धि होती है, जिसके फलस्वरूप गर्दन फूल जाती है।

3. पराअवटु ग्रन्थि (Parathyroid Gland)

➪ यह ग्रन्थि थाइरॉइड ग्रन्थि (Thyroid Gland) के ठीक पीछे अवस्थित होती है। इसका मुख्य कार्य रक्त में कैल्शियम की मात्रा को नियंत्रित करना है। इस ग्रन्थि से दो हार्मोन स्रावित होते हैं-

(i) **पैराथाइरॉइड हार्मोन (Parathyroid Hormone) :** यह हार्मोन तब स्रावित होता है, जब रुधिर में कैल्सियम की कमी हो जाती है। कैल्सियम की कमी से टिटनेस (Tetanus) तथा हाइपोकैल्सिमिया (Hypocalcemia) नामक रोग होते हैं।

(ii) **कैल्सिटोनिन हार्मोन (Calcitonin Hormone) :** जब रुधिर में कैल्सियम की मात्रा अधिक होती है, तब यह हार्मोन मुक्त होता है। कैल्सियम की अधिकता से ओस्टियोपोरोसिस (Osteoporosis), हाइपरकैल्सिमिया (Hyporcalcemia) तथा गुर्दे की पथरी (Kidney Stonel) नामक रोग होते हैं।

4. एड्रीनल ग्रन्थि (Adrenal Gland)

➪ यह ग्रन्थि प्रत्येक वृक्क के ऊपरी सिरे पर अंदर की ओर स्थित रहती है। यह वृक्क (Kidney) की टोपी के समान गाढ़े भूरे रंग की होती है। एड्रीनल ग्रन्थि के **दो भाग** होते हैं- (i) बाह्य भाग **कार्टेक्स** (Cortex) (ii) आंतरिक **भाग मेडुला** (Medulla)।

कार्टेक्स (Cortex) से स्रावित हार्मोन एवं उनके कार्य

(i) **ग्लूको कॉर्टिक्वायड्स (Gluco Corticoids) :** यह हार्मोन कार्बोहाइड्रेट, प्रोटीन एवं वसा के उपापचय का नियंत्रण करते हैं।

(ii) **मिनरेलो कॉर्टिक्वायड्स (Mineralo Corticoids) :** ये हार्मोन्स शरीर में खनिज आयनों (Mineral Ions) की मात्रा का नियंत्रण करते हैं, जिससे सोडियम, पोटैशियम, क्लोराइड आयन तथा जल की उपयुक्त मात्रा बनी रहती है।

(iii) **एड्रीनल लिंग-हार्मोन्स (Adrenal Sex Hormones) :** यह हार्मोन पेशियों तथा हड्डियों के परिवर्द्धन, बाह्यलिंग, बालों के उगने एवं यौन-आचरण का नियंत्रण करते हैं। ये हार्मोन मुख्यतः नर हार्मोन एन्ड्रोजन्स (Androgens) तथा मादा हार्मोन (Estrogen) होते हैं।

नोट : कार्टेक्स (Cortex) जीवन में नितांत आवश्यक है। यदि इसे शरीर से बिल्कुल निकाल दिया जाये तो मनुष्य केवल एक या दो सप्ताह ही जीवित रह सकेगा। कार्टेक्स (Cortex) के विकृत हो जाने पर उपापचयी प्रक्रमों (Metabolism Process) में गड़बड़ी उत्पन्न हो जाती है। इस रोग को एडीसन रोग (Addison's Disease) कहते हैं।

मेडुला (Medulla) से स्रावित हार्मोन एवं उनके कार्य

(i) **एड्रीनेलीन (Adrenaline) :** यह हार्मोन मेडुला से स्रावित हार्मोन का अधिकांश भाग होता है। यह हार्मोन क्रोध, डर, मानसिक तनाव, अपमान एवं व्यग्रता की अवस्था में अत्यधिक स्रावित होने लगता है, जिससे इन संकटकालीन परिस्थितियों में उचित कदम उठाने का निर्णय लिया जा सकता है। यह हृदय स्पंदन (Heart Beat) की दर को बढ़ाता है, रोंगटे खड़े होने के लिए प्रेरित करता है तथा आँख की पुतलियों को फैलाता है। यह एक एमीनो अम्ल है।

(ii) **नॉरएपीनेफ्रीन (Norepinephrine) :** यह हार्मोन शरीर की समस्त रुधिर वाहिनियों को संकुचित करता है, जिससे रुधिर दाब बढ़ जाता है। यह भी एक एमीनो अम्ल है।

नोट : उपर्युक्त दोनों हार्मोनों के समान कार्य हैं। ये सामान रूप से हृदयपेशियों की उत्तेजनशीलता एवं संकुचनशीलता में वृद्धि करते हैं, फलस्वरूप रक्तचाप बढ़ जाता है।

- एपीनेफ्रीन (Epinephrine) ह्रदय स्पंदन (Heart Beat) एकाएक रूक जाने पर उसे पुनः चालू करने में सहायक है।
- एड्रीनल ग्रन्थि (Adrenal Gland) से निकलने वाले हार्मोन को लड़ों एवं उड़ो (Fight and Fleight) हार्मोन कहा जाता है।
- उत्तेजना के समय (क्रोध, भय एवं खतरे के समय) एड्रीनेलीन हार्मोन (Adrenaline Hormone) अधिक मात्रा में उत्सर्जित होता है।

5. थाइमस ग्रन्थि (Thymus Gland)

- यह ग्रन्थि वक्ष में ह्रदय से आगे स्थित होती है। यह वृद्धावस्था में लुप्त हो जाती है। यह गुलाबी, चपटी, द्विपालित (Bilobed) ग्रन्थि है। इस ग्रन्थि से निम्न हार्मोन स्रावित होते हैं- (i) थाइमोसीन (Thymosin) (ii) थाइमीन-I (Thymine-I) (iii) थाइमीन-II (Thymine-II)।

थाइमस ग्रन्थि से स्रावित हार्मोन के कार्य

- ये हार्मोन शरीर में लिम्फोसाइट कोशिकाएँ (Lymphocytes Cells) बनाने में सहायक होता है। ये इन लिम्फोसाइट को जीवाणुओं (Bacteria) तथा एंटीजन्स (Antigens) को नष्ट करने के लिए प्रेरित करते हैं।
- यह हार्मोन शरीर में एंटीबॉडी (Antibody) बनाकर शरीर को सुरक्षा तंत्र स्थापित करने में सहायता करते हैं।

6. जनन-ग्रन्थि (Gonads)

- जनन-ग्रन्थियाँ, जनन कोशिकाओं के निर्माण के अतिरिक्त अंतःस्रावी ग्रन्थियों के रूप में भी कार्य करती हैं, जो निम्नलिखित है-

(i) **अंडाशय (Ovary) :** यह मादा के उदर गुहा में स्थित होता है। इनके द्वारा स्रावित हार्मोन निम्नलिखित है-

(a) **एस्ट्रोजन (Estrogen) :** यह यौवनावस्था में यौन लक्षणों, जैसे- गर्भाशय, योनि, भगशिशन व स्तनों के विकास को प्रेरित करता है।

(b) **प्रोजेस्ट्रॉन (Progesterone) :** इसका स्राव कार्पस ल्यूटियम (Corpus Luteum) द्वार होता है। यह स्तन के विकास एवं दुग्ध ग्रन्थियों को सक्रिय करता है। यह हार्मोन गर्भधारण के निर्धारण वाला हार्मोन कहलाता है। यह गर्भावस्था एवं प्रसवपीड़ा में होने वाले परिवर्तनों से भी सम्बद्ध है।

(c) **रिलैक्सिन (Relaxin) :** यह हार्मोन भी कार्पस ल्यूटियम (Corpus Luteum) द्वारा स्रावित होता है। इसका निर्माण बच्चे के जन्म के समय होता है। यह हार्मोन प्यूबिक संधान (Pubic Symphysis) नामक जोड़ तथा यहाँ की पेशियों को लचीला बनाता है, जिससे जनन नाल (Birth Canal) चौड़ी हो जाती है। इससे बच्चे के जन्म में सहायता होती है।

(ii) **वृषण (Testes) :** यह नर जनन अंग है। यह शरीर से बाहर स्क्रोटल कोष (Scrotal Sec) में स्थित होते हैं। वृषण के अंदर अंतराली कोशिकाओं (Interstitial Cells) या लीडिंग कोशिकाओं (Leyding Cells) से नर हार्मोन स्रावित होते हैं, जिन्हें एन्ड्रोजन्स (Androgens) कहते हैं।

(iii) **एन्ड्रोजन्स (Androgens) :** यह हार्मोन नर के गौण लैंगिक लक्षणों के लिए उत्तरदायी होते हैं। यह शिशन (Penis), अधिवृषण (Epididymis), शुक्रवाहिनी (Vasdeferens) तथा शुक्राशय (Seminalvesicle) के विकास को प्रेरित करते हैं। इसके साथ ही ये गौण लैंगिक लक्षणों के विकास का नियंत्रण करते हैं।

12. प्रजनन तंत्र (Reproduction System)

1. **पुरुष प्रजनन तंत्र (Male Reproduction System) :** पुरुष के प्रजनन अंग में अधिवृषण (Epididymis), वृषण (Testes), शुक्रवाहिका (Vasdeferens), शुक्राशय (Seminalvesicle), पुरःस्थ (Prostate), शिशन (Penis) आदि प्रमुख हैं।

(i) **वृषण (Testes) :** वृषण नर जनन ग्रन्थियाँ हैं, जो अंडाकार होती हैं। इनकी संख्या दो होती है। वृषण का कार्य शुक्राणु (Sperms) उत्पन्न करना है। एक औसतन स्खलन में लगभग एक चम्मच शुक्र का स्राव होता है। इसमें शुक्राणुओं की संख्या 20 से 20 लाख तक होती है।

(ii) **शुक्राणु (Sperm) :** शुक्राणु की लंबाई 5 माइक्रान होती है। यह तीन भाग में बँटा रहता है- सिर, ग्रीवा और गुच्छ। शुक्राणु शरीर में 30 दिन तक जीवित रहते हैं, जबकि मैथुन के बाद स्त्रियों में केवल 72 घंटे तक जीवित रहते हैं।

(ii) **शिशन (Penis) :** शिशन पुरुषों का संभोग करने वाला अंग है। शिशन के माध्यम से शुक्राणु स्त्री के प्रजनन तंत्र में पहुँचते हैं। शिशन हर्षण ऊतक का बना होता है। शिशन के तीन भाग होते हैं- शिशनमुण्ड (Glans), पिण्ड (Body) और मूल (Root) शिशन में खाली स्थान होता है, जिसमें कोशिकाएँ और सूक्ष्म धमनियाँ रहती हैं। खाली स्थानों में रक्त भरने से शिशन फूल जाता है।

2. **स्त्री प्रजनन तंत्र (Female Reproductive System) :** स्त्री के प्रजनन तंत्र में शर्त शेल (Mons Veneris), वृहत् भगोष्ठ (Labia Majora), लघु भगोष्ठ (Labia Minora), भगशिशन (Clitoris), योनि (Vagina), अंडाशय (Ovaries), डिम्बवाहिनी नली (Fallopian Tube) तथा गर्भाशय (Uterus) आदि प्रमुख हैं।

(i) **अंडाशय (Ovaries) :** स्त्रियों में दो अंडाशय बादाम के आकार के भूरे रंग के होते हैं। इनका मुख्य कार्य अंडाणु (Ovum) पैदा करना है। अंडाशय से दो हार्मोन एस्ट्रोजन (Estrogen) तथा प्रोजेस्ट्रॉन (Progesterone) का स्राव होता है, जो ऋतुस्राव (Menstruation) को नियत्रित करते हैं।

(ii) **अंडाणु (Ovum) :** अंडाणु स्थिर, गोलाकार एवं निष्क्रिय होता है। इसकी परिधि 100-125 मिमी तक होती है।

(iii) **डिम्बवाहिनी नली (Fallopian Tube) :** इस नली से डिम्ब (Ovum) अंडाशय से गर्भाशय में जाता है। इसकी संख्या दो होती है।

(iv) **गर्भाशय (Uterus) :** गर्भाशय मूत्राशय के पीछे और मलाशय के आगे स्थिर होता है। यह नाशपाती के आकार का होता है। गर्भाशय की पेशी को गर्भाशय पेशी (Myometrium) तथा श्लेष्मिक कला को इन्डोमेट्रियम (Endometrium) कहते हैं। गर्भाशय में निषेचित डिम्ब का विकास होता है।

(v) **निषेचन (Fertilization) :** शुक्राणु (Sperm) और डिम्ब (Ovum) के मिलने को निषेचन कहते हैं। इसके फलस्वरूप युग्मनज (Zygote) बनता है। बाद में चलकर यही युग्मनज भ्रूण (Foetus) के रूप में परिवर्तित हो जाता है, जो एक नये बच्चे के रूप में जन्म लेता है।

(vi) **अपरा (Placentra) :** भ्रूण और स्त्री के गर्भाशय की दीवार के बीच रक्तधनी तंतुओं जैसी रचना को अपरा कहते हैं। इन्हीं अपरा कोशिकाओं के द्वारा भ्रूण को गर्भाशय में अपना पोषक तत्त्व प्राप्त होता है। बच्चा पैदा होने के बाद अपरा को काटकर अलग किया जाता है।

(vii) **ऋतुस्राव (Menstruation) :** इसे ऋतुकाल, रजोधर्म, आर्तव या मासिक धर्म भी कहते हैं। यह स्त्रियों में प्रायः 12-14 वर्ष की अवस्था में शुरू होकर 45-50 वर्ष की आयु तक होता है। संगर्भता में ऋतुस्राव नहीं होता है। इसमें स्त्री को प्रजनन काल में प्रति 26 से 28 दिनों की अवधि पर गर्भाशय से श्लेष्मा तथा रक्त का स्राव होता है। यह स्राव 3-4 दिनों तक होता है।

10. पोषण एवं स्वास्थ्य

➪ पोषक तत्त्व भोज्य पदार्थों में निहित उपयोगी रासायनिक घटक होते हैं, जिनका उपयुक्त मात्रा में उपलब्ध होना शरीर को स्वस्थ्य रखने के लिए परम आवश्यक है। रासायनिक आधार पर पोषक तत्त्वों को **दो** वर्गों में बाँटा गया है- 1. कार्बनिक पोषक तत्त्व एवं 2. अकार्बनिक पोषक तत्त्व।

1. कार्बनिक पोषक तत्त्व

➩ इसमें प्रमुख पाँच तत्त्व होते हैं, जो निम्नलिखित हैं–

(i) **कार्बोहाइड्रेट (Carbohydrates) :** यह हमारे शरीर के लिए आवश्यक तत्त्व है। हमारे आहार में इनकी मात्रा 65% ऊर्जा का आयोजन करने वाली होनी चाहिए। ये रासायनिक यौगिक होते हैं जिनमें कार्बन, हाइड्रोजन तथा ऑक्सीजन होते हैं।

कार्बोहाइड्रेट के प्रमुख कार्य :

➩ ये शरीर को ऊर्जा प्रदान करते हैं।

➩ शरीर में वसा के उपयोग के लिए ये जरूरी होते हैं।

➩ ये प्रोटीन को शरीर के निर्माणकारी कार्यों के लिए सुरक्षित रखते हैं और बदले में शरीर की ऊर्जा की माँग पूरी करते हैं। एक ग्राम कार्बोहाइड्रेट लगभग चार कैलोरी ऊर्जा उत्पन्न करती है।

➩ ये विटामिन C का निर्माण करते हैं।

कार्बोहाइड्रेट का महत्त्व

➩ कार्बोहाइड्रेट की अधिकता से शरीर का वजन बढ़ता है, तथा मोटापे से सम्बन्धित रोग हो जाते हैं।

➩ कार्बोहाइड्रेट की कमी से शरीर का वजन कम हो जाता है, कार्यशक्ति घट जाती है और प्रोटीन ऊर्जा उत्पन्न करने हेतु प्रयुक्त होने लगती है, जिससे यकृत एवं नाड़ी संस्थान के क्रिया-कलापों में शिथिलता आ जाती है।

➩ **कार्बोहाइड्रेट के प्रमुख स्रोत :** गेहूँ, मक्का, चावल, बाजरा, जौ, शक्कर, गुड़, शहद, सूखे फल, अंजीर, दूध, पके फल, आलू, शकरकंद, चुकंदर, रसीले फल आदि।

(ii) **प्रोटीन (Protein) :** प्रोटीन अत्यंत जटिल तथा नाइट्रोजन युक्त पदार्थ होते हैं। इसकी रचना लगभग 20 अमीनों अम्लों (Amino Acids) के भिन्न-भिन्न संयोगों से हुआ है। ये अमीनो अम्ल शरीर के उचित पोषण के लिए नितांत आवश्यक होते हैं और किसी भी आहार में इनकी व्यवस्था पर्याप्त तथा उचित मात्रा में होना आवश्यक है। मानव शरीर का लगभग 20% भाग प्रोटीन से ही निर्मित होता है।

प्रोटीन के प्रमुख कार्य

ये कोशिकाओं की वृद्धि एवं मरम्मत का कार्य करती हैं।

➩ अनेक जटिल प्रोटीन उपापचयी प्रक्रमों (Metabolic Processes) में एन्जाइम का कार्य करती हैं।

➩ कुछ प्रोटीन हार्मोन संश्लेषण में भाग लेते हैं।

➩ ये हीमोग्लोबिन के रूप में शरीर में गैसीय संवहन का कार्य करती है।

➩ ये एण्टीबॉडीज (Antibodies) के रूप में शरीर की सुरक्षा करती है।

प्रोटीन का महत्त्व

➩ प्रोटीन की कमी से शरीर की मांसपेशियाँ कमजोर हो जाती है, भौतिक, शारीरिक तथा मानसिक विकास रुक जाता है एवं रोग-प्रतिरोधी शक्तियाँ कम हो जाती है।

➩ प्रोटीन की कमी से बच्चों में क्वाशियोर्कर (Kwashiorkor) नामक रोग होता है। इस रोग में बच्चों का हाथ-पाँव दुबला-पतला हो जाता है एवं पेट बाहर की ओर निकल आता है।

➩ प्रोटीन की ही कमी से बच्चों में मरास्मस (Marasmus) नामक रोग होता है। इस रोग में बच्चों की मांपपेशियाँ ढीली हो जाती है।

➩ **प्रोटीन के प्रमुख स्रोत :** दूध, अंडा, फली, बादाम, दाल, सोयाबीन, पनीर, खोया, मांस, मछली आदि।

(iii) **वसा (Fat)** : वसा शरीर को ऊर्जा प्रदान करने वाले प्रमुख खाद्य पदार्थ हैं पर ये सांद्र (Concetrated) स्रोत हैं। एक ग्राम वसा लगभग 9 कैलोरी ऊर्जा प्रदान करती है। सामान्यत: एक वयस्क व्यक्ति को 20-30% ऊर्जा वसा से प्राप्त होनी चाहिए। शरीर में वसा का संश्लेषण माइटोकॉण्ड्रिया में होता है। वसा सामान्यत: 20°C ताप पर ठोस अवस्था में होते हैं, परन्तु यदि वे इस ताप पर द्रव अवस्था में हों तो उन्हें 'तेल' कहते हैं।

वसा के प्रमुख कार्य

यह खाद्य पदार्थों में स्वाद उत्पन्न करती हैं और आहार को रुचिकर बनती है।

- यह ठोस रूप में शरीर को ऊर्जा प्रदान करती है। एक ग्राम वसा में 9 कैलोरी ऊर्जा होती है।
- यह त्वचा के नीचे जमा होकर शरीर के ताप को बाहर नहीं निकलने देती।
- यह शरीर के विभिन्न अंगों को चोटों से बचाती है।
- प्रोटीन के स्थान में जलकर शरीर को ऊर्जा प्रदान करती है।

वसा का महत्त्व

- वसा की कमी से त्वचा रूखी हो जाती है, वजन में कमी हो जाती है तथा शरीर का विकास रूक जाता है।
- वसा की अधिकता से शरीर स्थूल हो जाता है तथा हृदय की बीमारी, रक्तचाप का बढ़ना आदि रोग हो जाते हैं।
- **वसा के प्रमुख स्रोत** : दूध, मांस, मछली, मक्खन, मूँगफली के तेल एवं अन्य तेल, घी आदि।

(iv) **जल (Water)** : शरीर के भार का लगभग 70% पानी होता है। यह शरीर की सभी कोशिकाओं का एक महत्त्वपूर्ण घटक है।

जल का महत्त्व

- शरीर में सम्पूर्ण रासायनिक अभिक्रियाएँ तथा प्रक्रमण पानी के माध्यम से ही होते हैं। अत: शरीर में प्रतिदिन पर्याप्त मात्रा में पानी का पहुँचना आवश्यक है।
- सामान्यत: स्वस्थ्य व्यक्ति को औसतन 4-5 लीटर पानी पीना चाहिए।

(v) **विटामिन (Vitamins)** : 1911 ई. में फंक (Funk) ने विटामिन का आविष्कार किया था।

विटामिन का महत्त्व

- विटामिन एक प्रकार का कार्बनिक यौगिक है जो शरीर की सामान्य वृद्धि तथा रोगों से रक्षा के लिए अत्यंत ही आवश्यक है। इसकी कमी के कारण शरीर किसी न किसी रोग का शिकार हो जाता है।
- विटामिन से कोई कैलोरी नहीं प्राप्त होती, परन्तु ये शरीर के उपापचय (Metabolism) में रासायनिक प्रतिक्रियाओं के नियमन के लिए अत्यंत आवश्यक है।
- विटामिनों को रक्षात्मक खाद्य (Protective Foods) कहते हैं।
- रासायनिक बनावट और किये गये शारीरिक कार्यों के अनुसार विटामिन को A,B,C, D, E एवं K अक्षरों के नाम से जाना जाता है।
- विटामिनों को घुलनशीलता के आधार पर दो भागों में बाँटा गया है-
    - (a) **जल में घुलनशील विटामिन**-विटामिन-B एवं विटामिन-C।
    - (b) **वसा में घुलनशील विटामिन**– विटामिन-A, विटामिन-D, विटामिन-E तथा विटामिन-K।

विटामिन की कमी से होने वाला रोग एवं उसके स्रोत			
विटामिन	**रासायनिक नाम**	**कमी से होने वाला रोग**	**स्रोत**
विटामिन–A	रेटिनॉल	रतौंधी, संक्रमणों का खतरा, जीरोप्थैलमिया	दूध, अंडा, पनीर, हरी साग-सब्जी, मछलीयकृत तेल
विटामिन–B_1	थायमिन	बेरी-बेरी	मूँगफली, तिल, सूखी मिर्चे, बिना घुली दाल, यकृत, अंडा एवं सब्जियाँ
विटामिन –B_2	राइबोफ्लेविन	त्वचा का फटना, आँखों का लाल होना, जिह्वा का फटना	खमीर, कलेजी, मांस, हरी सब्जियाँ, दूध
विटामिन –B_3	पैन्टोथेनिक अम्ल	बाल सफेद होना, मंद बुद्धि होना	मांस, दूध, मूँगफली, गन्ना, टमाटर
विटामिन –B_5	निकोटिनैमाइड या नियासिन	पेलाग्रा (त्वचा दाद) या 4-D सिंड्रोम	मांस, मूँगफली, आलू, टमाटर, पत्ती वाली सब्जियाँ
विटामिन –B_6	पाइरीडॉक्सिन	एनीमिया, त्वचा रोग	यकृत, मांस, अनाज
विटामिन –B_7	बायोटीन	लकवा, शरीर में दर्द, बालों का गिरना	मांस, अंडा, यकृत, दूध
विटामिन–B_{12}	साएनोकोबालमिन	एनीमिया, पांडुरोग	मांस, कलेजी, दूध
फॉलिक अम्ल	टेरोईल ग्लूटैमिक	एनीमिया, पेचिश रोग	दाल, यकृत, सब्जियाँ, अंडा, सेम
विटामिन–C	एस्कार्बिक एसिड	स्कर्वी, मसूड़े का फूलना	नींबू, संतरा, नारंगी, टमाटर, खट्टे पदार्थ, मिर्च, अंकुरित अनाज
विटामिन–D	कैल्सिफेरॉल	रिकेट्स (बच्चो में) ऑस्टियोमलेशिया (वयस्क में)	मछली, यकृत, तेल, दूध, अंडे
विटामिन–E	टोकोफेरॉल	जननशक्ति का कम होना	पत्ती वाली सब्जियाँ, दूध, मक्खन, अंकुरित गेहूँ, वनस्पति तेल
विटामिन–K	फिलोक्विनोन	रक्त का थक्का न बनना	टमाटर, हरी सब्जियाँ, आँतों में भी उत्पन्न

2. अकार्बनिक पोषक तत्त्व

➪ शरीर में कुछ अकार्बनिक रसायन तत्त्व भी विद्यमान रहते हैं। ये रचनात्मक तत्त्व कहे जाते हैं, क्योंकि ये हमारे शरीर को रोगों से बचाते हैं तथा उसके विकास में सहयोग देते हैं। औसतन मनुष्य को प्रतिदिन 20-30 ग्राम इन अर्कबिकिन तत्त्वों (खनिज लवणों) का उपयोग करना चाहिए। मुख्य अकार्बनिक तत्त्व निम्नलिखित हैं–

(i) **कैल्सियम (Calcium) :** इसके मुख्य कार्य निम्नलिखित हैं–

➪ यह अस्थि एवं दाँत का निर्माण करता है।

➪ यह हृदय की धड़कन को संचालित करता है।

➪ यह रक्त के जमने (Clotting) की क्रिया में सहायता करता है। इस प्रकार यह विटामिन K के रूप में कार्य करता है।

➪ यह नाड़ियों को स्वस्थ्य रखता है।

➪ यह एन्जाइमों के स्रावित होने में सहायता करता है।

कैल्सियम का महत्त्व

➪ कैल्सियम की कमी से अस्थियों का ठीक से निर्माण नहीं होता तथा दाँत विलम्ब से निकलते हैं एवं जल्दी टूटते हैं।

- वयस्क एवं गर्भवती स्त्रियों की हड्डियों में बनावट की प्रक्रिया रुक जाती है जिससे हड्डियों के विकास में असंतुलन आ जाता है।

- **कैल्सियम के प्रमुख स्रोत** : दूध, दूध से निर्मित वस्तुएँ, हरी पत्तेदार सब्जियाँ, चावल को छोड़कर, बाजरा, रागी, मक्का आदि जैसे अनाज।

(ii) **फॉस्फोरस (Phosphorus)** : इसके मुख्य कार्य निम्नलिखित हैं-

- यह कैल्सियम के साथ संयुक्त होकर अस्थि एवं दाँतों का निर्माण करता है।
- यह वसा (Fats) एवं कार्बोहाइड्रेट के पाचन में सहायता करता है।
- रक्त में इसकी उपस्थिति से शारीरिक अम्ल-क्षार संतुलन ठीक रहता है।

- **फॉस्फोरस के प्रमुख स्रोत** : दूध, पनीर, अंडे का पीला भाग, मांस, मछली, दाल, मेवे तथा सम्पूर्ण धान्य आदि।

(iii) **लोहा (Iron/Ferrum)** : इसके मुख्य कार्य निम्नलिखित हैं-

- लौह लवण की कमी प्रमुखतया बालकों एवं महिलाओं में पायी जाती है। लौह लवण से रक्त का हीमोग्लोबिन बनता है जो शरीर में ऑक्सीजन का संवाहक होता है।

लोहा का महत्त्व

- लोहे की कमी से रक्त के ऑक्सीजन संवहन की क्षमता कम हो जाती है, जिसे अरक्तता (Anaemia) कहते हैं।
- लोहे की कमी से शरीर की शक्ति में क्षीणता आती है। थकान अत्यधिक महसूस होती है।
- एक व्यक्ति को एक दिन में लगभग 20 मिलग्राम लोहा आवश्यक होता है। लोहा का अधिशोषण केवल 10% ही होता है।

- **लोहा के प्रमुख स्रोत** : यकृत इसका सर्वोत्तम स्रोत है। इसके अतिरिक्त अंडा, पालक मेथी, अनाज तथा मेवा आदि।

विभिन्न भोज्य पदार्थों में लोहे (%) की मात्रा

भोज्य पदार्थ	लोहा (मिलीग्राम)
मेथी (सब्जी)	16.9
पुदीना	15.6
पालक	10.9
तिल	10.5
हरी धनिया	10.8
चना	9.8
पोहा	8.0
आटा	5.3
मूँगफली (छिलके वाली)	8.5

(iv) **आयोडीन (Iodine)** : इसके मुख्य कार्य निम्नलिखित हैं-

- थाइरॉइड ग्रन्थि से उत्पन्न होने वाला हार्मोन थाइरॉक्सिन (Thyroxin) कहलाता है जिसमें आयोडीन बहुत अधिक होता है। भोजन और पानी में थाइरॉक्सिन के उत्पादन के लिए आयोडीन अनिवार्य है।

आयोडीन का महत्त्व

- आयोडीन की कमी से थाइरॉइड ग्रन्थि बड़ी हो जाती है। इससे प्रभावित व्यक्ति के गर्दन की बीच सूजन आ जाती है। इस बीमारी को घेंघा (Goitre) कहते हैं।

- **आयोडीन के प्रमुख स्रोत** : आयोडीन, समुद्री वनस्पति, मछली, आयोडीनयुक्त नमक आदि।

(v) **सोडियम (Sodium)** : इसके मुख्य कार्य निम्नलिखित हैं-

- यह रक्त दाब नियंत्रित करने में सहायक होता है।
- यह जल का संतुलन बनाये रखता है।

(vi) **पोटैशियम (Potassium)** : इसके मुख्य कार्य निम्नलिखित हैं-

- यह हृदय की धड़कन एवं नाड़ी संस्थान के कार्यों को संचालित करता है।

- **पोटैशियम के प्रमुख स्रोत** : मांस, मछली, अनाज, फल, सब्जियाँ आदि।

महत्त्वपूर्ण खनिज पदार्थ तथा उनके कार्य			
खनिज	**दैनिक मात्रा**	**मुख्य स्रोत**	**कार्य**
सोडियम (सोडियम क्लोराइड के रूप में)	2–5 g	साधारण नमक, मछली, मांस, अंडे, दूध।	यह सामान्यतः कोशिका बाह्य द्रव में धनायन के रूप में होता है तथा निम्न कार्यों में सम्बद्ध है– पेशियों का संकुचन, तंत्रिका तंतु में तंत्रिका आवेग का संचरण, शरीर में धनात्मक विद्युत अपघट्य संतुलन बनाये रखना।
पोटैशियम	1 g	लगभग सभी खाद्य पदार्थों में होता है।	सामान्यतः कोशिका द्रव में धनायन के रूप में पाया जाता है। यह निम्न अभिक्रियाओं के लिए आवश्यक है– कोशिकाओं में होने वाले अनेक रासायनिक अभिक्रियाएँ, पेशीय संकुचन, तंत्रिका आवेग का संचरण, शरीर में विद्युत-अपघट्य संतुलन बनाये रखना।
कैल्सियम	लगभग 1.2 g	दूध, पनीर, अंडे, चना, हरी सब्जियाँ, साबुत अन्न, रागी, मछली।	यह विटामिन के साथ हड्डियों तथा दाँतों को दृढ़ता प्रदान करता है। रुधिर के स्कंदन (clotting) एवं पेशीय संकुचन प्रक्रिया से सम्बद्ध।
फॉस्फोरस	1.2 g	दूध, पनीर, हरी पत्तेदार सब्जियाँ, बाजरा, रागी, गिरी, जई, आटा, कलेजी तथा गुर्दे।	कैल्शियम से सम्बद्ध होकर दाँतों तथा हड्डियों को दृढ़ता प्रदान करना। यह शरीर के तरल पदार्थों के संरचनात्मक संतुलन बनाये रखने में सहायक है।
लौह	25 mg (बालक) 35 mg (बालिका)	कलेजी, गुर्दे, अंडे का पीतक, चोकरयुक्त आटे की रोटी, बाजरा, रागी, सेव, केला, पालक एवं अन्य हरी सब्जियाँ तथा गुड़।	लोहा लाल रुधिर कणिकाओं में हीमोग्लोबिन के बनने के लिए आवश्यक है। यह ऊतक में ऑक्सीकरण के लिए आवश्यक है।
आयोडीन	20 mg	मछली, भोजन (समुद्री), हरी पत्तेदार सब्जियाँ, आयोडीन नमक।	यह थॉइराइड ग्रन्थि द्वारा स्रावित थॉइरॉक्सिन हार्मोन के संश्लेषण के लिए आवश्यक है।
मैग्नीशियम	अत्यल्प	सब्जियाँ	पेशी तंत्र एवं तंत्रिका तंत्र की क्रिया हेतु।
जस्ता	अत्यल्प	यकृत एवं मछलियाँ	इन्सुलिन कार्यिकी के लिए।
ताँबा	अत्यल्प	मांस, मछली, यकृत एवं अनाज	हीमोग्लोबिन तथा अस्थियों के निर्माण एवं इलेक्ट्रॉन संवाहक के रूप में
कोबाल्ट	अत्यल्प	मांस, मछली एवं जल	RBC तथा विटामिन B_{12} के संश्लेषण हेतु।
नोट : गर्भवती स्त्रियों में प्रायः कैल्सियम और आयरन की कमी हो जाती है।			

आहार में पोषक तत्त्वों की आवश्यकता										
खाद्य पदार्थ	**वयस्क पुरुष**			**वयस्क महिला**			**बच्चे**		**बालक**	**बालिका**
	सामान्य	**मध्यम**	**कठोर**	**सामान्य**	**मध्यम**	**कठोर**	**1–3**	**4–6**	**10–18**	**10–16**
अन्न (गेहूँ, चावल)	400	520	670	410	440	575	175	270	420	380
दालें	40	50	60	40	45	50	35	35	45	45
पत्तेदार सब्जियाँ	40	40	40	100	100	50	40	50	50	50

सब्जियाँ (अन्य)	60	70	80	40	40	100	20	30	50	50
दूध	150	200	250	100	150	200	300	250	250	250
कंदमूल	50	60	80	50	50	60	10	20	30	30
गुड़ या शक्कर	30	35	55	20	20	40	30	40	45	45
वसा व तेल	40	45	65	20	25	40	15	25	40	35

नोट : संतुलित पोषण : वह पोषण जिससे जीव के लिए आवश्यक सभी पोषक पर्याप्त मात्रा में उपलब्ध हों, संतुलित पोषण कहलाता है। संतुलित पोषण संतुलित आहार से प्राप्त होता है। आजकल दूध को संतुलित आहार नहीं माना जाता है, क्योंकि इसमें आयरन एवं विटामिन C का अभाव होता है।

मानव शरीर की कैलोरी सम्बन्धी आवश्यकताएँ		
कार्य की प्रकृति	**पुरुष**	**स्त्री**
हल्का कार्य करने वाले	2000 कैलोरी	2100 कैलोरी
आठ घंटा कार्य करने वाले	3000 कैलोरी	2500 कैलोरी
कठिन परिश्रम करने वाले	3600 कैलोरी	3000 कैलोरी

11. प्रमुख रोगों और उनसे प्रभावित शरीर के अंग

रोग	अंग	रोग	अंग
न्यूमोनिया	फेफड़े	पैरालिसिस	नाड़ी
केटरेक्ट	आँखें	पोलियो	नाड़ी, हाथ पैर
ट्रेकोमा	आँखें	टाइफाइड	आँत
डिप्लोपिया	आँखें	स्कर्वी	दाँत, मसूढ़े
कंजक्टिवाइटिस	आँखें	ग्वाइटर (soitre)	गला
कोलाइटिस	छोटी व बड़ी आँत	मोतियाबिन्द	आँख
मिर्गी (Epilepsy)	नाड़ी तंत्र	आर्थराइटिस	जोड़
रिकेट्स	हड्डियाँ	डिप्थीरिया	गला
टी.बी.	फेफड़े	मैनिन्जाइटिस	मस्तिष्क
पीलिया	यकृत	पायरिया	दाँत
डायबिटिज	अग्नाशय	इन्सेफेलाइटिस	मस्तिष्क
एक्जिमा	त्वचा	रतौंधी	आँख
अस्थमा	श्वासनली		

12. महत्त्वपूर्ण तंत्र एवं सम्बद्ध रोग

तंत्र	अंगों के नाम	रोगों के नाम
श्वसन तंत्र	नाक, ग्रसनी, गला, स्वर यंत्र, श्वासनली, श्वसनियाँ, फेफड़े, जीभ, टान्सिल, प्लूरा आदि।	खाँसी, रक्तनिष्ठिवन, कफ, वेदना, कष्ट श्वास, जुकाम, ग्रसनीशोथ, स्वरयंत्रशोथ, श्वसनीशोथ, श्वसनी विकार, न्यूमोनिया, फ्लूरिसिस, दमा, इंफ्लूएंजा, काली खाँसी, डिप्थीरिया आदि।
पाचन तंत्र	दाँत, मुख, लारग्रन्थि, ग्रसनी, ग्रसिका, आमाशय, यकृत, पित्ताशय, अग्न्याशय, ग्रहणी, छोटी आँत, बड़ी आँत, कोलन, मलाशय आदि।	वेदना, कब्ज, डायरिया, आध्यान, निगरण कष्ट, रक्त वमन, पीलिया, वमन, वृहादांत्रशोथ, अल्सर आदि।

परिसंचरण तंत्र	हृदय, धमनी, सिरा, सेरेब्रल, रेनल, अलनर, पल्मोनरी ट्रंक, आलिंद, निलय, कपाट आदि।	नील शिशु, सिफलिस, अंतर्हृदयशोथ, रक्त दाब, मधुमेह, चिरकारी पित्ताशय रोग, एथिरोमा, हृदशूल, हृदपात, रक्ताघात, अति निकासी पात, अवटु, अतिक्रियता आदि।
तंत्रिका तंत्र	मस्तिष्क, मेरुरज्जु तंत्रिका तंतु, तंत्रिका कोशिका, पार्श्व तंतु, प्रमस्तिष्क, अनुमस्तिष्क, मेडुला आदि।	सिरदर्द, मिर्गी, लकवा, पक्षाघात, अधरांगघात, मेनिनजाइटिस,तंत्रिकाशोथ, तंत्रकीर्ति, पार्किन्सन रोग, माइग्रेन, इन्सेफिलाइटिस आदि।
मूत्र तंत्र	वृक्क, गवीनी, मूत्राशय, मूत्रमार्ग, वृक्क धमनी, वृक्क शिरा, वृक्काणु, मैल्पिघियन बॉडी आदि।	वृक्क शोथ, मूत्र तंत्र संक्रमण, सिस्टीटिस, नेफ्रीटिस, यूरेथ्रिटिस आदि।
अंत:स्रावी तंत्र	पीयुषिका, अग्रपालि, पश्चपाली, थाइराइड, पैरा-थाइराइड, अधिवृक्क, अग्न्याशय, अंडाशय, वृषण आदि।	घेंघा, महाकायता, वामनता, स्त्रीभवन, बालारोग, सिमोड रोग, उदकमेह मिक्सिडीमा, मधुमेह, एडिसन रोग, बंध्यता आदि।
कंकाल तंत्र	हड्डियाँ, जोड़, स्नायु, उपस्थि, कंडरा, पेशियाँ आदि।	क्लब फुट, रिकेट्स, स्कर्वी, तीव्र अस्थिमज्जा शोथ, पोलियो, मोच, रुमेटाइड संधि शोथ, ग्रीवा अपकशेरुता, अस्थिभंग आदि।
आँख	कोर्निया, रेटिना, लेंस, श्वेत मंडल, कोराइड, तारा, स्कलेरा, पेशी, बिंब,पलक, कंजक्टिाइवा आदि।	निकट दृष्टि दोष, दूर दृष्टि दोष, दृष्टि वैमस्य, भेंगापन, नेत्रश्लेष्माशोथ, मोतियाबिंद, रतौंधी, वर्णान्धि ता, गलोकोमा आदि।
दाँत	रदनक, कृंतक, चर्वणक, अग्र चर्वणक, इनेमल, मसूढ़ा आदि।	दंतक्षय, लाला, फलोरोसि, मसूढ़ाशोथ, पायरिया, दुर्गन्धी प्रश्वन, अनियमित दाँत आदि।
कान	कर्णपटल, कर्णवर्त, श्रवण, तंत्रिका, कर्ण तंत्रिका आदि।	बहरापन, चालन-बहरापन, तंत्रिका वधिरता, वेदना आदि।
नाक	ग्रसनी, मूस्टेशी नली, जतूक वायु विहार, ध्राणतंत्रिका आदि।	वायु विवरशोथ, असामान्य पट आदि।
गला	नासागुहा, टांसिल, एडिनाइड	टांसिल शोथ, स्वरतंत्र शोथ, एडिनाडटीस आदि।
त्वचा	बाह्य त्वचा, अन्त: त्वचा अधसत्वक ऊतक, शल्क स्तर स्वेद वाहिनी, मूलरोम, वसामय ग्रन्थियाँ, स्वेद ग्रन्थि आदि।	पिटिका, रूसी, इम्पेटाइगो, फोड़ा, स्कैबीज या खुजली, भूपोक सर्ग, अंधौरी, एक्जीमा, कुष्ठ आदि।

13. मानव रोग

(i) परजीवी (Protozoa) के द्वारा होने वाले रोग				
रोग	**प्रभावित अंग**	**परजीवी**	**वाहक मच्छर**	**लक्षण**
मलेरिया	तिल्ली एवं RBC	प्लाज्मोडियम	मादा एनाफ्लीज	ठंड के साथ बुखार
पायरिया	मसूड़	एन्ट अमीबा जिन्जिवेलिस	–	मसूड़ों से रक्त का निकलना
सोने की बीमारी	मस्तिष्क	ट्रिपेनोसोमा	सी-सी मक्खी (Tse–Tse)	बहुत नींद के साथ बुखार
पेचिस	आँत	एन्ट अमीबा हिस्टोलिटिका	–	श्लेष्मा एवं खून के साथ दस्त
काला जार	अस्थिमज्जा	लीशमैनिया डोनावानी	बालू-मक्खी	तेज-बुखार

(ii) जीवाणु (Bacteria) के द्वारा होने वाले रोग			
बीमारी	**प्रभावित अंग**	**जीवाणु के नाम**	**लक्षण**
टिटनेस	तंत्रिका तंत्र	क्लांस्ट्रीडियम टेटेनी	तेज बुखार, शरीर में ऐंठन, जबड़ा बन्द होना
हैजा	आँत	विब्रिओ कालेरी	लगातार दस्त और उल्टियां
टायफायड	आँत	सालमोनेला टाइफी	तेज बुखार, सिरदर्द
क्षय रोग (टी.बी)	फेफड़ा	माइकोबैक्टिरियम	बार-बार खाँसी के साथ कफ, रक्त निकलना
डिफ्थीरिया	श्वास नली	कोरोनी बैक्टीरियम डिफ्थीरी	साँस लेने में कठिनाई एवं दम घुटना
प्लेग	फेफड़ा	पाश्चुरेला पेस्टिस	बहुत तेज बुखार, शरीर पर गिल्टियाँ
काली खाँसी	श्वसन तंत्र	हीमोफिलस परटूसिस	लगातार खाँसी आना
निमोनिया	फेफड़ा	डिप्लोकोकस न्यूमोनी	तेज बुखार, फेफड़ों में सूजन
कोढ़	तंत्रिका तंत्र त्वचा	माइकोबैक्टिरियम लेप्री	शरीर पर चकत्ते, तंत्रिकाएँ प्रभावित
गोनोरिया	मूत्र मार्ग	नाइसेरिया गोनोरियाई	मूत्र-मार्ग में सूजन
सिफलिस	शिशन	ट्रैपोनमा पैलिडम	शिश्न में घाव

- **नोट** : सन् 1882 ई. में जर्मन वैज्ञानिक रॉबर्ट कोच ने कॉलरा एवं टी.बी. के जीवाणुओं की खोज की।
- लुई पाश्चर के रेबीज का टीका एवं दूध के पाश्चुराइजेशन की खोज की।
- बच्चों को DPT टीका उन्हें डिफ्थीरिया, काली खाँसी एवं टिटनेस रोग प्रतिरक्षीकरण (Immunization) के लिए दिया जाता है।

(iii) विषाणु (Virous) के द्वारा होने वाले रोग			
बीमारी	**प्रभावित अंग**	**विषाणु के नाम**	**लक्षण**
एड्स (AIDS)	प्रतिरक्षा प्रणाली (WBC)	HIV	रोग प्रतिरोधक क्षमता का नष्ट होना
डेंगूज्वर (हड्डी तोड़ बुखार)	सम्पूर्ण शरीर खासकर सिर, आँ एवं जोड़	अरबो वायरस	आँखों, पेशियों, सिर तथा जोड़ों में दर्द
पोलियो	गला, रीढ़, नाड़ी संस्थान	पोलियो	ज्वर, बदन में दर्द, रीढ़ की हड्डी आँत कोशिकाएँ
इन्फ्लूएंजा	सम्पूर्ण शरीर	मिक्सो वाइरस (A.B.C.)	गलशोथ, छींक, बैचेनी
चेचक	सम्पूर्ण शरीर	वैरिओला वायरस	तेज-बुखार, शरीर पर लाल- लाल दाने
छोटी माता	सम्पूर्ण शरीर	वैरिसेला वायरस	हल्का बुखार, शरीर पर पित्तिकाएँ
गलशोथ	पैराथाइराइड ग्रन्थि	–	ज्वर के साथ मुँह खोलने में कठिनाई

खसरा	सम्पूर्ण शरीर	मोर्बिली वायरस	शरीर पर लाल दाना
ट्रेकोमा	आँख	–	आँख लाल होना, आँख में दर्द
हिपैटाइटीस या पीलिया	यकृत	–	पेशाब पीला, आँख एवं त्वचा पीला हो जाता है।
रेबीज	तंत्रिका तंत्र	रैब्डो वायरस	रोगी पागल हो जाता है, जीभ बाहर निकालता है
मेनिनजाइटिस	मस्तिष्क	–	तेज बुखार
हर्पीस	त्वचा	हरपीस	त्वचा में सूजन हो जाती है

नोट : (i) AIDS– Acquired Immuno Deficiency Syndrome)

(ii) ELISA– Enzyme Linked Immune Solvent Assy — यह HIV वायरस की जाँच करने की एक प्रणाली है। इससे पता चलता है कि व्यक्ति एड्स पीड़ित है या नहीं। इसे एलिसा टेस्ट कहते हैं। वर्तमान में एड्स के उपचार के लिए एजिडोथाईमिडिन (AZT) औषधि का प्रयोग किया जा रहा है।

हैल्मिन्थस (Helminthus) द्वारा होने वाली बीमारी

(i) **अतिसार (Diarrhoea) :** इस रोग का कारण आँत में मौजूद एस्केरिस लुम्ब्रीकॉइडीज नामक अंत:परजीवी प्रोटोजोआ (निमेटोड) है, जो घरेलू मक्खी द्वारा प्रसारित होता है। इसमें आँत में घाव हो जाता है। इसमें प्रोटीन पचाने वाला एन्जाइम ट्रिप्सिन नष्ट हो जाता है। यह रोग बच्चों में अधिक पाया जाता है।

(ii) **फाइलेरिया (Filaria) :** यह रोग फाइलेरिया बैन्क्रोफ्टाई नामक कृमि से होता है। इस कृमि का संचारण क्यूलेक्स मच्छरों के दंस से होता है। इस रोग में पैरों, वृषणकोषों तथा शरीर के अन्य भागों में सूजन हो जाता है। इस रोग को हाथीपाँव (Elephantiasis) भी कहते हैं।

कवक/फफूँद (Fungus) द्वारा होने वाली बीमारी

(i) **दमा (Asthma) :** मनुष्य के फेफड़ों में **ऐस्पर्जिलस फ्यूमिगेटस** नामक कवक स्पोर में पहुँचकर वहाँ जाल बनाकर फेफड़े का काम अवरुद्ध कर देते हैं। यह एक संक्रामक रोग है।

(ii) **एथलीट फुट (Athlets's Foot) :** यह रोग **टीनिया पेडिस** नामक कवक होता है। यह त्वचा का संक्रामक रोग है, जो पैरों की त्वचा के फटने-कटने और मोटे होने से होता है।

(iii) **खाज (Scabise) :** यह रोग **एकेरज स्केबीज** नामक कवक से होता है। इसमें त्वचा में खुजली होती है तथा सफेद दाग पड़ जाते हैं।

(iv) **गंजापन (Baldness) :** यह **टिनिया केपिटिस** नामक कवक से होता है। इसमें सिर के बाल गिर जाते हैं।

(v) **दाद (Ringworm) :** यह रोग **ट्राइकोफायटान लेरूकोसस** नामक कवक से फैलता है। यह संक्रामक रोग है। इसमें त्वचा पर लाल रंग के गोले पड़ जाते हैं।

मनुष्यों में होने वाला आनुवंशिक रोग

(i) **वर्णान्धता (Colourblindness) :** इसमें रोगी को लाल एवं हरा रंग पहचानने की क्षमता नहीं होती है।

➩ इस रोग से मुख्य रूप से पुरुष प्रभावित होता है। स्त्रियों में यह तभी होता है जब इसके दोनों गुणसूत्र (XX) प्रभावित हों।

➩ इस रोग की वाहक स्त्रियाँ होती है।

(ii) **हीमोफीलिया (Haemophilia)**

➩ इस रोग में व्यक्ति में चोट लगने पर आधा घंटा से 24 घंटे (सामान्य समय औसतन 2-5 मिनट) तक रक्त का थक्का (clotting) नहीं बनता है।

जीव विज्ञान 179

- ➪ यह मुख्यतः पुरुषों में होता है। स्त्रियों में यह रोग तभी होता है, जब इसके दोनों गुणसूत्र (XX) प्रभावित हों।
- ➪ इस रोग की वाहक स्त्रियाँ है।
- ➪ हेल्डेन का मानना है कि यह रोग ब्रिटेन की महारानी विक्टोरिया से प्रारंभ हुआ।

(iii) **टर्नर सिन्ड्रोम (Turner's Syndrome)**

- ➪ यह रोग स्त्रियों में होता है। इस रोग से ग्रसित स्त्रियों में गुणसूत्रों की संख्या 45 होती है।
- ➪ इसमें शरीर अल्पविकसित, कद छोटा तथा वक्ष चपटा होता है। जननांग प्रायः अविकसित होता है, जिससे वे बाँझ (Sterile) होती हैं।

(iv) **क्लीनेफेल्टर सिन्ड्रोम (Klinefelter's Syndrome)**

- ➪ यह रोग पुरुषों में होता है।
- ➪ इस रोग से ग्रसित पुरुषों में गुणसूत्रों की संख्या 47 होती है।
- ➪ इसमें पुरुषों का वृषण अल्पविकसित एवं स्तन स्त्रियों के समान विकसित हो जाता है।
- ➪ इस रोग से ग्रसित पुरुष नपुंसक होता है।

(v) **डाउन्स सिन्ड्रोम (Down's Syndrome)**

- ➪ इस रोग से ग्रसित रोगी मन्द बुद्धि, आँखें टेढ़ी, जीभ मोटी तथा अनियमित शारीरिक ढाँचा वाला होता है।
- ➪ इसे मंगोलिज्म (Mangolism) भी कहते हैं।

(vi) **पटाऊ सिन्ड्रोम (Patau's Syndrome)**

- ➪ इसमें रोगी के ऊपर का ओठ बीच से कट जाता है। तालु में दरार (Cleft Plate) हो जाता है।
- ➪ इस रोग में रोगी मन्द बुद्धि, नेत्ररोग आदि से प्रभावित हो सकता है।

कुछ अन्य रोग

1. **पक्षाघात या लकवा (Paralysis) :** इस रोग में कुछ ही मिनटों में शरीर के आधे भाग को लकवा मार जाता है। जहाँ पक्षाघात होता है, वहाँ की तंत्रिकाएँ निष्क्रिय हो जाती है। इसका कारण अधिक रक्तदाब के चलते मस्तिष्क की कोई धमनी का फट जाना अथवा मस्तिष्क को पर्याप्त रक्त की आपूर्ति का न हो पाना है।
2. **एलर्जी (Allergy) :** कुछ वस्तु जैसे- धूल, धुआ, रसायन, कपड़ा, सर्दी किन्हीं विशेष व्यक्तियों के लिए हानिकारक हो जाते हैं और उनके शरीर में विपरीत क्रिया होने लगती है, जिससे अनेक बीमारियाँ हो जाती हैं। खुजली, फोड़ा, फुन्सी, शरीर में सूजन आ जाना, काला दाग, एक्जिमा आदि एलर्जी के उदाहरण हैं।
3. **साइजोफ्रेनिया (Schizophrenia) :** यह मानसिक रोग है। जो प्रायः युवा वर्ग में होता है। ऐसा रोगी कल्पना को ही सत्य समझता है, वास्तविकता को नहीं। ऐसे रोगी आलसी, अलगावहीन, आवेशहीन होते हैं। विद्युत आक्षेप चिकित्सा इसमें काफी सहायक होती है।
4. **मिर्गी (Epilepsy) :** इसे अपस्मार रोग कहते हैं। यह मस्तिष्क के आंतरिक रोगों के कारण होती है। इस रोग में जब दौरा पड़ता है, तो मुँह से झाग निकलता है और मल-पेशाब भी निकलता है।
5. **डिप्लोपिया (Diplopia) :** यह रोग आँख की मांसपेशियों के पक्षाघात (Paralysis) के कारण होती है।
6. **कैंसर (Cancer) :** मनुष्य के शरीर के किसी भी अंग में, त्वचा से लेकर अस्थि तक, यदि कोशिका वृद्धि अनियंत्रित हो, तो इसके परिणामस्वरूप कोशिकाओं में अनियमित गुच्छा बन जाता है, इन अनियमित कोशिकाओं के गुच्छे को कैंसर कहते हैं। कैंसर को स्थापित होने में जो समय लगता हैं, उसे लैटेण्ट पीरियड कहते हैं।

➩ कैंसर मुख्यतः चार प्रकार के होते हैं-

(i) **कार्सीनोमास :** इसकी उत्पत्ति उपकला ऊतकों से होती है।

(ii) **सार्कोमास :** यह कैंसर संयोजी ऊतकों, अस्थियों, उपास्थियों एवं पेशियों में होता है।

(iii) **ल्यूकीमियास :** यह ल्यूकोमाइट्स में असामान्य वृद्धि के कारण होता है।

(iv) **लिम्फोमास :** यह कैंसर लसीका गाँठों एवं प्लीहा में होता है।

14. विज्ञान की प्रमुख शाखाएँ

एनाटोमी (Anatomy)	यह जीव विज्ञान की वह शाखा है, जो शरीर की आंतरिक संरचना से सम्बन्धित है।
एन्थ्रोपोलोजी (Anthropology)	यह विज्ञान की वह शाखा है जिसमें मानव के विकास, रीति-रिवाज, इतिहास, परम्पराओं से सम्बन्धित विषयों का अध्ययन किया जाता है।
एस्ट्रोलोजी (Astrology)	यह विज्ञान मानव के जीवन पर विभिन्न नक्षत्रों के प्रभावों का अध्ययन करता है, इसे ज्योतिषशास्त्र भी कहते हैं।
एस्ट्रोनोमी (Astronomy)	यह खगोलीय पिण्डों का अध्ययन करने वाला विज्ञान है।
सिरेमिक्स (Ceramics)	यह टेक्नोलॉजी की वह शाखा है जो चीनी मिट्टी के बर्तन तैयार करने से सम्बन्धित है।
कीमोथिरेपी (Chemotheraphy)	यह चिकित्सा विज्ञान की वह शाखा है जिसमें रासायनिक यौगिकों से उपचार किया जाता है।
कोस्मोलोजी (Cosmology)	यह समस्त ब्रह्माण्ड का अध्ययन करने वाली विज्ञान की एक शाखा है।
क्रायोजेनिक्स (Cryogenics)	यह निम्न ताप के विभिन्न प्रयोगों तथा नियंत्रणों का अध्ययन करने वाला विज्ञान है।
इकोलोजी (Ecology)	यह विज्ञान वनस्पतियों तथा प्राणियों के पर्यावरण (Environment) या प्रकृति से सम्बन्धों का अध्ययन करता है।
एन्टोमोलोजी (Entomology)	जन्तु विज्ञान की यह शाखा कीट-पतंगों का व्यापक अध्ययन करती है।
एपीडीमियोलोजी (Epidemiology)	चिकित्सा विज्ञान की यह शाखा महामारी और उनके उपचार से सम्बन्धित है।
एक्स-बायोलोजी (Ex-Biology)	इस विज्ञान के द्वारा पृथ्वी को छोड़कर अन्य ग्रहों व उपग्रहों पर जीवन की संभावनाओं का अध्ययन किया जाता है।
जियोलॉजी (Geology)	भूगर्भ सम्बन्धी अध्ययन, उसकी बनावट, संरचना आदि का अध्ययन इस विज्ञान के द्वारा किया जाता है।
जिरोन्टोलॉजी (Gerontology)	वृद्धावस्था से सम्बन्धित तथ्यों का अध्ययन इस विज्ञान के द्व ारा किया जाता है।
हॉर्टीकल्चर (Horticultrue)	फल-फूल व साग-सब्जी उगाने, बाग लगाने, पुष्प उत्पादन का अध्ययन इस विज्ञान के द्वारा किया जाता है।
हाइड्रोपैथी (Hydropathy)	इस विज्ञान के द्वारा पानी से रोगों की चिकित्सा होती है।
हाईजीन (Hygiene)	यह स्वास्थ्य की देखभाल करने वाला विज्ञान है।

होलोग्राफी (Holography)	यह लेसर पुंज की सहायता से त्रिविमीय चित्र बनाने वाली एक विधि है।
होरोलोजी (Horology)	यह समय मापने वाला विज्ञान है।
मैमोग्राफी (Maemmography)	यह स्त्रियों में पाये जाने वाले ब्रेस्ट कैंसर की जाँच करने वाले चिकित्सा विज्ञान की शाखा है।
मीट्रियोलोजी (Meteorlogy)	मौसम की दशाओं में होने वाली क्रियाओं तथा परिवर्तनों का अध्ययन इस विज्ञान के द्वारा किया जाता है।
मौरफोलोजी (Morphology)	पृथ्वी पर पाये जाने वाले प्राणियों तथा पौधों की संरचना, रूप, प्रकार आदि का अध्ययन इस विज्ञान के द्वारा किया जाता है।
न्यूरोलोजी (Neurology)	मानव शरीर की नाड़ियों या तंत्रिकाओं का अध्ययन तथा उपचार इस विज्ञान के द्वारा किया जाता है।
ओडोन्टोग्राफी (Odontography)	दाँतों का अध्ययन करने वाली चिकित्सा विज्ञान की यह एक शाखा है।
ऑप्टिक्स (Optics)	प्रकाश के प्रकार व गुणों का अध्ययन करने वाले भौतिकशास्त्र की यह एक शाखा है।
ऑरनीथोलॉजी (Ornithology)	इस विज्ञान में पक्षियों से सम्बन्धित अध्ययन किया जाता है।
पोमोलॉजी (Pomology)	यह विज्ञान फलों के अध्ययन से सम्बन्धित है।
सिस्मोलॉजी (Seismology)	विज्ञान की इस शाखा द्वारा भूकम्पों का अध्ययन किया जाता है।
एरोनॉटिक्स (Aeronautics)	इस विज्ञान की शाखा के अन्तर्गत वायुयान सम्बन्धी तथ्यों का अध्ययन होता है।
एस्थेटिक्स (Asethetics)	इस शाखा के अन्तर्गत सौन्दर्य (ललित कला) शास्त्र का अध्ययन होता है।
एग्रोस्टोलॉजी (Agrostology)	यह घासों से सम्बन्धित विज्ञान की शाखा है।
अरबोरी कल्चर (Arbori Culture)	यह वृक्ष उत्पादन सम्बन्धी विज्ञान की शाखा है।
आरकियोलॉजी (Archaeology)	यह पुरातत्त्व सम्बन्धी विज्ञान की शाखा है।
एस्ट्रोफिजिक्स (Astrophysics)	यह नक्षत्रों के भौतिक रूप से सम्बन्धित खगोलीय अर्थात् खगोल भौतिकी विज्ञान की शाखा है।
कैलिस्थेनिक्स (Calisthenics)	इस शाखा के अन्तर्गत शारीरिक सौन्दर्य एवं शक्तिवर्द्धक व्यायामों की विधियों सम्बन्धी ज्ञान का अध्ययन होता है।
कान्कोलॉजी (Conchologoy)	इस शाखा के अन्तर्गत शंखविज्ञान (मोलस्का विज्ञान) का अध्ययन होता है।
कास्मोगोनी (Cosmogony)	इस शाखा के अन्तर्गत ब्रह्माण्डोपत्ति सिद्धान्त का अध्ययन होता है।
कास्मोग्राफी (Cosmography)	इस शाखा के अन्तर्गत विश्व-रचना सम्बन्धी ज्ञान का अध्ययन होता है।
क्रिप्टोग्राफी (Cryptography)	इस शाखा के अन्तर्गत गूढ़लेखन या बीजलेखन सम्बन्धी ज्ञान का अध्ययन होता है।

एपीग्राफी (Epigraphy)	इस शाखा के अन्तर्गत शिलालेख सम्बन्धी ज्ञान का अध्ययन होता है।
एथनोग्राफी (Ethnography)	इस शाखा के अन्तर्गत मानव जाति का अध्ययन होता है।
इथोलोजी (Ethology)	इस शाखा के अन्तर्गत प्राणियों के आचार तथा व्यवहार का अध्ययन होता है।
जेनीकोलॉजी (Genecology)	इस शाखा के अन्तर्गत जीवों की जातियों के विभेदों का अध्ययन होता है।
जियोडेसी (Geodesy)	इस शाखा के अन्तर्गत भूगणित ज्ञान का अध्ययन किया जाता है।
जियोमेडीशिन (Geomedicine)	यह औषधि शास्त्र की वह शाखा है, जो जलवायु तथा वातावरण का स्वास्थ्य पर प्रभाव का अध्ययन करती है।
हीलियोथिरेपी (Heliotherapy)	यह सूर्य के प्रभाव से चिकित्सा करने की एक प्रक्रिया है।
हाइड्रोपोनिक्स (Hydroponics)	इस शाखा के अन्तर्गत जल संवर्धन का अध्ययन किया जाता है।
हाइड्रोस्टेटिक्स (Hydrostatics)	इस शाखा के अन्तर्गत द्रवस्थैतिक का अध्ययन होता है।
लेक्सीकोग्राफी (Lexicography)	यह शब्दकोश संकलन तथा लिखने की कला है।
न्यूमरोलॉजी (Numerologoy)	यह विज्ञान की वह शाखा है, जिसमें अंकों का अध्ययन किया जाता है।
न्यूमिसमेटिक्स (Numismatics)	विज्ञान की इस शाखा के अन्तर्गत पुराने सिक्कों (Coins) का अध्ययन होता है।
फिकोलॉजी (Phycology)	इन के अन्तर्गत शैवालों (Algae) का अध्ययन होता है।
सेलीनोलॉजी (Selinology)	इस के अन्तर्गत चन्द्रमा के मूल स्वरूप तथा गति के वर्णन का अध्ययन किया जाता है।
सेरीकल्चर (Sericulture)	इस शाखा के अन्तर्गत चन्द्रमा के मूल स्वरूप तथा गति के वर्णन का अध्ययन किया जाता है।
टेलीपेथी (Telephathy)	इस शाखा के अन्तर्गत मानसिक संक्रमण की प्रक्रिया का अध्ययन होता है।
हिप्नोलॉजी (Hypnology)	नींद का अध्ययन।
टॉक्सीकोलॉजी (Toxicology)	इस शाखा के अन्तर्गत विषों के बारे में अध्ययन होता है।

15. विविध तथ्य

जीव-जंतुओं से संबद्ध महत्त्वपूर्ण जानकारियाँ

सबसे बड़ा जीवित पक्षी	शुतुरमुर्ग	सबसे बड़ा सर्प	पाइथन
सबसे बड़ा कपि	गोरिल्ला	सबसे छोटा पक्षी	हमिंग पक्षी
सबसे छोटा स्तनी	छछुंदर	सबसे बड़ा अंडा	शुतुरमुर्ग
अंड जरायुज स्तनी	कंगारू	सबसे ऊँचा स्तनी	जिराफ (अफ्रीका)
सबसे व्यस्त मानव अंग	हृदय	सबसे बड़ा तथा भारी स्तनी	नीली ह्वेन
सबसे बड़ा स्थली स्तनी	अफ्रीकी हाथी	सबसे बड़ा जीवित सरीसृप	टरटॉस (समुद्री कछुआ)

सबसे तेज उड़ने वाला पक्षी	कटिपुंज पक्षी (स्थाइनी टेल्ड स्वीफ्ट)	अंडप्रजक स्तनी	ऐकडिना तथा डकबिल्प्लेटीपस
सबसे तेज दौड़ने वाला जन्तु	चीता	—	—

चिकित्सा सम्बन्धी आविष्कार

आविष्कार	आविष्कारक	आविष्कार	आविष्कारक
विटामिन	फंक	विटामिन 'ए'	मैकुलन
विटामिन 'बी'	मैकुलन	विटामिन 'सी'	होल्कट
विटामिन 'डी'	हॉपकिन्स	सल्फा ड्रग्स	डागमैंक
स्ट्रैप्टोमाइसिन	बॉम्समैन	हृदय प्रत्यारोपण	क्रिश्चियन बर्नार्ड
होम्योपैथी	हैनीमैन	लिंग हार्मोन	स्टेनाच
ओपन हार्ट सर्जरी	वाल्टललिलेहल	गर्भनिरोधक गोलियाँ	पिनकस
प्रथम परखनली शिशु	एडवर्डस एवं स्टेप्टो	इलेक्ट्रोकार्डियोग्राफ	आइन्योवन
एंटीजन	लैंडस्टीनर	इंसुलिन	बेटिंग
क्लोरोफार्म	हैरिसन तथा सिम्पसन	चेचक का टीका	एडवर्ड जेनर
टेरामाइसिन	फिनेल	टी.बी. बैक्टीरिया	रॉबर्ट कोच
डायबिटीज	बेटिंग	पेनिसलीन	अलेक्जेंडर फ्लेमिंग
पोलियो वैक्सीन	जॉन इ. साल्क	बी.सी.जी.	यूरिन कालमेट
बैक्टीरिया	ल्यूवेनहॉक	रक्त परिवर्तन	कार्ल-लैंडस्टीनर
आर.एन.ए.	जेम्स वाटसन तथा आर्थर अर्ग	डी.एन.ए.	जेम्स वाटसन तथा क्रिक
मलेरिया परजीवी व चिकित्सा	रोनाल्ड रास	पेचिश तथा प्लेग की चिकित्सा	किटाजाटोज

प्रमुख चिकित्सा उपकरण

1.	पेसमेकर	हृदय गति कम हो जाने पर इसे सामान्य अवस्था में लाने हेतु इसका प्रयोग किया जाता है।
2.	कम्प्यूटेड टोमोग्राफी स्कैन (CT Scan)	सम्पूर्ण शरीर में किसी असामान्य या विकृति का पता लगाने हेतु इसका प्रयोग किया जाता है।
3.	इलैक्टोकार्डियोग्राफ (ECG)	हृदय सम्बन्धी असामान्यताओं का पता लगाने के लिए।
4.	ऑटो एनालाइजर	ग्लूकोज, यूरिया, कोलेस्ट्रॉल इत्यादि की जाँच के लिए।
5.	इलैक्ट्रोइन्सेफैलोग्राफ	मस्तिष्क की विकृतियों का पता लगाने के लिए।

विज्ञान एवं प्रौद्योगिकी

1. भारतीय अंतरिक्ष अनुसंधान

- भारतीय राष्ट्रीय अंतरिक्ष अनुसंधान समिति का गठन 1962 में प्रसिद्ध अंतरिक्ष वैज्ञानिक डॉ. विक्रम साराभाई (भारतीय अंतरिक्ष कार्यक्रम के जनक) की अध्यक्षता में किया गया, जिसने परमाणु ऊर्जा विभाग के अंतर्गत कार्य करना प्रारंभ किया।
- भारतीय राष्ट्रीय अंतरिक्ष अनुसंधान समिति का पुनर्गठन करके 15 अगस्त, 1969 को भारतीय अंतरिक्ष अनुसंधान संगठन (ISRO) की स्थापना की गई।
- भारतीय अंतरिक्ष कार्यक्रमों को सुचारु रूप से संचालित करने के लिए अंतरिक्ष आयोग और अंतरिक्ष विभाग का 1972 में गठन किया गया तथा इसरो को अंतरिक्ष विभाग के नियंत्रण में रखा गया ।
- वस्तुतः भारतीय अंतरिक्ष कार्यक्रम की शुरुआत नवम्बर, 1963 में तिरुवनंतपुरम स्थित सेंट मेरी मैकडेलेन चर्च के एक कमरे में हुई थी। 21 नवम्बर, 1963 को देश का पहला साउंडिंग रॉकेट 'नाइक एपाश' (अमेरिका निर्मित) को थुम्बा भूमध्य रेखीय रॉकेट प्रक्षेपण केन्द्र (TERLS) से प्रक्षेपित किया गया ।

अंतरिक्ष विज्ञान के क्षेत्र की कुछ महत्त्वपूर्ण घटनाएँ

दिनांक	अंतरिक्षयान	उपलब्धि
04.10.1957	स्पूतनिक-I	पूर्व सोवियत संघ द्वारा अंतरिक्ष में प्रमोचित सबसे पहला उपग्रह।
03.11.1957	स्पूतनिक-II	अंतरिक्ष में जीवित कुत्ते लाइका को ले जाने वाला पहला उपग्रह।
18.12.1958	स्कोर (Score)	अंतरिक्ष में स्थापित किया हुआ पहला संचार उपग्रह।
04.10.1959	लूना-3 (Luna–3)	पहला अंतरिक्षयान जिसने चन्द्रमा के उस पृष्ठ के चित्र भेजे जो पृथ्वी से दिखाई नहीं पड़ते हैं।
12.04.1961	वोस्टॉक-I (Vostok–I	मानव द्वारा पहली अंतरिक्ष यात्रा। पूर्व सोवियत संघ के यूरी गागरिन ने पृथ्वी का एक परिक्रमण 12 अप्रैल, 1961 में किया।
04.12.1963	वोस्टॉक-6 (Vostok–6	पूर्व सोवियत संघ की वेलेनटाइना टेरिशकोवा प्रथम महिला अंतरिक्ष यात्री बनी।
06.04.1965	इंटेलॅसेट (Intelset)	व्यावसायिक उपयोग के लिए पहला संचार उपग्रह।
16.11.1965	वेनेरा-3 (Venera–3)	पहला अंतरिक्षयान जो किसी अन्य ग्रह अर्थात् शुक्र ग्रह पर उतरा।

21.10.1968	लूना-9 (Luna-9)	चन्द्रमा तल पर सफलतापूर्वक उतरने वाला पहला अंतरिक्षयान।
14.11.1969	सोयूज-4 (Soyuz-4)	सबसे पहला प्रयोगात्मक अंतरिक्ष केंद्र।
16.07.1969	अपोलो-11 (Apollo-11)	नील आर्मस्ट्राँग चन्द्रमा पर कदम रखने वाला पहला मानव बना। इसके बाद एडविन एल्डरिन चन्द्रमा की धरती पर उतरा।
19.05.1971	मार्स-2 (Mars-2)	मंगल ग्रह पर पहली बार अंतरिक्षयान का उतरना।

अंतरिक्ष केद्र और इकाइयाँ

- विक्रम साराभाई अंतरिक्ष केंद्र, तिरुवनंतपुरम (VSSC) : यह केंद्र रॉकेट अनुसंधान तथा प्रक्षेपण-यान विकास परियोजनाओं को बनाने और उन्हें क्रियान्वित करने में अग्रणी भूमिका निभाता है। अभी तक के सभी प्रक्षेपण यानों यथा-एस.एल.वी.-3, ए.एस.एल.वी., पी.एस.एल. वी. एवं जी.एस.एल.वी. को इसी केंद्र में विकसित किया गया है।
- इसरो उपग्रह केंद्र, बंगलुरु (ISAC): इस केंद्र में उपग्रह परियोजनाओं के डिजाइन, निर्माण, परीक्षण और प्रबंध कार्य सम्पन्न किये जाते हैं।
- अंतरिक्ष उपयोग केंद्र, अहमदाबाद (SAC) : इस केंद्र के प्रमुख कार्यों में दूरसंचार व टेलीविजन में उपग्रह का प्रयोग, प्राकृतिक संसाधनों के सर्वेक्षण और प्रबंध के लिए दूरसंवेदन, मौसम विज्ञान, भू-मापन, पर्यावरण पर्यवेक्षण आदि शामिल हैं।
- **शार (SHAR) केंद्र, श्रीहरिकोटा** : यह इसरो का प्रमुख प्रक्षेपण केंद्र है, जो आन्ध्रप्रदेश के पूर्वी तट पर स्थित है। इस केंद्र में भारतीय प्रक्षेपण यान के ठोस ईंधन रॉकेट के विभिन्न चरणों का पृथ्वी पर परीक्षण तथा प्रणोदक का प्रसंस्करण भी किया जाता है।
- **द्रव प्रणोदक प्रणाली केंद्र (LPSC)** : तिरुवनंतपुरम, बंगलुरु और महेन्द्रगिरि (तमिलनाडु) में इस केंद्र की शाखाएँ हैं। यह केंद्र इसरो के उपग्रह प्रक्षेपण यानों और उपग्रहों के लिए द्रव ईंधन से चलने वाली चालक नियंत्रण प्रणालियों और इंजनों के डिजाइन, विकास और आपूर्ति के लिए कार्यरत है। महेन्द्रगिरि में द्रव ईंधन से चलने वाले रॉकेट इंजनों की परीक्षण सुविधा उपलब्ध है।
- इसरो टेलीमेट्री निगरानी एवं नियंत्रण नेटवर्क (ISTRAC): इस नेटवर्क का मुख्यालय तथा उपग्रह नियंत्रण केंद्र बंगलुरु में स्थित है। श्रीहरिकोटा, तिरुवनंतपुरम, बंगलुरु, लखनऊ, पोर्ट ब्लेयर और मॉरीशस में इसके भू-केंद्र हैं। इसका प्रमुख कार्य इसरो के प्रक्षेपण यानों एवं उपग्रह मिशनों तथा अन्य अंतरिक्ष एजेंसियों को टेलीमेट्री, निगरानी और नियंत्रण सुविधाएँ प्रदान करना है।
- **मुख्य नियंत्रण सुविधा, हासन (MCE)**: इनसैट उपग्रह के प्रक्षेपण के बाद की सभी गतिविधियों यथा-उपग्रह की कक्षा में स्थापित करना, केद्र से उपग्रह का नियमित सम्पर्क स्थापित करना तथा कक्षा में उपग्रह की सभी क्रियाओं पर निगरानी एवं नियंत्रण का दायित्व कर्नाटक के हासन स्थित मुख्य नियंत्रण सुविधा के पास है। इसरो का दूसरा 'मुख्य नियंत्रण सुविधा केंद्र' मध्य प्रदेश के भोपाल में 11 अप्रैल, 2005 को स्थापित किया गया।
- **इसरो जड़त्व प्रणाली इकाई, तिरुवनंतपुरम (IISU)** : इसरो की इस इकाई का प्रमुख कार्य प्रक्षेपण यानों और उपग्रहों के लिए जड़त्व प्रणाली का विकास करना है।
- **भौतिक अनुसंधान प्रयोगशाला, अहमदाबाद (PRL)** : अंतरिक्ष विभाग के अन्तर्गत कार्यरत यह संस्थान अंतरिक्ष और संबद्ध विज्ञान में अनुसंधान एवं विकास करने वाला प्रमुख राष्ट्रीय केंद्र है।

➪ **राष्ट्रीय दूरसंवेदी एजेंसी, हैदराबाद (NRSA) :** अंतरिक्ष विभाग के अन्तर्गत कार्यरत यह एजेंसी उपग्रह से प्राप्त आँकड़ों का उपयोग करके पृथ्वी के संसाधनों की पहचान, वर्गीकरण और निगरानी करने की जिम्मेदारी निभाती है, इसका प्रमुख केंद्र बालानगर में है। इसके अतिरिक्त देहरादून स्थित भारतीय दूरसंवेदी संस्थान भी राष्ट्रीय दूरसंवेदी एजेंसी का ही एक अंग है।

प्रमुख भारतीय उपग्रह

➪ **आर्यभट्ट :** स्वदेशी तकनीक से निर्मित प्रथम भारतीय उपग्रह 'आर्यभट्ट' को 19 अप्रैल, 1975 को पूर्व सोवियत संघ के बैकानूर अंतरिक्ष केंद्र से इंटर कॉस्मोस प्रक्षेपण यान द्वारा पृथ्वी के निकट वृत्तीय कक्षा में 594 किमी की ऊँचाई पर सफलतापूर्वक स्थापित किया गया। इसका वजन 360 किग्रा था। इस अभियान के तीन प्रमुख लक्ष्य थे-वायु विज्ञान प्रयोग, सौर भौतिकी प्रयोग तथा एक्स-किरण खगोलिकी प्रयोग। इस उपग्रह में संचार व्यवस्था से जुड़े कुछ प्रयोग किये गये। विशुद्ध रूप से वैज्ञानिक उपग्रह के रूप में विकसित 'आर्यभट्ट' को सक्रिय कार्य विधि मात्र 6 माह निर्धारित की गयी थी, परन्तु इसने मार्च, 1980 तक अंतरिक्ष से आँकड़े भेजने का कार्य किया।

➪ **भास्कर-I :** प्रायोगिक पृथ्वी पर्यवेक्षण उपग्रह 'भास्कर-I' को 7 जून, 1979 को पूर्व सोवियत संघ के प्रक्षेपण केंद्र बैकानूर से इंटर कॉस्मोस प्रक्षेपण यान द्वारा पृथ्वी से 525 किमी की ऊँचाई पर पूर्व निर्धारित कक्षा में सफलतापूर्वक स्थापित किया गया। इसका लक्ष्य जल विज्ञान, हिम गलन, समुद्र विज्ञान एवं वानिकी के क्षेत्र में भू-पर्यवेक्षण अनुसंधान करना था। इसने 1 अगस्त, 1981 को कार्य करना बंद किया ।

➪ **भास्कर-II :** भास्कर-I के संशोधित प्रतिरूप 'भास्कर-II' को भी रूसी प्रक्षेपण केंद्र, बैकानूर से ही 20 नवम्बर, 1981 की पृथ्वी से 525 किमी की ऊँचाई पर स्थापित किया गया तथा इसका घूर्णन कक्षा तल के लम्बत् रखा गया। समीर उपकरण के कारण भास्कर-II द्वारा समुद्री सतह का ताप, सामुद्रिक स्थिति, बर्फ गिरने व पिघलने आदि जैसी अनेक घटनाओं का व्यापक विश्लेषण किया गया।

➪ **रोहिणी शृंखला :** रोहिणी उपग्रह शृंखला के अंतर्गत भारतीय प्रक्षेपण केंद्र (श्रीहरिकोटा) से भारतीय प्रक्षेपण यान (एस.एल.वी-3) द्वारा चार उपग्रह प्रक्षेपित किए गए। इस शृंखला के उपग्रहों के प्रक्षेपण का मुख्य उद्देश्य भारत के प्रथम उपग्रह प्रक्षेपण यान एस.एल.वी.-3 का परीक्षण करना था। इस अभियान का प्रथम एवं तृतीय प्रायोगिक परीक्षण असफल रहा था। इस अभियान के द्वितीय प्रायोगिक परीक्षण में रोहिणी आरएस-I को 18 जुलाई, 1980 को श्रीहरिकोटा से एस.एल. वी-3 प्रक्षेपण यान से सफलतापूर्वक प्रक्षेपित किया गया। इस प्रकार रोहिणी आर.एस.-I भारतीय भूमि से भारतीय प्रक्षेपण यान द्वारा प्रक्षेपित प्रथम भारतीय उपग्रह बना। चतुर्थ प्रायोगिक परीक्षण में रोहिणी आर.एस.डी-2 को 17 अप्रैल, 1983 को श्रीहरिकोटा से एस.एल.वी.-3 डी.-2 द्वारा सफलतापूर्वक प्रक्षेपित किया गया। इस सफलता ने एस.एल.वी-3 को एक प्रामाणिक प्रक्षेपण यान सिद्ध कर दिया तथा भारत को छोटे प्रक्षेपण यानों को विकसित करने वाले देशों की श्रेणी में ला दिया।

➪ **प्रायोगिक संचार उपग्रह, एप्पल :** एप्पल भारत का पहला संचार उपग्रह था, जिसे भूस्थैतिक कक्षा में स्थापित किया गया। भारत के प्रथम प्रायोगिक संचार उपग्रह 'एप्पल' को 19 जून, 1981 को फ्रेंच गुयाना के कोरु अंतरिक्ष प्रक्षेपण केंद्र से यूरोपीय अंतरिक्ष एजेंसी के एरियन-4 प्रक्षेपण यान द्वारा भू-स्थिर कक्षा में लगभग 36,000 किमी की ऊँचाई पर स्थापित किया गया। इस उपग्रह डाटा संप्रेषण, दूर-दराज के क्षेत्रों में संचार व्यवस्था स्थापित करने, भू-स्थैतिक कक्षा में उपग्रहों के प्रक्षेपण की तकनीक का ज्ञान प्राप्त करने तथा संचार के लिए प्रयुक्त सी-बैंड

ट्रांसपोडर के प्रयोग आदि में किया गया। एप्पल से प्राप्त तकनीकी अनुभव ने इनसैट शृंखला के निर्माण एवं विकास में महत्त्वपूर्ण भूमिका निभायी।

सफलतापूर्वक प्रक्षेपित भारतीय उपग्रह (2010 से)

उपग्रह	तिथि	प्रक्षेपण यान	प्रक्षेपण केन्द्र	कार्यप्रणाली
कार्टोसैट-2बी	12.07.2010	पीएसएलवी-सी 15	श्रीहरिकोटा	दूरसंवेदी
स्टडसैड	12.07.2010	पीएसएलवी-सी 15	श्रीहरिकोटा	शैक्षणिक
रिर्सोर्ससैट-2	20.04-2011	पीएसएलवी-सी 16	श्रीहरिकोटा	दूरसंवेदी
जीसैट-8	21.05.2011	एरियन	कोरु	संचार
जीसैट-12	15.07.2011	पीएसएलवी-सी 17	श्रीहरिकोटा	संचार
मेघा-ट्रॉपिक्स	12.10.2011	पीएसएलवी-सी 18	श्रीहरिकोटा	मौसम संबंधी
रीसैट-1	26.04.2012	जीएसएलवी-सी 19	श्रीहरिकोटा	राडार इमेजिंग
जीसैट-10	29.09.2012	एरियन 5	कोरु	संचार
सरल	25.02.2013	पीएसएलवी-सी 20	श्रीहरिकोटा	नेविगेशन
जीसैट-14	05.01.2014	जीएसएलवी-डी 5	श्रीहरिकोटा	संचार
IRNSS-1B	04.04.2014	पीएसएलवी-सी 24	श्रीहरिकोटा	नेविगेशन
5 विदेशी उपग्रह	30.06.2014	पीएसएलवी-सी 23	श्रीहरिकोटा	–
IRNSS-1C	16.10.2014	पीएसएलवी-सी 26	श्रीहरिकोटा	नेविगेशन
जीसैट-16	07.12.2014	एरियन 5	कोरु	संचार
IRNSS-1D	28.03.2015	पीएसएलवी-सी 27	श्रीहरिकोटा	नेविगेशन

यह स्वदेशी क्रायोजनिक इंजन से लैस है।

नोट : भारत द्वारा छोड़ा गया प्रथम उपग्रह आर्यभट्ट था, जो 19.04.1975 को कॉस्मोस प्रक्षेपण यान से बैकानूर (पूर्व सोवियत संघ) प्रक्षेपण केन्द्र से छोड़ा गया था।

- **विस्तारित रोहिणी उपग्रह शृंखला (स्रास—SROSS) :** इस शृंखला का उद्देश्य 100 से 150 किग्रा वर्ग के उपग्रहों का निर्माण करना था, जिन्हें संवर्द्धित उपग्रह प्रक्षेपण यान (Augmented Satellite Launch Vehicle–ASLV) द्वारा छोड़ा गया था। इस शृंखला के तहत चार उपग्रह स्रास–I, स्रास–II, स्रास–III एवं स्रास–IV प्रक्षेपित किया गया। स्रास–I एवं स्रास–II असफल रहा।
- **भारतीय राष्ट्रीय उपग्रह (इनसैट) प्रणाली :** भारतीय राष्ट्रीय उपग्रह प्रणाली अर्थात् इनसैट प्रणाली एक बहुउद्देशीय कार्यरत उपग्रह प्रणली है, जो एशिया-प्रशांत क्षेत्र में सबसे बड़ी घरेलू संचार उपग्रह प्रणालियों में से एक है। इसका उपयोग लम्बी दूरी के घरेलू दूरसंचार, ग्रामीण क्षेत्रों में उपग्रह के माध्यम से सामुदायिक दूरदर्शन के सीधे राष्ट्रव्यापी प्रसारण को बेहतर बनाने, भू स्थित ट्रांसमीटरों के माध्यम से पुनः प्रसारण हेतु आकाशवाणी तथा दूरदर्शन कार्यक्रमों को देशभर में प्रसारित करने, मौसम संबंधी जानकारी, वैज्ञानिक अध्ययन हेतु भू-सर्वेक्षण तथा आँकड़ों के संप्रेषण में किया जाता है। इनसैट प्रणाली अंतरिक्ष विभाग, दूरसंचार विभाग, भारतीय मौसम विभाग, आकाशवाणी तथा दूरदर्शन का संयुक्त प्रयास है, जबकि इनसैट अंतरिक्ष कार्यक्रमों की व्यवस्था, निगरानी और संचालन का पूर्ण दायित्व अंतरिक्ष विभाग को सौंपा गया है। इनसैट प्रणाली के प्रथम पीढ़ी में चार उपग्रह (इनसैट-1A, 1B, IC 1D)। द्वितीय पीढ़ी में पाँच उपग्रह (इनसैट 2A, 2B, 2C, 2D, 2E), तृतीय पीढ़ी में भी पाँच उपग्रह (3A, 3B, 3C, 3D, 3E)

तथा चौथी पीढ़ी में सात उपग्रहों के प्रक्षेपण की योजना बनायी गयी है। चौथी पीढ़ी के उपग्रह 4A, 4C, 4B तथा 4CR का प्रक्षेपण हो चुका है ।

- **भारतीय दूरसंवेदी उपग्रह प्रणाली :** भारत में राष्ट्रीय प्राकृतिक संसाधन प्रबंध प्रणाली की सहायता के लिए 'भारतीय दूरसंवेदी उपग्रह प्रणाली' (Indian Remote Sensing Satellite–IRS) का विकास किया गया है। इसका मुख्य उद्देश्य प्राकृतिक संसाधनों (मृदा, जल, भू-जल, सागर, वन आदि) का सर्वेक्षण और सतत् निगरानी करना है। दूरसंवेदी उपग्रह प्रणाली के अन्तर्गत पृथ्वी के गर्भ में छिपे संसाधनों को स्पर्श किए बिना प्रकीर्णन विधि द्वारा विश्वसनीय और प्रामाणिक जानकारी उपलब्ध करायी जाती है। इसके तहत उपग्रह में लगे इलेक्ट्रॉनिक कैमरों से पृथ्वी पर स्थित वस्तुओं का चित्र लेते हैं और उन चित्रों के विश्लेषण से जानकारी प्राप्त करते हैं। दूरसंवेदी उपग्रह के उपयोग से सुदूर संवेदन की प्रक्रिया को एक निश्चित अंतराल के बाद दुहराकर किसी स्थान विशेष पर समयानुसार हो रहे परिवर्तनों को बारीकी से अध्ययन किया जा सकता है। वर्तमान में आई.आर.एस. उपग्रह किसी विशेष स्थान पर लगभग प्रत्येग तीन सप्ताह के बाद गुजरता है। इस प्रणाली के तहत प्रक्षेपित किए गए उपग्रह हैं : I.R.S-1A, I.R.S.–1B, I.R.S.1E, I.R.S.–P_2. I.R.S.–1C, I.R.S. P_4, I.R.S.–P_6 कार्टोसैट–I एवं II आदि।
- **मैटसैट :** भारतीय अंतरिक्ष कार्यक्रम के तहत भारतीय अंतरिक्ष अनुसंधान संगठन (ISRO) ने 12 सितम्बर, 2002 को श्री हरिकोटा (आन्ध्रप्रदेश) के सतीश धवन अंतरिक्ष केद्र से ध्रुवीय उपग्रह प्रक्षेपण यान-सी 4 (Polar Satellite Launch Vehicle-PSLV-C4) के माध्यम से देश के पहले मौसम संबंधी विशिष्ट उपग्रह 'मैटसैट' (Metasat) को भूस्थैतिक स्थानांतरण कक्षा (Geostationary Transfer Orbit–GTO) में सफलतापूर्वक स्थापित किया। यह पहला मौका था, जब किसी भारतीय अंतरिक्ष यान ने 1000 किग्रा से अधिक भार के उपग्रह को भूस्थैतिक कक्षा (भूस्थैतिक कक्षा से ताप्तर्य है कि जिस गति से पृथ्वी घूमती है, उसी कोणीय गति से उपग्रह भी घूमेगा जिसके कारण उपग्रह सदा पृथ्वी की एक विशेष स्थान के ऊपर स्थिर नजर आएगा) में स्थापित किया। इससे पूर्व सभी उपग्रह केवल ध्रुवीय कक्षा में ही स्थापित किए गए हैं। मैटसैट की कक्षा दीर्घवृताकार है, जिसमें पृथ्वी से निकटतम बिन्दु 250 किमी की दूरी पर स्थित है, जबकि अधिकतम दूरी पर स्थित बिन्दु 36,000 किमी की दूरी पर है। यह पहला अवसर था, जब भारत ने मौसम संबंधी जानकारियाँ प्राप्त करने के लिए स्वदेशी प्रक्षेपण यान से विशेष मौसम उपग्रह प्रक्षेपित किया। इससे पूर्व मौसम संबंधी जानकारियाँ इनसैट श्रेणी के उपग्रहों से प्राप्त की जाती थी।
- **एजुसैट :** 20 सितम्बर, 2004 को सतीश धवन अंतरिक्ष केंद्र, श्री हरिकोटा से शिक्षा कार्य के लिए समर्पित दुनिया के पहले उपग्रह 'एजुसैट' को सफलतापूर्वक भू-स्थैतिक कक्षा में स्वदेश निर्मित भू-समस्थानिक उपग्रह प्रक्षेपण यान (GSLV F–07) की सहायता से स्थापित किया गया। एजुसैट में समावेश की गई नई प्रौद्योगिकी को आई-2 नाम दिया गया है। इसकी जीवन अवधि 7 वर्ष निर्धारित है। एजुसैट के माध्यम से शिक्षा से जुड़े कार्यक्रम प्रसारित किए जा रहे हैं।
- **नोट :** एजुसैट को प्रक्षेपित करने वाले प्रक्षेपण यान का निमणि विक्रम साराभाई स्पेस सेन्टर, तिरुवनंतपुरम में किया गया तथा एजुसैट का निर्माण इसरो के बंगलुरु स्थित कद्र में किया गया है। जीएसएलवी की यह पहली कार्यात्मक उड़ान थी।
- **हैमसैट :** पीएसएलवी-सी 6 द्वारा कार्टोसैट-I के साथ ही संचार उपग्रह 'हैमसैट' को एक अतिरिक्त उपग्रह के रूप में 5 मई, 2005 को छोड़ा गया। हैमसैट एक छोटे आकार का उपग्रह है, जिसका उद्देश्य देश और विश्व के शौकिया रेडियो (हैम) ऑपरेटरों को उपग्रह आधारित रेडियो सेवा मुफ्त उपलब्ध कराना है। इसकी जीवन अवधि लगभग दो वर्ष है।

अंतरिक्ष में प्रथम भारतीय

- 3 अप्रैल, 1984 को स्क्वाड्रन लीडर राकेश शर्मा अंतरिक्ष में जाने वाले प्रथम भारतीय बने। वे दो अन्य सोवियत अंतरिक्ष यात्रियों के साथ सोयुज टी-2 अंतरिक्ष यान में कजाखस्तान में बैंकावूर कोस्मोड्रोम से अंतरिक्ष में गए। स्क्वाड्रन लीडर राकेश शर्मा 11 अप्रैल, 1984 को सुरक्षित पृथ्वी पर वापस लौट आए।
- तत्कालीन प्रधानमंत्री श्रीमती इंदिरा गाँधी ने सोवियत अंतरिक्ष केंद्र पर स्क्वाड्रन लीडर राकेश शर्मा से बातचीत की। उन्होंने पूछा- अंतरिक्ष से भारत कैसा दिखता है? शर्मा का उत्तर था 'सारे जहां से अच्छा।'
- अंतरिक्ष में मानव भेजने वाला भारत 14वाँ राष्ट्र बना और स्क्वाड्रन लीडर राकेश शर्मा अंतरिक्ष में जाने वाले 139 वे अंतरिक्ष यात्री थे।
- अंतरिक्ष में जाने वाली भारतीय मूल की प्रथम महिला कल्पना चावला थी। इनकी मृत्यु 1 फरवरी, 2003 को अंतरिक्ष यान कोलम्बिया के मिशन एसटीएस-107 के वातावरण में पुनः प्रवेश के कुछ देर पश्चात् नष्ट हो जाने से हो गयी।

चन्द्रयान-I

- चन्द्रमा के लिए भारत का पहला मिशन 'चन्द्रयान-I' है। यह विश्व का 68वाँ चन्द्र अभियान है।
- भारत ने अपने पहले चन्द्रयान का प्रक्षेपण श्रीहरिकोटा के सतीश धवन अंतरिक्ष केद्र से 22 अक्टूबर, 2008 को ध्रुवीय उपग्रह प्रक्षेपण वाहन (PSLV–C11) के जरिए किया।
- प्रथम चन्द्रमा अभियान सोवियत संघ ने 2 जनवरी, 1959 को भेजा था और द्वितीय चन्द्रमा अभियान 3 मार्च, 1959 को अमरीका ने भेजा।
- अमरीका, यूरोपीय संघ, रूस, जापान व चीन के बाद भारत छठा ऐसा देश है, जो चन्द्रमा के लिए यान भेजने में सफल हुआ।
- 11 पेलोड युक्त चन्द्रयान-I से सिगनल प्राप्त करने के लिए 32 मीटर व्यास के एक विशाल एंटीना की स्थापना कर्नाटक में बंगलौर से 40 किमी दूर ब्यालालू में की गई है। यह प्रथम अवसर था जब एक साथ 11 उपकरण विभिन्न अध्ययनों के लिए किसी यान के साथ भेजे गये हैं।
- भारत का पहला चन्द्र अभियान चन्द्रयान-I अपने साथ राष्ट्रीय ध्वज तिरंगा भी लेकर गया है, जिसे मून इम्पेक्टर प्रोब चन्द्रमा की सतह पर स्थापित करेगा।

चन्द्रयान – II

- भारत सरकार द्वारा 18 सितम्बर, 2008 को चन्द्रयान-II अभियान को अपनी स्वकृति प्रदान कर दी गई। यह अभियान 2011-12 में सम्पन्न होगा।
- इस अभियान हेतु 'इसरो' तथा रूस की अंतरिक्ष ऐजेंसी 'ग्लावकास्मॉस' के बीच समझौता हुआ।
- इस अभियान के अन्तर्गत चन्द्रमा की सतह का अध्ययन होगा, जिससे रासायनिक तत्वों की सही स्थिति को ज्ञात किया जा सकेगा। ब्यालालू स्थित एंटीना चन्द्रयान-II को कमाण्ड एवं उसकी स्थिति का पता लगाने में सहायता करेगा।
- नोट : इसरो की योजना वर्ष 2015 तक चन्द्रमा पर मानव अभियान भेजने की है।

प्रक्षेपण यान प्रौद्योगिकी

- **एस.एल.वी-3 (Satellite Launch Vehicle, SLV–3)** : साधारण क्षमता वाले एस.एल.वी.-3 के विकास से भारत ने प्रक्षेपण यान प्रौद्योगिकी के क्षेत्र में कदम रखा तथा 18 जुलाई, 1980 को SLV-3 का सफल प्रायोगिक परीक्षण करके अपनी योग्यता को सिद्ध करते हुए स्वयं को अंतरिक्ष क्लब का छठा सदस्य बना लिया। इस क्लब के अन्य पूर्व पाँच सदस्य थे-रूस,

अमेरिका, फ्रांस, जापान एवं चीन। SLV-3 एक चार चरणों वाला साधारण क्षमता का उपग्रह प्रक्षेपण यान था, जो 40 किलोग्राम भार वर्ग के उपग्रहों को पृथ्वी की निचली कक्षा में स्थापित कर सकता था। इसका ईंधन (प्रणोदक) ठोस था। SLV-3 का कुल चार प्रायोगिक परीक्षण प्रक्षेपण किए गए, जिनमें द्वितीय तथा चतुर्थ प्रक्षेपण पूर्णतः सफल रहा। 17 अप्रैल, 1983 को SLV-3 की चतुर्थ एवं अंतिम उड़ान द्वारा 'रोहिणी आर एस डी-2' को सफललतापूर्वक निर्धारित कक्षा में स्थापित करने के बाद इस उपग्रह प्रक्षेपण यान का कार्यक्रम बंद कर दिया गया।

➪ **ए.एस.एल.वी. (Augmented Satellite Launch Vehicle, ASLV):** संवर्द्धित उपग्रह प्रक्षेपण यान अर्थात् ए.एस.एल.वी. वास्तव में एस.एल.वी.-3 का ही संवर्द्धित रूप है। इसे 100 से 150 किग्रा. भार वर्ग के उपग्रहों को पृथ्वी की निचली कक्षा में स्थापित करने के उद्देश्य से विकसित किया गया था। यह एक पाँच चरणों वाला संवद्धित उपग्रह प्रक्षेपण यान था । ठोस प्रणोदक (ईंधन) से चलने वाले ए.एस.एल.वी के स्ट्रैप आन प्रथम एवं द्वितीय चरण के लिए स्वदेशी तकनीक से विकसित हाइड्रॉक्सिल टर्मिनेटेड पॉलि ब्यूटाडाइन (NTPB) प्रणोदक तथा तृतीय एवं चतुर्थ चरण के लिए एच.ई.एफ.-20 प्रणोदक का प्रयोग किया गया था। ए.एस.एल. वी. के कुल चार प्रक्षेपण कराए गए, जिनमें से ए.एस.एल.वी-डी1 (24 मार्च, 87) एवं ए.एस. एल.वी-डी-2 (13 जुलाई, 88) के प्रथम दोनों प्रक्षेपण असफल सिद्ध हुए।

➪ **पी.एस.एल.वी. (Polar Satellite Launch Vehicle PSLV):** 1200 किग्रा. भार वर्ग तक के दूरसंवेदी उपग्रहों को 900 किमी ऊँचाई तक की ध्रुवीय सूर्य तुल्यकालिक/समकालिक कक्षा में स्थापित करने के उद्देश्य से पी.एस.एल.वी. का देश में विकास किया गया। पी.एस.एल.वी. एक चार चरणों वाला ध्रुवीय उपग्रह प्रक्षेपण यान है, जिसके प्रथम व तृतीय चरण में ठोस प्रणोदकों तथा द्वितीय व चतुर्थ चरण में द्रव प्रणोदकों का उपयोग किया जाता है। ठोस प्रणोदकों के अन्तर्गत हाईड्रॉक्सिल टर्मिनेटेड पॉली ब्यूटाडाइन (HTPB) का ईधन के रूप में तथा अमोनिया परक्लोरेट का ऑक्सीकारक के रूप में प्रयोग किया जाता है, जबकि द्रव प्रणोदक के रूप में मुख्य रूप से अनसिमेट्रिकल डाइ मिथाइल हाइड्राजाइन एवं N_2O_4 का प्रयोग किया जाता है, जो कमरे के ताप पर द्रवीभूत रहता है।

➪ पी.एस.एल.वी की कुल तीन उड़ान कराई गई, जिसमें प्रथम उड़ान असफल तथा द्वितीय एवं तृतीय उड़ान पूर्णतः सफल सिद्ध हुई।

➪ **नोट** : पी.एस.एल.वी.–सी 3 द्वारा प्रक्षेपित भारतीय दूरसंवेदी प्रौद्योगिकी परीक्षण उपग्रह 'टीईएस' भारत का पहला सैनिक उपग्रह है, जो देश के समुद्री इलाकों और विशेषकर चीन एवं पाकिस्तान से लगी अन्तरराष्ट्रीय सीमा और नियंत्रण रेखा पर किसी घुसपैठ पर प्रभावी नजर रख सकेगा।

➪ **जी.एस.एल.वी. (Geo Stationary or Geosynchronous Satellite Launch Vehicle-GSLV)** : जी.एस.एल.वी एक शक्तिशाली तीन चरणों वाला 'भू-तुल्यकालिक या भू-स्थिर उपग्रह प्रक्षेपण यान है। जी.एस.एल.वी. के प्रथम चरण में ठोस प्रणोदक, द्वितीय चरण में द्रव प्रणोदक तथा तृतीय चरण में क्रायोजेनिक इंजन का उपयोग किया गया है। ठोस प्रणोदकों के अन्तर्गत हाईड्रॉक्सिल टर्मिनेटेड पॉली ब्यूटाडाइन (HTPB) का ईंधन के रूप में तथा अमोनियम परक्लोरेट का ऑक्सीकारक के रूप में प्रयोग किया जाता है। द्रव प्रणोदकों के अन्तर्गत मुख्य रूप से अनसिमेट्रिकल डाई मिथाइल हाइड्रोजाइन (UDMH) एवं N_2O_4, का प्रयोग किया जाता है, जो कमरे के ताप पर द्रवीभूत रहता है। क्रायोजेनिक तकनीक में प्रणोदक के रूप में अत्यन्त निम्न ताप पर द्रव हाइड्रोजन (–250°C) एवं द्रव ऑक्सीजन (–183°C) का प्रयोग होता है। जी.एस.एल.वी. की पहली विकासात्मक परीक्षण उड़ान 28 मार्च, 2001 असफल रहा था। जी.

एस.एल.वी. डी 1 ने भी प्रायोगिक संचार उपग्रह 'जीसैट-1' को 36,000 किमी की ऊँचाई पर स्थित भू-स्थैतिक स्थानांतरण कक्षा में स्थापित नहीं कर सका और लगभग 1000 किमी नीचे रह गया। लेकिन जी.एस.एल.वी.-डी 2 ने प्रायोगिक संचार उपग्रह 'जीसैट-2 (वजन 1800 किग्रा) को पृथ्वी की समानांतर कक्षा से 36,000 किमी ऊपर स्थापित कर दिया तथा इसका इंडोनेशिया के 'बिआक' और कर्नाटक के 'हासन' स्थित मुख्य नियंत्रण प्रणाली से सम्पर्क हो गया। जी.एस. एल.वी-डी 2 को श्रीहरिकोटा स्थित सतीश धवन अंतरिक्ष केंद्र से 8 मई, 2003 को सफलतापूर्वक प्रक्षेपित किया गया। इस सफलता के बाद भारत उन पाँच देशों (अमेरिका, रूस, यूरोपीय संघ, जापान और चीन) के 'एलीट ग्रुप' में शामिल हो गया जो भू-स्थैतिक प्रक्षेपण में अपनी योग्यता सिद्ध कर चुके हैं।

➭ **क्रायोजेनिक प्रौद्योगिकी :** क्रायोजेनिक का शाब्दिक अर्थ निम्नतापिकी है। यह ग्रीक भाषा के बाद क्रायोस से बना है जो बर्फ के समान शीतलता के लिए प्रयुक्त होता है। निम्नतापिकी विज्ञान में 0°C से 150°C नीचे के तापमान को क्रायोजेनिक ताप कहा जाता है। निम्न ताप अवस्था (क्रायोजेनिक अवस्था) वाले इंजनों में अतिनिम्न ताप (-250°C) पर हाइड्रोजन का ईंधन के रूप में तथा ऑक्सीजन (-183°C) का ऑक्सीकारक के रूप में प्रयोग होता है। इस प्रौद्योगिकी में इन प्रणोदकों को तरल अवस्था में ही प्रयोग किया जाता है। इसमें ईंधन को परम तापीय अवस्था में प्रयोग करने की विशेषता के कारण इसे क्रायोजेनिक इंजन कहते हैं। इस इंजन की प्रमुख विशेषता है- 1. क्रायोजेनिक इंजन में प्रयोग होने वाले द्रव हाइड्रोजन एवं द्रव ऑक्सीजन के दहन से जो ऊर्जा पैदा होती है, वह ठोस ईंधन आधारित इंजन से प्राप्त ऊर्जा से कई गुना अधिक होती है। 2. इसमें ईंधन के ज्वलन की दर को नियंत्रित किया जा सकता है जबकि ठोस ईंधन से परिचालित होने वाले इंजन की ज्वलन की दर को नियंत्रित करना कठिन होता है। 3. इस प्रौद्योगिकी से युक्त इंजन में प्रणोदक की प्रति इकाई भार में अधिक बल पैदा होता है, जिससे यान को अधिक बल (थर्स्ट) मिलता है।

➭ **नोट :** क्रायोजेनिक इंजन का पहली बार प्रयोग अमेरिका द्वारा एटलांस संटूर नामक रॉकेट में किया गया था।

➭ 28 अक्टूबर, 2006 को तमिलनाडु के महेन्द्रगिरि में पूर्ण निम्नताप (क्रायोजेनिक) अवस्था का भारत ने सफल परीक्षण किया । भारत पूर्ण निम्नताप अवस्था का सफल परीक्षण करने वाला छठा देश है। भारत से पूर्व यह क्षमता अमेरिका, रूस, चीन, जापान एवं यूरोपीय अंतरिक्ष एजेंसी ने प्राप्त की है।

2. भारतीय परमाणु अनुसंधान

➭ डॉ. होमी जे. भाभा की अध्यक्षता में 10 अगस्त, 1948 को परमाणु ऊर्जा आयोग की स्थापना के साथ ही परमाणु ऊर्जा अनुसंधान की भारतीय यात्रा आरंभ हुई।

➭ भारत के प्रधानमंत्री की अध्यक्षता में परमाणु ऊर्जा कार्यक्रमों के कार्यान्वयन हेतु अगस्त, 1954 में परमाणु ऊर्जा विभाग की स्थापना की गयी। परमाणु ऊर्जा के सभी कार्यक्रम प्रधानमंत्री के तत्वावधान में किए जाते हैं।

परमाणु-अनुसंधान एवं विकास के प्रमुख केंद्र

1. भाभा परमाणु अनुसंधान केंद्र (BARC): ट्राम्बे (मुम्बई) में स्थापित भाभा परमाणु अनुसंधान केंद्र (BARC) परमाणु विज्ञान एवं सम्बद्ध क्षेत्र में कार्यरत देश का प्रमुख अनुसंधान केंद्र है। BARC परमाणु विद्युत कार्यक्रम तथा उद्योग एवं खनिज क्षेत्र की इकाइयाँ अनुसंधान एवं विकास में सहायता प्रदान करता है। इस केंद्र ने उद्योग, औषधि तथा कृषि के क्षेत्र में रेडियो, आइसोटोप के चिकित्सीय

उपयोगों सहित परमाणु ऊर्जा के शान्तिपूर्ण कार्यों में उपयोग की प्रौद्योगिकी का विकास किया है।

- प्रायोगिक रिएक्टरों को 'जीरो पावर' रिएक्टर भी कहते हैं, क्योंकि इसका इस्तेमाल ऊर्जा प्राप्ति की अपेक्षा नाभिकीय अनुसंधान के लिए खासतौर से किया जाता है।
- कनाडा के सहयोग से बार्क (BARC) में स्थापित साइरस तापीय रिएक्टर का मुख्य उद्देश्य रेडियो आइसोटोप का उत्पादन एवं उनके प्रयोग को प्रोत्साहित करना है।
- ध्रुव अनुसंधान रिएक्टर में रेडियो आइसोटोप तैयार करने के साथ-साथ परमाणु प्रौद्योगिकियों व पदार्थों में शोध पर कार्य किया जाता है।

BARC के परमाणु रिएक्टर

रिएक्टर	निर्माण वर्ष	क्षमता (मेगावाट में)
अप्सरा	1956	1
साइरस	1960	40
जरलीना	1961	00
पूर्णिमा-I	1972	00
पूर्णिमा-II	1984	00
पूर्णिमा-III	1990	00
ध्रुव	1985	100

2. इंदिरा गांधी परमाणु अनुसंधान केन्द्र (IGCAR) : वर्ष 1971 में कलपक्कम (तमिलनाडु) में इस केन्द्र की स्थापना की गयी। इस केन्द्र का प्रमुख कार्य फास्ट ब्रीडर रिएक्टर के संबंध में अनुसंधान एवं विकास करना है। इस केन्द्र में स्थित फास्ट ब्रीडर टेस्ट रिएक्टर विश्व में अपनी तरह का पहला रिएक्टर है, जो प्लूटोनयिम, यूरेनियम मिश्रित कार्बाइड ईंधन को काम में लाता है। फास्ट ब्रीडर टेस्ट रिएक्टर की कुछ विशेषताएँ निम्न है-

1. इसमें शृंखलागत अभिक्रिया को तीव्र न्यूट्रॉनों के माध्यम से निरंतर जारी रखा जाता है। ताप रिएक्टर की अपेक्षा इसमें विखंडित न्यूट्रॉनों की संख्या अत्यधिक होती है।
2. फास्ट ब्रीडर टेस्ट रिएक्टर में प्राकृतिक यूरेनियम का प्रयोग ताप रिएक्टर की अपेक्षा 60 से 70 गुणा ज्यादा होता है।
3. इसमें रेडियोधर्मिता का उत्सर्जन अल्प मात्रा में होता है।
4. इसमें शीतलक के रूप में सोडियम का प्रयोग किया जाता है, जबकि ताप रिएक्टर में जल का।
5. फास्ट ब्रीडर टेस्ट रिएक्टर की रूपरेखा फ्रांस की रैपसोडी रिएक्टर पर आधारित है।

कामिनी : कामिनी संक्षिप्त रूप है, कलपक्कम मिनी रिएक्टर का। कामिनी ने 17 सितम्बर, 1997 से काम करना शुरू कर दिया है। इस रिएक्टर का महत्त्व इस ईंधन के रूप में यूरेनियम या प्लूटोनियम का उपयोग किया जाता है, वहीं कामिनी थोरियम-31 का उपयोग ईंधन के रूप में करेगा। स्मरणीय है कि कामिनी थोरियम, यूरेनियम-233 ईंधन चक्र का उपयोग करने वाला विश्व का प्रथम रिएक्टर है। इस रिएक्टर का उपयोग अनुसंधान के अतिरिक्त अपराधियों को पकड़ने में भी किया जायेगा, क्योंकि इसके द्वारा फिंगर प्रिंटों का मिलान करना बड़ा सरल हो जायेगा।

3. उच्च प्रौद्योगिकी केन्द्र (CAT) : 1984 में इंदौर में स्थापित उच्च प्रौद्योगिकी केन्द्र का मुख्य कार्य लेसर एवं त्वरकों के क्षेत्र में प्रौद्योगिकी का विकास करना है।

नोट : लेसर (LASER) अक्षर समूह का निर्माण लाइट एम्प्लिफिकेशन बाई स्टीमुलेटेड एमिशन ऑफ रेडिएशन के संक्षिप्तीकरण से जुड़ा है जिसका अर्थ होता है, विकिरण उत्सर्जन के द्वारा प्रकाश का प्रवर्द्धन। लेसर एक ऐसी युक्ति है, जिसमें विकिरण ऊर्जा के उत्सर्जन के द्वारा एकवर्णी प्रकाश प्राप्त किया जाता है। लेसर की खोज अमेरिका की हेजेज प्रयोगशाला में थियोडोर मेमैन के द्वारा 1960 में की गयी थी। 1964 में BARC ने गैलियम-आर्सेनिक अर्द्धचालक लेसर का निर्माण किया।

4. परिवर्तनीय ऊर्जा साइक्लोट्रॉन केन्द्र (VECC) : यह केन्द्र परमाणु भौतिकी, परमाणु रसायन शास्त्र विभिन्न उद्योगों के लिए रेडियो समस्थानिकों के उत्पादन एवं रिएक्टरों को विभिन्न स्तरों से होने वाली क्षति के उच्च अध्ययन का राष्ट्रीय केन्द्र है। इसका मुख्यालय कोलकाता में है।

भारत के परमाणु विद्युत गृह

- परमाणु विद्युत उत्पादन के प्रबंधन के लिए, 1987 में भारतीय परमाणु विद्युत निगम लिमिटेड की स्थापना की गयी।
- तारापुर परमाणु विद्युत गृह संयुक्त राज्य अमरीका की सहायता से स्थापित भारत का पहला परमाणु विद्युत संयंत्र है। यहाँ अमेरिका से आयातित व संवर्द्धित यूरेनियम का ईंधन के रूप में प्रयोग होता है। इस विद्युत गृह के लिए आवश्यक ईंधन की आपूर्ति अंतिम समय तक संयुक्त राज्य अमेरिका द्वारा की जाएगी।
- रावतभाटा परमाणु विद्युत गृह प्रारंभ में कनाडा के सहयोग से शुरू किया गया था। बाद में यह परियोजना स्वदेशी तकनीक से पूरी की गई। वर्तमान में यह भारत का सबसे बड़ा 'न्यूक्लियर पार्क' है।

परमाणु ऊर्जा विभाग की अन्य प्रमुख इकाइयाँ

संस्थान का नाम	स्थिति
परमाणु पदार्थ निदेशालय	हैदराबाद
गुरु जल बोर्ड	मुम्बई
नाभिकीय ईंधन परिसर	हैदराबाद
भारतीय नाभिकीय ऊर्जा कॉरपोरेशन लिमिटेड	मुम्बई
भारत यूरेनियम निगम लि०	जादूगोड़ा
विकिरण और आइसोटोप प्रौद्योगिकी बोर्ड	मुम्बई

भारत के परमाणु विद्युत गृह

	परमाणु विद्युत ग्रह	स्थिति	निर्माण वर्ष	क्षमता (मेगावाट)
		कार्यरत		
1.	तारापुर परमाणु विद्युत गृह 1 व 2	महाराष्ट्र	1972	320
2.	राजस्थान परमाणु विद्युत गृह 1, 2 व विद्युत गृह-3	रावतभाटा (राजस्थान)	1972 1999	440 220
3.	मद्रास परमाणु विद्युत गृह 1 व 2	कलपक्कम (तमिलनाडु)	1983	470
4.	नरोरा परमाणु विद्युत गृह 1 व 2	बुलंदशहर (उत्तर प्रदेश)	1991	470
5.	काकरापार परमाणु विद्युत गृह 1 व 2	सूरत (गुजरात)	1993	220
6.	कैगा परमाणु विद्युत गृह 1 व 2	कर्नाटक	1999	440
		निर्माणाधीन		
1.	काकरापार परमाणु विद्युत गृह-3	सूरत (गुजरात)	–	440
2.	राजस्थान परमाणु विद्युत गृह-4	रावतभाटा (राजस्थान)	–	440
3.	कुडनकुलम परमाणु विद्युत गृह-1 व 2	कन्याकुमारी (तमिलनाडु)	–	2000
		निर्माण हेतु संस्तुति		
1.	तारापुर परमाणु विद्युत गृह-3 व 4	महाराष्ट्र	–	1000
2.	राजस्थान परमाणु विद्युत गृह-5, 6, 7 व 8	रावतभाटा (राजस्थान)	–	2000

नोट : विश्व का पहला परमाणु बिजलीघर रूस में स्थापित किया गया था। (दूसरा-USA में)

परमाणु परीक्षण

- 18 मई, 1974 में पोखरण (जैसलमेर-राजस्थान) में भारत ने स्वदेशी पहला परीक्षणीय परमाणु विस्फोट किया। यह बम 12 किलोटन क्षमता का था।
- पहले परीक्षण के 24 वर्षों के बाद पोखरण में दूसरी बार 11 मई व 13 मई, 1998 को परमाणु परीक्षण किया गया, जिसे शक्ति-98 नाम दिया गया।

'शक्ति-98' के अन्तर्गत परमाणु परीक्षण		
परीक्षण तिथि	**प्रक्रिया**	**क्षमता**
11 मई 1998	थर्मोन्यूक्लियर	43 किलोटन
11 मई 1998	विखण्डन	15 किलोटन
11 मई 1998	लो यील्ड	0.2 किलोटन
13 मई 1998	लो यील्ड	0.3 किलोटन
13 मई 1998	लो यील्ड	0.5 किलोटन

- सब किलोटन (अर्थात् 1 किलोटन से कम) विस्फोटों का सबसे बड़ा लाभ यह है कि यदि भारत ने समग्र परमाणु परीक्षण निषेध संधि (सी.टी.बी.टी.) पर हस्ताक्षर कर भी दिए, तो इस विस्फोटक तकनीक के माध्यम के बाद प्रयोगशाला में भी परीक्षणों को जारी रखा जा सकता है ।
- 'शक्ति 98' योजना की सफलता का श्रेय तीन वैज्ञानिकों को संयुक्त रूप से जाता है : 1. आर चिदम्बरम् 2. ए.पी.जे. अब्दुल कलाम 3. अनिल काकोदकर।
- 1974 के परमाणु परीक्षण में मात्र प्लूटोनिक ईंधन का उपयोग हुआ था, जबकि वर्ष 1998 में परिशोषित यूरेनियम से लेकर ट्रीटियम, ड्यूटेरियम तक का उपयोग किया गया।
- ट्रीटियम ईंधन परमाणु ऊर्जा रिएक्टरों में प्रयोग में लाए जाने वाले भारी जल से प्राप्त किया जाता है।
- **नोट:** संयुक्त राज्य अमेरिका ने जुलाई 1945 में पहला नाभिकीय विस्फोट ह्वाइट सैंडस में किया था।

3. भारतीय रक्षा प्रौद्योगिकी

- रक्षा क्षेत्र में अनुसंधान एवं विकास के लिए रक्षा अनुसंधान एवं विकास संगठन की स्थापना वर्ष 1958 में की गई। इस समय इसे कुछ अन्य प्रौद्योगिकीय संस्थानों के साथ मिलाकर स्थापित किया गया था ।
- 1980 में स्वतंत्र रक्षा अनुसंधान एवं विकास विभाग को गठित किया गया।
- रक्षा अनुसंधान एवं विकास संगठन (DRDO) के प्रमुख एवं महानिदेशक रक्षा मंत्री के वैज्ञानिक सलाहकार होते हैं। इस संगठन का मुख्यालय नई दिल्ली में है।
- रक्षा उत्पादन विभाग एवं रक्षा आपूर्ति विभाग का 1984 में विलय करके 'रक्षा उत्पादन एवं आपूर्ति विभाग' की स्थापना की गयी।

भारतीय प्रक्षेपास्त्र कार्यक्रम

- भारत की तत्कालीन प्रधानमंत्री श्रीमती इन्दिरा गाँधी ने जुलाई, 1983 में 'समेकित निर्देशित प्रक्षेपास्त्र विकास कार्यक्रम' (Integrated Guided Missile Development Programme–IGMDP) की नींव रखी। इस कार्यक्रम के संचालन का भार रक्षा अनुसंधान एवं विकास संगठन (DRDO) को सौंपा गया। इस कार्यक्रम के अन्तर्गत विकसित प्रक्षेपास्त्रों का संक्षिप्त विवरण इस प्रकार है-

1. पृथ्वी (Prithvi) : यह जमीन से जमीन पर मार करने वाला कम दूरी का बैलिस्टिक प्रक्षेपास्त्र है। 'पृथ्वी' प्रक्षेपास्त्र का प्रथम परीक्षण फरवरी, 1998 को चाँदीपुर अंतरिम परीक्षण केंद्र से किया गया। पृथ्वी की न्यूनतम मारक क्षमता 40 किमी तथा अधिकतम मारक क्षमता 250 किमी है।

2. त्रिशूल (Trishul) : यह कम दूरी का जमीन से हवा में मार करने वाला प्रक्षेपास्त्र है। इसकी मारक क्षमता 500 मी से 9 किमी तक है। यह मैक-2 की गति से निशाने को बेध सकता है।

रक्षा उत्पादन एवं आपूर्ति विभाग से जुड़े सार्वजनिक संस्थान		
संस्थान	**मुख्यालय**	**स्थापना वर्ष**
हिन्दुस्तान एरोनॉटिक्स लि०	बंगलुरु	1964
भारत इलेक्ट्रॉनिक्स लि०	बंगलुरु	1954
भारत अर्थ मूवर्स लि०	बंगलुरु	1964
मझगांव डॉक लि०	मुम्बई	1960
गोवा शिपयार्ड लि०	वास्को-डि-गामा	–
भारत डायनामिक्स लि०	हैदराबाद	1970
मिश्र धातु निगम लि०	हैदराबाद	1973
गार्डन रीच वर्क शॉप लि०	कलकत्ता	1934

3. आकाश (Aakash) : यह जमीन से हवा में मार करने वाला मध्यम दूरी का बहुलक्षीय प्रक्षेपास्त्र है। इसकी मारक क्षमता लगभग 25 किमी है। आकाश पहली ऐसी भारतीय प्रक्षेपास्त्र है, जिसके प्रणोदक में रामजेट सिद्धांतों का प्रयोग किया गया है। इसकी तकनीक को दृष्टिगत करते हुए इसकी तुलना अमरीकी पैट्रियाट मिसाइल से की जा सकती है। यह परम्परागत एवं परमाणु आयुध को ढोने की क्षमता रखता है तथा इसे मोबाइल लांचर से भी छोड़ा जा सकता है।

4. अग्नि (Agnt) : अग्नि श्रेणी में तीन प्रक्षेपास्त्र हैं : अग्नि-I, अग्नि-II एवं अग्नि-III । अग्नि जमीन से जमीन पर मार करने वाली मध्यम दूरी की बैलिस्टक मिसाइल है। अग्नि-III की मारक क्षमता 3000 किमी से 3500 किमी तक है। अग्नि-III को पाकिस्तान की हत्फ-3 तथा इजराइल की जेरिकी-2 की श्रेणी में रखा जा सकता है। अग्नि-III परम्परागत तथा परमाणु दोनों प्रकार के विस्फोटकों को ढ़ोने की क्षमता रखती है।

5. नाग (Nag) : यह टैंक रोधी निर्देशित प्रक्षेपास्त्र है। इसकी मारक क्षमता 4 किमी है। इसका प्रथम सफल परीक्षण नवम्बर, 1990 में किया गया। इसे 'दागो और भूल जाओ' टैंक रोधी प्रक्षेपास्त्र भी कहा जाता है, क्योंकि इसे एक बार दागे जाने के पश्चात पुनः निर्देशित करने की आवश्यकता नहीं पड़ती।

कुछ अन्य भारतीय प्रक्षेपास्त्र

1. धनुष (Dhanush) : यह जमीन से जमीन पर मार करने वाले प्रक्षेपास्त्रों में से एक है। यह 'पृथ्वी' प्रक्षेपास्त्र का ही नौसैनिक रूपान्तरण है। इसकी मारक क्षमता 150 किमी तथा इस पर लगभग 500 किग्रा आयुध प्रक्षेपित किया जा सकता है।

2. सागरिका (Sagrika) : यह सबमेरीन लाँच बैलिस्टिक मिसाइल है। समुद्र के भीतर से इसका पहला परीक्षण फरवरी, 2008 में किया गया। यह परम्परागत एवं परमाणु दोनों ही तरह के आयुध ले जाने में सक्षम है। इसे रक्षा अनुसंधान एवं विकास संगठन के द्वारा तैयार किया गया है। भारत ऐसा पाँचवाँ देश है, जिसके पास पनडुब्बी से बैलिस्टिक मिसाइल दागने की क्षमता है। (चार अन्य देश हैं : यू. एस. ए. फ्रांस, रूस एवं चीन)।

3. अस्त्र (Astra) : यह मध्यम दूरी का हवा से हवा में मार करने वाला और स्वदेशी तकनीक से विकसित प्रक्षेपास्त्र है। इसकी मारक क्षमता 10 से 25 किमी है। यह भारत का प्रथम हवा से हवा में मार करने वाला प्रक्षेपास्त्र है ।

4. ब्रह्मोस (Brahmos) : यह भारत एवं रूस की संयुक्त परियोजना के तहत विकसित किया जाने वाला प्रेक्षपास्त्र है। इसका नाम ब्रह्मोस (Brahmos) भारत की नदी ब्रह्मपुत्र (Brahmaputra) के Brah तथा रूस की नदी मस्कवा (Moskva) के Mos से मिलकर बना है। यह सतह से सतह पर मार करने वाला मध्यम दूरी का सुपरसोनिक क्रूज मिसाइल है। इसका प्रथम सफल परीक्षण जून, 2001 में

किया गया था। इसका तीसरा सफल परीक्षण मार्च 2009 में किया गया। यह भी दागी और भूल जाओ (Fire and Forget) की पद्धति पर ही विकसित किया गया है। इस क्रूज मिसाइल को जून, 2007 में भारतीय थल सेना में सम्मिलित किया गया। लगभग 290 किमी तक 200 किलोग्राम वजनी परमाणु बम ले जाने में सक्षम ब्रह्मोस ध्वनि की लगभग तीन गुना तेज गति से चलती है।

बैलिस्टिक मिसाइल : बैलिस्टिक से आशय ऐसे प्रक्षेपण से है, जिसमें किसी वस्तु को प्रक्षेपित करने में आवश्यक बल लगाया जाये किन्तु जमीन पर स्थित लक्ष्य पर गिरने के लिए उसे गुरुत्वाकर्षण के सहारे छोड़ दिया जाये।

क्रूज मिसाइल : इस श्रेणी की मिसाइल अपने लक्ष्य को खोज कर प्रहार करती है।

5. प्रद्युम्न (Pradhuman) : यह प्रक्षेपास्त्र दुश्मन के प्रक्षेपास्त्र को हवा में बहुत ही कम दूरी पर मार गिराने में सहायक है। यह एक इंटरसेप्टर प्रक्षेपास्त्र है। भारत ने स्वदेश निर्मित एडवांस्ड एयर डिफेंस (AAD–02) मिसाइल का परीक्षण ओडिशा के पूर्वी तट पर स्थित एकीकृत परीक्षण रेंज से 6 दिसम्बर, 2007 को किया।

युद्धक टैंक अर्जुन : इसका विकास रक्षा अनुसंधान एवं विकास संगठन के द्वारा किया गया है। इस युद्धक टैंक की गति अधिकतम 70 किमी प्रति घंटा तक हो सकती है। यह रात के अंधेरे में भी काम कर सकता है। इस टैंक में लगा एक विशेष प्रकार का फिल्टर जवानों को जहरीली गैसों एवं विकिरण प्रभाव से रक्षा करता है। इस फिल्टर का निर्माण बार्क (BARC) ने किया है। अर्जुन टैंक को विधिवत रूप से भारतीय सेना में शामिल कर लिया गया है।

T-90 एस. भीष्म टैंक : इसका निर्माण चेन्नई के समीप आवडी टैंक कारखाने में किया गया है। यह चार किमी के दायरे में प्रक्षेपास्त्र दाग सकता है। यह दुश्मन की प्रक्षेपास्त्र से स्वयं को बचाने की क्षमता रखता है तथा जमीन में बिछाई गयी बारूदी सुरंगों से भी अपनी रक्षा करने की क्षमता रखता है।

हल्के लड़ाकू विमान-तेजस (Tejas) : यह स्वदेश निर्मित प्रथम हल्का लड़ाकू विमान है। इसके विकास में हिन्दुस्तान एरोनॉटिक्स लिमिटेड (HAL) की महत्वपूर्ण भूमिका रही। इसमें अभी जी.ई.–404 अमेरिकी कपनी जनरल इलेक्ट्रॉनिक का इंजन लगा है, जिसे भविष्य में स्वदेश निर्मित कावेरी इंजन लगाकर हटाया जाएगा। विश्व के सबसे कम वजन वाले बहुआयामी सुपर सोनिक लड़ाकू विमान 600 किमी/घंटे से उड़ान भरती है और हवा से हवा में, हवा से धरती पर तथा हवा से समुद्र में मार करने में सक्षम है।

पायलट रहित प्रशिक्षण विमान-निशांत : यह स्वदेशी तकनीक से निर्मित पायलट रहित प्रशिक्षण विमान है। इसे जमीन से 160 किमी के दायरे में नियंत्रित किया जा सकता है। इस विमान का मुख्य उद्देश्य युद्ध क्षेत्र में पर्यवेक्षण और टोह लेने की भूमिकाओं का निर्वाह करना है।

पायलट रहित विमान-लक्ष्य : इसका विकास रक्षा अनुसंधान एवं विकास संगठन के द्वारा किया गया है। इसका उपयोग जमीन से वायु तथा वायु से वायु में मार करने वाले प्रक्षेपास्त्रों से तथा तोपों से निशाना लगाने के लिए प्रशिक्षण देने हेतु एक लक्ष्य के रूप में प्रयोग किया जाता है। यह जेट इंजन से चलता है तथा 10 बार प्रयोग में लाया जा सकता है। 100 km के दायरे में इसे रिमोट से नियंत्रित किया जा सकता है। इसका प्रयोग तीनों सेनाओं द्वारा किया जा रहा है।

एडवांस लाइट हेलीकॉप्टर-ध्रुव : इसे डी.आर.डी.ओ. द्वारा विकसित किया गया है। अधिकतम 245 किमी/घंटे की गति से उड़ान भरने वाला यह हेलीकॉप्टर 4 घंटे तक आकाश में रहकर 800 किमी की दूरी तय कर सकता है। यह दो इंजन वाला हेलीकॉप्टर है जिसमें दो चालकों सहित 14 व्यक्तियों को ले जाया जा सकता है।

आई.एल.–78 : यह आसमान में उड़ान के दौरान ही लड़ाकू विमानों में ईंधन भरने वाला प्रथम विमान है जिसे भारत ने मार्च, 2003 में उज्बेकिस्तान से प्राप्त किया है। इस विमान में 35 टन वैमानिकी

ईंधन के भण्डारण की सुविधा है। आगरा के वायु सैनिक अड्डे पर इन विमानों को रखने की विशेष व्यवस्था है।

काली-5000 : काली-5000 का विकास बार्क (BARC) द्वारा किया जा रहा है। यह एक शक्तिशाली बीम अस्त्र है जिसमें कई गीगावाट शक्ति की माइक्रोवेव तरंगे उत्सर्जित होंगी, जो शत्रु के विमानों एवं प्रक्षेपास्त्रों पर लक्षित करने पर उनकी इलेक्ट्रॉनिक प्रणालियों और कम्प्यूटर चिप्स को समाप्त करके उन्हें ध्वस्त करने में सक्षम होंगी।

पिनाका : यह मल्टी बैरल रॉकेट लांचर है। स्वदेशी तकनीक से डी.आ.डी.ओ. द्वारा विकसित इस रॉकेट प्रक्षेपक को ए.आर.डी.ई. पूणे में निर्मित किया गया है तथा इसका नाम भगवान शंकर के धनुष 'पिनाक' के नाम पर 'पिनाका' रखा गया। इसके द्वारा मात्र 40 सेकंड में ही 100-100 किग्रा वजन के एक के बाद एक 12 रॉकेट प्रक्षेपित किए जा सकते हैं, जो कम से कम 7 और अधिक से अधिक 39 किमी दूर तक दुश्मन के खेमे में तबाही मचा सकते हैं।

विविध :

- वैज्ञानिक तथा औद्योगिक अनुसंधान परिषद (CSIR) के अध्यक्ष भारत के प्रधानमंत्री होते हैं। CSIR (Council of Scientific and Industrial Research) की स्थापना हुई थी। इसका मुख्यालय नई दिल्ली में है।
- विक्रम साराभाई अंतरिक्ष केन्द्र की स्थापना तिरुवनंतपुरम (थुम्बा गाँव) में 1963 ई० में की गयी थी। इस स्थान का चुनाव करने का प्रमुख कारण यह है कि यह केन्द्र भू-चुम्बकीय विषुवत् रेखा पर स्थित है।
- पृथ्वी पश्चिम से पूर्व की ओर घूर्णन करती है, इसी का लाभ उठाने के लिए कृत्रिम उपग्रहों को पश्चिमी दिशा से पूर्वी दिशा में प्रक्षेपित किए जाते हैं।
- 'परखनली शिशु के मामले में निषेचन परखनली के अन्दर होता है, इसके बाद भ्रूण को माता के गर्भ में रखा जाता है।
- 25 जुलाई, 1978 ई० को ग्रेट ब्रिटेन में श्रीमती लेस्ली ब्राउन ने विश्व के प्रथम परखनली शिशु लुइस ब्राऊन को जन्म दिया। भारत में जन्म लेने वाला प्रथम परखनली शिशु विवादित है। डॉ० सुभाष मुखोपाध्याय के देखरेख में कानूप्रिया ने प्रथम परखनली बेबी दुर्गा का जन्म 3 अक्टूबर 1978 ई० को दिया, जिसे उस समय स्वीकृति नहीं मिली। 16 अगस्त, 1986 को मुम्बई के K.E.M. अस्पताल में इंदिरा हिन्दूजा की देखरेख में भारत के दूसरे परखनली शिशु हर्षा का जन्म हुआ। मुखोपाध्याय के साथ हुए विवाद के कारण कुछ रिकॉर्ड हर्षा को भारत का प्रथम परखनली शिशु मानता है।
- इयान विल्मुट, जो रोजलिंग इन्स्टीच्यूट (स्कॉटलैंड) के वैज्ञानिक थे, ने 5 जुलाई, 1996 को सर्वप्रथम एक वयस्क भेड़ से कोशिका लेकर 'डॉली' नामक क्लोन का निर्माण किया था।
- 1953 ई० में सर्वप्रथम बाईपास सर्जरी का प्रयोग यू०एस०ए० में हुआ था।
- 3 दिसम्बर, 1967 ई० को हृदय का प्रथम प्रत्यारोपण दक्षिण अफ्रीका के डॉक्टर क्रिश्चियन बनार्ड ने किया था ।
- अपरूपान्तरण (Metastasis) एक प्रक्रिया है जिसके द्वारा कैंसर कोशिकाओं में और अधिक विभाजन का सफलतापूर्वक संदामन किया जाता है।
- मौसम संबंधी परिवर्तनों के बारे में जानकारी प्राप्त करने लिए हीलियम गैस से भरे गुब्बारें प्रयोग में लाये जाते हैं।
- किसी वस्तु के त्रिविमिय प्रतिरूप को अंकित तथा पुनरावृत्ति करने की तकनीक का नाम

होलोग्राफी है। यह लेसर किरणों द्वारा की गई फोटोग्राफी है जिसमें वस्तु का चित्र त्रिआयामी हो जाता है ।

- विज्ञान का क्षेत्र जो मानव एवं यन्त्र के मध्य स्वचलन एवं संचार का अध्ययन करता है, साइबर्नेटिक्स (cybernatics) कहलाता है। यह विज्ञान की आधुनिकतम शाखा है, इसकी परिकल्पना 1949 ई० सर्वप्रथम नारबर्ट वीनर ने की थी। इसे नियंत्रण का विज्ञान भी कहते हैं।
- 19 दिसम्बर, 1945 में मुम्बई से टाटा इन्स्टीट्यूट ऑफ फण्डामेन्टल रिसर्च की स्थापना की गयी थी ।
- नेशनल स्कूल आफ डिजाइन पुणे में है।
- एडमिरल गोरशोकोव एक विमान-वाहक पोत है, जिसे भारत ने रूस से खरीदा है। यह विमानवाहक पोत विराट का स्थान ग्रहण करेगा। यह हिन्द महसागर में भारत की उपस्थिति को मजबूती प्रदान करेगा।
- आई० सी० चिप्स सिलिकॉन की बनी होती है। इसका निर्माण 1958 ई० में जे० एस० किल्वी० ने किया था।
- **के० कम्प्यूटर :** जापान द्वारा विकसित सर्वाधिक तीव्रता के साथ चलने वाला कम्प्यूटर है। इसकी गति 8.3 पेंटाफ्लाप्स/सेकंड है।
- **सागा-220 :** इसरो द्वारा विकसित भारत का सर्वाधिक तेज गति से चलने वाला सुपर कम्प्यूटर जिसे 02 मई 2011 को विक्रम साराभाई अन्तरिक्ष केन्द्र स्थित सतीश धवन सुपर कम्प्यूटिंग प्रयोगशाला में स्थापित किया गया।
- **कोरोनोग्राफ :** अंतरिक्ष में उठने वाले तूफानों की पूर्व जानकारी उपलब्ध कराने वाला उपकरण कोरोनोग्राफ कहलाता है। इस उपकरण की सहायता से सूर्य में नौ बड़े तूफानों का पता लगाया गया है, जिन्हें कोरोनल मास इंजेक्शन कहा जाता है।
- **पालीग्राफ :** झूठ पकड़ने वाली मशीन को पालीग्राफ कहते हैं। यह मशीन शरीर में होने वाली चार भौतिक गतिविधियों का एक साथ ग्राफिक्स तैयार करता है। यह मशीन इस सिद्धान्त पर आधारित है कि मनुष्य के दिमाग में जो कुछ होता है उसका प्रभाव भौतिक गतिविधियों पर अवश्य पड़ता है।
- **फैक्स :** इसका पूरा नाम फारअवे जेरॉक्स है। इससे एक स्थान से दूसरे स्थान पर जेरॉक्स कॉपी भेजा जा सकता है।
- **रेवा :** भारत की प्रथम बैटरी से चलने वाली कार है।
- **री एजेंट :** यह एक प्रकार का रसायन है जिसका उपयोग दूध में मिलावट का पता लगाने हेतु

कंपनी	मुख्यालय
वोडाफोन	यूनाइटेट किंगडम, लंदन
एडोब सिस्टम	कैलीफोर्निया (अमेरिका)
सैमसंग	सियोल द. कोरिया
हेवलेट पैकर्ड	पालो अल्टो, अमेरिका
हिटाची	चियोडा, टोक्यो, जापान
आईबीएम	अरमान्क, अमेरिका
सोनी	मिनाटो, जापान
तोशिबा	मिनाटो, जापान
पैनासोनिक	काडोमा, जापान
डेल	राउंड रॉक, अमेरिका
वालमार्ट	अमेरिका
नोकिया	इसपू, फिनलैंड
माइक्रोसॉफ्ट	रेडमांड, अमेरिका
एप्पल इंक	कूपरटीनो, अमेरिका
कैनन इंक	ओताकू, जापान
इंटेल	सैन्टा क्लारा, अमेरिका
फुजीफिल्म	टोक्यो, जापान
कोडक	रोचेस्टर, अमेरिका
मीत्सुविशी	टोक्यो, जापान
गूगल	माउन्टेनव्यू, अमेरिका
याहू	सन्नीवेल, अमेरिका
एसेर इंक	न्यू ताइपेई, ताइवान
फिलीप्स	एमसटर्डम्, नीदरलैंड
लेनोवो	बीजिंग, चीन

किया जाता है। इस रसायन की एक बूँद का प्रयोग करके मात्र कुछ सेकेण्ड में यह पता चल जाता है कि दूध 'प्राकृतिक' है अथवा 'सिंथेटिक' है।

- **सीडी स्ट्रिप :** यह सरसों के तेल में 'बटर यलो' की मिलावट की जाँच के लिए विकसित एक तकनीक है। इस तकनीक के तहत मिलावट की जाँच हेतु रसायन-युक्त एक छोटे कागज पर एक बूँद तेल डालने के बाद यदि वह गुलाबी हो जाए, तो तेल में बटर यलो की मिलावट की पुष्टि हो जाती है।
- **सार्स :** रहस्यमय निमोनिया के रूप में चर्चित घातक बीमारी सार्स यानी 'सीवियर एक्यूट रेस्पिरेटरी सिन्ड्रॉम' के विषाणु को 'पैरामिक्सोवायरस' के रूप में चिह्नित किया गया है, जो कोरोनोवायरस परिवार से सम्बन्धित है। इसके रोगी में निमोनिया जैसे लक्षण दिखाई देते हैं। लगातार खाँसी आने और सांस में तकलीफ बने रहने के कारण रोगी की मृत्यु तक हो जाती है।
- **नैवीरेपीन :** वैज्ञानिकों ने एड्सग्रस्त महिलाओं के गर्भस्थ शिशु को इस जानलेवा बीमारी से सुरक्षित रखने के लिए एक सस्ती दवा 'नैवीरेपीन' का विकास किया है। इस दवा की मात्र दो खुराकों से ही प्रतिवर्ष लाखों शिशुओं को एड्स बीमारी से बचाया जा सकता है। शिशु को यह दवा 18 माह की आयु तक दी जाती है।
- अमेरिकी बहुराष्ट्रीय कम्पनी मोनोसांटो ने कृषि जगत में विकास के लिए कीटप्रतिरोधी क्षमता वाले कपास का बीज तैयार किया है। उसने वैसीलस थुरिजिएनसिस (B.T.) जीवाणुओं को इसके लिए कपास में अंतरित किया। इस बायोटेक्निोलॉजिकल रिसर्च की मदद से आलू, टमाटर तथा सरसों के कीट प्रतिरोधी बीज तैयार कर लिए गए हैं।
- हाइब्रिडोमा तकनीक का विकास 1975 ई० में डॉ० मिलस्टोन कोस्लर एवं जर्मे द्वारा किया गया। इस तकनीक द्वारा एक क्लोनी प्रतिरक्षियों का वाणिज्यिक उत्पादन किया जाता है।
- टर्मिनेटर बीज जेनेटिक इंजीनियरों द्वारा तैयार किया गया ऐसा बीज है, जिनके अंकुरण से पौधे तो तैयार होते हैं, किन्तु उनसे अंकुलक्षण बीज का उत्पादन नहीं होता है।
- ईकोमार्क उन भारतीय उत्पादों को दिया जाता है, जो पर्यावरण के लिए अनुकूल होते हैं। यह भारत सरकार के पर्यावरण एवं वन मंत्रालय द्वारा दिया जाता है।
- टेस्ट ट्यूब बेबी तकनीक के जनक प्रो० सर रॉबर्ट एडवर्ड्स (1925-2013) थे जिन्होंने कैम्ब्रिज विश्वविद्यालय के एक प्रयोगशाला में 1968 में इस तकनीक का आविष्कार किया था। तत्पश्चात् 1978 में इनके निरंतर प्रयासों के फलस्वरूप ओल्डहैड जनरल अस्पताल में लुइस ब्राऊन नामक प्रथम टेस्ट ट्यूब बेबी का जन्म संभव हुआ। इसके लिए एडवर्ड्स को 2010 में चिकित्सा के क्षेत्र में नोबेल पुरस्कार से सम्मानित किया गया।

विविध

1. नवीनतम शब्द संक्षेप

AEZ	Agriculture Economic Zone	AUSPI	Association of Unified Telecom Service Provider of India
AGPL	Actual Ground Position Line	AIMED	Association of Indian Medical Device Industry
AMFI	Association of Mutual Funds in India	APDRP	Accelerated Power Development and Reform Programme
AIIB	Asian Infrastructure Investment Bank	ATG	Acaustic Tidal Guage
AWAN	Army Wide Area Network	ARD	Alliance for Restoration of Democracy
ART	Anti Retroviral Therapy	AVES	Acute Viral Encephalitic Syndrome
BCSB	Banking Codes and Standards Board of India	BCTT	Bank Cash Transaction Tax
BDIC	Banking Deposits Insurance Corporation	BPAN	Bometric Permanent Account Number
BIPA	Bilateral Investment Promotion Agreement	BPC	Business Process Counselling
BPO	Business Process Outsourcing	BRGF	Backward Region Grant Fund
BTC	Bodoland Territorial Council		
CAD	Command Area Development	CDMA	Code Division Multiple Access
CDS	Centre for Development Studies	CERT	Computer Emergency Response Team
CLAWS	Centre for Land Warfare Studies	CLIP	Caller Line Identification Presentation
CMDS	Counter Measure Dispenser System	CNLU	Chanakya National Law University

CITES	Convention on International Trade in Endangered Species	CIPA	Common Integrated Police Application
CONCERT	Countrywide Network of Computerised Enhanced Reservation and Ticketing	CPI	Corruption Perceptions Index
CODESA	Convention for a Democratic, South Africa	COFEPOSA	Conservation of Foreign Exchange and Prevention of Smuggling Act.
CSTO	Collective Security Treaty Organisation	CWT	Cash Withdrawal Tax
DIMMTS	Delhi Integrated Multi Model Transport System	DIN	Direct Identification Number
DOART	Deep Ocean Assessment and Reporting of Tsunami	DSRV	Deep Sea Submarine Rescue Vehicle
DCIS	Digital Coach Identification System		
EAS	East Asia Summit	ECG	Environmental, Social & Governance Index
EDI	Education Development Index	ELM	Edge Localised Modes
EXDR-TB	Extreme Drug Resistant - Tuberculosis Bacteria	EGPWS	Enhanced Ground Proximity Warning System
FBI	Federal Bureau of Investigation	FCTC	Framework Convention on Tobacco Control
FBI	Fringe Benefit Tax	FIUI	Finance Intelligence Unit of India
FMC	Forward Market Commission	FTWZ	Free Trade & Warehousing Zone
GAAR	General Anti Avoidance Rule	GAGAN	GPS Aided Geo Augmented Navigation
GAN-GOTRI	Government in Action with NGO for Transformation of Rural India	GETF	Gold Exchange Traded Fund
GLONASS	Global Orbiting Navigation Satellite System	GMUNET	Global Mega University Network
GREAC	Global Range Electronic Appliance Controller	GST	Goods and Service Tax

GURI	Genetic Use Restriction Technology		
HSADL	High Security Animal Disease Laboratory	HSEZ	Handicrafts Special Economic Zone
HSN	Harmonical Synchronised Number		
IAVI	International AIDS Vaccine Initiative	ICAS	Indian Court of Arbitration for Sports
IIC	India Investment Corporation	IIFCL	Indian Infrastructure Finance Company Ltd.
IMD	India Millenium Deposit	IMDT	Illegal Migration Determination Watch Tribunal
ITER	International Thermonuclear Experimental Reactor	ICBA	India-China Business Alliance
IUCN	International Union for Conservation of Nature	IWS	International Warning System
		ICRISAT	International Crops Research Institute for Semi-Arid Tropics
ICOMOS	International Council on Monuments & Sites	IDF	Infrastructure Debt Fund
IISER	Indian Institute of Science Education & Research	IKA	International Kashmir Alliance
IMEI	International Mobile Electronic Identification	INDU	Indian National Defence University
IOPT	International Organisation to Promote Tourism	IPCC	Inter Governmental Panel on Climate Change
IRSMI	International Railway Strategic Management Institute	ITES	Integrated Train Enquiry System
ITES	Information Technologies Enbield Services		
JSF	Joint Strike Fighter		
KPO	Knowledge Process Outsourcing		
LFO	Legal Format Ordiance	LIDA	Lucknow Industrial Development Authority
LPD	Landing Platform Dock		
MAC	Multi Agency Centre	MFI	Micro Finance Institutions
MIP	Moon Impact Prob.	MNP	Mobile Number Portability

विविध

MMM(M-3)	Moon Minerology Mapper Multimedia	MMS	Messaging Services
MIN	Mutual Fund Indentification Number	MPLADS	Member of Parliament Local Area Development Scheme
MNIC	Multipurpose National Identity Card	MRTS	Mass Rapid Transport System
MVA	Modified Vaccine Ankara		
NABCONS	NABARD Consultancy Services limited	NAAC	National Assessment and Accreditation Council
NAASP	New Asian African Strategic Partnership	NABFINS	NABARD Financial Services
NACIL	National Aviation Company of India Ltd.	NALSA	National Legal Services Authority
NBRA	National Biotechnology Regulatory Authority	NCCE	National Council for Clinical Establishment
NCBM	Nuclear Confidence Building Measures	NDMA	National Disaster Management Authority
NDNC	National Do Not Call	NEFT	National Electronic Fund Transfer
NETA	National Environmental Tribunal Act.	NEA	National Environment Authority
NECA	National Elephant Conservation Authority	NFTI	National Flying Training Institute
NHDP	National Highways Development Project	NHM	National Horticulture Mission
NIA	National Investigation Agency	NIAM	National Institute of Agriculture Marketing
NIEI	National Internat Exchange of India	NINI	National Inland Navigation Institute
NJC	National Judicial Council	NTT	National Tax Tribunal
NJAC	National Judicial Appointment Commission	NDFB	National Democratic Front of Bodoland
NITI	National Institute for Transforming India	NLPA	National Land Port Authority
NRHM	National Rural Health Mission	NSG	Nuclear Supplier Group
NSS	National Settlement System	NSMEB	National Small & Medium Enterprises Board
NDGRLS	National Digital Gateway for Rural Livelihood Security	NURM	National Urban Renewal Mission

OCI	Overseas Citizen of Indian Scheme	OLED	Organic Light Emitting Diode
OLTAS	On Line Tax Accounting System		
PAMS	Pacific Army Management Seminar	PARMD	Programme Outcome and Response Monitering Division
PCPNDT	Pre Conception Pre Natal Sex Diagnosis Test	PPA	Phenyl - Propanol Amine
PETA	People for the Ethical Treatment of Animals	PTCT	Parents to' Child Transmission
PTT	Push to Talk	PTWS	Pacific Tsunamic Warning System
PURA	Providing Urban Amenities in the Rural Areas	RAM	Radio Audience Measurement
RECAAP	Regional Cooperation Agreement on Anti Piracy	RFID	Radio Frequency Indentification
RKC	Rural Knowledge Centre	RIDF	Rural Infrastructure Development Fund
ROSNI	Round Spermedic Nuclear Injection	RPM	Refining Process Outsourcing
RPO	Rubbish Process Outsourcing	RTV	Rural Transport Vehicle
RLDA	Rail Land Development Authority	RTRA	Rail Tariff Regulatory Authority
SARS	Severe Acute Respiratory Syndrome	SAFMA	South Asia Free Media Association
SAMFIP	South Asia Muslim Forum for International Peace	SARPSCO	South Asia Regional Port Security Cooperative
SASEC	South Asian Sub-regional Economic Cooperation	SEA	Satellite Education Authority
SEBI	Securities Exchange Board of India	SEPC	Service Export Promotion Council
SETS	Society of Electronic Transactions & Security	SFC	Strategic Force Command
SFIO	Serious Froud Investigation Office	SFMS	Structured Financial Messaging Solution
SOFA	Status of Forces Agreement	SPROB	Social Propellant Booster Centre
SRE-I	Space Capsule Recovery Experiment	SRSF	Special Railway Safety Fund

SIT	Securities Transaction Tax		
TALK	Tools for Ambiant Linguistic Knowledge	TAR	Trans Asia Railways
TIN	Tax Information Network	TRACT	Transport Remote Area Communication Terminal
UAN	Universal Access Number	UAV	Unmanned Arial Vehicle
UDC	University Development Commission	UDRS	Umpires Decision Review System
ULP	United Legislation Party	UNFPA	United Nations Population Fund
UNHRC	United Nation Human Right Council	UMRTS	Urban Mass Rapid Transit System
URIF	Urban Reform Incentive Fund	UNPA	United National Progressive Alliance
URL	Uniform Resource Locator	USAT	Ultra Small Aperture Terminal
USB	Universal Serial Base		
VCTC	Votry Counciling and Testing Centre	VSAT	Very Small Aperture Terminal
WAN	Wide Area Network	WAP	Wireless Application Protocol
WBSI	World Savings Banks Institute	WCCB	Wildlife Crime Control Bureau
WLAN	Wireless Local Area Network	WILL	Wireless in Local Loop
WIMAX	Worldwide Interoperability for Microwave Access	WOTGAP	War on Transport Generated Air Pollutions
WISCOMP	Woman in Security, Conflict Management & Peace	WCU	Word Conservation Union

2. भारत में प्रथम पुरुष

1.	भारत का प्रथम गवर्नर जनरल	लॉर्ड विलियम बेंटिक
2.	भारत का अंतिम गवर्नर जनरल एवं प्रथम वायसराय	लॉर्ड कैनिंग
3.	भारत का अंतिम वायसराय	लॉर्ड माउंटबेटन
4.	स्वतंत्र भारत का प्रथम गवर्नर जनरल	लॉर्ड माउंटबेटन
5.	स्वतंत्र भारत का प्रथम तथा अंतिम (भारतीय) गवर्नर जनरल	चक्रवर्ती राजगोपालाचारी

6.	भारत का प्रथम राष्ट्रपति	डॉ. राजेन्द्र प्रसाद
7.	भारत का प्रथम मुस्लिम राष्ट्रपति	डॉ. जाकिर हुसैन
8.	भारत का प्रथम उपराष्ट्रपति	डॉ. सर्वपल्ली राधाकृष्णन
9.	भारत का प्रथम प्रधानमंत्री	पण्डित जवाहरलाल नेहरू
10.	भारत का प्रथम उपप्रधानमंत्री एवं गृहमंत्री	सरदार वल्लभभाई पटेल
11.	भारत का प्रथम शिक्षा मंत्री	अबुल कलाम आजाद
12.	भारत के केन्द्रीय मंत्रिमंडल से इस्तीफा देने वाला प्रथम मंत्री	श्यामा प्रसाद मुखर्जी (1950)*
13.	प्रथम चीफ ऑफ एयर स्टॉफ	एयर मार्शल सर थॉमस एमहर्स्ट
14.	भारत का प्रथम वायु सेनाध्यक्ष	एयर मार्शल एस. मुखर्जी
15.	भारत का प्रथम नौसेनाध्यक्ष	वाइस एडमिरल आर.डी. कटारी
16.	प्रथम चीफ ऑफ आर्मी स्टॉफ	जनरल एम. राजेन्द्र सिंह
17.	स्वतंत्र भारत का प्रथम कमांडर-इन-चीफ	जरनल करिअप्पा
18.	प्रथम फील्ड मार्शल	जनरल मानिक शॉ
19.	लोकसभा का प्रथम अध्यक्ष	गणेश वासुदेव मावलंकर
20.	भारत का प्रथम चुनाव आयुक्त	सुकुमार सेन
21.	भारत का प्रथम मुख्य न्यायाधीश	जस्टिस हीरालाल जे. कानिया
22.	स्वतंत्र भारत में जन्मे (29 सितम्बर, 1947) भारत के प्रथम मुख्य न्यायाधीश	न्यायमूर्ति सरोश होमी कपाड़िया
23.	अन्तरराष्ट्रीय न्यायालय में प्रथम भारतीय न्यायाधीश (अध्यक्ष)	डॉ. नागेन्द्र सिंह
24.	भारतीय राष्ट्रीय कांग्रेस के प्रथम अध्यक्ष	व्योमेश चन्द्र बनर्जी
25.	भारतीय राष्ट्रीय कांग्रेस के प्रथम मुस्लिम अध्यक्ष	बदरुद्दीन तैयब जी
26.	राष्ट्रीय कांग्रेस के सम्मेलन में भारत की स्वतंत्रता का प्रस्ताव पेश करने वाला प्रथम व्यक्ति	हसरत मोहानी
27.	नोबेल पुरस्कार प्राप्त करने वाले प्रथम भारतीय	रवीन्द्रनाथ ठाकुर
28.	भारत के प्रथम नोबेल पुरस्कार विजेता वैज्ञानिक	सी.वी. रमण (भौतिकी)
29.	मैग्सेसे एवार्ड पाने वाले प्रथम भारतीय	आचार्य विनोबा भावे
30.	स्टालिन पुरस्कार प्राप्त करने वाले प्रथम भारतीय	सैफुद्दीन किचलू
31.	गोल्डेन ग्लोब अवार्ड जीतने वाले प्रथम भारतीय	ए. आर. रहमान
32.	भारत रत्न पुरस्कार प्राप्त करने वाले प्रथम भारतीय	डॉ. सर्वपल्ली राधाकृष्णन
33.	भारत रत्न से सम्मानित प्रथम विदेशी नागरिक	खान अब्दुल गफ्फार खान

34.	ज्ञानपीठ पुरस्कार से सम्मानित प्रथम व्यक्ति	श्रीशंकर कुरुप
35.	आई.सी.एस. में सफल होने वाले प्रथम भारतीय	सत्येन्द्र नाथ टैगोर
36.	अंतरिक्ष में पहुँचने वाले प्रथम भारतीय	राकेश शर्मा
37.	इंगलिश चैनल को पार करने वाले प्रथम भारतीय	मिहिर सेन
38.	पाक स्ट्रेट तैराकी प्रतियोगिता जीतने वाले प्रथम भारतीय	वैद्यनाथ
39.	बिना ऑक्सीजन के एवरेस्ट की चोटी पर पहुँचने वाले भारतीय	शेरपा अंग दोरजी
40.	भारत का भ्रमण करने वाला प्रथम चीनी यात्री	फाह्यिान
41.	मुगल दरबार में आने वाला प्रथम अंग्रेज	हॉकिन्स
42.	भारत आने वाले प्रथम अमेरिकी राष्ट्रपति	ड्वाइट डेविड आइजन हावर
43.	भारत आने वाला प्रथम ब्रिटिश प्रधानमंत्री	हेराल्ड एम.सी. मिलॉन
44.	भारत आने वाले प्रथम रूसी प्रधानमंत्री	निकोलाई ए. बल्गारिन
45.	प्रथम भारतीय पायलट	जे.आर.डी. टाटा (1951 ई.)
46.	ओलम्पिक के वैयक्तिक स्पर्धा में भारत के लिए पहला स्वर्ण पदक जीतने वाला खिलाड़ी	अभिनव बिन्द्रा (10 मी.) एयर राइफल-2008)
47.	ब्रिटिश संसद का सदस्य बनने वाला प्रथम भारतीय	दादाभाई नौरोजी
48.	भारत में प्रथम समाचार पत्र शुरू करने वाला व्यक्ति	जेम्स ए. हिक्की
49.	भारत में प्रिंटिंग प्रेस का प्रचलन करने वाला प्रथम व्यक्ति	जेम्स ए. हिक्की

* पण्डित जवाहरलाल नेहरू के मंत्रिमंडल में श्यामा प्रसाद मुखर्जी कैबिनेट मंत्री (Industry and Supply) थे। 1951 ई. में इन्होंने **भारतीय जनसंघ** की स्थापना की।
* खान अब्दुल गफ्फार खान को सीमांत गांधी के नाम से भी जाना जाता है।

3. भारत में प्रथम महिला

1.	भारत की प्रथम महिला राष्ट्रपति	श्रीमती प्रतिभा देवी सिंह पाटिल
2.	भारत की प्रथम महिला प्रधानमंत्री	श्रीमती इंदिरा गांधी
3.	भारत की प्रथम महिला लोकसभा अध्यक्ष	मीरा कुमार
4.	भारत की प्रथम महिला राज्यपाल	सरोजिनी नायडू (उत्तरप्रदेश)
5.	भारत की प्रथम महिला सांसद	राधाबाई सुबारायन
6.	यूपीएसी की प्रथम महिला अध्यक्ष	रोज मिलियन बैथ्यू
7.	भारत की प्रथम महिला शासिका	रजिया सुल्तान
8.	भारत की प्रथम महिला आईएएस	अन्ना जार्ज
9.	भारत की प्रथम महिला आईपीएस	किरण बेदी
10.	प्रथम महिला मुख्यमंत्री	सुचेता कृपलानी (उत्तरप्रदेश)

11.	प्रथम महिला केन्द्रीय मंत्री	राजकुमारी अमृता कौर
12.	प्रथम महिला कांग्रेस अध्यक्ष	डॉ. एनी बेसेन्ट
13.	सुप्रीम कोर्ट की प्रथम महिला न्यायाधीश	मीरा साहिब फातिमा बीबी
14.	उच्च न्यायालय की प्रथम महिला मुख्य न्यायाधीश	लीला सेठ (हिमाचल प्रदेश)
15.	देश की प्रथम महिला सत्र न्यायाधीश	अन्ना चांडी (केरल)
16.	अशोक चक्र पाने वाली प्रथम महिला	नीरजा भनोट
17.	संयुक्त राष्ट्र संघ की प्रथम महिला भारतीय राजदूत	वियालक्ष्मी पंडित
18.	इंग्लिश चैनल पार करने वाली प्रथम भारतीय महिला	आरती साहा
19.	नोबेल पुरस्कार प्राप्त करने वाली प्रथम भारतीय महिला	मदर टेरेसा
20.	एवरेस्ट शिखर पर पहुँचने वाली प्रथम महिला	बच्छेन्द्री पाल
21.	'मिस वर्ल्ड' बनने वाली प्रथम महिला	कुमारी रीता फारिया
22.	एवरेस्ट पर लगातार दो बार चढ़ने वाली प्रथम महिला	संतोष यादव
23.	'मिस यूनिवर्स' बनने वाली प्रथम महिला	सुष्मिता सेन
24.	भारत रत्न से सम्मानित प्रथम महिला	श्रीमती इंदिरा गांधी
25.	ज्ञानपीठ पुरस्कार पाने वाली प्रथम महिला	आशापूर्णा देवी
26.	अर्जुन पुरस्कार पाने वाली प्रथम महिला	एन. लम्सडेन (हॉकी, 1961 ई.)
27.	ओलम्पिक में कोई पदक पाने वाली प्रथम महिला	कर्णम मल्लेश्वरी (कांस्य पदक)
28.	अर्जुन एवं राजीव गांधी खेल रत्न दोनों पुरस्कार पाने वाली प्रथम महिला	कुंजरानी (ग्रांड ओल्ड लेडी)
29.	प्रथम महिला मेयर	तारा चेरियन (चेन्नई)
30.	प्रथम महिला स्नातक (प्रतिष्ठा)	कामिनी रॉय (1886 ई.)
31.	प्रथम महिला स्नातक	कदाम्बिनी गांगुली एवं चन्द्रमुखी
32.	वायुसेना में प्रथम महिला पायलट	हरिता कौर दयाल
33.	प्रथम महिला एयरबस पायलट	दुर्बा बनर्जी
34.	प्रथम महिला लेफ्टिनेंट जनरल	पुनीत अरोड़ा
35.	प्रथम महिला एयर वाइस मार्शल	पी. बंदोपाध्याय
36.	प्रथम महिला चेयरपरसन ऑफ इंडियन एयरलाइन्स	सुषमा चावला
37.	अंतरिक्ष में जाने वाली प्रथम भारतीय महिला	कल्पना चावला (अमेरिकी नागरिक)
38.	ऑस्कर पुरस्कार जीतने वाली प्रथम भारतीय महिला	भानु अथैया
39.	एशियाई खेलों में स्वर्ण पदक जीतने वाली प्रथम महिला	कमलजीत संधु
40.	दक्षिणी ध्रुव पर पहुँचने वाली प्रथम भारतीय महिला	रीना कौशल धर्मशक्टू
41.	सात प्रमुख सागर तैरकर पार करने वाली प्रथम महिला	बुला चौधरी

42.	गोबी रेगिस्तान पार करने वाली प्रथम महिला	सुचेता कड़ेथानकर
43.	राज्य सभा की प्रथम महिला महासचिव	वी.एस. रमादेवी
44.	राज्य सभा के लिए नामांकित होने वाली प्रथम महिला फिल्म अभिनेंत्री	नरगिस दत्त
45.	अंटार्कटिका पहुँचने वाली प्रथम भारतीय महिला	मेहर मूसा
46.	साहित्य अकादमी पुरस्कार जीतने वाली प्रथम महिला	अमृता प्रीतम
47.	ओलंपिक खेलों में भाग लने वाली प्रथम महिला	मैरी लीला राव
48.	भारतीय सिनेमा की प्रथम अभिनेत्री	देविका रानी रोरिक
49.	राष्ट्रीय महिला आयोग की प्रथम महिला अध्यक्ष	जयंती पटनायक
50.	दूरदर्शन समाचार वाचक प्रथम भारतीय महिला	प्रतिमा पुरी

4. भारत में प्रथम अन्य

1.	भारत का प्रथम परमाणु रिएक्टर	अप्सरा
2.	भारत का प्रथम परमाणु पनडुब्बी	आई.एन.एस चक्र
3.	भारत का प्रथम पनडुब्बी	आई.एन.एस. कावेरी
4.	भारत का प्रथम विमानवाहक पोत	आई.एन.एस. विक्रांत
5.	भारत का प्रथम मध्यम दूरी वाला मिसाइल	अग्नि
6.	भारत का प्रथम प्रक्षेपास्त्र	पृथ्वी
7.	भारत का प्रथम आण्विक केन्द्र	तारापुर
8.	भारत का प्रथम खुला विश्वविद्यालय	आंध्रप्रदेश खुला विश्वविद्यालय
9.	प्रथम एशियाई खेल का आयोजन	दिल्ली (1951 ई. में)
10.	भारत का प्रथम विश्वविद्यालय	नालन्दा विश्वविद्यालय
11.	भारत का प्रथम दूरदर्शन केन्द्र	नई दिल्ली
12.	देश में पहली बार दूरदर्शन में रंगीन कार्यक्रमों का प्रसारण	15 अगस्त, 1982 ई. को
13.	प्रथम मूक फिल्म	राजा हरिश्चन्द्र (निर्माता फाल्के-1912)
14.	प्रथम बोलती फिल्म	आलमआरा (आर्देशर ईरानी-1931)
15.	भारत की पहली टेक्नीकलर फिल्म	झांसी की रानी
16.	भारत की प्रथम 3-डी फिल्म	माई डियर कुट्टी चातन
17.	प्रथम फुटबॉल क्लब	मोहन बागान, कोलकाता (1889 में)
18.	प्रथम प्रायोजित सीरियल	हमलोग (1984)
19.	भारत का प्रथम समाचार पत्र	बंगाल गजट (1780)
20.	प्रथम महिला रोजगार कार्यालय	जयपुर

5. भारत में सर्वाधिक बड़ा, लम्बा एवं ऊँचा

1.	सबसे लम्बा सड़क पुल	महात्मा गांधी सेतु (पटना)
2.	सबसे बड़ा पशुओं का मेला	सोनपुर (बिहार)
3.	सबसे ऊँची मीनार	कुतुबमीनार (दिल्ली)
4.	सबसे बड़ी झील	वूलर झील (जम्मू-कश्मीर)
5.	सबसे ऊँचा गुरुत्वीय बाँध	भाखड़ा बाँध (पंजाब)
6.	सबसे बड़ा रेगिस्तान	थार (राजस्थान)
7.	सबसे बड़ा गुफा मन्दिर	कैलाश मन्दिर (एलोरा)
8.	सबसे बड़ा चिड़ियाघर	जूलोजिकल गार्डन (कोलकाता)
9.	सबसे बड़ी मस्जिद	जामा मस्जिद (दिल्ली)
10.	सबसे ऊँची चोटी	गॉडविन ऑस्टिन (K-2)
11.	सबसे लम्बी सुरंग	जवाहर सुरंग (जम्मू-कश्मीर)
12.	सबसे बड़ा डेल्टा	सुन्दरवन डेल्टा (पश्चिम बंगाल)
13.	सबसे अधिक वनों का राज्य	मध्यप्रदेश
14.	सबसे बड़ा कोरीडोर	रामेश्वरम मन्दिर तमिलनाडु)
15.	सबसे ऊँचा झरना	जोग या गरसोप्पा (कर्नाटक)
16.	सबसे लम्बी सड़क	ग्रांट ट्रंक रोड
17.	सबसे ऊँचा दरवाजा	बुलन्द दरवाजा
18.	सबसे लम्बी नदी	गंगा नदी
19.	सबसे बड़ा अजायबघर	कोलकाता अजायबघर
20.	सबसे बड़ा गुम्बज	गोल गुम्बज (बीजापुर)
21.	सबसे ऊँची मूर्ति	गोमतेश्वर (कर्नाटक)
22.	सर्वाधिक वर्षा का स्थान	मासिनराम (मेघालय)
23.	सबसे बड़ा लीवर पुल	हावड़ा ब्रिज (कोलकाता)
24.	सबसे लम्बी नहर	इन्दिरा गांधी नहर (राजस्थान)
25.	सबसे लम्बा रेलवे प्लेटफॉर्म	गोरखपुर (उत्तरप्रदेश 1.3 किमी.)
26.	सबसे विशाल स्टेडियम	युवा भारती (साल्ट लेक) कोलकाता
27.	सबसे अधिक आबादी वाला शहर	मुम्बई (महाराष्ट्र)
28.	सर्वाधिक शहरी क्षेत्र वाला राज्य	महाराष्ट्र

29.	सबसे लम्बा रेल मार्ग	डिब्रूगढ़ से कन्याकुमारी
30.	सबसे बड़ा प्राकृतिक बन्दरगाह	मुम्बई (महाराष्ट्र)
31.	सबसे लम्बा राष्ट्रीय राजमार्ग	राष्ट्रीय राजमार्ग न.-7 (वाराणसी से कन्याकुमारी)
32.	सबसे लम्बी तटरेखा वाला राज्य	गुजरात (1200 किमी.)
33.	सबसे लम्बी दूरी तय करने वाली रेलगाड़ी	विवेक एक्सप्रेस (4286 किमी.)
34.	खारे पानी की सबसे बड़ी तटीय झील	चिल्का झील (ओडिशा)
35.	मीठे पानी का सबसे बड़ी झील	वूलर झील (जम्मू-कश्मीर)
36.	भारत की सबसे लम्बी सहायक नदी	यमुना नदी
37.	दक्षिण भारत की सबसे लम्बी नदी	गोदावरी
38.	सबसे लम्बा बाँध	हीराकुड बाँध
39.	भारत का सर्वोच्च शौर्य सम्मान	परमवीर चक्र
40.	सबसे बड़ा गुरुद्वारा	स्वर्ण मन्दिर (अमृतसर)
41.	सबसे बड़ा गिरजाघर	सैंट कैथेडरल (गोवा)
42.	सबसे ऊँचा टी.वी टॉवर	पीतमपुरा (नई दिल्ली)
43.	सबसे लम्बी तटरेखा वाला दक्षिण भारत का राज्य	आंध्रप्रदेश (972 किमी)
44.	सबसे लम्बा समुद्र तट	मैरिना बीच (चेन्नई)
45.	सबसे अधिक मार्ग बदलने वाली नदी	कोसी नदी
46.	सबसे बड़ी कृत्रिम झील	गोविन्द सागर (भाखड़ा नांगल)
47.	सबसे गहरी नदी घाटी	भागीरथी व अलकनंदा
48.	डेल्टा न बनाने वाली सबसे बड़ी नदी	नर्मदा व तापी
49.	सबसे अधिक ऊँचाई पर स्थित युद्ध स्थल	सियाचीन ग्लेशियर
50.	सबसे बड़ा नदी द्वीप	माजुली (ब्रह्मपुत्र नदी, असम)
51.	सबसे बड़ा तारामंडल	बिड़ला प्लैनेटोरियम (कोलकाता)
52.	सबसे ऊँचा हवाई पत्तन	लेह (लद्दाख)
53.	सबसे बड़ा राज्य (क्षेत्रफल)	राजस्थान
54.	सबसे बड़ा जिला (क्षेत्रफल)	लद्दाख
55.	सबसे तेज चलने वाली ट्रेन	शताब्दी एक्सप्रेस (नई दिल्ली से भोपाल)

6. विश्व में प्रथम

1.	एवरेस्ट शिखर पर पहुँचने वाला पहला व्यक्ति	शेरपा तेंजिंग (भारत) तथा सर एडमंड हिलेरी (न्यूजीलैंड)
2.	उत्तरी ध्रुव पर पहुँचने वाला प्रथम व्यक्ति	रॉबर्ट पियरी (USA)
3.	दक्षिणी ध्रुव पर पहुँचने वाला प्रथम व्यक्ति	एमुण्डसेन (नार्वे)
4.	विश्व का पहला धर्म	सनातन धर्म
5.	उत्तरी ध्रुव पर पहुँचने वाली प्रथम महिला	कैरोलीन मिकेल सेन
6.	दक्षिणी ध्रुव पर पहुँचने वाली प्रथम महिला	फ्रेन फिप (कनाडा)
7.	पुस्तक मुद्रित करने वाला पहला देश	चीन
8.	कागजी मुद्रा जारी करने वाला पहला देश	चीन
9.	सिविल सेवा प्रतियोगिता शुरू करने वाला पहला देश	चीन
10.	संयुक्त राज्य अमेरिका का प्रथम राष्ट्रपति	जॉर्ज वाशिंगटन
11.	ब्रिटेन का प्रथम प्रधानमंत्री	रॉबर्ट वालपोल
12.	संयुक्त राष्ट्रसंघ का प्रथम महासचिव	ट्रिग्वेली (नार्वे)
13.	शिक्षा को अनिवार्य करने वाला प्रथम देश	प्रशा
14.	प्रथम फुटबॉल विश्व कप जीतने वाला देश	उरुग्वे
15.	संविधान निर्माण करने वाला प्रथम देश	संयुक्त राज्य अमेरिका
16.	पाकिस्तान के प्रथम गवर्नर जनरल	मोहम्मद अली जिन्ना
17.	गुटनिरपेक्ष आंदोलन के प्रथम सम्मेलन का आयोजन स्थल	बेलग्रेड
18.	चीन पहुँचने वाला प्रथम यूरोपियन	मार्कोपोलो
19.	वायुयान से पहली उड़ान भरने वाला व्यक्ति	राईट बन्धु
20.	विश्व के चारों ओर समुद्री यात्रा करने वाला प्रथम व्यक्ति	फर्डीनेड मैगलन
21.	चन्द्रमा पर मानव भेजने वाला प्रथम देश	सं राज्य अमेरिका
22.	कृत्रिम उपग्रह को अंतरिक्ष में प्रक्षेपण करने वाला प्रथम देश	रूस
23.	आधुनिक ओलम्पिक खेलों का आयोजन करने वाला प्रथम देश	यूनान
24.	चीन गणराज्य के प्रथम राष्ट्रपति	डॉ. सनयात सेन
25.	प्रथम नगर जिस पर परमाणु बम गिराया गया	हिरोशिमा (जापान)
26.	सर्वाधिक पशुओं वाला देश	भारत
27.	विश्व का प्रथम विश्वविद्यालय	तक्षशिला विश्वविद्यालय (800 B.C.)
28.	चन्द्रमा पर उतरने वाला प्रथम व्यक्ति	नील आर्मस्ट्रांग (USA)

29.	अंतरिक्ष में पहुँचने वाले प्रथम व्यक्ति	मेजर यूरी गागरीन (रूस)
30.	अंतरिक्ष में तैरने वाला प्रथम व्यक्ति	ऐलेक्सी लेनोव (रूस)
31.	अंतरिक्ष में भेजा जाने वाला प्रथम अंतरिक्ष शटल	कोलम्बिया
32.	इंग्लैड की प्रथम महिला प्रधानमंत्री	मार्गेट थैचर
33.	किसी मुस्लिम देश की प्रथम महिला प्रधानमंत्री	बेनजीर भुट्टो (पाकिस्तान)
34.	विश्व में किसी देश की प्रथम महिला प्रधानमंत्री	एस. भण्डारनायके (श्रीलंका)
35.	अंतरिक्ष में जाने वाली प्रथम महिला	बेलेण्टिना तेरेश्कोवा (रूस)
36.	एवरेस्ट पर चढ़ने वाली प्रथम महिला	जुंको तेबई (जापान)
37.	ब्रिटेन की पहली रानी	जेन
38.	संयुक्त राष्ट्र महासभा के प्रथम महिला सभापति	श्रीमती विजयालक्ष्मी पंडित
39.	भारत पर आक्रमण करने वाला प्रथम यूरोपवासी	सिकन्दर
40.	विश्व में किसी देश की प्रथम महिला राष्ट्रपति	मारिया एस्टेला रजाबेल (अर्जेंटीना)
41.	अंटाकर्टिका महाद्वीप पर पहुँचने वाली प्रथम महिला	कैरोलिन मिकल्सन
42.	पृथ्वी का मानचित्र बनाने वाला प्रथम व्यक्ति	अनेग्जीमेंडर
43.	विश्वकोष संकलन करने वाला प्रथम व्यक्ति	एस्पेओसीप्स (एथेंस)
44.	सर्वाधिक उम्र में ऐवरेस्ट पर चढ़ने वाला प्रथम व्यक्ति	रिचर्ड वास
45.	विम्बलडन ट्रॉफी जीतने वाला पहला एशियन व्यक्ति	आर्थर ऐश
46.	साहित्य के प्रथम नोबेल पुरस्कार से सम्मानित व्यक्ति	प्रुधों सली
47.	शांति के क्षेत्र में प्रथम नोबेल पुरस्कार से सम्मानित व्यक्ति	ज्यां हेनरी दुनान्त एवं फ्रेडरिक पासी
48.	भौतिक विज्ञान में प्रथम नोबेल पुरस्कार से सम्मानित व्यक्ति	डब्ल्यू के. रोएण्टजेन
49.	रसायन विज्ञान में प्रथम नोबेल पुरस्कार से सम्मानित व्यक्ति	जे. एच. वैंटहाफ
50.	चिकित्सा विज्ञान में प्रथम नोबेल पुरस्कार से सम्मानित व्यक्ति	ए.ई. वॉन बेहरिग
51.	अर्थशास्त्र के क्षेत्र में प्रथम नोबेल पुरस्कार से सम्मानित व्यक्ति	रेगनर फ्रिश एवं जॉन टिनबर्गन
52.	इंग्लिश चैनल तैरकर पार करने वाली प्रथम महिला	गर्टरूड एडरले
53.	विश्व का प्रथम देश जहाँ व्यक्ति को इच्छा मृत्यु का अधिकार प्रदान किया गया	नीदरलैंण्ड (हालैंण्ड)

7. विश्व में सर्वाधिक बड़ा, छोटा, लम्बा एवं ऊँचा

1.	सबसे बड़ा महाद्वीप	एशिया
2.	सबसे छोटा महाद्वीप	ऑस्ट्रेलिया
3.	सबसे बड़ा महासागर	प्रशान्त महासागर
4.	सबसे गहरा महासागर	प्रशान्त महासागर
5.	सबसे बड़ा नगर (क्षेत्रफल की दृष्टि से)	लंदन (ग्रेट ब्रिटेन)
6.	सबसे बड़ा देश (क्षेत्रफल की दृष्टि से)	रूस
7.	सबसे छोटा देश (क्षेत्रफल की दृष्टि से)	वेटिकन सिटी
8.	सर्वाधिक जनसंख्या का देश	चीन
9.	सर्वाधिक निर्वाचक संख्या का देश	भारत
10.	न्यूनतम जनसंख्या घनत्व	अंटार्कटिका
11.	सर्वाधिक जनसंख्या घनत्व वाला देश	मकाऊ
12.	सर्वाधिक आबादी वाला नगर	टोकियो (जापान)
13.	सबसे कम आबादी वाला नगर	वेटिकन सिटी
14.	सबसे लम्बी सीमा वाला देश	कनाडा
15.	सबसे छोटी सीमा वाला देश	जिब्राल्टर
16.	सर्वाधिक सीमाओं वाला देश	चीन (13 देशों के साथ)
17.	सबसे बड़ा द्वीप	ग्रीनलैंड
18.	सबसे बड़ा प्रायद्वीप	अरब प्रायद्वीप
19.	सबसे बड़ा द्वीप-समूह	इंडोनेशिया
20.	सबसे बड़ा नदी-द्वीप	माजुली (ब्रह्मपुत्र नदी, असम)
21.	सबसे बड़ा डेल्टा	सुन्दरवन (भारत)
22.	सबसे लम्बी नदी	नील नदी (मिस्र)
23.	सबसे बड़ी नदी (चौड़ी एवं बहाव की दृष्टि से)	अमेजन (दक्षिण अमेरिका)
24.	सबसे छोटी नदी	डी नदी (सं. राज्य अमेरिका)
25.	सबसे बड़ा सागर	दक्षिणी चीन सागर
26.	सबसे विशाल उपसागर	हडसन उपसागर
27.	सबसे विशाल खाड़ी	मैक्सिको की खाड़ी
28.	सबसे लम्बी सहायक नदी	मेडिरा (अमेजन की सहायक नदी)
29.	सबसे व्यस्त व्यापारिक नदी	राइन नदी (जर्मनी)
30.	अन्तः सागरीय नदी	क्रोमवेल धारा
31.	सबसे लम्बा मुहाना	ओब नदी का मुहाना (रूस)

विविध

32.	सबसे बड़ी नहर	स्वेज नहर
33.	सबसे व्यस्त नहर	कील नहर
34.	सबसे बड़ी झील	कैस्पियन सागर (रूस)
35.	सबसे बड़ी ताजे पानी की झील	सुपीरियर झील (अमेरिका)
36.	सबसे गहरी झील	बैकाल झील (रूस)
37.	झील के अन्दर झील	मेनीटू (कनाडा)
38.	सर्वाधिक ऊँचाई पर स्थित झील (नौकायन)	टिटिकाका (दक्षिण अमेरिका)
39.	सबसे बड़ा लैगून	लैगोआ डॉस पैटोस (ब्राजील)
40.	सबसे ऊँचा जलप्रपात (झरना)	साल्टो एंजिल (कैरोना नदी, वेनेजुएला)
41.	सबसे बड़ा जलप्रपात	ग्वायरा (एल्टो पराना नदी)
42.	सबसे चौड़ा जलप्रपात	खोन जलप्रपात (लाओस)
43.	सबसे बड़ा जलडमरूमध्य	डेविस जलडमरूमध्य (ग्रीनलैंड एवं बैफिन द्वीप)
44.	सबसे संकरा जलडमरूमध्य	यूनान एवं योबिया द्वीप के मध्य (एंजिन सागर)
45.	सबसे बड़ा गल्फ	मैक्सिको का गल्फ
46.	सबसे विशाल जलसंधि	टार्टर जलसंधि (रूस एवं सखालिन द्वीप के मध्य)
47.	सबसे चौड़ी जलसंधि	डेविस जलसंधि (ग्रीनलैंड एवं बैफिन द्वीप के मध्य)
48.	सबसे ऊँचा पर्वत शिखर	माउंट एवरेस्ट (हिमालय, नेपाल)
49.	सबसे ऊँची पर्वतमाला	हिमालय (एशिया)
50.	सबसे लम्बी पर्वतमाला	एंडीज (दक्षिण अमेरिका)
51.	सबसे ऊँचा पठार	पामीर (तिब्बत) का पठार
52.	सबसे नीची पहाड़ी	बुकिट टामसन (ब्रुनेई)
53.	सर्वाधिक ऊँचा ज्वालामुखी	माउंट कोटोपैक्सी, इक्वेडर (दक्षिण अमेरिका
54.	सबसे विशाल ज्वालामुखी	मौना-लोआ (हवाई द्वीप)
55.	सबसे ऊँचा बाँध	रोगुंस्की (रूस)
56.	सबसे बड़ा बाँध (कंक्रीट)	ग्रान्ड कूली बाँध (कोलम्बिया नदी, अमेरिका)
57.	सबसे लम्बा रेलवे प्लेटफार्म	गोरखपुर (उत्तरप्रदेश, भारत 1.3 किमी)
58.	सबसे बड़ा रेलवे स्टेशन	ग्रैंड सेंट्रल टर्मिनल (न्यूयार्क)
59.	सबसे लम्बी रेलमार्ग	ट्रान्स साइबेरियन रेलमार्ग
60.	सर्वाधिक ऊँचाई पर स्थित रेलवे स्टेशन	सौंदोर (बोलिबिया)

61.	सबसे बड़ी रेल सुरंग	सीकन रेल सुरंग (जापान)
62.	सबसे बड़ी सड़क सुरंग	सेंट गोत्थार्ड (स्विट्जरलैंड)
63.	सबसे ऊँची सड़क	लेह–मनाली मार्ग (भारत)
64.	सबसे बड़ा सड़क पुल	महात्मा गांधी सेतु (पटना, भारत)
65.	सबसे बड़ा राजमार्ग	ट्रांस कैनेडियन राजमार्ग
66.	सबसे ऊँचा नगर	वेनचुआन (तिब्बत)
67.	सबसे ऊँची राजधानी	लापाज (बोलिविया)
68.	सबसे विशाल दलदल	प्रीपेट दलदल (साइबेरिया क्षेत्र)
69.	सबसे बड़ा रेगिस्तान	सहारा (अफ्रीका)
70.	एशिया का सबसे बड़ा रेगिस्तान	गोबी (मंगोलिया)
71.	सबसे ठंडा प्रदेश	बोस्टक (अंटार्कटिका)
72.	सबसे बड़ी मस्जिद	जामा मस्जिद (दिल्ली, भारत)
73.	सबसे ऊँची मस्जिद	सुल्तान हसन मस्जिद, काहिरा (मिस्र)
74.	सबसे ऊँची मीनार	कुतुबमीनार (भारत)
75.	सबसे बड़ा गिरजाघर	वेसिलिका ऑफ सेंट पीटर वेटिकन (इटली)
76.	सबसे बड़ा महल	वेटिकन सिटी पैलेस (इटली)
77.	सबसे बड़ा टॉवर	सी.एन.टॉवर (टोरंटो, कनाडा)
78.	सबसे लम्बी दीवार	चीन की दीवार
79.	सबसे बड़ा स्टेडियम	स्टारहोव स्टेडियम, प्राग (चेक)
80.	सबसे बड़ा इनडोर स्टेडियम	सुपरडोम ल्यूसियाना (सं. राज्य अमेरिका)
81.	सर्वाधिक वर्षा का स्थान	मासिनराम (मेघालय, 11,405 मिमी. भारत)
82.	सबसे बड़ा घंटाघर	द ग्रेट बेल ऑफ मास्को (रूस)
83.	सबसे बड़ा बन्दरगाह	न्यूयार्क (सं. राज्य अमेरिका)
84.	सबसे बड़ा हवाई अड्डा	खालिद हवाई अड्डा, रियाद (सऊदी अरब)
85.	सबसे बड़ी गुम्बज	ल्यूसियाना सुपरडोम (सं. राज्य अमेरिका)
86.	सबसे विशाल मंदिर	अंकोरवाट का मंदिर (कम्बोडिया)
87.	सबसे बड़ी मूर्ति	स्टैच्यू ऑफ लिबर्टी (सं. राज्य अमेरिका)
88.	सबसे बड़ा संग्रहालय	ब्रिटिश संग्रहालय (लंदन)
89.	सबसे बड़ा पुस्तकालय	कांग्रेस पुस्तकालय (लंदन)
90.	सबसे बड़ा चिड़ियाघर	क्रूगर नेशनल पार्क (दक्षिण अफ्रीका)
91.	सबसे बड़ा महाकाव्य	महाभारत
92.	सबसे बड़ा पार्क	वुड वफेलो नेशनल पार्क (कनाडा)
93.	सबसे बड़ा प्लैनेटोरियम	मियाझाकी (जापान)

94.	सबसे बड़ा राजप्रासाद	इंपिरियल पैलेस बीजिंग (चीन)
95.	सबसे बड़ी कार्यालयी वाली इमारत	पेंटागन (सं. राज्य अमेरिका)
96.	सबसे लम्बा वृक्ष	फाउंडर का वृक्ष, कैलिफोर्निया
97.	सबसे ऊँचा पशु	जिराफ
98.	सबसे विशालकाय पशु	ब्लू ह्वेल
99.	सबसे बड़ा पक्षी	ऑस्ट्रिच (शुतुरमुर्ग)
100.	सबसे छोटी पक्षी	हमिंग बर्ड
101.	सर्वाधिक बुद्धिमान पशु	चिम्पांजी

8. प्रमुख देशों के राष्ट्रीय स्मारक

क्र.	स्मारक	स्थान	देश	क्र.	स्मारक	स्थान	देश
1.	झुकी हुई मीनार	पीसा	इटली	7.	क्रेमलिन	मास्को	रूस
2.	पार्थनान	एथेंस	यूनान	8.	इंपिरियल पैलेस	टोकियो	जापान
3.	ग्रेट वाल	उत्तर चीन	चीन	9.	ओपेरा हाउस	सिडनी	ऑस्ट्रेलिया
4.	पिरामिड	गीजा	मिस्र	10.	एफिल टॉवर	पेरिस	फ्रांस
5.	पवन चक्की	किंडर डिज्क	डेनमार्क	11.	स्टैच्यू ऑफ लिबर्टी	न्यूयार्क	यू.एस.ए.
6.	ताजमहल	आगरा	भारत				

9. प्रमुख देशों के राष्ट्रीय चिह्न

क्र.	देश	चिह्न	क्र.	देश	चिह्न
1.	भारत	अशोक चिह्न	10.	तुर्की	चाँद-तारा
2.	पाकिस्तान	चमेली का फूल	11.	नार्वे	शेर
3.	बांग्लादेश	वाटर लिली	12.	फ्रांस	लिली
4.	नीदरलैंड	शेर	13.	ईरान	गुलाब का फूल
5.	यू.के.	सफेद लिली	14.	स्पेन	ईगल
6.	सं राज्य अमेरिका	गोल्डेन रॉड	15.	जापान	गुलदाऊदी
7.	इटली	सफेद लिली	16.	कनाडा	मैपल लीफ
8.	ऑस्ट्रेलिया	वैटल	17.	डेनमार्क	समुद्री तट
9.	न्यूजीलैंड	किवी, सदर्न क्रास, फर्न	18.	रूस	डबल हेडेड ईगल

10. प्रमुख अन्तरराष्ट्रीय सीमाएँ

1.	मैकमोहन रेखा	भारत एवं चीन	5.	रेडक्लिफ रेखा	भारत एवं पाकिस्तान
2.	हिण्डनबर्ग रेखा	जर्मन एवं पोलैंड	6.	38वीं समानान्तर रेखा	उत्तर कोरिया एवं दक्षिण कोरिया
3.	मैगीनॉट रेखा	जर्मनी एवं फ्रांस	7.	49वीं समानान्तर रेखा	USA एवं कनाडा
4.	मेनरहीम रेखा	रूस एवं फिनलैंड	8.	ड्यूरण्ड रेखा	पाकिस्तान एवं अफगानिस्तान

11. प्रमुख देशों के अध्यक्षों के कार्य/निवास-स्थल

राष्ट्राध्यक्ष	स्थान	कार्य/निवास-स्थल
राष्ट्रपित, भारत	नई दिल्ली	राष्ट्रपति भवन
प्रधानमंत्री, ब्रिटेन	लंदन	10, डाउनिंग स्ट्रीट
राष्ट्रपति, इटली	रोम	क्विरिनल पैलेस
राष्ट्रपति, संयुक्त राज्य अमेरिका	वाशिंगटन डी.सी.	व्हाइट हाउस
राष्ट्रपति, आयरलैंड	डबलिन	अरास एन वाश्तारेन
प्रधानमंत्री, स्पेन	मैड्रिड	पेलोसियों डि ला मोनक्लो
महारानी, ब्रिटेन	लंदन	बकिंघम पैलेस
चांसलर, जर्मनी	बॉन	फेडरल चांसलर्स ऑफिस
राष्ट्रपति, इंडोनेशिया	जकार्ता	मर्डेका पैलेस
राष्ट्रपति, पाकिस्तान	इस्लामाबाद	एवान-ए-सदर
प्रधानमंत्री, नेपाल	काठमाण्डू	सिंह दरबार
राष्ट्रपति, पुर्तगाल	लिस्बन	पैलोसियो डि वेलेम
प्रधानमंत्री, ऑस्ट्रेलिया	कैनबरा	द लॉस
राष्ट्रपति, दक्षिण कोरिया	सिओल	ब्लू हाउस
राष्ट्रपति, दक्षिण अफ्रीका	प्रिटोरिया	यूनियन बिल्डिंग
राष्ट्रपति (पूर्व में प्रधानमंत्री), श्रीलंका	कोलम्बो	टेम्पल ट्रीज
प्रधानमंत्री, कनाडा	ओटावा	24, ससेक्स ड्राइव

12. प्रमुख देशों की समाचार एजेंसियाँ

क्र.	देश	समाचार एजेंसी	क्र.	देश	समाचार एजेंसी
1.	यू.एस.ए.	एसोसिएटेड प्रेस (AP)	12.	ब्रिटेन	राइटर्स (REUTERS)
2.	रूस	तास (TASS)	13.	मलेशिया	बरनामा (BERNAMA)
3.	इटली	अंसा (ANSA)	14.	इजरायल	इतीम (ITEM)

4.	फ्रांस	ए.एफ.पी. (A.F.P.)	15.	भारत	प्रेस ट्रस्ट ऑफ इंडिया (PTI)
5.	भारत	समाचार भारती	16.	चीन	सिन्हुआ (XINHUA)
6.	जापान	क्योडो (KYODO)	17.	इंडोनेशिया	अंतारा (ANTARA)
7.	ईरान	इरना (IRNA)	18.	जर्मनी	डीपीए (DPA)
8.	फिलिस्तीन	वाफा (WAFA)	19.	ऑस्ट्रेलिया	एएपी (AAP)
9.	रूस	नोवोस्ती (NOVOSTI)	20.	पाकिस्तान	यूपीपी (UPP)
10.	मिस्र	मेना (MENA)	21.	भारत	यूनीवार्ता (UNIVARTA)
11.	भारत	यूनाइटेड न्यूज ऑफ इंडिया (UNI)	22.	यू.एस.ए.	यूनाइटेड प्रेस इंटरनेशनल (UP)

13. प्रमुख देशों के राजनीतिक दल

क्र.	देश	राजनीतिक दल
1.	संयुक्त राज्य अमेरिका	रिपब्लिकन पार्टी, डेमोक्रेटिक पार्टी
2.	इराक	बाथ पार्टी
3.	इजरायल	लेबर पार्टी, लिकुड पार्टी, हदाश पार्टी, शास पार्टी
4.	फ्रांस	सोशलिस्ट पार्टी, नेशनल फ्रंट यूनियन फॉर फ्रेंच डेमोक्रेसी
5.	ऑस्ट्रेलिया	लिबरल पाटी, लबर पार्टी
6.	बांग्लादेश	बांग्लादेश नेशनल पार्टी, अवामी लीग, जातीय पार्टी
7.	नेपाल	नेपाली कम्युनिस्ट पार्टी, नेपाली कांग्रेस पार्टी
8.	चीन	चीनी कम्युनिस्ट पार्टी
9.	श्रीलंका	यूनाइटेड नेशनल पार्टी, फ्रीडम पार्टी
10.	दक्षिण अफ्रीका	अफ्रीकी नेशनल कांग्रेस, नेशनल पार्टी, इंकाथा फ्रीडम पार्टी
11.	यूनाइटेड किंगडम	कंजरवेटिव पार्टी, लेबर पार्टी, लिबरल डेमोक्रेटिव पार्टी
12.	रूस	लिबरल डेमोक्रेटिव पार्टी, रशाज चॉयस, कम्युनिस्ट पार्टी
13.	भारत	भारतीय राष्ट्रीय कांग्रेस, भारतीय जनता पार्टी
14.	पाकिस्तान	मुस्लिम लीग, पाकिस्तान पीपुल्स पार्टी

14. प्रमुख देशों के सरकारी दस्तावेज

1.	ग्रीन बुक	इटली और ईरान की सरकारी रिपोर्ट या प्रकाशन
2.	ह्वाइट बुक	पुर्तगाल, चीन व जर्मनी की सरकारी रिपोर्ट या प्रकाशन
3.	ब्लू बुक	ब्रिटिश सरकार का सरकारी रिपोर्ट या प्रकाशन
4.	येलो बुक	फ्रांस सरकार की सरकारी रिपोर्ट या प्रकाशन
5.	औरेन्ज बुक	नीदरलैंड सरकार की रिपोर्ट या प्रकाशन
6.	ह्वाइट पेपर	ब्रिटेन और भारत सरकार की किसी विशेष विषय पर रिपोर्ट

7.	ग्रे बुक	बेल्जियम व जापान की सरकारी रिपोर्ट या प्रकाशन
8.	ज्वाइंट पेपर	दो या दो से अधिक सरकारों की संयुक्त रिपोर्ट या प्रकाशन

15. विश्व की प्रमुख गुप्तचर संस्थाएँ

क्र.	गुप्तचर संस्था	देश
1.	सेन्ट्रल एक्सटर्नल लेंजा डिपार्टमेंट	चीन
2.	ऑस्ट्रेलियन सिक्यूरिटी एण्ड इंटेलीजेंस ऑर्गेनाइजेशन	ऑस्ट्रेलिया
3.	के.जी.बी./जी.आर.यू.	रूस
4.	ब्यूरो ऑफ स्टेट सिक्यूरिटी	दक्षिण अफ्रीका
5.	एम. आई. (मिलिट्री इंटेलीजेंस)-5 एवं 6, स्पेशल ब्रांच, ज्वाइंट इंटेलीजेंस ऑर्गेनाइजेशन	यूनाइटेड किंगडम
6.	इंटर सर्विसेज इंटेलीजेंस (ISI)	पाकिस्तान
7.	रिसर्च एण्ड एनालिसिस विंग (RAW), इंटेलीजेंस ब्यूरो (IB), सेन्ट्रल ब्यूरो ऑफ इनवेस्टिगेशन (CBI)	भारत
8.	सेन्ट्रल इंटेलीजेंस एजेंसी (CIA), फेडरल ब्यूरो ऑफ इनवेस्टिगेशन (FBI)	यू.एस.ए.
9.	मोसाद	इजरायल
10.	मुखबरात	मिस्र
11.	नाइचो	जापान
12.	सावाक	ईरान
13.	अल मुखबरात	इराक

16. प्रमुख चिह्न तथा प्रतीक

1.	कलम	संस्कृति और सभ्यता का प्रतीक
2.	कमल का फूल	संस्कृति एवं सभ्यता
3.	रेड क्रॉस	डॉक्टरी सहायता एवं अस्पताल
4.	लाल झंडा	क्रान्ति या खतरे का सूचक
5.	काला झंडा	विरोध का प्रतीक
6.	पीला झंडा	संक्रामक रोग-ग्रस्त लोगों को ले जाने वाले वाहन पर लगा झंडा
7.	उल्टा झंडा	संकट का प्रतीक
8.	झुका झंडा	राष्ट्रीय शोक का प्रतीक
9.	सफेद झंडा	संधि या समर्पण का प्रतीक
10.	लाल त्रिकोण	परिवार नियोजन का प्रतीक
11.	कबूतर पक्षी	शान्ति का प्रतीक

विविध

12.	लाल प्रकाश	खतरा या यातायात रोकने का प्रतीक
13.	हरा प्रकाश	यातायात को जाने का संकेत
14.	आँखों पर बँधी पट्टी और हाथ में तराजू लिए स्त्री	न्याय का प्रतीक
15.	बाँह पर काली पट्टी	शोक, विरोध और दु:ख का प्रतीक
16.	एक-दूसरे को काटती दो हड्डियाँ और ऊपर खोपड़ी	बिजली का खतरा
17.	चक्र	प्रगति का प्रतीक
18.	ओलिव की शाखा	शांति का प्रतीक

17. प्रमुख देशों के राष्ट्रीय पशु

क्र.	देश	पशु	क्र.	देश	पशु
1.	ऑस्ट्रेलिया	कंगारू	4.	न्यूजीलैंड	किवी
2.	कनाडा	गंजा ईगल	5	यूनाइटेड किंगडम	रॉबिन रेडब्रेस्ट
3.	जापान	आइबिस	6.	भारत	बाघ

18. विश्व की अन्तरराष्ट्रीय विमान सेवाएँ

क्र.	देश	विमान सेवा	संक्षिप्त नाम
1.	अफगानिस्तान	एरियाना अफगान एयरलाइन्स	ए.ए.ए.
2.	ऑस्ट्रेलिया	क्वीन्सलैंड एण्ड नार्दन टैरिटी एरियल सर्विस	क्यू.ए.एन.टी.ए.एस.
3.	बेल्जियम	नेशनल बेल्जियम एयरलाइन्स	एस.ए.बी.ई.एन.ए.
4.	म्यांमार	यूनियन ऑफ म्यांमार एयरवेज	यू.बी.ए.
5.	पूर्वी अफ्रीका	ईस्ट अफ्रीकन एयरवेज	ई.ए.ए.
6.	फ्रांस	एयर फ्रांस	ए.एफ.
7.	ग्रीस	ओलंपिक एयरवेज	ओ.ए.
8.	हांगकांग	कैथी पैसिफिक एयरवेज	सी.पी.ए.
9.	हंगरी	हंगेरियन एयरलाइन्स (मालेव)	एम.ए.एल.ई.वी.
10.	भारत	एयर इंडिया	ए.आई.
11.	इंडोनेशिया	गरुड़ इंडोनेशियन एयरवेज	जी.आई.ए.
12.	ईरान	ईरान एयर	आई.ए.
13.	आयरलैंड	आयरिश इंटरनेशनल एयरलाइन्स	एयर लिंगनस
14.	इजरायल	ई.आई.ए.आई	ई.आई.ए.आई
15.	इटली	इटैलियन एयरलाइन्स	जे.ए.एल.
16.	जापान	जापान एयरलाइन्स	जे.ए.एल.

17.	कुवैत	कुवैत एयरलाइन्स	के.ए.
18.	लेबनान	मिडिल ईस्ट एयरलाइन्स	एम.ई.ए.
19.	नेपाल	रॉयल नेपाल एयरलाइन्स	आर.एन.ए.
20.	नीदरलैंड	के.एल.एम. रॉयल डच एयरलाइन्स	के.एल.एम.
21.	पाकिस्तान	पाकिस्तान इंटरनेशनल एयरलाइन्स	पी.आई.ए.
22.	फिलीपींस	फिलीपींस एयरलाइन्स	पी.ए.एल.
23.	पोलैंड	पोलिश स्टेट एयर सिस्टम (लॉट)	एल.ओ.टी
24.	रोमानिया	ट्रांसपोट्री एयरिने रोमाने (तारोम)	टी.ए.आर.ओ.एम.
25.	स्कैंडिनेविया	स्कैंडिनेवियन एयर सिस्टम	एस.ए.एस.
26.	सिंगापुर	सिंगापुर एयरलाइन्स	एस.आई.ए.
27.	रूस	एयरोफ्लोट	–
28.	श्रीलंका	एयर लंका	ए.एल.
29.	स्विट्जरलैंड	स्विस एयर	स्विस एयर
30.	यूनाइटेड किंगडम	ब्रिटिश एयरवेज और जाट	बी.ए. और जे.ए.टी.
31.	संयुक्त राज्य अमेरिका	पैन अमेरिकन एयरवेज	पी.ए.ए.
32.	स्पेन	इबीरिया	–
33.	पनामा	कोपा	–

19. प्रमुख देशों की संसद

क्र.	देश	संसद का नाम	क्र.	देश	संसद का नाम
1.	भारत	संसद	16.	स्पेन	कोर्टेस
2.	मिस्र	पीपुल्स असेम्बली	17.	नेपाल	राष्ट्रीय पंचायत
3.	पाकिस्तान	नेशनल असेम्बली	18.	रूस	ड्यूमा
4.	ब्रिटेन	पार्लियामेंट	19.	चीन	नेशनल पीपुल्स कांग्रेस
5.	जर्मनी	बुन्डसटेग	20.	फ्रांस	नेशनल असेम्बली
6.	यू.एस.ए.	कांग्रेस	21.	ईरान	मजलिस
7.	बांग्लादेश	जातीय संसद	22.	भूटान	त्सोंगडू
8.	ताइवान	यूआन	23.	मलेशिया	दीवान निगारा
9.	इजराइल	नेसेट	24.	अफगानिस्तान	शोरा
10.	जापान	डायट	25.	स्विट्जरलैंड	फेडरल असेम्बली
11.	मालदीव	मजलिस	26.	तुर्की	ग्रैंड नेशनल असेम्बली
12.	स्वीडेन	रिक्सडाग	27.	पोलैंड	सोजिम
13.	नार्वे	स्टोर्टिंग	28.	मंगोलिया	खुरल
14.	आयरलैंड	डेल आयरन	29.	डेनमार्क	फोल्केटिंग
15.	ऑस्ट्रेलिया	पार्लियामेंट	30.	कनाडा	पार्लियामेंट

20. विश्व के प्रमुख समाचारपत्र एवं प्रकाशन-स्थल

क्र.	समाचारपत्र	प्रकाशन-स्थल	क्र.	समाचारपत्र	प्रकाशन-स्थल
1.	द टाइम्स	लंदन	14.	गार्डियन	लंदन
2.	डेली मिरर	लंदन	15.	डेली मेल	लंदन
3.	ली फिगारो	पेरिस	16.	ला मांद	पेरिस
4.	इजवेस्तिया	मास्को	17.	प्रावदा	मास्को
5.	डॉन	करांची	18.	बांगलादेश ऑब्जर्बर	ढाका
6.	द आइलैंड	कोलम्बो	19.	खलीज टाइम्स	दुबई
7.	ईस्टर्न सन	सिंगापुर	20.	मैनेची सिम्बुन	टोकियो
8.	अल अहरम	काहिरा	21.	पीपुल्स डेली	बीजिंग
9.	मर्डेका	जकार्ता	22.	ला रिपब्लिका	रोम
10.	वाशिंगटन पोस्ट	वाशिंगटन	23.	डेली न्यूज	न्यूयॉर्क
11.	न्यूयार्क टाइम्स	न्यूयार्क	24.	फाइनेंशियल टाइम्स	लंदन
12.	स्टार	जोहांसबर्ग	25.	इंडिपेंडेंट	लंदन
13.	द टाइम्स ऑफ इंडिया	भारत	26.	दि हिन्दू	चेन्नई (भारत)

21. संयुक्त राष्ट्र संघ

- संयुक्त राष्ट्र अथवा यूनाइटेड नेशन का यह नाम अमेरिका के तत्कालीन राष्ट्रपति फ्रैंकलिन डी. रुजवेल्ट द्वारा प्रदान किया गया।
- संयुक्त राष्ट्र की रूप-रेखा का निर्माण करने के लिए बड़े राष्ट्रों के प्रतिनिधियों का सम्मेलन 21 अगस्त, 1944 ई. को वाशिंगटन के डम्बार्टन ऑक्स भवन में आयोजित किया गया जो 7 अक्टूबर, 1944 ई. तक चला।
- तत्कालीन सोवियत रूस के क्रीमिया प्रदेश के याल्टा नगर में 4 फरवरी, 1944 ई. को ब्रिटिश प्रधानमंत्री चर्चिल, सोवियत राष्ट्रपति स्टालिन तथा अमेरिकी राष्ट्रपति रुजवेल्ट का एक शिखर सम्मेलन हुआ, जिसमें सुरक्षा परिषद् में मतदान प्रणाली पर निर्णय लिया गया।
- संयुक्त राष्ट्र संघ की स्थापना 24 अक्टूबर, 1945 ई. को हुई।
- संयुक्त राष्ट्र संघ के संस्थापक सदस्य देशों की संख्या 51 थी। 26 जून, 1945 ई. को अधिकार पत्र पर तो केवल 50 राष्ट्रों के प्रतिनिधियों के हस्ताक्षर किये थे। बाद में इस पर हस्ताक्षर कर पोलैंड 51वाँ संस्थापक सदस्य देश बना था। वर्तमान में संयुक्त राष्ट्र संघ के सदस्य देशों की संख्या 193 है। (193 वाँ देश-दक्षिणी सूडान)।
- संयुक्त राष्ट्र संघ का मुख्यालय न्यूयॉर्क शहर में स्थित है। 39 मंजिलों वाला इसका भवन 17 एकड़ भूमि पर फैला हुआ है, जो मैनहेट्टन द्वीप में बना है।
- यह 17 एकड़ भूमि डी रॉकफेलर ने दान में थी। इसी में इसका सचिवालय है।
- संघ का मुख्य कार्यालय सन् 1952 ई. में बनकर तैयार हुआ। यहाँ इसकी महासभा की प्रथम बैठक अक्टूबर, 1952 ई. में आयोजित की गयी।
- **संयुक्त राष्ट्र संघ का ध्वज**- संयुक्त राष्ट्र संघ के ध्वज की पृष्ठभूमि हल्की नीली है और

उस पर श्वेत रंग से राष्ट्र संघ का प्रतीक बना है। यह प्रतीक है, दो जैतून की वक्राकार शाखाएँ जो ऊपर से खुली हैं और उनके बीच विश्व का मानचित्र बना है।

- **संयुक्त राष्ट्र संघ की भाषाएँ**- कार्य करने वाली भाषा दो हैं- अंग्रेजी और फ्रेंच। अन्य भाषाएँ जिन्हें राष्ट्र संघ की मान्यता प्राप्त हैं- चीनी, रसियन, अरबी तथा स्पेनिश।
- **संयुक्त राष्ट्र संघ का बजट**- संयुक्त राष्ट्र घोषणा पत्र के अनुच्छेद 17 के अनुसार बजट पर विचार करने एवं उसे अनुमोदित करने की जिम्मेवारी महासभा की है। इसका नियमित बजट महासभा द्वारा हर दूसरे वर्ष अनुमोदित किया जाता है।
- बजट महासचिव द्वारा पेश किया जाता है।
- मई, 2006 में संयुक्त राष्ट्र के बजट में प्रमुख देशों का अंशदान- संयुक्त राज्य अमेरिका 22%, जापान 19.47%, जर्मनी 8.66%, यू.के. 6.13%, फ्रांस 6.03%, इटली 4.89%, कनाडा 2.81%, रूस 1.10% तथा भारत 0.341% का योगदान करता है।
- **संयुक्त राष्ट्र संघ के अंग** : इसके निम्न छह अंग हैं-
  1. महासभा (General Assembly)
  2. सुरक्षा परिषद् (Security Council)
  3. आर्थिक एवं सामाजिक परिषद् (Economic and Social Council)
  4. प्रन्यास परिषद् (Trusteeship)
  5. सचिवालय (Secretariat)
  6. अन्तरराष्ट्रीय न्यायालय (International Court of Justics)

  नोट : नीदरलैंड्स में हेग स्थित अन्तरराष्ट्रीय न्यायालय के अतिरिक्त सभी अंग संयुक्त राष्ट्र के न्यूयार्क स्थित मुख्यालय में है।

1. महासभा (General assembly)

- इसमें सभी सदस्य देशों के प्रतिनिधि सम्मिलित होते हैं, इसलिए इसे **विश्व की लघु संसद** भी कहा जाता गया है।
- प्रत्येक देश इसमें पाँच प्रतिनिधि भेज सकता है, परन्तु उसका वोट सिर्फ एक ही होता है।
- महत्त्वपूर्ण प्रश्नों, जैसे शान्ति एवं सुरक्षा से जुड़े मुद्दे, नये सदस्यों को प्रवेश और बजट निर्णय के लिए दो तिहाई बहुमत की जरूरत होती है।
- महासभा का नियमित सत्र हर साल सितम्बर माह के तीसरे मंगलवार को शुरू होकर दिसम्बर के मध्य तक चलता हे।
- प्रत्येक नियमित सत्र की शुरुआत पर महासभा एक नये अध्यक्ष, 21 उपाध्यक्ष और महासभा की सात मुख्य समितियों के अध्यक्षों का चुनाव करती है।
- नियमित सत्र के अलावा महासभा की सुरक्षा परिषद् के आग्रह पर विशेष सत्र आयोजित किये जा सकते हैं।
- सुरक्षा परिषद् की संस्तुति पर अन्तरराष्ट्रीय न्यायालय के न्यायाधीश की नियुक्ति करना, नये देशों को सदस्यता प्रदान करना, महासचिव की नियुक्ति करना, राष्ट्र संघ का बजट पारित करना आदि महासभा के कार्य हैं।

2. सुरक्षा परिषद् (Security Council)

- यह संयुक्त राष्ट्र संघ का मुख्य अंग है और एक प्रकार से कार्यपालिका है।
- संयुक्त राष्ट्र घोषणा पत्र के अनुसार अन्तरराष्ट्रीय शान्ति और सुरक्षा को बनाये रखना सुरक्षा परिषद की मुख्य जिम्मेवारी है। इसी कारण से एक मुहावरे के रूप में इसे दुनिया का पुलिसमैन भी कहा जाता है।
- इसमें 15 सदस्य होते हैं, जिनमें 5 स्थायी और 10 अस्थायी सदस्य होते हैं।

- 5 स्थायी सदस्य हैं- अमेरिका, रूस, ब्रिटेन, फ्रांस और चीन।
- अस्थायी सदस्यों का निर्वाचन महासभा अपने दो-तिहाई बहुमत से दो वर्षों के लिए करती है।
- सुरक्षा परिषद् के प्रत्येक सदस्य का एक वोट होता है। प्रक्रिया सम्बन्धी मामलों में निर्णय के लिए 15 में से 9 सदस्यों द्वारा सकारात्मक मतदाना आवश्यक होता है, जिसमें पाँचों स्थायी सदस्य देशों का सकारात्मक मत आवश्यक होता है।
- पाँचों स्थायी सदस्य देशों की सहमति को महान शक्तियों की आम सहमति और वीटों (निषेधाधिकार) शक्ति के रूप में जाना जाता है। यदि कोई स्थायी सदस्य किसी निर्ण से सहमत नहीं है, तो वह नकारात्मक मतदान करके अपने वीटो के अधिकार का उपयोग कर सकता है। इस दशा में 15 से 14 सदस्य देशों के समर्थन के बावजूद प्रस्ताव स्वीकृत नहीं होते हैं।
- यदि कोई स्थायी सदस्य किसी निर्णय का समर्थन नहीं करता और उस निर्णय को रोकना भी नहीं चाहता है, तो वह मतदान की प्रक्रिया के दौरान अनुपस्थित रह सकता है।
- सोवियत संघ ने वीटो का उपयोग सबसे अधिक बार किया है।
- अमेरिका ने वीटो का उपयोग सर्वप्रथम मार्च, 1971 ई. में रोडेशिया के प्रश्न पर किया था।
- चीन ने सर्वप्रथम वीटो का प्रयोग अगस्त, 1972 ई. में बांग्लादेश के विश्व संस्था में प्रवेश के प्रश्न पर किया।

3. आर्थिक एवं सामाजिक परिषद् (Economic and Social Council)

- वर्तमान में आर्थिक एवं सामाजिक परिषद की सदस्य संख्या 54 है। (प्रारंभ में सदस्य संख्या 18 थी, 1966 ई. में संशोधन के बाद सदस्यों की संख्या 27 कर दी गयी, फिर 24 सितम्बर, 1973 ई. के संशोधन के बाद इसकी संख्या 54 कर दी गयी)।
- इसके सदस्यों का कार्यकाल 3 वर्ष का होता है।
- यह एक स्थायी संस्था है, इसके एक तिहाई सदस्य प्रतिवर्ष पदमुक्त होते हैं, परन्तु अवकाश-ग्रहण करने वाला सदस्य पुनः निर्वाचित हो सकता है।
- परिषद् में प्रत्येक सदस्य राज्य का एक ही प्रतिनिधि होता है। इसमें निर्णय साधारण बहुमत से होता है।
- आर्थिक एवं सामाजिक परिषद की वर्ष में दो बार बैठकें होती हैं- अप्रैल में न्यूयार्क में तथा जुलाई में जेनेवा में।

संयुक्त राष्ट्र मानवाधिकार परिषद

- संयुक्त राष्ट्र मानवाधिकार परिषद् (UNHRC) का गठन जून, 2006 में किया गया। इसने मानवाधिकार आयोग का स्थान लिया है।
- इस परिषद् के कुल 47 सदस्य इस प्रकार चयनित किये गये हैं- एशिया-13 देश, अफ्रीका-13 देश, पूर्वी यूरोप-6 देश, पश्चिमी यूरोप-7 देश, लैटिन अमेरिका एवं कैरीबियाई-8 देश।
- यह संस्था सीधे महासभा के अधीन होगी जबकि मानवाधिकार आयोग संयुक्त राष्ट्र संघ की आर्थिक एवं सामाजिक परिषद् के अधीन था।
- इस परिषद् में सदस्यों का कार्यकाल 3 वर्ष निर्धारित किया गया है, किन्तु इसके एक-तिहाई सदस्य प्रति वर्ष रिटायर होंगे।
- इसका मुख्यालय जेनेवा में है।
- UNHRC के अस्तित्व में आने के बाद इसमें प्रथम याचिका नोबेल पुरस्कार विजेता (1991) एवं म्यांमार की लोकतंत्रवादी नेता आंग सान सू की, की ओर से दायर की गयी।

- परिषद् अपना कार्य विभिन्न प्रकार के आयोगों, स्थायी समितियों तथा विशेष संस्थाओं के माध्यम में पूरा करती है। इससे कुछ संबद्ध आयोग के नाम निम्न हैं-
  - (i) आर्थिक और रोजगार आयोग
  - (ii) जनसंख्या और यातायात आयोग
  - (iii) संयुक्त राष्ट्र बाल संकट कोष (UNICEF)

4. प्रन्यास परिषद् (Trusteeship)

- संयुक्त राष्ट्र संघ ने राष्ट्र संघ की मैण्डेट व्यवस्था के स्थान पर न्यास पद्धति को ग्रहण किया और उसके संचालन के लिए न्यास समिति का निर्माण किया। न्यास पद्धति का मूल सिद्धान्त यह है कि इस समय कुछ पिछड़े हुए अल्प विकसित और आदिम दशा वाले प्रदेशों के निवासी इस योग्य नहीं हैं कि वे अपने देश का शासन स्वयं कर सकें। इन्हें दूसरे विकसित देश की सहायता अपेक्षित है। विकसित देशों का यह दायित्व है कि वे उनके विकास में पूरी सहायता दें और जब तक ये अपना शासन करने में समर्थ नहीं हो जाते, तब तक इनके हितों की देखभाल न्यास या अमानत (Trust) समझते हुए करें, इनका अपने स्वार्थ के लिए शोषण न करें।
- जिन राष्ट्रों को न्यास का भार सौंपा गया है, ऐसे राज्य हैं- ऑस्ट्रेलिया, न्यूजीलैंड, अमेरिका और ब्रिटेन।
- रूस, चीन एवं फ्रांस सुरक्षा परिषद् के ऐसे स्थायी सदस्य देश हैं, जिनके शासन में कोई न्यास-क्षेत्र नहीं है।
- प्रन्यास परिषद् में वर्तमान में 12 सदस्य हैं, जिनमें चार प्रबन्धकर्ता देश, तीन सुरक्षा परिषद् के स्थायी सदस्य होने के कारण स्थायी सदस्य और पाँच निर्वाचित सदस्य हैं।
- नवम्बर, 1994 ई. में अमेरिका द्वारा प्रशासित प्रशांत द्वीप पलाऊ के स्वतंत्र होने के साथ ही प्रन्यास परिषद् के कार्य लगभग समाप्त हो गये हैं।

5. सचिवालय (Secretariat)

- सचिवालय संयुक्त राष्ट्र संघ के दिन-प्रतिदिन के कामों को निपटाता है।
- सचिवालय का प्रमुख महासचिव होता है, जिसे महासभा द्वारा सुरक्षा परिषद् की सिफारिश पर 5 वर्ष की अवधि के लिए नियुक्त किया जाता है। महासचित को दुबारा भी नियुक्त किया जा सकता है।

संयुक्त राष्ट्र के महासचिव			
क्र.	नाम	कार्यकाल	विवरण
1.	त्रिग्वेली (नार्वे)	फरवरी, 1946 ई. से नवम्बर, 1952 ई. तक	नवम्बर, 1952 ई. में स्वयं पद से इस्तीफा दिया।
2.	डेग हैमरसोल्ड (स्वीडेन)	अप्रैल, 1953 से सितम्बर, 1961 ई. तक	सितम्बर, 1961 ई. में अफ्रीका में हवाई दुर्घटना में मृत्यु।
3.	यु थांट (म्यांमार)	नवम्बर, 1961 से दिसम्बर, 1971 ई. तक	नवम्बर, 1961 ई. में कार्यवाहक महासचिव एवं 1962 ई. में महासचिव बनाये गये।
4.	कुर्त वाल्दीहीम (आस्ट्रिया)	जनवरी, 1972 से दिसम्बर, 1981 ई. तक	लगातार दो कार्यकाल पूरा किये।
5.	जेवियर पेरेज द कुइयार (पेरू)	जनवरी, 1982 से दिसम्बर, 1991 ई. तक	लगातार दो कार्यकाल पूरा किये।

विविध 27

6.	बुतरस बुतरस घाली (मिस्र)	जनवरी, 1992 ई. 1996 ई. तक।	एक कार्यकाल पूरा किये।
7.	कोफी अन्नान (घाना)	जनवरी, 1997 ई. से 2006 ई. तक	लगातार दो कार्यकाल पूरा किये।
8.	बान की मून (द. कोरिया)	जनवरी, 2007 से ...	दूसरा कार्यकाल

- **नोट :** संयुक्त राष्ट्र स्टाफ कॉलेज अन्तरराष्ट्रीय श्रम संगठन (ILO) के प्रशिक्षण केन्द्र के कैम्पस के साथ तुरिन (इटली) में स्थापित किया गया है।
- घोषणा पत्र के अनुसार महासचिव संगठन का मुख्य 'प्रशासनिक अधिकारी' होता है।
- 1 जनवरी, 2007 से दक्षिण कोरिया के विदेश मंत्री बान की-मून संयुक्त राष्ट्र संघ के नये महासचिव हैं।

6. अन्तरराष्ट्रीय न्यायालय (International Court of Justics)

- अन्तरराष्ट्रीय न्यायालय की स्थापना, हेग (नीदरलैंड) में जून 1945 को यूएन (UN) के चार्टर द्वारा की गई। इसने अपना कार्य 3 अप्रैल, 1946 ई. से शुरू किया।
- अन्तरराष्ट्रीय न्यायालय की संविधि (कानून) में पाँच अध्याय तथा 70 अनुच्छेद है।
- इसमें न्यायाधीशों की संख्या 15 रखी गयी है। इनकी नियुक्ति 9 वर्षों के लिए होती है। प्रत्येक 3 वर्ष बाद 5 न्यायाधीश अवकाश ग्रहण करते हैं।
- कोई भी दो न्यायाधीश एक ही देश के नहीं हो सकते हैं।
- न्यायाधीश अपने में से ही एक अध्यक्ष तथा उपाध्यक्ष को तीन वर्ष के लिए चुनते हैं।
- न्यायालय का कोरम (कार्यवाही संचालन के लिए न्यायाधीशों की न्यूनतम संख्या) 9 है।
- न्यायालय की सरकारी भाषाएँ फ्रेंच तथा अंग्रेजी है।
- इस न्यायालय में भारत के नागेन्द्र सिंह अध्यक्ष के रूप में तथा आर.एस. पाठक न्यायाधीश के रूप में कार्य कर चुके हैं।

संयुक्त राष्ट्र विशिष्ट अभिकरण एवं अन्य संगठन

संगठन	स्थापना वर्ष	मुख्यालय	भूमिका
अन्तरराष्ट्रीय परमाणु ऊर्जा अभिकरण (IAEA)	29 जुलाई, 1957 ई.	वियना (आस्ट्रिया)	परमाणु ऊर्जा के शान्तिपूर्ण उपयोग को प्रोत्साहन देना।
अन्तरराष्ट्रीय श्रम संगठन (ILO)	11 अप्रैल, 1919 ई.	जेनेवा (स्विट्जरलैंड)	श्रमिकों की स्थिति में सुधार एवं उनके जीवन-स्तर को उन्नत करना- 1969 ई. में संगठन को उसकी 50वीं वर्षगाँठ पर नोबेल शान्ति पुरस्कार मिला।
विश्व स्वास्थ्य संगठन (WHO)	7 अप्रैल, 1948 ई.	जेनेवा (स्विट्जरलैंड)	विश्व के समस्त लोगों के स्वास्थ्य की उच्चतम सम्भव दशा को प्राप्त करना।
संयुक्त राष्ट्र खाद्य एवं कृषि संगठन (FAO)	16 अप्रैल, 1945 ई.	रोम (इटली)	विश्व भर में कृषि एवं पोषण-स्तर में सुधार लाकर जीवन-स्तर को बढ़ाना।

अन्तरराष्ट्रीय मुद्रा कोष (IMF)	27 दिसम्बर, 1945 ई.	वाशिंगटन डी.सी. (सं. रा. अमेरिका)	सदस्य देशों को विदेशी विनिमय में सुविधा, अन्तरराष्ट्रीय व्यापार एवं भुगतान को प्रोत्साहन तथा सदस्य देशों की आर्थिक उन्नति में मदद के लिए अन्तरराष्ट्रीय तंत्र की मजबूती।
यूनेस्को (UNESCO)	4 नवम्बर, 1946 ई.	पेरिस (फ्रांस)	विश्व भर में शान्ति के लिए शिक्षा, विज्ञान तथा संस्कृति के क्षेत्र में सक्रिय योगदान कर राष्ट्रों के मध्य निकटता की भावना का निर्माण करना।
विश्व बैंक (World Band)	1945 ई.	वाशिंगटन डी सी. (सं. राज्य अमेरिका)	उत्पादन एवं विकास प्रयोजनों के लिए अन्तरराष्ट्रीय स्तर पर पूँजी के विनिमय को प्रोत्साहन।
सार्वभौम डाक संघ (UPU)	9 अक्टूबर, 1874 ई. को सामान्य डाक अभिसमय पर हस्ताक्षर– 1948 ई. में सं. रा. अमेरिका	बर्न (स्विट्जरलैंड)	लोगों के बीच संचार बढ़ाने के उद्देश्य से विश्व भर में डाक सेवाओं के क्षेत्र में अन्तरराष्ट्रीय सहयोग करना।
अन्तरराष्ट्रीय दूर संचार संघ (ITU)	1865 ई.	जेनेवा (स्विट्जरलैंड)	दूर संचार के क्षेत्र में अन्तरराष्ट्रीय सहयोग।
अन्तरराष्ट्रीय नागरिक उड्डयन संगठन (ICAO)	7 दिसम्बर, 1944 ई.	मांट्रियल (कनाडा)	अन्तरराष्ट्रीय नागरिक उड्डयन के मानदंड तथा नियम निश्चित करना तथा नागरिक उड्डयन की समस्याओं का अध्ययन तथा उनका निदान प्रस्तुत करना।
विश्व मौसम विज्ञान संगठन (WMO)	17 मार्च, 1948 ई.	लंदन (ब्रिटेन)	नौ-परिवहन के क्षेत्र में सुरक्षा नियमों का निर्धारण तथा अन्तरराष्ट्रीय सहयोग में वृद्धि।
संयुक्त राष्ट्र औद्योगिक विकास संगठन (UNIDO)	नवम्बर, 1966 ई.	वियना (स्विट्जरलैंड)	विश्व भर में लोगों की समृद्धि, आर्थिक मजबूती तथा जीवन-स्तर में सुधार के लिए औद्योगिक आधार तैयार करना।
विश्व बौद्धिक सम्पदा (संगठन (WIPO)	1967 ई.	जेनेवा (स्विट्जरलैंड)	बौद्धिक सम्पदा के लिए सम्मान बढ़ाना, बौद्धिक सम्पदा को संरक्षण तथा उसके उपयोग में तेजी लाना।

विश्व व्यापार संगठन (WTO)	1 जनवरी, 1995 ई.	जेनेवा (स्विट्जरलैंड)	बहुपक्षीय अन्तरराष्ट्रीय व्यापार प्रणाली के लिए संस्थागत तथा कानूनी आधार उपलब्ध कराना।
अन्तरराष्ट्रीय कृषि विकास कोष (IFAD)	13 जून, 1976 ई.	रोम (इटली)	विकासशील देशों में निम्न वर्गों को उन्नत खाद्य उत्पादन तथा पोषाहार के साधन जुटाने में मदद करना।
विश्व पर्यटन संगठन (WTO)	1925 ई.	मैड्रिड (स्पेन)	पर्यटन के माध्यम से आर्थिक वृद्धि एवं रोजगार के अवसर पैदा करना, पर्यावरण संरक्षण तथा पर्यटन के विरासत स्थलों को प्रोत्साहित करना।
रासायनिक हथियार निषेध संगठन (OPCW)	29 अप्रैल, 1997 ई.	द हेग (नीदरलैंड)	रसायन विज्ञान के शान्तिपूर्ण उपयोग को सुनिश्चित करना, रासायनिक हथियारों के विकास, निर्माण भण्डारण तथा प्रयोग को रोकना।
व्यापक परमाणु परीक्षण प्रतिबंध संधि संगठन (CTBT)	19 नवम्बर, 1996 ई.	वियना (आस्ट्रिया)	सी.टी.बी.टी. (CTBT) के प्रावधानों का भू- मण्डलीय स्तर पर प्रमाणीकरण।

22. विश्व के कुछ अन्य प्रमुख संगठन

1. विश्व व्यापार संगठन (World Trade Organisation-WTO)

- विश्व व्यापार संगठन की स्थापना 1 जनवरी, 1995 ई. को की गयी।
- इसका मुख्यालय जेनेवा में है।
- विश्व व्यापार संगठन (WTO) विभिन्न परिषदों और समितियों के माध्यम से अन्तरराष्ट्रीय व्यापार सम्बन्धो से जुड़े उन 28 समझौतों को लागू करता है, जिन्हें उरुग्वे दौर की वार्ता में शामिल किया गया है और 1994 ई. में मोरक्को में मर्राकेश में पारित किया गया था।
- नवम्बर 2001 ई. के दोहा सम्मेलन में चीन को सदस्य बनाया गया। वर्तमान में इस संस्था के 161 सदस्य है।
- विश्व व्यापार संगठन का प्रथम मंत्रिस्तरीय सम्मेलन सिंगापुर में दिसम्बर 1996 ई. में हुआ।

2. यूरोपीय संघ (European Union–EU)

- 1 जनवरी, 1958 ई. को यूरोप के 'इनर सिक्स' कहे जाने वाले छह देशों (फ्रांस, जर्मनी, इटली, बेल्जियम, नीदरलैंड और लक्जमबर्ग) द्वारा रोम की संधि के माध्यम से यूरोपीय आर्थिक समुदाय की स्थापना की गयी। इसी संगठन को बाद में यूरोपीय संघ का नाम दिया गया।
- 9-10 दिसम्बर, 1991 ई. को नीदरलैंड के मेस्ट्रिच नगर में 12 यूरोपीय देशां ने एक संधि (मास्ट्रिच संधि) पर हस्ताक्षर कर यूरोपीय संघ को वास्तविक स्वरूप प्रदान किया।
- वर्तमान में यूरोपीय संघ में 28 सदस्य देश हैं, ये हैं- आस्ट्रिया, बेल्जियम, डेनमार्क, फिनलैंड, फ्रांस, जर्मनी, यूनान, आयरिश गणराज्य, इटली, लक्जेमबर्ग, नीदरलैंड, पुर्तगाल, स्पेन, स्वीडेन, यूनाइटेड किंगडम, पोलैंड, हंगरी, स्लोवेनिया, स्लोवाकिया, लिथुआनिया, चैक गणराज्य, एस्टोनिया, साइप्रस, माल्टा, लाटविया, बुलगारिया, रूमानिया एवं क्रोएशिया।
- 1 जनवरी, 1994 ई. को स्वतंत्र यूरोपीय मुद्रा संस्थान की स्थापना की गयी।

➪ संयुक्त यूरोपीय मुद्रा 'यूरो' के चलन तथा संचालन पर नियंत्रण रखने के लिए जून 1998 ई. में फ्रेंकफर्ट (जर्मनी) में यूरोपीय सेन्ट्रल बैंक की स्थापना की गयी।

➪ 1 जनवरी, 2002 ई. से यूरो का चलन प्रारंभ हुआ। यूरो 15 यूरो-क्षेत्रों की मुद्रा हो गयी है। ब्रिटेन, स्वीडेन एवं डेनमार्क यूरो मुद्रा संघ के सदस्य नहीं बने हैं।

नोट : यूरोपीय आर्थिक समुदाय का मुख्यालय जेनेवा है।

3. यूरोपीय अंतरिक्ष एजेंसी (European Space Agency–ESA)

➪ यूरोपीय अन्तरिक्ष एजेंसी (ESA) की स्थापना 1975 ई. में की गयी थी।

नोट: यूरोपीय स्पेस रिसर्च संगठन तथा यूरोपीयन लांचर विकास संगठन (ELDO) के स्थान पर इसकी स्थापना की गई थी।

➪ यूरोप के 15 देश इसके सदस्य हैं। इसकी कुछ सह-परियोजनाओं में कनाडा भी भाग लेता है।

➪ इसका मुख्यालय पेरिस (फ्रांस) में है।

4. नाफ्टा (NAFTA)

➪ नाफ्टा (उत्तरी अमेरिका मुक्त व्यापार समझौता) उत्तरी अमेरिका महाद्वीप के तीन देशों- संयुक्त राज्य अमेरिका, कनाडा और मैक्सिको का क्षेत्रीय संगठन है।

➪ नाफ्टा के तहत संयुक्त राज्य अमेरिका, कनाडा और मैक्सिको 2015 ई. तक अपने यहाँ व्यापार पर लगे सारे प्रतिबंधों को हटाकर मुक्त व्यापार क्षेत्र बन जायेंगे।

5. नाटो (The North Atlantic Treaty Organisation–NATO)

➪ उत्तर अटलांटिक गठबंधन की स्थापना 4 अप्रैल, 1949 ई. को हुई।

➪ वर्तमान समय में उत्तर अटलांटिक संधि संगठन में 28 सदस्य राज्य शामिल हैं- (बेल्जियम, कनाडा, चेक रिपब्लिक, डेनमार्क, फ्रांस, जर्मनी, यूनान, हंगरी, आईसलैंड, इटली, लेक्जेमबर्ग, नीदरलैंड, नार्वे, पुर्तगाल, पोलैंड, स्पेन, टर्की, ब्रिटेन, संयुक्त राज्य अमेरिका, लाटविया, लिथुआनिया, एस्टोनिया, स्लोवाकिया, स्लोवानिया, बुल्गारिया, रूमानिया, अल्बानिया एवं क्रोएशिया)। 1949 में गठन के समय नाटो की सदस्य संख्या 12 थी।

➪ 1994 ई. में नाटो का मुख्यालय ब्रुसेल्स से हटाकर मोन्स (बेल्जियम) में स्थापित किया गया।

➪ **नाटों के अंग :** नाटो संगठन के निम्नलिखित अंग हैं-

1. **परिषद् :** यह नाटो का सर्वोच्च अंग है। इसका निर्माण सदस्य राज्यों के मंत्रियों से होता है। नाटो का महासचिव परिषद् का अध्यक्ष होता है।
2. **प्रतिरक्षा समिति :** इसमें समस्त नाटो देशों के रक्षा मंत्री प्रतिनिधित्व करते हैं। यह परिषद् द्वारा स्वीकृत सैनिक निर्णयों पर विचार करती है।
3. **उप-परिषद् :** यह नाटो सदस्यों द्वारा नियुक्त कूटनीतिक प्रतिनिधियों की परिषद् है।
4. **सैनिक समिति :** इसमें आइसलैंड व फ्रांस को छोड़कर समस्त देशों के सेनाध्यक्ष प्रतिनिधित्व करते हैं।

6. एशियाई विकास बैंक (Asian Development Bank–ADB)

➪ इसकी स्थापना 1966 ई. में की गयी। इसका मुख्यालय मनीला में है।

➪ इसके सदस्य देशों की संख्या 67 है।

➪ इसके तीन प्रतिनिधि कार्यालय टोकियो, फ्रैंकफर्ट तथा वाशिंगटन डी.सी. में है।

7. आर्थिक सहयोग और विकास संगठन (Organisation for Economic Co-operation Development–OECD)

➪ 1948 ई. में गठित यूरोपीय आर्थिक सहयोग संगठन को 1961 ई. में आर्थिक सहयोग एवं विकास संगठन के रूप में परिवर्तित कर दिया गया। इसका मुख्यालय पेरिस (फ्रांस) में है।

- इसके सदस्य देशों की संख्या 34 है।

8. आसियान (ASEAN)
- आसियान का पूरा नाम दक्षिण-पूर्वी राष्ट्रों का संघ (Association of South-East Asian Nations–ASEAN) है।
- इसकी स्थापना 8 अगस्त, 1967 ई. को हुई। उस समय इंडोनेशिया, मलेशिया, फिलीपीन्स, सिंगापुर तथा थाईलैंड ने इसका गठन किया था।
- वर्तमान समय में (2001-2002 ई.) इसके सदस्य देशों की संख्या 10 हो गयी है।
- आसियान का केन्द्रीय सचिवालय जकार्ता (इंडोनेशिया) में है।
- 24 अगस्त, 1996 ई. को भारत को आसियान का पूर्ण संवाद सहभागी बना लिया गया है। रूस एवं चीन को भी पूर्ण संवाद सहभागी का स्तर प्रदान किया गया है।

9. दक्षिण एशियाई क्षेत्रीय सहयोग संघ (सार्क) (The South Asian Association for Regional Co-operation–SAARC)
- इसका मुख्यालय काठमाण्डू में है।
- सार्क की स्थापना 7-8 दिसम्बर, 1985 ई. में की गयी थी।
- इसके सदस्य देश हैं– भारत, पाकिस्तान, बांग्लादेश, नेपाल, भूटान, श्रीलंका, मालदीव एवं अफगानिस्तान।
- सार्क का प्रथम शिखर सम्मेलन 1985 ई. में ढाका (बांग्लादेश) में हुआ था।

10. G–7 (Group–7)
- इसकी स्थापना 22 सितम्बर, 1985 ई. को न्यूयॉर्क में की गयी थी।
- 20-22 जून, 1997 ई. को अमेरिका के शहर डेनवर में सम्पन्न G–7 के शिखर सम्मेलन में रूस को इसका सदस्य बनाया गया जिससे इसे G–8 कहा गया।
- इसके सदस्य देश हैं– कनाडा, अमेरिका, ब्रिटेन, फ्रांस, जर्मनी, जापान, इटली एवं रूस। वर्ष 2015 में इस संगठन से रूस को निलंबित कर दिया गया। अत: अब इसे G–7 कहा जाता है।

11. अरब लीग (Arabe League)
- इसकी स्थापना 22 मार्च, 1945 ई. को हुई। जिसका मुख्यालय ट्यूनीशिया में है। (कुवैत पर इराक के आक्रमण के पश्चात् अगस्त 1990 में मुख्यालय ट्यूनीशिया से काहिरा स्थानांतरित हो गयी थी)।
- इसके सदस्य देशों की संख्या 22 है, जिनमें प्रमुख हैं– मिस्र, इराक, जॉर्डन, लेबनान, सऊदी अरब, सीरिया, यमन आदि।

12. पेट्रोलियम निर्यातक देशों का संगठन (Organisation of Petroleum Exporting Countries)
- ओपेक की स्थापना 1960 ई. में बगदाद में हुई।
- इसके संस्थापक सदस्य थे– ईरान, इराक, कुवैत, सऊदी अरब तथा वेनजुएला।
- वर्तमान समय में इसके सदस्य देशों की संख्या 12 है– ईरान, कुवैत, सऊदी अरब, वेनजुएला, कतर, लीबिया, अल्जीरिया, इराक, यू.ए.ई. नाइजीरिया, इक्वेडोर एवं अंगोला।
- ओपेक का मुख्यालय वियना (आस्ट्रिया) में है।

13. रेडक्रॉस (Redcross)
- इसकी स्थापना 1863 ई. में हेनरी ड्यूरेंट ने जेनेवा में की।
- इसका मुख्यालय जेनेवा (स्विट्जरलैंड) में है।
- इसे तीन बार (1917, 1944 तथा 1963 ई.) नोबेल शान्ति पुरस्कार मिला है।

- इसका मुख्य उद्देश्य युद्ध या विपदा के समय में कठिनाइयों से राहत दिलाना है।
- प्रतिवर्ष विश्व रेडक्रॉस दिवस 8 मई को मनाया जाता है, जो कि इसके संस्थापक ड्यूरेंट का जन्म दिन है।

14. राष्ट्मंडल (Commonwealth)

- राष्ट्रमंडल उन देशों का संगठन है, जो कभी ब्रिटिश साम्राज्य के अधीन थे। (अपवाद-मोजाम्बिक)
- इसकी स्थापना 1926 ई. में की गयी थी।
- आधुनिक राष्ट्रमंडल का जन्म उस समय हुआ, जब 1949 ई. में एक गणराज्य होने के उपरान्त ही भारत इसका सदस्य बनाया गया।
- वर्तमान में राष्ट्रमंडल के सदस्यों में 53 पूर्ण सदस्य एवं ब्रूनेई के रूप में एक सहराज्य शामिल है।
- राष्ट्रमंडल का सर्वाधिक प्रभावशाली अंग राष्ट्रमंडलीय शासनाध्यक्षों का सम्मेलन है।
- राष्ट्रमंडल का मुख्यालय लंदन में है।

15. गुटनिरपेक्ष आन्दोलन (Non-Aligned Movement-NAM)

- गुटनिरपेक्ष देशों का पहला शिखर सम्मेलन 1961 ई. में हुआ।
- गुटनिरपेक्ष देशों की सदस्य संख्या वर्तमान में 120 है।
- गुटनिरपेक्ष आंदोलन का सम्मेलन जिस देश में होता है, वही देश इसकी अध्यक्षता करता है। इसका सचिवालय काठमांडू (नेपाल) में है।

16. स्वतंत्र राष्ट्रों का राष्ट्रकुल (Commonwealth of Independent States-CIS)

- इसकी स्थापना 21 दिसम्बर, 1991 ई. को सोवियत संघ से अलग हुए 15 में से 9 गणराज्यों ने मिलकर किया। इसकी स्थापना कजाकिस्तान की राजधानी अल्माअता में की गयी।
- सोवियत संघ से अलग हुए 15 गणराज्यों में से केवल जार्जिया ही इसका सदस्य नहीं है।
- इसका मुख्यालय मिंस्क (बेलारुस) में है।

17. ब्रिक्स (BRICS)

- ब्राजील, रूस, भारत और चीन ने वर्ष 2009 में एक नये आर्थिक संगठन 'ब्रिक' (BRIC) की स्थापना रूस के शहर येकंटरिनवर्ग में की।
- इसके (BRIC) दूसरे सम्मेलन (15 अप्रैल, 2010) में दक्षिण अफ्रीका को सदस्यता प्रदान करने पर सहमति बनी। दक्षिण अफ्रीका के शामिल होने के बाद इसका नाम BRICS) (ब्राजील, रूस, इंडिया, चीन एवं दक्षिण अफ्रीका) पड़ा।
- चीन में सम्पन्न तीसरे सम्मेलन में दक्षिण अफ्रीमा पहली बार शामिल हुआ।

23. विश्व के प्रमुख संगठन और उनके मुख्यालय

क्र. सं.	संगठन	मुख्यालय
1.	गैट (GATT)	जेनेवा
2.	एमनेस्टी इंटरनेशनल	लंदन
3.	एशियाई विकास बैंक (ADB)	मनीला
4.	दक्षिण-पूर्वी एशियाई राष्ट्रों का संघ (ASEAN)	जकार्ता
5.	नाटो (NATO)	मोन्स
6.	अफ्रीकी एकता संगठन (OAU)	आदिस-अबाबा
7.	रेडक्रॉस (RED Cross)	जेनेवा

8.	सार्क (SAARC)	काठमांडू
9.	संयुक्त राष्ट्र पर्यावरण कार्यक्रम (UNEP)	नैरोबी
10.	इन्टरपोल (INTERPOL)	पेरिस (लेओंस)
11.	विश्व व्यापार संगठन (WTO)	जेनेवा
12.	अमरीकी राज्यों का संगठन (OAS)	वाशिंगटन डी.सी
13.	अरब लीग (League)	नीशिया
14.	परस्पर आर्थिक सहायता परिषद् (COMECON)	मास्को
15.	वर्ल्ड काउंसिल ऑफ चर्जेज (WCC)	जेनेवा
16.	यूरोपीय ऊर्जा आयोग (EEC)	जेनेवा
17.	अफ्रीकी अर्थिक आयोग (ECA)	आदिस-अबाबा
18.	पश्चिमी एशिया आर्थिक आयोग (ECWA)	बगदाद
19.	संयुक्त राष्ट्र शरणार्थी उच्चायोग (UNHCR)	जेनेवा
20.	अन्तरराष्ट्रीय परमाणु ऊर्जा एजेंसी (IAEA)	वियाना
21.	संयुक्त राष्ट्र औद्योगिक विकास संगठन (UNIDO)	वियाना
22.	संयुक्त राष्ट्र व्यापार एवं विकास सम्मेलन (UNCTAD)	जेनेवा
23.	विश्व वन्य जीव संरक्षण कोष (WWF)	ग्लांड (स्विट्जरलैंड)
24.	अन्तरराष्ट्रीय ओलंपिक कमिटी (IOC)	लुसाने
25.	यूरोपीय कॉमन मार्केट (ECM)	जेनेवा
26.	ब्रीक्स बैंक (BRICS Bank)	शंघाई (चीन)
27.	पेट्रोलियम उत्पादक देशों का संगठन (ओपेक OPEC)	वियाना
28.	आर्थिक सहयोग और विकास संगठन (OECD)	पेरिस
29.	यूरोपीय मुक्त व्यापार संघ (ECTA)	जेनेवा
30.	राष्ट्रमंडल (कॉमनवेल्थ)	लंदन
31.	यूरोपीय आर्थिक समुदाय (EEC)	ब्रुसेल्स
32.	यूरोपीय संसद	लक्जेमबर्ग
33.	यूरोपियन स्पेस रिसर्च आर्गेनाइजेशन (ESRO)	पेरिस
34.	यूरोपियन परमाणु ऊर्जा समुदाय (EURATON)	ब्रुसेल्स
35.	एशिया और प्रशान्त क्षेत्रों और सामाजिक आयोग (ESCAP)	बैंकॉक
36.	यूनिसेफ	न्यूयॉर्क
37.	एशियन इंफ्रास्ट्रक्चर इंवेस्टमेंट बैंक (AIIB)	बीजिंग
38.	ब्रिक्स (BRICS) बैंक	शंघाई

24. विश्व के धर्म

बौद्ध धर्म	
संस्थापक	गौतम बुद्ध 'सिद्धार्थ' (563-483 ई.पू.), लुम्बिनी (नेपाल) में जन्म
स्थापना	528 ई.पू.
समर्थक	चीन, तिब्बत, कोरिया, मंगोलिया, नेपाल, भूटान, थाईलैंड, जापान, लाओस, म्यांमार, (बर्मा), श्रीलंका, कम्बोडिया, ताइवान, इंडोनेशिया तथा वियतनाम में।
धार्मिक ग्रन्थ	त्रिपिक (बुद्ध की शिक्षा का संग्रह) इसे सूत्र भी कहा जाता है।
धार्मिक स्थल	लुम्बिनी (नेपाल), जहाँ बुद्ध का जन्म हुआ, बोधगया (बिहार), जहाँ इन्होंने ज्ञान की ज्योति प्राप्त की तथा कुशीनगर (उत्तरप्रदेश) जहाँ इन्होंने 'निर्वाण' की प्राप्ति की।
पूजा स्थल	विहार (मन्दिर) तथा मठ (जहाँ मठवासी) रहते हैं।
पंथ	महायान तथा हीनयान
कन्फ्यूशियसवाद	
संस्थापक	कुंग फू त्सु, कन्फ्यूशियस के नाम से बेहतर जाना जाता है (551-479 ई.पू.) चीन में लू राज्य में जन्म।
स्थापना	500 ई.पू.
समर्थक	चीन, ताइवान, दक्षिण कोरिया, नोरू तथा वियतनाम में।
धार्मिक ग्रन्थ	सूक्ति संग्रह
धार्मिक स्थल	चीन में पीकिंग (बीजिंग)
पूजा स्थल	कोई मन्दिर या गिरजाघर नहीं
ईसाई धर्म	
संस्थापक	ईसा मसीह (जीजस क्राइस्ट- 5 ई.पू. से 30 ई.पू.) जुडिया में जन्म, इसे जीजस ऑफ नजरेथ भी कहा जाता है।
स्थापना	2005 वर्ष पहले
समर्थक	विश्व भर में
धार्मिक ग्रन्थ	पवित्र बाईबल, इसमें पूर्व विधान ओल्ड टेस्टामेंट (ईसा मसीह से पहले) तथा नव विधान न्यू टेस्टामेंट (ईसा मसीह के दौरान तथा बाद का) शामिल है।
धार्मिक स्थल	जेरूसलेम, जहाँ ईसा मसीह रहते तथा उपदेश देते थे।
पूजा स्थल	गिरिजाघर (चर्च)
पंथ	कैथोलिक तथा प्रोटेस्टैंट
हिन्दू धर्म	
संस्थापक	दैवी उत्पत्ति
स्थापना	लगभग 1500 ई.पू.

विविध

समर्थक	भारत तथा नेपाल में केन्द्रित तथा भूटान, फिजी, गुयान, इंडोनेशिया, श्रीलंका, दक्षिण अफ्रीका, सूरीनाम, त्रिनिदाद तथा टोबैगो में।
धार्मिक ग्रन्थ	वेद, उपनिषद्, भगवद्गीता, महाभारत और रामायण महाकाव्य।
पूजा स्थल	मंदिर
इस्लाम धर्म	
संस्थापक	पैगम्बर मोहम्मद (570-632 ई.), मक्का (सऊदी अरब) में जन्म
स्थापना	622 ई.
समर्थक	अफ्रीका के पश्चिमी तटीय देशों से फिलीपींस तक। इसमें तंजानिया, रूस तथा चीन का दक्षिणी भाग, भारत, पाकिस्तान, बांग्लादेश, मलेशिया तथा इंडोनेशिया शामिल हैं। उत्तरी अफ्रीका के भाग भी।
धार्मिक ग्रन्थ	कुरान (खुदा के शब्द), हदीश (पैगम्बर के वचनों का संग्रह)
धार्मिक स्थल	सऊदी अरब में मक्का
पूजा स्थल	मस्जिद
पंथ	सुन्नी तथा शिया
यहूदी धर्म (हिब्रों (यहूदियों का धर्म)	
संस्थापक	मोसिस, मिस्र में जन्म
स्थापना	1300 ई.पू.
समर्थक	इजरायल तथा संयुक्त राज्य के केन्द्रीकरण सहित विश्वव्यापी
धार्मिक ग्रन्थ	हलस्, बाईबल की पाँच पुस्तकों में विशेषकर पायी गयी; तोराह जिसे तालमद तथा मिदरश भी कहा जाता है, पर व्याख्या।
धार्मिक स्थल	जेरूसलेम
पूजा स्थल	यहूदी उपासना गृह
शिंतो धर्म (मत)	
संस्थापक	जापानी संस्कृति से शुरू हुआ तथा परम्परा और पूर्वज से विकसित
समर्थक	जापान में
धार्मिक ग्रन्थ	कोई विशेष पुस्तक नहीं
धार्मिक स्थल	आइस का मध्य तीर्थस्थल (मध्य जापान) तथा टोक्यो में यासूकूनी तीर्थस्थल
सिख धर्म	
संस्थापक	गुरु नानक (1469-1539)
स्थापना	1500 ई.
समर्थक	भारत में
धार्मिक ग्रन्थ	गुरु ग्रन्थ साहिब
धार्मिक स्थल	अमृतसर का स्वर्ण मन्दिर
पूजा स्थल	गुरुद्वारा

ताओ धर्म	
संस्थापक	चीनी दार्शनिक, लाओत्से
स्थापना	6ठवीं सदी ई. पू.
समर्थक	चीन, ताइवान, नोरू, ब्रुनेई, सिंगापुर तथा वियतनाम में
धार्मिक ग्रन्थ	ताओ-ती-चिंग
जरथ्रुष्ट (पारसी धर्म)	
संस्थापक	जरथ्रुष्ट, भेदिया (आधुनिक ईरान) में जन्म, लगभग 660 ई.पू. में
स्थापना	लगभग 500 ई.पू.
समर्थक	ईरान तथा उत्तर-पश्चिम भारत में। जरथ्रुष्ट धर्मानुयायी व्यक्ति जो आठवीं सदी में भारत भाग आये थे, भारत में मौजूद पारसी समुदाय के पूर्वज हैं।
धार्मिक ग्रन्थ	जेंद अवेस्ता
पूजा स्थल	फायर टैम्पल (अग्नि मन्दिर)

25. प्रमुख दिवस (राष्ट्रीय एवं अन्तरराष्ट्रीय)

जनवरी			
विश्व ब्रेल दिवस	4 जनवरी	प्रवासी भारतीय दिवस	9 जनवरी
विश्व हिन्दी दिवस	10 जनवरी	राष्ट्रीय युवा दिवस (स्वामी विवेकानंद का जन्म दिवस)	12 जनवरी
भारतीय थल सेना दिवस	15 जनवरी	राष्ट्रीय बालिका दिवस	24 जनवरी
राष्ट्रीय मतदाता दिवस	25 जनवरी	गणतंत्र दिवस (भारत)	26 जनवरी
विध्वंस के शिकार लोगों की स्मृति में संयुक्त राष्ट्र दिवस	27 जनवरी	कुष्ठ निवारण दिवस, शहीद दिवस	30 जनवरी
फरवरी			
विश्व आर्द्रभूमि संरक्षण दिवस	2 फरवरी	विश्व कैंसर दिवस	4 फरवरी
इंटरनेट सुरक्षा दिवस	11 फरवरी	विश्व रेडियो दिवस	13 फरवरी
संयुक्त राष्ट्र सामजिक न्याय दिवस	20 फरवरी	अन्तरराष्ट्रीय मातृभाषा दिवस	21 फरवरी
राष्ट्रीय विज्ञान दिवस	28 फरवरी		
मार्च			
विश्व वन्य जीव दिवस	3 मार्च	राष्ट्रीय सुरक्षा दिवस	4 मार्च
अन्तरराष्ट्रीय महिला दिवस	8 मार्च	राष्ट्रमंडल दिवस, विश्व ग्लॉकोमा दिवस	12 मार्च
विश्व उपभोक्ता अधिकार दिवस	15 मार्च	सामाजिक अधिकारिता स्मृति दिवस	20 मार्च

विश्व गौरेया दिवस	20 मार्च	विश्व वनिकी दिवस	21 मार्च
विश्व जल दिवस	22 मार्च	विश्व मौसम विज्ञान दिवस	23 मार्च
विश्व तपेदिक दिवस	24 मार्च	विश्व रंगमंच दिवस	27 मार्च
अप्रैल			
विश्व स्वपरायणता (ऑटिज्म) जागरूकता दिवस	2 अप्रैल	राष्ट्रीय नौवहन दिवस	5 अप्रैल
विकास व शान्ति के लिए अन्तरराष्ट्रीय खेल दिवस	6 अप्रैल	विश्व स्वास्थ्य दिवस	7 अप्रैल
विश्व होम्योपैथी दिवस	10 अप्रैल	विश्व दाय (Heritage) दिवस	18 अप्रैल
अन्तरराष्ट्रीय पृथ्वी दिवस	22 अप्रैल	विश्व पुस्तक एवं कॉपीराइट दिवस	23 अप्रैल
राष्ट्रीय पंचायती राज दिवस	24 अप्रैल	विश्व मलेरिया दिवस/विश्व मेनिनजाइटिस दिवस	25 अप्रैल
विश्व बौद्धिक संपदा अधिकार दिवस	26 अप्रैल		
मई			
श्रम दिवस (मई दिवस)	1 मई	अन्तरराष्ट्रीय प्रेस स्वतन्त्रा दिवस	3 मई
विश्व अस्थमा दिवस	7 मई	विश्व रेडक्रॉस दिवस/विश्व थैलेसीमिया दिवस	8 मई
विश्व रेडक्रॉस दिवस/विश्व थैलेसीमिया दिवस	8 मई	राष्ट्रीय प्रौद्योगिकी दिवस	11 मई
अन्तरराष्ट्रीय परिचारिका (नर्स) दिवस	12 मई	राष्ट्रीय सद्‌भावना दिवस	13 मई
विश्व परिवार दिवस	15 मई	विश्व दूरसंचार दिवस	17 मई
विश्व संग्रहालय दिवस	18 मई	विश्व कछुआ संरक्षण दिवस	23 मई
विश्व तम्बाकू रोधी दिवस	31 मई		
जून			
विश्व दुग्ध दिवस	1 जून	विश्व पर्यावरण दिवस/विश्व फाइलेरिया दिवस	5 जून
विश्व भूगर्भ जल दिवस	10 जून	विश्व बालश्रम निषेध दिवस	12 जून
विश्व रक्तदान दिवस	14 जून	विश्व वृद्धजन दिवस	15 जून
मरुस्थलीकरण एवं अनावृष्टि (अकाल) से सतत जंग को अर्पित विश्व दिवस	17 जून	अन्तरराष्ट्रीय योग दिवस	21 जून
अन्तरराष्ट्रीय विधवा दिवस	23 जून	विश्व स्ट्रोक दिवस	24 जून

मादक पदार्थों के दुरुपयोग एवं अवैध व्यापार के विरुद्ध अन्तरराष्ट्रीय दिवस	26 जून	राष्ट्रीय सांख्यिकी दिवस (प्रो. पी.सी. महालनोबिस का जन्मदिन)	29 जून
जुलाई			
विश्व चिकित्सक दिवस	1 जुलाई	अन्तरराष्ट्रीय सहकारिता दिवस	7 जुलाई
विश्व जनसंख्या दिवस	11 जुलाई	कारगिल विजय दिवस	26 जुलाई
विश्व हेपटाइटिस दिवस	28 जुलाई	अन्तरराष्ट्रीय दोस्ताना दिवस	30 जुलाई
अगस्त			
अन्तरराष्ट्रीय मैत्री दिवस	4 अगस्त	विश्व की स्थानीय आबादी अन्तरराष्ट्रीय दिवस	8 अगस्त
अन्तरराष्ट्रीय युवा दिवस	12 अगस्त	विश्व मानवता दिवस	19 अगस्त
विश्व फोटोग्राफी दिवस	20 अगस्त	राजीव गांधी अक्षय ऊर्जा दिवस	20 अगस्त
अन्तरराष्ट्रीय दास व्यापार एवं उन्मूलन स्मरण दिवस	23 अगस्त	राष्ट्रीय खेल दिवस	29 अगस्त
अन्तरराष्ट्रीय परमाणु परीक्षण रोधी दिवस	29 अगस्त	अन्तरराष्ट्रीय विलुप्ति शिकार दिवस	30 अगस्त
सितम्बर			
शिक्षक दिवस, अन्तरराष्ट्रीय चैरिटी दिवस	5 सितम्बर	अन्तरराष्ट्रीय साक्षरता दिवस	8 सितम्बर
अन्तरराष्ट्रीय भ्रूण शराब स्पेक्ट्रम विकार (FASD) जागरूकता दिवस	9 सितम्बर	विश्व आत्महत्या रोकथाम दिवस	10 सितम्बर
हिन्दी दिवस	14 सितम्बर	अन्तरराष्ट्रीय लोकतंत्र दिवस	15 सितम्बर
अन्तरराष्ट्रीय ओजोन परत संरक्षण दिवस	16 सितम्बर	आतंकवाद के विरुद्ध राष्ट्रीय एकजुटता दिवस	18 सितम्बर
विश्व शान्ति दिवस	21 सितम्बर	विश्व पर्यटन दिवस	27 सितम्बर
विश्व हृदय दिवस, विश्व सामुद्रिक दिवस	26 सितम्बर	विश्व रैबीज दिवस	28 सितम्बर
अन्तरराष्ट्रीय अनुवाद दिवस	30 सितम्बर		
अक्टूबर			
अन्तरराष्ट्रीय वृद्धजन दिवस	1 अक्टूबर	अन्तरराष्ट्रीय अहिंसा दिवस	2 अक्टूबर
विश्व पशु दिवस	3 अक्टूबर	विश्व पर्यावास दिवस	अक्टूबर का प्रथम सोमवार
भारतीय वायुसेना दिवस	8 अक्टूबर	विश्व डाक दिवस	9 अक्टूबर

विश्व मानसिक स्वास्थ्य दिवस	10 अक्टूबर	मृत्यु दंड के खिलाफ विश्व दिवस	10 अक्टूबर
अन्तरराष्ट्रीय बालिका दिवस	11 अक्टूबर	विश्व दृष्टि दिवस	अक्टूबर का दूसरा गुरुवार
विश्व मानक दिवस	14 अक्टूबर	अन्तरराष्ट्रीय प्राकृतिक आपदा न्यूनीकरण दिवस	अक्टूबर का दूसरा बुधवार
अन्तरराष्ट्रीय ग्रामीण महिला दिवस	15 अक्टूबर	विश्व खाद्य दिवस	16 अक्टूबर
अन्तरराष्ट्रीय गरीबी उन्मूलन दिवस, विश्व ट्रॉमा दिवस	17 अक्टूबर	विश्व सांख्यिकी दिवस	20 अक्टूबर
विश्व आयोडीन अल्पता विकार निवारण दिवस	21 अक्टूबर	संयुक्त राष्ट्र दिवस, विश्व विकास सूचना दिवस	24 अक्टूबर
विश्व मितव्ययिता दिवस	30 अक्टूबर		
नवम्बर			
राष्ट्रीय कैंसर जागरूकता दिवस	7 नवम्बर	राष्ट्रीय विधिक साक्षरता दिवस	9 नवम्बर
राष्ट्रीय फाइलेरिया दिवस	11 नवम्बर	राष्ट्रीय शिक्षा दिवस (अबुल कलाम आजाद का जन्मदिन)	11 नवम्बर
राष्ट्रीय पक्षी दिवस	12 नवम्बर	विश्व बाल दिवस	14 नवम्बर
विश्व मधुमेह दिवस	14 नवम्बर	अन्तरराष्ट्रीय पत्रकारिता दिवस	16 नवम्बर
विश्व वयस्क दिवस	18 नवम्बर	अन्तरराष्ट्रीय नागरिक दिवस	19 नवम्बर
विश्व शौचालय दिवस	19 नवम्बर	अन्तरराष्ट्रीय बाल अधिकार दिवस	20 नवम्बर
विश्व पर्यावरण संरक्षण दिवस	25 नवम्बर	राष्ट्रीय विधि दिवस	26 नवम्बर
विश्व अंगदान दिवस	27 नवम्बर		
दिसम्बर			
विश्व एड्स दिवस	1 दिसम्बर	अन्तरराष्ट्रीय विकलांग जन दिवस	3 दिसम्बर
भारतीय नौसेना दिवस, विश्व रासायनिक दुर्घटना दिवस	4 दिसम्बर	राष्ट्रीय रासायनिक आपदा निवारण दिवस	4 दिसम्बर
नागरिक सुरक्षा दिवस/होमगार्ड दिवस	6 दिसम्बर	अन्तरराष्ट्रीय भ्रष्टाचार विरोधी दिवस	9 दिसम्बर
अन्तरराष्ट्रीय मानवाधिकार दिवस	10 दिसम्बर	अन्तरराष्ट्रीय पर्वत दिवस	11 दिसम्बर
राष्ट्रीय ऊर्जा संरक्षण/विश्व ऊर्जा दिवस	14 दिसम्बर	गोवा मुक्ति दिवस	19 दिसम्बर
राष्ट्रीय उपभोक्ता दिवस	24 दिसम्बर	कांग्रेस स्थापना दिवस	28 दिसम्बर

26. भारत के प्रमुख पर्यटन स्थल

क्र.	पर्यटन स्थल	स्थान एवं राज्य	निर्माणकर्ता	निर्माण वर्ष
1.	कन्हेरी की गुफाएँ	मुम्बई (महाराष्ट्र)	बौद्ध द्वारा	पहली सदी ई.पू.
2.	एलीफैंटा की गुफाएँ	मुम्बई (महाराष्ट्र)	राष्ट्रकूट द्वारा	8वीं सदी ई.
3.	अजन्ता की गुफाएँ	औरंगाबाद (महाराष्ट्र)	गुप्त शासक द्वारा	200 ई. पूर्व से 700 के मध्य
4.	एलोरा की गुफाएँ	औरंगाबाद (महाराष्ट्र)	बौद्धों द्वारा	450-650 ई.
5.	कंदरिया महादेव	खजुराहो (मध्यप्रदेश)	चन्देल राजाओं ने	1025-1050 ई.
6.	मदन महल	जबलपुर (मध्यप्रदेश)	राजा मदन शाह	1116 ई.
7.	मृगनयनी का महल	ग्वालियर (मध्यप्रदेश)	राजा मानसिंह तोमर	1486-1516 ई.
8.	धार का किला	धार मध्यप्रदेश)	मोहम्मद तुगलक	1344 ई.
9.	गोलकुंडा का किला	हैदराबाद (तेलंगाना)	कुतुबशाही वंश	1518-1687 ई.
10.	कोचीन का किला	केरल	पुर्तगालियों द्वारा	1503 ई.
11.	विजय स्तंभ	चित्तौड़गढ़ (राजस्थान)	महाराणा कुम्भा	1458-68 ई.
12.	कुतुबमीनार	दिल्ली	कुतुबद्दीन ऐबक	1199 ई.
13.	ढाई दिन का झोपड़ा	अजमेर (राजस्थान)	कुतुबद्दीन ऐबक	1199 ई.
14.	हौजखास	दिल्ली	अलाउद्दीन खिलजी	1305 ई.
15.	तुगलकाबाद	दिल्ली	गयासुद्दीन तुगलक	1321-25 ई.
16.	किशोर सागर	कोटा (राजस्थान)	राजकुमार धीरदेह	1346 ई.
17.	आना सागर	अजमेर (राजस्थान)	अरुणोराज	115-55 ई.
18.	फिरोजशाह कोटला	दिल्ली	फिरोजशाह तुगलक	1354 ई.
19.	बूँदी का किला	बूँदी (राजस्थान)	राजानगर सिंह	1354 ई.
20.	हिलती मीनारें	अहमदाबाद (गुजरात)	–	1450 ई.
21.	पिछोला झील	उदयपुर (राजस्थान)	–	1832-1421 ई.
22.	काकरिया झील	अहमदाबाद (गुजरात)	सुल्तान कुतुबद्दीन	1451 ई.
23.	दरगाह अजमेरशरीफ	अजमेर (राजस्थान)	सुल्तासन गयासुद्दीन	1464 ई.
24.	जोधपुर दुर्ग	जोधपुर (राजस्थान)	राव जोधा जी	1899 ई.
25.	गगरुन का किला	झालावाड़ (राजस्थान)	झालावाड़ स्टेट	1818 ई.
26.	मुसी रानी की छतरी	अलवर (राजस्थान)	महाराजा विनय सिंह	1815 ई.
27.	फतह सागर	उदयपुर (राजस्थान)	महाराणा फतह सिंह	1678 ई.
28.	जय समंद झील	उदयपुर (राजस्थान)	महाराणा जय सिंह	1685 ई.
29.	डीग महल	डीग (राजस्थान)	राजा बदन सिंह	1725 ई.
30.	सहेलियों की बाड़ी	उदयपुर (राजस्थान)	महाराणा फतह सिंह	1678 ई.
31.	रानी की बाड़ी	बूँदी (राजस्थान)	रानी नाथवती	1700 ई.

32.	छत्रमहल	बूँदी फोर्ट (राजस्थान)	रानी छत्रसाल	1531 ई.
33.	जूनागढ़ किला	बीकानेर (राजस्थान)	राजा जय सिंह	1587 ई.
34.	कानपुर महल	धौलपुर (राजस्थान)	शाहजहाँ	1640 ई.
35.	अनिरुद्ध का महल	बूँदी फोर्ट (राजस्थान)	राजा अनिरुद्ध सिंह	1679 ई.
36.	जन्तर-मन्तर*	जयपुर (राजस्थान)	सवाई जय सिंह	1738 ई.
37.	नाहरगढ़ फोर्ट	जयपुर (राजस्थान)	सवाई जय सिंह	1734 ई.
38.	जगमोहन महल	कोटा (राजस्थान)	राजकुमार ब्रजकुमार	1740 ई.
39.	जयगढ़ फोर्ट	जयपुर (राजस्थान)	सवाई जय सिंह	1726 ई.
40.	भरतपुर का किला	भरतपुर (राजस्थान)	राजा सूरजमल सिंह	
41.	हवामहल	जयपुर (राजस्थान)	महाराजा प्रताप सिंह	1799 ई.
42.	सुख निवास	बूँदी (राजस्थान)	राजा बिशन सिंह	1773 ई.
43.	उम्मेद भवन	जोधपुर (राजस्थान)	महाराजा उम्मेद सिंह	1929-43 ई.
44.	आरामबाग	आगरा (उत्तरप्रदेश)	बाबर	1526 ई.
45.	लाल किला	दिल्ली	शाहजहाँ	1648 ई.
46.	हुमायूँ का मकबरा	दिल्ली	हुमायूँ की बेगम	1665-74 ई.
47.	शालीमार बाग	श्रीनगर	जहाँगीर	–
48.	सेन्ट जॉर्ज किला	चेन्नई (तमिलनाडु)	ईस्ट इंडिया कम्पनी	1653 ई.
49.	शेरशाह का मकबरा	सासाराम (बिहार)	इस्लामशाह	1540-45 ई.
50.	डच महल	केरल	पुर्तगालियों द्वारा	1557 ई.
51.	फतेहपुर सिकरी	आगरा (उत्तरप्रदेश)	अकबर	1571 ई.
52.	आगरा फोर्ट	आगरा (उत्तरप्रदेश)	अकबर	1566 ई.
53.	पुराना किला	दिल्ली	शेरशाह सूरी	1540-44 ई.
54.	सती बुर्ज	मथुरा (उत्तरप्रदेश)	राजा भगवान दास	1570 ई.
55.	जहाँगीर महल	आगरा फोर्ट (उत्तरप्रदेश)	अकबर	1566 ई.
56.	अकबर का मकबरा	सिकन्दरा (उत्तरप्रदेश)	जहाँगीर	1613 ई.
57.	अकबर का किला	इलाहाबाद (उत्तरप्रदेश)	अकबर	1575 ई.
58.	चश्मा शाही	जम्मू-कश्मीर	अली मरदान खाँ	1642 ई.
59.	एतमादुद्दौला का मकबरा	आगरा (उत्तरप्रदेश)	नूरजहाँ	1626 ई.
60.	ताजमहल	आगरा (उत्तरप्रदेश)	शाहजहाँ	1631-53 ई.
61.	निशांत बाग	जम्मू-कश्मीर	आसफ अली	1633 ई.
62.	चीनी का रौजा	आगरा (उत्तरप्रदेश)	शाहजहाँ	1639 ई.
63.	शीशमहल	आगरा (उत्तरप्रदेश)	शाहजहाँ	1637 ई.

* जन्तर-मन्तर का निर्माण जयपुर के अतिरिक्त दिल्ली, उज्जैन, वाराणसी एवं मथुरा में भी किया गया था।

64.	खासमहल	आगरा (उत्तरप्रदेश)	शाहजहाँ	1636 ई.
65.	दीवाने-खास	आगरा फोर्ट (उत्तरप्रदेश)	शाहजहाँ	1637 ई.
66.	हाई कोर्ट	मुम्बई (महाराष्ट्र)	ब्रिटिश सरकार	1878 ई.
67.	बड़ा इमामबाड़ा	लखनऊ (उत्तरप्रदेश)	नवाब आसफा उद्यौला	1784 ई.
68.	छोटा इमामबाड़ा	लखनऊ (उत्तरप्रदेश)	मुहम्मद अली शाह	18वीं शताब्दी
69.	टीपू का महल	वेल्लोर (कर्नाटक)	हैदरअली (टीपू सुल्तान)	18वीं शताब्दी
70.	लालबाग	बंगलौर (कर्नाटक)	हैदरअली (टीपू सुल्तान	18वीं शताब्दी
71.	गोलघर	पटना (बिहार)	ब्रिटिश सरकार	1786 ई.
72.	पादरी की हवेली	पटना (बिहार)	फादर कापुचिन	1751 ई.
73.	विलियम फोर्ट	कोलकाता (प. बंगाल)	लॉर्ड क्लाइव	1757-81 ई.
74.	बीबी का मकबरा	औरंगाबाद (महाराष्ट्र)	औरंगजेब	1679 ई.
75.	सफदरगंज का मकबरा	दिल्ली	शुजाउद्दौला	1753-54 ई.
76.	जन्तर-मन्तर	दिल्ली	राजा सवाई जयसिंह	1724 ई.
77.	विवेकानंद रॉक मेमोरियल	कन्याकुमारी (तमिलनाडु)	विवेकानंद रॉक स्मारक समिति	1970 ई.
78.	बेलूर मठ	कोलकाता (प. बंगाल)	स्वामी विवेकानंद	1899 ई.
79.	आनन्द भवन	इलाहाबाद (उत्तरप्रदेश)	मोती लाल नेहरू	–
80.	लक्ष्मण झूला	ऋषिकेश (उत्तराखंड)	–	1939 ई.
81.	शान्ति निकेतन	पश्चिम बंगाल	रवीन्द्रनाथ ठाकुर	1901 ई.
82.	तारापुर का मछली घर	मुम्बई (महाराष्ट्र)	–	1951 ई.
83.	साबरमती आश्रम	अमहदाबाद (गुजरात)	महात्मा गांधी	1916 ई.
84.	प्रिन्स ऑफ वेल्स म्यूजियम	मुम्बई (महाराष्ट्र)	जॉर्ज पंचम	1905 ई.
85.	गेटवे ऑफ इंडिया	मुम्बई (महाराष्ट्र)	ब्रिटिश सरकार	1924 ई.
86.	जिम कार्बेट पार्क	नैनीताल (उत्तराखंड)	सर मेकम हैले	1935 ई.
87.	राष्ट्रपति भवन	दिल्ली	ब्रिटिश सरकार	1929 ई.
88.	अफगान चर्च	मुम्बई (महाराष्ट्र)	ब्रिटिश सरकार	1847 ई.
89.	विक्टोरिया मेमोरियल	कोलकाता (पं बंगाल)	–	–
90.	बॉटनिकल गार्डेन	शिवपुर (कोलकाता)	–	–
91.	सनसेट प्वाइंट	माउंट आबू (राजस्थान)	–	–
92.	चारमीनार	हैदराबाद (आंध्रप्रदेश)	कुली कुतुबशाह	1591 ई.
93.	कांचीपुरम का मंदिर	चेन्नई (तमिलनाडु)	पल्लव राजा	छठी शताब्दी
94.	मान मंदिर	ग्वालियर (मध्यप्रदेश)	राजा मानसिंह तोमर	1486-1516 ई.
95.	कोणार्क मंदिर	पुरी (ओडिशा)	नरसिंह देव प्रथम	13वीं शताब्दी

96.	जगन्नाथ मंदिर	पुरी (ओडिशा)	गंग देव	12वीं शताब्दी
97.	चौंसठ योगनी मंदिर	खजुराहो (मध्यप्रदेश)	चन्देल राजाओं ने	950 ई.
98.	चेन्ना केशव मंदिर	वेलूर	विष्णु वर्धन	1116 ई.
99.	लक्ष्मण मंदिर	छतरपुर (मध्यप्रदेश)	चन्देल राजाओं ने	950-1050 ई.
100.	दिलवाड़ा का जैन मंदिर	माउंट आबू (राजस्थान)	विमल शाह	1031 ई.
101.	गोविन्द देव का मंदिर	वृंदावन (उत्तरप्रदेश)	–	1590 ई.
102.	राधा वल्लभ मंदिर	वृंदावन (उत्तरप्रदेश)	–	1626 ई.
103.	विष्णुपद मंदिर	गया (बिहार)	रानी अहिल्याबाई	1787 ई.
104.	हरमंदिर	पटना (बिहार)	महराजा रणजीत सिंह	1802 ई.
105.	स्वर्ण मंदिर की स्वर्णछत	अमृतसर (पंजाब)	महाराजा रणजीत सिंह	1802 ई.
106.	काली मंदिर	कोलकाता (प. बंगाल)	रानी राश मोनी	1847 ई.
107.	जैन मंदिर	अजमेर (राजस्थान)	सेठ मूलचंद सोनी	1865 ई.
108.	रंगजी का मंदिर	वृंदावन (उत्तरप्रदेश)	–	1851 ई.
109.	शाहजी का मंदिर	वृंदावन (उत्तरप्रदेश)	–	1876 ई.
110.	लक्ष्मी नारायण मंदिर	दिल्ली	बिरला परिवार	1938 ई.
111.	द्वारिकाधीश का मंदिर	मथुरा (उत्तरप्रदेश)	ग्वालियर के भक्त	1914 ई.
112.	खिड़की मस्जिद	दिल्ली	गयासुद्दीन तुगलक	1326 ई.
113.	शेरशाही मस्जिद	पटना (बिहार)	परवेश शाह	1621 ई.
114.	मक्का मस्जिद	हैदराबाद (आंध्रप्रदेश)	कुली कुतुबशाह	1614 ई.
115.	पत्थर की मस्जिद	पटना (बिहार)	परवेज शाह	1621 ई.
116.	पत्थर मस्जिद	जम्मू-कश्मीर	नूरजहाँ	1623 ई.
117.	जामा मस्जिद	आगरा (उत्तरप्रदेश)	शाहजहाँ	1644 ई.
118.	मोती मस्जिद	आगरा फोर्ट (उत्तरप्रदेश)	शाहजहाँ	1646-53 ई.
119.	जामा मस्जिद	दिल्ली	शाहजहाँ	1650-56 ई.
120.	मोती मस्जिद	दिल्ली फोर्ट	औरंगजेब	1659 ई.
121.	हजरतबल मस्जिद	श्रीनगर (कश्मीर)	–	1968-79 ई.
122.	चरार-ए-शरीफ	श्रीनगर (कश्मीर)	जैनुल आबेद्दीन	1460 ई.
123.	नाखुदा मस्जिद	कोलकाता (प. बंगाल)	–	–

27. भारत के विश्व विरासत स्थल (यूनेस्को सूची)

क्र.	स्थल (सांस्कृतिक)	वर्ष	राज्य
1.	आगरा का किला	1983 ई.	उत्तरप्रदेश
2.	अजन्ता की गुफाएँ (औरंगाबाद)	1983 ई.	महाराष्ट्र
3.	एलोरा की गुफाएँ (औरंगाबाद)	1983 ई.	महाराष्ट्र

4.	ताजमहल (आगरा)	1883 ई.	उत्तरप्रदेश
5.	महाबलीपुरम के स्मारक (कांचीपुरम)	1984 ई.	तमिलनाडु
6.	सूर्य मंदिर (कोणार्क)	1984 ई.	ओडिशा
7.	गोवा का चर्च	1986 ई.	गोवा
8.	फतेहपुर सीकरी (आगरा)	1986 ई.	उत्तरप्रदेश
9.	हम्पी अवशेष (बेल्लरी)	1986 ई.	कर्नाटक
10.	खजुराहो का मंदिर (छतरपुर)	1986 ई.	मध्यप्रदेश
11.	एलीफैंटा गुफाएँ (कोलाबा)	1987 ई.	महाराष्ट्र
12.	चोल मंदिर	1987 ई.	तमिलनाडु
13.	पट्टकल के स्मारक (बीजापुर)	1987 ई.	कर्नाटक
14.	सांची का स्तूप (रायसेन)	1989 ई.	मध्यप्रदेश
15.	हुमायूँ का मकबरा	1993 ई.	दिल्ली
16.	कुतुबमीनार व स्मारक	1993 ई.	दिल्ली
17.	माउंटने रेलवे (दार्जिलिंग रेलवे/ नीलगिरि/कालका-शिमला)	2005 ई., 2008 ई.	पश्चिम बंगाल, तमिलनाडु, हिमाचल प्रदेश
18.	महाबोधि मंदिर (बोधगया)	2002 ई.	बिहार
19.	भीमबेटका की गुफाएँ	2003 ई.	मध्यप्रदेश
20.	चंपानेर-पावागढ़ पार्क (पंचमहल)	2004 ई.	गुजरात
21.	छत्रपति शिवाजी टर्मिनल (पूर्व विक्टोरिया टर्मिनल)	2004 ई.	महाराष्ट्र
22.	लाल किला	2007 ई.	दिल्ली
23.	जंतर-मंतर (जयपुर)	2010 ई.	राजस्थान
24.	हिल फोर्ट्स ऑफ राजस्थान (चित्तौड़गढ़, कुंभलगढ़, सवाई माधोपुर, झालावाड़, जयपुर और जैसलमेर का किला)	2013 ई.	राजस्थान
25.	रानी की बाव (पाटन)	2014 ई.	गुजरात
26.	नालंदा महाविहार	2016 ई.	बिहार
27.	ली कार्बुसियार के वास्तुकारी कार्य	2016 ई.	चंडीगढ़
	स्थल (प्राकृतिक)		
1.	मानस वन्य जीव अभयारण्य	1985 ई.	असम
2.	काजीरंगा राष्ट्रीय उद्यान	1985 ई.	असम
3.	केवलादेव राष्ट्रीय उद्यान	1985 ई.	राजस्थान
4.	सुन्दरवन राष्ट्रीय उद्यान	1987 ई.	पश्चिम बंगाल
5.	नंदा देवी व फूलों की घाटी	1988 ई.	उत्तराखंड

6.	पश्चिमी घाट पर्वत श्रृंखला	2012 ई.	केरल, तमिलनाडु, कर्नाटक, गोवा, महाराष्ट्र व गुजरात
7.	ग्रेट हिमालयन नेशनल पार्क (कुल्लू)	2014 ई.	हिमाचल प्रदेश
8.	कंचनजंघा नेशनल पार्क	2016 ई.	सिक्किम

➩ **नोट :** यूनेस्को की सूची में इटली प्रथम स्थान पर (51 विरासत स्थल), चीन द्वितीय स्थान पर (50 विरासत स्थल), स्पेन तृतीय स्थान (45 विरासत स्थल), 42 विरासत स्थल के साथ फ्रांस चौथे स्थान पर तथा भारत 35 विरासत स्थलों के साथ छठे स्थान पर है।

28. भारत की प्रतिरक्षा

➩ भारत की रक्षा के लिए सेना का गठन किया गया है, जिसका सर्वोच्च सेनापति भारत का राष्ट्रपति होता है, किन्तु रक्षा सम्बन्धी सारा कार्य केन्द्रीय मंत्रिमंडल द्वारा किया जाता है। रक्षामंत्री सशस्त्र सेनाओं के प्रशासन का कार्य करता है। भारतीय सशस्त्र सेनाओं को निम्नलिखित तीन भागों में बाँटा गया है–

1. **थल सेना (Army) :** इसका प्रधान 'चीफ ऑफ दी आर्मी स्टाफ' होता है। इसका मुख्यालय नई दिल्ली में है। इसे 7 कमाण्ड में बाँटा गया है, जिसका विवरण इस प्रकार है–

कमाण्ड	मुख्यालय	कमाण्ड	मुख्यालय
पश्चिमी कमाण्ड	चंडीमंदिर (चंडीगढ़)	पूर्वी कमाण्ड	कोलकाता
उत्तरी कमाण्ड	उधमपुर	दक्षिणी कमाण्ड	पुणे
मध्य कमाण्ड	लखनऊ	दक्षिण पश्चिम कमाण्ड	जयपुर
ट्रेनिंग कमाण्ड	शिमला		

नोटः प्रत्येक कमाण्ड जनरल ऑफिसर कमाडिंग-इन-चीफ के अधीन होती है।

2. **जलसेना (Navy) :** इसका प्रधान ऐडमिरल रैंक का 'चीफ ऑफ दि नेवल स्टाफ' होता है। इसका मुख्यालय दिल्ली में है। समस्त जलसेना को तीन कमाण्ड में बाँटा गया है। इसका अधिकारी एक 'वाइस ऐडमिरल' होता है। प्रत्येक कमाण्ड का विवरण इस प्रकार है–

कमाण्ड	मुख्यालय	कमाण्ड	मुख्यालय
पूर्वी कमाण्ड	विशाखापट्टनम	दक्षिणी कमाण्ड	कोच्चि
पश्चिमी कमाण्ड	मुम्बई		

3. **वायु सेना (Air Force) :** इसका प्रधान 'एअर चीफ मार्शल' रैंक का होता है, जिसे 'चीफ ऑफ दी एयर स्टाफ' कहा जाता है। इसका मुख्यालय नई दिल्ली में है। वायु सेना को सात कमाण्ड में बाँटा गया है, जिसका विवरण इस प्रकार है–

कमाण्ड	मुख्यालय	कमाण्ड	मुख्यालय
पूर्वी कमाण्ड	शिलांग	पश्चिमी कमाण्ड	नई दिल्ली
केन्द्रीय कमाण्ड	इलाहाबाद	दक्षिणी कमाण्ड	तिरुअनंतपुरम
दक्षिण पश्चिमी कमाण्ड	गांधीनगर	ट्रेनिंग कमाण्ड	बंगलुरू
मेन्टेनेन्स कमाण्ड	नागपुर		

कमीशण्ड ऑफीसरों की पद-श्रेणियाँ		
स्थल सेना	**वायुसेना**	**जलसेना**
जनरल	एयर चीफ मार्शल	ऐडमिरल
लेफ्टीनेंट जनरल	एयर मार्शल	वाइस ऐडमिरल
मेजर जनरल	एयर वाइस मार्शल	रियर ऐडमिरल
ब्रिगेडियर	एयर कोमोडोर	कोमोडोर
कर्नल	ग्रुप कैप्टन	कैप्टन
लेफ्टिनेंट कर्नल	विंग कमांडर	कमांडर
मेजर	स्क्वॉड्रन लीडर	लेफ्टिनेंट कमांडर
कैप्टन	फ्लाइट लेफ्टिनेंट	लेफ्टिनेंट
लेफ्टिनेंट	फ्लाइंग ऑफिसर	सब लेफ्टिनेंट

29. भारत के सैनिक प्रशिक्षण संस्थान

थलसेना (Army) प्रशिक्षण संस्थान			
संस्थान	**स्थान**	**संस्थान**	**स्थान**
नेशनल डिफेन्स एकेडमी (NDA)	खड़गवासला	नेशनल डिफेन्स कॉलेज	नई दिल्ली
इंडियन मिलिट्री एकेडमी (IMA)	देहरादून	डिफेन्स सर्विस स्टॉफ कॉलेज	विलिंग्टन
इन्फैंटरी स्कूल	मऊ	आर्म्ड सेंटर	अहमदनगर
आर्टीलरी स्कूल	देवलाली		

वायुसेना (Air Force) प्रशिक्षण संस्थान			
संस्थान	**स्थान**	**संस्थान**	**स्थान**
एयर फोर्स एडमिनिस्ट्रेटिव कॉलेज	कोयम्बटूर	एयर फोर्स एकेडमी	हैदराबाद
पैराटूपर ट्रेनिंग स्कूल	आगरा	एलीमेन्ट्री फ्लाइंग स्कूल	बीदर
एयर फोर्स टेक्निकल कॉलेज	जलाहली (बंगलुरू)	आर्म्ड सेंटर	अहमदनगर

नौसेना (Navy) प्रशिक्षण संस्थान			
संस्थान	**स्थान**	**संस्थान**	**स्थान**
आई. एन. एस. चिल्का	भुवनेश्वर	आई. एन. बेन्दुरथी	कोच्चि
आई. एन. एस. तसिरकार्स	विशाखापट्टनम	इण्डियन नेवल एकेडमी	एझिमाला, कन्नूर
आई. एन. एस. शिवाजी	लोनावाला		

नोट: अग्निशमन सेवा के अधिकारियों का प्रशिक्षण नागपुर के राष्ट्रीय नागपुर के राष्ट्रीय अग्निशमन सेवा कॉलेज (1956 ई. में स्थापित) में होता है। अग्निशमन राज्यों का विषय है।

30. भारत की आन्तरिक सुरक्षा व्यवस्था

➩ भारतीय प्रतिरक्षा से सम्बन्धित कुछ प्रमुख संस्थाओं का विवरण इस प्रकार है-

➩ **नेशनल कैडेट कोर (NCC) :** इसकी स्थापना 1948 ई. में की गयी थी। इसका मुख्य उद्देश्य था भारत की रक्षा के प्रति युवकों तथा युवतियों को जागरूक करना तथा उन्हें अंतिम रक्षा-पंक्ति के लिए तैयार रखना। इसका आदर्श वाक्य 'एकता और अनुशासन' है।

➩ **प्रादेशिक सेना (TA) :** इसका गठन रक्षा की द्वितीय पंक्ति के रूप में किया गया है। इसमें 18 से 35 वर्ष की आयु के नौजवान नागरिक भर्ती किये जाते हैं। इन्हें पार्ट टाइम में सैनिक प्रशिक्षण दिया जाता है और आपात स्थिति में इस सेना को बुलाया जाता है।

➩ **सीमा सुरक्षा बल (BSF) :** इसकी स्थापना 1965 ई. में की गयी। इसका प्रमुख कार्य शत्रु-सेना की घुसपैठ तथा सीमा उल्लंघन से अपने देश की सीमा को सुरक्षित बनाना है। (मुख्यालय-दिल्ली)।

➩ **गृह रक्षावाहिनी (HG) :** इसे 1962 ई. में संगठित किया गया। इसका मुख्य कार्य आंतरिक सुरक्षा में पुलिस की सहायाता करना, हवाई हमले के दौरान सहायता करना, आग तथा बीमारी के दौरान हर प्रकार की सहायता करना है।

➩ **असम राइफल्स (AR) :** पूर्वोत्तर में भारत-म्यांमार सीमा और भारत-चीन की सुरक्षा असम राइफल्स द्वारा की जाती है। देश के इस प्राचीनतम अर्द्धसैनिक बल की स्थापना 1835 ई. में कछार लेवी के नाम से किया गया था। यह केन्द्रीय सशस्त्र बल है जिसकी 46 बटालियनें हैं। इसका मुख्यालय शिलांग में है। इस बल को पूर्वोत्तर का प्रहरी तथा पर्वतीय लोगों का मित्र कहा जाता है।

➩ **राष्ट्रीय सुरक्षा गार्ड्स (NSG) :** देश में आतंकवाद की चुनौती का सामना करने के लिए 1984 ई. में राष्ट्रीय सुरक्षा गार्ड्स की स्थापना की गयी। एनएसजी यूके के एसएएस और जर्मनी के जीएसजी-9 कमांडो बलों के पैटर्न पर आधारित है। इसके दो समूह हैं- स्पेशल एक्शन ग्रुप (SAG) जिसमें सैन्य कर्मचारी होते हैं और स्पेशल रिजर्व ग्रुप (SRG) जिसमें राज्य पुलिस बलों के कर्मचारी होते हैं। एनएसजी कमांडो को आमतौर पर ब्लैक कैट कमांडो के नाम से जाना जाता है। इनकी ट्रेनिंग मानेसर, हरियाणा में होती है।

➩ **केन्द्रीय औद्योगिक सुरक्षा बल (CISF) :** इसकी स्थापना 1969 ई. में की गयी। इस बल पर केन्द्रीय सरकार के औद्योगिक परिसरों में काम करने वाले कारीगरों और वहाँ की संपत्ति को सुरक्षा प्रदान करने की जिम्मेदारी है। इस बल के अधिकारियों को हैदराबाद में स्थित राष्ट्रीय औद्योगिक सुरक्षा अकादमी में प्रशिक्षण दिया जाता है।

➩ **केन्द्रीय रिजर्व पुलिस बल (CRPF) :** इसकी स्थापना 1939 ई. में की गयी। इसका मुख्यालय दिल्ली में है। इसे पहले क्राउन रिप्रेजेंटेटिव पुलिस कहा जाता था। 28 दिसंबर, 1949 ई. के बाद से इसे सीआरपीएफ कहा जाता है। राजस्थान के माउंट आबू में सीआरपीएफ अकेडमी स्थित है। यहाँ इस बल के अधिकारियों को ट्रेनिंग दी जाती है। इसके अलावा, नीमच (मध्यप्रदेश) कोयंबटूर (तमिलनाडु) और नांदेड़ (महाराष्ट्र) में सीआरपीएफ के तीन प्रशिक्षण कॉलेज हैं जहाँ अधीनस्थ अधिकारियों के लिए पाठ्यक्रम चलाये जाते हैं।

नोट : त्वरित कार्य बल (Rapid Action Force–RAF) सीआरपीएफ का ही एक भाग है जिसकी स्थापना दंगों जैसी स्थितियों में निपटने के लिए 1992 में की गयी थी।

➩ **सशस्त्र सीमा बल (SSB) :** 15 दिसम्बर, 2003 से पहले तक इसका नाम स्पेशल सर्विस ब्यूरो था। इसका गठन 1963 में किया गया था। इसके गठन का मुख्य उद्देश्य 1962 के भारत-चीन युद्ध के बाद सीमावर्ती क्षेत्रों के लोगों में विश्वास पैदा करना और देशभक्ति की भावना का विकास करना था। एसएसबी 15 जनवरी, 2001 से गृह मंत्रालय के प्रशासनिक

नियंत्रण में है। वर्तमान में भारत-नेपाल और भारत-भूटान सीमाओं पर कार्यरत एसएसबी इससे पहले भारत-चीन के सीमावर्ती क्षेत्रों के अलावा राजस्थान, गुजरात, मिजोरम, नगालैंड, मणिपुर, मेघालय और सिक्किम की सीमाओं पर अपनी सेवा दे चुका है।

➩ **भारत-तिब्बत सीमा पुलिस (ITBP) :** 24 अक्टूबर, 1962 में उत्तरी सीमा पर हुए चीनी हमले के बाद हिमालय के बंजर, बीहड़ और दुर्गम क्षेत्रों की सुरक्षा के लिए एक ऐसे समन्वित गुप्तचर लड़ाकू बल की आवश्यकता महसूस की गयी, जो परंपरागत पुलिस बलों से अलग तरह का हो। इस आवश्यकता को पूरा करने लिए भारत-तिब्बत सीमा पुलिस (ITBP) बल की स्थापना की गयी। वर्ष 1975 में इसके कार्यक्षेत्र में सीमा पार से घुसपैठ और अपराध के रोकथाम के दायित्व को शामिल किया गया। भारत-तिब्बत सीमा पुलिस का मुख्यालय नई दिल्ली में है और इसका अध्यक्ष महानिदेशक होता है। आईटीबीपी का आदर्श वाक्य 'शौर्य-दृढ़ता-कर्म-निष्ठा' है। यह बल वर्तमान में मध्य और पश्चिमी हिमालय क्षेत्र में आपदा प्रबंधन की नोडल एजेंसी का दायित्व संभालने के साथ-साथ कैलाश मानसरोवर यात्रा के दौरान तीर्थ यात्रियों को सुरक्षा-संचार और स्वास्थ्य सुविधाएँ भी उपलब्ध करवाता है।

संगठन	स्थापना वर्ष	मुख्यालय
असम राइफल्स (AR)	1835 ई.	शिलांग
केन्द्रीय रिजर्व पुलिस बल (CRPF)	1939 ई.	नई दिल्ली
होम गार्ड्स (HG)	1946 ई.	विभिन्न राज्यों में
राष्ट्रीय कैडेट कोर (NCC)	1948 ई.	नई दिल्ली
प्रादेशिक सेना (TA)	1949 ई.	विभिन्न राज्यों में
भारत-तिब्बत सीमा पुलिस (ITBP)	1962 ई.	नई दिल्ली
सीमा सुरक्षा बल (BSF)	1965 ई.	नई दिल्ली
केन्द्रीय औद्योगिक सुरक्षा बल (CISF)	1969 ई.	नई दिल्ली
तटरक्षा बल (Coast Guards)	1978 ई.	नई दिल्ली
राष्ट्रीय सुरक्षा गार्ड (NSG)	1984 ई.	नई दिल्ली
राज्य पुलिस	–	विभिन्न राज्यों में

31. भारत के प्रमुख शोध-संस्थान

1.	भारतीय कृषि अनुसंधान संस्थान	नई दिल्ली	27.	केन्द्रीय चावल अनुसंधान संस्थान	कटक
2.	केन्द्रीय गन्ना अनुसंधान संस्थान	कोयम्बटूर	28.	केन्द्रीय आलू अनुसंधान संस्थान	शिमला
3.	केन्द्रीय तम्बाकू अनुसंधान संस्थान	राजमुंदरी	29.	केन्दीय वन अनुसंधान संस्थान	देहरादून
4.	भारतीय चीनी तकनीकी संस्थान	कानपुर	30.	भारतीय लाह अनुसंधान संस्थान	नामकोम, रांची
5.	राष्ट्रीय डेयरी अनुसंधान संस्थान	करनाल	31.	भारतीय दलहन शोध संस्थान	कानपुर

6.	केन्द्रीय चमड़ा अनुसंधान संस्थान	चेन्नई	32.	केन्द्रीय खनन एवं ईंधन अनुसंधान संस्थान	धनबाद
7.	केन्द्रीय औषधि अनुसंधान संस्थान	लखनऊ	33.	भारतीय सर्वेक्षण विभाग	देहरादून
8.	भारतीय मौसम विज्ञान संस्थान	नई दिल्ली	34.	भारतीय मौसम वेधशाला	पुणे
9.	रमण अनुसंधान संस्थान	बंगलुरू	35.	जीवाणु प्रौद्योगिक संस्थान	चंडीगढ़
10.	राष्ट्रीय धातु विज्ञान प्रयोगशाला	जमशेदपुर	36.	प्लाज्मा अनुसंधान संस्थान	गांधीनगर
11.	कपड़ा उद्योग अनुसंधान संस्थान	अहमदाबाद	37.	भारतीय भू-चुम्बकीय संस्थान	मुम्बई
12.	राष्ट्रीय प्रतिरोधक विज्ञान संस्थान	नई दिल्ली	38.	भारतीय खगोल संस्थान	बंगलुरू
13.	भाभा परमाणु अनुसंधान केन्द्र	ट्राम्बे	39.	राष्ट्रीय समुद्र विज्ञान संस्थान	पणजी
14.	भारतीय पेट्रोलिय संस्थान	देहरादून	40.	डीजल लोकोमोटिव वर्क्स	वाराणसी
15.	भारतीय राष्ट्रीय राजमार्ग प्राधिकरण	नई दिल्ली	41.	केन्द्रीय सड़क अनुसंधान संस्थान	नई दिल्ली
16.	टाटा इंस्टीच्यूट ऑफ फंडामेंटल रिसर्च	मुम्बई	42.	केन्द्रीय ट्रैक्टर संस्थान	नई दिल्ली
17.	इंडियन सिक्योरिटी प्रेस	नासिक रोड, पुणे	43.	केन्द्रीय वनस्पति अनुसंधान संस्थान	लखनऊ
18.	केन्द्रीय खाद्य प्रौद्योगिकी अनुसंधान संस्थान	मैसूर	44.	भारतीय रासायनिक जैविकी संस्थान	कोलकाता
19.	केन्द्रीय भवन निर्माण अनुसंधान संस्थान	रूड़की	45.	उच्च अक्षांश अनुसंधान प्रयोगशाला	गुलमर्ग
20.	केन्द्रीय काँच तथा मृत्तिका अनुसंधान संस्थान	कोलकाता	46.	केन्द्रीय पर्यावरण इंजीनियरिंग अनुसंधान संस्थान	नागपुर
21.	केन्द्रीय विद्युत रासायनिक अनुसंधान संस्थान	कराईकुडी	47.	औद्योगिक विष विज्ञान अनुसंधान केन्द्र	लखनऊ
22.	केन्द्रीय यांत्रिक इंजिनियरिंग अनुसंधान संस्थान	दुर्गापुर	48.	कोशिकीय तथा आण्विक जीव विज्ञान केन्द्र	हैदराबाद
23.	केन्द्रीय नमक और समुद्री रसायन अनुसंधान संस्थान	भावनगर	49.	भारतीय पुरातात्विक सर्वेक्षण विभाग	कोलकाता
24.	अखिल भारतीय आयुर्विज्ञान संस्थान	नई दिल्ली	50.	केन्द्रीय जूट प्रौद्योगिकी अनुसंधान संस्थान	कोलकाता

25.	राष्ट्रीय भू-भौतिकी अनुसंधान संस्थान	हैदराबाद	51.	भारत इलेक्ट्रॉनिक लिमिटेड	जलाहली
26.	केन्द्रीय नारियल अनुसंधान संस्थान	काशरगोड	52.	राष्ट्रीय मस्तिष्क अनुसंधान केन्द्र	गुडगांव

32. भारत के प्रमुख वाद्ययंत्र और उनके वादक

1.	सितार	पण्डित रविशंकर, निखिल बनर्जी, विलायत खाँ, बंदे हसन, शाहिद परवेज, उमाशंकर मिश्र, बुद्धादित्य मुखर्जी आदि।
2.	तबला	जाकिर हुसैन, लतीफ खाँ, अल्लारक्खा खाँ, गुदई महाराज, किशन महाराज, फय्याज खाँ, सुखविन्दर सिंह आदिं
3.	बाँसुरी	पन्नालाल घोष, हरि प्रसाद चौरसिया, वी. कुंजमणि, एन. नीला, राजेन्द्र प्रसन्ना, राजेन्द्र कुलकर्णी आदि।
4.	सरोद	अमजद अली खाँ, अली अकबर खाँ, अलाउद्दीन खाँ, हाफिज खाँ, विश्वजीत राय चौधरी, जरीन दारुवाला, मुकेश शर्मा आदि।
5.	शहनाई	बिस्मिल्ला खाँ, दयाशंकर जगन्नाथ, अली अहमद हुसैन खाँ आदि।
6.	वायलिन	डा. एन. राजन् विष्णु गोविंद जोग, एल सुब्रह्मण्यम, संगीता राजन, कुनकैड़ी वैद्यनाथन, टी.एन. कृष्णन आदि।
7.	वीणा	एस. बालचन्द्रन, बदरुद्दीन डागर, कल्याण कृष्ण भागवतार, बी. दोरोस्वामी अयंगर आदि।
8.	संतुर	भजन सोपोरी, शिव कुमार शर्मा आदि।
9.	पखावज	उस्ताद रहमान खाँ, गोपाल दास, छत्रपति सिंह आदि।
10.	रुद्रवीणा	उस्ताद सादिक अली खाँ, गोपाल दास, छत्रपति सिंह आदि।
11.	मृदंग	ठाकुर भीकम सिंह, पालधार रघु, डॉ. जगदीश सिंह आदि।
12.	सारंगी	उस्ताद बिन्दु खाँ।
13.	नादस्वरम्	शेख चिन्ना मौलाना, राजरत्न पिल्लई, नीरुस्वामी पिल्लई आदि।

33. प्रमुख शास्त्रीय नृत्य एवं उसके कलाकार

क्र.	नृत्य	कलाकार
1.	भरतनाट्यम	यामिनी कृष्णमूर्ति, सोनल मान सिंह, रुक्मिणी देवी, अरूण्डेल, टी बाल सरस्वती पद्मा सुब्रह्मण्यम, एस के. सरोज, रामगोपाल, लीला सैमसन, मृणालिनी साराभाई, बैजयंतीमाला बाली, मालविका सरकार।
2.	कुचिपुड़ी	यामिनी कृष्णमूर्ति, लक्ष्मी नारायण शास्त्री, राधा रेड्डी, राजा रेड्डी, स्वप्न सुंदरी, वेदांतम सत्यनारायण वेम्पत्ति चेनासत्यम।

3.	ओडिसी	संयुक्ता पाणिग्रही, सोनल मानसिंह, किरण सहगल, माधवी मुदगल, रानी कर्ण, कालीचरण पटनायक, इन्द्राणी रहमान, शेरोन लोवेन (USA), मिर्ता बारवी (अर्जेंटिना) **नृत्य गुरु :** मोहन महापात्र, केलुचरण महापात्र, पंकज चरण दास, हरेकृष्ण बेहरा, मायाधर रावत।
4.	कथकली	बल्लतोल नारायण मेनन, उदयशंकर, कृष्ण नायर, शांता राव, मृणालिनी साराभाई, आनन्द शिवरामन, कृष्णन कुट्टी आदि।
5.	कत्थक	बिरजू महाराज, लच्छू महाराज, सुखदेव महाराज, सितारादेवी, गोपीकृष्ण, शोभना नारायण, मालविका सरकार, चन्द्रलेखा, बिन्दादीन महाराज, अच्छन महाराज, नारायण प्रसाद।
6.	मणिपुरी	गुरु अमली सिंह, आतम्ब सिंह, नलकुमार सिंह, झावेरी बहनें (दर्शन, नयना, सुवर्णा तथ रंजना झावेरी), सविता मेहता, कलावती देवी, चारू माथुर, सोनारिक सिंह, गोपाल सिंह, बिम्बावती।
7.	मोहिनीअट्टम	कल्याणी अम्मा, भारती शिवाजी, रागिनी देवी, हेमामालिनी, श्रीदेवी, शांताराव, तारा निडीगाडी, गीता पाठक आदि।
नोट : कथकली नृत्य शैली का सर्वश्रेष्ठ प्रशिक्षण संस्थान भारतपुझा स्थित केरल कलामंडलम् है।		

34. भारत के सांस्कृतिक संस्थान एवं स्थापना वर्ष

क्र.	संस्थान	स्थापना वर्ष	क्र.	संस्थान	स्थापना वर्ष
1.	एशियाटिक सोसाइटी ऑफ बंगाल	1784 ई.	7.	संगीत नाटक अकादमी	1953 ई.
2.	भारतीय पुरातत्त्व सर्वेक्षण	1861 ई.	8.	इंदिरा गांधी राष्ट्रीय कला केन्द्र	1954 ई.
3.	भारतीय राष्ट्रीय अभिलेखागार	1881 ई.	9.	ललित कला अकादमी	1954 ई.
4.	केन्द्रीय सचिवालय पुस्तकालय	1891 ई.	10.	साहित्य अकादमी	1954 ई.
5.	भारतीय मानव विज्ञान सर्वेक्षण	1945 ई.	11.	राष्ट्रीय नाट्य विद्यालय (1975 से एक स्वायत्त संस्थान)	1959 ई.
6.	राष्ट्रीय पुस्तकालय (कोलकाता)	1948 ई.			

35. राज्यों से सम्बन्धित लोकनृत्य

क्र.	राज्य	लोकनृत्य
1.	झारखण्ड	छऊ, सरहुल, जट-जटिन, करमा, डांगा, विदेशिया, सोहराई
2.	उत्तराखंड	गढ़वाली, कुमायूँ, कजरी, झोरा, रासलीला, चपादी।
3.	आंध्रप्रदेश	कुचीपुड़ी (शास्त्रीय), घंटामर्दाला, मोहिनीअट्टम (शास्त्रीय), कुम्मी, सीद्धि मधुरी, छड़ी।
4.	छत्तीसगढ़	गौडी, करमा, झूमर, डागला, पाली, टपाली, नवरानी, दिवारी, पण्डवानी।
5.	अरुणाचल प्रदेश	मुखौटा नृत्य, युद्ध नृत्य आदि।
6.	हिमाचल प्रदेश	धमान, छपेली, महाथू, नटी, डांगी, चम्बा, थाली, झैंता, डफ, डंडानाच।
7.	गोवा	माण्डी, झागोर, खोल, ढकनी आदि।
8.	असम	बिहू, बिछुआ, नटपूजा महारास, खेल गोपाल, झुमुरा होब्जानाई, कलिगोपाल, नागातृत्य, बुगुरूम्बा, अंकियानाट आदि।
9.	पश्चिम बंगाल	काठी, गम्भीरा, ढाली, जात्रा, बाउल, मरसिया, कीर्तन आदि।
10.	केरल	कथकली (शास्त्रीय), ओट्टम, थुलाल मोहिनीअट्टम (शास्त्रीय), कालीअट्टम, पादयानी।
11.	मेघालय	लाहो, बांग्ला आदि।
12.	मणिपुर	मणिपुरी (शास्त्रीय), राखाल, नटरास, महारास, रॉखत आदि।
13.	नगालैंड	चोंग, खैवा, लीम, नुरालीम आदि।
14.	ओडिशा	ओडिसी (शास्त्रीय), सवारी, धूमरा, पैंका, मुणरी, छऊ, अया आदि।
15.	महाराष्ट्र	लावनी, नकटा, कोली, लेझिम, गफा, बोहदा, गौरीचा, ललिता, तमाशा, मौनी, लेजम, पोवाड़ा आदि।
16.	कर्नाटक	यक्षगान, कुनीता, कर्गा, लाम्बी, वीरगास्से आदि।
17.	गुजरात	गरबा, डाण्डिया, भवई, रासलीला, लास्या, पणिहारी आदि।
18.	पंजाब	भांगड़ा, गिद्धा, डफ, धमान आदि।
19.	राजस्थान	झूमर, घापाल, फूंदी, पनिहारी, जिन्दाद, नेजा, गणगौर आदि।
20.	मिजोरम	खानट्म, पाखुपिला, चेरोकान आदि।
21.	जम्मू-कश्मीर	राउफ, हिकात, मंदजास, कूद, दण्डीनाच, दमाली आदि।
22.	तमिलनाडु	भरतनाट्यम (शास्त्रीय), कुमी, कोलट्टम, कावड़ी आदि।
23.	उत्तरप्रदेश	रासलीला, नौटंकी, झूला, कजरी, जद्दा, चाचरी, जैता।

36. प्रमुख व्यक्तियों के लोकप्रिय उपनाम

1.	सीमांत गांधी	खान अब्दुल गफ्फार खाँ	36.	देशरत्न	डॉ राजेन्द्र प्रसाद
2.	राष्ट्रपिता	महात्मा गांधी	37.	अजातुशत्रु	डॉ राजेन्द्र प्रसाद
3.	बापू	महात्मा गांधी	38.	कश्मीर का अकबर	जैनुल आबदीन
4.	वयोवृद्ध पुरुष	दादाभाई नौरोजी	39.	नेताजी	सुभाष चन्द्र बोस
5.	लौह पुरुष	सरदार वल्लभभाई पटेल	40.	चाचा	जवाहरलाल नेहरू
6.	शांति पुरुष	लाल बहादुर शास्त्री	41.	युवा तुर्क	श्री चन्द्रशेखर
7.	पंजाब केसरी	लाला लाजपत राय	42.	ताऊ	चौधरी देवीलाल
8.	बंगाल केसरी	आशुतोष मुखर्जी	43.	शहीद-ए-आजम	भगत सिंह
9.	बिहार केसरी	डॉ. श्रीकृष्ण सिंह	44.	माता वसंत	ऐनी बेसेन्ट
10.	आंध्र केसरी	टी. प्रकाशम्	45.	भारत कोकिला	सरोजिनी नायडू
11.	शेरे कश्मीर	शेख अब्दुल्ला	46.	स्वर कोकिला	लता मंगेशकर
12.	बंगबन्धु	शेख मुजीबुर्रहमान	47.	उड़नपरी	पी.टी. ऊषा
13.	देशबन्धु	चित्तरंजन दास	48.	निर्मल हृदय	मदर टेरेसा
14.	दीनबन्धु	सी.एफ. एण्ड्रूज	49.	विश्वकवि	रवीन्द्र नाथ ठाकुर
15.	लोकमान्य	बाल गंगाधर तिलक	50.	कविगुरु	रवीन्द्र नाथ ठाकुर
16.	लोकनायक	जयप्रकाश नारायण	51.	सरदार	बल्लभभाई पटेल
17.	जननायक	कर्पूरी ठाकूर	52.	तोता-ए-हिन्द	अमीर खुसरो
18.	राजर्षि	पुरुषोत्तम दास टंडन	53.	बाबूजी	जगजीवन राम
19.	गुरुदेव	रवीन्द्र नाथ टैगोर	54.	भारत का नेपोलियन	समुद्रगुप्त
20.	गुरुजी	एम.एस. गोलवलकर	55.	भारतीय मैकियावेली	चाणक्य
21.	राजाजी	चक्रवर्ती राजगोपालाचारी	56.	हरियाणा हरिकेन	कपिलदेव
22.	स्पेरो	मेजर जनरल राजेन्द्र सिंह	57.	लिटिल मास्टर	सुनील गावस्कर
23.	महामना	पं. मदनमोहन मालवीय	58.	हॉकी के जादूगर	ध्यानचंद
24.	अंकल हो	हो. ची. मिन्ह	59.	फ्यूहरर	एडोल्फ हिटलर

25.	सुपर कैट	क्लाइव लॉयड	60.	वार्ड ऑफ एवन	विलियम शेक्सपियर
26.	बिहार विभूति	अनुग्रह नारायण सिंह	61.	भारत का शेक्सपियर	महाकवि कालिदास
27.	देशप्रिय	यतीन्द्र मोहन सेन गुप्त	62.	गुजरात का जनक	रविशंकर महराज
28.	भारतीय फिल्मों के पितामह	घुण्डीराज गोविन्द फाल्के	63.	भारतीय इतिहास के नृप-निर्माता	सैय्यद बन्धु
29.	विरोधाभासों का मिश्रण	मोहम्मद बिन तुगलक	64.	महात्मा गांधी के पाँचवें पुत्र	जमना लाल बजाज
30.	विद्रोही कवि	काजी नजरुल इस्लाम	65.	लिटिल कार्पोरल	नेपोलियन बोनापार्ट
31.	मैन ऑफ डेस्टिनी	नेपोलियन बोनापार्ट	66.	ब्लैक गांधी	मार्टिन लूथर किंग (जूनियर)
32.	ग्रैण्ड मैन ऑफ ब्रिटेन	ग्लेडस्टोन	67.	फादर ऑफ इंगलिश पोइट्री	ज्यौफ्र चॉसर
33.	मेडन क्वीन	महारानी एलिजाबेथ-II	68.	मेड ऑफ ऑलिएंस	जॉन ऑफ आर्क
34.	भारतीय पुनर्जागरण के प्रभात-नक्षत्र	राजा राममोहन राय	69.	लाल, बाल, पाल	लाला लाजपत राय, बाल गंगाधर तिलक एवं विपिनचन्द्र पाल
35.	कायदे आजम	मुहम्मद अली जिन्ना			

37. प्रमुख व्यक्तियों से सम्बन्धित स्थान

क्र.	स्थान	व्यक्ति	क्र.	स्थान	व्यक्ति
1.	कोर्सिका	नेपोलियन	16.	जेरुसलम	ईसामसीह
2.	कपिलवस्तु	गौतम बुद्ध	17.	लुम्बिनी	गौतम बुद्ध
3.	त्रिमूर्ति भवन	जवाहरलाल नेहरू	18.	मक्का	मोहम्मद साहब
4.	ट्रेफल्गर	नेल्सन	19.	वाटरलू	नेपोलियन
5.	जलियाँवाला बाग	जनरल डायर	20.	पोरबन्दर	महात्मा गांधी
6.	आनन्द भवन	जवाहरलाल नेहरू	21.	वारदोली	सरदार पटेल
7.	चित्तौड़	महाराणा प्रताप	22.	फतेहपुर सीकरी	अकबर महान
8.	हल्दीघाटी	महाराणा प्रताप	23.	पांडिचेरी	अरविन्द घोष
9.	साबरमती	महात्मा गांधी	24.	बेलूर	रामकृष्ण परमहंस

10.	मकदूनिया (मेसेडोनिया)	सिकन्दर महान	25.	पवनार	विनोवा भावे
11.	शांति निकेतन	रवीन्द नाथ ठाकुर	26.	श्रीरंगपट्टनम	टीपू सुल्तान
12.	तलवंडी	गुरु नानक	27.	कुण्डाग्राम	महावीर
13.	सेवाग्राम	महात्मा गांधी	28.	जीरादेई	डॉ. राजेन्द्र प्रसाद
14.	पावापुरी	महावीर	29.	कटक	सुभाष चन्द्र बोस
15.	कुशीनगर	गौतम बुद्ध			

38. महान कार्यों से सम्बन्धित व्यक्ति

रेडक्रॉस की स्थापना	हेनरी ड्यूनेन्ट	स्काउटिंग की स्थापना	वेडन पावेल
रेड गार्ड्स की स्थापना	गैरीबाल्डी	समाजवाद के प्रवर्तक	आचार्य नरेन्द्रदेव
संस्कृत व्याकरण के जनक	पाणिनी	आनन्द वन की स्थापना	बाबा आम्टे
शांतिनिकेतन की स्थापना	रवीन्द्र नाथ ठाकुर	विश्व भारती की स्थापना	रवीन्द्र नाथ ठाकुर
पवनार आश्रम की स्थापना	विनोबा भावे	भूदान आन्दोलन के प्रवर्तक	विनोबा भावे
लीग ऑफ नेशन्स के संस्थापक	वुडरो विल्सन	स्वर्ण मंदिर का निर्माण	गुरु अर्जुन देव
खालसा पंथ के संस्थापक	गुरु गोविन्द सिंह	न्याय दर्शन के संस्थापक	महर्षि गौतम
ओरविले आश्रम (पांडिचेरी) की स्थापना	अरविन्द घोष	निर्मल हृदय की संस्थापक	मदर टेरेसा

39. प्रमुख पुरस्कार एवं संबद्ध क्षेत्र

क्र.	पुरस्कार	संबद्ध क्षेत्र
1.	नोबेल पुरस्कार	साहित्य, चिकित्सा, भौतिकी, रसायन, शान्ति (सभी 1901 से) एवं अर्थशास्त्र (1969 से) के क्षेत्र में
2.	पुलित्जर पुरस्कार	पत्रकारिता के क्षेत्र में (1917 से)
3.	ऑस्कर पुरस्कार	फिल्म क्षेत्र में (1929 से)
4.	कलिंग पुरस्कार	विज्ञान के क्षेत्र में (1952 से)
5.	मान बुकर पुरस्कार	साहित्य के क्षेत्र में (1969 से)
6.	ग्रेमी पुरस्कार	संगीत के क्षेत्र में (1958 से)
7.	रैमन मैग्ससे पुरस्कार	सरकारी सेवा, जनसेवा, पत्रकारिता, साहित्य, संचार, अन्तरराष्ट्रीय समझ के क्षेत्र में (1957 से)
8.	भारत रत्न	कला, साहित्य, विज्ञान के क्षेत्र में विशिष्ट सेवा तथा जनसेवा के लिए
9.	दादा साहब फाल्के पुरस्कार	फिल्म के क्षेत्र में (1969 से)
10.	ज्ञानपीठ पुरस्कार	साहित्य के क्षेत्र में (1965 से)

11.	सरस्वती सम्मान	साहित्य के क्षेत्र में 1991 से)
12.	वाचस्पति पुरस्कार	संस्कृत साहित्य में उत्कृष्ट योगदान के लिए (1992 से)
13.	शंकर पुरस्कार	भारतीय दर्शन, संस्कृति तथा कला क्षेत्र में
14.	व्यास सम्मान	साहित्य के क्षेत्र में
15.	कबीर पुरस्कार	सामाजिक सद्‌भाव के क्षेत्र
16.	ध्यानचंद पुरस्कार	खेलों में जीवन भर की उपलब्धियों के लिए
17.	द्रोणाचार्य पुरस्कार	खेल प्रशिक्षण के क्षेत्र में (1985 से)
18.	अर्जुन पुरस्कार	खेल के क्षेत्र में (1961 से)
19.	राजीव गांधी खेल रत्न पुरस्कार	खेलों में सराहनीय प्रदर्शन के लिए (1992 से)
20.	भटनागर पुरस्कार	विज्ञान के क्षेत्र में (1957 से)
21.	धन्वतरि पुरस्कार	चिकित्सा के क्षेत्र में (1971 से)
22.	बोरलॉग पुरस्कार	कृषि की पैदावार में उल्लेखनीय योगदान के लिए (1992 से)

नोबेल पुरस्कार

- नोबेल पुरस्कार की स्थापना स्वीडेन के वैज्ञानिक अल्फ्रेड बर्नहार्ड नोबेल ने 1901 ई. में की थी। अल्फ्रेड बर्नहार्ड नोबेल का जन्म 1833 ई. में स्वीडेन के शहर स्टॉकहोम में हुआ था। 9 वर्ष की उम्र में वे अपने परिवार के साथ रूस चले गये। अल्फ्रेड नोबेल एक अविवाहित स्वीडिश वैज्ञानिक और केमिकल इंजीनियर थे जिसने 1866 ई. में डायनामाइट की खोज की। स्वीडिश लोगों को 1896 में उनकी मृत्यु के बाद ही पुरस्कारों के बारे में पता चला जब उन्होंने उनकी वसीयत पढ़ी जिसमें उन्होंने अपने धन से मिलने वाली सारी वार्षिक आय पुरस्कारों की मदद करने में दान कर दी थी। अपनी वसीयत में उन्होंने आदेश दिया था कि 'सबसे योग्य व्यक्ति चाहे वह स्केडीनेवियन हो या न हो पुरस्कार प्राप्त करेगा।' उनके द्वारा छोड़े गये धन पर मिलने वाला ब्याज उन व्यक्तियों के बीच वार्षिक रूप में बाँटा जाता है, जिन्होंने विज्ञान, साहित्य, शान्ति और अर्थशास्त्र के क्षेत्र में उत्कृष्ट योगदान दिया है। विश्व के 58,960,000 अमेरिकी डॉलर के सबसे अधिक गौरवशाली पुरस्कार को नोबेल फाउंडेशन द्वारा मदद प्रदान की जाती है।
- पहले नोबल पुरस्कार पाँच विषयों में कार्य के लिए दिये जाते थे। अर्थशास्त्र के लिए पुरस्कार स्वेरिजेश रिक्स बैंक, स्वीडिश बैंक द्वारा अपनी 300वीं वर्षगाँठ के उपलक्ष्य में 1967 ई. में आरंभ किया गया और इस 1969 ई. में पहली बार प्रदान किया गया। इसे अर्थशास्त्र में नोबेल स्मृति पुरस्कार भी कहा जाता है।
- पुरस्कार के लिए बनी समिति और चयनकर्ता प्रत्येक वर्ष अक्टूबर में नोबेल पुरस्कार विजेताओं की घोषणा करते हैं, लेकिन पुरस्कारों का वितरण अल्फ्रेड नोबेल की पुण्य तिथि 10 दिसम्बर को किया जाता है।
- प्रत्येक पुरस्कार में एक वर्ष में अधिकतम तीन लोगों का पुरस्कार दिया जा सकता है। इनमें से प्रत्येक विजेता को एक स्वर्ण पदक, डिप्लोमा, स्वीडिश नागरिकता में एक्सटेंशन और धन दिया जाता है।
- अगर एक पुरस्कार में दो विजेता हैं, तो धन राशि दोनों में समान रूप से बाँट दी जाती है। पुरस्कार प्राप्तकर्ताओं की संख्या अगर तीन है, तो चयन समिति के पास यह अधिकार होता है

कि वह धनराशि को तीनों में बराबर बाँट दे या एक को आधा दे दें और बाकी दो को बचा धन बराबर बाँट दें।

- अब तक केवल दो बार मृत व्यक्तियों को यह पुरस्कार दिया गया है, पहली बार एरि एक्सेल कार्लफल्डट को 1931 ई. में और दूसरी बार संयुक्त राष्ट्रसंघ के महासचिव डैग हैमरसोल्ड को 1961 ई. में।
- 1974 ई. में नियम बना दिया गया कि मरणोपरांत किसी को नोबेल पुरस्कार नहीं दिया जायेगा।
- अब तक चार लोग ही दो बार नोबेल पुरस्कार प्राप्त कर पाए हैं, वे हैं-
  1. **मैडम क्यूरी :** 1903 में रेडियो सक्रियता (भौतिकी) की खोज के लिए और 1911 में शुद्ध रेडियम रसायन के निष्कर्षण के लिए।
  2. **लीनस पॉलिंग :** 1954 में हाइब्रिडाइज्ड कक्षीय सिद्धान्त रसायन के लिए और 1962 में नाभिकीय परीक्षण निषेध संधि एक्टिविज्म (शांति) के लिए।
  3. **जॉन बारडीन :** 1956 ई. में ट्रांजिस्टर (भौतिकी) के आविष्कार के लिए और 1972 में अतिचालकता के सिद्धान्त (भौतिकी) के लिए।
  4. **फ्रेडरिक सेंगर :** 1958 में इंसुलिन मोलिक्यूल की संरचना (रसायन) के लिए तथा, 1980 में वायरस न्यूक्लियोटाइड के सीक्वेंसिंग (रसायन) के लिए।
- इंटरनेशनल कमेटी ऑफ रेडक्रॉस को शान्ति का नोबेल पुरस्कार 3 बार दिया गया है- वर्ष 1917, 1944 एवं 1963 में।
- सर विलियम हेनरी ब्रैग ने अपने बेटे विलियम एल ब्रैग के साथ भौतिकी का नोबेल पुरस्कार 1980 में प्राप्त किया।
- सबसे कम उम्र में नोबेल पुरस्कार प्राप्त करने का श्रेय मलाला यूसफूजई (17 वर्ष) के है
- सबसे अधिक उम्र में नोबेल पुरस्कार हासिल करने वाले व्यक्ति रेमंड डेविस जूनियर (88 वर्ष) थे।

नोबेल पुरस्कार विजेता भारतीय/भारतीय मूल के व्यक्ति

1. **रवीन्द्र नाथ टैगोर :** 1913 में इन्हें साहित्य का नोबेल पुरस्कार इनकी पुस्तक गीताजंलि के लिए दिया गया।
2. **सी.वी. रमन :** इनकी खोज 'रमन प्रभाव' के लिए इन्हें 1930 ई. में भौतिक का नोबेल पुरस्कार दिया गया।
3. **हरगोबिन्द खुराना :** इन्हें 1968 ई. में 'कृत्रिम जीन के संश्लेषण' के लिए चिकित्सा का नोबेल पुरस्कार दिया गया।
4. **मदर टरेसा :** इन्हें 1979 ई. में इनके 'समाज सेवा सम्बन्धी कार्यों' के लिए शान्ति का नोबेल पुरस्कार दिया गया।
5. **सुब्रमण्यम चन्द्रशेखर :** इन्हें 1983 ई. में इनकी खोज 'चन्द्रशेखर सीमा' के लिए भौतिकी का नोबेल पुरस्कार मिला।
6. **अर्मत्य सेन :** इन्हें 1998 ई. में 'कल्याणकारी अर्थशास्त्र' के लिए अर्थशास्त्र का नोबेल पुरस्कार मिला।
7. **वी.एस. नायपाल :** इन्हें 2001 ई. में साहित्य का नोबेल पुरस्कार दिया गया है।
8. **वेंकट रमण रामकृष्ण :** इन्हें 2009 ई. में राइबोसोम की संरचना और कार्यप्रणाली की खोज के लिए एक अमेरिकी वैज्ञानिक के साथ संयुक्त रूप से रसायन विज्ञान का नोबेल पुस्कार दिया गया।

9. **कैलाश सत्यार्थी :** इन्हें 2014 का शांति का नोबेल पुरस्कार दिया गया। बाल अधिकारों के संरक्षण के लिए उन्हें यह पुरस्कार दिया गया। उन्हें यह पुरस्कार पाकिस्तान की बालिका मलाला यूसूफजई के साथ संयुक्त रूप से दिया गया।

नोट : 1937 ई. से लेकर 1948 ई. तक गांधी जी को पाँच बार शान्ति पुरस्कारों के लिए नामित किया गया पर एक बार भी उन्हें इस पुरस्कार के लिए नहीं चुना गया।

- द्वितीय विश्वयुद्ध के समय 1940 से 1942 तक नोबेल पुरस्कार नहीं दिया गया।

ऑस्कर पुरस्कार

- इसकी शुरुआत 1929 ई. में हुई थी। यह परुस्कार विश्व फिल्म जगत का सबसे प्रतिष्ठित पुरस्कार है। यह पुरस्कार नेशनल अकादमी ऑफ मोशन पिक्चर ऑर्टस एण्ड साइंसेज संयुक्त राज्य अमेरिका द्वारा दिया जाता है।

ऑस्कर में नामित प्रमुख भारतीय फिल्में	
1958	मदर इंडिया (ऑस्कर में नामित प्रथम भारतीय फिल्म)
1988	सलाम बाम्बे
2001	लगान
2004	श्वास
2005	पहेली
2006	रंग दे बसंती

- इसका ऑफिशियल नाम 'एकेदमी अवार्ड ऑफ मेरिट' है।
- यह पुरस्कार प्रतिवर्ष फरवरी माह में हॉलीवुड के कोडेक थियेटर में आयोजित एक भव्य समारोह में प्रदान किया जाता है।
- इस पुरस्कार में दी जाने वाली प्रतिमा मैटल बेस पर सोने की परत चढ़ाकर बनायी जाती है और इसे पाने वाले लोगों से पहले ही एग्रीमेंट करवा लिया जाता है कि वह इसे बेचेंगे नहीं और अगर बेचेंग तो सबसे पहले 1 डॉलर में एकेडमी को ही देंगे।
- ऑस्कर के साथ ही नोबेल पुरस्कार को भी प्राप्त करने वाले एकमात्र व्यक्ति हैं जार्ज बनार्ड शॉ। इन्हें 1925 ई. में साहित्य के लिए नोबेल और 1938 ई. में बेस्ट स्क्रीन प्ले के लिए ऑस्कर पुरस्कार दिया गया।
- महबूब खाँ की मदर इंडिया- 1958 में सर्वश्रेष्ठ विदेशी भाषा फिल्म की श्रेणी में नामांकन पाने वाली पहली फिल्म थी।
- ऑस्कर पाने वाली पहली भारतीय भानु अथैय्या हैं, इन्होंने गांधी फिल्म में रिचर्ड एटनबोरो की कॉस्ट्यूम डिजाइनिंग के लिए यह पुरस्कार जीता था।
- सत्यजीत रे पहले भारतीय थे जिन्हें सिनेमा में उनकी उपलब्धियों के लिए 1992 में ऑस्कर का 'लाइफ टाइम अवार्ड' दिया गया।

रमन मैग्सेसे पुरस्कार

- यह पुरस्कार फिलीपीन्स की सरकार द्वारा देश के तीसरे राष्ट्रपति रमन मैग्सेसे की स्मृति में 1958 ई. से प्रदान किये जाते हैं।
- यह एशिया का सबसे प्रतिष्ठित पुरस्कार है तथा इसे 'एशिया का नोबेल पुरस्कार' भी कहा जाता है।
- इस पुरस्कार के तहत विजेता को स्वर्ण पदक तथा 50,000 डॉलर दिये जाते हैं।
- यह पुरस्कार पाँच क्षेत्रों में दिया जाता है- 1. शासकीय सेवा 2. समुदाय नेतृत्व 3. जन सेवा 4. पत्रकारिता, साहित्य और रचनात्मक संचार कला 5. अन्तरराष्ट्रीय समझ।

मान बुकर पुरस्कार

- 1969 ई. में प्रारंभ यह पुरस्कार, साहित्य के क्षेत्र में नोबेल पुरस्कारों के बाद सबसे बड़ा पुरस्कार माना जाता है।
- यह पुरस्कार बुकर कंपनी एवं ब्रिटिश प्रकाशक संघ द्वारा संयुक्त रूप से दिया जाता है।
- मान बुकर पुरस्कार प्रतिवर्ष किसी एक कलाकृति के लिए राष्टमंडल देशों के कथाकारों को ही दिया जाता है।

मान बुकर प्राप्त करने वाले भारतीय मूल के लेखक		
लेखक	**कृति**	**वर्ष**
वी.एस. नायपॉल	इन ए फ्री स्टेट	1971
रूथ प्रवर झाबवाला	हीट एण्ड डस्ट	1975
सलमान रुशदी	मिडनाइट चिल्ड्रेन	1981
अरुंधती रॉय	द गॉड ऑफ स्माल थिंग्स	1997
किरण देसाई	द इन्हेरिटेन्स ऑफ लॉस	2006
अरविन्द अदिगा	व्हाइट टाइगर	2008

- मान बुकर अन्तरराष्ट्रीय पुरस्कार 2 वर्ष में एक बार अंग्रेजी भाषा में उत्कृष्ट कथा साहित्य के लिए विश्वभर के किसी साहित्यकार को दिया जाता है।

ग्रेमी पुरस्कार

ग्रेमी पुरस्कार, संगीत के क्षेत्र में अभूतपूर्व उपलब्धियों के लिए दिये जाते हैं। इन्हें प्रतिवर्ष नेशनल एकेडमी ऑफ रिकार्डिंग आर्ट्स एण्ड साइंसेज द्वारा दिया जाता है। ये पुरस्कार कुल 108 श्रेणियों में दिये जाते हैं। इसमें विजेता को एक ट्रॉफी प्रदान की जाती है, जिस पर सोने का पानी चढ़ा पुरानी शैली का एक ग्रामोफोन बना होता है। सन् 1973 में कंसर्ट फॉर बांगलादेश नामक रिकार्ड के लिए अन्य कलाकारों के साथ भारत के सुप्रसिद्ध सितारवादक पंडित रविशंकर को भी ग्रेमी अवार्ड मिला था और फिर 1994 ई. में उनके शिष्य विश्वमोहन भट्ट को मिला।

गांधी शान्ति अन्तरराष्ट्रीय पुरस्कार

यह पुरस्कार 1995 ई. से भारत सरकार द्वारा विश्व शान्ति में उल्लेखनीय भूमिका निभाने वाले व्यक्ति को ही दिया जाता है। इस पुरस्कार के अन्तर्गत एक करोड़ रुपये एवं प्रशस्ति-पत्र दिया जाता है।

पुलित्जर पुरस्कार

1970 ई. में प्रारंभ किया गया यह पुरस्कार, अमेरिकी प्रकाशक जोसेफ पुलित्जर के नाम पर पत्रकारिता के क्षेत्र में असाधारण योगदान के लिए दिया जाता है। पत्रकारिता के क्षेत्र में इसे विश्व का सबसे प्रतिष्ठित पुरस्कार माना जाता है।

कलिंग पुरस्कार

यह पुरस्कार 1952 ई. में प्रारंभ हुआ। इसे प्रारंभ करने में सबसे प्रमुख भूमिका कलिंग फाउंडेशन के संस्थापक बीजू पटनायक की थी। अब यह पुरस्कार यूनेस्कों द्वारा विज्ञान को लोकप्रिय बनाने के लिए किये गये असाधारण प्रयास के लिए दिया जाता है।

जवाहरलाल नेहरू पुरस्कार

विश्व शान्ति और अन्तरराष्ट्रीय सद्भाव को बढ़ावा देने में पूर्व भारतीय प्रधानमंत्री पंडित जवाहरलाल नेहरू के योगदान की प्रतिष्ठा में 1965 ई. में शुरू किये गये इस पुरस्कार के अन्तर्गत 25 लाख रुपये की राशि प्रशस्ति-पत्र के साथ दी जाती है। इस पुरस्कार की घोषणा भारत सरकार का विदेश मंत्रालय करता है।

40. राष्ट्रीय पुरस्कार

गणतंत्र दिवस पुरस्कार (नागरिक पुरस्कार)

भारत रत्न

यह कला, साहित्य तथा विज्ञान या बड़े पैमाने पर जनसेवा में उत्कृष्ट कार्य करने के लिए देश का सबसे बड़ा राष्ट्रीय पुरस्कार है। इसकी शुरुआत 1954 ई. में हुई थी। यह 26 जनवरी को भारत के राष्ट्रपति के द्वारा दी जाती है। इस पदक में तांबे के बने पीपल के पत्ते पर प्लेटिनम का चमकता सूर्य बना होता है, जिसके नीचे चांदी में 'भारत रत्न' लिखा रहता है और यह सफेद फीते के साथ गला में पहना जाता है।

- जनता पार्टी द्वारा इस पुरस्कार को 1977 ई. में बन्द कर दिया गया था, किन्तु 1980 ई. में कांग्रेस सरकार ने इसे फिर से शुरू किया।
- 1980 ई. में दुबारा शुरू होने पर इसे सर्वप्रथम मदर टरेसा ने प्राप्त किया।
- मरणोपरांत सर्वप्रथम लाल बहादुर शास्त्री को भारत रत्न से सम्मानित किया गया था।
- श्री सत्यपाल आनन्द ने राजीव गांधी को मरणोपरांत भारत रत्न देने की प्रक्रिया का मध्यप्रदेश उच्च न्यायालय में चुनौती दी थी।

पद्म पुरस्कार

पद्म पुरस्कार भारत रत्न के बाद दूसरा बड़ा सम्मान है। इसे भी भारत रत्न के साथ 1977 ई. में बन्द कर दिया गया था तथा 1980 ई. में फिर से शुरू किया गया। तीन पद्म पुरस्कार है–

(i) **पद्म विभूषण :** सरकारी कर्मचारियों द्वारा की गयी सेवाओं सहित किसी भी क्षेत्र में विशेष तथा उल्लेखनीय कार्य के लिए दिये जाने वाला दूसरा सबसे बड़ा राष्ट्रीय पुरस्कार है।

(ii) **पद्म भूषण :** किसी भी क्षेत्र में विशिष्ट कार्य करने के लिए दिये जाने वाला यह तीसरा सबसे बड़ा राष्ट्रीय पुरस्कार है।

(iii) **पद्म श्री :** किसी भी क्षेत्र में विशिष्ट कार्य के लिए दिये जाने वाला यह चौथा सबसे बड़ा राष्ट्रीय पुरस्कार है।

वीरता पुरस्कार

भारतीय थल सेना, वायु सेना एवं नौसेना के वीर और साहसी सैनिकों को विभिन्न पदकों से सम्मानित किया जाता है। इन पदकों का विवरण निम्नलिखित प्रकार से है–

(i) **परमवीर चक्र :** यह वीरता के लिए दिये जाने वाला सर्वोच्च पुरस्कार या पदक है, जो थल, जल एवं वायु में दुश्मन के सामने बहादुरी के सर्वोत्कृष्ट प्रदर्शन या आत्म बलिदान के लिए दिया जाता है। यह मेडल या पदक कांस्य का बना होता है, जिस पर एक ओर इन्द्रवज्र अंकित होता है, जबकि दूसरी ओर हिन्दी एवं अंग्रेजी में परमवीर चक्र लिखा होता है। पदक को सैनिक अपनी कमीज के बायीं ओर बैंगनी रंग के रिबन से लगाता है।

(ii) **महावीर चक्र :** यह दूसरा सबसे बड़ा वीरता पुरस्कार या पदक है, जो थल, जल एवं वायु में दुश्मन के सामने बहादुरी के सर्वोत्कृष्ट कार्य के लिए दिया जाता है। यह पदक स्टैण्डर्ड चाँदी का बना होता है। इसका आकार गोल होता है, जिसके एक ओर पाँच कोण वाले सितारे के बीच में राष्ट्रचिह्न अंकित होता है, दूसरी ओर कमल तथा हिन्दी एवं अंग्रेजी में महावीर चक्र लिखा होता है। पदक को सफेद तथा केसरी रिबन से पहना जाता है।

(iii) **वीर चक्र :** यह तृतीय श्रेणी का वीरता पुरस्कार या पदक है, जो थल, जल एवं वायु में दुश्मनों के सामने साहस, पराक्रम और आत्मबलिदान के लिए दिया जाता है। यह पदक भी स्टैण्डर्ड चाँदी

का बना होता है। इसके एक ओर पाँच कोण वाला सितारा तथा अशोक चक्र एवं दूसरी ओर दो कमल अंकित होते हैं। पदक को नीली-केसरी पट्टी के साथ पहना जाता है।

नोट : पदक के साथ वीर को मासिक वजीफा भी दिया जाता है।

अशोक चक्र

यह पदक थल, जल और नभ में साहस, पराक्रम या आत्मबलिदान का अत्यन्त ही सराहनीय कार्य दिखाने के लिए प्रदान किया जाता है।

जीवन रक्षा पदक

डुबने से, आग से या किसी भी तरह से प्राण बचाने के लिए प्रदर्शित साहस एवं वीरतापूर्ण कार्यों के लिए यह पदक प्रदान किया जाता है।

41. भारत रत्न से सम्मानित व्यक्ति

1954	डॉ. सर्वपल्ली राधाकृष्णन, चक्रवर्ती राजगोपालाचारी, डॉ. चन्द्रशेखर वेंकटरमण
1955	डॉ. भगवान दास, डॉ. मोक्षगुंडम विश्वेश्वरैया, पण्डित जवाहरलाल नेहरू
1957	पण्डित गोविन्द वल्लभ पंत
1958	डॉ. धोंडो केशव कर्वे
1961	डॉ. विधान चन्द राय, राजर्षि पुरुषोत्तम दास दण्डन
1962	डॉ. राजेन्द्र प्रसाद
1963	डॉ. जाकिर हुसैन, डॉ. पाण्डुरंग वामन काणे
1966	लाल बहादुर शास्त्री (मरणोपरान्त पुरस्कार पाने वालों में प्रथम)
1971	इंदिरा गांधी
1975	वराह वेंकट गिरि
1976	कुमार स्वामी कामराज (मरणोपरान्त)
1980	मदर टेरेसा
1983	आचार्य विनोबा भावे (मरणोपरान्त)
1987	खान अब्दुल गफ्फार खान
1988	मखदुम गोपालन रामचन्द्रन (मरणोपरान्त)
1990	डॉ. भीमराव अम्बेडकर (मरणोपरान्त), नेल्सन मंडेला
1991	राजीव गांधी (मरणोपरान्त), सरदार वल्लभ भाई पटेल (मरणोपरान्त), मोरारजी देसाई
1992	जे. आर. डी. टाटा, मौलाना अबुल कलाम आजाद (मरणोपरान्त), सत्यजित रे
1997	अरुणा आसफ अली (मरणोपरान्त), गुलजारी लाल नन्दा (मरणोपरान्त), ए.पी.जे. अब्दुल कलाम
1998	एम.एस. सुब्बालक्ष्मी, सी. सुब्रह्मण्यम, जयप्रकाश नारायण (मरणोपरान्त)
1999	प्रो. अमर्त्य सेन, पण्डित रविशंकर एवं गोपीनाथ बोरदोलोई (मरणोपरान्त)
2001	लता मंगेशकर, उस्ताद बिस्मिलाह खाँ
2008	भीमसेन जोशी

2014	सचिन तेंदुलकर, प्रो. सी.एन.आर. राव
2015	अटल बिहारी वाजपेयी, पण्डित मदन मोहन मालवीय (मरणोपरांत)
नोट : भारत रत्न प्राप्त करने वाले प्रथम व्यक्ति डॉ. सर्वपल्ली राधाकृष्णन थे	

42. ज्ञानपीठ पुरस्कार से सम्मानित साहित्यकार

वर्ष	पुरस्कार-विजेता	कृति
1965	जी शंकर कुरुप	ऑडा कुजाई (मलयालम)
1966	ताराशंकर वंद्योपाध्याय	गणदेवता (बंग्ला)
1967	के.वी. पुटप्पा व उमाशंकर जोशी	रामायण दर्शनम् (कन्नड़), निशीथ (गुजराती)
1968	सुमित्रानन्दन पंत	चिदम्बरा (हिन्दी)
1969	फिराक गोरखपुरी	गुल-ए-नगमा (उर्दू)
1970	विश्वनाथ सत्यनारायण	श्रीमद् रामायण कल्पवृक्षम् (तेलुगु)
1971	विष्णु डे	स्मृति सत्ता भविष्यत (बंग्ला)
1972	रामधारी सिंह 'दिनकर'	उर्वशी (हिन्दी)
1973	गोपीनाथ मोहन्ती एवं डी.आर. बेन्द्रे	माली मटाल (उड़िया), चार तार (कन्नड़)
1974	विष्णु सखा खाण्डेकर	ययाति (मराठी)
1975	पी.वी. अकिलन	चित्रपावनी (तमिल)
1976	श्रीमती आशापूर्ण देवी	प्रथम प्रतिश्रुति (बंग्ला)
1977	डॉ. के. शिवराम कारन्थ	मूकज्जिया कनसुगलु (कन्नड़)
1978	डॉ. सच्चिदानन्द हीरानंद वात्स्यायन 'अज्ञेय'	कितनी नावों में कितनी बार (हिन्दी)
1979	डॉ. वीरेन्द्र कुमार भट्टाचार्य	मृत्युंजय (असमिया)
1980	एस. के. पोट्कट	ओरू देसाथिंते कथा (मलयालम)
1981	अमृता प्रीतम	कागज ते कैनवास (पंजाबी)
1982	महादेवी वर्मा	यामा (हिन्दी)
1983	वेंकटेश आयंगर	चिकवीर राजेन्द्र (तेलुगु)
1984	तक्षी शिवशंकर पिल्लई	कायर (मलयालम)
1985	पन्नालाल पटेल	मानवीनी भवाई (गुजराती)
1986	सच्चिदानन्द राउतराय	उड़िया साहित्य
1987	विष्णु वामन शिरवाडकर	मराठी साहित्य
1988	डॉ. सी. नारायण रेड्डी	विश्वंभरा (तेलुगु साहित्य)
1989	कुर्रतुल एन. हैदर	उर्दू साहित्य
1990	विनायक कृष्ण गोकाक	कन्नड़ साहित्य
1991	सुभाष मुखोपाध्याय	बंग्ला साहित्य

1992	नरेश मेहता	हिन्दी साहित्य
1993	डॉ. सीताकान्त महापात्र	उड़िया साहित्य
1994	प्रो. यू.आर. राव	कन्नड़ साहित्य
1995	एम.टी. वासुदेवन नायर	मलयालम साहित्य
1996	श्रीमती महाश्वेता देवी	बंगला साहित्य
1997	अली सरदार जाफरी	उर्दू साहित्य
1998	गिरीश कर्नाड	कन्नड़ साहित्य
1999	निर्मल वर्मा एवं गुरदयाल सिंह	हिन्दी एवं पंजाबी साहित्य
2000	इंदिरा गोस्वामी	असमिया साहित्य
2001	राजेन्द्र केशव लाल शाह	गुजराती साहित्य
2002	डी. जयकांतन्	तमिल साहित्य
2003	विंदा करंदीकर	मराठी साहित्य
2004	रहमान राही	कश्मीरी साहित्य
2005	कुँवर नारायन	हिन्दी साहित्य
2006	रविन्द्र केलकर और सत्यव्रत शास्त्री	कोंकणी एवं संस्कृत (क्रमश:)
2007	एबीएन कुरुप	मलयालम साहित्य
2008	शहरयार	उर्दू साहित्य
2009	अमरकांत एवं श्रीलाल शुक्ल	हिन्दी कथा साहित्य
2010	चन्द्रशेखर कम्वर	कन्नड़ साहित्य
2011	डॉ. प्रतिभा राय	ओडिया साहित्य
2012	डॉ. राबुरी भारद्वाज	तेलुगु साहित्य
2013	केदारनाथ सिंह	हिन्दी साहित्य
2014	बालचंद्र नेमाडे	मराठी साहित्य
2015	रघुवीर चौधरी	गुजराती साहित्य

43. दादा साहेब फाल्के पुरस्कार पाने वाले व्यक्ति

वर्ष	व्यक्ति	वर्ष	व्यक्ति
1969	देविका रानी रोरिक	1970	वीरेन्द्रनाथ सरकार
1971	पृथ्वीराज कपूर (मरणोपरांत)	1972	पंकज मल्लिक
1973	सुलोचना रूबी मयेर्स	1974	बी.एन. रेड्डी
1975	धीरेन गांगुली	1976	कानन देवी
1977	नितिन बोस	1978	रायचन्द्र बोराल
1979	सोहराब मोदी	1980	पी. जयराज
1981	नौशाद अली	1982	एल. वी. प्रसाद
1983	दुर्गा खोटे	1984	सत्यजीत रे

1985	वी. शान्ताराम	1986	बी. नेगी रेड्डी
1987	राजकपूर	1988	अशोक कुमार
1989	लता मंगेशकर	1990	आक्किनेनि नागेश्वर राव
1991	भालजी पेंढारकर	1992	भूपेन हजारिका
1993	मजरूह सुल्तानपुरी	1994	दिलीप कुमार
1995	डॉ. राजकुमार	1996	शिवाजी गणेशन
1997	कवि प्रदीप	1998	बी. आर चोपड़ा
1999	ऋषिकेश मुखर्जी	2000	आशा भोंसले
2001	यश चोपड़ा	2002	देवानन्द
2003	मृणाल सेन	2004	अडूर गोपाल कृष्णनन्
2005	श्याम बेनेगल	2006	तपन सिन्हा
2007	मन्ना डे	2008	वी.के. मूर्ति
2009	डी. रामानायडु	2010	के. बालाचंदर
2011	सौमित्र चटर्जी	2012	प्राण
2013	गुलजार	2014	शशि कपूर
		2015	मनोज कुमार

44. प्रमुख लेखक एवं उनकी पुस्तक

[A] प्रमुख भारतीय लेखक एवं उनकी पुस्तक			
लेखक	**पुस्तक**	**लेखक**	**पुस्तक**
विष्णु शर्मा	पंचतंत्र	विशाखदत्त	मुद्राराक्षस
रसखान	प्रेमवाटिका	पाणिनी	अष्टाध्यायी
शूद्रक	मृच्छकटिकम्	वेदव्यास	भगवद्गीता, महाभारत
वात्स्यायन	कामसूत्र	विज्ञानेश्वर	मिताक्षरा
जीमूतवाहन	दायभाग	कल्हण	राजतरंगिणी
प्लिनी	नेचुरल हिस्ट्री	चाणक्य	अर्थशास्त्र
दण्डी	दशकुमारचरितम्, अवंती सुन्दरी	कालिदास	कुमारसंभवम्, रघुवंशम्, अभिज्ञान शाकुन्तलम्
अश्वघोष	बुद्धचरितम्	जयदेव	गीतगोविन्द
बाणभट्ट	कादम्बरी	भवभूति	मालती माधव, उत्तररामचरित
अमर सिंह	अमरकोष	मलिक मोहम्मद जायसी	पद्मावत

फिरदौसी	शाहनामा	अबुल फजल	आईने अकबरी, अकबरनामा
सुरदास	साहित्य लहरी, सूरसागर	कबीरदास	बीजक, रमैनी, सबद
गुलबदन बेगम	हुमायूँनामा	अलबरूनी	किताबुल हिन्द
भर्तृहरि	नीति शतक,शृंगार शतक, वैरण्य शतक	मुल्कराज आनन्द	कुली, कानफैशंस ऑफ ए लवर, द डेथ ऑफ ए हीरो
नीरद चन्द्र चौधरी	हिन्दुइज्म, पैसेज टू इंग्लैण्ड, ऑटोबायोग्राफी ऑफ ऐन अननोन इण्डियन, कल्चर इन द वैनिटी वैग	कुलदीप नैयर	जजमेंट, डिस्टेन्ट नेवर्स, इंडिया द क्रिटिकल इयर्स, इन जेल, इंडिया जाफ्टर नेहरू, बिटवीन दि लाइन्स
रवीन्द्र नाथ टैगोर	चित्रागंदा, गीतांजलि, विसर्जन, हंग्री स्टोन्स, गोरा, चाण्डालिका	काजी नजरुल इस्लाम	अग्निवीणा
अरविन्द घोष	लाइफ डिवाइन, ऐशेज ऑन गीता	शिवानन्द	डिवाइन लाइफ
अमृता प्रीतम	डेथ ऑफ ए सिटी, कागज ते कैनवास, फोर्टी नाइन डेज	प्रेमचन्द	गोदान, गबन, कर्मभूमि, रंगभूमि
खुशवंत सिंह	इंदिरा गांधी रिटर्न्स, द कंपनी ऑफ वीमैन, दिल्ली	वी. एम. कौल	अनटोल्ड स्टोरी, कन्फ्रन्डेशन विद पाकिस्तान
विजय तेंदुलकर	सखाराम बाइंडर	अज्ञेय	कितनी नावों में कितनी बार
डॉ. एस. राधाकृष्णन	इंडियन फिलॉस्पी	सरोजिनी नायडू	गोल्डेन थ्रेसहोल्ड, ब्रोकेन विंग्स
इंदिरा गांधी	इटनरल इंडिया	यशपाल	दादा कामरेड
जयशंकर प्रसाद	कामायनी, आँसू, लहर	सुमित्रानन्दन पंत	पल्लव, चिदम्बरा
मैथिलीशरण गुप्त	भारत-भारती	रामधारी सिंह 'दिनकर'	कुरुक्षेत्र, उर्वशी
सूर्यकान्त त्रिपाठी 'निराला'	अनामिका, परिमल	आर. के. नारायण	द डार्क रूम, मालगुड़ी डेज, गाइड, माइ डेज
महादेवी वर्मा	यामा	मोरारजी देसाई	नेचर क्योर
नयनतारा सहगल	ए वाइस ऑफ फ्रीडम	देवकीनन्दन खत्री	चन्द्रकान्ता
वी.एस. नायपॉल	एरिया ऑफ डार्कनेस	शरतचन्द्र चट्टोपाध्याय	देवदास, चरित्रहीन
[B] प्रमुख विदेशी लेखक एवं उनकी पुस्तक			
एडम स्मिथ	वेल्थ ऑफ नेशंस	एडॉल्फ हिटलर	मीन केम्फ

अल्वर्ट आईंस्टीन	द वर्ल्ड एज आई सी ईट	ए.एल. बाशम	द वडंर दैट वाज इंडिया
आर्थर हेले	एयर पोर्ट	अरस्तू	पॉलिटिक्स
सेम्युअल हर्ष	प्राइस ऑफ पॉवर	डायना मोस्की	द लाइफ ऑफ कन्ट्रास्ट
दाँते	डिवाइन कामेडी	ई.एम. फोस्टर	ए पैसेज टू इण्डिया
होमर	ओडिसी, इलियड	एच.डब्लू. लॉगफेलो	साम ऑफ लाइफ
हेनरी मिलर	ट्रापिक ऑफ कैंसर	हेराल्ड मैकमिलन	राइजिंग द स्ट्रार्म
न्यूटन	प्रिंसीपिया	कैथरीन मेयो	मदर इण्डिया
जॉन मिल्टन	पैराडाइज लास्ट	जे.एम. बेरी	हिन्दू सिविलाइजेशन
प्लेटो	रिपब्लिक	रूसो	द सोशल कान्ट्रैट
गुन्नार मिर्डल	अगेन्सट् द स्ट्रीम, एशियन ड्रामा	मैकियाबेली	द प्रिन्स, ऑन द आर्ट ऑफ वार
जार्ज आरबिल	फार्म हाउस, एनिमल पार्क	चार्ल्स डार्विन	डिसेंट ऑफ मैन
शेक्सपीयर	कामेडी ऑफ एरर्स, एज यू लाइक इट, ए मिड समर नाइट्स ड्रीम, हैमलेट, किंग लियर, ओथेलो	चार्ल्स डिकिंस	ए टेल ऑफ टू सिटीज, पिकनिक पेपर्स, ओलिवर टिवस्ट, डेविड कापरफील्ड
र्जा बर्नाड शॉ	मैन एण्ड सुपरमैन, एपिल कार्ट, आर्म्स एण्ड द मैन, सीजर एण्ड क्लियोपेट्रा	जे. के. गालब्रेथ	द चाईना पैसेज, द नेचर ऑफ मास पावर्टी, एम्बेस्डर्स जनरल, दि ट्राम्फ
हेराल्ड जे. लाश्की	डाइलेमा ऑफ आवर टाइम, ग्रामर ऑफ पॉलिटिक्स	विन्सेट चर्चिल	गैदरिंग स्टोर्म्स हिस्ट्री ऑफ द सेकंड वर्ल्ड वार
मैक्सिम गोर्की	मदर	लियो टाल्सटाय	वार एण्ड पीस
जेड.ए. भुट्टो	ग्रेट ट्रेजडी	माओ-त्से-तुंग	ऑन कण्ट्राडिक्शन
[C] नवीनतम विख्यात पुस्तकें एवं उसके लेखक			
पी.वी. नरसिंह राव	द इन्साइडर	लेसी फासवर्थ	इंडिया गेट
अरुण शौरी	इंडियन कंट्रोवर्सीज : एसेज ऑन रिलीजन	अटल बिहारी वाजपेयी	राजनीति की रपटीली राहें, संसद के तीन दशक
श्रीदत्त रामफल	इनसेपेरेबल ह्यूमैनिटी	अरुंधती राय	द गॉड ऑफ स्माल थिंग्स

डॉ. सादिक हुसैन	तारीख–ए–मुजाहिद्दीन	डेरेक वाल्कट	इन ए ग्रीन नाइट/ओमेरास
स्टेनले कल्पागे	मिशन टू इंडिया	एम.जे. अकबर	इंडिया द सीज विदीन
मैडोना	सेक्स	तारिक अली	कैन पाकिस्तान सरवाइव
ब्रिया लैपिंग्स	एण्ड ऑफ एम्पायर	शशि अहलूवालिया	नेताजी एण्ड गांधी
मिखाइल गोर्बाचोव	पीस हैज नो आल्टरनेटिव	डोमिनिक लैपियर	द सिटी ऑफ जॉय
डेरेक वाल्कट	एनादर लाइफ	विक्रम सेठ	स्युटेबल बॉय/गोल्डेन गेट
तस्लीमा नसरीन	लज्जा, फोरेशी प्रेमिक	एन.एस. सक्सेना	इंडिया टुवर्ड्स एनार्की
गीता मेहता	ए रिवर सूत्रा	थॉमस कोनोली	शिंडलर्स लिस्ट
वेद मेहता	द स्टोलेन लाइट	नवीन चावला	मदर टेरेसा
मदर टेरेसा	डाउन द मेमोरी लेन	डॉ. हरिवंशराय बच्चन	दशद्वार से सोपान तक
जगमोहन	माई फ्रोजेन टर्बुलेंस इन कश्मीर	वी.पी. मलिक	कारगिल : फ्रॉम सरप्राइज टु विक्ट्री
सी. सुब्रह्मण्यम	टर्निंग प्वाइंट	बेनजीर भुट्टो	डॉटर ऑफ द ईस्ट
एम.एफ. हुसैन	संसद उपनिषद्	जनरल के सुंदरजी	ब्लाइंड मेन ऑफ हिन्दुस्तान
टी.एन. शेषन	डिजेनेरेशन ऑफ इंडिया	पी.सी. अलेक्जेंडर	द पेरिल्स ऑफ डेमोक्रेसी
यू.आर. अनंतमूर्ति	संस्कार	के गोविंदन कुट्टी	शेषनः ए इन्टीमेंट स्टोरी
पोप जॉन पॉल–II	क्रॉसिंग द थ्रेशहोल्ड ऑफ होप	राजशेखर व्यास	सुभाष चन्द्र बोस : कुछ अधखुले पन्ने
डॉ. सीताकांत महापात्र	बियोंड द वार	मेनका गांधी	हेड्स एण्ड टेल्स
सलमान रुश्दी	सैटेनिक वर्सेज, फ्यूरी	नेल्सन मंडेला	लांग वाक टु फ्रीडम
सोनिया गांधी	राजीव	बोरिस येल्तसिन	अगेन्स्ट द ग्रेन
आंग सान सू की	फ्रीडम फ्रॉम फीयर	खालिद मोहम्मद	टु बी और नॉट टु बी
लाल कृष्ण आडवाणी	माई कण्ट्री माई लाइफ	हिलेरी रॉथम क्लिंटन	लिविंग हिस्ट्री
कपिल देव	स्ट्रेट फ्रॉम द हार्ट	तुषार गांधी	लेट्स किल गांधी
टॉम आल्टर	द लांगेस्ट रेस	खुशवन्त सिंह	बुरियल एट सी

रोमिला थापर	सोमनाथ : द मेनी वॉयस ऑफ ए हिस्ट्री	झुम्पा लाहिड़ी	द नेमसेक, इन्टरप्रेटर ऑफ मेलेडीज, द लोलैंड
मनोहर जोशी	स्पीकर्स डायरी	व्लादिमीर पुतिन	फर्स्ट परसन
अनीता देसाई	फास्टिंग, फीस्टींग	अमित चौधरी	ए न्यू वर्ल्ड
टाइगर वुड्स	हाउ आई प्ले गोल्फ	वी.एस. नायपाल	हॉफ ए लाइफ
ए.पी.जे. अब्दुल कलाम	इग्नाइटेड माइंड्स, माई जर्नी: ट्रांसफॉर्मिंग ड्रीम्स इन्टू एक्सन	वी.पी. कोइराला	आत्मवृतांत : लेट लाइफ रिकलेक्शन्स
मारग्रेट थैचर	द पाथ टु पॉवर	सतीश गुजराल	ए ब्रुश विद लाइफ
डॉ. हर्षवर्धन	टेल ऑफ टू ड्रॉप्स	डॉ. कर्णसिंह	मीटिंग विट रिमार्केबल वूमन

खेल समाचार

1. ओलम्पिक खेल

अन्तरराष्ट्रीय ओलम्पिक समिति के अब तक अध्यक्ष			
क्र.	**अध्यक्ष**	**देश**	**कार्यकाल**
1.	डिमिट्रियास विकेलास	यूनान	1894-1896
2.	बैरोन पियरे डि कोबर्टिन	फ्रांस	1896-1925
3.	कांऊट हेनरी डी बैलेट लाटूर	बेल्जियम	1925-1946
4.	सिगफिड एड्सट्रोम	स्वीडन	1946-1952
5.	एवरी ब्रुंडेज	अमेरिका	1952-1972
6.	लार्ड किनानिन	आयरलैंड	1972-1980
7.	जुआन एंटोनियो समारांच	स्पेन	1980-2001
8.	जैक्युस राग्ग	बेल्जियम	2001 से 2013
9.	थॉमस बैक	जर्मनी	2013 से अब तक

- प्राचीन ओलम्पिक खेल यूनान के ओलम्पिया शहर में 776 ईसा पूर्व में प्रारंभ हुआ। पहली बार यह खेल ग्रीक देवता ज्यूस के सम्मान में खेला गया। ये खेल तब से चार वर्षों में एक बार 394 ई. तक खेले गये, फिर रोम के राजा थियोडोसियस के आदेश के कारण इन खेलों का आयोजन बन्द कर दिया गया।
- आधुनिक ओलम्पिक खेल प्रतियोगिता का प्रारंभ 1896 ई. में फ्रांस के **बैरोन पियरे डि कोबार्टिन** के प्रयासों से यूनान के एथेंस शहर में हुआ। इसका आयोजन भी प्रत्येक चार वर्ष के अन्तराल पर किया जाता है।
- अन्तरराष्ट्रीय ओलम्पिक समिति की स्थापना 1894 ई. में **सखोन** नामक स्थान पर हुई थी। इसका मुख्यालय **लोसाने** (स्विट्जरलैंड) में है।
- अन्तरराष्ट्रीय ओलम्पिक समिति ओलम्पिक खेलों को संचालित करने वाली संस्था है। इस समिति की एक कार्यकारिणी होती है, जिसमें एक अध्यक्ष, तीन उपाध्यक्ष तथा सात अन्य सदस्य होते हैं। यह संस्था ओलम्पिक खेलों का स्थान, नियम, संचालन आदि निर्धारण करती है।
- भारतीय ओलम्पिक परिषद् की स्थापना 1924 ई. में की गयी थी और सर जे.जे. टाटा इसके प्रथम अध्यक्ष थे।
- **नीता अंबानी पहली भारतीय महिला हैं, जिन्हें अंतर्राष्ट्रीय ओलम्पिक समिति (IOC) का सदस्य 4 अगस्त, 2016 को चुना गया।**

ओलम्पिक के आदर्श

- **ओलम्पिक ध्वज (Olympic Flag) :** बैरोन डि कोबर्टिन के सुझाव पर 1913 ई. में ओलम्पिक ध्वज का सृजन हुआ। जून, 1914 ई. में इसका विधिवत उद्घाटन पेरिस में हुआ तथा ध्वज को सर्वप्रथम 1920 ई. में के एंटवर्प ओलम्पिक में फहराया गया। ध्वज की पृष्ठभूमि सफेद है। सिल्क के बने ध्वज के मध्य में ओलम्पिक प्रतीक के रूप में पाँच रंगीन चक्र एक-दूसरे से मिले हुए दर्शाये गये हैं, जो विश्व के पाँच महाद्वीपों के प्रतिनिधित्व करने के साथ ही निष्पक्ष एवं मुक्त स्पर्धा का प्रतीक है। नीला चक्र-यूरोप, पीला चक्र-एशिया, काला चक्र-अफ्रीका, हरा चक्र-ऑस्ट्रेलिया एवं लाल चक्र-उत्तर एवं दक्षिण अमेरिका।
- **ओलम्पिक का उद्देश्य (Olympic Motto) :** सन् 1897 ई. में फादर डिडोन द्वारा रचित सिटियस, अल्टियस, फोर्टियस (Citius, Altius, Fortius) लैटिन में ओलम्पिक के उद्देश्य है जिनका अर्थ है तेज, ऊँचा और बलवान। इसको ओलम्पिक के उद्देश्य के रूप में पहली बार 1920 ई. में एंटवर्प (बेल्जियम) ओलम्पिक खेलों में प्रस्तुत किया गया।
- **ओलम्पिक मशाल (Olympic Flame) :** ओलम्पिक मशाल जलाने की प्रथा की शुरुआत

1928 ई. के एम्सटर्डम ओलम्पिक से हुई। सन् 1936 ई. में बर्लिन ओलम्पिक खेलों में मशाल के वर्तमान स्वरूप को अपनाया गया। इसी समय से ओलम्पिक मशाल को आयोजन स्थल तक लाने का प्रचलन प्रारंभ हुआ। इस मशाल को खेल शुरू होने के कुछ दिन पूर्व यूनान के ओलम्पिया में **हेरा मंदिर** के सामने सूर्य की किरणों से प्रज्ज्वलित किया जाता है और वहाँ से आयोजन स्थल तक विभिन्न खिलाड़ियों द्वारा लायी जाती है। इसी मशाल से खेल समारोह विशेष की मशाल प्रज्ज्वलित की जाती है।

- **ओलम्पिक पदक (Olympic Medals) :** ओलम्पिक खेलों में विजेताओं को तीन प्रकार के पदक दिये जाते हैं- स्वर्ण, रजत एवं कांस्य। स्वर्ण पदक 60 मिमी वृत्त में एवं 3 मिमी मोटा होता है। यह 92.5% रजत परतयुक्त 6 ग्राम सोने का होता है। रजत पदक 60 मिमी वृत्त में एवं 3 मिमी मोटाई वाला होता है। यह 92.5% रजत का बना होता है। कांस्य पदक पूरी तरह कांस्य से बना होता है। स्वर्ण, रजत एवं कांस्य पदक, क्रमश: प्रथम, द्वितीय एवं तृतीय स्थान पर आने वाले खिलाड़ियों को मिलता है।

कुछ अन्य महत्त्वपूर्ण तथ्य

- ओलम्पिक खेलों में शपथ-ग्रहण करने की परम्परा 1920 ई. के एंटवर्प ओलम्पिक से प्रारंभ हुई। ओलम्पिक खेलों के प्रारंभ होने से पूर्व आयोजक देश का कोई एक खिलाड़ी समस्त प्रतियोगी देशों के खिलाड़ियों के प्रतिनिधि के रूप में शपथ ग्रहण करता है।
- ओलम्पिक खेल समारोह में शुभंकर की परम्परा वर्ष 1968 ई. के मैक्सिको सिटी ओलम्पिक से प्रारंभ हुई।
- ओलम्पिक के उद्‌घाटन समारोह में मार्च-पास्ट में यूनान की टीम सबसे आगे एवं मेजबान देश की टीम सबसे पीछे रहती है। बाकी देशों की टीमों का स्थान अंग्रेजी वर्णमाला के अक्षरों के क्रम में निश्चित होता है।
- ओलम्पिक खेलों का टीवी पर विस्तृत प्रसारण 1960 ई. के रोम ओलम्पिक खेलों से प्रारंभ हुआ।
- 1972 ई. के म्यूनिख ओलम्पिक में फिलीस्तीनी आतंकवादी हमले में ग्यारह इजरायली एथलीट मारे गये थे।
- एक ओलम्पिक में सर्वाधिक स्वर्ण जीतने वाले पुरुष खिलाड़ी यू.एस.ए. के तैराक **माइकल फेल्प्स** हैं।
- 'गोल्डेन शार्क' के रूप में विख्यात फेल्प्स ने 2008 ई. के बीजिंग ओलम्पिक में तैराकी की विभिन्न स्पर्धाओं में आठ स्वर्ण पदक जीते। फेल्प्स ने 2004 ई. के एथेंस ओलम्पिक में भी 6 स्वर्ण एवं दो कांस्य पदक जीते थे।
- फेल्प्स से पूर्व एक ही ओलम्पिक में सर्वाधिक सात स्वर्ण जीतने का रिकॉर्ड यू.एस.ए. के **मार्क स्पिट्ज** का था, जिसने 1972 ई. के म्यूनिख ओलम्पिक में तैराकी की विभिन्न स्पर्धाओं में सात स्वर्ण पदक जीते थे।
- किसी ओलम्पिक में सर्वाधिक 55 स्वर्ण पदक जीतने का विश्व रिकॉर्ड रूस का है। रूस ने 55 स्वर्ण पदक 1988 ई. में सियोल ओलम्पिक में जीते थे।
- भारत की ओर से ओलम्पिक खेलों में भाग लेने वाला प्रथम खिलाड़ी एक आंग्ल इण्डियन **नॉर्मन प्रिजार्ड** हैं, जिसने 1900 ई. के द्वितीय ओलम्पिक में भाग लिया तथा एथलेटिक्स स्पर्धा में दो रजत पदक प्राप्त किया।
- महिलाओं की ओलम्पिक खेलों में भागीदारी 1900 ई. के द्वितीय ओलम्पिक खेलों से हुई।
- ओलम्पिक फुटबॉल में रेफरी का दायित्व निभाने वाली विश्व की प्रथम महिला कनाडा की **सोनिया डेनानकोर्ड** है। (अटलांटा ओलम्पिक-1996 ई. में)।
- ओलम्पिक खेलों में सर्वाधिक स्वर्णपदक जीतने वाली महिला खिलाड़ी का नाम **लरीना लाव्यनीना** है, जिसने जिम्नास्टिक वर्ग में सर्वाधिक 9 स्वर्ण पदकों सहित कुल 18 पदक जीते हैं।
- एक ही ओलम्पिक में सर्वाधिक स्वर्ण पदक जीतने वाली महिला खिलाड़ी क्रिस्टीना ओटी है। 1996 ई. के सियोल ओलम्पिक में क्रिस्टीना ओटी तैराकी में 6 स्वर्ण पदक जीती थीं।
- ओलम्पिक खेलों में भाग लेने वाली प्रथम भारतीय महिला खिलाड़ी मेरी लीला रो हैं।

अब तक के ओलम्पिक पदक तालिका में भारत			
वर्ष	स्वर्ण	रजत	कांस्य
1900	–	2 एथलेटिक्स	–
1928	1 हॉकी	–	–
1932	1 हॉकी	–	–
1936	1 हॉकी	–	–
1948	1 हॉकी	–	–
1952	1 हॉकी	–	1 कुश्ती
1956	1 हॉकी	–	–
1960	–	1 हॉकी	–
1964	1 हॉकी	–	–
1968	–	–	1 हॉकी
1972	–	–	1 हॉकी
1980	1 हॉकी	–	–
1996	–	–	1 टेनिस
2000	–	–	1 भारत्तोलन
2004	–	1 निशानेबाजी	–
2008	1 निशानेबाजी	–	1 मुक्केबाजी
2012	–	1 कुश्ती 1 निशानेबाजी	1 निशानेबाजी 1 बैडमिंटन 1 मुक्केबाजी 1 कुश्ती
2016	–	1 बैडमिंटन	1 महिला कुश्ती

रियो ओलंपिक–2016

- 31वें ओलंपिक खेलों का 21 अगस्त, 2016 को रियो डी जनेरियो के खचाखच भरे माराकाना स्टेडियम में समापन हो गया।
- 17 दिनों (5 अगस्त से 21 अगस्त, 2016) के दौरान 42 खेलों का आयोजन किया गया।
- 11 हजार से अधिक एथलीटों ने विभिन्न खेलों में भाग लिया।
- 12 साल में यह पहला मौका है जब भारत के किसी पुरुष खिलाड़ी ने मेडल नहीं जीता।
- 19 वर्ल्ड रिकार्ड बने। पहला कीर्तिमान कोरियाई तीरंदाज के नाम रहा।
- 65 ओलंपिक रिकार्ड रियो में 17 दिन के खेलों के दौरान भंग हुए।
- 119 सदस्यीय भारत का अब तक सबसे बड़ा दल ओलंपिक खेलों का हिस्सा बना था।
- 207 देशों में से केवल 87 देश पदक जीतने में सफल रहे।
- इस ओलंपिक में भारत को केवल दो पदक से संतोष करना पड़ा। कुश्ती में साक्षी मलिक 58 किग्रा वर्ग में कांस्य पदक जीता। जबकि बैडमिंटन मे पीवी सिंधु ने महिला एकल रजत पदक जीता।

रियो ओलंपिक के महत्त्वपूर्ण क्षण

- **लेडकी का कीर्तिमान:** अमेरिकी तैराक केटी लेडेकी का ओलंपिक में इस बार शानदार प्रदर्शन रहा। उन्होंने इस ओलंपिक में चार स्वर्ण और एक रजत पदक जीते।
- **सिमोन को चार स्वर्ण:** अमेरिका की स्टार जिम्नास्ट सिमोन बाइल्स ने रियो में चार स्वर्ण पदक जीतकर इतिहास रच दिया। बाइल्स ओलंपिक के किसी एक संस्करण में चार स्वर्ण जीतने वाली चौथी महिला जिम्नास्ट हैं।
- **एलिन थाम्पसन का 'गोल्डन डबल':** जमैका की एलिन थाम्पसन ने ओलंपिक में शानदार गोल्डन डबल पूरा किया। थाम्पसन ने 100 मीटर के बाद 200 मीटर फर्राटा दौड़ में भी स्वर्ण पदक जीता। एलिन का यह पहला ओलंपिक था।
- **रूथ इतिहास की सबसे बुजुर्ग चैंपियन:** समापन से एक दिन पहले स्पेन को ओलंपिक में पहला महिला एथलेटिक्स स्वर्ण पदक हासिल हुआ। रूथ बेतिया ने यह स्वर्ण पदक 37 वर्ष की उम्र में जीता है, जो अपने आप में उपलब्धि है। वह इस स्पर्धा में स्वर्ण जीतने वाली ओलंपिक इतिहास की सबसे उम्रदराज खिलाड़ी बन गयी है।
- **बोल्ट का 'क्लीन स्वीप' (3 स्वर्ण):** दुनिया के सबसे तेज धावक उसैन बोल्ट ने लगातार तीसरी बार स्प्रिंट स्पर्धा (100 मी. 200 मी. 4 गुणा 100 मी.) में क्लीन स्वीप कर अपने ओलंपिक खेलों का शानदार अंत किया। 30 साल के बोल्ट ने रियो से पहले ही घोषणा कर दी थी कि यह उनका आखिरी ओलंपिक होगा। बोल्ट के खाते में 9 ओलंपिक स्वर्ण पदक है।
- **रिफ्यूजियों की टीम:** रियो ओलंपिक्स में रिफ्यूजियों की एक टीम होने की खबर भर से दुनिया

उनकी ओर सराहना और उत्साह की नजरों से देख रही थी। रिफ्यूजी ओलंपिक्स टीम में शामिल हर ऐथलीट खास था। लेकिन सीरिया की रिफ्यूजी 18 साल की यूसरा मर्दिनी आकर्षण का केन्द्र रहीं। रियो में मर्दिनी ने 100 मीटर बटरफ्लाई की हीट जीत कर नाम कमाया। हालांकि खराब टाइमिंग की वजह से वह आगे नहीं बढ़ पायी। लेकिन रिफ्यूजी टीम अपने जज्बे की वजह से इतिहास में दर्ज हो गयी।

- **फेयर प्ले पदक:** न्यूजीलैंड की निकी हैंबलिन और अमेरिका की एबेडागोस्टिनो ने ओलंपिक में कोई स्वर्ण, रजत या कांस्य पदक नहीं जीता। लेकिन अपनी खेल भावना से उन्होंने लाखों प्रशंसकों का दिल जीत लिया। इसके लिए उन्हें ओलंपिक के एक खास पदक से नवाजा गया है। उन्हें 'पियरे डे कोवेर्टिन मेडल' यानी 'फेयर प्ले' पदक से सम्मानित किया गया है, जो ओलंपिक में अच्छी खेल भावना के लिए दिया जाता है। इससे पहले ओलंपिक के 120 साल के इतिहास में 17 खिलाड़ियों को यह पदक मिला है।

  नोट : अब तक (1928 ई. से 2016 ई. तक) भारत ने ओलम्पिक खेलों में 28 पदक जीते हैं, जिसमें सर्वाधिक पदक लंदन ओलम्पिक (2012) में जीते हैं। इसमें भारत ने कुल 6 पदक जीते हैं।
- रियो ओलम्पिक में स्वर्ण, रजत और कांस्य दक जीतकर अमेरिका (46, 37, 38 = 121), ब्रिटेन (27, 23 एवं 17 = 67) और चीन (26, 18 एवं 26 = 70) क्रमशः प्रथम, द्वितीय और तृतीय स्थान पर रहे।

2. राष्ट्रमंडल खेल

- ओलम्पिक खेलों के पश्चात् राष्ट्रमंडल अथवा राष्ट्रकुल खेल (पुराना नाम- ब्रिटिश एम्पायर खेल) समारोह विश्व का दूसरा सबसे बड़ा खेलोत्सव है। इस खेल समारोह का आयोजन प्रायः दो ओलम्पिक खेलों के मध्य किया जाता है, जिसे **ओलम्पिक वर्ष** कहा जाता है।
- राष्ट्रमंडल खेलों की शुरुआत 1930 ई. में हेमिल्टन (कनाडा) में हुई थी।
- 1934 ई. में लंदन में होने वाले दूसरे राष्ट्रमंडल खेल में भारत ने पहली बार भाग लिया था।

अब तक हुए राष्ट्रमंडल खेल

वर्ष	आयोजन स्थल	देश	प्रतियोगी देश	प्रतियोगिताएँ	प्रथम स्थान	भारत के पदक			
						स्वर्ण	रजत	कांस्य	स्थान
1930	हेमिल्टन	कनाडा	11	6	इंग्लैंड	भाग नहीं लिया			
1934	लंदन	इंग्लैंड	16	6	इंग्लैंड			1	
1938	सिडनी	ऑस्ट्रलिया	15	7	ऑस्ट्रलिया	कोई पदक नहीं			
1950	ऑकलैंड	न्यूजीलैंड	13	7	ऑस्ट्रलिया	भाग नहीं लिया			
1954	बैंकूवर	कनाडा	24	9	इंग्लैंड	कोई पदक नहीं			
1958	कार्डिक	ब्रिटेन	35	9	इंग्लैंड	2	1		
1962	पर्थ	ऑस्ट्रेलिया	35	9	ऑस्ट्रेलिया	भाग नहीं लिया			
1966	किंग्सटन	जमैका	42	9	इंग्लैंड	3	4	5	
1970	एडिनबरा	स्कॉटलैंड	42	9	ऑस्ट्रलिया	5	3		
1974	क्राइस्टचर्च	न्यूजीलैंड	38	9	ऑस्ट्रलिया	4	8	3	
1978	एड्मन्टन	कनाडा	46	10	कनाडा	5	4	6	
1982	ब्रिसबेन	ऑस्ट्रलिया	46	10	ऑस्ट्रलिया	5	5	3	
1986	एडिनबरा	स्कॉटलैंड	26	10	इंग्लैंड	भाग नहीं लिया			
1990	ऑकलैंड	न्यूजीलैंड	29	10	ऑस्ट्रलिया	13	8	7	
1994	विक्टोरिया	कनाडा	64	–	ऑस्ट्रलिया	6	11	10	
1998	क्वालालम्पुर	मलेशिया	70	16	ऑस्ट्रलिया	7	10	8	
2002	मैनचेस्टर	इंग्लैंड	72	17	ऑस्ट्रलिया	30	21	18	IV
2006	मेलबोर्न	ऑस्ट्रलिया	71	17	ऑस्ट्रलिया	22	17	11	IV
2010	नई दिल्ली	भारत	71	17	ऑस्ट्रलिया	38	17	11	II
2014	ग्लासगो	स्कॉटलैंड	71	17	इंग्लैण्ड	15	30	19	V

- 2010 ई. मे भारत में सपन्न राष्ट्रमंडल खेल का शुंभकर (Mascot) **शेरा** था।
- 2014 ई. में स्कॉटलैंड में संपन्न 20वें राष्ट्रमंडल खेल का शुभंकर (Mascot) **क्लाइड** था।

3. एशियाई खेल

- एशियाई खेल का प्रारंभ 4 मार्च, 1951 ई. को नई दिल्ली में हुआ।
- एशियाई खेल संघ ने चमकते सूरज को अपना प्रतीक चिह्न घोषित किया।

अब तक हुए एशियाई खेलों में शामिल राष्ट्रों व खिलाड़ियों की संख्या

क्र.	वर्ष	आयोजन स्थल	भाग लेने वाले देशों की संख्या	खेलों की संख्या
1.	1951	नई दिल्ली	11	6
2.	1954	मनीला	18	8
3.	1958	टोकियो	20	13
4.	1952	जकार्ता	16	13
5.	1966	बैंकाक	18	14
6.	1970	बैंकाक	18	13
7.	1974	तेहरान	25	16
8.	1978	बैंकाक	25	19
9.	1982	नई दिल्ली	33	21
10.	1986	सियोल	27	25
11.	1990	बीजिंग	37	27
12.	1994	हिरोशिमा	42	34
13.	1998	बैंकाक	41	38
14.	2002	बुसान	44	38
15.	2006	दोहा	45	39
16.	2010	गुआंगझू (चीन)	45	42
17.	2014	इंचियोन (दक्षिण कोरिया)	45	36

17वें एशियाई खेल (2014) से सम्बन्धित कुछ महत्त्वपूर्ण तथ्य

- इस खेल आयोजन में प्रथम, द्वितीय एवं तृतीय स्थान पर क्रमशः चीन, दक्षिण कोरिया एवं जापान रहा। इन देशों के पदकों की संख्या इस प्रकार है–

क्र.	देश	स्वर्ण	रजत	कांस्य	कुल
1.	चीन	151	108	83	342
2.	द. कोरिया	79	71	84	234
3.	जापान	47	76	77	200

- भारत ने 11 स्वर्ण, 10 रजत एवं 36 कांस्य पदक जीतकर आठवाँ स्थान प्राप्त किया।
- 17वें एशियाई खेलों का शुभंकर (Mascot) **हार्बर सील सिबलिंग** को बनाया गया था।

एशियाई खेलों में भारत को प्राप्त पदकों की संख्या

वर्ष	स्वर्ण	रजत	कांस्य	कुल योग
1951	15	18	21	54
1954	5	4	9	18
1958	5	4	4	33

1962	10	13	11	34
1966	7	5	11	23
1970	6	9	10	25
1974	4	12	12	28
1978	11	11	6	28
1982	13	19	25	57
1986	5	9	23	37
1990	1	8	14	23
1994	4	3	15	22
1998	7	11	17	35
2002	11	12	13	36
2006	10	18	26	53
2010	14	17	33	64
2014	11	10	36	57

4. कुछ प्रमुख खेल एवं उससे सम्बन्धित जानकारी

क्रिकेट

- क्रिकेट खेल का जन्मदाता इंग्लैंड को माना जाता है। दुनिया का पहला क्रिकेट क्लब हैम्बल्डन में 1760 ई. के दशक में बना और मेरिलिबॉन क्रिकेट क्लब (एमसीसी) की स्थापना 1787 ई. में हुई।
- क्रिकेट का पहला टेस्ट मैच 1877 ई. में ऑस्ट्रेलिया एवं इंग्लैंड के बीच मेलबार्न में आयोजित किया गया। क्रिकेट का पहला एक दिवसीय अन्तरराष्ट्रीय क्रिकेट मैच इंग्लैंड एवं ऑस्ट्रेलिया के बीच 1971 ई. में मेलबार्न में आयोजित किया गया था।
- क्रिकेट की सर्वोच्च संस्था 'इंटरनेशनल क्रिकेट काउंसिल' (आईसीसी) है; जिसका मुख्यालय 1 अगस्त, 2005 से दुबई में है, पहले यह लॉर्ड्स (इंग्लैंड) में था।
- **परिमाप :** पिच की लम्बाई–22 गज (20.11 मी.), गेंद का भार–155 से 168 ग्राम, बल्ले की लम्बाई–96.6 सेमी., बल्ले की चौड़ाई–22.9 सेमी., स्टंप की लम्बाई–72 सेमी होता है।
- **क्रिकेट शब्दावली :** चाईनामैन, बैट्समैन, बॉलर, विकेट कीपर, फील्डर, एल.बी.डब्ल्यू, कैच, हिट विकेट, थ्रो, मेडन, चौका, छक्का, वाइड, स्विंग, स्ट्रोक, कवर, मिड ऑन, मिड विकेट, ऑवर द विकेट, राउंड द विकेट, लेग स्पिनर, ऑफ स्पिनर, ओवर थ्रो, ओवर, स्लिप, गली, कवर प्वाइंट, सिली प्वाइंट, लांग ऑफ, लांग ऑन, थर्ड मैन, शार्ट पिच, हुक, डेड बॉल, रन आउट, पॉपिंग क्रीज आदि।
- 2011 का विश्वकप क्रिकेट भारत, पाकिस्तान, श्रीलंका, बांगलादेश द्वारा आयोजित किया गया।
- 2011 विश्वकप क्रिकेट का शुभंकर स्टम्पी (हाथी) था।
- विश्वकप क्रिकेट 2011 का फाइनल मैच मुम्बई में खेला गया था।
- विश्व कप 2015 का आयोजन ऑस्ट्रेलिया और न्यूजीलैंड में किया गया। विश्व कप 2019 का आयोजन इंग्लैंड में किया जायेगा।

विश्वकप क्रिकेट			
आयोजन वर्ष	**आयोजक देश**	**विजेता**	**उपविजेता**
1975	इंग्लैंड	वेस्टइंडीज	ऑस्ट्रेलिया
1979	इंग्लैंड	वेस्टइंडीज	इंग्लैंड
1983	इंग्लैंड	भारत	वेस्टइंडीज
1987	भारत एवं पाकिस्तान	ऑस्ट्रेलिया	वेस्टइंडीज
1991	ऑस्ट्रेलिया एवं न्यूजीलैंड	पाकिस्तान	इंग्लैंड
1996	भारत, श्रीलंका एवं पाकिस्तान	श्रीलंका	ऑस्ट्रेलिया
1999	इंग्लैड	ऑस्ट्रेलिया	पाकिस्तान
2003	द. अफ्रीका	ऑस्ट्रेलिया	भारत
2007	वेस्टइंडीज	ऑस्ट्रेलिया	श्रीलंका
2011	भारत, श्रीलंका, पाकिस्तान एवं बांगलादेश	भारत	श्रीलंका
2015	आस्ट्रेलिया एवं न्यूजीलैंड	आस्ट्रेलिया	न्यूजीलैंड

फुटबॉल

- फुटबॉल का जन्म इंग्लैंड में हुआ। 1857 ई. में इंग्लैंड में विश्व का पहला फुटबॉल क्लब **'शेफील्ड फुटबॉल क्लब'** का गठन हुआ। भारत में फुटबॉल अंग्रेजों के द्वारा लाया गया और भारत का पहला फुटबॉल क्लब **'डलहौजी क्लब'** था। विश्व की सबसे बड़ी फुटबॉल संस्था **'इंटरनेशनल फुटबॉल एशोसिएशन'** (फीफा) है, जिसका मुख्यालय पेरिस (फ्रांस) में है। फीफा द्वारा आयोजित विश्वकप फुटबॉल की सबसे बड़ी प्रतियोगिता है। पहला विश्वकप 1930 ई. में उरुग्वे में आयोजित किया गया था। इसे प्रति चार वर्ष बाद आयोजित किया जाता है।
- **परिमाप :** मैदान की लम्बाई–91 से 120 मीटर, मैदान की चौड़ाई–45 से 91 मीटर, गेंद का वजन–396 से 453 ग्राम होता है।
- **खेल शब्दावली :** फुल बैक, हाफ बैक, स्ट्राइकर, सेन्टर, पेनल्टी किक, फ्री किक, रैफ्री, टाई ब्रेकर, हिट ट्रिक, हैंडबॉल, स्वीपर, बैक, थ्रो इन, हैंडबॉल फाउल्ट आदि।

नोट : 1942 एवं 1946 ई. में द्वितीय विश्वयुद्ध के कारण फुटबॉल का विश्वकप नहीं हुआ।

विश्वकप : फुटबॉल			
आयोजन वर्ष	**आयोजक देश**	**विजेता**	**उपविजेता**
1930	उरुग्वे	उरुग्वे	अर्जेंटाइना
1934	इटली	इटली	चेकोस्लोवाकिया
1938	फ्रांस	इटली	चेकोस्लोवाकिया
1950	ब्राजील	उरुग्वे	ब्राजील
1954	स्विट्जरलैंड	प. जर्मनी	हंगरी
1958	स्वीडन	ब्राजील	स्वीडन
1962	चिली	ब्राजील	चेकोस्लोवाकिया
1966	इंग्लैंड	इंग्लैंड	प. जर्मनी
1970	मैक्सिको	ब्राजील	इटली

1974	प. जर्मनी	प. जर्मनी	हॉलैंड
1978	अर्जेंटाइना	अर्जेंटाइना	हॉलैंड
1982	स्पेन	इटली	प. जर्मनी
1986	मैक्सिको	अर्जेंटाइना	प. जर्मनी
1990	इटली	प. जर्मनी	अर्जेंटाइना
1994	यू.एस.ए.	ब्राजील	इटली
1998	फ्रांस	फ्रांस	ब्राजील
2002	जापान और द. कोरिया	ब्राजील	जर्मनी
2006	जर्मनी	इटली	फ्रांस
2010	दक्षिण अफ्रीका	स्पेन	हॉलैंड
2014	ब्राजील	जर्मनी	अर्जेंटाइना

हॉकी

- हॉकी का पहला संगठित क्लब 1861 ई. में स्थापित **'ब्लैकहीथ एबी एण्ड क्लब'** (इंग्लैंड) है। हॉकी की सर्वोच्च संस्था **'फेडरेशन इंटरनेशल दी हॉकी'** (एफ.आई.एच.) है जिसकी स्थापना 1884 ई. में की गयी थी। हॉकी का पहला अन्तरराष्ट्रीय मैच 26 जून, 1895 ई. को राइल में वेल्स एवं आयरलैंड के बीच खेला गया। ओलम्पिक में सर्वाधिक आठ बार हॉकी का खिताब भारत ने जीता है। हॉकी का पहला विश्वकप 1971 ई. में बार्सिलोना में आयोजित किया गया। अन्तरराष्ट्रीय हॉकी मैच की अवधि 70 मिनट की होती है।
- **परिमाप :** मैदान की लम्बाई-91.44 मीटर, मैदान की चौड़ाई-50 से 55 मीटर, गेंद का वजन-155 से 163 ग्राम होता है।
- **खेल शब्दावली :** स्टिक, पेनाल्टी स्ट्रोक, स्कूप, साइड लाइन, रैफरी, ट्राई ब्रेकर, पेनाल्टी, अंडर कटिंग, वुली, सेंटर फारवर्ड, रालऑन, पुश इन, शूटिंग, हाफ वाली, फुल बैक आदि।

विश्वकप : हॉकी

क्र.	आयोजन वर्ष	स्थान	विजेता	उपविजेता	भारत की स्थिति
1.	1971	बार्सिलोना	पाकिस्तान	स्पेन	तीसरा
2.	1972	एमस्टर्डम	हॉलैण्ड	भारत	दूसरा
3.	1975	कुआलालम्पुर	भारत	पाकिस्तान	प्रथम
4.	1978	ब्यूनस आयर्स	पाकिस्तान	हॉलैण्ड	छठा
5.	1982	मुम्बई	पाकिस्तान	प. जर्मनी	पाँचवाँ
6.	1986	लंदन	ऑस्ट्रेलिया	इंग्लैंड	बारहवाँ
7.	1990	लाहौर	हॉलैण्ड	पाकिस्तान	दसवाँ
8.	1994	सिडनी	पाकिस्तान	हॉलैण्ड	पाँचवाँ
9.	1998	यूटरेक्ट	हॉलैण्ड	स्पेन	नौवाँ
10.	2002	कुआलालम्पुर	जर्मनी	ऑस्ट्रेलिया	दसवाँ

11.	2006	जर्मनी	जर्मनी	ऑस्ट्रेलिया	ग्यारहवाँ
12.	2010	भारत (नई दिल्ली)	ऑस्ट्रेलिया	जर्मनी	आठवाँ
13.	2014	नीदरलैंड (द हेग)	ऑस्ट्रेलिया	नीदरलैंड	नौवाँ

बॉलीवॉल

- बॉलीवॉल का जन्म संयुक्त राज्य अमेरिका में हुआ। इस खेल को एक अमेरिकी विलियम जी मॉरगन ने 1895 ई. में शुरू किया था। इंटरनेशनल बॉलीवॉल फेडरेशन का गठन 1948 ई. में हुआ। बॉलीवॉल का प्रथम विश्व कप 1949 ई. में आयोजित किया गया था। 1964 ई. में बॉलीवॉल ओलम्पिक में शामिल किया गया।
- **परिमाप :** कोर्ट की लम्बाई-18 मीटर, कोर्ट की चौड़ाई-9 मीटर, गेंद का वजन-250 से 270 ग्राम होता है।
- **खेल शब्दावली :** ब्लाकिंग, रोटेशन, नेट फाल्ट, वालीपास, फोर आर्म पास, सर्विस, हुक, सर्व, सेट अप, रैफ्री, स्पाइक (स्मैश), एरियल, स्विच, डिगपास, बूस्टर, लव, फ्लोटर आदि।

टेबल टेनिस

- इस खेल का जन्मदाता इंग्लैंड है। **'इंटरनेशनल टेबल टेनिस एसोसिएशन'** की स्थापना 1926 ई. में की गयी थी। टेबल टेनिस विश्व चैम्पियनशिप का मैच पहली बार 1927 ई. में हुआ था। टेबल टेनिस का विश्व चैम्पियनशिप दो वर्ष के अन्तराल पर आयोजित की जाती है।
- **परिमाप :** टेबल टेनिस की लम्बाई-2.74 मीटर (9 फीट), टेबल टेनिस की चौड़ाई 1.52 मीटर (5 फीट), टेबल टेनिस की ऊँचाई-76 सेमी. गेंद का वजन-2.4 से 2.53 ग्राम, गेंद का रंग- सफेद अथवा पीला होता है।
- **प्रमुख खेल शब्दावली :** सर्विस, पेनहोल्डर ग्रिप, बैक स्पिन, सेंटर लाइन, हाफ कोर्ट, साइड स्पिन, स्विंग, पुश स्ट्रोक, रैली, लेट, रिवर्स, टाप स्पिन, फायल, चायनिज ग्रिप आदि।

बास्केटबॉल

- इस खेल का आविष्कार जैम्स नेस्मिथ ने सन् 1891 ई. में अमेरिका में किया। इसके अन्तरराष्ट्रीय संघ की स्थापना सन् 1932 ई. में फेडरेशन इंटरनेशनल डे बास्केटबॉल एसोसिएशन (FIBA) के नाम से हुई। भारत में प्रथम बास्केटबॉल खेल सन् 1930 ई. में खेला गया। इसका पहला विश्व चैम्पियन मैच 1950 ई. में आयोजित हुआ था।
- **परिमाप :** कोर्ट की लम्बाई-26 मीटर (85 फीट), कोर्ट की चौड़ाई-14 मीटर (46 फीट), बास्केट की ऊँचाई-जमीन से 3.05 मीटर, बास्केटबॉल का वजन- 600 से 650 ग्राम है।
- **प्रमुख खेल शब्दावली :** रिंग गार्ड, प्वाइंट, डेड बॉल, बास्केट हैगिंग, लीड पास, गोल, सेंटर लाइन, फ्री थ्रो लाइन, बैक बोर्ड, फ्रंट कोर्ट, टिप ऑफ, पिक, पिनोट, की होल आदि।

बैडमिंटन

- बैडमिंटन का विकास संभवतः इंग्लैंड में हुआ था। इसकी सर्वोच्च संस्था इंटरनेशनल बैडमिंटन फेडरेशन की स्थापना 1934 ई. में की गयी थी। विश्व बैडमिंटन चैम्पियनशिप की शुरुआत 1977 ई. में हुई थी।
- **परिमाप :** कोर्ट की लम्बाई-44 फीट, कोर्ट की चौड़ाई-20 फीट, नेट की ऊँचाई-5 फीट, कॉक का वजन-4.74 से 5.51 ग्राम, रैकेट का वजन-85 से 140 ग्राम के बीच होता है।
- **प्रमुख खेल शब्दावली :** कोर्ट, लांग सर्विस, नेट फाल्ट, डबल फाल्ट, सर्विस ब्रेक, मैच प्वाइंट, सेट प्वाइंट, हाई सर्विस, क्रासशॉट, सर्विस चेंज, ड्यूस, एंडवांस, ड्राप, ड्राइव, लॉब, स्मैश, लव, लेट, लव ऑल आदि।

लॉन टेनिस

- आधुनिक संदर्भ में इस खेल का विकास इंग्लैंड में हुआ था। टेनिस की सर्वोच्च संस्था इंटरनेशनल टेनिस फेडरेशन (ITA) की स्थापना 1913 ई. में पेरिस में की गयी थी।
- **परिमाप :** मैदान की लम्बाई-78 फीट (एकल), मैदान की चौड़ाई-27 फीट (एकल), 36 फीट (युगल), नेट की ऊँचाई-3 फीट, गेंद का वजन-56.7 से 58.5 ग्राम, रैकेट की अधिकतम लम्बाई-32 इंच, गेंद का रंग सफेद अथवा पीला।
- **प्रमुख खेल शब्दावली :** बैक हैंड ड्राइब, वाली, हाफ वाली, लेट, फाल्ट, स्मैश, ड्यूश, सर्विस, ग्रैंड स्लैम, ट्राईब्रेकर, लव, चेंज, सेट, इन, आउट।

पोलो

- आमतौर से यह माना जाता है कि पोलो का जन्म फारस में हुआ था। फारस में 525 ई. पू. में **'पुलु'** के नाम से यह खेल खेला जाता था। कुछ लोगों का मानना है कि पोलो का जन्म भारत के मणिपुर में हुआ। आधुनिक काल में सबसे पहले पोलो का गठन 1859 ई. में असम के कछार में हुआ। भारत से यह खेल 10वीं हुसार रेजीमेंट द्वारा 1869 ई. में इंग्लैंड ले जाया गया।
- **परिमाप :** खेल के मैदान की लम्बाई-300 गज, खेल के मैदान की चौड़ाई-150 गज, गोलों के बीच का फासला-250 गज, गोल पोस्ट के बीच की चौड़ाई-8 गज।
- **प्रमुख खेल शब्दावली :** बंकर, चकर, मैलेट, बंडर, चुक्का, एरिस-रेल, एंगल शाट आदि।

एथलेटिक्स

- पहला ओलम्पिक जो ई.पू. 8वीं सदी में हुआ था उसमें यह एकमात्र खेल था।
- ई.पू. 8वीं शताब्दी में होमर द्वारा लिखित इलियड में पैदल दौड़ का वर्णन मिलता है।
- एथलेटिक्स इंग्लैंड में ईसा बाद 12वीं. सदी में प्रारंभ हुई।
- अन्तरराष्ट्रीय एथलेटिक्स एमच्योर फेडरेशन (IAAF) की स्थापना 16 देशों ने मिलकर 1912 ई. में की थी। यह संघ प्रति चार वर्ष पर विश्व चैम्पियनशिप आयोजित करता है।
- **डेकाथलोन :** यह पुरुषों की प्रतियोगिता है, जिसमें दस खेल 100 मीटर, 400 मीटर, 1500 मीटर की दौड़, ऊँची कूद, लम्बी कूद, शॉट पूट, 110 मीटर बाधा दौड़, डिस्क थ्रो, पोल वोल्ट और जेवलिन थ्रो सम्मिलित है जो दो दिनों तक चलता है।
- **हैप्टाथलोन :** यह महिलाओं की प्रतियोगिता है, जिसमें सात खेल, 100 मीटर की बाधा दौड़, ऊँची कूद, शॉट पुट, 200 मीटर की दौड़, लम्बी कूद, 800 मीटर, एवं जेवलिन थ्रो सम्मिलित है।
- **पेंटाथलोन :** पाँच खेलों की एक दिवसीय प्रतियोगिता है, जिसमें ऊँची कूद, जैवलिन थ्रो, 200 मीटर की दौड़, डिस्कस थ्रो, 1500 मीटर की दौड़ इसी क्रम में आयोजित किये जाते हैं।
- **स्टीपलचेस :** यह दौड़ सामान्यत: 3000 मीटर दूरी की होती है जिसमें बाधाएँ हर्डलस एवं पानी के रूप में होती है। इसे पैदल चाल के नाम से भी जाना जाता है।
- **शॉट पुट :** इस खेल में एथलीट धातु की गेंद को हवा में फेंकते हैं।
- **पोल वाल्ट :** इस खेल में एथलीट पतले डंडे के सहारे छलांग लगाता है तथा जमीन पर रखे एक गद्दे पर गिरता है।
- **डिस्कस थ्रो :** इसमें तश्तरी के आकार का डिसकस होता है, जिसे एथलीट एक हाथ से डेढ़ चक्कर घूमने के बाद फेंकता है।

कुश्ती

- ई.पू. 708 में यूनानियों ने अपने ओलम्पिक में कुश्ती को शामिल कर लिया था।
- कुल मिलाकर कुश्ती के 50 प्रकार हैं। ओलम्पिक में ग्रीको रोमन और फ्री स्टाइल कुश्ती आर्मेचर होती है।
- इस खेल की सर्वोच्च संस्था फेडरेशन इंटरनेशनल डी ला लुटे (FILA) है।

- **परिमाप :** अन्तरराष्ट्रीय प्रतियोगिता में 9 मीटर व्यास का एक गोलाकार प्रतियोगिता क्षेत्र तथा एक मीटर व्यास का एक केन्द्रीय वृत्त होता है। गद्दे पर आयोजित मुकाबले में 1:1 मीटर व्यास का ऊँचा गद्दा होता है।
- **प्रमुख खेल शब्दावली :** हीव, हाफ नेल्सन, क्रैडल, डबल नेल्सन, टाइमकीपर, डागफल, मैट, ब्रिज, काशन, एक्टिव, अटैक, रीबाउट, होल्ड, हेड लॉक आदि।

शतरंज

- सामान्यत: ऐसा माना जाता है कि भारत में यह खेल ईसा बाद 7वीं सदी में शुरू हुआ।
- द फेडरेशन इंटरनेशनल डे एचेस (FIDE) इस खेल को नियंत्रित करती है तथा हर दो साल में एक बार विश्व चैम्पियनशिप तय करने के लिए प्रतियोगिता कराती है।
- **खेल के सामान :** इसके बोर्ड को चेकर बोर्ड कहते हैं, जिसमें 64 वर्ग बने होते हैं, जिनमें 8 ऊर्ध्वाधर तथा 8 क्षैतिज पंक्तियाँ बनी होती है। इसके वर्ग दो विपरीत रंगों से रंगे होते हैं। हर खिलाड़ी के पास अलग-अलग रंग के 16 चेसमेन होते हैं।
- **प्रमुख खेल शब्दावली :** विशप, गैम्बिट, चेकमेट्, पॉन, ग्रैंडमास्टर, फिडे, नाइट, एलो रेटिंग, रैंक, कैशल, पीसेज, चेक आदि।

गोल्फ

- आधुनिक गोल्फ का खेल सर्वप्रथम स्कॉटलैंड में शुरू हुआ था।
- आधुनिक गोल्फ में पुरुषों के ग्रैंड स्लैम में चार टूर्नामेंट होते है। मास्टर ओपन, यूनाइटेड स्टेट्स ओपन, ब्रिटिश ओपन और प्रोफेशनल गोल्फर्श एसोशियन ऑफ अमेरिका (पी.जी.ए.) चैम्पियनशिप।
- **टी :** वह समतल भूमि जहाँ से पहला शॉट लगाया जाता है।
- **परिमाप :** गोल्फ कोर्स 125 से 175 एकड़ तक होता है। बॉल का वजन 45.9 ग्राम और परिधि 4.27 सेमी होता है। छिद्र का व्यास-4 इंच होता है।
- **प्रमुख खेल शब्दावली :** बोगी, फोरसम, स्टाइमी टी, पुट हॉल, निवालिक, कैडी, लिम्स, आयरन, पुटिंग, दि ग्रीन, बंकर, कोर्स, लाई, पोस्ट आदि।

वाटर पोलो

- यह खेल सन् 1860 ई. में इंग्लैंड में शुरू हुआ था।
- इस खेल को शुरू करने का श्रेय मुख्यत: ग्लासगो के विलियम विल्सन को जाता है।
- पहली आधिकारिक प्रतियोगिता सन् 1874 ई. में लंदन में हुई, जबकि पहला अन्तरराष्ट्रीय मैच 1890 ई. में इंग्लैंड तथा स्कॉटलैंड के बीच हुआ था।
- अन्तरराष्ट्रीय वाटर पोलो बोर्ड का गठन 1950 ई. में खेल के नियम बनाने के लिए हुआ।
- **परिमाप :** इनके लिए 20 से 30 मी. लम्बा एवं 8 से 20 मीटर चौड़ा पानी का क्षेत्र चाहिए। गेंद का वजन 400 से 450 ग्राम तक होना चाहिए। गोल पोस्ट सामान्यत: 3 मीटर चौड़ा तथा पानी की सतह से 0.9 मीटर ऊँचा होना चाहिए।
- **प्रमुख खेल शब्दावली :** 2 मीटर लाइन, 4 मीटर लाइन, गोल लाइन, कैपस, पर्सनल, फाल्ट, बाल अंडर इसरलेसिंग आदि।

बेसबॉल

- यह खेल 19वीं सदी के मध्य में अमेरिका में विकसित हुआ।
- ऐसा माना जाता है कि इसकी खोज अबनेर डबलडे ने सन् 1839 ई. में की। इस खेल के नियमों को एलेक्जेंडर कार्टराइट ने लिखा।
- वह खिलाड़ी जो बॉल को बैटर के लिए फेंकता है, पिचर कहलाता है।

- **परिमाप :** बैट गोलीय होता है जिसकी लंबाई 42 इंच तथा व्यास 2.75 इंच (मोटे भाग की ओर) होता है। प्रत्येक बेस की दूरी-90 फीट, बेस की दूरी कर्ण सहित-127 फीट।
- **प्रमुख खेल शब्दावली :** होम, डायमंड, पिचर, होम रन, बेसमैन, आउट, स्ट्राईक एण्ट रबर।

बिलियर्डस

- वर्ल्ड प्रोफेशनल बिलियर्डस तथा स्नूकर एसोसिएशन इस खेल को नियंत्रित करती है।
- **परिमाप :** इस खेल का टेबुल सामान्यतः 3.7 मीटर लम्बा, 1.85 मीटर चौड़ा तथा 3 फीट ऊँचा होता है। इसकी गेंद हाथी के दाँत की या टिकाऊ प्लास्टिक की बनी होती है जिसका वजन 150 से 210 ग्राम होता है। क्यू मजबूत लकड़ी का बना होता है, जिसकी लम्बाई 90 से 145 सेमी. के बीच होती है।
- **प्रमुख खेल शब्दावली :** क्यू, जिगर, ब्रेक पॉट, इनलक, इनऑफ, कैनसा, बैल्टिंग, हैजर्ड।

राइफल शूटिंग

- **प्रमुख खेल शब्दावली :** टारगेट, बुल्सआई, मजलफलग, स्कीट शूटिंग, ट्रेंच शूटिंग आदि।

खो-खो

- **परिमाप :** खो-खो का मैदान 27 मीटर लम्बा और 15 मीटर चौड़ा होता है। इसमें आठ चौकोर खाने होते हैं तथा प्रत्येक 30 × 30 सेमी. का होता है।
- **प्रमुख खेल शब्दावली :** चेंज, एक्टिव, चेजर, रनर्स फ्रीजो पोन, कॉसलेन आदि।

तैराकी

- द फेडरेशन इंटरनेशनल डी नेशन एमच्योर (FINA) तैराकी एवं अन्य सभी गैर-पेशेवर जल क्रीड़ाओं को संचालित करती है।
- **परिमाप :** लम्बी दूरी की तैराकी के लिए 50 मीटर लम्बा जलाशय जिसमें 6, 8, या 10 लेन होनी चाहिए। छोटी दूरी की तैराकी के लिए 25 मीटर लम्बा, 25 मीटर चौड़ा जलाशय जिसमें 4, 5, या 8 लेन होनी चाहिए। जलाशय में पानी की गहराई 9 मीटर होनी चाहिए। इसका तापमान 26°C के आस-पास होनी चाहिए।
- **प्रमुख खेल शब्दावली :** फ्रंट क्रॉल, ब्रेस्ट स्ट्रोक, स्प्रिंगबोर्ड, ट्विस्ट, बटरफ्लाई, जेन, स्ट्रोक, बैक स्ट्रोक आदि।

मुक्केबाजी

- **परिमाप :** रिंग की लम्बाई-कम से कम $4.9 \times 4.9 m^2$ तथा अधिक से अधिक $6.10 \times 6.10 m^2$
- **प्रमुख खेल शब्दावली :** पंच, अपरकट, राउण्ड, जैब, हुक, नॉक डाउन, नॉक आउट, हिंटिंग विल्लो, रिंग, ब्रेक, बेल, बेल्ट, ब्लो, बाउंस आदि।

मैराथन दौड़

- मैराथन दौड़ की दूरी- 26 मील 385 गज या 42.195 किमी.

5. विभिन्न खेल तथा उनसे सम्बद्ध प्रमुख राष्ट्री कप एवं ट्रॉफियाँ

खेल	सम्बद्ध कप एवं ट्रॉफियाँ
हॉकी	बेटन कप, रंगास्वामी कप, आगा खाँ कप, बेगम रसूल ट्रॉफी (महिला), महाराजा रणजीत सिंह गोल्ड कप, लेडी रतन टाटा ट्रॉफी (महिला) गुरुनानक चैम्पियनशिप (महिला), ध्यानचन्द ट्रॉफी, सिंधिया गोल्ड कप, मुरुगप्पा गोल्ड कप, वेलिंग्टन कप, इंदिरा गांधी गोल्ड कप आदि।
फुटबॉल	डी.सी. एम. ट्रॉफी, डूरंड कप, रोवर्स कप, वी.सी. रॉय ट्रॉफी (राष्ट्रीय चैम्पियनशिप), सन्तोष ट्रॉफी (राष्ट्रीय चैम्पियनशिप), आई.एफ.ए. शील्ड, सुब्रतो मुखर्जी कप, सर आशुतोष मुखर्जी ट्रॉफी आदि।

क्रिकेट	रणजी ट्रॉफी (राष्ट्रीय चैम्पियनशिप), ईरानी ट्रॉफी, दिलीप ट्रॉफी, सी.के. नायडू ट्रॉफी, रानी झांसी ट्रॉफी, जी.डी. बिड़ला ट्रॉफी, रोहिन्टन बारिया ट्रॉफी आदि।
टेबल टेनिस	बर्नाबेलेक कप (पुरुष), जय लक्ष्मी कप (महिला), राजकुमारी चेलैंज कप (जूनियर महिला), रामानुज ट्रॉफी (जूनियर पुरुष) आदि।
बैडमिंटन	नारंग कप, चड्ढा कप, अमृत दीवान कप आदि।
बास्केटबॉल	बंगलौर ब्ल्यूज चेलैंज कप, नेहरू कप, फेडरेशन कप आदि।
ब्रिज	रामनिवास रूइया चेलैंज गोल्ड ट्रॉफी, होल्कर ट्रॉफी आदि।
पोलो	ऐजार कप, पृथ्वीपाल सिंह कप, राधा मोहन कप, क्लासिक कप।
गोल्फ	बाकर कप, सर्किट कप, राइडर कप, डनहिल कप।
नोट : टेनिस का कॉरबिलॉन कप महिलाओं का और स्वेथलिंग कप पुरुषों का विश्व कप है।	

6. प्रमुख देशों के राष्ट्रीय खेल

देश	राष्ट्रीय खेल	देश	राष्ट्रीय खेल
यू.एस.ए.	बेसबॉल	इंग्लैंड	क्रिकेट
स्पेन	सांड-युद्ध	जापान	जूडो
कनाडा	आइस हॉकी*	ऑस्ट्रेलिया	क्रिकेट
भारत	हॉकी	पाकिस्तान	हॉकी
रूस	फुटबॉल, शतरंज	मलेशिया	बैडमिंटन
चीन	टेबल टेनिस	स्कॉटलैंड	रग्बी, फुटबॉल
ब्राजील	फुटबॉल	इंडोनेशिया	बैडमिंटन
फ्रांस	फुटबॉल	भूटान	तीरंदाजी
नोट : * वर्तमान में कनाडा का राष्ट्री खेल क्रिकेट है।			

7. प्रसिद्ध खेल-मैदान तथा उनसे सम्बन्धित खेल

खेल-मैदान	खेल	स्थान	खेल-मैदान	खेल	स्थान
इंदिरा गांधी स्टेडियम	इन्डोर गेम	दिल्ली	अम्बेडकर स्टेडियम	फुटबॉल	दिल्ली
शिवाजी स्टेडियम	हॉकी	दिल्ली	नेशनल स्टेडियम	हॉकी	दिल्ली
युवा भारती स्टेडियम (साल्ट लेक स्टेडियम)	फुटबॉल	कोलकाता	नेशनल स्टेडियम	हॉकी	मुम्बई
वानखेड़े स्टेडियम	क्रिकेट	मुम्बई	ब्रेबोर्न स्टेडियम	क्रिकेट	मुम्बई
ईडन गार्डन	क्रिकेट	कोलकाता	ग्रीन पार्क स्टेडियम	क्रिकेट	कानपुर
कीनन स्टेडियम	क्रिकेट	जमशेदपुर	बाराबती स्टेडियम	क्रिकेट	कटक
इप्सम	डर्बी रेस	ब्रिटेन	हेडिंग्ले मानचेस्टर	क्रिकेट	ब्रिटेन
लार्ड्स, ओवल, लीड्स	क्रिकेट	ब्रिटेन	ब्लैक हीथ	रग्बी फुटबॉल	लन्दन
बिम्बलडन	लॉन टेनिस	लन्दन	वेम्बले स्टेडियम	फुटबॉल	लन्दन

ब्रुकलैंड	फुटबॉल	इंग्लैंड	टिबंकहम	रग्बी फुटबॉल	इंग्लैंड
पटनी मार्टलेक	नौका दौड़	इंग्लैंड	टेंट ब्रिज	क्रिकेट	इंग्लैंड
एण्ट्री	घुड़दौड़	इंग्लैंड	ह्वाइट सिटी	कुत्तों की दौड़	इंग्लैंड
हरलिघम	पोलो	इंग्लैंड	यांकी स्टेडियम	बॉक्सिंग	न्यूयार्क
ब्रूकलिन	बेसबॉल	न्यूयार्क	फोरस्ट हिल	टेनिस	न्यूयार्क
सैण्डी लॉज	गोल्फ	स्कॉटलैंड	बिरसा मुण्डा स्टेडियम	एथलेटिक्स	रांची
जवाहरलाल नेहरू स्टेडियम	एथलेटिक्स	दिल्ली	फिरोजशाह कोटला मैदान	क्रिकेट	दिल्ली
पर्थ, ब्रिसबेन, मेलबोर्न	क्रिकेट	ऑस्ट्रेलिया	नेहरू (चेपक) स्टेडियम	क्रिकेट	चेन्नई

नोट : 1. इंदिरा गांधी स्टेडियम भारत का सबसे बड़ा इंडोर स्टेडियम है। इसमें 25,000 लोग बैठ सकते हैं।

2. युवा भारती स्टेडियम भारत का सबसे बड़ा स्टेडियम है। इसमें 1,20,000 लोग बैठ सकते हैं।

8. विभिन्न खेलों के खेल-परिसर

परिसर	सम्बन्धित खेल	परिसर	सम्बन्धित खेल
डायमंड	बेसबॉल	रिंग	स्केटिंग, मुक्केबाजी
कोर्स	गोल्फ	पूल	तैराकी
बोर्ड	टेबल टेनिस	ऐली	बाउलिंग
मैट	जूडो-कराटे, ताईक्वाण्डो	एरीना	घुड़सवारी
वेलोड्रम	साइकिलिंग	फील्ड	पोलो, फुटबॉल, हॉकी
ट्रैक	एथलेटिक्स	पिच	क्रिकेट, रग्बी
रेंज	निशानेबाजी, तीरंदाजी	रिंक	कर्लिंग, आइस हॉकी
कोर्ट	टेनिस, बैडमिण्टन, नेटबॉल, खो-खो, स्क्वैश, कबड्डी, हैण्डबॉल, वॉलीबॉल	ग्रीन्स	बाउल्स

9. प्रमुख खेलों में एक पक्ष के खिलाड़ियों की संख्या

खेल	खिलाड़ियों की संख्या	खेल	खिलाड़ियों की संख्या
बेसबॉल	9	हॉकी/फुटबॉल/ क्रिकेट	11
रग्बी फुटबॉल	15	नेटबॉल	7
पोलो	4	वॉलीबॉल	6
वाटर पोलो	7	टेनिस एवं टेबल टेनिस	1 या 2
खो-खो	9	बास्केटबॉल	5
कबड्डी	7	जिमनास्टिक	8

10. खेलों से सम्बन्धित पुरस्कार

- **राजीव गांधी खेल रत्न पुरस्कार :** इसे 1991–1992 ई. में आरम्भ किया गया। इसके तहत नकद पुरस्कार 5 लाख रुपये दिया जाता है। यह किसी वर्ष में किसी उत्कृष्ट खिलाड़ी को खेलों में उसकी उपलब्धि पर सम्मान करने के लिए प्रदान किया जाता हैं। यह पुरस्कार सर्वप्रथम विश्वनाथन आनन्द को प्रदान किया गया।
- **मौलाना अबुल कलाम आजाद ट्रॉफी :** इसके तहत नकद पुरस्कार 2 लाख रुपये (प्रथम स्थान), 1 लाख रुपये (द्वितीय स्थान), पचास हजार रुपये (तृतीय स्थान) तक दिया जाता है। यह अंतर-विश्वविद्यालय टूर्नामेंटों में समग्र सर्वश्रेष्ठ करने वाले विश्वविद्यालय को प्रदान की जाती है।
- **क्रीड़ाओं और खेलों में जीवन भर की उपलब्धियों के लिए ध्यानचंद पुरस्कार :** इसे वर्ष 2002 में गठित किया गया, इसमें नकद पुरस्कार 3 लाख रुपये है। प्रत्येक पुरस्कार उन खिलाड़ियों को सम्मानित करने के लिए प्रदान किये जाते हैं, जिन्होंने अपने प्रदर्शन द्वारा खेल में योगदान दिया है और सक्रिय खेल जीवन से संन्यास लेने के बावजूद खेल की उन्नति के लिए योगदान करते रहते हैं।
- **अर्जुन पुरस्कार :** ये 1961 में आरम्भ किया गया और इसमें 3 लाख रुपये का नकद पुरस्कार दिया जाता है। खिलाड़ी को न केवल उत्कृष्टता के साथ अन्तरराष्ट्रीय स्तर पर पिछले तीन वर्षों में और उसे वर्ष में जिसमें पुरस्कार की सिफारिश की गयी है लगातार अच्छा प्रदर्शन किया होना चाहिए, बल्कि नेतृत्व, खेल-भावना और अनुशासन का भाव दर्शाया होना चाहिए। 2001 से यह पुरस्कार केवल उन विभागों में दिया जा रहा है, जो निम्नलिखित श्रेणियों में आते हैं- (i) ओलम्पिक खेल/एशियाई खेल/राष्ट्रमंडल खेल/विश्व कप/विश्व चैम्पियन विभाग और खेल (ii) स्वदेशी खेल (iii) शारीरिक रूप से असमर्थ लोगों के लिए खेल।
- **द्रोणाचार्य पुरस्कार :** इसे 1985 ई. में आरम्भ किया गया। इसमें उन विख्यात कोचों को सम्मानित किया जाता है जिन्होंने खिलाड़ियों और टीमों को सफलतापूर्वक प्रशिक्षित किया है और उन्हें अन्तरराष्ट्रीय प्रतियोगिताओं में उत्कृष्ट परिणाम प्राप्त करने में समर्थ बनाया है। इसमें 3 लाख रुपये का नकद पुरस्कार और गुरु द्रोणाचार्य की प्रतिमा प्रदान की जाती है।

अन्तरराष्ट्रीय खेल प्रतियोगिताओं में विजेताओं और उनके कार्यों को विशेष पुरस्कार

चैम्पियशिप/खेल का नाम	प्रथम स्थान	द्वितीय स्थान	तृतीय स्थान
	स्वर्ण पदक	रजत पदक	कांस्य पदक
ओलम्पिक खेल जीतने पर	50 लाख रुपये	30 लाख रुपये	20 लाख रुपये
एशियाई खेल/राष्ट्रमंडल खेल	20 लाख रुपये	10 लाख रुपये	6 लाख रुपये
विश्व चैम्पियनशिप	10 लाख रुपये	5 लाख रुपये	3 लाख रुपये
एशियाई और राष्ट्रमंडल चैम्पियनशिप	3 लाख रुपये	2 लाख रुपये	1.5 लाख रुपये

नोट : अक्टूबर 2010 में राष्ट्रमंडल खेल 2010 तथा एशियाई खेल 2010 के पदक विजेताओं की पुरस्कार राशि दोगुना कर दी गयी है।

उत्कृष्ट खिलाड़ियों के पेंशन हेतु खेल कोष कार्यक्रम

- यह कार्यक्रम 1994 में शुरू किया गया। इसके तहत ओलम्पिक खेल, विश्व कप, विश्व चैम्पियनशिप, एशियाई खेल, राष्ट्रमंडल खेल एवं पैरालिम्पिक में स्वर्ण, रजत एवं कांस्य पदक विजेता खिलाड़ियों को 30 वर्ष की उम्र के बाद सक्रिय खेल जीवन से अवकाश लेने के बाद पेंशन देने का प्रावधान है।

क्र. सं.	प्रतियोगिता	मासिक पेंशन
1.	ओलम्पिक खेलों में पदक विजेता	10,000 रुपये
2.	विश्वकप/विश्व चैम्पियनशिप और एशियाई खेल प्रतियोगिता में (i) स्वर्ण पदक विजेता (ii) रजत व कांस्य पदक विजेता	 8,000 रुपये 7,000 रुपये
3.	एशियाई खेलों/राष्ट्रमंडल खेलों में (i) स्वर्ण पदक विजेता (ii) रजत एवं कांस्य पदक विजेता	 7,000 रुपये 6,000 रुपये
4.	पैरालिम्पिक खेलों में (i) स्वर्ण पदक विजेता (ii) रजत पदक विजेता (iii) कांस्य पदक विजेता	 5,000 रुपये 4,000 रुपये 3,000 रुपये

- **नोट :** यह पेंशन 30 वर्ष की आयु होने पर जीवन भर के लिए दी जाती है। इस योजना का संचालन जीवन बीमा निगम (LIC) के माध्यम से किया जाता है।

कम्प्यूटर

1. कम्प्यूटर एक परिचय

'कम्प्यूटर' (Computer) शब्द की उत्पत्ति अंग्रेजी भाषा के शब्द कंप्यूट (Copute) से हुई है, जिसका अर्थ है, 'गणना करना'।

- कम्प्यूटर एक इलेक्ट्रॉनिक सामग्री (आँकड़ा) संसाधन युक्ति (Device) है, जो उच्च गति, सटीकता तथा यथार्थता के साथ काफी आँकड़ों को पढ़-लिख, गणना तथा तुलना, संचित तथा संसाधन कर सकता है।
- यह संचित प्रोग्राम अवधारणा पर अर्थात् दिये गये अनुदेशों पर काम करता है।
- वर्तमान स्वरूप का पहला कम्प्यूटर मार्क-1 था, जो 1937 ई. में बना था।

कम्प्यूटर के कार्य

- डाटा का संकलन तथा निवेशन (Collection and Input of Data)।
- आँकड़ों का संचयन (Storage of Datas)
- आँकड़ों का संसाधन (Processing of Datas)
- आँकड़ों/सूचनाओं के प्राप्त जानकारी का निर्गमन या पुनर्गमन (Output or Retrieval of Datas/ Informations)

कम्प्यूटर के विभिन्न भाग

- **सीपीयू (CPU-Central Processing Unit)** : इसे कम्प्यूटर का मस्तिष्क (Brain) कहा जाता है।
- **रैम (RAM-Random Access Memory)** : सामान्य रूप से इसे कम्प्यूटर की याददाश्त (Memory) कहा जाता है। RAM की गणना मेगाबाइट्स (इकाई) से होती है।
- **रोम (ROM-Read Only Memory)** : यह हार्डवेयर का वह भाग है, जिसमें सभी सूचनाएँ स्थायी रूप से इकट्ठा रहती हैं और जो कम्प्यूटर को प्रोग्राम संचालित करने का निर्देश देता है।
- **मदर बोर्ड (Mother Board** : यह सर्किट बोर्ड होता है जिसमें कम्प्यूटर के प्रत्येक प्लग लगाये जाते हैं, जिसमें सूचनाएँ स्थायी रूप से इकट्ठा रहती हैं और जो कम्प्यूटर को प्रोग्राम संचालित करने का निर्देश देती है।
- **हार्ड डिस्क (Hard Disk:** इसमें कम्प्यूटर के लिए प्रोग्रामों को स्टोर करने का कार्य होता है।
- **फ्लॉपी डिस्क ड्राइव (Flopy Disk Drive:** यह सूचनाओं को सुरक्षित करने या सूचनाओं का एक कम्प्यूटर से दूसरे कम्प्यूटर में आदन-प्रदान करने में प्रयुक्त होता है।
- **सीडी (CD ROM)** : CD ROM अर्थात् Compact Disk छोटे से आकार में होते हुए भी बहुत बड़ी मात्रा में यह आँकड़ों (Datas) एवं चित्रों को ध्वनियों के साथ संग्रहित करने में सक्षम होता है।
- **की-बोर्ड (K-Board)** : कम्प्यूटर की लेखन प्रणाली के लिए उपयोग में लाया जाने वाला उपकरण की बोर्ड कहलाता है। सामान्य रूप में 101 K-Board को अच्छा माना जाता है।

➡ **माउस (Mouse) :** इसकी सहायता से स्क्रीन पर कम्प्यूटर के विभिन्न प्रोग्रामों को संचालित किया जाता है।

➡ **मॉनिटर (Monitor) :** इस पर कम्प्यूटर में निहित जानकारियों को देखा जा सकता है। अच्छे रंगीन Monitor में 256 रंग आते हैं। Monitor में 'Dot Pitch' का उपयोग होता है। Dot Pitch पर जितने कम नम्बर होते हैं, स्क्रीन पर उभरने वाली छवि उतनी ही साफ और गहराई के लिए होती है।

➡ **साउंड कार्ड (Sound Card) :** यह जरूरी बातों और जानकारियों को सुनने के साथ-साथ मल्टीमीडिया Multi-Media के बढ़ते उपयोग के लिए आवश्यक है।

➡ **प्रिंटर (Printer) :** इसकी मदद से कम्प्यूटर पर अंकित आँकड़ों को कागज पर मुद्रित (Printed) किया जाता है। डॉट मैट्रिक्स, इंक जेट, बबल जेट और लेजर जेट प्रिंटरों के प्रमुख प्रकार हैं।

➡ **कम्प्यूटर वाइरस (Computer Virus) :** यह कम्प्यूटरों में एकत्रित सूचनाओं और जानकारियों को समाप्त करने के लिए एक विध्वंसात्मक इलेक्ट्रॉनिक कोड होता है जिसे कम्प्यूटर प्रोग्राम में मिला दिया जाता है। इस कोड से कम्प्यूटर में एकत्रित जानकारी नष्ट हो सकती है तथा गलत सूचनाएँ मिल सकती है। इसे कम्प्यूटर प्रोग्राम में, किसी टेलीफोन लाइन से ईर्ष्यावश प्रेषित किया जा सकता है। ये कोड एक कम्प्यूटर से दूसरे कम्प्यूटर में उनके इलेक्ट्रॉनिक रूप से जुड़ने पर पहुँच जाते हैं। ये महीनों, सालों तक बिना पहचाने गये कम्प्यूटर में ही पड़े रह सकते हैं। इनकी रोकथाम के लिए इलेक्ट्रॉनिक सुरक्षा व्यवस्था विकसित की गयी है। मुख्य कम्प्यूटर Virus के नाम हैं- डार्क, एवेंजर, किलो, माइकेले एंजलों, फिलिप, सी-ब्रेन, ब्लडी, चेंज मुंगू एवं देशी।

कम्प्यूटर की भाषाएँ

➡ कम्प्यूटर की भाषा को निम्नलिखित तीन वर्गों में बाँटा गया है-

1. मशीनी कूट भाषा (Machine Code Language)
2. एसेम्बली कूट भाषा (Assembly Code Language)
3. उच्च स्तरीय भाषाएँ (High Level Language)

1. मशीनी कूट भाषा (Machine Code Language)

➡ इस भाषा में प्रत्येक आदेश के दो भाग होते हैं- आदेश कोड (Operation Code) तथा स्थिति कोड (Location code)। इन दोनों को 0 और 1 के क्रम से समूहित कर व्यक्त किया जाता है। कम्प्यूटर के आरंभिक दिनों में प्रोग्रामों द्वारा कम्प्यूटर को आदेश देने के लिए 0 तथा 1 के विभिन्न क्रमों का ही प्रयोग किया जाता है। यह भाषा समयग्राही थी, जिसके कारण एसेम्बली (Assembly Language) और उच्च स्तरीय भाषाओं (High Level Languages) का प्रयोग किया जाने लगा।

2. एसेम्बली कूट भाषा (Assembly Code Language)

➡ इस भाषा में याद रखे जाने लायक कोड (Code) का प्रयोग किया गया, जिसे निमोनिक कोड कहा गया। जैसे- ADDITION के लिए ADD, SUBSTRACTION के लिए SUB एवं JUMP के लिए JMP लिखा गया, परन्तु इस भाषा का प्रयोग एक निश्चित संरचना वाले कम्प्यूटर तक ही सीमित था। अत: इन भाषाओं को निम्न स्तरीय कहा गया।

3. उच्च स्तरीय भाषाएँ (High Level Language)

➡ इस भाषा के विकास का श्रेय IBM कंपनी के जाता है। 'FORTRAN' नामक पहली उच्चस्तरीय भाषा का विकास इसी कंपनी के प्रयास से हुआ। इसके बाद सैकड़ों उच्चस्तरीय भाषाओं का विकास हुआ। ये भाषाएँ मनुष्य के बोलचाल और लिखने में प्रयुक्त होने वाली भाषाओं के काफी करीब है। कुछ प्रमुख उच्च स्तरीय भाषाएँ निम्नलिखित हैं-

(a) **FORTRAN :** कम्प्यूटर की इस भाषा का विकास IBM कंपनी के सहयोग से जे.के. डब्ल्यू बेकस ने 1957 ई. में किया था। इस भाषा का विकास गणितीय सूत्रों को आसानी से और कम समय में सुलझाने के लिए किया गया था।

(b) **COBOL :** इसका पूरा नाम 'Common Business Oriented Language' है। इस भाषा का विकास व्यावसायिक हितों के लिए किया गया। इस भाषा की संक्रिया के लिए लिखे गये वाक्यों के समूह को पैराग्राफ कहते हैं। सभी पैराग्राफ मिलकर एक सेक्शन (Section) बनाते हैं और सेक्शनों में मिलकर डिवीजन (Division) बनता है।

(c) **BASIC :** इसका पूरा नाम 'Beginners All Purpose Symbolic Instruction Code' है। इस भाषा में प्रोग्राम में निहित आदेश के किसी निश्चित भाग को निष्पादित किया जा सकता है, जबकि इससे पहले की भाषाओं में पूरे प्रोग्राम को कम्प्यूटर में डालना होता था और प्रोग्राम के ठीक होने पर आगे के कार्य निष्पादित होते हैं।

(d) **ALGOL :** इसका पूरा नाम 'Algorithmic Language' है। इसका निर्माण जटिल बीजगणितीय गणनाओं में प्रयोग हेतु किया गया है।

(e) **PASCAL :** यह 'ALGOL' का परिवर्द्धित रूप है। इसमें सभी चरों को परिभाषित किया गया है जिसके कारण यह ALGOL एवं BASIC से अलग है।

(f) **COMAL :** यह (Common Algorithmic Language) का संक्षिप्त रूप है। इस भाषा का प्रयोग माध्यमिक स्तर के छात्रों के लिए किया जाता है।

(g) **LOGO :** इस भाषा का प्रयोग छोटी उम्र के बच्चों को ग्राफिक रेखानुकृतियों की शिक्षा देने के लिए किया जाता है।

(h) **PROLOG :** इसका पूरा नाम 'Programming in Logic' है। इसका विकास 1973 ई. में फ्रांस में किया गया था। इसका विकास कृत्रिम बुद्धि के कार्यों के लिए किया गया है, जो तार्किक Programming में सक्षम है।

(i) **FORTH :** इस भाषा का आविष्कार चार्ल्स मूरे ने किया था। इसका उपयोग कम्प्यूटर के सभी प्रकार के कार्यों में होता है। इन सभी उच्चस्तरीय भाषाओं में एक समानता है कि लगभग सभी में अंग्रेजी वर्णों (A, B, C, D..... आदि) एवं ठंडो-अरेबियन अंकों (0, 1, 2, 3...... आदि) का प्रयोग किया जाता है।

नोट : PILOT, C, C^{++}, LISP, UNIX एवं SNOBOL आदि कुछ अन्य महत्त्वपूर्ण उच्चस्तरीय भाषाएँ हैं।

संचार तंत्र (Networking)

➩ संचार तंत्र (Networking) का तात्पर्य टर्मिनलों को परस्पर जोड़ना है जिसमें ये सर्वर से जुड़े होते हैं तथा प्रत्येक टर्मिनल का अपना प्रोसेसर (Processor) होता है। संचार तंत्र के निम्नलिखित लाभ हैं-

(i) डाटा (Data) का आदान-प्रदान।

(ii) फाइलों का अंतरण Floppies के बिना संभव होना।

(iii) चिकित्सा एवं अभियंत्रण आदि में उपयोगी।

(iv) डाटा सुरक्षा।

(v) कम स्मृति संग्राहक (Memory) का उपयोग।

(vi) सामान्य हार्डवेयर (Hardware) एवं सॉफ्टवेयर (Sofware) संसाधन (Processing), जैसे- प्रिंटर, स्मृति, संग्राहक।

संचार तंत्र के प्रकार

(i) LAN— Local Area Network

(ii) MAN– Metropolitan Area Network
(iii) WAN– Wide Area Network

2. कम्प्यूटर से संबद्ध शब्द संक्षेप

ALU	Airthmetic Logic Unit
ALGOL	Algorithmic Language
ASCIL	American Standard Code for Information Interchange
BASIC	Beginner's All Prupose Symbolic Instruction Code
BCD	Binary Coded Decimal Code
CPU	Central Processing Unit
CAD	Coputer Aided Design
COBOL	Common Business Oriented Language
CD	Compact Disk
C-DOT	Centre for Development of Telematics
CLASS	Computer Literacy and Studies in School
COMAL	Common Algorithmic Language
DOS	Disk Operating System
DTS	Desk Top System
DTP	Desk Top Publishing
E-Commerce	Electronic Commerce
E-Mail	Electronic Mail
ENIAC	Electronic Numerical Integrator and Computer
FORTRAN	Formula Translation
FAX	Far Away Zerox
Flops	Floating Operations per Second
HLL	High Level Languages
HTML	Hyper Text Markup Language
IBM	International Business Machine
IC	Integrated Circuit
ISH	Information Super Highway
LAN	Local Area Network
LDU	Liquid Display Unit
LISP	List Processing
LLL	Low Level Language
MICR	Magnetic Ink Character Reader
MIPS	Millions of Instructions Per Second
MOPS	Millions of Operation Per Second

MODEM	Modulator-Demodulator
NICNET	National Information Centre Network
OMR	Optical Mark Reader
PC-DOS	Personal Computer Disk Operating System
PROM	Programmable Read Only Memory
RAM	Random Acess Memory
ROM	Read Only Memory
RPG	Report Programme Generator
SNOBOL	String Oriented Symbolic Language
VDU	Visual Display Unit
VLSI	Very Large Scale Integration
WAN	Wide Area Network
WWW	World WideWeb

3. कम्प्यूटर से सम्बन्धित स्मरणीय तथ्य

- कम्प्यूटर का हिन्दी नाम संगणक है।
- चार्ल्स बेबेज को कम्प्यूटर का पितामह कहा जाता है।
- वॉन न्यूमेन का कम्प्यूटर के विकास में सर्वाधिक योगदान है।
- आधुनिक कम्प्यूटर की खोज सर्वप्रथम 1946 ई. में हुई।
- कम्प्यूटर के क्षेत्र में महान क्रान्ति 1960 ई. में आयी।
- विश्व में सर्वाधिक कम्प्यूटरों वाला देश संयुक्त राज्य अमेरिका है। इसके पश्चात् क्रमश: जापान, जर्मनी, ब्रिटेन एवं फ्रांस का स्थान आता है। भारत का इस सूची में 19वाँ स्थान है।
- कम्प्यूटर साक्षरता का अर्थ है- कम्प्यूटर क्या कर सकता है और क्या नहीं, इस बात की जानकारी होना।
- 2 दिसम्बर **कम्प्यूटर साक्षरता दिवस** के रूप में मनाया जाता है।
- भारत में नई कम्प्यूटर नीति की घोषणा नवम्बर 1984 ई. में की गयी थी।
- भारत में निर्मित प्रथम कम्प्यूटर सिद्धार्थ है। इसका निर्माण इलेक्ट्रॉनिक कॉर्पोरेशन ऑफ इण्डिया ने किया था।
- भारत का प्रथम कम्प्यूटरीकृत डाकघर नई दिल्ली में है।
- भारत का प्रथम प्रदूषण रहित कम्प्यूटरीकृत पेट्रोल पम्प मुम्बई में है।
- निजी क्षेत्र के अन्तर्गत स्थापित होने वाला भारत का प्रथम कम्प्यूटर विश्वविद्यालय राजीव गांधी कम्प्यूटर विश्वविद्यालय है।
- भारत में प्रथम कम्प्यूटर आरक्षण पद्धति नई दिल्ली में लागू की गयी थी।
- भारत की सिलिकॉन घाटी बंगलुरू में स्थित है।
- भारतीय जनता पार्टी भारत की पहली ऐसी पार्टी है, जिसने इंटरनेट पर अपना वेबसाइट बनाया है।
- कम्प्यूटर तीन प्रकार के होते हैं- डिजिटल, एनालॉग, हाइब्रिड।
- वह कम्प्यूटर जो गणितीय गणना करता है, डिजिटल कम्प्यूटर कहलाता है।
- इन्टीग्रेड सर्किट चिप का विकास जे.एस. किल्बी ने किया।
- चुम्बकीय डिस्क पर आयरन ऑक्साइड की परत होती है।

- टिम बर्नर्स ली www (world wide web) के आविष्कारक तथा प्रवर्तक है।
- असेम्बरलर, असेम्बली भाषा को यंत्र भाषा में परिवर्तित करता है।
- एक कम्प्यूटर की स्मृति सामान्य तौर से किलोबाइट अथवा मेगाबाइट के रूप में व्यक्त की जाती है। एक बाइट आठ द्विआधारी अंकों का बना होता है।
- 'अनुपम' भाभा परमाणु अनुसंधान केन्द्र (BARC) द्वारा विकसित सुपर कम्प्यूटर है।
- T–3A विश्व का सबसे तेज कम्प्यूटर है।
- कम्प्यूटर डाटा की सबसे छोटी इकाई बिट है। 'बाइनरी इकाई' के आरंभिक एवं अंतिम अक्षरों से बने संक्षिप्त शब्द-0 से 1 को बिट कहा जाता है।
- वह कम्प्यूटर जो आंकलन के सिद्धान्त के अनुसार कार्य करता है, एनालॉग कम्प्यूटर कहलाता है।
- एनालॉग एवं डिजिटल के संयुक्त स्वरूप को हाइब्रिड कम्प्यूटर कहते हैं।
- मध्यम आकार के कम्प्यूटर को मिनी कम्प्यूटर कहते हैं।
- सूक्ष्मतम आकार के कम्प्यूटर को माइको कम्प्यूटर कहते हैं।
- सामान्य कम्प्यूटर की अपेक्षा 10 गुना तेज कार्य करने वाले बड़े कम्प्यूटर को सुपर कम्प्यूटर कहते हैं।
- एक सुपर कम्प्यूटर में करीब 40 हजार माइक्रो कम्प्यूटर जितनी परिकलन क्षमता होती है। इसकी गति को मेगाफ्लॉप से मापा जाता है।
- विश्व का प्रथम सुपर कम्प्यूटर क्रे.के. (Cray–1) था, जो 1977 ई. में बनकर तैयार हुआ था। इसे अमेरिका के क्रे रिसर्च कंपनी ने बनाया था।
- 32 कम्प्यूटरों के बराबर कार्य कर सकने वाला डीप ब्ल्यू कम्प्यूटर एक सेकंड में शतरंज की 20 करोड़ चाले सोच सकता है। इसी सुपर कम्प्यटर ने विश्व चैम्पियन गैरी कास्पोरोव को पराजित किया था।
- विश्व के प्रथम इलेक्ट्रोनिक डिजिटल कम्प्यूटर का नाम एनीयक है।
- विश्व का सबसे बड़ा कम्प्यूटर नेटवर्क का नाम इंटरनेट है। याहू, गूगल एवं MSN इंटरनेट सर्च इंजन है।
- इंटरनेट पर उपलब्ध होने वाली प्रथम भारतीय समाचार पत्र द हिन्दू है।
- इंटरनेट पर उपलब्ध होने वाली प्रथम भारतीय पत्रिका इण्डिया टूडे है।
- USENET तमाम विश्वविद्यालयों को एक साथ जोड़ने की प्रणाली है।
- इंटरनेट सूचना की खोज करने में आर्क सबसे ज्यादा मदद करता है।
- आर्क का विकास मैकगिल यूनिवर्सिटी ने की।
- जब किसी नेटवर्क का इंटरनेट धारक अन्य नेटवर्क के साथ जुड़ता है, तो उसे गेटवे कहते हैं।
- इंटरनेट से जुड़ा वह संगणक जहाँ विशेष प्रकार की सूचनाएँ उपलब्ध हो, साइट कहलाता है।
- पास या दूर के किसी संगणक या नेटवर्क से सूचनाएँ मोडम की मदद से अपने संगणक में लाने की प्रक्रिया को डाउनलोड कहते हैं।
- मोडम कम्प्यूटरों को आपस में जोड़ने का उपकरण है, जो टेलीफोन लाइन पर काम करता है।
- पास या दूर के किसी संगणक को अपने संगणक से सूचनाएँ भेजना अपलोड कहलाता है।
- कम्प्यूटर्स की 5 पीढ़ियाँ विकसित की गयी है।
- आधुनिक कम्प्यूटर में प्रायः सेमीकंडक्टर (Semiconductor) स्मरण शक्ति (Memory Power) का कार्य करती है।
- कम्प्यूटर बोर्ड में कुल आठ संयोजक होते हैं।
- 1 किलोबाइट (KB) 1024 बाइट के तुल्य होता है।
- 1 MB (मेगाबाइट) 1024 KB के बराबर होता है।

- 1 GB (गीगाबाइट) 1024 MB के बराबर होता है।
- सूचना के आगमन एवं कार्यक्रम की खोज करने के लिए SNOBOL विशिष्ट भाषा का प्रयोग होता है।
- पर्सनल कम्प्यूटर पर सर्वप्रथम पुस्तक टेड नेल्सन ने लिखा।
- कम्प्यूटर पर लिखी पुस्तक सोल ऑफ न्यू मशीन (लेखक- टैसी किडर) को पुलित्जर पुरस्कार दिया गया।
- कम्प्यूटर की प्रथम पत्रिका कम्प्यूटर एण्ड ऑटोमेशन है।
- प्रथम घरेलू कम्प्यूटर कमोडोर VIC–20 (Commodore VIC–20) है।
- वैज्ञानिकों के अनुसार भारतीय भाषा संस्कृत कम्प्यूटरीकृत करने के लिए सबसे आसान है।
- कम्प्यूटर में प्रोग्राम की सूची को मेन्यू (Menu) कहा जाता है।
- डेटा प्रोसेसिंज का अर्थ है वाणिज्यिक उपयोग के लिए जानकारी तैयार करना।
- रिकार्ड्स का संग्रह फाइल कहलाता है।
- डिजिटल कम्प्यूटर की कार्यपद्धति गणना और सिद्धान्त पर आधारित है।
- विश्व का प्रथम डिजिटल कम्प्यूटर एनिऐक (ENIAC – Electronic Numerical Integrator and Computer) था।
- फोरट्रॉन प्रोग्राम हेतु विकसित की गयी सर्वप्रथम भाषा है।
- हिन्दी कमाण्ड स्वीकार करने वाला कम्प्यूटर भाषा प्रदेश है।
- कोबोल उच्च स्तरीय भाषा (HLL) अंग्रेजी भाषा के समान है।
- कोबोल भाषा में सर्वाधिक उपयुक्त डॉकूमेन्टेशन संभव है।
- अनुवाद प्रोग्राम जो उच्चस्तरीय भाषा का निम्नस्तरीय भाषा में अनुवाद करता है, कम्पाइलर कहलाता है।
- माइक्रो प्रोसेसर चतुर्थ पीढ़ी का कम्प्यूटर है।
- प्रोलोग (PROLOG) पंचम पीढ़ी के कम्प्यूटर की भाषा है।
- इन्टीग्रेटेड सर्किट चिप का विकास जे.एस. किल्बी ने किया।
- इन्टीग्रेटेड सर्किट चिप पर सिलिकॉन (Silicon) की परत होती है।
- कम्प्यूटर अशुद्धि को बग (Bug) कहा जाता है।
- पुणे के सी–डैक (C-DAC) के वैज्ञानिक ने 28 मार्च, 1998 को प्रति सेकंड एक खरब गणना करने की क्षमता से युक्त कम्प्यूटर परम–10000 का निर्माण किया। इसके विकास का मुख्य श्रेय C-DAC के कार्यकारी निदेशक डॉ. विजय पी. भास्कर को जाता है।
- भारत में सर्वप्रथम नेशनल एयरोनौटिक्स लेबोरेटरीज (बंगलुरू) ने फ्लोसावर (Flosolver) नामक सुपर कम्प्यूटर विकसित करने में सफलता प्राप्त की थी।
- कम्प्यूटर पर परमाणु परीक्षणों को सबक्रिटिकल परीक्षण कहा जाता है।
- लेजर प्रिन्टर सर्वाधिक तेज गति का प्रिन्टर है।
- IBM एक कम्प्यूटर कंपनी है।
- कम्प्यूटर वाइरस एक मानव निर्मित डिजीटल परजीवी है, जो फाइल संक्रामक के नाम से जाना जाता है।
- वाई–टू–के (Y-2K) संकट अर्थात् इयर टू थाउजेंड (Year 2000 Crisis) तारीखों से सम्बन्धित कम्प्यूटर की समस्या थी। Y-2K संकट को मिलियन बग भी कहा गया।
- किसी कम्प्यूटर या उसके हार्ड डिस्क या किसी चलते हुए कार्यक्रम (प्रोग्राम) का अचानक खराब हो जाना या समाप्त हो जाना क्रैश कहलाता है।

4. कम्प्यूटर से सम्बन्धित शब्दावली

- **ऐक्सेस टाइम** : संचयी युक्ति से डाटा पुनः प्राप्त करने या बाह्य इकाई से डाटा प्राप्त करने के लिए लगा समय।
- **अल्फान्यूमैरिक** : कैरेक्टर सेट से सम्बन्धित जिसमें वर्ण, अंक तथा प्रायः अन्य कैरेक्टर जैसे बिन्दु-अंकन शामिल हैं।
- **बाइनरी (Binary) डिजिट** : डिजिट (अंक) 0 या 1
- **बाइनरी संख्या** : 2 के आधार के साथ संख्या प्रणाली।
- **बग** : कम्प्यूटर (प्रोग्राम या सिस्टम) में कोई त्रुटि या गलत कार्य।
- **बस** : विभिन्न युक्तियों तक सामग्री (आँकड़ा) के सम्प्रेषण या ऊर्जा पहुँचाने के लिए प्रयुक्त पंक्ति या सर्किट।
- **केन्द्रीय संसाधन इकाई** : कम्प्यूटर की वह इकाई जो अनुदेशों के कार्यान्वयन को निष्पादित करती है।
- **कैरेक्टर सैट** : जानकारी देने के लिए युक्ति या भाषा द्वारा प्रयुक्त निर्धारित आदेश में व्यवस्थित विलक्षण प्रतीकों का समूह।
- **चिप** : सिलिकॉन (Silicon) की लघु बिट जो एकीकृत सर्किट का केन्द्र बनाती है।
- **कोबोल** : कामन बिजनेस ओरिएण्टेड लैंग्वेज। यह कम्प्यूटर की एक भाषा है।
- **डाटा प्रोसेसिंग** : डाटा पर निष्पादित कार्य।
- **डीबग** : कम्प्यूटर प्रोग्राम या कम्प्यूटर में अनुचित कार्यों या इसके बाह्य उपस्करों में किसी त्रुटि का पता लगाना तथा उन्हें सुधारना।
- **डाउन टाइम** : वह अवधि जिसके दौरान कम्प्यूटर मैकेनिकल या इलेक्ट्रॉनिक विफलता या अनुचित कार्य के कारण सही ढंग से काम नहीं कर रहा है।
- **ईडीपी** : इलेक्ट्रॉनिक डाटा प्रोसेसिंग, इलेक्ट्रॉनिक उपस्करों से डाटा प्रोसेसिंग।
- **निष्पादन** : वह प्रोग्राम जो कम्प्यूटर सिस्टम के कार्यों को व्यवस्थित करने में सहायता करता है।
- **फ्लोचार्ट** : समस्या का पारिभाषिक विश्लेषण या समाधान प्रस्तुत करने वाला लेखाचित्र जिसमें कार्यों, डाटा फ्लो या उपस्कर दर्शाने के लिए संकेत प्रयुक्त किये जाते हैं।
- **फोरग्राउण्ड** : उच्च प्राथमिकता वाले कम्प्यूटर प्रोग्राम से सम्बन्धित जो कम महत्त्वपूर्ण मामलों में वरीयता लेता है, इसे बैकग्राउण्ड के नाम से भी जाना जाता है।
- **फोरट्रॉन** : विज्ञान तथा गणित के उपयोग के लिए उच्च स्तरीय प्रोग्रामिंग भाषा।
- **हेक्सडेसिमल** : 16 के बेस (आधार) के साथ।
- **उच्चस्तरीय भाषा** : यह प्रोग्राम के सफल कार्य को सरल बनाने के लिए विकसित की गयी।
- **हाऊसकीपिंग** : वह कार्य जो समस्या का हल करने में योगदान नहीं देते हैं किन्तु कम्प्यूटर प्रोग्राम के सफल कार्य के लिए आवश्यक हैं।
- **इनपुट (निवेश)** : वास्तविक डाटा जो कुछ कार्यों को सम्पादित करने के लिए कम्प्यूटर में डाला जाना चाहिए।
- **लेबल** : डाटा की मद या स्मृति के क्षेत्र का पता लगाने के लिए संकेत के रूप में प्रयुक्त कैरेक्टरों का समूह।
- **मशीनी भाषा** : मशीनी कोड में लिखे अनुदेश जिसे अनुवाद किये बिना कम्प्यूटर द्वारा तत्काल पालन किया जा सकता है।
- **मेन स्टोरेज (मुख्य संचय)** : वह स्टोर जहाँ से अनुदेश निष्पादित किये जाते हैं।
- **मेमोरी (स्मृति संग्राहक)** : कम्प्यूटर में चिप जहाँ बाइनरी कोड में जानकारी तथा अनुदेश संचित है।

- **माइक्रो सेकंड :** एक सेकंड का दस लाखवाँ भाग।
- **मिली सेकंड :** एक सेकंड का एक हजारवाँ भाग।
- **आब्जेक्ट भाषा :** भाषा या कूटबद्ध अनुदेशों का सैट जिसमें कम्पाइलर (संकलन) के साधनों द्वारा स्रोत भाषा का अनुवाद किया जाता है।
- **आक्टल :** 8 के बेस के अलावा बाइनरी (Binary) के समान होता है।
- **ऑफलाइन :** जो प्रत्यक्ष रूप से मुख्य कम्प्यूटर सिस्टम से जुड़ा नहीं होता है।
- **आनलाइन :** किसी उपकरण या प्रक्रिया से सन्दर्भित जो तत्काल प्रोसेसिंग तथा परिणाम के लिए कम्प्यूटर को सीधे जानकारी भेजता है।
- **संचालन (ऑपरेटिंग) प्रणाली :** कम्प्यूटर प्रोग्रामों का समेकित संग्रह जो कम्प्यूटर द्वारा प्रोग्राम के अनुक्रम का पर्यवेक्षण करता है।
- **आउटपुट (निर्गम) :** कम्प्यूटर प्रोसेसिंग का परिणाम।
- **ओवर फ्लो :** डाटा की मात्रा जो संचयी रजिस्टर या स्थान की स्मृति संग्राहक (मेमोरी) को बढ़ाता है जिससे परिणाम प्राप्त करना होता है।
- **पैक :** इस तरह से संचयी क्षेत्र में डाटा के अनेक मदों को संक्षिप्त किया जाता है, जिससे अलग-अलग मदों को कुछ समय बाद फिर से प्राप्त किया जा सके।
- **पैकेज प्रोग्राम :** कम्प्यूटर निर्माताओं द्वारा अपने उपभोक्ताओं के लिए लिखे तथा आपूर्ति किये गये प्रोग्राम तथा पूर्ण कार्यक्रम का एक अंश होता है।
- **पास :** डाटा या मशीन की प्रोसेसिंग में एक पूर्ण चक्र।
- **बाह्य उपस्कर :** कम्प्यूटर के युग्म तथा संयोजन में प्रयुक्त विभिन्न कार्रवाई का अनुक्रम।
- **प्रोसेसिंग :** विशेष परिणाम को प्रस्तुत करने के लिए जानकारी डाटा को काम में लाना।
- **प्रोसेसर :** डाटा पर काम करने में सक्षम किसी युक्ति का सामान्य रूप। कई बार सेन्ट्रल प्रोसेसर के समानार्थक के रूप में प्रयुक्त होता है।
- **प्रोग्राम :** कम्प्यूटर भाषा में लिखे अनुदेशों का अनुक्रम।
- **प्रोग्रामर :** वह व्यक्ति जो समस्या सुलझाने वाली प्रक्रियाएँ तथा फ्लोचार्ट्स तैयार करता है तथा डीबग भी कर सकता है।
- **प्रोग्राम की भाषा :** एक विशेष भाषा, जैसे कोबोल या बेसिक, जिसमें प्रोग्राम लिखा जाता है ताकि कम्प्यूटर इसे समझ सके।
- **क्यू :** सर्विस (कार्य) की प्रतीक्षा करने वाले कम्प्यूटर सिस्टम में कार्यों की मदों का समूह।
- **रेण्डम ऐक्सेस :** कम्प्यूटर की मेमोरी का वह भाग जहाँ डाटा, अनुदेश अस्थायी रूप से संचित किये जाते हैं।
- **रीड ओनली मेमोरी :** कम्प्यूटर की मेमोरी का वह भाग जहाँ स्थायी अनुदेश संचित किये जाते हैं।
- **रीयल टाइम :** कार्य की प्रक्रिया जहाँ इसकी उपस्थिति के वास्तविक समय तक कम्प्यूटर द्वारा डाटा लिये जाते हैं।
- **रिजर्व शब्द :** वह शब्द जो डाटा नाम, फाइल नाम या प्रक्रिया नाम के रूप में प्रयुक्त किया जाता हे।
- **रिमोट ऐक्सेस :** कम्प्यूटर सिस्टम तथा उन एक या दो स्टेशनों, जो वास्तविक कम्प्यूटर प्रणाली से कुछ दूरी पर है, के बीच संचार।
- **रिस्पांस टाइम :** टाइम शेयरिंग सिस्टम में, टर्मिनल पर संदेश के सृजन तथा टर्मिनल पर उत्तर की प्राप्ति के बीच व्यतीत समय।
- **रूटीन :** विशेष कार्यों या कार्यों के क्रम को निष्पादित बनाने के लिए कम्प्यूटर को निर्देश देने हेतु उचित क्रम में व्यवस्थित कूटबद्ध संकेतों का सेट।

- **सीरियल (क्रम) :** एक समय में आनुक्रमिक क्रम में एकल युक्ति में कार्यों या प्रक्रियाओं को सम्भालना।
- **स्रोत भाषा :** कम्प्यूटर प्रोग्राम को लिखने के लिए प्रोग्रामर द्वारा प्रयुक्त भाषा।
- **स्रोत प्रोग्राम :** उच्च स्तरीय भाषा में लिखे कम्प्यूटर प्रोग्राम।
- **स्टोरेज (संचय) :** मेमोरी के समानार्थक।
- **स्ट्रिंग :** एकल इकाई के रूप में माने गये असीम लेंथ के संकेतों की लाइन।
- **संरचनात्मक प्रोग्राम :** स्पष्ट तार्किक संरचना के साथ माड्लूयर रूप में प्रोग्रामों को लिखने की सुव्यवस्थित प्रक्रिया।
- **सांकेतिक पता (सिम्बोलिक एड्रेस) :** मूल एड्रेस स्थानों की संख्याओं को याद रखने की बजाय उसकी विषय-वस्तु के नामों के द्वारा मेमोरी स्थान से सन्दर्भित।
- **सिस्टम :** प्रक्रियाओं या तकनीकों का समूह जो विशेष या वांछित कार्यों या आपरेशनों को सम्पादित करने के लिए सामूहिक प्रयास से मिलकर कार्य करते हैं।
- **सिस्टम विश्लेषक :** परिकलन सिस्टम की सहायता से बिजनेस समस्याओं के विश्लेषण में प्रशिक्षित व्यक्ति।
- **सिस्टम प्रोग्राम :** कम्प्यूटर सिस्टम के कार्यों को नियंत्रित करना।
- **टर्मिनल :** कम्प्यूटर के साथ सम्प्रेषण के लिए एक युक्ति या बिन्दु।
- **टाइम-शेयरिंग :** आपरेशनों का रूप जिसमें अनेक टर्मिनल युक्तियों के जरिये अनेक प्रयोक्ता निष्पादन के दौरान प्रोग्रामों के साथ सेन्ट्रल कम्प्यूटर समवर्ती तथा परस्पर क्रिया के लिए जानकारी बाँटते हैं।
- **टाइम-स्लाइसिंग :** कार्यों का रूप जिसमें कम्प्यूटर कुछ समय के लिए एक प्रोग्राम को निष्पादित करते हैं, तब कुछ अन्य समय के लिए अन्य प्रोग्राम कार्य करता है।
- **ट्रैक :** स्टोरेज मीडियम पर कार्य करने वाला मूल मार्ग जिस पर डाटा दर्ज किया जाता है।
- **अपटाइम :** मापा गया समय जिसके दौरान उपस्कर या तो उत्पाद रूप में कार्य करता है या उत्पाद कार्य के लिए उपलब्ध है।
- **सत्यापन :** डाटा प्रतिलेखन या अन्य कार्यों की सटीकता की जाँच करना।
- **राइट :** डिस्क की मैग्नेटिक टेप जैसे बाहरी स्टोरेज (संचय) मीडियम पर किसी स्रोत से डाटा रिकार्ड करने के लिए।
- **प्रोग्राम :** यह एक विशेष समस्या को सुलझाने के लिए एक विशेष अनुक्रम में कम्प्यूटर को दिये गये अनुदेशों का सेट है। दूसरे शब्दों में, यह आवश्यक परिणाम प्राप्त करने के लिए सामग्री पर कम्प्यूटर द्वारा निष्पादित किये जाने वाली कार्रवाईयों का एक पुलिंदा है। प्रोग्रामिंग कम्प्यूटर भाषाओं में से एक में की जाती है।
- **साफ्टवेयर :** यह कम्प्यूटर के हार्डवेयर को संचालन में लाने के लिए लिखित कार्यक्रमों (प्रोग्राम्स) का संग्रह है। हम अपने आप कम्प्यूटर हार्डवेयर के साथ किसी भी वस्तु को उपयोगी नहीं बना सकते हैं। इसे साफ्टवेयर नामक कतिपय उपयोगी कार्यक्रमों के साथ संचालित किया जाना होता है, जो कम्प्यूटर प्रणाली में संचित होते हैं।

साफ्टवेयर के दो प्रकार हैं–

- **एप्लिकेशन साफ्टवेयर :** यह प्रोग्रामों या प्रोग्रामों के साफ्टवेयर सेट से सम्बन्धित है, जो विशेष संसाधन एप्लिकेशन को कार्यान्वित करता है जैसे- वेतन चिट्ठा, तालिका नियंत्रण।
- **सिस्टम साफ्टवेयर :** यह कम्प्यूटर के प्रभावी उपयोग की सहायता के लिए प्रोग्रामों के सेट से सम्बन्धित है, जैसे कि संचालन प्रणाली आदि।

- **हार्डवेयर** : मशीनी कलपुर्जों को तथा उपस्करों के अलग-अलग भागों को यह नाम दिया गया है।
- **लिववेयर** : सिस्टम पर काम करने वाले प्रयोक्ता को 'लिववेयर' कहा जाता है।
- **फिनवेयर** : यह हार्डवेयर में अन्तर्निहित साफ्टवेयर के रूप में परिभाषित है जैसे- रोम, जो बेसिक इनपुट-आउटपुट सिस्टम (बीआईओएस) है।
- **कम्पाइलर (प्रोग्राम अनुवादक)** : वह प्रोग्राम जो उच्च स्तरीय भाषा प्रोग्राम को मशीनी भाषा में स्पष्ट करता है।
- **इंटरप्रेटर (व्याख्याता)** : वह प्रोग्राम जो उच्चस्तरीय भाषा के प्रत्येक अनुदेश को स्पष्ट करता है तथा अगले अनुदेश को भेजने से पहले अनुदेशों को कार्यान्वित भी करता है।
- **असेम्बलर (संग्रहकर्ता)** : वह कार्यक्रम जो संग्रह भाषा प्रोग्राम को मशीनी भाषा प्रोग्राम में बदलता है। यह सिस्टम साफ्टवेयर है।
- **मल्टी प्रोसेसिंग** : इस तरह की प्रोसेसिंग (संसाधन) द्वारा सीपीयू में अनेक प्रोसेसर (संसाधक) होते हैं जो समानांतर संचालित किये जाते हैं, इससे अनेक प्रोग्रामों को एक साथ कार्यान्वित करने की अनुमति दी जाती है।
- **मल्टी प्रोग्रामिंग** : इस तरह की प्रोसेसिंग द्वारा एक ही समय में केन्द्र स्मृति संग्राहक में एक से अधिक प्रोग्रामों को रखने तथा उपलब्ध प्रोसेसर समय तथा बाह्य इकाईयों को बाँटने में समर्थ होती है।
- **डिस्ट्रीब्यूटेड डाटा प्रोसेसिंग** : इसे विकेन्द्रीकृत संसाधन भी कहा जाता है। इस नीति में डाटा कम्यूनिकेशन लाइन्स द्वारा परस्पर जुड़े कम्प्यूटरों के नेटवर्क का उपयोग शामिल है, जहाँ प्रत्येक रिमोट लोकेशन सेन्ट्रल कम्प्यूटर तथा कुछ स्थानीय संसाधनों (प्रोसेसिंग) के साथ इनपुट-आउटपुट सम्प्रेषण के लिए छोटे कम्प्यूटर या लघु कम्प्यूटर हैं।
- **बिट** : यह कम्प्यूटरों की मूल इकाई है। इसके एक (1) तथा शून्य (0) दो बिट हो सकते हैं।
- **निबल** : चार बिटों का युग्म।
- **बाइट** : आठ बिटों का युग्म।

  1 किलोबाइट = 1024 बाइट्स

  1 मेगाबाइट = (1024) × (1024) बाइट्स

  1 गीगाबाइट= (1024) × (1024) ×(1024) बाइट्स
- **शब्द** : दो या दो से अधिक बाइट्स का युग्म।
- **डाटाबेस** : यह विभिन्न प्रयोक्ताओं द्वारा आदान-प्रदान सामग्री का सामान्य संग्रह है। विशेषतौर पर इसकी मुख्य विशेषताएँ हैं–
  - अतिरिक्त सामग्री हटा दी जाती है।
  - सामग्री किसी भी कार्यक्रम के लिए स्वतंत्र है।
  - सामग्री को एक साथ अनेक प्रयोक्ताओं द्वारा प्रयुक्त किया जाता है।
- **माइक्रो प्रोसेसर** : यह एकल चिप आधारित युक्ति है, जो अपने आप में पूरा प्रोसेसर है तथा अंकगणितीय तथा तार्किक कार्यों को करने में सक्षम है।
- **मोडम** : यह एक इलेक्ट्रॉनिक युक्ति है जो कम्प्यूटर (डिजिटल) विद्युत संकेतों को सम्प्रेषण चैनल (एनालॉग) विद्युत संकेतों तथा इसके विपरीत परिवर्तित करने के लिए प्रयुक्त की जाती है। यह डिस्ट्रीब्यूटिड डाटा प्रोसेसिंग (वितरित आँकड़ा संसाधन) में प्रयुक्त की जाती है, जहाँ टर्मिनल होस्ट कम्प्यूटर के लिए दूरसंचार सम्पर्क से जोड़े जाते हैं।

www.ingramcontent.com/pod-product-compliance
Lightning Source LLC
Chambersburg PA
CBHW071428300426
44114CB00013B/1349
* 9 7 8 9 3 5 0 5 7 1 9 3 4 *